ISBN 978-0-365-57362-3
PIBN 11261285

Ons Hémecht.

Organ des Vereins

für

Luxemburger Geschichte,

Literatur und Kunst.

Herausgegeben

von dem Vorstande des Vereins.

Fünfundzwanzigster Jahrgang.

1919.

Luxemburg.
Buchdruckerei Linden & Hansen.
Selbstverlag des Vereins.
1919.

Inhaltsverzeichnis.

I. — Vereinssachen.

A. Geschäftliches.

B. Personal-Nachrichten des Vereines.

II. — Geschichtliches.

Lenning
Nyhoff
4-11-58
25-196

III. — Folklore.

IV. — Rezensionen.

V. — Verschiedenes.

VI. — Illustration.

Ons Hémecht.
Organ des Vereines für
Luxemburger Geschichte Litteratur
und Kunst

25. Jahrg. 1. u. 2 Heft. Jan. u. Febr. 1919.

Jeder Autor ist verantwortlich für seine Arbeit.

Zum 25. Jahrgange von „Ons Hémecht".

Mit dem vorliegenden Hefte tritt Ons Hémecht ihren fünfundzwanzigsten Jahrgang an. Was die Gründer des Vereines für Luxemburger Geschichte, Literatur und Kunst in Nummer 1 des ersten Jahrganges 1895 versprochen, das hat die Redaktion während der verflossenen 24 Jahre getreulich gehalten. Wirft man einen auch nur oberflächlichen Blick auf den Inhalt der bisher veröffentlichten 24 Bände, dann muß man staunen über die Menge und die Mannigfaltigkeit der teils größeren, teils kleineren Aufsätze, meistens Originalarbeiten, welche in denselben Aufnahme gefunden haben. Den Löwenanteil davon darf wohl, und mit vollem Rechte, sowohl die politische, als auch die kirchliche Geschichte unseres zwar kleinen, doch jedem echten Luxemburger teueren Vaterlandes beanspruchen. Während einerseits verschiedene Perioden aus unserer Landesgeschichte eingehend behandelt sind, wurden anderseits spezielle Geschichten einzelner adliger Häuser und Familien, Ortschaften und Pfarreien gründlich bearbeitet. Auch Biographien verschiedener durch ihr Wirken, ihre Wissenschaft, ihr tatenreiches Leben um die Vor- und Mitwelt verdien-

ter Personen haben darin Aufnahme gefunden. Dank diesen geschichtlichen Arbeiten hat «Ons Hémecht» sich nicht nur im Inlande, sondern auch im Auslande einen höchst rühmlichen Platz erobert. In Deutschland, Belgien, Frankreich, Österreich, der Schweiz, ja selbst in Amerika finden wir in Zeitschriften, Zeitungen, Broschüren und Büchern «Ons Hémecht» gar oft als Quellenwerk zitiert; ja wir dürfen dreist behaupten, daß sie einen recht ehrenhaften Platz in der heutigen Zeitschriftenliteratur einnimmt.

Wie auf dem Felde der Geschichte, so hat sie auch auf dem der Literatur, namentlich unserer vaterländischen, ungeheuer vieles geleistet. Das im verflossenen Vierteljahrhundert so bedeutend rege gewordene Studium unseres heimatlichen Dialektes ist größtenteils — wir behaupten das, ohne Widerspruch fürchten zu müssen — auf den Einfluß von «Ons Hémecht» zurückzuführen. So arm unsere heimatliche Dialektliteratur vor der Gründung unserer Zeitschrift gewesen, so reichhaltig, — ja wir möchten fast sagen zu reichhaltig — hat sich dieselbe in den zwei letzten Dezennien entwickelt, schießen ja heutzutage Luxemburger «Kome'de'stécker» wie Pilze aus der Erde.

Wenn das Gebiet der Kunst auch nicht so reichlich behandelt wurde, wie die Geschichte und die Literatur, so liegt das eben daran, daß sich in unserem spießbürgerlichen Wesen nicht leicht jemand als Kunstkritiker aufzuspielen wagt und auch der Stoff für solche Arbeiten allzubeschränkt ist. Wir haben aber immerhin doch verschiedene Aufsätze veröffentlicht, welch einiger Beachtung wert sind.

Alles in Allem genommen, dürfen wir doch mit Genugtuung, ja mit gerechtem Stolze, auf die Leistungen der «Hémecht» während der verflossenen 24 Jahre zurückschauen.

Der Vorstand des Vereines trug sich schon seit Jahren mit dem Gedanken um, im Jahre, welches wir eben angetreten haben, das fünfundzwanzigjährige Jubiläum, der «Hémecht» zu feiern, und zu diesem Zwecke einen eigenen Jubiläumsband zu veröffentlichen. Doch «es wär' zu schön gewesen, es hat nicht sollen sein». Der furchtbare Weltkrieg, welcher so viele schöne Hoffnungen zu Grabe trug, hat auch auf unseren Verein und dessen Organ einen mächtigen Rückschlag ausgeübt. Dank der Papierknappheit und der bis ins Ungeheuere aufgeschnellten Herstellungskosten mußte der Vorstand — wenn auch mit schwerem Herzen — von der Herausgabe eines Jubiläumsbandes, wenigstens für dieses Jahr, absehen; ja noch mehr: die ihm zu Gebote stehenden kärglichen Geldmittel zwangen ihn sogar — sollte «Ons Hémecht» nicht eingehen müssen — deren Umfang im verflossenen Jahre und auch in dem kommenden zu beschränken. Hoffen wir aber daß jetzt, wo die Friedenstaube winkt, auch bald wieder bessere Zeiten für unser Organ anbrechen werden. Wie aus dem letzten Hefte des Jahrganges 1918 ersichtlich, hat der Vorstand, behufs teilweiser Deckung der so bedeutenden Druckkosten, eine Subskriptionsliste eröffnet; am Schlusse des vorliegenden Heftes ist das bisherige Resultat seines Aufrufes angezeigt. Möchten nur recht viele Vereinsmitglieder, Abonnenten, Freunde und Leser ihr Scherflein zu unserem so echt patriotischen Werke beitragen. Je reichlicher die Beiträge fließen, desto reichhaltiger könnte auch «Ons Hémecht» gestaltet werden.

Luxemburg, 1. Januar 1919. *Der Vereinspräsident:* Martin BLUM.

Beiträge zur Geschichte verschiedener Pfarreien.

(Fortsetzung.)

II. Das Landkapitel Remich.

Vorwort.

In dem ersten Heft unserer „Beiträge zur Geschichte verschiedener Pfarreien um die Mitte des 18. Jahrhunderts" haben wir mit dem Landkapitel Luxemburg begonnen und griffen aus demselben nur die zum heutigen Großherzogtum gehörenden Pfarreien, unter Übergehung der lothringischen und später deutsch gewordenen heraus. Wir lehnten uns größtenteils an den amtlichen Visitationsbericht vom Jahre 1755 an, versäumten jedoch nicht, auch aus anderen offiziellen Quellen zu schöpfen. Es ist keineswegs unsere Absicht, alle und jede Notizen unter der Rubrik der einzelnen Ortsnamen zusammenzutragen, sondern wir bezwecken lediglich, einen mehr oder weniger tiefen Einblick in die kirchliche Verwaltungstechnik, in die religiös-sittlichen und kulturellen Verhältnisse und eventuell auch in die lokalgeschichtliche Entwickelung im damaligen Herzogtum zu vermitteln. Das ist auch die Richtschnur, welcher wir für die Pfarreien des Landkapitels Remich folgen wollen.

Nachdem Weihbischof J. N. von Hontheim am Sonntag, den 10. August 1755 die Visitation im Kloster der Benediktinerinnen zu Marville beendigt hatte, nahm er Herberge im Pfarrhof zu Villers-le-Rond bei dem hochw. Herrn Escher, aus Wiltz gebürtig, der Dechant des Landkapitels Longuion und vom Provinzialrat von Luxemburg dem Visitator als Kommissar beigegeben war. Am folgenden Tage war er mit seiner Begleitung bei dem Grafen von Latour in der nahen gleichnamigen Ortschaft zu Gaste und reiste am Nachmittag nach der Abtei Clairefontaine bei Arlon ab, wo er übernachtete. Um 6 Uhr des andern Tages trat er die Reise zur Visitation des Landkapitels Remich an und kam schon um 11 Uhr morgens nach Hostert, zum hochw. Herrn Michael Meyß, aus Luxemburg gebürtig (luxemburgus), der dort seit 1726 als Pfarrer wirkte und Dechant des Kapitels war. Mit der Visitation wurde allsogleich begonnen und kam die Pfarrei Schüttringen zuerst an die Reihe.

1. Schüttringen.

In dieser etwa 900 Kommunikanten zählenden Pfarrei herrschten in vielfacher Hinsicht merkwürdige Zustände, wie aus den eingehenden, äußerst leserlich geschriebenen und akurat ausgedrückten Antworten auf die gestellten Fragen ersichtlich ist.

1. Die Pfarrei Schüttringen bestand damals (1755) aus den Ortschaften Schüttringen, Münsbach, Übersyren, Oberanven, Niederanven, Senningen, Rameldingen, Hostert und Ernster. Außerdem gehörten dazu der Weiler Neuheuser und zwei Gehöfte, die jedoch nicht genannt werden.

2. Weltliche Herren waren der Landesfürst, die Herren de Waldt, von Schengen, de Han, Wiltheim und Breiderbach, endlich noch der Abt von St. Maximin.

3. Das Patronatsrecht steht dem Abt von St. Maximin zu. Durch diese Abtei wurde die Pfarrei in der Zeit der Münsterabtei in der Vorstadt (Grund) bei Luxemburg einverleibt (Refectorio abbatiae Munsteriensi in suburbio Luxemburgensi infeodata fuit) insoweit der dem Pfarrer zukommende dritte Teil der Zehnten in Betracht kam. Dafür mußte der jeweilige Abt von Münster dem Abt von St. Maximin huldigen (onus homagii praestare) und ihn um die Übergabe der Pfarrei resp. der dem Pfarrer zukommenden Zehnten untertänigst (humillime) bitten, von welchen alsdann dem ständigen Vikar (vicario perpetuo) der dritte Teil, also der neunte Teil des Ganzen, geleistet werden mußte. Es ist jedoch nicht bekannt, ob dieses so zur Ausführung kam; denn seit mehr als hundert Jahren haben alle Pfarrer das ganze Drittel der Getreidezehnten eingezogen, während die Münsterabtei das dem Pfarrer zustehende Drittel der Heuzehnten in den Dörfern Schüttringen, Münsbach, Übersyren, Niederanven und Senningen einzog.

Ob die Abtei von St. Maximin das Patronatsrecht in allen Monaten besaß und ausübte, ist nicht bekannt. Jedenfalls hat der jetzige (1755) Pfarrer die in einem päpstlichen Monat fällig gewordene Pfarrei von dem (erzbischöflichen) Consistorium erhalten mit der Verpflichtung, der Münsterabtei den dritten Teil von allen Zehnten zu überlassen; von dem Provinzialrat von Luxemburg hingegen wurden dem Pfarrer sämtliche, auch von seinen Vorgängern eingezogenen Zehnten zuerkannt.

4. Das Schiff der Pfarrkirche wurde von den großen Zehntherren, nämlich von der Maximinerabtei, dem Herrn de Waldt und dem Advokaten Scheer neu erbaut. Das Chor jedoch, vor Alter zusammengebrochen, befindet sich fortwährend in demselben Zustande, indem die Zehntherren behaupten, der Pfarrer habe dasselbe instand zu halten, was dieser aber bestreitet. Seit mehr als zwanzig Jahren sammelt dieser Geldmittel aus den Einkünften der Fabrik, um das Chor neu zu bauen. Dem widersetzen sich aber die Zehntherren, haben jedoch den Gerichtsweg noch nicht betreten. Der Turm, den die Pfarrkinder zu unterhalten haben, befindet sich in leidlichem Zustande. Im Schiff gibt es keine Bänke, und nur in der Mitte einen Fußboden. Der Kirchhof ist nach allen Seiten hin offen, so daß die Tiere freien Zugang haben. Die Pfarrkinder denken aber nicht daran, die zerfallene Mauer wieder herzustellen, obgleich sie in den früheren Visitationen streng dazu angehalten worden sind. Die Pfarrkirche hat keinen Altar; die Messe wird auf einem benedizierten Tragaltare im Turm gefeiert. Die früheren, sehr elend aussehenden (vilissima) Altäre waren nicht fundiert. Zwei silberne Kelche sind vorhanden, aber kein Krankenciborium; die Wegzehrung wird den Kranken in einem Korporale getragen. Die Monstranz ist aus Erz und äußerst armselig. Den Schlüssel des Tabernakels besitzt der in Schüttringen wohnende Vikar. Bis jetzt lieferten die Einwohner kein Öl für die ewige Lampe. Nur hie und da wird solches von den verhängten Strafgeldern gekauft und brennt die Lampe an den Sonntagen, solange das Öl reicht.

Die hl. Ölgefäße und das Krankenciborium aus Silber wurden gestohlen und durch zinnerne ersetzt. Einen Predigtstuhl hat man wohl, er ist jedoch noch nicht in dem neuen Schiff aufgestellt. Beichtstühle sind nicht vorhanden. Die Taufbücher reichen nur bis 1711.

5. Die Geistlichkeit. — Pfarrer ist, wie oben gesagt, Herr Michael Meyß aus Luxemburg, seit Johannistag 1726. In Schüttringen hat er einen Vikar, namens Joh. Heinrich Scholer, der an seiner Stelle den Gottesdienst abhält und alle Sakramente spendet. Er ist approbirt wie auch der Frühmesser und Schulmeister Wagener, den die Einwohner von Schüttringen, Übersyren und Münsbach bezahlen. Auch in Hostert hält ein Geistlicher (er wird aber nicht genannt) Schule und Frühmesse. Er ist approbirt, führt einen sehr guten Lebenswandel und wird von den Einwohnern von Anven, welche die Kirche zu Hostert besuchen, bezahlt.

6. Kirchen. — Die Filialkirche in Hostert besitzt das Privilegium einer Pfarrkirche, spendet alle Sakramente, hat einen Kirchhof für diejenigen Einwohner, welche dieselbe benutzen, hat ein eigenes ihr zugewiesenes Volk, welches in ihr alle Sakramente, auch die österliche Kommunion empfängt; in ihr geschieht der ganze, vollständige Pfarrgottesdienst, sogar an den hohen Festtagen. Der Pfarrer residirt in Hostert und ist zu all diesem gehalten, genau so wie in Schüttringen, sei es in eigener Person, sei es durch einen Vikar. Früher binirte der Pfarrer in Schüttringen. Die Einwohner von Hostert hatten jährlich drei Pfund Wachs an die Pfarrkirche von Schüttringen zu entrichten. Es ist zu bemerken, daß die der Kirche von Hostert zugewiesenen Dörfer nicht genannt werden.

Die Pfarrkirche ist dem hl. Apostelfürsten Petrus, die Filiale von Hostert dem hl. Johannes dem Täufer geweiht. In Niederanven ist eine der hl. Cäcilia geweihte öffentliche Kapelle. Sie war anfänglich gestiftet, allein die daran geknüpften Schenkungen gingen in der Folge verloren, man weiß nicht einmal welcher Art diese Schenkungen gewesen sind. Die hl. Messe wird dort gelesen mit Ausnahme der Sonn- und Feiertage. Weihbischof von Nalbach hat dieses unter Strafe der Suspension ipso facto incurrenda verboten. Wenn jedoch das Fest der hl. Lucia und dasjenige des hl. Blasius auf einen Sonntag fallen, wird der Gottesdienst dort gehalten. Sie wird mit den darin gemachten Opfergaben unterhalten, von denen zwei Drittel dazu verwendet werden. In demselben Niederanven gibt es noch eine andere Kapelle, in welcher mit Ausnahme der Sonn- und Feiertage Messe geschieht. Sie ist an der königlichen Straße (via regia) gelegen. Sie besitzt ein Hofgut, dessen Pächter zum Unterhalt derselben verpflichtet ist. Auch die kirchlichen Gewänder muß der Pächter stellen. Alles erforderliche ist vorhanden und wird die in derselben gestiftete Messe regelmäßig am 15. jeden Monates abgehalten, wovon der Pastor nur 5 Imperialen bezieht. Der Patron dieser Kapelle wird nicht angegeben. Andere Benefizien gibt es nicht in der Pfarrei.

Eine Hauskapelle besitzt der Herr Joh. Heinrich Rademacher auf seinem Hofe zu Niederanven seit etwa vier Jahren. Die Erlaubnis, darin Messe halten zu dürfen, hatte er von dem Herrn Weihbischofe schon zwei Mal, jedes Mal für ein Jahr, erhalten. Dieser Messe durften nur beiwohnen der genannte Rademacher, ein Diener und diejenigen, welche die Bäder benutzen (ab utentibus balneo), aber nur an den nicht verbotenen Tagen. Sogar eine mündlich gegebene Erlaubnis, die aber jetzt abgelaufen ist, gestattete auch anderen, dort der hl. Messe beizuwohnen. — Über diese Badeanstalt findet sich keine weitere Mitteilung. Desgleichen ist dieser Rademacher sonst nicht bekannt.

7. Über die Schulen ist nur gesagt, daß der Lehrer seine Pflicht in zufriedenstellender Weise erfüllt (sat bene). Wieviele Lehrer amtierten, ist oben gesagt.

8. Über die Kirchensöhner beklagt sich der Pfarrer gar bitter. Er wirft ihnen große Nachlässigkeit vor und tadelt ihre Nachsicht gegen die säumigen Schuldner, von denen die meisten aus diesem Grunde kaum noch, andere gar nicht mehr zahlungsfähig sind.

9. Die Einkünfte des Pfarrers sind folgende: er bezieht in beiden Teilen der Pfarrei Schüttringen und Hostert den dritten Teil sämtlicher Zehnten, mit Ausnahme des dritten Teiles der Heuzehnten zu Schüttringen, Münsbach, Übersyren, Niederanven und Senningen, den die Münsterabtei erhält. Ferner hat der Pfarrer etwa 6 Fuder Heu aus den Widdumswiesen und ein und einen halben Morgen Ackerland.

Den großen Zehnten beziehen in Schüttringen für ein Drittel die St. Maximinerabtei, für das andere Drittel die Herren de Waldt und Scheer. Zu Nieder- und Oberanven hat diese Abtei zwei Drittel, die genannten Herren jedoch nichts von den großen Zehnten.

10. In Schüttringen sind zur Zeit nur zwei Synodalen; sind jedoch unnütz, weil sie ihres Amtes nicht walten. Sie melden die Sonntagsschänder nicht, verdecken und übersehen diese und andere Übertretungen, obgleich sie zu wiederholten Malen an ihre Synodalpflichten erinnert worden sind. Mit dem Pfarrer Meyß unterschreibt auch nur Heinrich Putz.

11. Nach Darlegung dieser Sachlage fragt man gewiß nach der Sanktion und den Mitteln, um Remedur zu schaffen. In betreff des baufälligen Chores zu Schüttringen wurde angesichts der andauernden Nachlässigkeit die Erlaubnis entzogen, noch fernerhin im Turm Messe zu lesen. Die Kirchhofsmauer muß unter Strafe des Interdiktes gebaut werden. Die Synodalen bekamen wegen grober Pflichtversäumnis einen schweren Rüffel; absetzen wollte man sie jedoch nicht.

(Fortf. folgt.)

Leben und Wirken des hochw. Hrn. Theod.-Zeph. BIEVER.

(Fortsetzung.)

XXXII. Andere Besuche. — Krankheiten. — Reise Biever's nach Madaba.

Während man zu Tabgha rüstig am Weiterbaue des Hospizes arbeitete, trafen, noch vor dessen Vollendung, mehrere Besuche daselbst ein, über welche Herr Weynandt folgende Mitteilungen macht: «Am «1. Mai (1891) erhielten wir den angemeldeten Besuch der Bayerischen-«Münchener Karawane. Sie bestand aus fünfundzwanzig Pilgern, wel-«che von Haïffa über Nazareth und Hattin kommend, für die ganze «Überlandreise ihre Zelte mit sich führten. Zwei Tage hatten wir diese «Karawane als Gäste bei uns. Das gemeinschaftliche Mittagsmahl und «Abendessen wurden in der von uns geräumten Bude, sowie in der

«Veranda eingenommen. Die Tage wurden benutzt von den Einen zum «Ausruhen in den Zelten, von den Anderen zu Ausflügen in der Um«gegend. Sehr gut gefiel es den deutschen Pilgern in Tabgha; nur «bedauerten sie sehr, daß das noch nicht vollendete Hospiz von ihnen «nicht in Anspruch genommen werden konnte zur Beherbergung. Am «dritten Tage wurde die Weiterreise fortgesetzt: Morgens in aller «Frühe wurden die Zelte abgebrochen und sorgfältig verpackt; nach «einem guten Frühstück in der Bude wurden die bereitstehenden «Pferde bestiegen, und fort ging es nach Tiberias, wo man den Nach«mittag zubrachte und am anderen Morgen in der Frühe über Seik «el Hamize, Tabor, Naïm weiter ritt um durch Samarien über Naplouse, «das alte Sichem, in fünf Tagen Jerusalem zu erreichen, wo die ganze «Karavane im Hospiz des deutschen Palästinervereines abstieg. P. «Zephyrin begleitete dieselbe bis nach Jerusalem, und dort diente er «derselben als fachkundiger Führer, wie wohl kein zweiter es hätte «besser machen können.»

Drei Tage später (d. h. nach der Abreise der Münchener Karavane) traf ein neuer Besuch in Tabgha ein: «Am 6. Mai hatten wir den «Besuch des deutschen Herrn Generalkonsuls Dr. Schrœder aus Bey«rout, der von uns recht gastlich aufgenommen wurde und zwei Tage «mit seiner Begleitung bei uns zubrachte; hatten wir ja für sein stram«mes Auftreten im verflossenen Jahre noch eine Dankesschuld an ihn «abzutragen.[174]) Wir unterhielten uns mit ihm über diese Angelegen«heit, drückten aber auch den Wunsch aus, nicht mehr in eine solche «Lage kommen zu brauchen.[175]) Es tat dem Herrn Konsul leid, daß

---

[174]) Im vergangenen Jahre, noch vor Ankunft Biever's zu Tabgha, war ein junger bei Franz Keller angestellter Deutscher (Hoffman mit Namen), welcher in Begleitung eines Knechtes in Geschäftssachen nach Tiberias gereist war, auf der Rückreise nach Tabgha von ein paar Strolchen überfallen worden. Nachdem sie ihm seine Waffen und die angekauften Sachen abgenommen, schlugen sie ihn halbtot, und brachten sich mit ihrem Raube und mit Hoffman's Pferd, wie sie glaubten, in Sicherheit. Aber Dib, der treue Knecht, hatte die frechen Wegelagerer. aus dem Stamme der Ghoarné, aus der Genesareth-ebene, erkannt. Er hatte allsogleich die Flucht ergriffen, um Herrn Keller von dem Vorfalle in Kenntnis zu setzen. Gleich ritt dieser zur Unglücksstelle, ließ den Bedauernswerten zur Ansiedlung bringen und für dessen Pflege sorgen. Er telegraphierte aber auch sofort an den deutschen Generalkonsul in Beyrout. Bereits am folgenden Tage kam der Vize-Konsul mit einer Anzahl von Polizeisoldaten von Saffed, um die Angelegenheit zu untersuchen. Sofort, auf die Aussage Dib's hin, begab er sich zu den Zelten des genannten Stammes: hier fand man das Pferd, welches bereits an andere verkauft worden war, Hoffman's Waffen und auch die übrigen von ihm gekauften Gegenstände. Sofort wurden die Übeltäter gefangen genommen, gebunden, nach dem Kreisstädtchen Saffed gebracht und dort eingekerkert, wo sie verbleiben mußten — bis man sie, nach Erlegung eines bestimmten Lösegeldes, wieder laufen ließ. (Weynandt.)

[175]) Während meines mehrjährigen Aufenthaltes in Tabgha hatten die

«er die Bekanntschaft des neuen Direktors, P. Biever, nicht machen «konnte und so ritt er am dritten Tage mit seiner Begleitung über «Hattin, Nazareth und Haïffa nach Beyrout zurück.»

.«Im Mai 1892 traf die Karawane des deutschen Palästina-Vereines «von Köln, fünfundvierzig Mann hoch, in Tabgha ein. Besondere «Freude bereitete es Herrn Weynandt, namentlich aber Herrn Biever, «daß unter diesen Pilgern sich auch ein Luxemburger befand, nämlich «Herr Johann Hintgen,[176]) Rentner aus Bettemburg, den Herr Biever «ja während seines dortigen Aufenthaltes kennen, schätzen und lieben «gelernt hatte. Die Karawane wurde im Hospiz untergebracht und ver«blieb drei Tage bei uns. Diese Tage hindurch hatten wir daher aber «auch recht viel Arbeit. Sehr zufrieden mit dem guten Empfange und «Aufenthalt bei uns, ritten die liebgewonnenen Pilger weiter über Sa«marien nach Jerusalem, wohin P. Biever auch sie begleitete.»

Wie ich schon weiter oben[177]) mitgeteilt, endigt Herr Weynandt seinen Bericht über die Kulturarbeiten zu Tabgha mit dem Stoßseufzer: «Somit wäre alles zum Besten gegangen, wenn die Krankheiten nur «von uns fern geblieben wären.»

Weil während der Monate August, September und Oktober die Hitze derart stark ist, daß «auf den Höhen und Bergesabhängen alles Gras verdorrt», tritt auch das Fieber derart stark auf, daß die Europäer, selbst die robustesten Naturen, schrecklich davon zu leiden haben. P. Biever bekam nun den glücklichen Gedanken, zu Saffed, wohin alle nicht zum eigenen Gebrauche der Kolonie von Tabgha nötigen Gartenprodukte täglich gegen gute Bezahlung abgeliefert wurden, ein Haus zu mieten, wohin er und seine Hausgenossen sich abwechselnd zurückziehen konnten. «Von uns vier Europäern[178]) waren meistens «immer zwei abwechselnd auf den Bergen von Saffed. Das Fieber «hatte Überhand bekommen, und, trotz aller guten Sorge und Pflege, «hatten wir viel darunter zu leiden. Waren wir etliche Tage von Tabgha «fort, dann ging es besser; man fürchtete sich fast, nach oft achttägiger «Abwesenheit, das doch schon so liebgewonnene Heim von Tabgha «wieder aufzusuchen, da ein Verweilen daselbst gewöhnlich nicht von «langer Dauer war. Deshalb sehnten wir uns denn auch gar sehr nach «der Regenperiode, welche uns etwas Erleichterung brachte, weil dann «die Hitze nachließ und wir in unseren Zimmern besser ausruhen «konnten.»

Nachdem Biever die Kölner Karavane nach Jerusalem begleitet hatte (im März 1892), entschloß er sich, seinen alten Pfarrkindern den bei seinem Abschied versprochenen Besuch zu machen und reiste er des-

---

guten Leute in der Umgegend allen Respekt vor uns Deutschen, und bin ich, zu jeder Stunde des Tages oder der Nacht, unbehelligt geblieben, sowohl in der Umgebung des See's (Genesareth), als auch auf den drei- oder viertägigen Reisen nach Kaïffa und Samarien. (Weynandt.)

176) Ein Oheim des hochw. Herrn Bernard Klepper, Pfarrer in Keispelt.

177) Kapitel XXX, am Schlusse des vorletzten Alinea's.

178) Keller, Biever, Weynandt und Hoffman.

halb nach Madaba, welche Reise ihm aber gar übel bekommen sollte, wie wir noch hören werden. Während seiner Abwesenheit «hatten wir auch in unserer Gegend», schreibt Weynandt, «eine Art Cholerakrank-«heit, welche viele Einwohner dahinraffte. Von der Regierung wurden «alle Dörfer abgesperrt und mit Soldaten besetzt; nur mit einem «vom Kaimakam ausgestellten Passierscheine konnte man sich auf eine «Reise begeben. Direktor Biever war schon über drei Monate abwe-«send; Franz Keller weilte zu Tiberias im Hospiz und hatte keine «Hoffnung mehr auf Genesung, da derselbe während seines langen «Aufenthaltes in Tabgha schon zu viel mitgemacht hatte. Nun traf «auch die Krankheit mich, und wenn nicht zufällig der hochw. P. Don «Aegidius, Rektor von Kefr Kama bei uns passiert wäre, der mich «bat, fortzugehen, was mir aber bei meinem Schwächezustand nicht «möglich war, mich am anderen Tag durch Schiffsleute hätte abholen «lassen, hätte ich nicht mehr nach Tiberias kommen können. Hier «erholte ich mich ein wenig, ließ mir dann einen Passierschein aus-«stellen, bestieg mein Pferd und ritt, von unserm treuen Knecht Dib «begleitet nach Nazareth, um im dortigen Hospital der Barmherzigen «Brüder Aufnahme zu finden. Nach etlichen Wochen konnte ich so-«dann nach Kaïffa zur Niederlassung der deutschen Borromäerinnen-«Schwestern mich begeben, wo ich auch gut hergestellt wurde, und nach «zweimonatlicher Abwesenheit nach Tabgha zurückkehren konnte. In «Kaïffa erhielt ich jede Woche den Besuch eines unserer Knechte, «welcher mich über den Fortgang der Wirtschaft in Tabgha im Laufen-«den hielt und mir die aus dem Erlös unserer Produkte eingegangenen «Gelder überbrachte, welche ich bei unserem Bankier, Herrn A. Dück «& Compagnie deponierte. Nach Tabgha zurückgekommen, fand ich «alles in gutem Zustande. Unser Hauptgärtner Anton hatte alles gut «besorgt. Aber die beiden Haushälterinnen waren während meiner Ab-«wesenheit auch krank geworden und deshalb nach Tiberias abgereist. «Die eine davon starb kurze Zeit nachher, die andere hatte eine Stelle «als Lehrerin an der katholischen Mädchenschule zu Tiberias ange-«nommen.[179]) Somit mußten wir (Mannsleute) die Führung unserer «Haushaltung wieder selbst übernehmen, woran wir ja auch selbstver-«ständlich gewohnt waren.»

Wie bereits mitgeteilt, hatte P. Biever eine Reise nach Madaba angetreten. «Dort wurde er krank und erhielten wir (während der drei «ersten Monate) nur spärliche Auskunft über sein langes Fernblei-«ben. . . . . . . Noch immer keine Nachricht von P. Directeur Biever. «— Jetzt sind es sechs Monate seit er fort ist. — Doch: Eines Tages, «abends spät, kam ein uns unbekannter Mann, mit sehr geheimnis-«voller Miene, zu uns und überbrachte mir ein Schreiben von P. Biever, «worin derselbe mir schrieb, daß er in Quarantaine sei, an der Jordan-«Brücke, unterhalb des See's von Tiberias, am Jesser el Modjamed, «und daß er dort, nach angestrengter Reise, aus dem Ortsjordanland «von Madaba nach El Hôsen in Hauran, mit einer Karawane kommend,

---

[179]) Von diesen 3 Personen war Rede im letzten Abschnitt des Kapitels XXX.

«endlich in unserer Nähe sei, aber wegen der Sperre nicht durchkommen «könne, daß aber dort weder Wohnung noch Zelte seien und auch keine «Lebensmittel vorhanden, um die acht Tage in Quarantaine auszuhalten. «Sofort trafen wir Anstalt, um alles Mögliche zusammenzubringen und «mit dem Morgengrauen nach der sechs Stunden entfernten Brücke «abzureisen. Unser Zelt, Kisten mit Wein und Conserven, Reis, Mehl, «frisch gebackenes Brod, Decken und sonstiges, alles gut verpackt, «wurde auf drei Maulesel geladen und in Begleitung zweier unserer «Knechte ritt ich am frühen Morgen über Tiberias nach der Brücke «zu, wo wir am Nachmittag ohne bedeutenden Unfall gegen 4 Uhr «ankamen. In der Ferne, jenseits des Jordanflusses, gewahrte ich «den P. Biever sich ergehend, und um ihn auf unsere Ankunft auf«merksam zu machen, löste ich zwei Schüsse aus meinem Gewehr ab. «Sofort erkannte er uns, und in raschem Schritt kehrte er zum Lager «zurück, um die anderen Leidensgenossen von unserer Ankunft zu «benachrichtigen. An der Brücke angelangt, zeigte ich den Wächtern «ein Schreiben — Teskéret — des Kaimakams aus Tiberias, und «durften die Sachen hinübergebracht werden; uns aber wurde aus«drücklich befohlen, nicht mit den Gesperrten in Verbindung zu kom«men. Nachdem alles in Ordnung hinübergebracht war, unterhielt ich «mich mit dem Chef der Besatzung und spielte auf ein gutes Back«schisch an, wenn ich zu P. Biever hinüber könnte. Soweit waren wir «einig geworden, daß ich bei Dunkelheit über die Brücke hin zum «Lager der Eingeschlossenen gelangen konnte, wo ich mit großer Freude «und lautem Jubel aufgenommen wurde. Bei P. Biever befand sich «auch unser Architekt aus Kaïffa, Herr Schumacher, welcher in der «Nähe zum Planaufheben der neuen Eisenbahn mit mehreren anderen «deutschen Herren eben eingetroffen war. Nun wurde es recht gemüt«lich im Lager, nachdem inzwischen unser Zelt aufgeschlagen worden «und die gesamten Vorräte hineingebracht waren. Unter Staunen und «Bewunderung wurden alle die von mir mitgebrachten Sachen mit dem «besten Appetit verzehrt. Etliche Flaschen Wein wurden geleert, auf «dem flotten Feuer wurde eine gute Reissuppe mit Hammelfleisch ge«kocht und auch die Conservenbüchsen nicht geschont. Nun wurde «sich noch bis fast zur Morgendämmerung unterhalten und beraten, «was zu tun wäre, um sobald als möglich aus dieser mißlichen Lage «befreit zu werden: So sollte ich dem Vorsteher der Soldaten heim«lich melden, das schöne Trinkgeld würde desto eher gespendet, je «eher der Direktor Biever nach Tabgha abreisen könnte. Das zog. «P. Biever konnte nach dreitägiger Sperre mit uns nach Tabgha zu«rückkehren. Kurze Zeit nachher meldete sich auch dort unser Offi«zier und wurde er wegen seiner Großmut reichlich belohnt. Es war «aber auch die höchste Zeit, daß P. Biever wieder in eine ordentliche «Haushaltung kam; denn seine Gesundheit war sehr schlecht, da die «vielen Strapazen und Entbehrungen auf seiner sechsmonatlichen Reise «ihm arg zugesetzt hatten. Auch wir, wie das ganze Arbeiterpersonal, «waren froh, den Direktor wieder bei uns zu sehen.»

(Forts. folgt.)

Logements militaires à Luxembourg pendant la période de 1794—1814. (Par Alphonse RUPPRECHT.)

(Suite.)

Marché-aux-Poissons. [69])

---

[69]) *Fischmarkt; Forum piscium* dans les vieux documents en langue latine. Emplacement réservé aux poissonniers pour l'étalage de leur marchandises (v. note 56). Le Marché-aux-Poissons formait le centre du quartier connu sous le nom d'*Aalstät* et était avec la large rue devant l'église St. Michel la principale place publique de nos aïeux. C'était le centre des affaires. La place devant l'église St. Michel servait anciennement de marché, on l'appelait *Altmarkt, vieux marché,* pour le distinguer du nouveau marché établi près de l'église St. Nicolas, bâtie en 1120 sur l'emplacement de la Chambre des Députés actuelle. Un acte de 1623 et un autre de 1679 la désignent sous le nom de *Keesmarkt* (Würth-Paquet, op. c°, pp. 117 et 118). Le nom de Keesmarkt (écrit Keesmark) se retrouve également dans un règlement de la ville de l'année 1537 dont nous donnons ci-après le titre et quelques dispositions:

«*Ordnung wes ein jeder Inwoner dieser Stadt Lutzenburg zu haltten hatt, wannehr lermen oder die storm glocken gelautt wirtt es sei zu feuer oder sonst, verordnet unter dem Richter Hern Mangroltz im Jar 1537.*

Anfanclichen so baldt die Storm glocken oder sonst ein lermen gelautt wirt sollen alle Pfortner ein jeder sein Pfort Postiern zu schliessen und die Schlüssel zus Richtershaus verwartter handt brengen und liefern, und von stund als der Richter solchs horett weis wirtt oder vernimbt soll er sich sonder alles vorziehen mitt dem fenttgen uff den Keesmark (sic) verfügen bei dem sich beide Stadt buddell oder botten sonder alles verziehen ehrscheinen sollen bei Pene des meineydts.

Item dergleichen soll sich auff dem selbigen Platz der Stadt Baumeister sambt sein grauen knecht mitt allen schlusseln auch bei vurs. Penen bei dem Richter finden lassen.

Item an stundt die borger solchs storms weis werden und bericht seindt sollen sich nemlich die zu pflichmeistern verordent ein jeder mit seinem Harnisch und gewere sunder alles vorziehen uff sein Pfleg vorfugen und daselbst wartten und nicht dauon weichen bis uff bescheidt Irs Pfieghern bei obgemeltter Penen sambt anderer geltstraiff.

Item die andern burger so nicht zu den Pflegen verordnet die sollen sich auffs aller vleisigst Inen moglich mitt Irem harnisch und gewehre uff dem vurst. Keesmark bei dem Richter verfugen, und daselbst nicht weichen noch wencken wieder umb wenig noch viel sonder beharren bis uff vorgeschrieben Richters bescheidt.»

Un règlement de la ville de Luxembourg en date du premier juin 1854 qui attribua de nouvelles désignations à plusieurs rues, porte que «la rue formant la descente au Pfaffenthal, à partir du Marché-aux-Poissons, sera désignée sous le nom de *Wiltheim*, du nom de l'illustre famille de Wiltheim, dont la maison y était située» (v. note 67), «le passage conduisant de la rue des Eaux au Marché-aux-Poissons, portera le nom de *rue de la Loge*, la partie du Marché-aux-Poissons située entre la porte du Château et la rue des Eaux sera nommée *rue St. Michel*, du nom de l'église y située.»

Rue Wiltheim. La famille *Wiltheim* semble être originaire de St. Vith, où elle a pendant plusieurs générations rempli des fonctions municipales. Plusieurs membres ont bien mérité de la partie luxembourgeoise dans la magistrature et le sacerdoce, plusieurs ont brillé surtout par des recherches et des ouvrages sur l'histoire luxembourgeoise, dans lesquels ils nous ont conservé les dessins d'un grand nombre de monuments antiques. Jean de Wiltheim, né à St. Vith, le 18 mai 1558, décédé à Luxembourg, le 5 janvier 1636, était greffier du Conseil provincial à Luxembourg. Il avait épousé Marguerite Brenner de Nalbach, dont il eut une nombreuse postérité. Trois de ses fils entrèrent dans la compagnie de Jésus et s'illustrèrent par leurs savantes publications (Alexandre, Jean-Guillaume et Jean-Gaspard); un fils (Eustache) fut président du Conseil provincial; un autre (Jean), avocat près le même corps; deux de ses filles (Claude et Catherine) se firent religieuses et trois autres (Marie, Marguerite et Dorothée) s'unirent par le mariage à Christophe Binsfeld, conseiller resp. à Roger de Bergeroth, également conseiller et à Jean de Busbach, assesseur à la diète de Spire (Cf. Neyen, Biographie luxembourgeoise, T. II, pp. 246—256, Ons Hémecht, 1902, p. 349).

Rue de la Loge. Cette rue était anciennement appelée *rue du Kramerhaus*, de la maison de la communauté des *merciers* y située (v. ci-dessous le numéro 234); une ordonnance du 12 décembre 1673 la désigne ainsi (Cf. Würth-Paquet, op. c° p. 103). Elle tire son nom actuel *de la loge maçonnique* «*Les Enfants de la Concorde fortifiée*» établie depuis 1818 dans ladite maison qui fut acquise sur l'Etat, par MM. Gellé et Scheffer, lors de la vente par licitation ordonnée par jugement du tribunal de première instance de Luxembourg en date du premier juillet 1818. Le Gouvernement de la République en avait pris possession en exécution de la loi des 2 et 28 mars 1791 (publiée dans le département des Forêts le 22 novembre 1795) supprimant les maîtrises et jurandes. Comme association civile la Loge de Luxembourg portait le nom de *Société littéraire de Luxembourg*. Créée par acte du notaire Jean-François, le jeune, de Luxembourg, en date du 27 avril 1818 pour une durée de 50 ans, la société fut prorogée resp. reconstituée par acte du notaire Ransonnet, de Luxembourg en date du 28 décembre 1890. Par actes du notaire Weckbecker, de Luxembourg des 13 novembre 1909 resp. 9 juillet 1910, elle fut transformée, au regard des art. 29 et suivants du code de commerce, en «société anonyme pour la création de bibliothèques, l'achat et la vente de livres, de boissons et denrées alimentaires» et autorisée comme telle par arrêté grand-ducal du 3 août 1910. Parmi les apports de l'ancienne «Société littéraire» figure la maison susmentionnée, aujourd'hui le N° 5 de la rue de la Loge (v. Mémorial du G.-D. de Luxembourg, 1910, pp. 625—631).

Rue St. Michel. D'après N. Breisdorff (Geschichte der St. Michaelskirche zu Luxemburg, Publ. 1856, T. II, pp. 79 et ss.), l'origine de l'église St. Michel remonte au 10e siècle. Elle fut ravagée par des incendies en 1509, 1594 et 1679 ainsi que par le bombardement de 1683—1684.

De 1798 à 1803 elle avait été affectée par le gouvernement de la République, sous les noms d'*édifice destiné aux réunions publiques* et de *temple décadaire,* à la tenue des réunions des corps constitués, aux jours de décades et fêtes républicaines, et fut rendue au culte le 7 germinal an 11 (28 mars 1803).

Grâce à la sollicitude de Mr le curé-doyen Bernard Haal (v. note 18), qui en fut le premier habitant, la maison presbytériale et la sacristie adossées à l'église ont été construites par l'administration de la ville en 1886—1887. Le crédit voté à cette fin à la séance du conseil communal du premier mai 1886, était de 29 000 francs, dont seulement 28 439.93 francs furent dépensés (v. Bulletins communaux de 1886—1888). Le chronogramme suivant a été inscrit à la façade de la sacristie, au pied d'une statue en pierre du Bon Pasteur.

sUb tUteLa bonI pastorIs
prosperetUr DeIparae DeDIta
CIVItas LUCeLbUrgensIs

Dans le jardin du presbytère est conservée la statue en pierre de Saint-Michel qui ornait autrefois le portail de l'église de ce nom et qui pour cause de vétusté fut remplacée vers 1880 par la statue actuelle. Lorsqu'après l'entrée des républicains à Luxembourg, les *signes extérieurs du culte* furent supprimés, la statue du patron de l'église St.-Michel ne fut nullement dérangée. Les républicains y voyaient l'image de la Révolution: La balance tenue par le saint symbolisait pour eux l'égalité, le dragon sous ses pieds, la noblesse et le clergé terrassés, le glaive dans ses mains, la vengeance de la République, et la coiffure, le bonnet phrygien des jacobins (N. Breisdorff, op. co, p. 112).

L'aménagement de la place du Marché-aux-Poissons, telle qu'elle se présente aujourd'hui avec la balustrade et la colonne d'affichage, parait coïncider avec l'acquisition des maisons numéros 212 à 215 par MM. Pescatore (v. note 67). Un urinoir était installé dans la colonne d'affichage jusqu'à l'établissement du chalet de nécessité construit à proximité en 1904. Au milieu de la place une plaque en pierre indique l'emplacement de l'ancienne Chancellerie démolie en 1685. Une partie des caves de ce bâtiment sert aujourd'hui de dépôt à la ville.

Antérieurement à la loi du 18 juin 1879 portant revision du code pénal, les condamnations aux peines de mort, du carcan et de la flétrissure étaient exécutées au Marché-aux-Poissons. D'après l'art. 9 du code pénal revisé l'exécution de la peine de mort se fait aujourd'hui dans l'enceinte de la prison qui sera indiquée par l'arrêt de condamnation. Le carcan ou l'exposition publique (Ausstellung am Pranger, Stillchen) et la flétrissure ne sont plus compris parmi les peines du nouveau code pénal.

Une formalité judiciaire qui trouvait son accomplissement également au Marché-aux-Poissons et qui a subsisté jusqu'en 1890, c'était la publication des arrêts contumaciaux rendus par la Cour d'assises. L'arrêt était affiché entre 11 heures du matin et midi à un poteau planté au milieu de la place du Marché-aux-Poissons par l'exécuteur des hautes œuvres et gardé par deux gendarmes. Par la loi du 29 janvier 1890 (Mém. 1890, p. 29) ce mode de publication a été remplacé par l'insertion de la sentence dans les journaux et l'affichage à la maison commune, au siège de la Cour d'assises et au lieu du crime.

219. *Jean Reis*, quartier d'officier de 3 chambres une avec cheminée au deuxième étage sur le devant pour 18 hommes dans les 2 grandes chambres et dans la troisième au premier étage par derrière pour un capitaine dont le domestique occupe une toute petite chambre à part, en tems de garnison ordinaire un capitaine au quartier d'officier.

7 places au bâtim. ppal. 10 à un bâtiment joignant.

1 écurie pour 10 chevaux.70)

220. *Michel Hesse*, propriétaire, plusieurs locataires, 1 chambre au deuxième étage pour 3 hommes, en tems de paix ne loge.

5 places.

221. *Jean Forty*, quartier d'officier de deux chambres au deuxième étage sur le devant pour 1 capitaine, en tems de paix pour 1 officier.

8 places au bâtim. princip. 1 derrière.

1 écurie pour 4 chevaux.71)

---

70) Aujourd'hui le numéro 8 de la rue Wiltheim. *Jean-Baptiste Reis*, époux de Catherine Thill, était en 1794 aubergiste et marchand de tabacs. D'après les *almanachs de poche de Luxembourg, pour la période de 1796 à 1816* les messagers d'Echternach, de Vianden, de Neuerbourg et de Bitbourg y descendaient.

Catherine, fille de J.-B. Reis, épousa à Luxembourg, le 24 octobre 1810, M. *Charles-Borromée Simonis*, originaire d'Arlon, géomètre de première classe faisant fonctions d'ingénieur vérificateur du cadastre et de juge de paix du canton de Luxembourg, y décédé le 24 novembre 1858. De ce mariage: Jeanne-Marie-Françoise Simonis qui épousa en 1839 M. *Jean-Pierre Michaëlis*, professeur puis directeur de l'Athénée, décédé à Luxembourg, le 29 novembre 1867 et Mathias-Charles-Edouard Simonis, avocat, membre de la Chambre législative de 1854—1856; avec quelques interruptions conseiller communal, échevin et bourgmestre de la ville de Luxembourg de 1848—1875, y décédé comme bourgmestre, le premier novembre 1875 (Neyen, op. c°, T. III, suppl. pp. 308 et 399).

La maison est aujourd'hui la propriété de la dame Marguerite Michaëlis, fille des époux Michaëlis-Simonis et veuve de M. *Mathias Kauffman*, de son vivant receveur de l'enregistrement et des domaines à Luxembourg qui habitait la maison et dont les bureaux y étaient installés jusqu'au premier février 1893, date de son décès. Un bel ornement en fer forgé, au-dessus de la porte d'entrée, montre les initiales K. M. (Kauffman-Michaëlis). Une tradition de famille rapporte que la maison appartenait anciennement comme refuge à une congrégation religieuse.

71) Aujourd'hui le numéro 4 de la rue Wiltheim. Propriétaires successifs: Charles puis Antoine Larue, tanneurs, Henri Hintgen, Guill. Schmitz. La maison avec ses œils-de-bœuf et sa porte d'entrée dans le genre baroque porte l'empreinte d'une époque reculée. Entre elle et la maison numéro 6 (Kauffman-Michaëlis) se trouve l'entrée du passage et de la cour dits *Scheersloch, Schèeschlach* (trou des tondeurs?). Une ordonnance du Conseil provincial du 4 mars 1637 relative à la

222. Les frères *Wandernoot* (sic), quartier d'officier de 4 chambres toutes au deuxième étage sur le devant, 2 avec cheminée, pour 28 hommes, en tems ordinaire pour 1 officier d'Etat-Major.[72])

---

propreté des rues en fait mention dans les termes *bey dem Scherersloch*. Selon la tradition c'est à cet endroit que débouchait le vieux chemin romain dont il a été parlé dans la note 54 (Cf. Würth-Paquet, op. c°, p. 119). Dans la cour une arcade et deux têtes de forme antique encastrées des deux côtés dans les vieux murs, appellent particulièrement l'attention de l'archéologue.

[72]) Aujourd'hui le numéro 2 de la rue Wiltheim, propriété des Sœurs Franciscaines depuis le 26 août 1903. Propriétaires successifs: Les époux Vincent Coster et Jeanne Schlinck, négociants; Augustin-Alexandre Moreau, auparavant bonnetier à Troyes (France) qui y exploitait une fabrique de tricots; Jean Holbach; les époux Schmit-Gronimus et Mademoiselle Constance Michaëlis. Le rez-de-chaussée avait pendant un certain nombre d'années servi de débit enseigné «Café de la Concorde». A la façade rue Wiltheim fut adossé jusqu'en 1904 un des reposoirs de la procession de St.-Adrien, celui qui est dressé depuis lors au milieu de la place du Marché-aux-Poissons.

Les frères *Van der Noot* (orthographe que nous avons trouvée dans des documents authentiques), *Jean-Laurent et Jean-Nicolas les Van der Noot*, marchands de draps, furent les fils de Jean-Baptiste-Lambert Van der Noot, originaire de Frisange et de Marie-Barbe Reuter. Dans les registres des anciennes paroisses de la ville de Luxembourg Jean-Baptiste-Lambert Van der Noot figure comme ayant rempli itérativement les charges de maître du métier des drapiers et de Fohrmeister. (Les drapiers avaient l'honneur de marcher à la tête des métiers et d'exercer une prépondérance sur les autres corps. Ils fournissaient le Foiremaître qui, avec les jurés du métier, exerçait la police et une certaine juridiction à la foire dite Schobermesse, où il se promenait fièrement portant à la fois l'épée et la canne et suivi de sergents de ville armés de hallebardes. — (V. J. Ulveling. Notice sur les anciens treize maîtres et les corporations des métiers de la ville de Luxembourg. Bück, 1859.)

Jean-Laurent Van der Noot, né à Luxembourg, le 28 juin 1754, y décédé le 17 avril 1806, avait contracté mariage à Luxembourg, le 3 janvier 1768, avec Marie de Verniolles, fille des époux Marc-Antoine de Verniolles et de Marie-Anne Benf, de Krackelshof (Bettembourg).

Jean-Nicolas Van der Noot, né à Luxembourg, le 27 octobre 1759, y décédé le 9 juillet 1822, avait épousé à Luxembourg, en premières noces, le 14 novembre 1784, Marguerite-Thérèse et en secondes noces, le 18 mai 1801, Marie-Madeleine Namur, filles de Jean-Pierre Namur, marchand et baumaître et d'Elisabeth Ring, de Luxembourg.

Les frères Van der Noot furent proches parents de Jean-Théodore Van der Noot, vicaire apostolique, né à Luxembourg, le 6 avril 1769, y décédé le 19 avril 1843. Leurs descendants entrèrent par alliances dans les *familles Débické, Keucker, Maréchal-Hencké, Servais-Bailleux, Settegast*, de Luxembourg, et *Mayrisch-Wagener*, d'Echternach.

(A suivre.)

Das Eligiusamt zu Luxemburg.

Vorwort.

«Das Handwerk im Mittelalter» bietet erfahrungsgemäß den meistbesuchten Anziehungs- und Mittelpunkt der historischen Museen. Unvergeßlich sind die lehr- und wechselreichen Bilder, welche der Besucher der Gewerbeausstellung in Köln und des musée de Cluny von Paris in seinem Geiste mit fortnimmt. Ein wertvolles Glück vom echten, unverfälschten Mittelalter in unserm Jahrhundert der Elektrizität und des Luftschiffes!

Auch die Bürgerschaft Luxemburgs kann Jahr um Jahr Zeuge des «Handwerks im Mittelalter» sein, wenn während der Muttergottesoktave in der Domkirche der eiserne Votivaltar im Lichterglanz erstrahlt und wenn am Sonntag der Schlußprozession die alten Zunftschilder durch die Straßen der Hauptstadt getragen werden. Welchen Landsmann sollte darum die Neugierde nicht antreiben, Näheres über das alte Luxemburger Handwerk zu erfahren?

Außer mehreren flüchtigen Notizen, die sporadisch in der Presse, in der «Hémecht», im «Luxemburger Land» und in den «Publications» erschienen sind, haben sich hierzulande zwei eingehendere Arbeiten die Darstellung des mittelalterlichen Zunftwesens Luxemburgs zum Ziele gesetzt: J. Ulveling, Notice sur les treize maitres et les corporations des métiers de la ville de Luxembourg, erschienen in den Publications de la société archéologique, année 1858, und K. Arendt, Unsere ehemaligen Handwerker- und Gewerbe-Innungen. Über die Schützenbruderschaft sind zwei Monographien veröffentlicht worden: Ch. Gemen, Notice sur la confrérie armée dite de st. Sébastien à Luxembourg, erschienen in «Das Luxemburger Land», Jahrgang 1883, S. 151—153, 162—164, 175—176, 184—186, 200—201, 210—211, und J. Küborn. Beitrag zur Geschichte der Sankt-Sebastianus-Bruderschaft oder der Schützengesellschaft in Luxemburg. Programmabhandlung des Gymnasiums zu Luxemburg 1894—1895. — Über «Die Schuhmacherzunft zu Luxemburg» veröffentlichte das «Luxemburger Wort» in drei Nummern, Ende Oktober 1901, einen Vortrag des Verfassers vorliegender Arbeit. Sehr wertvolle Beiträge zur Geschichte unsers frühern Zunftwesens lieferten N. Peffer in «Le pays et la franchise de Wiltz sous le régime féodal», sowie Pfarrer Kalbersch in seinem zweibändigen Werk «Gebrauch und Mißbrauch geistiger Getränke, oder Wein und Branntwein im Mittelalter und in unserer Zeit».

Die Erforschung des mittelalterlichen Zunftwesens gestaltet sich von Jahr zu Jahr schwieriger, weil die Quellen allmählich versiegen, weil die Urkunden, die sich zumeist in den Händen von Handwerkern befanden, nach und nach der Bestaubung und Vernichtung zum Opfer fallen. Die Erbin des alten Eligiusamtes, die noch bestehende, aber auf eine kleine Mitgliederzahl zusammengeschmolzene Eligiusbruderschaft zu Luxemburg hat ihre Archive pietätvoll und möglichst vollständig bis zum heutigen Tag bewahrt. Diesen historischen Schatz wenigstens inhaltlich der Nachwelt zu retten, das soll der Hauptzweck dieser Arbeit sein. Eine lebhafte Genugtuung wäre es dem Verfasser, wenn er damit einen, wenn auch bescheidenen Beitrag zur Geschichte des heimatlichen Handwerks im Mittelalter geliefert hätte.

Er spricht seinen aufrichtigen Dank dem Vorstand der Luxemburger Eligiusbruderschaft, dem Sohn des langjährigen, nunmehr verstorbenen Präsidenten Herrn Joh. B. Hollenfeltz für gütige Überlassung des Bruderschaftsarchivs aus und sendet einen besonderen Dank nach Trier an Herrn Schmiedemeister Schäffer für die zahlreichen gefälligen Mitteilungen und Auskünfte über die Trierer Zunftarchive.

Der Verfasser.

Einleitung.

Lächelnd versetzte darauf der alte würdige Richter:
«Ihr erinnert mich klug, wie oft nach dem Brande des Hauses
Man den betrübten Besitzer an Gold und Silber erinnert,
Das geschmolzen im Schutt nun überblieben zerstreut liegt.
Wenig ist es fürwahr, doch auch das Wenige köstlich,
Und der Verarmte gräbet ihm nach und freut sich des Fundes.
Und so kehr' ich auch gern die heitern Gedanken zu jenen
Wenigen guten Taten, die aufbewahrt das Gedächtnis.»
(Gœthe. Hermann und Dorothea. 6. Gesang.)

Einem gewaltigen Orkan gleich, der mit elementarer Gewalt hundertjährige Eichen im schützenden Forst wie Strohhalme knickt, und auf dem freien Felde die hoffnungsreich reifenden Saaten niederwirft, so brauste im letzten Dezennium des achtzehnten Jahrhunderts die große französische Revolution durch die Städte und Gaue des Luxemburger Landes. Eine nach der andern sanken die stolzen Burgen auf den Höhen. Vermeintlich ewige Rechte wurden mit einem Federstrich abgeschafft, tausendjährige Traditionen in einigen Augenblicken beseitigt. Das nämliche Los hatten die Luxemburger «Ämter», jene wirtschaftlichen Institutionen, an denen unsere Vorfahren jahrhundertelang geplant und gearbeitet, für deren Ausbau und Erhaltung sie ihr Bestes, ihre Zeit, Liebe und Kraft eingesetzt hatten. In und mit ihren Handwerkerorganisationen hatten sie Werke von Opfergeist und Kunstsinn geschaffen, die bis heute trotz verbesserter Technik unerreicht dastehen. Allerdings sind manche Dinge jener Zeit durch den Fortschritt überholt und durch Besseres entwertet worden. Manche Institution jedoch und manche Verfügung der feudalen Zeit ist vollwertiges Gold, das verschüttet und verborgen unter den Trümmern des Mittelalters ruht, das aber, in neue zeitgemäße Formen gebracht und umgeschmolzen, dem unveräußerlichen Hausschatz der Menschheit erhalten bleiben und der Mitwelt nutzbar gemacht werden soll.

Den heilbringendsten Institutionen der Feudalperiode verdienen ohne Frage die Handwerkerzünfte zugezählt zu werden. In den Ländern Mitteleuropas standen sie während des 16. und 17. Jahrhunderts in hoher Blüte und großem Ansehen. Auch unsere Hauptstadt Luxemburg hat 600 Jahre lang die Entstehung, die Entwickelung und die Glanzperiode der Zunftorganisationen gekannt und mitdurchlebt. Nicht bloß dem Geschichtsforscher, sondern jedem Luxemburger, ganz besonders den Freunden und Vertretern des ehrsamen Handwerks bietet das Studium jener Zeit reichen und anregenden Stoff zur Belehrung und Unterhaltung. Beginnen doch die Handwerker, die bislang einen harten Strauß mit der Maschine und der Industrie auszufechten hatten, die oft nachdenklich und mutlos die Waffen strecken wollten, nun doch einzusehen, daß auch ihnen noch heitere Tage auf dem Gebiet der gegenseitigen Versicherung, des gewerblichen Schutzes, der Selbsterziehung und Befähigung, auf dem weiten Gebiet des Zusammenschlusses, der kraft- und zielbewußten Standesorganisation bevorstehen. Freudig legen sie selbst Hand ans Werk, um ihre Hoffnungen in die Tat umzusetzen. Gerade in unsern Tagen, wo in unsern Nachbarländern die maßgebenden Faktoren die Grundlinien der frühern Zünfte zum Wegweiser bei der Ausgestaltung der neuzeitlichen Gewerbeorganisationen genommen haben, da hören Sozialpolitiker, Mittelstandsfreunde und Handwerker gerne von jenen schönen Zeiten erzählen, wo das Handwerk noch einen goldenen Boden hatte.

In den folgenden Zeilen unternehmen wir darum eine kleine Forschungsreise durch einige Jahrhunderte der Luxemburger Vergangenheit, um uns das mittelalterliche Zunftwesen der Heimat etwas anzusehen. Ein vollständiges und genaues Bild von dem Leben und Wirken aller Luxemburger Zünfte zeichnen, das wäre ein gewagtes, ja einfach unausführbares Unternehmen. Es fehlen zuviele Steine, zuviele Dokumente, um diesen Geschichtsbau lücken- und tadellos aufführen zu können. Wir bescheiden uns damit, an der Hand zahlreicher, zum großen Teil noch nicht veröffentlichter Dokumente, ein möglichst vollständiges Bild des frühern, ehrwürdigen Eligiusamtes zu Luxemburg zu entwerfen. Wir benutzten für unsere Arbeit die folgende Literatur:

Arbeiterfreund, München, Jahrgang 1873.

Archiv des historischen Instituts.

Archiv der Schlosserbruderschaft. Außer zahlreichen darin befindlichen Briefen und Dokumenten wurden besonders verwertet:

Dekret der Kaiserin Maria Theresia über die Neuordnung der Handwerkerzünfte vom 14. September 1771.

Amptsbuch der Kesseler und Dippengießer vom platten Land, angelegt i. J. 1734.

2 Entwürfe zu den Règles additionnelles von den Notaren Guillaume und J. M. Schanus.

Règlement de Sa Majesté additionnel aux statuts du Métier de st. Eloi de la ville de Luxembourg vom 10. August 1793.

Zunftbuch der Eligiusbruderschaft betitelt: Privilegien, Ordnungen urtheillen undt andere das smidt Schlosser etc. ampt vndt st Eligy bruderschaft zu lutzemburgh concernierende sachen vnder peter Eysenbruch Zur zeitt amptsmeister eingeschrieben Im Jahr 1686.

Arendt K. Die ehemaligen Luxemburger Handwerkerbruderschaften.

Arendt K. Notizen über altluxemburgische und alteifler Sitten und Gebräuche.

Bär Max. Zur Geschichte der deutschen Handwerksämter in «Forschungen zur deutschen Geschichte». 24. Bd. S. 234 ff.

Engelhardt Fr. Wilh. Geschichte der Stadt und Festung Luxemburg.

Grob J. Les Frères-Mineurs au Duché de Luxembourg et comté de Chiny.
Hémecht. Organ für Luxemburger Geschichte, Literatur und Kunst. Verschiedene Jahrgänge.
Heyne Moriz. Das altdeutsche Handwerk. Verlag: Karl J. Trübner-Straßburg.
Kuborn J. Beitrag zur Geschichte der Sankt-Sebastianus-Bruderschaft oder der Schützengesellschaft zu Luxemburg.
Lacomblet. Archiv für die Geschichte des Niederrheins. I. Bd. S. 297—391. Verlag: Schauffen-Düsseldorf. Ausg. 1837.
Larousse Illustré, nouveau dictionnaire universel encyclopédique.
München Dominik Constantin. Versuch einer kurzgefaßten Statistisch-Bürgerlichen Geschichte des Herzogtums Luxemburg. Herausgegeben von M. Blum.
Otto Ed. Das deutsche Handwerk. Verlag: B. G. Teubner-Leipzig.
Peffer Nic. Le pays et la franchise de Wiltz sous le régime féodal.
Schötter. Geschichte des Luxemburger Landes. Herausgegeben von Herchen und van Werveke.
Sickinger C. Das alte Zunftwesen und die moderne Gewerbefreiheit.
Ulveling J. Notice sur les treize maîtres de Luxembourg, dans les «Publications de la société archéologique de Luxembourg,» année 1858.

A. Anfänge und Entwicklung des Schmiedeamts zu Luxemburg.

I. Die Eisenhandwerker auf der Lützelburg.

Als Graf Siegfried, beseelt von dem Gedanken, sich eine sichere Schutz- und Trutzburg anzulegen, durch Tauschvertrag vom 12. April 963 die Lucilinburhuc auf dem kühnen Bockfelsen erworben hatte, mußte seine vornehmste Sorge darauf gerichtet sein, geeignete Handwerker zur Erweiterung des Kastells, zur Erbauung von Ringmauern, sowie zur Herstellung der nötigen Bau- und Haushaltungswerkzeuge heranzuziehen. Das schwierige Unternehmen forderte eine große Zahl von Arbeitern. Denn wo heutzutage ein mittelmäßiger, durch elektrische Kraft in Bewegung gesetzter Krahnen tonnenschwere Lasten hebt und weiterträgt, da mußten damals Hunderte von wuchtigen Menschenarmen und kräftige Pferde tätig sein. Die Baustätte war ein Musterbild von Fleiß und Regsamkeit. Hier kam ein vier- oder sechsspänniger Wagen mit schweren Steinen angefahren; einige Dutzend Handlanger unter den Kommandorufen eines Bauleiters setzten dort einen mächtigen Hebebaum in Tätigkeit. Hier ward in der Holzhütte, die dürftig gegen Regen und Sonnenbrand schützte, mit Hammer und Meißel der spröde Stein geformt; dort auf hohem Gerüst standen ernste Meister und muntere Gesellen mit Senkblei, Winkelmaß und Kelle. Und abends, wenn die einbrechende Dämmerung auf den Wegen und Gerüsten, Feierstunde geboten hat, dann stehen noch Schmiede und Schlosser, beleuchtet vom grellen Schein der Esse, an der drängenden Arbeit, da klingt ihr rastloser Hammerschlag noch weit hinaus in Nacht und Tal. Auf dem Amboß sprüht das glühende Hufeisen, das anderntags aufgelegt werden soll; an den geschwärzten Mauern hangen Reifen und Haken, Ketten und Kellen. Es kommen und gehen die drängenden Kunden, die einen zum Schmied, die andern zum nahen Schlosser, der Bohrer und Winden, Beschläge und Riegel, Schlösser und Schlüssel anfertigt. Andere suchen den Nagelschmied auf in seiner kleinen, einfachen Schmiede, wo der hagere, sehnige Hund das Rad des Blasebalgs dreht. Überall Bitten und stürmisches Drängen; denn ohne Eisenzeug ist eben nichts, rein nichts zu wollen.

In dem trauten Kreis, der sich allabendlich auf der alten Bank der Werkstätte zusammenfindet, rühmen sich die Schmiede und Schlosser, daß ihr Handwerk das erste und notwendigste ist, daß sie die Werkzeuge, deren alle übrigen Gewerbe sich bedienen, herstellen, daß ihre Arbeit die unentbehrlichste ist, die unentbehrlichste für den Hausbau und die unentbehrlichste für die Hausfrau; denn auch sie kann ohne Dreifuß am Herd, ohne Zange und Spieß, ohne Topf und Gabel nichts anfangen.

Es steht also außer Zweifel, daß Schmiede und Schlosser in ziemlicher Anzahl zu den ersten Besiedlern der entstehenden Festungsstadt Luxemburg gehörten.

Für den aufmerksamen Beobachter und Kenner des Handwerkercharakters ist ebenso sicher, daß auf die Ansiedelung der Schmiede in kürzester Frist deren Zusammenschluß folgte. Ist doch die Organisationslust ein unverkennbar angeborener Zug des Handwerkerstandes. Wie die Geschichte der Zünfte in vielen Ländern lehrt, ist nur die eine wesentliche Vorbedingung nötig, das nahe Zusammenleben in der Stadt. Schon im alten Pharaonenland haben die forschenden Ägyptiologen festgegliederte Handwerkerverbände entdeckt. Die Missionäre fanden in China und Japan ein ausgebildetes Zunftwesen mit altehrwürdigen Einrichtungen und strengen Gesetzen vor. Bis vor einigen Jahren gehörten in den großen Handelsstädten Chinas alle Bewohner, angefangen vom reichsten Kaufmann bis zum armen Bettler an der Landstraße irgend einer Korporation oder Zunft an, deren Mitglieder unter einem selbstgewählten Oberhaupt so eng miteinander verbunden waren, daß selbst die Behörden nichts gegen sie auszurichten vermochten.[1]) Im altrömischen Staatswesen finden sich ebenfalls verschiedene Ansätze zur Organisation der Gewerbe. Leider wurde deren erfolgverheißenden Entwicklung durch zwei nicht zu beseitigende Hemmnisse hintangehalten, nämlich die gründliche Verachtung, welche die leitenden Kreise der körperlichen Arbeit und ihren Vertretern bekundeten, sodann deren Vernachlässigung und Unterdrückung durch die Organe der Staats- und Munizipiengewalt.

Für unsere Luxemburger Handwerkerzünfte lagen von Anfang an die Verhältnisse sehr günstig. Einerseits hegten Volk und Fürsten gegen die Handwerker und ihre Organisationen aufrichtige, wohlwollende Gesinnung; anderseits wurden die Handwerker selbst durch ihre eigenen gemeinsamen Interessen und durch wirtschaftliche Notwendigkeit zur raschen und tatkräftigen Verwirklichung des Organisationsgedankens gedrängt. Nur in der Zunft konnten sie wirksamen Schutz gegen die

---

[1]) Die katholischen Missionen. Jahrg. 1874. Nr. 3.

Stümper und Pfuscher finden, die das Ansehen des ganzen Gewerbes zu schädigen und noch dazu die Preise herabzudrücken drohten, Schutz gegen die Ausstädter, welche fremde, auf raschen Absatz berechnete Ramschwaren bei den hauptstädtischen Kunden anzubringen versuchten, Schutz gegen jene unkollegialischen Genossen, die nur auf eigenen Vorteil bedacht, zahlreiche Lehrlinge und Gesellen zu beschäftigen und infolgedessen die übrigen Meister um Arbeit und Verdienst zu bringen trachteten. In der Zunft fanden sie die ihren Lebensgewohnheiten entsprechende Geselligkeit. Dort fanden sie die Selbstversicherung für die Tage der Krankheit und die teilweise Versorgung ihrer Angehörigen für den Todesfall.

Angesichts dieser zahlreichen, offensichtlichen Vorteile, ja der Notwendigkeit des Zusammenschlusses, angesichts der natürlichen Organisationsfreudigkeit des Handwerkerstandes glauben wir das Richtige zu treffen, wenn wir die ersten Ansätze der Luxemburger Zünfte mit den Anfängen der Stadt Luxemburg zusammenlegen.

Welcher Art waren aber jene ersten Handwerkerorganisationen? Wer sich eine annähernd richtige Vorstellung vom Wesen und Wirken der beginnenden Zünfte machen will, der muß seinen Geist zuerst losmachen von den papierenen und formalistischen Gepflogenheiten des 20. Jahrhunderts und sich auf einige Augenblicke in die Zeit zurückversetzen, wo das Rauben und Krakelen zu den Vorrechten der Wegelagerer und Fürsten gezählt wurde, wo der gewöhnliche Mann aus dem Volk sich eine Ehre und Gewissenssache daraus machte, mit ja und ja, mit nein und nein zu reden, wo das gegebene Wort mehr galt als heute zwei Unterschriften. Ein paar allgemein gehaltene Sätze, einige mündlich vereinbarte Regeln, deren Sinn man um so besser verstand, weil sie zugleich die eigenen und die Vorteile des ganzen Gewerbes bezweckten, waren zweifellos die Richtlinien und der ganze Ordnungs- und Satzungsschatz der ersten Organisation.

Dieser embryonale Zustand der Luxemburger Handwerkerorganisationen konnte jedoch bei der starken Beeinflussung durch die schon frühzeitig organisierten Trierer Kollegen nicht lange andauern. Das nahe gelegene Trier gab in dem werdenden Luxemburg den Ton an. Trier genoß großes Ansehen. Dort sah man die ehrfurchtgebietenden Ruinen des Kaiserpalastes, in dem mächtige Fürsten gewohnt und geherrscht hatten, dort residierte der Bischof, der in geistlichen Angelegenheiten die Entscheidungen traf, dort stand bereits, als die ersten Ringmauern Luxemburgs gebaut wurden, das zünftige Handwerk in Blüte und Ansehen. Bei dem regen Ideenaustausch zwischen diesen beiden Städten lag es darum nahe, daß die hiesigen Handwerker sich ihre Trierer Kollegen für die Weiterbildung der begonnenen Organisation zum Muster nahmen.[1]) Steht es doch fest, daß ein langjähriger Kampf,

[1]) Gegen Ende des 12. Jahrhunderts bestanden zu Trier 4 Klassen von hofrechtlichen Handwerkervereinigungen, nämlich Kürschner, Schuhmacher, Schmiede und Fleischer. Die Schmiede (fabri) hatten dem Erzbischof alle Schmiedearbeiten zu leisten für die Höfe der Kaiser d. h. für die früher etwa kaiserlichen, nunmehr erzbischöflichen Baulichkeiten d. h. die Pfalz selbst. Alle diese Arbeiten hatten sie unentgeltlich zu liefern. (Siehe, in „Forschungen zur deutschen Geschichte, 24. Band: Max Bär, Zur Geschichte der deutschen Handwerksämter, S. 236. — Lacomblet. Archiv für die Geschichte des Niederrheins I. S. 297—391.)

den die Schmiedegesellen mit den Meistern zu Luxemburg zu bestehen hatten, damit endigte, daß die Gesellen i. J. 1467 ermächtigt wurden, sich selbständig nach dem Vorbild der trierer Gesellen zu organisieren und deren Statut, das 66 Jahre früher aufgestellt worden war, ohne Veränderung und Verkürzung anzunehmen. Die Luxemburger Schmiedemeister ließen sich durch die trierer Kollegen zur Weiterbildung ihrer Zunftordnung zwar anregen; aber sie verschmähten es, deren Statuten einfach abzuschreiben. Das erhellt aus den Akten eines Prozesses, den die hiesigen Schmiede und Schlosser betreffs der Meisterwahl mit den Wagnern, Sattlern und Kesselern führten. Dort entkräftete die alte Schmiede-Partei die ganze Beweisführung der Gegner mit dem Hinweis, daß sie, die Wagner, nicht die ursprünglichen Statuten, sondern nur eine von einem Sattler gegen das Jahr 1475 angefertigte Abschrift der Trierer Ordnung besäßen. Der im vorliegenden Fall maßgebende Unterschied zwischen den beiden Ordnungen wird damit betont und bestätigt. (Forts. folgt.)

Alt-Echternach. [1])

Dem Wandrer, der bei dem Lauterborner Kreuze den Waldpfad verließ, bot sich plötzlich, an der Kehre, die alte Abteistadt dar, wie ein Holzschnitt aus Sebastian Münsters Kosmographey.

Vom Hügel her, den die Wasser mitten in der Stadt gelassen, winkte die Bergkirche mit ihren wehrhaften Türmen. Der mächtige Klosterbau profilierte seine Massen gegen den Ernzer Berg, von den vier Türmen der Basilika hehr umrahmt. Die gewaltige Ringmauer legte sich schützend vor Dach und Fach, während rechts, auf dem Tull, der Galgen scharf vom Horizont abstach, allen Schelmen ein abschreckend Zeichen. Und hinter all den Türmen und Toren, den Giebeln und Dächern erriet man den breiten, ziehenden Fluß des klaren Ardennerstromes, der Sauer.

I.

Echternach ist die älteste Stadt Luxemburgs, die Umgebung ein Freilichtmuseum unsrer gesamten Nationalaltertümer. Wenn wir dem letzten luxemburger Skalden — Heinrich Schliep — Glauben schenken, war Beden-Echternach bereits ein Kultuszentrum der Kimbro-Triurer. Wir besitzen jedoch bessre Anhaltspunkte, um das hohe Alter dieses Gebietes einwandfrei darzutun.

Im nahen Müllertale, wo jetzt Franz Seimetz an sonnigen Tagen dem Lichtgerinnsel auf Buchenlaub und Waldesquell die zartesten Geheimnisse entlockt, da rang der Mensch der Steinzeit; eine Felsenhöhle, von einem Dolmen gekrönt, zeugten noch heute von ihm. Die Ferschweiler Hochfläche, als ideale Verteidigungsstätte dem Sauertale vorgelagert, war von keltischen Ringwällen bedeckt, die noch deutlich zu erkennen sind. Der Marscherwald, der von Süd-Westen her sich der Echternacher Gemarkung nähert, ist bloß ein großer Friedhof. Hier

---

[1]) Cf. *Professor Dr. Th. Kapp:* La ville d'Echternach sous le régime de sa franchise et de ses coutumes locales. — Programmabhandlung des Escher Mädchenlyzeums 1917—1918. Esch-s.-Alz. bei J. Origer, pp. 85.

ruhen Ligurer, Kelten und Römer friedlich zusammen; sie stört nur mehr der kundige Spaten des Herrn Dr. Graf aus Echternach, der ihnen gewaltig zusetzt. Auf der Hochebene, die beide Ernzen trennt, ziehen sich vom Behlenhof bis an die Hänge der Sauer, die Einzelgehöfte in ununterbrochener Folge dahin. Wenn Meitzen Recht behält, bekunden sie die keltische Besiedlung.

Die Römer haben noch zahlreichere Spuren hinterlassen. Altrier war, wenn auch kein Lager, so doch ein römischer Flecken von beträchtlicher Stärke. Die Pfarrkirche von Berdorf birgt einen gut erhaltenen römischen Altarstein, und in Bollendorf entdeckte man erst neulich eine villa rustica. Die Pfeiler der Echternacher Brücke sind zweifelsohne römischen Ursprungs; die Ausgrabungen Brimmeyrs haben dargetan, daß die «schwarze Acht», bei den Letschen, der Sitz einer größern Römeransiedlung war. Die Romanisierung der Gallier, jene der zugezogenen Germanen, erfolgte naturgemäß infolge des Übergewichts der älteren Zivilisation. Auch die Äußerungen dieser Mischkultur sind für unsre Gegend bezeugt, und zwar in auffallend schöner Weise. Zwischen Weilerbach und Bollendorf erhebt sich das epheuumrankte Diana-Denkmal, während in den Schweineställen eine Felsenwand noch heute die Weiheinschrift trägt, die der gallische Jägersmann Biber einst der Bärengöttin Artio gemeißelt.

Die Wogen der Völkerwanderung brausten auch durch das Tal der Sauer, Tod und Verderben bringend, bis um die Mitte des V. Jahrhunderts das weströmische Reich zusammenbrach, und der Franke das Erbe der alten Welt antrat.

Eine Hundertschaft — wahrscheinlich Ripuarier — setzte sich im Echternacher Gebiet fest.[1]) Fränkische Gräber wurden in Echternach und in Steinheim entdeckt; der bereits erwähnte Flurname «Tull» ist fränkischen Ursprungs.

In jene Zeit fällt auch die endgültige Entfaltung des Christentums in unserm Gebiet. Die christlichen Inschriften Triers bekunden überzeugend, daß es syrische Kaufleute waren, die auf dem uralten Handelswege über Massilia und Lyon zum Rheine vordringend, die neue Heilsbotschaft in Trier verbreitet haben. Von hier aus drangen die christlichen Ideen in unsre Lande, und wiederum ist es ganz bezeichnend für das hohe Kulturalter des Echternacher Striches, daß man in Wasserbillig die erste inländische Grabstätte eines Klerikers bloßlegte, während das Müllertal einen uralten christlichen Friedhof barg.

Mit dem Jahre 698 tritt Echternach in das helle Licht der Weltgeschichte: die Äbtissin Irmina schenkt dem großen Friesenapostel Willibrord das Klösterchen, das sie daselbst fahrenden Schottenmönchen erbaut. Ihre dortigen Liegenschaften fügt sie der Schenkung bei; dieselben machten genau die Hälfte der villa Efternacus aus.

---

[1]) Es ist nicht uninteressant, das Ausdehnungsgebiet dieser Hundertschaft zu bestimmen. Hierzu verhilft uns vielleicht die Besetzung des Echternacher Hochgerichts, in dem das alte Hunderschaftsgericht fortbesteht. Blutschöffen sind nämlich nicht die gewöhnlichen Mitglieder der Schöffenbank, sondern, außer dem Richter von Echternach als Oberzender, die Zender folgender Dörfer: Bech, Bollendorf, Ernzen, Ferschweiler, Irrel, Minden, Osweiler und Steinheim. Der Kreis, der diese Dörfer umschließt, bezeichnet die Echternacher Hundertschaftsgemeinde. — Diese Annahme wird bestätigt durch die Lage der Gemeindewälder Alt-Ech-

Die moderne Kritik bestreitet nicht mehr die Echtheit der Irmina-Urkunde; nur die Herkunft der Schenkgeberin bleibt zweifelhaft. Die Stiftungsurkunde selbst schweigt vollständig über die Familienangehörigkeit Irminas. Nach einigen Quellen, die dem XI. und XII. Jahrhundert angehören, soll sie eine Tochter Dagoberts II. gewesen sein. Dies ist nun ganz sicher ein Irrtum, wie schon K. Pertz dargetan hat. Jüngere Forscher, namentlich unser Landsmann C. Wampach,[1]) haben deshalb einen Ausweg gesucht und gefunden: sie weisen Irmina dem Pippiniden-Geschlecht zu. Gewichtige Gründe, die alle hier nicht erörtert werden können, sprechen für diese Annahme. Sie allein z. B. erklärt restlos den auffallenden Umstand, daß die übrigbleibende Hälfte der villa Efternacus ebenfalls einem Pippiniden, nämlich Pippin II., gehörte, der sie 706 der Echternacher Abtei schenkweise überließ.

Auf pippinidischem Grund und Boden erbaute also Willibrord sein Kloster. Die wirtschaftlichen Grundlagen der Abtei wuchsen sich bald durch Schenkungen aller Art zu einem stattlichen Gesamtbesitz aus, der in Latifundien oder in Streulagen unser ganzes Land durchzog und sich bis weit in die Niederlande hin erstreckte. Unter Karl dem Großen, der selbst ein Jahr der Abtei vorstand, erlebte das Kloster seine erste Blütezeit. Der Niedergang trat freilich früh ein: die Normannennot und die Mißwirtschaft der Laienäbte führten das Kloster bis an den Rand des Abgrundes. Siegfried, unser erster Graf, wurde der Retter, und somit der zweite Gründer der Abtei. Seinem Einfluß ist es zu verdanken, daß der Benediktinerorden wieder in Echternach einzog. Unter dem neuen Abte, dem berühmten Ravanger, traten wieder geordnete Zustände in die alte Reichsabtei, die sich zu neuer Blüte zusammenraffte. Für unser Land speziell wuchs sich das Sauerkloster zu einem Kulturzentrum allerersten Ranges aus. Die Klosterschule war von weittragender Bedeutung; sie zuerst vermittelte unsern Altvordern Bildung und Erziehung. Auch die Künste fanden hier eine umsichtige Pflegestätte. Hier, in stiller Mönchszelle, entstanden Prachtwerke der Miniaturkunst, die heute zwar in fremden Landen ruhen, aber doch der neuern Forschung gestattet haben, von einer Echternacher Malerschule zu sprechen. Der Dingstuhl in Echternach, das Lusthaus im Stadtpark, die nahen «Letschen» und ihr niedlicher Brunnen, der prächtige Herrensitz am Weilerbach, die reichen Bibliothekbestände, die berühmte Ledertapete im Abteisaale — sie alle bezeugen glänzend den Kunstsinn der Echternacher Mönche und das jahrhundertlange Kunstschaffen der Echternacher Äbte. Und heute noch fallen dem aufmerksamen Wandrer, der unser Land durchzieht, allenthalben die Kirchen und Höfe auf, die von der Echternacher Abtei errichtet wurden, und die sich alle durch gefällige, kunstvolle Formen auszeichnen.

(Forts. folgt.)

---

ternachs: diese dehnen sich vom rechten Sauerufer („Spitalsbusch") bis zum „Jungbusch" bei Ferschweiler (Cf. Kapp: op. cit., p. 22, note 1). Auffallend ist ferner, daß das Frabillenkreuz, bekanntlich der Grenzstein zwischen Echternach, Vianden und Neuerburg, sich genau an der nördlichen Grenzlinie des erwähnten Gebietes befindet.

[1]) Cf. *C. Wampach:* Geschichte der Grundherrschaft Echternach (Berliner Doktordissertation 1915), p. 7—14.

Der de Mussetsche Altar in der Kapelle
von Wintringen (1609).

Der aus dem Jahre 1609 stammende, in Rennaissancestyl ausgeführte Hochaltar in der unscheinbaren Kapelle des Moseldorfes Wintringen ist, obwohl ein in kunst,- lokal- und familiengeschichtlicher Hinsicht sehr interessantes Monument, kaum bekannt, und sein Wert bisher nicht gewürdigt worden. Im Interesse des Tourismus, der wohl nach dem Kriege wieder im Moseltal einsetzen wird, muß auf dieses Kunstwerk, dessen Erwähnung in der Zukunft in keinem Fremdenführer mehr fehlen darf, hingewiesen werden. Denn außerhalb der Kathedrale in Luxemburg sind meines Wissens in den Kirchen des Gutlandes Kunstäußerungen in der Geschmacksrichtung des Wintringer Altars selten. Ich kenne als Seitenstück dazu nur das bekannte, in *Ons Hémecht* (Jahrg. 1901. SS. 55—59) beschriebene Grabdenkmal der Familie von Lachen-Wampach (1599) in der Kirche von Oberwampach.

Wie bei diesem Monumente steht der Wintringer Altaraufsatz unter dem Geschmack der gothischen Flügelaltäre und zerfällt wie diese in drei durchaus getrennte Teile: Predella, Bilderschrein und Bekrönung.

Die Predella ist leider durch ein in moderner Zeit ohne viel Geschmack konstruiertes Tabernakel verdeckt. Hier verkündet er eine von einem stylvollkommenen Zierrahmen umgebene lateinische Inschrift von 6 Zeilen, daß der edele Alexander de Musset, Herr zu Foetz, diesen Altar zu des lebendigen und allmächtigen Gottes Lob, Preis und Ehre am 24. Mai 1609 errichtet hat. —

AD LAUDEM GLORIAM ET HONOREM
VIVI ET OMNIPOTENTIS DEI HOC
ALTARE NOBILIS ALEXANDER
A MUSSET DOMINUS IN VEETZ PO
SUIT ANNO DNI MILLESIMO SEXCEN
TESIMO NONO DIE 24 MAII.

Über eine Stiftung für den Unterhalt des Altars konnte ich jedoch leider nichts auffinden.

In dem Bilderschrein ist die Auferstehung Christi dargestellt und von diesbezüglichen lateinischen Inschriften umgeben. Ein polychromiertes, aus weißem Stein gemeißelter Basrelief.

In der halbkreisförmigen Bekrönung sind die Wappen der Eltern des Stifters (de Musset und von Walderfingen) dargestellt und zwar nach dem Geschmack der damaligen Zeit unter sorgfältiger Ausführung der Helmzierden. Es gilt auch hier zu bemerken, daß, während im XVIII. Jahrhundert Doppelwappen an Monumenten usw. in den allermeisten Fällen als Wappen von Eheleuten zu deuten sind, in der Zeit vor dem 30jährigen Kriege die Edelleute sehr häufig die Wappen ihrer beiden Eltern figurieren ließen.

Neben dem Rundbogen stehen die Statuen der hh. Donatus und Mauritius. Die Kirchenvisitation von 1578 nennt aber den hl. Hubertus als Patron der zur Pfarrei Remerschen gehörenden Kapelle von Wintringen. Die heutige Kapelle scheint also, wie das Schloß, um 1600 erbaut worden zu sein. Herr de Musset brachte wohl aus Arlon die

Verehrung zum hl. Donatus, des Patrons der Stadt, mit. Die Abtei St. Irmin bei Trier mußte Chor und Schiff, die Gemeinde den Thurm zu Wintringen erbauen. Die beiden Seitenaltäre sind Werke aus dem XVIII. Jahrhundert.

Aus der Wintringer Schloßkapelle stammt auch die Glocke in der Kreuzkapelle zu Bad Mondorf, die dort früher als „Lompeklack" dienend, heute den Beginn der Schulen, der Versteigerungen usw. ankündigt. Inschrift:

SANCTE DONATE ORA PRO NOBIS. PETRVS
TOUTSCHEN, PASTOR IN REMERSCHEN 1710.

Die Glocke war in Metz gegossen worden. Peter Toutschen aus Helzingen war Pfarrer in Remerschen und Definitor des Landkapitels Remich, 1693—1728.

*

Über die Person des Stifters Alexander de Musset bringen Urkunden und Archive reichliche Angaben. Er war seiner Zeit einer der reichsten und auch der freigebigsten Edelmänner der weitesten Umgebung, gehörte jedoch der niederen Klasse des Adels an. Die Familie stammte aus der Gegend von Longwy, wo sie nachweislich seit dem XIII. Jahrhundert öffentliche Ämter bekleidete. René, König von Sizilien und Herzog von Bar, verlieh ihr am 24. VI. 1456 ein Adelspatent mit folgendem, auf dem Wintringer Altar wiedergegebenen Wappen: *de sable à l'aigle d'or éployée, tranchée, soutenue de gueules.*

Eine ausführliche Geschichte der Familie wurde 1706 in Luxemburg bei André Chevalier gedruckt und hat als Verfasser Jean Mussey, Pfarrer von Longwy, † 1612. Von dem Werke sind nur 2 Exemplare bekannt; eines befindet sich in der Landesbibliothek in Luxemburg und ein zweites wurde 1890 für die *Bibliothèque royale* in Brüssel erworben. Eine Neuauflage wurde 1908 durch H. de Dartein besorgt. Das Brüsseler Exemplar enthält eine handschriftliche Federskizze des Wintringer Altars, die sich jedoch mit dem Original nur weit entfernt deckt.

Alexander de Musset, Herr zu Üdingen (verschwundener Ort im heutigen Kanton Esch), Fœtz, Zens und Wintringen, war der einzige Sohn von Heinrich de Musset, Herr zu Xoxey (bei Longwy), Schöffe und Unterprobst von Arlon, Advokat und Generalprokurator des Kaisers Karl V. in Luxemburg, gestorben 1545 und begraben bei den Karmelitern zu Arlon — und dessen zweiter Gattin Brigitta von Walderfingen. Nach des Vaters Tode verließ Herr A. de Musset Arlon und zog sich in das von seiner Mutter herrührende Walderfingensche Haus in Sierck zurück. Von seiner Mutter hatte er ebenfalls die lothringischen Lehensherrschaften Fœtz und Üdingen, welche diese als Witwe 1571 käuflich erworben hatte, geerbt. Er war dreimal vermählt: 1. mit Anna von Lontzen, genannt von Roben, der Tochter eines Herrn zu Hondelingen und Bourscheid, † gegen 1602; 2. mit Eva von Hausen, Tochter des Christoph von Hausen, Herrn zu Rehlingen-Saar, Doktor der Rechte und Rat des Herzogs von Lothringen († 1607 und wurde in der Pfarrkirche zu Sierck beigesetzt); 3. mit Margaretha von Manderscheid, welche einer in Grevenmacher ansässigen, aus den Grafen von Manderscheid-Neuerburg hervorgegangenen Bastardenlinie angehörte. — Den Wintringer Altar stiftete er 1609, im selben Jahre seiner dritten Heirat, vielleicht bei Gelegenheit derselben.

Am 20. XII. 1618 verfaßte er ein Testament, das von seinem frommen und freigebigen Sinne Zeugnis ablegt (abgedruckt bei *de Dartein*, S. 117). Er gedenkt darin vorerst der Armen, seiner zahlreichen Verwandten und der religiösen Genossenschaften. Der Familie von Hattstein zu Born (Sauer) schenkte er die Herrschaft Fœtz. Er starb kinderlos am 15. XI. 1621, hochbetagt, und wurde inmitten des Chores in der Pfarrkirche zu Sierck unter einer weißen Marmorplatte beigesetzt. In Lebzeiten hatte er bereits den Neubau der Jesuitenkirche (heutige Kathedrale) in Luxemburg durch reiche Spenden unterstützt.

*

Bez. des zweiten, Walderfingenischen Wappens am Wintringer Altar, das auf die Mutter des Stifters hinweist, sei bemerkt: Frau de Musset, geb Brigitta von Walderfingen, war Tochter des Adam von Walderfingen, Propst und Rentmeister des Herzogs von Lothringen zu Sierck, der 1528 in den lothringischen, und 1532 durch Kaiser Karl V. in den Reichsadelstand erhoben worden war. Letztere Auszeichnung verdankte Herr von Walderfingen der Vermittlung seines Schwagers Mathias Zimmermann, der als Sekretär des Kaisers und des Prinzen von Oranien-Nassau tätig war und auch das Amt eines kgl. Maiers in Remich eine Zeit lang versah. Ein Bruder der Frau de Musset, Adrian von Walderfingen, war Rat des Königs von Spanien, Oberst der Infanterie und Kapitän der kgl. spanischen Garden; er starb 1566 und wurde zu Sierck begraben. Das Berliner Münzkabinett, enthält die prachtvolle Medaille eines spanischen Künstlers, die das Bild dieses Obersten von Walderfingen einerseits, und andrerseits nebst der Devise VNVERZAGT MIT GOTS HULF dessen Wappen, so wie es auf dem Wintringer Altar dargestellt ist, zeigt. (Beschrieben von *Jules Florange* in den Jahrbüchern der Gesellschaft für lothringische Geschichte und Altertumskunde, 1892). Das Wappenschild ist: auf blau drei goldene Querstriche und über diesen ein naturfarbener Schwan.

Das Schloß Wintringen, das um 1600 erbaut worden ist, scheint als Gründer Alexander de Musset gehabt zu haben; allein in dessen Testament heißt es, daß er Schloß Wintringen mit den dazu gehörenden Grundstücken, Wiesen, Wäldern und Weinbergen zur Hälfte den Kindern seines verstorbenen Verwandten Alexander de Cincignon, und zur Hälfte den Erben seiner zweiten Gattin, Eva von Hausen, als gemeinschaftlich mit ihr erworben, vermacht. Herr de Musset scheint denn auch in Wintringen gelebt zu haben. Schloß Wintringen war mit keinen Hoheitsrechten ausgestattet, es besaß keine Gerichtsbarkeit, sondern es gehörte zum Gericht der Probstei Remich; es war somit keine Herrschaft, da Lehensbeschreibung und Lehenseid nie für dasselbe eingereicht und abgelegt worden sind — sondern lediglich nur ein Herrensitz. Dementgegen hatte die Familie de Blanchart, wie aus einem Teilungsakt von 1615 hervorgeht, landesfürstliche Lehensgüter zu Wintringen. Conrad von Wintringen (Conrad de Winterenges), *écuyer*, der in einer Urkunde vom 1. VI. 1351 als in Diensten der Stadt Metz stehend bezeichnet wird (Würth-Paquet, *Charles* . . . règne . . . Charles IV, numéro 305) ist kaum als ein Herr zu Wintringen anzusprechen. Durch Transaktion vom 6. X. 1755 überließ der kaiserliche General Baron Wilhelm von Zievel, Herr zu Bettemburg, das Schloß und die Besitzungen zu Wintringen dem edeln Herrn Wolfgang Heinrich de Jardin, Landrichter zu Grevenmacher und Propst zu Remich. (Bettemburger Schloßarchiv.) Diese Cession wurde allerdings an dem Rittergericht in Luxemburg realisiert. Unterm 2. VI. 1783 finden wir Andreas Fraenz, Bürger und Schloßherr zu Wintringen, 1754, Frau Maria Anna de Thierry, geb. de Jarding zu Wintringen (Pfarregister Remich), 1784, am 8. März, sind die Eheleute Johann Niedercorn und Maria Joseph Saur, Admodiatoren des Schlosses Wintringen.

Zu Ende des XVIII. Jahrhunderts war das Schloß von der Witwe des österreichichen Feldmarschalls Prinzen Alexander von Löwenstein-Wertheim-Rochefort, geb. Sébastienne-Françoise de Humbert von Rodenmacher bewohnt. Diese wurde beerbt von ihrer Nichte Françoise de Wallerand, welche um 1800 Léonard Goswin van den Broeck, ehemals Baron von Jamoigne und Herr zu Preisch, derzeit Eigentümer zu Rodemacher, heiratete. Deren Sohn Karl Gustav van den Brœck, *conseiller honoraire à la Cour impériale à Metz, ancien membre et secrétaire de la Moselle*, Ritter der Ehrenlegion usw., geb. auf Schloß Wintringen am 13. II. 1801, starb unvermählt zu Metz am 1. XII. IV. 1866. (Vgl. meine *Notice généalogique sur les van den Broeck de Jamoigne et de Preisch*, Ons Hémecht, 1912).

*

Leser wird mir wahrscheinlich die Frage stellen, ob der bekannte Romancier Alfred de Musset nicht auch dieser Familie angehört hat. Einzelne Biographen sagen zwar, des Dichters Familie stamme aus dem Herzogtum Bar. Genauere Untersuchungen ergaben jedoch, daß dieses Haus de Musset alten Vendômer Adels ist und auch ein verschiedenes Wappen (auf blau einen goldenen Sperber) führte. Daher die Verse, die Alfred de Musset am 17. V. 1853 an seinen Freund Alfred Tattet schrieb: (Vgl. *Maurice Allem, Alfred de Musset Paris, Louis-Michaud.)*

„Souvenez-vous d'un cœur qui prouva sa noblesse
„Mieux que l'épervier d'or dont mon casque est armé.

Bad Mondorf, Oktober 1918. EMIL DIDERRICH.

Personal-Nachrichten aus dem Vereine.

Herr Dr. juris **Victor de Rœbe**, Richter am Bezirksgerichte zu Luxemburg, ist von I. K. H. der Großherzogin Charlotte zum Kammerherrn in außergewöhnlichem Dienste ernannt worden. Unsere herzlichste Gratulation zu dieser Auszeichnung!

Subskriptionsliste.

M. B. in L.	50.00 Fr.
J. B. in L.	3.75 „
H. K. in N.	3.75 „
J. K. in H.	10.00 „
M. M. in R.	6.25 „
P. M. in L.	25.00 „
J. N. M. in L.	12.50 „
J. P. R. in R.	8.75 „
J. S. in M.	25.00 „
J. W. in H.	50.00 „
J. Z. in G.	50.00 „
Total . . .	245.50 Fr.

Herzlichsten Dank! Vivant sequentes.

Druckfehlerberichtigung.

Im letzten (November-Dezemberheft) von 1918, auf Seite 188, Zeile 10 von oben, hies: *ausgefüllt,* anstatt ausgeführt.

Literarische Novitäten und Luxemburger Drucksachen.

* = Separatabdruck aus „Ons Hémecht".

Association des Ingénieurs et Industriels luxembourgeois à Luxembourg. Annuaire 1917. Imprimerie M. Huss, Luxembourg. 1918. — 134 + 1 pp. in 8° avec 3 photographies hors texte et 51 figures dans le texte. Ce volume comprend les travaux suivants:

Nécrologie. Victor Bettendorf. — Hubert Müller. — Sosthène Liefring. — p. 18—22 avec 3 photographies.

Chronique de l'Association. — p. 23—40.

Koppes J. Conférences faites à l'Association des Ingénieurs et Industriels luxembourgeois sur quelques problèmes de l'électricité. — p. 41—121, avec 51 figures dans le texte.

Industrie (L') textile dans le Grand-Duché de Luxembourg. — p. 122—134.

Beamten-Zeitung (Luxemburger). Journal des Fonctionnaires et Employés luxembourgeois. Organ der Landesvereinigung Luxemburger Beamtenverbände. Herausgegeben vom Exekutiv-Komitee. Luxemburg. Imprimerie universelle Linden

& Hansen. — In 4° de 4—8 pp. à 2 col. — Nr. 1 ist datiert vom Januar 1919.

Biren Louis. Zwé Juden als Schmoggler oder: Et gong fir d'Liewen. Kome'de'stéck an 3 Akten. 1918. Letzeburg. Drock a Verlag vum P. Worré-Mertens, J. P. Worré, Nofolger. — 20 SS. in 8°.

Comes Isidor. De' nei Police oder Fûrt denen Alen net iewer de Mont! Kome'de'stéck an engem Akt. Musek vum Max Menager. 2. Opl. Letzeburg. Egentom vun der Drëckerei Linden & Hansen. 1919. — 32 SS. in 8°. N° 13 vun „Letzeburger Allerlê."

Idem. Zwê Jonggesellen. Kome'destéck an engem Akt. Musek vum Max Menager. Letzeburg. Egentom vun der Drëckerei Linden & Hansen. 1919. - 24 SS. in 8°. — N° 14 vun „Letzeburger Allerlê."

Ejk. De Knaps oder Derdûrech an Derdûrech. Kome'de'stéck an èngem Opzock ganz frei nom Kotzebue. Drock a Verlag vum P. Worré-Mertens (J. P. Worré, Nofolger), Letzeburg. 1918. — 22 SS. in 8°, mit einem Plan im Texte.

***Geschichte** des Vereins der hl. Familie zu Luxemburg. Von einem Vereinsmitgliede. (Separatabzug aus „Ons Hémecht") Luxemburg. Buchdruckerei Linden & Hansen, 1918. — 27 SS. in 8°.

Goergen Wilhelm. Letzeburger Gedichter. Fridd a Freihêt! 1918. Letzeburg. Dréckerei Linden & Hansen 1918. — 63+1 SS. in 8°.

Jacoby Adolf. Aus der Geschichte der Tierschutzbewegung. 1918. Druck von P. Worré-Mertens (Johann Peter Worré, Nachfolger). — 19 SS. in 8°.

Klein Josef-Edmond. Das verlorene Paradies. Eine biologische Plauderei für Naturkunde, Tierschützler und Pazifisten. Veröffentlicht im „Luxemburger Schulfreund" Nr. 12, 1918. Den Mitgliedern des Tierschutzvereines gewidmet. O. O. n. Dr. (Luxemburg. Josef Beffort. 1918). — 4 SS. pet. in 4°.

Idem. Joseph Robert † 1880—1918. Ein freundschaftliches Gedenkblatt. Luxemburg. Druck von P. Worré-Mertens (J.-P. Worré, Nachfolger). 1918. — 18 SS. in 8°, mit dem Porträte Roberts und zwei Illustrationen.

Idem. Nil novi sub luna. Moderne Kriegstechnik im Spiegel der Organismenwelt. Vortrag gehalten in der Luxemburger Volkshochschule am 7. Januar 1918. Separat-Abdruck aus der „Revue luxembourgeoise". Luxemburg. Druck der Sankt Paulus-Gesellschaft. 1919. — 19 SS. in 8°.

Idem. Die Bienenzucht ein unentbehrlicher Hilfsfaktor beim Obstbau. Ein Mahnwort in schwerer Zeit. O. O. n. D. n. Dr. (Luxemburg. 1919.)

(Klepper Bernardus). Directorium romano-luxemburgense seu Ordo divini officii recitandi sacrique peragendi ad usum Cleri dioeceseos Luxemburgensis RR. DD. Jonnis Joseph Koppes Episcopi Luxemburgensis jussu et auctoritate editus pro anno MCMXIX. Luxemburgi. Ex typographia ad S. Paulum. 1918. — 117 pp. in 8°.

Idem. Schematismus Cleri extranei pro 1919. Sacerdotes saeculares e Dioecesi Luxemburgensi oriundi. O. O. noch Drucker. (Typographia ad Stum Paulum, Luxemburgi. 1919.) — 20 pp. in 8°.

Krankenversicherung (Die) im Großherzogtum Luxemburg, während des Geschäftsjahres 1917. Bearbeitet im Departement, für Ackerbau, Industrie und Arbeit. Luxemburg, im September 1918. Luxemburg. Buchdruckerei Joseph Beffort. (1919.) — 77 SS. petit in fol.

Letzeburger Nationalunio'n. Letzeburg de Letzeburger! Statuten ugehol den 10. Aug. 1909, ergènzt den 9. Sept. 1911 an 9. Aug. 1917. 1918. Letzeburg. Drock a Verlag fum P. Worré-Mertens, J. P. Worré, Nofolger. — 11 SS. in 12°.

Libération (La) du Luxembourg. Edition Atar, Corraterie, 12, Genève. — 32 pp. in 8°, avec 1 grav. sur le titre et 1 petite carte du Luxembourg dans le texte.

Loutsch Hubert. Für die Heimat. Das Großherzogtum Luxemburg. Seine geschichtliche Vergangenheit, seine völkerrechtliche Stellung und vertragswirtschaftliche Lage. Deutsche Ausgabe. Luxemburg. St. Paulus-Druckerei. 1919. — 158 SS. in 8°.

Idem. Die luxemburgische Frage. Separatabdruck des siebenten Kapitels aus „Für die Heimat", Luxemburg. St. Paulus-Druckerei. 1919. — 42 SS. in 8°.

Luxembourg (Le). Organe indépendant et économique. — Le Luxembourg. Unabhängiges wirtschaftliches Organ. Imprimerie Victor Bück (Bück frères, successeurs), Luxembourg. — Gr. in folio de 2 pp. à 4 colonnes. — Le n° 1 porte la date du 22 janvier 1919. — Sans indication de la date de son apparition ultérieure.

Müller Michel. Veränderungen im Lehrpersonal der Primär- und Oberprimärschulen des Großherzogtums im Jahre 1918. V. Bück (Gebrüder Bück, Luxemburg. 1919.) — 12 SS. in 8°.

(Neyen Johann August). Der Luxemburger Bauernfreund. Kalender für Acker- und Gartenbau für das Jahr 1919, welches ein gewöhnliches Jahr von 365 Tagen ist. Herausgegeben vom Acker- und Gartenbau-Verein des Großherzogtums Luxemburg. Fünfundsechzigster Jahrgang. Luxemburg. Druck von M. Huß. 1919. — XVI + 10 + 176 + 18 SS. in 8°.

Neyens A. Note relative aux Marks du Grand-Duché de Luxembourg. Victor Bück (Bück frères, successeurs), Luxembourg. (1919). — 2 pp. pet. in fol.

Pletschette Wilhelm. Bericht über das Wirken des Marien-Vereins von Liebfrauen in Luxemburg während der elf letzten Jahre 1907-1918, abgestattet vom Direktor in der General-Versammlung vom 21. Januar 1919. Luxemburg. St. Paulus-Druckerei. 1919. — 20 SS. in 8°.

Protestation (La) du Luxembourg. (1831—1839). Quelques documents. Bruxelles et Paris. Librairie nationale d'art et d'histoire G. van Best & Cie, Editeurs. Macon, Protat frères, Imprimeurs. S. d. (1919). — 44 pp. in 8°.

Prüm Emil. Auszug aus der Rede, gehalten auf der Volksversammlung zu Clerf, am 19. Januar 1919. Hofbuchdruckerei Victor Bück (Gebrüder Bück, Nachfolger), Luxemburg. (1919.) — 4 SS. pet. in fol.

Publications de la Commission permanente de statistique (du Grand-Duché de Luxembourg.) Fascicule 43. Recensement du bétail du 8 novembre 1918. Luxembourg. Imprimerie P. Worré-Mertens (J.-P. Worré, successeur). 1919. — 23 pp. in Lex. 8°.

Reuter Robert. Erinnerungen an Joseph Robert †. Separatabzug aus dem „Landwirt" vom 6. und 7. November 1918. Buchdruckerei J. Schrœll (Paul Schrœll, Nachfolger). Diekirch. (1918.) — 10 SS. in 8°.

Statuten für den Handels- und Gewerbeverein von Redingen a. d. Att. und Umgegend. Luxemburg. Druck von M. Huß. O. D. (1918). — 8 SS. in 8°.

Vereinsheft (8.) des Luxemburger Tierschutzvereins unter dem Hohen Protektorat I. K. H. der Frau Großherzogin Maria Anna von Luxemburg. 8me Bulletin de la Société luxembourgeoise protectrice des animaux sous le haut Protectorat de S. A. R. Madame la Grande-Duchesse Marie-Anne de Luxembourg. Luxembourg. Imprimerie P. Worré-Mertens (Jean-Pierre Worré, successeur). 1918. — 44 SS. in 8°.

Verzeichnis der Kirchen und der Geistlichen in der Diözese Luxemburg für das Jahr 1919. Luxemburg. Druck der St. Paulus-Gesellschaft. 1918. — 58 + 20 + 2 SS. in 8°.

Voix d'outre-tombe. Michel Lentz und Staatsminister Paul Eyschen an das Luxemburger Volk. Mir welle bleiwe wât mer sin. St. Paulus-Druckerei, Luxemburg. O. D. (1919). — 18 SS. in 8°.

***Zieser Johann.** Bernhard Buringer, Verfasser der Serta moralia Pfarrer zu Dahlem bei Garnich. 1642—1713. Biographische und literarische Notizen gesammelt und herausgegeben. Luxemburg. Buchdruckerei Linden & Hansen. 1918—(1919.) — 15 SS. in 8°.

***Idem.** Beiträge zur Geschichte verschiedener Pfarreien. I. Heft. Das Landkapitel Luxemburg. Luxemburg. 1918. Linden & Hansen. 55 SS. in 8°.

Ons Hémecht.

Organ des Vereines für Luxemburger Geschichte, Literatur u. Kunst.

Herausgegeben vom Vereins-Vorstande.

25. Jahrgang. — 3. und 4. Heft. — März und April 1919.

Jeder Autor ist verantwortlich für seine Arbeit.

Einladung zur General-Versammlung.

Am **Donnerstag, den 10. April**, nachmittags um 3 Uhr, findet eine Generalversammlung unseres Vereines statt, im neuen Vereinslokale, Fleischerstraße 11, Haus Praum (Druckerei Linden & Hansen).

TAGES-ORDNUNG:

1. Verlesen, resp. Genehmigung des Protokolls der letzten Generalversammlung.
2. Bericht über die Tätigkeit des Vereines während des Jahres 1918.
3. Rechnungsablage über Einnahmen und Ausgaben im Jahre 1918.
4. Verlesen des Berichtes der Herren Rechnungs-Revisoren.
5. Aufstellen des Budgets für 1919.
6. Vortrag des Herrn Dr. EDMUND-JOSEPH KLEIN über den Luxemburger Dialekt.
7. Erneuerung eines Teiles des Vorstandes.
7. Aufnahme neuer Mitglieder.
9. Etwaige Anträge oder Anfragen, resp. deren Besprechung.

Der Vorstand.

Recht dringende Bitte.

Im nächsten Heft soll unsere Mitgliederliste veröffentlicht werden. Zu diesem Zwecke ist es aber absolut notwendig, daß alle Jahresbeiträge für 1919 eingezahlt seien. Wir richten darum an alle, welche dieser Verpflichtung bis dato noch nicht nachgekommen sind, die **ganz dringende** Bitte, dies umgehend tun zu wollen, widrigenfalls der Beitrag um 50 Centimes erhöht werden muß für Erhebung desselben per Postquittung.

Für den Vorstand:

Der Präsident, M. BLUM.

Beiträge zur Geschichte verschiedener Pfarreien.

(Fortsetzung.)

2. Hostert.

Im 6. Band der Publications de la Section historique, 1851, hat Herr Johann Engling eine äußerst interessante Abhandlung über die viel besprochene Ortschaft Andethanna, an der römischen Heerstraße von Trier über Luxemburg, Arlon nach Rheims gelegen, veröffentlicht. Gemäß seinen Ausführungen sind in der nachrömischen Zeit auf den Trümmern dieser bedeutenden Militärstation die Ortschaften Hostert und Oberanven entstanden. Für die Einzelheiten müssen wir der Kürze wegen auf die genannte Schrift verweisen, die auch im Sonderabdruck erschienen ist und 37 Quartseiten umfaßt. Unter anderen ist derselben auch eine Karte mit der Ansicht von Hostert und eine geographische, sehr klare Skizze der Gegend von Steinsel bis Olingen und Luxemburg bis Schrassig beigegeben.

Pfarrer Michael Meyß schrieb im Jahre 1736 eine lateinische Abhandlung über den Ursprung und die spätere Entwickelung der Doppel-Pfarrei Schüttringen-Hostert und glaubt, die ursprüngliche und gemeinsame Pfarrkirche sei die 1371 und 1380 erwähnte Kirche zu Hostert gewesen. Die Tradi ion hingegen, sagt Engling, bezeichnet die zwischen Senningen und Münsbach gelegene Höhe „Gellens" als den Ort wo sie gestanden habe. Doch sei dies nur eine Kapelle, keine Pfarrkirche gewesen. Die Pfarregister melden unterm Jahr 1556, daß sich der damalige Pfarrer Heinrich Donningen, Pastor von Hostert nannte und die Ortschaften Hostert und Niederanven zu Schüttringen eingepfarrt waren, die ganze Pfarrei aber nur 350 Kommunikanten zählte.

Eine Pfarrei Schüttringen gab es schon 1226, denn am 3. April dieses Jahres schenkte Erzbischof Theodor von Trier das Patronatsrecht derselben der Münsterabtei zu Luxemburg. Gab es nun anfangs zwei Pfarreien, getrennt und unabhängig von einander, oder war der ganze Sprengel nur eine und dieselbe? Diese Frage ist noch ungelöst. Nur eines weiß man, wie der Pfarrer von Schüttringen nach Hostert wohnen kam und dort wohnen blieb und bis nach der französischen Revolution den Titel Pfarrer von Schüttringen und Hostert führte. Pfarrer Meyß erzählt es in seinem Status parochiae de Schittringen, Seite 3 und 4. Engling gibt die Abschrift des passus concernens. Es heißt daselbst in deutscher Übersetzung: Das alte, nahe am Kirchhof gelegene Pfarrhaus zu Schüttringen wurde (er sagt nicht wann) eines Tages von einer mit gewaltigem Sturmwind begleiteten Überschwemmung zugleich mit einer nahegelegenen, der Abtei von St. Maximin gehörenden Mühle zerstört. Da damals die Pfarrei wenig bevölkert und verarmt war, vermochten die Einwohner nicht, das Haus wieder aufzubauen. Sie baten daher den Herrn von Baden und Erichingen, welcher ein Haus zu Hostert besaß, dasselbe dem Pfarrer zur Wohnung zu überweisen. Ihrer Bitte wurde von dem Markgrafen entsprochen und seither (aus anderen Quellen geht hervor, daß es gegen 1550 gewesen sein muß) wohnten die Pfarrer von Schüttringen in dem alten adligen Landhause zu Hostert. Sie hielten den Pfarrgottesdienst in den beiden

Kirchen zu Schüttringen und zu Hostert an den Sonn- und Feiertagen regelmäßig ab. Ob sie dazu verpflichtet waren, steht nicht fest. Die die Kirche von Hostert besuchenden Einwohner (von Hostert, Ober- und Niederanven, Rammeldingen, Senningen und Ernster) lösten sich nach und nach von der Pfarrkirche zu Schüttringen ab. Das einzige Zeichen der Zusammengehörigkeit mit Schüttringen bestand, wie Pfarrer Meyß in den Antworten auf die Synodalfragen 1755 bemerkt, darin, daß die Hosterter alljährlich drei Pfund Wachs dahin geben mußten.

Bei dieser Sachlage mußte der Unterricht sehr leiden. Nullus ferme fuit qui legere aut scribere potuerit, fast Niemand konnte weder schreiben noch lesen. Als Ludwig der XIV. über Luxemburg herrschte, erließ er ein Dekret, gemäß welchem, unter Androhung schwerer Strafe, die Einwohner in allen Pfarreien des Landes ein Schulhaus mit Lehrerwohnung zu errichten und für den Unterhalt des Lehrers zu sorgen hatten. Da die Pfarrangehörigen von Schüttringen keinen in der Nähe der Pfarrkirche gelegenen passenden Platz für das gemeinsame Schulhaus finden konnten, so bauten sie auf das Grundstück des Pfarrwiddums. Zum Lehrer dungen sie irgend einen ungebildeten Laien (quendam Saecularem rusticum conduxerunt).

Als gegen 1680 der Schüttringer Kirchturm baufällig geworden war und neugebaut werden mußte, wollten die dortigen Einwohner die von Hostert gerichtlich zwingen, die Reparaturkosten mittragen zu helfen. Der Provinzialrat entschied am 17. September 1702 zu Gunsten der Hosterter, wogegen die Schüttringer beim Appelhof zu Mecheln Rekurs einlegten. Wie wir oben gesehen haben, war die Angelegenheit im Jahre 1755 noch nicht erledigt.

Tatsächlich war und blieb Hostert eine von Schüttringen getrennte, rechtlich genommen aber nur eine und dieselbe Pfarrei. Aus diesem Grunde gab es auch immer nur einen Pfarrer für beide, der zu Hostert wohnte, weil zu Schüttringen kein Pfarrhaus war, der aber für die Abhaltung des Gottesdienstes an beiden Orten sorgen mußte und zwar auf eigene Kosten. Aus demselben Grunde wurden dem Pfarrer für die kirchliche Visitation keine zwei, sondern nur ein Fragebogen zur Beantwortung zugestellt, der Separatbericht des Pfarrers für Hostert aber angenommen und berücksichtigt, wie nachstehend zu ersehen ist.

„Noch in demselben Jahre, schreibt Engling, wo der Provinzialrat von Luxemburg den Pfarrabsonderungsprozeß zwischen Schüttringen und Hostert zu Gunsten des letzteren entschied, traf der damalige Pfarrer Johann Zey zur schleunigen und gründlichen Herstellung des dortigen Pfarrhofes Anstalten, und ließ im nächstfolgenden Jahre (1703), unter Beibehaltung der dicken Einschlußmauern, das Innere seiner Wohnung neu- und umgestalten, sowie die Kapelle ausbessern und zur Pfarrkirche herrichten."

Es würde uns aus dem Rahmen der uns gesetzten Aufgabe führen, wenn wir auf die von Engling berichtete Aufteilung der Pfarrei Hostert eingehen, die Abtrennung und Errichtung der Pfarrei Niederanven erörtern und die Erbauung der neuen Pfarrkirche im Jahre 1852 auf dem „Hühnerjuck" beim „Heiligenstein" auf Senninger Gebiet erzählen wollten.

Das Gesagte möge genügen, und wir gehen zum Sonderbericht des Pfarrers Michael Meyß vom Jahre 1755 über.

Er schreibt:

1. Von der Kirche, die dem hl. Joh. Baptist geweiht ist, befinden sich das Schiff, das Chor, die Sakristei, das Beinhaus und die Kirchhofsmauern in gutem Zustande, doch ist die Kirche zu klein und kann die Gläubigen nicht fassen. Das Schiff hatte er im Jahre 1728 auf eigene Kosten erbauen lassen. Die Einwohner des Hofes (curiae) Anwen benutzen diese Kirche und sind zum Unterhalt derselben gehalten.

Auch die Paramente müssen von den Einwohnern gestellt werden. Da die Leute aber durchweg arm sind, so dienen dazu die freiwilligen Opfergaben und die Einkünfte der Kirche. Der Pfarrer besorgt und leitet dies selbst. Alles ist vollzählig und sauber vorhanden. — Folgt die Beschreibung der Kelche, Monstranzen, Ciborien, der Ölgefäße, des Taufsteines, des Tabernakels usw. Alle diese Gegenstände befinden sich in bestem Zustande.

Die Pfarregister datieren vom Jahre 1711. Das Firmungsregister enthält nur wenige Namen, weil weder die Eltern, noch die Paten die Firmlinge zum Einschreiben melden (non declarant infantes confirmatos ut inscribantur). Aber wer hatte sie denn unterrichtet und zur Firmung geführt? !

2. Die Geistlichkeit. — Der Pfarrer hat einen Vikar in Schüttringen, der ihn in allem ersetzt, den er aus eigener Tasche bezahlt, den er jedoch gar nicht verpflichtet ist, in Schüttringen zu halten, sondern er darf ihn zu Hostert wohnen lassen. Er heißt Wagener, wie oben bei Schüttringen gesagt ist. In Hostert hat er einen Frühmesser, der zugleich Schule hält. Sein Name ist Bernhard Scholer. Er ist approbiert und versieht sein Amt zur großen Zufriedenheit der Einwohner. Die Pfarrangehörigen, welche die Kirche von Hostert benutzen, müssen ihm auch den Lebensunterhalt stellen. Beide führen ein musterhaftes Leben.

3. Die Zahl der Communikanten betrug 1755 gegen 540. Sie gehörten sämtlich zum Hof Anwen, der aus den Dörfern Oberanven, Niederanven, Hostert, Senningen, Rameldingen und Ernster bestand.

Weil zu Hostert alles in guter Ordnung befunden wurde, sind keine Verordnungen erlassen worden.

Der Pfarrer unterschreibt mit den Söhnscheffen Petrus Zeimet; Diderich Lorenz handzeichnet.

4. Über den Heuzehnten, von welchem oben unter Schüttringen Nr. 9, Seite 6, die Rede ist, schreibt Abt Bern. Weis in seiner Besitzerklärung der Münsterabtei 1788 wie folgt: In den Dörfern Schüttringen, Obersyren, Münsbach, Senningen und Niederanven haben wir den 3. Teil des Heuzehnten. Derselbe war bis jetzt verpachtet für 10 Reichsthaler 2 Schilling 2 S. über, ist aber jetzt (1788) in dem Vertrag mit dem Pächter vom Höhenhof (siehe unter Sandweiler) einbegriffen.

Dieser Zehnte rührt von einer Schenkung im Jahr 1226 her. Hr. Prof. J. Wilhelm schreibt hierüber in seiner Histoire de la Seigneurie de Munster, page 25: En 1226, l'archevêque Théodoric de Trèves fait savoir que l'abbé Barthélemy de St. Maximin, dans le but de subvenir à l'insuffisance des revenus de Munster, lui accorde le droit de patronage et la dime de Schuttrange, en se réservant le droit d'y instituer les vicaires perpétuels. Onze années plus tard le pape Grégoire IX prend sous sa protection les possessions de Munster et spécialement l'église de Schuttrange.

Abt Bern. Weis schreibt weiter in der Aufzählung der nicht herrschaftlichen Güter: Auf dem Banne zu Niederanven haben wir 2 Wiesen von zusammen 1 Morgen 121 Ruthen 8 Fuß, die jährlich 1500 Pfund Heu tragen. Sie sind eine Schenkung aus dem Jahre 1328. Hr. Prof. J. Wilhelm schreibt darüber (l. c. page 28): En 1329 Jean l'Aveugle consentit à ce que son feudataire, Jean Cleffer de Andeuennen, donnât à Munster tous ses biens, maison, jardins et dépendances situés à Andeuennen (Niederanven) . . . In derselben Schenkung wird wohl eine Wiese zu Senningen von 36 Ruthen 8 Fuß einbegriffen sein, welche B. Weis mit einem Ertrag von 300 Pfd. Heu unter den nicht herrschaftlichen Liegenschaften aufzählt.

5. Da in den bisher beschriebenen Pfarrkirchen, speziell in denen von Schüttringen und Hostert, vielfach Rede gewesen ist von dem Unterhalt der kirchlichen Gebäulichkeiten, sowie auch von dem Pfarrhause, so wollen wir, der Vollständigkeit halber, die diesbezüglichen Bestimmungen für das Dekanat Remich vom 20. September 1596 in deutscher Übersetzung hier folgen lassen. Es heißt dor: im Abschnitt: Die kirchlichen Gebäude und Pfarrhaus.

Der Pfarrer (sacerdos parochiæ) ist frei von sämtlichem Mauerwerk der Kirche und des Kirchhofes; so ist es seit unvordenklichen Zeiten gehalten worden, nur das Mauerwerk des Chores muß er unterhalten. Wenn aber das Chor zufälliger Weise von Grund aus neu erbaut werden muß, so hat die Gemeinde (communitas) für den Aufbau, der Pfarrer für den Unterhalt zu sorgen.

Desgleichen hat die Gemeinde für alles zur Abhaltung des Gottesdienstes und zur Spendung der Sakramente Erforderliche Sorge zu tragen, z. B. die Agenden (Ritualle), die Kelche, die priesterlichen Gewänder usw. Ferner hat sie auch für den tadellosen Unterhalt der Kirchhofsmauern und des Turmes aufzukommen.

Die Zehntherren (feudales) haben das Meßbuch, wenn es fehlt, zu beschaffen und das Schiff zu unterhalten.

Wenn der Pfarrer kein Wohnhaus hat, so ist die Gemeinde zur Erbauung eines solchen gehalten, entsprechend dem Bedürfnis und der Bequemlichkeit der Ortschaft, und zwar von Grund aus mit den Mauern, dem Dach und dem Feuerherd.

Der Pfarrer richtet sich auf eigene Kosten das Innere des Hauses, so wie er es notwendig hat, her. Das einmal Erbaute hat er zu unterhalten.

Die Materialien, wie Kalk, Steine, Bauholz muß die Gemeinde liefern und herbeischaffen. (Blattau, II, Seite 473.)

Diese Bestimmungen für das Landkapitel Remich sind sehr allgemein gehalten und ziemlich unbestimmt. Hier wie es in diesem Punkte in der Eifel gegen 1553 gehalten wurde (Ibidem, II, Seite 237):

„Wir Dechant und Kapitel gemeinlich der Dechanien in der Eyffell thoen kund und bekennen allen Lüden, da. wir wysen na eyner alder gewoenheit und na eynem alten Herkommen an unß und unße Vurseders unsers Capittels allen pastoeren vnd kyrcheren, denen ir Wydemhoff abgebrant oder jnnichen Wyse vellich oder verderblich wurde sonder ire scholt, dan sullen jme syne kyrßpelslude eyn hauß wederumb zymmern, decken und flevveren. Welche hauß also gestalt seyn soll. Idt sall haven dry verbont jederein zwöelff voeß van dem anderen in der Lengden. Die schechte zwentzich voeß lanck. Idt sall binnent jynen wenden achtzehn Voeß wydt. seyn. Idt sall howen eynen dobbelen schoerensteyn. Idt sall zoe zwein syten behangen syn. Idt sall haven eyn trapp, und sall gestevet seyn mit treven zo eynem gebunne, und sall durren und vynsteren haen na seynem gebur. Item aeff der Wedemhoff eynem keller het gehatt, den sullen die Nachbauren weder rusten und mit treven als sich dat geburt boven belegen. Vnd dyt vurgc. Wyßdom halten wyr recht vnd wysent vur vnsers Capittels Gerechtigheit auß dem alten herkommen vnd gewoenheit. (Blattau, II, Seite 237.)

In den Statuten anderer Kapitel ist das Weistum der Kirchengebäude und der Pfarrhöfe viel ausführlicher und den Gegenden entsprechend gehalten. Beispiele hiervon bei Blattau III, 65; III, 75; III, 100; III, 316. Waren die Widdemhöfe oder Pfarrhöfe in der beschriebenen Weise ausgeführt, dann waren sie „libberig".

(Forts. folgt.)

Leben und Wirken des hochw. Hrn. Theod.-Zeph. BIEVER.

(Fortsetzung.)

XXXIII. Nachträge zu den zwei vorigen Kapiteln.

Diese waren bereits gedruckt, als mir noch verschiedene Briefe Biever's unter die Hände fielen, aus welchen ich, zur Vervollständigung des Gesagten, Nachstehendes ergänzen möchte:

Zu Kapitel XXXI. Nachdem Biever in Erfahrung gebracht, daß der hochw. Herr Bischof Koppes, nebst Begleitung, in Tiberias eingetroffen sei, hatte er sich mit einem seiner Knechte, Dib, dorthin begeben, um Seine Bischöflichen Gnaden zu einem Besuche in Tabgha einzuladen, und eventuell das Notwendige für dessen Empfang zu veranlassen. Er schrieb nun an Herrn Weynandt (Tiberias, 28. April 1891): «Der «hochw. Herr Bischof hat die Einladung angenommen und wird heute «in Tabgha zu Mittag speisen, mit Herrn Nothumb, Pfarrer von Wei«merskirch, und dem Herrn curé de Rentgen (lez-Mondorf), Lorraine. «Ich sende durch Dib Brod und Fleisch. Suche ein ordentliches Mittag«essen zu bereiten; bereite aber für etwa 5 fremde Personen. Du weißt, «wie es hier geht. Es findet sich immer noch etwas hernach noch bei. «Lasse durch Dib oder sonst Jemanden die Veranda vor der Bude mit «Wasser versehen, um die Flöhe zu vertreiben. Es wäre gut, wenn man «die Stühle alle in die Bude hineinbringen könnte. Der große Tisch «soll zusammengefaltet und Bretter und Böcke hinter's Haus getragen «werden. Der kleine Tisch aus der Bude soll in der Veranda gedeckt «werden. Tischtuch drauflegen. Der hochw. Herr hält um 7 Uhr «Pontifikalamt, so daß wir erst um 9 Uhr hier fortkommen, also «kaum vor Mittag in Tabgha sein können. Sorge, daß der Wein kühl «und das Wasser also frisch sei. Bitte Franz (Keller) uns einige «Flaschen von seinem Rothwein zu borgen.»

Zu Kapitel XXXII. Biever hatte die Münchener Karavane nach Jerusalem begleitet, mit der Absicht, daselbst noch einige Geschäfte zu besorgen und dann wieder gleich die Rückreise nach Tabgha anzutreten. Nun schreibt er aber in einem Brief an Herrn Weynandt (Jerusalem, 8. Mai 1891.): «Je n'ai encore pu faire aucune commission; tout mon «temps est pris par la caravane bavaroise. Pour différentes raisons «que tu peux deviner, le Vicaire Général désire que j'accompagne la «caravane à la mer morte et à Tibérias . Cela durerait donc encore «un certain temps.» Und wirklich traf Biever ja auch erst gegen Ende Mai in Tabgha wieder ein.

Wie es scheint, hatte P. Biever die Kölner Karawane nach dem Berg Thabor begleitet, von wo er wieder nach Tabgha zurückkehren wollte. Doch wurde er dort krank, wie aus einem seiner Briefe (Thabor, 26. August 1891) ersichtlich ist: «Mit meiner Gesundheit geht es seit vor«gestern etwas besser. Bis Sonntag (23 August) hatte ich beständig «heftiges Fieber, so daß ich mich schon entschlossen hatte, den Thabor «zu verlassen, weil mir die Luft zu scharf erschien. Jetzt fühle ich aber, «wie die Kräfte trotz allem doch so langsam zurückkehren. Auch fange «ich an, wieder etwas essen zu können. Bin ich stark genug, so werde «ich nächsten Sonntag nach Nazareth reiten, um mit Don Mônier, «welchen ich schon hier auf dem Thabor gesehen, das Weitere über den «Ankauf der Mühle usw. zu besprechen. Werde ich in Nazareth einen «Wagen finden, so reise ich bis nach Haïfa, um Geld aufzunehmen für «die ersten Spesen, und auch um bei meiner Rückkehr nach Tabgha «allsogleich mit dem Bauen des Backofens, des Stalles usw. beginnen «zu können. Meister und Arbeiter sind schon gefunden. Wann ich «nach Tabgha zurückkehre, weiß ich noch nicht. Ich werde von Na«zareth aus schreiben, und zugleich den Tag angeben, an welchem mich «Dib dorthin abholen kommen soll.» So sorgte Biever also, selbst auf Reisen, für die Weiterentwickelung der seiner Direktion unterstellten Anstalt. Selbst auch für die Sonntage, an denen er abwesend war, suchte er, wenn nur möglich, einen Priester zu finden, um den Gottesdienst in Tabgha abzuhalten; Beweis dafür ein Passus des nämlichen Briefes: «Don Karam wird euch nächsten Sonntag die hl. Messe hal«ten kommen. Er wünscht zu diesem Zwecke die Barke zu nehmen. «Ich habe es ihm gestattet. Er wird am Samstag den Achsein von «Tiberias nach Tabgha senden, und dann kann dieser und Dib am Sonn«tag in aller Frühe den Don Karam in Tiberias abholen, und am «Abend auch wieder dorthin zurückführen.» Ja selbst für einen Koch hatte Biever sogar gesorgt: «Dem Koch Joseph habe ich versprochen, «ihm jeden Samstag Nachmittag einen unserer Esel zur Verfügung zu «stellen, damit er nach Tiberias zu seiner Frau reiten kann. Er kann «die Nacht dort zubringen, muß aber am andern Morgen in der Frühe «wieder in Tabgha sein, um das Mittagessen zu bereiten. Er ist, wohl«verstanden, nur zeitweilig in Tabgha angestellt, bis ich mich anders «umsehen habe, was wohl in den ersten Tagen geschehen sein wird.»

Daß Weynandt krank geworden war, hatte Biever in Madaba erfahren. Wie sehr er sich um denselben sorgte, ersieht man aus einem anderen Briefe (Madaba, 19. Dezember 1891): «Deinen Brief vom 28. Novem«ber erhielt ich heute Morgen durch einen Expressen von Salt. Der-

«selbe hat mich etwas beruhigt. Ich saß hier wie auf Kohlen, ohne «irgend eine Nachricht weder von dir noch von Tabgha, welches ich «wohl hundert Mal zu allen Teufeln gewünscht habe. Doch Gott sei «Dank, daß du wieder auf dem Wege der Besserung bist und hoffentlich «jetzt, wo ich schreibe, wieder völlig hergestellt sein wirst. Die kern-«gesunde luxemburger Natur kommt immer wieder oben. Das habe «auch ich hier in Madaba erfahren.»

Über seine Reise nach Madaba gibt uns der nämliche Brief auch Aufschlüsse. Daraus ersehen wir, weshalb Biever so lange — Weynandt spricht von mehr als sechs Monaten — von Hause abwesend war: «Hier «meine Erlebnisse: Die Reise von Tabgha durch Djolan und Hauran «ging gut von statten bis zur Nacht von Meserib. Hier mußte ich des «Nachts ohne Decken schlafen, weil der gute P. Schmidt keine Decken «mit sich hatte, und ich den alten Mann, der schon voll Fieber war, «nicht unter freiem Himmel unbedeckt lassen wollte. In Hosson fühlte «ich das Fieber schon; aber ich hoffte durch eine gute Dose Chinin «dasselbe beseitigen zu können. In der Tat, bis Madaba, wo wir am «8. Oktober ankamen, fühlte ich nichts mehr. Auch die ersten Tage «in Madaba fühlte ich mich wohl. Ich dachte schon, die Geschichte «wäre ohne Folgen und hatte beschlossen, mit den Reisegefährten über «Jerusalem nach Tabgha zurückzukehren. Da, am Tage vor der Abreise «erkrankte der jüngste Bruder der Lehrerin; Don Manfredi war in «Jerusalem, Don Alexander wollte mit den Herren zur retraite nach «Jerusalem, und so mußte ich gezwungener Weise hier bleiben, weil «ich sah, daß der Kleine keine zwei Tage mehr leben würde, und ich «ihm ein christliches Begräbnis verschaffen wollte. Darnach, so dachte «ich, kann ich über Salt, Adjelem in drei Tagen in Tabgha sein. Der «Knabe starb richtig am zweiten Tage; aber am selben Tage kam die «Nachricht, daß die Quarantaine längs des Jordans aufgestellt sei. «Ich sandte Jemanden an den Jordan. Die Nachricht war richtig und «so mußte ich hier bleiben. Glücklicherweise! denn zwei Tage «nachher, am Sonntag, fiel ich während der hl. Messe ohnmächtig «und konnte nur mit der größten Noth die hl. Messe zu Ende bringen. «Man brachte mich hernach zu Bette, und als ich am Nachmittag wieder «zu Sinnen kam, fühlte ich ein heftiges Gallenfieber im Anzug. Und «keine ordentliche Arznei im Hause! Dazu als Bedienung dieser «Schw . . . von Salem, der nicht einmal eine Kartoffel kochen kann. «(Die Lehrerin darf nicht in's Haus.) Als ich sah, daß die Sache ge-«fährlich würde, bat ich, auf meine Verantwortlichkeit hin, Rosa, mir «doch eine Tasse Thee kochen zu kommen. Unterdessen kam Don «Manfredi von Jerusalem an, ebenfalls todtkrank, und so schleppten wir «uns beide einen Monat hin. Ich war der erste wieder oben, aber nur «mehr Haut und Knochen, und so schwach, daß ich die Treppe zur «Küche weder hinauf noch hinunter konnte. Jetzt geht es wieder so «langsam und ich komme wieder allein auf's Pferd, reite auch jeden «guten Tag wieder aus und könnte den Weg bis Tabgha machen, wäre «nur die leidige Quarantaine nicht. Ein Rath eines von Kerak kom-«menden englischen Arztes hat mir sehr gut gethan. Nämlich keine «geistigen Getränke zu trinken und wenig Fleisch zu essen, sondern «viel Gemüse, Obst und Fische. Ich möchte dir denselben Rath geben, «besonders für deinen Aufenthalt in Haifa. . . . . Hier in Madaba «ist alles beim Alten, nur daß die Katholiken stolzer, unehrlicher, «niederträchtiger geworden sind. Der arme Don Manfredi ist schon «so müde, daß er sich sehnt, wegzukommen. Salamé ist Lehrer bei «dem Griechen — Lumpenpack. Einzelheiten bei unserem hoffentlich «baldigen und freudigen Wiedersehen in Tabgha. Da ich nicht weiß, «wann die Quarantaine mir die Abreise nach Tabgha gestattet und ob «du noch in Haïfa bist bei Ankunft dieses Briefes, so sende ich den «an dich adressierten Brief und den mit meiner Unterschrift versehe- «nen chèque von 4000 Franken an Herrn Direktor Künzer. Bist du «noch in Haïfa, so ziehe das Geld ein, nach Abzug der mir von Herrn «Duck geliehenen Summen (ich glaube 700 und 300 Franken); das «Übrige nimm mit dir nach Tabgha. Kaufe, was du denkst, daß für «Haus und Feld nothwendig sei, aber *nur das Nothwendige* und keinen «Überfluß, also kein Bier usw. Besorge mir 4 Flaschen Dannler «Bitter. Wenn du so etwa 1 Kontar guten Haïfaer Rothwein bei «Philipp Keller bekommen kannst, so kaufe ihn und besorge ihn nach «Tabgha. In Tabgha sieh, ob man etwas geackert und gesäet hat; wo «nicht, so lasse alles das vorige Jahr ungesäete Land umackern und «zubereiten zum Pistaziensäen. Es wird jedenfalls mehr ertragen, als «das Getreide. Nur etwas Gerste für das Vieh, d. h. Pferde und «Esel, d. h. so viel wir ungefähr für's Jahr brauchen. Kartoffeln «könnte man, denke ich, eine gute Portion pflanzen; sorge daher für «Saatkartoffeln in Haïfa. Der gute P. Lukas! Fürwahr, wir ver- «lieren viel an ihm. Gott lohne ihm in der Ewigkeit alles was er für «uns gethan. — Also, gehab' dich wohl, und ordne alles so, wie du «es für gut findest. Nur mit dem Einkaufen sei sparsam. Herzliche «Grüße von allen Madabenern, welche froh waren, etwas von dir zu «hören. Frohe Weihnachten und glückliches Neujahr!»

Wir wissen, daß auch Franz Keller krank geworden war. Dies hatte ihn, wie es scheint, veranlaßt, die Ansiedlung zu verlassen und seine eigene Haushaltung anzufangen. Biever hatte nichts dagegen einzuwenden: doch äußert er sich: «Nur hätte ich gewünscht, derselbe sei «wenigstens in dem hölzernen Hause geblieben, bis der Gärtner etwas «eingeweiht wäre.» Wie Biever einerseits auch von Hause entfernt, stets nur an's Gedeihen der Kolonie dachte, andrerseits aber auch in Weynandt sein vollstes Vertrauen setzte, ersehen wir aus dem Schlußpassus dieses Briefes.

Biever wurde die Zeit doch zu lang in Madaba; schon über sechs Monate war er von Hause fort; er entschloß sich daher endlich, die Rückreise anzutreten, konnte aber, wie wir gehört haben, an der Jordanbrücke, der Quarantaine wegen, doch nicht nach Tabgha gelangen; daher denn das Schreiben an Weynandt, von welchem im vorigen Kapitel Rede ging. Es ist wirklich interessant zu vernehmen, was alles Biever in diesem Briefe begehrte. Hier der Wortlaut desselben (Quarantaine bei der Brücke Madjamet, 26. Januar 1892): «Ich bin gestern «Abend hier angekommen. Bitte, sende mir *allsogleich* das Zelt des «Herrn Schumacher und ein Seil. Wir müssen unter freiem Himmel «schlafen. Zugleich sende mir folgende Sachen: 1) Einen Koch- «topf; 2) eine Bratpfanne; 3) Löffel, Gabel, Messer, Metallteller;

«4) eine Flasche Magenbitter; 5) zwölf Flaschen Wein; 6) meine «Winterhose; 7) meinen Wintermantel; 8) sechs Wolldecken; 9) zwei «Hemden, drei Paar Wollstrümpfe, einige Handtücher. Wie geht es «in Tabgha? Der Mucker wird selbst seine Schnüre mitbringen, um «das Zelt usw. zu binden. Also eilet euch! Ich bin ziemlich wohl.» Wie Weynandt in aller Eile diesen Auftrag ausgeführt, mit welchem Jubel er mit all diesen Kostbarkeiten empfangen wurde, und, wie dank eines versprochenen tüchtigen Backschisches Biever schneller, als er zu hoffen gewagt hatte, wieder in Tabgha eintreffen konnte, haben wir ja schon weiter oben gehört.

XXXIV. Die Jahre 1892 und 1893. — Heuschreckenplage. — Rückkehr Weynandt's nach der Heimat.

Im «Palästina-Blatt» von 1891[180]) wird P. Biever recht rühmlich erwähnt: «Unsere ländliche Ansiedlung Tabgha am See Genezareth «entwickelt sich in günstigster Art. Mit dem neuen Jahre ist Herr «Abbé Zephyrin Biever, ein geborener Luxemburger, dort eingezogen, «der bis dahin mehrere Jahre lang in Madaba, jenseits des Jordans, als «apostolischer Missionar gewirkt hat und der vielen deutschen Palästina-«Pilgern, welche das Jordan-Gebiet bereist haben, als kenntnisreicher «Forscher und liebenswürdiger Instructor bekannt geworden sein wird. «Die dort gewonnene Fertigkeit in dem Gebrauch der Landessprache, «sowie die gesammelten reichen Erfahrungen hinsichtlich der Zustände «des Landes wird er nunmehr zum Vorteile unserer Ansiedlung ver-«werthen, deren Leiter und Seelsorger er geworden ist. Über den «ersten Eindruck, welchen die junge deutsche Kolonie auf ihn gemacht «hat, berichtet er, daß derselbe ein sehr günstiger gewesen sei. Das «urbar gemachte und mit Weizen und Gerste besäete Terrain verspreche «in Folge der gewissenhaften Bearbeitung[181]) einen reichen Ertrag. «Die vor zwei Jahren[182]) angepflanzten Reben seien zu einer außer-«gewöhnlichen Stärke gediehen; ebenso versprächen die vorjährigen «Rebensätzlinge verschiedener Sorten sehr kräftig zu werden. Auch «die verschiedenartigen Obstbäume gediehen sehr gut. Gemüse gäbe es «jetzt schon in Hülle und Fülle. Die Holzgebäulichkeiten[183]) hätten «durch den sündfluthartigen Regen der letzten Wochen stark gelitten, «der steinerne Neubau[184]) aber sei schon zum größten Theile fertig «gestellt und werde wohl zu Ostern bewohnbar sein.[185]) Das erworbene «Terrain sei eigentlich nicht genügend groß zur Kolonisation für eine «größere Anzahl von Familien. Es müßte, wenn irgend möglich, noch

---

[180]) Zitiert nach dem «Luxemburger Wort», 1891, Nr. 108 und 109, weil mir das betreffende «Palästina-Blatt» nicht zu Gebote steht.

[181]) Durch die Herren Keller und Weynandt.

[182]) Von Herrn Keller.

[183]) Welche Herr Keller, wie bereits berichtet wurde, aufgeführt hatte und die bis zur Fertigstellung des Hospizes als Wohnräume benutzt werden mußten.

[184]) D. h. das Hospiz.

[185]) Wie schon erwähnt, wurde das fertiggestellte Hospiz Ende Mai 1891 bezogen.

«mehr Land am Nordufer des See's gekauft werden,[186]) und zwar recht «bald, da uns sonst wohl die Juden zuvorkommen würden, zumal «schon in einigen Monaten die Eisenbahnlinie Kaïfa—Damascus mit «einer Haltestelle bei Tabgha in Angriff genommen würde, was natür-«lich die Preise der Grundstücke in diesem Bezirk sehr in die Höhe «treiben würde. Herr Biever schließt seinen Bericht mit der Versiche-«rung, daß er mit den in Tabgha gefundenen Verhältnissen herzlich «zufrieden sei, und daß er sich mit wahrer Lust an die Arbeit begebe.»

(Forts. folgt.)

Logements militaires à Luxembourg pendant la période de 1794—1814. (Par Alphonse RUPPRECHT.)

(Suite.)

223. Le *Général Guerlonde* (sic)[73]) doit prendre avec lui deux officiers à son choix, en tems de paix la maison doit un quartier d'Etat Major selon la catégorie.

. . . .

1 écurie pour 4 chevaux.

224. *Veuve Altzinger* ne peut loger.

3 places.

225. L'héritière de Mr *Tertzweich*[74]), propriétaire, le médecin Suttor et l'avocat Pierre, détenteurs, 4 places, 2 pour 1 capitaine et 2 autres pour 4 prima plana, en tems de paix pour 1 Etat Major selon la catégorie.

20 places.

1 écurie pour 4 chevaux.

226. La veuve *de Neuf*[75]) quartier d'officier de 3 chambres, 1 avec cheminée au 2e étage sur le devant et les autres contigues pour 24 hommes, en tems de paix pour capitaine.

18 places.

---

[186]) Daß dies durch Biever's Vermittlung auch geschehen ist, wird dadurch bewiesen, daß die Kolonie heute nicht weniger als 216 Hektar begreift. (Siehe oben, Kapitel XXVI: Die Missionsstation Aïn Tabgha.)

[73]) Le Général du *Hamel de Querlonde*, inspecteur du génie sous le gouverneur feld-maréchal Bender, fit partie du conseil de guerre du 30 mai 1795 qui décida la capitulation de la place de Luxembourg (Cf. Lefort op. co p. 63; Engelhardt, op. co pp. 203 et 204; Knaff et Zelle op. co p. 248).

[74]) La famille *Terzweich* semble s'être éteinte à Luxembourg, au commencement du 19e siècle. Terzweich Anne-Catherine est décédée à Luxembourg, le 23 décembre 1779, T. Marie-Marguerite, le 10 août 1783, T. Jean-Guillaume, le 25 novembre 1789 et T. Jacques, le 6 décembre 1794. Dans le registre tenu à Luxembourg pour la documentation des certificats de vie prescrit par la loi du 22 floréal an 7 (11. 5. 1799) pour toucher les pensions et rentes viagères, se trouve sous la date du 4 messidor an 9 (23. 6. 1801) celui du citoyen Terzweich, «ministre sermenté,» né le 11 novembre 1741.

[75]) *Anne Dantz*, veuve *Denef*, épouse en secondes noces de *J.-B. Ferron*, chapelier.

1 écurie pour 8 chevaux.

227. Les *R. R. PP. Dominicains* propriétaires, Jacques Mersch, locataire de son poele 2 hommes, en tems ordinaire ne loge.

5 places.

228. Les *mêmes propriétaires*, Jean-Baptiste Muller, locataire dans son poele 2 hommes, en tems ordinaire ne loge.[76]) — [77])

---

[76]) « Le 26 pluviôse an 5 (14 février 1797) 2 petites maisons, place du Marché-aux-Poissons, provenant des Dominicains, estimées 2780 livres chacune et une petite maison avec jardin près la porte du château, de même provenance, furent adjugées par les agents du gouvernement de la République, les 2 premières à Molitor, ex-dominicain moyennant 2600 livres chacune, c.-à.-d. au dessous de leur estimation; l'autre estimée également 2780 livres, pour 6025 livres à Bonaventure Luchau, ex-religieux de l'abbaye d'Orval » (Lefort op. c°, p. 283).

[77]) **Note générale.**

Les maisons N°s 223 à 228 de notre Registre nous semblent avoir été situées à l'emplacement qu'occupent aujourd'hui une partie du N° 2 de la rue Wiltheim, du côté de la rue St.-Michel et les N°s 1 et 3 de cette dernière; en tout cas les N°s 1 et 3 se composaient au moins de 3 maisons distinctes dont 2 furent acquises par Dominique Reuter à la fin du 18e ou au commencement du 19e siècle.

Dominique Reuter, notaire puis rentier, fils des époux Jean Reuter et Anne Van der Noot, originaires de Frisange, était arrivé à Luxembourg en 1767 et y avait contracté mariage avec Anne Reuter, fille des époux François Reuter, marchand et Marie-Thérèse Furmi, de Luxembourg. (Le frère d'Anne Reuter, Augustin Reuter, marchand, épousa Marie-Françoise Siebenaler, de la ville d'Arlon. Les 2 mariages furent célébrés le même jour (4 avril 1788) à l'église St. Nicolas à Luxembourg.)

Les époux Dominique Reuter et Anne Reuter marièrent une fille *(Anne-Catherine)* à Mr *Jacques Elter*, né à Luxembourg, le 25 février 1788, une autre *(Marie-Catherine)* à Mr *J.-Nic. Bourggraff*, professeur à l'Athénée de Luxembourg, né le 19 septembre 1787, décédé le 24 mars 1859 (Neyen, op. c°, T. 1, p. 96) et une troisième *(Catherine)* à Mr *Nicolas Berger*, né à Roodt (Betzdorf), le 12 nivôse an 8 (2 janvier 1800), fils des époux Nicolas Berger, maître de poste et propriétaire et Ange Weydert. Mr Berger, avocat et juge de paix dans le Grand-Duché, puis juge au tribunal de première instance d'Arlon, membre de la Chambre des Représentants et du Congrès national (1831), vice-président du tribunal de première instance d'Arlon (1832), commandeur de l'ordre de Léopold, est décédé à Arlon, le 7 avril 1883. . . . . .

Dominique Reuter expira à Luxembourg, le 25 août 1832 (l'année du choléra), âgé de 87 ans. Pour se débarasser d'un voisinage incommode, sa veuve acheta une maison contiguë aux siennes et dans laquelle était exploité un cabaret. Cette bâtisse, dont l'entrée se trouvait au coin, où on voit aujourd'hui une statue en pierre de la Sainte-Vierge, avait un seul étage et un toit à pente unique. Exhaussée d'un étage et réunie aux 2 autres maisons Reuter, *avec lesquelles elle ne formait plus dès lors que 2 maisons*, elle fut occupée pendant plusieurs années par les ménages Bourggraff et Berger (Reg. de population de la ville de Luxembourg et renseignements de famille).

En 1842 les 2 maisons furent vendues par les héritiers Reuter, l'une, le No 3 actuel (maison Werling) à Mr le professeur *Yves-Hippolyte Barreau*, l'autre le No 1 actuel (sœurs Franciscaines) à Mr *Jean-Joseph-Hubert-Antoine Gabriel de Marie*, industriel. Né à Francfort sur le Mein, le 20 février 1795, conseiller communal de la ville de Luxembourg en 1848, échevin en 1849 et bourgmestre de 1850—1854, Mr de Marie est décédé le 2 octobre 1868.

Le 10 mai 1846, les maisons furent acquises par MM. *Wagner et Schœmann*, commanditaires de la Banque *Henri Werling* & Cie et de la ganterie *Aug. Charles* & Cie de Bonnevoie. La maison No 1 fut vendue en 1873 à Mr *Nicolas Hanno*, la maison No 3, en 1885, à la *Banque Werling, Lambert* & Cie. Celle-ci avait été constituée par acte du 2 décembre 1882. Ses premiers directeurs furent MM. *Ernest-Henri-Marie-Frédéric Werling* et *Claude-Nicolas-Auguste Lambert*, hommes de qualités supérieures, à qui la Banque Werling, Lambert & Cie doit principalement de compter aujourd'hui au premier rang des établissements financiers du pays. Mr Werling, né à Luxembourg, le 15 mai 1851, décédé le 22 avril 1916, dessinateur de talent et membre correspondant de la section historique de l'Institut Grand-ducal, est l'auteur de notes, plans et reconstitutions très utiles pour l'histoire du vieux Luxembourg. Mr Lambert, né à Luxembourg, le 20 juin 1853, décédé le 24 mai 1905, membre du comité permanent de la Chambre de commerce, avait été nommé chevalier de l'ordre national de la Couronne de Chêne, en reconnaissance des services rendus par lui à la chose publique.

Le 11 juillet 1911 la maison No 1 fut acquise sur la dame *Anne Hourt, veuve Hanno*, par *les Sœurs Franciscaines du Marché-aux-Poissons* et réunie à la maison No 2 de la rue Wiltheim (v. note 72). Auparavant le rez-de-chaussée en avait été occupé pendant nombre d'années par un débit avec auberge tenu en dernier lieu par la dame veuve *Ley-Becker*. Des mangoires se trouvaient placées contre la maison du côte de la rue et des attelages nombreux y stationnaient les jours de marché et de fête. Un grand local à l'arrière-bâtiment servait longtemps de salle de réunion à diverses associations de la capitale.

Un escalier en pierre, très vieux en ses origines mais modernisé en 1911, conduit à l'entrée principale, de style baroque, formée de deux pilastres avec fronton décoré des armes de la famille *de Feller* lesquelles étaient: d'azur au chevron d'or accompagné de trois trèfles d'argent 2—1. Cimier du casque: chapeau de sable chargé d'une feuille de trèfle d'argent. Lambrequins d'argent et d'or. Une belle sculpture en bois de ces armes trouvée encadrée dans la boiserie du salon du premier étage et dont l'identification fut faite par Mr Emile Diderrich, de Mondorf-les-Bains, nous a permis de reconstituer l'ornement de la porte d'entrée devenu méconnaissable et d'établir ainsi la demeure à Luxembourg d'une des anciennes familles nobles du pays.

Dominique Feller, à qui nous attribuons la propriété de la maison, secrétaire-greffier au Grand Conseil de Brabant, capitaine et prévôt de la ville et prévôté d'Arlon, né à Septfontaines (Simmern), en 1696 comme fils des époux Michel Feller, official et Elisabeth Ferwan(?), décédé à Autelhaut, le 11 février 1769, avait été anobli pour services rendus, par Lettres-patentes de l'impératrice Marie-Thérèse en date du 28 janvier 1741. Il avait contracté mariage, le 30 octobre 1731, avec *Marie-Catherine Gerber*, fille des époux Jean-François Gerber, greffier du magistrat de la ville de Luxembourg, intendant des domaines de l'empereur et propriétaire d'un château à Autelhaut et Marie-Catherine Holbach. (Cette union avait été bénite à l'église paroissiale de Mamer, ainsi qu'il résulte d'une inscription en date du 30 octobre 1731 aux registres de la paroisse de St. Michel à Luxembourg.)

De ce mariage sont issus *Marie-Elise de Feller*, née à Luxembourg, le 19 janvier 1733, *François-Xavier de Feller*, né à Bruxelles, le 18 avril 1735 et *Antoine-Xavier de Feller*, né à Luxembourg, le 2 décembre 1736.

François-Xavier de Feller entré dans la compagnie de Jésus, a illustré son nom par un grand nombre de publications d'ordre théologique, historique, politique et scientifique. Il est mort à Ratisbonne, le 23 mai 1802;

Antoine-Xavier de Feller, secrétaire du Conseil, épousa à Luxembourg, le 23 février 1758, Marie-Joséphine Broucq, fille des époux Augustin Broucq, notaire et Jeanne Ransonnet: . . . . . .

Dominique de Feller avait convolé en secondes noces avec Marie-Claire-Charlotte d'Olimart qui lui donna les fils suivants.

Pierre-Ernest de Feller, décédé à Luxembourg, le 5 février 1776, à l'âge de 16 ans.

Jean-Antoine-Adolphe de Feller reçu avocat à Luxembourg, le 5 décembre 1791, plus tard commissaire de district à Arlon, décédé à Autelhaut, le 16 avril 1837, âgé de 73 ans. Celui-ci avait épousé à Luxembourg, le 12 octobre 1793, Georgette-Charlotte-Théodore comtesse d'*Aymery*, de la paroisse Royale de Saint-Louis à Versailles, décédée à Autelhaut, le 17 décembre 1832, dans sa 77e année. (Dans une inscription tombale à l'église de Weiler [Arlon] le nom est ortographié *Amey.)*

Un 3e fils et le dernier membre de la famille, *Michel-Nicolas de Feller*, est décédé à Autelhaut, le 23 mai 1850, âgé de 81 ans et a été enseveli à l'église de Weiler.

(Sources: Neyen, op. co, T. I, p. 192; Emile Tandel, Les communes luxembourgeoises, T. II, p. 185; Ruppert, Archives du Gouvernement; Aug. Brück, Les Bourses d'Etudes 1882—1907, p. 11; Registres des anciennes paroisses de la ville de Luxembourg; Renseignements fournis par Mr Emile Diderrich, de Mondorf-les-Bains.)

La maison No 3, dans laquelle sont installés depuis 1882 les bureaux de la Banque Werling, Lambert & Cie, avait aux 17e et 18e siècles servi temporairement de refuge aux *Sœurs hospitalières de Grund* (Ulveling, Renseignements sur les anciens refuges religieux de Luxembourg, Publ. 1869—1870, p. 270 et Engelhardt, op. co, p. 345). Elle avait été léguée à ces religieuses par testaments de *Marie Zorn* en date des 22 août 1672 et 21 juin 1678 dont le dernier contient cette disposition qui témoigne pour les relations de bon voisinage des habitants d'alors de nos vieux quartiers: «Je donne à mon cher voisinage 6 écus et me recommande dans leurs (sic) prières.»

Marie Zorn, née à Luxembourg comme fille de Jean Zorn, avocat au Conseil provincial et de Louise de Marche, possédait une fortune assez considérable dont elle employa la majeure partie en faveur de l'hospice civil de sa ville natale. Aussi ses noms brillent-ils en tête du livre d'or et du tableau commémoratif institués par le conseil communal de Luxembourg le 18 octobre 1890, pour perpétuer le souvenir des personnes qui se sont distinguées par leurs vertus civiques. Les soins et secours à prêter aux malades et infirmes, à domicile et dans des établissements appropriés paraissent avoir été la préoccupation de sa vie. Pour y apporter à Luxembourg une organisation efficace, elle fit venir d'Aix-la-Chapelle, en 1671, des sœurs hospitalières de Sainte-Elisabeth et leur abandonna sa maison du Marché-aux-Poissons. L'année suivante, son offre de charger ses protégés également du service intérieur de l'hospice Saint-Jean de Grund, fut agréée par les pouvoirs publics et, le 25 juillet 1672, la congrégation s'installa en cet établissement où de nos jours encore elle remplit sa sainte tâche pour le plus grand bien de nos populations. L'hospice St. Jean, fondé en 1309 par l'empereur Henri VII, comte de Luxembourg, a été transféré en 1843 dans l'ancien couvent des Urbanistes à Pfaffenthal qui constitue en même temps depuis lors la maison-mère des sœurs hospitalières de Sainte-Elisabeth de Luxembourg. Celles-ci, en dehors de l'hospice civil, desservent dans la ville de Luxembourg l'hospice central et l'orphelinat de l'Etat du Rham, la fondation Jean-Pierre Pescatore, le Convict épiscopal, la clinique de la rue de l'Arsenal et la Maison des œuvres de la rue Notre Dame (Protection de la jeune fille, Charité maternelle, Cercle de lecture etc.). Par la loi du 3 avril 1893 la communauté des sœurs de Ste-Elisabeth fut autorisée à se constituer en corporation religieuse jouissant des droits civils; par la même loi les actes faits en son nom à partir du 7 mars 1820 furent validés; ses statuts furent approuvés par la loi du 4 mai 1893 (Mém. 1893 pp. 213 et 214). Marie Zorn qui n'avait pas contracté d'alliance matrimoniale, est décédée à Luxembourg, le 6 novembre 1691 et a été inhumée, suivant ses désirs, dans la tombe de sa famille à l'église Saint-Michel à Luxembourg.

La prison des femmes est aujourd'hui installée dans les bâtiments de l'ancien hospice St.-Jean à Grund. Une inscription au-dessus de la porte d'entrée principale rappelle la fondation de l'hospice par Henri VII et les bienfaits de Marie Zorn. Cette inscription accuse pourtant 2 erreurs: Au lieu de 25 octobre 1309, comme date de la fondation et de 16e siècle, comme époque de l'institution des sœurs de Sainte-Elisabeth, il faut y lire: 25 *août* 1309 resp. *17e* siècle. (Cf. Neyen, op. c°, T. II, pp. 273 et ss.; Archives de l'hospice civil de Luxembourg.)

En 1888, la maison de la Banque Werling, Lambert & Cie fut agrandie vers l'est par l'adjonction d'une construction en briques rouges flanquée d'une tour et d'une tourelle et ornée d'une corniche en fayence.

En arrivant du faubourg de Clausen par le pont du Château, on pénètre dans les quartiers du centre entre cette construction et le presbytère de Saint-Michel. De formes élancées et de couleurs claires, ces 2 bâtisses jettent dans le site une note gaie et fraîche contrastant agréablement avec l'aspect sévère des ouvrages de fortification massifs et noircis par une patine séculaire qui du côté des villes-basses de Grund et de Pfaffenthal donnent accès à la ville haute.

(A suivre.)

Das Eligiusamt zu Luxemburg.

(Fortsetzung.)

Unsere Handwerkerorganisationen hatten in ihren Anfängen den Charakter von privaten Vereinigungen auf wirtschaftlicher Grundlage. Ihre Ziele und Betätigungsarten mußten sich streng in den von den Grafen resp. Herzögen gesteckten und gebilligten Grenzen bewegen; denn deren Mitglieder saßen als Leibeigene auf dem Boden, welcher der fürstlichen Herrschaft zu eigen gehörte.

Eine wesentliche Wendung zum Bessern brachte der Freiheitsbrief, den die Gräfin Ermesinde im August des Jahres 1244 den Bürgern von Luxemburg gab. Als eine der wichtigsten Gegenleistungen bezeichnete die Gräfin die Bewaffnungs- und Wehrpflicht der Bürger. Dort heißt es[1]): «Nach einer voraufgeschickten Aufforderung von acht Tagen, müssen die Luxemburger Bürger an jedem Kriegszuge des Herrn oder der Herrin von Luxemburg teilnehmen und während der ersten acht Tage von dem Ihrigen sich nähren. . . . Jeder Bürger, welcher ein Pferd und eine eiserne Waffenrüstung haben kann, wird eine solche nach Möglichkeit haben; über welche Möglichkeit Richter und Schöffen zu befinden haben. Wer Pferd und eiserne Waffenrüstung nicht haben kann, gemäß dem Entscheide von Richter und Schöffen, soll Wams, Lanze und eiserne Sturmhaube haben. Wer Pferd und eiserne Waffenrüstung haben soll, selbe an dem ihm bestimmten Tage aber nicht hat, zahlt als Buße 10 Stüber, und 5 Stüber zahlt der Fußgänger, welcher an dem ihm ebenfalls bestimmten Tage die vorgeschriebene Waffenrüstung nicht hat; nichts destoweniger müssen sie in den nächsten vierzehn Tagen, gemäß der gemeldeten Weise, Pferde und Waffenrüstungen haben, und falls sie das unterlassen', soll, nach Verlauf der vierzehn Tage, der Reiter 10 Stüber und der Fußgänger 5 Stüber als Buße zahlen', welche Buße von vierzehn Tagen zu vierzehn Tagen zu vervielfältigen ist, so lange sie es unterlassen, Pferde und Waffenrüstung sich zu verschaffen.»

Diese Verfügung hatte für die Zunft der Schmiede und Schlosser eine große Bedeutung. Daraus erwuchs ihr von selbst die doppelte Aufgabe, einerseits durch Herstellung von widerstandsfähigen, bequemen und schmucken Waffenrüstungen die Verfügung der fürstlichen Herrschaft auszuführen, anderseits bei der allgemeinen Bewaffnungs-

---

[1]) S. Hémecht. Jahrg. 1900. Nr. 12. S. 583 ff.

pflicht das Ansehen der Zunft und ihrer Mitglieder durch Besitz und Tragen von mustergültigen Rüstungen hochzuhalten. Diese Auffassung gelangt in den Paragraphen 9 und 10 der Statuten zum Ausdruck. Sie verlangen von jedem Bruder des Schmiedeamts, daß er seinen eigenen Harnisch, seinen Krebs, seine Sturmhaube, seinen Kragen und seine Waffenhandschuhe besitze und stets in gutem Zustande erhalte. Für die Ausführung dieser Bestimmung hat der Amtsmeister zu sorgen. Er soll dieszwecks jedes Vierteljahr eine Besichtigung der Ausrüstung vornehmen.

Die Übernahme und Durchführung dieser neuen und wichtigen Aufgaben brachten die Schmiedezunft der Staatsbehörde näher, und übten zugleich auf die Zunft und deren Ordnung einen tiefen, umgestaltenden Einfluß aus. Die bisan privattätige Vereinigung erhielt allmählich öffentlichen und politischen Charakter. Es tat darum not, daß die Statuten den neuen Verhältnissen angepaßt und als beiderseitig die Mitglieder und die Behörden verpflichtendes Normativ festgelegt würden. Seit Gewährung des Freiheitsbriefes verfließen nicht zwei volle Dezennien reger und praktischer Versuchs- und Verbesserungsarbeit, da ist das Hauptwerk erprobt und fertig, da können die Schmiede in kräftigen Schriftzügen das Jahr 1263 als Datum der definitiven Gründung ihrer Zunft in ihre Akten eintragen[1]). Durch die Proklamation der definitiven Gründung war zugleich dokumentiert, daß die bisan ausgearbeitete und festgestellte Ordnung als «stete, unverbrüchlich und unantastbar» zu gelten habe. Von nun an werden die nachfolgenden Amtsverfügungen sowie die behördlichen Entscheidungen und Bestätigungen zwar in die Akten der Zunft eingetragen; aber sie finden keine Aufnahme mehr in die einmal festgefügte Ordnung. Diese gilt jahrhundertelang als unveränderliches Grundgesetz.

Zu den freudigsten Daten in der Geschichte der Schmiedezunft zählte das Jahr 1346, wo Johann der Blinde die Amtsordnung bestätigte[2]). Die landesherrliche Bestätigung verlieh der Ordnung gesetzlich bindende Kraft für die Mitglieder, und gewährte der Zunft als Körperschaft eine öffentlich rechtliche Stellung im Gemeinwesen. Wer die Bußen nicht bezahlte, wurde gepfändet. Wer das Pfand beschnitt, verfiel wieder einer besonderen Strafe. Bezahlte einer Buße und Pfandstrafe nicht, so nahm der Stadtrichter die Ahndung der Vergehen

---

[1]) Die Ordnung ist überschrieben: *Im Jahr vnsers Herrn dusent undt tewen hondert drey vndt setzich nach uswyssongh unser alder schrifft und reglement ist gestift und ahngefangen worden daß Schmide ampt alhy binnent Lutzenburgh.*

Für die Richtigkeit dieses Datums sprechen folgende Wahrscheinlichkeitsgründe:

1. Die genaue Anpassung der gleich nachfolgenden Statuten an die Forderungen des Freiheitsbriefs berechtigt zur Annahme, daß das Datum der Gründung (1263) nicht weit vom Datum der Freiheitsurkunde (1244) entfernt liegt.

2. Der Bestätigung der Statuten durch Johann d. Blinden, die i. J. 1346 erfolgte, mußte gewohnheitsgemäß eine Probezeit von mehreren Dezennien, während welcher die Zunft ihre Daseinsberechtigung und Leistungsfähigkeit darzutun hatte, vorausgehen.

[2]) Arendt. Die ehemaligen Handwerksbruderschaften.

gegen die Zunftordnung vor und ließ das Urteil durch die Stadtboten vollziehen.

Das wichtigste Vorrecht des Schmiedeamts zu Luxemburg war sonder Zweifel das Marktbesichtigungsrecht. Es gab dem Schmiedeamt die Befugnis auf den Märkten der Hauptstadt und des platten Landes: 1. das Verbot des Feilhaltens und Verkaufens von eingeführten Eisen- und Kupfergegenständen auszuführen; 2. eine Besichtigung der von den ortsansässigen Schmieden und Schlossern angefertigten Gegenstände auf ihre Echtheit und Brauchbarkeit vorzunehmen; 3. die in der Fehle Angetroffenen mit einer Geldbuße oder Zerstörung der untauglich gefundenen Gegenstände zu strafen. Dieses Privileg gehörte seit undenklichen Zeiten zum unbestrittenen Gewohnheitsrecht des Amtes und wurde, als dessen Verbindlichkeit gegen Mitte des 14. Jahrhunderts angezweifelt wurde, von Herzog Wenzeslaus I. durch Dekret vom 2. Mai des Jahres 1377 bestätigt und festgelegt. Nachstehend der Wortlaut des Dekretes, das der Notar J. Strabius in den Schriften der Zunft gefunden und in das i. J. 1686 neu angelegte Amtsbuch eingetragen hat. Er steht für die Authentizität der Urkunde selbst ein und beglaubigt die Übereinstimmung der Kopie mit dem Original nach Inhalt und Sprache mit seiner Namensunterschrift[1]).

Wenceslaus von Boheim von Gottes gnaden Hertzogh von Lutzemburgh von Lutzemburgh von Lothr von Brabant van Limburgh Mareque des Heiligen Rychsz, duen kundt allen luden want unsz vnse

Wenzeslaus[2]) von Böhmen, von Gottes Gnade Herzog von Luxemburg (von Luxemburg[3]), von Lothringen,[4]) von Brabant,[5]) von Limburg, Markgraf des heiligen Reichs,[6]) tun allen Leuten kund,

[1]) In den Archiven des historischen Instituts befindet sich eine andere Abschrift der Wenzelschen Urkunde (Manuskript Nr. 226). Sie gehört der von Notar Hermann angelegten Sammlung der Zunftstatuten an und ist eine Kopie einer im Jahre 1711 durch Notar Pierret angefertigten Abschrift. Diese stützt sich auf eine Abschrift des Notars Bassompiert, letztere wiederum auf die von Wolkringe verfaßte Originalkopie. Die genannte Hermannsche Schrift weist folgende Mängel auf: 1. Es fehlen einzelne Wörter z. B. Droßarten; 2. verschiedene Wörter sind unrichtig abgeschrieben, z. B. „gelöst“, statt „geloift“ = gelobt u. s. w. 3. Andere Wörter sind undeutlich geschrieben oder bei Anwendung einer spätern Sprache unrichtig wiedergegeben.

Es schien uns darum angezeigt, die Kopie der Urkunde zu veröffentlichen, welche Strabius ohne Benutzung der Arbeiten von Zwischenkopisten nach der ihm vorliegenden Kopie des Stadtschreibers Wolkringe gemacht hat.

Eine andere Abschrift, welche die Wenzelsche Urkunde mit dem 5. Mai 1377 datiert, ist zu finden in den Archiven des Provinzialrats zu Luxemburg, Bündel 1615—16.

[2]) Als Johann der Blinde i. Jahre 1346 gestorben war, ergriff gemäß dem Wunsch des Verstorbenen dessen Sohn Karl, König von Böhmen, die Zügel der Regierung. Erst sechs Jahre später trat er seinem jüngern Bruder Wenzel die Grafschaft Luxemburg ab, die er i. J. 1354 zu einem Herzogtum erhob.

[3]) Diese Wiederholung ist bei Hermann ausgeblieben.

[4]) Den Titel Reichsvikar für Lothringen und die Niederlande hatte Karl IV. seinem Bruder Wenzel ebenfalls verliehen (Engelbardt; Schœtter).

[5]) Wenzel hatte sich verheiratet mit Johanna, der Tochter Johanns III., Herzog von Brabant und Limburg. Durch Verfügung seines Schwiegervaters erhielt nach dessen Tode Wenzel die beiden Herzogtümer, deren Besitz er aber wegen der darob mit seinem Schwager entstandenen Streitigkeiten nicht froh werden konnte.

[6]) Diesen Titel hatte Wenzel bereits i. J. 1354 von seinem kaiserlichen Bruder Karl IV. erhalten. Bem. In der Abschrift von Hermann liest man „Markgraf“.

lieue getreuwe burger von dem Kesselen vnd duppen ambachti van Lutzemburgh zuebracht haint vndt waill vnderwysz dat sie van alders vnd von also langer Zytt dasz niemand nu lebbende en weysz von hunnen selue noch vom horen segben dat is niet gewest en sy solche Vribeit vnd macht gehat han In allen merten in vnserem Hertzoghtumb vain Lutzemburgh alle ungeue Keuffmeschaft die sie vonden hant op unsen ègen merten hür ambachte ahngaende ahntasten vnd ahngriffen mochten mitt den gericht die merte hudende vnd vain al solcher ungeue kauffmeschaft eine bousz vain vonf ponden aldre tournois die man nennet cleine schwartze tournois plagen zue heuen die vns gerichte den marte hudende da diese ègen busze veruallen wasz half heuen solde vour vnsz vnd In vnser vrbaer vnd ander halbscheitt wasz Zuehorende den ègen vnse burgeren von dem ambachte vourschreuen. So willen Wir ahngesehn der Kongl privilegien nutz vnse vndt vnsz landts vain Lutzemburgh gedeynligh vnd auch dasz gude geue vnd oprechte kauffmeschaft vain dem ahmbachte vorges In vnserem landt vorges verkaufft werde vnd verandert, die vourgl vnsere burger vain den duppen vnd kesselerahmbachte bey alsolcher Vryheith alsz vorgeschrie-

was uns unsere lieben, getreuen Bürger von dem Kesseler- und Dippengießeramt von Luxemburg unterbreitet haben. Und da wir wissen, daß sie von alters- und so langer Zeit her, daß niemand, der jetzt lebt es weder von ihnen selbst noch vom Hörensagen weiß, daß es nicht gewesen sei, — solche Freiheit und Macht gehabt haben, auf allen Märkten[1]) in unserm Herzogtum von Luxemburg alle schlechten Verkaufsgegenstände, die sie gefunden haben auf unsern ebengenannten Märkten und die ihr Amt betreffen, antasten und angreifen zu dürfen mit dem Gericht, das die Märkte hütet und von allen solchen schlechten Verkaufsgegenständen eine Buße von fünf Pfund alter Tournosen[2]) welche man nennt kleine schwarze Tournosen, zu erheben pflegen — die unser Gericht, das den Markt hütet, wenn diese ebengemeldete Buße verfallen ist, halb erheben soll für uns und zu unserm Vorteil, die andere Halbscheit soll den ebengenannten Bürgern von dem vorgeschriebenen Amt zugehören.

So wollen Wir, angesehen die Königlichen Privilegien, zu unserm Nutzen und zum Vorteil des Landes von Luxemburg und auch damit gute gangbare und aufrichtige Verkaufsgegenstände von dem vorgeschriebenen Amt in unserm vor-

[1]) Die Zahl der Märkte war im Herzogtum Luxemburg verhältnismäßig gering. Zur Zeit unsers ersten Geschichtsschreibers Bertels, also anfangs des 17. Jahrhunderts, hatte das Land bloß 33 Jahrmärkte. Die Hauptstadt hatte mit Einschluß der Schobermesse nur 8 Jahrmärkte. — Es scheint, daß der Handelsgeist von jeher den Luxemburgern abging. Befinden sich doch gegenwärtig die größten und bekanntesten Kaufläden in den Händen von Ausländern. Um den Handel in Luxemburg zu heben, hatte bereits Ludwig XIV. einen Aufruf an die ausländischen Handwerker und Manufakturisten erlassen und ihnen versprochen, falls sie sich zu Luxemburg ansiedelten, sollten sie 1. unentgeltlich Bauplätze im Grund und Pfaffenthal angewiesen erhalten; 2. zehn Jahre lang von jeder Einquartierung und jeder Auflage befreit sein. Er versprach sogar, zur Förderung des Verkehrs eine Brücke über das Petrustal schlagen zu lassen.

[2]) Man rechnete damals zumeist mit Pfund, livres. Das Pfund ward bald nachher durch den Gulden verdrängt. — Es gab luxemburgische, trierer, toursayer (Tournose) Pfunde.

euen ist, vasz stede und unverbruchligh mit desem briff behalden vnd bestedigen.

Voirt willen Wir ouch dat sy der sachen voirs mitt huen ayden gentzlich geloift syn, gebieden darumben allen Veseren amptluden, Leutenanten, drossarten, Probsten, Richteren meyeren vnd allen vnseresHertzoghtumbs von Lutzemburgh voirs die nue sindt vndt naemalsz da syn mugen dasz samendt undt Jegliger vain hun besonder den egen vnsz burger von duppen vnd kesselen ahmbachte geraden gehulfligh vnd bystendigh seyen die ègh vrieheith Zue behalden, welcher Zytt seysz vain vnse ègen burgeren verseydt[1]) werdent, sonder dasz ander gebott vain vns zo verbeden vndt dasz niet en lassen[2]) alsz lief sie vnsz hulde haben zo behalden In urkundt welcher sachen Wir haen unser siegell ahn diesen brieff doen hencken.

Geben zo Lutzemburgh den zweitten daiges Meyes Im Jahr unsers herrns XIIIc sieben undt siebentzigh.

Pro copia seinem rechten original gleichlautendt darahn ein pergaments Pressul[3]) ist vndt noch eynige stucke wachs zum Zeichnisz dasz gl brieff versieglet gewesen zue finden vndt in den authenticierten copeyen so der stattschreiber Wolkringe gemacht vndt substitut Greffier Strenge findet sich

geschriebenen Land verkauft und verändert werden, unsere vorgemeldeten Bürger von dem Dippen- und Kesseleramt bei all solcher Freiheit, wie vorgeschrieben ist, für immer und unverbrüchlich mit diesen Brief behalten u. bestätigen.

Ferner wollen Wir auch, daß sie die vorgemeldeten Sachen mit ihren Eiden gänzlich geloben. Darum gebieten Wir allen unsern Amtsleuten, Leutnanten, Drossarten, Pröbsten, Richtern, Meiern und allen (vorgenannten dazu Beauftragten) von unserm Herzogtum von Luxemburg, die jetzt sind und und nachmals da sein mögen, daß alle und jeder von ihnen einzeln unsern ebengenannten Bürgern vom Dippen- und Kesseleramt sofort behilflich und beiständig seien, die ebengemeldete Freiheit zu behalten, zu welcher Zeit auch sie von unsern ebengenannten Bürgern verlangt werden, ohne eine andere Anordnung unserseits (zu benötigen, es) zu verbieten und nicht zuzulassen, wofern es ihnen lieb ist, unsere Huld zu behalten. Zur Beurkundung dieser Sachen haben wir unser Siegel an diesen Brief hängen lassen.

Gegeben zu Luxemburg, den 2. Tag des Mai im Jahr unsers Herrn dreizehnhundert sieben und siebenzig.

Für gleichlautende Abschrift von seinem richtigen Original, an dem ein Pergamentband ist und noch einige Stücke Wachs zum Beweis, daß gemeldeter Brief versiegelt zu finden war — und in den beglaubigten Abschriften, welche der Stadtschreiber Wolkringe angefertigt hat und der Kanzleisubstitut

[1]) Verseynd (Abschrift Hermann).

[2]) Entlassen (Hermann).

[3]) Unter dem Ausdruck „Pressul“ versteht man ein Pergamentband, das bestimmt ist, das Siegel aufzunehmen.

dasz sie noch etzliche stuck siegell ahn gl pressul gesehen den 8 Juny 1686.	Strenge findet sich, daß sie noch einige Stücke Siegel an dem gemeldeten Bande gesehen den 8. Juni 1686.
J Strabius nots	J. Strabius, Notar.

Zur ersprießlichen Tätigkeit der Schmiedezunft, zu deren hoffnungsfreudigen Weiterentwickelung sind nun alle Vorbedingungen erfüllt: Die Amtsordnung hat ihre Probe bestanden und ist festgelegt, Zunft und Statuten sind von den Fürsten anerkannt und bestätigt, die christliche Einheit und das starke religiöse Bewußtsein der Bevölkerung bewahrt vor Entzweiung und Entkräftung, der traditionelle Ernst, welcher den schwer arbeitenden Gewerben eignet, ist eine solide Gewähr für dauerndes, treues Festhalten an der überlieferten Ordnung. Die Zunft kann darum mit vollem Vertrauen auf eigene Kraft und vielseitiges Wohlwollen in die folgenden Jahrhunderte hineinziehen. Ihre Aufgaben sind zahlreich und bedeutungsvoll. Je vollkommener sie dieselben erfaßt und erfüllt, desto größere Vorteile wird sie den eigenen Mitgliedern, deren Familien und den Mitbürgern bringen.

(Forts. folgt.)

Alt-Echternach.

II.

Ein Vorkommen, das vielfach beobachtet wird, tritt auch in Echternach ein: die Burg gebiert den Burgflecken, das Kloster erzeugt die Abteistadt.

Schon früh setzte die Anziehungskraft der schützenden Klostermauern ein; wir wissen durch Bertels, daß die Einwohner von Badelingen in den Abteiring verzogen, wenn nicht, was wahrscheinlicher ist, eine Art Eingemeindung vorliegt. Handwerker siedelten sich an, Fischer bezogen den Staden, und von den nahen Dörfern und Höfen flüchtete wohl mancher Bauer in den Schutz der mächtigen Klosterherren. So entstand nach und nach eine Kleinstadt, wo der Bauer neben dem Krämer, der Handwerker neben dem Knechte wohnte. Das Urweichbild dieses Städtchens ist uns nicht bekannt; vielleicht besitzen wir jedoch ein Mittel, es annähernd zu bestimmen. Es ist wahrscheinlich — jedenfalls spricht das kanonische Recht für diese Annahme — daß das klösterliche Asylrecht sich auf das Gesamtgebiet der ursprünglichen Siedelung bezog. Nun wissen wir, daß die Grenzen der Asylstätte im spätern, also ausgedehntern Echternach durch Köpfe bezeichnet waren, die an den Straßenecken und sogar im Innern verschiedener Häuser angebracht waren. Diese Steinköpfe, von denen manche sich erhalten haben, bezeichnen also den Umkreis der ersten städtischen Besiedlung.

Im Jahre 1236 erteilte Ermesinde dem Städtchen den «Freiheitsbrief», den ersten unsres Landes. Neben Bestimmungen aus dem Gebiet kommunaler Freiheit und Selbstregierung, enthält die Urkunde die genaue Regelung der den Bürgern obliegenden Leistungen.

Das Problem der sogenannten Befreiungen wirft nun zwei wichtige

25. Jahrgang. 1. u 2. Heft Januar und Februar 1919.

INHALT:

Luxemburg.
Buchdruckerei Linden & Hansen.
1919.

Ons Hémecht.

Organ des Vereins

für

Luxemburger Geschichte,

Literatur und Kunst.

Herausgegeben

von dem Vorstande des Vereins.

Fünfundzwanzigster Jahrgang.

1919.

Luxemburg.
Buchdruckerei Linden & Hansen.
Selbstverlag des Vereins.
1919.

Inhaltsverzeichnis.

I. — Vereinssachen.

A. Geschäftliches.

B. Personal-Nachrichten des Vereines.

II. — Geschichtliches.

III. — Folklore.

IV. — Rezensionen.

V. — Verschiedenes.

VI. — Illustration.

Ons Hémecht.
Organ des Vereines für Luxemburger Geschichte, Litteratur und Kunst
St. Willibrord

25. Jahrg. 1. u. 2 Heft. Jan. u. Febr. 1919.

Jeder Autor ist verantwortlich für seine Arbeit.

Zum 25. Jahrgange von „Ons Hémecht".

Mit dem vorliegenden Hefte tritt Ons Hémecht ihren fünfundzwanzigsten Jahrgang an. Was die Gründer des Vereines für Luxemburger Geschichte, Literatur und Kunst in Nummer 1 des ersten Jahrganges 1895 versprochen, das hat die Redaktion während der verflossenen 24 Jahre getreulich gehalten. Wirft man einen auch nur oberflächlichen Blick auf den Inhalt der bisher veröffentlichten 24 Bände, dann muß man staunen über die Menge und die Mannigfaltigkeit der teils größeren, teils kleineren Aufsätze, meistens Originalarbeiten, welche in denselben Aufnahme gefunden haben. Den Löwenanteil davon darf wohl, und mit vollem Rechte, sowohl die politische, als auch die kirchliche Geschichte unseres zwar kleinen, doch jedem echten Luxemburger teueren Vaterlandes beanspruchen. Während einerseits verschiedene Perioden aus unserer Landesgeschichte eingehend behandelt sind, wurden anderseits spezielle Geschichten einzelner adliger Häuser und Familien, Ortschaften und Pfarreien gründlich bearbeitet. Auch Biographien verschiedener durch ihr Wirken, ihre Wissenschaft, ihr tatenreiches Leben um die Vor- und Mitwelt verdien-

ter Personen haben darin Aufnahme gefunden. Dank diesen geschichtlichen Arbeiten hat «Ons Hémecht» sich nicht nur im Inlande, sondern auch im Auslande einen höchst rühmlichen Platz erobert. In Deutschland, Belgien, Frankreich, Österreich, der Schweiz, ja selbst in Amerika finden wir in Zeitschriften, Zeitungen, Broschüren und Büchern «Ons Hémecht» gar oft als Quellenwerk zitiert; ja wir dürfen dreist behaupten, daß sie einen recht ehrenhaften Platz in der heutigen Zeitschriftenliteratur einnimmt.

Wie auf dem Felde der Geschichte, so hat sie auch auf dem der Literatur, namentlich unserer vaterländischen, ungeheuer vieles geleistet. Das im verflossenen Vierteljahrhundert so bedeutend rege gewordene Studium unseres heimatlichen Dialektes ist größtenteils — wir behaupten das, ohne Widerspruch fürchten zu müssen — auf den Einfluß von «Ons Hémecht» zurückzuführen. So arm unsere heimatliche Dialektliteratur vor der Gründung unserer Zeitschrift gewesen, so reichhaltig, — ja wir möchten fast sagen zu reichhaltig — hat sich dieselbe in den zwei letzten Dezennien entwickelt, schießen ja heutzutage Luxemburger «Kome'de'stécker» wie Pilze aus der Erde.

Wenn das Gebiet der Kunst auch nicht so reichlich behandelt wurde, wie die Geschichte und die Literatur, so liegt das eben daran, daß sich in unserem spießbürgerlichen Wesen nicht leicht jemand als Kunstkritiker aufzuspielen wagt und auch der Stoff für solche Arbeiten allzubeschränkt ist. Wir haben aber immerhin doch verschiedene Aufsätze veröffentlicht, welch einiger Beachtung wert sind.

Alles in Allem genommen, dürfen wir doch mit Genugtuung, ja mit gerechtem Stolze, auf die Leistungen der «Hémecht» während der verflossenen 24 Jahre zurückschauen.

Der Vorstand des Vereines trug sich schon seit Jahren mit dem Gedanken um, im Jahre, welches wir eben angetreten haben, das fünfundzwanzigjährige Jubiläum, der «Hémecht» zu feiern, und zu diesem Zwecke einen eigenen Jubiläumsband zu veröffentlichen. Doch «es wär' zu schön gewesen, es hat nicht sollen sein». Der furchtbare Weltkrieg, welcher so viele schöne Hoffnungen zu Grabe trug, hat auch auf unseren Verein und dessen Organ einen mächtigen Rückschlag ausgeübt. Dank der Papierknappheit und der bis ins Ungeheuere aufgeschnellten Herstellungskosten mußte der Vorstand — wenn auch mit schwerem Herzen — von der Herausgabe eines Jubiläumsbandes, wenigstens für dieses Jahr, absehen; ja noch mehr: die ihm zu Gebote stehenden kärglichen Geldmittel zwangen ihn sogar — sollte «Ons Hémecht» nicht eingehen müssen — deren Umfang im verflossenen Jahre und auch in dem kommenden zu beschränken. Hoffen wir aber daß jetzt, wo die Friedenstaube winkt, auch bald wieder bessere Zeiten für unser Organ anbrechen werden. Wie aus dem letzten Hefte des Jahrganges 1918 ersichtlich, hat der Vorstand, behufs teilweiser Deckung der so bedeutenden Druckkosten, eine Subskriptionsliste eröffnet; am Schlusse des vorliegenden Heftes ist das bisherige Resultat seines Aufrufes angezeigt. Möchten nur recht viele Vereinsmitglieder, Abonnenten, Freunde und Leser ihr Scherflein zu unserem so echt patriotischen Werke beitragen. Je reichlicher die Beiträge fließen, desto reichhaltiger könnte auch «Ons Hémecht» gestaltet werden.

Luxemburg, 1. Januar 1919. *Der Vereinspräsident: Mart n BLUM.*

Beiträge zur Geschichte verschiedener Pfarreien.

(Fortsetzung.)

II. Das Landkapitel Remich.

Vorwort.

In dem ersten Heft unserer „Beiträge zur Geschichte verschiedener Pfarreien um die Mitte des 18. Jahrhunderts" haben wir mit dem Landkapitel Luxemburg begonnen und griffen aus demselben nur die zum heutigen Großherzogtum gehörenden Pfarreien, unter Übergehung der lothringischen und später deutsch gewordenen heraus. Wir lehnten uns größtenteils an den amtlichen Visitationsbericht vom Jahre 1755 an, versäumten jedoch nicht, auch aus anderen offiziellen Quellen zu schöpfen. Es ist keineswegs unsere Absicht, alle und jede Notizen unter der Rubrik der einzelnen Ortsnamen zusammenzutragen, sondern wir bezwecken lediglich, einen mehr oder weniger tiefen Einblick in die kirchliche Verwaltungstechnik, in die religiös-sittlichen und kulturellen Verhältnisse und eventuell auch in die lokalgeschichtliche Entwickelung im damaligen Herzogtum zu vermitteln. Das ist auch die Richtschnur, welcher wir für die Pfarreien des Landkapitels Remich folgen wollen.

Nachdem Weihbischof J. N. von Hontheim am Sonntag, den 10. August 1755 die Visitation im Kloster der Benediktinerinnen zu Marville beendigt hatte, nahm er Herberge im Pfarrhof zu Villers-le-Rond bei dem hochw. Herrn Escher, aus Wiltz gebürtig, der Dechant des Landkapitels Longuion und vom Provinzialrat von Luxemburg dem Visitator als Kommissar beigegeben war. Am folgenden Tage war er mit seiner Begleitung bei dem Grafen von Latour in der nahen gleichnamigen Ortschaft zu Gaste und reiste am Nachmittag nach der Abtei Clairefontaine bei Arlon ab, wo er übernachtete. Um 6 Uhr des andern Tages trat er die Reise zur Visitation des Landkapitels Remich an und kam schon um 11 Uhr morgens nach Hostert, zum hochw. Herrn Michael Meyß, aus Luxemburg gebürtig (luxemburgus), der dort seit 1726 als Pfarrer wirkte und Dechant des Kapitels war. Mit der Visitation wurde allsogleich begonnen und kam die Pfarrei Schüttringen zuerst an die Reihe.

1. Schüttringen.

In dieser etwa 900 Kommunikanten zählenden Pfarrei herrschten in vielfacher Hinsicht merkwürdige Zustände, wie aus den eingehenden, äußerst leserlich geschriebenen und akurat ausgedrückten Antworten auf die gestellten Fragen ersichtlich ist.

1. Die Pfarrei Schüttringen bestand damals (1755) aus den Ortschaften Schüttringen, Münsbach, Übersyren, Oberanven, Niederanven, Senningen, Rameldingen, Hostert und Ernster. Außerdem gehörten dazu der Weiler Neuheuser und zwei Gehöfte, die jedoch nicht genannt werden.

2. Weltliche Herren waren der Landesfürst, die Herren de Waldt, von Schengen, de Han, Wiltheim und Breiderbach, endlich noch der Abt von St. Maximin.

3. Das Patronatsrecht steht dem Abt von St. Maximin zu. Durch diese Abtei wurde die Pfarrei in der Zeit der Münsterabtei in der Vorstadt (Grund) bei Luxemburg einverleibt (Refectorio abbatiae Munsteriensi in suburbio Luxemburgensi infeodata fuit) insoweit der dem Pfarrer zukommende dritte Teil der Zehnten in Betracht kam. Dafür mußte der jeweilige Abt von Münster dem Abt von St. Maximin huldigen (onus homagii praestare) und ihn um die Übergabe der Pfarrei resp. der dem Pfarrer zukommenden Zehnten untertänigst (humillime) bitten, von welchen alsdann dem ständigen Vikar (vicario perpetuo) der dritte Teil, also der neunte Teil des Ganzen, geleistet werden mußte. Es ist jedoch nicht bekannt, ob dieses so zur Ausführung kam; denn seit mehr als hundert Jahren haben alle Pfarrer das ganze Drittel der Getreidezehnten eingezogen, während die Münsterabtei das dem Pfarrer zustehende Drittel der Heuzehnten in den Dörfern Schüttringen, Münsbach, Übersyren, Niederanven und Senningen einzog.

Ob die Abtei von St. Maximin das Patronatsrecht in allen Monaten besaß und ausübte, ist nicht bekannt. Jedenfalls hat der jetzige (1755) Pfarrer die in einem päpstlichen Monat fällig gewordene Pfarrei von dem (erzbischöflichen) Consistorium erhalten mit der Verpflichtung, der Münsterabtei den dritten Teil von allen Zehnten zu überlassen; von dem Provinzialrat von Luxemburg hingegen wurden dem Pfarrer sämtliche, auch von seinen Vorgängern eingezogenen Zehnten zuerkannt.

4. Das Schiff der Pfarrkirche wurde von den großen Zehntherren, nämlich von der Maximinerabtei, dem Herrn de Waldt und dem Advokaten Scheer neu erbaut. Das Chor jedoch, vor Alter zusammengebrochen, befindet sich fortwährend in demselben Zustande, indem die Zehntherren behaupten, der Pfarrer habe dasselbe instand zu halten, was dieser aber bestreitet. Seit mehr als zwanzig Jahren sammelt dieser Geldmittel aus den Einkünften der Fabrik, um das Chor neu zu bauen. Dem widersetzen sich aber die Zehntherren, haben jedoch den Gerichtsweg noch nicht betreten. Der Turm, den die Pfarrkinder zu unterhalten haben, befindet sich in leidlichem Zustande. Im Schiff gibt es keine Bänke, und nur in der Mitte einen Fußboden. Der Kirchhof ist nach allen Seiten hin offen, so daß die Tiere freien Zugang haben. Die Pfarrkinder denken aber nicht daran, die zerfallene Mauer wieder herzustellen, obgleich sie in den früheren Visitationen streng dazu angehalten worden sind. Die Pfarrkirche hat keinen Altar; die Messe wird auf einem benedizierten Tragaltare im Turm gefeiert. Die früheren, sehr elend aussehenden (vilissima) Altäre waren nicht fundiert. Zwei silberne Kelche sind vorhanden, aber kein Krankenciborium; die Wegzehrung wird den Kranken in einem Korporale getragen. Die Monstranz ist aus Erz und äußerst armselig. Den Schlüssel des Tabernakels besitzt der in Schüttringen wohnende Vikar. Bis jetzt lieferten die Einwohner kein Öl für die ewige Lampe. Nur hie und da wird solches von den verhängten Strafgeldern gekauft und brennt die Lampe an den Sonntagen, solange das Öl reicht.

Die hl. Ölgefäße und das Krankenciborium aus Silber wurden gestohlen und durch zinnerne ersetzt. Einen Predigtstuhl hat man wohl, er ist jedoch noch nicht in dem neuen Schiff aufgestellt. Beichtstühle sind nicht vorhanden. Die Taufbücher reichen nur bis 1711.

5. Die Geistlichkeit. — Pfarrer ist, wie oben gesagt, Herr Michael Meyß aus Luxemburg, seit Johannistag 1726. In Schüttringen hat er einen Vikar, namens Joh. Heinrich Scholer, der an seiner Stelle den Gottesdienst abhält und alle Sakramente spendet. Er ist approbirt wie auch der Frühmesser und Schulmeister Wagener, den die Einwohner von Schüttringen, Übersyren und Münsbach bezahlen. Auch in Hostert hält ein Geistlicher (er wird aber nicht genannt) Schule und Frühmesse. Er ist approbirt, führt einen sehr guten Lebenswandel und wird von den Einwohnern von Anven, welche die Kirche zu Hostert besuchen, bezahlt.

6. Kirchen. -- Die Filialkirche in Hostert besitzt das Privilegium einer Pfarrkirche, spendet alle Sakramente, hat einen Kirchhof für diejenigen Einwohner, welche dieselbe benutzen, hat ein eigenes ihr zugewiesenes Volk, welches in ihr alle Sakramente, auch die österliche Kommunion empfängt; in ihr geschieht der ganze, vollständige Pfarrgottesdienst, sogar an den hohen Festtagen. Der Pfarrer residirt in Hostert und ist zu all diesem gehalten, genau so wie in Schüttringen, sei es in eigener Person, sei es durch einen Vikar. Früher binirte der Pfarrer in Schüttringen. Die Einwohner von Hostert hatten jährlich drei Pfund Wachs an die Pfarrkirche von Schüttringen zu entrichten. Es ist zu bemerken, daß die der Kirche von Hostert zugewiesenen Dörfer nicht genannt werden.

Die Pfarrkirche ist dem hl. Apostelfürsten Petrus, die Filiale von Hostert dem hl. Johannes dem Täufer geweiht. In Niederanven ist eine der hl. Cäcilia geweihte öffentliche Kapelle. Sie war anfänglich gestiftet, allein die daran geknüpften Schenkungen gingen in der Folge verloren, man weiß nicht einmal welcher Art diese Schenkungen gewesen sind. Die hl. Messe wird dort gelesen mit Ausnahme der Sonn- und Feiertage. Weihbischof von Nalbach hat dieses unter Strafe der Suspension ipso facto incurrenda verboten. Wenn jedoch das Fest der hl. Lucia und dasjenige des hl. Blasius auf einen Sonntag fallen, wird der Gottesdienst dort gehalten. Sie wird mit den darin gemachten Opfergaben unterhalten, von denen zwei Drittel dazu verwendet werden. In demselben Niederanven gibt es noch eine andere Kapelle, in welcher mit Ausnahme der Sonn- und Feiertage Messe geschieht. Sie ist an der königlichen Straße (via regia) gelegen. Sie besitzt ein Hofgut, dessen Pächter zum Unterhalt derselben verpflichtet ist. Auch die kirchlichen Gewänder muß der Pächter stellen. Alles erforderliche ist vorhanden und wird die in derselben gestiftete Messe regelmäßig am 15. jeden Monates abgehalten, wovon der Pastor nur 5 Imperialen bezieht. Der Patron dieser Kapelle wird nicht angegeben. Andere Benefizien gibt es nicht in der Pfarrei.

Eine Hauskapelle besitzt der Herr Joh. Heinrich Rademacher auf seinem Hofe zu Niederanven seit etwa vier Jahren. Die Erlaubnis, darin Messe halten zu dürfen, hatte er von dem Herrn Weihbischofe schon zwei Mal, jedes Mal für ein Jahr, erhalten. Dieser Messe durften nur beiwohnen der genannte Rademacher, ein Diener und diejenigen, welche die Bäder benutzen (ab utentibus balneo), aber nur an den nicht verbotenen Tagen. Sogar eine mündlich gegebene Erlaubnis, die aber jetzt abgelaufen ist, gestattete auch anderen, dort der hl. Messe beizuwohnen. — Über diese Badeanstalt findet sich keine weitere Mitteilung. Desgleichen ist dieser Rademacher sonst nicht bekannt.

7. Über die Schulen ist nur gesagt, daß der Lehrer seine Pflicht in zufriedenstellender Weise erfüllt (sat bene). Wieviele Lehrer amtierten, ist oben gesagt.

8. Über die Kirchensöhner beklagt sich der Pfarrer gar bitter. Er wirft ihnen große Nachlässigkeit vor und tadelt ihre Nachsicht gegen die säumigen Schuldner, von denen die meisten aus diesem Grunde kaum noch, andere gar nicht mehr zahlungsfähig sind.

9. Die Einkünfte des Pfarrers sind folgende: er bezieht in beiden Teilen der Pfarrei Schüttringen und Hostert den dritten Teil sämtlicher Zehnten, mit Ausnahme des dritten Teiles der Heuzehnten zu Schüttringen, Münsbach, Übersyren, Niederanven und Senningen, den die Münsterabtei erhält. Ferner hat der Pfarrer etwa 6 Fuder Heu aus den Widdumswiesen und ein und einen halben Morgen Ackerland.

Den großen Zehnten beziehen in Schüttringen für ein Drittel die St. Maximinerabtei, für das andere Drittel die Herren de Waldt und Scheer. Zu Nieder- und Oberanven hat diese Abtei zwei Drittel, die genannten Herren jedoch nichts von den großen Zehnten.

10. In Schüttringen sind zur Zeit nur zwei Synodalen; sind jedoch unnütz, weil sie ihres Amtes nicht walten. Sie melden die Sonntagsschänder nicht, verdecken und übersehen diese und andere Übertretungen, obgleich sie zu wiederholten Malen an ihre Synodalpflichten erinnert worden sind. Mit dem Pfarrer Meyß unterschreibt auch nur Heinrich Putz.

11. Nach Darlegung dieser Sachlage fragt man gewiß nach der Sanktion und den Mitteln, um Remedur zu schaffen. In betreff des baufälligen Chores zu Schüttringen wurde angesichts der andauernden Nachlässigkeit die Erlaubnis entzogen, noch fernerhin im Turm Messe zu lesen. Die Kirchhofsmauer muß unter Strafe des Interdiktes gebaut werden. Die Synodalen bekamen wegen grober Pflichtversäumnis einen schweren Rüffel; absetzen wollte man sie jedoch nicht.

(Fortſ. folgt.)

Leben und Wirken des hochw. Hrn. Theod.-Zeph. BIEVER.

(Fortsetzung.)

XXXII. Andere Besuche. — Krankheiten. — Reise Biever's nach Madaba.

Während man zu Tabgha rüstig am Weiterbaue des Hospizes arbeitete, trafen, noch vor dessen Vollendung, mehrere Besuche daselbst ein, über welche Herr Weynandt folgende Mitteilungen macht: «Am «1. Mai (1891) erhielten wir den angemeldeten Besuch der Bayerischen-«Münchener Karawane. Sie bestand aus fünfundzwanzig Pilgern, wel-«che von Haïffa über Nazareth und Hattin kommend, für die ganze «Überlandreise ihre Zelte mit sich führten. Zwei Tage hatten wir diese «Karawane als Gäste bei uns. Das gemeinschaftliche Mittagsmahl und «Abendessen wurden in der von uns geräumten Bude, sowie in der

«Veranda eingenommen. Die Tage wurden benutzt von den Einen zum «Ausruhen in den Zelten, von den Anderen zu Ausflügen in der Um«gegend. Sehr gut gefiel es den deutschen Pilgern in Tabgha; nur «bedauerten sie sehr, daß das noch nicht vollendete Hospiz von ihnen «nicht in Anspruch genommen werden konnte zur Beherbergung. Am «dritten Tage wurde die Weiterreise fortgesetzt: Morgens in aller «Frühe wurden die Zelte abgebrochen und sorgfältig verpackt; nach «einem guten Frühstück in der Bude wurden die bereitstehenden «Pferde bestiegen, und fort ging es nach Tiberias, wo man den Nach«mittag zubrachte und am anderen Morgen in der Frühe über Seik «el Hamize, Tabor, Naïm weiter ritt um durch Samarien über Naplouse, «das alte Sichem, in fünf Tagen Jerusalem zu erreichen, wo die ganze «Karavane im Hospiz des deutschen Palästinervereines abstieg. P. «Zephyrin begleitete dieselbe bis nach Jerusalem, und dort diente er «derselben als fachkundiger Führer, wie wohl kein zweiter es hätte «besser machen können.»

Drei Tage später (d. h. nach der Abreise der Münchener Karavane) traf ein neuer Besuch in Tabgha ein: «Am 6. Mai hatten wir den «Besuch des deutschen Herrn Generalkonsuls Dr. Schrœder aus Bey«rout, der von uns recht gastlich aufgenommen wurde und zwei Tage «mit seiner Begleitung bei uns zubrachte; hatten wir ja für sein stram«mes Auftreten im verflossenen Jahre noch eine Dankesschuld an ihn «abzutragen.[174]) Wir unterhielten uns mit ihm über diese Angelegen«heit, drückten aber auch den Wunsch aus, nicht mehr in eine solche «Lage kommen zu brauchen.[175]) Es tat dem Herrn Konsul leid, daß

---

[174]) Im vergangenen Jahre, noch vor Ankunft Biever's zu Tabgha, war ein junger bei Franz Keller angestellter Deutscher (Hoffman mit Namen), welcher in Begleitung eines Knechtes in Geschäftssachen nach Tiberias gereist war, auf der Rückreise nach Tabgha von ein paar Strolchen überfallen worden. Nachdem sie ihm seine Waffen und die angekauften Sachen abgenommen, schlugen sie ihn halbtot, und brachten sich mit ihrem Raube und mit Hoffman's Pferd, wie sie glaubten, in Sicherheit. Aber Dib, der treue Knecht, hatte die frechen Wegelagerer. aus dem Stamme der Ghoarné, aus der Genesarethebene, erkannt. Er hatte allsogleich die Flucht ergriffen, um Herrn Keller von dem Vorfalle in Kenntnis zu setzen. Gleich ritt dieser zur Unglücksstelle, ließ den Bedauernswerten zur Ansiedlung bringen und für dessen Pflege sorgen. Er telegraphierte aber auch sofort an den deutschen Generalkonsul in Beyrout. Bereits am folgenden Tage kam der Vize-Konsul mit einer Anzahl von Polizeisoldaten von Saffed, um die Angelegenheit zu untersuchen. Sofort, auf die Aussage Dib's hin, begab er sich zu den Zelten des genannten Stammes: hier fand man das Pferd, welches bereits an andere verkauft worden war, Hoffman's Waffen und auch die übrigen von ihm gekauften Gegenstände. Sofort wurden die Übeltäter gefangen genommen, gebunden, nach dem Kreisstädtchen Saffed gebracht und dort eingekerkert, wo sie verbleiben mußten — bis man sie, nach Erlegung eines bestimmten Lösegeldes, wieder laufen ließ. (Weynandt.)

[175]) Während meines mehrjährigen Aufenthaltes in Tabgha hatten die

«er die Bekanntschaft des neuen Direktors, P. Biever, nicht machen «konnte und so ritt er am dritten Tage mit seiner Begleitung über «Hattin, Nazareth und Haïffa nach Beyrout zurück.»

.«Im Mai 1892 traf die Karawane des deutschen Palästina-Vereines «von Köln, fünfundvierzig Mann hoch, in Tabgha ein. Besondere «Freude bereitete es Herrn Weynandt, namentlich aber Herrn Biever, «daß unter diesen Pilgern sich auch ein Luxemburger befand, nämlich «Herr Johann Hintgen,[176]) Rentner aus Bettemburg, den Herr Biever «ja während seines dortigen Aufenthaltes kennen, schätzen und lieben «gelernt hatte. Die Karawane wurde im Hospiz untergebracht und ver-«blieb drei Tage bei uns. Diese Tage hindurch hatten wir daher aber «auch recht viel Arbeit. Sehr zufrieden mit dem guten Empfange und «Aufenthalt bei uns, ritten die liebgewonnenen Pilger weiter über Sa-«marien nach Jerusalem, wohin P. Biever auch sie begleitete.»

Wie ich schon weiter oben[177]) mitgeteilt, endigt Herr Weynandt seinen Bericht über die Kulturarbeiten zu Tabgha mit dem Stoßseufzer: «Somit wäre alles zum Besten gegangen, wenn die Krankheiten nur «von uns fern geblieben wären.»

Weil während der Monate August, September und Oktober die Hitze derart stark ist, daß «auf den Höhen und Bergesabhängen alles Gras verdorrt», tritt auch das Fieber derart stark auf, daß die Europäer, selbst die robustesten Naturen, schrecklich davon zu leiden haben. P. Biever bekam nun den glücklichen Gedanken, zu Saffed, wohin alle nicht zum eigenen Gebrauche der Kolonie von Tabgha nötigen Gartenprodukte täglich gegen gute Bezahlung abgeliefert wurden, ein Haus zu mieten, wohin er und seine Hausgenossen sich abwechselnd zurückziehen konnten. «Von uns vier Europäern[178]) waren meistens «immer zwei abwechselnd auf den Bergen von Saffed. Das Fieber «hatte Überhand bekommen, und, trotz aller guten Sorge und Pflege, «hatten wir viel darunter zu leiden. Waren wir etliche Tage von Tabgha «fort, dann ging es besser; man fürchtete sich fast, nach oft achttägiger «Abwesenheit, das doch schon so liebgewonnene Heim von Tabgha «wieder aufzusuchen, da ein Verweilen daselbst gewöhnlich nicht von «langer Dauer war. Deshalb sehnten wir uns denn auch gar sehr nach «der Regenperiode, welche uns etwas Erleichterung brachte, weil dann «die Hitze nachließ und wir in unseren Zimmern besser ausruhen «konnten.»

Nachdem Biever die Kölner Karavane nach Jerusalem begleitet hatte (im März 1892), entschloß er sich, seinen alten Pfarrkindern den bei seinem Abschied versprochenen Besuch zu machen und reiste er des-

---

guten Leute in der Umgegend allen Respekt vor uns Deutschen, und bin ich, zu jeder Stunde des Tages oder der Nacht, unbehelligt geblieben, sowohl in der Umgebung des See's (Genesareth), als auch auf den drei- oder viertägigen Reisen nach Kaïffa und Samarien. (Weynandt.)

[176]) Ein Oheim des hochw. Herrn Bernard Klepper, Pfarrer in Keispelt.

[177]) Kapitel XXX, am Schlusse des vorletzten Alinea's.

[178]) Keller, Biever, Weynandt und Hoffman.

halb nach Madaba, welche Reise ihm aber gar übel bekommen sollte, wie wir noch hören werden. Während seiner Abwesenheit «hatten wir auch in unserer Gegend», schreibt Weynandt, «eine Art Cholerakrank«heit, welche viele Einwohner dahinraffte. Von der Regierung wurden «alle Dörfer abgesperrt und mit Soldaten besetzt; nur mit einem «vom Kaimakam ausgestellten Passierscheine konnte man sich auf eine «Reise begeben. Direktor Biever war schon über drei Monate abwe«send; Franz Keller weilte zu Tiberias im Hospiz und hatte keine «Hoffnung mehr auf Genesung, da derselbe während seines langen «Aufenthaltes in Tabgha schon zu viel mitgemacht hatte. Nun traf «auch die Krankheit mich, und wenn nicht zufällig der hochw. P. Don «Aegidius, Rektor von Kefr Kama bei uns passiert wäre, der mich «bat, fortzugehen, was mir aber bei meinem Schwächezustand nicht «möglich war, mich am anderen Tag durch Schiffsleute hätte abholen «lassen, hätte ich nicht mehr nach Tiberias kommen können. Hier «erholte ich mich ein wenig, ließ mir dann einen Passierschein aus«stellen, bestieg mein Pferd und ritt, von unserm treuen Knecht Dib «begleitet nach Nazareth, um im dortigen Hospital der Barmherzigen «Brüder Aufnahme zu finden. Nach etlichen Wochen konnte ich so«dann nach Kaïffa zur Niederlassung der deutschen Borromäerinnen«Schwestern mich begeben, wo ich auch gut hergestellt wurde, und nach «zweimonatlicher Abwesenheit nach Tabgha zurückkehren konnte. In «Kaïffa erhielt ich jede Woche den Besuch eines unserer Knechte, «welcher mich über den Fortgang der Wirtschaft in Tabgha im Laufen«den hielt und mir die aus dem Erlös unserer Produkte eingegangenen «Gelder überbrachte, welche ich bei unserem Bankier, Herrn A. Dück «& Compagnie deponierte. Nach Tabgha zurückgekommen, fand ich «alles in gutem Zustande. Unser Hauptgärtner Anton hatte alles gut «besorgt. Aber die beiden Haushälterinnen waren während meiner Ab«wesenheit auch krank geworden und deshalb nach Tiberias abgereist. «Die eine davon starb kurze Zeit nachher, die andere hatte eine Stelle «als Lehrerin an der katholischen Mädchenschule zu Tiberias ange«nommen.[179]) Somit mußten wir (Mannsleute) die Führung unserer «Haushaltung wieder selbst übernehmen, woran wir ja auch selbstver«ständlich gewohnt waren.»

Wie bereits mitgeteilt, hatte P. Biever eine Reise nach Madaba angetreten. «Dort wurde er krank und erhielten wir (während der drei «ersten Monate) nur spärliche Auskunft über sein langes Fernblei«ben. . . . . . . Noch immer keine Nachricht von P. Directeur Biever. «— Jetzt sind es sechs Monate seit er fort ist. — Doch: Eines Tages, «abends spät, kam ein uns unbekannter Mann, mit sehr geheimnis«voller Miene, zu uns und überbrachte mir ein Schreiben von P. Biever, «worin derselbe mir schrieb, daß er in Quarantaine sei, an der Jordan«Brücke, unterhalb des See's von Tiberias, am Jesser el Modjamed, «und daß er dort, nach angestrengter Reise, aus dem Ortsjordanland «von Madaba nach El Hôssn in Hauran, mit einer Karawane kommend,

---

[179]) Von diesen 3 Personen war Rede im letzten Abschnitt des Kapitels XXX.

«endlich in unserer Nähe sei, aber wegen der Sperre nicht durchkommen «könne, daß aber dort weder Wohnung noch Zelte seien und auch keine «Lebensmittel vorhanden, um die acht Tage in Quarantaine auszuhalten. «Sofort trafen wir Anstalt, um alles Mögliche zusammenzubringen und «mit dem Morgengrauen nach der sechs Stunden entfernten Brücke «abzureisen. Unser Zelt, Kisten mit Wein und Conserven, Reis, Mehl, «frisch gebackenes Brod, Decken und sonstiges, alles gut verpackt, «wurde auf drei Maulesel geladen und in Begleitung zweier unserer «Knechte ritt ich am frühen Morgen über Tiberias nach der Brücke «zu, wo wir am Nachmittag ohne bedeutenden Unfall gegen 4 Uhr «ankamen. In der Ferne, jenseits des Jordanflusses, gewahrte ich «den P. Biever sich ergehend, und um ihn auf unsere Ankunft auf-«merksam zu machen, löste ich zwei Schüsse aus meinem Gewehr ab. «Sofort erkannte er uns, und in raschem Schritt kehrte er zum Lager «zurück, um die anderen Leidensgenossen von unserer Ankunft zu «benachrichtigen. An der Brücke angelangt, zeigte ich den Wächtern «ein Schreiben — Teskéret — des Kaimakams aus Tiberias, und «durften die Sachen hinübergebracht werden; uns aber wurde aus-«drücklich befohlen, nicht mit den Gesperrten in Verbindung zu kom-«men. Nachdem alles in Ordnung hinübergebracht war, unterhielt ich «mich mit dem Chef der Besatzung und spielte auf ein gutes Back-«schisch an, wenn ich zu P. Biever hinüber könnte. Soweit waren wir «einig geworden, daß ich bei Dunkelheit über die Brücke hin zum «Lager der Eingeschlossenen gelangen konnte, wo ich mit großer Freude «und lautem Jubel aufgenommen wurde. Bei P. Biever befand sich «auch unser Architekt aus Kaïffa, Herr Schumacher, welcher in der «Nähe zum Planaufheben der neuen Eisenbahn mit mehreren anderen «deutschen Herren eben eingetroffen war. Nun wurde es recht gemüt-«lich im Lager, nachdem inzwischen unser Zelt aufgeschlagen worden «und die gesamten Vorräte hineingebracht waren. Unter Staunen und «Bewunderung wurden alle die von mir mitgebrachten Sachen mit dem «besten Appetit verzehrt. Etliche Flaschen Wein wurden geleert, auf «dem flotten Feuer wurde eine gute Reissuppe mit Hammelfleisch ge-«kocht und auch die Conservenbüchsen nicht geschont. Nun wurde «sich noch bis fast zur Morgendämmerung unterhalten und beraten, «was zu tun wäre, um sobald als möglich aus dieser mißlichen Lage «befreit zu werden: So sollte ich dem Vorsteher der Soldaten heim-«lich melden, das schöne Trinkgeld würde desto eher gespendet, je «eher der Direktor Biever nach Tabgha abreisen könnte. Das zog. «P. Biever konnte nach dreitägiger Sperre mit uns nach Tabgha zu-«rückkehren. Kurze Zeit nachher meldete sich auch dort unser Offi-«zier und wurde er wegen seiner Großmut reichlich belohnt. Es war «aber auch die höchste Zeit, daß P. Biever wieder in eine ordentliche «Haushaltung kam; denn seine Gesundheit war sehr schlecht, da die «vielen Strapazen und Entbehrungen auf seiner sechsmonatlichen Reise «ihm arg zugesetzt hatten. Auch wir, wie das ganze Arbeiterpersonal, «waren froh, den Direktor wieder bei uns zu sehen.»

(Forts. folgt.)

Logements militaires à Luxembourg pendant la période de 1794—1814. (Par Alphonse RUPPRECHT.)

(Suite.)

Marché-aux-Poissons. [69])

---

[69]) *Fischmarkt; Forum piscium* dans les vieux documents en langue latine. Emplacement réservé aux poissonniers pour l'étalage de leur marchandises (v. note 56). Le Marché-aux-Poissons formait le centre du quartier connu sous le nom d'*Aalstät* et était avec la large rue devant l'église St. Michel la principale place publique de nos aïeux. C'était le centre des affaires. La place devant l'église St. Michel servait anciennement de marché, on l'appelait *Altmarkt, vieux marché*, pour le distinguer du nouveau marché établi près de l'église St. Nicolas, bâtie en 1120 sur l'emplacement de la Chambre des Députés actuelle. Un acte de 1623 et un autre de 1679 la désignent sous le nom de *Keesmarkt* (Würth-Paquet, op. c°, pp. 117 et 118). Le nom de Keesmarkt (écrit Keesmark) se retrouve également dans un règlement de la ville de l'année 1537 dont nous donnons ci-après le titre et quelques dispositions:

«*Ordnung wes ein jeder Inwoner dieser Stadt Lutzenburg zu halllen halt, wannehr lermen oder die storm glocken geluult wirtt es sei zu feuer oder sonst, verordnet unter dem Richter Hern Mangroltz im Jar 1537.*

Anfanclichen so baldt die Storm glocken oder sonst ein lermen gelautt wirt sollen alle Pfortner ein jeder sein Pfort Postiern zu schliessen und die Schlüssel zus Richtershaus verwartter handt brengen und liefern, und von stund als der Richter solchs horett weis wirtt oder vernimbt soll er sich sonder alles vorziehen mitt dem fenttgen uff den Keesmark (sic) verfügen bei dem sich beide Stadt buddell oder botten sonder alles verziehen ehrscheinen sollen bei Pene des meineydts.

Item dergleichen soll sich auff dem selbigen Platz der Stadt Baumeister sambt sein grauen knecht mitt allen schlusseln auch bei vurs. Penen bei dem Richter finden lassen.

Item an stundt die borger solchs storms weis werden und bericht seindt sollen sich nemlich die zu pflichmeistern verordent ein jeder mit seinem Harnisch und gewere sunder alles vorziehen uff sein Pfleg vorfugen und daselbst wartten und nicht dauon weichen bis uff bescheidt Irs Pfleghern bei obgemeltter Penen sambt anderer gellstraiff.

Item die andern burger so nicht zu den Pflegen verordnet die sollen sich auffs aller vleisigst Inen moglich mitt Irem harnisch und gewehre uff dem vurst. Keesmark bei dem Richter verfugen, und daselbst nicht weichen noch wencken wieder umb wenig noch viel sonder beharren bis uff vorgeschrieben Richters bescheidt.»

Un règlement de la ville de Luxembourg en date du premier juin 1854 qui attribua de nouvelles désignations à plusieurs rues, porte que «la rue formant la descente au Pfaffenthal, à partir du Marché-aux-Poissons, sera désignée sous le nom de *Wiltheim*, du nom de l'illustre famille de Wiltheim, dont la maison y était située» (v. note 67), «le passage conduisant de la rue des Eaux au Marché-aux-Poissons, portera le nom de *rue de la Loge*, la partie du Marché-aux-Poissons située entre la porte du Château et la rue des Eaux sera nommée *rue St. Michel*, du nom de l'église y située.»

Rue Wiltheim. La famille *Wiltheim* semble être originaire de St. Vith, où elle a pendant plusieurs générations rempli des fonctions municipales. Plusieurs membres ont bien mérité de la partie luxembourgeoise dans la magistrature et le sacerdoce, plusieurs ont brillé surtout par des recherches et des ouvrages sur l'histoire luxembourgeoise, dans lesquels ils nous ont conservé les dessins d'un grand nombre de monuments antiques. Jean de Wiltheim, né à St. Vith, le 18 mai 1558, décédé à Luxembourg, le 5 janvier 1636, était greffier du Conseil provincial à Luxembourg. Il avait épousé Marguerite Brenner de Nalbach, dont il eut une nombreuse postérité. Trois de ses fils entrèrent dans la compagnie de Jésus et s'illustrèrent par leurs savantes publications (Alexandre, Jean-Guillaume et Jean-Gaspard); un fils (Eustache) fut président du Conseil provincial; un autre (Jean), avocat près le même corps; deux de ses filles (Claude et Catherine) se firent religieuses et trois autres (Marie, Marguerite et Dorothée) s'unirent par le mariage à Christophe Binsfeld, conseiller resp. à Roger de Bergeroth, également conseiller et à Jean de Busbach, assesseur à la diète de Spire (Cf. Neyen, Biographie luxembourgeoise, T. II, pp. 246—256, Ons Hémecht, 1902, p. 349).

Rue de la Loge. Cette rue était anciennement appelée *rue du Kramerhaus*, de la maison de la communauté des *merciers* y située (v. ci-dessous le numéro 231); une ordonnance du 12 décembre 1673 la désigne ainsi (Cf. Würth-Paquet, op. c° p. 103). Elle tire son nom actuel *de la loge maçonnique* «*Les Enfants de la Concorde fortifiée*» établie depuis 1818 dans ladite maison qui fut acquise sur l'Etat, par MM. Gellé et Scheffer, lors de la vente par licitation ordonnée par jugement du tribunal de première instance de Luxembourg en date du premier juillet 1818. Le Gouvernement de la République en avait pris possession en exécution de la loi des 2 et 28 mars 1791 (publiée dans le département des Forêts le 22 novembre 1795) supprimant les maitrises et jurandes. Comme association civile la Loge de Luxembourg portait le nom de *Société littéraire de Luxembourg*. Créée par acte du notaire Jean-François, le jeune, de Luxembourg, en date du 27 avril 1818 pour une durée de 50 ans, la société fut prorogée resp. reconstituée par acte du notaire Ransonnet, de Luxembourg en date du 28 décembre 1890. Par actes du notaire Weckbecker, de Luxembourg des 13 novembre 1909 resp. 9 juillet 1910, elle fut transformée, au regard des art. 29 et suivants du code de commerce, en «société anonyme pour la création de bibliothèques, l'achat et la vente de livres, de boissons et denrées alimentaires» et autorisée comme telle par arrêté grand-ducal du 3 août 1910. Parmi les apports de l'ancienne «Société littéraire» figure la maison susmentionnée, aujourd'hui le N° 5 de la rue de la Loge (v. Mémorial du G.-D. de Luxembourg, 1910, pp. 625—631).

Rue St. Michel. D'après N. Breisdorff (Geschichte der St. Michaelskirche zu Luxemburg, Publ. 1856, T. II, pp. 79 et ss.), l'origine de l'église St. Michel remonte au 10e siècle. Elle fut ravagée par des incendies en 1509, 1594 et 1679 ainsi que par le bombardement de 1683—1684.

De 1798 à 1803 elle avait été affectée par le gouvernement de la République, sous les noms d'*édifice destiné aux réunions publiques* et de *temple décadaire*, à la tenue des réunions des corps constitués, aux jours de décades et fêtes républicaines, et fut rendue au culte le 7 germinal an 11 (28 mars 1803).

Grâce à la sollicitude de Mr le curé-doyen Bernard Haal (v. note 48) qui en fut le premier habitant, la maison presbytériale et la sacristie adossées à l'église ont été construites par l'administration de la ville en 1886—1887. Le crédit voté à cette fin à la séance du conseil communal du premier mai 1886, était de 29 000 francs, dont seulement 28 439.93 francs furent dépensés (v. Bulletins communaux de 1886—1888). Le chronogramme suivant a été inscrit à la façade de la sacristie, au pied d'une statue en pierre du Bon Pasteur.

sUb tUteLa bonI pastorIs
prosperetUr DeIparae DeDIta
CIVItas LUCeLbUrgensIs

Dans le jardin du presbytère est conservée la statue en pierre de Saint-Michel qui ornait autrefois le portail de l'église de ce nom et qui pour cause de vétusté fut remplacée vers 1880 par la statue actuelle. Lorsqu'après l'entrée des républicains à Luxembourg, les *signes extérieurs du culte* furent supprimés, la statue du patron de l'église St.-Michel ne fut nullement dérangée. Les républicains y voyaient l'image de la Révolution: La balance tenue par le saint symbolisait pour eux l'égalité, le dragon sous ses pieds, la noblesse et le clergé terrassés, le glaive dans ses mains, la vengeance de la République, et la coiffure, le bonnet phrygien des jacobins (N. Breisdorff, op. c°, p. 112).

L'aménagement de la place du Marché-aux-Poissons, telle qu'elle se présente aujourd'hui avec la balustrade et la colonne d'affichage, paraît coïncider avec l'acquisition des maisons numéros 212 à 215 par MM. Pescatore (v. note 67). Un urinoir était installé dans la colonne d'affichage jusqu'à l'établissement du chalet de nécessité construit à proximité en 1901. Au milieu de la place une plaque en pierre indique l'emplacement de l'ancienne Chancellerie démolie en 1685. Une partie des caves de ce bâtiment sert aujourd'hui de dépôt à la ville.

Antérieurement à la loi du 18 juin 1879 portant revision du code pénal, les condamnations aux peines de mort, du carcan et de la flétrissure étaient exécutées au Marché-aux-Poissons. D'après l'art. 9 du code pénal revisé l'exécution de la peine de mort se fait aujourd'hui dans l'enceinte de la prison qui sera indiquée par l'arrêt de condamnation. Le carcan ou l'exposition publique (Ausstellung am Pranger, Stillchen) et la flétrissure ne sont plus compris parmi les peines du nouveau code pénal.

Une formalité judiciaire qui trouvait son accomplissement également au Marché-aux-Poissons et qui a subsisté jusqu'en 1890, c'était la publication des arrêts contumaciaux rendus par la Cour d'assises. L'arrêt était affiché entre 11 heures du matin et midi à un poteau planté au milieu de la place du Marché-aux-Poissons par l'exécuteur des hautes œuvres et gardé par deux gendarmes. Par la loi du 29 janvier 1890 (Mém. 1890, p. 29) ce mode de publication a été remplacé par l'insertion de la sentence dans les journaux et l'affichage à la maison commune, au siège de la Cour d'assises et au lieu du crime.

219. *Jean Reis*, quartier d'officier de 3 chambres une avec cheminée au deuxième étage sur le devant pour 18 hommes dans les 2 grandes chambres et dans la troisième au premier étage par derrière pour un capitaine dont le domestique occupe une toute petite chambre à part, en tems de garnison ordinaire un capitaine au quartier d'officier.

7 places au bâtim. ppal. 10 à un bâtiment joignant.

1 écurie pour 10 chevaux.[70])

220. *Michel Hesse*, propriétaire, plusieurs locataires, 1 chambre au deuxième étage pour 3 hommes, en tems de paix ne loge.

5 places.

221. *Jean Forty*, quartier d'officier de deux chambres au deuxième étage sur le devant pour 1 capitaine, en tems de paix pour 1 officier.

8 places au bâtim. princip. 1 derrière.

1 écurie pour 4 chevaux.[71])

---

[70]) Aujourd'hui le numéro 8 de la rue Wiltheim. *Jean-Baptiste Reis*, époux de Catherine Thill, était en 1794 aubergiste et marchand de tabacs. D'après les *almanachs de poche de Luxembourg, pour la période de 1796 à 1816* les messagers d'Echternach, de Vianden, de Neuerbourg et de Bitbourg y descendaient.

Catherine, fille de J.-B. Reis, épousa à Luxembourg, le 24 octobre 1810, M. *Charles-Borromée Simonis*, originaire d'Arlon, géomètre de première classe faisant fonctions d'ingénieur vérificateur du cadastre et de juge de paix du canton de Luxembourg, y décédé le 24 novembre 1858. De ce mariage: Jeanne-Marie-Françoise Simonis qui épousa en 1839 M. *Jean-Pierre Michaëlis*, professeur puis directeur de l'Athénée, décédé à Luxembourg, le 29 novembre 1867 et Mathias-Charles-Edouard Simonis, avocat, membre de la Chambre législative de 1851—1856; avec quelques interruptions conseiller communal, échevin et bourgmestre de la ville de Luxembourg de 1848—1875, y décédé comme bourgmestre, le premier novembre 1875 (Neyen, op. c°, T. III, suppl. pp. 308 et 399).

La maison est aujourd'hui la propriété de la dame Marguerite Michaëlis, fille des époux Michaëlis-Simonis et veuve de M. *Mathias Kauffman*, de son vivant receveur de l'enregistrement et des domaines à Luxembourg qui habitait la maison et dont les bureaux y étaient installés jusqu'au premier février 1893, date de son décès. Un bel ornement en fer forgé, au-dessus de la porte d'entrée, montre les initiales K. M. (Kauffman-Michaëlis). Une tradition de famille rapporte que la maison appartenait anciennement comme refuge à une congrégation religieuse.

[71]) Aujourd'hui le numéro 4 de la rue Wiltheim. Propriétaires successifs: Charles puis Antoine Larue, tanneurs, Henri Hintgen, Guill. Schmitz. La maison avec ses oeils-de-boeuf et sa porte d'entrée dans le genre baroque porte l'empreinte d'une époque reculée. Entre elle et la maison numéro 6 (Kauffman-Michaëlis) se trouve l'entrée du passage et de la cour dits *Scheersloch, Schèeschlach* (trou des tondeurs?). Une ordonnance du Conseil provincial du 4 mars 1637 relative à la

222. Les frères *Wandernoot* (sic), quartier d'officier de 4 chambres toutes au deuxième étage sur le devant, 2 avec cheminée, pour 28 hommes, en tems ordinaire pour 1 officier d'Etat-Major.[72])

---

propreté des rues en fait mention dans les termes *bey dem Scherersloch*. Selon la tradition c'est à cet endroit que débouchait le vieux chemin romain dont il a été parlé dans la note 54 (Cf. Würth-Paquet, op. c°, p. 119). Dans la cour une arcade et deux têtes de forme antique encastrées des deux côtés dans les vieux murs, appellent particulièrement l'attention de l'archéologue.

[72]) Aujourd'hui le numéro 2 de la rue Wiltheim, propriété des Sœurs Franciscaines depuis le 26 août 1903. Propriétaires successifs: Les époux Vincent Coster et Jeanne Schlinck, négociants; Augustin-Alexandre Moreau, auparavant bonnetier à Troyes (France) qui y exploitait une fabrique de tricots; Jean Holbach; les époux Schmit-Gronimus et Mademoiselle Constance Michaëlis. Le rez-de-chaussée avait pendant un certain nombre d'années servi de débit enseigné «Café de la Concorde». A la façade rue Wiltheim fut adossé jusqu'en 1904 un des reposoirs de la procession de St.-Adrien, celui qui est dressé depuis lors au milieu de la place du Marché-aux-Poissons.

Les frères *Van der Noot* (orthographe que nous avons trouvée dans des documents authentiques), *Jean-Laurent et Jean-Nicolas les Van der Noot*, marchands de draps, furent les fils de Jean-Baptiste-Lambert Van der Noot, originaire de Frisange et de Marie-Barbe Reuter. Dans les registres des anciennes paroisses de la ville de Luxembourg Jean-Baptiste-Lambert Van der Noot figure comme ayant rempli itérativement les charges de maître du métier des drapiers et de Fohrmeister. (Les drapiers avaient l'honneur de marcher à la tête des métiers et d'exercer une prépondérance sur les autres corps. Ils fournissaient le Foiremaître qui, avec les jurés du métier, exerçait la police et une certaine juridiction à la foire dite Schobermesse, où il se promenait fièrement portant à la fois l'épée et la canne et suivi de sergents de ville armés de hallebardes. — (V. J. Ulveling. Notice sur les anciens treize maîtres et les corporations des métiers de la ville de Luxembourg. Bück, 1859.)

Jean-Laurent Van der Noot, né à Luxembourg, le 28 juin 1754, y décédé le 17 avril 1806, avait contracté mariage à Luxembourg, le 3 janvier 1768, avec Marie de Verniolles, fille des époux Marc-Antoine de Verniolles et de Marie-Anne Benf, de Krackelshof (Bettembourg).

Jean-Nicolas Van der Noot, né à Luxembourg, le 27 octobre 1759, y décédé le 9 juillet 1822, avait épousé à Luxembourg, en premières noces, le 14 novembre 1784, Marguerite-Thérèse et en secondes noces, le 18 mai 1801, Marie-Madeleine Namur, filles de Jean-Pierre Namur, marchand et baumaître et d'Elisabeth Ring, de Luxembourg.

Les frères Van der Noot furent proches parents de Jean-Théodore Van der Noot, vicaire apostolique, né à Luxembourg, le 6 avril 1769, y décédé le 19 avril 1843. Leurs descendants entrèrent par alliances dans les *familles Débické, Keucker, Maréchal-Hencké, Servais-Bailleux, Settegast*, de Luxembourg, et *Mayrisch-Wagener*, d'Echternach.

(A suivre.)

Das Eligiusamt zu Luxemburg.

Vorwort.

«Das Handwerk im Mittelalter» bietet erfahrungsgemäß den meistbesuchten Anziehungs- und Mittelpunkt der historischen Museen. Unvergeßlich sind die lehr- und wechselreichen Bilder, welche der Besucher der Gewerbeausstellung in Köln und des musée de Cluny von Paris in seinem Geiste mit fortnimmt. Ein wertvolles Glück vom echten, unverfälschten Mittelalter in unserm Jahrhundert der Elektrizität und des Luftschiffes!

Auch die Bürgerschaft Luxemburgs kann Jahr um Jahr Zeuge des «Handwerks im Mittelalter» sein, wenn während der Muttergottesoktave in der Domkirche der eiserne Votivaltar im Lichterglanz erstrahlt und wenn am Sonntag der Schlußprozession die alten Zunftschilder durch die Straßen der Hauptstadt getragen werden. Welchen Landsmann sollte darum die Neugierde nicht antreiben, Näheres über das alte Luxemburger Handwerk zu erfahren?

Außer mehreren flüchtigen Notizen, die sporadisch in der Presse, in der «Hémecht», im «Luxemburger Land» und in den «Publications» erschienen sind, haben sich hierzulande zwei eingehendere Arbeiten die Darstellung des mittelalterlichen Zunftwesens Luxemburgs zum Ziele gesetzt: J. Ulveling, Notice sur les treize maitres et les corporations des métiers de la ville de Luxembourg, erschienen in den Publications de la société archéologique, année 1858, und K. Arendt, Unsere ehemaligen Handwerker- und Gewerbe-Innungen. Über die Schützenbruderschaft sind zwei Monographien veröffentlicht worden: Ch. Gemen, Notice sur la confrérie armée dite de st. Sébastien à Luxembourg, erschienen in «Das Luxemburger Land», Jahrgang 1883, S. 151—153, 162—164, 175—176, 184—186, 200—201, 210—211, und J. Küborn, Beitrag zur Geschichte der Sankt-Sebastianus-Bruderschaft oder der Schützengesellschaft in Luxemburg. Programmabhandlung des Gymnasiums zu Luxemburg 1894—1895. — Über «Die Schuhmacherzunft zu Luxemburg» veröffentlichte das «Luxemburger Wort» in drei Nummern, Ende Oktober 1901, einen Vortrag des Verfassers vorliegender Arbeit. Sehr wertvolle Beiträge zur Geschichte unsers frühern Zunftwesens lieferten N. Peffer in «Le pays et la franchise de Wiltz sous le régime féodal», sowie Pfarrer Kalbersch in seinem zweibändigen Werk «Gebrauch und Mißbrauch geistiger Getränke, oder Wein und Branntwein im Mittelalter und in unserer Zeit».

Die Erforschung des mittelalterlichen Zunftwesens gestaltet sich von Jahr zu Jahr schwieriger, weil die Quellen allmählich versiegen, weil die Urkunden, die sich zumeist in den Händen von Handwerkern befanden, nach und nach der Bestaubung und Vernichtung zum Opfer fallen. Die Erbin des alten Eligiusamtes, die noch bestehende, aber auf eine kleine Mitgliederzahl zusammengeschmolzene Eligiusbruderschaft zu Luxemburg hat ihre Archive pietätvoll und möglichst vollständig bis zum heutigen Tag bewahrt. Diesen historischen Schatz wenigstens inhaltlich der Nachwelt zu retten, das soll der Hauptzweck dieser Arbeit sein. Eine lebhafte Genugtuung wäre es dem Verfasser, wenn er damit einen, wenn auch bescheidenen Beitrag zur Geschichte des heimatlichen Handwerks im Mittelalter geliefert hätte.

Er spricht seinen aufrichtigen Dank dem Vorstand der Luxemburger Eligiusbruderschaft, dem Sohn des langjährigen, nunmehr verstorbenen Präsidenten Herrn Joh. B. Hollenfeltz für gütige Überlassung des Bruderschaftsarchivs aus und sendet einen besonderen Dank nach Trier an Herrn Schmiedemeister Schäffer für die zahlreichen gefälligen Mitteilungen und Auskünfte über die Trierer Zunftarchive.

Der Verfasser.

*

Einleitung.

Lächelnd versetzte darauf der alte würdige Richter:
« Ihr erinnert mich klug, wie oft nach dem Brande des Hauses
Man den betrübten Besitzer an Gold und Silber erinnert,
Das geschmolzen im Schutt nun überblieben zerstreut liegt.
Wenig ist es fürwahr, doch auch das Wenige köstlich,
Und der Verarmte gräbet ihm nach und freut sich des Fundes.
Und so kehr' ich auch gern die heitern Gedanken zu jenen
Wenigen guten Taten, die aufbewahrt das Gedächtnis.»
(Gœthe. Hermann und Dorothea. 6. Gesang.)

Einem gewaltigen Orkan gleich, der mit elementarer Gewalt hundertjährige Eichen im schützenden Forst wie Strohhalme knickt, und auf dem freien Felde die hoffnungsreich reifenden Saaten niederwirft, so brauste im letzten Dezennium des achtzehnten Jahrhunderts die große französische Revolution durch die Städte und Gaue des Luxemburger Landes. Eine nach der andern sanken die stolzen Burgen auf den Höhen. Vermeintlich ewige Rechte wurden mit einem Federstrich abgeschafft, tausendjährige Traditionen in einigen Augenblicken beseitigt. Das nämliche Los hatten die Luxemburger «Ämter», jene wirtschaftlichen Institutionen, an denen unsere Vorfahren jahrhundertelang geplant und gearbeitet, für deren Ausbau und Erhaltung sie ihr Bestes, ihre Zeit, Liebe und Kraft eingesetzt hatten. In und mit ihren Handwerkerorganisationen hatten sie Werke von Opfergeist und Kunstsinn geschaffen, die bis heute trotz verbesserter Technik unerreicht dastehen. Allerdings sind manche Dinge jener Zeit durch den Fortschritt überholt und durch Besseres entwertet worden. Manche Institution jedoch und manche Verfügung der feudalen Zeit ist vollwertiges Gold, das verschüttet und verborgen unter den Trümmern des Mittelalters ruht, das aber, in neue zeitgemäße Formen gebracht und umgeschmolzen, dem unveräußerlichen Hausschatz der Menschheit erhalten bleiben und der Mitwelt nutzbar gemacht werden soll.

Den heilbringendsten Institutionen der Feudalperiode verdienen ohne Frage die Handwerkerzünfte zugezählt zu werden. In den Ländern Mitteleuropas standen sie während des 16. und 17. Jahrhunderts in hoher Blüte und großem Ansehen. Auch unsere Hauptstadt Luxemburg hat 600 Jahre lang die Entstehung, die Entwickelung und die Glanzperiode der Zunftorganisationen gekannt und mitdurchlebt. Nicht bloß dem Geschichtsforscher, sondern jedem Luxemburger, ganz besonders den Freunden und Vertretern des ehrsamen Handwerks bietet das Studium jener Zeit reichen und anregenden Stoff zur Belehrung und Unterhaltung. Beginnen doch die Handwerker, die bislang einen harten Strauß mit der Maschine und der Industrie auszufechten hatten, die oft nachdenklich und mutlos die Waffen strecken wollten, nun doch einzusehen, daß auch ihnen noch heitere Tage auf dem Gebiet der gegenseitigen Versicherung, des gewerblichen Schutzes, der Selbsterziehung und Befähigung, auf dem weiten Gebiet des Zusammenschlusses, der kraft- und zielbewußten Standesorganisation bevorstehen. Freudig legen sie selbst Hand ans Werk, um ihre Hoffnungen in die Tat umzusetzen. Gerade in unsern Tagen, wo in unsern Nachbarländern die maßgebenden Faktoren die Grundlinien der frühern Zünfte zum Wegweiser bei der Ausgestaltung der neuzeitlichen Gewerbeorganisationen genommen haben, da hören Sozialpolitiker, Mittelstandsfreunde und Handwerker gerne von jenen schönen Zeiten erzählen, wo das Handwerk noch einen goldenen Boden hatte.

In den folgenden Zeilen unternehmen wir darum eine kleine Forschungsreise durch einige Jahrhunderte der Luxemburger Vergangenheit, um uns das mittelalterliche Zunftwesen der Heimat etwas anzusehen. Ein vollständiges und genaues Bild von dem Leben und Wirken aller Luxemburger Zünfte zeichnen, das wäre ein gewagtes, ja einfach unausführbares Unternehmen. Es fehlen zuviele Steine, zuviele Dokumente, um diesen Geschichtsbau lücken- und tadellos aufführen zu können. Wir bescheiden uns damit, an der Hand zahlreicher, zum großen Teil noch nicht veröffentlichter Dokumente, ein möglichst vollständiges Bild des frühern, ehrwürdigen Eligiusamtes zu Luxemburg zu entwerfen. Wir benutzten für unsere Arbeit die folgende Literatur:

Arbeiterfreund, München, Jahrgang 1873.

Archiv des historischen Instituts.

Archiv der Schlosserbruderschaft. Außer zahlreichen darin befindlichen Briefen und Dokumenten wurden besonders verwertet:

Dekret der Kaiserin Maria Theresia über die Neuordnung der Handwerkerzünfte vom 14. September 1771.

Amptsbuch der Kesseler und Dippengießer vom platten Land, angelegt i. J. 1734.

2 Entwürfe zu den Règles additionnelles von den Notaren Guillaume und J. M. Schanus.

Règlement de Sa Majesté additionnel aux statuts du Métier de st. Eloi de la ville de Luxembourg vom 10. August 1793.

Zunftbuch der Eligiusbruderschaft betitelt: Privilegien, Ordnungen urtheillen undt andere das smidt Schlosser etc. ampt vndt st Eligy bruderschaft zu lutzemburgh concernierende sachen vnder peter Eysenbruch Zur zeitt amptsmeister eingeschrieben Im Jahr 1686.

Arendt K. Die ehemaligen Luxemburger Handwerkerbruderschaften.

Arendt K. Notizen über altluxemburgische und alteifler Sitten und Gebräuche.

Bär Max. Zur Geschichte der deutschen Handwerksämter in «Forschungen zur deutschen Geschichte». 24. Bd. S. 234 ff.

Engelhardt Fr. Wilh. Geschichte der Stadt und Festung Luxemburg.

Grob J. Les Frères-Mineurs au Duché de Luxembourg et comté de Chiny.
Hémecht. Organ für Luxemburger Geschichte, Literatur und Kunst. Verschiedene Jahrgänge.
Heyne Moriz. Das altdeutsche Handwerk. Verlag: Karl J. Trübner-Straßburg.
Kuborn J. Beitrag zur Geschichte der Sankt-Sebastianus-Bruderschaft oder der Schützengesellschaft zu Luxemburg.
Lacomblet. Archiv für die Geschichte des Niederrheins. I. Bd. S. 297—391. Verlag: Schauffen-Düsseldorf. Ausg. 1857.
Larousse Illustré, nouveau dictionnaire universel encyclopédique.
München Dominik Constantin. Versuch einer kurzgefaßten Statistisch-Bürgerlichen Geschichte des Herzogtums Luxemburg. Herausgegeben von M. Blum.
Otto Ed. Das deutsche Handwerk. Verlag: B. G. Teubner-Leipzig.
Peffer Nic. Le pays et la franchise de Wiltz sous le régime féodal.
Schötter. Geschichte des Luxemburger Landes. Herausgegeben von Herchen und van Werveke.
Sickinger C. Das alte Zunftwesen und die moderne Gewerbefreiheit.
Ulveling J. Notice sur les treize maîtres de Luxembourg, dans les «Publications de la société archéologique de Luxembourg,» année 1858.

*

A. Anfänge und Entwicklung des Schmiedeamts zu Luxemburg.

I. Die Eisenhandwerker auf der Lützelburg.

Als Graf Siegfried, beseelt von dem Gedanken, sich eine sichere Schutz- und Trutzburg anzulegen, durch Tauschvertrag vom 12. April 963 die Lucilinburhuc auf dem kühnen Bockfelsen erworben hatte, mußte seine vornehmste Sorge darauf gerichtet sein, geeignete Handwerker zur Erweiterung des Kastells, zur Erbauung von Ringmauern, sowie zur Herstellung der nötigen Bau- und Haushaltungswerkzeuge heranzuziehen. Das schwierige Unternehmen forderte eine große Zahl von Arbeitern. Denn wo heutzutage ein mittelmäßiger, durch elektrische Kraft in Bewegung gesetzter Krahnen tonnenschwere Lasten hebt und weiterträgt, da mußten damals Hunderte von wuchtigen Menschenarmen und kräftige Pferde tätig sein. Die Baustätte war ein Musterbild von Fleiß und Regsamkeit. Hier kam ein vier- oder sechsspänniger Wagen mit schweren Steinen angefahren; einige Dutzend Handlanger unter den Kommandorufen eines Bauleiters setzten dort einen mächtigen Hebebaum in Tätigkeit. Hier ward in der Holzhütte, die dürftig gegen Regen und Sonnenbrand schützte, mit Hammer und Meißel der spröde Stein geformt; dort auf hohem Gerüst standen ernste Meister und muntere Gesellen mit Senkblei, Winkelmaß und Kelle. Und abends, wenn die einbrechende Dämmerung auf den Wegen und Gerüsten, Feierstunde geboten hat, dann stehen noch Schmiede und Schlosser, beleuchtet vom grellen Schein der Esse, an der drängenden Arbeit, da klingt ihr rastloser Hammerschlag noch weit hinaus in Nacht und Tal. Auf dem Amboß sprüht das glühende Hufeisen, das anderntags aufgelegt werden soll; an den geschwärzten Mauern hangen Reifen und Haken, Ketten und Kellen. Es kommen und gehen die drängenden Kunden, die einen zum Schmied, die andern zum nahen Schlosser, der Bohrer und Winden, Beschläge und Riegel, Schlösser und Schlüssel anfertigt. Andere suchen den Nagelschmied auf in seiner kleinen, einfachen Schmiede, wo der hagere, sehnige Hund das Rad des Blasebalgs dreht. Überall Bitten und stürmisches Drängen; denn ohne Eisenzeug ist eben nichts, rein nichts zu wollen.

In dem trauten Kreis, der sich allabendlich auf der alten Bank der Werkstätte zusammenfindet, rühmen sich die Schmiede und Schlosser, daß ihr Handwerk das erste und notwendigste ist, daß sie die Werkzeuge, deren alle übrigen Gewerbe sich bedienen, herstellen, daß ihre Arbeit die unentbehrlichste ist, die unentbehrlichste für den Hausbau und die unentbehrlichste für die Hausfrau; denn auch sie kann ohne Dreifuß am Herd, ohne Zange und Spieß, ohne Topf und Gabel nichts anfangen.

Es steht also außer Zweifel, daß Schmiede und Schlosser in ziemlicher Anzahl zu den ersten Besiedlern der entstehenden Festungsstadt Luxemburg gehörten.

Für den aufmerksamen Beobachter und Kenner des Handwerkercharakters ist ebenso sicher, daß auf die Ansiedelung der Schmiede in kürzester Frist deren Zusammenschluß folgte. Ist doch die Organisationslust ein unverkennbar angeborener Zug des Handwerkerstandes. Wie die Geschichte der Zünfte in vielen Ländern lehrt, ist nur die eine wesentliche Vorbedingung nötig, das nahe Zusammenleben in der Stadt. Schon im alten Pharaonenland haben die forschenden Ägyptiologen festgegliederte Handwerkerverbände entdeckt. Die Missionäre fanden in China und Japan ein ausgebildetes Zunftwesen mit altehrwürdigen Einrichtungen und strengen Gesetzen vor. Bis vor einigen Jahren gehörten in den großen Handelsstädten Chinas alle Bewohner, angefangen vom reichsten Kaufmann bis zum armen Bettler an der Landstraße irgend einer Korporation oder Zunft an, deren Mitglieder unter einem selbstgewählten Oberhaupt so eng miteinander verbunden waren, daß selbst die Behörden nichts gegen sie auszurichten vermochten.[1]) Im altrömischen Staatswesen finden sich ebenfalls verschiedene Ansätze zur Organisation der Gewerbe. Leider wurde deren erfolgverheißenden Entwicklung durch zwei nicht zu beseitigende Hemmnisse hintangehalten, nämlich die gründliche Verachtung, welche die leitenden Kreise der körperlichen Arbeit und ihren Vertretern bekundeten, sodann deren Vernachlässigung und Unterdrückung durch die Organe der Staats- und Munizipiengewalt.

Für unsere Luxemburger Handwerkerzünfte lagen von Anfang an die Verhältnisse sehr günstig. Einerseits hegten Volk und Fürsten gegen die Handwerker und ihre Organisationen aufrichtige, wohlwollende Gesinnung; anderseits wurden die Handwerker selbst durch ihre eigenen gemeinsamen Interessen und durch wirtschaftliche Notwendigkeit zur raschen und tatkräftigen Verwirklichung des Organisationsgedankens gedrängt. Nur in der Zunft konnten sie wirksamen Schutz gegen die

---

[1]) Die katholischen Missionen. Jahrg. 1874. Nr. 3.

Stümper und Pfuscher finden, die das Ansehen des ganzen Gewerbes zu schädigen und noch dazu die Preise herabzudrücken drohten, Schutz gegen die Ausstädter, welche fremde, auf raschen Absatz berechnete Ramschwaren bei den hauptstädtischen Kunden anzubringen versuchten, Schutz gegen jene unkollegialischen Genossen, die nur auf eigenen Vorteil bedacht, zahlreiche Lehrlinge und Gesellen zu beschäftigen und infolgedessen die übrigen Meister um Arbeit und Verdienst zu bringen trachteten. In der Zunft fanden sie die ihren Lebensgewohnheiten entsprechende Geselligkeit. Dort fanden sie die Selbstversicherung für die Tage der Krankheit und die teilweise Versorgung ihrer Angehörigen für den Todesfall.

Angesichts dieser zahlreichen, offensichtlichen Vorteile, ja der Notwendigkeit des Zusammenschlusses, angesichts der natürlichen Organisationsfreudigkeit des Handwerkerstandes glauben wir das Richtige zu treffen, wenn wir die ersten Ansätze der Luxemburger Zünfte mit den Anfängen der Stadt Luxemburg zusammenlegen.

Welcher Art waren aber jene ersten Handwerkerorganisationen? Wer sich eine annähernd richtige Vorstellung vom Wesen und Wirken der beginnenden Zünfte machen will, der muß seinen Geist zuerst losmachen von den papierenen und formalistischen Gepflogenheiten des 20. Jahrhunderts und sich auf einige Augenblicke in die Zeit zurückversetzen, wo das Rauben und Krakelen zu den Vorrechten der Wegelagerer und Fürsten gezählt wurde, wo der gewöhnliche Mann aus dem Volk sich eine Ehre und Gewissenssache daraus machte, mit ja und ja, mit nein und nein zu reden, wo das gegebene Wort mehr galt als heute zwei Unterschriften. Ein paar allgemein gehaltene Sätze, einige mündlich vereinbarte Regeln, deren Sinn man um so besser verstand, weil sie zugleich die eigenen und die Vorteile des ganzen Gewerbes bezweckten, waren zweifellos die Richtlinien und der ganze Ordnungs- und Satzungsschatz der ersten Organisation.

Dieser embryonale Zustand der Luxemburger Handwerkerorganisationen konnte jedoch bei der starken Beeinflussung durch die schon frühzeitig organisierten Trierer Kollegen nicht lange andauern. Das nahe gelegene Trier gab in dem werdenden Luxemburg den Ton an. Trier genoß großes Ansehen. Dort sah man die ehrfurchtgebietenden Ruinen des Kaiserpalastes, in dem mächtige Fürsten gewohnt und geherrscht hatten, dort residierte der Bischof, der in geistlichen Angelegenheiten die Entscheidungen traf, dort stand bereits, als die ersten Ringmauern Luxemburgs gebaut wurden, das zünftige Handwerk in Blüte und Ansehen. Bei dem regen Ideenaustausch zwischen diesen beiden Städten lag es darum nahe, daß die hiesigen Handwerker sich ihre Trierer Kollegen für die Weiterbildung der begonnenen Organisation zum Muster nahmen.[1]) Steht es doch fest, daß ein langjähriger Kampf,

[1]) Gegen Ende des 12. Jahrhunderts bestanden zu Trier 4 Klassen von hofrechtlichen Handwerkervereinigungen, nämlich Kürschner, Schuhmacher, Schmiede und Fleischer. Die Schmiede (fabri) hatten dem Erzbischof alle Schmiedearbeiten zu leisten für die Höfe der Kaiser d. h. für die früher etwa kaiserlichen, nunmehr erzbischöflichen Baulichkeiten d. h. die Pfalz selbst. Alle diese Arbeiten hatten sie unentgeltlich zu liefern. (Siehe, in „Forschungen zur deutschen Geschichte, 24. Band: Max Bär, Zur Geschichte der deutschen Handwerksämter. S. 236. — Lacomblet. Archiv für die Geschichte des Niederrheins I. S. 297—391.)

den die Schmiedegesellen mit den Meistern zu Luxemburg zu bestehen hatten, damit endigte, daß die Gesellen i. J. 1467 ermächtigt wurden, sich selbständig nach dem Vorbild der trierer Gesellen zu organisieren und deren Statut, das 66 Jahre früher aufgestellt worden war, ohne Veränderung und Verkürzung anzunehmen. Die Luxemburger Schmiedemeister ließen sich durch die trierer Kollegen zur Weiterbildung ihrer Zunftordnung zwar anregen; aber sie verschmähten es, deren Statuten einfach abzuschreiben. Das erhellt aus den Akten eines Prozesses, den die hiesigen Schmiede und Schlosser betreffs der Meisterwahl mit den Wagnern, Sattlern und Kesselern führten. Dort entkräftete die alte Schmiede-Partei die ganze Beweisführung der Gegner mit dem Hinweis, daß sie, die Wagner, nicht die ursprünglichen Statuten, sondern nur eine von einem Sattler gegen das Jahr 1475 angefertigte Abschrift der Trierer Ordnung besäßen. Der im vorliegenden Fall maßgebende Unterschied zwischen den beiden Ordnungen wird damit betont und bestätigt. (Forts. folgt.)

Alt-Echternach. [1])

Dem Wandrer, der bei dem Lauterborner Kreuze den Waldpfad verließ, bot sich plötzlich, an der Kehre, die alte Abteistadt dar, wie ein Holzschnitt aus Sebastian Münsters Kosmographey.

Vom Hügel her, den die Wasser mitten in der Stadt gelassen, winkte die Bergkirche mit ihren wehrhaften Türmen. Der mächtige Klosterbau profilierte seine Massen gegen den Ernzer Berg, von den vier Türmen der Basilika hehr umrahmt. Die gewaltige Ringmauer legte sich schützend vor Dach und Fach, während rechts, auf dem Tull, der Galgen scharf vom Horizont abstach, allen Schelmen ein abschreckend Zeichen. Und hinter all den Türmen und Toren, den Giebeln und Dächern erriet man den breiten, ziehenden Fluß des klaren Ardennerstromes, der Sauer.

I.

Echternach ist die älteste Stadt Luxemburgs, die Umgebung ein Freilichtmuseum unsrer gesamten Nationalaltertümer. Wenn wir dem letzten luxemburger Skalden — Heinrich Schliep — Glauben schenken, war Beden-Echternach bereits ein Kultuszentrum der Kimbro-Triurer. Wir besitzen jedoch bessre Anhaltspunkte, um das hohe Alter dieses Gebietes einwandfrei darzutun.

Im nahen Müllertale, wo jetzt Franz Seimetz an sonnigen Tagen dem Lichtgerinnsel auf Buchenlaub und Waldesquell die zartesten Geheimnisse entlockt, da rang der Mensch der Steinzeit; eine Felsenhöhle, von einem Dolmen gekrönt, zeugten noch heute von ihm. Die Ferschweiler Hochfläche, als ideale Verteidigungsstätte dem Sauertale vorgelagert, war von keltischen Ringwällen bedeckt, die noch deutlich zu erkennen sind. Der Marscherwald, der von Süd-Westen her sich der Echternacher Gemarkung nähert, ist bloß ein großer Friedhof. Hier

---

[1]) *Cf. Professor Dr. Th. Kapp:* La ville d'Echternach sous le régime de sa franchise et de ses coutumes locales. — Programmabhandlung des Escher Mädchenlyzeums 1917—1918. Esch-s.-Alz. bei J. Origer, pp. 35.

ruhen Ligurer, Kelten und Römer friedlich zusammen; sie stört nur mehr der kundige Spaten des Herrn Dr. Graf aus Echternach, der ihnen gewaltig zusetzt. Auf der Hochebene, die beide Ernzen trennt, ziehen sich vom Behlenhof bis an die Hänge der Sauer, die Einzelgehöfte in ununterbrochener Folge dahin. Wenn Meitzen Recht behält, bekunden sie die keltische Besiedlung.

Die Römer haben noch zahlreichere Spuren hinterlassen. Altrier war, wenn auch kein Lager, so doch ein römischer Flecken von beträchtlicher Stärke. Die Pfarrkirche von Berdorf birgt einen gut erhaltenen römischen Altarstein, und in Bollendorf entdeckte man erst neulich eine villa rustica. Die Pfeiler der Echternacher Brücke sind zweifelsohne römischen Ursprungs; die Ausgrabungen Brimmeyrs haben dargetan, daß die «schwarze Acht», bei den Letschen, der Sitz einer größern Römeransiedlung war. Die Romanisierung der Gallier, jene der zugezogenen Germanen, erfolgte naturgemäß infolge des Übergewichts der älteren Zivilisation. Auch die Äußerungen dieser Mischkultur sind für unsre Gegend bezeugt, und zwar in auffallend schöner Weise. Zwischen Weilerbach und Bollendorf erhebt sich das epheuumrankte Diana-Denkmal, während in den Schweineställen eine Felsenwand noch heute die Weiheinschrift trägt, die der gallische Jägersmann Biber einst der Bärengöttin Artio gemeißelt.

Die Wogen der Völkerwanderung brausten auch durch das Tal der Sauer, Tod und Verderben bringend, bis um die Mitte des V. Jahrhunderts das weströmische Reich zusammenbrach, und der Franke das Erbe der alten Welt antrat.

Eine Hundertschaft — wahrscheinlich Ripuarier — setzte sich im Echternacher Gebiet fest.[1]) Fränkische Gräber wurden in Echternach und in Steinheim entdeckt; der bereits erwähnte Flurname «Tull» ist fränkischen Ursprungs.

In jene Zeit fällt auch die endgültige Entfaltung des Christentums in unserm Gebiet. Die christlichen Inschriften Triers bekunden überzeugend, daß es syrische Kaufleute waren, die auf dem uralten Handelswege über Massilia und Lyon zum Rheine vordringend, die neue Heilsbotschaft in Trier verbreitet haben. Von hier aus drangen die christlichen Ideen in unsre Lande, und wiederum ist es ganz bezeichnend für das hohe Kulturalter des Echternacher Striches, daß man in Wasserbillig die erste inländische Grabstätte eines Klerikers bloßlegte, während das Müllertal einen uralten christlichen Friedhof barg.

Mit dem Jahre 698 tritt Echternach in das helle Licht der Weltgeschichte: die Äbtissin Irmina schenkt dem großen Friesenapostel Willibrord das Klösterchen, das sie daselbst fahrenden Schottenmönchen erbaut. Ihre dortigen Liegenschaften fügt sie der Schenkung bei; dieselben machten genau die Hälfte der villa Efternacus aus.

---

[1]) Es ist nicht uninteressant, das Ausdehnungsgebiet dieser Hundertschaft zu bestimmen. Hierzu verhilft uns vielleicht die Besetzung des Echternacher Hochgerichts, in dem das alte Hunderschaftsgericht fortbesteht. Blutschöffen sind nämlich nicht die gewöhnlichen Mitglieder der Schöffenbank, sondern, außer dem Richter von Echternach als Oberzender, die Zender folgender Dörfer: Bech, Bollendorf, Ernzen, Ferschweiler, Irrel, Minden, Osweiler und Steinheim. Der Kreis, der diese Dörfer umschließt, bezeichnet die Echternacher Hundertschaftsgemeinde. — Diese Annahme wird bestätigt durch die Lage der Gemeindewälder Alt-Ech-

Die moderne Kritik bestreitet nicht mehr die Echtheit der Irmina-Urkunde; nur die Herkunft der Schenkgeberin bleibt zweifelhaft. Die Stiftungsurkunde selbst schweigt vollständig über die Familienangehörigkeit Irminas. Nach einigen Quellen, die dem XI. und XII. Jahrhundert angehören, soll sie eine Tochter Dagoberts II. gewesen sein. Dies ist nun ganz sicher ein Irrtum, wie schon K. Pertz dargetan hat. Jüngere Forscher, namentlich unser Landsmann C. Wampach,[1]) haben deshalb einen Ausweg gesucht und gefunden: sie weisen Irmina dem Pippiniden-Geschlecht zu. Gewichtige Gründe, die alle hier nicht erörtert werden können, sprechen für diese Annahme. Sie allein z. B. erklärt restlos den auffallenden Umstand, daß die übrigbleibende Hälfte der villa Efternacus ebenfalls einem Pippiniden, nämlich Pippin II., gehörte, der sie 706 der Echternacher Abtei schenkweise überließ.

Auf pippinidischem Grund und Boden erbaute also Willibrord sein Kloster. Die wirtschaftlichen Grundlagen der Abtei wuchsen sich bald durch Schenkungen aller Art zu einem stattlichen Gesamtbesitz aus, der in Latifundien oder in Streulagen unser ganzes Land durchzog und sich bis weit in die Niederlande hin erstreckte. Unter Karl dem Großen, der selbst ein Jahr der Abtei vorstand, erlebte das Kloster seine erste Blütezeit. Der Niedergang trat freilich früh ein: die Normannennot und die Mißwirtschaft der Laienäbte führten das Kloster bis an den Rand des Abgrundes. Siegfried, unser erster Graf, wurde der Retter, und somit der zweite Gründer der Abtei. Seinem Einfluß ist es zu verdanken, daß der Benediktinerorden wieder in Echternach einzog. Unter dem neuen Abte, dem berühmten Ravanger, traten wieder geordnete Zustände in die alte Reichsabtei, die sich zu neuer Blüte zusammenraffte. Für unser Land speziell wuchs sich das Sauerkloster zu einem Kulturzentrum allerersten Ranges aus. Die Klosterschule war von weittragender Bedeutung; sie zuerst vermittelte unsern Altvordern Bildung und Erziehung. Auch die Künste fanden hier eine umsichtige Pflegestätte. Hier, in stiller Mönchszelle, entstanden Prachtwerke der Miniaturkunst, die heute zwar in fremden Landen ruhen, aber doch der neuern Forschung gestattet haben, von einer Echternacher Malerschule zu sprechen. Der Dingstuhl in Echternach, das Lusthaus im Stadtpark, die nahen «Letschen» und ihr niedlicher Brunnen, der prächtige Herrensitz am Weilerbach, die reichen Bibliothekbestände, die berühmte Ledertapete im Abteisaale — sie alle bezeugen glänzend den Kunstsinn der Echternacher Mönche und das jahrhundertlange Kunstschaffen der Echternacher Äbte. Und heute noch fallen dem aufmerksamen Wandrer, der unser Land durchzieht, allenthalben die Kirchen und Höfe auf, die von der Echternacher Abtei errichtet wurden, und die sich alle durch gefällige, kunstvolle Formen auszeichnen.

(Forts. folgt.)

---

ternachs: diese dehnen sich vom rechten Sauerufer („Spitalsbusch") bis zum „Jungbusch" bei Ferschweiler (Cf. Kapp: op. cit., p. 22, note 1). Auffallend ist ferner, daß das Frabillenkreuz, bekanntlich der Grenzstein zwischen Echternach, Vianden und Neuerburg, sich genau an der nördlichen Grenzlinie des erwähnten Gebietes befindet.

[1]) Cf. *C. Wampach:* Geschichte der Grundherrschaft Echternach (Berliner Doktordissertation 1915), p. 7—14.

Der de Mussetsche Altar in der Kapelle von Wintringen (1609).

Der aus dem Jahre 1609 stammende, in Rennaissancestyl ausgeführte Hochaltar in der unscheinbaren Kapelle des Moseldorfes Wintringen ist, obwohl ein in kunst,- lokal- und familiengeschichtlicher Hinsicht sehr interessantes Monument, kaum bekannt, und sein Wert bisher nicht gewürdigt worden. Im Interesse des Tourismus, der wohl nach dem Kriege wieder im Moseltal einsetzen wird, muß auf dieses Kunstwerk, dessen Erwähnung in der Zukunft in keinem Fremdenführer mehr fehlen darf, hingewiesen werden. Denn außerhalb der Kathedrale in Luxemburg sind meines Wissens in den Kirchen des Gutlandes Kunstäußerungen in der Geschmacksrichtung des Wintringer Altars selten. Ich kenne als Seitenstück dazu nur das bekannte, in *Ons Hémecht* (Jahrg. 1901. SS. 55—59) beschriebene Grabdenkmal der Familie von Lachen-Wampach (1599) in der Kirche von Oberwampach.

Wie bei diesem Monumente steht der Wintringer Altaraufsatz unter dem Geschmack der gothischen Flügelaltäre und zerfällt wie diese in drei durchaus getrennte Teile: Predella, Bilderschrein und Bekrönung.

Die Predella ist leider durch ein in moderner Zeit ohne viel Geschmack konstruiertes Tabernakel verdeckt. Hier verkündet er eine von einem stylvollkommenen Zierrahmen umgebene lateinische Inschrift von 6 Zeilen, daß der edele Alexander de Musset, Herr zu Foetz, diesen Altar zu des lebendigen und allmächtigen Gottes Lob, Preis und Ehre am 24. Mai 1609 errichtet hat. —

AD LAUDEM GLORIAM ET HONOREM
VIVI ET OMNIPOTENTIS DEI HOC
ALTARE NOBILIS ALEXANDER
A MUSSET DOMINUS IN VEETZ PO
SUIT ANNO DNI MILLESIMO SEXCEN
TESIMO NONO DIE 24 MAII.

Über eine Stiftung für den Unterhalt des Altars konnte ich jedoch leider nichts auffinden.

In dem Bilderschrein ist die Auferstehung Christi dargestellt und von diesbezüglichen lateinischen Inschriften umgeben. Ein polychromiertes, aus weißem Stein gemeißelter Basrelief.

In der halbkreisförmigen Bekrönung sind die Wappen der Eltern des Stifters (de Musset und von Walderfingen) dargestellt und zwar nach dem Geschmack der damaligen Zeit unter sorgfältiger Ausführung der Helmzierden. Es gilt auch hier zu bemerken, daß, während im XVIII. Jahrhundert Doppelwappen an Monumenten usw. in den allermeisten Fällen als Wappen von Eheleuten zu deuten sind, in der Zeit vor dem 30jährigen Kriege die Edelleute sehr häufig die Wappen ihrer beiden Eltern figurieren ließen.

Neben dem Rundbogen stehen die Statuen der hh. Donatus und Mauritius. Die Kirchenvisitation von 1578 nennt aber den hl. Hubertus als Patron der zur Pfarrei Remerschen gehörenden Kapelle von Wintringen. Die heutige Kapelle scheint also, wie das Schloß, um 1600 erbaut worden zu sein. Herr de Musset brachte wohl aus Arlon die

Verehrung zum hl. Donatus, des Patrons der Stadt, mit. Die Abtei St. Irmin bei Trier mußte Chor und Schiff, die Gemeinde den Thurm zu Wintringen erbauen. Die beiden Seitenaltäre sind Werke aus dem XVIII. Jahrhundert.

Aus der Wintringer Schloßkapelle stammt auch die Glocke in der Kreuzkapelle zu Bad Mondorf, die dort früher als „Lompeklack" dienend, heute den Beginn der Schulen, der Versteigerungen usw. ankündigt. Inschrift:

SANCTE DONATE ORA PRO NOBIS. PETRVS TOUTSCHEN, PASTOR IN REMERSCHEN 1710.

Die Glocke war in Metz gegossen worden. Peter Toutschen aus Helzingen war Pfarrer in Remerschen und Definitor des Landkapitels Remich, 1693—1728.

*

Über die Person des Stifters Alexander de Musset bringen Urkunden und Archive reichliche Angaben. Er war seiner Zeit einer der reichsten und auch der freigebigsten Edelmänner der weitesten Umgebung, gehörte jedoch der niederen Klasse des Adels an. Die Familie stammte aus der Gegend von Longwy, wo sie nachweislich seit dem XIII. Jahrhundert öffentliche Ämter bekleidete. René, König von Sizilien und Herzog von Bar, verlieh ihr am 24. VI. 1456 ein Adelspatent mit folgendem, auf dem Wintringer Altar wiedergegebenen Wappen: *de sable à l'aigle d'or éployée, tranchée, soutenue de gueules.*

Eine ausführliche Geschichte der Familie wurde 1706 in Luxemburg bei André Chevalier gedruckt und hat als Verfasser Jean Mussey, Pfarrer von Longwy, † 1612. Von dem Werke sind nur 2 Exemplare bekannt; eines befindet sich in der Landesbibliothek in Luxemburg und ein zweites wurde 1890 für die *Bibliothèque royale* in Brüssel erworben. Eine Neuauflage wurde 1908 durch H. de Dartein besorgt. Das Brüsseler Exemplar enthält eine handschriftliche Federskizze des Wintringer Altars, die sich jedoch mit dem Original nur weit entfernt deckt.

Alexander de Musset, Herr zu Üdingen (verschwundener Ort im heutigen Kanton Esch), Fœtz, Zens und Wintringen, war der einzige Sohn von Heinrich de Musset, Herr zu Xoxey (bei Longwy), Schöffe und Unterprobst von Arlon, Advokat und Generalprokurator des Kaisers Karl V. in Luxemburg, gestorben 1545 und begraben bei den Karmelitern zu Arlon — und dessen zweiter Gattin Brigitta von Walderfingen. Nach des Vaters Tode verließ Herr A. de Musset Arlon und zog sich in das von seiner Mutter herrührende Walderfingensche Haus in Sierck zurück. Von seiner Mutter hatte er ebenfalls die lothringischen Lehensherrschaften Fœtz und Üdingen, welche diese als Witwe 1571 käuflich erworben hatte, geerbt. Er war dreimal vermählt: 1. mit Anna von Lontzen, genannt von Roben, der Tochter eines Herrn zu Hondelingen und Bourscheid, † gegen 1602; 2. mit Eva von Hausen, Tochter des Christoph von Hausen, Herrn zu Rehlingen-Saar, Doktor der Rechte und Rat des Herzogs von Lothringen († 1607 und wurde in der Pfarrkirche zu Sierck beigesetzt); 3. mit Margaretha von Manderscheid, welche einer in Grevenmacher ansässigen, aus den Grafen von Manderscheid-Neuerburg hervorgegangenen Bastardenlinie angehörte. — Den Wintringer Altar stiftete er 1609, im selben Jahre seiner dritten Heirat, vielleicht bei Gelegenheit derselben.

Am 20. XII. 1618 verfaßte er ein Testament, das von seinem frommen und freigebigen Sinne Zeugnis ablegt (abgedruckt bei *de Dartein*, S. 117). Er gedenkt darin vorerst der Armen, seiner zahlreichen Verwandten und der religiösen Genossenschaften. Der Familie von Hattstein zu Born (Sauer) schenkte er die Herrschaft Fœtz. Er starb kinderlos am 15. XI. 1621, hochbetagt, und wurde inmitten des Chores in der Pfarrkirche zu Sierck unter einer weißen Marmorplatte beigesetzt. In Lebzeiten hatte er bereits den Neubau der Jesuitenkirche (heutige Kathedrale) in Luxemburg durch reiche Spenden unterstützt.

Bez. des zweiten, Walderfingenischen Wappens am Wintringer Altar, das auf die Mutter des Stifters hinweist, sei bemerkt: Frau de Musset, geb Brigitta von Walderfingen, war Tochter des Adam von Walderfingen, Propst und Rentmeister des Herzogs von Lothringen zu Sierck, der 1528 in den lothringischen, und 1532 durch Kaiser Karl V. in den Reichsadelstand erhoben worden war. Letztere Auszeichnung verdankte Herr von Walderfingen der Vermittlung seines Schwagers Mathias Zimmermann, der als Sekretär des Kaisers und des Prinzen von Oranien-Nassau tätig war und auch das Amt eines kgl. Maiers in Remich eine Zeit lang versah. Ein Bruder der Frau de Musset, Adrian von Walderfingen, war Rat des Königs von Spanien, Oberst der Infanterie und Kapitän der kgl. spanischen Garden; er starb 1566 und wurde zu Sierck begraben. Das Berliner Münzkabinett, enthält die prachtvolle Medaille eines spanischen Künstlers, die das Bild dieses Obersten von Walderfingen einerseits, und andrerseits nebst der Devise VNVERZAGT MIT GOTS HULF dessen Wappen, so wie es auf dem Wintringer Altar dargestellt ist, zeigt. (Beschrieben von *Jules Florange* in den Jahrbüchern der Gesellschaft für lothringische Geschichte und Altertumskunde, 1892). Das Wappenschild ist: auf blau drei goldene Querstriche und über diesen ein naturfarbener Schwan.

Das Schloß Wintringen, das um 1600 erbaut worden ist, scheint als Gründer Alexander de Musset gehabt zu haben; allein in dessen Testament heißt es, daß er Schloß Wintringen mit den dazu gehörenden Grundstücken, Wiesen, Wäldern und Weinbergen zur Hälfte den Kindern seines verstorbenen Verwandten Alexander de Cincignon, und zur Hälfte den Erben seiner zweiten Gattin, Eva von Hausen, als gemeinschaftlich mit ihr erworben, vermacht. Herr de Musset scheint denn auch in Wintringen gelebt zu haben. Schloß Wintringen war mit keinen Hoheitsrechten ausgestattet, es besaß keine Gerichtsbarkeit, sondern es gehörte zum Gericht der Probstei Remich; es war somit keine Herrschaft, da Lehensbeschreibung und Lehenseid nie für dasselbe eingereicht und abgelegt worden sind — sondern lediglich nur ein Herrensitz. Dementgegen hatte die Familie de Blanchart, wie aus einem Teilungsakt von 1615 hervorgeht, landesfürstliche Lehensgüter zu Wintringen. Conrad von Wintringen (Conrad de Winterenges), *écuyer*, der in einer Urkunde vom 1. VI. 1351 als in Diensten der Stadt Metz stehend bezeichnet wird (Würth-Paquet, *Charles* . . . règne . . . Charles IV, numéro 305) ist kaum als ein Herr zu Wintringen anzusprechen. Durch Transaktion vom 6. X. 1755 überließ der kaiserliche General Baron Wilhelm von Zievel, Herr zu Bettemburg, das Schloß und die Besitzungen zu Wintringen dem edeln Herrn Wolfgang Heinrich de Jardin, Landrichter zu Grevenmacher und Propst zu Remich. (Bettemburger Schloßarchiv.) Diese Cession wurde allerdings an dem Rittergericht in Luxemburg realisiert. Unterm 2. VI. 1783 finden wir Andreas Fraenz, Bürger und Schloßherr zu Wintringen, 1754, Frau Maria Anna de Thierry, geb. de Jarding zu Wintringen (Pfarregister Remich), 1784, am 8. März, sind die Eheleute Johann Niedercorn und Maria Joseph Saur, Admodiatoren des Schlosses Wintringen.

Zu Ende des XVIII. Jahrhunderts war das Schloß von der Witwe des österreichichen Feldmarschalls Prinzen Alexander von Löwenstein-Wertheim-Rochefort, geb. Sébastienne-Françoise de Humbert von Rodenmacher bewohnt. Diese wurde beerbt von ihrer Nichte Françoise de Wallerand, welche um 1800 Léonard Goswin van den Broeck, ehemals Baron von Jamoigne und Herr zu Preisch, derzeit Eigentümer zu Rodemacher, heiratete. Deren Sohn Karl Gustav van den Brœck, *conseiller honoraire à la Cour impériale à Metz, ancien membre et secrétaire de la Moselle*, Ritter der Ehrenlegion usw., geb. auf Schloß Wintringen am 13. II. 1801, starb unvermählt zu Metz am 1. XII. IV. 1866. (Vgl. meine *Notice généalogique sur les van den Broeck de Jamoigne et de Preisch*, Ons Hémecht, 1912).

*

Leser wird mir wahrscheinlich die Frage stellen, ob der bekannte Romancier Alfred de Musset nicht auch dieser Familie angehört hat. Einzelne Biographen sagen zwar, des Dichters Familie stamme aus dem Herzogtum Bar. Genauere Untersuchungen ergaben jedoch, daß dieses Haus de Musset alten Vendômer Adels ist und auch ein verschiedenes Wappen (auf blau einen goldenen Sperber) führte. Daher die Verse, die Alfred de Musset am 17. V. 1853 an seinen Freund Alfred Tattet schrieb: (Vgl. *Maurice Allem, Alfred de Musset Paris, Louis-Michaud.)*

„*Souvenez-vous d'un cœur qui prouva sa noblesse*
„*Mieux que l'épervier d'or dont mon casque est armé.*

Bad Mondorf, Oktober 1918. Emil DIDERRICH.

Personal-Nachrichten aus dem Vereine.

Herr Dr. juris **Victor de Rœbe**, Richter am Bezirksgerichte zu Luxemburg, ist von I. K. H. der Großherzogin Charlotte zum Kammerherrn in außergewöhnlichem Dienste ernannt worden. Unsere herzlichste Gratulation zu dieser Auszeichnung!

Subskriptionsliste.

M. B. in L.	50.00 Fr.
J. B. in L.	3.75 „
H. K. in N.	3.75 „
J. K. in H.	10.00 „
M. M. in R.	6.25 „
P. M. in L.	25.00 „
J. N. M. in L.	12.50 „
J. P. R. in R.	8.75 „
J. S. in M.	25.00 „
J. W. in H.	50.00 „
J. Z. in G.	50.00 „
Total . . .	245.50 Fr.

Herzlichsten Dank! Vivant sequentes.

Druckfehlerberichtigung.

Im letzten (November-Dezemberheft) von 1918, auf Seite 188, Zeile 10 von oben, hies: *ausgefüllt*, anstatt ausgeführt.

Literarische Novitäten und Luxemburger Drucksachen.

* = Separatabdruck aus „Ons Hémecht".

Association des Ingénieurs et Industriels luxembourgeois à Luxembourg. Annuaire 1917. Imprimerie M. Huss, Luxembourg. 1918. — 134 + 1 pp. in 8° avec 3 photographies hors texte et 51 figures dans le texte. Ce volume comprend les travaux suivants:

Nécrologie. Victor Bettendorf. — Hubert Müller. — Sosthène Liefring. — p. 18—22 avec 3 photographies.

Chronique de l'Association. — p. 23—40.

Koppes J. Conférences faites à l'Association des Ingénieurs et Industriels luxembourgeois sur quelques problèmes de l'électricité. — p. 41—121, avec 51 figures dans le texte.

Industrie (L') textile dans le Grand-Duché de Luxembourg. — p. 122—134.

Beamten-Zeitung (Luxemburger). Journal des Fonctionnaires et Employés luxembourgeois. Organ der Landesvereinigung Luxemburger Beamtenverbände. Herausgegeben vom Exekutiv-Komitee. Luxemburg. Imprimerie universelle Linden

& Hansen. — In 4° de 4–8 pp. à 2 col. — Nr. 1 ist datiert vom Januar 1919.

Biren Louis. Zwé Juden als Schmoggler oder: Et gong fir d'Liewen. Kome'de'stéck an 3 Akten. 1918. Letzeburg. Drock a Verlag vum P. Worré-Mertens, J. P. Worré, Nofolger. — 20 SS. in 8°.

Comes Isidor. De' nei Police oder Fûrt denen Alen net iewer de Mont! Kome'de'stéck an engem Akt. Musek vum Max Menager. 2. Opl. Letzeburg. Égentom vun der Dréckerei Linden & Hansen. 1919. — 32 SS. in 8°. N° 13 vun „Letzeburger Allerlê."

Idem. Zwê Jonggesellen. Kome'destéck an engem Akt. Musek vum Max Menager. Letzeburg. Égentom vun der Dréckerei Linden & Hansen. 1919. — 24 SS. in 8°. — N° 14 vun „Letzeburger Allerlê."

Ejk. De Knaps oder Derdûrech an Derdûrech. Kome'de'stéck an èngem Opzock ganz frei nom Kotzebue. Drock a Verlag vum P. Worré-Mertens (J. P. Worré, Nofolger), Letzeburg. 1918. — 22 SS. in 8°, mit einem Plan im Texte.

***Geschichte** des Vereins der hl. Familie zu Luxemburg. Von einem Vereinsmitgliede. (Separatabzug aus „Ons Hémecht") Luxemburg. Buchdruckerei Linden & Hansen, 1918. — 27 SS. in 8°.

Goergen Wilhelm. Letzeburger Gedichter. Fridd a Freihêt! 1918. Letzeburg. Dréckerei Linden & Hansen 1918. — 63 + 1 SS. in 8°.

Jacoby Adolf. Aus der Geschichte der Tierschutzbewegung. 1918. Druck von P. Worré-Mertens (Johann Peter Worré, Nachfolger). — 19 SS. in 8°.

Klein Josef-Edmond. Das verlorene Paradies. Eine biologische Plauderei für Naturkunde, Tierschützler und Pazifisten. Veröffentlicht im „Luxemburger Schulfreund" Nr. 12, 1918. Den Mitgliedern des Tierschutzvereines gewidmet. O. O. n. Dr. (Luxemburg. Josef Beffort. 1918). — 4 SS. pet. in 4°.

Idem. Joseph Robert † 1880–1918. Ein freundschaftliches Gedenkblatt. Luxemburg. Druck von P. Worré-Mertens (J.-P. Worré, Nachfolger). 1918. — 18 SS. in 8°, mit dem Porträte Roberts und zwei Illustrationen.

Idem. Nil novi sub luna. Moderne Kriegstechnik im Spiegel der Organismenwelt. Vortrag gehalten in der Luxemburger Volkshochschule am 7. Januar 1918. Separat-Abdruck aus der „Revue luxembourgeoise". Luxemburg. Druck der Sankt Paulus-Gesellschaft. 1919. — 19 SS. in 8°.

Idem. Die Bienenzucht ein unentbehrlicher Hilfsfaktor beim Obstbau. Ein Mahnwort in schwerer Zeit. O. O. n. D. n. Dr. (Luxemburg. 1919.)

(Klepper Bernardus). Directorium romano-luxemburgense seu Ordo divini officii recitandi sacrique peragendi ad usum Cleri dioeceseos Luxemburgensis RR. DD. Jonnis Joseph Koppes Episcopi Luxemburgensis jussu et auctoritate editus pro anno MCMXIX. Luxemburgi. Ex typographia ad S. Paulum. 1918. — 117 pp. in 8°.

Idem. Schematismus Cleri extranei pro 1919. Sacerdotes saeculares e Dioecesi Luxemburgensi oriundi. O. O. noch Drucker. (Typographia ad Stum Paulum, Luxemburgi. 1919.) — 20 pp. in 8°.

Krankenversicherung (Die) im Großherzogtum Luxemburg, während des Geschäftsjahres 1917. Bearbeitet im Departement für Ackerbau, Industrie und Arbeit. Luxemburg, im September 1918. Luxemburg. Buchdruckerei Joseph Beffort. (1919.) — 77 SS. petit in fol.

Letzeburger Nationalunio'n. Letzeburg de Letzeburger! Statuten ugehol den 10. Aug. 1909, ergènzt den 9. Sept. 1911 an 9. Aug. 1917. 1918. Letzeburg. Drock a Verlag fum P. Worré-Mertens, J. P. Worré, Nofolger. — 11 SS. in 12°.

Libération (La) du Luxembourg. Edition Atar, Corraterie, 12, Genève. — 32 pp. in 8°, avec 1 grav. sur le titre et 1 petite carte du Luxembourg dans le texte.

Loutsch Hubert. Für die Heimat. Das Großherzogtum Luxemburg. Seine geschichtliche Vergangenheit, seine völkerrechtliche Stellung und vertragswirtschaftliche Lage. Deutsche Ausgabe. Luxemburg. St. Paulus-Druckerei. 1919. — 158 SS. in 8°.

Idem. Die luxemburgische Frage. Separatabdruck des siebenten Kapitels aus „Für die Heimat", Luxemburg. St. Paulus-Druckerei. 1919. — 42 SS. in 8°.

Luxembourg (Le). Organe indépendant et économique. — Le Luxembourg. Unabhängiges wirtschaftliches Organ. Imprimerie Victor Bück (Bück frères, successeurs), Luxembourg. — Gr. in folio de 2 pp. à 4 colonnes. — Le n° 1 porte la date du 22 janvier 1919. — Sans indication de la date de son apparition ultérieure.

Müller Michel. Veränderungen im Lehrpersonal der Primär- und Oberprimärschulen des Großherzogtums im Jahre 1918. V. Bück (Gebrüder Bück, Luxemburg. 1919.) — 12 SS. in 8°.

(Neyen Johann August). Der Luxemburger Bauernfreund. Kalender für Acker- und Gartenbau für das Jahr 1919, welches ein gewöhnliches Jahr von 365 Tagen ist. Herausgegeben vom Acker- und Gartenbau-Verein des Großherzogtums Luxemburg. Fünfundsechzigster Jahrgang. Luxemburg. Druck von M. Huß. 1919. — XVI + 10 + 176 + 18 SS. in 8°.

Neyens A. Note relative aux Marks du Grand-Duché de Luxembourg. Victor Bück (Bück frères, successeurs), Luxembourg. (1919). — 2 pp. pet. in fol.

Pletschette Wilhelm. Bericht über das Wirken des Marien-Vereins von Liebfrauen in Luxemburg während der elf letzten Jahre 1907-1918, abgestattet vom Direktor in der General-Versammlung vom 21. Januar 1919. Luxemburg. St. Paulus-Druckerei. 1919. — 20 SS. in 8°.

Protestation (La) du Luxembourg. (1831—1839). Quelques documents. Bruxelles et Paris. Librairie nationale d'art et d'histoire G. van Best & Cie, Editeurs. Macon, Protat frères, Imprimeurs. S. d. (1919). — 44 pp. in 8°.

Prüm Emil. Auszug aus der Rede, gehalten auf der Volksversammlung zu Clerf, am 19. Januar 1919. Hofbuchdruckerei Victor Bück (Gebrüder Bück, Nachfolger), Luxemburg. (1919.) — 4 SS. pet. in fol.

Publications de la Commission permanente de statistique (du Grand-Duché de Luxembourg.) Fascicule 43. Recensement du bétail du 8 novembre 1918. Luxembourg. Imprimerie P. Worré-Mertens (J.-P. Worré, successeur). 1919. — 23 pp. in Lex. 8°.

Reuter Robert. Erinnerungen an Joseph Robert †. Separatabzug aus dem „Landwirt" vom 6. und 7. November 1918. Buchdruckerei J. Schrœll (Paul Schrœll, Nachfolger). Diekirch. (1918.) — 10 SS. in 8°.

Statuten für den Handels- und Gewerbeverein von Redingen a. d. Att. und Umgegend. Luxemburg. Druck von M. Huß. O. D. (1918). — 8 SS. in 8°.

Vereinsheft (8.) des Luxemburger Tierschutzvereins unter dem Hohen Protektorat I. K. H. der Frau Großherzogin Maria Anna von Luxemburg. 8me Bulletin de la Société luxembourgeoise protectrice des animaux sous le haut Protectorat de S. A. R. Madame la Grande-Duchesse Marie-Anne de Luxembourg. Luxembourg. Imprimerie P. Worré-Mertens (Jean-Pierre Worré, successeur). 1918. — 44 SS. in 8°.

Verzeichnis der Kirchen und der Geistlichen in der Diözese Luxemburg für das Jahr 1919. Luxemburg. Druck der St. Paulus-Gesellschaft. 1918. — 58 + 20 + 2 SS. in 8°.

Voix d'outre-tombe. Michel Lentz und Staatsminister Paul Eyschen an das Luxemburger Volk. Mir welle bleiwe wât mer sin. St. Paulus-Druckerei, Luxemburg. O. D. (1919). — 18 SS. in 8°.

***Zieser Johann.** Bernhard Buringer, Verfasser der Serta moralia Pfarrer zu Dahlem bei Garnich. 1642—1713. Biographische und literarische Notizen gesammelt und herausgegeben. Luxemburg. Buchdruckerei Linden & Hansen. 1918—(1919.) — 15 SS. in 8°.

***Idem.** Beiträge zur Geschichte verschiedener Pfarreien. I. Heft. Das Landkapitel Luxemburg. Luxemburg. 1918. Linden & Hansen. 55 SS. in 8°.

Ons Hémecht.

Organ des Vereines für Luxemburger Geschichte, Literatur u. Kunst.

Herausgegeben vom Vereins-Vorstande.

25. Jahrgang. — 3. und 4. Heft. — März und April 1919.

Jeder Autor ist verantwortlich für seine Arbeit.

Einladung zur General-Versammlung.

Am **Donnerstag, den 10. April**, nachmittags um 3 Uhr, findet eine Generalversammlung unseres Vereines statt, im neuen Vereinslokale, Fleischerstraße 11, Haus Praum (Druckerei Linden & Hansen).

TAGES-ORDNUNG:

1. Verlesen, resp. Genehmigung des Protokolls der letzten Generalversammlung.
2. Bericht über die Tätigkeit des Vereines während des Jahres 1918.
3. Rechnungsablage über Einnahmen und Ausgaben im Jahre 1918.
4. Verlesen des Berichtes der Herren Rechnungs-Revisoren.
5. Aufstellen des Budgets für 1919.
6. Vortrag des Herrn Dr. EDMUND-JOSEPH KLEIN über den Luxemburger Dialekt.
7. Erneuerung eines Teiles des Vorstandes.
7. Aufnahme neuer Mitglieder.
9. Etwaige Anträge oder Anfragen, resp. deren Besprechung.

Der Vorstand.

Recht dringende Bitte.

Im nächsten Heft soll unsere Mitgliederliste veröffentlicht werden. Zu diesem Zwecke ist es aber absolut notwendig, daß alle Jahresbeiträge für 1919 eingezahlt seien. Wir richten darum an alle, welche dieser Verpflichtung bis dato noch nicht nachgekommen sind, die **ganz dringende** Bitte, dies umgehend tun zu wollen, widrigenfalls der Beitrag um 50 Centimes erhöht werden muß für Erhebung desselben per Postquittung.

Für den Vorstand:

Der Präsident, M. BLUM.

Beiträge zur Geschichte verschiedener Pfarreien.

(Fortsetzung.)

2. Hostert.

Im 6. Band der Publications de la Section historique, 1851, hat Herr Johann Engling eine äußerst interessante Abhandlung über die viel besprochene Ortschaft Andethanna, an der römischen Heerstraße von Trier über Luxemburg, Arlon nach Rheims gelegen, veröffentlicht. Gemäß seinen Ausführungen sind in der nachrömischen Zeit auf den Trümmern dieser bedeutenden Militärstation die Ortschaften Hostert und Oberanven entstanden. Für die Einzelheiten müssen wir der Kürze wegen auf die genannte Schrift verweisen, die auch im Sonderabdruck erschienen ist und 37 Quartseiten umfaßt. Unter anderen ist derselben auch eine Karte mit der Ansicht von Hostert und eine geographische, sehr klare Skizze der Gegend von Steinsel bis Olingen und Luxemburg bis Schrassig beigegeben.

Pfarrer Michael Meyß schrieb im Jahre 1736 eine lateinische Abhandlung über den Ursprung und die spätere Entwickelung der Doppel-Pfarrei Schüttringen-Hostert und glaubt, die ursprüngliche und gemeinsame Pfarrkirche sei die 1371 und 1380 erwähnte Kirche zu Hostert gewesen. Die Tradi ion hingegen, sagt Engling, bezeichnet die zwischen Senningen und Münsbach gelegene Höhe „Gellens" als den Ort wo sie gestanden habe. Doch sei dies nur eine Kapelle, keine Pfarrkirche gewesen. Die Pfarregister melden unterm Jahr 1556, daß sich der damalige Pfarrer Heinrich Donningen, Pastor von Hostert nannte und die Ortschaften Hostert und Niederanven zu Schüttringen eingepfarrt waren, die ganze Pfarrei aber nur 350 Kommunikanten zählte.

Eine Pfarrei Schüttringen gab es schon 1226, denn am 3. April dieses Jahres schenkte Erzbischof Theodor von Trier das Patronatsrecht derselben der Münsterabtei zu Luxemburg. Gab es nun anfangs zwei Pfarreien, getrennt und unabhängig von einander, oder war der ganze Sprengel nur eine und dieselbe? Diese Frage ist noch ungelöst. Nur eines weiß man, wie der Pfarrer von Schüttringen nach Hostert wohnen kam und dort wohnen blieb und bis nach der französischen Revolution den Titel Pfarrer von Schüttringen und Hostert führte. Pfarrer Meyß erzählt es in seinem Status parochiae de Schittringen, Seite 3 und 4. Engling gibt die Abschrift des passus concernens. Es heißt daselbst in deutscher Übersetzung: Das alte, nahe am Kirchhof gelegene Pfarrhaus zu Schüttringen wurde (er sagt nicht wann) eines Tages von einer mit gewaltigem Sturmwind begleiteten Überschwemmung zugleich mit einer nahegelegenen, der Abtei von St. Maximin gehörenden Mühle zerstört. Da damals die Pfarrei wenig bevölkert und verarmt war, vermochten die Einwohner nicht, das Haus wieder aufzubauen. Sie baten daher den Herrn von Baden und Erichingen, welcher ein Haus zu Hostert besaß, dasselbe dem Pfarrer zur Wohnung zu überweisen. Ihrer Bitte wurde von dem Markgrafen entsprochen und seither (aus anderen Quellen geht hervor, daß es gegen 1550 gewesen sein muß) wohnten die Pfarrer von Schüttringen in dem alten adligen Landhause zu Hostert. Sie hielten den Pfarrgottesdienst in den beiden

Kirchen zu Schüttringen und zu Hostert an den Sonn- und Feiertagen regelmäßig ab. Ob sie dazu verpflichtet waren, steht nicht fest. Die die Kirche von Hostert besuchenden Einwohner (von Hostert, Ober- und Niederanven, Rammeldingen, Senningen und Ernster) lösten sich nach und nach von der Pfarrkirche zu Schüttringen ab. Das einzige Zeichen der Zusammengehörigkeit mit Schüttringen bestand, wie Pfarrer Meyß in den Antworten auf die Synodalfragen 1755 bemerkt, darin, daß die Hosterter alljährlich drei Pfund Wachs dahin geben mußten.

Bei dieser Sachlage mußte der Unterricht sehr leiden. Nullus ferme fuit qui legere aut scribere potuerit, fast Niemand konnte weder schreiben noch lesen. Als Ludwig der XIV. über Luxemburg herrschte, erließ er ein Dekret, gemäß welchem, unter Androhung schwerer Strafe, die Einwohner in allen Pfarreien des Landes ein Schulhaus mit Lehrerwohnung zu errichten und für den Unterhalt des Lehrers zu sorgen hatten. Da die Pfarrangehörigen von Schüttringen keinen in der Nähe der Pfarrkirche gelegenen passenden Platz für das gemeinsame Schulhaus finden konnten, so bauten sie auf das Grundstück des Pfarrwiddums. Zum Lehrer dungen sie irgend einen ungebildeten Laien (quendam Saecularem rusticum conduxerunt).

Als gegen 1680 der Schüttringer Kirchturm baufällig geworden war und neugebaut werden mußte, wollten die dortigen Einwohner die von Hostert gerichtlich zwingen, die Reparaturkosten mittragen zu helfen. Der Provinzialrat entschied am 17. September 1702 zu Gunsten der Hosterter, wogegen die Schüttringer beim Appelhof zu Mecheln Rekurs einlegten. Wie wir oben gesehen haben, war die Angelegenheit im Jahre 1755 noch nicht erledigt.

Tatsächlich war und blieb Hostert eine von Schüttringen getrennte, rechtlich genommen aber nur eine und dieselbe Pfarrei. Aus diesem Grunde gab es auch immer nur einen Pfarrer für beide, der zu Hostert wohnte, weil zu Schüttringen kein Pfarrhaus war, der aber für die Abhaltung des Gottesdienstes an beiden Orten sorgen mußte und zwar auf eigene Kosten. Aus demselben Grunde wurden dem Pfarrer für die kirchliche Visitation keine zwei, sondern nur ein Fragebogen zur Beantwortung zugestellt, der Separatbericht des Pfarrers für Hostert aber angenommen und berücksichtigt, wie nachstehend zu ersehen ist.

„Noch in demselben Jahre, schreibt Engling, wo der Provinzialrat von Luxemburg den Pfarrabsonderungsprozeß zwischen Schüttringen und Hostert zu Gunsten des letzteren entschied, traf der damalige Pfarrer Johann Zey zur schleunigen und gründlichen Herstellung des dortigen Pfarrhofes Anstalten, und ließ im nächstfolgenden Jahre (1703), unter Beibehaltung der dicken Einschlußmauern, das Innere seiner Wohnung neu- und umgestalten, sowie die Kapelle ausbessern und zur Pfarrkirche herrichten."

Es würde uns aus dem Rahmen der uns gesetzten Aufgabe führen, wenn wir auf die von Engling berichtete Aufteilung der Pfarrei Hostert eingehen, die Abtrennung und Errichtung der Pfarrei Niederanven erörtern und die Erbauung der neuen Pfarrkirche im Jahre 1852 auf dem „Hühnerjuck" beim „Heiligenstein" auf Senninger Gebiet erzählen wollten.

Das Gesagte möge genügen, und wir gehen zum Sonderbericht des Pfarrers Michael Meyß vom Jahre 1755 über.

Er schreibt:

1. Von der Kirche, die dem hl. Joh. Baptist geweiht ist, befinden sich das Schiff, das Chor, die Sakristei, das Beinhaus und die Kirchhofsmauern in gutem Zustande, doch ist die Kirche zu klein und kann die Gläubigen nicht fassen. Das Schiff hatte er im Jahre 1728 auf eigene Kosten erbauen lassen. Die Einwohner des Hofes (curiae) Anwen benutzen diese Kirche und sind zum Unterhalt derselben gehalten.

Auch die Paramente müssen von den Einwohnern gestellt werden. Da die Leute aber durchweg arm sind, so dienen dazu die freiwilligen Opfergaben und die Einkünfte der Kirche. Der Pfarrer besorgt und leitet dies selbst. Alles ist vollzählig und sauber vorhanden. — Folgt die Beschreibung der Kelche, Monstranzen, Ciborien, der Ölgefäße, des Taufsteines, des Tabernakels usw. Alle diese Gegenstände befinden sich in bestem Zustande.

Die Pfarregister datieren vom Jahre 1711. Das Firmungsregister enthält nur wenige Namen, weil weder die Eltern, noch die Paten die Firmlinge zum Einschreiben melden (non declarant infantes confirmatos ut inscribantur). Aber wer hatte sie denn unterrichtet und zur Firmung geführt? !

2. Die Geistlichkeit. — Der Pfarrer hat einen Vikar in Schüttringen, der ihn in allem ersetzt, den er aus eigener Tasche bezahlt, den er jedoch gar nicht verpflichtet ist, in Schüttringen zu halten, sondern er darf ihn zu Hostert wohnen lassen. Er heißt Wagener, wie oben bei Schüttringen gesagt ist. In Hostert hat er einen Frühmesser, der zugleich Schule hält. Sein Name ist Bernhard Scholer. Er ist approbiert und versieht sein Amt zur großen Zufriedenheit der Einwohner. Die Pfarrangehörigen, welche die Kirche von Hostert benutzen, müssen ihm auch den Lebensunterhalt stellen. Beide führen ein musterhaftes Leben.

3. Die Zahl der Communikanten betrug 1755 gegen 540. Sie gehörten sämtlich zum Hof Anwen, der aus den Dörfern Oberanven, Niederanven, Hostert, Senningen, Rameldingen und Ernster bestand.

Weil zu Hostert alles in guter Ordnung befunden wurde, sind keine Verordnungen erlassen worden.

Der Pfarrer unterschreibt mit den Söhnscheffen Petrus Zeimet; Diderich Lorenz handzeichnet.

4. Über den Heuzehnten, von welchem oben unter Schüttringen Nr. 9, Seite 6, die Rede ist, schreibt Abt Bern. Weis in seiner Besitzerklärung der Münsterabtei 1788 wie folgt: In den Dörfern Schüttringen, Obersyren, Münsbach, Senningen und Niederanven haben wir den 3. Teil des Heuzehnten. Derselbe war bis jetzt verpachtet für 10 Reichsthaler 2 Schilling 2 Stüber, ist aber jetzt (1788) in dem Vertrag mit dem Pächter vom Höhenhof (siehe unter Sandweiler) einbegriffen.

Dieser Zehnte rührt von einer Schenkung im Jahr 1226 her. Hr. Prof. J. Wilhelm schreibt hierüber in seiner Histoire de la Seigneurie de Munster, page 25: En 1226, l'archevêque Théodoric de Trèves fait savoir que l'abbé Barthélemy de St. Maximin, dans le but de subvenir à l'insuffisance des revenus de Munster, lui accorde le droit de patronage et la dime de Schuttrange, en se réservant le droit d'y instituer les vicaires perpétuels. Onze années plus tard le pape Grégoire IX prend sous sa protection les possessions de Munster et spécialement l'église de Schuttrange.

Abt Bern. Weis schreibt weiter in der Aufzählung der nicht herrschaftlichen Güter: Auf dem Banne zu Niederanven haben wir 2 Wiesen von zusammen 1 Morgen 121 Ruthen 8 Fuß, die jährlich 1500 Pfund Heu tragen. Sie sind eine Schenkung aus dem Jahre 1328. Hr. Prof. J. Wilhelm schreibt darüber (l. c. page 28): En 1329 Jean l'Aveugle consentit à ce que son feudataire, Jean Cleffer de Andeuennen, donnât à Munster tous ses biens, maison, jardins et dépendances situés à Andeuennen (Niederanven) . . . In derselben Schenkung wird wohl eine Wiese zu Senningen von 36 Ruthen 8 Fuß einbegriffen sein, welche B. Weis mit einem Ertrag von 300 Pfd. Heu unter den nicht herrschaftlichen Liegenschaften aufzählt.

5. Da in den bisher beschriebenen Pfarrkirchen, speziell in denen von Schüttringen und Hostert, vielfach Rede gewesen ist von dem Unterhalt der kirchlichen Gebäulichkeiten, sowie auch von dem Pfarrhause, so wollen wir, der Vollständigkeit halber, die diesbezüglichen Bestimmungen für das Dekanat Remich vom 20. September 1596 in deutscher Übersetzung hier folgen lassen. Es heißt dort im Abschnitt: Die kirchlichen Gebäude und Pfarrhaus.

Der Pfarrer (sacerdos parochiæ) ist frei von sämtlichem Mauerwerk der Kirche und des Kirchhofes; so ist es seit unvordenklichen Zeiten gehalten worden, nur das Mauerwerk des Chores muß er unterhalten. Wenn aber das Chor zufälliger Weise von Grund aus neu erbaut werden muß, so hat die Gemeinde (communitas) für den Aufbau, der Pfarrer für den Unterhalt zu sorgen.

Desgleichen hat die Gemeinde für alles zur Abhaltung des Gottesdienstes und zur Spendung der Sakramente Erforderliche Sorge zu tragen, z. B. die Agenden (Ritnale), die Kelche, die priesterlichen Gewänder usw. Ferner hat sie auch für den tadellosen Unterhalt der Kirchhofsmauern und des Turmes aufzukommen.

Die Zehntherren (feudales) haben das Meßbuch, wenn es fehlt, zu beschaffen und das Schiff zu unterhalten.

Wenn der Pfarrer kein Wohnhaus hat, so ist die Gemeinde zur Erbauung eines solchen gehalten, entsprechend dem Bedürfnis und der Bequemlichkeit der Ortschaft, und zwar von Grund aus mit den Mauern, dem Dach und dem Feuerherd.

Der Pfarrer richtet sich auf eigene Kosten das Innere des Hauses, so wie er es notwendig hat, her. Das einmal Erbaute hat er zu unterhalten.

Die Materialien, wie Kalk, Steine, Bauholz muß die Gemeinde liefern und herbeischaffen. (Blattau, II, Seite 473.)

Diese Bestimmungen für das Landkapitel Remich sind sehr allgemein gehalten und ziemlich unbestimmt. Hier wie es in diesem Punkte in der Eifel gegen 1553 gehalten wurde (Ibidem, II, Seite 237):

„Wir Dechant und Kapitel gemeinlich der Dechanien in der Eyffell thoen kund und bekennen allen Lüden, da. wir wysen na eyner alder gewoenheit und na eynem alten Herkommen an unß und unße Vurfeders vnsers Capittels allen pastoeren vnd kyrcheren, denen jr Wydemhoff abgebrant oder jnnichen Wyse vellich oder verderblich wurde sonder ire scholt, dan sullen jme syne kyrßpelslude eyn hauß wederumb zymmern, decken und sleyveren. Welche hauß also gestalt seyn soll. Jdt sall haven dry verbont jederein zwöelff voeß van dem anderen in der Lengden. Die schechte zwentzich voeß lanck. Jdt sall binnent jynen wenden achtzehn Voeß wydt. seyn. Jdt sall howen eynen dobbelen schoerensteyn. Jdt sall zoe zwein syten behangen syn. Jdt sall haven eyn trapp, und sall gestevet seyn mit treven zo eynem gebunne, und sall durren und vynsteren haen na seynem gebur. Item aeff der Wedemhoff eynem keller het gehatt, den sullen die Nachbauren weder rusten und mit treven als sich dat geburt boven belegen. Vnd dyt vurge. Wyßdom halten wyr recht vnd wysent vur vnsers Capittels Gerechtigheit auß dem alten herkommen vnd gewoenheit. (Blattau, II, Seite 237.)

In den Statuten anderer Kapitel ist das Weistum der Kirchengebäude und der Pfarrhöfe viel ausführlicher und den Gegenden entsprechend gehalten. Beispiele hiervon bei Blattau III, 65; III, 75; III, 100; III, 316. Waren die Widdemhöfe oder Pfarrhöfe in der beschriebenen Weise ausgeführt, dann waren sie „libberig".

(Forts. folgt.)

Leben und Wirken des hochw. Hrn. Theod.-Zeph. BIEVER.

(Fortsetzung.)

XXXIII. Nachträge zu den zwei vorigen Kapiteln.

Diese waren bereits gedruckt, als mir noch verschiedene Briefe Biever's unter die Hände fielen, aus welchen ich, zur Vervollständigung des Gesagten, Nachstehendes ergänzen möchte:

Zu Kapitel XXXI. Nachdem Biever in Erfahrung gebracht, daß der hochw. Herr Bischof Koppes, nebst Begleitung, in Tiberias eingetroffen sei, hatte er sich mit einem seiner Knechte, Dib, dorthin begeben, um Seine Bischöflichen Gnaden zu einem Besuche in Tabgha einzuladen, und eventuell das Notwendige für dessen Empfang zu veranlassen. Er schrieb nun an Herrn Weynandt (Tiberias, 28. April 1891): «Der «hochw. Herr Bischof hat die Einladung angenommen und wird heute «in Tabgha zu Mittag speisen, mit Herrn Nothumb, Pfarrer von Weimerskirch, und dem Herrn curé de Rentgen (lez-Mondorf), Lorraine. «Ich sende durch Dib Brod und Fleisch. Suche ein ordentliches Mittagessen zu bereiten; bereite aber für etwa 5 fremde Personen. Du weißt, «wie es hier geht. Es findet sich immer noch etwas hernach noch bei. «Lasse durch Dib oder sonst Jemanden die Veranda vor der Bude mit «Wasser versehen, um die Flöhe zu vertreiben. Es wäre gut, wenn man «die Stühle alle in die Bude hineinbringen könnte. Der große Tisch «soll zusammengefaltet und Bretter und Böcke hinter's Haus getragen «werden. Der kleine Tisch aus der Bude soll in der Veranda gedeckt «werden. Tischtuch drauflegen. Der hochw. Herr hält um 7 Uhr «Pontifikalamt, so daß wir erst um 9 Uhr hier fortkommen, also «kaum vor Mittag in Tabgha sein können. Sorge, daß der Wein kühl «und das Wasser also frisch sei. Bitte Franz (Keller) uns einige «Flaschen von seinem Rothwein zu borgen.»

Zu Kapitel XXXII. Biever hatte die Münchener Karavane nach Jerusalem begleitet, mit der Absicht, daselbst noch einige Geschäfte zu besorgen und dann wieder gleich die Rückreise nach Tabgha anzutreten. Nun schreibt er aber in einem Brief an Herrn Weynandt (Jerusalem, 8. Mai 1891.): «Je n'ai encore pu faire aucune commission; tout mon «temps est pris par la caravane bavaroise. Pour différentes raisons «que tu peux deviner, le Vicaire Général désire que j'accompagne la «caravane à la mer morte et à Tibérias . Cela durerait donc encore «un certain temps.» Und wirklich traf Biever ja auch erst gegen Ende Mai in Tabgha wieder ein.

Wie es scheint, hatte P. Biever die Kölner Karawane nach dem Berg Thabor begleitet, von wo er wieder nach Tabgha zurückkehren wollte. Doch wurde er dort krank, wie aus einem seiner Briefe (Thabor, 26. August 1891) ersichtlich ist: «Mit meiner Gesundheit geht es seit vor«gestern etwas besser. Bis Sonntag (23 August) hatte ich beständig «heftiges Fieber, so daß ich mich schon entschlossen hatte, den Thabor «zu verlassen, weil mir die Luft zu scharf erschien. Jetzt fühle ich aber, «wie die Kräfte trotz allem doch so langsam zurückkehren. Auch fange «ich an, wieder etwas essen zu können. Bin ich stark genug, so werde «ich nächsten Sonntag nach Nazareth reiten, um mit Don Mônier, «welchen ich schon hier auf dem Thabor gesehen, das Weitere über den «Ankauf der Mühle usw. zu besprechen. Werde ich in Nazareth einen «Wagen finden, so reise ich bis nach Haïfa, um Geld aufzunehmen für «die ersten Spesen, und auch um bei meiner Rückkehr nach Tabgha «allsogleich mit dem Bauen des Backofens, des Stalles usw. beginnen «zu können. Meister und Arbeiter sind schon gefunden. Wann ich «nach Tabgha zurückkehre, weiß ich noch nicht. Ich werde von Na«zareth aus schreiben, und zugleich den Tag angeben, an welchem mich «Dib dorthin abholen kommen soll.» So sorgte Biever also, selbst auf Reisen, für die Weiterentwickelung der seiner Direktion unterstellten Anstalt. Selbst auch für die Sonntage, an denen er abwesend war, suchte er, wenn nur möglich, einen Priester zu finden, um den Gottesdienst in Tabgha abzuhalten; Beweis dafür ein Passus des nämlichen Briefes: «Don Karam wird euch nächsten Sonntag die hl. Messe hal«ten kommen. Er wünscht zu diesem Zwecke die Barke zu nehmen. «Ich habe es ihm gestattet. Er wird am Samstag den Achsein von «Tiberias nach Tabgha senden, und dann kann dieser und Dib am Sonn«tag in aller Frühe den Don Karam in Tiberias abholen, und am «Abend auch wieder dorthin zurückführen.» Ja selbst für einen Koch hatte Biever sogar gesorgt: «Dem Koch Joseph habe ich versprochen, «ihm jeden Samstag Nachmittag einen unserer Esel zur Verfügung zu «stellen, damit er nach Tiberias zu seiner Frau reiten kann. Er kann «die Nacht dort zubringen, muß aber am andern Morgen in der Frühe «wieder in Tabgha sein, um das Mittagessen zu bereiten. Er ist, wohl«verstanden, nur zeitweilig in Tabgha angestellt, bis ich mich anders «umsehen habe, was wohl in den ersten Tagen geschehen sein wird.»

Daß Weynandt krank geworden war, hatte Biever in Madaba erfahren. Wie sehr er sich um denselben sorgte, ersieht man aus einem anderen Briefe (Madaba, 19. Dezember 1891): «Deinen Brief vom 28. Novem«ber erhielt ich heute Morgen durch einen Expressen von Salt. Der-

«selbe hat mich etwas beruhigt. Ich saß hier wie auf Kohlen, ohne «irgend eine Nachricht weder von dir noch von Tabgha, welches ich «wohl hundert Mal zu allen Teufeln gewünscht habe. Doch Gott sei «Dank, daß du wieder auf dem Wege der Besserung bist und hoffentlich «jetzt, wo ich schreibe, wieder völlig hergestellt sein wirst. Die kern-«gesunde luxemburger Natur kommt immer wieder oben. Das habe «auch ich hier in Madaba erfahren.»

Über seine Reise nach Madaba gibt uns der nämliche Brief auch Aufschlüsse. Daraus ersehen wir, weshalb Biever so lange — Weynandt spricht von mehr als sechs Monaten — von Hause abwesend war: «Hier «meine Erlebnisse: Die Reise von Tabgha durch Djolan und Hauran «ging gut von statten bis zur Nacht von Meserib. Hier mußte ich des «Nachts ohne Decken schlafen, weil der gute P. Schmidt keine Decken «mit sich hatte, und ich den alten Mann, der schon voll Fieber war, «nicht unter freiem Himmel unbedeckt lassen wollte. In Hosson fühlte «ich das Fieber schon; aber ich hoffte durch eine gute Dose Chinin «dasselbe beseitigen zu können. In der Tat, bis Madaba, wo wir am «8. Oktober ankamen, fühlte ich nichts mehr. Auch die ersten Tage «in Madaba fühlte ich mich wohl. Ich dachte schon, die Geschichte «wäre ohne Folgen und hatte beschlossen, mit den Reisegefährten über «Jerusalem nach Tabgha zurückzukehren. Da, am Tage vor der Abreise «erkrankte der jüngste Bruder der Lehrerin; Don Manfredi war in «Jerusalem, Don Alexander wollte mit den Herren zur retraite nach «Jerusalem, und so mußte ich gezwungener Weise hier bleiben, weil «ich sah, daß der Kleine keine zwei Tage mehr leben würde, und ich «ihm ein christliches Begräbnis verschaffen wollte. Darnach, so dachte «ich, kann ich über Salt, Adjelem in drei Tagen in Tabgha sein. Der «Knabe starb richtig am zweiten Tage; aber am selben Tage kam die «Nachricht, daß die Quarantaine längs des Jordans aufgestellt sei. «Ich sandte Jemanden an den Jordan. Die Nachricht war richtig und «so mußte ich hier bleiben. Glücklicherweise! denn zwei Tage «nachher, am Sonntag, fiel ich während der hl. Messe ohnmächtig «und konnte nur mit der größten Noth die hl. Messe zu Ende bringen. «Man brachte mich hernach zu Bette, und als ich am Nachmittag wieder «zu Sinnen kam, fühlte ich ein heftiges Gallenfieber im Anzug. Und «keine ordentliche Arznei im Hause! Dazu als Bedienung dieser «Schw . . . von Salem, der nicht einmal eine Kartoffel kochen kann. «(Die Lehrerin darf nicht in's Haus.) Als ich sah, daß die Sache ge-«fährlich würde, bat ich, auf meine Verantwortlichkeit hin, Rosa, mir «doch eine Tasse Thee kochen zu kommen. Unterdessen kam Don «Manfredi von Jerusalem an, ebenfalls todtkrank, und so schleppten wir «uns beide einen Monat hin. Ich war der erste wieder oben, aber nur «mehr Haut und Knochen, und so schwach, daß ich die Treppe zur «Küche weder hinauf noch hinunter konnte. Jetzt geht es wieder so «langsam und ich komme wieder allein auf's Pferd, reite auch jeden «guten Tag wieder aus und könnte den Weg bis Tabgha machen, wäre «nur die leidige Quarantaine nicht. Ein Rath eines von Kerak kom-«menden englischen Arztes hat mir sehr gut gethan. Nämlich keine «geistigen Getränke zu trinken und wenig Fleisch zu essen, sondern «viel Gemüse, Obst und Fische. Ich möchte dir denselben Rath geben, «besonders für deinen Aufenthalt in Haifa. . . . . Hier in Madaba «ist alles beim Alten, nur daß die Katholiken stolzer, unehrlicher, «niederträchtiger geworden sind. Der arme Don Manfredi ist schon «so müde, daß er sich sehnt, wegzukommen. Salamé ist Lehrer bei «dem Griechen — Lumpenpack. Einzelheiten bei unserem hoffentlich «baldigen und freudigen Wiedersehen in Tabgha. Da ich nicht weiß, «wann die Quarantaine mir die Abreise nach Tabgha gestattet und ob «du noch in Haïfa bist bei Ankunft dieses Briefes, so sende ich den «an dich adressierten Brief und den mit meiner Unterschrift versehe-«nen chèque von 4000 Franken an Herrn Direktor Künzer. Bist du «noch in Haïfa, so ziehe das Geld ein, nach Abzug der mir von Herrn «Duck geliehenen Summen (ich glaube 700 und 300 Franken); das «Übrige nimm mit dir nach Tabgha. Kaufe, was du denkst, daß für «Haus und Feld nothwendig sei, aber *nur das Nothwendige* und keinen «Überfluß, also kein Bier usw. Besorge mir 4 Flaschen Dannler «Bitter. Wenn du so etwa 1 Kontar guten Haïfaer Rothwein bei «Philipp Keller bekommen kannst, so kaufe ihn und besorge ihn nach «Tabgha. In Tabgha sieh, ob man etwas geackert und gesäet hat; wo «nicht, so lasse alles das vorige Jahr ungesäete Land umackern und «zubereiten zum Pistaziensäen. Es wird jedenfalls mehr ertragen, als «das Getreide. Nur etwas Gerste für das Vieh, d. h. Pferde und «Esel, d. h. so viel wir ungefähr für's Jahr brauchen. Kartoffeln «könnte man, denke ich, eine gute Portion pflanzen; sorge daher für «Saatkartoffeln in Haïfa. Der gute P. Lukas! Fürwahr, wir ver-«lieren viel an ihm. Gott lohne ihm in der Ewigkeit alles was er für «uns gethan. — Also, gehab' dich wohl, und ordne alles so, wie du «es für gut findest. Nur mit dem Einkaufen sei sparsam. Herzliche «Grüße von allen Madabenern, welche froh waren, etwas von dir zu «hören. Frohe Weihnachten und glückliches Neujahr!»

Wir wissen, daß auch Franz Keller krank geworden war. Dies hatte ihn, wie es scheint, veranlaßt, die Ansiedlung zu verlassen und seine eigene Haushaltung anzufangen. Biever hatte nichts dagegen einzuwenden; doch äußert er sich: «Nur hätte ich gewünscht, derselbe sei «wenigstens in dem hölzernen Hause geblieben, bis der Gärtner etwas «eingeweiht wäre.» Wie Biever einerseits auch von Hause entfernt, stets nur an's Gedeihen der Kolonie dachte, andrerseits aber auch in Weynandt sein vollstes Vertrauen setzte, ersehen wir aus dem Schlußpassus dieses Briefes.

Biever wurde die Zeit doch zu lang in Madaba; schon über sechs Monate war er von Hause fort; er entschloß sich daher endlich, die Rückreise anzutreten, konnte aber, wie wir gehört haben, an der Jordanbrücke, der Quarantaine wegen, doch nicht nach Tabgha gelangen; daher denn das Schreiben an Weynandt, von welchem im vorigen Kapitel Rede ging. Es ist wirklich interessant zu vernehmen, was alles Biever in diesem Briefe begehrte. Hier der Wortlaut desselben (Quarantaine bei der Brücke Madjamet, 26. Januar 1892): «Ich bin gestern «Abend hier angekommen. Bitte, sende mir *allsogleich* das Zelt des «Herrn Schumacher und ein Seil. Wir müssen unter freiem Himmel «schlafen. Zugleich sende mir folgende Sachen: 1) Einen Koch-«topf; 2) eine Bratpfanne; 3) Löffel, Gabel, Messer, Metallteller;

«4) eine Flasche Magenbitter: 5) zwölf Flaschen Wein; 6) meine «Winterhose; 7) meinen Wintermantel; 8) sechs Wolldecken; 9) zwei «Hemden, drei Paar Wollstrümpfe, einige Handtücher. Wie geht es «in Tabgha? Der Mucker wird selbst seine Schnüre mitbringen, um «das Zelt usw. zu binden. Also eilet euch! Ich bin ziemlich wohl.» Wie Weynandt in aller Eile diesen Auftrag ausgeführt, mit welchem Jubel er mit all diesen Kostbarkeiten empfangen wurde, und, wie dank eines versprochenen tüchtigen Backschisches Biever schneller, als er zu hoffen gewagt hatte, wieder in Tabgha eintreffen konnte, haben wir ja schon weiter oben gehört.

XXXIV. Die Jahre 1892 und 1893. — Heuschreckenplage. — Rückkehr Weynandt's nach der Heimat.

Im «Palästina-Blatt» von 1891[180]) wird P. Biever recht rühmlich erwähnt: «Unsere ländliche Ansiedlung Tabgha am See Genezareth «entwickelt sich in günstigster Art. Mit dem neuen Jahre ist Herr «Abbé Zephyrin Biever, ein geborener Luxemburger, dort eingezogen, «der bis dahin mehrere Jahre lang in Madaba, jenseits des Jordans, als «apostolischer Missionar gewirkt hat und der vielen deutschen Palästina-«Pilgern, welche das Jordan-Gebiet bereist haben, als kenntnisreicher «Forscher und liebenswürdiger Instructor bekannt geworden sein wird. «Die dort gewonnene Fertigkeit in dem Gebrauch der Landessprache, «sowie die gesammelten reichen Erfahrungen hinsichtlich der Zustände «des Landes wird er nunmehr zum Vorteile unserer Ansiedlung ver-«wertheu, deren Leiter und Seelsorger er geworden ist. Über den «ersten Eindruck, welchen die junge deutsche Kolonie auf ihn gemacht «hat, berichtet er, daß derselbe ein sehr günstiger gewesen sei. Das «urbar gemachte und mit Weizen und Gerste besäete Terrain verspreche «in Folge der gewissenhaften Bearbeitung[181]) einen reichen Ertrag. «Die vor zwei Jahren[182]) angepflanzten Reben seien zu einer außer-«gewöhnlichen Stärke gediehen; ebenso versprächen die vorjährigen «Rebensätzlinge verschiedener Sorten sehr kräftig zu werden. Auch «die verschiedenartigen Obstbäume gediehen sehr gut. Gemüse gäbe es «jetzt schon in Hülle und Fülle. Die Holzgebäulichkeiten[183]) hätten «durch den sündfluthartigen Regen der letzten Wochen stark gelitten, «der steinerne Neubau[184]) aber sei schon zum größten Theile fertig «gestellt und werde wohl zu Ostern bewohnbar sein.[185]) Das erworbene «Terrain sei eigentlich nicht genügend groß zur Kolonisation für eine «größere Anzahl von Familien. Es müßte, wenn irgend möglich, noch

[180]) Zitiert nach dem «Luxemburger Wort», 1891, Nr. 108 und 109, weil mir das betreffende «Palästina-Blatt» nicht zu Gebote steht.

[181]) Durch die Herren Keller und Weynandt.

[182]) Von Herrn Keller.

[183]) Welche Herr Keller, wie bereits berichtet wurde, aufgeführt hatte und die bis zur Fertigstellung des Hospizes als Wohnräume benutzt werden mußten.

[184]) D. h. das Hospiz.

[185]) Wie schon erwähnt, wurde das fertiggestellte Hospiz Ende Mai 1891 bezogen.

«mehr Land am Nordufer des See's gekauft werden,[186]) und zwar recht «bald, da uns sonst wohl die Juden zuvorkommen würden, zumal «schon in einigen Monaten die Eisenbahnlinie Kaïfa—Damascus mit «einer Haltestelle bei Tabgha in Angriff genommen würde, was natür-«lich die Preise der Grundstücke in diesem Bezirk sehr in die Höhe «treiben würde. Herr Biever schließt seinen Bericht mit der Versiche-«rung, daß er mit den in Tabgha gefundenen Verhältnissen herzlich «zufrieden sei, und daß er sich mit wahrer Lust an die Arbeit begebe.»

(Forts. folgt.)

Logements militaires à Luxembourg pendant la période de 1794—1814. (Par Alphonse RUPPRECHT.)

(Suite.)

223. Le *Général Guerlonde* (sic)[73]) doit prendre avec lui deux officiers à son choix, en tems de paix la maison doit un quartier d'Etat Major selon la catégorie.

. . . .

1 écurie pour 4 chevaux.

224. *Veuve Altzinger* ne peut loger.

3 places.

225. L'héritière de Mr *Tertzweich*[74]), propriétaire, le médecin Suttor et l'avocat Pierre, détenteurs, 4 places, 2 pour 1 capitaine et 2 autres pour 4 prima plana, en tems de paix pour 1 Etat Major selon la catégorie.

20 places.

1 écurie pour 4 chevaux.

226. La veuve *de Neuf*[75]) quartier d'officier de 3 chambres, 1 avec cheminée au 2e étage sur le devant et les autres contigues pour 24 hommes, en tems de paix pour capitaine.

18 places.

---

[186]) Daß dies durch Biever's Vermittlung auch geschehen ist, wird dadurch bewiesen, daß die Kolonie heute nicht weniger als 216 Hektar begreift. (Siehe oben, Kapitel XXVI: Die Missionsstation Aïn Tabgha.)

[73]) Le Général du *Hamel de Querlonde*, inspecteur du génie sous le gouverneur feld-maréchal Bender, fit partie du conseil de guerre du 30 mai 1795 qui décida la capitulation de la place de Luxembourg (Cf. Lefort op. co p. 63; Engelhardt, op. co pp. 203 et 204; Knaff et Zelle op. co p. 248).

[74]) La famille *Terzweich* semble s'être éteinte à Luxembourg, au commencement du 19e siècle. Terzweich Anne-Catherine est décédée à Luxembourg, le 23 décembre 1779, T. Marie-Marguerite, le 10 août 1783, T. Jean-Guillaume, le 25 novembre 1789 et T. Jacques, le 6 décembre 1794. Dans le registre tenu à Luxembourg pour la documentation des certificats de vie prescrit par la loi du 22 floréal an 7 (11. 5. 1799) pour toucher les pensions et rentes viagères, se trouve sous la date du 4 messidor an 9 (23. 6. 1801) celui du citoyen Terzweich, «ministre sermenté,» né le 11 novembre 1741.

[75]) *Anne Duntz*, veuve *Denef*, épouse en secondes noces de *J.-B. Ferron*, chapelier.

1 écurie pour 8 chevaux.

227. Les *R. R. PP. Dominicains* propriétaires, Jacques Mersch, locataire de son poele 2 hommes, en tems ordinaire ne loge.

5 places.

228. Les *mêmes propriétaires*, Jean-Baptiste Muller, locataire dans son poele 2 hommes, en tems ordinaire ne loge.[76] — [77])

---

[76]) «Le 26 pluviôse an 5 (14 février 1797) 2 petites maisons, place du Marché-aux-Poissons, provenant des Dominicains, estimées 2780 livres chacune et une petite maison avec jardin près la porte du château, de même provenance, furent adjugées par les agents du gouvernement de la République, les 2 premières à Molitor, ex-dominicain moyennant 2600 livres chacune, c.-à.-d. au dessous de leur estimation; l'autre estimée également 2780 livres, pour 6025 livres à Bonaventure Luchau, ex-religieux de l'abbaye d'Orval» (Lefort op. c°, p. 283).

[77]) **Note générale.**

Les maisons N°s 223 à 228 de notre Registre nous semblent avoir été situées à l'emplacement qu'occupent aujourd'hui une partie du N° 2 de la rue Wiltheim, du côté de la rue St.-Michel et les N°s 1 et 3 de cette dernière; en tout cas les N°s 1 et 3 se composaient au moins de 3 maisons distinctes dont 2 furent acquises par Dominique Reuter à la fin du 18e ou au commencement du 19e siècle.

Dominique Reuter, notaire puis rentier, fils des époux Jean Reuter et Anne Van der Noot, originaires de Frisange, était arrivé à Luxembourg en 1767 et y avait contracté mariage avec Anne Reuter, fille des époux François Reuter, marchand et Marie-Thérèse Furmi, de Luxembourg. (Le frère d'Anne Reuter, Augustin Reuter, marchand, épousa Marie-Françoise Siebenaler, de la ville d'Arlon. Les 2 mariages furent célébrés le même jour (4 avril 1788) à l'église St. Nicolas à Luxembourg.)

Les époux Dominique Reuter et Anne Reuter marièrent une fille *(Anne-Catherine)* à Mr *Jacques Elter*, né à Luxembourg, le 25 février 1788, une autre *(Marie-Catherine)* à Mr *J.-Nic. Bourggraff*, professeur à l'Athénée de Luxembourg, né le 19 septembre 1787, décédé le 24 mars 1859 (Neyen, op. c°, T. 1, p. 96) et une troisième *(Catherine)* à Mr *Nicolas Berger*, né à Roodt (Betzdorf), le 12 nivôse an 8 (2 janvier 1800), fils des époux Nicolas Berger, maître de poste et propriétaire et Ange Weydert. Mr Berger, avocat et juge de paix dans le Grand-Duché, puis juge au tribunal de première instance d'Arlon, membre de la Chambre des Représentants et du Congrès national (1831), vice-président du tribunal de première instance d'Arlon (1832), commandeur de l'ordre de Léopold, est décédé à Arlon, le 7 avril 1883. . . . . .

Dominique Reuter expira à Luxembourg, le 25 août 1832 (l'année du choléra), âgé de 87 ans. Pour se débarasser d'un voisinage incommode, sa veuve acheta une maison contiguë aux siennes et dans laquelle était exploité un cabaret. Cette bâtisse, dont l'entrée se trouvait au coin, où on voit aujourd'hui une statue en pierre de la Sainte-Vierge, avait un seul étage et un toit à pente unique. Exhaussée d'un étage et réunie aux 2 autres maisons Reuter, *avec lesquelles elle ne formait plus dès lors que 2 maisons*, elle fut occupée pendant plusieurs années par les ménages Bourggraff et Berger (Reg. de population de la ville de Luxembourg et renseignements de famille).

En 1842 les 2 maisons furent vendues par les héritiers Reuter, l'une, le N° 3 actuel (maison Werling) à Mr le professeur *Yves-Hippolyte Barreau*, l'autre le N° 1 actuel (sœurs Franciscaines) à Mr *Jean-Joseph-Hubert-Antoine Gabriel de Marie*, industriel. Né à Francfort sur le Mein, le 20 février 1795, conseiller communal de la ville de Luxembourg en 1848, échevin en 1849 et bourgmestre de 1850—1854, Mr de Marie est décédé le 2 octobre 1868.

Le 10 mai 1846, les maisons furent acquises par MM. *Wagner et Schœmann*, commanditaires de la Banque *Henri Werling & Cie* et de la ganterie *Aug. Charles & Cie* de Bonnevoie. La maison N° 1 fut vendue en 1873 à Mr *Nicolas Hanno*, la maison N° 3, en 1885, à la *Banque Werling, Lambert & Cie*. Celle-ci avait été constituée par acte du 2 décembre 1882. Ses premiers directeurs furent MM. *Ernest-Henri-Marie-Frédéric Werling* et *Claude-Nicolas-Auguste Lambert*, hommes de qualités supérieures, à qui la Banque Werling, Lambert & Cie doit principalement de compter aujourd'hui au premier rang des établissements financiers du pays. Mr Werling, né à Luxembourg, le 15 mai 1851, décédé le 22 avril 1916, dessinateur de talent et membre correspondant de la section historique de l'Institut Grand-ducal, est l'auteur de notes, plans et reconstitutions très utiles pour l'histoire du vieux Luxembourg. Mr Lambert, né à Luxembourg, le 20 juin 1853, décédé le 24 mai 1905, membre du comité permanent de la Chambre de commerce, avait été nommé chevalier de l'ordre national de la Couronne de Chêne, en reconnaissance des services rendus par lui à la chose publique.

Le 11 juillet 1911 la maison N° 1 fut acquise sur la dame *Anne Hourt, veuve Hanno*, par *les Sœurs Franciscaines du Marché-aux-Poissons* et réunie à la maison N° 2 de la rue Wiltheim (v. note 72). Auparavant le rez-de-chaussée en avait été occupé pendant nombre d'années par un débit avec auberge tenu en dernier lieu par la dame veuve *Ley-Becker*. Des mangoires se trouvaient placées contre la maison du côté de la rue et des attelages nombreux y stationnaient les jours de marché et de fête. Un grand local à l'arrière-bâtiment servait longtemps de salle de réunion à diverses associations de la capitale.

Un escalier en pierre, très vieux en ses origines mais modernisé en 1911, conduit à l'entrée principale, de style baroque, formée de deux pilastres avec fronton décoré des armes de la famille *de Feller* lesquelles étaient: d'azur au chevron d'or accompagné de trois trèfles d'argent 2—1. Cimier du casque: chapeau de sable chargé d'une feuille de trèfle d'argent. Lambrequins d'argent et d'or. Une belle sculpture en bois de ces armes trouvée encadrée dans la boiserie du salon du premier étage et dont l'identification fut faite par Mr Emile Diderrich, de Mondorf-les-Bains, nous a permis de reconstituer l'ornement de la porte d'entrée devenu méconnaissable et d'établir ainsi la demeure à Luxembourg d'une des anciennes familles nobles du pays.

Dominique Feller, à qui nous attribuons la propriété de la maison, secrétaire-greffier au Grand Conseil de Brabant, capitaine et prévôt de la ville et prévôté d'Arlon, né à Septfontaines (Simmern), en 1696 comme fils des époux Michel Feller, official et Elisabeth Ferwan(?), décédé à Autelhaut, le 11 février 1769, avait été anobli pour services rendus, par Lettres-patentes de l'impératrice Marie-Thérèse en date du 28 janvier 1741. Il avait contracté mariage, le 30 octobre 1731, avec *Marie-Catherine Gerber*, fille des époux Jean-François Gerber, greffier du magistrat de la ville de Luxembourg, intendant des domaines de l'empereur et propriétaire d'un château à Autelhaut et Marie-Catherine Holbach. (Cette union avait été bénite à l'église paroissiale de Mamer, ainsi qu'il résulte d'une inscription en date du 30 octobre 1731 aux registres de la paroisse de St. Michel à Luxembourg.)

De ce mariage sont issus *Marie-Elise de Feller*, née à Luxembourg, le 19 janvier 1733, *François-Xavier de Feller*, né à Bruxelles, le 18 avril 1735 et *Antoine-Xavier de Feller*, né à Luxembourg, le 2 décembre 1736.

François-Xavier de Feller entré dans la compagnie de Jésus, a illustré son nom par un grand nombre de publications d'ordre théologique, historique, politique et scientifique. Il est mort à Ratisbonne, le 23 mai 1802;

Antoine-Xavier de Feller, secrétaire du Conseil, épousa à Luxembourg, le 23 février 1758, Marie-Joséphine Broucq, fille des époux Augustin Broucq, notaire et Jeanne Ransonnet: . . . . . .

Dominique de Feller avait convolé en secondes noces avec Marie-Claire-Charlotte d'Olimart qui lui donna les fils suivants.

Pierre-Ernest de Feller, décédé à Luxembourg, le 5 février 1776, à l'âge de 16 ans.

Jean-Antoine-Adolphe de Feller reçu avocat à Luxembourg, le 5 décembre 1791, plus tard commissaire de district à Arlon, décédé à Autelhaut, le 16 avril 1837, âgé de 73 ans. Celui-ci avait épousé à Luxembourg, le 12 octobre 1793, Georgette-Charlotte-Théodore comtesse d'*Aymery*, de la paroisse Royale de Saint-Louis à Versailles, décédée à Autelhaut, le 17 décembre 1832, dans sa 77e année. (Dans une inscription tombale à l'église de Weiler [Arlon] le nom est ortographié *Amey.)*

Un 3e fils et le dernier membre de la famille, *Michel-Nicolas de Feller*, est décédé à Autelhaut, le 23 mai 1850, âgé de 81 ans et a été enseveli à l'église de Weiler.

(Sources: Neyen, op. co, T. I, p. 192; Emile Tandel, Les communes luxembourgeoises, T. II, p. 185; Ruppert, Archives du Gouvernement; Aug. Brück, Les Bourses d'Etudes 1882—1907, p. 11; Registres des anciennes paroisses de la ville de Luxembourg; Renseignements fournis par Mr Emile Diderrich, de Mondorf-les-Bains.)

La maison No 3, dans laquelle sont installés depuis 1882 les bureaux de la Banque Werling, Lambert & Cie, avait aux 17e et 18e siècles servi temporairement de refuge aux *Sœurs hospitalières de Grund* (Ulveling, Renseignements sur les anciens refuges religieux de Luxembourg, Publ. 1869—1870, p. 270 et Engelhardt, op. co, p. 345). Elle avait été léguée à ces religieuses par testaments de *Marie Zorn* en date des 22 août 1672 et 21 juin 1678 dont le dernier contient cette disposition qui témoigne pour les relations de bon voisinage des habitants d'alors de nos vieux quartiers: «Je donne à mon cher voisinage 6 écus et me recommande dans leurs (sic) prières.»

Marie Zorn, née à Luxembourg comme fille de Jean Zorn, avocat au Conseil provincial et de Louise de Marche, possédait une fortune assez considérable dont elle employa la majeure partie en faveur de l'hospice civil de sa ville natale. Aussi ses noms brillent-ils en tête du livre d'or et du tableau commémoratif institués par le conseil communal de Luxembourg le 18 octobre 1890, pour perpétuer le souvenir des personnes qui se sont distinguées par leurs vertus civiques. Les soins et secours à prêter aux malades et infirmes, à domicile et dans des établissements appropriés paraissent avoir été la préoccupation de sa vie. Pour y apporter à Luxembourg une organisation efficace, elle fit venir d'Aix-la-Chapelle, en 1671, des sœurs hospitalières de Sainte-Elisabeth et leur abandonna sa maison du Marché-aux-Poissons. L'année suivante, son offre de charger ses protégés également du service intérieur de l'hospice Saint-Jean de Grund, fut agréée par les pouvoirs publics et, le 25 juillet 1672, la congrégation s'installa en cet établissement où de nos jours encore elle remplit sa sainte tâche pour le plus grand bien de nos populations. L'hospice St. Jean, fondé en 1309 par l'empereur Henri VII, comte de Luxembourg, a été transféré en 1843 dans l'ancien couvent des Urbanistes à Pfaffenthal qui constitue en même temps depuis lors la maison-mère des sœurs hospitalières de Sainte-Elisabeth de Luxembourg. Celles-ci, en dehors de l'hospice civil, desservent dans la ville de Luxembourg l'hospice central et l'orphelinat de l'Etat du Rham, la fondation Jean-Pierre Pescatore, le Convict épiscopal, la clinique de la rue de l'Arsenal et la Maison des œuvres de la rue Notre Dame (Protection de la jeune fille, Charité maternelle, Cercle de lecture etc.). Par la loi du 3 avril 1893 la communauté des sœurs de Ste-Elisabeth fut autorisée à se constituer en corporation religieuse jouissant des droits civils; par la même loi les actes faits en son nom à partir du 7 mars 1820 furent validés; ses statuts furent approuvés par la loi du 4 mai 1893 (Mém. 1893 pp. 213 et 214).

Marie Zorn qui n'avait pas contracté d'alliance matrimoniale, est décédée à Luxembourg, le 6 novembre 1691 et a été inhumée, suivant ses désirs, dans la tombe de sa famille à l'église Saint-Michel à Luxembourg.

La prison des femmes est aujourd'hui installée dans les bâtiments de l'ancien hospice St.-Jean à Grund. Une inscription au-dessus de la porte d'entrée principale rappelle la fondation de l'hospice par Henri VII et les bienfaits de Marie Zorn. Cette inscription accuse pourtant 2 erreurs: Au lieu de 25 octobre 1309, comme date de la fondation et de 16e siècle, comme époque de l'institution des sœurs de Sainte-Elisabeth, il faut y lire: 25 *août* 1309 resp. *17e* siècle. (Cf. Neyen, op. co, T, II, pp. 273 et ss.; Archives de l'hospice civil de Luxembourg.)

En 1888, la maison de la Banque Werling, Lambert & Cie fut agrandie vers l'est par l'adjonction d'une construction en briques rouges flanquée d'une tour et d'une tourelle et ornée d'une corniche en fayence.

En arrivant du faubourg de Clausen par le pont du Château, on pénètre dans les quartiers du centre entre cette construction et le presbytère de Saint-Michel. De formes élancées et de couleurs claires, ces 2 bâtisses jettent dans le site une note gaie et fraîche contrastant agréablement avec l'aspect sévère des ouvrages de fortification massifs et noircis par une patine séculaire qui du côté des villes-basses de Grund et de Pfaffenthal donnent accès à la ville haute.

(A suivre.)

Das Eligiusamt zu Luxemburg.

(Fortsetzung.)

Unsere Handwerkerorganisationen hatten in ihren Anfängen den Charakter von privaten Vereinigungen auf wirtschaftlicher Grundlage. Ihre Ziele und Betätigungsarten mußten sich streng in den von den Grafen resp. Herzögen gesteckten und gebilligten Grenzen bewegen; denn deren Mitglieder saßen als Leibeigene auf dem Boden, welcher der fürstlichen Herrschaft zu eigen gehörte.

Eine wesentliche Wendung zum Bessern brachte der Freiheitsbrief, den die Gräfin Ermesinde im August des Jahres 1244 den Bürgern von Luxemburg gab. Als eine der wichtigsten Gegenleistungen bezeichnete die Gräfin die Bewaffnungs- und Wehrpflicht der Bürger. Dort heißt es[1]): «Nach einer voraufgeschickten Aufforderung von acht Tagen, müssen die Luxemburger Bürger an jedem Kriegszuge des Herrn oder der Herrin von Luxemburg teilnehmen und während der ersten acht Tage von dem Ihrigen sich nähren. . . . Jeder Bürger, welcher ein Pferd und eine eiserne Waffenrüstung haben kann, wird eine solche nach Möglichkeit haben; über welche Möglichkeit Richter und Schöffen zu befinden haben. Wer Pferd und eiserne Waffenrüstung nicht haben kann, gemäß dem Entscheide von Richter und Schöffen, soll Wams, Lanze und eiserne Sturmhaube haben. Wer Pferd und eiserne Waffenrüstung haben soll, selbe an dem ihm bestimmten Tage aber nicht hat, zahlt als Buße 10 Stüber, und 5 Stüber zahlt der Fußgänger, welcher an dem ihm ebenfalls bestimmten Tage die vorgeschriebene Waffenrüstung nicht hat; nichts destoweniger müssen sie in den nächsten vierzehn Tagen, gemäß der gemeldeten Weise, Pferde und Waffenrüstungen haben, und falls sie das unterlassen, soll, nach Verlauf der vierzehn Tage, der Reiter 10 Stüber und der Fußgänger 5 Stüber als Buße zahlen, welche Buße von vierzehn Tagen zu vierzehn Tagen zu vervielfältigen ist, so lange sie es unterlassen, Pferde und Waffenrüstung sich zu verschaffen.»

Diese Verfügung hatte für die Zunft der Schmiede und Schlosser eine große Bedeutung. Daraus erwuchs ihr von selbst die doppelte Aufgabe, einerseits durch Herstellung von widerstandsfähigen, bequemen und schmucken Waffenrüstungen die Verfügung der fürstlichen Herrschaft auszuführen, anderseits bei der allgemeinen Bewaffnungs-

---

[1]) S. Hémecht. Jahrg. 1900. Nr. 12. S. 583 ff.

pflicht das Ansehen der Zunft und ihrer Mitglieder durch Besitz und Tragen von mustergültigen Rüstungen hochzuhalten. Diese Auffassung gelangt in den Paragraphen 9 und 10 der Statuten zum Ausdruck. Sie verlangen von jedem Bruder des Schmiedeamts, daß er seinen eigenen Harnisch, seinen Krebs, seine Sturmhaube, seinen Kragen und seine Waffenhandschuhe besitze und stets in gutem Zustande erhalte. Für die Ausführung dieser Bestimmung hat der Amtsmeister zu sorgen. Er soll dieszwecks jedes Vierteljahr eine Besichtigung der Ausrüstung vornehmen.

Die Übernahme und Durchführung dieser neuen und wichtigen Aufgaben brachten die Schmiedezunft der Staatsbehörde näher, und übten zugleich auf die Zunft und deren Ordnung einen tiefen, umgestaltenden Einfluß aus. Die bisan privattätige Vereinigung erhielt allmählich öffentlichen und politischen Charakter. Es tat darum not, daß die Statuten den neuen Verhältnissen angepaßt und als beiderseitig die Mitglieder und die Behörden verpflichtendes Normativ festgelegt würden. Seit Gewährung des Freiheitsbriefes verfließen nicht zwei volle Dezennien reger und praktischer Versuchs- und Verbesserungsarbeit, da ist das Hauptwerk erprobt und fertig, da können die Schmiede in kräftigen Schriftzügen das Jahr 1263 als Datum der definitiven Gründung ihrer Zunft in ihre Akten eintragen[1]. Durch die Proklamation der definitiven Gründung war zugleich dokumentiert, daß die bisan ausgearbeitete und festgestellte Ordnung als «stete, unverbrüchlich und unantastbar» zu gelten habe. Von nun an werden die nachfolgenden Amtsverfügungen sowie die behördlichen Entscheidungen und Bestätigungen zwar in die Akten der Zunft eingetragen; aber sie finden keine Aufnahme mehr in die einmal festgefügte Ordnung. Diese gilt jahrhundertelang als unveränderliches Grundgesetz.

Zu den freudigsten Daten in der Geschichte der Schmiedezunft zählte das Jahr 1346, wo Johann der Blinde die Amtsordnung bestätigte[2]). Die landesherrliche Bestätigung verlieh der Ordnung gesetzlich bindende Kraft für die Mitglieder, und gewährte der Zunft als Körperschaft eine öffentlich rechtliche Stellung im Gemeinwesen. Wer die Bußen nicht bezahlte, wurde gepfändet. Wer das Pfand beschnitt, verfiel wieder einer besonderen Strafe. Bezahlte einer Buße und Pfandstrafe nicht, so nahm der Stadtrichter die Ahndung der Vergehen

---

[1]) Die Ordnung ist überschrieben: *Im Jahr vnsers Herrn dusent undt tzween hondert drey vndt setzich nach uswyssongh unser alder schrifft und reglement ist gestift und ahngefangen worden daß Schmide ampt alhy binnent Lutzenburgh.*

Für die Richtigkeit dieses Datums sprechen folgende Wahrscheinlichkeitsgründe:

1. Die genaue Anpassung der gleich nachfolgenden Statuten an die Forderungen des Freiheitsbriefs berechtigt zur Annahme, daß das Datum der Gründung (1263) nicht weit vom Datum der Freiheitsurkunde (1244) entfernt liegt.

2. Der Bestätigung der Statuten durch Johann d. Blinden, die i. J. 1346 erfolgte, mußte gewohnheitsgemäß eine Probezeit von mehreren Dezennien, während welcher die Zunft ihre Daseinsberechtigung und Leistungsfähigkeit darzutun hatte, vorausgehen.

[2]) Arendt. Die ehemaligen Handwerksbruderschaften.

gegen die Zunftordnung vor und ließ das Urteil durch die Stadtboten vollziehen.

Das wichtigste Vorrecht des Schmiedeamts zu Luxemburg war sonder Zweifel das Marktbesichtigungsrecht. Es gab dem Schmiedeamt die Befugnis auf den Märkten der Hauptstadt und des platten Landes: 1. das Verbot des Feilhaltens und Verkaufens von eingeführten Eisen- und Kupfergegenständen auszuführen; 2. eine Besichtigung der von den ortsansässigen Schmieden und Schlossern angefertigten Gegenstände auf ihre Echtheit und Brauchbarkeit vorzunehmen; 3. die in der Fehle Angetroffenen mit einer Geldbuße oder Zerstörung der untauglich gefundenen Gegenstände zu strafen. Dieses Privileg gehörte seit undenklichen Zeiten zum unbestrittenen Gewohnheitsrecht des Amtes und wurde, als dessen Verbindlichkeit gegen Mitte des 14. Jahrhunderts angezweifelt wurde, von Herzog Wenzeslaus I. durch Dekret vom 2. Mai des Jahres 1377 bestätigt und festgelegt. Nachstehend der Wortlaut des Dekretes, das der Notar J. Strabius in den Schriften der Zunft gefunden und in das i. J. 1686 neu angelegte Amtsbuch eingetragen hat. Er steht für die Authentizität der Urkunde selbst ein und beglaubigt die Übereinstimmung der Kopie mit dem Original nach Inhalt und Sprache mit seiner Namensunterschrift[1]).

Wenceslaus von Boheim von Gottes gnaden Hertzogh von Lutzemburgh von Lutzemburgh von Lothr von Brabant van Limburgh Mareque des Heiligen Rychsz, duen kundt allen luden want unsz vnse	Wenzeslaus[2]) von Böhmen, von Gottes Gnade Herzog von Luxemburg (von Luxemburg[3]), von Lothringen,[4]) von Brabant,[5]) von Limburg, Markgraf des heiligen Reichs,[6]) tun allen Leuten kund,

[1]) In den Archiven des historischen Instituts befindet sich eine andere Abschrift der Wenzelschen Urkunde (Manuskript Nr. 226). Sie gehört der von Notar Hermann angelegten Sammlung der Zunftstatuten an und ist eine Kopie einer im Jahre 1711 durch Notar Pierret angefertigten Abschrift. Diese stützt sich auf eine Abschrift des Notars Bassompiert, letztere wiederum auf die von Wolkringe verfaßte Originalkopie. Die genannte Hermannsche Schrift weist folgende Mängel auf: 1. Es fehlen einzelne Wörter z. B. Droßarten; 2. verschiedene Wörter sind unrichtig abgeschrieben, z. B. „gelöst", statt „geloift" = gelobt u. s. w. 3. Andere Wörter sind undeutlich geschrieben oder bei Anwendung einer spätern Sprache unrichtig wiedergegeben.

Es schien uns darum angezeigt, die Kopie der Urkunde zu veröffentlichen, welche Strabius ohne Benutzung der Arbeiten von Zwischenkopisten nach der ihm vorliegenden Kopie des Stadtschreibers Wolkringe gemacht hat.

Eine andere Abschrift, welche die Wenzelsche Urkunde mit dem 5. Mai 1377 datiert, ist zu finden in den Archiven des Provinzialrats zu Luxemburg, Bündel 1615—16.

[2]) Als Johann der Blinde i. Jahre 1346 gestorben war, ergriff gemäß dem Wunsch des Verstorbenen dessen Sohn Karl, König von Böhmen, die Zügel der Regierung. Erst sechs Jahre später trat er seinem jüngern Bruder Wenzel die Grafschaft Luxemburg ab, die er i. J. 1354 zu einem Herzogtum erhob.

[3]) Diese Wiederholung ist bei Hermann ausgeblieben.

[4]) Den Titel Reichsvikar für Lothringen und die Niederlande hatte Karl IV. seinem Bruder Wenzel ebenfalls verliehen (Engelhardt; Schœtter).

[5]) Wenzel hatte sich verheiratet mit Johanna, der Tochter Johanns III., Herzog von Brabant und Limburg. Durch Verfügung seines Schwiegervaters erhielt nach dessen Tode Wenzel die beiden Herzogtümer, deren Besitz er aber wegen der darob mit seinem Schwager entstandenen Streitigkeiten nicht froh werden konnte.

[6]) Diesen Titel hatte Wenzel bereits i. J. 1354 von seinem kaiserlichen Bruder Karl IV. erhalten. Bem. In der Abschrift von Hermann liest man „Markgraf".

lieue getreuwe burger von dem Kesselen vnd duppen ambachti van Lutzemburgh zuebracht haint vndt waill vnderwysz dat sie van alders vnd von also langer Zytt dasz niemand nu lebbende en weysz von hunnen selue noch vom horen seghen dat is niet gewest en sy solche Vriheit vnd macht gehat han In allen merten in vnserem Hertzoghtumb vain Lutzemburgh alle ungeue Keuffmeschaft die sie vonden hant op unsen ègen merten hür ambachte ahngaende ahntasten vnd ahngriffen mochten mitt den gericht die merte hudende vnd vain al solcher ungeue kauffmeschaft eine bousz vain vonf ponden aldre tournois die man nennet cleine schwartze tournois plagen zue heuen die vns gerichte den marte hudende da diese ègen busze veruallen wasz half heuen solde vour vnsz vnd In vnser vrbaer vnd ander halbscheitt wasz Zuehorende den ègen vnse burgeren von dem ambachte vourschreuen. So willen Wir ahngesehn der Kongl privilegien nutz vnse vndt vnsz landts vain Lutzemburgh gedeynligh vnd auch dasz gude geue vnd oprechte kauffmeschaft vain dem ahmbachte vorges In vnserem landt vorges verkaufft werde vnd verandert, die vourgl vnsere burger vain den duppen vnd kesselerahmbachte bey. alsolcher Vryheith alsz vorgeschrie-

was uns unsere lieben, getreuen Bürger von dem Kesseler- und Dippengießeramt von Luxemburg unterbreitet haben. Und da wir wissen, daß sie von alters- und so langer Zeit her, daß niemand, der jetzt lebt es weder von ihnen selbst noch vom Hörensagen weiß, daß es nicht gewesen sei, — solche Freiheit und Macht gehabt haben, auf allen Märkten[1]) in unserm Herzogtum von Luxemburg alle schlechten Verkaufsgegenstände, die sie gefunden haben auf unsern ebengenannten Märkten und die ihr Amt betreffen, antasten und angreifen zu dürfen mit dem Gericht, das die Märkte hütet und von allen solchen schlechten Verkaufsgegenständen eine Buße von fünf Pfund alter Tournosen[2]) welche man nennt kleine schwarze Tournosen, zu erheben pflegen — die unser Gericht, das den Markt hütet, wenn diese ebengemeldete Buße verfallen ist, halb erheben soll für uns und zu unserm Vorteil, die andere Halbscheit soll den ebengenannten Bürgern von dem vorgeschriebenen Amt zugehören.

So wollen Wir, angesehen die Königlichen Privilegien, zu unserm Nutzen und zum Vorteil des Landes von Luxemburg und auch damit gute gangbare und aufrichtige Verkaufsgegenstände von dem vorgeschriebenen Amt in unserm vor-

---

[1]) Die Zahl der Märkte war im Herzogtum Luxemburg verhältnismäßig gering. Zur Zeit unsers ersten Geschichtsschreibers Bertels, also anfangs des 17. Jahrhunderts, hatte das Land bloß 33 Jahrmärkte. Die Hauptstadt hatte mit Einschluß der Schobermesse nur 8 Jahrmärkte. — Es scheint, daß der Handelsgeist von jeher den Luxemburgern abging. Befinden sich doch gegenwärtig die größten und bekanntesten Kaufläden in den Händen von Ausländern. Um den Handel in Luxemburg zu heben, hatte bereits Ludwig XIV. einen Aufruf an die ausländischen Handwerker und Manufakturisten erlassen und ihnen versprochen, falls sie sich zu Luxemburg ansiedelten, sollten sie 1. unentgeltlich Bauplätze im Grund und Pfaffenthal angewiesen erhalten; 2. zehn Jahre lang von jeder Einquartierung und jeder Auflage befreit sein. Er versprach sogar, zur Förderung des Verkehrs eine Brücke über das Petrustal schlagen zu lassen.

[2]) Man rechnete damals zumeist mit Pfund, livres. Das Pfund ward bald nachher durch den Gulden verdrängt. — Es gab luxemburgische, trierer, toursayer (Tournose) Pfunde.

euen ist, vasz stede und unverbruchligh mit desem briff behalden vnd bestedigen.

geschriebenen Land verkauft und verändert werden, unsere vorgemeldeten Bürger von dem Dippen- und Kesseleramt bei all solcher Freiheit, wie vorgeschrieben ist, für immer und unverbrüchlich mit diesen Brief behalten u. bestätigen.

Voirt willen Wir ouch dat sy der sachen voirs mitt huen ayden gentzlich geloift syn, gebieden darumben allen Veseren amptluden, Leutenanten, drossarten, Probsten, Richteren meyeren vnd allen vnseresHertzoghtumbs von Lutzemburgh voirs die nue sindt vndt naemalsz da syn mugen dasz samendt undt Jegliger vain hun besonder den egen vnsz burger von duppen vnd kesselen ahmbachte geraden gehulfligh vnd bystendigh seyen die égh vrieheith Zue behalden, welcher Zytt seysz vain vnse égen burgeren verseydt[1]) wordent, sonder dasz ander gebott vain vns zo verbeden vndt dasz niet en lassen[2]) alsz lief sie vnsz hulde haben zo behalden In urkundt welcher sachen Wir haen unser siegell ahn diesen brieff doen hencken.

Ferner wollen Wir auch, daß sie die vorgemeldeten Sachen mit ihren Eiden gänzlich geloben. Darum gebieten Wir allen unsern Amtsleuten, Leutnanten, Drossarten, Pröbsten, Richtern, Meiern und allen (vorgenannten dazu Beauftragten) von unserm Herzogtum von Luxemburg, die jetzt sind und und nachmals da sein mögen, daß alle und jeder von ihnen einzeln unsern ebengenannten Bürgern vom Dippen- und Kesseleramt sofort behilflich und beiständig seien, die ebengemeldete Freiheit zu behalten, zu welcher Zeit auch sie von unsern ebengenannten Bürgern verlangt werden, ohne eine andere Anordnung unserseits (zu benötigen, es) zu verbieten und nicht zuzulassen, wofern es ihnen lieb ist, unsere Huld zu behalten. Zur Beurkundung dieser Sachen haben wir unser Siegel an diesen Brief hängen lassen.

Geben zo Lutzemburgh den zweitten daiges Meyes Im Jahr unsers herrns XIII[c] sieben undt siebentzigh.

Gegeben zu Luxemburg, den 2. Tag des Mai im Jahr unsers Herrn dreizehnhundert sieben und siebenzig.

Pro copia seinem rechten original gleichlautendt darahn ein pergaments Pressul[3]) ist vndt noch eynige stucke wachs zum Zeichnisz dasz gl brieff versieglet gewesen zue finden vndt in den authenticierten copeyen so der stattschreiber Wolkringe gemacht vndt substitut Greffier Strenge findet sich

Für gleichlautende Abschrift von seinem richtigen Original, an dem ein Pergamentband ist und noch einige Stücke Wachs zum Beweis, daß gemeldeter Brief versiegelt zu finden war — und in den beglaubigten Abschriften, welche der Stadtschreiber Wolkringe angefertigt hat und der Kanzleisubstitut

[1]) Verseynd (Abschrift Hermann).

[2]) Entlassen (Hermann).

[3]) Unter dem Ausdruck „Pressul" versteht man ein Pergamentband, das bestimmt ist, das Siegel aufzunehmen.

dasz sie noch etzliche stuck siegell ahn gl pressul gesehen den 8 Juny 1686.	Strenge findet sich, daß sie noch einige Stücke Siegel an dem gemeldeten Bande gesehen den 8. Juni 1686.
J Strabius nots	J. Strabius, Notar.

Zur ersprießlichen Tätigkeit der Schmiedezunft, zu deren hoffnungsfreudigen Weiterentwickelung sind nun alle Vorbedingungen erfüllt: Die Amtsordnung hat ihre Probe bestanden und ist festgelegt, Zunft und Statuten sind von den Fürsten anerkannt und bestätigt, die christliche Einheit und das starke religiöse Bewußtsein der Bevölkerung bewahrt vor Entzweiung und Entkräftung, der traditionelle Ernst, welcher den schwer arbeitenden Gewerben eignet, ist eine solide Gewähr für dauerndes, treues Festhalten an der überlieferten Ordnung. Die Zunft kann darum mit vollem Vertrauen auf eigene Kraft und vielseitiges Wohlwollen in die folgenden Jahrhunderte hineinziehen. Ihre Aufgaben sind zahlreich und bedeutungsvoll. Je vollkommener sie dieselben erfaßt und erfüllt, desto größere Vorteile wird sie den eigenen Mitgliedern, deren Familien und den Mitbürgern bringen.

(Forts. folgt.)

Alt-Echternach.

II.

Ein Vorkommen, das vielfach beobachtet wird, tritt auch in Echternach ein: die Burg gebiert den Burgflecken, das Kloster erzeugt die Abteistadt.

Schon früh setzte die Anziehungskraft der schützenden Klostermauern ein; wir wissen durch Bertels, daß die Einwohner von Badelingen in den Abteiring verzogen, wenn nicht, was wahrscheinlicher ist, eine Art Eingemeindung vorliegt. Handwerker siedelten sich an, Fischer bezogen den Staden, und von den nahen Dörfern und Höfen flüchtete wohl mancher Bauer in den Schutz der mächtigen Klosterherren. So entstand nach und nach eine Kleinstadt, wo der Bauer neben dem Krämer, der Handwerker neben dem Knechte wohnte. Das Urweichbild dieses Städtchens ist uns nicht bekannt; vielleicht besitzen wir jedoch ein Mittel, es annähernd zu bestimmen. Es ist wahrscheinlich — jedenfalls spricht das kanonische Recht für diese Annahme — daß das klösterliche Asylrecht sich auf das Gesamtgebiet der ursprünglichen Siedelung bezog. Nun wissen wir, daß die Grenzen der Asylstätte im spätern, also ausgedehntern Echternach durch Köpfe bezeichnet waren, die an den Straßenecken und sogar im Innern verschiedener Häuser angebracht waren. Diese Steinköpfe, von denen manche sich erhalten haben, bezeichnen also den Umkreis der ersten städtischen Besiedlung.

Im Jahre 1236 erteilte Ermesinde dem Städtchen den «Freiheitsbrief», den ersten unsres Landes. Neben Bestimmungen aus dem Gebiet kommunaler Freiheit und Selbstregierung, enthält die Urkunde die genaue Regelung der den Bürgern obliegenden Leistungen.

Das Problem der sogenannten Befreiungen wirft nun zwei wichtige

Fragen auf. Zunächst möchte man erfahren, warum die Grundherren die Hörigen befreit haben; sodann ist der eigentliche Wesensinhalt des «Freibriefes» festzulegen.

Die Geschichte lehrt nun unmißverständlich, daß die besitzenden Klassen ihre Macht nie gutwillig aufgegeben haben; und doch glaubte man lange, daß die Befreiungen ihren Ursprung der menschenfreundlichen Gesinnung der Grundherrn zu verdanken hätten. Mit dieser Irrmeinung hat die neuere wirtschaftliche Forschung endgültig aufgeräumt: die Befreiungen sind keine Schenkakte, sie stellen den Endpunkt eines langjährigen wirtschaftlichen Prozesses dar.[1])

Ursprünglich entsprachen die Abgaben der Grundholden dem Pachtschilling des bewirtschafteten Gutes, also dem Jahresertrage der Grundrente. Vom X. bis zum XII. Jahrhundert war aber die Bodenrente gewaltig gestiegen; nicht aber die Zinse, deren alte Niedrigkeit energisch verteidigt wurde. Die Folge ist einleuchtend: die Grundherren waren nicht mehr im Vollbesitz der Bodenrente, die Hörigen dagegen im Genuß reicher Einnahmen. Das Streben der Grundherren ging nun naturgemäß dahin; die volle Grundrente wieder zu erlangen; anderseits schätzte der reichgewordene Grundholde die Freiheit hoch genug, um gegen Ablösung der Hörigkeit eine höhere Rente zu zahlen. Diese Neuregelung der alten Verhältnisse wird durch den «Freiheitsbrief» vollzogen. Gerade in dieser Hinsicht gewährt die Echternacher Urkunde einen wichtigen Anhaltspunkt. Der einschlägige Passus lautet nämlich in freier Übersetzung wie folgt[2]): «Die Echternacher Bürger haben mit uns vereinbart, uns künftighin statt der 3 Obolen, die sie bis jetzt zahlten, 12 Denare (oder 24 Obolen) jährlich abzugeben.» Allein dieses Gefälle ist also um das achtfache erhöht, jedenfalls keine geringe Majoration.

Den eigentlichen Schwerpunkt des Problems, der also finanzieller Natur ist, verrät auch der Widerspruch des Abtes (Kapp: op. cit. p. 15), der sich in seinen Rechten geschmälert sieht. Eine Einigung kommt zustande: die Abtei erhält die Hälfte der Kaufgefälle, und die Freiheit Echternachs wird widerrufbar erklärt. Der Einspruch des Abtes kennzeichnet auch den prinzipiellen Standpunkt der Kirche den Befreiungen gegenüber, wenn Kirchengut in Frage stand. Nach den Bestimmungen des kanonischen Rechts ist Kirchengut unveräußerlich. Die Freilassung der Grundholden bedingt eine Minderung des Bodenwertes und verstößt folglich gegen den Grundsatz der Unveräußerlichkeit.

---

[1]) Es ist ein Hauptverdienst K. Lamprechts, die wirtschaftliche Seite des Problems erfaßt und aufgedeckt zu haben. Seine grundlegenden Darstellungen sind heute Gemeingut der Wissenschaft.

[2]) Hier ist Prof. Dr. Kapp (sp. cit. p. 12) ein kleiner, aber folgenschwerer Irrtum unterlaufen, der auf der unrichtigen Setzung eines Beistriches beruht. Statt der richtigen Schreibart: „ . . . eiusdem ponderis juxta quod marca valeat XXVI. solidos *et octo denarios*, pro illis tribus obolis quos antea dare consueverant“, liest Prof. Kapp: eiusdem ponderis juxta quod marca valeat XXVI. solidos, *et octo denarios*, pro illis etc.“ Unsre Leseart wird bestätigt durch den Freiheitsbrief Luxemburgs (cf. *Würth et van Werveke:* Cartulaire de la ville de Luxembourg, p. 4). — Folgerichtig konstruiert Professor Kapp (op. cit., p. 18, Absatz 2), eine zweite Abgabe, die freilich in Wirklichkeit nie bestanden hät.

Der Protest der Abtei ist noch von einem andern Gesichtspunkte aus bemerkenswert. Für unsre Verhältnisse beweist er bündig die Unhaltbarkeit jener Auffassung, die den Ursprung der Freiheitsbriefe durch Bürgeraufstände bedingt glaubt. Es ist klar, daß Ermesinde sich jeder Abänderung enthalten hätte, wenn der 1. Freiheitsbrief, der nur zwei Monate früher liegt, ihr durch Waffengewalt abgetrotzt worden wäre.

Aus dem Gesagten ergibt sich die Schlußfolgerung von selbst: der Freiheitsbrief ist ein regelrechter Verkaufsakt, zu dem die Grundherren durch den allgewaltigen Druck der wirtschaftlichen Lage gezwungen wurden. Dieser Ursprung erklärt die Tatsache, die schon vielen Forschern aufgefallen ist: während in den westlichen Nachbarländern die Befreiungen bereits gegen Ende des XII. Jahrhunderts einsetzen, kommt bei uns die Bewegung erst zu Beginn des XIII. Jahrhunderts in Fluß. Wirtschaftliche Verhältnisse wirken sich nämlich zuerst in den großen Zentren aus; in entlegenen, abgeschlossenen Gebieten — wie schließlich unsre Grafschaft damals war — machen sie sich erst nach und nach geltend, da hier die Beschränktheit der Dinge die Folgen jeglicher Veränderung erst allmählich ausreifen läßt. Dieses verspätete Aufkommen der Freiheitsbriefe in unsrer Grafschaft beweist ferner, daß man, wie schon gesagt, keiner revolutionären Bewegung gegenübersteht. Aufstände pflanzen sich schnell weiter, weil hier die Affekte eine wesentliche Rolle spielen. Wirtschaftliche Umwälzungen dagegen vollziehen sich langsam, wirken dann aber mit der ehernen Wucht eines Naturgesetzes.

Die zweite Frage — jene nach dem Wesensinhalt der Freiheitsbriefe — ist entschieden schwieriger. Hier wogt der Streit der Meinungen noch wirr durcheinander, vielleicht weil die Rechtsverhältnisse der Hörigen vor den Befreiungen nicht genügend geklärt sind.

Die einen finden die Hauptsache in der zugestandenen Gemeinde-Autonomie; sie vergessen leider, daß diese Selbstregierung wesentlich geschmälert erscheint, anderseits daß dieselbe schon früher bestand, was wir z. B. für Luxemburg und Echternach urkundlich belegen können. Andre erblicken in dem freien Weidgang, in der Ausübung der Jagd und der Fischerei die eigentlichen Merkmale der Befreiungsurkunden; und doch wissen wir bestimmt, daß viel ältere Quellen dieselben Rechte anstandslos bewilligen. Wiederum andre sehen das Wesen der neuen Freiheit in der Abschaffung der Frondienste; diese bestanden aber weiter, wie schon N. van Werveke an dem Beispiele Diedenhofens dargetan hat. Nach neuen Autoren besteht das Wesentliche der Freiheitsbriefe — soweit Verallgemeinerungen gestattet sind — nicht in der Besserung der Lage der frühern Unfreien, sondern vielmehr in der rechtlichen Beseitigung der Unfreiheit selbst. Wir haben schon gesehen, daß die Lage der Grundholden sich im XII. und XIII. Jahrhundert überaus günstig gestaltet hatte. Während die Einnahmen der Grundherren stetig sanken, erfreuten sich die Hörigen im allgemeinen einer behaglichen Vermögenslage, die ihnen naturgemäß zu vielfacher Aufbesserung ihrer persönlichen Stellung verhelfen mußte. Den Grundherren entging ferner nicht, daß die Ausnützung ihrer Güter besser durch Freie als durch Hörige besorgt wurde. Im Zusammenhang mit diesen Wandlungen vollzog sich die Emanzipation der hörigen Klassen. Den Ausgangspunkt der Bewegung dürfen wir wohl in den einzelnen Meiereibezirken suchen. Jeder Meierei entsprach eine grundholde Genossenschaft der Eingesessenen. Hier, im engen Kreise gleichgestellter Gesinnungsgenossen, brach sich das neue Recht langsam Bahn. Die Gerichtsgemeinde entsteht unter dem Vorsitz der Schöffen; das Erbrecht normiert sich allmählich in direkter Anlehnung an das Recht der Gemeinfreien; die Höhe der grundherrlichen Abgaben wird festgesetzt im Sinne materiellen Rechts, das nicht einseitig abgeändert werden kann. Die Stellung der Unfreien zum Grundherrn beschränkt sich demnach immer mehr auf bloße Arbeitsleistungen und Abgaben; die persönliche Abhängigkeit ist im Schwinden begriffen.

Die Belege für diese Behauptungen ergeben sich aus unsern Urkunden. Es steht z. B. mit Sicherheit fest, daß der Schöffenstuhl in Luxemburg und in Echternach vor den Freiheitsbriefen bestand. Die Echternacher Befreiungsurkunde besagt ferner ausdrücklich, daß die Gerechtsame der Bürger auf Weidgang, Jagd[1]) und Fischerei die althergebrachten bleiben sollten.

Die Unfreiheit bestand also nur mehr dem Worte nach, und auch mit diesem räumten die Freiheitsbriefe auf. Die Sachlage scheint uns demnach einfach und durchsichtig: der tatsächliche Zustand der Freiheit wurde durch die Befreiungsurkunde amtlich anerkannt und zu einem wirklichen Rechtszustand erhoben. Das ist der Hauptzweck der Freiheitsbriefe, der zu gleicher Zeit ihre große soziale Bedeutung ausmacht.

(Schluß folgt.)

Reise-Erinnerungen (von N. FUNCK.)

Dreizehnter Teil.

Nach Venezuela. Ankunft in La Guayra.

Am 20. Dezember befanden wir uns unter Segel für La Guayra und am 24. warfen wir in diesem Hafen Anker.

Der Anblick der Nordküste Südamerikas ist äußerst imposant. 4 bis 8000 Fuß hohe Berge gestalten dieselbe vom Cap Codera bis zur Puerto Cabillo zu einem furchtbaren Wall. Dichte Vegetation bedeckt deren Abhänge, die von Zeit zu Zeit durch Schluchten zerrissen sind, deren dunkle Tiefen das Auge kaum zu erspähen vermag.

Die Stadt La Guayra ist auf den abschüssigen Abhängen dieser Berge erbaut.

Der geringe Raum zwischen dem Meere und der Erhöhung erlaubte nur die Anlegung von zwei mit dem Ufer parallel laufenden Straßen. Die zweite dieser Straßen liegt so hoch über der ersten, daß die erste Etage dieser jener als Erdgeschoß dienen könnte. Die Häuser sind darum auch so übereinander gebaut, daß sie sich zu einer Höhe von 200 bis 250 Fuß erheben, was der Stadt ein barockes, aber sehr malerisches Aussehen verleiht. Millionen von

---

[1]) Dem Echternacher Bürger war bloß der Hase freigegeben, ein im Mittelalter nicht besonders angesehenes Wild. Die „hohe" Jagd blieb dem Grundherrn vorbehalten.

Kakteen, kerzengeraden und anderen, umsäumen die niedrigen Ufer sowie die Umgebung der Stadt, ja sie überwuchern sogar die Mauern und Dächer der Häuser. Inmitten dieser dornigen Kerzen erhebt sich hie und da der Stengel oder vielmehr der schlanke Schaft der Agave, die an ihrer Spitze eine Unmenge gelber, eine hohe Pyramide bildender Blumen trägt. Diese kakteenartige, dornige Vegetation verleiht der Landschaft einen eigenen Charakter, den man wohl anderswo nirgends findet, und um mich eines ziemlich poetischen Ausdrucks eines Einwohners des Landes (eines armen Schusters) zu bedienen, sage ich, der sterbende Christus habe seine Dornenkrone weit weggeworfen, so daß sie auf diesen Erdstrich fiel, wo sie Wurzel gefaßt hat.

Diese merkwürdige, dornige Vegetation verliert sich aber bald in einer gewissen Höhe, um prachtvollen Wäldern von Zedern, Palmen, Mahagonibäumen usw., Platz zu machen, auf welche, höher hinauf, die nette, anmutige subalpine Vegetation folgt, wo die Belaria (Alpenrose) ihre niedlichen Blüten inmitten von Gaultheria, Weinmannia, Podocarpus, Gaylussaccia und anderen hübschen Sträuchern entfaltet; dann folgen die Weihrauchbäume (Trixis nerifolia), welche die höchsten Gipfel zieren.

Der erste Anblick dieser riesenmäßigen Küste und dieser so kühn auf die gefährlichen Kämme erbauten Stadt ist von einer Bewunderung und Trauer hervorrufenden Wirkung. Es scheint, als wenn bei der geringsten Erschütterung diese über ihr hängenden fürchterlichen Massen sie eines Tages unter ihren Trümmern begraben müßten. Die Hitze ist daselbst erstickend (30° R im Mittel) und wenn die Brise fehlt, dann ist es nur mehr ein zur Glühhitze gesteigerter Ofen.

Der Hafen von La Guayra bildet eine offene, oft sogar gefährliche Rehde. Die vor Anker liegenden Schiffe werden von einem beständig hochgehenden Meere hin und hergeworfen.

Die Ladungen und Löschungen lassen sich nur mit großen Schwierigkeiten bewerkstelligen.

Ein hölzerner auf Pfähle gebauter Hafendamm dient zur Landung der Waren und der Reisenden. Hier versammeln sich auch die müßigen Pflastertreter der Stadt, um sich an dem oft sehr ergötzlichen Schauspiele dieser Ausschiffungen zu laben. Von Minute zu Minute ziehen starke Wellen unter Brausen vorbei an der Spitze des Dammes, wo sich der Löschplatz befindet. Die auf eine halbe Taulänge von der Treppe angelangten Fahrzeuge müssen vor dem Winde wenden und mit dem Hinterteil anfahren, um die Wagen mit dem Vorderteil zu empfangen; sobald man einer starken Welle entschlüpft ist, beeilt man sich zu landen. Dann benutzt man die momentane Ruhe, um an das Land zu springen. Sieht man eine neue Welle sich nähern, so muß man gleich, um ihr stand zu halten, in die See hinein, und so weiter. Auch sieht man nicht selten die Personen, welche die Landung verfehlen, ins Wasser fallen, während der Nachen dem Meere zusteuert; dann fehlen die Lachsalven der Müßiggänger des Dammes nicht. Übrigens kommt der Taucher mit der Angst und einem unvorhergesehenen Bade davon; denn immer sind Männer bereit, ihn wieder aufs Trockene zu bringen.

La Guayra ist der Haupthafen der Republick Venezuela und da alle Transporte ins Innere durch Esel oder Maulesel bewerkstelligt werden müssen, so gibt es Tage in der Woche an welchen die Straßen von diesen nützlichen Vierfüßlern dermaßen überfüllt sind, daß man sich oft gezwungen sieht, deren Rücken mit dem Pflaster zu vertauschen und fürwahr bei diesem Tausche verliert man nichts; denn die Pflaster aller Städte des Landes dienen eher dazu, die Zirkulation zu hemmen, als sie zu erleichtern.

Eine halbe Stunde westlich von der Stadt befindet sich ein freundlich gelegenes Dorf, namens Maiquetia, auf einem breiteren und luftigeren Baugrunde. Einige hundert Kokosnußbäume, unter dem Hauche der Brise, wiegen ihre biegsamen Stämme zwischen dem Meere und dem Dorfe.

Mehrere Kaufleute der Stadt haben dort ihre Wohnung eingerichtet, um etwas frische Luft zu genießen und freier atmen zu können.

Auf der anderen Seite, in einer Entfernung von einer Stunde gegen Osten hin, findet man das niedliche Dorf Macuto mit seinen malerischen Hütten, welche hie und da unter Palmen-, Bananen-, Orangen-, Zitronen- und einer Menge sonstiger Bäume zerstreut sind, die ausschließlich den warmen Ländern angehören. Dort entfaltet sich der tropikalische Luxus in aller seiner Kraft; hier sieht man den enormen Javillo (Hura crepitans) oder Sandbüchsenbaum der Antillen, welcher seinen buschigen Wald von Ästen kaum zu tragen vermag, deren ewiges Grün eine ganze Kompagnie von Soldaten beschatten kann, den anmutigen wilden Mandelbaum mit breitem Blattwerk, dessen Äste sich seitlich regelmäßig vom Stamme entfernen wie die Arme eines Kronleuchters, dann die riesenhaften Mimosen mit ihren kleinen, beweglichen Blättern, die sich bei den ersten Strahlen der Sonne entfalten und sich zusammenziehen, sobald das Gestirn anfängt zu verschwinden und die Dämmerung den letzten goldigen Schein ins Weltall sendet.

Dieser letzte Augenblick des schwindenden Tages ist in den warmen Klimaten überaus schön. Die Maler der italienischen Schule sind allein imstande, in ihren Landschaften diese Reflexe wiederzugeben, welche uns Nordländern in Feuer und Licht übertrieben scheinen.

Leider ist dieser Augenblick zu kurz; man weiß, daß unter den Tropen die Nacht in weniger als einer Viertelstunde auf den Tag folgt. Das erklärt sich daraus, daß die Sonne, statt langsam und quer, wie in den nördlichen Gegenden, hier senkrecht hinter dem Horizont verschwindet und uns dadurch deren Licht entzieht. Dieselbe Erscheinung findet statt bei Sonnenaufgang.

Am Tage nach unserer Ankunft wohnten wir einem Balle bei, welchen der Konsul von Dänemark in seinem halbwegs von Macuto gelegenen Landhause gab. Ein neuer Fahrweg zwischen La Guayra und Caracas hatte dem Konsul die Veranlassung gegeben, zahlreiche Einladungen nach letzterer Stadt zu senden, welche nur fünf Stunden (in gerader Linie kaum eine Stunde) südlich von La Guayra liegt. Viele Damen aus dem Innern benutzten diese Gelegenheit, um das Meer zu sehen und so war die Versammlung eine sehr glänzende und mannigfaltige.

Das Landhaus, in welchem der Ball stattfand, schmiegt sich an den Abhang der Berge. Zehn Schritte vom Meere entfernt, bildet ein hölzernes Gitter den Eingang zu einer langen Allee von groben mit Reben verschlungenen Kolonnaden. Blumen-Guirlanden, mit allerlei farbigen Lampengläsern verziert, zogen sich hin von Säule zu Säule bis zum Säulengang des Hauses. Die langen gerippten Blätter der Cokosnußbäume, welche bei jedem Windstoß raschelten, hingen anmutig über der von Rebstöcken gebildeten Allee. Tausende von phosphoreszierenden Insekten belebten die Luft mit ihrem ephemeren Lichte. Bei unserm Eintritte in die mit Pflanzen und Blumen geschmückte Säulenhalle spielte die Musik einen dieser lustigen spanischen Contertänze auf, dessen wollüstigen Takte sich mit dem dumpfen Tosen der sich am Ufer brechenden

Meeresfluten vermischten. Mit dieser sonderbaren Harmonie vereinigte sich das Getöse eines Wasserfalles, der aus den schwarzen Wäldern, die sich wie ein Leichentuch hinter dieser Fröhlichkeit und Lustbarkeit erhoben, herunterstürzte. Der Ball wurde abgehalten in einem gut gelüfteten, großen Saale, wo man mit Behagen die mit Wohlgerüchen geschwängerte frische Luft genoß, welche die Brise mit sich brachte.

Die Damen von Caracas verdienten den Ruf der Schönheit. Ihre Kostümierung war einfach aber doch anmutig; eine weiße Mousseline-Robe, welche die Taille umgürtet mit einem von rosablauem oder bis zur Erde fallendem dreifarbigem Bande. Ein anderes Band von derselben Farbe, jedoch schmäler und kreuzweise um den Hals gelegt, vervollständigte die Toilette; ihre an sich schon schwarzen Haare, geflechtet oder auf die Schultern herabfallend, wurden durch eine leichte Guirlande natürlicher oder künstlicher Blumen zurückgehalten, die zierlich und kunstvoll aufgesetzt war. Die Frauen oder vielmehr die Fräuleins dieses Landes affektieren in ihren Bewegungen eine Art Nachlässigkeit, die, obschon sie mit Grazie tanzen, auf den ersten Blick mißfällt. (Forts. folgt.)

Sammlung von Aktenstücken

zur

Geschichte des Gnadenbildes Mariä, der Trösterin der Betrübten, zu Luxemburg.

In den Jahrgängen XII—XXIII (1906—1917) von „Ons Hémecht", haben wir 50 Aktenstücke veröffentlicht, welche für die Geschichte des Gnadenbildes der Trösterin der Betrübten von Luxemburg gewiß nicht ohne Interesse sind und die für einen zukünftigen Neubearbeiter dieser Geschichte gewiß eine sehr ergiebige Fundquelle bilden werden. Im Besitze des verstorbenen Herrn Pfarrers Willibrord-Jakob Grob fanden sich in drei (heute im Bischöflichen Archiv von Luxemburg aufbewahrten) Cartons eine bedeutende Anzahl solcher bis heute noch nicht gedruckter Stücke. Auch sonstwo waren wir so glücklich, ähnliche Papiere zu entdecken. Deßhalb, und um unsere Arbeit so sehr als möglich zu vervollständigen, beginnen wir heute mit der Veröffentlichung einer zweiten Serie diesbezüglicher Aktenstücke, welche, wie wir hoffen, ebenfalls eine so günstige Aufnahme finden werden, wie die bis hermitgeteilten. *M. Blum.*

I. Urkunde über die Restauration des Turmdaches der Liebfrauenkirche (Kathedrale) zu Luxemburg, im Jahre 1896.

In der ersten Serie der auf die Geschichte unseres Gnadenbildes bezüglichen Aktenstücke haben wir (sub N°s XLII und XLIII) zwei im Pinienapfel des Turmes aufbewahrte Urkunden veröffentlicht. Bei der, unter Leitung des Herrn Architekten Peter Funck-Eydt im Jahre 1896 vorgenommenen Restauration des Turmes, wurde diesen zwei Urkunden eine dritte hinzugefügt, deren Wortlaut wir, der Vollständigkeit wegen, ebenfalls veröffentlichen:

DEO TER OPT. MAX.

In honorem Beatissimae Virginis Mariae

Genitricis Dei immaculatae Consolatricis Afflict.
Et sanctorum parochiae Patronorum,
Crux Haec,
Quae anno 1798, in Religionis odium dejecta et
initio hujus saeculi, pace Ecclesiae reddita, fuerat restituta,
Mense Julio 1896,
sub Episcopo Joanne Josepho Koppes,
Magistratus civitatis praeside Aemilio Mousel,
et Parocho Frederico Lech,
una cum vetusto turris tecto fuit restaurata.
Parochiae Vicarii erant pro tenpore:
Joannes Bapt. d'Huart,
Dr. Nicolaus Weirich,
Dr. Petrus Nommesch,
Nicolaus Drees,
Petrus Frieden, capellanus ad B. M. V. extra urbem.
Fabricae Mamburnei erant:
Franciscus Reuter, praeses,
Hyacinthus Schaack,
Dr. Joannes Peters, canonicus,
Lotharius Huberty
Baro Carolus de Gargan,
Furcy-Raynaud,
Nicolaus Klensch,
Augustus Lambert,
Nicolaus Philippe.
Ecclesiae Architectus: Petrus Funck.
Cujus filius et socius Paulus Funck haec exaravit.
Adjacent: Os sacrum de SS. Martyribus Trevirensibus,
Agnus Dei et oratio in hon. St[i] Donati mart., haec ex anno 1618.
Addidimus duo numismata.

Dem dreieinigen, gütigen, höchsten Gott
Zu Ehren der allerseligsten Jungfrau Maria,
Der unbefleckten Gottesmutter, der Trösterin der Betrübten,
Und der heiligen Schutzpatrone der Pfarrei.
Dieses Kreuz,
Welches im Jahre 1798 aus Religionshaß herabgeworfen worden war, wurde anfangs dieses Jahrhunderts, nachdem der Friede der Kirche wieder zurückgegeben worden, wieder aufgestellt. Im Monat Juli des Jahres 1896, unter dem Bischof Johannes Joseph Koppes, dem Bürgermeister der Stadt, Emil Mousel, und dem Pfarrer Friedrich Lech. Zugleich mit dem alten Dache des Turmes wurde es wieder restauriert.

Zu dieser Zeit waren Vibare der Pfarrei: Johann Baptist d'Huart u. s. w. Petrus Frieden, Kaplan in der Marienkapelle außerhalb der Stadt.

Mitglieder des Kirchenrates waren: Franz Reuter, Präsident u. s. w. Architekt der Kirche war Peter Funck, dessen Sohn und Gehülfe Vorstehendes verfaßt hat.

Es liegen bei: Ein geheiligter Knochen der Trierischen Martyrer, ein Agnus Dei, und ein Gebet aus dem Jahre 1618 zu Ehren des heiligen Martyrers Donatus.

Wir haben zwei Münzen hinzugefügt.

Literarisches.

Hubert Brück: «Schrift und Stenographie von den Uranfängen bis zur Gegenwart.» 1919 Luxemburg. Druck und Verlag P. Worré-Mertens, J. P. Worré, Nachfolger.

Verfasser ist ein gründlicher Fachkenner und bezeugt einen feinen pädogogischen Takt in der Auswahl sowohl als in der stilistischen Fassung des behandelten Materials. Die Sprache ist klar und fließend, di eDarstellung geschmackvoll, stilistisch einwandfrei und übersichtlich. Sie stellt die selbständige Verarbeitung eines Stoffes dar, bei dem vor allem weise Maßhaltung in der Auswahl geboten war.

Einleitend schildert Verfasser, klar und präzis, die Entstehung und Entwicklung der historischen Schrift. Dann geht er zur Entwickelungsgeschichte der Stenographie über, bespricht die Kurzschrift im Altertum sowie im Mittelalter und zeigt nach, daß die moderne Stenographie, gerade wie die historische Schrift, im Laufe der Zeit aus unscheinbaren Anfängen hervorgegangen, die sich unter dem Drucke der Notwendigkeit langsam und fast unmerklich weiter entwickelten bis zur heutigen Ausgestaltung der Schnellschreibekunst.

Eingehend behandelt Verfasser die Entwicklung der stenographischen Schreibsysteme in den Kulturländern England, Frankreich, Deutschland und last not least Luxemburg.

Ein gediegener Vortrag über den Nutzen der Stenographie in den verschiedensten Lebensstellungen, sowie auch als geistiges Bildungsmittel beschließt die interessante und lehrreiche Abhandlung.

Wenn nun noch besonders hervorgehoben wird, daß die Verlagsbuchhandlung ihr Möglichstes zur äußeren Ausstattung des 160 Seiten nebst zahlreichen Tafeln und Abbildungen begreifenden Buches getan hat, so bleibt nur zu wünschen, daß letzteres nicht allein bei den Freunden der Kurzschrift in unserm Lande (und ihrer gibts nicht wenige), sondern bei allen Gebildeten, eine seiner Vortrefflichkeit entsprechende Würdigung finden möge. P. W.

Aufforderung.

Trotz der sorgfältigsten, mehrmaligen Durchsicht der Korrekturbogen, laufen doch manchmal recht unliebe, oft gar sinnstörende, Druckfehler mit unter. Ich möchte deshalb die Herren Mitarbeiter und auch die anderen Leser recht herzlich bitten, solche ihnen auffallende Druckfehler gütigst mir anzuzeigen, damit selbe im nächsten Hefte berichtigt werden können. M. BLUM.

Erneuerte Bitte.

Unsere verehrten Herren Mitarbeiter möchte ich bitten, die im Januar-Februarheft von 1918 (Seite 28) an sie gerichtete Aufforderung nachlesen, und namentlich das sub 4. Verlangte **strikt** befolgen zu wollen.

M. BLUM.

Subskriptionsliste.

Uebertrag	245.00 Fr.
W. P. in L.	25.00 „
J. Ph. W. in E.	12.50 „
J. Z. in L.	5.75 „
F. B. in R.	25.00 „
Herzlichsten Dank! Vivant sequentes.	313.25 Fr.

Druckfehlerberichtigung.

Auf Seite 16 des vorigen Heftes, Zeile 7 von oben, lies Stück, statt Glück.

Auf Seite 29 lies: Total der Subskriptionsliste 245,00, statt 243,50 Fr.

Personalnachrichten.

1. Hr. **Dr. Mathias Huss** wurde von I. K. H., der Großherzogin Charlotte, zum Ritter des Ordens der Eichenlaubkrone ernannt. Unsere herzlichste Gratulation!

2. S. M. König Albert von Belgien hat Herrn Pfarrer **Wilhelm Hülsemann** aus Pfaffental seine geschmackvoll ausgeführte Photographie zu schenken geruht, in Anerkennung der zahlreichen, uneigennützigen, aber sehr opfervollen Dienstleistungen für die belgische Bevölkerung während des mörderischen Weltkrieges. Unsere herzlichste Gratulation zu der wohlverdienten Auszeichnung!

Fragekasten.

In den Jahren 1882 und 1883 soll zu Luxemburg eine Zeitung erschienen sein unter dem Titel «Die Zukunft». Könnte vielleicht einer unserer Leser mir nähere Aufschlüsse hierüber mitteilen, eventuell mir eine Nummer derselben gratis oder auch nur leihweise zukommen lassen? Ich wäre dem betreffenden Einsender recht dankbar.

M. BLUM.

Literarische Novitäten und Luxemburger Drucksachen.[1])

Backes J. Ch. Wien huet Recht? Kome'de'steck an 2 Akten. Letzeburg. 1918. Drock a Verlag vum P. Worré-Mertens, J. P. Worré, Nofolger. — 19 SS. in 8°.

Berrard Jean. Exposition historique, artistique et documentaire internationale. Genève. Ad. Soldini, Imprimeur, Rue de Carouge, 17—19. 1918. — 26 pp. in 8°.

Brück Hubert. Schrift und Stenographie von den Uranfängen bis zur Gegenwart. 1919. Luxemburg. Druck und Verlag von P.

[1]) Aus Mangel an Raum mußten wir die Anzeige verschiedener Werke bis auf das vorliegende Heft zurückstellen.

Worré-Mertens, J. P. Worré, Nachfolger. — 158 SS. in 8°, mit 4 Tafeln, 1 Porträt, 1 Porträtgruppe und 22 Abbildungen (von Schriftzeichen).

Comes Isidor. De Kampf mam Drâch oder eng gelunge Kur. Kome'-de'stëck an engem Akt. Musek vum Max Menager. Letzeburg. Egentom vun der Drëckerei Linden & Hansen. 1919. — 32 SS. in 8°. — N° 15 vum Letzeburger Allerlé.

Commission d'étude des problèmes économiques posés par la guerre et ses conséquences éventuelles. Travaux de la Commission sur l'orientation économique du Grand-Duché de Luxembourg. Luxembourg. Imprimerie Victor Bück (Bück frères, successeurs). 1919. — 12+24+34+13 p. pet. in fol.

Diamond. Weekly News of the Red Diamond (the fifth) Division. Luxemburg. Victor Bück (Gebrüder Bück, Nachfolger). — Illustrierte amerikanische wöchentlich erscheinende Zeitung gr. in fol., deren erste Nummer das Datum vom 18. März 1919 trägt.

Faulké. Relevé des quantités de champignons comestibles mis en vente aux marchés hebdomadaires de la ville de Luxembourg et contrôlés par la police, du mois d'avril au mois de novembre 1918. Tiré-à-part du Bulletin de la „Société des Naturalistes Luxembourgeois". Luxembourg. Imprimerie P. Worré-Mertens (J.-P. Worré, successeur). 1919. — 5 pp. in 8°.

France-Luxembourg. Revue politique, économique et littéraire pour la défense des aspirations et des intérêts réciproques de la France et du Luxembourg. Organe de la Section Luxembourgeoise de „l'Idée Française". Paris. 11, Place de la Bourse. Téléphone Louvre 11—57. L'Imprimeur-Gérant: F. Chantenay, 15, rue de l'Abbé-Grégoire, Paris. — Journal trimestriel pet. in fol. avec gravures. N° 1 est daté du 10 mars 1919.

Genossenschafts-Kalender (Luxemburger landwirtschaftlicher) für das Jahr 1919 herausgegeben vom Allgemeinen Verband der landwirtschaftlichen Lokalvereine des Großherzogtums Luxemburg. Luxemburger Kunstdruckerei Dr. M. Huß, Luxemburg. (1918). — 112 SS. in 4°, mit Titelbild, 12 Vignetten, 30 Abbildungen, 23 Porträts und einem topographischen Kärtchen.

Goergen Adolf. Gedanken a Blieder. Gedichter. Letzeburg. 1918. Drock a Verlag vum P. Worré-Mertens, J. P. Worré, Nofolger. — 24 SS. in 8°.

(Halsdorf Nikolaus.) De Bauer um Kinékstro'n. E Stodentenstréch an 2 Akten. No engem Deitschen Virstéck bearbécht. 1918. Letzeburg. Drock a Verlag vum P. Worré-Mertens, J. P. Worré, Nofolger. — 19 SS. in 8°.

Hemmer René. D'Madam an d'Mod. Kome'de'steck an engem Akt, mat Erlabnes vum Auteur Dr. J. Greber, nom Elsässeschen bearbecht. Coupléen vum Bernard Scharff, Musek vum J. A. Müller. Letzeburg. 1918. Drock a Verlag vum P. Worré-Mertens, J. P. Worré, Nofolger. — 32 SS. in 8°.

Idem. De russesche Grof. Kome'de'steck an 2 Akten. Mat Erlabnes vum Auteur E. Müller, Stroßburg, nom Elsässeschen bearbecht. Lidertext vum Charel Lessel, Musek vum J. A. Müller. Letzeburg. 1918. Drock a Verlag vum P. Worré-Mertens, J. P. Worré, Nofolger. — 39 SS. in 8°.

Hatting Josi. Seetcher a Sprechelcher. En etlech Dosen aler an neier. 1918. Letzeburg. Drock vum P. Worré-Mertens (J.-P. Worré, Nofolger). — 110 SS. in 16°, mit Titelbild auf dem Umschlage.

Imdahl Josy. D'Joffer Marie-Madeleine. Operett an 3 Akten. Musék vum L. Beicht. Zwét Oplo. Letzeburg. Drock a Verlag vum P. Worré-Mertens, J. P. Worré, Nofolger. — 46 SS. in 8°.

Idem. Arme Leit's Kröschtdâg. E Stéck fir d'Kanner an 3 Biller. Zwét Oplo. 1918. Letzeburg. Drock a Verlag vum P. Worré-Mertens, J. P. Worré, Nofolger. — 20 SS. in 8°.

(Koenig Lucien). Menschekanner. Novelle vum Siggy vu Letzeburg 1918. Bibliothe'k vun der Letzeburger Nationalunio'n: Band 8. Drock a Verlag vum P. Worré-Mertens (J.-P. Worré, Nofolger), Letzeburg. — 142 + 2 SS. in 8°.

(Idem.) Annex zo' de „Menschekannner". Kritik vum „Sturm". P. Worré-Mertens (J.-P. Worré, Nofolger), Luxembourg. S. d. (1918.) — 16 SS. in 8°.

Neuens Nikolaus. Wärme-Energie-Kur. Diekirch. Buchdruckerei J. Schrœll (Paul Schrœll, Nachfolger). 1919. — 22+2 SS. in 8°.

Neutralité du Grand-Duché pendant la guerre de 1914—1918. Attitude des Pouvoirs publics. Luxembourg. Imprimerie Victor Bück (Bück frères, successeurs). Janvier 1919. — XL+15* + 126 + 1 p. in 8°. — *C'est le „Livre gris" publié par le Ministère d'État, Direction Générale des Affaires étrangères du Grand-Duché de Luxembourg.*

Œuvre de la Charité maternelle de Luxembourg sous le Haut Protectorat de S. A. R. la Grande-Duchesse Marie-Anne. Rapport de l'anné 1918. Luxembourg. Imprimerie Joseph Beffort. 1919. — 8 pp. in 8°.

Prüm Emile. Union économique du Grand-Duché de Luxembourg avec la France. Discours prononcé dans une réunion publique tenue à Clervaux, le 19 janvier 1919. Luxembourg. Imprimerie P. Worré-Mertens. J. P. Worré, successeur. 1919. — 30 pp. in 8°.

Idem. Mie Prisioni. Auszug aus dem Tagebuch eines Gefangenen. I. Teil. Verhandlungen vor einem preussischen Kriegsgerichte. Luxemburg. Hofbuchdruckerei Victor Bück (Gebrüder Bück, Nachfolger). 1919. — 54 SS. in 8°.

Spartz Léandre. Le service sanitaire à l'Abattoir de la Ville de Luxembourg pendant l'année 1918. Luxembourg. Imprimerie St. Paul. 1919. — 31 pp. in 4°.

Ons Hémecht.

Organ des Vereines für Luxemburger Geschichte, Literatur u. Kunst.

Herausgegeben vom Vereins-Vorstande.

25. Jahrgang. — 5. und 6. Heft. — Mai und Juni 1919.

Jeder Autor ist verantwortlich für seine Arbeit.

Beiträge zur Geschichte verschiedener Pfarreien.

(Fortsetzung.)

3. Sandweiler.

1. Kirchenpatron: Die hhl. Dreifaltigkeit. Zahl der Kommunikanten: 260. Umfang: begreift die Dörfer Sandweiler und Hamm, 4 Höfe, die aber nicht namhaft gemacht werden, und eine Mühle, vielleicht die Neumühle; die 4 Höfe sind wohl der Birelerhof, Grevelsscheuer, Höhenhof und Scheidhof.

Weltlicher Herr: die Königin von Böhmen und Ungarn zu Sandweiler, der Abt von Münster zu Hamm.

Das Patronatsrecht gehört dem Abt von Münster in allen Monaten und wurde von jeher durch ihn ausgeübt.

Abt Bern. Weis bemerkt in seiner Besitzstanderklärung der Abtei vom Jahre 1788 (Manuskript in unserm Besitz): „Im Dorf und Bann S a n d w e i l e r haben wir drei Viertel der großen und kleinen Zehnten im Betrage von durchschnittlich in Geld umgerechnet und nach Abzug der Unkosten 211 Reichsthaler, 3 Schilling, 4 Stüber, 3 Denare jährlich. Dieser Teil bildet einen Teil der Stiftungsdotation unseres Klosters im Jahre 1083." Der Inhalt der Stiftungsurkunde des Grafen Konrad von Luxemburg vom 6. Juli 1083 ist angegeben in der Programmabhandlung von Prof. J. Wilhelm „**La Seigneurie de Münster,**" 1904, p. 13.

Seit dem Jahre 983 pilgerten die Pfarreien Weimerskirch, S a n d w e i l e r, Hollerich, S c h ü t t r i n g e n, Otringen, Mutfort, Contern, Itzig, Weiler zum Turm, Alzingen, Röser, Fentingen, Fenningen, Abweiler, Nörtzingen, Schifflingen, Monnerich, Leudelingen, Bartringen, Mamer, Schönberg (Kehlen), Tüntingen, Mersch, Lorentzweiler, Steinsel und Linster nach der Domkirche zu Trier, um von Gott das Gedeihen der Feldfrüchte zu erflehen. Diese Bittfahrt, Bannfeiertag genannt, ist entstanden, als im genannten Jahre 983 eine große Trockenheit die ganze Ernte zu vernichten drohte. Sie wurde jedes Jahr am 3. Freitage nach Ostern abgehalten, wurde aber auf Betreiben des Münsterabtes Folmar seit dem 12. April 1128 mit Zustimmung des Erzbischofs Bruno von Trier und unter Genehmigung des Papstes Honorius II. nach der Muttergotteskapelle auf Altmünster verlegt. Die Ursachen der

Verlegung waren die damaligen großen Reisebeschwerlichkeiten und die bei solchen Wallfahrten sich häufig ereignenden ärgerlichen Mißstände. Jede Familie der genannten Pfarreien mußte eine bestimmte Münze, Pennind genannt, opfern. (J. Wilhelm, l. c. p. 14.)

Diese Kapelle, das einzige Überbleibsel der Abtei Altmünster aus dem Jahre 1544, war in Folge der Belagerung der Stadt durch die Franzosen im Jahre 1683 zur Ruine geworden. Deshalb verlegte der Abt den bisherigen Bittgang nach Hamm in die dortige Kapelle zum hl. Kreuz und zur hl. Katharina, und zwar ganz eigenmächtig, ohne beim erzbischöflichen Ordinariate von Trier um die betreffende Erlaubnis anzufragen. Der Pfarrer von St. Nikolaus, Anton Feller, protestierte gegen diesen Entscheid des Abtes, weil derselbe sich dadurch Rechte aneigne, welche nur dem Erzbischofe von Trier zuständen. Doch vergebens; es blieb bei dem Proteste und die Prozessionen zogen nach wie vor nach Hamm bis während der französischen Revolution das Gelübde in Vergessenheit geriet. (Aus einem Kirchenregister von St. Nikolaus.)

In bezug auf Hamm schreibt Bern. Weis: Im Dorf Hamm besitzen wir 143 Morgen Land, bekannt unter dem Namen „Kapellenland" oder „St. Katharinenland", von einem durchschnittlichen Jahresertrag von 13 Rthlr. und 2 Schilling nach Abzug der Unkosten. -- Außerdem haben wir dort 3 Viertel des großen und kleinen Zehnten mit einem durchschnittlichen Nettojahresertrag von 112 Rthlr. 4 Schilling 6 St. 6 Den. Die St. Katharinenkapelle und der Kirchhof mußten 1784 restauriert werden, was 114 Rthlr. 4 Schilling gekostet hat. — Ferner bringt uns zu Hamm die Herrenrente jährlich netto 9 Rthlr. 4 St. 2 Den. ein. Endlich haben wir dort von den Bannbußen (amendes champêtres) 4 Schilling 10 Denare. — Der Zehnte bildet einen Teil unserer Stiftungsaussteuer aus dem Jahre 1083, die anderen Gerechtsame wurden durch einen Tauschvertrag mit dem Landesfürsten im Jahr 1398 erworben.

Hr. Professor J. Wilhelm (l. c. p. 35) berichtet über zwei Urkunden aus dem Jahre 1398 betreffend Sandweiler und Hamm zu Gunsten der Münsterabtei. Durch die eine, vom 21. Mai, schenkte König Wenzeslaus der Abtei das Landrecht (terrage) auf dem Banne von Sandweiler zugleich mit dem Fischweiher und der Bannmühle daselbst. Die andere ist datiert vom 6. Oktober und geht aus von Job dem Bärtigen, Markgraf von Mähren, Neffe des Kaisers, welcher der Abtei das Landrecht zu Sandweiler, die Bannmühle und den Fischweiher sowie auch das Haus der Klausnerinnen von Hamm mitsamt den Einkünften und Zehnten der Münsterabtei überweist gegen die Wiederabtretung der Bäckereirechte in der Stadt Luxemburg an den Landesfürsten. (Näheres darüber bei J. Wilhelm, a. a. O.)

Von einer None oder Terrage, d. h. Landrecht berichtet Bern. Weis an einer anderen Stelle seiner Besitzstandserklärung: Bei dem Dorfe Sandweiler haben wir auf einer gewissen Ackerfläche drei Viertel des Zehnten mit dem Landrecht, was gewöhnlich 120 Rthlr. und 5 Schilling einbringt. Es rührt dieses aus dem Tauschvertrag mit dem Souverän vom Jahre 1398 her.

Desgleichen besitzen wir bei dem Dorfe Sandweiler eine Mühle mit Zubehör, einen Garten und ein Morgen Land. Jährlicher Nettoertrag 31 Rthlr. 1 Sch. 2 Stüber 5 Denare. Rührt aus demselben Tauschvertrage vom Jahre 1398 her.

Zur Pfarrei Sandweiler gehörte auch der Hof Birel. Abt B. Weis führt ihn an erster Stelle unter den herrschaftlichen Gütern an. Er sagt: es gehören dazu 38 Morgen 126 Ruthen Ackerland, 49 Morgen 145 Ruthen Rodtland. Jährlicher Mittel-Netto-Ertrag 19 Rthlr. 2 Sch. 4 Den. Unter den Ausgaben figuriert ein jährlicher Zins von 5 Sch. 1 St., der an die Abtei St. Paul bei Verdun zu zahlen ist.

Ferner gehörten dazu 3 Morgen Gärten eingeschätzt (ascenses) zu 12 Rthlr. Desgleichen 546 Morgen 122 Ruthen Wald mit einem Netto-Jahresertrag auf 40 Jahre berechnet 715 Rthlr. Die jährlichen Ausgaben setzen sich zusammen wie folgt: Dem König geschuldeter Zins (cens dû à sa Majesté de la Plecquerey) 1 Rthlr. 1 Stüber 6 Den.; gewöhnliche und außergewöhnliche Steuern (tailles) 33 Rthlr. 7 Sch.; Steuer von dem Försterhaus 2 Schilling; 7 Malter Roggen für den Förster, macht 23 Rthlr. 6 Sch.; Lohn in Geld 10 Rthlr.; Schuhe und Strümpfe 3 Rthlr. 2 Sch.; für Kleidung 5 Rthlr.; Unterhalt der Försterwohnung 6 Rthlr. 4 Sch. 1 St. 10 Den. — Seit 80 Jahren war ein Viertel des Waldes nicht mehr gehauen worden, daher der hohe Ertrag für die letzten 10 Jahre; für die folgenden Jahre wird derselbe um ein Drittel geringer sein. — Weiter gehören dazu 29 Morgen Weier und Sumpfwiesen, Nettoertrag 17 Rthlr. 3 St. 11 Den. — Ferner der große Zehnte von Birel zu 3 Viertel macht netto 9 Rthlr. 3 Sch. 1 St. 11 Den. — Ferner ein Sägewerk zum Gebrauche der Abtei, ohne Ertragsangabe (pour mémoire). — Endlich gehören dazu das Weiderecht im Ort genannt „Neuntelland" und auf dem Gebiete des Hofes zu Grevenmacher. Auf dem Hofe Birel (B. Weis schreibt stets Burll) und den genannten dazu gehörigen Gütern ruht eine Zinsrente von jährlich 3 franz. Franken (livres de France), die der Abtei St. Paul zu Verdun zu zahlen sind. Die aufgezählten Güter stammen teils aus der Stiftungsdotation, teils aus gewöhnlichem Erwerb, teils aus dem Tauschvertrag, teil aus Kaufverträgen aus den Jahren resp. 1083, 1378, 1182, 1381 (cf. J. Wilhelm, l. c. pages 23 et 35).

Der ganze Bireler Hof ist eingeschätzt für 772 Rthlr. 5 Sch. 6 St. Nettoertrag jährlich.

Zur Pfarrei Sandweiler gehörte auch der Höhenhof an der heutigen Landstraße nach Senningen. Bern. Weis schreibt darüber: der Höhenhof grenzt an die Liegenschaft von Burll, ist herrschaftliches Gut und begreift 33 Morgen 97 Ruthen Ackerland und 87 Morgen 122 Ruthen Rodtland mit 4 Morgen 128 Ruthen Gärten. Er ist verpachtet und bringt einen Nettoertrag von 59 Rthlr. 2 Sch. 4 St. Der ursprüngliche Erwerbstitel findet sich nicht, doch geschieht dieser Güter schon Erwähnung in einem Kaufakt vom Jahr 1381 gelegentlich des Erwerbes des großen Bireler Waldes. (Hierüber näheres bei J. Wilhelm, l. c. 32—33 und 23.)

Als zur Pfarrei Sandweiler gehörig zählt B. Weis noch auf: den Domanialhof Grevenscheuer (cense domaniale), wo die Abtei Münster drei Viertel von dem großen und kleinen Zehntel einzuziehen hatte. Der Rettoertrag belief sich auf durchschnittlich 35 Rthlr. 1 Schilling.

Im sogenannten Kanton Wolfscheidt in der Nähe des Grünewaldes im Bezirk der Pfarrei Sandweiler besaß die Abtei ebenfalls drei Viertel des großen Zehnten; von dem kleinen Zehnten geschieht hier keine Meldung. In Geld umgerechnet betrug ihr Anteil durchschnittlich 38 Rthlr. 3 Sch. 2 St. 6 Denare netto.

Diese beiden letzten Einkünfte gehörten zur Dotation der Abtei aus dem Jahre 1083.

Endlich bezog die Abtei im Dorf und Bann Sandweiler drei Viertel vom großen und kleinen Zehnten, welche in Geld umgerechnet jährlich 211 Rthlr. 3 Sch. 4 St. 3 D. einbrachten, wie oben gesagt.

Außer diesen herrschaftlichen Gütern besaß die Abtei auch noch zu Sandweiler 2 Wiesen als nicht herrschaftliche Liegenschaft und eine Geldrente von 4 Rthlr. 3 Sch. 3 St. ruhend auf dem Ludwigsgut daselbst, laut Akt vom 28. Mai 1644, gemäß welchem Mathias Ludwig von den Münsterherren ein Kapital von 240 Rthlrn. zum 20. Pfennig geliehen hatte. Sie war 1788 noch nicht zurückgekauft, wie Abt B. Weis angibt.

Wir wollten diese Einzelheiten absichtlich hier einfügen, um einen kleinen Beitrag zur Lokalgeschichte von Sandweiler aus dem nichtkirchlichen Gebiete zu liefern. Doch kehren wir zum Visitationsberichte von 1755 zurück.

2. Die Kirchen. — Die Pfarrkirche befindet sich in keinem ihrer Teile in erforderlichem Zustand. Als Zehntherr der ganzen Pfarrei hat der Abt zu Münster das Schiff zu unterhalten, der Pfarrer bezieht nur den vierten Teil davon. Aus diesem Grunde und kraft der Statuten ist der Pfarrer auch nicht zum Unterhalt des Chores verpflichtet, ist er ja nur ständiger Vikar, d. h. Stellvertreter des Abtes, als Pfarrer. Turm und Stühle haben die Gläubigen zu stellen.

Es sind drei Altäre vorhanden; der Hauptaltar ist konsekriert. Durch die Freigebigkeit des Abtes sind alle Kirchenkleider reichlich vorhanden; doch wären die Einwohner schuldig dafür aufzukommen. Wegen der Feuchtigkeit der Pfarrkirche und der großen Entfernung vom Pfarrhause werden dieselben in letzterem aufbewahrt. — Wir übergehen die Beschreibung der hl. Gefäße, Monstranzen und Ciborien; bemerken aber, daß hier die ewige Lampe beständig brannte, was damals in so vielen Kirchen nicht der Fall war. Die Sakristei ist äußerst feucht und droht Einsturz, desgleichen auch die Kirchhofsmauer.

Eine Filialkirche, öffentliche Kapelle und Benefizium gab es nicht, wohl aber eine Privatkapelle zu Hamm, deren absoluter Herr der Abt von Münster ist. Dieselbe ist der hl. Katharina geweiht. Von den dortigen Reclusae sagt der Pfarrer kein Wort.

3. Die Geistlichkeit. — Der Pfarrer heißt Joh. Bapt. Binsfeld aus der Diözese Trier gebürtig und leitet die Pfarrei seit 8 Jahren. Er war im Jahre 1748 von Cruchten nach Sandweiler versetzt worden, starb zu Luxemburg in der Münsterabtei am 24. Oktober 1765 und wurde zu Sandweiler in der Pfarrkirche begraben. Sein Vorgänger war der hochw. Herrn Lorenz Barnich von 1726 bis zu seinem Tode am 17.

April 1748. Sein Nachfolger war der hochw. Herr Clemens Schreiber. Von der Universität Löwen am 7. November 1765 ernannt, konnte er aber erst nach 21 Monate langen Streitigkeiten am 24. März 1768 in den ruhigen Besitz der Pfarrei gelangen. Er starb am 20. September 1785. (Aus der Series pastorum im Bisch.-Ord.) Pfarrer J. B. Binsfeld hatte einen Vikar namens Mathias Dennewaldt. Er ist approbiert und von den Einwohnern zum Küster und Schulmeister gedungen. Seit 7 ganzen Jahren versieht er sein Amt zur vollen Zufriedenheit (debite et diligenter). Andere Geistliche wohnen nicht in der Pfarrei. Die Einkünfte des Pfarrers, bestehend in dem 4. Teil des Zehnten, belaufen sich auf etwa 70 Malter von allem Getreide. Den Rest bezieht der Abt von Münster, also 3 mal 70 = 210 Malter.

4. Von Ärgernissen meldet der Pfarrer zwar nichts schriftlich, wohl aber mündlich, und die Synodalen und der Dechant des Kapitels, Pfarrer M. Meyß von Hostert, wo die Visitation stattfindet, bestätigen seine Aussagen über die äußerst ärgerlichen Saufgelage am St. Katharinenfest zu Hamm (fuit ingens abusus innumeri populi in statione bannita ad Capellam S. Catharinae in Ham concurrentis). Um diesem Unfug ein Ende zu machen, wurde sehr ernstlich darüber beratschlagt und der Vorschlag gemacht, dem Abt von Münster als dem alleinigen Herrn des Ortes und der Kapelle Mitteilung davon zu machen und zu erfahren zu suchen, ob und wie geholfen werden könne. Es scheint jedoch darüber wenig Aussicht gewesen zu sein, denn nach reiflicher Überlegung wurde beschlossen, die Kapelle für alle Zukunft am St. Katharinentage (25. November) zu interdicieren.

In betreff der Pfarrkirche hatte der Pfarrer erklärt, dieselbe sei in allen ihren Teilen nicht mehr würdig, was die Synodalen und der Dechant als tatsächlich bestätigen. Um eine Lösung der Streitfrage herbeizuführen, wurde bestimmt, daß dieselbe 15 Tage nach Ostern geschlossen werde (actuali interdictu subjicimus).

Endlich hatte sich der Pfarrer beklagt, daß viele Einwohner (plurimi) an den Sonn- und Feiertagen zur Stadt in die Messe gehen und auf diese Weise den christlichen Unterricht versäumen. Es wurde hiergegen dem Pfarrer aufgetragen (injungimus), mit allen Mitteln, sogar mit Synodalstrafen, die Gläubigen zur Pflicht zurückzuführen.

Mit dem Pfarrer haben unterschrieben Peter Ludig und Peter Thielen; gehandzeichnet Peter Jonas, Adam Theis, Michel Hamen und Franz Rumme, Synodalen. (Fort. folgt.)

Leben und Wirken des hochw. Hrn. Theod.-Zeph. BIEVER.

(Fortsetzung.)

Während der sechsmonatlichen Abwesenheit Biever's im Jahre 1892 war man in Tabgha nicht müßig geblieben. Hr. Weynandt berichtet darüber: «Wir hatten in dieser Zeit bis über 60 Arbeiter, teils um «das noch brach liegende Land urbar zu machen, teils um rund um das «neuerbaute Hospiz Anlagen und Auffüllungen zu schaffen, sowie noch «weitere Weinberge anzulegen.»

Betreffs der Kölner Pilgerkarawane [187]) schreibt er: «Alle Pilger «waren voll des Lobes über die Arbeit, welche wir in so wenigen Jahren «gemacht hatten, und bewunderten die Üppigkeit unserer Gärten und «Weinberge.» Dann fährt er fort: «Auch hatten wir uns Kühe ange«schafft, um in der Haushaltung Milch und Butter, sowie guten Käse «zur Verfügung zu haben. Auch hatten wir unseren Bestand an Feder«vieh bedeutend vergrößert, so daß alles, Butter und Eier, in vollem «Überfluß vorhanden war. Nun kam aber auch wieder die schlechte «Saison, wo wir uns wieder übel fühlten wegen der warmen Jahreszeit, «so daß bald immer der Eine oder der Andere von uns vom Fieber «heimgesucht wurde und wir uns abwechselnd nach Saffed zurück«ziehen mußten.»

Doch dazu kam in diesem Jahre (1892) noch eine andere, schreckliche Heimsuchung. Hr. Weynandt hat derselben einen eigenen Abschnitt gewidmet, welchen ich wörtlich hier wiedergebe:

«**Die Heuschreckenplage (1892) in Aïn Tabgha.** Ich glaube, daß es «für den Kolonisten in Aïn Tabgha kaum ein größeres Übel geben kann, «als wenn es heißt: «Die Heuschrecken kommen.» Eine heitere «Stille, ein klarer Himmel, ein frohes Leben herrscht am frühen Mor«gen in der Niederlassung. Es grünt und blüht, es rauscht und rieselt, «es singt und hüpft! Ist es doch so, als ob die Schöpfung einen «schönen Festtag feiern wolle, an dem sich der Mensch mit Vernunft «und Gefühl erfreuen soll. Ein durchsichtiger Wolkenflor überzieht «in dieser schönen Orientgegend die unermeßliche Bläue des Äthers. «Die Gärten und Wälder stehen in üppigem Wachstum. Der Kolonist «hat seine Freude an dem herrlichen Gedeihen und hegt die schönsten «Hoffnungen für eine reiche, gesegnete Ernte. — Jetzt auf einmal «heißt es: «Die Wanderheuschrecken sind im Anzug.» Bald steigen «in der Ferne dunkele Massen am Horizonte herauf, erheben sich «immer mehr und mehr, gleichen übereinander gelagerten Gebirgs«massen, mannigfaltig gestaltet, silbergräulich schimmernd, so daß «dadurch die Sonnenstrahlen gehemmt werden. Ein Gesurre dieses «unermeßlichen Schwarmes von Heuschrecken, ähnlich dem Geräusche «hunderter von Flugzeugmotoren verkündet das Herannahen des Un«heiles. Wehe, wenn dieselben das helle Wachstum unserer Gärten, «Felder und Weinberge gewahr werden! In aller Eile bewaffnen wir «alle unsere Leute der Niederlassung, teils mit Gewehren, teils mit «Blechkesseln, mit Steinen darin, um nur recht viel Geräusch zu ma«chen, und zu verhindern, daß die Heuschrecken nicht allzuniedrig «kommen, und sie so über unser Besitztum weiter fliegen möchten. «Nun waren es aber hunderttausende, welche aus Hunger und Müdigkeit «nicht weiter wollten oder konnten, und daher in unserer Kolonie nie«dergingen. Weder Gewehrschüsse noch Kesselrasseln, noch irgend «welches Geräusch, nichts vermochte dieselben abzuhalten, sich in unse«ren Feldern niederzulassen und darin die schrecklichsten Verheerungen «anzurichten. Wir verfielen nun auf ein letztes Rettungsmittel: Die «trockenen Dörner der Gärten-Umzäunungen wurden in Brand gesteckt, «so daß der Rauch und das lodernde Feuer eine Unmasse der geflügel-

---

[187]) Von welcher im vorigen Kapitel Erwähnung geschehen ist.

«ten Feinde vertilgte, und so konnten wir wenigstens etwas retten. Der «Durchzug der Heuschrecken mag wohl eine halbe Stunde gedauert «haben, aber wie sah darnach alles aus? Von den Bäumen und Ge-«sträuchern war alles kahl abgefressen; in den entlegenen Feldern, wo «wir Melonen gepflanzt hatten, waren nur noch die abgenagten Stengel «übrig geblieben; dergleichen in den Mais- und Sesampflanzungen. «Recht traurig war alles anzusehen, und von so vieler Arbeit und Mühe «nichts mehr übrig geblieben. Ein Trost ist es, daß nicht jedes Jahr «ein solches Unglück über die Niederlassung kommt.»

«Im Jahre 1893,» erzählt Herr Weynandt weiter, «hatten wir wieder «alles so ziemlich in Ordnung und in fröhlichem Gedeihen. Im April «erhielten wir den Besuch des Waly (Gouverneurs) von Syrien mit sei-«nem Gefolge. Nach zweitägigem Aufenthalt bei uns zog er nach Tibe-«rias, wo er im Kloster der Franziskaner Quartier nahm. Im nämlichen «Jahre hatten wir auch den Tod des uns so sehr befreundeten P. Lukas, «des Obersten dieses Klosters, zu betrauern. Krankheitshalber konnte «aber P. Biever dem wahrhaft großartigen Leichendienste des wegen «seiner Beliebtheit bei Christen, Juden und Mohammedanern hochver-«ehrten Verstorbenen nicht beiwohnen.»

Durch die unablässigen Fieberanfälle und die schreckliche Hitze, verbunden mit der stets immer sich vergrößernden Arbeitslast, hatte die Gesundheit des Herrn Weynandt derart gelitten, daß er schließlich «fand, daß seines Bleibens in Tabgha nicht mehr möglich wäre,» und so entschloß er sich, auf längere Zeit[188]) Abschied zu nehmen, um seine Gesundheit in der lieben «Heimat wieder herzustellen». Hören wir nun, wie er diese Heimreise kurz beschreibt: «Nach recht rührendem Ab-«schied von P. Zephyrin, mit dem ich seit fast acht Jahren Leid und «Freude geteilt hatte, nahm ich einen Knecht mit mir und ritt über «(Tiberias). Thabor, Naim, Naplouse nach Jerusalem, wo ich im Deut-«schen Hospiz abstieg. Nachdem ich mich dort etliche Wochen erholt «hatte, fuhr ich mit der Eisenbahn nach Jaffa. Von dort aus ging's per «Schiff nach Beyrouth, von wo aus ich einen Abstecher nach Damaskus «machte, wo ich bei den hochw. Jesuiten Wohnung nahm und deren «P. Direktor (-Superior) mir ein freundlicher Führer war. Nach Bey-«routh zurückgekehrt stieg ich in Tanaïl (ebenfalls) bei den Jesuiten «ab. Hier traf ich den P. Peter Bœver aus Holztum,[190]) der mir wäh-«rend meines dortigen Aufenthaltes ein guter Begleiter und Führer ward. «Wir besuchten gemeinschaftlich Ksara und die dortige Niederlassung «der Jesuiten. Ich machte auch einen Ausflug nach Balbeck (im Alter-

---

188) Es sollte aber ein Abschied für immer auf dieser Erde sein.

189) Als er die Reise nach Jerusalem (1886) mit P. Biever antrat, war die Eisenbahnlinie Jerusalem-Jaffa noch nicht gebaut.

190) Der Begleiter Biever's und Mitbruder als Pater von Sion bei P. Ratisbonne, nach dessen Tode er, wie früher erwähnt, in den Jesuitenorden eintrat. Derselbe ist heute in Zahlé (Syrien) stationniert und fungiert als Pfarrer der dortigen Christengemeinde.

«tum Heliopolis), der gewaltigen Ruinenstadt.[191]) In Beyrouth hatte «ich ebenfalls Wohnung bei den Jesuiten, wo ich gute Bekannte aus «früherer Zeit zu Madaba und auch aus Tabgha fand. Von dort ging «endlich die Reise über Konstantinopel, Belgrad, Wien, München usw., «und so langte ich nach dreimonatlicher Reise wohlbehalten in der Hei-«mat an.[192])»

Weynandt's Abreise mußte wahrhaftig ein äußerst schmerzlicher Wendepunkt im Leben Biever's sein; hatte er ja jetzt niemanden mehr, dem er sein Leid klagen, sein Herz ausschütten konnte, niemanden, der ihm so treu mit Leib und Seele angehangen, niemanden, der ihn so sorgfältig bei Tag und Nacht in kranken Tagen pflegte, kurz niemanden mehr, den er als sein *alter ego* betrachten konnte. Ist es da zu verwundern, daß Biever nun auch einmal ernstlich an die Rückkehr ins Vaterland dachte? Doch — diese war und blieb, nach den Ratschlüssen des Allmächtigen, ein unerfüllbarer Wunsch. (Fortsetzung folgt.)

Logements militaires à Luxembourg pendant la période de 1794—1814. (Par Alphonse RUPPRECHT.)

Marché-aux-Poissons (Suite.)

229. *Jean Weydert,*[78]) 1 chambre avec cheminée au 2e étage sur le devant pour 6 hommes, en tems ordinaire pour 1 pr. plana.
8 places.

230. 231. *Le Couvent des Dominicains* figure au Tableau général.[79])

---

[191]) Baalbeck (Balbeck) zwischen dem Libanon und dem Antilibanon (in Syrien) ist wegen seiner schönen, großartigen Ruinen berühmt, unter denen sich die eines 200 Schritt langen, 170 Schritt breiten Tempels auszeichnen, der aus Felsblöcken von bisweilen 60 Fuß Länge, 10 Fuß Dicke und 12 Fuß Breite gebaut ist.

[192]) Hiermit schließt das mir zugesandte Manuskript des Hrn. Weynandt. Noch einmal herzlichen Dank dafür.

[78]) Aujourd'hui le no 1 de la rue du Breitenweg et propriété de la dame Veuve Berchem-Laux.

Jean Weydert avait rempli en 1794 les fonctions de maître du métier des boulangers (Cf. Ulveling, op. co p. 3). Il avait épousé à Luxembourg, le 19 avril 1756, Marguerite Haas et y est décédé le 19 avril 1795, âgé de 74 ans. Sa maison qui passa vers 1824 dans les mains de M. Nicolas Huberty, aubergiste, était habitée en 1848 par la fondatrice de l'Association des Sœurs de charité de Luxembourg. (V. la note suivante.)

[79]) Ce tableau inséré aux dernières pages du registre, porte que le Couvent réservait aux logements militaires 5 chambres, le réfectoire et le cloître. Les 5 chambres dont 4 avec cheminée pour 2 places et 1 avec cheminée et latrine, pouvaient contenir 12 resp. 12, 20, 20 et 24, le réfectoire 56 et le cloître «voûté à toute épreuve» 100 hommes. — —

232. *Henri Clasen*, quartier d'officier de 3 chambres, une avec che-

---

Appelé par la comtesse Béatrix et son fils le comte Henri, plus' tard empereur de l'Allemagne sous le nom de Henri VII, l'*ordre des Dominicains* s'établit à Luxembourg en 1292, au pied du Château ,à l'emplacement du jardin actuel de Mademoiselle Eugénie Wilhelm, descente de Clausen, n° 1. Le Couvent y construit ayant été mis en ruines en 1543 par les français commandés par les ducs d'Orléans et de Guise, les Dominicains allèrent habiter jusqu'en 1594 une maison proche l'église St. Michel (v. note 76). En 1596 ils se fixèrent dans une maison près de la chapelle de la Trinité qui leur avait été cédée en 1595 et qui se trouvait à l'emplacement du jardin actuel de la Congrégation de Notre-Dame (Ste Sophie). Enfin de 1630 à 1636 ils construisirent près de l'église St.-Michel le Couvent qui subsiste encore de nos jours dans ses parties principales. Des ancres de construction aux divers bâtiments forment: à celui de devant, du côté de la cour, les millésimes 1630 et 1895; à l'aile droite, du même côté, celui de 1779 et à la partie tournée vers la ville-basse de Grund, celui de 1761. Le couvent fut agrandi de 1658 à 1670; le cloître (*Kreutzgang*, nom par lequel l'établissement est désigné communément encore actuellement) date de la même époque.

Le 3 avril 1633, les dominicains (appelés également *jacobins* parce que le premier couvent des religieux et religieuses de la règle de St. Dominique était placé sous le vocable de saint Jacques et *frères prêcheurs*) reçurent de l'archidiacre de Trèves l'investiture de la paroisse de St.-Michel; desservies par eux depuis lors jusqu'à la suppression de l'ordre en 1795, la paroisse et l'église Saint-Michel en ont gardé jusqu'à nos jours les désignations de *Dominikanerpôr, Dominikanerkirech, zu Dominikaner.* (Cf. N. Breisdorff, op. c°; Engelhardt, op. c° pp. 37 et 38; Herchen, op. c° pp. 43 et 75; Schœtter, op. c° p. 57—58.)

En 1795 les religieux durent abandonner le couvent qui fut d'abord assigné comme dépôt au 12e régiment de hussards, puis vendu par le gouvernement républicain à différents particuliers. En 1824, le bâtiment appartenait à la dame *Marie-Barbe Carcher, veuve de Bernard Pondrom,* avoué (décédé le 3 janvier 1824) qui en resta propriétaire et l'habita jusqu'à sa mort survenue le 22 janvier 1856. Madame Pondrom avait loué un certain nombre de pièces à des ménages de particuliers variant de 8 à 12 et dont nous notons les suivants d'après les registres de population:

Wellenstein Jean-Mathias (Registre de 1829);
Keucker Jean-Baptiste et *Keucker Jean-Joseph* (Reg. de 1829 et 1839);
Derote Catherine-Cécile-Joséphine, née de Trooz et ses deux fils (Reg. de 1829);
Willmar Jean-Jacques-Madeleine (Reg. de 1839, 1846, 1852 et 1858);
Ambrosy Bernard (mêmes registres);
Pondrom André (mêmes registres).

Wellenstein Jean-Mathias, né à Ehnen, le 24 mars 1795, avocat, puis juge au tribunal de Luxembourg, conseiller à la Cour supérieure de justice, administrateur général des travaux publics, député et président de l'Assemblée des Etats du Pays, membre du Conseil d'Etat, fondateur d'une bourse d'études à l'Athénée de Luxembourg, décédé en célibataire dans sa propriété à Dreiborn (Ehnen), le premier décembre 1870 (Neyen, op. c°, T. III, p. 166).

Keucker Jean-Baptiste, né à Wittlich, en 1769, époux de Maas Eve, conseiller à la Cour supérieure de justice à Luxembourg, y décédé le 4 juin 1841.

Keucker Jean-Joseph, fils du précédent, né à Oberwinckel, le 31 mars 1804, époux d'Augustin Anne-Françoise-Justine dite Fanny; procureur d'Etat à Diekirch en 1840 et à Luxembourg en 1841; président du tribunal de Luxembourg en 1843, conseiller à la Cour supérieure de justice en 1848, vice-président du même corps en 1868 et vice-président honoraire en 1885; auteur des Codes de la chasse resp. de la pêche du Grand-Duché parus le premier en 1854, le second en 1887; décédé à Luxembourg, le premier janvier 1888. C'est le père de de Keucker-de Watlet Jean-Marie-Albert annobli par S. M. le Roi des Belges, général pensionné, résidant à Bruxelles. (V. Blum, Bibliogr. lux., Tome I, p. 530 à 531.

de Trooz Catherine-Cécile-Joséphine, veuve de *Derote (Derotte, De Rote) Lambert*, celui-ci de son vivant mayeur de la ville de Verviers et commissaire du marquis de Franchemont, émigré en Allemagne à l'époque de la Révolution. Ses fils qui habitaient avec elle la maison Pondrom en 1829, furent: Derote Antoine-Constantin-Louis-Joseph et Derote Philippe-Auguste.

Derote Antoine-Constantin-Louis-Joseph, né à Barmen, le 16 janvier 1800, professeur à l'Athénée de Luxembourg, puis directeur à l'école industrielle et commerciale de Verviers, directeur de la division de l'industrie au ministère de l'Intérieur à Bruxelles, consul général de Belgique en Algérie, à Naples, au Pérou, au Chili et dans la République Argentine; décédé à Buenos-Ayres, le 13 janvier 1867.

Derote Philippe-Auguste, né à Aix-la-Chapelle, le 29 mai 1803, professeur à l'Athénée de Luxembourg, puis professeur, recteur et administrateur-inspecteur de l'université de Gand; décédé le 13 novembre 1863. (Neyen, op. c°, T. III pp. 103 et 104, et Blum, op. c° Tome I, p. 195.)

Willmar Jean-Jacques-Madeleine, né à Luxembourg, le 6 mars 1792, avocat, puis secrétaire particulier du gouverneur, son père, contrôleur de première classe à l'administration des finances, inspecteur des impositions directes, juge au tribunal de Luxembourg, procureur général, député au Parlement de Francfort, administrateur des affaires étrangères, de la justice et des cultes, président du ministère, conseiller d'Etat, décédé à Luxembourg le 26 novembre 1866 (Neyen, op. c°, T. III, p. 469). Il avait épousé le 11 août 1831 Mademoiselle Munchen Jeanne-Madeleine-Eléonore qui lui survécut jusqu'au 16 février 1888 et qui, octogénaire, rendit le dernier soupir à l'ancien couvent des Dominicains

pour 1 capitaine.

---

où elle avait conservé ses appartements jusqu'à sa mort. Avec sa mise démodée, sa coiffure Louis-Philippe et sa caniche blanche qui ne la quittait jamais, Madame Willmar était une des figures typiques de la vieille ville.

Ambrosy Bernard, Vicaire honoraire de SS. le Pape Pie IX (capellanus extra muros), né à Colbet (Gonsdorf), le premier mai 1790, ordonné prêtre à Metz, le 19 septembre 1818; nommé vicaire à Junglinster, le premier octobre 1818, à Echternach, le premier juillet 1820 et à Luxembourg, paroisse de SS.Pierre et Paul, le 29 septembre 1825; curé à Wasserbillig, le 22 décembre 1827, et curé-doyen à Saint-Michel, à Luxembourg, le 6 novembre 1832; décédé à Luxembourg, le 28 janvier 1876. Son successeur comme curé-doyen à St.-Michel fut M. Bernard Haal (v. notes 48 et 69). M. le chanoine Jean Engling prononça son sermon funèbre le 3 février 1876 qui fut imprimé chez Pierre Brück.

Le Dr *Pondrom André*, né à Heisdorf, le 25 mars 1787; reçu docteur en médecine à Paris, le 20 juillet 1813, domicilié à Remich; en 1817 à Luxembourg; membre de la Commission médicale, le 13 décembre 1848; président de ce collège, le 23 mai 1849; membre-fondateur de la société des sciences naturelles, 1853; commandeur de l'Ordre de la Couronne de Chêne, le 19 février 1855; décédé à Luxembourg, le 24 mai 1859. (Neyen, op. c°, T. II, p. 59 et N. Liez, op. c°, p. 111.)

En 1861 le corps de bâtiments ayant formé l'ancien couvent des Dominicains fut acquis par l'*Association des Sœurs de charité de St.-François d'Assise*, fondée à Luxembourg, le 30 mars 1850, par Mademoiselle Anne-Elisabeth Dufaing d'Aigremont, en religion sœur Fran-comme fille des époux Godfroid Dufaing d'Aigrement et Marie-Josèphe-çoise, née à Izel (aujourd'hui Luxembourge belge), le 23 août 1804, Louise de Nonancourt. (Dans la Notice historique de l'hospice des Orphelins à Luxembourg par Tony Wenger, p. 111, le père est cité comme receveur des contributions directes à Wasserbillig, membre des Etats provinciaux ordre équestre et receveur-économe (de 1818—1831) des hospices civils à Luxembourg). . . . . . .

Se préparant à la vie religieuse par des actes de dévotion et de charité, Mademoiselle Dufaing habita d'abord (en 1847) une petite maison dans la ville-basse de Grund (aujourd'hui le n° 16 de la rue de Thionville, maison Muth); puis (en 1848) la maison Huberty au Marché-aux-Poissons (aujourd'hui le n° 1 de la rue du Breitenweg, maison Berchem-Laux) et enfin la maison Joachim, rue Chimay (actuellement le n° 14, v. note 44) où, avec 2 compagnes qui s'étaient jointes à elle, Mesdemoiselles Louise Augustin et Anne Goffinet, elle reçut le voile le 30 mai 1850. C'était le noyau de la nouvelle Congrégation qui prit le nom d'Association des Sœurs de Charité de Saint-François d'Assise et qui se développa rapidement.

Le premier juillet 1851 les sœurs furent chargées de la surveillance des femmes détenues aux prisons de l'Etat; le service intérieur de l'œuvre des Jeunes Economes leur fut confié en 1855, celui de l'internat des sourds-muets en 1891 et celui de l'œuvre de la Crèche en 1898.

8 *places.*

Des orphelinats furent établis par la Congrégation à Itzig, en 1865 et à Grevenmacher, en 1869, des filiales à Henrichapelle (Liége), en 1861 et à Mersch, en 1889, à Clervaux, en 1890, à Dalheim, en 1894, et à la Route d'Arlon (Hollerich), en 1912. En outre les sœurs sont occupées dans les localités suivantes: Beaufort (Echternach), Differdange, Dudelange, Larochette, Oberwiltz, Redange-sur-Attert, Schifflange, Steinfort, Wasserbillig et Wormeldange. (Voir: Verzeichnis der Kirchen und Geistlichen in der Diözese Luxemburg für das Jahr 1919, page 49.) Une clinique ophtalmique fut ouverte dans la maison-mère de la rue St.-Michel à Luxembourg en 1868.

Les statuts de l'association furent approuvés par arrêté royal grand-ducal du 27 mai 1856. (Cf. Leben der ehrwürdigen Mutter Franzisca Dufaing d'Aigremont, Luxembourg, St. Paulus-Gesellschaft, 1905, p. 65; Mémorial du G.-D. de Luxembourg, 1856, I, pp. 132—136.)

Des travaux de construction importants furent effectués aux bâtiments du couvent en 1895 d'après les plans de M. l'architecte G.-N. Serta dont le nom est taillé dans la pierre au pied de la tour est. Parmi ces travaux nous relevons la façade actuelle rue St. Michel avec ses deux tours, les emblêmes de la congrégation au-dessus de la porte d'entrée entre les statues des SS. François d'Assise et Antoine de Padoue et la chapelle avec la statue de la Vierge, du côté du chemin dit de la Corniche.

Le 26 août 1903, les sœurs acquirent la maison Michaëlis, nº 2, rue Wiltheim et le 11 juillet 1911 la maison Hanno, nº 1, rue St.-Michel (v. notes 72 et 77), pour y recevoir les nombreux malades et blessés confiés à leurs soins par l'effet des lois des 31 juillet 1901 resp. 5 avril 1902 relatives à l'assurance obligatoire des ouvriers contre les maladies et les accidents. Les 2 maisons réunies forment aujourd'hui l'établissement connu sous le nom de Clinique Saint-Joseph. La statue de St.-Joseph décore la porte d'entrée de la rue Wiltheim. . . . .

«Le but et les opérations de l'Association des Sœurs de charité de St. François d'Assise à Luxembourg consistent à mener une vie pieuse et conforme à la règle de son patron et aux statuts de l'association, à secourir les malades notamment les indigents à domicile et dans les établissements publics et privés, même en cas d'épidémie; à surveiller à la demande du Gouvernement les personnes détenues; à exercer d'autres œuvres de charité dans la mesure de ses moyens.»

Les humbles religieuses dont parlent ces lignes, n'ont jamais failli à la mission sublime définie par l'arrêté d'autorisation dans les termes qui précèdent. Témoins les établissements et institutions créés par elles et qui, florissants dès leurs débuts, ont rendu jusqu'à nos jours des services éminents à l'humanité souffrante et délaissée! Témoins les innombrables familles de la capitale et du pays qui ont vu, aux chevets de leurs malades et blessés ces anges de bonté et de douceur! Témoins la reconnaissance et la vénération dont les autorités et les populations luxembourgeoises entourent les petites sœurs du Marché-aux-Poissons, *d'Schwestercher fum Feschmârt!* . . . . .

Encore 12 places.[80])

233. *Damien Tandel,*[81]) propriétaire, le médecin *Dutreux,*[82]) locataire, 2 chambres avec cheminée pour 1 capitaine, en tems de paix pour 1 officier.

Pendant les premiers mois de la guerre de nombreux combattants blessés, français et allemands, étaient amenés par les services sanitaires le jour et la nuit à l'établissement des sœurs de charité. Des drapeaux blancs avec l'emblème de la Croix Rouge avaient été hissés sur les différentes bâtiments, et le quartier en avait pris l'aspect d'un vaste hôpital. Quant aux français internés dans la clinique St.-Joseph, les luxembourgeois s'ingénièrent à pénétrer chez eux pour leur témoigner leur sympathie, lorsqu'une consigne rigoureuse du commandement allemand vint brusquement mettre fin à leurs visites. Le Marché-aux-Poissons en prit son parti, mais dès que l'uniforme français apparut aux fenêtres du second étage où les soldats étaient logés, de toutes parts mains, chapeaux et mouchoirs s'agitèrent et hommes et femmes, grands et petits ne cessèrent de le saluer. On n'en resta pas là. Au moyen de ficelles lancées par eux on fit parvenir aux prisonniers des billets, du tabacs et des cigarettes et les communications étaient rétablies. Malheureusement l'ordre d'évacuer nos pauvres amis sur des camps de concentration allemands ne tarda pas d'arriver. — C'est les yeux pleins de larmes qu'ils nous ont quittés et c'est avec une douleur poignante que nous les avons vu partir: Victimes du devoir, ils souffraient en braves après avoir lutté en héros pour la cause de la Justice et de la Liberté, et ils étaient les dignes fils de cette terre de France vers laquelle allaient tous nos désirs et toutes nos espérances!

[80]) Aujourd'hui le numéro 1 de la rue de la Loge et propriété des héritiers J.-P. Wirth. Maison très ancienne, surtout la face tournée vers le Breitenweg avec ses fenêtres sans meneaux au premier et munies de meneaux en pierre au second étage.

[81]) Aujourd'hui le numéro 3 de la rue de la Loge et propriété des héritiers Emmel-Liégeois. *Damien Tandel*, marchand, époux de Catherine Remy, père de Charles-Nicolas-Damien Tandel, celui-ci époux d'Anne-Marie-Elisabeth-Josèphe-Rosalie Couturier, fille de Nicolas Couturier, pharmacien (v. Ons Hémecht, 1917, p. 247, et note 12). M. Neyen (op. c°, T. II, pp. 156—159) mentionne les deux fils suivants des époux Tandel-Couturier: Charles-Antoine Tandel, né à Luxembourg, le 28 mai 1801, successivement professeur à Echternach et à Breda, et inspecteur principal pour l'instruction primaire dans le Luxembourg belge; décédé à Arlon, le 11 septembre 1854; et Nicolas-Emile Tandel, né à Luxembourg, le 30 mars 1804, décédé à St.-Trond-lez-Paris, le 25 octobre 1850.

Du côté du Breitenweg, l'ancienne maison Tandel porte entre le premier et le deuxième étage, taillée dans un parpaing, l'inscription: *D.* Tandel, Année 1784. Les propriétaires actuels ont placé entre le deuxième et le troisième étage l'inscription: *Renouvelé en 1901.* Des ancres de construction sous la corniche forment le millésime 1862.

[82]) Le Dr Dutreux, du prénom de Jacques, locataire du sieur D.

9 places.

234. *Madame Labbaye,*[83]) la grande salle au premier étage avec une petite chambre au deuxième pour un capitaine, en tout tems selon la cathégorie.

6 places.

Tandel, était le fils du médecin Dutreux Georges et le père du Dr Dutreux Charles-Damien.

Dutreux Georges, né à Grevenmacher, le 7 mai 1745, chirurgien domicilié à Grevenmacher, vint tous les vendredis à Luxembourg, repartit le dimanche après et logea au *Duc de Lorraine*. Il mourut à Grevenmacher, le 9 octobre 1813.

Dutreux Jacques, né à Grevenmacher, en 1767, docteur en médecine et en chirurgie, nommé membre de la commission sanitaire plus tard dite médicinale du Grand-Duché, à la création de ce collège en 1818; fit gratuitement le service de médecin des pauvres de la ville de Luxembourg jusqu'à novembre 1913; y décéda le 14 juin 1823.

Dutreux Charles-Damien, né à Luxembourg, le 12 octobre 1795, décédé à Wiesbaden, le 18 juillet 1835, reçu docteur en médecine à Louvain, le 3 avril 1819; habitait d'abord Remich d'où il avait transféré son domicile à Luxembourg en 1824. (Cf. N. Liez, op. c°, p. 31 et 32.)

83) *Marie-Catherine Benus*, veuve *Labbeye*, née à Luxembourg en 1723, y décédée le 28 mars 1811, était la fille de Venceslas Benus, capitaine du régiment de Velen et de Marie-Adrienne Meys. Elle avait épousé *Jean-Baptiste Labbeye*, conseiller au conseil provincial et procureur général à Luxembourg, fils du Dr Guillaume Labbeye qui habitait Luxembourg au commencement du 18e siècle et qui d'après M. Neyen (op. c° T. III, p. 213) avait été le premier médecin des pauvres de cette ville, nommé à ces fonctions par les Etats du Pays duché de Luxembourg et comté de Chiny le 7 février 1711.

Si nos renseignements sont exacts, Jean-Baptiste Labbeye avait épousé en premières noces à Luxembourg, le 9 novembre 1728, Angélique Eyden, fille de l'avocat Jacques-Bernard Eyden. Dans les registres de la paroisse de St.-Michel se trouvent les actes de naissance de 8 enfants des époux Labbeye-Benus. Le nom est écrit tantôt *L'abbé*, tantôt *L'abbeye, Labey, Labbaye* et *Labbeye*. L'acte de naissance du fils Charles-Antoine-Joseph, né le 6 novembre 1735 mentionne comme parrain le baron Duprel, seigneur d'Erpeldange et comme marraine la dame Marie-Josèphe de Muglo de Vienne. C'est probablement lui, qui, le 13 nivôse an XI (3 janvier 1803) avait été nommé curé-doyen de Wiltz, mais qui mourut avant de pouvoir y entrer en fonctions. — Un Labbeye Henri a défendu, étant prêtre, des thèses théologiques au collège de Luxembourg, en 1782. (Voir: M. Blum, Bibliographie luxembourgeoise, Tome I, p. 665.)

Dans le registre aux certificats de résidence la dame Labbeye figure comme ayant demeuré sans interruption à Luxembourg depuis sa naissance jusqu'au 11 avril 1807. La maison, aujourd'hui le n° 5 de la rue de la Loge, est celle qu'occupait également la communauté der merciers

235. La veuve de *Jean Frisinger* donne une chambre au deuxième étage sur le devant avec cheminée pour 6 hommes, en tems de paix ne peut loger.

6 places.[84]) (A suivre.)

---

et qui héberge aujourd'hui la Loge maçonnique (v. note 69. Voir aussi «Une association républicaine à Luxembourg» (dans «Ons Hémecht», 1895, pp. 210—214) qui avait été établie dans la même maison.) Estimée 4100 livres, elle fut adjugée, le 4 février 1797 pour le prix de 6900 livres à Eustache Krieger et louée à Marlet, receveur des domaines du département. (Cf. Lefort, op. c°, p. 282.)

La façade se signale aux regards par ses contours réguliers, ses deux portes d'entrée dont l'une est actuellement condamnée, ses larges fenêtres à petites vitres, un cartouche en pierre et des traces d'autres ornements. D'après un article signé *D.* (pseudonyme de feu M. *Fischer-Ferron* de Luxembourg) et publié dans le n° 168 du quotidien «*L'Indépendance Luxembourgeoise*», le 17 juin 1895, sous le titre *Excursions archéologiques à Luxembourg*, «des fenêtres de la maison Fischer, rue de la Boucherie sont garnies d'appuis en fer forgé fort bien travaillés qui proviennent de la maison des merciers.» Ces appuis parent toujours les fenêtres du 2e et du 3e étage de la maison Fischer, actuellement la propriété de M. Al. Kuborn, pharmacien, n° 4, de ladite rue.

Dans le jardinet situé derrière le bâtiment et supporté vers le Breitenweg par une muraille haute de 7,50 mètres, on voit l'orifice d'un égout pourvu d'une grille mobile ancienne. Une pierre fixée dans le mur y contigu porte ces indications sur la date de la construction du réceptacle:

I. A. C.
N. R.
1770
V. X.

Cette inscription nous semble, en effet, pouvoir être déchiffrée comme suit: *Illuc ante constructum novum receptaculum 1770 5a octobris.*

[84]) Aujourd'hui le numéro 7 de la rue de la Loge et propriété de M. Leopold Schock qui l'a acquise des héritiers Bonn. Auparavant propriété de M. Gontier-Grigy qui y avait ajouté une construction nouvelle du côté de la rue de la Loge.

Denis-Ambroise Gontier, époux de Heloïse-Honorine Grigy, né à Chailly (France), le 11 juillet 1811, depuis 1833 agent général de la compagnie d'assurances contre l'incendie «La Paternelle» (aujourd'hui M. Léon Klensch) et inventeur, est décédé le 4 décembre 1886, âgé de 75 ans, dans la maison susdite qu'il avait habitée pendant une quarantaine d'années. Il s'était fixé à Luxembourg vers 1840, venant de Meaux, où il avait été clerc d'avoué. A part quelques publications d'ordre technique, il est l'auteur d'un commentaire de notre constitution de 1848 et d'une codification de nos lois intitulée: *Les vingt-cinq codes de la Législation Luxembourgeoise*, dont la première édition parut en 1842 et la quatrième et dernière en 1886. Celle-ci forme un volume de 1424 pages avec cette épigraphe:

Das Eligiusamt zu Luxemburg.

II. — Der Name und der Schutzheilige des Schmiedeamtes.

Die Organisation der luxemburger Schmiede, Schlosser, Kesseler, Wagener, Sattler und Seiler nannte sich in den offiziellen Aktenstücken «Das schmidtsamecht und sant Loyenbruderschaft».

Dieser Doppelname legt die Vermutung nahe, die Organisation könne wohl durch eine Verbindung oder Verschmelzung von zwei vorher getrennt gewesenen Vereinigungen entstanden sein. Ein flüchtiger Blick auf das Wesen und Wirken der Organisation genügt jedoch, um die Grundlosigkeit dieser Vermutung zu erkennen. Trägt ja auch heutzutage manche Gesellschaft zwei oder mehrere Namen. Wird doch dieselbe Musik von den Mitgliedern Fanfare, Harmonie u. ä. genannt, während die übrigen Ortsbewohner sie nur Musikverein, oder vielleicht einfach die Gesellschaft nennen. Je nach den Umständen wird dieselbe Gesellschaft mit ganz verschiedenen Namen bezeichnet.

So nannte man im gewöhnlichen Sprach- und Schriftgebrauch die Schmiedevereinigung bald «schmidtsamecht», bald sant «Loyenbruderschaft», je nachdem das handwerkliche oder das religiöse Moment mehr im Vordergrund stand. Daß die Organisation von Anfang an ein einheitliches Ganzes war, geht aus dem 1. Artikel der Statuten hervor, wo in demselben Satz die Ausdrücke «schmidtampt» und «Bruderschaft des lieben Sant Loyen» zur Bezeichnung desselben Vereins angewandt werden. Das erhellt ferner aus den Akten des Meisterwahlprozesses,

---

«Un bon gouvernement, sans milice ni garde,
La Liberté pour tous! Les sabres au fourreau.
Un suisse, à Luxembourg, avec sa hallebarde
Suffit, même en peinture, aux portes du château.»

A la fin du livre nous lisons ces paroles touchantes qui reflètent le caractère de l'homme de cœur et du travailleur modeste et désinteressé qui les a écrites:

«A mes abonnés.

La première édition de cet ouvrage, parue en 1842, fut suivie de 10 ans en 10 ans, par les deuxième et troisième. En annonçant cette quatrième-ci, j'ai dit que c'était mon testament. Comme je n'ai droit à aucun des monuments réservés aux grands hommes, j'ai voulu m'en faire un à ma taille. Le voilà et, maintenant, je suis prêt à aller rejoindre ceux que j'ai le plus aimés et qui m'ont précédé dans la tombe:

Geoffroye, avocat-avoué, maire de Meaux, mon patron;
Mergen, mon directeur général à la Paternelle;
Lamort (Jacques), aussi grand cœur que grand industriel;
Simonis (Charles), avocat-avoué, maire de la ville;
Simonis (Mathias), président du Gouvernement;
Metz (Norbert), administrateur général des finances, si bienveillant pour moi.

Je ne terminerai pas sans remercier, de grand cœur, Messieurs les abonnés, de leur marque de confiance et les prie de me garder un bon souvenir en récompense d'un travail dont je n'ai voulu aucun profit.»

(Voir Blum, op. c°, Tome I, p. 365—366.)

wo die Schmiede und Schlosser als Rescribentenpartei den hergebrachten Amtsnamen «schmidtsamecht» und «sant Loyenbruderschaft» stark betonen und darauf hinweisen, daß ihrer Organisation gerade unter dieser Bezeichnung alle Privilegien verliehen worden seien.

Es ist auffallend, daß der Name «Zunft» nur vorübergehend und selten in den Schriften des Schmiedeamtes gebraucht wird. Die Vereinigung wird von Anfang an *ambachti*, etwas später *amecht* oder *amicht*, nachher gewöhnlich *ampt* oder *amt* genannt. — Das von unsern Vätern gekannte und geübte Amicht war nur mehr ein ferner, und zwar schwacher und falscher Nachklang des frühern gewerblichen Amichts. Mit diesem hatte es nur mehr den Namen gemein.[1])

Mit Vorliebe nannten die Luxemburger ihre Handwerkervereinigungen «*Bruderschaft*». Und mit Recht. Dieser Name kennzeichnet am besten den wesentlich demokratischen und tiefchristlichen Geist, der sie beseelte. Alle Amtsmitglieder waren, ohne Rücksichtnahme auf die draußen geltenden wirtschaftlichen oder sozialen Abstände, unter sich Brüder. Der Generalgubernator des Herzogtums, der Markgraf von Baden, die Äbte von Münster und Echternach, die Pfarrer von St. Nikolaus und

---

[1]) Bis in die Mitte des 19. Jahrhunderts hinein kannte unser Volk noch in einzelnen Gegenden den Namen und Gebrauch des Amicht mit einer andern Bedeutung. München erzählt in seiner Geschichte (S. 313), er habe das letzte Amicht i. J. 1792 zu Kruchten bei Vianden gesehen. Der in den 1850er Jahren zu Erpeldingen angestellte Pfarrer Kalbersch bemühte sich, die Erinnerungen seiner Pfarrkinder zu sammeln und erfuhr, daß bis vor kurzem die Amicht jährlich auf einer Insel in der Sauer bei Erpeldingen abgehalten und mit einem kräftigen Mahl beschlossen worden sei. Zu Wiltz bestand das Amicht als Junggesellen-Verein bis in die Mitte des vorigen Jahrhunderts.

Die genannten Amichter bildeten nur noch Zerrbilder des ehrwürdigen mittelalterlichen Handwerkeramichts. Sie waren Vereinigungen der Junggesellen des Dorfes oder der Pfarrei, die sich jedes Jahr zu Anfang des Monats Mai neu konstituierten, während der Frühlings- und Sommerzeit jeden Samstagabend zusammenkamen und am Kirmesmontag oder Dienstag ihre Tätigkeit mit einem feierlichen Hochgericht unter freiem Himmel beschlossen. In ihrer ersten Samstagssitzung wählten sie aus ihrer Mitte einen Hochgerichtsherrn, einige Schöffen und einen Boten. Das Stadtoberhaupt behielt sich das Recht vor, ihre Beschlüsse zu bestätigen. Sie hatten die Aufgabe, die Feld-, Wald- und Baumfrevel sowie die sittlichen Vergehen der Jugend mit den Strafmitteln der Volksgerechtigkeit, mit Vermahnung oder Verprügelung zu ahnden. Der Gewohnheit gemäß mußte ein Jüngling, der auf der Strasse mit einem Mädchen redete, drei Schritte von demselben entfernt stehen bleiben. Hatte er in diesem oder einem andern Punkt die allgemein geltenden Regeln der Schicklichkeit ausser acht gelassen, so traf ihn am folgenden Samstag das Strafurteil des Amichts.

Die jährliche Kirmessitzung hatte einen mehr unterhaltenden Charakter. Auf dem öffentlichen Platz in oder bei der Ortschaft kamen alsdann die Neugierigen von nah und fern zusammen. Die Machthaber des Amichts saßen hoch zu Roß und hatten die feierliche Amtsmiene aufgesetzt. Ein Spaßmacher, hielt mit einer langen Stange, an deren äußerstem Ende eine geblähte Schweinsblase (s. v.) baumelte, die Zuschauer in respektvoller Entfernung. Er würzte zugleich die Verhandlungen mit mehr oder minder derben Witzen, für die er einige Taler erhielt. In der Mitte des Platzes stand ein Strohmann, welcher alle Frevler und Untaten des ganzen Jahres darstellte. Der Richter zählte lang und breit alle seine Vergehen auf, erteilte ihm eine derbe Rüge mit Schimpfungen und Schmähungen und übergab ihn zum Schluß dem Boten, der ihm dann unter dem jubelnden Beifall der Zuschauer mittels Strang oder Schwert das nichtswürdige strohmännische Leben nahm.

(Vergleiche auch Nik. Gredt. Das Amecht. Eine mythologische Studie, veröffentlicht im Programm des Luxemburger Athenäums von 1870—71, Seite 45—63.)

St. Ulrich, hatten im Amt seit dem Tage ihrer Aufnahme nicht mehr Rechte und nicht weniger Pflichten als der kleine, russige Nagelschmied, der mittags sein karges Speck- und Erbsengericht mit seinem borstigen Hunde teilte.

In dem Namen Bruderschaft fand auch die tiefchristliche Lebensauffassung, die der Zunft zu Grunde lag, ihren besten Ausdruck. Das Christentum gab den Grundton und markierte fest und sicher den Schritt der in seinem Geist organisierten und wirkenden Zunft. Gerade diese schöne Harmonie zwischen Lebensanschauung und Amtsordnung bewahrte vor Zersetzung und sicherte auf Jahrhunderte hinaus den Bestand dieser Vereinigungen.

Aus den religiösen Anschauungen der Mitglieder erwuchs das Bestreben der Zünfte, sich unter den Schutz eines Heiligen, vorzüglich eines heiligen Handwerkskollegen zu stellen. Nach dem Vorbild ihrer Amtsbrüder aus Frankreich und den Niederlanden wählten die luxemburger Schmiede zu ihrem Patron den hl. Bischof **Eligius** und nannten ihr Amt ihm zu Ehren die Eligius-, Eligy-, sant louis-, sant Aloysii- oder sant Loyenbruderschaft.

Eligius, geboren im Jahre 588 zu Cataillac im Limousin, erlernte das Handwerk beim Goldschmiedemeister Abbon zu Limoges. Nach Beendigung seiner Lehrlings- und Gesellenzeit ging er nach Paris, wo ihn Bobbon, der Schatzmeister des Königs Clothar II. kennen und schätzen lernte. Den Grund zu seiner Erhöhung legte Eligius durch gewissenhafte Ausführung eines Auftrags. Clothar hatte ihm zur Goldbesetzung eines Sattels die für nötig erachtete Menge Gold übergeben lassen. Kurze Zeit nachher lieferte Eligius nicht nur einen Sattel, sondern zwei, die er mit dem anvertrauten Gold reich, kunstgerecht und geschmackvoll besetzt hatte, ab. Clothar ernannte ihn darauf zum königlichen Münzmeister. Viele Münzen, die unter ihm hergestellt wurden, tragen seinen Namen. Von seiner Kunstfertigkeit legen noch heute die Reliquienschreine, welche er für verschiedene Kirchen, namentlich für St. Denis anfertigte, beredtes Zeugnis ab. — Gleich ausgezeichnet durch Frömmigkeit und Wissensstreben bestieg Eligius im Alter von 51 Jahren den Bischofsstuhl von Noyon. Seine Diözese dehnte sich bis in die Niederlande aus. Dieses weite Feld genügte jedoch seinem Seeleneifer nicht. Er trug das Licht des Evangeliums bis zu den fernen Frisen, Dänen und Schweden. Er starb am 1. Dezember 665 und ward in der nach ihm benannten Kirche von St. Leu in seiner Bischofsstadt begraben. Sein Leben ward von seinem frühern Freund, St. Ouen, den er am Hof Clothars kennen gelernt hatte, geschrieben.

Bekanntlich genießt der hl. Eligius bei den Eisen- und Goldschmieden in Frankreich große Verehrung. Sein Festtag, der 1. Dezember, wird feierlich durch einen eigenen Gottesdienst in der Kirche und durch Festversammlungen in profanen Lokalen begangen. Auch hierzulande hat er nicht nur seinen Platz im Brevier und im Meßbuch der Diözese, sondern viele Pfarreien verehren ihn als ersten oder zweiten Patron. In der Liebfrauenkirche zu Luxemburg errichten ihm zu Ehren die Schmiede alljährlich am Montag nach dem 1. Dezember einen kleinen Altar und begehen sein Fest mit levitiertem Segenamt und Prozession. Über und in manchen Werkstätten ist noch heute, sowohl in der Hauptstadt wie auf dem Lande, seine Statue zu sehen.

(Fortsetzung folgt.)

Alt-Echternach.

(Schluß.)

III.

Echternach entwickelte sich kräftig unter dem Schutze der Landesherren und des Krummstabes. Nach dem Urbar der Grafschaft Luxemburg,[1]) betrug der Herdzins Echternachs — 'pars comitis — für das Jahr 1310 neunzehn resp. 22 Pfund 8 solidi; macht der Anteil des Grafen die Hälfte der ganzen Abgabe aus, so entspricht diese einer Bevölkerung von ungefähr 3600 Einwohnern, d. h. einer für die damaligen Verhältnisse außergewöhnlichen Volkszahl.

Das Stadtregiment war geteilt zwischen Fürst und Abt. An der Spitze der Verwaltung stand der Richter; ihm zur Seite die Schöffenbank. Der Schultheis war der Vertreter der Hoheitsrechte des Abts.

Der Name «Richter» darf den Laien nicht in Irrtum führen. Die

[1]) Herausgegeben von N. v. Werveke, p. 24.

eigentlichen Richter, im heutigen Sinne des Wortes, waren ausschließlich die Schöffen; der justiciarius hatte bloß die Urteile zu vollstrecken. Der Schwerpunkt seiner Amtsbefugnisse lag also durchaus auf dem Verwaltungsgebiete; hier aber hatte er der städtischen Verwaltung in allen ihren Beziehungen vorzustehen. Die Wahl des Richters, der im Prinzip nur ein Jahr im Amte verblieb, lag bei dem im Amte stehenden Richter, dem Schultheis, den Schöffen und der ganzen Gemeinde,[1] die landesherrliche Bestätigung war aber unumgänglich nötig. Die Besoldung erfolgte durch den Landesfürsten, den Abt und die Stadt; sie bestand der Hauptsache nach in einem bestimmten Anteil an verschiedenen Gefällen. Auch besaß der Richter das Recht, einmal im Jahr, von Echternach an bis zur Wasserbilliger Brücke, die Sauerwehre zu befischen; während dieser Zeit durfte niemand auf der Sauer von einem Echternacher Bürger gepfändet werden.[2])

Die Schöffenbank bestand aus sieben Mitgliedern, die ihre Stellung auf Lebenszeit bekleideten. Die Ernennung erfolgte durch den Abt, mit Rat des Gerichtes. Das Institut hat sich aus den altfränkischen Rachinburgen entwickelt. Die Franken kannten das System des Einzelrichters nicht; bei ihnen war das Richteramt einem siebenköpfigen Kollegium anvertraut.

Man weiß, daß die Trennung von Justiz und Verwaltung sich ziemlich spät vollzogen hat; so war auch die Zuständigkeit der Schöffen noch keineswegs auf die Grund- und Mittelgerichtsbarkeit beschränkt: sie führten auch die städtischen Angelegenheiten. Sie gehörten alle der reichen Klasse an; größtenteils waren es kluge, erfahrene Männer, deren Geschäftskenntnis und praktisches Wissen dem Gemeinwesen zugute kam.

In diesen Händen lag nun, bis zum 17. Jahrhundert, die Weiterentwicklung des Volksrechts. Der Rahmen dieser Besprechung gestattet uns nicht, in Einzelheiten einzugehen; wir können nur die größern Richtlinien angeben.

Eine Eigentümlichkeit der Echternacher Weistümer fällt direkt auf: sie bieten ein buntes Gemisch ribuarischen und salischen Rechts dar. Der ribuarische Gerichtsschreiber ist urkundlich für Echternach nachweisbar; auch die Termine entstammen durchaus dem ribuarischen Volksrecht. Bei der Eigentumsübertragung an Grundstücken sind die Investitursymbole («halm und mund») salisch, während die Formalität der Auffassung selbst die ribuarische Gerichtlichkeit verlangt, aber auch schon die einfachen Bedingungen des salischen Rechts — die Gegenwart zweier Schöffen als bindend anerkennt. Der Abtrieb (retrait lignager) hält sich streng an salisches Recht: es liegen hier Spuren der uralten Feldgemeinschaft vor. Die ältesten Urkunden Echternachs bezeugen ferner, daß das fränkische Institut der Salmannen — Stellvertreter

---

[1]) Die Gemeinde war vertreten durch die sieben Letzenmeister. Den Letzen Echternachs entsprechen die 7 Pflegen Luxemburgs sowie die 7 Rotten Diekirchs. — Die Benennungen („letze" u. „rotte") legen die Vermutung nahe, daß es sich hier um militärische Verbände handelt, denen die Verteidigung der Stadt oblag.

[2]) Man lächelt unwillkürlich; und doch ragt ein Überbleibsel dieser alten Selbstherrlichkeit bis in die moderne Gerichtsverfassung hinein, die Gerichtsferien nämlich.

des Schenkgebers beim Schenkungsakt — in unserer Gegend gebräuchlich war. Das Erbrecht folgt im allgemeinen den Bestimmungen des gemeinen germanischen Rechts. Die Lebensfähigkeit des neugeborenen Kindes bestimmte sich nach einem Anzeichen («die Wände beschreien»), das vielleicht dem allamannischen Volksrecht entnommen ist. Die Rechtsgleichheit beider Geschlechter hat sich ziemlich zeitig durchgesetzt; dem überlebenden Ehegatten standen weitgehende Erbansprüche zu, die bei uns erst das Gesetz von 1905 wieder eingeführt hat. Das Eintrittsrecht (droit de représentation), das bekanntlich in Nordfrankreich nur mühsam aufkam, ist in absteigender Linie für unsre Gegend schon ziemlich früh bezeugt; es war unserm Landrecht von 1611 vorbehalten, die Seitenlinie damit zu bedenken, in direktem Anschluß an das römische Recht.

Die Geldbußen — bekanntlich gehört die Gefängnisstrafe erst der Neuzeit an — bewegen sich in bescheidenen Grenzen. Das Asylrecht ist in Echternach besonders reich gegliedert; hier ist der Einfluß des Klosters und des kanonischen Rechts unmittelbar fühlbar. Letzterm ist es auch wohl zu verdanken, daß die Schlafkammer des Schuldners jeglicher Pfändung entzogen war.

Eine zweite Eigentümlichkeit der Echternacher Weistümer ist ihre überraschende Ähnlichkeit mit den Rechtssatzungen der Stadt Luxemburg. Diese Tatsache ist vielleicht auf den Umstand zurückzuführen, daß Kurtrier beiden Städten als Oberhof diente. Nur das Pfandrecht weist einen bemerkenswerten Unterschied auf: während in Echternach gegen Ende des 16. Jahrhunderts noch das Verfallpfand gilt, ist in Luxemburg um diese Zeit bereits das Verkaufspfand eingeführt.

Wir haben schon gesehen, daß die Schöffen auch an der städtischen Verwaltung teilnahmen. Ein Hauptgebiet ihrer administrativen Tätigkeit lag naturgemäß in der Überwachung der städtischen Finanzen. Leider sind wir über die Finanzgebarung Echternachs ziemlich spärlich unterrichtet. Die Schwierigkeiten liegen nach zwei Richtungen. Einmal sind die Anfänge des Steuerwesens überhaupt in tiefes Dunkel gehüllt. Es hält schwer, die eigentliche juristische Natur einer Abgabe mit Sicherheit zu bestimmen, da öffentliche und privatrechtliche Momente sich stets durchdringen. Im allgemeinen läßt sich nur sagen, daß die Verbrauchsabgaben älter sind als die direkten Steuern.

Sodann walten in Echternach besonders verwickelte Finanzverhältnisse ob: wir haben Territorialsteuern, städtische Einnahmen und Klostereinkünfte zu unterscheiden. Einzelne Abgaben verteilen sich gleichmäßig zwischen Landesfürst und Abt; andre wieder verbleiben dem Erheber ganz.

Dem Kloster gehörten ursprünglich, als dem Grundherrn, die meisten Abgaben; von ihnen haben Landesherr und Stadtgemeinde im Laufe der Zeit an sich gerissen, was sie vermochten.

Der Herdpfennig, dessen Erfalltermine (Herbst und Frühjahr) auf den alten Schaftzins hinweisen, fiel je zur Hälfte an den Fürsten und an das Kloster. Wahrscheinlich verhielt es sich ebenso mit dem Ungeld, einer richtigen Verbrauchssteuer, die aus Frankreich stammt und mit dem heutigen Octroi eng verwandt ist. Im allgemeinen traf diese Abgabe den Verkäufer; beim Getreidehandel aber war die Steuer vom Käufer zu tragen. Diese differenzierende Maßnahme bezweckte, der Stadtbevölkerung die Zufuhr der wichtigsten Nahrungsmittel zu sichern; sie ist bloß ein Glied in jener langen Reihe von Satzungen, zu denen die Lebensmittelpolitik der Städte im Mittelalter ihre Zuflucht nehmen mußte und die sich teilweise in einzelnen Polizeireglementen unsrer Städte erhalten haben.

Die Bußen, sowie die Gerichtsgefälle, stellen auch wichtige Einkommen dar; sie dienten zur Besoldung der Gerichtsorgane.

Neben diesen indirekten Abgaben taucht auch die eigentliche direkte Steuer auf, das sogenannte «portengelt», dessen bereits in einem Echternacher Weistum des 16. Jahrhunderts Erwähnung geht. Aus der angeführten Stelle geht klar hervor, daß es sich um eine Kopfsteuer handelt, die nach den «porten», d. h. den Stadtquartieren erhoben wurde. Die Echternacher Bürger zahlten die Hälfte; der Rest wurde aus den Einkünften der Gemeindewiesen gedeckt. Die Steuer aber, die den Übergang darstellt aus dem feudalen Abgabensystem zu den neuzeitlichen Staatssteuern, finden wir in den «aides». Für Echternach sind sie schon für 1356 bezeugt. Die Bedeutung dieser Steuer liegt darin, daß sie der jedesmaligen Bewilligung der Landstände bedurfte. Sie stellen also nicht bloß die erste Steuer im modernen Sinne dieses Wortes dar; sie sind auch der Ausgangspunkt des heutigen Budgetrechts und der modernen Volksvertretung.

Die Einnahmen des Klosters auf städtischem Gebiet bewegen sich im Rahmen der althergebrachten grundherrlichen Abgaben. Weinzins und Zehnt, Frohnden («achtertage»), gewisse Marktabgaben — sie alle bezeugen deutlich den Ursprung dieser Steuern. Die klösterlichen Finanzquellen gestatten manchen interessanten Einblick in das Wirtschaftsleben Alt-Echternachs. Aus ihnen ersehen wir z. B. daß die Sauer damals noch zum Holzflössen diente, und daß das Gipsbrennen bereits in unsrer Gegend bekannt war. Die Marktzölle, die den Verkauf von Lebkuchen trafen, beweisen, daß die Echternacher schon früh die Kunst verstanden, schmackhafte Lebkuchen herzustellen, ein Gegenstück zu den bekannten Viandener «Kränzchen». In beiden Fällen liegt wohl der Einfluß der Klosterbäckerei vor.

Die rein städtischen Einnahmen sind naturgemäß zuletzt erschlossen worden. Diese Einkünfte, die der Hauptsache nach in dem Wage- und Wegegeld, der Weinaccise und den Erträgnissen der städtischen Ländereien bestanden, dienten fast ausschließlich der Ausbesserung der Festungsbauten und des kommunalen Wegenetzes. Die städtische Sozialpolitik war erst im Entstehen begriffen; das Spital wird indessen schon früh erwähnt. Die Volksschule zog im 15. Jahrhundert in Echternach ein; ein Weistum von 1497 belehrt uns, daß der Abt den Lehrer zu bestellen hatte.

Die Entwicklung des städtischen Finanzwesens vollzog sich zögernd; die Fehler der mittelalterlichen Finanztechnik machten sich auch in Echternach geltend. Die Einschätzung war mangelhaft; vor allem aber fehlte das Prinzip der fiskalen Kasseneinheit: Richter und Schöffen Accismeister und Ammichtsmeister — sie alle hatten Einnahmen zu empfangen und Ausgaben zu decken. Wenn auch der «Bauwmeister» eine Art Steuereinnehmer abgab, so liefen die Einnahmen und Ausgaben doch keinesfalls in ihrer Gesamtheit durch seine Kasse. Es war einer viel späteren Zeit vorbehalten, die städtischen Sonderhaushaltungen auszuschalten und alle Einnahmen und alle Ausgaben einer Zentralkasse zu überweisen.

Wir wissen schon, daß der Freiheitsbrief ein gewisses städtisches Selbstverwaltungsrecht anerkannte; wir dürfen uns jedoch hinsichtlich dieser Autonomie keiner Täuschung überlassen. Richter und Schöffen waren zugleich Vertreter des Landesherrn, des Abts und der Stadtgemeinde; man weiß, was das bedeutet. Diese Unklarheit in den Verwaltungsorganen mußte bei der geringsten Interessenkollision zu Tage treten. Deshalb ging auch das Streben der Bürger dahin, eine eigene Ratsbehörde zu stellen. Von diesen kommunalen Verfassungskämpfen wissen wir nicht viel; mit Sicherheit steht nur fest, daß die ganze Bewegung von den Zünften ausging. Die Reform der Ratsverfassung vollzog sich also nicht durch die Gesamtheit der Bürger, sondern lediglich durch die gewerblichen Untergruppen derselben, durch die Zünfte. Es ist wahrscheinlich, daß diese waffentüchtigen und geldstarken Innungen sich der Behörde unentbehrlich zu machen wußten, besonders in jenen Zeiten, wo die Fehden so häufig waren. Die Folge davon war die Anerkennung politischer Rechte, eine Erscheinung, die der jetzige Weltkrieg wiederum gezeitigt hat. In den Nachbarstädten Trier und Metz spielte sich der Vorgang gegen Ende des 13. Jahrhunderts ab; unsre Städte humpeln über ein volles Saeculum nach. In Echternach erscheinen die ersten Zunftmeister in der Mitte des 15. Jahrhunderts.

Die Zünfte, unter ihren «ammichtsmeistern», griffen zunächst in die Gemeindeverwaltung ein durch die Regelung ihrer gewerblichen Interessen; es gelang ihnen auch, ein eigenes Korporationsgericht durchzusetzen. Für die Macht und den praktischen Blick der Echternacher Zünfte ist die Tatsache bezeichnend, daß es ihnen glückte, dieses ursprünglich reine Korporationsgericht zu einer Art Sühneinstanz mit weitgehender Zuständigkeit auszubilden. Trotz langjähriger Kämpfe mit den Schöffengeschlechtern um die Demokratisierung der städtischen Verfassung, war es unsern Zünften versagt, die Oberaufsicht der Schöffen abzuschütteln, bis die Ohnehosen 1795 in Echternach einzogen, und die staatsbürgerliche Freiheit in den blutigen Falten der Trikolore mitbrachten. Und wiederum bewährte sich der alte Erfahrungssatz, daß zeitgenössische Ereignisse schwer richtig zu bewerten sind. Unsre Altvordern griffen zu den «Kleppeln», und gar manche von ihnen gaben ihr Herzblut hin in den Öslinger Hecken oder auf dem Glacis zu Luxemburg, für eine Sache, die unwiderruflich der Vergangenheit angehörte.

IV.

So, oder doch ungefähr so, berichtet uns Professor Dr. Kapp über die Geschichte Echternachs und seiner Freiheit. In acht scharf umrissenen Kapiteln führt er uns von den Uranfängen Echternachs bis zu der ersten Versammlung unserer Landstände. Die Darstellung fließt klar und gemeinverständlich dahin; die Hauptpunkte heben sich deutlich hervor und gestatten einen überraschend richtigen Einblick in die verworrenen Zustände des Mittelalters.. Vielleicht hat der Verfasser die neuere Literatur etwas vernachlässigt; der Literaturvermerk weist klaffende Lücken auf, die den rein wissenschaftlichen Wert der Arbeit nicht unwesentlich beeinträchtigen. Wohltuend aber wirkt die Liebe des Autors zu seiner engern Heimat, die aus manchen Zeilen dem Leser warm entgegenströmt. So möge denn das Büchlein Kapp's in unsre Lande gehen, und viele Freunde werben.

Armand STUMPER.

Zum Fest des hl. Laurentius.

10. August.

I. Martertod und Verehrung zu Rom.

Der hl. Laurentius ist einer der gefeiertsten Martyrer der katholischen Kirche. Sein Fest wird mit einer Oktav begangen. Die Väter der alten Kirche haben seinem Lobe ihre Beredsamkeit geweiht. Denn daß das Heidentum in Rom gänzlich zusammenbrach und das Christentum die Oberhand gewann, wird seinem Gebete, seinem glorreichen Martertod zugeschrieben. Er ist der Patron der Stadt Rom bis auf den heutigen Tag. An dem Grabe des Heiligen wurden Wunder in großer Zahl gewirkt.

Laurentius gehörte zu den sieben Diakonen der römischen Kirche unter dem Papst Sixtus, der im Jahre 257 dem hl. Papst Stephanus folgte. Weil er trotz seiner Jugend zum Ersten der Diakonen ernannt worden, geben mehrere Väter dem hl. Laurentius den Namen Erzdiakon des Papstes. Dieses Amt erforderte große Umsicht und Klugheit. Der Erzdiakon hatte die Aufsicht über den Schatz der Kirche und mußte die Einkünfte unter die Armen verteilen.

Als der Präfekt von Rom vom hl. Diakon die Auslieferung der Kirchenschätze verlangte, verteilte Laurentius allen Reichtum der Kirche an die Witwen, Waisen, Kranken und Armen, und führte diese dem römischen Stadtvogte vor mit den Worten: «In diesen Armen erblicke die Schätze der Kirche.» Der getäuschte Präfekt geriet in Wut und ließ einen glühenden Rost bereiten, um den jugendlichen Diakon darauf zu martern. Der Heilige bestand mutig die Feuerqual und sprach bei der Marter das denkwürdige Wort:' «Nun laß mich wenden, eine Seite ist genug gebraten.» Dann betete er um die Bekehrung Roms und starb glorreich für den Glauben. Seine Standhaftigkeit in der Marter war der Untergang der Abgötterei, die von diesem Augenblick an immer mehr in Verfall geriet.

Schon in frühester Zeit wurde der Laurentiustag in der Kirche mit voraufgehendem Fasttage gefeiert, und lange Zeit war der Todestag des hl. Laurentius unter allen Heiligen, die Apostel ausgenommen, nicht bloß dem Klerus, sondern auch dem Volk als Festtag vorgeschrieben.

In Rom wurde schon zur Zeit Konstantins über dem Grabe des Heiligen eine Kirche erbaut, welche heute zu den sieben Hauptkirchen gehört und St. Laurentius extra muros heißt. Eine andere ihm daselbst geweihte Kirche ist St. Laurentius in Damaso. Überhaupt gibt es in Rom sechs Kirchen, die den Namen dieses Heiligen tragen. Am berühmtesten sind San Lorenzo in Lucina, wo der Rost aufbewahrt wird, und San Lorenzo in Paneperna, errichtet an dem Orte, wo er litt und in der Krypta begraben liegt.

Die Kaiserin Eudoxia erbaute im Jahre 439 zu Konstantinopel eine ihm geweihte Kirche. Die Laurentiuskirche in Straßburg ist die erste und älteste Pfarrei der Stadt und Diözese Straßburg.

Gelenius erzählt (de Coloniae magnitudine, lib IV ad 10.), daß Karl der Große der Kirche im Mühlgau (später Gladbach) bedeutende Reliquien des hl. Laurentius geschenkt habe. Die Priester dieser Kirche hätten dieselben bei dem Einfall der Ungarn unter dem Baptisterium vergraben, was später im Jahre 974 dem Erzbischofe Gero Veranlassung gegeben habe, die Benediktiner-Abtei zu gründen, worin noch das Haupt des hl. Laurentius aufbewahrt werde.

2. Bildliche Darstellung.

Zur Erinnerung an den hl. Laurentius wurden im 8. Jahrhundert *römische Münzen* mit seinem Bildnisse geschlagen. Er wird auf *Kirchenbildern* dargestellt jugendlich mit edlen Gesichtszügen, im Diakonengewande, mit dem rechteckigen Rost zu seinen Füßen, dessen Stangen sich kreuzen oder parallel laufen. Das Marterwerkzeug, zwei Meter lang, wird als denkwürdige Reliquie in der St. Laurentiuskirche zu Rom aufbewahrt.

Bisweilen trägt der Heilige auf Kirchenbildern in der Hand *eine Schüssel mit Kirchengeräten oder Goldmünzen*. Auch schwingt er wohl als Diakon das Rauchfaß oder hat ein Kreuz und ein Evangelienbuch in der Hand.

Sein Leben und *sein Martertod* wurden schon früh in der christlichen Kunst dargestellt, z. B. in den Fresken der Vorhalle der Kirche San Lorenzo bei Rom, besonders von dem frommen Maler Fiesole in der Laurentiuskapelle des Vatikans, und häufig auch in den Glasmalereien des 13. und 14. Jahrhunderts.

Zu erwähnen und zu erklären ist noch das *Abzeichen des Falken*, das die alte Kunst dem hl. Laurentius zuteilt. Das soll seine Bereitwilligkeit anzeigen, womit er in die Gefangenschaft des römischen Präfekten zurückkehrte. Wie der Falke, wenn er auch frei durch die Luft jagt, wieder auf die Faust seines Herrn in freiwillige Gefangenschaft zurückkehrt, so begab sich auch der heilige Laurentius, nachdem er alle Güter der Kirche verteilt hatte, um sie räuberischen Händen zu entziehen, wieder freiwillig in den Kerker zurück.

Besonders häufig wurde *der Martertod* des Heiligen abgebildet, wie er auf dem Rost über glühenden Kohlen leidet, so von:

dem berühmten Maler *Tizian* in S. Maria de Gesuiti zu Venedig;

Michel Desublio im Altarbild von S. Maria della Misericordia zu Venedig;

J. Ribera zu Dresden;

E. Le Sueur; das Bild war in der Kirche S. Germain l'Auxerrois' zu Paris und ist zu Grunde gegangen;

Rubens, das Bild befindet sich heute in München.

Das größte Denkmal des hl. Laurentius ist das prächtige *Eskurial* in Spanien, das berühmte Hieronymitenkloster San Lorenzo, 50 Kilometer nördlich von Madrid, wo die spanischen Könige begraben liegen. Es besteht aus einem Palast, einem Kloster und der Totengruft. Das Eskurial wurde vom König Philipp II. von Spanien infolge eines 1557 in der Schlacht von St. Quentin getanen Gelübdes durch die Baumeister Juan von Toledo und Juan de Herrera 1563 bis 1584, also in 21 Jahren erbaut. Es kostete 6 Millionen Dukaten. Im Hinblick auf die Leidensgeschichte seines Patrones, des hl. Laurentius, erhielt das Gebäude die Gestalt eines Rostes. Das ganze Wundergebäude besteht aus einem großen Rechteck, an dessen vier Enden mächtige Türme, die Füße des Rostes vorstellend, angebracht sind und das seiner Breite nach von noch drei Gebäuden durchzogen ist. Der Grundriß des Baues sollte soviel Höhe haben, als der Rost Quadrate. Ein Flügel läuft von der einen Breitseite aus und soll den Stiel des Rostes vorstellen.

Von den Maßen kann man sich eine Vorstellung machen, wenn man bedenkt, daß es 190 Meter lang, 174 Meter tief und 30 Meter hoch ist. Das Gemäuer aus dunkelgrauem Granit durchbrechen 1100 Fenster. Der hervorragendste Teil des Gebäudes ist die Kirche mit ihrer 75 Meter hohen Kuppel. Sie enthält unter ihren Kunstwerken unter anderen Altargemälde von Ribera und eine Kreuzabnahme von Dürer. Die Grabstätte der spanischen Könige unter der Kirche enthält 26 Grabmäler.

3. Kirchenpatron.

Sankt Laurentius ist der Patron von vielen Städten und Kirchen, so der Städte Nürnberg, Merseburg, Wismar, Warendorf, des Stiftes Havilberg.

In einigen *Städtewappen* ist sein Abzeichen, der Rost, zu sehen, so in der Stadt Warendorf,

Ein weltgeschichtliches Ereignis, dessen Tragweite für ganz Deutschland von der größten Wichtigkeit war, hat, wie Kampfschulte nachweist, viel dazu beigetragen, daß der hl. Laurentius so oft zum Kirchenpatron erwählt wurde.

Schon seit dem 9. Jahrhundert hatten sich die wilden Magyaren Deutschland als das Erntefeld für ihre Raubzüge ersehen. König Heinrich I. nahm ihnen, als sie im Jahre 924 einen neuen Einfall machten, einen ihrer Führer gefangen und erkaufte durch dessen Freigebung einen neunjährigen Waffenstillstand. Die Jahre der Ruhe benutzte Heinrich, mit dem Ehrennamen „der Städtegründer“, so klug, daß er im Jahr 933 bei Merseburg einen großen Sieg über die abermals eingebrochenen Horden erfocht. Im Jahre 955 hatten aber die Magyaren diese Niederlage völlig verschmerzt und rückten in großer Zahl und wilder Mordlust und Beutegier bis Augsburg vor. Hier erwartete sie aber Heinrichs Sohn, Otto I.

Auf den 10. August, den Tag des hl. Laurentius, wurde die Schlacht angesetzt. Den Tag zuvor beging der König als einen Festtag und bereitete sich auf den Empfang der hl. Sakramente vor. Der hl. Ulrich, Bischof von Augsburg, leitete die religiöse Vorbereitung auf den entscheidenden Tag. Am Morgen des 10. August wohnte der König Otto dem hl. Meßopfer bei, empfing die hl. Kommunion und machte das Gelübde, zu Ehren des Tagesheiligen, des hl. Laurentius, das Bistum Merseburg wieder herzustellen. In der Schlacht gewann König Otto einen entscheidenden Sieg, so daß die Magyaren begannen ihr räuberisches Nomadenleben aufzugeben. Einem der folgenden Kaiser aus dem sächsischen Stamme, dem hl. Heinrich II., gelang es, dem Christentum in Ungarn Eingang zu verschaffen.

Nach erfochtenem Siege löste Otto sein Gelübde und der hl. Laurentius wurde für ihn und für alle seine Mitstreiter und für das ganze gerettete Deutschland ein besonderer Lieblingspatron und ihm zu Ehren sind seitdem *viele Kirchen geweiht.*

In der *Erzdiözese Köln* sind ihm 27 Pfarrkirchen und 8 Kapellen geweiht; nämlich die Pfarrkirchen zu Laurenzberg, Dekanat Aldenhoven; Berg-Gladbach, Dek. Bensberg; Büsdorf, Esch und Quadrath, Dek. Bergheim; Laurenzberg, Dek. Burscheid; Merzenich, Dek. Düren; Elberfeld; Elmpt, Dek. Erkelenz; Asbach, Dek. Erpel; Gressenich, Dek. Eschweiler; Steele, Dek. Essen; Puffendorf, Dek. Geilenkirchen; Odenkirken, Dek. M.-Gladbach; Lessenich, Dek. Herzel; Heppendorf, Dek. Kerpen; Oberdollendorf, Dek. Königswinter; Ensen, Dek. Mülheim; Iversheim, Dek. Münstereifel; Mintard, Dek. Ratingen; Neukirchen-Swist, Dek. Rheinbach; Mondorf, Dek. Siegburg; Burscheid, Dek. Solingen; Marmagen, Dek. Steinfeld; Dattenfeld, Dek. Uckerath; Mackenbach, Dek. St. Vith und Hohkeppel, Dek. Wipperfürth; sowie die Kapellen zu Niederkastenholz, Pfarrei Flamersheim, Dek. Münstereifel; Dreisel, Pfarrei Dattenfeld und Beiert, Pfarrei Winterscheid, Dek. Uckerath.

Im *Bistum Trier* sind dem hl. Laurentius geweiht 25 Pfarrkirchen, nämlich zu Waldrach, Morscheid, Dockweiler, Seffern, Erdorf, Hülzweiler, Geichlingen, Saarburg, Zerf, Longuich, Olmscheid, Sien, Moselweiß, Ahrweiler, Bremen, Masburg, Wallhausen, Beulich, Niederfell, Oberwinter, Laufersweiler, Seesbach, Leutesdorf, Wolfsweiler und die St. Laurentius- und Liebfrauenkirche zu Trier. Die frühere Laurentiuskirche zu Trier stand in der Nähe der heutigen Basilika am Palastplatz und wurde im Jahr 1803 niedergelegt, worauf die Pfarrei von St. Laurentius die Liebfrauenkirche neben dem Dome zur Pfarrkirche erhielt.

Im *Bistum Münster* sind unter Anrufung des hl. Laurentius geweiht die 7 Pfarrkirchen zu Lembeck, Senden, Warendorf, Westkirchen, Uedem, Grefrath, Langförden bei Vechta, und die 2 Kapellen auf der Hengelburg bei Stadtlohn und zu Beyeringhausen bei Waltrop.

Im *Bistum Osnabrück* sind dem hl. Laurentius geweiht die Kirchen zu Neuenkirchen und Schladehausen.

Im *Bistum Paderborn* sind ihm geweiht 12 Pfarrkirchen und 16 Kapellen, nämlich die Pfarrkirchen zu Bünde, Bruchhausen, Thüle, Clarholz, Arnsberg, Erckhausen, Schorfenberg, Erwitte, Plattenberg, Neuastenberg, Erfurt, Salzwedel, und die Kapellen zu Nordborchen, Meerhof bei Oesdorf, Westerwiese bei Neuenkirchen, Schreibershof bei Drolshagen, Bickern bei Eickel, Elleringhausen bei Bigge, Canstein bei Heddinghausen, Rösenbeck bei Thülen, Theten bei Elspe,

Emlingshausen bei Kohlhagen, Küstelberg bei Medebach, Herhagen bei Reiste, Rudersdorf bei Trongarteichen, Sieveringen bei Westönnen, Ebbinghof bei Wormbach, und Bodenrode bei Westhausen.

Im *Bistum Luxemburg* ist der hl. Laurentius Hauptpatron der 6 Pfarrkirchen zu Diekirch, Grevenmacher, Lorenzweiler, Linster, Strassen und Syren und der Kapelle zu Enscheringen.

In Grevenmacher ist es Brauch, dem Bild des hl. Laurentius an dessen Festtag, 10. August, eine frühreife Traube zu verehren, wie an einigen andern Orten der Mosel der Brauch verlangt, dem Bild der hl. Anna an deren Festtag, dem 26. Juli, eine frühereife weiße oder rote Traube zu verehren, wenn dies nur irgendwie möglich ist.

Nach der siegreichen Schlacht über die Ungarn auf dem Lechfeld bei Augsburg, am 10. August 955, breitete sich die Verehrung des hl. Laurentius auch rasch über Bayern und Österreich.

Im *Erzbistum Salzburg* stehen seit uralter Zeit schon manche Kirchen unter seinem Schutz; so die Pfarrkirche zu Mattsee, 1474 geweiht, 1776 bis 1779 umgebaut; — Kleinarl, 1443 wurde als Filiale von Altenmarkt die gothische Kirche erbaut und geweiht, 1775 erweitert, am 10. August 1884 Kirche und Altar geweiht. — Ernbach, 1344 Filiale von Taxenbach, 1508 aufs neue geweiht, 1783 vergrößert; — Piesendorf, 1230 Seelsorgskirche, die gothische Kirche wurde 1516 geweiht und 1850 umgebaut; — Bromberg, 1150 Filliale von Stuhlfelder, 1243 selbständige Pfarre für Ober-Pinzgrau, 1887 bis 1889 erweitert; — Wörgl bei Kufstein, 1212 urkundlich Filiale von Kirchbühel; Kirche 1748 neugebaut, letzte Kirchweihe 10. September 1844; — die Filialkirche Althofen bei Mariapfarr, erste Taufkapelle Lungaus.

Im *Bistum Brixen:* Stans und Wattens, Dek. Schwaz; Baumkirchen, Dek. Hall; Tristach, Dek. Lienz; St. Lorenzen,. Dek. Bruneck; Schleiß, Dek. Mals; Biechelbach, Dek. Breitenwang.

Im *Bistum Linz:* Altheim, Abtstorf bei Frankenmarkt, Gaspolthofen, Grawastetten, Kirchham, Pfarrei aus dem 14. Jahrhundert, Kleinzell, Molla, Münzbach, Pattigham bei Ried, Schardenberg, Dek. Schärding, Ungmach bei Vöklabruck, Weichstetten bei Neuhofen und Steyr.

In *Kärnten:* Reichenau, 1216 geweiht, Glanhofen, 1065, Stein im Jauntale, 1238 u. a.

In *Seckau:* Edelschrott, ob Eibiswald, Gleisdorf, Hengsberg, St. Lorenzen, unter Knittelfeld, im Würztale, im Paltentale ob Scheifling, am Wechsel, Übelbach.

In *Bayern:* Ainring, Altmühldorf; Bernau, Dek. Söllhuben; Hart, Dek. Traunstein; Obing, Dek. Höslwang; Stamham, Dek. Kirchberg am Im; Tengling, Dek. Tittwoning; Stiftspfarre Tittwoning, ehemaliges Salzburgisches Collegiatstift; sowie die Filialen Freitsmas, Pfarre Palling; Freitheim, Pfarre Eißelfing-Wasserburg; Heining, Pfarre Laufen; Mauthausen bei Reichenhall und Wimmern bei Tiesendorf.

Weil der hl. Laurentius auf den Bildern den Rost als Attribut hat, verehren ihn *die Köche* als ihren Schutzpatron. Weil er Feuerqualen leiden mußte, wird er auch als *Schutzheiliger gegen Feuersbrunst* angerufen.

4. Wetterregeln und Volksgebräuche.

In den sprichwörtlichen Wetterregeln wird der hl. Laurentius oft genannt. So heißt es: An Sankt Anton, 17. Januar, die größte Kälte, am Sankt Laurenz, die größte Hitze; die eine wie die andere dauert nicht lange.

In Frankreich und in Italien beginnt am Laurentiustag die Nuß- und Mandelernte; weshalb man sagt: Sankt Lorenz kommen die Nüsse mit dem Rocke; oder: Am Tag von Sankt Lorenz eßt hundert Mandeln.

In der Eifel und bei uns versichert man: Sankt Laurenz bringt eine lang anhaltende Trockenheit oder eine Strenz, anhaltendes Regenwetter.

In Oberschlesien wird der Laurentiustag der erste Herbsttag genannt.

Für *das Wetter* am Laurentiustag gelten nachfolgende Bauernregeln:

**Laurentius heiter und gut
Einen schönen Herbst versichern tut.**

**An Sankt Laurenti Sonnenschein
Bedeutet ein gutes Jahr für den Wein.**

**An Sankt Laurentius
Man pflügen muß.**

**Lorenz und Barthel (24 August) schön
Wird der Herbst auch gut ausgehn.**

**Freundlicher Barthel und Lorenz
Machen den Herbst zum Lenz.**

**Lorenz muß rein sein
Soll guter Wein sein.**

**Ist's hell an dem Laurentiustag
Man Früchte sich viel versprechen mag.**

**Ist Lorenz ohne Feuer
Gibt schlechten Wein es heuer.**

Eine merkwürdige *Volkssitte* hat sich in Spanien und auch in manchen Gegenden Deutschlands erhalten. Man gräbt am Fest des hl. Laurentius zwischen 11 und 12 Uhr vormittags den Garten auf und meint, daß dann immer größere und kleinere Kohlen zum Vorschein kommen, die man an anderen Tagen an den nämlichen Plätzen nicht finde. (Stadler, Lexikon 3, S. 708.)

5. Ortschaften mit dem Namen des Heiligen.

Weil die Spanier den hl. Laurentius als ihren Landsmann und Landespatron verehren, so findet sich der Name dieses Heiligen oft in den Teilen der neuen Welt, die von den Spaniern zuerst besetzt wurden. Wir erinnern nur an die Namen: San Laurenzo, Nebenfluß des Paraguay, St. Lorenzo mit dem Lorenzobusen in Nordamerika, die Städte Louwrenceboourg in Tenesse und Louwrenceville in Illinois, die Insel St. Lorenzo bei Kalifornien u. a. — Auch in andern Ländern haben einzelne Ortschaften den Namen des Heiligen, so Lorenzweiler in Luxemburg, St. Lorenzen in Steiermark und St. Lorenzen in Tirol und viele andere.

Alex KOENIG.

Vereinsnachrichten.

Der unerbittliche Tod hat uns wieder vier liebe Mitglieder, wovon die drei letzten, aus erster Stunde, entrissen. Es sind:

1. Der hochw Herr **Herchen Johann Baptist,** Pfarrer zu Merscheid (Dekanat Vianden), gestorben allda am 24. April 1919.

2. Der hochw. Herr **Cravat Nikolaus,** emeritierter Pfarrer von Mertert, gestorben zu Diekirch, den 3. Mai 1919.

3. Herr **Witry Michel August,** Notar zu Echternach, gestorben allda, den 3. Juni 1919.

4. Der hochw. Herr **Thewes Heinrich,** emeritierter Pfarrer von Mœsdorf (Dekanat Mersch), gestorben zu Bonneweg, den 6. Juni 1919.

Mögen sie ruhen in Gottes heiligem Frieden!

Den betreffenden Familien unser herzlichstes Beileid!

Der Vorstand.

Subskriptionsliste.

Übertrag . . .	313.25	Fr.
E. F. in D.	3.75	„
A. J. in C.	6.25	„
A. R. in L.	25.00	„
J. P. N. in R.	6.25	„
B. M. in F.	0.75	„
J. B. in M.	6.25	„
A. S. in L.	8.75	„
J. P. D. in H.	6.25	„
J. L. in B.	5.00	„
A. K. in W.	10.00	„
B. S. in L.	100.00	„
W. G. in L.	6.25	„
E. K. in B.	15.00	„
N. M. in H.	6.25	„
J. Z. L.	2.00	„
Total . . .	521.00	Fr.

Literarische Novitäten und Luxemburger Drucksachen.

Appel à la Ville de la part de la Commission centrale du Monument du Souvenir. St. Paulus-Druckerei. Luxemburg. S. d. (1919.) — 1 p. in 4°.

Bourse du travail de Luxembourg. Rapport annuel de la Commission administrative pour l'année 1918. Luxembourg. Imprimerie Joseph Beffort. 1919. — 12 pp. pet. in 4°.

Catalogue de la Bibliothèque de l'Art à l'École. Luxembourg. N° 1. Luxembourg. Imprimerie Jos. Beffort. 1919. — 7 pp. in 8°.

Crahay Octave. Hommage des Mères de la France à la Patrie française. Le Dernier. Mélodie. Poésie. Musique de J.-P. Beicht. 1914—1918. Luxembourg. Imprimerie P. Worré-Mertens (J.-P. Worré, successeur). 1919. — 3 pp. Lex. in 8°.

Diderrich Arthur. Les Luxembourgeois à la Légion étrangère 1914—1918. Préface du capitaine Henry Bordeaux, Membre de l'Académie Française. Luxembourg. Linden & Hansen, Editeurs, 11, rue la Boucherie. S. d. (1919.) — 37 pp. in 8°.

Ejk. De Prisóne'er. Steck an engem Akt frei nom Kotzebue (Der Gefangene). Zum e'schte Mol obgefe'ert zu Letzeburg an der Lies am Wanter 1917. Letzeburg. Drock a Verlag vum P. Worré-Mertens, J. P. Worré, Nofolger. 1919. — 23 SS. in 8° mit einem Plane im Texte.

Idem. D'Miissi. Eng Farce an engem Akt mat Gesank frei no enger deitscher Geschichtchen (R. Lehnhard). Zum e'schte Môl opgefe'ert zu Letzeburg an der Lies am Wanter 1918. Letzeburg. Drock a Verlag vum P. Worré-Mertens, J.-P. Worré, Nofolger. 1919. — 19 SS. in 8°.

Fédération nationale des Eclaireurs du Luxembourg. Boy-Scouts luxembourgeois. Annuaire 1919. Linden & Hansen, Imprimeurs, Luxembourg. (1919.) — 72 pp. in 8° avec un portrait et 28 gravures.

Frau. (Die Luxemburger) Wochenbeilage des „Luxemburger Wort". — gr. in fol. Wöchentlich erscheinendes Blatt, dessen Nr. 1 datiert ist vom 23. Mai 1919.

Klein Edmund Joseph. Hygienisches und Ethisches vom Rauchen, besonders vom Rauchen der Jugendlichen. Vortrag gehalten in der Generalversammlung des „Vereins für Volks- und Schulhygiene" im Januar 1919. (Luxembourg. Linden & Hansen. 1919.) — 16. SS. in 8°.

Laskine Edmond. Luxemburg's wirtschaftliche Vergangenheit und Zukunft. Vortrag gehalten am 15. Dezember 1918 in der „Salle des Agriculteurs de France", in Paris, 8, rue d'Athènes, unter dem Protektorat des „Oeuvre des Soldats Luxembourgeois engagés volontaires au Service de la France", und der luxemburger Abteilung der „Idée française". Uebersetzt von Emile Etienne. 1919. J. Schroell (Paul Schrœll, Nachfolger), Diekirch. — 29 SS. in 8°.

Nemry Léon. L'Avenir économique du Grand-Duché de Luxembourg. Critique des Travaux de la „Commission d'étude des problèmes économiques posés par la guerre et ses conséquences éventuelles." Mars. 1919. (Luxembourg), Imprimerie St. Paul. 1919. — 126 pp. in 8°.

Idem. Die wirtschaftliche Zukunft des Großherzogtums Luxemburg. Kritik der Arbeiten der „Kommission für das Studium der durch den Krieg hervorgerufenen wirtschaftlichen Probleme und deren eventuellen Folgen. Uebersetzung. März 1919.

Luxemburg. Buchdruckerei Linden & Hansen. 1919. — 128 SS. in 8°.

(Neyen Johann August.) Luxemburger Bauernkalender. Kalender für Acker- und Gartenbau für das Jahr 1919, welches ein gewöhnliches Jahr von 365 Tagen ist. 17. Jahrgang. Luxemburg. Druck und Verlag von Joseph Beffort. 1919. — VIII+XVI+136+4+36 SS. in 8° mit 12 Vignetten.

Nothomb Pierre. Histoire belge du Grand-Duché de Luxembourg. Nouvelle Edition. Augmentée d'une Préface: Le Luxembourg et la Belgique. Paris. Librairie académique Perrin et Cie, Libraires-Editeurs. 35, Quai des Grands-Augustins, 35, 1918. Evreux, Imprimerie Ch. Hérissey. — XXXII+74+ 1 pp. in 8°.

Orientierung (Die wirtschaftliche) des Großherzogtums Luxemburg. Allgemeiner Bericht der Kommission (für das Studium der durch den Krieg hervorgerufenen wirtschaftlichen Fragen im Großherzogtum Luxemburg. (Uebersetzung [aus dem Französischen]). Luxemburg. Druck von Joseph Beffort. 1919. — 47 SS. in 8°.

Prüm Xavier. The Problem of Luxemburg. The Knickerbocker Press. New York. 1919. — XIV+2+76+1 SS. in 8° mit 4 geographischen Kärtchen im Texte und 8 Tafeln.

Schneider Nikolaus. Skizzen aus dem altbabylonischen Wirtschaftsleben. O. O. n. D. n. Dr. (Luxemburg. St. Paulus-Gesellschaft. 1919.) — 7 SS. in 8°.

Verband (Allgemeiner) der landwirtschaftl. Lokalvereine des Großherzogtums Luxemburg. Die Zukunft unserer Landwirtschaft. Denkschrift zur Frage der wirtschaftlichen Neuorientierung unsers Landes verfaßt im Auftrage des Vorstandes und Aufsichtsrates des A. V. L. L. Luxemburg. Druck der St. Paulus-Gesellschaft. 1919. — 38 SS. in 8°.

Verein für Volks- und Schulhygiene. Vereinsjahre 1917 und 1918. Verhandlungen, Vorträge Besichtigungen. Vierzehnter und fünfzehnter Jahrgang. Buchdruckerei Linden & Hansen, Luxemburg, O. D. (1919.) — 62 SS. in 8°.

Wampach Nikolaus. Erle'st. Patriotescht Lid fir Gesank a Piano. Erënnerung un den 21. an 22. November 1918. Musek vum V. Goldschmit. Drock a Verlag vum P. Worré-Mertens (J. P. Worré, Nofolger), Letzeburg. (1919). — 5 SS. Lex. in 8°.

Wenger Tony. Miettes d'histoire. Autour d'une Chapelle. (Extrait des Publications de la section historique.) Luxembourg. Imprimerie M. Huss. 1913. — 12 pp. in 8°.

P. Wilms Hieronymus. O. P. Sühnende Liebe im Leben und in der Gründung der Mutter Dominika Klara Mœs. Zweite Auflage. Dülmen i. W. A. Laumann'sche Buchhandlung, Verleger des heiligen Apostol. Stuhles. O. D. (1919.) — 95+1 SS. in 8°, mit dem Porträt der Mutter Klara.

Ons Hémecht.

Organ des Vereines für Luxemburger Geschichte, Literatur u. Kunst.

Herausgegeben vom Vereins-Vorstande.

25. Jahrgang. — 7. und 8. Heft. — Juli und August 1919.

Jeder Autor ist verantwortlich für seine Arbeit.

Ausserordentliche Generalversammlung der "Hémecht".

Eine solche wird stattfinden am **Donnerstag, 31. Juli,** um 3 Uhr nachmittags, im Vereinslokale, Haus Praum, Fleischerstraße 11.

Ihrer besonderen Wichtigkeit wegen, erlaubt sich der Vorstand, die Vereinsmitglieder höflichst und **inständigst** zu bitten, recht zahlreich beiwohnen zu wollen.

TAGESORDNUNG:

1. Approbation des Protokolls der Generalversammlung vom 10. April 1919.
2. Demission, resp. Wahl eines Vorstandsmitgliedes.
3. **Das 25 jährige Jubiläum der «Hémecht». Besprechung, resp. Vorschläge zur würdigen Begehung desselben.**

DER VORSTAND.

Verein für Luxemburger Geschichte, Literatur und Kunst.

Cercle historique, littéraire et artistique de Luxembourg.

Verzeichnis der Mitglieder. — Liste des membres.

A. — Gründungs-Mitglieder (Membres fondateurs). *)

Hr. *Blum Martin*, Benefiziat zu U. L. Frau an der Kathedrale, Präsident des Vereines, Luxemburg, Prinzenring 23.

*) Von den 18 Gründungsmitglieder ist eines aus dem Vereine ausgetreten und außer den vier nachbenannten, die übrigen mit Tod abgegangen.

Hr. *Clemen Paul*, Hypotheken-Bewahrer, Luxemburg.
Hr. Dr *Herchen Arthur*, Professor am Gymnasium, Clausen.
Hr. *Kraus Mathias*, Buchhändler, Luxemburg.

B. — Ehren-Mitglied (Membre d'honneur).

Hr. Dr *Mongenast Mathias*, ehemaliger Finanzminister, Luxemburg.

C. — Vorstandsmitglieder (Membres du Comité).

Hr. *Blum Martin*, Benefiziat zu U. L. Frau an der Kathedrale, Luxemburg, Präsident.
Hr. *Kæsch Johann Peter*, Rechnungsrat an der Eisenbahn Wilhelm-Luxemburg, Luxemburg-Bahnhof, Vize-Präsident.
Hr. Dr *Medinger Paul*, Professor an der Industrie- und Handelsschule, Luxemburg, Sekretär.
Hr. *Warken Johann*, Architekt-Expert, Hollerich, Kassierer.
Hr. Dr *Klein Josef Edmund*, Professor am Gymnasium, Luxemburg. Beisitzender.
Hr. *Rupprecht Alfons*, Polizeikommissar, Luxemburg, Beisitzender.
Hr. . . . ., Beisitzender.

D. — Wirkliche Mitglieder (Membres effectifs).

Hr. *Bassing Theodor*, Organist und Gemeindesekretär, Vianden.
Hr. *Brück-Faber Johann Peter*, Administrator der Staatlichen Besse-Besserungsanstalten ,Stadtgrund.
Hr. *Claude Johann Peter*, Vize-Konsul von Spanien, Esch an der Alz.
Hr. *Diderrich Emil*, Gasthofbesitzer, Bad-Mondorf.
Hr. *Dumont Willy*, Gärtner, Hamm.
Hr. *Faltz Michel*, Kaplan, Ermsdorf (Medernach).
Hr. *Funck-Eydt Peter*, Architekt, Luxemburg.
Hr. Dr *Gœrgen Wilhelm*, Professor, Luxemburg.
Hr. *Jacoby Adolf*, Lic. theol. Hofprediger, Pfarrer der protestantischen Gemeinde, Clausen.
Hr. *Knepper Johann Peter*, Distriks-Architekt, Diekirch.
Hr. *Kœnig Alexander*, Pfarrer, Waldbredimus.
Hr. *Küborn Heinrich*, Pfarrer, Düdelingen.
Hr. *Lamesch Wilhelm*, emeritierter Lehrer, Walferdingen.
Hr. *Lech Friedrich*, emeritierter Dompfarrer, Kanonikus, Luxembg.
Hr. *Ludovicy Peter*, Brauerei-Direktor, Eich.
Hr. *Meyers Theodor*, Pfarrer und Dechant, Körich.
Hr. *Molitor Peter*, Buchführer, Hollerich, Karmeliterstraße.
Hr. *Müller-Storck Michel*, Lehrer, Limpertsberg.
Hr. *Schlechter Dominik*, Kaufmann, Limpertsberg.
Hr. *Schmit Johann*, Obergerichtsschreiber, Limpertsberg.
Hr. *Sevenig Jos.*, Pfarrer, Bad-Mondorf.
Hr. *Spedener Gregor*, Bureauchef der Postverwaltung, Luxemburg.
Hr. *Stomps Wilhelm*, Hofmusikalienhändler, Luxemburg.
Hr. *Thill Johann*, Angestellter der St. Paulus-Druckerei, Neudorf.
Hr. *Thill Mathias*, Lehrer, Esch an der Alzette.

Mr. *Vannérus Jules*, Archiviste, Anvers.
Mr. *Welter Ferréol*, pharmacien, Rodemack (Lorraine).
Hr. *Wenger Tony*, Rentner, Limpertsberg.
Hr. *Werner Heinrich*, Pfarrer, Wormeldingen.
Hr. *Zieser Johann*, Pfarrer, Garnich.
Hr. *Zorn Wilhelm*, Pfarrer, Säul (Post Mersch).

E. — Korrespondierende Mitglieder (Membres correspondants).

Hr. *Albrecht Paul*, Feldwebel der Militärkapelle, Luxemburg.
Hr. Dr *Bech Joseph*, Advokat-Anwalt und Deputierter, Luxemburg.
Hr. *Beck Michel*, Unterbureauchef der Regierung, Luxemburg.
Hr. Dr *Bian Felix*, Notar, Redingen an der Attert.
Hr. *Biermann Ernest*, Domvikar, Luxemburg.
Hr. Dr *Biever Victor*, praktischer Arzt, Differdingen.
Hr. *Bintener Wilhelm*, Coadjutor am Konvikt, Luxemburg.
Hr. *Birnbaum Johann*, Werkmeister an der Staatshandwerkerschule, Limpertsberg.
Hr. *Bisdorff Johann*, emeritierter Pfarrer, Daundorf (Bad-Mondorf).
Hr. *Bisdorff Theophil*, Kaplan, Ingeldorf.
Hr. *Biwer*, Unternehmer, Esch an der Alzette.
Hr. *Blum Franz*, Rentner, Burglinster.
Hr. *Blum Josef*, Klempnermeister, Pfaffental.
Hr. *Blum Ludwig*, Chemikeer, Esch an der Alzette.
Hr. *Bock Joseph*, Vikar-Sakristan an der Kathedrale, Luxemburg.
Hr. *Bormann Johann*, Pfarrer, Weimerskirch.
Hr. *Bormann Johann Baptist*, Pfarrer, Limpertsberg.
Hr. Dr *Bourg Leon*, Notar, Cap.
Hr. *Bové Peter*, emeritierter Pfarrer, Diekirch.
Hr. *Braun Johann Peter*, Lehrer, Wasserbillig.
Hr. *Brück Hubert*, Sekretär der Staatsanwaltschaft, Luxemburg.
Hr. Dr *Burg Georg*, Professor am Priesterseminar, Luxemburg.
Hr. *Chomé Emil*, ehem. Direkt. des Roheisen-Syndikates, Hollerich.
Hr. Dr *Clasen Bernard*, Advokat-Anwalt, Luxemburg.
Hr. *Clees Johann*, Pfarrer, Oberwiltz.
Hr. *Clemen Michel*, Pfarrer, Ehleringen.
Hr. *Clemens Andreas*, Pfarrer, Beckerich.
Hr. *Clement Hubert*, Lehrer, Esch an der Alzette.
Hr. *Collart August*, Generaldirektor, Luxemburg.
Hr. *Collnig Albert*, Bildhauer, Hollerich, Av. Michel Rodange 8.
Hr. Dr *Colling Prosper*, Pfarrer der Herz Jesu-Pfarrei, Esch a. d. A.
Hr. Dr *Dasburg Viktor*, praktischer Arzt, Fels.
Hr. *Demander Nikolaus*, Pfarrer, Syren.
Hr. *Demuth Adolf*, Pfarrer, Weicherdingen.
Hr. *Diderrich Arthur*, Stud. juris, Mondorf-les-Bains.
Hr. *Dienhart Joh. P.*, Zeichner, Feldgenstraße, Haus Reiners, Holler.
Hr. *Dornseiffer Peter*, Stadtbeamter, Luxemburg.
Hr. Dr *Dühr Aloys*, Professor, Luxemburg.
Hr. *Düttmann-Krombach*, Rentner, Birler. Barrière, Sandweiler.
Hr. *Eichhorn Alfons*, Notar und Deputierter, Mersch.

Hr. *Elinger Johann*, Pfarrer, Limpach.
Hr. *Erasmy Mathias*, Pfarrer, Bonneweg.
Hr. *Eydt Karl*, Gewerbe-Inspektor, Luxemburg.
Hr. Dr *Eydt Karl*, Advokat, Luxemburg.
Hr. Dr *Faber Johann*, Tierarzt, Wiltz.
Hr. *Faber-Esslen Paul*, Buchdrucker, Grevenmacher.
Hr. *Feldes Emil*, Hüttendirektor, Differdingen.
Mr. *Florange*, Publiciste, Clamart (Seine), 1, rue du Sud.
Hr. *de la Fontaine Henri*, Rentner, Limpertsberg.
Hr. *Franck Johann*, Accisenbeamter, Luxemburg, Bahnhof-Av. 8.
Hr. Dr *François Ernest*, Advokat-Anwalt, Diekirch.
Hr. *Frantz Bernard*, Pfarrer Eischen.
Hr. *Gengler Alfons*, Pfarrer, Niederanven.
Hr. *Gevelinger Joseph*, Privatpriester, Luxemburg.
Hr. *Gillen N. J.*, Limpertsberg, Johann-Straße 31.
Hr. *Gœtzinger Paul*, stud. juris, Sandweiler.
Hr. *Grob Michel*, cafetier, Petruß-Ring, Luxemburg-Bahnhof.
Hr. *Guill Karl*, Bauunternehmer, Grevenmacher.
Hr. *Guillaume Peter*, Pfarrer, Ellingen.
Hr. *Gushurst Felix*, Pfarrer, Redingen an der Attert.
Hr. *Hansen-Netzer*, Kaufmann, Luxemburg-Bahnhof.
Hr. *Hansen-Stehres*, Kaufmann und Deputierter, Diekirch.
Hr. *Harsch Joh. Bapt.*, stud. pharm., Grevenmacher.
Hr. *Hartmann Ludwig*, Generalpräses, Arsenalstraße, Luxemburg.
Hr. *Heckmes Dominik*, Domchorregent, Glacis.
Hr. *Heinerscheid Johann*, Gerichtsschreiber, Limpertsberg.
Hr. *Hemmer*, Postperzeptor, Ettelbrück.
Hr. *Hemmer Edouard*, Notar, Deputierter, Cap.
Hr. P. *Hentges Dominik*, S. J., Xaverius-Haus, Limpertsberg.
Hr. *Hoffmann Eugen*, Agronom und Deputierter, Vichten.
Hr. *Hoffmann Victor*, Hofpapeterie, Luxemburg.
Hr. *Hosch Eduard*, Lehrer, Düdelingen.
Hr. Dr *Hostert Alfons*, Domherr und Dechant, Echternach.
Hr. *Hostert Victor*, Sparkassenbeamter, Rollingergrund.
Hr. *d'Huart Joh.-Bapt.*, Ehrendomherr, Dechant zu St. Michel, Lbg.
Hr. Dr *d'Huart Martin*, Professor-Bibliothekar, Limpertsberg.
Hr. *Huberty Joh. Pet.*, Pfarrer, Stadtgrund.
Hr. *Hurt Joseph*, Privatpriester, Grevenmacher.
Hr. Dr *Huss Mathias*, Buchdrucker und Deputierter, Luxemburg.
Hr. *Jacoby Aloys*, Leutnant, Hollerich.
Hr. *Johannes Wilhelm*, emeritierter Pfarrer, Eischen.
Hr. *Kaiffer Johann*, Pfarrer, Hollerich.
Hr. *Karcher Alfons*, Gerichtsschreiber, Luxemburg.
Hr. Dr *Kauffman Leo*, ehemaliger Staatsminister, Luxemburg.
Hr. Dr *Kauffmann Wilhelm*, Seminarprofessor, Luxemburg.
Hr. *Kayser Franz*, Pfarrer, Nagem.
Hr. *Kayser Heinrich*, Rektor, Bofferdingen.
Hr. *Kayser Johann Peter*, Pfarrer, Kayl.
Hr. *Kayser Jos.*, Ingenieur-Architekt, Luxemburg, Freiheits-Av. 28.

Hr. *Keriger Nikolaus*, Pfarrer, Schouweiler.
Hr. *Kiefer Peter*, Lehrer, Sandweiler.
Hr. *Kinnen Peter*, Pfarrer, Bartringen.
Hr. *Klepper Bernard*, Pfarrer, Keispelt-Meispelt.
Hr. *Klingenberg Jakob*, Pfarrer, Hagen-Kleinbettingen.
Hr. *Kneip Peter*, Ehren-Hypothekenbewahrer, Luxemburg.
Hr. *Kœrner Michel*, Vikar, Esch an der Alzette.
Hr. *Kœnig Johann Peter*, Architekt, Luxemburg.
Mr. *Koltz Eugène*, Ingénieur, Bruxelles, Woluwe St.-Pierre, 9, rue [St. Michel.
Hr. *Koppes Joh. Peter*, Kunstglaser, Altwies.
Hr. *Kowalsky Alfred*, Musikprofessor, Luxemburg.
Hr. Dr *Kremer Johann Peter*, Professor, Luxemburg.
Hr. *Lamort-Welter Gustav*, Ingenieur, Remich.
Hr. *Lamperts Johann Peter*, Pfarrer, Weiswampach.
Hr. *Linden Peter*, Buchdrucker, Luxemburg.
Hr. *Lippert Isidor*, Pfarrer, Beles.
Hr. *Lommel H.*, Gutsbesitzer, Schleiderhof bei Cruchten (Mersch).
Hr. Dr *Loutsch Hubert*, Advokat-Anwalt, Luxemburg.
Hr. *Ludig Albert*, Destillator, Tetingen.
Hr. *Mackel Nikolaus*, Agronom, Schöffe, Hollerich.
Hr. *Majeres Johann*, Oekonom am Konvikt, Luxemburg.
Hr. *Majerus Johann*, Dechant, Betzdorf.
Hr. *Majerus Johann Peter*, Pfarrer, Niederschieren.
Hr. *Manderscheid Bernard*, Pfarrer, Frisingen.
Hr. Dr *Margue Nikolaus*, Professor am Gymnasium, Luxemburg.
Hr. *Medinger Eugen*, Pfarrer, Oberpallen.
Hr. *Menningen Josef*, Pfarrer, Mösdorf (Mersch).
Hr. *Mergen Aloys*, Apotheker, Redingen a. d. Attert.
Hr. *Metz August*, Hüttendirektor, Esch an der Alzette.
Hr. *Mœs Nikoulaus*, emeritierter Pfarrer, Remich.
Hr. *Molitor Heinrich*, Pfarrer, Merkholz.
Hr. *Molitor Joh. Mich.*, Pfarrer, Steinbrücken.
Hr. *Mille Jos. Nest.*, Pfarrer der Besserungsanstalten, Stadtgrund.
Hr. Dr *Müller Heinrich*, Pfarrer, Ettelbrück.
Hr. Dr *Müller Mathias*, Dechant, Ospern.
Hr. *Müller M.*, Geometer des Kadasters, Remich.
Hr. *Neiers Peter*, Vikar, Oberkorn.
Hr. Dr *Neu Joh. Pet.*, Dechant, Remich.
Hr. *Neuens Nikolaus*, emeritierter Pfarrer, Naturist, Weilerbach.
Hr. Dr *Neumann Moritz*, Advokat-Anwalt, Luxemburg.
Hr. *Ney Josef*, Lehrer, Everlingen.
Hr. *Neyens Joh. P.*, Pfarrer, Hamm.
Hr. *Nickels-Bomb*, Paramentenhandlung, Luxemburg.
Hr. *Nilles Joh. Pet.*, Pfarrer, Rollingergrund.
Hr. *Nimax Joh.*, Einnehmer des Wohltätigkeitsbureaus, Luxembg.
Hr. *Nœsen Valentin*, Bauunternehmer, Steinfort.
Hr. *Origer Joh.*, Direktor der St. PaulusDruckerei, Luxemburg.
Mgr. Dr *Peiffer Joh.*, Generalvikar, Seminarpräses und Domprobst, Luxemburg.

Hr. *Philippe Albert*, Advokat-Anwalt, Luxemburg.
Hr. *Pinth Joh. Pet.*, Prof. an der Handwerkerschule, Luxemburg.
Hr. Dr *Pletschette Wilhelm*, Ehrendomherr, Dompfarrer, Luxembg.
Hr. *Poncelet M.*, Inspektor der Postdirektion, Luxemburg.
Hr. *Rausch Nik.*, Pfarrer, Wilwerdingen.
Hr. *Razen Emil*, Pfarrer, Schifflingen.
Hr. Dr *Reckinger Josef*, Domvikar, Luxemburg.
Hr. *Rehlinger Michel*, Pfarrer, Ötringen.
Hr. *Reichling Joh. Pet.*, Pfarrer, Reckingen an der Meß.
Hr. *Reinard Joh.*, emeritierter Wachtmeister, Hollerich.
Hr. *Reinert Nik.*, Pfarrer, Redingen.
Hr. P. *Renaudin Paul*, O. S. B., Clerf.
Hr. Dr *Reuter Emil*, Exzellenz, Staatsminister, Luxemburg.
Hr. *Reuter Joseph*, Kaplan, Reckingen (Mersch).
Hr. *Rink Johann*, Ehrendomherr, Dechant, Diekirch.
Hr. *Rodenbour Nik.*, Pfarrer, Holler.
Hr. Dr *de Rœbe Victor*, Richter, Luxemburg.
Hr. *Rouff Peter*, Bureauchef der Prinz-Heinrich-Gesellschaft, Lbg.
Hr. *Sand Nik.*, Kerzenfabrikant, Hollerich.
Hr. Dr *Sax Joh. Bapt.*, Steuerdirektor, Pfaffenthal.
Hr. *Schaack Nik. Jos.*, Pfarrer, Grosbous.
Hr. *Schadecker Joh. Nik.*, emeritierter Pfarrer, Schandel.
Hr. *Schaul Nik.*, Pfarrer, Dönningen.
Hr. *Schaus Joh.*, Pfarrer, Sandweiler.
Hr. *Schmit Dominik*, Lehrer, Weiler zum Turm.
Hr. *Schmit Heinrich*, Rektor zu Ste. Sophie, Luxbg., Louvignystr.
Hr. *Schmit Michel*, Vikar, Oberwiltz.
Hr. Dr *Schmitz Jakob*, Ehrenprofessor, Luxemburg.
Hr. Dr *Schumacher Aug.*, Staatsbads-Arzt, Luxemburg.
Hr. *Schumann Eduard*, Steuerkontrolleur, Diekirch.
Hr. *Schwaner-Clamm*, Schuhgeschäft, Differdingen.
Hr. *Schwebag Nik.*, Benefiziat, Ansemburg.
Hr. *Senninger L.*, Lehrer, Folscheid.
Hr. *Simminger Emil*, Kunstglaser, Hollerich.
Hr. *Simon Albert*, Eigentümer, Wiltz.
Hr. *Sinner Joh. Pet.*, Rentner, Theaterplatz, Luxemburg.
Dame Witwe *C. M. Spoo*, Rentnerin, Esch an der Alzette.
Hr. *Stammet Peter*, Baumaterialienhandlung, Luxemburg-Bahnhof.
Hr. *Stein Mathias*, emeritierter Normalschulprofessor, Hollerich.
Hr. *Steffen Albert*, stud. phil., Limpertsberg.
Hr. *Stift E.*, ehemaliger Hüttendirektor, Eicherberg.
Hr. Dr *Stümper-Berchem*, Advokat-Anwalt, Pariser Platz, Luxembg.
Hr. Dr *Thill Joh.*, emeritierter Pfarrer, Erpeldingen (Remich).
Hr. Dr *Tibesar Leopold*, Ehrenprofessor, Luxemburg.
Hr. *Trausch Dominik*, Pfarrer, Esch an der Sauer.
Hr. *Tüdor Robert*, Bürgermeister, Rosport.
Hr. Dr *Urbany Alfons*, Advokat-Anwalt, Luxemburg.
Hr. *Vannérus Heinrich*, Ehren-Staatspräsident, Luxemburg.
Hr. Graf *de Villers*, Großgutb. und Deputierter, Grundhof (Echtern.).

Hr. *Wagner Camille*, Pfarrer, Böven (Bavigne).
Hr. *Wagner Joh. Phil.*, Ehrenprofessor, Ettelbrück.
Hr. Dr *Wagner Viktor*, Gesellenpräses, Luxemburg-Bahnhof.
Hr. *de Waha Franz Karl*, Pfarrer, Medernach.
Hr. Dr *de Waha Raymund*, Universitätsprofessor, Peterstr., Luxbg.
Hr. *Waltzing Joh.*, Pfarrer, Eschweiler (Grevenmacher).
Hr. *Weber Joh.*, Pfarrer, Harlingen.
Hr. *Weicker Joh. Bapt.*, Agronom, Sandweiler.
Hr. *Weidert Math.*, Beamter der Grundkredit-Anstalt, Luxemburg.
Hr. *Weiler*, Lehrer, Hosingen.
Hr. *Welter Mathias*, Lehrer, Schifflingen.
Hr. *Wilhelmy Ernst*, Adlerapotheke, Luxemburg.
Hr. *Winkel August*, Pfarrer, Bettborn.
Hr. *Worré J. P.*, Buchdrucker, Limpertsberg.
Hr. Dr *Zettinger Jos.*, Seminarprofessor, Luxemburg (Konvikt).
Hr. *Zuang Arnold*, Buchführer, Limpertsberg.
Bibliothek des Vereins der hl. Familie (Redemptoristenkloster), Lbg.
Großherzoglich-Luxemburgische Hofbibliothek zu Berg-Colmar.
Katholische Lesegesellschaft, Luxemburg.
Lehrerbibliothek, Beaumont-Straße, Luxemburg.
P. Rektor des Redemptoristenhauses, Echternach.
P. Rektor des Redemptoristenhauses, Luxemburg.
S. A. R. Madame la Grande-Duchesse, Colmar-Berg.
Bibliothèque de la Chambre des députés, Luxembourg.
Bibliothèque de la «National-Unio'n», rue Monterey, Luxembourg.
Bibliothèque de la Section historique de Luxembourg, Pfaffenthal.
Le Gouvernement grand-ducal (Dép. de l'Intérieur), Luxembourg.
National-Bibliothek, Athenäum, Luxemburg.
Le procureur général de l'Etat, Luxembourg.
Le procureur d'Etat, Luxembourg.
Hr. *Weynandt-Harpes Josef*, Geschäftsvertreter, Weidingen (Wiltz).
Hr. *Kellen Tony*, Schriftsteller, Hohenheim bei Stuttgart.
Hr. Dr *Didier Nikolaus*, Fürstlich Salm-Salm'scher Archivar und Hofpriester auf Schloß Anholt (Westfalen).
Hr. P. *Fox Wilhelm*, S. J., emeritierter Professor am Kollegium Stella Matutina, Feldkirch (Vorarlberg-Österreich).
Mr. *Kaiser Jean-Baptiste*, Professeur au Gymnase épiscopal, Montigny-lez-Metz (Lorraine).
Mgr. Dr *Kirsch Johann Peter*, Professor an der freien, kath. Universität, Freiburg (Schweiz).
Hr. Dr *Faber Johann*, Professor am Theresianum, Wien IV, Aloys Drasch-Park, 10 (Österrecih).
Frantz'sche Buchhandlung, München, Perusa-Straße 5.
Großherzoglich-Luxemburgische Hofbibliothek zu Biebrich a. Rh.
Hinrichs'sche Verlagsbuchhandlung, Leipzig, Grimmai'sche Str. 32.
Villaret Karl, Buch- und Kunsthandlung, Erfurt.

Beiträge zur Geschichte verschiedener Pfarreien.

(Fortsetzung.)

4. Mutfort.

1. Im Visitationsbericht von 1755 wird die hl. Agatha als Kirchenpatronin genannt. Sie ist es auch noch heute. Dagegen meldet der Visitationsbericht von 1570, der hl. Maximinus werde als solcher angerufen. Wann und aus welchem Grunde diese Änderung vorgenommen wurde, wissen wir nicht. Andere Pfarreien befinden sich in demselben Falle, so z. B. die Pfarrei Garnich, welche 1570 den hl. Hubertus, später aber und bis heute den Erzengel Michael als Patron verehrte.

2. Die Ausdehnung des Pfarrbezirkes ist unsicher. Im Berichte von 1570 bildet das Dorf Mutfort die ganze Pfarrei mit 50 Kommunikanten; 1755 sind etwa 180 angegeben. Ob damals noch ein Dorf, etwa Medingen, dazu gekommen ist, weiß man nicht. Es werden als weltliche Herren angegeben der Abt von St. Maximin und der Graf de Custine von Guermange, welche 10 Ortschaften und 2 Dörfer besitzen (decem vicos et duos pagos possident). Wie das zu erklären ist, müssen wir Andern überlassen. Sind etwa 10 Höfe und die 2 Dörfer Mutfort und Medingen gemeint? Der große Unterschied in den Einwohnerzahlen von 1570 und 1755 ließe sich hieraus erklären. Heute zählt Mutfort allein 360 Einwohner. In den älteren Visitationsberichten werden nur die Ortschaften mit Kapellen namhaft gemacht. Wird etwa aus dem Grunde Medingen nicht genannt, weil es damals keine Kapelle besaß? Die heutige Kapelle ist erst 1884 erbaut worden und ist ohne Zweifel die erste in Medingen; denn es heißt im Berichte von 1755: in der Pfarrei Mutfort gibt es keine Filiale oder Annexe, auch keine öffentliche Kapelle.

3. Das Patronatsrecht gehörte dem Abte von St. Maximin in allen Monaten, mit Ausnahme der päpstlichen; in letzterem Falle wurde die Pfarrei von dem Erzbischof von Trier vergeben, wie es der Fall gewesen ist bei dem Vorgänger des damaligen Pfarrers, Nik. Eiden (1742—1782).

In einer eigenhändig unterschriebenen Bemerkung sagt Sekretär Jakob Pierson, aus dem kirchlichen Tagesregister des Erzbischofs Franz Georg in der Registratur zu Ehrenbreitstein, Seite 303, gehe hervor, daß nach dem Tode des Pfarrers Joh. Prommenschenkel am 14. März 1740 (also in einem päpstlichen Monat), der Erzbischof die Pfarrei Mutfort dem Herrn Joh. Wilh. Collignon übertragen habe.

4. Die Geistlichkeit bestand aus zwei Herren. Pfarrer war Nik. Eiden aus Luxemburg (Luxemburgus sagt er selbst) seit 13 Jahren. Sein Vorgänger Joh. Wilh. Collignon hätte also kaum 2 oder 3 Jahre amtiert. Sein Nachfolger wurde 1782 Hr. Jos. Zacharias Wellenstein aus Ehnen (1782—1828). — Herr N. Eiden hatte einen approbierten Kaplan, Frühmesser und Schullehrer, namens Jakob Uselding, welcher sein Amt gewissenhaft versah. Weil die Schule zu klein war, konnten die Knaben und Mädchen nicht gehörig von einander getrennt sitzen.

— Andere Geistliche, Kapellen oder Benefizien gab es in der Pfarrei nicht.

5. Die Pfarrkirche ist das einzige Gotteshaus, allein in keinem ihrer Teile in würdigem Zustande. Weder der Turm, noch das Schiff, noch das Chor, noch der Fußboden, noch die Bänke sind passend. Die Sakristei ist ebenfalls baufällig. Jedoch die 3 Altäre, die Paramente, das Tabernakel, die hl. Gefäße, der Taufstein und der Kirchhof entsprechen den kirchlichen Vorschriften.

Die Dezimatoren, nämlich der Abt von St. Maximin und die Äbtissin von Bonneweg, müssen nach Maßgabe ihrer Zehnten zusammen für das Schiff sorgen; die Pfarrkinder nach altherkömmlichem Gebrauche für den Turm, den Fußboden und die Stühle. In betreff des Chores ist der Pfarrer gemäß dem Wortlaut der trierischen, vom Provinzialrat von Luxemburg gu.geheißenen (placidata) Diözesanstatuten vom Unterhalt desselben gänzlich frei (omnino liber). Nur bestimmte Dacharbeiten hat er gegebenenfalls machen zu lassen.

Angesichts dieser traurigen Sachlage fragt man nach der getroffenen Abhülfe. Die angestellte Untersuchung und das Verhör der Synodalen bestätigten die Richtigkeit der Tatsache, nämlich die gänzliche Baufälligkeit (ruinositas) der Kirche und der Sakristei. Um die Dezimatoren und die Pfarrangehörigen zum Neubau zu zwingen, belegte der Visitator das alte Gotteshaus mit dem Interdikt, welches 15 Tage nach dem nächsten Osterfeste in Kraft treten soll. Von diesem Zeitpunkte ab durfte kein Gottesdienst mehr darin gehalten und keine Sakramente mehr darin gespendet werden. Und der Erfolg?

Aus dem Schematismus von 1897 ist zu ersehen, daß im Jahre 1764 die Kirche fertig war. Es ist auffällig, wie damals innerhalb weniger Jahre in jener Gegend viele neue Kirchen entstanden sind: Itzig 1757, Otringen 1758, Sandweiler 1758, Schüttringen 1757, Mondorf 1764, Remerschen 1766, Hassel 1759.

6. Die Einkünfte aus den Zehnten beliefen sich auf 60--80 Malter Getreide, wovon der Abt von St. Maximin, die Äbtissin von Bonneweg und der Pfarrer je ein Drittel erhielten.

7. Beinahe jedes Jahr wurde über die Verwaltung der Kirchenfabrik im Beisein des Pfarrers, der Synodalen und der Gemeinde von dem Einnehmer Rechenschaft abgelegt, woran sich ein gemeinsames Essen auf Kosten der Fabrik anschloß und an welchem die Synodalen und der Pfarrer teilnahmen. Weil hier in Mutfort die Einkünfte gering und die Armut der Schuldner, die meistens mit den Zinsen rückständig waren, groß gewesen ist, so mußte diese Rechenschaft oft aufgeschoben werden. Der Visitator forderte jedoch die alljährliche Ablage, auch ohne das übliche Mahl.

7. Ärgernisse sind dem Pfarrer nicht zur Kenntnis gekommen. Mit ihm haben unterschrieben Jakob Reuter und Peter Thielges; N. G. handzeichnet.

5. Otringen.

1. Kirchenpatron ist der hl. Bartholomäus. Zahl der Kommunikanten 45. Umfang: Otringen, Schrassig und Kackert. Heute kommt noch der Hackenhof hinzu und beträgt die Einwohnerzahl circa 380.

2. Weltliche Herren sind: 1. zu Otringen die Königin von Ungarn und Böhmen, Maria Theresia; 2. zu Schrassig Herr Schenck, Toparch zu Zolver.

3. Das Präsentationsrecht gehört dem Dekan und dem Kapitel St. Paulin zu Trier. Der Visitator N. von Hontheim fügt hier eigenhändig auf Latein bei: „in seinen Monaten; im päpstlichen Monat wurde die Pfarrei dem Vorgänger des gegenwärtigen Pastors von dem Erzbischofe von Trier verliehen."

4. Dezimatoren sind der Dekan und das Kapitel von St. Paulin und die Äbtissin von Differdingen. Der Zehnte beläuft sich auf etwa 35 Malter Getreide. Als Entgelt dafür haben sie das Schiff der Kirche zu unterhalten. Allein die Kirche befindet sich in jedem ihrer Teile in einem trostlosen Zustande. Keiner der drei Altäre ist konsekriert; der Hauptaltar und ein Nebenaltar haben einen Altarstein, der dritte aber nicht. Paramente und Leinwand sind hinreichend vorhanden. Tabernakel und hl. Gefäße sind passend. Wegen Mangel an Öl brennt die ewige Lampe nicht immer. Der Kirchhof ist gut ummauert, die Eingangstüre zerbrochen.

5. Die Geistlichkeit besteht 1. aus dem Pfarrer Joh. Frisinger aus der Stadt Luxemburg (oriundus ex civitate Luxemburgensi). Er leitet die Pfarrei seit 35 Jahren. 2. Aus dem Kaplan Joh. Kirch. Er ist approbiert und von den Leuten gedungen, um die Schule zu halten. Er hat sein Amt aber noch nicht angetreten. Die Schule ist zu klein, doch sitzen die Kinder getrennt. 3. Aus dem Schloßkaplan N. Bayer in Schrassig. Mit welcher Genehmigung diese Schloßkapelle errichtet wurde, weiß der Pfarrer nicht; man sagt, mit päpstlicher Gutheißung. Etwa dreimal im Jahre kommen diese Leute zur Pfarrkirche; an den übrigen Sonntagen nur sehr nachlässig.

Filialen und Annexen haben wir nicht, auch keine öffentlichen Kapellen und keinerlei Benefizien.

6. Die vom Pfarrer vorgebrachten und von den Synodalen unterstützten Klagen betrafen: 1. Den äußerst elenden (miserrimus status) Zustand der Pfarrkirche. 2. Den Schloßfrühmesser zu Schrassig. Er kommt nur selten zur Pfarrkirche. 3. Den Mißbrauch der Schloßkirche. Über die Genehmigung zum Messelesen steht nichts fest; dadurch werden die Einwohner von dem Besuche des Pfarrgottesdienstes abgehalten.

Hiergegen wurde angeordnet: 1. Die Pfarrkirche ist 15 Tage nach dem nächsten Osterfeste interdeziert. 2. Dem Frühmesser Bayer wird unter Strafe der suspensio a divinus, d. h. unter Strafe des Verbotes Messe zu lesen, befohlen, wie jeder gute Pfarrangehörige, dem Pfarrgottesdienst beizuwohnen. 3. Dem Pfarrer muß die vorgebliche schriftliche Erlaubnis zum Messelesen in der Schloßkapelle vorgelegt werden und zwar unter Strafe des Interdiktes.

Allein befragt, hatten sich die Synodalen darüber beschwert, daß der Pfarrer das Hochamt an den Sonn- und Feiertagen zu spät beginne, so daß die Leute erst nach ein Uhr aus der Kirche kämen. Es wurde ihm auferlegt, so früh zu beginnen, daß die Leute noch vor Mittag nach Hause kommen könnten.

Wie oben unter Mutfort gesagt ist, wurde die Pfarrkirche von Otringen im Jahre 1758 neu erbaut.

Die Synodalfragen haben unterschrieben: der Pfarrer N. Frisinger, Joh. Altman und Gottfried Hommell; Michel Toull handzeichnete.

6. Contern.

1. Die Pfarrei Contern hat die hl. Barbara als Patronin. Es gehören zu derselben (1755) die Dörfer Contern und Syren, 2 Höfe und 2 Häuser in Mühlbach mit 293 Kommunikanten. Die 2 Höfe werden nicht namhaft gemacht. – Ausführliches findet man in der Monographie von Pfarrer Dr. G. Wolff „Die Pfarrei Contern" in den Public. der hist. Abteilung Bd. 51.

2. Weltliche Herren gab es nach dem Visitationsbericht folgende: 1. die Herren von Flesgen, 2. von Schawenburg, 3. der Graf von Wiltz, 4. der Abt von Münster, 5. die Frau von Rollingen. Jeder von ihnen hatte daselbst seine eigenen Untertanen. Weil aber die Pfarrei in einem Abhängigkeitsverhältnis zur Probstei Luxemburg sich befindet, so besitzt der Probst auch ein gewisses Dominium über dieselbe.

3. Das Patronatsrecht gehört der Äbtissin von Bonneweg unbestritten zu und hat sie dasselbe sowohl dem gegenwärtigen Pfarrer wie auch seinen Vorgängern gegenüber seit Menschengedenken ausgeübt. Aus der von dem Visitator N. von Hontheim eigenhändig hier beigefügten Bemerkung, des Inhaltes, der Vorgänger des jetzigen Pfarrers Peter Borrenheim sei im Monat Februar 1753, also in einem nichtpäpstlichen Monat gestorben, scheint hervorzugehen, daß das Recht der Äbtissin von Bonneweg doch nicht so unbeschränkt gewesen ist.

4. Alleiniger Zehntherr war die Äbtissin von Bonneweg; der Pfarrer bezog davon für seine Congrua den vierten Teil. Der ganze Zehnte betrug etwa 70 Malter. Neben dieser Congrua von etwa 20 Maltern besaß der Pfarrer gewisse Widdumsgüter, die hier nicht aufgezählt werden.

5. Die genannte Äbtissin hatte daher auch für das Schiff, das Chor und den Fußboden der Kirche zu sorgen. Allein das tat sie nicht. Der Pfarrer meldet, daß weder der Turm, noch das Schiff, noch das Chor, noch der Fußboden in passendem Zustande sei. Die Gläubigen sind gehalten, die Bänke und den Turm zu unterhalten. – Die Altäre, die Paramente, die Leinwand, kurz, alles übrige ist in bester Ordnung, nur die Sakristei ist zu klein.

Außer der Pfarrkirche in Contern gibt es noch eine öffentliche Kapelle in Syren. Sie hat alles zum Gottesdienst erforderliche, doch residiert dort kein Geistlicher. – Ein Beneficium ist nicht vorhanden.

6. Pfarrer ist Herr Borrenheim. Seinen Geburtsort gibt er nicht an. Seit 2 Jahren steht er der Pfarrei vor. Sein Kaplan heißt Mathias Borrenheim. Er wohnt zu Contern und wurde von den Einwohnern gedungen zum Küster und Hauskaplan. Ob er Schule gehalten hat, geht nicht aus dem Berichte des Pfarrers hervor; ebenso wenig, ob und wie er mit ihm verwandt gewesen ist. Die Schule versieht er pflichtgemäß und ist in derselben alles nach Vorschrift. – Andere Geistliche gab es nicht in der Pfarrei.

7. Die Bruderschaft von den hl. Sebastian und Barbara ist dotiert und besitzt 5 Morgen Land und eine Wiese. Auch sind 30 gestiftete

Jahrmessen vorhanden, worüber jedoch keine authentischen Urkunden vorliegen.

Ärgernisse sind dem Pfarrer nicht bekannt. Er unterschreibt mit Franz Theissen und Matheiß Entrin (ger?), Synodalen. Allein genommen und über den Pfarrer befragt, erklären sie, er sei in der Abhaltung des Gottesdienstes exakt, gebe in allem das beste Beispiel und führe den erbaulichsten Lebenswandel; sie könnten nur gutes von ihm aussagen.

8. In den Ordinata wurde nach Untersuchung und Verhör folgendes bestimmt: 1. Die Synodalen hatten ausgesagt, der Zustand der Pfarrkirche sei leidlich (adhuc tamen tolerabilis), der Fußboden aber ganz defekt. Unter Strafe des Interdiktes wurde befohlen, denselben unverweilt zu erneuern. 2. Da die Kapelle zu Syren teilweise ganz baufällig sei, so sei dieselbe von den nächsten Ostern ab interdiciert. 3. Weil in den Zehnten und in den Kirchenregistern große Unregelmäßigkeiten vorliegen, so wird angeordnet, alsbald alle Schuldner, deren Schuldscheine fehlen, vor einen öffentlichen Notar zu rufen unter Hinzuziehung von Zeugen, um ihre Schuldigkeiten neu anzuerkennen und niederzuschreiben.

Hiermit schloß die Visitation, welche am 12. August 1755 in Hostert für die Pfarreien Hoster., Schüttringen, Sandweiler, Mutfort, Ötringen und Contern stattfand. Am folgenden Tage kamen der Visitator und seine Begleiter gegen 9 Uhr morgens in Mondorf an, wo die Pfarreien von Mondorf, Frisingen, Weiler zum Thurm, Alzingen und Dalheim ihn erwarteten.

7. Mondorf.

1. Der hl. Michael ist Kirchenpatron. Die Pfarrei besteht aus den 3 Dörfern Mondorf, Altwies und Elvingen mit dem Hofe Daundorf. Zahl der Kommunikanten.

2. Die weltliche Herrschaft ist sehr geteilt. Zu Mondorf und Elvingen gebietet der Graf de Custine; im Dorfe Altwies zum Teil der Fürst von Baden, zum Teil der Freiherr de Hahn.

3. Das Patronatsrecht gehört dem Abt zu Echternach gemäß einer Entscheidung vom Jahre 1748 und zwar in allen Monaten. Seit Menschengedenken hat er die Stelle besetzt. Er ist auch Zehntherr in der ganzen Pfarrei, zu Mondorf er allein, zu Altwies nur zum 3. Teil; der Pfarrer bezieht das andere Drittel; das letzte Drittel teilen sich der Abt von St. Maximin, die Frau d'Anne.han von Luxemburg, die Klosterfrauen vom hl. Geist und die Jesuiten von Trier. Zehntherren in Elvingen sind der Abt von Echternach, der Abt von St. Martin zu Trier, der Pastor von Püttlingen und die Äbtissin von St. Irmin zu Trier.

In Elvingen bezieht der Pastor von Mondorf nur den vierten Teil vom Weizenzehnten aus jedem Hause. Für die Wochenmesse daselbst erhält er ein Malter Weizen; für den Unterhalt eines Kaplans in Altwies zwei Malter Korn von dem Zehnten in Altwies.

4. Das Schiff und das Chor der Pfarrkirche sind sehenswert (videnda); den Turm droht den Einsturz; Fußboden und Bänke sind gut. Schiff

und Chor hat der Abt von Echternach, Turm, Fußboden und Bänke die Pfarrangehörigen zu unterhalten.

In der Pfarrkirche gibt es 3 konsekrierte Altäre; ebenso in Altwies; zu Elvingen 2 Altarsteine in gutem Zustande. Wir übergehen die Aufzählung und Beschreibung der üblichen Sakristeigegenstände und Kirchenmöbel. Besonders Bemerkenswertes gab es darunter nichts. Auf dem Kirchhofe fehlt das Kreuz.

In Altwies und Elvingen gab es eine Kapelle mit Sonntagsmesse und Katechese. — Eine öffentliche Kapelle befindet sich auch auf dem Berge Castell. Stiftungen hatte sie nicht; nur freiwillige Gaben der Besucher. Am 13. Mai 1750 wurde sie vom Weihbischof wegen der am Pfingstdienstag alljährlich sich dort wiederholenden Ärgernisse interdiciert. Wahrscheinlich nur für diesen Tag; denn es heißt, sie sei in allem vortrefflich ausgestattet, was bei ständigem Interdikt wohl weggenommen worden wäre.

Eine Hauskapelle ist nicht vorhanden.

5. Pfarrer ist der aus dem Herzogtum gebürtige hochw. Herr Theodor Adolf Masius seit 1748. In Altwies funktionniert Kaplan Mathias Tintinger aus Daundorf, er ist approbiert, in Elvingen der für diesen Ort bestimmte Kaplan Joh. Bapt. Klein; er ist nicht approbiert.

Sehr wahrscheinlich haben beide auch Schule gehalten; näheres ist hierüber nichts gesagt; es heißt nur: der Lehrer versieht sein Amt pflichtgemäß (débite). Knaben und Mädchen sitzen getrennt in demselben Schulsaale in eodem cubiculo!).

6. Die Pfarrkirche wurde eingehend besichtigt (oculari inspectione), die Baufälligkeit des Turmes festgestellt und bestimmt, daß derselbe im nächsten Frühjahre restauriert werden müsse unter Strafe des Interdiktes.

Für jede der beiden Kirchen in Mondorf und Altwies wurde eine mit 2 Schlüsseln versehene Kirchenkiste angeordnet zum Aufbewahren der Kirchendokumente. Den einen Schlüssel soll der älteste Kirchenscheffen, den anderen der Momper (Einnehmer) haben. Hieraus geht hervor, daß jede dieser Fabriken eine eigene Verwaltung hatte. Es scheint, daß die 3 Kirchensinner von Altwies mit der Visitation nicht zufrieden waren, denn es wird von fremder Hand ausdrücklich hervorgehoben, sie hätten nicht unterschreiben wollen.

7. Mit dem Pfarrer haben unterschrieben: Johannes Kries, Niklas Neser, Jakob Rodius; es handzeichnen M T Mathias Tintinger, B G Bernard Gidinger, J H Johann Haamen, alle Synodalen.

Der Pfarrer nennt sich Vicarius perpetuus. Er war also nur Ersatzpfarrer, wahrscheinlich des Abtes von Echternach.

8. Frisingen.

1. Aus den zahlreichen Urkunden, welche uns über die Pfarrei Frisingen erhalten sind, ersehen wir, daß sie eine sehr interessante Vorgeschichte hat. Der Visitationsbericht von 1755 dürfte dieselbe vielleicht in dem einen oder anderen Punkte ergänzen.

1. Kirchenpatron ist der hl. Martinus, wie schon 1570 und heute noch. Die Pfarrei bestand aus 5 Dörfern und einem Hofe, nämlich Frisingen, Aspelt, Hellingen, Hagen (Lothringen) und Evringen (Lothringen); der Hof wird nicht genannt. Die Zahl der Kommunikanten belief sich auf 680, 1570 nur 300.

2. Weltlicher Herr war der Abt (Scheffer) von St. Maximin, dem auch das Collationsrecht zustand mit Ausnahme der päpstlichen Monate; in diesen Fällen übte es der Kurfürst und Erzbischof von Trier aus. Von seiner Ernennung sagt Pfarrer Collignon (1755), die Pfarrei Frisingen sei ihm auf Bitten des Abtes von St. Maximin durch den Erzbischof verliehen worden, sein unmittelbarer Vorgänger habe sie vom Abt erhalten.

Zehntherren sind die Religiosen von St. Maximin und beträgt der dem Pfarrer zukommende dritte Teil etwa 170 Malter.

3. Das Schiff der Pfarrkirche wurde im Jahre 1731 (im Schematismus der Diözese Luxemburg 1897 steht 1732 und für die Consekration der 8. Juli 1735) von dem Maximiner Abt erbaut. Das Chor hat der Vorgänger des damaligen Pfarrers Collignon, den Turm die Pfarrangehörigen, den Fußboden der Abt und die Pfarrkinder, die Bänke aber mußten diese allein stellen. Alles befindet sich in bestem Zustande.

Von den Reliquien der Martyrer von der thebäischen Legion haben wir von dem Prior von St. Maximin, die Authentik ist vom Weihbischof von Nalbach.

Filialkirchen gibt es zwei: Aspelt und Hellingen. Hellingen ist keine eigentliche Filialkirche, weil in derselben kein Pfarrgottesdienst, wohl aber nur Leichendienste. Auch müssen die Einwohner die Osterkommunion in der Pfarrkirche empfangen, während die von Aspelt das Recht haben, ihre Ostern in ihrer Kapelle zu halten; sie sind nur verpflichtet am Palmsonntag und Charfreitag nach Frisingen zu kommen.

Öffentliche Kapellen gab es 1755 vier, nämlich zu Aspelt, zu Hellingen, zu Hagen und zu Evringen. In den beiden letzten liest der Pfarrer nur an bestimmten Festtagen die hl. Messe; anderer Gottesdienst geschieht dort nicht.

4. In der Kapelle zu Hellingen ist ein Beneficium gestiftet, von welchem der Pfarrer von Frisingen Collator ist. Die Einkünfte desselben bestehen in 4 Malter Weizen, 6 Malter Roggen und 6 Malter Hafer, 2 Fuder Heu, 2 Morgen Land von jeder Kulturart, und endlich dem gewöhnlichen Jahresbedarf an Holz. Die Obliegenheiten waren folgende: 1. Die hl. Messe an den Sonn- und Feiertagen zu halten und während derselben den Katechismus zu erklären; an den 4 Hauptfesten mußten alle nach der Pfarrkirche kommen. 2. Zwei Wochenmessen, von denen eine nicht frei war. 3. Die Schule zu halten.

Benefiziat ist der hochw. Herr Nik. Theisen von dort, ein pflichteifriger und unbescholtener Mann (diligentissime docet et hucusque fuit integris moribus).

In der Filiale Aspelt residiert Vicar Nik. Faber von dort. Sein Amt besteht im Schulhalten, das er jedoch durch einen anderen besorgt und im Besorgen der Kapelle, was gewöhnlich der Küster zu tun pflegt.

Zu Frisingen wohnt der Pfarrer J. Baptist Collignon und leitet die Pfarrei seit 6 Jahren. Er nennt sich Luxemburgensis, will wohl etwa heißen: aus dem Herzogtum Luxemburg gebürtig, denn nicht alle Pfarrer, welche sich in dieser Visitation so bezeichneten, sind aus der Stadt Luxemburg. Es steht diese Bezeichnung im Gegensatze zu oriundus e diocesi Trevirensi. Von jedem seiner Kapläne gibt er den Geburtsort an, von sich selbst aber nicht.

Ihm stand zur Seite der aus Dahlem bei Garnich gebürtige Vikar Peter Knepper; derselbe ist approbiert, desgleichen auch der Frühmesser und Lehrer Heinrich Greis aus Hütten (Beckerich).

Über den hochwürdigen Herrn Peter Knepper aus Dahlem mögen nähere Angaben hier eingeschaltet sein. Er verdient es um so mehr, als er später als langjähriger Pfarrer zu Bauschleiden zugleich Definitor des Landkapitels Bastnach und Verfasser einer umfangreichen Verteidigungsschrift der katholischen Religion gegen die Glaubensleugner seiner Zeit (1792) gewesen ist.

Peter Knepper war geboren zu Dahlem im Schroedershaus am 23. Oktober 1724. Sein Vater war aus Linger und seine Mutter aus Dahlem, beide gehörten sehr angesehenen und wohlhabenden Familien an, wie aus den Ca:asterangaben vom Jahre 1766 hervorgeht. Von den 9 Kindern war Peter das zweite. Seine erste Schulbildung erhielt er von dem Kaplan Rix oder Rex (König), welcher dieses Amt von 1722 bis 1746 in Dahlem versah. Seine ganze Umgebung war sehr geeignet, den Knaben zum geistlichen Beruf zu drängen. Kurz vorher war der gelehrte Pfarrer Bern. Buringer in Dahlem eines tragischen Todes in der Kirche nach der Wandlung am Altare selbst gestorben. Dessen Neffe war Benefiziat daselbst und Hausfreund der Familie Knepper. Die Familien.radition wußte von sovielen hervorragenden Geistlichen seit Jahrhunderten zu berichten, nicht zuletzt von dem Weihbischof von Nalbach und dem Abt von Nalbach zu Mettlach.

So kam der talentvolle Knabe nach der Anstalt der Jesuitenväter zu Luxemburg, wo er seine Humaniora mit bestem Erfolge beendete und um das Jahr 1747 oder 1748 zum Priester geweiht wurde. Seine erste Anstellung als Kaplan wird in Frisingen gewesen sein, wie der Visitationsbericht meldet. Im Jahre 1756 ist er Frühmesser in Schuweiler, seiner Heimatpfarrei, wo er bis 1767 verblieb und in diesem Jahre die Pfarrei Bauschleiden erhielt. Während 40 Jahren wirkte er hier, bis ihn das hohe Alter zur Resignation zwang und er ins Elternhaus nach Dahlem zurückkehrte, wo er am 28. Januar 1806 an den Folgen eines Schlagflusses verschied.

Während der Revolutionszeit wurde er zur Deportation verurteilt und den Händen der Häscher durch seinen Neffen Nik. Arend zu Luxemburg entrissen. Das Generalverzeichnis der Geistlichen vom Jahr 1803 weiß nicht viel von ihm zu melden. Es heißt dort unter Nr. 465 einfach: „Kneppert (sic) Pierre, à Boulaide, Arrondissement de Neufchâteau, curé, adhère au Concordat."

(Fortsetzung folgt.)

Das Eligiusamt zu Luxemburg.

(Fortsetzung.)

III. — Das Amtsarchiv.

Am 5. Juni 1795 war Luxemburg nach heldenmütiger Gegenwehr in die Hände der Franzosen gefallen. Sie suchten der republikanischen Regierungsform dadurch die Wege zu bereiten, daß sie nach Kräften die Gegenstände und Institute, welche an den Glanz früherer Zeiten erinnerten, vernichteten. Die letzten Meister des Amtes, das durch Anwendung der Gesetzgebung Frankreichs auf unser Land mit den übrigen Zünften als aufgehoben erklärt wurde, retteten mit anerkennenswerter Pietät das Archiv vor der sinnlosen Zerstörungswut der Eroberer. Dasselbe ging als Eigentum auf die zu Anfang des 19. Jahrhunderts neu erstandene Bruderschaft über, ward mit treusorgender Ängstlichkeit von den Vorstehern aufbewahrt und befindet sich gegenwärtig als Depositum im Pfarrarchiv von Liebfrauen.

Wie die übrigen Bruderschaften, so besaß das Eligiusamt sein eigenes *Bahrtuch*, welches beim Leichendienst und Begräbnis eines Mitgliedes auf dem Sarge lag. Im Jrhe 1689 hatte Nikolaus Hoß von Merl, bei seiner Aufnahme, ein neues Bahrtuch geschenkt. Was aber aus diesem und den andern Bahrtüchern geworden ist, davon wissen selbst die Motten, die sie heimlich aufgefressen haben, heute nichts mehr zu erzählen.

Der *Trinkbecher*[1]) zählte zum unentbehrlichen Mobiliarbestand des Amtes. In der Blütezeit der Zunft hätte bei der Versammlung eher ein Dutzend Mitglieder als der Becher fehlen dürfen. Er ward auf den Tisch vor den Meister gestellt, der die Sitzung leitete. War der Augenblick der Eröffnung gekommen, so erhob sich der Meister langsam und feierlich und schlug mit einem Schlüssel an den «kroig». Sofort mußte Ruhe eintreten. Waren die Geister bereits zu sehr erregt, um auf das Zeichen des Vorsitzenden zu hören, so forderte der Bote nochmals sehr eindringlich, mit Strafmahnung, zur Ruhe auf, und nun konnte die Beratung beginnen. Der «kroig» ward mit Wein gefüllt und bei den selbstbewußten, rede- und trinkfrohen Meistern rund gegeben. Wurden dabei einige harmlose Mikröblein von des Nachbars Mund mitgeschluckt, so spürte man davon weder Magendrücken noch Kopf-

---

[1]) Die trierer Feuerarbeitergenossenschaft ist noch heute im Besitz des alten Zunftbechers „Willkomm" genannt. Er hat die Form eines großen Bechers und ist umkleidet mit einem reichziselierten Silbermantel, auf dem die Inschrift steht: „Die Gesundheit deren allein, die allhier versammelt sein."

Die Trierer besitzen ebenfalls noch das Siegel und die Zunftlade des früheren Amtes. Ob die luxemburger Eligiusbrüder ein Siegel hatten, ist aus den aufbewahrten Urkunden nicht ersichtlich, da selbige zumeist durch die Landes- oder Stadtbehörde beglaubigt und besiegelt wurden. Daß dasjenige Amt, welches die Siegel für die übrigen Aemter anzufertigen hat, möglicherweise selbst keines besessen habe, nähme einen nicht wunder, wenn man bedenkt, daß nur die Schusterkinder kein ganzes Schuhwerk bekommen, und daß die Schneidersöhne gewöhnlich die einzigen in der Ortschaft sind, die einen zerrissenen Rock tragen.

Die luxemburger Eligiusbrüder besaßen eine Zunftlade, genannt Kiste, die von dem Schlossermeister Nic. Hollenfeltz, s. Z. in der Casinostraße wohnhaft, aufbewahrt wurde, jedoch in keiner Hinsicht Interesse verdiente.

weh. Die Mikröblein fristeten damals, fern von der Gelehrtenwelt, noch ein ungekanntes Dasein und waren in ihrem Urzustand, da sie von Hygienikern und Biologen noch nicht gereizt und gehetzt wurden, sehr zahm und unschädlich. — Der gewöhnliche «kroig» ward später durch einen eleganten, reichen, silbernen Trinkbecher ersetzt. Ein Trinkbecher, der bis heute aufbewahrt worden ist, verdient unser Interesse. Er hat eine Totalhöhe von 32.5 Centimeter, einen Bodendurchmesser von 8,5 Centimeter. Den Becher schließt eine gefällig gearbeitete silberne Kuppe, über welcher eine 8 Ctm. hohe vergoldete Statue des hl. Bischofs Eligius thront. Auf dem Becher befindet sich ein graviertes Schildchen, das die Umrahmung für die drei Sinnbilder des Schlosserhandwerks Schlüssel, Hammer und Zange bildet. Zu beiden Seiten des Schildchens ist die Jahreszahl 1710 zu lesen. Keine Kerbe verrät, daß dieser Becher als Signalglocke gedient habe.

Die *Mitra*,[1]) welche bei kirchlichen Feierlichkeiten dem Patron aufgesetzt wurde, beansprucht weniger Aufmerksamkeit. Sie ist in etwas kräftigem silbernem Filigran gearbeitet und trägt auf der Vorderseite einige bunte Steine.

Der beachtenswerteste Teil des Archivs sind entschieden die alten Amtsbücher und Schriften.

Es sind noch zwei *Amtsbücher* vorhanden: das große Amtsbuch der hauptstädtischen Eligiusbruderschaft und das kleine Amtsbuch der Kesseler und Dippengießer vom flachen Land.

Das *große Amtsbuch* war die Bundeslade der Bruderschaft. Die fingerdicken Deckel sind aus Holz gefertigt und mit goldgepreßtem Leder überzogen. Sie sind 33 Cm. lang und 21 Cm. breit. Zwei kupferne Schlösser auf dem Vorderdeckel halten die am Rückendeckel angenagelten Spangen fest. Jedes Schloß hat seinen besonderen Schlüssel.[2]) Dieser Umstand scheint zu der Annahme zu berechtigen, daß das Buch nur durch zwei gleichzeitig anwesende Meister geöffnet werden durfte.

Auf der ersten Seite des Buches steht in fetter Schrift zu lesen: *Privilegien, Ordnungen, urtheillen undt andere das smidt Schlosser etc. ampt vndt st Eligy bruderschaft zu lutzemburgh concernierende sachen*

vnder Peter Eysenbruch zur Zeit amptsmeister eingeschrieben Im Jahr 1686.

Inhaltlich zerfällt das Buch in zwei Teile: die Urkunden und das Aufnahmeregister.

---

[1]) Die Mitra und der obengenannte Trinkbecher gehören der Eligiusbruderschaft und werden in deren Auftrag von dem Mitglied P. Biel, Installator, Prinzenring zu Luxemburg, aufbewahrt (1913).

[2]) Wer denkt dabei nicht an die Verfügungen des Dekretes vom Jahr 1809 über die Verwaltung der Kirchenfabriken, welches verlangte, daß jede Fabrik zur Aufbewahrung der Gelder und Schriften einen Schrank mit drei Schlössern haben sollte? Jedes Schloß hatte wieder seinen eigenen Schlüssel, damit die Eröffnung nur mit Zustimmung der drei Mitglieder, welche Bewahrer der Schlüssel waren, vorgenommen werden könnte.

A. Urkunden der Amtsbuches.

Sämtliche Urkunden sind von Notaren durch ihre Unterschrift beglaubigt. Nachstehend die Aufzählung der Urkunden:

Nr. 1. Marktbesichtigungsprivileg, gewährt von Herzog Wenzeslaus I. am 2. Mai 1377, von dem Original copiert durch den Stadtschreiber und Substitut Greffier Strenge, eingetragen ins Amtsbuch durch J. Strabius, Notar.

Nr. 2. Entscheid des Generalgubernators Christoph von Baden über die Mitgliederrechte und die Prozedur bei der Meisterwahl, getroffen am 4. März 1495, niedergeschrieben von Hocklu, eingetragen von J. Strabius, Notar.

Nr. 3. Ordnung, Statuten des Schmiedeamts, bestätigt und zugelassen im Jahr 1495 durch den Generalgubernator Christoph von Baden, eingetragen von J. Strabius, Notar.

Nr. 4. Notiz über die Aufnahme des Stockbruders seckelshans, eingetragen von J. Strabius, Notar.

Nr. 5. Akt über die am 1. Juli 1500 erfolgte Aufnahme einiger Kertzbrüder, eingetragen von J. Strabius, Notar.

Nr. 6. Behördliche Anerkennung des Marktbesichtigungsprivilegs des hauptstädtischen Amtes und Abweisung der Reklamation der Kesseler vom platten Land, erfolgt am 16. November 1630, aktiert durch A. Blanchart, Notar, und eingetragen von J. Strabius, Notar.

Nr. 7. Liste von 6 Niederländern, die aus Lommel in Brabant nach Luxemburg verzogen waren und dort das Bürgerrecht erwarben am 13. September 1634. Aktiert von G. Rang, Notar, eingetragen von J. Strabius, Notar.

Nr. 8. Festsetzung der Preise für Kesselreparaturen. Geschehen am 30. August 1591, aktiert von Datt, Notar, und eingetragen von J. Strabius, Notar.

Nr. 9. Richterliches Urteil betreffend das Verbot, Feilen und Pistolenhalftern zu verkaufen. Gefällt am 22. Juni 1634 durch J. Simoni und eingetragen von J. Strabius, Notar.

Nr. 10. Gründung des Schmiedegesellen-Bundes zu Luxemburg am 8. Januar 1467. Das Original des aufgenommenen Berichtes wurde von J. Strabius auf seine Echtheit geprüft und sodann ins Amtsbuch eingetragen.

Nr. 11. Ordnung der trierer Schmiedegesellenbruderschaft, errichtet am 29. September 1401. Eingetragen ins Amtsbuch von J. Strabius, Notar.

Nr. 12. Mahnung an säumige Mitglieder, die Bußen zu entrichten, auf Antrag der Amtsmeister durch die Stadtrichter und Schöffen erlassen am 1. September 1671. Aktiert durch J. Pa. Mannart, Notar und eingetragen von J. Strabius, Notar.[1])

Nrn. 13 und 14. Vertrag des Amtes mit den Rekollekten zu Luxemburg betr. Zuweisung eines Versammlungslokals. Von dem

---

[1]) Die von Notar J. Strabius gemachten Eintragungen wurden sämtlich im Jahre 1686 vorgenommen.

Notar B. Denis ins Amtsbuch eingetragen und von den Kontrahenten mitunterzeichnet.

Nr. 15. Beschluß der Meister über die Verwendung der Einnahmen, gefaßt am 20. Juni 1768.

Nr. 16. Meßstiftung durch die daunische Hevam, erfolgt am 24. 6. 1768. Notiz ohne Unterschrift.

Nr. 17. Königl. Privileg, fremde Eisenwaren gleichberechtigt mit den Kaufleuten öffentlich feilzuhalten und zu veräußern. Erlassen zu Brüssel am 5. Februar 1785. Eingetragen durch Notar A. Erpelding.

Der Vollständigkeit halber seien ferner die folgenden (a—f) von Lithograph Erasmy im Jahre 1864 gemachten Eintragungen erwähnt:

a) Nr. 18. Copie der Regul und Ordnung der Kesseler und Dippengießer vom platten Lande.

b) Nr. 19. Bericht über das 60 jährige Jubelfest der luxemburger Handwerkergenossenschaften.

c) Nr. 20. Die Vorstände der Handwerkergenossenschaften der Stadt Luxemburg am 15. März 1864.

d) Nr. 21. Statuten der 13 Genossenschaften und Ablässe verliehen von Papst Pius IX. durch Bulle vom 8. April 1864.

e) Nr. 22. Besondere Statuten der st. Eligi-Genossenschaft.

f) Nr. 23. Berichte des Festausschusses des 600 jährigen Jubiläums vom 27. Juni 1864.

B. Das Aufnahmeregister.

Mit der Urkundensammlung wurde im Jahre 1686 ein neues Register zwecks Eintragung der neuaufgenommenen Mitglieder angelegt. Jede Aufnahme ward aktiert mit dem genauen Datum, der Meisterei und den Namen der beiden Meister, die zur Zeit der Eintragung dem Amt vorstanden.

Es ist auffallend, daß sehr viele Namen an das Schmiedehandwerk erinnern, z. B. Schmitt, Wappenschmitt, fabry, de clous u. ä. Als erster steht im Register Peter Eisenbruch, als letzter (12. Oktober 1794) Heinrich Eisenbach.

Die Aufnahmeakten sind teils in deutscher, teils in französischer, nur zwei, nämlich diejenigen von Feller und Käuffer, Pfarrer zu St. Nikolaus, in lateinischer Sprache abgefaßt. Den schweren steifen Schriftzügen merkt man es an, daß die Meister mit größerer Sicherheit und Fertigkeit den Hammer als die Feder führten.

Das *kleine Amtsbuch* hat Kleinquart-Format, ist in Pergament gebunden und trägt auf der dritten Seite den Titel «Der Kesseler und Dippengießer ampt buch.» Es enthält: 1. die 6 Paragraphen umfassende Ordnung der Kesseler und Dippengießer vom platten Land; 2. die Aufnahmeakten von 1734—1770; 3. Notizen über Wahlen der Meister; 4. Bescheinigungen über Ablieferung der an die Probstei Luxemburg geschuldeten Kessel; 5. einige Listen der Mitglieder, welche ihr Meßgeld entrichtet haben.

Die *kleinern Schriften* des Archivs, wie Prozeßakten und Urteile, Briefe, Protest- und Dankschreiben usw. aufzuführen, würde uns zu weit führen. Es seien nur noch erwähnt:

a) Abschrift des Dekretes von Wenzeslaus vom Jahre 1377. Abschreiber? Datum?
b) Projet des règles additionnelles aux Statuts du Métier de Saint Eloy de la ville de Luxembourg etc, datiert vom 13. 12. 1791.
c) Projet des règles et statuts pour le métier de saint Eloy de la ville de Luxembourg, dressé par les treize maîtres.
d) Gutachten der Königlichen Kommission zu einem Gesuch des Eligiusamtes zwecks Erneuerung der Marktbesichtigungsrechte (22. September 1790).
e) Règlement de sa Majesté additionnel aux Statuts du Métier de St. Eloi de la ville de Luxembourg, datiert vom 10. 8. 1793.
f) Dekret der Kaiserin Maria Theresia über die Neuordnungen der Zünfte vom 14. September 1771.

(Fortsetzung folgt.)

Leben und Wirken des hochw. Hrn. Theod.-Zeph. BIEVER

(Fortsetzung.)

XXXV. Verschiedenes. — Kaiserbegrüssung. — Schulstiftungen und deren Inspektion.

Daß Biever, nach Weynandts Abreise, sich sehr vereinsamt fühlte, ist leicht begreiflich, doch was war zu tun? Er mußte sich ins Unveränderliche ergeben. Auch der stille Wunsch, in die heimatlichen Gefilde zurückzukehren, mußte unterdrückt werden, da es nun einmal nicht anging, den Posten, auf welchen ihn die göttliche Vorsehung gestellt hatte, schon jetzt zu verlassen. Es hieß darum weiter rüstig zu schaffen. Daß er das auch wirklich tat, ist unbezweifelbar. Wenn auch das Hospiz im großen und ganzen vor Weynandts Abreise fertig gestellt war, so blieben doch immer noch tausende von Kleinigkeiten zu besorgen. Vor allem mußten Maßregeln getroffen werden, um sich vor den räuberischen Einfällen wilder Beduinen zu schützen, die nur darauf ausgingen, wo und wie sie nur konnten, sich des der Anstalt angehörigen Viehes zu bemächtigen. So schreibt Biever z. B. in einem seiner Briefe (Tabgha, 19. Januar 1902):

«Unsere Hirten müssen, trotzdem unser Vieh in gutverschlossenen «Stallungen untergebracht ist, des Nachts mit den Flinten in der Hand «Wache halten. Wir haben auf diese Weise während der jetzigen «Regenzeit nun schon zweimal Diebe abgefaßt, aber was soll man mit «den armen Teufeln machen? Der Hunger ist ein schlimmer Gesell «und die Leute haben buchstäblich nichts zu essen.»

Der ganze Gebäudekomplex mußte daher in eine Art kleine Festung umgewandelt werden; daß das mit vielen bedeutenden Arbeiten und Unkosten verbunden war, ist selbstverständlich. Auch die Sorge, treue, zuverlässige Diener und Taglöhner aufzutreiben, war keine geringe. Weynandt fehlte ihm überall, namentlich auch in der Hauswirtschaft. In dieser Zeit also wird es gewesen sein, daß Biever eine Haushälterin anwarb, womit er wirklich Glück hatte. Schon an einer andern Stelle[193]) habe ich darüber berichtet.[194]) Nach und nach hatten sich verschiedene Familien, darunter auch drei oder vier aus Deutschland, in der Nähe des Hospizes niedergelassen, andere kamen aus der Nachbarschaft, um ihre Felder zu bearbeiten. Es mußte daher auch für eine mehr oder minder geordnete Seelsorge gesorgt werden. Dazu war vor allem die Einrichtung und Ausstattung einer geräumigen Hauskapelle im Inneren des Hospizes ins Auge zu fassen. So lese ich in einem seiner Briefe (Tabgha-Tibériade, 13 janvier 1897) folgenden Passus: «Ici nous «vivons en paix. Je commence à me faire à cette vie d'ermite et de «cultivateur, surtout depuis que j'ai réussi à me créer autour de moi «un petit ministère dans les villages grecs-unis qui nous entourent. En «ce moment, où les chrétiens de Rameh sont dans la plaine de Génézar «pour ensemencer leurs champs, j'ai notre chapelle le dimanche pleine «de monde, et je puis alors faire pendant la sainte messe une petite «instruction à ces malheureux qui dans leurs villages n'entendent ja«mais la parole du bon Dieu, et qui sont ignorants comme des païens.»

Daß es auch an Unannehmlichkeiten und Verdrießlichkeiten nicht fehlte, ist aus dem nämlichen, an einen befreundeten Priester gerichteten Schreiben ersichtlich. Um die Mitte Dezember 1896 hatte er denselben gebeten, er möge ihm doch einen Ordo (Directorium) für 1897 besorgen: «Je l'attends (cet Ordo) toujours avec anxiété, — mais rien «n'arrive. Ma lettre ne serait-elle pas arrivée, comme cela est déjà «arrivée à une première? Dans ce cas j'ose répéter ma demande de «m'envoyer un Ordo. Il m'est si difficile de faire jour par jour mon «Ordo pour la récitation de l'Office et pour la sainte Messe. Et puis «pour les prêtres étrangers qui passent chez nous! Comme ils pour«raient se faire toute sorte d'idée sur un prêtre qui n'est pas même «en possession d'un Ordo. Donc ayez pitié de moi.»

In einem anderen Briefe (vom 10. Februar 1897) meldet er: «Je «demande bien pardon du retard que j'ai mis à vous répondre à votre «lettre du premier janvier 97. C'est avant-hier seulement que j'ai «pu sortir du lit, où un fort rhumatisme m'avait cloué pour plusieurs «jours. On commence à se faire vieux et avec la vieillesse viennent les «infirmités — les admonitions pour le départ vers l'éternité. Je vous «accuse réception de deux lettres chacune accompagnée d'un Ordo (pour) «1897. Mille mercis de votre bonté.»

Anschaulich beschreibt Biever auch die Folgen eines Naturereignisses, in dem bereits oben zitierten Briefe vom 13. Januar 1897: «Ici nous «venons de passer une semaine pénible, à cause de pluies diluviennes. «Le lac (de Genesareth) a debordé plus que d'ordinaire et puis ces «vogues en furie qui font jour et nuit l'assaut contre les murs de nos «jardins! A Tibériade on parle d'une centaine de maisons qui se seraient «écroulées; cinq personnes ont été tuées sous les décombres. Le reste «des maisons est inhabitable. Les couvents latin et grec, même l'église

---

[193]) Ich werde weiter unten noch Gelegenheit finden, näheres über einen solchen Raubanfall mitzuteilen.

[194]) Siehe Kapitel XII.

«latine sont changés en bivouac où campent les familles qui n'ont pu «rester dans leurs maisons chancelantes et trempées d'eau. L'hôpital «de la mission anglaise est aussi rempli de fugitifs. C'est une vraie «débacle. A Safed aussi beaucoup de maisons écroulées, mais par «bonheur pas de morts. Et les troupeaux des pauvres Bédouins enlevés «par les eaux des torrents! Toute la plage nord du lac est jonchée de «cadavres de vaches, de chèvres, d'ânes et même un énorme chameau s'y «trouve. Ces pauvres gens sont ruinés. Beaucoup en ont perdu même «leurs bœfs de labour et cela juste au beau milieu de l'ensencement. «Je m'étonnerais si cela ne donne pas une épidemie ou une épizootie. «Que Dieu dans sa bonté nous en préserve.»

Doch was soll ich noch weiter auf alle die tausend Sorgen und Mühen Bievers zum Gedeihen der seiner Obhut unterstellten Anstalt weiter eingehen? Es genüge hervorzuheben, daß der Vereinsvorstand des «Deutschen Vereines vom heiligen Lande» in seinen jährlichen Generalversammlungen Biever hohes Lob spendete für die tüchtige und segensvolle Tätigkeit, welche er als Hospizvorsteher von Tabgha entfaltete.

Im Jahre 1897 machte Biever, im Auftrage des erwähnten Vereinsvorstandes[195]) eine Europareise; jedoch konnte ich nirgends, weder in einer luxemburgischen Zeitung, noch in irgend einem seiner mir zur Verfügung stehenden Briefe, die geringste Andeutung finden, daß er damals auch sein Vaterland besucht habe. Aus allem scheint hervorzugehen, daß er nur nach Bonn und Köln kam, wo er dem damaligen Weihbischof, dem hochw. Herrn Dr. Schmitz, seine Aufwartung machte. Es war damals bekannt geworden, daß der deutsche Kaiser Wilhelm II. im folgenden Jahre eine Orientreise antreten werde,[196]) bei welcher Gelegenheit er im hl. Lande auch im Namen der deutschen Katholiken begrüßt und bewillkommnet werden sollte. Zu diesem heikelen Auftrage hatte man Biever ausersehen. Um die nötigen Instruktionen dazu zu erhalten, war er an den Sitz des Generalvorstandes des «Deutschen Vereines vom hl. Lande» beordert worden. Doch hören wir Biever selbst, was er in einem Briefe an eine Verwandte (Tabgha, 2. Januar 1898) hierüber mitteilt: «Die Zeitungen werden Ihnen wohl den «Kaiserbesuch in Palästina des langen und breiten erzählt haben, so «daß ich davon absehen kann, weiß ich doch auch das Meiste nur aus «den Zeitungen. Ich hatte von unserem Vereine den Auftrag erhalten, «dem deutschen Kaiser, im Namen der deutschen katholischen Anstalten «in Palästina, den Willkommgruß anzubieten. Die Geschichte war «äußerst heikel, da von meiner Begrüßung das Verhalten der deutschen

---

[195]) Wie selbstverständlich auch auf dessen Kosten.

[196]) Dieselbe fand auch wirklich statt. Am 11. Oktober 1898, reiste er von Potsdam ab, und bestieg die Yacht «Hohenzollern» zu Venedig am 13. Oktober. Die Reise nahm im ganzen 42 Tage in Anspruch. Am 26. Oktober traf der Kaiser in Begleitung der Kaiserin und eines großen Gefolges in Haïfa ein und begab sich um 6 Uhr abends allda ins deutsche Konsulat, wo die deutsche Kolonie Aufstellung genommen hatte und mehrere Anreden an ihn gerichtet wurden.

«Katholiken in Palästina dem Kaiser gegenüber abhängig gemacht «wurde. Andererseits hatten wir Katholiken deutscher Zunge höheren «Ortes Weisungen bekommen, uns nicht in den Vordergrund zu drän-«gen, besonders nichts zu reden, was die Eifersucht Frankreichs, der «sogenannten Schutzmacht der Katholiken im Oriente noch mehr hätte «aufregen können. Und doch mußte der deutsche Kaiser dazu gebracht «werden, daß er sich unumwunden für den Beschützer der deutschen «Katholiken erklärte. Meine Rede [197]) hat dem Kaiser, wie es scheint, «gefallen, er drückte mir wiederholt recht fest die Hand, indem er zu «mir die Worte sprach: «Ihre patriotische Ansprache hat mich mit «hoher Freude erfüllt. Ich wiederhole es ein- für allemal, daß meine «katholischen Untertanen meines kaiserlichen Schutzes im Orient ebenso «versichert sein können, als meine anderen Untertanen.» Rede und «Antwort erschienen in allen deutschen Zeitungen jedwelcher Richtung, «sogar in Amerika wurde mein Name genannt. . . . . so kann man «über Nacht eine Weltberühmtheit werden! Es hat mich in den letzten «Zeiten höchstlichst amüsiert, aus Deutschland, England usw. Briefe «zu erhalten, in welchen ich um meine Photographie, oder wenigstens «um eine Ansichtskarte mit meiner Unterschrift gebeten wurde! ! ! Sind «die Leute doch lächerlich! Es wird Euch aber doch vielleicht Freude «machen zu vernehmen, daß ich vom Kaiser ganz besonders ausge-«zeichnet worden bin. Bevor er unsere Anstalt in Haïfa verließ, über-«gab er mir eigenhändig den roten Adlerorden[198]) mit der Bemerkung: «Nehmen Sie diese Auszeichnung an in Betracht Ihrer großen und «langjährigen Verdienste um die christliche Mission in Palästina.»

Daß Freund Biever nicht immer auf Rosen gebettet war, beweist folgender Zeitungsausschnitt :[199]) «In der ersten Woche des Monats «März (1899) wurde auf die deutsche katholische Ansiedlung in Tabgha «am See Tiberias von sechs berittenen Kurden ein frecher Raubanfall «ausgeübt. Der ehrwürdige Pater Biever, Leiter der Anstalt . . . . . . «befand sich zur Zeit der Ankunft der Kurden außerhalb der Um-«fassungsmauer des Hospizes, wo sich sein Freund, der Baumeister·

---

[197]) Hier deren Wortlaut: «Im Namen des Deutschen Vereins für das heilige Land sowie der in Palästina wohnenden deutschen Katholiken, habe ich die Ehre, Ew. Majestät bei Ihrem Eintritt in das heilige Land unseren untertänigsten Willkommengruß darzubringen und unseren tiefgefühlten Dank auszusprechen Ew. Majestät für den wirksamen Schutz, den unsere Anstalten in Palästina und die daselbst wohnenden deutschen Katholiken unter dem glorreichen Szepter Ew. Majestät genießen. Wir wagen die zuversichtliche Hoffnung auszusprechen, daß es uns auch fürderhin vergönnt sein wird, unter den mächtigen Schwingen deutschen Aars, deutschem Wirken, deutscher Sitte und deutschem Fleiß einen immer weiteren Eingang zu verschaffen.» (Siehe «Luxemburger Wort», Jahrgang 1898, Nrn. 302 und 303 vom 29. und 30. Oktober.)

[198]) Vierter Klasse.

[199]) «Luxemburger Sonntagsblatt,» Jahrgang 1899, Nr. 14 vom 2. April.

«Karl Maaß von Safed eben von ihm verabschieden wollte. Die Kurden «verlangten zwei Flaschen Branntwein, natürlich nur, um sich zu ihrem «Vorhaben zu berauschen; Pater Biever lehnte den Antrag ab mit der «Begründung, «daß ihnen (den Kurden) ihre Religion verbiete, geistige «Getränke zu trinken,» worauf diese ihre Religion und Mohammed «verfluchten und in fürchterlicher Weise beschimpften. Pater Biever «machte dann darauf aufmerksam, daß Saptiehs (Polizeisoldaten) im «Hospiz wären, was indes auf die Eindringlinge keinen Eindruck «machte; denn nach einer kleinen Pause, während Herr Maaß sein «Pferd wieder innerhalb der Mauer gebracht und sich mit Pater Biever «in das Hospiz zurückgezogen hatte, versuchten die Kurden das Pferd «loszulösen, worauf Herr Maaß in den Hofraum lief und die Kurden «zurückzudrängen suchte. Nun aber legten diese mit Pistolen auf «Maaß an, und nur seiner Gewandheit gelang es, die Ladungen von sich «abzuleiten, bis auf zwei Streifschüsse, von denen er einen an den «Kopf, den andern an den Arm erhielt. Das war natürlich nur das «Werk eines Augenblickes und inzwischen waren Pater Biever und der «im Hospiz zufälligerweise anwesende Saptieh auch auf dem Kampf-«platze erschienen. Erst aus der tatsächlichen Anwesenheit des letzteren «scheinen dann die Kurden Verdacht geschöpft zu haben, daß noch «mehrere davon in der Nähe sein möchten und begnügten sich schließ-«lich mit 2 Flaschen Wein. Anzeige wurde sofort an das türkische «Gericht in Safed und an das kaiserlich deutsche Konsulat in Haifa «erstattet, und man zweifelt nicht, daß auf Verlangen und mit dem «Nachdruck der kaiserlichen Regierung diesen beiden vorgeschobenen «deutschen Kulturposten ein wirksamerer Schutz zu teil werde, da «dieser sowohl dem ehrwürdigen Pater Biever, wie dem Baumeister «Maaß am Morgen des 26. Oktober v. J. (1898) in Haïfa in Gegenwart «des Staatssekretärs v. Bülow durch kaiserlichen Handschlag zuge-«sichert wurde.»

Eine der hauptsächlichsten Arbeiten Bievers zur Christianisierung der Umgegend von Tabgha, und welche ihn ungeheuere Arbeit kostete, war die Gründung von Schulen und deren Beaufsichtigung, resp. Inspektion. Darüber, wie beides vor sich ging, finden wir nähere Aufschlüsse in einem seiner Briefe (Tabgha, 2. Januar 1899). Sie sind so interessant, daß ich nicht umhin kann, sie ihrem ganzen Wortlaute nach, hier mitzuteilen. Biever schreibt also folgendes: «Was «mich im letzten Jahre (1898) nach dem Kaiserbesuch besonders «beschäftigte, ist die Gründung neuer Schulen in den uns umgebenden «Dörfern. Das ist jedesmal eine Heidenarbeit. Die Leute wollen alles «umsonst haben, ohne sich selbst irgend ein materielles Opfer aufzu-«legen. Ich halte bei Gründung dieser Schulen, zu welchen ich den «Lehrer und für die armen Kinder das Schulmaterial stelle, die Be-«dingung, das Dorf müsse auf eigene Kosten ein Schulhaus bauen, «und will dasselbe auch eine Mädchenschule, ebenfalls eine «Wohnung für die arabischen Schwestern. Das gibt nun ein «Jammern und Seufzen; aber von der Bedingung wird nicht abgegangen. «und dazu muß so gebaut werden, wie ich will. Der palästinensische «Bauer ist äußerst knickig und sogar geizig; er ist ja semitischer Ab-«kunft, ein Vetter der Juden. Aber am Ende, wenn er sieht, daß es «nicht anders geht, dann gibt er doch nach und fügt sich, da er die «Schule doch nicht fahren lassen will. Und nun geht die Arbeit los. «Die Kerle wollen natürlich so billig als möglich bauen, haben von «Anlage einer Schule, von Hygiene usw. keine Idee, und wollen doch «alles wissen und so muß man sich mit dem Volk herumbalgen bis «der Bau unter Dach und Fach ist. Nun heißt es, die wilden Rangen «förmlich einfangen, um sie an die Schule zu gewöhnen. Ein Heulen «und Brüllen entsteht da im Dorfe und ums Dorf herum, als wenn «es einem Dutzend wenigstens an den Hals ginge. Von allen Seiten «werden endlich die Bengel herbeigeschleppt. Ein Haufen arabisches «Zuckerwerk liegt auf dem Tisch. Jeder bekommt eine Handvoll. Das «Heulen verstummt, und es hört sich an, als würde eine Mühle in «Gang gesetzt. Die Buben sind gekirrt. Sind sie einige Tage in der «Schule, dann gewinnen sie die Schule lieb, besonders wenn sie einmal «das arabische A. B. C. kennen. Talentvoll und geweckt sind die ara- «bischen Kinder durch die Bank und haben gewöhnlich auch Freude «am Lernen. Nun heißt es, diese Schulen beständig überwachen, da «man sich auf die arabischen Lehrer nicht verlassen kann. Deshalb «habe ich $^1/_3$ des verflossenen Jahres im Sattel zugebracht, um die «4 Schulen, die ich bis jetzt eröffnet, zu kontrollieren. . . . .»

«Vor Weihnachten habe ich meine letzte (Schulvisitations-) Tournee «gemacht. Am zweiten Tage überraschte mich der Regen, und doch «hieß es vorwärts über Berg und Tal. Die Gebirgsbäche schwollen an «und die Sache wird sehr unangenehm, weil man öfters gezwungen ist, «diese zu durchreiten und einem dabei zu Pferde das Wasser oben bei «den Stiefelschäften in die Stiefel hineinläuft. Hier herum kennt man «noch keine auberges; man steigt im Dorfe beim ersten besten Hause «ab, tritt ein und ladet sich selbst zu Gaste. Ist das Dorf zufälligerweise «christlich, so steigt man beim Pfarrer ab, am Paschtoueschhaus. Wie «Ihnen wohl bekannt sein wird, sind hier alle orientalischen Geistlichen, «mit Ausnahme derjenigen, welche zum lateinischen Ritus gehören, ver- «heiratet, auch die unierten Griechen und die Maroniten, welche zur «katholischen Kirch egehören. Das Pastorhaus hat, wie alle arabischen «Bauernhäuser, nur einen Raum, der in zwei Teile geteilt ist: ein tiefer «gelegener für das Vieh (Kühe, Ochsen und Esel). Von dort steigt «man einige Treppen höher und gelangt dahin, wo die Menschen «wohnen, in unserm Fall der Herr Pastor mit Frau und Kind. Gleich «ist alles in Bewegung; man muß ja dem Gast ein Nachtessen bereiten, «und da der Gast ein «franze», ein Europäer ist, so bietet die Frau «Pastorin, die Churie, wie man hier sagt, alles auf, um ihre Kochkunst «ins rechte Licht zu stellen. Hier das gewöhnliche Menü: Ein gebra- «tenes Huhn, Pillav (in Wasser gekochter Reis), Labben (dicke Milch), «Ziegenkäse und Honig, dazu frisch gebackene Brodfladen, welche «Teller, Serviette, Löffel und Gabel ersetzen. Manchmal gehts auch «ohne das alles, und dann ist das gewöhnliche Abendmahl das hiesige «National-Gericht, die Mudscheddera, eine aus Linsen und grobschrotte- «nem Weizen bereitete Suppe. Ist das Mahl vorüber, dann wird eine «Tasse Mokka gebracht. Die Dorfhonorationen haben sich unterdessen «zur Begrüßung des Gastes eingefunden, und nun beginnt die Tuallila, «die Unterhaltung, die sich zuerst um alles Mögliche dreht, bis man «am Ende auf die Schule und von dieser auf die Religion kommt. Nun «beginnt die Arbeit des Missionärs. Ohne seine Zuhörer zu langweilen, «sucht er ihnen die Hauptwahrheiten der Religion auseinanderzusetzen; «Fragen und Antworten kreuzen sich (der Orientale ist ja von Alters her «ein Religionsgrübler), bis endlich Redner und Zuhörer fühlen, daß «auch der Körper sein Recht verlangt. Nun heißt es, sich einrichten für «die Nacht. Die Frau Pastorin breitet eine Strohmatte auf den Boden, «darüber eine 3 fingerdicke Matraze und eine gesteppte Decke, als «Unterlage für den Kopf ein mit Spreu gefülltes Kissen und — nun «schlafe wohl! Aber nun kommt es bald aus allen Enden und Ecken «herangerückt — das orientalische blutgierige Ungeziefer: Mosquitos, «Flöhe, Wanzen usw. Dazu fängt dem Pastor sein Jüngstes an zu «schreien, ein anderes sekundiert, der Pastor schilt seine Frau. — «Mit welcher Wonne begrüßt man da den ersten Tagesschimmer, der «sich durch die Ritzen der Haustüre hereinstiehlt. Heraus und an «einen einsamen Ort, um alle die unberufenen Mitbewohner seiner «Kleider aus ihren Schlupfwinkeln zu vertreiben. Dann eine Kneipperei «am sprudelnden Quell, um den Körper wieder frisch zu machen.

«Unterdessen ist im Dorfe alles lebendig geworden. Der Pfarrer «singt sein Brevier schon in der Kirche; auch ich genüge meiner Prie«sterpflicht. Dann kommt das Frühstück, darauf Besuch der Schule, «Prüfung und alles, was dran und drum ist, und dann heißt es wieder «in den Sattel und weiter fort. Wie bin ich da so froh, wenn ich «nach 5—6 Tagen wieder in meinem Neste in Tabgha bin, bei meiner «frugalen Kost und besonders, wenn ich mein hartes, aber doch rein«liches Bett wieder zur Verfügung habe.»

Diese Inspektionsreisen benützte Biever auch ganz besonders, um die Kinder zur Anhörung der täglichen hl. Messe anzuhalten. In «Das hl. Land», Jahrgang LVIII, 1914, Heft I, Seite 58, finde ich darüber folgendes Entrefilet: «In den Dörfern, in denen der «Deutsche Verein «vom Hl. Lande» eine Schule unterhält, arbeitet man darauf hin, «daß die Schulkinder an allen Tagen zur hl. Messe kommen: man ver«ständigt sich mit dem Pfarrer über die Stunde, so daß eine möglichst «große Anzahl dem hl. Opfer beiwohnen kann. Langjährige Übung «wird hoffentlich dazu beitragen, daß die Zahl der Kirchenbesucher «immer größer wird, und daß der Einfluß des hl. Meßopfers auf das «ganze christliche Leben sich immer fühlbarer macht.»

Nach Beschreibung der Mühseligkeiten bei seinen Schulgründungen und Schulvisitationen fährt Zephyrin fort: «Da haben Sie eine kleine «Probe vom Leben des Missionars in Palästina. Menschlicher Weise «ist das nicht gerade angenehm; aber ich möchte doch nicht mit dem «bestsituiertesten luxemburger Pfarrer tauschen. Nun, chacun a son «vilain goût!»

Dann aber folgt der Schlußseufzer: «Wenn man, wie ich, 24 Jahre «Missionsleben auf dem Rücken hat, so fängt es doch schon manch«mal an der Maschine zu hapeln an. Ich will doch wenigstens meine «25 Jahre voll machen: dann wollen wir weiter sehen, was unser «Herrgott über mich verfügt. Auch ich habe hie und da so etwas wie «Sehnen nach Ruhe; aber ich fürchte mich dann wieder vor der Ruhe «und dann denke ich mir wieder, ob ich wohl in dem sich überhastenden «Europa, wo alles mit Dampf und Elektrizität geht, Ruhe finden werde. «Voriges Jahr (1897), als ich draußen (d. h. in Europa) war, hat «es mich wirklich geschwindelt und ich konnte mich in dem Trubbel «gar nicht zurechtfinden. Wie froh war ich, als ich bei der Landung «in Haïfa meine treue Beduinenstute wieder unter mich nehmen konnte «und dieselbe mich in sausendem Galopp über die Ebene dahintrug! «Doch kommt Zeit, kommt Rat.»

(Fortsetzung folgt.)

Logements militaires à Luxembourg pendant la période de 1794—1814. (Par Alphonse RUPPRECHT.)

Marché-aux-Poissons (Suite.)

236. *Jean-François Carcher*, quartier d'officier de 2 chambres une avec cheminée prenant jour dans la courselle et l'autre dans la cour pour 7 hommes, en temps de paix pour 1 officier.

11 places au bâtiment principal. 2 derrière.

1 écurie pour 4 chevaux.[85])

237. Charles Louis quartier d'officier de 2 chambres 1 avec cheminée sur le devant au deuxième étage pour 10 hommes et dans la même maison *C. Wahl* 1 chambre du quartier de capitaine sans cheminée pour six hommes, en tems ordinaire les 3 pour 1 capitaine.

10 places. Encore 6 places.[86])

---

[85]) Aujourd'hui le numéro 10 de la rue de la Loge et propriété de M. Ant. Beissel, auparavant celle de M. Thomas Fendius et de ses héritiers.

[86]) Aujourd'hui le numéro 8 de la rue de la Loge. M. *Henri Schamburger*, époux de Marie-Anne Peppinger, avait acquis cette maison dans la première moitié du 19e siècle. Lui et, après sa mort, sa veuve et ses enfants y tenaient pendant nombre d'années un débit-restaurant connu comme rendez-vous des bonnes classes de la population et renommé pour sa préparation toute spéciale du gras-double (Kuddelfleck), dont la recette est précieusement conservée dans la famille.

La dame Thérèse Schamburger, fille de M. Henri Schamburger et veuve de M. Jean Knebgen, est aujourd'hui propriétaire de la maison. Madame Knebgen, qui est née à Luxembourg, le 12 août 1833 et qui porte superbement ses 85 ans, a passé toute sa vie dans sa ville natale et en a suivi l'histoire en observatrice intelligente. Nous la remercions respectueusement des indications qu'elle a bien voulu nous donner sur certaines vieilles maisons et familles de la capitale.

Une sœur de Madame Knebgen, Caroline, avait épousé M. Henri Funck, brasseur à Neudorf (Eich), où elle est décédée le 11 août 1908, âgée de 69 ans. Un frère, Louis, s'était établi à Luxembourg comme libraire et imprimeur, il est mort à Strasbourg, le 22 octobre 1910. Un autre frère, Jérôme-Jean-Baptiste Schamburger, né à Luxembourg, le 27 septembre 1825, entra le 14 juillet 1843 dans le corps des

238. *Caspar Hendel*, quartier d'officier de 2 chambres une sur le devant au deuxième étage pour 1 capitaine, en tems ordinaire pour 1 officier.

9 places.[87])

239. Le notaire *Reuter*, quartier d'officier de deux chambres une avec cheminée sur le devant au deuxième étage pour 10 hommes, en tems ordinaire pour 1 officier.

9 places.[88])

---

chasseurs luxembourgeois et y fut nommé lieutenant le 5 juin 1853, adjudant de bataillon le 22 février 1858 et lieutenant en 1er le 12 mai 1859. Il commanda pendant plusieurs années le détachement des chasseurs à Walferdange et prit sa retraite à la suite de la loi du 18 mai 1868 portant une nouvelle organisation de la Force armée. Après avoir épousé à Garnich, le 19 août 1872, Mademoiselle Anne-Marguerite Schleich, de Dahlem, il habita successivement Rodange, Garnich et Hivange et expira à Luxembourg, le 10 novembre 1911, dans la demeure de son gendre, M. le Dr Rod. Klees. C'est une belle et noble figure d'ancien soldat luxembourgeois qui disparut avec cet homme de bien. . . . . . .

Des deux côtés de la maison Schamburger se trouvaient anciennement des passages libres qui formaient cul-de-sac, et la belle tourelle en maçonnerie que l'on y voit et qui est aujourd'hui emmurée en partie, se dressait à l'angle de la maison et avançait dans le passage nord. De cette tourelle la maison a été baptisée «Am Tirchen». Un locataire aubergiste l'avait peinte en rouge au commencement de ce siècle et lui avait donné l'enseigne «Fremdenverkehr zum rothen Thurm.»

[87]) Aujourd'hui le numéro 4 de la rue de la Loge et propriété des héritiers Darreye (les familles Alesch-Darreye, François-Darreye, Liesch-Darreye et Moutrier-Darreye).

Jean-Caspar Hendel, marchand, fils de Chrétien et de Catherine Haas, décédé à Luxembourg, le 22 décembre 1814, âgé de 66 ans, y avait contracté mariage, le 24 octobre 1780, avec Suzanne Haas, fille de Nicolas, marchand de fer et de Suzanne Printz. Il était le petit-fils d'André Hendel, dont les parents Basile Hendel et Marie Külwin étaient originaires de Batzenheim, paroisse de Kappl en Tyrol et qui avait épousé à Luxembourg, le 6 septembre 1703, Marie Berlot, veuve de François Braün. Sa fille, Anne-Marie Hendel, épousa à Luxembourg, le 30 messidor an 8 (19 juillet 1799), Michel Darreye, né à Maville, dép. de la Moselle, le 13 mai 1767, reçu officier de santé à Luxembourg, le 19 mai 1803, en conformité de la loi du 10 ventôse an 11 (premier mars 1803); y décédé le 15 décembre 1842.

(Reg. de la paroisse de St. Michel et de l'état-civil de Luxembourg, Liez op. c°, p. 26).

[88]) Aujourd'hui le numéro 2 de la rue de la Loge et propriété de M. Jacques Weimerskirch. Au cadastre nous trouvons comme propriétaires, en 1824, Jean-Guillaume Ditsch, boucher, époux d'Anne Huberty (d'où la désignation de *maison Ditsch*); en 1860, Michel Berchem, tanneur, époux d'Eve-Thérèse Rœser; en 1869, les frères Jean, Pierre et Jacques les Michel, marchands-chapeliers (qui avaient acquis la maison par voie

240. *Damien Tandel*, une chambre au deuxième étage sur le devant pour 2 pr. plana, en tems de paix pour un.

d'adjudication, le 6 septembre 1869, pour le prix de 15 000 frs.); en 1882, Jean Michel; en 1887, Georges Michel; en 1889, Jean Holbach et depuis 1903, Jacques Weimerskirch.

Le sieur Ditsch y avait ouvert un étal de boucher et un cabaret et depuis lors les locaux du rez-de-chaussée ont toujours servi de débit.

La maison elle-même est appelée *Enner de Steilen*, *Maison des Arcades*, *aux Arcades*, *sous les Arcades*, *Unter den Steilen* et *Unter den Pfeilern*. M. Henry de la Fontaine, dans une étude publiée en 1916 dans l'*Annuaire de l'association des Ingénieurs et Industriels luxembourgeois*, lui donne le nom de *maison aux Piliers*. Elle tire ces désignations du porche voûté qui y donne accès et qui se compose de 4 piliers massifs et de 5 arcades simples dont 3 de front et une de chaque côté. La pierre de voûte de l'arcade latérale sud porte le millésime 1691. Une terrasse avec balustrade en fonte aménagée sur la voûte et garnie pendant la bonne saison de belles fleurs (géraniums, lierre, péthunias, capucines et autres) rajeunit la bâtisse de par elle-même lourde et austère.

La maison est à trois étages. Les fenêtres du premier, au nombre de 3, dont chacune à 2 compartiments séparés par des meneaux en pierre, sont juxtaposées et ont des linteaux en pierre munis de motifs d'architecture de style gothique d'un travail très fin. A la droite et à la hauteur de ces fenêtres se trouve une niche ou chapelle gothique avec des sculptures à jour abritant un groupe représentant Ste Anne, la Vierge et l'enfant Jésus. Feu M. l'architecte Arendt a consacré à cette œuvre dans l'*Organ für christliche Kunst der Diözese Luxemburg, numéro du 28 octobre 1885*, les lignes suivantes:

«Die gewöhnliche Darstellung der Mutter Anna, wie sie die als Kind neben ihr stehende allerseeligste Jungfrau in einem Gebetbuche lesen lehrt, oder sie in der heiligen Schrift unterrichtet, ist jedermann bekannt. Viel weniger, ja den meisten Lesern dieser Zeilen vielleicht gar nicht bekannt, ist eine im Mittelalter sehr beliebt gewesene Gruppe, welche die gottbegnadigte Mutter der Mutter des Heilandes gleichzeitig mit der als kleines Mädchen abgebildeten allerseeligsten Jungfrau und dem Jesukinde darstellt. Die deutschen Kunstarchäologen bezeichnen letztere Art von Anna-Gruppen mit dem eigentümlichen Namen «Selbdritt» (mettercia). Bis jetzt sind mir hierlands sieben solcher Selbdritte bekannt geworden.

Die älteste ist wohl die in dem zierlichen spätgotischen Heiligenhäuschen an der Ecke des Ditsch-Hauses (unter den Steilen) auf dem Fischmarkt zu Luxemburg. Die als Matrone in einen edelfaltigen Mantel mit Kopfüberwurf drapirte heilige Anna trägt auf dem rechten Arm das Jesukind und umschlingt mit dem linken Arme die etwas kleiner und viel jünger dargestellte Jungfrau Maria, welche die beiden Hände frohlockend dem Jesukinde entgegen reicht. Maria trägt eine Königskrone, unter welcher ihr langes Lockenhaar über die Schultern herabwallt und den auf der Brust mit einer gotischen Spange zusammengehaltenen Gnadenmantel. Hochinteressant ist die aus abwechselnden

Lilien (Reinheit) und Brodfrüchten (Fruchtbarkeit) zusammengesetzte, sehr geschmackvoll gravierte äußere Fondverzierung dieses Mantels, an dessen Saum der Spruch: «Maria, gratia plena» zu lesen ist. Über der Brust ist ihr Kleid ebenfalls mit Brodfrüchten geschmückt. Die Gruppe ist 0,90 m hoch, 0,55 m lang, 0,29 m breit und in Stein von Audun-le-Tiche gemeißelt. Vor drei Monaten ließ unsere hochlöbl. Landesregierung dieselbe samt dem Heiligenhäuschen auf Staatskosten unter meiner Leitung durch den Bildhauer J. Luja von hier restaurieren.»

La partie de la maison tournée vers la rue de l'Eau montre une grande fenêtre à meneaux et croisillons en pierre et d'autres baies qui portent le cachet d'une époque lointaine.

M. Würth-Paquet (op. c°, p. 118) dit que la maison des arcades et celle des héritiers Darreye qui y touche au sud (v. note 87) n'en faisaient autrefois qu'une seule et que devant la maison Darreye étaient des arcades que Hendel doit avoir abattues vers le commencement du 19e siècle.

La maison passe pour être la plus ancienne de la ville et pour avoir servi d'hôtel de ville du temps de Sigefroid (Engling, Statistique monumentale du G.-D. de Luxembourg, Publ. 1850, p. 106 et Engelhardt, op. c°, p. 31).

M. Henry de la Fontaine expose dans l'étude prérappelée que, vu le style, la maison n'est pas une construction de nos premiers comtes; il doute qu'elle ait passé les temps désastreux des 15e et 16e siècles sans subir de sérieux dommages. Telle qu'elle se présente aujourd'hui, elle lui semble avoir été élevée au moins en partie au milieu du 17e siècle, peut-être avec des éléments de l'un ou l'autre édifice démoli à cette époque. Au musée national est conservé un linteau de fenêtre qui provient de l'hôtel de la Chancellerie abattue en 1685 (v. note 69) et qui a les mêmes proportions et les mêmes moulures que ceux du premier de la maison aux arcades.

Les français, après le siège de 1683—1684 maîtres de la ville du 7 juin 1684 au 16 janvier 1698, avaient logé un corps de garde dans la maison et ce seraient eux qui auraient construit la colonnade actuelle. L'année de la construction est en tout cas marquée par le millésime 1691 cité plus haut. Mais bien avant ce temps, ajoute M. de la Fontaine, la maison portait le même nom que de nos jours et la colonnade qu'on y voit aujourd'hui en a remplacé une autre tombée peut-être de vétusté ou plus ou moins pourrie si elle avait été en bois.

Quoi qu'il en soit, c'est, pour nous servir encore des paroles du même auteur, un monument vénérable et le joujou choyé de tout bon luxembourgeois.

Jean Chalop, prévôt de Luxembourg a succombé en héros devant la maison des Arcades en 1443, alors qu'armé d'un pieu, il fondit sur les troupes de Philippe de Bourgogne qui, appelées par la duchesse de Görlitz, venaient de surprendre la ville, et bien d'autres événements mémorables de notre histoire se sont déroulés à proximité d'elle......

Le 16 mars 1919, les survivants de la vaillante phalange qui dans les rangs de la Légion Etrangère avait sauvé l'honneur du nom luxembourgeois sur les champs de bataille de France et de Belgique, furent reçus et fêtés officiellement par la capitale et les populations du pays. Les semaines suivantes, des fêtes d'un caractère plus intime furent organisées par les communes et parties de communes auxquelles les légionnaires appartenaient plus particulièrement par droit de naissance ou de résidence. Un nombre appréciable étaient enfants de la ville de Luxembourg; 4 furent réclamés par les vieux quartiers de la ville haute: MM. *Jean-Pierre Jacoby*, *Nicolas Nimax*, *Jean Schaack* et *Pierre de Wael*. Le dimanche, 23 mars, fut choisi comme date, le Marché-aux-Poissons et la Maison des Arcades comme cadre d'une fête en leur honneur. Celle-ci commença à huit heures et demie du soir par un concert à la place du Marché-aux-Poissons illuminée aux feux de Bengale. Les airs les plus chers aux luxembourgeois joués par la «Concordia» firent tressaillir les cœurs et le quartier d'Ermesinde vibrait des accents de l'hymne national chanté par la foule aux sons de la musique. Les enfants s'étaient groupés devant la maison de la Cloche d'Or. — Quelques instants de silence et 4 fillettes (Marguerite Rupprecht, Marcelle Weyrich, Maria et Nelly Zinnen) s'avancèrent au milieu de la place et présentèrent aux légionnaires de magnifiques gerbes de fleurs naturelles enrubannées aux couleurs nationales, en prononçant ces paroles: «Am Num vun den Alstâtkanner brënge mer iech ons sche'nste Blumen a sô mer iech merci, dir Jongen, fir alles, wât der fir ons gemâcht a gelidden hutt. Vive ons Legionären!»

La foule, en applaudissant, répéta ce cri et quand les légionnaires embrassèrent avec effusion les gentilles petites, les yeux se mouillèrent et plus d'une voix fut étouffée par des sanglots. L'un des légionnaires, se faisant le porte-voix de ses camarades, remercia en termes émus et ajouta: «Wât mer fir iech a fir onst Land gemâcht hun, hu' mer gir gemâcht, a wa mer erëm unzefänken hätten, gënge mer et nach èmol mân.» Ces paroles soulevèrent de nouveaux applaudissements et de nouvelles acclamations . . . . . .

La Maison des Arcades décorée du drapeau tricolore et de guirlandes offrit sa grande salle du rez-de-chaussée aux autres numéros du programme des fêtes. Les légionnaires, leurs familles et leurs amis y furent reçus par M. Edmond Zinnen, au nom du comité d'organisation, MM. les conseillers communaux Brasseur, Feyden, Knaff et Philippe, au nom de l'administration communale et M. le curé-doyen d'Huart, au nom du clergé de la paroisse St. Michel. L'auteur de ces lignes se fit l'interprète des sentiments de tous, en adressant aux légionnaires des félicitations et des remerciements et en leur remettant en guise de souvenir des montres argent avec monogramme et dédicace. Puis, pendant que M. Weimerskirch, l'hôte avenant de la maison, servit les meilleurs crus de sa cave, ce furent pendant plusieurs heures des discours, des acclamations, des chants et déclamations patriotiques, des récits des hauts faits des légionnaires. Jamais le vieil édifice n'avait vu dans ses murs fête plus touchante et plus foncièrement luxembourgeoise.

Le lendemain un service funèbre fut célébré à l'église St. Michel pour ceux de la Légion dont les yeux s'étaient éteintes avant de revoir

8 places.[89])

241. *N. Langq* donne une chambre au deuxième étage sur le devant pour 4 hommes, en paix ne loge.

5 places.[90]),

Vereinsnachrichten.

Sterbefall. — Das letzte Heft (Mai-Juni) hatte eben die Presse verlassen, als uns neuerdings der Tod eines unserer treuesten Mitglieder zur Kenntnis gebracht wurde. Der hochw. Herr **Johann Woltrink,** Doktor der Philosophie und der Theologie, seit dem Jahre 1884 Seminarprofessor, Domherr, starb im Seminar zu Luxemburg, nach zweijähriger Krankheit, plötzlich an einem Herzschlag am 20. Juni 1919. R. I. P.

Ernennung. — Auf sein ausdrückliches Begehren wurde dem hochw. Herrn **Heinrich Kayser,** Pfarrer zu Niederschieren, ehrenvolle Entlassung aus dem Pfarramte bewilligt und er zum Rektor des Klosters der Schwestern von der Visitation zu Bofferdingen ernannt.

Beförderung. — Der hochw. Herr **Johann Majerus,** bisher Pfarrer zu Holzem, wurde zum Pfarrer von Niederschieren befördert.

Ehrung. — In Anerkennung seiner Verdienste um die Verbreitung der Stenographie, hat das französische stenographische Institut in Paris Herrrn **Alphons Rupprecht,** Polizeikommissar zu Luxemburg, Vorstandsmitglied der «Hémecht», sowie des luxemburger Stenographenvereins, die Vermeilmedaille zuerkannt.

Den drei Herren unsere herzlichste Gratulation!

---

la terre natale. Les familles des défunts, leurs camarades revenus au pays, MM. de Colnet-d'Huart, maréchal de la Cour, Reuter, ministre d'Etat, et Liesch, directeur général de la justice, comme représentants de la Souveraine et du Gouvernement et nombre d'habitants de toutes les classes y assistaient. Le catafalque était entouré de faisceaux d'armes et d'attributs guerriers. Dans une allocution bien sentie M. le curé-doyen d'Huart rendit hommage aux glorieux disparus. Après l'absoute, la maitrise de St. Michel entonna la Hémecht, et les assistants d'y mêler leurs voix et de faire retentir les voûtes du vieux sanctuaire de notre prière nationale. Digne épilogue d'une belle fête! Les quartiers appelés le berceau de la capitale venaient de payer à leurs enfants héroïques une part de leur dette de reconnaissance. . . . . .

Au mois d'août 1914 les deux voisines de longue date, la Maison des Arcades et l'église St. Michel avaient frémi d'épouvante et de désespoir quand les ennemis s'étaient rués sur la cité; elles s'étaient pâmées d'allégresse en les voyant en novembre 1918 rebrousser chemin et fuir devant les vengeurs. Ce lundi, 24 mars 1919, elles se penchèrent l'une vers l'autre et se chuchotèrent leur satisfaction et leur joie d'avoir pu contribuer à honorer les braves qui avaient châtié et chassé l'envahisseur et ajouté une page superbe à l'histoire des meilleurs de ses fils.

[89]) Aujourd'hui le numéro 10 de la rue du Marché-aux-Poissons (v. note 81).

[90]) Aujourd'hui le numéro 8 de la rue du Marché-aux-Poissons.

Ons Hémecht.

Organ des Vereines für Luxemburger Geschichte, Literatur u. Kunst.

Herausgegeben vom Vereins-Vorstande.

25. Jahrgang. — 9. und 10. Heft. — September und Oktober 1919.

Jeder Autor ist verantwortlich für seine Arbeit.

Beiträge zur Geschichte verschiedener Pfarreien.

(Fortsetzung.)

8. Frisingen. (Schluß.)

Von seinem Buche zur Verteidigung der kath. Religion ist oben Rede gewesen. Pfarrer M. Blum macht darüber nähere Angaben in seiner Bibliographie luxembourgeoise, Tome I, p. 567:

In welchem Jahre er zum Definitor des Landkapitels Bastnach gewählt wurde, haben wir nicht in Erfahrung bringen können. Doch kehren wir nach dieser absichtlichen Abschweifung nach Frisingen zurück.

5. Der Visitator fand nicht viel auszusetzen. In Aspelt und Hellingen (hie und da auch Ellingen geschrieben) fehlten die erforderlichen Antiphonarienbücher zur Abhaltung der Hochämter, deren Anschaffung befohlen wurde. Ebenso die Anschaffung von 2 Schlüsseln für die Kirchenkiste mit dem Archiv, da die Einkünfte der Fabrik dies wohl gestatten.

Der zu Aspelt wohnende Vikar war verklagt worden, er unterlasse in der Frühmesse den katechetischen Unterricht. Es wurde ihm diese seine Pflicht unter Strafe der Absetzung eingeschärft.

6. Der Pfarrer unterschrieb den ausgefüllten Fragebogen mit dem Synodalscheffen Johannes Kieffer von Frisingen; der Synodale Joh. Schneider handzeichnete mit einem Kreuz, zu Mondorf am 13. August 1755.

Nachtrag zur Pfarrei Frisingen.

In der „Hemecht" schrieben wir auf Seite 111: „J. B. Collignon nennt sich Luxemburgensis, will etwa heißen: aus dem Herzogtum Luxemburg gebürtig, im Gegensatz zu dem öfters wiederkehrenden: aus der Diözese Trier resp. Lüttich gebürtig; denn nicht alle Pfarrer, welche sich in dieser Visitation Luxemburgensis nennen, sind aus der Stadt Luxemburg." Ferner: „Von seinen Vikaren gibt Hr. J. B. Collignon den Geburtsort an, von sich aber nicht."

Hierzu gehen uns von geschätzter Seite nachstehende dankeswerte Ergänzungen und Richtigstellungen zu: Herr J. B. Collignon war mit seinem Bruder Joh. Wilh. Collignon im Stadtgrund, in der Pfarrei zum hl. Udalricus (Ulrich) geboren. Er war Pfarrer in

Mersch vom 24. Juni 1749 bis 1750 und wurde am 22. April 1750 in Frisingen installiert. Er blieb dort bis 1792, bekleidete das Amt eines Definitors im Landkapitel Remich und starb im Elternhause zu Stadtgrund 1792.

Nachforschungen in den Zivilstandsregistern der Pfarrei St. Udalricus im Stadthause zu Luxemburg ergeben folgendes: 1. Die Register beginnen erst mit 1726. 2. Die Taufakte der Gebrüder J. Bapt. und Joh. Wilh. Collignon finden sich nicht, weder nach 1726 in dieser, noch überhaupt in einer andern Pfarrei der Stadt. 3. Der Name Collignon tritt in den andern Pfarreien zwar häufiger auf, niemals aber nach 1726 in den Taufbüchern von St. Ulrich. Wo befinden sich die Register von St. Ulrich vor dieser Zeit? 4. Der Sterbeakt des hochw. Herrn Joh. Bapt. Collignon findet sich unter dem 25. März 1794 und meldet, er sei im Alter von 72 Jahren wohlversehen im Stadtgrund, Pfarrei St. Ulrich, verschieden und am 27. März auf dem Kirchhof zu Siechenhof begraben worden.

Unser verehrter Korrespondent meldet des weiteren über den hochw. Herrn Joh. Wilh. Collignon. derselbe sei von 1740 bis zu seinem Tode am 11. März 1782 Pfarrer zu Steinsel gewesen und am 13. März in der dortigen Pfarrkirche vor dem Hochaltar begraben worden. Der Sterbeakt fügt noch bei, er habe ein Alter von 70 Jahren erreicht, das Begräbnis habe in Gegenwart des sehr edelen Herrn de Marchant und des hochw. Herrn J. B. Colbert, Pfarrer in Donven, stattgefunden. Es unterschreibt der Pfarrverwalter Andreas Desuiscour, den wir 1803 als Pfarrer von Reinschleiden (sic), heute Rindschleiden genannt, im Generalverzeichnis der Geistlichen des Wälderdepartementes unter Nr. 178 wiederfinden. Es heißt dort von ihm: „adhère au concordat; homme de talent et d'une conduite irréprochable. — N'a pas la confiance de ses paroissiens."

9. Weiler zum Turm.

1. Kirchenpatron dieser Pfarrei ist der hl. Sebastianus, Martyrer. Die Ortschaften Weiler zum Turm und Hassel bilden die ganze Pfarrei mit 239 Kommunikanten.

2. Weltliche Herren sind: 1. Zu Weiler, der wohledele Herr de Martiny, der Graf von Wiltz und der Freiherr von Waldt. 2. Zu Hassel, der wohledele Herr de Flesgin, der Herr Geisen und der Prinz von Baden.

3. Das Patronatsrecht steht abwechselnd zu: 1. Den wohledelen Herren de Martiny, 2. dem Grafen von Wiltz, 3. dem Freiherrn de Waldt, welche ehedem Herren von Schwarzenburg, von der Scheuren (la Grange) und von Körperich gewesen sind. Der gegenwärtige Pfarrer erhielt die Stelle von dem Herrn de Martiny, sein Vorgänger von dem Herrn von Elter, von den früheren Pastören weiß man es nicht mehr.

4. Die Collatoren müssen auch die Zehntherren gewesen sein; denn es heißt: Das Volk muß den Turm und die Bänke der Pfarrkirche unterhalten, das übrige aber die Collatoren. Das gemeinsame Gotteshaus ist nicht allzu passend (commune templum non nimis bonum), der Turm, das Chor, der Fußboden und die Bänke lassen nichts zu wünschen übrig.

Die 3 Altäre sind konsekriert; der Altar der hl. Katharina ist gestiftet. Die Collatoren desselben waren früher die Herren von der Scheuren, jetzt aber abwechselnd die Herren de Martiny, der Graf von Wiltz und der Freiherr von Waldt. Dieses Benefizium wurde zur Zeit der französischen Revolution mit den andern eingezogen. Es figuriert in dem betreffenden Register unter der Nummer 2080 im Regierungsarchiv: Benefices.

Eine Filialkirche befindet sich in Hassel. Sie besitzt zwar alles zum Gottesdienst erforderliche, ihr Bau jedoch droht den Einsturz. Die Untersuchung ergab, daß dem so ist, und es wurde beschlossen, daß dieselbe im nächsten Frühjahr neu gebaut werden müsse. Wie wir oben gesehen haben, wurde der Neubau im Jahre 1759 vollendet. Patronin dieser Kapelle ist die hl. Lucia.

Ganz in der Nähe von Hassel befand sich auch ein kleines, der hl. Odilia geweihtes Oratorium. Es befand sich damals in solch elendem Zustande, daß es alsogleich interdiziert wurde. Ob es später neu aufgebaut worden ist, entgeht unserer Kenntnis.

5. Die Geistlichkeit bestand aus dem Pfarrer Johann Heinrich von Wiltheim und dem Vikar Jakob Peter Reuter aus Weiler selbst. Diesem lag es ob, die Schule zu halten, die Frühmesse zu lesen und während derselben den Katechismus zu erklären. Der Pfarrer sagt von ihm, er versehe sein Amt bis dahin vorschriftsmäßig. Der Pfarrer selbst stand der Pfarrei seit 13 Jahren vor, gehörte der berühmten Familie Wiltheim an, machte ihr jedoch wenig Ehre, denn die Synodalen, vom Visitator befragt, nachdem der Pfarrer sich entfernt hatte, beklagten sich, daß er weder den Morgen-, noch den Abendgottesdienst zur richtigen Stunde halte, auch suche er die Gesellschaften allzusehr (studiosius) auf und sei dem Trunke zu sehr ergeben (vino non nihil addictior.) Diese Anklage trug ihm einen scharfen Verweis ein (districte monemus) und wurden ihm seine Pflichten als Seelsorger streng Punkt für Punkt vorgehalten. Dem Dechanten wurde anheimgegeben, ihn genau zu überwachen und über dessen Betragen rechtzeitig zu berichten.

Dr. A. Neyen berichtet über ihn in seiner Notice hist. sur la famille de Wiltheim, 1842, p. 27. Sein Vater hieß Martin-Ignace de W., geb. 1675 und seine Mutter Anna-Marg. de Simony. Sie bewohnten seit ihrer Heirat am 10. Mai 1699 ihr Schloß zu Senningen. Er legte sich den Titel Ritter bei, war Hochgerichtsherr zu Altwies und Gerichtsherr der niederen und mittleren Gerichtsbarkeit zu Anven; beides nur zum Teil in Gemeinschaft mit Andern. Dieses Ehepaar hatte 9 Kinder, unter denen Joh. Heinrich als sechstes aufgezählt wird. Geburtsdatum und Sterbetag sind nicht angegeben. Seine nächst jüngere Schwester Anna-Maria-Cecilia war geboren 1716 und die nächst ältere nach 1705, etwa 1707. Er lebte noch 1765, wäre also von 1742 bis wenigstens 1765 Pfarrer von Weiler gewesen, wo er in der Pfarrkirche begraben liegt. Die übrigen Angaben bei Neyen über ihn sind hier von keinem Interesse, außer daß mehrere von den eingangs erwähnten Collatoren der Pfarrei, Verwandte von ihm gewesen sind.

6. In Beantwortung der Synodalfrage 33, betreffend die Aufbewahrung der Kirchendokumente und Kirchengelder, hatte der Pfarrer bemerkt, und die Synodalen bestätigten es, der Kircheneinnehmer (Mam-

burnus) sei sehr nachlässig in der Eintreibung derselben, desgleichen auch dessen Vorgänger, sowohl für die Pfarrkirche als auch für die Filialkirche zu Hassel. Außerdem seien auch ohne das Zutun des Pfarrers sehr ungeeignete Personen zu diesem Amte, dem Wortlaut der Statuten zuwider, gewählt worden, immer hätten sich zwei Personen in diesem Amte abgelöst. Man habe den Schlüssel der Kapelle zu Hassel, einem geweihten Betorte, gestohlen und die Kirchenschränke erbrochen, ein Register entwendet und gottesdienstliche Geräte fortgenommen.

Es wurde nun angeordnet, keinen von diesen Momperen mehr zu ernennen, diese Wahl müsse regelrecht geschehen und dürften nur mehr fähige Männer dazu berufen werden. Die rückständigen Guthaben müßten, wenn nötig, gerichtlich eingezogen werden. Jede der beiden Kirchen müsse eine eigene Kiste mit zwei Schlüsseln besitzen, von denen der eine beim Momper oder Einnehmer, der andere bei dem ältesten Synodalen liegen müsse.

7. Mit dem Pfarrer haben unterschrieben Johannes Hamen, Peter Schwirtz und Diederich Reichling.

10. Alzingen.

1. Kirchenpatron ist der hl. Viktor, Martyrer. Zahl der Kommunikanten: 104. Umfang: Das Dorf Alzingen, ohne Weiler noch Gehöfte

2. Weltlicher Herr: Der Freiherr de Waldt und der Fürst von Baden. — Das Patronatsrecht hat das Kapitel St. Paulin bei Trier in jedem Monat und hat es bei mir und bei meinen Vorgängern seit Menschengedenken ausgeübt. — Sekretär Jak. Pierson fügt bei, die Synodalen berichten, daß der Pfarrer Heinrich Textor vor etwa 38 Jahren im Monat September gestorben sei. Nach dessen Hinscheiden hat das Kapitel von St. Paulin den hochw. Herrn Franz Edelblut präsentiert.

Die Collatoren sind auch Zehntherren und beziehen als solche zwei, der Pfarrer ein Drittel des Zehnten, der sich im ganzen auf 18 Malter Roggen, 6 Malter Weizen, 8 Malter Hafer und 15 Fuder Heu beläuft.

3. Die Pfarrkirche befindet sich in gutem Zustande. Die Collatoren haben das Schiff und den Fußboden, der Pastor das Chor, die Einwohner den Turm, die Bänke und die Sakristei zu unterhalten. Drei Altäre sind vorhanden, keiner ist konsekriert, 2 haben konsekrierte Altarsteine, keiner ist fundiert. Die ewige Lampe brennt nicht immer, aber doch meistens. Es gibt weder öffentliche, noch Privatkapellen; auch keine Benefizien.

4. Seit 1748 steht der hochw. Herr J. Bapt. Geisen der Pfarrei vor. Er ist gebürtig aus Thür bei Koblenz. (Die Pfarrei Thür, Kreis und Dekanat Mayen, zählt heute etwa 850 Seelen.) Ihm steht zur Seite der approbierte Vikar Dominik Ruckert. Seit einiger Zeit wohnt auch dort ein approbierter Geistlicher, namens Nikolaus Diderich, bei seiner Mutter; ist aber selten anwesend.

5. Der Lehrer, wird wohl der Vikar sein, versieht sein Amt ziemlich pflichtgemäß (sate debite). Knaben und Mädchen sitzen getrennt in derselben Stube (in eodem hypocausto). — Von Ärgernissen weiß der Pastor nichts zu berichten.

6. Weil der Beichtstuhl fehlt, wird angeordnet, daß die Kirche noch vor

den nächsten Ostern einen solchen zu beschaffen habe. Im übrigen wurde alles in Ordnung gefunden.

7. Mit dem Pfarrer hat nur der Synodale Michel Schmitz unterschrieben; es handzeichneten mit Kreuz Mathias Hoffmann, Nik. Schneider und Dominik Schmitz, alle Synodalen.

11. Dalheim.

1. Die unter dem Patronat der hhl. Apostelfürsten Petrus und Paulus stehende Pfarrei umfaßt die Dörfer Dalheim, Welfringen, Filsdorf und Ellingen, den Heydscheuerhof und die Leymühle. Die Zahl der Kommunikanten beträgt 585. In einem nachträglich eingeschickten Brief gibt der Pfarrer 619 an.

2. Weltlicher Herr ist der Herr de Flesgin von Gondelingen. Das Patronatsrecht hat der Abt von St. Maximin in allen Monaten, welcher sowohl den damaligen Pfarrer wie auch dessen Vorgänger mit der Pfarrei versehen hat. Von den Vorgängern werden alsdann angeführt Paulus Glaud, Martinus Keil, Joh. Georg Pickius, Nikolaus Simoni. In welchem Sinne diese Reihenfolge aufzufassen ist, wird nicht gesagt. — Zehntherr ist auch der Abt von St. Maximin. Wie hoch sich der Zehnte beläuft, ist nicht angegeben, weder im ganzen, noch auch der dem Pfarrer zukommende Anteil; nur von Filsdorf heißt es, die Hälfte des dortigen Zehnten komme dem Pfarrer zu.

3. Die Pfarrkirche ist neu erbaut. Das Schiff ist zu Lasten des Abtes von St. Maximin; das Chor liegt den Jesuiten von Trier und dem Kloster vom hl. Geist zu Luxemburg ob; den Turm unterhalten die Pfarrkinder, desgleichen die Bänke; diese aber fehlen. — Es befinden sich darin 3 nicht fundierte, aber konsekrierte Altäre. Der Altar vom hl. Johannes ist dem Herrn Joh. Reuter als Ordinationstitel angewiesen. — Die ewige Lampe brennt nicht immer, weil das Öl fehlt. Der Pfarrer verlangt eine Erklärung darüber, wer dazu verpflichtet sei. Eine Antwort wurde ihm nicht gegeben, wenigstens nicht schriftlich.

Filialkirchen werden 3 aufgezählt: 1. Ellingen, deren Dachwerk gänzlich durchlöchert ist und dessen Kirchhof des Kreuzes entbehrt. Wie der Pfarrer in dem oben erwähnten Nachtrag vom 21. September 1755 angibt; die Visitation fand am 13. August statt. 2. Welfringen. 3. Filsdorf. Das Dachwerk der Kapelle von Filsdorf ist aus Stroh. Der Fußboden der Kapellen von Filsdorf und Welfringen ist durchaus unpassend (omnino inepta pavimenta) obgleich die erforderlichen Steine mehr als ausreichend in nächster Nähe vorhanden sind.

Nur in Ellingen residiert ein Vikar, welcher alle Sakramente dort erteilen darf, mit Ausnahme der Taufe und der Osterkommunion. Die übrigen Obliegenheiten dieses Vikars wurden 3 Jahre vorher durch das Bischöfl. Consistorium festgelegt. Der Vikar versieht sein Amt zur Zufriedenheit der Obrigkeit.

Diese Angaben über die Filialkirchen sind von der Hand des Sekretärs Jak. Pierson.

Andere öffentliche Kapellen sind nicht vorhanden, auch keine Hauskapellen.

Bei den Fragen über die Hauskapellen (!) gibt der Pfarrer, dessen Latein nicht ausreichend und ziemlich fehlerhaft ist, an, Ellingen habe

„Morgen (wieviel?) Wald und ungefähr $12^1/_2$ Morgen Ackerland, ein Ziehenden alles mahl $2^1/_2$ Malter allerley früchten; die anderen Kapellen haben nihil," haben aber eine wöchentliche Messe, von denen der Pastor aus Welfringen 3 Malter Weizen, aus Filsdorf 3 Malter Roggen bezieht.

4. Pfarrer ist Herr J. Huberti aus Rospelt, in Mamern (Landkapitel Luxemburg) großgezogen (enutritus) und im 23. Jahre an der Spitze der Pfarrei. – Vicar in Dalheim ist der auf 3 Jahre approbierte Herr Battius. — Der in Ellingen residierende Vikar wird nicht genannt.

5. Der Lehrer ist der Vikar in Dalheim. Er versieht sein Amt zur großen Zufriedenheit. Knaben und Mädchen sitzen getrennt. Der Pfarrer verlangt, daß die Schule den ganzen Winter hindurch gehalten werde; 2 Monate sei nicht genügend, wie es bisher nur zur Sommerzeit zu geschehen pflege (tempore aestivo).

6. Verfügungen. Es war festgestellt worden, daß die Bänke fehlen, der Predigtstuhl und der Beichtstuhl defekt sind, die liturgischen Bücher nicht vorhanden und der Kirchhof nicht gut geschlossen ist, so wird befohlen alles dies auf Kosten der Pfarrkirche anzuschaffen resp. auszubessern und zwar vor den nächsten Ostern, unter Androhung des Interdiktes. Die Einwohner sollen davon frei sein, weil sie arm und in schweren Prozessen verstrikt sind.

Es war mündlich Klage darüber geführt worden, daß ein großer Teil der Einwohner sich mit der Frühmesse begnügt und das Hochamt mit dem christlichen Unterricht vernachlässigt. Es wurde ihnen eine durchgreifende Besserung hierin auferlegt und der Pfarrer beauftragt, gewissenhaft hierüber zu berichten.

Hinsichtlich der Schule wurde streng vorgeschrieben, dieselbe von St. Michael (29. Sept.) bis Ostern regelmäßig abzuhalten.

Auf die Klage des Pfarrers hin, daß die Einwohner von Welfringen eigenmächtig, ohne das Vorwissen, ja gegen den Willen des Pfarrers, Jahrgedächtnisse in ihre Kapelle gestiftet hatten, obgleich sie keinen Kirchhof dort haben, so wurde ihnen eröffnet, daß diese Stiftungen nicht genehmigt und nicht gehalten würden.

Endlich hatte der Pfarrer Klage geführt, daß die Kapellen von Filsdorf und Welfringen keinen Fußboden hätten, die von Filsdorf nur mit Stroh gedeckt sei, das Dach der Kapelle von Ellingen äußerst schadhaft und ganz durchlöchert und der dortige Kirchhof nicht eingeschlossen sei, so wurde unter der Strafe des Interdiktes befohlen, dies alles noch vor den nächsten Ostern in Ordnung zu bringen.

7. Das Protokoll wurde am 13. August 1755 in Mondorf von dem Pfarrer Huberti und dem Synodalen J. B. Ney unterschrieben; Peter Reuter handzeichnete nur mit einem Kreuz.

12. Remerschen.

1. Die Pfarrei Remerschen, oder, wie es im Visitationsbericht beständig genannt wird „Remischen", steht unter dem Schutzpatron S. Sebastian, Martyrer, und besteht aus den Dörfern Remerschen und Wintringen. Die Zahl der Kommunikanten beträgt 497.

2. Weltlicher Herr ist Maria Theresia, Königin von Österreich, wie es dort heißt. – Das Patronatsrecht hat die Abtissin von St.

Irminen in Euren bei Trier. Durch sie wurde der derzeitige Pfarrer Peter Koch in dem päpstlichen Monat präsentiert. N. von Hontheim fügte bei, der Vorgänger des jetzigen Pfarrers war Peter Tutschen; er starb im Januar 1728. – Zehntherr ist die genannte Äbtissin und der Convent von St. Irmina. Die Einkünfte betragen 20 Malter Korn, ein halbes Fuder Wein und zwei Fuder Heu.

3. Die Pfarrkirche befindet sich in einem elenden Zustande (in misero statu). Zwei Altäre sind konsekriert, der dritte hat einen zerbrochenen Stein. Die ewige Lampe brennt nur während des Gottesdienstes. Öffentliche oder Hauskapellen gibt es nicht.

Eine Filialkirche befindet sich in Wintringen. Sie ist dem hl. Mauritius geweiht, hat 3 Altäre, einer ist konsekriert, ein anderer mit einem geweihten Altarsteine versehen.

4. Die Geistlichkeit besteht nur aus 2 Mitgliedern: Aus dem Pfarrer Peter Koch und aus dem Vikar, der denselben Namen trägt. Er wird wohl der Neffe des Pfarrers gewesen sein und die Schule gehalten haben. Andere Geistliche wohnten nicht in der Pfarrei, auch nicht zu Wintringen, wie ausdrücklich bemerkt wird. - Die Schule war eine gemischte und saßen die Knaben und Mädchen getrennt in derselben Stube (in eodem hypocausto).

5. Skandale liegen nicht vor. Allein verhört, stellten die Synodalen dem Pfarrer das beste Zeugnis in jeder Hinsicht aus.

Die Pfarrkirche wurde am 14. August in Augenschein genommen und in elendem Zustande gefunden (omnino inepta et ruinosa). Es wurde bestimmt, daß eine neue gebaut werden müsse, unter Strafe des Interdiktes, welches 15 Tage nach den nächsten Ostern eintreten wird (actuli interdicto ex nunc protunc).

Wir wollen des Interesses halber die von dem Zentner, den Ortsältesten und der Gemeinde unterschriebene Klageschrift und die von der Äbtissin abgegebene Erklärung über die neu zu erbauende Pfarrkirche hersetzen. Sie lauten:

1. Wir geschworene älst des Dorffs Remeschen wie auch der gemeiner Zenter mathias wiltzius (entspricht unserm heutigen Schöffenrat) mit zustandt der ganzer gemein Remeschen, allhie sie sich beklagen von wegent unser Pfarkirchen allhier, indem selbe Pharkirch viel zu klein ist und in dem Bauwerck ganz schlecht zu finden, wie dass die Pharkinder bey die dritte Teil nicht in diese Pharkirch nit kommen kan, dass der Ehrwürdige Herr ahn dem altar sich etlich mahl schir könte versehren von wegent des gedräng von den leuten, so haben wir uns zu beklagen mit der ganzen Phar, dass die obgemelte Kirch begehren gebaut zu haben von denjenigen die sie schuldig seint zu bauen, dessen wir uns alle beklagen, und daß wir alst zenter mit der ganzer Gemein nach gehabter vorlesung deils unterschrieben, deils sich verhandzeichnet in beysein Johannes Wiltzius und mathias certorius beyde von Remeschen, gezeigen.

Remeschen, den 29. Dezember 1751.

Mathias wiltzius, Zenter (Bürgermeister), Johannes wiltzius, folgen noch 9 Unterschriften und 40 Handschriften, meistens ein Kreuz.

Es ist offenbar, daß nicht alle Familienvorsteher unterschrieben haben, denn diese 50, welche Klage geführt und ihrer Klage Ausdruck verliehen haben, stellen bloß eine Bevölkerung von etwa 300 Einwohner dar, das Haus zu 6 Personen gerechnet, während der Pfarrer eingangs 497 Kommunikanten angibt, was eine Bevölkerung von 600—700 Seelen darstellt.

Das Schriftstück ist verfaßt und geschrieben von Nic. Reisdorfer 1751 mit Paraphe. Er wird wohl der damalige Dorfgerichtsschreiber gewesen sein, wie es solche an allen Grundgerichten gegeben hat. Sie entsprechen ungefähr unsern heutigen Gemeindesekretären. — Da die Lesart all dieser Namen sehr unsicher ist, nur ein mit der Lokalgeschichte von dort sehr Vertrauter dürfte sie richtig lesen können, so haben wir auf die Wiedergabe derselben verzichtet.

2. Die Äbtissin von St. Irminen zu Euren erklärt sich kurze Zeit nach dieser Klageschrift und am Schluß derselben bereit, das ihrige zum Neubau beizutragen. Das Schriftstück lautet:

Auff geschehenes geziehmendes Ersuchen der Pfarrkinderen zu Remischen erkläret sich Ein hochadliches Gotteshauss und in dessen Nahmen verspricht Ihro hochwürdige gnädige Frau Äbtissin die Baute fällige Pfarrkirche zu Remischen nach proportion deren ihm jährlich einfallenden Zehnten und wofern andere condecimatoren noch (auch?) das ihrige beytragen werden, zu erbauen krafft eigenhändiger Unterschriefft und abbatial pettschafft.

Ohren, den 11. Januar 1752.

Francisca Amalia
(L. S.) von Mairhofen d'Aullenbach
Abba zu St. Irminen.

Das kleine rote Abteisiegel ist gut erhalten und klar. — Wie wir oben unter Mutfort gesagt haben, wurde die neue Kirche von Remerschen 1766 erbaut.

6. Das Visitationsprotokoll wurde vom Pfarrer Peter Koch, Mathias Wiltzius, Johannes Baptista Reuter, Johannes Neiles unterschrieben. Es handzeichneten Jakob Simon und Paulus Hoffmann.

Das Eligiusamt zu Luxemburg.

(Fortsetzung.)

IV. Die alte „Ordnung".

Den Kern des ganzen Amtes bildete die «Ordnung».

Die Ordnung des luxemburger Eligiusamtes ist sowohl durch die peinlich genaue Regelung aller einschlägigen Materien wie durch weise Mäßigung bemerkenswert. Sie ist der beredteste Ausdruck einer mustergültigen Organisation. Kein Wunder darum, wenn sie großes Ansehen in und außerhalb der Zunft genoß. Daß die Mitglieder auf die Originalität ihres Werkes stolz und eifersüchtig waren, das beweist ihre abfällige Zurückweisung einer Berufung auf die trierer Ordnung. Als die zugekommenen Brüder, die Wagner, Seiler und Sattler, im Jahr 1479 durch eine Feuersbrunst ihrer Ordnung verlustig gegangen waren, ließen sie zum Ersatz die trierer Ordnung abschreiben. In ihrem Missel mit den Hufschmieden und Schlossern beriefen sie sich vor dem Gouverneur auf diese Abschrift; aber damit hatten sie den Deckel neben den Topf gelegt. Die Schmiede und Schlosser beriefen sich selbst- und rechtsbewußt auf ihre ehrwürdigen Gepflogenheiten und entkräfteten die Beweisführung ihrer Gegner mit dem Hinweis, daß ihr Schriftstück nichts als eine, sogar nur von einem gewöhnlichen Sattler angefertigte Abschrift der trierer Ordnung sei. Auch den St. Vither Schmiedem muß die luxemburger Ordnung gefallen und Achtung geboten haben. Diese wandten sich i. J. 1705 an ihre luxemburger Kollegen mit der Bitte um eine beglaubigte Abschrift[1]).

Die Ordnung, welche sich im großen Amtsbuch vorfindet, war zweifellos im Gründungsjahr 1263 der Hauptsache nach fertig. Im Laufe der Jahre wurden jedoch einzelne Bestimmungen je nach den Forderungen der Verhältnisse, der Mitglieder und Mitbürger gestrichen, andere abgeändert oder beigefügt. Ein flüchtiger Blick auf die Ordnung zeigt, daß das Amt bei großen, plötzlich auftauchenden Schwierigkeiten sich nicht kopflos zu unüberlegten Radikaländerungen hinreißen ließ. Gefüge und Inhalt der Ordnung tragen den unverkennbaren Stempel einer ruhigen gegenseitigen Verständigung, einer zielbewußten Zusammenarbeit, einer langjährigen, durch ständige Praxis erprobten und bewährten Arbeit. Trotz der vorherrschenden konservativen Tendenz hielt jedoch das Amt nicht starrköpfig am Hergebrachten fest. Als die Gesellen i. J. 1467 eine eigene Bruderschaft zur Wahrung ihrer Interessen gegründet hatten, da schaltete das Meisteramt sofort einen besonderen Artikel (36) ein, der jene Meister, welche einem Kollegen dauernd Gesellendienste leisteten, von der Verpflichtung des Beitritts zum Gesellenbund freigab.

In welcher Weise die Amtsordnung, ehe sie die vorliegende feste Gestalt annahm, von außen beeinflußt wurde, mag die folgende Aufstellung der Phasen, welche sie durchlaufen mußte, zeigen:

---

[1]) Der Brief der St. Vither lautet:

Ehren Veste Hochgeehrte Amps Meister der Loblicher Zonneft St. Eligy zu Luxemburigh.

Es langett vnser bitt ahn euch domitt ihr uns dass gefallen wollet thun vnd vns alhir zu St. Veitt auf von gl. Zonneft St. Eligy wie wun Jedermehnenlich woll bekannt, dass dise vnsere statt zweymal durch feuwer verbrandt ist worden a) vnd also vnsere breuiliga mitt verbrant seindt worden desswegen mir vns zu euch verfugen domitt mir vermist guder bezallungh mogen die Abschrift von Ewerer breuiliga durch einen geschworenen Moyen sampt allen articelen bekomm so werden mir alle Zeitt verobligiert sein auf alle Zeit vnder denich zu sein vnd vns dankbar zu erzeige bitte ihr wellet vnst durich onserem mitt broder alles überschicken b) hemitt verbleiben Ewere vnder denister Amps Meister Nehmlich haubertt galhause vnd grist girken

Testis J. J. Tallman
burgmeister

St. Veitt den 20 May 1705

a) St. Vith ist am 5. Oktober 1689 von den Franzosen zerstört und vollständig niedergebrannt worden. 1695 wurde die Stadt wieder von einer Feuersbrunst heimgesucht, welche die meisten kaum aufgebauten Häuser wieder einäscherte.

b) Ob eine Abschrift der Ordnung angefertigt und nach St. Vith geschickt wurde, entzieht sich unserer Kenntnis. Im Jahre 1748 brannte nämlich der größte Teil der Stadt, einschließlich des Rathauses wieder nieder. Die meisten vorhandenen Dokumente wurden damals ein Raub des Feuers. In dem heutigen St. Vither Stadtarchiv ist keine Spur der alten Schmiedezunft mehr zu finden. (Mitgeteilt von H. Paul von Monschaw-St. Vith.)

1. Jahr 1263: Gründung des Eligiusamtes zu Luxemburg.
2. „ 1346: Bestätigung der Ordnung durch Johann den Blinden.
3. „ 1377: Bestätigung des Marktprivilegs durch Wenzel I.
4. „ 1467: Gründung des Gesellenbundes zu Luxemburg nach dem Vorbild der trierer Gesellenbruderschaft.
5. „ 1479: Brand auf den Aichten. Zerstörung der Amtsschriften.
6. „ 1495: a) Dekret des Generalgouverneurs zwecks Bestätigung der alten Gepflogenheiten bei der Meisterwahl.
b) Revision und Bestätigung der Ordnung.

Der erwähnte Brand mag einen Augenblick für die Ordnung verhängnisvoll erscheinen. Jedoch zu Unrecht. Solange der Brand die Amtsmeister selbst verschonte, war für den Fortbestand der Ordnung gesorgt. Das zuverlässige Gedächtnis der Mitglieder, welches mit stereotypischer Treue das einmal Erfaßte festhielt, sodann die tägliche Übung, in der die Regeln der Ordnung greifbare Gestalt annahmen, konnten beim Brande zwar nicht das Pergament, wohl aber die darauf verzeichneten Bestimmungen trotz Rauch und Flammen bis aufs letzte Tüpfelchen auf die nachfolgenden Jahre und Mitglieder retten.

Nachstehend folgt der Text der alten «Ordnung»:

Ordnung des schmidt amts[1]) alhie.

Im Jahr vnsers Herrn dusent undt tzween hondert drey undt setzsich[2]) nach uswyssongh unser alder schrifft[3]) und reglement ist gestift[4]) und ahngefangen worden dasz Schmide ampt alhy binnent Lutzemburgh.

Anmeldung und Aufnahmegebühren.

1. Zue Wissen die Schmidt, Schlosser, Kyssele, Wagener, Satteler vnd als zue kommende bruder In dem Schmideampt die dan vor Zyden Zue samen verbundtlichen sint worden in solcher maszen form und arlen[5]) wer der bruderschaft desz lieben sant Loyen und vszwendigh In die statt[6]) kommen der soll nit orbeiten vber viii dagh,[7]) Er soll geben Zu der bruderschaft vi gulden,[8]) für syn

---

[1]) Die nachstehende „Ordnung" ist im Jahre 1495 festgesetzt und im Jahre 1686 vom Notar J. Strabius von Luxemburg wörtlich, ohne Aenderung in Inhalt und Form, ins große Hauptbuch eingetragen worden.

[2]) d. h. 19 Jahre später, nachdem Gräfin Ermesinde der Stadt Luxemburg den Freiheitsbrief gewährt hatte.

[3]) Im Jahre 1479 war bei der Belagerung der Stadt Luxemburg ein großer Brand auf der Achte ausgebrochen. Bei dieser Gelegenheit waren die Rechtsurkunden des Eligiusamtes zerstört worden, wie aus den Aussagen der beiden i. J. 1495 vor dem Gouverneur erschienenen Parteien hervorgeht. Es scheinen jedoch der obigen Einleitung zufolge, Schriften übrig geblieben zu sein, welche über das Gründungsjahr Aufschluß erteilten.

[4]) Die Stiftung setzt auch das Vorhandensein eines Statuts voraus. Dieses mag aus einigen Richtlinien bestanden haben. Des Statuts geschieht erst Erwähnung, als es i. J. 1346 von Johann dem Blinden landesherrliche Bestätigung erhält.

[5]) Artikeln.

[6]) Gebiet der Stadt Luxemburg.

[7]) Acht Tage.

[8]) 6 Gulden zu 8 Groschen. (Vergl. Ulveling, S. 65.)

wyn[9]) viii beyger[10]), und viii beyger für syn stockrecht[11]) vnd sall geben für sein sesse recht[12]) den sessen vurß[13]) amptsz xii beyger.

Wahl eines Amtsmeisters.

2. Item soll man alle Jair vf sant Loyen[14]) dagh desz anderen dagesz nest nach Sancti Johannisz dag Baptista so sollen die bruder gemeyneglìgen desz morgens Zue de Knodeler[15]) kommen Zu vm oren[16]) desz morgens und sullen keyssen einen meister der frome und braf n se und von einem guten lumont.[17])

Wahlrecht.

3. Also ein Jaier so sollent Kyesen die hoifschmide, Kesseler, Wagener, Satteler vndt Seiller einen meister vnder den schloisser vndt kleinen schmyden vndt dasz ander Jair so sullent kyesen die schloisser, Kleinschmit, Kessler, Wagener, Sattler und Seiller einen vnder den hoifschmide.[18])

Wahl des zweiten Amtsmeisters.

4. Und wan also alle Jair Ein schmydemeister also erkysen ist so sallen dan die hoifschmidt undt Schlosser vnd clainschmide zu samen mitt eyndechtigem Rade einen meister bei den obgt schmidemeister zu einem mittgesellen kyessen vnder den Kesseler, Wagner, Satteler vndt Seiller welcher dar zu gutt ist.[18])

---

[9]) Bei der Aufnahme fand ein tüchtiges Trinkgelage statt. Diesem Brauch tragen auch die Statuten der übrigen Aemter Rechnung.

[10]) Der Beyger, Beyer, Bayer ist ursprünglich die Bezeichnung des unter Johann von Bayern und Elisabeth von Görlitz geprägten Silbergroschens (Nic. van Werveke.) 15 Bayer waren ein Gulden.

[11]) Gesamtheit der Privilegien, die man mit der Amtsmitgliedschaft erwarb.

[12]) Mit dem Sesserecht erwarb der Meister die Ermächtigung, innerhalb der Stadtgrenzen das Handwerk, in welchem er das Meisterstück gearbeitet hatte, auszuüben. „Zu fure und flammen sessen", mit diesem Ausdruck bezeichnete man die gewerbliche Tätigkeit der Mitglieder des Schmiedeamts.

[13]) Abkürzung für „vorgenanntes."

[14]) St. Eligiustag. Mit diesem Ausdruck bezeichnete man nicht nur den Festtag des Schmiedepatrons (1. Dezember), sondern überhaupt alle größeren Festtage der Eligiusbruderschaft. Um den Tag näher zu bezeichnen, fügte man den Namen des Tagesheiligen hinzu, z. B. am Tage nach Sankt Johannes, d. i. am 25. Juni.

[15]) Knodeler. Im Volksmund trägt noch heute der Wilhelmsplatz diesen Namen. Dort stand nämlich das Kloster der Franziskanermönche, die von den Knoten an ihrem Cingulum Knodelerhären genannt wurden. Im Kloster der Knodelerpatres hatten die Mitglieder der Bruderschaft ihr Amtslokal. Dort fanden ebenfalls die Schmiedegesellen, als sie im Jahre 1467 eine eigene Bruderschaft gründeten, Unterkunft. Gegen Mitte des 18. Jahrhunderts hielten im ganzen 6 Zünfte im Garten, im Hof und im Kloster der Knodelerherren ihre Versammlungen ab. — Das Zunfthaus der Krämer war die heutige Loge; die Tuchmacher versammelten sich im Hause This. Sehr anspruchslos waren die Küfer, Leineweber und Taglöhner, welche sich in den Wohnungen ihrer Amtsmeister versammelten. Die bescheidesten aber waren die Metzger und Fischer. Sie hielten ihre Beratungen unter freiem Himmel auf den Stadtwällen. (Bericht des Magistrates vom 21. März 1766 an Maria Theresia.)

[16]) Um 8 Uhr morgens.

[17]) Guter Name.

[18]) Diesem Absatz gemäß wurde abwechselnd auf die Dauer eines Jahres ein Schlosser und ein Hufschmied zum Amtsmeister gewählt. Die Angehörigen des

Wahl der zwei Kerzenmeister und der Sechter.

5. Vnd soll der meistre zue Zytt dan mitt rade der alsten kyesen zwey mittgesellen genant kerzmeister[19]) desz amptsz regement mitt helfen verwahren, sall der meister ouch mitt rade kyesen sesse[20]) vnder den vorgl bruderen gemeinigligen schmidt. Schlosser, Wagner, Kesseler, Sattler vndt Seiller welche darfur geschickt gutt vnd bequem[21]) darzue syndt.

Annahme der Wahl.

6. Soll aus niemantz vssgeschetten syn in den vurgenanten bruderen gemeynegligen meister zue syn der dazu gutt ist und amtsregement zue dragen yn maissen als Ursacht sonder Wiederrede.

Gleiche Höhe der Beiträge. — Bestimmung des Zunftboten.

7. Sullen auch die genante bruder Satteler und Wagener vnd Kesseler, Seiller dasz ampt glich duer bezailen als die schmide vnd dasz geben wanne sy bruder werdent Sullen auch gelich boiden syn der syn ampt gantz kauft und bezailt.[22])

Verwaltung des Zunftvermögens.

8. Sullen auch die obgenant bruder glich schlussel[23]) hain zu allen sachen dem ampt zu stir die wurdigh dar zu synt.

Waffenrüstung.

9. Item ist auch geordnet dasz ein wucher bruder des schmide amptsz soll hain sein harnisch, crebtz,[24]) heuptgedeck[25]) und ein kragh[26])

Gewerbes, aus dem der Amtsmeister gewählt wurde, beteiligten sich nicht aktiv an der Wahl.

Diese Benachteiligung der Kesseler, Wagner, Sattler und Seiler wurde jedoch durch ein doppeltes Vorrecht ausgeglichen. Zuerst hatten sie das Recht, jedes Jahr ihr Wahlrecht auszuüben; sodann wurde aus ihrer Mitte ein „Mitgeselle" bestimmt, sodaß das Vizepräsidium stets durch einen Vertreter ihres Gewerbes besetzt war. Es ist nicht zu leugnen, daß dieser Wahlmodus eine ideale Vertretung des ganzen Gewerbes darstellt.

[19]) Da das Wachs einen wesentlichen Bestandteil der Amtseinnahmen bildete, läßt es sich unschwer verstehen, daß die Hauptaufgabe zweier Vorstandsmitglieder, genannt Kerzenmeister, darin bestand, über die Eintreibung und Verwendung des Wachses zu wachen.

[20]) Diese sechs Beigeordneten erhielten den Namen „Sechter". Möglicherweise ist je einer aus den 6 oben genannten Gewerben gewählt worden.

[21]) Bereit, das Amt anzunehmen Es scheint, daß die Amtsmeister nicht nur ihrer Würde, sondern auch ihrer Bürde bewußt waren. Es lag darum die Gefahr nahe, daß niemand das Amt annehmen wollte.

[22]) Zufolge dieser Bestimmung fiel das Botenamt den zuletzt Aufgenommenen zu.

[23]) Nicht bloß die Kasse, sondern sogar das große Amtsbuch war mit Schlüsseln geschlossen.

[24]) Krebs war der untere Teil der Waffenrüstung. Diesen Namen hatte er unzweifelhaft von seiner Gestalt, die an die Schale des Krebses erinnerte. Im französischen écrevisse. Der Krebs reichte von den Hüften bis zu den Knieen und bestand aus Metallplatten, welche den Unterkörper des Gepanzerten gegen Stich und Stoß schützten und dabei die Bewegungen kaum hinderten.

[25]) Sturmhaube.

[26]) Kragen.

undt Wapfen heynschen[27]) und welcher bruder syn ampt neuwentlichen kauft der soll syn harnisch[28]) stellen bynnent dem Jair, welcher solches nit thuet sall dem ampt verfallen syn Ein gulden.

Waffenschau.

10. Item soll der meister auch alle Viertel Jair vmbgain dasz harnischt Zue beseyn dasz es rein gehalten werde und ufrechtigh, vnd wer dasz nit also anhelt der sall verfallen syn ein ortguldens[29]) und sall darunder keyn gelent[30]) harnisch syn.

Aufnahmetrunk.

11. Item wenn man ein bruder ufnimpt so sall man nit mer darna verzehren dan den Wyn gewenliche yst.[31])

Erhebung und Strafe für Nichtbezahlung der Beiträge.

12. Zu Wissen ist auch so wan der kertzmeister umb sullen gain desz amptsz schuld zu heben so sall der meister den bruderen dasz vorhalten vnd verkündigen, uf den dagh so sall man vmb gain vnd welcher den meister oder kertzen meister nit anbezailt uf den dag sie den bescheit worden so sall man Ihn penden[32]) vnd die pende sullen dan xiiii dage unnerlustigh syn, vnd dan sall man die pende verkaufen vnd dem ampt sein Geld davon machen, vnd der die

---

[27]) Diese Handschuhe waren aus dünnem Metall angefertigt.
[28]) Im Freiheitsbrief hatte Ermesinde verordnet: „Jeder Bürger, welcher ein Pferd und eine eiserne Waffenrüstung haben kann, wird eine solche nach Möglichkeit haben; über welche Möglichkeit Richter und Schöffen zu befinden haben. Wer ein Pferd und eiserne Waffenrüstung nicht haben kann, gemäß dem Entscheide von Richter und Schöffen, soll Wams, Lanze und eiserne Sturmhaube haben. Wer Pferd und eiserne Waffenrüstung haben soll, selbe am bestimmten Tage aber nicht hat, zahlt als Buße 10 Stüber, und 5 Stüber zahlt der Fußgänger, welcher an dem ihm ebenfalls bestimmten Tage die vorgeschriebene Waffenrüstung nicht hat: nichtdesto weniger müssen sie in den nächsten vierzehn Tagen, gemäß der gemeldeten Weise, Pferde und Waffenrüstungen haben, und, falls sie das unterlassen, soll, nach Verlauf der vierzehn Tage, der Reiter 10 Stüber und der Fußgänger 5 Stüber als Buße zahlen, welche Buße von vierzehn Tagen zu vierzehn Tagen zu vervielfältigen ist, so lange sie es unterlassen, Pferde und Waffenrüstung sich zu verschaffen. (Abgedruckt in der „Hémecht", Jg. 1900, S. 584. Uebersetzt von J. Grob.)
Erst seit dem 12. Jahrhundert legte man Blechplatten auf Arme und Brust, im 15. Jahrhundert kamen die ganzen Harnische auf. Vergl. M. Heyne, Das alte deutsche Handwerk, S. 146.
[29]) Ortsgulden. Der alte luxemburger Gulden (Florin) galt 20 Stüber oder im heutigen Geld 1,64 Fr. Vom Ortsgulden wurde der brabanter, der flandrische und der rheinische Gulden unterschieden.
[30]) Entliehen.
[31]) In Luxemburg begnügte man sich mit dem gewöhnlichen Aufnahmetrunk. — Wurde zu Trier ein Mann oder eine Frau in die Bruderschaft der Eisenschmiede aufgenommen, so mußte der Bruderschaft ein Mittagessen, bestehend in 7 Gängen gegeben werden. Der Scholtes, zwei Scheffen und der Zentner von Trier saßen mit zu Tisch. (S. Kalbersch I., S. 49).
[32]) Pfänden. Die Pfänder dürfen in den zwei ersten Wochen nicht veräußert werden, damit sie in dieser Frist vom Pfandverschulder wieder eingelöst werden können. Nach den genannten zwei Wochen werden die Pfänder verkauft. Der Käufer muß dieselben ebenfalls zwei Wochen lang unverändert lassen. Erst nach Ablauf dieser Frist fängt sein volles Verfügungsrecht an.

pende kauft der soll auch xiiii dage unnerlustigh halten vnd daraffer nit mehr.[33])

Entschädigung für die Schuldeintreibung.

13. Ist auch Zue Wissen so wan der meister oder kertzenmeister vmbgent solche schoilt[34]) ufzuheben, also duk[35]) sy das dont so sall ein ytlicher[36]) einen groisz danon hain von dem ampt.

Verfolgung der Widerspenstigen.

14. Item were einer der nit gehorsam were vndt wieder syn pende freuelt[37]) der soll dem ampt verfallen syn ii grois die Kertzenmeister us zu richten vnd fort so moigen die meister den mitt der staidt boiden[38]) penden nach alder gewohnheit.

Strafe für offenen Angriff.

15. Item ist auch geordnet welcher bruder ein meisser[39]) in Zorne zuege alsz sy versamblet syn by enander Im Gelaech oder suest by en vnd eynen Wonde oder blauwe schluege, der ysz umb syn ampt.

Strafe für den Lügner.

16. Ist es auch sache dasz eyner den anderen ihm Zorne under den bruderen Luewen straifte der ist dem ampt verfallen ein seistre wyntz alsz ferne man dasz beweisen kan mitt eynen bruder.[40])

Ahndung von Beschimpfungen.

17. Zu Wissen ist auch abe einer den anderen Im Zorn vnd freuel von den bruderen uszheischt,[41]) der sall sein ampt verlohren hain vnd als duck[42]) obgemld. sachen gescheyn sall man ein Jelichen darin buessen vnd straiffen[43]) In maszen vorgem.

Leichenwache.

18. Item ist geordnert so wan man gebiedet zue der lychen zue abent geboden[44]) wer dan nit enquem[45]) vf die ore Ime geboden wirdt

---

[33]) Darüber. (p. 142.)

[34]) Die Beiträge heißen des Amts Schuld.

[35]) Also duk = so oft. Heute lautet der Ausdruck im luxemburger Platt so' daks.

[36]) Jeder.

[37]) Pfandfrevel lag vor, wenn man den Wert des Pfandes durch „Beschneiden" verminderte, indem man den gepfändeten Gegenstand durch einen minderwertigen ersetzte, wenn man das Pfand heimlich zurücknahm usw.

[38]) Der Stadtbote.

[39]) Messer. „Du sollst kein Messer oder Dolch zucken bey der Straft". (Satzungen des Schmiedeamts zu Trier. Jahr 1523. Art. 2.)

[40]) In der Diekircher Schumacherzunft verfiel, wer seinen Bruder öffentlich Lügner schimpfte, einer Busse von 3 Batzen. — Ein Sester Wein = 5^{175} Liter.

[41]) Dieser Ausdruck besteht noch heute mit der nämlichen Bedeutung von „Beschimpfen" zu Wiltz.

[42]) So oft solche.

[43]) Strafen.

[44]) Auf dem Lande besteht noch heute der Brauch, daß man solange eine Leiche in einem Hause aufgebahrt liegt, aus der Verwandschaft und Nachbarschaft sich zu einer bestimmten Stunde im Totenzimmer versammelt, um dort gemeinschaftlich den Rosenkranz zn beten. Auf diesen Brauch nimmt der obige Artikel Rücksicht, indem er ein Leichengebot (Versammlung bei der Leiche) verlangt.

[45]) Kommt. Wer sich zur bestimmten Stunde nicht einfindet.

der ist dem ampt umb den Win In maszen gewenlichen[46]) ist es were den sache dasz ein bruder dem meister Vrlauf heysthe[47]) vndt dem boiden undt anderen kundigh weren, so sall er der buessen andtragen[48]) syn. (Forts. folgt.)

Leben und Wirken des hochw. Hrn. Theod.-Zeph. BIEVER.

(Fortsetzung.)

XXXVI. Allerlei aus den letzten Tagen zu Tabgha bis zu seiner Versetzung.

Seit Biever, 1891, in Tabgha eingetroffen war, hatte er das daselbst begonnene Werk, trotz unzähliger Mühseligkeiten und Widerwärtigkeiten, derart in Flor gebracht, daß er, einige Jahre vor seinem seligen Ende, mit Genugtuung auf seine damalige Tätigkeit zurückschauen durfte. In einem an den Schreiber[200]) dieses gerichteten Briefe (aus Larnaca vom 27. Februar 1914) berichtete er wie folgt: «Sollte es angehen, dann mache am See Genesareth, bei einem Ausfluge nach Kapharnaum, einen Besuch in der dortigen deutschen Niederlassung Tabgha (Beitsaïda). Das ist mein ureigenstes Werk in Palästina. Ich kam im Jahre 1891 dorthin mit meinem Beduinenzelte und meiner arabischen Stute, in Begleitung meines Landsmannes Jos. Weynandt von Kolpach. Jetzt ist der Besitz eine herrliche Oasis, der schönste Punkt in der Umgebung des Sees.»

Im vorigen Kapitel habe ich von Bievers Schulstiftungen gesprochen. Bis zum Jahre 1900 hatte er deren bereits fünf zu Stande gebracht. Die vielen Besuche, welche, besonders von deutschen Pilgerkarawannen, aber auch von manchen Gelehrten und Forschern aus aller Herren Ländern zu Tabgha eintrafen und dort bald kürzere, bald längere Zeit verweilten, nahmen, neben den täglichen Haussorgen und seinen Seelsorgsarbeiten die Zeit und die Kräfte Bievers derart in Anspruch, daß der hochw. Patriarch von Jerusalem sich gezwungen sah, ihm einen Gehülfen zu geben. Es war dies ein Ordensmann, P. Friedrich Klinkenberg.[201]) Darüber berichtet «Das hl. Land» (Jahrg. LVI,

---

[46]) Die gewöhnliche Weinbuße bestand in einem Sester.

[47]) Wer dem Leichendienst fern blieb, mußte, um der Buße nicht zu verfallen, die Erlaubnis dazu beim Amtsmeister einholen und dem Boten davon Mitteilung machen.

[48]) Enthoben.

[200]) Bevor ich im März 1914 eine Pilgerreise nach dem hl. Lande antrat hatte ich Herrn Biever, als alten Freund, von meinem Vorhaben in Kenntnis gesetzt, mit der Anfrage, ob es nicht möglich sei, bei dieser Gelegenheit, eine Zusammenkunft mit ihm haben zu können. Leider gestatteten die damaligen Verhältnisse ihm eine Reise nach Jerusalem nicht, und da unser Schiff die Insel Cypern nicht berührte, so ward es auch mir nicht gestattet, ihn wiederzusehen.

[201]) P. Friedrich Klinkenberg C. M. (geboren zu Aachen, 21. September 1870, gestorben zu Köln-Nippes, 8. August 1910) war von 1900--1905 Gehülfe des Herrn Biever zu Tabgha («Das hl. Land», Jahrg LIV, 1910, Heft II, Seite 163). Wie P. Klinkenberg aus Aachen noch vor drei Jahren, augenscheinlich im Dienste Tabghas, Gesundheit und Leben geopfert hat, ist noch in der Erinnerung zahlreicher Jerusalempilger. Ein Opferleben ist es, jahraus, jahrein mit diebischen,

1912, Heft I, Seite 30) wie folgt: «Seit einer Reihe von Jahren hatte er «(der deutsche Verein vom hl. Lande) von Tabgha (am See Genesareth) «aus eine Anzahl Schulen gegründet, und im Jahre 1900 wurde der «leider so früh verstorbene P. Klinkenberg hauptsächlich für diese «Schulen dem derzeitigen Direktor des deutschen Anwesens von Tabgha, «dem hochw. Herrn Biever zugesellt. Es handelte sich damals um «fünf Schulen, die nicht in allzugroßer Entfernung lagen, wo deshalb «P. Klinkenberg monatlich als Schulinspektor erscheinen konnte, um «die notwendige Revision vorzunehmen: es ließ sich das in drei Tagen, «wenn auch unter manchen Mühen und Strapazen, bewerkstelligen.»

Daß diese Schulen aber auch noch manche andere Sorgen im Gefolge hatten, kann man aus folgendem ersehen: In einem Dorfe Galiläas (wie es scheint, nennt Biever es aus Nächstenliebe nicht), kam es, infolge eines christlichen Mädchenraubes, zwischen den Christen und Mohammedanern zu einem großen Streite, in welchem erstere den Kürzeren zogen. Darüber schreibt Zephyrin (Tabgha, 10. November 1900): «Da wir in diesem Dorfe eine Schule haben, so wurde ich «nun von den Christen gebeten, zu ihnen zu kommen, um sie wieder «mit den Türken zu versöhnen. Aber die Aufregung der Mohamme-«daner war so groß, daß es mir nur mit größter Mühe nach langem «Parlamentieren vorige Woche gelang, den Frieden im Dorfe wieder «herzustellen. Wie lange es dauern wird, das weiß Gott.»

Ich habe bereits weiter oben (nach Weynandt's Bericht) mitgeteilt, wie sehr die Bewohner Tabghas vom Fieber zu leiden hatten. Selbstverständlich wurde auch Biever, trotz seiner herkulischen Gestalt und seines robusten Körperbaues davon sehr oft ergriffen. Am 19. Januar 1902 hatte er begonnen, einen Brief an eine Verwandte zu schreiben, den er erst am 16. Februar beendigen konnte. «Bis hiehin,» schreibt er (Tabgha, 19. Januar 1902), «war ich gekommen, als «mich das Fieber wieder packte, und so blieb mein Brief liegen bis «jetzt.» Doch, ein Unglück kommt selten allein. Am 16. Februar «schrieb er denn auch weiter: «Wenn ich Ihnen jetzt mein Conterfei «schicken könnte, so würden Sie wohl herzlich lachen. Ich sitze in «meinem Zimmer, Türe und Fenster hermetisch verschlossen, den «ganzen Kopf mit Watte unwickelt und nur ein paar Öffnungen für «Augen, Nase und Mund — die reinste Vogelscheuche. Der Doktor «sagt, es sei eine erysipèle oder wie die Luxemburger sagen: «Eng «verbellt Rôs.» Ich habe mir das Ding letzthin von einer Missions-«streiferei mitgebracht, weil ich mit meinem Pferde durch einen an-«geschwollenen Gießbach schwimmen und dann noch über 3 Stunden «in den durchnäßten Kleidern bis nach Hause reiten mußte. Na! das «sind die kleinen Ungemütlichkeiten des Missionslebens. Es wird «schon wieder vorübergehen. Der Arzt meint, ich hätte noch für eine «Woche Zimmerarrest.»

Wie oft Biever, trotzdem er ein tüchtiger Reiter war, einen Sturz vom Pferde gemacht, weiß nur der liebe Gott. Das Reiten will eben.

---

trägen, unzuverlässigen Beduinen und sonstigen Eingeborenen stets verkehren zu müssen; ein Opferleben ist es, in Tabgha auch den Hochsommer zubringen zu müssen, wo die Hitze selbst im Schatten eine Höhe von 49 Grad erreichen kann. (Ibid., Jahrg. LVIII, 1914, S. 30.)

wie jede andere Kunst, erlernt werden. Daß er diese Kunst aber auch wirklich sich erwarb, dürfen wir aus folgender Mitteilung schließen, welche ein ihm befreundeter Pater mir zusandte: «Nicht blos als Schütze erwarb Abu Daud sich Lob, auch als Reiter, allerdings, nachdem er sich erst blamiert hatte. Er hatte nämlich die Reitkünste der Beduinen nachahmen wollen und war dabei elend gestürzt. Nun lehrte er sein Pferd das Springen über Graben, was die Beduinenpferde gewöhnlich nicht kennen. Er fing mit schmalen, untiefen Graben an. Sein Pferd bekam bald Spaß am Springen. Sobald es gut dressiert war, lud er die Beduinen, die Zeugen seines Sturzes gewesen waren, zu sich ein. «Wer springt mit mir über diesen Graben?» frug Abu Daud. — «Das kann man nicht,» sagte einer. — «Wollet ihr wetten? Es ist ja nichts,» sagte Abu Daud. «Es ist ja nichts.» — Man ging auf die Wette ein. P. Biever sprang mit Eleganz auf seinem Pferde, das mit Leichtigkeit den Graben nahm. — «Gott zerstöre dein Haus», fluchte einer der Beduinen. . . . Der Teufelskerl.» Keiner aber wagte den Sprung, nachdem ein Beduine es vergebens versucht hatte und elend gestürzt war. Reiten können und eine gute Flinte haben, das allein jagt den Beduinen Respekt ein. Wer sich als guter Reiter zeigt, wird nicht leicht angefallen werden. Man muß Kraft und geistige Überlegenheit zeigen, andere direkt hineinlegen und man wird geachtet.» Daß Biever aber auch diese Überlegenheit in hohem Grade besaß, beweisen folgende Begebenheiten, über welche derselbe Gewährsmann berichtet:

«Eines Tages ritt er in der Nacht allein im Dunkel heim. Da hörte er ein langgezogenes Pfeifen und bald darauf einen Schuß. Er gab seinem Roß die Sporen und schrie: Alleb, Daud und noch andere Namen!» Da meinten die Räuber, er sei nicht allein und sie ließen ihn ziehen. — In einer Nacht ritten Biever und zwei Beduinen heim. Es begegneten ihnen zwei andere Beduinen. Da riefen sie: «Halt!» hielten ein und schrieen, indem Biever den Regenschirm an die Schulter legte: «Kerls, noch einen Schritt und ich schieße mit meiner Kanone. Legt eure Waffen ab und verschwindet, sonst seid ihr Kinder des Todes!» Die Armen gehorchten und zogen weiter. Tags darauf saßen P. Biever und seine beiden Begleiter des vorigen Tages in einem Zelt. Da kamen die zwei Beduinen und klagten ihm ihr Leid: Sie seien in der Nacht überfallen worden von Leuten, die eine Kanone mit sich führten, man habe ihnen die Waffen genommen usw. Da zog Biever unter seinem Mantel eine Pistole hervor und frug: «Kennt ihr die?» — «Ja, das ist meine Pistole,» sagte einer der Beduinen. . . . . Nun gab es ein großes Gelächter; denn nun wurde auch die Kanone gezeigt: Ein Regenschirm. Die Beduinen lachten aber nicht, sondern baten demütig, ja die Geschichte nicht weiter zu erzählen, küßten den Bart des Abu Daud usw. Endlich gab er ihnen ihre Waffen wieder und ließ sie ruhig ziehen.»

Trotz aller Kunstfertigkeit im Reiten geschah es doch, daß Biever manchen Purzelbaum schlug. In verschiedenen seiner Briefe berichtet er über den einen oder den andern Sturz vom Pferde. So heißt es in einem Schreiben (Tabgha, 10. November 1900): «Ich hatte eine junge Stute, die seit wenigen Jahren zugeritten worden ist. Diese hätte mir im verflossenen Sommer fast einen noch dümmeren Streich ge-

«spielt, als ihre Mutter (welche von einem Felsen heruntergestürzt «war und sich die Knochen zerbrochen hatte, so daß er sie, um sie «von ihren Leiden zu befreien, hatte erschießen müssen), dadurch, «daß sie bei einem nächtlichen Ritte scheute, und mich so unsanft «zwischen die Steine warf, daß ich mich in unser Hospital nach Haïfa «begeben mußte, um mir die zerschlagenen und zerstoßenen Glieder «wieder in Ordnung bringen zu lassen. Ich kam aber doch ziemlich «glimpflich davon; es blieb mir zur Erinnerung ein krummer Finger «und ein etwas steifer Fuß, was mich aber alles, Gott sei Dank, nicht «am Reiten hindert und schon seit Oktober bin ich wieder rüstig an «der Arbeit.»

Daß Biever in Tabgha recht viele Besuche erhielt und somit Gelegenheit hatte, daselbst echt orientalische Gastfreundschaft auszuüben, habe ich bereits weiter oben erwähnt. Ganz besondere Freude aber bereitete es ihm, wenn er den einen oder den anderen Luxemburger empfangen konnte. Über den Empfang des hochw. Herrn Bischofs Koppes und seiner Begleiter habe ich ja bereits oben[202]) berichtet. In einem Briefe (Tabgha, 10. November 1900) finde ich folgenden Passus: «Die Grundsteinlegung für die Kirche der Dormitio (Mariä Heimgang) «auf dem vom deutschen Kaiser dem Deutschen Verein vom hl. Lande «geschenkten Terrain fand statt im Jahre 1900. Bei dieser Gelegenheit «waren 500 deutsche Pilger aus allen Klassen der Gesellschaft auf «einem eigenen Schiffe bis Jaffa und von dort nach Jerusalem gekom«men. Auch zwei Luxemburger Herren, Herr Pfarrer Nothumb von «Weimerskirch und Herr Pfarrer Meyerer von Niederkerschen, zwei «liebe, alte Freunde, waren unter den Pilgern und brachten mir Nach«richten aus der alten, lieben Heimat.»

(Fortsetzung folgt.)

Logements militaires à Luxembourg pendant la période de 1794—1814. (Par Alphonse RUPPRECHT.)

Rue de la Boucherie.[91])

(Suite.)

242. M. *Walansart*, propriétaire, M. le comte de Briey, locataire,

---

[202]) Kapitel XXXI.

[91]) Dans notre Registre se trouve également la désignation de *rue des Boucheries*. Le nom allemand de la rue est *Fleischerstraße*, le nom luxembourgeois *Fleschirgäß*. *Fleschir:* contraction de *Flêsch*, viande et de *Schir*, en allemand *Scharren*, étal. M. N. van Werveke, dans sa «Kurze Geschichte des luxemburger Landes» (parue en 1909, p. 202), s'exprime comme suit, en parlant des rues de la ville de Luxembourg au 14e siècle: «*In diesen dumpfen Straßen wohnten die Bürger, vielfach diejenigen, die dasselbe Gewerbe betrieben, dicht nebeneinander, wenn nicht etwa in einer Gasse, in der Fleischerstraße waren die Fleischschieren, die Verkaufsstände und auch wohl die Wohnungen der Metzger.* Dans le règlement de police accordé aux corporations de Luxembourg par le margrave Christophe, sous la date du 12 décembre 1590, le

2 chambres 1 avec cheminée pour 1 capitaine, en tems ordinaire pour 1 officier selon la catégorie.

---

terme de Schiere est employé dans la même acception, dans cette disposition:

Item das metzler Ambt soll ein jeder von jedem stuck Rinttviehes sie uber vier gulden kauffen werden nicht uber zwentzig Lützenburger neue groiss winnung haben, desgleichen von Kelber, Schaff oder Schweine, von jeglichen stuck eins Vernutz, das ander sollen sie nicht uber vier Lutzenburger groiss winnung nhemen wie sie das umb gereidt gellt kauffen zur zeit und ein iglicher mag und allerlei fleisch schlassen, verkauffen und UFF SEINER SCHIRREN feille haben als ime geliebt, und sollen sich fortter in irem Ambt so halten nach dem die muntz das dritteil abgesatzt ist, sie deshalb durch meine gn. hrn. nicht gebost werden und vernutz das so sollen auch keine wirtt noch gesthalther keiner fleisch uff den fussen vor ire gest schlagen, sonder das umb einen gleichen Pfenning bei inen kauffen der gest auch damit geburlich dabei gerechnet und der wirtte des zukommen mogen und soll man auch hiervon mit den Wirtden reden, das das also geschee und gehaltten werde, so ferne auch kein gebrech an den Metzler sei undt man fleisch bei inen finden moge, und das uff die bous unsers gn. hrn. und dis soll also gehaltten werden, bis man ein ordnung uff den kauff des Pfundes uff gestaltt hat.»

M. Würth-Paquet, dans son étude sur les anciennes rues de Luxembourg (Publ. 1849, p. 105), cite une ordonnance du conseil provincial du 21 juin 1655, aux termes de laquelle la viande se vendait alors à Luxembourg dans un établissement public à ce destiné portant le nom *in der Schieren*. Il ajoute qu'on peut induire d'anciens actes que la halle aux viandes occupait une partie de l'emplacement de la maison Schlinck, aujourd'hui Bourg, coin des rues de la Boucherie et du Marché-aux-Poissons, numéro 13 de cette dernière rue et partie ouest de la rue de la Monnaie. La Schiere paraît avoir également servi à la vente du pain, ce qui résulte de la disposition suivante des statuts de la corporation des boulangers dont nous ne connaissons pas la date mais qui sont antérieurs au 15e siècle: *Item die becker von Dommeldingen sollen im Sommer nicht lenger* **unter der schiren** *feille halten, dan bis zwolff uhren, undt zu winther bis ein uhr.* Peut être la Schiere était-elle destinée exclusivement à l'étalage de la viande et du pain venant du dehors. Il se peut encore que cet établissement ait renfermé des locaux servant d'abattoir commun aux bouchers de la rue de la Boucherie. Que la Schiere visée dans les statuts des boulangers est la même que celle des bouchers et qu'il y avait quelque chose de commun entre les 2 corporations, cela nous semble prouvé par les ornements de la Pieta de la maison Conrot-Lenoël (v. note 54), qui outre les attributs des bouchers, montrent ceux des boulangers. Nous voudrions même mettre cette statue en rapport avec la Schiere, en conjecturant qu'elle a décoré cet établissement où l'une de ses annexes, la maison Conrot étant située à proximité de la maison Bourg.

Toujours est-il que la maison actuelle Bourg a logé de tous temps un abattoir dit *an der Schir*, lequel, dans un régistre de recensement de 1817, se trouve mentionné sous les termes de *Grande Boucherie*. A cette époque la maison appartenait aux héritiers de Jean-Paul Strock, de son vivant marchand à Luxembourg, y né comme fils des époux Gabriel Strock et Anne-Catherine Wanderstecher qui avaient contracté mariage à Luxembourg, le 24 septembre 1744. J.-P. Strock avait épousé à Luxembourg en premières noces, le 2 février 1779, Anne-Elisabeth Reuter, et en secondes noces, le 16 janvier 1792, Marie Mousain ou Mouzin et est décédé à Luxembourg, le 11 novembre 1815.

Le 12 octobre 1829, la maison fut vendue par les héritiers Strock au sieur *Augustin Schlinck*, boucher et marchand de vins, natif de Coblence, arrivé à Luxembourg en 1802. Né le 22 octobre 1781, Augustin Schlinck avait épousé à Luxembourg, le 29 prairial an 10 (18 juin 1802), Suzanne-Jeannette Diedenhoven, veuve de Jacques Muller, née à Luxembourg, le 2 décembre 1769, fille des époux Jean Diedenhoven et Jeannette Kieffer. Il fit partie de l'assemblée nationale luxembourgeoise, du 25 avril au 28 juillet 1848 et du conseil communal de la ville de Luxembourg, du 14 novembre 1848 jusqu'au jour de son décès arrivé le 26 janvier 1854 (Cf. Dr Neyen, Biogr. luxemb., III, p. 389). Par arrêté du collège des bourgmestre et échevins, en date du 26 avril 1832, il avait été autorisé à transférer son abattoir de la rue de la Boucherie dans la partie du bâtiment donnant sur la rue du Palais de Justice, à l'emplacement de la maison actuelle numéro 2a de cette rue.

Des familles Strock et Schlinck, la maison a tiré les dénominations de *Strockenhaus* resp. *Schlenkenhaus* que nous avons rencontrées dans des documents authentiques.

A partir de 1866 le cadastre renseigne comme propriétaire de la maison le sieur Bourg Jacques, boucher, époux de Schmit Catherine lequel y exploitait une boucherie, continuée à son décès, survenu le 11 novembre 1876, par ses enfants jusqu'en 1890. Le grand abattoir de la rue du Palais de Justice avait subsisté jusqu'aux 6 mars resp. 3 avril 1876, dates fixées par le règlement de police de la capitale du 22 janvier 1876, pour l'ouverture de l'abattoir municipal à Pfaffenthal.

Du côté de la rue du Marché-aux-Herbes une construction avec terrasse et balustrade a été ajoutée en 1890 à la maison Bourg jusqu'à la hauteur du premier étage. Au-dessus de cette terrasse, dans une niche pratiquée dans la façade, on voit une belle et imposante statue en pierre, haute d'un mètre 90 centimètres, peinte en blanc. Elle représente la Ste Vierge debout et le front couronné, portant son fils sur son bras gauche et tenant dans sa main droite un sceptre. La couronne et le sceptre de la Vierge de même qu'un globe terrestre tenu par l'enfant Jésus dans la main droite, sont dorés. La statue ressemble beaucoup à celle du portail de l'église Notre-Dame à Luxembourg. Elle ne porte aucune indication sur son âge et l'artiste qui l'a sculptée, mais, étant attribuée à la famille Strock, elle paraît remonter à la fin du 18e ou au commencement du 19e siècle.

1 écurie pour 4 chevaux.[92])

Anciennement la maison avait appartenu en tout ou en partie à la famille *de Chanclos*. Charles-Urbain de Chanclos comte de Rets-Brisuila, né à Namur, le 13 octobre 1686, avait épousé Marie-Ludwine-Philippine du Bost-Moulin d'Esch-sur-la-Sûre, fille de Charles-Bernard du Bost-Moulin, baron d'Esch et de Marie-Marguerite-Charlotte de Stassin. D'abord capitaine au régiment du duc d'Arenberg, puis colonel du régiment du prince Claude de Ligne, feldwachtmeister, lieutenant-feldmaréchal et gouverneur des ville et port d'Ostende, il occupait ce dernier poste lorsqu'en 1742 il fut désigné commandant à Luxembourg. Il est mort à Bruxelles, le 19 février 1761. (Dr Aug. Neyen, Biogr. luxemb., III, pp. 67 et 68.)

Son nom avait été donné à une partie des ouvrages de défense du front de la plaine de la forteresse de Luxembourg, *les escarpements de Chanclos* (fort Royal). (Cf. Coster, op. c°, p. 27, et Biermann, Notions sur la ville de Luxembourg, p. 113.)

[92]) Aujourd'hui le numéro 6 de la rue du Marché-aux-Poissons. Propriétaire en 1824, d'après le cadastre, Huskin Joseph; puis Schou Jean, boulanger, marchand de vins et conseiller communal, et, après sa mort arrivée à Luxembourg, le 12 avril 1867, sa veuve Gudule née Strock, fille des époux Strock-Mouzin (v. note 91), décédée elle-même à Luxembourg, le 14 mai 1882.

En 1883 la maison passa à M. Krips Henri dit Nicolas, cafetier; en 1907, aux époux Nimax Auguste et Krips Marianne, et par adjudication, le 16 août 1917, à M. Heinesch Jean, épicier.

Walansart. Nous croyons qu'il ne s'agit pas des *de Valansart*, seigneurs de Bous, dont plusieurs membres habitaient Luxembourg au 18e siècle, parmi eux Théodore de Valansart, prêtre de la Société de Jésus, décédé à Luxembourg, le 5 mai 1788, âgé de 70 ans; Catherine de Valansart, célibataire, y décédée le 5 mai 1789, et Marie-Ludovine de Valansart, en 1740 religieuse de la Congrégation de Notre-Dame; mais plutôt d'une famille *Valansart*, *Valanzart* ou *Walensar*, dont les registres de la paroisse de St. Nicolas contiennent les actes de mariage suivants:

a) Valanzart Pierre, carrossier de Potter Vanderloo (intendant dans le pays du Luxembourg pour les domaines et autres droits du roi d'Espagne Philippe V), fils de Valanzart Paul et de Molonné Catherine, originaire de Bœur, doyenné de Bastogne, marié à Luxembourg, le 28 octobre 1708, à Frenzell Elisabeth, fille des époux Frenzell Frédéric, ci-devant cavalier et Gerber Elisabeth;

b) Valansart Jean-Pierre, marchand, fils des époux Valanzart Pierre e Frenzell Elisabeth, marié à Luxembourg, le 24 août 1732, à Leclair Marguerite, fille de Jean et de Saltzbourg Marie.

Deux enfants des époux Valanzart-Leclair figurent aux registres des baptêmes de la paroisse de St. Nicolas: Marie-Françoise, née le 4 janvier 1741, et Léonard, né le 9 février 1744. A partir de cette dernière date, ni les registres des baptêmes ni ceux des mariages et des décès ne mentionnent plus le nom de cette famille, ce qui fait supposer qu'elle a quitté la ville dans la seconde moitié du 18e siècle; ainsi s'expliquerait également qu'elle avait donné la maison en location au *comte de Briey*. Notre registre ne fournit aucune indication sur la personne de ce dernier, mais l'acte de mariage transcrit littéralement ci-après des registres de la paroisse de St. Michel à Luxembourg, nous semble combler cette lacune.

Le samdi, 7 décembre 1793, Messire Marie, Louis, Hyacinthe comte de Briey et de la Claireaux, Baron de Landre, Seigneur d'Ethe, Belmont, Bohé, Hamavé, Gehlimont, Signeuil, Ruette etc. Cy devant 1er Lieutenant au régiment de la Tour Chevaux légers au Service de Sa Majesté l'empereur et Roi, fils en légitime mariage de feu très haut et très puissant Seigneur Louis Nicolas Gérante comte de Briey, de Landre chambellant de Sa Majesté l'empereur et Roi, membre du Siège des nobles de la province de Luxembourg et de très haute et puissante dame Madame Charlotte Hiacinthe, comtesse de Lepine, de Beaufort et de la Claireaux d'une part, et d'autre part Anne, Marie, Caroline, Albertine de Pouilly Chanoinesse du très illustre chapitre de Bouxières à Nancy, fille en légitime mariage de très haut et puissant Seigneur Messire Albert Louis Baron de Pouilly et de Chauffour, comte de Roussy, Seigneur de Quincy, Luzy, Villosne et autres lieux, Maréchal des camps des armées du Roi de France, chevalier de l'ordre Royal et militaire de St. Louis; et de très haute et très puissante Dame Madame Marie, Antoinette, Philippine, née comtesse de Custine Son Epouse,

ont reçu de Sir Théodore Henry Welter, curé de la paroisse D'Ethe la bénédiction nuptiale à l'église paroissiale de St. Michel à Luxembourg, du consentement et avec la permission du Révérend père Jean Leonardy, curé de la dite paroisse de St. Michel.

en présence de Messire Théodore François de Paul de Custine comte de Wiltz et de Loupy Baron D'Ouflance et de Meisembourg, Seigneur de Kail, Villers le Rond et autres lieux; et de Messire Maximilien Chrétien Comte de Fiquelmont Seigneur et Baron de Paroy en Lorraine, tous deux spécialement invités par les nouveaux Epoux et leurs parens pour servir de témoins à la cérémonie du mariage.

La dispense des trois bans et du temps avait été préalablement obtenue de Monseigneur l'évêque d'Ascalon Suffragant de l'archevêque de Trèves.

En témoignage de tout ce que dessus les nouveaux mariés, leurs parens et amis de part et d'autre qui ont donné leur consentement à ce mariage ont signé le présent acte en double, de même que les curés des paroisses de St. Michel à Luxembourg et D'Ethe, après lecture faite à haute et intelligble voix, à Luxembourg, les jour, mois et an que dessus.

(signé:) Le Comte de Briey de Landre et de la Clereau
Pouilly comtesse de Briey

Le Baron de Poüilly	*Le Comte de Ficquemont*
Custine de Poüilly	*témoins*
Custine de Wiltz	*T. H. Welter depuis 1789*
	curé de la paroisse d'Ethe

Quod attestor Th. P. Joannes Leonardy,
administrator ad Stm. Michaelem Luxemburgi.

Nous ajoutons qu'un extrait de ce document est reproduit par M. Em. Tandel dans sa publication « Les Communes luxembourgeoises »

(T. III, p. 129, Annales de l'Institut archéologique de Luxembourg), avec de plus amples indications sur la famille de Briey, à laquelle appartient M. le comte Camille de Briey actuellement Gouverneur de la province de Luxembourg belge.

Le même auteur relate que Louis Hyacinthe de Briey était né à Thionville, le 17septembre 1772. . . . . .

La maison Walansart louée et occupée sans doute dans toutes ses parties par le Comte de Briey, avait du côté du Marché-aux-Poissons un escalier et à l'arrière des écuries et une cour dans laquelle on pénétrait de la rue de l'Eau par une grande porte avec arc de plein ceintre dont l'encadrement en pierres taillées se distingue encore aujourd'hui très nettement dans le mur de clôture, à côté de la bâtisse formant l'arrière-corps de la maison Heinesch susdite, élevée en 1819, ainsi que l'indiquent les ancres de construction y appliquées. C'est probablement à l'emplacement de cette bâtisse que se trouvaient les écuries mentionnées dans notre Registre.

Le groupe de Saint-Jean Népomucène *dans la cour de la maison Heinesch.*

Dans la cour de la maison Heinesch, les regards sont frappés par un groupe de deux statues polychromes placées sur un socle contre le mur, sous une espèce d'auvent à couverture d'ardoises, et à côté d'un vieux puits à margelle en pierre et poulie (à roue de bois et chaîne) fixée au mur. Les statues représentent *Saint-Jean Népomucène* et un ange. Elles sont en pierre et ont, celle du Saint 1,70 m., l'autre 0,70 m. de haut; la hauteur du socle est de 0,90 m. Le Saint, debout, en soutane, surplis à dentelles et camail herminé, est coiffé d'une barrette; la main droite tient un crucifix; la main gauche, en bois, est vide. L'ange également debout, à la droite du Saint, est presque entièrement nu; de la main gauche il tend au Saint une palme de martyr, la main droite s'appuie sur un cartouche sans inscription. Le groupe est marqué par une sérénité douce et pleine de dignité, et bien qu'il ne traduise ni dans les formes ni dans le coloriage, plutôt grossier, des mains d'artiste, il fait bon effet et forme avec l'auvent, le puits et les autres vieilles constructions de l'entourage un ensemble très pittoresque maintes fois peint, dessiné et photographié.

L'histoire du petit monument nous amène à parler du culte en général de Saint-Jean Népomucène et de la dévotion particulière envers ce Saint dans notre pays.

Saint-Jean Népomucène est honoré en premier lieu comme le courageux martyr de la confession et le puissant défenseur de l'honneur. Il naquit au village de Nepomuk en Bohême et fut docteur en théologie et en droit canon, chanoine du chapitre de Prague et aumônier de l'empereur Wenceslas II, roi de Bohême, qui régnait de 1378 à 1419 et qui avait succédé en 1383 à son oncle Charles IV comme duc de Luxembourg. L'impératrice Jeanne, fille d'Albert de Bavière et épouse de Wenceslas, le choisit pour directeur de sa conscience. Ayant refusé de révéler à l'empereur la confession de son épouse, il fut par ordre de ce prince noyé dans la Moldau, d'après les uns en 1383, d'après d'autres en 1393. Sa fête se célèbre le 16 mai.

Dès sa mort l'objet d'une grande vénération, il fut admis par le pape Benoît XIII au rang des martyrs de l'église, par bulle de canonisation publiée à Rome, le 19 mars 1729. Mais déjà vers 1690 un *sodalitium* d'ecclésiastiques formé à Luxembourg s'était mis sous sa protection. De plus amples indications sur cette corporation sont fournies par M. l'abbé J. Zieser, dans ses «Beiträge zur Geschichte verschiedener Pfarreien», parus dans «Ons Hémecht», année 1918, pp. 147 et 148. De même en 1719 une chapelle sous l'invocation du Martyr avait été érigée à l'église St.-Nicolas, grâce principalement aux largesses de la comtesse Marie-Anne de Tœrring, veuve de Messire Jean-François de Brouchorst, comte de Gronsfeld, gouverneur et capitaine général du duché de Luxembourg et comté de Chiny, général feldmaréchal des armées de S. M. I. et C. Charles VI, mort à Luxembourg, le 7 avril 1719, âgé de 80 ans. Une confrérie sous le vocable du Saint parait avoir été instituée en l'église St. Nicolas vers la même époque. Cette association, approuvée et enrichie d'indulgences en 1733 par le pape Clément XII, fut transférée en 1778, à la suite de la démolition de l'église St. Nicolas, dans l'ancienne église des Jésuites, dédiée successivement sous les noms de SS. Nicolas et Thérèse, de St.-Pierre et de Notre-Dame (la Cathédrale). La statue, devant laquelle se faisaient les dévotions de la confrérie, avait été d'abord installée à la même église; elle orne aujourd'hui un confessional de la sacristie de Notre-Dame. Un tableau qui provient sans doute également de l'église St.-Nicolas, se trouve actuellement dans la chapelle du Rosaire de l'église St.-Michel. On y voit au premier plan St.-Jean Népomucène debout, en habits sacerdotaux; et à l'arrière-plan: à droite, l'impératrice se confessant au Saint, et à gauche, un pont dont les hommes armés viennent de précipiter le Martyr qui, la tète en bas, flotte dans le vide, au-dessus d'étoiles brillant sur l'eau d'un fleuve.

La statue actuelle, à l'autel du pilastre droit du chœur de Notre-Dame, date de 1855.

Les tourmentes de la fin du 18e siècle et du commencement du 19e, si funestes pour beaucoup des vieilles institutions religieuses, semblent avoir également occasionné le déclin de notre Confrérie dont les dernières admissions sont de 1839, mais qui peut avoir subsisté encore quelques années après. En 1843, Mgr. Laurent en a perpétué le souvenir par la fondation d'une grand'messe célébrée chaque année le mercredi avant l'Ascension.

Comme nom de baptême nous avons rencontré, et assez souvent, les nom de Jean Népomucène et de Jeanne Nepomucena (!) dans les registres des paroisses de Luxembourg, à partir de l'année 1717.

Le registre de la Confrérie, déposé aux archives de Notre-Dame à Luxembourg, contient, pour la période du 16 mai 1733 au 16 mai 1839, les noms de milliers de personnes des deux sexes de toutes les classes de la société de la ville et du pays de Luxembourg, comme aussi des contrées circonvoisinantes. Nombre de représentants du clergé séculier et régulier, de la noblesse, de la magistrature et de toutes autres autorités civiles et militaires et de la bourgeoisie, des soldats et des ouvriers, y figurent à côté de congrégations entières de religieux et de religieuses, aux dates où ils ont été reçus dans la confrérie; à leur tête le curé Jean

Weylandt, de l'église Saint-Nicolas désigné comme le fondateur de l'association et Marie-Joseph-Françoise-Joan Nepomucène, comtesse d'Arberg et de Gronsfeldt.

Les règles de la Confrérie furent imprimées à Luxembourg en allemand et en français; l'imprimatur de l'évêque suffragant de Trèves est du 20 mars 1756. Celles dirigées contre les atteintes à l'honneur et à la considération portent:

Les Confrères et Sœurs auront un soin particulier de mettre un frein à leur langue, afin de ne jamais tenir de discours scandaleux, lesquels ils empêcheront même dans les autres autant qu'il sera en leur pouvoir. Ils ne diront jamais rien qui puisse diminuer la bonne réputation du prochain. Ils auront la médisance et la calomnie en horreur. Ils ne divulgueront point les défauts cachés des autres, à moins qu'ils n'y soient obligés par devoir et par état. Ils garderont le secret dans les affaires confiées à leur prudence. Ils tâcheront d'excuser les imperfections et les faiblesses d'autrui. Ils assisteront les misérables par œuvres et par conseils, en les consolant dans leurs afflictions et en les secourant dans leurs besoins.

Outre les statuts, chacun des deux livres contient dans la langue dans laquelle il est écrit, un propos historique sur le culte du patron de l'association, des prières, actes de dévotion, litanies, hymnes et cantiques en son honneur. En voici deux cantiques qui par leur style semblent caractéristiques pour l'époque dont ils évoquent le souvenir.

Cantique.

1. Athlète illustre et généreux,
Martyr puissant dans les Cieux,
Tu triomphas sur la Moldau,
Népomuc fut ton berceau.
Tu sçus du Tribunal sacré
Devant un Roi courroucé
Garder constamment les secrets
Sans redouter ses arrêts.

2. Dans les eaux d'un fleuve profond
Wenceslas du haut d'un pont
Barbarement, pour te dompter,
Osa te précipiter.
Mais la droite du Tout-Puissant
Qui protège l'innocent,
Fit par une vive clarté
Connaître ta sainteté.

3. Mille feux, mille astres nouveaux
Se firent voir sur ses eaux,
Vinrent honorer tes combats,
Et confondre Wenceslas.
Un noble Clergé vint en corps
Pour transporter de ces bords
Dans un Temple tes Os sacrés,
Du Peuple saint révérés.

4. Toutes les Nations loûront,
Tous les tems admireront
Ta charité, ton zèle ardent,
Ton courage triomphant.
D'un Dieu justement irrité
Contre notre impiété,
Grand Saint, appaise la fureur,
Arrête le bras vengeur.

5. Que le fer, la peste et la faim
Tristes fléaux de sa main,
Et de son terrible courroux,
N'approchent jamais de nous
Que les jugemens du Seigneur
Nous pénètrent de frayeur.
De nos ennemis dangereux
Romps les complots ténébreux.

6. Qu'un salutaire repentir
Puisse enfin nous convertir:
Qu'une vive contrition,
Qu'une humble confession,
Qu'une paisible et sainte mort
Assurent notre heureux sort.

Lobgesang.

Über das wundervolle Leben des H. Johann von Nepomuk.

1. Johannes, heiliger Patron
Zu Nepomuk geboren,
Es hat dich Gott zur Marterkron
Aus Böhmen auserkoren;
Zu Prag im Erzstift bey Sankt-Veit,
Dein' Tugend war gepfründet,
Ein Domherr, dessen Heiligkeit
In Gottes Gnad' gegründet,

2. Der König Wenzel dieses Reich
Der Vierte hat verwaltet,
Der Königinn war er nicht gleich,
Unrühmlich sich verhaltet:
Zur Besserung hat sie ihm oft
Beweglich zugesprochen,
Er aber, das sie nicht erhofft,
Sich böslich hat gerochen.

3. Er spürt ihr nach und heimlich schleicht,
Zu finden böse Taten;
Dich treibt er, weil sie dir gebeicht,
Du sollst sie ihm verraten:
Ach nein, sprichst du, das kann nicht seyn,
Die Eidspflicht zu vergessen;
Er foltert dich, und durch die Pein
Will er die Beicht erpressen.

4. Weil er doch nichts erzwingen mag
Das Leben dir verkürzet
Und von der Brücke, die zu Prag
Dich in die Moldau stürzet:
Als man dich also hingericht
Hat Gott ein Zeugniß geben
Man sah bey Nachtzeit manches Licht
Ob deinem Körper schweben.

5. Wo dieser mög' zu finden seyn,
Hat dieses Licht gewiesen;
Durch dieses Licht dein Tugendschein
Und Unschuld ward gepriesen:
Bald mit dem Volk die Clerisey,
Dein Leib erhoben haben,
Mit herrlich-schöner Ordnungsreih
Im Domstift dich begraben.

6. Da liegst du noch, und Gottes Hand
Dein Heiligkeit bewähret;
Der bleibet selten ohne Schand,
Der dir dein Grab entehret;
Du hast nunmehr die Kron' erreicht,
Dein Denkmal uns verschrieben,
Dein ewig's Lob ist, daß die Beicht
Bey dir verschwiegen blieben.

7. Durch all Verdienst und Gnad' die dir
Gott reichlich hat verliehen,
Dich zuversichtlich bitten wir,
Und herzlich zu dir fliehen:
Erlang' uns Gottes Gnadenhuld,
Wend seinen Zorn zur Güte,
Daß er uns vor der Straf und Schuld
Barmherziglich behüte.

8. Den Hunger, Pest und Krieg vertreib,
Und alle andere Plagen,
Die uns an Ehre, Seel und Leib,
An Gütern peinlich nagen:
Daß Gott sein Auge zu uns wend',
Die Herzen zu erleuchten,
Daß wir jetzt und vor unserm End',
Verdienstlich mögen beichten.

9. Daß er uns stets mit seiner Gnad'
Vor Sünd und Schand bewahre,
Damit uns kein Verläumder schad'
Kein Unheil widerfahre:
Damit wir uns dem lieben Gott,
Zu Lieb und Lob ergeben,
Fromm seyn und bleiben bis in Tod,
Und ewig mit ihm leben. Amen.

De la capitale, le culte de St.-Jean Népomucène parait s'être propagé dans d'autres parties du pays telles que les villes de Vianden et de Wiltz où des statues lui ont été élevées au commencement du 18e siècle resp. entre 1750 et 1770. A Luxembourg-même, une très belle statue est encore exposée à la vénération dans la *Chapelle de Strock (Strocke-Kapell)*, située au bord de la route dite Kuhberg qui des villes-basses conduit aux hauteurs du Fetschenhof (Hamm) et où on lit le millésime 1747. C'est à la même époque que nous voudrions faire remonter l'origine du groupe de la rue de l'Eau. . . .

A part les honneurs qui lui sont rendus comme victime du secret de la confession et gardien de la bonne renommée, St.-Jean Népomucène est vénéré comme *le grand Saint des Eaux*. Son pouvoir s'exerce sur tout ce qui a trait à l'élément liquide: Rivières et sources, ponts et puits sont placés sous sa protection. Parmi les miracles opérés par son intercession, les Bollandistes rapportent qu'une femme appelée Catherine Frolenta étant tombée, la nuit, dans un puits très profond, se sentit soulevée hors de l'eau jusqu'à la poitrine. Après avoir invoqué notre Saint, elle vit le bord du puits tout illuminé; à la faveur de cette lumière, elle aperçut une poutre qui lui servit d'appui, jusqu'à ce que ses cris la fissent délivrer.

Le Saint est invoqué contre les inondations, les incendies, les sécheresses. A Vianden, où le vulgaire l'appelle *St. Bomezinnes*, sa statue se dresse sur le pont de l'Our. A Wiltz, un incendie s'est arrêté, selon la tradition, du moment que la bourgeoisie avait fait le vœu d'élever la statue qui orne la croix de marché. En temps de grande sécheresse, les maraîchers et cultivateurs de Luxembourg et des environs se rendent en procession et en groupes à la chapelle du Kuhberg pour obtenir du ciel la pluie désirée. Peut-être la chapelle érigée en 1719 à l'église St.-Nicolas et en général la dévotion à St.-Jean Népomucène dans notre pays, sont-elles aussi à mettre en rapport avec les sécheresses extraordinaires que S. F. de Blanchart relate comme suit dans sa chronique luxembourgeoise:

«L'année 1718 at esté fort sèche, ce qui a causé une rareté d'herbes et de foings, car pendant tout le printems et l'esté on n'at eu presque pas de pluie; et malgré que la canicule ait esté fort ardente, en sorte qu'on at observé dans la province de Luxembourg que depuis l'an 1684, aucune année n'avoit esté si chaude ni si sèche que celle-ci, cependant il n'y a pas paru presque aucun orage que les grandes chaleurs causent ordinairement. Les grains ont esté médiocrement grainés et l'année ni stérile ni fort fertile en grains et fruits. Et quoiqu'en diverses endroits il y at eu des raisins coulés, il n'a pas manqué d'avoir partout du bon vin en abondance et bien qualifiée. Les grains n'estoient pas si grainés qu'en 1717, mais il y avoit encore plus de paille cette année-ci que celle-là, mais beaucoup moins de foing. Les fruits de la terre ont esté si avancés en maturité que le 13e du mois d'aoust tous mes froments furent engrangés, ce qu'on n'avoit pas encore vu de mémoire d'homme en ces cantons forestiers d'Ardenne.

«L'année 1719 at esté fertile en grains et bons vins, mais très stérile en foings et fourrages à cause de la sécheresse extraordinaire qu'il fit tout le printemps et tout l'esté généralement en sorte que le peu de pluie qu'il tomba pendant ce tems-là ne pénétra pas deux doigts d'épesseur en terre, ce qui empescha les herbes de croitre et fit mourir l'année suivante plusieurs jeunes arbres fruitiers qui avoient esté par cette sécheresse épuisé de leur sève, faute d'humidité de la terre pour les nourrir, dont j'ai fait moi-même une triste expérience.

« La nuit du 12 au 13 de septembre une menue pluie tombée qui ne pénétra que l'épesseur d'un petit doit en terre fut une chose nouvelle et extraordinaire, et il n'y eut que la betite pluie qui tomba seulement le 24 septembre et qui pénétra environ 3 doits dans les terres douces et souples qui fit du bien et diminua un peu l'aridité de la terre, mais il étoit trop tard pour en pouvoir tirer grand profit.

« L'ardeur du soleil d'esté joint à la sécheresse extrême avoit comme brûlé les herbes des prairies, en sorte que de tems immémorial, il n'en est pas cru moins qu'à cette année-là, et quoique l'année 1718 aye esté fort stérile en foing par comparaison aux années précédentes, l'an 1719 at encore produit deux tiers d'herbes moins que l'an 1718.

« La sécheresse de la terre et l'ardeur continuelle du soleil ont esté si excessives pendant un si long temps que non seulement les fontaines et puits ont esté taries en diverses lieux, et les rivières et ruisseaux presque jusque au secq, entre autres la Sûre en ce pays et la Rulle que l'on passoit à pied sur les pierres et presque partout à secq, et là où on a trouvé presque tous les poissons morts dans les goufres où l'eau sans mouvement avoit esté trop chaufée par les rayons du soleil, ce qui fut cause que plusieurs moulins estans sans eau, les moulans ont ésté obligés d'aller mouldre à 6 et 7 lieux plus loing aux moulins sur l'Attert, eau de source et ailleurs; mais encore les prairies et champs ayant esté coupés et fauchés de ce peu d'herbes, pailles et fourages qui estoient crûs, ont esté tellement brûlés par le soleil comme si le feu y avoit passé, de manière qu'on n'a pas pu tirer peu ou point de profit du regain ni de la grasse pâture des abbaxies (sic) pour le bestail. Et cette sécheresse sans exemple accompagné de la chaleur trop ardente du soleil, a si fort advancé la maturité des fruits champêtres que dèz le 12 juillet les seigles au lieu d'Habay, terre de Bollogne, étoient en état d'estre coupés, et le 14 et 15 du même mois ils l'estoient généralement par tout le ban du même lieu; le 24 dud. juillet on y fauchoit les avoines, en sorte que le 11 d'aoust généralement tous les marsages étoient engrangés.

« La raretée des fourages cette année dont une pareille surpassoit la mémoire des plus vieux, at esté si grande que les bestiaux ont eu paine à passer l'hiver suivant et sourtout en Ardenne (là où pour l'ordinaire les foings abondent plus qu'ailleurs), là où les habitants ont beaucoup souffert pour hiverner leur bestail, beaucoup plus qu'en d'autres cantons de la province, plusieurs sur la fin de l'hiver ayant découvert leurs toits de paille et haché la palliasse de leur lict, pour empescher leurs bestes de mourir de faim.

« Les vins de cette année-là avaient beaucoup de douceur, ce qui les avoit rendu suspects de se gaster selon l'opinion de diverses gourmets, qui ont esté trompé, puisqu'ils se sont la plus part très-bien tourné et gardé, ayant esté fort délicats et la douceur tournée en bonté.

« Le prix du grain aux marchés de Luxembourg pendant cette année at esté pour le froment $17\frac{1}{2}$ sols, pour le seigle 13 sols et pour l'avoine 8 sols la mesure, du fort au foible.» . . . . .

Nous avons cru pouvoir reporter l'érection du groupe de la rue de l'Eau vers le milieu du 18e siècle, à l'époque où le culte de Saint-Jean Népomucène était à Luxembourg dans sa première ferveur. Ce furent, à notre avis, des membres de la Confrérie de Luxembourg qui ont voulu honorer le saint homme à qui ils s'étaient voués, en plaçant sous sa garde le puits de la cour de la maison Heinesch. Les noms de plusieurs vieilles familles de la rue de l'Eau et des rues adjacentes sont portés au registre de la Confrérie: les *van der Noot, Terzweich, Hendel, Benus, de Feller, Haas, Dutreux, Namur, Staas, Mohr de Waldt, Baclesse, Demeff, de Brias, Masius, Remy, de Wiltheim, Bous, Reuter, Dumont, de Breiderbach* et bien d'autres. Mais nous envisageons tout particulièrement la famille *Hildt* dont il sera parlé plus longuement au no 243 du Registre des Logements militaires: Sa maison était contiguë à la maison Walensar et semble avoir dans le temps joui en commun avec celle-ci de la cour qui renferme notre groupe. D'un autre côté 9 membres de cette famille ont fait partie de la Confrérie: Le curé Frédéric Hildt est mentionné parmi les fondateurs, à la première page du registre, sous la date du 16 mai 1733. Marie-Françoise Hildt, religieuse de la Congrégation de Notre-Dame à Luxembourg, y a été inscrite le 25 mai 1733; Barbe Hildt, le 3 septembre 1742; Catherine Hildt, le 16 mai 1752; Marguerite Hildt, religieuse de la Congrégation de la Sainte-Vierge à Vic, le 3 mai 1758 de même qu'Anne-Marie-Thérèse Hildt, Chrétien Hildt et François Hildt; le R. D. Pierre Hildt, exprieur et prédicateur de l'ordre de Saint-Dominique à Luxembourg, le 16 mai 1762.

A l'appui de notre manière de voir sur l'origine du groupe, nous relevons encore que la Confrérie se plaisait à représenter le Saint en compagnies d'anges. Ainsi la statue de son autel à l'ancienne église Saint-Nicolas est placée entre deux anges, et une gravure du texte français des règles de la corporation montre à la droite du Saint un ange tenant, tout comme celui de notre groupe, une palme de martyr et un cartouche mais posant, à la différence de ce dernier, un doigt sur les lèvres par rapport à l'inscription sur le cartouche: *Secretum meum mihi.*

La tradition rapporte que le puits de la rue de l'Eau existe depuis un temps immémorial et qu'il n'a jamais été à sec. Il aurait de plus servi en quelque sorte à l'usage du public jusqu'à l'établissement de la conduite d'eau municipale, en 1866. Il convenait parfaitement pour recevoir la statue du Saint. La désignation de la rue qui y donne accès, comme *rue de l'Eau* ou *des Eaux, Wâßergâß* a peut être également été pour quelque chose dans la choix de l'emplacement. Le nom ancien de la rue serait Wastelergasse, rue des Boulangers (du vieux mot allemand Wasteler, boulanger) et Wassergasse n'en serait qu'une corruption. Mais au 18e siècle et bien avant, la rue portait déjà officiellement la dénomination de rue des Eaux.

Nous n'avons pas pu établir à qui pourrait être attribuée l'exécution des différentes représentations du Saint mentionnées dans ces lignes, sauf que la statue de la croix de marché à Wiltz est l'œuvre du sculpteur Nicolas Jacque, originaire de Nobressart. Le seul sculpteur que nous connaissons comme ayant exercé son art au 18e siècle à Luxembourg-même, est Barthélemy Namur, né à Luxembourg, le 13 septembre 1723, y décédé le 25 janvier 1779, à qui nous devons entre autres les statues des SS. Augustin et Pierre Fourier, à l'église de St.-Michel à Luxembourg et des SS. François Xavier et Ignace de Loyola, au portail de l'église de Walferdange (celles-ci placées antérieurement au chœur de l'église de Notre-Dame). Mais, de l'avis d'hommes du métier, le groupe de la rue de l'Eau, au sujet duquel nous les avions consultés spécialement, émane d'une main moins habile que celle du maître luxembourgeois, bien que certains détails n'excluent pas tout-à-fait qu'il ne soit sorti de son atelier, exécuté peut-être par l'un de ses élèves ou ouvriers. . . . . . .

La Confrérie de St.-Jean Népomucène n'existe plus à Luxembourg, mais le culte du Saint avait été trop solidement ancré dans les âmes de nos ancêtres pour disparaître avec cette institution et pour ne pas se manifester encore de nos jours. La statue du grand médiateur céleste, à l'autel lui dédié à la Cathédrale, est toujours le refuge des cœurs en peine; les pèlerins viennent encore à la Chapelle de Strock au Kuhberg: ce petit sanctuaire de même que le groupe de la rue de l'Eau sont rarement sans fleurs, et dans plus d'une famille luxembourgeoise on conserve pieusement une image ou une médaille du Saint trouvées parmi les objets de dévotion du grand-père ou de la grand'mère. En particulier, les propriétaires de la cour de la rue de l'Eau ont eu toujours la plus grande sollicitude pour la statue vénérée. Feu Madame Schou n'oubliait jamais de la fleurir et d'y brûler des cierges le 16 mai et les vieux habitants du voisinage se rappellent avec émotion ce touchant hommage rendu publiquement à celui qu'ils regardent comme le patron du quartier. . . . . . .

Nous ne saurions terminer cette étude sans remercier sincèrement le R. P. Rédemptoriste Hub. Pickartz et MM. les abbés M. Blum, président de la «Hémecht», et H. Schmit, aumônier du Pensionnat de Sainte-Sophie à Luxembourg, du précieux concours qu'ils y ont apporté, en mettant à notre disposition les plus utiles des ouvrages et documents qui nous ont servi dans nos recherches et que nous citerons ci-après:

Les Petits Bollandistes, Vie des Saints, par Mgr. Paul Guérin; Louis Guérin, impr.-édit., Bar-le-Duc, 1872. — Der hl. Johannes von Nepomuk, par Jos. Kreschnicka; Linzer Quartalschrift, 1893; Quirin Haslinger, Linz. — Dr Neyen, Biogr. luxemb., T. II et III. — Würth-Paquet, Les anciennes rues de Luxembourg, Publ. 1849. — J. Engling, Die Liebfrauenkirche zu Luxemburg, Publ. 1855. — Courte explication des règles et indulgences accordées par notre St. Père le pape Clement XII à la Confrérie de St.-Jean Népomucène, érigée dans l'église paroissiale de St.-Nicolas à Luxembourg, A Luxembourg chez les héritiers d'André Chevalier 1767; Imprimatur de Trèves du 20 mars 1756 (en possession de M. l'abbé H. Schmit). — Kurzer Begriff der Regeln und des Ablasses, welchen S. Päpstliche Heiligkeit Clemens XII der Bruderschaft des hl. Johann von Nepomuk in der Pfarrkirche des hl. Niclas zu Luxemburg gnädigst erteilet, Luxemburg, Peter Brück, Sohn; sans date, mais avec le même Imprimatur de Trèves du 20 mars 1756 (en possession de M. l'abbé M. Blum). — Soladitium sacerdotale sub Titulo

Patriarcharum Jacob et Joseph necnon Filiorum ipsorum et sub protectione S. Joannis Nepomuceni Sacerdotis Famæ Patroni erectum circa annum MDCXC; Luxemb. Typ. Hær. And. Chevalier 1768; Imprimatur du 19 novembre 1767 (en possession de M. l'abbé M. Blum). — Liber Confraternitatis S. Joannis Nepomuceni concessæ a Summo Pontifice Clemente XII erectæ in parochia S. Nicolai Luxemburgi anno MDCCXXXIII (archives de Notre-Dame à Luxembourg). — Dr Neyen, Vianden et ses comtes, Libr. V. Bück, Luxembourg, 1851. — Ed. de la Fontaine, Vianden et ses environs, Libr. L. Schamburger, Imprim. Jos. Beffort, Luxemb. 1885. — Théod. Bassing, Une Suisse en miniature ou Vianden et ses environs, Impr. P. Worré-Mertens, Luxemb., 1903. — N. Peffer, Le pays et la franchise de Wiltz sous le régime féodal, Luxembourg, 1906. — N. Stromberg, Schloß Wiltz, Impr. Dr M. Huss, Luxemb., 1911. — Dr Peters, Sebastian Franz de Blanchart und seine Luxemburger Chronik, Publ. 1898, Vol. XLVI. — Tony Wenger, Autour d'une Chapelle, Extrait des Publ. de la Section historique, Impr. M. Huss, Luxemb., 1913. — Van Werveke, Kurze Geschichte des luxemburger Landes, Impr. Worré-Mertens, Luxemb., 1909. — Arthur Herchen, Manuel d'Histoire Nationale, Impr.-édit. Gust. Soupert, Luxembourg, 1918. — Registres des paroisses de la ville de Luxembourg.

Sammlung von Aktenstücken

zur

Geschichte des Gnadenbildes Mariä, der Trösterin der Betrübten, zu Luxemburg.

II. Marche qui sera suivie pour la Procession de la Vierge, fixée à Dimanche 16 Floréal an 12.

Daß während des revolutionären Regimes, von 1795 bis zum Abschlusse des Konkordates, an die Abhaltung der altbergebrachten Prozession der Trösterin der Betrübten, nicht gedacht werden konnte, liegt auf der Hand. Nachdem aber die Kirchenverfolgung ein Ende genommen und die freie, öffentliche Kultusübung wieder gestattet war, verlangte auch die Bürgerschaft der Stadt Luxemburg dringlichst, die Oktavprozession wieder in ihrem alten Glanze abzuhalten. Ihr Organ, der maire (Bürgermeister) Servais wandte sich diesserhalb an den damaligen Präfekten des Wälderdepartementes, J. B. Lacoste. Nicht nur gestattete dieser bereitwilligst die Abhaltung der Prozession, sondern er genehmigte auch, daß, nach dem Vorschlage des Herrn Servais, sich die gesamten militärischen und bürgerlichen Autoritäten an derselben beteiligen dürften. Daraufhin stellte Hr. Servais eine genau detaillierte Liste aller Teilnehmer auf und nach Approbierung derselben durch den Präfekten ließ er dieselbe, wie wir sie hier mitteilen, drucken (Ein Exemplar dieses äußerst wichtigen und höchst interessanten Aktenstückes hat Hr. Tony Wenger der Bibliothek der historischen Gesellschaft von Luxemburg zum Geschenke gemacht.) Und so fand dann wirklich am 16. Floréal, Jahr XII (1804) zum ersten Mal seit der Einnahme Luxemburgs durch die Franzosen im Jahre 1795 wieder die althergebrachte Prozession statt.

La réunion des Autorités civiles et militaires aura lieu à une heure et demie dans la salle de la maison commune, d'où elles se rendront à l'église de St. Pierre dans l'ordre suivant:

Marmeloucks.

Musique.

Le préfet et à sa suite sur une colonne les Autorités administratives.

Conseil de Préfecture.

Secrétaire général.

Municipalité et Administration de l'hospice.

Receveur général.

Payeur général.

Administration des domaines.

Direction des contributions.

Ingénieurs des ponts et chaussées.

Inspection des eaux et forêts.

Direction des postes.

Direction de l'octroi.

Le Général à la droite du Préfet et à sa suite sur une même colonne.

Les Autorités militaires.

Le Président du Tribunal criminel à la gauche du Préfet, et à sa suite sur une même colonne les Autorités judiciaires.

La préséance entre chaque Autorité de ces deux colonnes sera réglée par le Général et le Président.

Les Volontaires de Bonaparte.

Le cortège rendu à l'église tiendra le même ordre dans les places préparées à cet effet.

A son arrivée la procession commencera à défiler.

Les Mameloucks se placeront sur deux colonnes, l'une qui précédera, et l'autre qui suivra le trône de la Vierge.

La musique après le clergé.

La municipalité devant le dais du St. Sacrement.

Les Autorités rangées sur trois colonnes, immédiatement après le dais, fermeront la marche.

Les Volontaires de Bonaparte.

La nef de l'église sera gardée libre pour le cortège; et la cérémonie finie, le peuple n'en sortira qu'après les Autorités.

Le Maire de Luxembourg.

Signé SERVAIS.

Vu et approuvé par le Préfet du département des Forêts.

Signé J.-B. LACOSTE.

Par le Préfet,

Le Secrétaire-général du département,

CHRISTIANI.

A Luxembourg, chez Lamort, imprimeur de la Préfecture, maison Maximin.

Literarisches.

De Kommissär kennt vum *Jos. Sevenig.*

> J'aime sur le théâtre un agréable auteur
> Qui, sans se diffamer aux yeux du spectateur,
> Plait par la raison seule. et jamais ne la choque.
> (Boileau. Art poétique. 3e chant.)

Zu Wiltz besteht der löbliche Brauch, daß die studierende Jugend alljährlich während der Herbstferien eine Theatervorstellung veranstaltet, deren Erlös einem gemeinnützigen Werk zugewandt wird. Das taten die Wiltzer Studenten zum ersten Mal im Jahre 1886. Als Regisseur fungierte der heutige Biologieprofessor von Luxemburg, Hr. Edmund Klein. Unter den Spielern befand sich der ehrsame Tertianer Jos. Sevenig, gegenwärtig Pfarrer zu Bad-Mondorf.

Bei Beginn der diesjährigen Schulferien scheint sich Herr Sevenig an Arkadiens goldene Tage erinnert zu haben. Denn er hat der heimatlichen Studentenschaft eine hochwillkommene Feriengabe auf den Heimweg mitgegeben in Gestalt einer neuen, witzsprudelnden Operette, betitelt «De Kommissär kennt», leschteg Operett an zwe'n Akten vum Jos. Sevenig. D'Musek aß vum Gustav Kahnt.

Das gefällige, mehrfarbige Titelbild, entworfen von Herrn Kunstmaler N. Brücher, sehr geschmackvoll ausgeführt von der autographischen Anstalt Geidel-Leipzig, zeigt den Empfang des Kommissars und führt somit den Beschauer auf die Bühne im Augenblick, wo die Handlung ihren Höhepunkt erreicht hat.

Den Inhalt einer komischen Operette wiederzugeben, ist schwer, für den Autor stets undankbar. Herrn Sevenig bitten wir vorab um Nachsicht, wenn wir versuchen, in einigen nachfolgenden Sätzchen seinen «Kommissär» zu skizzieren.

Vor kurzem hat die Stadt Knelleburg in der Person des auf das Alter und die Leistungen seiner Familie eingebildeten Knollings Titt einen neuen, sehr pflichteifrigen Bürgermeister erhalten. Knolling läßt seine Umgebung, besonders den Gemeindelehrer Hasedacks und den einflußreichen Coiffeur Sêfeschle'er seine bürgermeisterliche Überlegenheit auf allmählich unerträgliche Weise fühlen. Hasedacks und Sêfeschle'er sinnen auf Revanche und spielen, im Verein mit dem Versicherungsagenten Birebam, dem Bürgermeister einen übrigens harmlosen Streich, der ihrem Erfindertalent alle Ehre macht und Knollings Titt von seiner lästigen Anmaßung gründlich heilt. Birebam tritt nämlich als der erwartete Regierungskommissar auf und läßt sich vom Bürgermeister, der für die Festfeier die ganze Stadt Knelleburg auf die Beine gebracht hat, einen großartigen Empfang bereiten. Dabei spielen Hasedacks, Sêfeschle'er, der Gemeindebote Ditchen und der Knelleburger Gesangverein eine entscheidende Rolle. Knolling geht ein Licht auf: Er erkennt sein Unrecht, zeigt großes Verständnis für den Streich, dessen Opfer er gewesen ist und beweist in seinen sofortigen Verfügungen genügend Können und Wollen zu einem sehr brauchbaren Oberhaupt der Gemeinde Knelleburg.

In Aufbau und Sprache verrät die neue Operette als Autor den alten, ewig jugendlichen Gesellenpräses, der das Spezialfach der Bühnentechnik, das Können der Dilettantenspieler und die Geschmacksrichtung des luxemburger Theaterpublikums gründlich kennt.

Sevenig schreibt nicht für den Leser, sondern direkt für die Bühne. Im Theatersaal, beim Lampenscheine und den Klängen rauschender Musik, da pflückt er seine Lorbeeren. Wer für den Leser schreibt, für den stillen Mann, der, nach getaner Tagesarbeit, bei der Studierlampe einsam liest und analysiert, der mag in den Bibliotheken neben bestaubten Codices einen vergessenen Platz beanspruchen und vielleicht erhalten. Die Erfolge des Theatersaales bleiben ihm versagt. Unleugbar sind Sevenigs Operetten gegenwärtig die Zug- und Kassenstücke der luxemburger Stadt- und Vereinsbühnen.

Ein guter Teil ihrer Erfolge ist jedoch unzweifelhaft auf das Verdienstkonto von Herrn Musikprofessor *Gustav Kahnt* zu schreiben. Kahnts Kraft liegt in der Vertonung von Operettentexten. Seit zwanzig Jahren arbeitet er mit dem Verfasser des «Kommissär» zusammen. Da liegt der Schlüssel zu dem feinen Verständnis, das er stets in der musikalischen Überarbeitung der Sevenigschen Librettobücher gezeigt hat.

Die Erstaufführung des «Kommissär» läßt anscheinend nicht lange auf sich warten. Im Augenblick, wo wir schreiben, ist erst knapp eine Woche seit dem Erscheinen der neuen Operette verflossen, und bereits haben, wie uns der Verleger mitteilte, sechs Gesellschaften das Aufführungsrecht erworben.

Luxemburg, Ende August 1919.

E. P.

Vereinsnachrichten.

In der letzten Generalversammlung vom 7. August wurde Hr. **Johann Zieser,** Pfarrer zu Garnich, einstimmig zum Mitglied des Vereinsvorstandes gewählt in Ersetzung des ausgetretenen Hrn. **Emil Diderrich,** Hotelier zu Bad-Mondorf.

Entlassungen. — Durch Großherzoglichen Beschluß vom 28. Juli 1919 wurde Herrn **Beck Michel,** korrespondierendem Mitglied der „Hémecht", auf sein Ansuchen, ehrenvolle Entlassung aus seinem Amte als Unterbureau-Vorsteher der Regierung, bewilligt.

Ehrung. — Gelegentlich ihres fünfzigjährigen, goldenen Priesterjubiläums, am 27. August 1919, ging den Herren **Blum Martin,** Benefiziat zu U. L. Fr. an der Kathedrale, **Bové Peter,** emeritierter Pfarrer zu Diekirch und Dr. **Schmitz Jakob,** Ehrenprofessor des Gymnasiums zu Luxemburg, Präsident, resp. korrespondierenden Mitgliedern der „Hémecht", von Rom aus, folgendes Telegramm zu:
„Saint Père avec félicitations et vœux paternels envoie de cœur

„aux prêtres diocèse Luxembourg célébrant 27 août cinquantième „anniversaire prêtrise bénédiction apostolique implore gage faveurs „divines".

(sign.) Card. GASPARRI.

Pro copia conformi.

Luxemburgi, hac 21. Augusti 1919.

(L. S.) (sign.) J. PEIFFER, Vic. cap.

Ernennungen. Durch Großherzoglichen Beschluß vom 5. September 1919 wurde Herr **Dr. Dühr Aloys,** bisher Repetent am Gymnasium zu Luxemburg, zum Repetenten an der Industrie- und Handelsschule zu Esch an der Alzette (St. Joseph-Pfarrei) ernannt.

Hr. **Hülsemann Wilhelm,** ehemaliger Pfarrer von Bœgen, wurde zum Direktor des Pensionates am Gymnasium in Echternach ernannt.

Hr. **Demander Nikolaus,** bisher Pfarrer zu Syren, wurde zum Pfarrer von Bastendorf ernannt.

Hr. **Molitor Heinrich,** bisher Pfarrer in Merkholz wurde zum Pfarrer in Boxhorn ernannt.

Hr. **Biermann Ernest,** bisher Domvikar zu Luxemburg, wurde zum Vikar in Esch an der Alzette (St.-Josef-Pfarrei) ernannt.

Hr. **Gevelinger Joseph**, Privatpriester, wurde zum Vikar an der Domkirche ernannt.

Das vorliegende Heft umfaßt 40 Seiten; das nämliche wird der Fall sein für das November-Dezemberheft, dem auch das Titelblatt und das Inhaltsverzeichnis beiliegen werden.

Hoffentlich werden wir im nächsten Jahre wieder regelmäßig jeden Monat ein Heft veröffentlichen können.

Mitglieder-Liste.

In Folge eines Irrtums, der andurch berichtigt werden soll, sind auf der Mitgliederliste folgende zwei Namen ausgelassen worden:

Herr **Hülsemann Wilhelm,** wirkliches Mitglied.

Herr **Weisgerber Joh.,** korrespondierendes Mitglied.

Neu eingetretene Mitglieder sind:

Hr. **Blum René,** Advokat-Anwalt und Deputierter zu Luxemburg.

Hr. **Hastert Peter,** Pfarrer zu Elvingen (Remich).

Hr. **Schmit Peter,** Pfarrer zu Altwies.

Hr. Dr. **Tourneur Heinrich,** praktischer Arzt zu Steinfort.

Subskriptionsliste.

Übertrag	521.00 Fr.
F. W. in G.-H.	25.00 „
B. M. in F.	6.25 „
J. P. K. in K.	6.25 „
H. L. in L.	6.25 „
Total	564.75 Fr.

Literarische Novitäten und Luxemburger Drucksachen.[1])

* = Sonder-Abzug aus „Ons Hémecht".

Arend Jean-Pierre. Discours prononcé par le Directeur à la distribution des prix de l'Institut E. Metz, Dommeldange, le 4 septembre 1919. Luxembourg. Imprimerie universelle Linden & Hansen. 1919. — 7 pp. in 8°.

Automobilbesitzer. (Luxemburger) September 1919. Obermosel-Zeitung. Druckerei Paul Faber. Grevenmacher. — 48 SS. in 12°.

Bell George. 33RD Division. A. E. F. From its arrival in France until the armistice with Germany November 11, 1918. O. O' noch D. noch Drucker. (Luxemburg. Linden & Hansen. 1919.) — 32 pp. in 8°.

Bourse du Travail d'Esch-s.-Alzette. Rapport annuel de la Commission administrative pour l'année 1918. Esch-s.-Alzette. Imprimerie Gérard Willems. 1919. — 13+2 pp. pet. in 4°.

Budget de l'État (du Grand-Duché de Luxembourg). 1919. Luxembourg. Imprimerie de la Cour Victor Bück (Bück frères, successeurs). 1919. — 32 pp. pet. in 4°.

Calmes Albert. Der Zollanschluß des Großherzogtums Luxemburg an Deutschland (1842—1918). Erster Band: Der Eintritt Luxemburgs in den Deutschen Zollverein (1839—1842.) Luxemburg. Druck von Joseph Beffort. 1919. — 268 SS. in 8°.

Cercle artistique de Luxembourg sous le Haut Patronage de S. A. R. Madame la Grande-Duchesse de Luxembourg. Exposition des Beaux-Arts 1919. Salle des fêtes du Casino, Rue Marie-Thérèse, ouverte du 6 au 20 juillet incl. de 9 heures à midi et de 2 à 6 heures. (Luxembourg.) Imprimerie Charles Beffort. — 15 pp. in 8°.

---

[1]) Wegen Raummangels mußte diese Rubrik im letzten Hefte ausfallen.

Compte-Rendu de la Bourse du Travail de Diekirch pour l'année 1918. Imprimerie J. Schrœll (Paul Schrœll, successeur). Diekirch. 1919. — 10+1 pp. pet. in 4°.

Diderrich Arthur. Les Luxembourgeois à la Légion étrangère 1914—1918. Préfaces du Commandant Henry Bordeaux de l'Académie Française et de M. Maurice Barrès de l'Académie Française. Deuxième édition. Luxembourg. Imprimerie Linden & Hansen, 11, Rue de la Boucherie. S. d. (1919). 37 pp. in 8°.

École d'artisans de l'État à Luxembourg. Programme pour l'année scolaire 1919—1920. — Staats-Handwerkerschule in Luxemburg. Programm für das Schuljahr 1919—1920. Imprimerie centrale Gustave Soupert, Luxembourg. 1919. — 64 pp. in 8°.

École industrielle et commerciale d'Esch-s.-Alzette Programme publié à la clôture de l'année scolaire 1918-1919. — Industrie- und Handelsschule zu Esch an der Alzette. Programm herausgegeben am Schlusse des Schuljahres 1918—1919. Esch-s.-Alzette. Imprimerie Jos. Origer. 1919. — 34+1+36 pp. in 8°. — Dissertation: **Dr Gœrend Jean**: Clara Viebig als Novellistin. Literarische Studie — p. 1 — 34+1.

Idem de Luxembourg. Industrie- und Handelsschule zu Luxemburg. Programme des cours pour l'année scolaire 1919—1920. Lehrplan für das Schuljahr 1919—1920. Imprimerie centrale Gustave Soupert, Luxembourg. 1919. — Autre titre: Ecole industrielle et commerciale de Luxembourg. Programme publié à la clôture de l'année scolaire 1918-1919. — Industrie- und Handelsschule zu Luxemburg. Programm herausgegeben am Schlusse des Schuljahres 1918—1919. Luxembourg. Imprimerie Charles Beffort, Rue du Saint-Esprit 14. 1919. — 44+43 pp. in 8°. — Dissertation: **Dr Oster Edouard**: Revenus princiers du XVe siècle. Deuxième partie. Les revenus prélevés par le souverain sur les habitants de la prévôté de Luxembourg. — p. 3—44.

Eltz (von) J. Das kleine Anstandsbuch. Ein Leitfaden des guten Tons für jedermann. 10. und 11. verbesserte Auflage. 34.—41. Tausend. Verlag und Druck von Freudebeul & Kœnen, Essen. 1919. — VIII+197+2 SS. in 8°.

Fibelgeschichten. Im Anschluß an die vom Luxemburger Lehrerverband herausgegebene Fibel ausgearbeitet von der Pädagogischen Arbeitsgemeinschaft, Esch a. d. Alzette. — Anderer Titel: Fibelgeschichten. Herausgegeben vom Luxemburger Lehrerverbande. Druck von Charles Beffort, Heiliggeiststraße 14, Luxemburg. — 32 SS. in 8° mit illustriertem Titel auf dem Umschlage.

Gœrgen Max. Ons Hémecht. En nationalistescht Stéck an 3 Akten mat Musëk vum Fernand Mertens. Letzeburg. 1919. Drock a Verlag vum P. Worré-Mertens, J. P. Worré, Nofolger. — 52 SS. in 8°.

Gymnase grand-ducal de Diekirch. Programme publié à la clôture de l'année scolaire 1918—1919. — Großherzogl. Gymnasium zu Diekirch. Programm herausgegeben am Schlusse des Schuljahres 1918—1919. Imprimerie de la Cour Victor Bück (Bück frères, successeurs). Luxembourg. 1919. — 36+33+10+13 pp. in 8°. — Dissertation: **Dr. Müller Peter.** Die beiden Fassungen von Gottfried Kellers Grünem Heinrich. Eine vergleichende Studie mit besonderer Berücksichtigung des Einflusses Ludwig Feuerbachs und seiner Philosophie. Zum 100. Geburtstage des Autors (am 19. Juli). — S. 1—36.

Idem d'Echternach. Programme publié à la clôture de l'année scolaire 1918—1919. — Großherzogl. Gymnasium zu Echternach. Programm herausgegeben am Schlusse des Schuljahres 1918—1919. Imprimerie de la Cour Victor Bück (Bück frères, successeurs). Luxembourg. 1919. — 48+33+10+7 pp. in 8°. — Dissertation: **Dr. Hess Joseph.** Dichtung und Maschinenzeitalter. — S. 1—48.

Idem de Luxembourg. Programme publié à la clôture de l'année scolaire 1918—1919. — Großherzogl. Gymnasium zu Luxemburg. Programm herausgegeben am Schlusse des Schuljahres 1918—1919. Imprimerie de la Cour Victor Bück (Bück frères, successeurs). Luxembourg. 1919. — 55+37+10 pp. in 8°. — Dissertation: **Dr. Schmit Mathias.** L'Enseignement de l'Arithmétique sous forme moderne. — p. 3—55.

Hegermann Ferdinand. Kampf und Frieden. Gedichte. Luxemburg. Buchdruckerei Linden & Hansen. 1919. — 95 SS. in 8°.

Institut Emile Metz, Dommeldange. Programme publié à la clôture de l'année scolaire 1918—1919. — Programm herausgegeben am Schlusse des Schuljahres 1918—1919. Luxembourg. Imprimerie universelle Linden & Hansen. 1919. — 96 pp. in 8° avec le portrait (hors texte) de Mme E. Metz-Tesch, fondatrice de l'Institut Émile Metz. — Dissertations: **Dr. van Werveke Nicolas.** Septfontaines et Ansenbourg (Haut fourneau et forge). — p. 3—44. — **Dr. Robert A.** L'Apprentissage industriel et l'Enseignement professionnel. — p. 45—55. — **Dr. Arend Jean-Pierre.** Discours prononcé par le Directeur à la distribution des prix du 4 septembre 1919. — p. 79—83.

Kellen Tony. Kees Doorik. Ein flämischer Sittenroman von Georges Eekhoud. Berechtigte Übertragung. Im Insel-Verlag zu Leipzig. Druck von Breitkopf & Härtel in Leipzig. O. D. (1919.) — 87+1 SS. in 8°.

Klein Edmund Der ethische, soziale und politische Darwinismus in biologischer Beleuchtung. Nach den neueren Arbeiten von O. Hertwig und Er. Becker. O. O. n. D. n. Drucker. (Luxemburg. St. Paulus-Druckerei.) — 15 SS. in 8°.

Idem. Dichtung und Technik. O. O. n. D. n. Dr. (Luxemburg. St. Paulus-Druckerei. 1919.) — 5 SS. in 8°.

Idem. Biologie und Krieg. Rückblicke und Ausblicke. O. O. n. D. n. Dr. (Luxemburg. Joseph Beffort. 1919.) — 24 SS. in 8°.

***Kœnig Alexander.** Zum Fest des hl. Laurentius. 10. August. O. O. n. D. n. Drucker (Luxemburg. 1919. Linden & Hansen) — 6 SS. in 8°.

Laskine Edmond. Le Passé et l'Avenir économique du Luxembourg. Conférence prononcée le Dimanche 15 décembre 1918 à la Salle des Agriculteurs de France, 8, rue d'Athènes, à Paris, sous les auspices de l'„Oeuvre des Soldats luxembourgeois engagés volontaires aux service de la France" et de la Section Luxembourgeoise de l'„Idée Française". 1919. J. Schrœll (Paul Schrœll successeur). Diekirch. — 28 pp. Lex. in 8°.

Lesebuch (Luxemburger) für das dritte und vierte Schuljahr. (Mittelstufe.). Herausgegeben vom Luxemburger Lehrerverband. Genehmigt von der Großherzoglichen Unterrichtskommission am 21. September 1916. 2. Auflage, Luxemburg. Buchdruckerei Linden & Hansen. 1918. — 313+3 SS. in 8°, mit 43 Illustrationen im Texte.

Lycée grand-ducal de jeunes filles de Luxembourg. Programme publié à la clôture de l'année scolaire 1918—1919. — Großherzogliches Mädchenlyzeum zu Luxemburg. Programm herausgegeben am Schlusse des Schuljahres 1918—1919. Luxembourg. Imprimerie Linden & Hansen. 1919. — 49 pp. in 8°.

Margue Nicolas. Jean-Baptiste Nothomb. Extrait de la „Revue luxembourgeoise". S. l. ni d. ni nom d'imprimeur. (Luxembourg. 1919. Société St.-Paul.) — 51 pp. in 8°.

Medinger Paul. Lycée grand-ducal de jeunes filles, Luxembourg. Armorial de l'Ancienne Noblesse du Grand-Duché de Luxembourg. Illustrations de F. Fidèle G. Sorti des presses de Vromant & Cie, Rue de la Chapelle 3, à Bruxelles. S. d. (1919.) — 70 pp. in 8°, avec 4 vignettes et VIII planches hors texte (renfermant 62 armoiries).

Medinger Pierre. Les Vins de la Haute-Moselle luxembourgeoise. Luxembourg. Imprimerie centrale Gustave Soupert. 1919. — 19 pp. in 8°.

Platz Ernest. Les noms français à double genre. Contribution à une nouvelle orientation dans l'enseignement de la langue maternelle. Luxembourg. P. Worré-Mertens, Imprimeur-éditeur, J. P. Worré, successeur. 1919. — 62 pp. in 8°.

Pletschette Guillaume. Association de bienfaisance de Luxembourg. Rapport de la LXXV° année, présenté par Monsieur le Directeur de l'Association à l'Assemblée générale du 11 juillet 1919. Luxembourg. Imprimerie de la Société Saint-Paul. 1919. — 22 pp. in 8°.

Prüm Emil. Der Einfall der Deutschen in Belgien. Aktenmäßige Einzeldarstellungen. I. Bändchen. Inhalt: Vorwort. I. Les Rosières. II. Spontin. Luxemburg. Druck und Verlag von Linden & Hansen. 1919. — IX+1+22 SS. in 8°.

Idem. Idem. II. Bändchen. III. Tamines. IV. Surice. Ibid. 1919. — 36 SS. in 8°.

Robert A. L'Apprentissage industriel et l'Enseignement professionnel. Luxembourg. Linden & Hansen. S. d. (1919.) — 11 pp. in 8°.

Sevenig Josef. De Kommissär kennt. Leschteg Operett an zwe'n Akten. Musek vum Gustav Kahnt. Egentom vum J. Sevenig. Drock a Verlag vum P. Worré-Mertens (J. P. Worré, Nofolger). Letzeburg. 1919. — 48 SS. in 8°.

Idem. Idem. (Musikheft dazu.) Leipzig. F. M. Geidel (1919.) — 24 SS. pet. in fol., mit illustriertem Titelumschlag.

Simonis Edouard. La Prussification du Grand-Duché de Luxembourg depuis sa séparation de la Belgique en 1839 jusqu'à la guerre mondiale (2 août 1914). Bruxelles et Paris. Librairie nationale d'art et d'histoire G. van Oest et Cie, éditeurs. 1919. — 94+1 pp. in 8°.

***Stümper Armand.** Alt-Echternach. O. O. u. D. u. Drucker. (Luxemburg. 1919. Linden & Hansen.) — 11 SS. in 8°.

Wagner Victor. Bericht über Leben und Wirken des Luxemburger Meister-, Lehrlings- und Gesellen-Vereins vom August 1918 bis zum August 1919. Fünfundfünfzigster Jahrgang. Luxemburg, St. Paulus-Druckerei. 1919. — 32 SS. in 8°.

Werveke (van) Nicolas. Septfontaines et Ansenbourg (Haut fourneau et forge.) Extrait du programme de l'Institut Emile Metz, de Dommeldange, publié à la clôture de l'année scolaire 1918—1919.) Luxembourg. Imprimerie universelle Linden & Hansen. 1919. — 44 pp. in 8°.

W(ust) J.-P. De Bo'ni op der Wanderschaft! E komesche Virdrag. (Letzeburger Allerlê. — N° 16.) Letzeburg. Êgentom vun der Dreckerei Linden & Hansen. 1919. — 3 SS. in 8°. Linden & Hansen. 11, Rue de la Boucherie. S. d. (1919). — 37 pp. in 8°.

Ons Hémecht.

Organ des Vereines für Luxemburger Geschichte, Literatur u. Kunst.

Herausgegeben vom Vereins-Vorstande.

25. Jahrgang. — 11. und 12. Heft. — November und Dezember 1919.

Jeder Autor ist verantwortlich für seine Arbeit.

Äußerst wichtige Anzeige.

Infolge der neuerdings bedeutend vermehrten Herstellungskosten von „Ons Hémecht" sehen wir uns gezwungen, den bisherigen Preis der Zeitschrift in folgender Weise zu erhöhen:

Für die Mitglieder des Vereins im Inlande: 8.00 Fr.

Für die Abonnenten im Inlande . . . 10.00 Fr.

Für Mitglieder im Auslande . . . . . 12.00 Fr.

Für Abonnenten im Auslande . . . . 15.00 Fr.

bei Franko-Zusendung.

Im nächsten Jahrgang soll den einzelnen Heften je ein Bogen eines eigens paginierten Generalverzeichnisses der 25 ersten Jahrgänge beigelegt werden für alle alten, resp. neuen Mitglieder und Abonnenten, welche bis spätestens den 1. Februar 1920 obengenannten Betrag per Postmandat an den Vereinspräsidenten, Herrn Martin Blum, Prinzenring 23, Luxemburg, eingesandt haben.

Diese Maßregel ist notwendig, damit wir genau bestimmen können, wie stark die Auflage sowohl für das Generalverzeichnis, wie auch für „Ons Hémecht" selbst sein wird.

Von der Herausgabe des in Aussicht genommenen Jubiläumsbandes müssen wir für den Augenblick wegen der unerschwinglichen Druckerpreise absehen.

Luxemburg, den 18. Dezember 1919.

DER VORSTAND.

Beiträge zur Geschichte verschiedener Pfarreien.

(Fortsetzung.)

13. Remich.

1. Im Jahr 1755 war der hochw. Herr Godfried Bleuel, aus dem niedern Erzstift Trier gebürtig, Pfarrer in Remich und stand der Pfarrei seit dem Jahr 1743 vor. Dieselbe war sehr ausgedehnt. Weltlicher Herr war Wolfgang de Jardin, seit dem 30. Juli 1745 Advokat zu Luxemburg, seit dem 22. September 1750 Gerichtsherr zu Grevenmacher, und seit dem 23. September 1750 Meyer zu Remich, in den Ortschaften Remich, Bech, Machern, Wellenstein, Schwebsingen, Rolling und Assel. Weltlicher Herr zu Stadtbredimus de Houltgen, zu Bous und Erpeldingen der Graf de Custine, zu Rolling und Assel zum Teil Herr de Flesgin und der Abt von Münster bei Luxemburg.

Als Filialkirchen zählte der Pfarrer folgende Ortschaften auf: (Stadt-) Bredimus, Schwebsingen, Bech, Macheren, Wellenstein, Emeringen, Bous. Der Kirchhof für Bous und Umgegend befand sich bei der Kirche zum hl. Johannes Baptista auf dem Hügel Neunkirchen. Vergl. hierüber Heydinger, Seite 23, Anmerkung 59.

Von den Vikaren sagt Pfarrer Bleuel, daß sie zwar zur gelegenen Stunde den Einwohnern die hl. Messe lesen, wünscht aber, daß sie während derselben eine kurze Katechese abhielten, wie es löblicherweise der Frühmesser in Remich tut.

Die Vikare werden nicht mit Namen genannt, mit Ausnahme des Frühmessers in Remich, welcher Augustinus Schleims heißt. Ein anderer Geistlicher, der jedoch ohne Anstellung und Beschäftigung ist, führt wegen seiner Unmäßigkeit im Trinken einen ärgerlichen Lebenswandel; sein Name ist Sennen, auch Zennen genannt, er wohnte in Wellenstein. Er wurde vorgeladen, scharf zurechtgewiesen und für 6 Monate suspendiert. Nach Ablauf dieser Frist mußte er ein Führungszeugnis vom Pfarrer einschicken.

Den Frühmessern in Bech, Wellenstein, Schwebsingen und Bredimus wurde eingeschärft, eine Katechese während der Frühmesse abzuhalten und an den hohen Festtagen zu dem Hochamte nach Remich zu kommen, unter Strafe der Suspension.

Der Frühmesser und Lehrer Mertz in Wellenstein wurde scharf gerügt, weil er sein Amt nachlässig verrichtete. Desgleichen wurde es verboten, in der Schloßkapelle der Familie de Waldt zum Anhören der hl. Messe andere als zur Familie gehörigen Pfarrkinder zuzulassen; täten sie es dennoch, so hätten sie der Sonntagspflicht nicht genügt. In der Schloßkapelle, die ein Privatoratorium der Herren von Elter, jetzt de Waldt, darstellt, sind jede Woche 4 gestiftete Stillmessen zu lesen, die ein kanonisch errichtetes Benefizium bilden. An den Sonn- und Festtagen geschieht dort Messe, welcher auch in Abwesenheit der Herrschaft viele Pfarrkinder beiwohnen, obgleich diese Vergünstigung nur der Familie von dem Weihbischof Mathias ab Eyß (1710—1729) gewährt worden ist. In der Stiftungsurkunde geschieht zwar Erwähnung der 4 Messen, welche jede Woche, und der 4 Messen, die am 1. August, dem Todestage des Herrn von Elter, dort gelesen werden dürfen, nicht aber, daß dieselben an den Sonn- und Feiertagen dort gehalten werden sollen. Es ist auch wahrscheinlich, schreibt Pfarrer Bleuel weiter, daß diejenigen, welche nicht zur Familie gehören, der Sonntagspflicht nicht genügen, wenn sie dort die hl. Messe anhören.

Das Präsentationsrecht gehört dem Dekan des Metropolitankapitels in Trier in allen Monaten, wie aus den Kapitelssatzungen erhellt. Dem gegenwärtigen Pfarrer und seinen Vorgängern ist seit unvordenklichen Zeiten die Pfarrei von dem genannten Dekan verliehen worden. Die Abtei St. Maximin behauptet jedoch, ebenfalls gewisse Präsentationsrechte zu besitzen, und zwar aus der Zeit, noch ehe das Metropolitankapitel in den Besitz des 3. Teiles der Zehnten gelangt war.

Die Kirchen in Remich und in Neunkirchen (zwischen Bous und Erpeldingen auf dem Kirchhof gelegen), befinden sich in jeder Hinsicht, was den Bau angeht, in gutem S.ande. Der Abt von St. Maximin sieht die Kirche zu Neunkirchen als Pfarrkirche an, während das obengenannte Kapitel die zu Remich als solche ansieht. Im Jahre 1746 trug der Abt zum Bau des Schiffes der Kirche zu Remich, das Kapitel aber zum Reparieren des Chores bei; der Pfarrer baute im Auftrage beider; die Einwohner trugen die Lasten der Apperei und auf diese Weise wurde die Kirche auf friedlichem Wege gänzlich restauriert.

In beiden Kirchen sind die 3 Altäre konsekriert. Der Altar der hl. Katharina (zu Remich) ist fundiert. Der Herr de Waldt ist Patron und der hochw. Herr Sadler ist Altarist an demselben. Für diesen Altar stellte die Kirchenfabrik bisher alles, mit Ausnahme des Weines und des Meßbuches; dazu ist der Altarist verpflichtet. Der Altar gehört zu den angesehensten und weil die übrigen Geistlichen auch auf demselben frei zelebrieren, so hat die Kirchenfabrik ein Nachsehen (ideo fabrica dissimulat).

Zu Remich brennt die ewige Lampe Tag und Nacht; zu Neunkirchen nur am Tage. Beide Taufsteine sind sehr schön. In Remich hat man silberne, in Neunkirchen zinnerne Ölgefäße. Der Kirchhof in Remich ist neu umschlossen, in Neunkirchen nur umzäunt.

Die Frühmesse in Remich beruht auf einem Benefizium unter dem Titel der hl. Elisabeth. Der Pfarrer mit der Gemeinde verleihen dasselbe. Die Einkünfte bestehen in Renten. Der Frühmesser D e z erfüllt die Obliegenheiten in mustergültiger Weise.

Bruderschaften gibt es 7: 1. Jesus Maria; 2. vom hl. Sakrament; 3. vom hl. Sebastian; 4. vom hl. Urban; 5. von der hl. Anna; 6. vom hl. Andreas; 7. in Neunkirchen vom hl. Skapulier. Alle werden genau gehalten und sind durch Stiftungen gesichert.

Die Zahl der Kommunikanten beläuft sich in Remich und Neunkirchen zusammen auf 1900.

Die Einkünfte der incorporierten Pfarrei belaufen sich auf 24 Malter Hafer, 3 Malter Getreide, 3 Fuder Wein.

Zehntherr ist der Abt von St. Maximin für 2 Drittel; das andere Drittel erhält das Metropolitankapitel zu Trier.

Mit dem Pfarrer Godfried Bleuel haben alle Scheffen unterschrieben: Bernardus Schumacher, Nic. Meyer, Nic. Klein, Nic. Haupert, Joseph Marlyer, Bernardus Galles und Peter M. . . .

14. Lenningen.

Diese Pfarrei ist eine der ausgedehntesten und volkreichsten des Dekanates Remich. Sie zählt 1644 Kommunikanten in 6 Dörfern, nämlich Lenningen, Canach, Gostingen, Wormeldingen, Berg, Greiveldingen und Ehnen, und 5 Höfen, die jedoch nicht namhaft gemacht werden.

Weltlicher Herr ist die Königin von Ungarn. Das Präsentationsrecht gehört dem jeweiligen Dekan des Trierischen Metropolitankapitels, der auch Zehntherr ist. Der Pfarrer bezieht 3 Malter Roggen, die ihm alljährlich angewiesen werden. Für sein Gehalt (portio congrua) hat er den Zehnten auf dem Wormeldinger Berg (Warmeldingen in monte), der im Volksmund der Lenninger Zehnte genannt wird.

Alle Teile der Pfarrkirche sind in gutem Zustande. Die Pfarrangehörigen haben nur den Turm zu unterhalten; alles übrige besorgt das Metropolitankapitel von Trier, die Paramente und die Kirchenleinwand mit eingeschlossen. Von den Filialkirchen und deren Kirchhöfen wird nichts berichtet. Die österliche Kommunion wird von allen in der Pfarrkirche empfangen. Die Filialen erkennen die Pfarrkirche noch einigermaßen an; doch könnte und sollte die Anhänglichkeit an dieselbe größer sein, besonders die der Einwohner von Canach und Gostingen. Eine Verordnung darüber ward nicht gegeben, sondern es wurde allem Anscheine nach dem klugen Ermessen des seeleneifrigen Pfarrers, unter dessen Leitung alles in schönster Ordnung gefunden wurde, überlassen.

Der Pfarrer heißt Joh. Mathias Haas, aus der Trierer Diözese gebürtig, und leitet die Pfarrei seit 15 Jahren. Aus der von Herrn Pfarrer P. Bove am 18. Dezember 1881 an das Bischöfl. Ordinariat gesandten überaus genauen und ausführlichen Series pastorum von Lenningen entnehmen wir, daß Pfarrer J. M. Haas in Rittel bei Machtum geboren war und von 1740 bis zum 9. April 1794 der Pfarrei vorstand. Vom 12. April 1768 bis zu seinem Tode war er Dechant des Landkapitels Remich.

Vikar in Lenningen ist der approbierte Geistliche Mathias Courth. Herr Bove sagt von ihm, er sei auf dem bei Lenningen gelegenen Scheuerhof gebürtig und von 1758 bis zu seinem Tode am 19. September 1782 Vikar in Lenningen gewesen. Der Visitationsbericht von 1755 kennt ihn schon als solchen.

In Ehnen residierte gemäß dem Visitationsbericht ein Dominikanerpater aus dem Convent zu Luxemburg. Er wird nicht mit Namen genannt, auch Herr Bove nennt ihn nicht. Sein Amt als Benefiziat bestand darin, mit Erlaubnis des Pfarrers von Lenningen die Frühmesse in Ehnen zu lesen und einen katechetischen Unterricht damit zu verbinden.

In Canach residierte ebenfalls ein Frühmesser und Jugenderzieher. Im Jahre 1754 war er schon dort und hieß Joh. Baptist Kappweiler. Wie lange er dort fungierte, ist nicht ersichtlich; der nächstfolgende ist Joh. Petrus Grooff von 1786—1791 (P. Bove).

In Gostingen gab es auch einen Frühmesser und Lehrer; er wird aber nicht namhaft gemacht. Hr. Bove nennt einen solchen, Wilhelm

Ernstorff, vor der Ankunft des Pfarrers in Lenningen, dann wieder einen, Herrn Joh. Kirch, im Jahr 1773.

In Greiveldingen fungierte Herr Nic. Hoffmann von 1743 bis zu seinem Tode am 19. Januar 1763.

In Lenningen war außer dem Pfarrer und dem Vikar M. Courth auch noch ein Frühmesser und Lehrer namens Mathias Kieffer 1755—1774. Sein Vorgänger hieß Pet. Mersch (1754).

Von Wurmeldingen in monte geht keine Rede, es scheint dort keine Schule gewesen zu sein.

Von dem Benefizium in Ehnen findet sich im Bericht nichts näheres.

Bruderschaften gab es in Lenningen: vom hl. Rosenkranz und von der christlichen Lehre; sie sind nicht fundiert. In Ehnen: vom hl. Rochus und Urbanus; Ertrag des Kapitals und der Wiese 8 Imperialen für die Abhaltung einer feierlichen Sakramentsprozession und hl. Messen für die lebenden und abgestorbenen Mitglieder.

Über ein Ärgernis beklagt sich der Pfarrer bitter. Die Frau eines zur Schiffsarbeit verurteilten Einwohners aus Greiveldingen hatte nach 3jähriger Abwesenheit ihres Mannes ein Kind geboren. Um zur Beseitigung des entstandenen Ärgernisses die verwirkte Strafe herbeizuführen, wurde dem Pfarrer aufgetragen ,di eschon beim Probst zu Remich vorgebrachte Klage weiter zu betreiben.

Mit dem Pfarrer haben unterschrieben die Sinnscheffen Peter Pünnell, Merken Reiser, Johanns Cadusch. Gehandzeichnet haben Joh. Delfeld, Bernard Schmit und Paul Billich, am 16. August 1755 zu Lenningen.

15. Gandern-Bürmeringen.

Zum Landkapitel Remich gehörte 1755 auch die dem heutigen Bistum Metz untergeordnete und im Archipresbyterat Kettenhofen gelegene alte Pfarrei Ganderen (heute Filiale mit 248 Einwohnern der Pfarrei Beiern). Sie zählte damals 482 Kommunikanten in den Ortschaften Ganderen und Bürmeringen und 6 Häusern des Dorfes Elvingen. Das Patronatsrecht gehörte der Abtei St. Martin zu Trier, welche im Pfarrhause zu Ganderen einen Vicarius curatus mit einem Kaplan und fast beständig 2 Religiosen der Abtei wohnen hatte.

Die Kapelle von Bürmeringen galt als Filialkirche und erhielten die Einwohner jede Woche eine hl. Messe, wofür sie jährlich 3 Malter Getreide zu liefern hatten. Für die erwähnten 6 Häuser zu Elvingen hatte der Pfarrer von Ganderen in jeder Jahreszeit, d. h. an den 4 Quatembertagen die Messe zu lesen und die Toten auf dem dortigen Kirchhofe zu begraben.

Weil die Pfarrei nicht mehr zum heutigen Großherzogtum gehört, übergehen wir das übrige.

In den Verordnungen heißt es: Da alles in bester Ordnung vorgefunden wurde, so lag gar kein Grund vor, irgend welche Verordnung zu erlassen.

*

Wir übergehen ebenfalls die Visitationsberichte über die Pfarreien Beuren, das heutige Beiern im Metzer Bistum gelegen und zum

Archipresbyterat Kettenhofen gehörig (230 Einwohner im Jahre 1909); Püttlingen, wozu heute der auf lothringischer Seite gelegene Teil von Mondorf gehört, der aber von Luxemburger Seite aus pastoriert wird. Ob der Kaplan Joh. Neu zu Püttlingen und der Benefiziat Pet. Gelff, der sich durch den Theologen Joh. Reichling beim Schulhalten ersetzen ließ, aus dem Herzogtum Luxemburg gebürtig waren, wissen wir nicht; sie seien nur erwähnt, um etwaigen Nachforschungen einen Anhaltspunkt zu geben.

Summingen finden wir weder im Metzer, noch im Trierer Schematismus verzeichnet; doch war dort 1755 seit 1722 Ägidius Lambermont von Wiltz (damals Diözese Lüttich) gebürtig, Pfarrer. Summingen (Zimming?), Faulbach, 8 Häuser von Firem machen die Pfarrei aus. Der Pfarrer von Berg (Metzer Diözese) vindiciert sich die Kapelle von Firem.

16. Kreuzweiler

zum Landkapitel Perl gehörig, wurde bei dieser Gelegenheit visitiert. Pfarrer ist seit dem Feste des hl. Joh. des Täufers 1755 Joh. Peter Faber aus Steinsel, Herzogtum Luxemburg. Er wird wohl der am 12. Juli 1712 daselbst geborene Sohn Johannes der Eheleute Nik. Faber und Elisabeth Jerome gewesen sein. Den Knaben wurde damals oft ein Zuname gegeben, der nicht im Taufregister vermerkt ist. Weltlicher Herr ist in Weiler zum Kreuz der edele Herr de Maringh von Schloß Buringen; in Thorn Hr. Dejardin, Präfektus in Remich; in Dilmar der wohledele Herr de Waschburg in Trier. Die beiden erstgenannten Dörfer gehören zum Herzogtum Lutzemburg, das letztgenannte zum Kurfürstentum Trier. Das Patronatsrecht gehört dem Abt von St. Maximin. Die Pfarrei zählt 114 Kommunikanten.

Die Einwohner sind größtenteils Bettler, andere nur einen Schritt vom Bettelstab, die allerwenigsten wären im Stande das Öl zur ewigen Lampe zu stellen, wenn eine solche vorhanden wäre.

Die Pfarrkirche ist in einem erbärmlichen Zustande und viel zu klein. In der Filialkirche, oder, wie der Visitator hinzufügt, viel richtiger, in der Kapelle zu Dilmar fehlen die Altartücher usw.

Ein Kaplan ist nicht da, wohl aber ein weltlicher Lehrer.

Wir übergehen das übrige, nur sei noch bemerkt, daß der Kelch aus Zinn zerbrochen werden mußte.

Bei dieser Gelegenheit wurde auch die Pfarrei Besch, im Landkapitel Perl gelegen, visitiert. Auch sie gehörte zum damaligen Herzogtum und hatte als Filiale das Dorf Schwebsingen (zum Teil), wo eine fundierte Kapelle zum hl. Nikolaus mit 25 Imperialen Einkünften bestand.

In Besch ist Herr Fridrich Gützinger aus Freudenburg Pfarrer, Hr. Franz Reuter Frühmesser und Hr. Michel Ries Frühmesser in Schwebsingen. Die Pfarrei zählte 370 Kommunikanten. (Forts. folgt.)

Das Eligiusamt zu Luxemburg.

(Fortsetzung.)

Erste Vorbedingung zur Arbeitserteilung.

19. Item ist auch bestedigt wan ein bruder einem bürger vndt einem frembden gearbeitet hette also dasz Er einem vnseren bruder schuldigh were[49]) vnd Er einen anderen suchte Zue arbeiden, demselben sall kein bruder arbeiten Im vorgearbeidet hatte nit arbeiten dem were dan bedenhalben genughde geschicht vur Ihren lonne[50]) vndt welcher bruder einem daruber arbeiden were sall dem ampt verfallen sin Ein gulden alsz fern im dasz kundigh were vnd ein Wissen davon hette.[51])

Bezahlung der Zechkosten.

20. Item zu wissen einem der boit ist oder ware den amptsbruderen wyn undt broit hollen vndt aufdraigen ist so wanne man dasz gelaich[52]) maichen sall vnd gemaicht hette so sall Er syn gelt vfheben[53]) vnd bezailn woi er geborgt hette vnd quem[54]) darnach einiche klagh oder heischunge[55]) dem ampt oder dem meister oder den bruderen so sall der boit oder der Jhenig solche glaach vfgehoben haitt vnd nit anbezailt dem ampt verfallen syn Ein halben Gulden.[56])

Annahme eines Lehrlings.

21. Item ist auch geordnert dasz kein bruder Im ampt keinen lerre knaben[57]) In setzen soll Er habe dan einem meister von dem

---

[49]) In der Schumacherzunft zu Diekirch war bestimmt: Wer in die Kunde eines Bruders arbeiten geht, ehe dieser ausbezahlt ist, verfällt dem Amt einen halben Gulden.

[50]) Man habe dem Bruder den schuldigen Lohn ausbezahlt.

[51]) Der Fehlende verfiel der Strafe erst dann, wenn ihm nachgewiesen wurde, daß ihm die Schuld des säumigen Kunden bekannt war.

[52]) Gelaich, Gelaech, glaach = ein Gelage, eine Versammlung, bei der tüchtig getrunken wurde. Daß man dabei nicht immer in den Grenzen der Mässigkeit blieb, geht hervor aus dem obigen Art. 15, der gegen denjenigen eine Busse verhängt, welcher beim Gelaech einen Mitbruder wund oder blau schlägt. Diesem Mißbrauch suchte das Dekret Maria Theresias (14. Sept. 1771) zu steuern. Es bestimmte (Art. VIII)): „Défendons toute beuvette avant, pendant et après les assemblées, soit des Métiers en corps, ou des Métiers et jurés seulement etc."

[53]) Die Kosten des Gelaechs wurden also nicht aus der Amtskasse, sondern von den Teilnehmern bestritten.

[54]) Käme. Der Sinn ist folgender: Würde später eine Klage oder eine Geldforderung erhoben, so ist das Amt von jeder Verpflichtung frei, der Bote aber hat die Geldschuld und daneben einen halben Gulden Buße, letztere für die Amtskasse, zu zahlen.

[55]) Forderung.

[56]) Das war die Strafe für seine Nachlässigkeit im Bezahlen.

[57]) Lehrling.

ampt orlaif[58]) geheischen vnd Im Zu wissen gedain vndt wer dasz nit endede[59]) ist dem ampt verfallen viii beiger.[60])

Aufnahmegebühren des Lehrlings.

22. Item sall auch ein Jelicher Lerre Knabe geben in dasz ampt iiii pond wacqs[61]) vndt xxiiii beiger zu gelaucht[62]) ufenden man die halden ist Ein lamp Zue vnser lieben frau im Monster[63]) vnd zu sant Niclas[64]) Ein Lamp vnd vier Kertzen vür sant Loyen, sall auch geben iiii beyger vur den Win.[65])

Anmeldungspflicht für anzunehmende Lehrlinge.

23. Soll auch ein Jelicher bruder eyn knabe der maiszen helt vnd vfnimbt Inne hait oder die xiiii dage der suches vurgeschrieben bezailen Er lauf Eweg oder nit.[66])

Anmeldung der Gesellen beim Bund.

24. Item ist auch geordneret welcher bruder ein knecht[67]) helt ober acht daigh oder vierzehen ungefehrlichen Er habe den den bont gelobt[68]) der ist dem ampt verfallen Ein Gulden.

Gleiche Verpflichtungen der Gesellen.

25. Sallen auch vnder den schmide ampt alle lerre knecht,[69]) esz seyen schmide, schlosser, messerschmit, schwertfeger, harnischer,

---

[58]) Erlaubnis, Ermächtigung.

[59]) Tut.

[60]) Diese Bestimmung bezweckte: 1. der Bevölkerung der Werkstätten mit Lehrlingen; 2. dem Aufkommen von zu starken Konkurrenzen vorzubeugen.

[61]) Das Wachs wurde zur Anfertigung von Kerzen verwandt. Die einzelnen Zünfte setzten ihren Stolz darein, ihre Zunftfeste durch feierlichen Gottesdienst mit vielen und schweren Kerzen auszuzeichnen. Aus diesem Grunde mußte bei jeder Aufnahme Wachs geliefert werden und man achtete darauf, daß der Bote die Kerzen nicht leichtsinnig brennen ließ. Eine Bestimmung der Diekircher Schuhmacherbruderschaft lautete: „Wenn der Bruderschaftsbote in dem Bruderschaftsgottesdienste die Kerzen zu früh anzündet oder zu spät löscht, ein Kreuzer".

[62]) Zu Beleuchtungszwecken.

[63]) Bis zum Jahre 1511 zu Altmünster. Ob man sich verpflichtet glaubte, auch zu Neumünster im Stadtgrund eine brennende Lampe zu unterhalten, geht nicht aus den Schriften des Amts hervor. Es ist aber wahrscheinlich, daß man dieser Verpflichtung vom Jahre 1735 an in der Rekollektenkirche nachkam.

[64]) Die Nikolauskirche stand an der Stelle, wo sich das jetzige Kammergebäude befindet.

[65]) Während die Meister bei der Aufnahme 8 Bayer für den Wein zu zahlen hatten, begnügte man sich, von den aufzunehmenden Lehrlingen die Hälfte zu verlangen.

[66]) In diesem Artikel wird der Meister für die Zahlung des Lehrlingsbeitrags haftbar gemacht. Duldet der Meister, daß der neueingetretene Lehrling seinen Verpflichtungen gegen das Amt in den ersten 14 Tagen nicht nachkommt, so hat er selbst die Aufnahmegebühren zu zahlen.

[67]) Der Name „Knecht" kam später in Verruf und wurde durch die Bezeichnung „Geselle" ersetzt.

[68]) Dieser Artikel bedeutet ein grosses Zugeständnis an die Gesellenbruderschaft, die i. J. 1467 errichtet worden war und den Namen Bund trug. Der Meister hatte also Sorge zu tragen, daß sein neuer Geselle in spätestens 14 Tagen Mitglied des Gesellenbundes war.

[69]) Die Handwerksgehilfen wurden eingeteilt in „lerreknaben" (Lehrlinge) und „lerreknecht" (Gesellen).

Sperer, Windenmacher, Negelschmide, Kesseler, Sattler, Wagener, Seiller glich geben vnd so sy meister werden glich boiden syn.[70])

Verletzung des Amtsgeheimnisses.

26. Item ist auch geordneret welcher des amptsz hemiligkeit[71]) vszbreicht esz were in ernst oder Im Zorne die In dem ampt bliben sulle der sall dem ampt verfallen syn Ein Gulden.

Geheimhaltung der Denne.

27. Item ist auch ordenert wen ein denne[72]) gemaicht wirt vnder den bruderen vnd In welchen Enden die geschloissen wirt die sy grois oder kleine die sall auch da belieben vnd wer die denne breche vnd esz von den bruderen fort vszbrechte der sall dem ampt verfallen syn eyn gulde.

Arbeitsverbot.

28. Item ist geordenert so welcher bruder In vnserem ampt syn ampt verboden[73]) were vnd daruber arbeit vnd gegent dasz ampt frefelet der sall umb syn ampt syn.

Amtsgericht.

29. Esz ist auch geordenert so welcher bruder in vnserem ampt zue schaiffen[74]) hatte vnd vnser ampt ahntreff vnd wie unserm ampt zue vnserer stonde und gebiede vnd dasz fort an eyn Richter und gerichs zu Luccem (oder andresz zwi hyn[75]) claigde odre drieyte[76]) vnd nit by unserem ampt beliebe noch beliben wülde der sall auch umb syn ampt syn vnd doch allewege by dem ampt verliben.[77])

Verwendung der Bußgelder.

30. Item ist auch geordenert dasz alle boussen dem ampt verfallen synt sy eyen grois oder cleyn, die sall man half verzehren vnd dasz ander halftheill In dese ampts noitz vnd vrber[78]) stellen, vnd die

---

[70]) Art. 25 bestimmt für alle Gesellen der verschiedenen verwandten Gewerbe die gleichen Beiträge. Darauf stützten sich die Kesseler, Wagener, Sattler und Seiler, um ihr Mitrecht zur Besetzung des Meisterpostens zu begründen.

[71]) Geheimnisse. — Es handelt sich zweifellos um die peinlichen Interna, die kleinen Reibereien und Zwistigkeiten, die in den Vereinen unvermeidlich sind. Trierer Satzung von 1523, Art. 1. „Zum Ersten du Sollt niemandt frembdes sagen was du hörest auf dem Amtshaus bey der Straf“.

[72]) Nach Bassompierre und Pierret (1711) ein somme. Die Bestimmungen dieser beiden Artikel 26 und 27 sind in die von Karl I. genehmigten Statuten übergegangen. Gegen Ende des Art. 6 lesen wir dort „Ceux qui révèlent les secrets et résolutions prises en corps forferont l'amende de deux livres de cire.“

[73]) Dem Arbeitsverbot konnten verschiedene Ursachen zu Grunde liegen, z. B. Krankheit, Untüchtigkeit usw. Das Amt, welches für die Kosten der Krankheit aufzukommen hatte und dessen guter Ruf durch Pfuscher gefährdet werden konnte, behielt sich, wie billig, das Recht vor, gegebenenfalls einem Handwerker die Ausübung des Handwerks zeitweilig oder dauernd zu untersagen.

[74]) Arbeiten.

[75]) Anderswohin.

[76]) Klagen oder tragen täte.

[77]) In Handwerksangelegenheiten übte das Amt selbst seine Gerichtsbarkeit.

[78]) Urber; urbor, urbar = Grundstück, das eine Rente erbirt, — diese Rente selbst. (Dr. Wilhelm Müller. Mittelhochdeutsches Wörterbuch, Leipzig 1854.)

suches[79]) vfhebent die sullen auch dem ampt rechenschaift davon doin.[80])

Verwendung der Gebote-Gelder.

31. Item ist auch beschloissen so wan ein bruder oder syne eheliche das hailf verzehren, dasz ander deil In desz amptsz noitz stellen vnd davon auch rechenschaift thun dergelyhen mitt dem sester gebott auch also zu dem halscheit.

Beteiligung am Begräbnis der Brüder und ihrer Frauen.

32. Item ist auch beschloissen so wan ein bruder oder syne eheliche heißfrauwe[81]) stirbt vnd Gott bewollen wirt[82]) alsdan so sall ein Jelicher Zur lychen kommen vndt iiii der Jungsten bruder sullent denselben bruder oder suster[83]) zu der erden[84]) vf ein penne[85]) eyns pont waes[86]) so wer dasz nit endede[87]) vndt sich darwieder stelt[88]) vnd dasz auch vest vnd endede[89]) vndt sich darwieder dan sache dasz eyner nit In der staitt oder Inlendigh were, alsz dan so sall der boide zur Zytt verkundigen iiii den Jungsten aller nest Zuegelaissen vnd ofgenohmen synt.[90])

Stadtgerichtliche Eintreibung von Amtsschulden.

33. Item ist zu wissen na Vnser alder gewanheits nur schmide dasz halden syn geweist[91]) vnd noch hud by dage[92]) halten, dasz were sache dasz ein bruder vnder vnserem ampt etzliche sachen verbrochen hette es were von gelt Er dem ampt schuldigh were von geboden oder sust, von lichen ,von begenghnusz, oder andere stück vndt der meister Ihnen pende dede von amptswaigen alsz ein bruder verbrochen hatte vnd die pende beschnet vnd eyn meister dasz dan fortan ein Richter suchen der staitt Luccemb vnd Inne bede[93]) Im synen boiden zu lyhen[94]) von der statt vnd als balde der boit die pantschaift gethan haitt so sall der vnser bruder der syn pende dem ampt beschniten hatt verfallen syn vmb xxv alder schilling[95]) half dem herrn dasz ander dem ampt.

---

[79]) Solches.
[80]) Rechenschaft ablegen.
[81]) Seine Ehegattin.
[82]) Gott befohlen, d. h. stirbt.
[83]) Schwester.
[84]) Zu der Erde tragen. Sie hatten im Sterbehause den Sarg in Empfang zu nehmen und bis zum Grabe zu tragen.
[85]) Strafe.
[86]) Pfund Wachs.
[87]) Tut.
[88]) Wer sich widersetzt.
[89]) Fest und immer.
[90]) Die Jüngsten mußten die Leichen tragen. In deren Abwesenheit wurden vom Boten Ersatzmänner unter den zuletzt Aufgenommenen ausgewählt und zu dem Tragen bestellt.
[91]) Verpflichtet.
[92]) Heutzutage.
[93]) Bittet.
[94]) Ihm seinen Stadtboten zur Verfügung zu stellen.
[95]) Der alte Schilling (escalin) hatte einen Wert von 57 Centimes. Die Hälfte der Buße fiel dem Landesherrn, die andere dem Amt zu.

Privilegien der Söhne der Amtsmeister.

34. Item wiesz meisters son der den gesellen vnner bintliche[96]) wolt syn der maich kommen vur den meister vnd die amptszbruder vnd gyft den Wyn vnd den Sesz Ir recht vnd sust sein klein recht ein pont wacsz vndt sall die fryheit hain nit boide zue syn vnd wann er meister wirt, so sall Er syn stockrecht geben.

Beteiligung an der Seelenmesse und am Leichenschmaus.

35. Item ist geordtnet dasz ein Jeklicher bruder zu begrebnus vndt zu Jairgezytt[97]) sall syn zu der myssen[98]) vs vndt vs vndt auch zu der comedation[99]) uf dem graibe uf ein pene Eyns pont waesz vnd wanne sulchs geschickt so sall ein Jeliger bruder von dem meister mitt vrlouf scheyden vnd sich zeurmen.[100])

Stellung der Meister, welche Gesellenarbeiten für andere verrichten.

36. Item were esz sache dasz brudere in unserem ampt weren vndt Ihr ampt kauft oder bezailt hetten vnd Innen felt dasz sy In knechtsz Wiese arbeiden andren meistren die sullen nit verbindlichen syn den knechten Zu Ihrer bruderschaift anders den dem ampt.[101])

Nichtzünftige Gesellen.

37. Were es auch sache dasz suest andere knecht In der stat Luccg wahnent weren vnd zu fure vnd flammen sessen vnd alle stede recht dont[102]) vnd nit bruder synt vnseres amptsz, die sallen zu allen froen fasten ein waisspfenning[103]) geben In der gesellen bücsz[104]) vnd den knechten nit weitter verbundlichen syn.

Verpflichtung der Kertzbrüder.

38. Ist auch zu wissen so wan man ein kertzbruder yst began so sall man die iiii beyger zu stuer neinen zu geluchet.

Rechnungsablage zwischen dem alten und neuen Meister.

39. Item fort ist geordenert vnd dasz durch die bruder vndt myster st. Loyen bruderschaft gemaicht und gestalt vnd dass allwaigen

---

[96]) Es handelt sich hier um den Meisterssohn, welcher in den Gesellenbund eintritt und dann das Amt erwirbt. Er ist verpflichtet: 1. den Wein, 2. das Sesserecht, 3. ein Pfund Wachs gleich zu zahlen. Bei seiner Aufnahme ins Meisteramt hat er sein Stockrecht (8 Beyger) zu entrichten und ist dann als Meisterssohn von der Pflicht, Bote zu sein, entbunden.

[97]) Jahresmesse.

[98]) Messe.

[99]) Leichenschmaus.

[100]) „und sich zeurmen" fehlt bei Hermann.

[101]) Heute würden diese Meister, welche nicht für Kunden, sondern für einen andern Meister, der ihre Erzeugnisse absetzt, arbeiten, Heimarbeiter genannt. Es wäre für dieselben verdemütigend gewesen, wenn sie, die früheren selbstständigen Meister, verpflichlet gewesen wären, sich in allem auf die Stufe der Gesellen zu stellen und sogar in deren Bund einzutreten.

[102]) Recht handeln.

[103]) Der Weißpfennig hatte einen Wert von 2 Kreutzern, im heutigen Geld ca. 8 Pfennige. Der Jahresbeitrag dieser nichtzünftigen Gesellen betrug also 32 Pfennige.

[104]) Kasse.

also Zu halten dasz welche Zyt vndt wanne die bruder einen meister kysent uf sant Loyen dagh mitt nahmen desz anderen dages nach Johans Baptista der dasz Jair meister syn sall vndt bquem darzu ist, derselb meister sall den bruderen rechenschaift geben wanne sein Jair vsz ist, vnd alsz bald Er syn rechenschaift gedain hait so sall Er binnent den Echt[105]) daigen nach dem Er sein rechenschaift gedain haitt alle schuldt ufdrengen[106]) die die bruder der bruderschaift schuldigh vnd zu donn synt vnd sall dasz mitt anderen dasz der bruderschaift ist vnd zusteit vnd Er dasz Jair under synnen handen gehailten hatt dem meistre der dasz Jair nach Ime meistre gekorn wirdt von den bruderen zue synen handen stellen vnd lerberen[107]) alsz dasz gewohnlich ist[108]) vnd woi der meister der dasz Jair meister geweist[109]) ist dem ander meister der dasz Jair na[110]) Im meister gemaicht wirdt binnent viii daigen nachdem er sein rechenschaift geleist hatt nit endtleuret[111]) dasz Ihene der bruderschaift zu stett von schult vnd andres vnd sich der neuwe meister von dem alden bekommet dasz Ime nit geliebert sey von schoidt oder andresz (wie vorgl stett so salt der bruder so die schuldt schuldigh ist und auch der alte meister der die schult nicht vfgedrengt haitt ahn welchem der Gebrech[112]) funden wurde dem ampt verfallen syn Ein gulden.

Ordnung bei Versammlungen.

Item ist auch ordenirt undt gemaicht von den bruderen undt meisteren der vurgel bruderschaift dass welche Zytt undt wanne der meister der vorgel bruderschaift den bruderen dete zu samen gebilden,[113]) abe[124]) doit gebiden durch den boiden dasz sy still schwyggen,[115] so woi die bruder den by enander sint, uf welchen steden vnd enden[116]) dasz ist da der meister bey ist vnd von der bruderschaift wegen zu schaiffen hatte und alsz dan der meister durch den boiden deit den bruderen gebieden dasz sie zue hoiren[117]) so wasz man Innen vorhalten will von desz ampts wegen, vnd welcher bruder dasz nit endete[118]) vndt desz meisters geboit sa wanne Er uf dem Kroich[119]) klopte und auch dem boiden der den bruderen gebuede dasz sy stillschweigen nit gehorsamen, werren vnd nit stillschweigen

---

[105]) Acht.
[106]) Aufdecken und mitteilen.
[107]) Abliefern.
[108]) Wie es üblich ist.
[109]) Gewesen.
[110]) Nach.
[111]) Abliefert.
[112]) Fehler.
[113]) Wenn er die Mitglieder zu einer Versammlung (Gebot) beruft.
[114]) Oder.
[115]) Durch den Boten befehlen läßt, daß man schweigen soll.
[116]) An welchen Orten und Enden auch immer.
[117]) Zuhören.
[118]) Wer das nicht tut, d. h. wer nicht schweigt und zuhört.
[119]) Krug.

und als duke[120]) einer dasz dede so sall er den brüderen verfallen syn eyn fleisch[121]) Wyns.

Suchesz vurgel[122]) ist zu stuer[123]) den bruderen dasz nit mer schaden redens halber under den bruderen ufentste oder entstaen muchte.

Item esz ist bereitten[124]) durch die bruder gemenlichen[125]) dasz Keyner dem anderen syne schoilt[126]) frefentlichen noch ungebuhrlichen heischen sall sunderlichen[127]) Im Wirtzhausz da der meister bey ist undt welcher dasz deit sall verfallen syn eyn fleisch[121]) wyntz.

Aufgabe des Boten beim Amtsgottesdienst.

Item och ist gemaicht und bestediget durch die bruder gemeinlichen dasz der boit der bruderschafft sall alle Zytt so wann dasz noit geburt[128]) esz sy In der myssen[129]) abe[130]) In der Vesperen aidre[131]) in den vigilien abe anderwertz wan man der bruderschaift kertzen ampfangen sull, so sull er die empfangen so esz sache were dasz der boit nit.

Da syn en mugte[133]) so mach er bieden[134]) den ersten Kertzenbruder dasz er sy empfengen go de[135]), were es sache dasz der boit dasz nit endede vnd mitt frewell[136]) darwider velte[137]) alsz duk er dasz duide[138]) so sall er dem ampt verfallen Eyn pont wacsz.[139])

Verwendung der Amtsgelder.

Zu wissen ist auch dasz man vszer[140]) der bueszen zue keinen sachen vor de zu verzehren nach zu andern stüke desz ampts gelt nit hollen sall anders dan so noit[141]) geschyt[142]) In der staitt zu zu Luccbg dasz ist mit kryech[143]) vnd andersz zu einem gemeinen nutz der staitt vnd desz amptsz vnd dasz mit rade der gantzen geselschaft vndt bruderschaift vnd der bruder gemegnegligen.

---

[120]) So oft.
[121]) Flasche Wein.
[122]) Die genannte Bestimmung.
[123]) Zum Nutzen der Brüder, damit durch das Reden kein Schaden ensteht.
[124]) Beraten und beschlossen.
[125]) Durch die Gesamtheit.
[126]) Schuld.
[127]) Besonders
[128]) Wenn es nötig ist.
[129]) Messe.
[130]) Oder.
[131]) Oder.
[133]) Falls der Bote abwesend ist.
[134]) Bitten.
[135]) Daß er sie anzünden soll.
[136]) Durch seine Schuld.
[137]) Fehlte.
[138]) So oft er das tut.
[139]) Wachs.
[140]) Außer ausgenommen die Bußen.
[141]) Not.
[142]) vorliegt. Im Notfall.
[143]) Krieg.

Auch so man einen bruder maicht und ufnimpt so sall man davon nit mer verzerren dan den Wyn gewohnlich ist.[144])

40. Zu Wissen ist allermenigligen dasz diese obgeschrieben ordeonge bestediget conuernuiert[145]) vnd zugelaissen durch den hochgespornen fursten vnd herrn Cristoffelen[146]) Margraif zue Baeden, Graf zu Sponheim Gubernator desz lantz Luceg von weghen vnser aller gnedigsten herrn desz landtfursten mitt sampt mynen Edellherrn den Rettren[147]) zur Zytt myr In myssell[148]) syn geweszen mitt den Wageneren, Satteler, Keisseler vndt Seiller Im Jar vierzehnhondert, Neuntzigh vndt fünf Jair nach Inhalt desz erlangten ortheils vnd veies[149]) vnd dasz man sulche obgeschriebene ordnunge also sull halden nach seynem Inhalt eines Jelichen articulus vnd sich nymand dargegent sull stellen uf penne[150]) vnd strafunge vnd by ungenaden der obrighkeit mynen herrn von dem Raede vnd auch desz schmyde amptsz alher binnent Luux.[151])

(Fortsetzung folgt.)

Leben und Wirken des hochw. Hrn. Theod.-Zeph. BIEVER.

(Fortsetzung.)

Betreffs des Biever gegebenen Gehülfen, von dem bereits oben die Rede war, schrieb er an einen Luxemburger Freund (Tabgha, 9. Dezember 1900): «Ich kann mich nun etwas mehr schonen, da ich seit «einem Monat einen Gehülfen hier habe, in der Person des jungen «Lazaristenpaters Klinkenberg, der die von mir gegründeten Schulen «übernehmen und zugleich sich unter meiner Leitung in den Missions- «arbeiten ausbilden soll. So habe ich wenigstens ein Drittel Arbeit «weniger, d. h. ich werde sie später weniger haben, wenn der junge «Herr einmal eingeführt ist.» Doch leider! sollte Biever nicht allzulange sich dieser Hülfe erfreuen können. In einem andern Briefe an denselben Freund (Tabgha, 11. April 1905) finde ich folgenden Passus: «Mein Confrater (Klinkenberg) ist in Tabgha in Folge von Influenza, zu «welcher sich die leidige Malaria gesellte, sehr heruntergekommen, so «daß die Ärzte ihm alle rieten, für einige Zeit nach Europa zurückzu- «kehren, um der Malaria-Bazillen los zu werden. Er soll gleich nach «Ostern abreisen. Nun, ich gönne es ihm nach 4jähriger Arbeit hier am

---

[144]) Wiederholung des Art. 11.

[145]) Confirmiert. Daß die Ordnung bereits früher landesherrlich anerkannt wurde, haben wir oben gesehen. Diese Bestätigung bezweckte besonders die Anerkennung jener Abänderungen, welche nach der Beilegung des Missels mit den zugekommenen Brüdern, den Baden u. s. w. nötig erschienen.

[146]) Über den Gubernator Christoph von Baden s. oben.

[147]) Ritter.

[148]) Streit.

[149]) Advis, Gutachten.

[150]) Buße.

[151]) In diesen Worten liegt der Hinweis, daß die Ordnung von der Staats-, Stadt- und Zunftbehörde gutgeheißen und bestätigt war.

«See.» Hatte Biever von dieser Luftveränderung für P. Klinkenberg einen günstigen Erfolg erwartet, so hatte er sich schwer getäuscht. Beide sollten sich auf Erden nicht mehr wiedersehen, da P. Klinkenberg, wie ich bereits mitgeteilt habe, am 8. August 1910 zu Köln-Nippes in die Ewigkeit hinüberging.

Trotz der Hülfe Klinkenbergs fehlte es Biever doch nicht an der Arbeit. Im obenerwähnten Briefe (Tabgha, 9. Dezember 1900) lese ich weiter: «Für jetzt bin ich mitten im Schachern drinnen. Unser «Verein will hier am See bedeutende Ländereien ankaufen behufs spä«terer Gründung einer Kolonie nach meinen Vorschlägen. Soeben bin «ich dran, einen Länderkomplex von über 400 Hektares zu kaufen für «20—25.000 Franken. Habe ich diese Angelegenheit mit Gottes Hilfe «vollendet, dann singe ich mein Nunc dimittis und will dann die kurze «Spanne Zeit, die mir unser Herrgott vielleicht noch lassen wird, dazu «benützen, um mich hier am stillen See Genesareth auf die Reise ins «himmlische Jerusalem vorzubereiten.» Doch dieser Länderankauf sollte nicht so glatt ablaufen, wie Biever sich das vielleicht vorgestellt hatte; dies ist ersichtlich aus mehreren seiner Briefe. In einem (Tabgha, 14. Mai 1901) spricht er von einem dadurch entstandenen Prozeß. In einem andern (Tabgha, 28. Juli 1901) heißt es: «Mein Pferd steht gesattelt, um mich nach Damaskus zu tragen, wegen dieser verflixten Landankaufsgeschichte. Soll sie der Henker holen!» Ferner (Tabgha, 18. August 1901): «Soeben bin ich aus meiner Retraite zurückgekommen «oder vielmehr zurückgerufen worden, da meine Gegenwart in Tabgha «wegen eines Streites mit der Regierung notwendig war. Der Vali «von Beirut will einen Landesankauf, den ich gemacht habe, nicht «ratifizieren, weil er hoffte ein Bakschich von 2000 Franken dabei «zu verdienen und nicht einen Para erhalten hat. Morgen reise ich nach «Acco zu dem . . . . .[203]) und dann von dort nach Beirut, pour graisser «la patte à cette canaille de Vali.» Und schließlich (Tabgha, 22. Mai 1904): «Aus dem Berichte der diesjährigen General-Versammlung «des Deutschen Vereines wirst du, wenn derselbe dir zu Gesicht gekom«men ist, erfahren haben, daß im Anfange dieses Jahr Kurden und «Beduinen uns mit Waffengewalt unser Land wegnehmen wollten. «Da hieß es nun sich zu wehren. Das Hin- und Herlaufen in der «Regenzeit wollte kein Ende nehmen und nach 2 Monaten Arbeit, waren «wir endlich wieder offiziell in den Besitz unseres Landes eingesetzt, «und nun mußte die Bestrafung der Übeltäter erwirkt werden; das «habe ich bis jetzt noch nicht vollständig erreicht, hoffe aber, daß «es dazu kommt, da der Reichskanzler Graf von Bülow sich energisch «der Sache angenommen hat.»

Im April 1876 war Biever zum ersten Mal im hl. Lande eingetroffen. Die Erinnerung daran bewog ihn, im mehrerwähnten Briefe (vom 9. Dezember 1900) zu folgender Tirade: «Im April nächsten Jahres «feiere ich mein 25 jähriges Jubiläum in den Missionen des hl. Landes. «Gutes und Schlimmes, Schönes und Trauriges, wie es das Missions«leben und das Priesterleben überhaupt ja mit sich bringt, habe ich in «dieser Zeit erlebt; aber der Entschluß, den ich vor 25 Jahren am Grabe

[203]) Unleserliches Wort.

«des hl .Willibrord gefaßt, mich den Missionen Palästina's zu widmen, «ist mir noch nie leid geworden, und ich würde heute denselben von «Neuem fassen. Hätte ich nur die große, unverdiente Gnade des Apos-«tolates im engeren Vaterlande des Erlösers und seiner Apostel besser «benützt, sowohl für meine eigene Seele, als für die Seelen derjenigen, «zu denen ich gesandt war, um sie zu Christus zu führen!»

Über die Arbeiten während der Fasten- und Osterzeit äußert sich Biever in einem Briefe (Tabgha, 1. Mai 1903) folgendermaßen: «In «der Fastenzeit galt es, auf den uns umgebenden Christendörfern die «Leute auf die Osterbeicht vorzubereiten, eine Arbeit, die bei der «greulichen Unwissenheit dieser Leute menschlicher Weise nicht gerade «zu den angenehmsten Obliegenheiten des Missionars gerechnet wer-«den kann. Auch die österlichen Beichten (wir helfen in diesen Dör-«fern etwas aus) sind für den Beichtvater äußerst anstrengend und man «muß gut arbeiten, wenn man in einer Stunde 4 Pönitenten durch hat. «Was würde das in euren Pfarreien werden, wenn ihr so langsam tun «müßtet? Aber man muß den Leuten hier alles machen, das Gewissen «erforschen, sie zur Reue stimmen, meistens auch im Beichtstuhle sie «die «sechs Stücke» lehren usw. Daneben die angenehmen Gerüche «von Kuhmist, Rauch, Knoblauch, Zwiebel und dann das Ungeziefer «omni generis, das die Gelegenheit benutzt, um einmal den Miets-«herrn zu wechseln. Nun, es ist ja wieder vorüber und vielleicht ist «doch etwas Gutes dabei erfolgt. Für mich haben die Anstrengungen «in der Osterwoche ein gehöriges Fieber zur Folge gehabt, mit zweiter «und dritter vermehrter Auflage. . . . . Wie du aus den Zeitungen «gehört haben wirst, hatten wir Ende des letztverflossenen Jahres (1902) «die Cholera hier in Palästina. . . . . Wir selbst in Tabgha blieben, «Gott sei Dank, von der Seuche gänzlich verschont. Nur waren wir 2 «volle Monate lang ganz und gar von der Außenwelt abgeschlossen. Keine «Post mehr, kein Verkehr, die reinsten Einsiedler. Glücklicher Weise «hatte ich gerade eine Woche vorher unsere Vorräte für die Winter-«monate eingekauft, so daß wir wenigstens von der Magenseite nichts «zu leiden hatten.»

In verschiedenen seiner Briefe aus dieser Zeit finde ich «herzlichen» Dank und «flehentliche» Bitten um Meß-Stipendien. In einem solchen (Tabgha, 12 .November 1905) begründet er letztere, wie folgt: «Je «mehr wir Schulen eröffnen, desto mehr brauchen wir Stipendien, durch «welche wir die Pfarrer sozusagen zwingen können, ihren Schulkindern «Katechismus zu halten. Ohne Katechismus keine Stipendien — pas «d'argent, pas de suisse. — Traurig ist es, aber es ist so: filii petierunt «panem et non est qui frangeret eis! Vielleicht wird's später einmal «besser werden.» Daß Biever aber auch das «Betteln» nicht vergessen hatte, ersieht man aus folgendem Briefauszug (Tabgha, 25. Oktober 1904): «Doch nun kommt das dicke Ende — eine Bettlerei. Es kommt «mir hart an, zu betteln; aber es geht nicht anders und es ist ja auch «nicht für meine Person. Ich habe seit letztem Frühjahr in einem «Dorfe in Obergalliläa, in Jarun, eine Schule für Knaben errichtet gegen «die amerikanischen Protestanten, welche sich dort festgebissen hatten. «Ich hatte gehofft, unser Verein würde die Schule übernehmen; aber «er tut es nicht, da, wie man mir schreibt, für den Augenblick alle

«Ausgaben sich auf den Bau des Hospizes (in Jerusalem) konzentrieren. «Ich muß also den Unterhalt der Schule aus meiner eigenen Tasche für «den Augenblick bezahlen, bis bessere Zeiten kommen. Allein das tut ja nichts. Es bleibt mir noch genug, um meine leiblichen Bedürfnisse «zu bestreiten. Aber ich muß neben der Knabenschule unbedingt auch «eine Schule für Mädchen errichten, wenn ich die Amerikaner heraus- «räuchern will. Da hat sich so eine amerikanische Miss eingenistet. «Jeden Abend ist Gebet, Gesang mit Harmoniumbegleitung, Bibellesung «usw. Die Frauen und Mädchen gehen im Anfang ja nur aus Vorwitz «dahin, und auch wohl um eine Tasse Thee zu bekommen; aber das «Gift der Häresie schlürfen sie mit dem Thee hinein. Eine solche Schu- «le würde mich ungefähr 240 Franken jährlich kosten, da die Lehre- «rinnen geringeres Gehalt beanspruchen als die Lehrer. Ihr Moselaner «macht dieses Jahr so viel Grächen; könntet ihr mir nicht die 240 «Franken zusammenbringen? Es wäre wirklich ein gutes Werk und Gott «würde es euch lohnen. Das ist es heraus; es kam mir schwer an; aber «Not zwingt den Teufel Fliegen zu fressen.»

Wie hier, so preßt die Kargheit der Verwaltung des Deutschen Vereines Biever gegenüber, ihm in verschiedenen Briefen bittere Klagen heraus, so z. B. (Tabgha, 22. Mai 1904): «Die Herren von Köln ken- «nen nur mehr Jerusalem; wir und unsere Anstalten in Tabgha bestehen «kaum mehr und fristen unser Dasein; aber voran kommen wir nicht, «bis man in Jerusalem fertig ist mit dem Bauen. Hoffen und harren — «macht manchen zum Narren, und es will einem mehr als einmal der «Faden der Geduld reißen, wenn man das Gute, was getan werden könn- «te, was sich sieht, zum mit den Händen greifen, aber es nicht voll- «bringen kann, weil man kein Geld hat. So bitte ich jetzt schon seit «3 Jahren um Unterstützung vom Verein für die Gründung einer Mis- «sion unter den schismatischen Griechen des Dorfes Rameh, wo 43 «Familien in den Schoß der katholischen Kirche zurückkehren wollen. «Die Leute sind unterrichtet und ich vertröste sie von einem Jahr auf «das andere; aber auch denen geht die Geduld aus, und Russen und Pro- «testanten geben sich alle Mühe, sie in ihr Netz zu bekommen. Das «sind so die kleinen Leiden und Prüfungen des Missionars. In patientia «vestra possidebitis animas vestras.»

Verschiedene Krankheiten, mehrere Stürze vom Pferde, das fürchterlich heiße Klima in Tabgha, hatten Biever so sehr heruntergebracht, daß er wünschte, zur Wiederherstellung seiner zerrütteten Gesundheit und zur vollständigen Genesung, eine Erholungsreise nach seiner alten Heimat Luxemburg zu machen. So schreibt er in dem eben zitierten Briefe: «Es wäre nicht unmöglich, daß ich dieses Jahr nach Hause «komme, wenn man mir es nicht wieder macht, wie im vorigen Jahre.» Wie hatte man ihm es denn damals gemacht? Er mag es uns selbst erzählen (Tabgha, 15. Dezember 1904): «Ich arbeite schon jetzt daran, «um im nächsten Frühjahr einen Urlaub von einigen Monaten zu be- «kommen. Letztes Jahr habe ich ebenfalls beim Vorstande unseres «Vereines um einen Urlaub nachgefragt; aber die Herren haben nicht «einmal auf mein Gesuch geantwortet, ein bequemes Mittel, um der «Kasse 800 Franken zu sparen. Für ihr Entgegenkommen möchte ich «den Herren wünschen, sie müßten einmal einen Sommer mit 35° C.

«im Schatten hier in Tabgha zubringen; vielleicht würden sie dann «leichter begreifen, daß alle 6 Jahre eine Reise nach Europa auf Kosten «des Vereines nicht zu viel verlangt wäre für den vielgeplagten Direk- «tor von Tabgha. Doch malèsch sagt der Araber, es tut nichts, es ist «auch gut so.» Bitterer aber beklagt sich Biever in einem anderen Briefe (Tabgha, 12. November 1905): «Mit der (deutschen) Katholi- «kenversammlung bin auch ich schön an der Nase herumgeführt wor- «den. Ich hatte durch einige meiner Freunde, die im Vorstande unse- «res (Deutschen) Vereines (vom hl. Lande) sind, die Sache ins Werk «setzen lassen, daß ich vom Vorstande sollte zur Versammlung beru- «fen werden, um eine Rede loszulassen; die Sache stand schon in den «großen, katholischen deutschen Zeitungen. Auf diese Weise wäre ich «auf Kosten des Vereins gereist und hätte mir so eine Summe von we- «nigstens 600 Fr. gespart. Aber ich wartete vergebens auf eine Ein- «ladung. Da, endlich am 15. August, erhielt ich eine Depesche lau- «tend: «Vorstand wünscht Sie auf der Katholikenversammlung; sofort «kommen.» Am 23. August fing die Versammlung an. Je vous demande «un peu! In 8 Tagen von Tabgha nach Köln! Als wenn die Dampfer «nur so, wie draußen die Fiaker, im Hafen von Haïfa zur Abfahrt «bereit lägen! Daß ich das schöne Fest Mariä Himmelfahrt nicht gerade «mit den erhebendsten Gefühlen gefeiert habe, wirst du wohl mensch- «lich finden; daß auch meine Rückantwort nicht gerade ein klassisches «Muster von Höflichkeit und Ergebenheit war, kannst du auch leicht «begreifen. Aber die Preußen, und wenn sie auch Rheinländer sind, «haben eine dicke Haut. Bezahlen sollen sie mir es aber doch nächstes «Jahr, wenn mir Gott bis dahin das Leben läßt.»

(Fortsetzung folgt.)

Logements militaires à Luxembourg pendant la période de 1794—1814. (Par Alphonse RUPPRECHT.)

Rue de la Boucherie.

(Suite.)[93])

243. Mademoiselle *Hildt* doit 2 places pour 1 capitaine au 2e étage, et

---

[93]) A ajouter aux notes 86, 88 et 92 concernant les maisons Schamburger *(am Tirchen)*, Weimerskirch *(enner de Steilen)* et Heinesch (autrefois Schou):

«HYMNE A KUDELFLECK.»

Em féer Auer Samstes
Ferlést de Spésbirger sein Haus,
Fir fun de Woche'strabatzen
Sech grendlech ze roen aus.

Nom Tirchen zit gemitlech
Zum Kascht a' foller Frêt,
Den de Sigfrit op Almennster
Ma'm Abt wé oft gefêt.

An d'Wocheblât, de Courrier
Mam Wûrt fir Wahrheit und Rècht
Sie setze beienaner,
Hei mèngt kê Mensch et schlècht.

All dé beim Schou do sôssen
Mam Glies'chen an der Hand,
De komme', wât ges de wât huôs de
Lanscht d'Steilen ugerannt.

en tems de paix les mêmes 2 places l'une sur le derrière, l'autre sur le devant avec cheminée pour 1 officier.[94])

9 places.

A Richter, Afekoten,
Leit dé hir Prof gemâcht
De Bloën unné d'Resgen,
Si kommen mat Bedâcht.

Notèren, Fei'ragenten
Am kurze Mäntelchen,
Si komme luos gewackelt,
Mat hierem Rènzelchen.

Mat Wipercher am Knaplach
Geseit mer Hèren do.
An dé sech so ê wenschen,
Dé kommen all en nô.

Do setzt och nach en aneren
E' Folksmann comme il faut,
Hién huôt so fil ze denken,
Sei Knaplach mecht em Plo.

An dér dé oft fill schwetzen,
An dobei neischt ferstôn,
Dass dé hei d'Maûl um Flèck hun,
Dât ka' mer frei wuol sôn.

Want Lompeklack um êlef
Vum bégen Tûr verklenkt,
Dasetzè nach stêl am Tirchen
E' grossen Hèr an drenkt.

O geff, ô Gott! dei' Ségen,
Dass d'Oxe fellech ginn,
Fir dass dé léf Spésbirger
Sech oft nach hei gesin.

(Sans indication du l'auteur.)

Neuestes Luxemburger Liederbuch. Luxemburg, Druck und Verlag von L. Schamburger, Hofbuchhändler. (Sans date.) — Seite 179.

Culte de Saint-Jean Népomucène. La «Hémecht», année 1898, page 561, publie des données sur l'origine d'une statue élevée à Saint-Jean Népomucène à Esch-sur-la-Sûre, à l'emplacement qu'occupe aujourd'hui la chapelle de la Sainte-Croix. Selon la tradition, l'érection de cette statue est due au vœu d'une pauvre veuve dont le fils unique avait été sauvé des flots de la Sûre, sur l'invocation de notre Saint. Placée d'abord sur un socle à quelques pas de la chaumière de la veuve, à proximité de la Sûre, elle y demeura probablement jusqu'à la construction de la chapelle de la Sainte-Croix en 1767. Elle fut installée à l'autel du cimetière, lors de l'établissement de ce lieu de sépulture (1805—1806), et remplacée par un crucifix vers 1873. En 1898 on pouvait en voir encore, au cimetière d'Esch, des restes presque informes. (Sagen des Eschertales. Sage über den Ursprung der Johannisstatue auf dem Friedhofe zu Esch an der Sauer, Hémecht 1898, p. 561.)

Un précieux renseignement sur le culte de Saint-Jean Népomucène nous a été encore fourni par M. Emile Diderrich de Mondorf-les-Bains, qui nous a bien voulu adresser les lignes suivantes:

«Le culte de Saint-Jean Népomucène se manifeste aussi par une plaque de cheminée, représentant son image, qui a été fondue vers 1725 et qui est assez répandue dans le Bon-Pays.»

[94]) Aujourd'hui le numéro 4 de la rue du Marché-aux-Poissons, propriété de M. Walens-Troquet.

Les registres du cadastre renseignent comme propriétaires: en 1824, M. Mathieu-Lambert Schrobilgen, puis M. Würth-Paquet; en 1885, M.

Jean Bach; en 1900, M. Joseph Bach et en 1903, M. Joseph Walens-Troquet.

Des indications de M. Würth-Paquet, dans son étude sur les anciennes rues et places de Luxembourg, on peut induire que la maison était occupée au 16e siècle par *Mathias Birthon* qui avait établi la 1re imprimerie à Luxembourg, suivant permis d'imprimerie lui octroyé par lettre-patente du roi Philippe III, du 10 avril 1598.

Mathias Birthon, échevin à Luxembourg en 1598 et 1599, né probablement à Luxembourg comme fils de Huprich (Hubert) Birthon (celui-ci échevin en 1572), est décédé à Luxembourg en 1603 ou 1604. Sa veuve continua l'imprimerie probablement jusqu'en 1618. (Neyen, Biogr. lux. I, p. 73; Würth-Paquet, Notes relatives à l'introduction de l'imprimerie dans la ville de Luxembourg, Publications historiques, 1846, pp. 44—48.)

Dans les registres de la paroisse de St.-Nicolas nous avons trouvé les actes suivants concernant cette famille:

Birthon Adam, né à Luxembourg, le 6 novembre 1608, fils de Frédéric. Parrain: Adam Binsfeldt, échevin;

Birthon Paul, marié à Luxembourg, le 8 novembre 1609, à Niedercorn Madeleine, fille de Théodore, échevin;

Birthon Théodore, fils des époux Birthon-Niedercorn, né à Luxembourg, en octobre 1610. Parrain: Jean Wiltheim *graphiarius;*

Birthon Florentin, fils des mêmes époux, né le 11 mai 1616. Parrain: Antoine Blanchart;

Birthon Marguerite, fille de Frédéric, née le 30 août 1611. Parrain: Jean Wiltheim;

Birthon Madeleine-Dorothée, née le 17 avril 1616. Parrain: Philippe Dronckmann; marraine: Madeleine-Dorothée Busbach.

La famille *Hildt*, à laquelle la maison appartenait en 1794, a été déjà mentionnée dans la note 92.

Les époux Pierre Hildt et Elisabeth Bourquin qui habitaient Luxembourg au 17e siècle, eurent plusieurs enfants dont nous connaissons Pierre, Rose, Madeleine qui épousa Henri Creutz, Jean-Paul, Henri-Ignace et Marie-Françoise, religieuse de la Congrégation de Notre-Dame à Luxembourg.

Le fils Pierre Hildt épousa à Luxembourg, le 16 juillet 1680, Elisabeth Candelon ou Candelot dite de la Montaigne et mourut à Luxembourg, le 23 mars 1714. Parmi les 13 enfants de ces époux dont les actes de naissance sont portés sur les registres des anciennes paroisses de Luxembourg, nous relevons Pierre, né le 26 juillet 1685, prieur et prédiateur de l'ordre de St.-Dominique au couvent de Luxembourg; Marguerite, née le 22 novembre 1696, religieuse de la Congrégation de Notre-Dame à Luxembourg; Jean-Paul, né le 14 août 1698, religieux de St.-Maximin à Trèves: Frédéric, né le 18 avril 1706 qui figure au registre de la confrérie de St.-Jean Népomucène à Luxembourg comme prêtre, sous la date du 16 mai 1733 (v. note 92) et qui desservit comme chapelain, pendant 21 ans, la chapelle de la Consolatrice des Affligés à Luxembourg. Décédé le 27 février 1780, il fut enseveli audit sanctuaire.

Le fils Nicolas, né le 21 septembre 1686, contracta mariage à Luxembourg, le 19 mars 1729, avec Catherine Brasca (v. note 51) et y trépassa le 1er septembre 1763. De 1743 à 1746 il avait temporairement rempli les fonctions de justicier du magistrat et en 1748 celles de baumaître de la ville de Luxembourg. Son acte de décès mentionne qu'il était également mambour de l'église paroissiale de St.-Nicolas.

D'après les registres baptistaires de Luxembourg, ces époux eurent 14 enfants:

Paul-Hubert-Ignace, né le 8 mars 1730, religieux de St.-Maximin à Trèves;

Elisabeth-Nathalie, née le 16 juin 1731;

Marie-Françoise-Xavière, née le 18 août 1732 qui épousa à Luxembourg, le 8 septembre 1764, Jean-Michel Heynen, conseiller et procureur général au conseil provincial;

Chrétien-Joseph, né le 15 mars 1734;

Elisabeth-Angélique, née le 1er octobre 1735, religieuse du couvent de St.-Nicolas à Trèves;

Marie-Philippine, née le 3 novembre 1736, religieuse du couvent des Carmélites chaussées à Namur;

Marie-Angélique, née le 20 novembre 1738, religieuse de la Congrégation de la Ste.-Vierge à Vic;

Claude-François, né le 4 octobre 1739, reçu avocat à Luxembourg, le 17 juin 1764;

Marie-Françoise-Xavière, née le 1er juin 1741;

Anne-Marie-Thérèse, née le 13 octobre 1742, rentière à Luxembourg;

Joseph-Charles, né le 4 novembre 1743;

Chrétien, né le 20 décembre 1744, rentier à Luxembourg;

Benoît, né le 9 mars 1746 et

Marguerite-Angèle, née le 2 janvier 1748.

Parmi les personnes qui ont tenu sur les fonts baptismaux les enfants Hildt, nous avons trouvé les noms du R. P. Chrétien Brasca, chanoine régulier de l'ordre des Prémontrés à Wadegas, du R. D. Henri Candelon, prêtre et chanoine, du baron Claude-François d'Esch et de la baronne Anne d'Esch, du R. D. Benoît Haas, abbé de Munster, de Jos.-Antoine Pieret, pharmacien, et de Marie Pieret, épouse de Henri Rademacher, également pharmacien.

Le nom de la famille est tantôt écrit Hildt, tantôt Hyldt, Hild et Hilde.

En 1794, la maison paraît avoir été occupée par Chrétien Hildt (né le 20 décembre 1744) et par ses trois sœurs Anne-Marie-Thérèse, Elisabeth-Angélique (ou des Anges) et Marie-Philippine, tous célibataires. Elisabeth-Angélique et Marie-Philippine avaient pris le voile, comme il a été déjà indiqué plus haut, l'une dans le couvent de St.-Nicolas à Trèves, l'autre dans celui des Carmélites chaussées à Namur. Elles étaient revenues à Luxembourg, après que ces établissements avaient été supprimés en 1783. Comme ex-religieuses elles étaient soumises, pendant le Gouvernement de la République, aux déclarations de résidence et certificats de vie prescrits par la loi du 22 floréal an 7, et leurs noms figurent au registre afférent de la municipalité de Luxembourg. Elisabeth-Angélique est décédée à Luxembourg, le 19 thermidor an 13 (7 août 1805); Marie-Philippine, le 10 octobre 1817; Anne-Marie-Thérèse, le 27 juin 1822 et Chrétien, le 13 décembre 1822. Avec ce dernier le nom de la famille qui existe encore dans le pays, paraît d'être éteint à Luxembourg.

M. *Mathieu-Lambert Schrobilgen* qui possédait et habitait la maison après la famille Hildt, était né à Luxembourg, le 20 septembre 1789, comme fils de Nicolas Schrobilgen, rôtisseur, et d'Anne Hastert, et y avait contracté mariage, le 11 janvier 1816, avec Suzanne-Marguerite François, fille du notaire Frédéric-Henri François. Conseiller à la Cour supérieure de Justice à Luxembourg, à partir du 16 avril 1831, et greffier de la même juridiction du 19 février 1840 au 27 mai 1867, il cumulait de 1817 ou 1818 à 1850 ces fonctions avec celles de secrétaire communal de la ville de Luxembourg. Membre de la loge maçonnique de Luxembourg, il présidait temporairement cette association. Sa sœur Anne-Catherine Schrobilgen épousa à Luxembourg, le 5 mars 1818, Jean-Michel Mullendorff et procréa avec lui 8 enfants dont un fils (Mathieu-Lambert-Auguste) qui entra dans l'administration et finit sa carrière comme directeur des contributions, 4 fils (Prosper-Jean-Charles, Jean-Baptiste-Frédéric-Auguste, Auguste-Jules et Mathieu-Emile) qui reçurent la prêtrise et une fille (Anne-Louise-Charlotte) qui se fit religieuse.

Mathieu-Lambert Schrobilgen est l'auteur de plusieurs publications énumérées dans la Bibliographie luxembourgeoise de M. Martin Blum, tome II, pp. 430 et 431. Il est décédé à Echternach, le 27 décembre 1883.

Son successeur comme propriétaire et habitant de la maison qui nous occupe fut, dès 1834 ou 1835, M. *François-Xavier Würth*. Celui-ci, plus connu sous le nom de Würth-Paquet, naquit à Luxembourg, le 26 germinal an 9 (16 avril 1801) et y contracta mariage, le 19 avril 1827, avec Catherine Paquet, née à Luxembourg, le 13 août 1806, fille de Jean Paquet et d'Antoinette Louis. Son père, Martin dit Jean-Mathias Würth, commerçant, né à Luxembourg, le 23 mars 1770, y est mort le 20 juillet 1843, sa mère Julienne fille des époux Michel Fendius et Anne Sontag, née à Luxembourg, le 23 juin 1781, y expira le 23 juin 1873. Son grand-père François-Xavier Würth, époux de Hélène de Sauerborn, décédé à Luxembourg, le 14 avril 1820, était originaire de Bühl en Bade.

Après avoir fait ses premières études à Luxembourg, M. Würth-Paquet fut reçu, le 30 avril 1824, docteur en droit à l'université de Liége et, le 6 mai 1824, avocat à Luxembourg. Le 25 septembre 1824, il fut nommé régent provisoire de langue hollandaise à l'Athénée de Luxembourg et reçut sa nomination définitive le 10 octobre 1825. De 1825 à 1828 il était de plus attaché à l'école modèle des instituteurs comme professeur de langue, française et hollandaise.

Le 23 septembre 1828, M. Würth-Paquet fut nommé juge au tribunal de première instance à Luxembourg et continué dans ces fonctions, le 16 octobre 1830, par arrêté du Gouvernement provisoire de la Belgique qui, un mois plus tard, l'appela à celles de juge d'instruction près le tribunal de première instance à Diekirch. Revenu à Luxembourg, après avoir renoncé à ce poste, il y fut nommé: Juge au tribunal de première instance le 19 avril 1831; second substitut, le 30 novembre 1832; procureur d'Etat, le 19 février 1840; président du tribunal d'arrondissement, le 10 novembre 1841; conseiller à la Cour supérieure de Justice, le 19 juillet 1842; membre de la haute cour militaire, le 9 juin 1843; directeur intérimaire de la Chancellerie pour les affaires du Grand-Duché à La Haye, le 17 avril 1848; vice-président de la Cour supérieure de Justice, le 24 juillet 1848; directeur général de la Justice, le 22 septembre 1853; directeur général de l'Intérieur, le 28 novembre 1857; président de la Cour supérieure de Justice, le 29 septembre 1858 et président honoraire de ce corps, le 10 août 1879.

En 1845, il avait été élu représentant du canton d'Esch-sur-Alzette. Il était en outre membre du collège des régents des prisons de l'Etat, du bureau de bienfaisance et de la commission urbaine des écoles de la ville de Luxembourg et inspecteur des écoles primaires du canton d'Esch-s.-A.

Dans toutes ces fonctions, M. Würth-Paquet a rendu des services éminents à son pays. Mais où il a acquis des titres impérissables à la reconnaissance du peuple luxembourgeois, c'est par ses recherches, ses collections, ses manuscrits et ses publications dans le domaine de notre histoire nationale. L'énumération en remplirait des pages entières. Nous ne pouvons que renvoyer à ce sujet à la Notice nécrologique dans le Vol. XXXVII, année 1884 des Publications de la Section historique de l'Institut grand-ducal et au discours de M. N. van Werveke à l'occasion du cinquantenaire de cette société célébré le 3 septembre 1895 (Publ. 1896, Vol. XLV), auxquels nous avons du reste emprunté ces données biographiques.

En 1835, M. Würth-Paquet fut nommé membre de la commission du Gouvernement chargé du classement et de la conservation des archives judiciaires et ce fut cette nomination qui donna la première impulsion à ses travaux historiques auxquels il ne cessa plus de consacrer son érudition et son activité infatigable. Avec plusieurs autres savants luxembourgeois, il fonda en 1845 la Société pour la recherche et la conservation des monuments historiques dans le Grand-Duché et en fut le président de 1845 à 1854 et de 1876 à 1885.

Le grand homme dont les qualités de cœur ne le cédaient en rien à celles du savant et du travailleur, est mort le 4 février 1885, dans cette maison numéro 4 de la rue du Marché-aux-Poissons qui l'a hébergé et vu à l'œuvre pendant un demi-siècle, œuvre immense qui a valu à son auteur le titre de fondateur de la science historique dans le Grand-Duché, de père de l'histoire luxembourgeoise. . . . . .

La propriété appelée encore aujourd'hui communément *maison Würth-Paquet*, comprend le bâtiment principal avec façade sur la rue du Marché-aux-Poissons et tourelle à l'arrière formant cage d'escalier, un arrière-bâtiment, une petite cour et un corridor couvert, long de 13.50 mètres donnant entre les maisons Heinesch (v. note 92) et Neumann (numéro 7) accès à la rue de l'Eau. Le bâtiment principal se compose d'un rez-de-chaussée et de 2 étages. Un escalier en hors d'œuvre conduit vers la porte du rez-de-chaussée. *Le sol de la rue du Marché-aux-Poissons a été anciennement bien plus élevé que de nos jours et l'on suppose que la différence entre le niveau d'alors et celui d'aujourd'hui a été racheté par cet escalier.* (Cf. J.-P. Biermann, Notice sur la ville de Luxembourg, 1892, p. 31; de Muyser, Les rues de Luxembourg, au 16e siècle,

Publications 1895, p. 280; van Werveke, Kurze Geschichte des Luxemburger Landes, 1909, p. 18—81.)

La hauteur de l'escalier est de 2.40 mètres vers la rue de la Boucherie et de 2.80 vers la pente de la rue St.-Michel. Les marches des 2 côtés d'un palier large d'un mètre, 80 centimètres, sont au nombre de 12 resp. 14. Au dessous du rez-de-chaussée et presque au niveau de la rue du Marché-aux-Poissons, se trouve la cave avec entrée principale dans cette rue.

Aucune inscription ne renseigne sur l'époque de la construction de la maison. Mais l'escalier prémentionné, la disposition des locaux, des pièces avec traces de voûtes, une cuisine assez spacieuse avec une belle cheminée ancienne à colonnes massives d'un mètre 70 centim. de hauteur et 0.70 m. de circonférence et à entablement de 0.60 m. de hauteur, le tout en pierre, justifient, à notre sentiment, la supposition que la bâtisse, du moins dans ses parties essentielles, a déjà existée au 16e siècle. Des ancres de construction ayant formé un millésime, paraissent avoir disparu lors d'une restauration de la façade. Des barres d'appui en fer forgé, aux fenêtres du rez-de-chaussée, font voir la lette W (Würth). L'arrière-bâtiment offre également des marques certaines d'une époque reculée. . . . . . .

L'on s'avisera peut-être un jour à décorer d'inscriptions commémoratives les maisons auxquelles s'attache le souvenir de luxembourgeois qui ont bien mérité de leur patrie. L'ancienne demeure de M. Würth-Paquet nous semble être parmi les premières à pouvoir revendiquer cet honneur.

Zur Geschichte der Melusinensage in Luxemburg.

Von Adolf Jacoby, Luxemburg.

In der zweiten Lieferung seiner «Kulturgeschichte des Luxemburger Landes»[1]) hat A. Reiners die Meinung geäußert, die Melusinensage sei durch Cedernstolp erst 1817 in Luxemburg eingeschwärzt worden. Diese Ansicht über die bedeutsamste Landessage ist sicherlich unrichtig.

Schon durch die bekannten Zeugnisse des Jean d'Arras und des Couldrette um 1400 steht fest, daß man damals die Genealogie der Luxemburger Grafen mit dem Hause Lusignan in Verbindung brachte. Der Sohn Melusinas, Antoine, soll eine Herzogin Christine von Luxemburg befreit und zum Dank dafür ihre Hand erhalten haben; so wurde er Herzog des Landes.[2]) Damit ist freilich nur die Verwandtschaft der beiden Häuser von Lusignan und Luxemburg durch die Sage festgelegt worden; sonst hat Melusina noch nichts mit der Stadt zu tun.

Auch Conrad Vicerius, der Hofsekretär Karls V., stellt nur fest, daß

---

[1]) Buchdruckerei Ch. Hermann, Luxemburg, 1918, S. 47.

[2]) J.-P. Kauder, „La Légende de Mélusine". Programm des Gymnasiums in Echternach. 1903—1904. Luxembourg 1904. S. 31.

Melyssina unter die Vorfahren Heinrichs VII. gerechnet werde[3]) und knüpft daran die allerdings falsche Vermutung, daß die seltsame Ahnfrau von der Insel Caer Seon stamme, die bereits Pomponius Mela im Altertum kannte und allerlei Merkwürdigkeiten von ihr erzählte.[4])

In direkte Verbindung mit der Stadt bringt Melusine der Dominikaner des Hauses Lusignan, Bruder Stephan, der 1586 erzählt[5]): «Commune opinion des Français et des Flamens et ceux de la dite comté même de Luxembourg est telle qu'ils affirment que Mélusine, comtesse de Lusignan, avait édifié et basty une tour en la ville de Luxembourg, où elle faisait son exercice comme au château de Lusignan.» Darnach hat also Melusina auch in Luxemburg einen Turm gebaut, wo sie wie in Lusignan ihr Wesen hatte, d. h. doch wohl, sich in ihrer außermenschlichen Form, als Fee, zeigte. Kauder glaubt wohl mit Recht, daß in dieser Mitteilung eine Verknüpfung des Grafen Siegfried, des Ahnherrn des Luxemburger Hauses, mit der sagenhaften Frau zu sehen sei und so hätten wir hier die älteste Andeutung der späteren Sage.

Wie es scheint, ist den Forschern eine andere, noch weiter zurückgehende Stelle entgangen. In den von Johann Aurifaber herausgegebenen Tischreden Luthers kommt der Reformator einmal auf die bekannte

---

[3]) Kauder a. a. O. 8. J. G. Th. Grässe, Lehrbuch einer allgemeinen Literärgeschichte, 1842, II, 3, 1 S. 385: „Quamquam non me praeterit, circumferri jampridem libellum vernacula lingua conscriptum, de foeminae Melyssinae praestigiis, altero quoque die pubetenus in anguem commutari solitae, quam inter majores Henrici VII. connumerare nituntur d. i. obgleich mir nicht unbekannt ist, daß schon längst ein Büchlein in der Volkssprache (also ein „Volksbuch") verbreitet ist, von den Wundertaten der Frau Melusina, die sich an bestimmten Tagen an der untern Leibeshälfte in eine Schlange zu verwandeln pflegte und von der man zu beweisen sucht, daß sie unter die Ahnen Heinrichs VII. zu rechnen sei". (vgl. seine Schrift de rebus gestis imperatoris Henrici VII. libellus.)

[4]) a. a. O.: Quin et in Oceani insula quadam novem Gallicenas illas fuisse tradunt auctores, cum aliis artibus praeditas, tum vertendi se in quas formas liberet. Quibus ex locis ortam fuisse Melyssinam non est absurda conjectatio d. i. es erzählen ja die Autoren, daß auf einer Insel des Ozeans jene neun Gallicenen gewesen seien, die neben andern Künsten auch die Macht hatten, jede beliebige Gestalt anzunehmen. Daß Melusina von diesem Ort stammte, das ist keine törichte Vermutung! Pomponius Mela erzählt de situ orbis III 6: „Sena in Brittanico mari, Osismicis adversa littoribus, Gallici numinis oraculo insignis est: caius antistites, perpetua virginitate sanctae, numero novem esse traduntur: Gallicenas vocant, putantque ingeniis singularibus praeditas, maria ac ventos concitare carminibus, seque in quae velint animalia vertere, sanare, quae opud alios insanibilia sunt, scire ventura et praedicare: sed non nisi deditas navigantibus, et in id tantum, ut se consulerent profectis d. i. Sena im britannischen Meere, den osismischen Gestaden (der Bretagne) gegenüber gelegen, ist ausgezeichnet durch das Orakel einer gallischen Gottheit: dessen Vorsteherinnen, durch ewige Jungfräulichkeit geheiligt, sollen an Zahl neun betragen; man nennt sie Gallicenen und glaubt, daß sie mit besondern Gaben ausgerüstet seien, daß sie Meer und Wind durch Zauberlieder erregen und sich in jede gewünschte Tierform verwandeln und heilen könnten, was für andere unheilbar sei, und daß sie die Zukunft wüßten und voraussagten; aber sie täten dies nur den Schiffern und nur solchen, die zu diesem Zweck, nämlich ihren Rat anzuholen, ausgefahren seien". Man sieht, dieser Bericht des alten Geographen hat nichts mit Melusina zu tun und offenbar ist Vicerius nur durch die Verwandlungsgabe und durch die in der Melusinensage genannte britische Insel Avalon auf seine Kombination gekommen.

[5]) Frère Estienne de Cypre de Lusignan, Les généalogies de 67 très nobles et très illustres maisons. 1586 f. 100 verso vgl. Kauder a. a. O. 33.

Sage von den Toten von Lustnau[6]) zu sprechen und dort heißt es[7]): «Doctor M. Luther sagte, daß er selbst von H. Johans Friderich, Churfürsten zu Sachsen, ein Historien gehört hett, daß ein Geschlecht von Adel in Teutschland gewesen, dieselbigen weren geboren von einem Succubo[8]), denn so nennt mans, wie denn die Melusina zu Lützelburg auch ein solcher Succubus oder Teuffel gewesen etc.» Hier ist klipp und klar die Fee mit der Stadt Luxemburg verbunden, noch vor der Mitte des 16. Jahrhunderts. Es gibt zwar auch ein Lützelburg nicht weit von Zabern im Elsaß und auch dort wird eine Melusinensage erzählt, freilich in etwas anderer Fassung, verbunden mit der Sage vom Erlöser in der Wiege.[9]) Aber hier ist sie offenbar sekundär und durch die Übereinstimmung der Ortsnamen auf den zweiten Ort übertragen, während die Verbindung Luxemburgs mit der Sage durch die Genealogie nahegelegt war. Freilich ist anzunehmen, daß in die Form, welche die Sage im 19. Jahrhundert angenommen hat, fremde Bestandteile eingedrungen sind. Immerhin war ihr Grundstock schon in der ersten Hälfte des 16. Jahrhunderts mit der alten Siegfriedsburg verknüpft und diese Gestalt der Erzählung in Deutschland so verbreitet, daß Luther sie kannte. Cederstolp brauchte sie nicht erst einzuschwärzen. Das Zeugnis Luthers schiebt sich in erwünschter Weise in die übrigen ein, um das hohe Alter der Luxemburger Sage zu sichern.

Literarisches.

Von der Hofmusikalienhandlung Guill. Stomps dahier liegen uns vier hervorragende musikalische Novitäten vor. Guill. Stomps war der erste, der hierzulande musikalische und musikalisch-dramatische Werke, mit den Klassikern Dicks und Lentz angefangen, in mustergültiger Weise dem Publikum zugänglich machte, und bringt noch fortwährend die ausgesuchtesten Perlen unserer Nationalliteratur auf den Markt.

1. Das Volléckssteck «A schlechter Gesellschaft» a fennef Akten vum H. Folchette und Jean Eiffes ist tatsächlich eine dieser Perlen, ein Schlager ersten Ranges, das haben unsere Vereine gleich herausgefunden, denn nach Dutzenden zählen jene, welche das Aufführungsrecht bereits erworben haben. Eine Musteraufführung findet noch diesen Monat im hiesigen Volkshaus durch den «Cercle amical des jeunes gens cath.» statt.

De «Franz», Sohn einer geachteten Witwe und Neffe des Bürger-

---

[6]) Vgl. dazu Grimm, Deutsche Sagen I, 112, Nr. 45 (Ausg. von K. Schneider Berlin, Bong) Uhlands Ges. Werke V, 203 f. (Ausg. von Hermann Fischer, Stuttgart Cotta).

[7]) Colloquia oder Tischreden Doctor Martini Lutheri etc. Durch Johannam Aurifabern. Frankfurt a. M. 1574 Bl. 213. Uhland a. a. O.

[8]) d. i. Buhlteufel und zwar der weibliche. Vgl. über Luthers darin durchaus mittelalterische Anschauungen E. Klingner, Luther und der deutsche Volksaberglaube (Palaestra LVI). Berlin. 1912, 55 f. wo auch Melusina genannt ist.

[9]) Strassburger Post 1910, Nr. 584 und meine Bemerkungen im Jahrbuch für Geschichte, Sprache nud Literatur Elsaß-Lothringens XXVI Strassburg 1910, 331, wo ich freilich fälschlich Luthers Erwähnung der Melusina auf das elsässische Lützelburg bezogen habe. Als gute Fee tritt Melusina übrigens auch in St. Avold-Rosseltal auf vgl. Menges, Hundert Sagen und Geschichten aus Elsaß-Lothringen 144.

meisters wird durch einen schlechten Freund auf Irrwege geführt und zum Schmuggel und Diebstahl verleitet, bis er schließlich wegen Verdachts der Ermordung eines Grenzwächters, die in Wirklichkeit der böse Freund auf dem Gewissen hat, der aber die Schuld auf Franz abzuleiten wußte, ins Gefängnis gerät. Der Verführer «Karels Jang» wird bei einem Zusammenstoß mit der Gendarmerie und den Grenzwächtern tötlich verwundet und gesteht auf dem Sterbebett die Tat ein und «Franz» wird wieder in Ehren aufgenommen.

Das Stück ist durch wunderbar schön erfundene Melodien, ein hübsches Vorspiel und dramatische und höchst spannende Szenen ausgezeichnet. Ergreifend ist das Lied des Franz «Zwė långer Joer» recht ansprechend das Duett zwischen dem Brautpaar Hary a Ketty, wie auch das Duo des andern Paares Lisa 'a Franz. Wir können das Stück das geeignet ist, einen ganzen Abend zu füllen, bestens empfehlen. Die Zuhörer wie auch die Darsteller werden reichlich auf ihre Rechnung kommen.

2) Der Schwank oder besser gesagt D'löschteg Komédésteck an zwèn Akten «Um Wäschbour» vum J. Salomon und Jean Eiffes ist weniger schwierig aufzuführen und daher bereits vielfach zur Aufführung angenommen. Schon der Titel verrät, wohinaus das Stück will und daß es vollauf zu lachen gibt. Gesunder luxemburger Humor würzt die amüsanten und abwechslungsreichen Szenen, die Sache ist voll geraten und verspricht einen heiteren Abend, der durch hübsche, gefällige, theatralische Musik verschönert wird, und für heitere Abende in der kommenden Fastnachtszeit wie geschaffen ist.

3) Aus der Hémécht, Band VIII. Viele angenehme Stunden hat diese Sammlung, welche sozusagen in keinem echt Luxemburger Hause fehlt, uns allen schon gebracht. Es sei hier mit Dank festgestellt. Erinnern wir nur an die schönen Lieder der Altmeister Lentz und Menager! Das neue Bändchen enthält mehrere heitere Vortragskouplets, sowie einige tiefernste Lieder, alle wohlgefällig und neuartig, die sich zum Vortrag vorzüglich eignen und vollen Erfolg sichern. Besonders sind zu erwähnen «Amerikalid», «De Cocher» und «Weinlidd» von Josy Hames sowie die beiden Lieder von Wachter. «An der Friemd» von Petit ist sehr ansprechend.

4) Vier Lieder aus «De Chançard» und «Vun der Rés erem» von E. Pauly und Josy Hames. Gediegene, anheimelnde neuartige Musik in französischem Stile, die volkstümlich wirkt, hat Josy Hames zu den hübschen Texten geschrieben. Die lustigen und originellen Kouplets «Méng Freiesch» und «Mondorf Lidd» sind vielfach schon bekannt. Die Aufführung der Operette «De Chançard», «Schaukellidd» und «En arme Jong» sind wahre Charakterlieder von hervorragender Wirkung, neuartig und zeitgemäß.

Wir empfehlen es jedem sich sowohl mit den Poesien als auch soviel als möglich mit der Musik dieser neuen Publikationen bekannt zu machen und dieselben in seine Bibliothek aufzunehmen. Es wird niemanden gereuen! Die Ausstattung ist wie immer eine mustergültige.

X.

Critique littéraire.

Paul Medinger: Armorial de l'ancienne noblesse du Grand-Duché de Luxembourg. Illustrations de F. Fidèle G. Sorti des presses de Vromant & Cie, Rue de la Chapelle 3 à Bruxelles 1919.

Paul Medingers «Luxemburger Wappenbuch» ist die diesjährige Programmabhandlung der vereinigten Mädchenlyzeen Luxemburg und Esch. Nicht dem Programm beigebunden, sondern separat, als prächtig ausgestattete Broschüre, bietet sich diese Arbeit dar. Sie reiht sich würdig all den bedeutenden Programmabhandlungen an, welche unsere Landesgeschichte so gründlich behandeln und von denen ich hier nur einige der letzten Jahre nennen möchte: Oster: Revenus princiers du XVe siècle — Kapp: La ville d'Echternach sous le régime de sa franchise et de ses coutumes locales — Wolter: Einiges über die Grundbesitzverhältnisse von zwei luxemburgischen Gemeinden, 1766 — van Werveke: Les villes luxembourgeoises et leurs affranchissements — Peffer: Le pays et la franchise de Wiltz sous le régime féodal — Wilhelm: La seigneurie de Münster ou l'abbaye de N. D. de Luxembourg pendant les cinq premiers siècles de son existence sowie des unvergeßlichen E. Wolff meisterhafte Leistungen: Le siège de Luxembourg; Le blocus de Luxembourg; Un humaniste luxembourgeois au XVIe siècle: Latomus Arlumensis. Doch nicht wie diese Abhandlungen bietet sie die geschichtliche Darstellung einer Periode, eines Ortes, eines Institutes der luxemburgischen Geschichte, sondern sie ist ein Handbuch und zwar das Handbuch der luxemburgischen Wappenkunde.

Es ist mehr als bloße Quellenarbeit, es ist das Ergebnis jahrelangen, emsigen, systematischen Forschens, das bestimmt wurde durch den mündlichen Vortrag an unsern Mittelschulen in Diekirch und Luxemburg. Denn der Autor behandelte die luxemburgische Heraldik mit seinen Schülern und Schülerinnen, denen er auch sein Werk widmet. Ehre ihm dafür, denn wir andern haben 7 lange Jahre hindurch Geschichte von allen möglichen und unmöglichen Fürsten, Kriegen und Ländern studiert, aber von luxemburgischer Heimatgeschichte haben wir keine blasse Ahnung erhalten. Ehre ihm deshalb und Dank, daß er uns hier ein Werk vorlegt, in dem wir die so wichtige geschichtliche Hilfsdisziplin der Heraldik kennen lernen können, von der er selbst sagt, daß sie «die schönste und zugleich die leichteste Hilfsdisziplin der Geschichte ist.»

Der Verfasser gibt im 1. Teil seiner Arbeit eine theoretische Einführung in die Wappenkunde im allgemeinen. Alles Verwirrende läßt er beiseite, hier operiert der klar dozierende Lehrer. Aber an Anschaulichkeit hätte dieser Teil sicher durch die Beigabe erläuternder Textfiguren gewonnen.

Der 2. Teil bringt das eigentliche «Luxemburgische Wappenbuch». Er beschränkt sich auf die Wappen des luxemburgischen Uradels, d. h. der adligen Geschlechter vor 1450 innerhalb der Grenzen des heutigen Großherzogtums. Wohl kommen nicht gerade alle Geschlechter zu

Wort, aber das dürfte der Vollständigkeit keinen großen Eintrag tun.

Medinger stützt seine Ausführungen auf die solidesten Unterlagen, auf Quellen und besonders primäre Quellen, d. h. Originalsiegel und Siegelabdrücke, zieht er heran. Das verleiht ihnen Gewißheit und Sicherheit. Die eingelegten Wappenabbildungen sind unerreicht in Darstellung und Reproduktion. Sie, sowie die Illustration und Ausstattung machen es zu einer monumentalen Leistung. Schade, daß es nicht in einer luxemburgischen Offizin hergestellt wurde.

Dieses Werk durchzuarbeiten wird keinem Forscher luxemburgischer Geschichte erspart bleiben. Möge es deshalb eine seinem innern Werte und seiner äußern Ausstattung entsprechende Verbreitung finden, die besonders dadurch erleichtert wird, daß das Buch direkt vom Autor oder durch den Buchhandel zu beziehen ist.

Mögen diesem Werke noch andere folgen, die unserer luxemburgischen Geschichtsschreibung auf wissenschaftlicher Grundlage die Wege ebnen durch Darlegung vorerst der geschichtlichen Hilfsdisziplinen: der luxemburgischen Paläographie (Urkundenlehre) und Diplomatik, der Sphragistik (Siegelkunde) und Historiographie (Quellenkunde). Das wäre der Unterbau des zu erwartenden monumentalen luxemburgischen Geschichtswerkes der Zukunft. H.

Subskriptionsliste.

Die im Laufe des Jahres ausgeschriebene Subskription hat dem Verein bisher von seiten verschiedener Mitglieder und Gönner ansehnliche Beiträge eingebracht, wofür der Vereinsvorstand an dieser Stelle den opferwilligen Spendern seinen herzlichen Dank ausspricht. Falls die Subskription auch weiterhin ein gleich günstiges Ergebnis erzielen sollte, so wäre die Vereinskasse vielleicht imstande, die Mehrkosten des geplanten Jubiläumsbandes trotz der nachgerade ins Ungeheuere anwachsenden Druckkosten zu tragen. Gegenwärtig stehen für diesen Band mehrere sehr ansprechende Arbeiten aus dem Gebiete der Volksgebräuche, der heimatlichen Geschichte und Literatur zur Verfügung, die allen Freunden heimatlichen Wesens sicher willkommen sein werden. Es wird den Subskribenten gewiß zur Genugtuung gereichen, Veröffentlichungen dieser Art durch ihren Beitrag persönlich gefördert zu haben.

Übertrag	564,75 Fr.
I. G. in L.	20,00 Fr.
D. H. in L.	7,50 Fr.
P. M. in L.	50.00 Fr.
	642,25 Fr.

Vereinsnachrichten.

Am 14. Dezember verstarb zu Luxemburg Herr **Johann Peter Kœnig**, Ingenieur-Architekt, langjähriges, treues Mitglied unseres Vereines. Er ruhe in Gottes heiligem Frieden. Der Familie des Verstorbenen unser herzlichstes Beileid!

Herr **Johann Baptist Harsch** aus Grevenmacher hat am 21. November das Schlußexamen für den Grad als Apotheker mit Auszeichnung bestanden.

Herr **Peter Gœtzinger** aus Sandweiler hat die Prüfung als Advokat mit bestem Erfolge bestanden.

Mgr. Hr. Dr. **Johann Peiffer**, Kapitularvikar, wurde in Anerkennung seiner großen Verdienste um die Diözese Luxemburg, zum Päpstlichen Hausprälaten (Antistes Romanus id est Praelatus Noster Domesticus) ernannt durch Breve S. P. Heiligkeit Benedikt XIV. ernannt.

Diesen drei Herren unsere herzlichsten Glückwünsche!

Am 31. Oktober wurde Herr **Joseph Hurt**, Privatpriester aus Grevenmacher, zum Vikar der St. Josephspfarrei in Esch an der Alzette ernannt, in Ersetzung des Herrn **Michel Kœner**, welchem krankheitshalber ein Urlaub auf unbestimmte Zeit bewilligt wurde. Dem ersteren dieser Herren wünschen wir recht vielen Mut und tüchtiges Wirken, dem letzteren baldigste, vollständige Genesung.

Dem hochw. Herrn **Dominik Heckmes**, Domchorregent, wurde von von I. K. H. der Großherzogin Charlotte das Ritterkreuz des Nassauischen Hausordens verliehen. Auch diesem Herrn unsere herzlichste Gratulation!

Für den Vorstand,
Der Vereinspräsident, **M. Blum.**

Literarische Novitäten und Luxemburger Drucksachen.

Anzeiger des Oekonomischen Beamtenvereins Luxemburg. Konsumgenossenschaft. Herausgegeben vom Verwaltungsrat. P. Worré-Mertens (J. P. Worré, Nachfolger), Luxemburg. — In zwangloser Folge erscheinendes Blatt in 4°, dessen Nr. 1 datiert ist vom 1. Oktober 1919.

Dumont Willy. Um Hêmwê. Operett an zwe'n Akten. Musek vum Pol Albrecht, Letzeburg. Egentom vun der Dréckerei Linden & Hansen. 1919. — 32 SS. in 8°. — Nr. 18 vun „Letzeburger Allerlê".

Folchette H. A schlèchter Gesèllschaft. Volleksstèck a fenef Akten. Musèck fum Jean Eiffes. Druck von F. M. Geidel, Leipzig. O. D. (1919). Verlag an Egentom fum Guill. Stomps zu Letzebureg. — Nr. 12 von „Nei Letzeburger Theaterstécker. Klawêer-Partitur mat vollstènnegem Text". — 24+26 SS. in 4°.

Genossenschafts-Kalender (Luxemburger landwirtschaftlicher) für das Jahr 1920, herausgegeben vom Allgemeinen Verband landwirtschaftlicher Lokalvereine des Großherzogtums Luxemburg. Luxemburger Kunstdruckerei Dr. M. Huss, Luxemburg. — 112 SS. pet. in 4°, mit zahlreichen Illustrationen.

Hames Josy. 4 Lidder aus „De Chançard“ an „Vun der Rés erem“ vum E. Pauly komponĕert fir Gesank mat Klawĕerheglédonk. Verlag an Egentom vum Guill. Stomps zu Letzeburg. Druck von C. G. Röder G. m. b. H., Leipzig. — O. D. (1919). — 17 SS. in 4°.

Héméeht (Aus der). Letzeburger Liddercher fir Gesank mat Klawĕerheglédonk. Band VIII. Verlag fum Guill. Stomps zu Letzeburg. Lith. Anst. v. C. G. Röder, Leipzig. O. D. (1919.) — 25 SS. in 4°.

Hœfler Albert. Rosenblust und Sonnengold. Ein Büchlein Verse. Linden & Hansen, Luxemburg. — Ohne Datum. (1919.) — 23+1 SS. in 12°.

Klensch Albert. Auto-Annuaire luxembourgeois 1919—1920. Luxembourg. Imprimerie Linden & Hansen. (1919.) — 128 pp. in 8°.

Idem. Grand Almanach Babert. 1920. Seul Almanach luxembourgeois de langue française (4me année). Dédié à La Lorraine Martyre et spécialement aux villes de Longwy et Verdun, filleules du Grand-Duché de Luxembourg. Luxembourg. Linden & Hansen, imprimeurs. — 144 pp. gr. in 8° avec 1 plan, 4 portraits et nombreuses figures.

(**Klepper Bernardus.**) Directorium Romano-Luxemburgense seu Ordo Divini Officii recitandi Sacrique peragendi ad usum Cleri Diœcesis Luxemburgensis RR. DD. Joannis Peiffer Vicarii Capitularis Sede vacante Jussu et auctoritate editus pro anno bissextili MCMXX. Luxemburgi. Ex typographia ad S. Paulum. 1919. — 120 pp. in 8°.

Kritik (Die). Politisches Organ der „Unabhängigen Volkspartei“ für Wahlbezirk Zentrum (Luxemburg und Mersch). Buchdruckerei Linden & Hansen, Luxemburg. — Monatlich erscheinendes Blatt in 4°, dessen Nr. 1 datiert ist vom Donnerstag, den 23. Oktober 1919.

Luxembourg (Le) au Tournant de l'Histoire. Foi et Reconnaissance d'un petit peuple libre. Numéro spécial de la „Nation“. Organe de l'Union nationale Luxembourgeoise. Édition française. Bibliothèque Nationaliste: N° 9. Luxembourg. P. Worré-Mertens, imprimeur-éditeur. J.-P. Worré, successeur. 1919. — 99 p. in 4°, avec 54 illustrations dans le texte.

Luxembourg français (Le). S. l. ni d. ni nom d'impr. (Luxembourg. Joseph Beffort. 1919.) — 16 pp. in 8°. — *Recueil de poésies.*

(**Mack Friedrich.**) Luxemburger katholischer Volkskalender für das Jahr 1920. Herausgegeben vom Luxemburger katholischen Volksverein. Luxemburg. Druck der St. Paulus-Gesellschaft. 1919. — 155+5 p. pet. in 4°, mit zahlreichen Illustrationen.

Marienkalender (Luxemburger) für das Jahr 1920. 44. Jahrgang. Luxemburg. Druck und Verlag der St. Paulus-Gesellschaft. (1919.) — 16+153+47 SS. pet. in 4°.

Medinger Pierre. L'eau de la piscine à l'Établissement des bains de Luxembourg. Tiré-à-part du Bulletin de la Société des Naturalistes luxembourgeois. P. Worré-Mertens (J.-P. Worré, successeur). Luxembourg. S. d. (1919.) — 3 pp. in 8°.

Idem. L'histoire d'une expérience. Tiré-à-part du Bulletin de la Société des Naturalistes luxembourgeois. Luxembourg. P. Worré-Mertens (J.-P. Worré, successeur), Luxembourg. S. d. (1919.) — 4 pp· in 8°, avec 4 figures.

Idem. Les vins de la Haute-Moselle luxembourgeoise. Tiré-à-part du Bulletin de la Société des Naturalistes luxembourgeois. P. Worré-Mertens (J.-P. Worré, successeur), Luxembourg. S. d. (1919.) — 12 pp. in 8°.

Nicotra Sebastien. (Mgr.) Allocution de Son Excellence à l'occasion du Mariage de Leurs Altesses Royales Madame la Grande-Duchesse Charlotte de Luxembourg avec Monseigneur le Prince Félix de Bourbon de Parme béni en l'Église Cathédrale de Luxembourg le 6 novembre 1919. Imprimerie St. Paul, Luxembourg. (1919.) — 6 pp. in 4°, avec les armoiries de Son Excellence sur la couverture.

Pletschette Guillaume. Oeuvre des Jeunes-Economes de la Ville de Luxembourg. Compte-Rendu des résultats de la 69me année suivi de la liste des Jeunes-Economes et des souscripteurs de l'Oeuvre. Aidez-nous! Août 1919. Luxembourg. Imprimerie de la Société Saint-Paul. 1919. — 16 pp. in 8°.

Question luxembourgeoise (La). Editée par le Bureau de Presse luxembourgeois. Novembre 1918. Imprimerie coopérative, Berne, Rue Neuve, 34 — 63 pp. Lex. in 8°.

Renseignements statistiques sur l'organisation, le mouvement et le rendement des services postal, télégraphique et téléphonique (du Grand-Duché de Luxembourg) pendant les années 1917 et 1918. Luxembourg. Imprimerie de la Cour Victor Bück (Bück frères, successeurs). 1919. — 41 pp. pet. in 4°.

Salomon J. Um Wäschbour. Komĕdĕstéck an zwĕn Akten. Muséck vum Jean Eiffes. Druck von F. M. Geidel, Leipzig. O. D. (1919.) Verlag an Égentom fum Guill. Stomps zu Letzebureg. — Nr. 11 von „Nei Letzeburger Theaterstécker. Klawĕer-Partitur mat vollstennegem Text". — 9+28 SS. in 4°.

Sevenig Joseph. Une curiosité de Mondorf-les-Bains. L'église paroissiale. Imprimerie Ch. Hermann. Luxembourg. (1919.) — 39+8 pp. in 8°, avec 11 gravures dans le texte.

Verzeichnis der Kirchen und der Geistlichen in der Diözese Luxemburg für das Jahr 1920. Luxemburg. Druck der St. Paulus-Gesellschaft. 1919. — 56+22 SS. in 8°.

Ons Hémecht.

Organ des Vereins

für

Luxemburger Geschichte,

Literatur und Kunst.

Herausgegeben

von dem Vorstande des Vereins.

Sechsundzwanzigster Jahrgang.

1920.

Esch-an-der-Alzette.
Buchdruckerei Nic. NEUENS
Selbstverlag des Vereins
1920.

Inhaltsverzeichnis.

I. — Vereinssachen.

A. Geschäftliches.

N. B. Den Heften von Januar bis Oktober wurde ein separat numeriertes Inhaltsverzeichnis zu den 25 ersten Jahrgängen der „Hémecht" beigelegt, welches im Ganzen 72 Gross-Oktav-Seiten umfasst.

B. Personalnachrichten aus dem Verein.

II. Geschichtliches.

III.— Literarisches.

IV. — Rezensionen.

V. — Verschiedenes.

Ons Hémecht
Organ des Vereines für
Luxemburger Geschichte, Litteratur
und Kunst

26. Jahrg. 1. u. 2. Heft. Jan. u. Febr. 1920.

Jeder Autor ist verantwortlich für seine Arbeit.

Jubiläumsfeier des fünfundzwanzigjährigen Bestehens des „Vereines für Luxemburger Geschichte, Literatur und Kunst“ sowie dessen Organes „Ons Hémecht“.

Fünfundzwanzig Jahre sind verflossen seit am 18. Oktober 1894 unser „Verein für Luxemburger Geschichte, Literatur und Kunst gegründet, und am 1. Januar 1895 die erste Nummer dessen Organes „Ons Hémecht“ veröffentlicht wurde. Mit der vorliegenden Nummer treten wir also ein in das erste Jahr des zweiten Vierteljahrhunderts ihres Bestehens. Unnötig darauf hinzuweisen, was Alles unser Verein während dieser Zeit erreicht. Einen, wenn auch nur schwachen Begriff davon, wird das im Laufe des Jahres mit den einzelnen Nummern zu versendende General-Inhaltsverzeichnis der 25 ersten Jahrgänge der „Hémecht“ geben. Von kleinen, bescheidenen Anfängen ausgehend, hat sich selbe in der Periodischen Literatur nicht nur des Inlandes, sondern auch im Auslande einen ehrenvollen Platz zu erobern gewußt. Als wichtige Geschichtsquelle finden wir sie in größeren und kleineren Werken und Zeitschriften sehr häufig zitiert und recht günstig bewertet.

Lag es da nicht auf der Hand, daß, nach Ablauf eines vollen Vierteljahrhunderts, wir ein sogenanntes „Jubiläumsfest“ begehen sollten? Bereits im Eingangsaufsatze zum ersten Heft des 25. Jahrganges hatten wir auf den darauf bezüglichen Beschluß des Vereinsvorstandes hingewiesen. Darin schrieben wir: „Hoffen wir aber, daß jetzt, wo die Friedenstaube winkt, „auch bald wieder bessere Zeiten für unser Organ anbrechen werden.“ Leider ging diese unsere Hoffnung nicht in Erfüllung. Und doch hielten wir, trotz aller Schwierigkeiten immer noch an dieser Hoffnung fest, und — was gewiß nicht zu verachten ist — konnten wir uns nicht dazu entschließen, den bisherigen Vereinsbeitrag, resp. den Abonnementspreis zu erhöhen.

Für das Jahr 1920 wurden uns aber derartig exorbitante hohe Druckpreise abgefordert, daß dem Vorstande nur die Wahl blieb, die so liebgewordene, allseitig geschätzte „Hémecht“ entweder **eingehen zu lassen** *oder aber die* **Cotisation, resp. den Abonnementspreis zu erhöhen.** *Nach reiflicher Ueberlegung entschloß sich der Vorstand einstimmig zu dem letzteren, und wurde dieser Beschluß denn auch im letzten Hefte des Jahrganges 1919 angezeigt.*

Daß unter solchen Umständen es dem Vorstande leider unmöglich ist, an die Herausgabe eines eigenen Jubiläumsbandes zu denken, ist selbstverständlich. Doch hat derselbe in seiner letzten Sitzung beschlossen, im Laufe des Jahres eine eigene Jubiläumsbroschüre zu veröffentlichen, ähnlich wie das der Luxemburger Landes-Obst- und Gartenbauverein getan hat.

Anschließend an diese Zeilen möchten wir an alle unsere bisherigen Mitglieder und Abonnenten die höfliche aber auch **dringende** *Bitte richten, falls sie das noch nicht getan haben, ihren Beitrag für 1920* **baldmöglichst** *einzureichen und sich dazu des beiliegenden Postmandates-Formulars zu bedienen.*

Auch erlauben wir uns nochmals allen, die guten Willens sind, unsere Subskriptionsliste in gefällige Erinnerung zu bringen.

Für den Vorstand.

Der Vereinspräsident.

Martin Blum.

Beiträge zur Geschichte verschiedener Pfarreien.

(Fortsetzung.)

Nachtrag zur Pfarrei Lenningen.

Dort hatten wir bemerkt, daß die zur Pfarrei gehörenden 5 Höfe im Visitationsbericht nicht namhaft gemacht seien. Hr. P. Bové, früher Pfarrer daselbst, teilt uns dieselben freundlichst mit. Es waren: 1. Schenerhof, 2. Bicherhof (Bucherhof); sie gehören beide zur heutigen Pfarrei Canach. 3. Eillerei, unweit von Bicherhof, bestand noch gegen 1880, ist heute verschwunden; 4. Hackenhof; 5. Pleitringen. Beide gehören zur Pfarrei Oetringen.

17. Niederdonven.

1. Der hl. Bischof Martinus ist Kirchenpatron. Die Pfarrei umfaßt die Dörfer Niederdonven, Oberdonven, Ahn und Beyren mit zusammen 380 Kommunikanten.

2. Weltlicher Herr ist zu Ober- und Niederdonven Frau Dewinne zu Grevenmacher; zu Ahn und Beyren aber Peter Galbermon, Provinzialpräfekt zu Grevenmacher.

3. Das Patronatsrecht steht dem Dekan der Metropolitankirche von Trier zu und zwar in allen Monaten. Der derzeitige Pfarrer und alle seine Vorgänger erhielten die Pfarrei von ihm.

Zehntherr ist innerhalb der ganzen Pfarrei das Trierische Metropolitankapitel. Als solcher ist es gehalten, das Schiff und das Chor (der Pfarrer aber das Dach des Chores) die Einwohner den Turm, den Fußboden und die Stühle zu unterhalten. Alles befindet sich in gutem Zustande. Die drei Altäre der Pfarrkirche sind konsekriert, aber nicht fundiert. Die Einwohner sind verpflichtet, die Paramente und die Kirchenleinwand zu stellen. Alles ist vorhanden bis auf die grüne Farbe. Die ewige Lampe brennt nur an den Hauptfesttagen. Der Kirchhof ist auf einer Seite mit einer Mauer, auf der anderen Seite mit einem Zaun umschlossen. Das Kreuz fehlt auf demselben.

Filialkirchen oder Annexen gibt es drei: je eine in Oberdonven, Ahn und Beyren. Alle drei sind mit dem Notwendigen versehen. Jedoch residiert bei keiner derselben ein Vikar. Die Einwohner der Filialen erkennen die Pfarrkirche in Niederdonven als Mutterkirche an und halten dort Ostern.

4. Die Geistlichkeit besteht nur aus dem Pfarrer Peter Ruppert, aus Oberdonven gebürtig; er leitet die Pfarrei seit 1729. In Niederdonven wohnt auch noch der nicht approbierte Frühmesser Michel Thorn. Er scheint auch Lehrer gewesen zu sein. Der Pfarrer stellt ihm das Zeugnis aus, er versehe sein Amt vorschriftsmäßig und mit großem Eifer.

5. Die Einkünfte der Pfarrei werden nicht genau angegeben. Sie bestehen im Ertrage des großen und des kleinen Zehnten vom Getreide, vom Wein, und vom Heu auf allen Bännen der Pfarrei.

6. Benefizien sind keine vorhanden. In Niederdonven befinden sich zwei öffentliche Kapellen, die eine ist dem hl. Wendelinus, die andere dem hl. Antonius von Padua geweiht; sie sind nicht dotiert.

7. Aergernisse sind keine zu verzeichnen. — Mit dem Pfarrer haben unterschrieben Wilhelmus Lentz von Oberdonven; Mathias Beydert (?) von Oberdonven; Adam Punnell von Ahn; Nikolaus Punnell und Mathias Thies, beide von Niederdonven, haben gehandzeichnet am 16. August 1755 zu Lenningen, wo die Visitation abgehalten wurde.

8. Im Verlauf der Visitation war bemerkt worden, daß der Frühmesser Michel Thorn nicht approbiert sei, und Klage erhoben worden, daß aus dieser Ursache die Frühmesse ohne Predigt sei und diejenigen Leute, welche nur dieser Messe beiwohnten, stets des christlichen Unterrichtes entbehren müßten. Der Pfarrer wird wohl abwechselnd in Ahn oder Beyren die Frühmesse mit Unterricht gehalten haben. Der Visitator beschließt, in Zukunft nur einen zum Predigen und Beichthören approbierten Frühmesser für die Pfarrei Niederdonven zuzulassen, damit der christliche Unterricht nicht mehr ausfalle.

Endlich wurde verordnet, daß eine grüne Kasel angeschafft werden müsse. Auch müsse das fehlende Inventarium der Kirchengüter angefertigt werden.

18. Wormeldingen.

1. Kirchenpatron ist der hl. Johannes der Täufer. Die Pfarrei besteht ausschließlich aus dem Dorf Wormeldingen. Höfe hat es keine. Die Zahl der Kommunikanten beträgt 285.

2. Weltlicher Herr ist die Königin von Ungarn und Böhmen.

Das Patronatsrecht gehört dem Abt der Königlichen Abtei Bouzonville nicht in allen Monaten. Dem derzeitigen Pfarrer wurde die Pfarrei durch den Grafen Karl Philipp de Lamberty, Abt von Bouzonville, seinem Vorgänger von dem Prinzen von Nassau, Kanoniker der Kathedrale von Köln und Abt zu Bouzonville (abbas commendatarius) verliehen.

Zehntherr von der Hälfte des Getreides und des Heues ist der genannte Abt und sein Convent; die andere Hälfte bildet das Einkommen der Pfarrei.

3. Die neuerbaute Kirche ist noch nicht konsekriert, weil sie von den Experten noch nicht angenommen ist. Das Chor, der Turm, der Fußboden und die Bänke sind in gutem Zustande. Der Abt hat das Schiff und den Fußboden, der Pfarrer das Chor, und die Einwohner den Turm und die Bänke zu unterhalten.

Die 3 Altäre sind nicht konsekriert, wohl aber mit ganzen Altarsteinen, die geweiht sind, versehen.

Nichts fehlt an Paramenten und Kirchenleinwand. Die Kirchenfabrik hat hierfür aufzukommen.

Die ewige Lampe brennt während der Fastenzeit. Der Kirchhof ist ringsum eingeschlossen und mit dem Missionskreuz geschmückt.

Filialen, öffentliche Kapellen, Hauskapellen und Benefizien sind nicht vorhanden.

Ein Schulhaus gibt es nicht, doch wird Schule gehalten und versieht der Lehrer sein Amt vorschriftsmäßig. Knaben und Mädchen sitzen getrennt.

Zwei Bruderschaften bestehen: 1. diejenige vom Scapulier vom Berge Karmel; 2. die von der christlichen Lehre. Der Pfarrer kommt aus freien Stücken für den Unterhalt derselben auf.

4. Pfarrer ist Herr Joh. Franz Leopard aus der Diözese Trier. Er leitet die Pfarrei im 3. Jahre. Der approbierte Vikar Ignaz Wagener hilft ihm aus. — Andere Geistliche wohnen nicht in der Pfarrei.

5. Mit dem Pfarrer unterschreibt: Johannes Bach, Synscheffen und Meyr vom Kreuzgericht, Mathes Punnel (M. P.) und (J. A.) Joh. Adam, synodalen handzeichnen.

6. Bei der Untersuchung wurde alles in bester Ordnung gefunden. Die Synodalen stellten dem abwesenden Pfarrer das beste Zeugnis aus und hatten keine Wünsche zur Besserleitung der Pfarrei vorzubringen. Deshalb wurde von besonderen Verordnungen abgesehen. Die Visitation fand zu Lenningen am 16. August 1755 statt. (Fortsetzung folgt.)

Leben und Wirken des hochw. Hrn. Theod.-Zeph. BIEVER.

(Fortsetzung.)

XXXVII. Besuch in Madaba. Versetzung nach Beit-Sahur.

Um sich für die vereitelte Europareise zu entschädigen, beschloss Biever, da er der Erholung dringend bedurfte, eine Reise nach dem Ostjordanland und in seine ehemalige Pfarrei Madaba. In zwei äußerst interessanten Briefen (Tabgha 22. Mai und 25. Oktober 1904) berichtet er über dieselbe. Ich entnehme daraus

Folgendes: „Ich habe diesen Sommer eine Reise von 33 Tagen „zu Pferde gemacht, nämlich ins Ostjordanland und also auch in „meine alte Beduinenmission (Madaba). Da war Freude in Israel. „Die alten Beduinen, mit denen ich so manche Gefahren geteilt, „fielen mir um den Hals und das Abküssen nach Beduinensitte „(Denke Dir zwei Böcke, welche sich gegenseitig mit den Hörnern „stoßen, und schmatze dabei) wollte kein Ende nehmen. Sie „wollten mich mit Hammelfleisch zu Tode füttern. In fünf Tagen „schlachtete man mir zu Ehren 25 Hämmel. Von den Knaben und „Mädchen, welche ich in Madaba getauft, sind schon manche ver„heiratet (12—16 Jahre) und die, welche ich zur ersten hl. Kommunion „vorbereitet, sind Familienväter- und mütter, mit einem Nachwuchs „zahlreich wie der Sand am Meere. Was mich am meisten gefreut, „ist das herrliche, christliche Leben, das sich dort, dank dem rast„losen Eifer meines wackeren, leider im letzten Winter vom Typhus „dahingerafften, Nachfolgers Don Giuseppe Manfredi, entwickelt „hat. Wäre nicht Kleidung und Sprache anders, so könnte man „sich Sonntags in eine gute luxemburger Landgemeinde versetzt „glauben. Lateinischer Choralgesang mit Orgelbegleitung im „Hochamte, am Nachmittag Segen mit dem Allerheiligsten unter „Absingung einer zweistimmigen, lauretanischen Litanei, am Abend „der gemeinschaftliche Rosenkranz, welchem die meisten im Dorfe „anwesenden Männer und Jünglinge beiwohnen. Ich erinnerte „mich an das erste Hochamt, für welches ich mit den Schulknaben „während zwei Monaten die notwendigen Choralgesänge einge„pauckt hatte, und das ich dann um Weihnachten im Wolah-Tal „unter dem Zelte zelebrierte. Lateinischer Choralgesang aus „Beduinenkehlen!!! Aber doch war es ergreifend schön. Ein „silberhelles zwischen Schilf und blühendem Oleander dahin„rauschendes Bächlein, hoch auf dem Berge drüben die Trümmer „der alten Herodesburg Machärus, wo der hl. Johannes der Täufer „enthauptet wurde; einen Büchsenschuß unterhalb dem Lager „qualmten die heißen Bäder von Kallirhoe, in welchen der laster„hafte Herodes Heilung für seinen durch Ausschweifungen zer„rütteten Körper suchte und dann durch die sternenhelle Nacht „das Glöcklein, welches das Lager zur Feier der hl. Geheimnisse „zusammenrief. Male Dir das alles weiter poetisch aus und sage „mir, ob das nicht ergreifend war. Dazu war die ganze Gemeinde „durch die Beichte zum Empfang der hl. Eucharistie vorbereitet „worden und ging in der Mitternachtsmesse zur hl. Kommunion. „Wahrlich, ein Sonnenstrahl im sturmgepeitschten Leben des „Beduinenpfarrers! Doch, wo bin ich hingekommen? Les vieux „radotent! Beim Fortgehen (aus Madaba) wollte mich alles be„gleiten und ich mußte versprechen, wieder zu ihnen zurückzukehren, „en Allah rād, wenn Gott es will. . . . . Wir, d. h. mein Confrater „und ich besuchten alle sehenswerten Stätten: Pella, wohin sich „bei der Belagerung Jerusalems die ersten Christen unter ihrem „Bischofe Simon geflüchtet, el Listib (Thesbis) das Vaterland des „Propheten Elias, das Gebirge Adjlun, dann Es Salt, von Es Salt „nach Ephuhais, von dort nach Madaba, dann nach Ammān

„(Raboth Ammon) über Ermenim nach Dherasch (Gerasa), dann „über Hosson und M'keis (Gadara) und die heißen Bäder im Tale „der Hammé nach Tiberias und Tabgha, 23 Tage Reise. . . . . „Auf dieser Reise besuchte ich ebenfalls die alten Confratres in „den übrigen Missionen oder vielmehr deren Gräber, denn von „der alten Garde ist nur mehr der Missionar von Kerak übrig „geblieben. In Es Salt ein Grab, in Ephuhais item, in Ermenim „dito, in Adjlun gleichfalls, in Hosson ebenso und dann der Jüngste „und Vielversprechendste von allen, der unermüdliche, wackere „Piemontese Don Giorgio Garella, auf Anstiften des Obern der „schismatischen Griechen in Angiara meuchlings auf dem Pferde, „während er zu einem Schwerkranken ritt, erschossen. Und alle „im kräftigsten Mannesalter dahingerafft! . . . . Die ganze Tour „war ohne Unfall verlaufen; nur fühlte ich einige Tage nach meiner „Rückkehr sehr heftige Schmerzen im Kehlkopfe und ich dachte, „das Sicherste sei, einen Arzt zu consultieren. Ich begab mich „darum nach Nazareth zu den Barmherzigen Brüdern, deren Arzt „eine Wucherung im Kehlkopfe konstatierte. Nun kams ans Aus„schneiden und Ausbrennen, aber in 10 Tagen konnte ich wieder „schlingen und auch das Sprechen machte mir keine Schwierig„keiten mehr, so daß ich mich als geheilt ansehen kann, wenn „die Geschichte nicht wiederkehrt."

Die großen Strapatzen in der schrecklichen zu Tabgha herrschenden Hitze, die verschiedenen Stürze vom Pferde, allerlei Krankheiten wie das Malaria-Fieber, Kehlkopf- und Leberkrankheiten, Gicht und rheumatische Schmerzen, Nierenleiden u. s. w. u. s. w., hatten Biever's robuste Natur derart geschwächt, daß er schließlich einsah, seines Bleibens könnte nicht länger mehr in Tabgha sein. Er reichte deshalb im Jahre 1906 beim Vorstande des Deutschen Vereines vom heiligen Lande in Bonn seine Entlassung ein, welche erst im folgenden Jahre ihm bewilligt wurde. In zwei Briefen (Beit-Sahur, 3. September 1907 und 17. August 1911) finde ich hierüber folgende näheren Aufschlüsse:

„Das Datum meines Briefes (vom 3. September 1907) sagt „Ihnen, daß ich meine Residenz gewechselt habe. Hier, wie das „gekommen ist: Ich glaube Ihnen bereits geschrieben zu haben — „es sind schon 2 Jahre her — daß auf einer meiner Schultournéen „mein Pferd mich herabgeworfen hatte, indem es durch eine große „Schlange, welche ihm zwischen den Vorderfüßen durchschlüpfte, „erschreckt worden war. Ich hatte mir sehr weh am Rücken ge„tan, achtete aber anfangs nicht darauf. Weil aber die Schmerzen „beständig zunahmen, mußte ich einen Arzt zu Rate ziehen, welcher „eine Quetschung an der rechten Niere feststellte. Man verurteilte „mich zu absoluter Ruhe, zu einer Milchkur und was weiß ich „noch. Doch pflegen Sie der Ruhe, wenn Sie Arbeit bis über „den Kopf hinaus haben. Endlich scheint es sich nach und nach „wieder zu machen; doch seit dem letzten Winter merkte ich, daß „die Körperkräfte abnahmen und daß ich daran denken müßte, „mich zurückzuziehen. Nach langen Unterhandlungen wurde mein „desfallsiges Gesuch vom Vorstande des Werkes (des Deutschen

„Vereines vom hl. Lande) genehmigt, welcher so freundlich war, „mir eine Pension von 1500 Franken zu bewilligen. Am 1. Juli „(1907) übergab ich meinen Nachfolgern, den Deutschen Lazaristen- „patres, die Geschäfte. Von Tabgha aus ging ich auf den Berg „Carmel, um während einiger Wochen die frische Luft zu genießen. „Von dort reiste ich nach Jerusalem, um unserem neuen Patriarchen „meine Aufwartung zu machen und mich ihm zur Verfügung zu „stellen. Vom hochwürdigsten Herrn wurde ich in äußerst väter- „licher Weise empfangen, und bot er mir gleich eine Stelle in „der Kanzlei des Patriarchates an. Doch einige Tage später ließ „S. Excellenz mich wieder rufen und frug mich, ob ich für einige „Zeit als Pfarrer nach Beit-Sahur gehen wolle, wo die ganze „Mission drunter und drüber liege, und wo für einige Zeit eine „starke Hand vonnöten sei, um diese manchmal etwas zu unge- „stümme Bevölkerung zur Vernunft zu bringen. Wie es scheint, „ist es meine Bestimmung, die Torheiten und dummen Streiche „Anderer wieder gut zu machen. So war es bei den Beduinen zu „Madaba, jenseits des Jordans, so war es zu Tabgha und so wird „es wahrscheinlich auch hier zu Beit-Sahur sein. Doch, wie Gott will!"

Diesen letzten Satz erklärt Biever näher (Beit-Sahur 17. August 1911), folgendermaßen:

„Schon nach 2 Wochen mußte ich wieder in die Mission, „hiehin, und dazu noch auf einen der schwierigsten Posten, die „es im lateinischen Patriarchat gibt, nicht so sehr wegen der großen „Pfarrarbeit, als vielmehr wegen des schwierigen Charakters der „Leute. Gegen den Pfarrer hatten sie einen richtigen Streik be- „gonnen. Sie hatten vom Patriarchen dessen Abberufung verlangt. „Da die Gründe, welche sie angaben, dem Patriarchen nicht „stichhaltig erschienen, so ging er nicht darauf ein; aber nun ging „die Bande nicht mehr in den Pfarrgottesdienst, sodaß der Pfarrer „am Sonntag allein in der Kirche war. Kein Mensch ging mehr „zur Beicht beim Pfarrer, sondern alles ging des Sonntags zur „Messe und zu den hl. Sakramenten hinauf nach dem $^1/_4$ Stunde „entfernten Bethlehem. Manche, denen der Gang zu beschwerlich „war, besuchten keine Kirche mehr. Und so ging das ein ganzes „Jahr hindurch. Als nun die Protestanten alles aufboten, um „die hartnäckigen Köpfe für sich zu gewinnen, da mußte man im „Patriarchate einzuleiten suchen, aber kein Priester wollte auf die „Station gehen, und so mußte ich herhalten, da ich die meisten „Leute von früher her kannte, und man im Patriarchate wußte, „daß sie mir zugetan waren. So kam ich denn hieher und Gott „hat meinen Gehorsam gesegnet. Am 24. August werden es 4 „Jahre, daß ich hier bin, und jetzt bildet meine Mission die Freude „des Patriarchen. Bei seinem letzten Besuche sagte er mir noch, „daß er jedesmal sich freue, hieher zu kommen und daß er immer „getröstet von dannen gehe."

(Fortsetzung folgt.)

Logements militaires à Luxembourg pendant la période de 1794—1814. (Par Alphonse RUPPRECHT.)

(Suite.)

244. Nicolas Recht donne 4 petites places pour 2 capitaines, en tems de paix 3 chambres pour 1 capitaine.
18 places.
1 écurie pour 4 chevaux.[95])

---

[95]) Jusqu'en 1892, le No. 2 de la rue du Marché-aux-Poissons et propriété de Melle. Constance Michaëlis.

La maison avait passé entre 1794 et 1814 à Mr. Jacques Mersch, cabaretier, originaire de Bettendorf. En 1824 elle appartenait à *Mr. Jean Michaëlis,* aubergiste, puis commerçant, né à Reisdorf, le 16 avril 1777, époux de Charlotte Schroeder, père de Michel Michaëlis, né à Luxembourg, le 29 décembre 1801 et de Jean-Pierre Michaëlis, y né le 3 septembre 1811 (V. Note 70). Jean Michaëlis est décédé à Luxembourg, le 1. août 1834. Son fils Michel Michaëlis, époux de Marie-Suzanne Fischer lui succéda comme propriétaire de la maison, dans laquelle il exerçait le commerce de denrées coloniales et qu'il vendit, le 1. janvier 1881, à sa fille, Melle. Constance Michaëlis. Il est mort à Luxembourg, le 3 janvier 1883. Après avoir été acquise le 9 juin 1902, par l'administration des domaines du Grand-Duc pour le prix de 65000 francs, la maison fut démolie de 1902 à 1903. Elle était d'une contenance cadastrale d'un are, 90 centiares et se composait d'un rez-de-chaussée avec plusieurs pièces voûtées et de 3 étages avec entrée rue du Rost. La porte d'entrée des magasins au rez-de-chaussée, rue du Marché-aux-Poissons, était ornée d'un bas-relief en pierre qui se trouve aujourd'hui dans le jardin de Mme. Kauffman-Michaëlis, rue Wiltheim (V. Note 70) et qui représente une clef dorée enrubanné, attachée à un médaillon entouré de figures allégoriques (un enfant, 2 colombes qui se becquètent, un flambeau et un carquois croisés, des branches d'oliviers et des fruits). Au coin des rues du Marché-aux-Poissons et du Rost un petit mur appliqué contre la maison formait garde-fou pour la pente qu'offrait à cet endroit la rue du Rost. L'emplacement qu'occupait la propriété Michaëlis est planté aujourd'hui d'arbres et d'arbrisseaux et fermé du côté de la voie publique par une clôture en bois.

La maison Michaëlis renfermait anciennement le dépôt de sel dit *estaple du sel, Salzstappel.* On lit dans l'étude de Mr. Würth-Paquet sur les noms de la ville de Luxembourg, Public. 1850, p. 105: Dans cette rue (de la Boucherie) était autrefois le dépôt de sel, en allemand: Saltzstappel. Ce dépôt se trouvait d'abord dans la maison Michaëlis, ensuite dans la maison Ferdinand Pescatore, laquelle au commencement du 17. siècle, était la propriété de Blanchardt, greffier du conseil provincial et seigneur de Tallange (aujourd'hui le No. 11 de la rue de la Boucherie et propriété de Mme. veuve Praum-Valentini).

Il est fait mention du même dépôt dans un règlement du Magistrat de Luxembourg en date du 18 octobre 1689, document que nous trouvons trop intéressant pour ne pas le reproduire à cette place:

„De par le Roy

Et Messieurs Les haut Justiciers et Echevins de la ville de Luxembourg.

Sur ce que nous avons été informés que les particuliers qui sont chargés de la fonction de Maistre pu mestier des Merciers, et du Tour pour la Visite et avertissement des marchandises qui sont journellement déchargées en la balance de cette ville, pour y estre vendues, ne s'acquittoient pas exactement de leurs devoirs, et que par cette négligence il se commettoit une infinité d'abus préjudiciables à la liberté du commerce, et aux privileges des ecclésiastiques, nobles, officiers et particuliers de cette ville qui ont tousjours esté advertis de la vente des marchandises préférablement à ceux qui en font trafique, que mesme sous pretexte que les anciens reglements ne sont plus observés, il se perçoit des droits qui sont exigés des marchands estrangers lesquels pourroient cesser de faire commerce en cette ville, et y causer la cherté des denrées dans un temps où elles n'y sont amenées que très difficilement, s'ils estoient surchargés de droits extraordinaires, à quoy voulant remédier et exciter les dts. marchands et voituriers à amener en cette ville *quantité de sel* et autres marchandises affin que l'abondance y soit tousjours pour le proffit et utilité publique, Nous avons estimé nécessaire de faire sur ce un règlement pour estre suivy et exécuté en la manière qui ensuit.

1. Que celui qui fera la fonction de Coureleur sera tenu d'avertir le maistre du mestier des merciers aussytôt que les marchands et voituriers auront fait décharger leurs marchandises et denrées à la balance pour y estre vendues.

2. Que ledit maistre du mestier des merciers se rendra aussytôt à la balance pr. y visiter les marchandises et denrées qui y doivent estre vendues, et reglera le prix d'icelles avec les marchands et voituriers.

3. Qu'il sera tenu de marquer et désigner le jour et l'heure que la vente en doit estre faite à la balance publiquement, à tous particuliers qui en auront besoin.

4. Qu'à l'instant ledt. coureleur fera le Tour dans les maisons de Monsieur le Gouverneur, Mr. le Lieutenant du Roy, Mr. l'Intendant, Mrs. les Maiors, Mrs. du Conseil, celles des Abbé, Ecclésiastiques, Cloistres, Hôpitaux, Prévôts, Receveurs, Magistrats et dans celles des Confrères des Merciers: Et donnera avis de la qualité des marchandises et denrées, du prix d'icelles et de l'heure de la vente.

5. Que les marchands de cette ville ne pourront acheter aucune des dtes. marchandises et denrées à la balance ny ailleurs que le tour n'en soit faict, et que le publique n'en ait faict ses achasts et provisions pendant deux jours, après lesquels expirés il sera permis aux marchands et voituriers estrangers de les débiter en gros a qui bon leur semblera.

6. Qu'il ne sera point permis à aucuns bourgeois et marchands de cette ville de recevoir et loger dans leurs maisons les marchandises et denrées qui y seront amenées par les Voituriers et Everlins pour y estre vendues, qui seront tenus de les decharger à la balance, suivant l'ancien usage, à paine de confiscation desdtes. marchandises et cent livres d'amende contre les bourgeois.

7. Que le coureleur sera tenu de faire la collecte et recepte dans vingt quattre heures après la vente échue, des deniers provenants des marchandises vendues au publique, pour les délivrer ez mains des marchands et Everlins à qui ils appartiennent. Le tout fidèlement et exactement sans aucun retard.

8. Qu'il sera pareillement obligé de veiller et observer la conduite et les actions des dts. marchands pour les empescher d'avoir des intelligences secrettes avec les marchands de cette ville, préjudiciables au publique, et tout ce qu'il découvrira, il en avertira, aussytôt le maistre du mestier des merciers, pour à son rapport et instance lesdts. marchands estre punis et châtiés par le Magistrat aux paines d'amende qu'il trouvera à propos.

9. Que ledit coureleur aura soin que les maisons religieuses, couvents, hôpitaux et les plus considérables de la ville aussy bien que celles des particuliers qui n'ont dessein que d'acheter pour la consomption de leurs ménages, soient avertis de la vente des marchandises qui seront à la balance préférablement à tous ceux qui voudront en faire trafique.

10. Qu'il sera payé audit coureleur par chacun marchand et voiturier pour un tour trois sols six deniers brabants et pareille somme pour la levée et collecte de l'argent des marchandises vendues et faire bon le mauvais denier lesquels droits seront payés autant de fois que le dit coureleur fera le Tour à la réquisition des marchands et Everlins.

11. *Que ledit coureleur sera tenu de faire ses devoirs et fonctions à l'Estaple du Sel, pourquoy lui sera payé de chacun bychet qui sera mesuré à l'Estaple un sol et demy brabant par les marchands estrangers, et un sol brabant par les marchands bourgeois, comme d'ancienneté.*

12. *Qu'à chacune des quattre foires de l'année il aura de chacun bychet de sel estaplé cinq sols brabant, et il ne poura acheter aucun sel restant et non vendu desdts. marchands et voituriers, mais bien assistera et entretiendra l'Estaple à l'enchère qui s'en fera comme de coustume.*

13. Deffendons audt. coureleur de lever ny prendre autres droits que ceux cy dessus des marchands tant bourgeois qu'estrangers, à paine de concussion et de quattre écus d'amende.

(A suivre.)

Das Eligiusamt zu Luxemburg.

(Fortsetzung.)

Außerordentliche Beiträge der Meister.

Diesz ist dasz Jenige der meister Im Schmide ampt vnd bruderschaift Sant Loyen vszgeben soll zu fortiell desz Jair vnd auch nit mer

Item sullent die meistre geben desz morgens uf sant Loyen dagh Eyn. gulden vnd desz noichtes Ein halben gulden maicht die Zwen sant Loyen[152]) dagh iii gulden.

Item uf sant Loyen moider dag ein ortes gulden maicht der tzwen dagh[153]) 2 gulden.

Item uf Jansz[154]) dagh viii grois.

Item uf der konnig dag die koichen[155]).

Item so wan man die hannen[156]) yst ein halfen gulden.

Item der fasznaicht broide[157]) viii b[158]).

Item uf st Joist dag[159]) vnd Unsers herrn lichnams dag[160]) ungefehrlichen 2 gulden.

Item uf Jairgezyde desz morgens 2 gulden desz naichtes viii groisz macht xxiii groisz[161]).

---

[152]) Die Ordnung erwähnt 4 St. Loyentage. Daraus ersieht man, daß man mit diesem Namen nicht nur das Fest des Amtspatrons, des hl. Eligius, sondern auch noch andere Amtstage, an denen die Mitglieder bedeutendere Versammlungen abhielten, bezeichnete.

[153]) St. Johannestag, am 24. Juni.

[154]) Einem ehrwürdigen Brauche zufolge wurde in den luxemburger Familien am Fest der hl. drei Könige, 6. Januar, ein Kuchen auf den Tisch gebracht und so zerlegt, daß jeder Gast ein Stück erhielt und nichts übrig blieb. Die Hausfrau hatte in den Kuchen eine weiße Bohne eingebacken. Der Tischgenosse, der die Bohne in seinem Stück entdeckte, wurde zum Tischkönig ausgerufen und spendete aus Freude über diese Ehre der ganzen Gesellschaft Wein oder Bier.

[155]) Die Hähne. Zu Wiltz feiert die Musikgesellschaft noch jedes Jahr das Hasenfest. Die Mitglieder, welche Jäger sind, stellen die Hasen, die Vereinskasse kommt für den Rest der Kosten auf.

[156]) Der Fastnachtsbraten. Beitrag zur Fastnachtsbelustigung.

[157]) b = Bayer.

[158]) Das Fort St. Jost und die Kapelle St. Jost lagen in der Nähe der Einmündung der heutigen Adolphbrücke in der Stadt. (Vergl. Amherd, S. 207.)

[159]) Fronleichnam.

[160]) Der Gulden zählte 8 Groschen. Außer dem Königskuchen und dem Hahn hatten die Meister also folgende außerordentliche Jahresbeiträge zu zahlen:

1. Die 2 St. Loyen-Tage, je 1½ Gulden (3) = 24 Groschen,
2. Die 2 St. Loyen Moidertage je 1 Gulden = 16 Groschen,
3. Auf Johannestag 8 Groschen,
4. Geldbetrag zum Hahnenfest 4 Groschen,
5. Geldbetrag zum Fastnachtsbraten (8 Bayern) 4 Groschen,
6. Fronleichnamstag (2 Gulden) 16 Groschen,

Total 72 Groschen oder 9 Gulden,

d. i. in heutigem Gelde circa 14,81 Fr. — Es konnte noch das eine oder andere Jahrgezeit mit je 24 Groschen, d i. 4.93 Fr. hinzukommen.

[161]) Die Ordnung ward stets wie ein Heiligtum von den Zunftmitgliedern betrachtet und aufbewahrt. Auch die vom Notar Strabius angefertigte Abschrift zeigt peinliche Genauigkeit. Das große Amtsbuch, in welches die Ordnung eingetragen wurde, ist ebenfalls in Bretterdeckeln und Lederüberzug gebunden

Pro copia einer alter In einem mitt breeder[162]) verwartem buch beschriebener ordnungh[162]) vndt demselben In der orthographe[163]) vndt sonsten gleichlauthendt durch mich underschrieben Pabst V vndt Keys gewalts ofenbahren durch die Regierung alhie admittirten Notar In welchem sich auch die ahngenohmene bruder sechster, kertzen vndt leychen drager[164]) befunden.

J. Strabius Nots).

B. Die innere Einrichtung des Amtes.

I. Die Mitgliedschaft.

Jahrhundertelang standen die Zünfte im Mittelpunkt des gewerblichen, gesellschaftlichen und politischen Lebens. Die Amtsbrüder waren sich ihrer Macht und ihres Einflusses völlig bewußt. Hatten sie „mit gemeiniglichem Rade" eine Entscheidung getroffen, so stand ein starker Bruchteil der beratenden, beschlußfassenden und wehrstarken Bürgerschaft auf ihrer Seite. Bei dieser Stellung des Amtes im Gemeinwesen, lag es nahe, daß sowohl die Amtsmeister wie die Land- und Stadtbehörden, nicht jedem hergelaufenen, unbekannten und verantwortungsunfähigen Individuum Mitgliedsrechte im Amt gewährten.

a) Die Vorbedingungen zur Aufnahme.

Als Vorbedingung zur Aufnahme waren persönliche Eigenschaften und die Zahlung von bestimmten Gebühren erfordert.

1. Persönliche Eigenschaften.

Der Aufzunehmende hatte den Nachweis zu erbringen, daß er 1. von ehelicher Geburt sei; 2. von ehrlichen Eltern abstamme; 3. der katholischen Religion angehöre; 4. städtisches Bürgerrecht besitze; 5. handwerkstüchtig sei.

Bei Durchsicht der Aufnahmeakten fällt es auf, wie stark man stets die eheliche Sohnschaft betont. Um die Berechtigung dieser Forderung ganz zu verstehen, müssen wir uns in jene Zeit des stark ausgeprägten sittlichen Bewußtseins und des vertrauens-

---

[162]) Gerade seit 1495 hatte die Sprache große Aenderungen erfahren. — Bei Anwendung der neuen Sprache hätte darum die Gefahr einer irrtümlichen Wiedergabe und Niederschrift der Statuten nahe gelegen.

[163]) Im nämlichen Buch befand sich auch ein Verzeichnis der aufgenommenen Mitglieder, der Sechter, der Kerzen- und Leichenträger. Dieses Verzeichnis ist nicht abgeschrieben worden und ging ohne Zweifel verloren.

[164]) Daß das Amt gerade im Jahre 1686 sich aufraffte und seine sämtlichen Urkunden sammeln und durch einen beglaubigten Notar eintragen ließ, findet eine Erklärung in den Zeitverhältnissen. Nachdem die Stadt Luxembourg i. J. 1684 unter französische Herrschaft gelangt war, kam neues Leben in die Handwerker- und Handelswelt. Die Verordnung Ludwigs XIV. vom Jahre 1685, welche Manufakturisten und Handwerkern zahlreiche Begünstigungen in Aussicht stellte, konnte nicht ohne glückliche Wirkung bei dem Eligiusamt bleiben. Die Meister beschlossen darum, ihre Statuten neu und nett einschreiben zu lassen. Sie nahmen zum großen Amtsbuch ausschließlich Papier, welches als Wasserzeichen die französische Lilie, die Königskrone und ein etwas undeutliches Monogramm trug.

vollen geselligen Verkehrs zurückversetzen. Lehrlinge und Gesellen gehörten meistens zur Familie des Meisters, mit dessen Frau und Töchtern aßen sie jahrelang am nämlichen Tisch und nahmen an allen frohen und traurigen Anlässen den innigsten Anteil. Das unbedingte gegenseitige Vertrauen, das dem ungehinderten Verkehr in der Meisterfamilie zu Grunde lag, konnte nur durch eine sehr hohe Schranke gewahrt bleiben. Die Schranke bildete die empfindliche Strafe, die den Vertrauensbruch, die sittliche Fehle traf, die trostlose Aussicht für den Fehlenden, selbst und mit seinen unehelichen Nachkommen von dem Amt und seinen Vorrechten ausgeschlossen zu bleiben. Es ist nicht zu leugnen, daß durch den Anschluß der Unehelichen mancher findige und fähige Kopf, ohne eigenes Verschulden, von der Ausübung eines Handwerks ferngehalten wurde; andrerseits wird man jodoch die Gründe, welche die Maßregel veranlaßten, würdigen müssen.

„Ehrlich" oder „redlich" mußte ferner der Aufzunehmende sein, d. h. er mußte von Eltern abstammen, die keines der sogenannten unehrlichen Gewerbe ausübten. Abdecker, Zahnreißer, Quacksalber, Spielleute, Scharfrichter, Bader genossen zu wenig Ansehen, als daß sie in dem Kreis der vollberechtigten Meister Aufnahme hätten finden können. Städtischen oder herrschaftlichen Dienern fehlte jene Unabhängigkeit, die sie bisweilen benötigt hätten, um ein kräftiges freies Wort sowohl in der Amtsversammlung, wie in der Stadtverwaltung, namentlich zu Zeiten, wo das Verhältnis zwischen Behörden und Herrschaften einerseits, und den Amtsvertretungen andrerseits etwas gespannt war, reden zu können. Diese Diener und Beamten wollten darum ehrlich sein, ihnen aber mangelte die nötige Redlichkeit, die Redefreiheit.

Es galt als ganz selbstverständliche Forderung der Zunft, daß der Aufzunehmende ein treuer Sohn der katholischen Kirche war. Verdanken doch die meisten wirtschaftlichen Einrichtungen des Mittelalters entweder der Anregung von Geistlicheu oder der Mitwirkung von Klöstern ihr Entstehen und Bestehen. Kein Wunder, daß sie darum den Stempel des Christentums tragen und vom Geist des Christentums durchdrungen sind. Auch die ganze Zunftorganisation ruhte auf christlicher Grundlage. Der Gründungsakt des Schmiedegesellenbundes beginnt mit den Worten: „Im nahmen Gottes vndt seiner lieben mutter Marey usw. amen." Um jedem Zweifel an ihrer gläubigen Gesinnung von vornherein zu begegnen, tun die genannten Schmiedegesellen „allemeneglichen kundt, daß sie ein bundt vndt bruderschaft gestifft haben vndt dase mit guttem Willen des schmitamts zu Lutzenburgh zur ehren Gottes vndt seiner lieben mutter mareyen in dem Gotteshause vndt Closter zue den knodeleren." Ein Blick in die „Ordnung" zeigt, daß auch die Meister vom nämlichen Geist des Christentums beseelt waren. Sie stellten das „ampt" unter den Schutz des „lieben st. Loyen", sie feierten mit großem Glanz mehrere Feste zu Ehren des Amtspatrons und waren stolz darauf, die Mitglieder der übrigen Zünfte auf die stattliche Zahl der schweren Wachskerzen, die bei ihrem Amtsgottesdienst in der Kirche brannten, hinzuweisen. War ein Mitzünftler oder dessen Ehefrau gestorben, so mußten alle, die nicht rechtmäßig entschuldigt waren, abends zur bestimmten Stunde zur Leichenwache kommen, um für die Seelenruhe des Verstorbenen zu beten, sie mußten bei Strafe dem Begräbnis und dem Leichendienst in der Kirche beiwohnen. Das ganze Zunftgefüge bot sowenig Raum für Andersgläubige, daß die ersten Statuten die Forderung der Zugehörigkeit der Mitglieder zur Kirche überhaupt nicht stellen. Erst das Statut von Karl VI. (1738) sagt im 1. Artikel: „Celui qui voudra étre reçu en la dite confrairie et métiers respectifs sera tenu de prouver par acte autentique être de la religion catholique, apostolique et romaine . . ." Mancher ehrsame Kaufmann unserer Tage, der seit Jahren Zeuge war, wie allmählich alle vorteilhaft gelegenen Geschäftslokale in die Hände von Daviden und Salomonen übergehen und dann die obigen, allerdings mittelalterlichen Bestimmungen liest, wird künftig vielleicht etwas weniger (glücklich und) stolz auf die Einführung einer uneingeschränkten Handelsfreiheit sein. (Fortsetzung folgt.)

Personalnachrichten aus dem Vereine.

I. Todesfall. Nach kurzer Krankheit verschied, wohlversehen mit den hl. Sterbesakramenten, am 24. Januar der hochw. Hr. **Wilhelm Zorn,** Pfarrer zu Saeul. Mit Freuden hatte derselbe vor 25 Jahren die Gründung unseres Vereines und dessen Organes „Ons Hémecht" begrüsst. Beweis dafür das schöne Gedicht: Willkommen! An die Leser, welches er in der ersten Nummer des ersten Jahrganges (1895), Seite 2—3, veröffentlichte, dem im Laufe der Jahre noch viele andere folgten. Außer ein paar kleineren Aufsätzen aus seiner Feder, erschien in den beiden ersten Jahrgängen eine bedeutendere, größere Arbeit, die „Geschichte des Hofes und der Herrschaft Lullingen, quellenmäßig dargestellt". In den letzten Jahren beschäftigte sich der Verstorbene auch mit der „Geschichte der Pfarrei Saeul", die er höchst wahrscheinlich noch vor seinem Tode zu Ende geführt hat. Möglicherweise wird selbe später, da sie dazu bestimmt war, in „Ons Hémecht" veröffentlicht werden können. Wir werden dem Verstorbenen stets ein dankbares Andenken bewahren. R. I. P.

II. Ehrungen. Nicht weniger als 19 Mitgliedern unseres Vereines sind durch Großherzoglichen Beschluß vom 23. Jan. 1920 Auszeichnungen im Orden der Eichenkrone verliehen worden, und zwar:

1. **Das Komtur-Kreuz,** den Herren Eduard Hemmer und Leo Kauffman.
2. **Das Offiziers-Kreuz,** den Herren Alfons Eichhorn, Friedr. Lech, Mgr. Johann Peiffer und Leopold Tibesar.
3. **Das Ritterkreuz,** den Herren Hubert Brück, Johann-Peter Claude, August Collart, Wilhelm Goergen, Johann-Baptist d'Huart, Wilhelm Hülsemann, Johann-Peter

Kaesch, Johann Majerus, Bernhard Manderscheid, Theodor Meyers, Alfons Rupprecht und Johann-Baptist Sax.

4. **Die Silberne Medaille,** Herrn Theodor Bassing.

Allen diesen Herren unsere herzlichsten Glückwünsche.

Der Vorstand.

Subskriptionsliste.

Gesamtbetrag im Jahre 1919	642.25 Frs.
J. N. M. in S.	2.00 „
M. M. in R.	4.50 „
J. S. in S.	2.00 „
J. T. R. in R.	2.00 „
J. W. in H.	50.00 „
M. M. in O.	2.00 „
Total . . .	704.75 Frs.

Herzlichsten Dank! Vivant sequentes.

Luxemburgische Literarische Novitäten u. Drucksachen.

Calmes Albert. Der Zollanschluß des Grossherzogtums Luxemburg an Deutschland. (1842—1918.) Zweiter Band: Die Fortdauer des Zollanschlusses und seine Lösung. Luxemburg. Joseph Beffort. 1919. — 252 SS. gr. in 8°, mit einer statistischen Tafel.

Dennemeyer Camille. Hinter oesterreichischen Kerkermauern. Selbsterlebtes eines luxemburger Journalisten. Luxemburg. J. P. Worré. 1919. — 67 SS. in 8°, mit dem Porträt des Verfassers.

Festschrift zur Feier der 25. Wiederkehr des Gründungstages des Luxemburger Landes-Obst- und Gartenbauvereins. Herausgegeben vom Vorstand. Luxemburg. Joseph Beffort. 1920. — 60 SS. gr. in 8° mit 4 Porträts.

Kellen Tony. Guides Beckmann. Worms sur le Rhin et ses environs. Avec un plan de la ville et de nombreuses illustrations. Par le professeur Dr. Weckerling, Archiviste de la ville. Traduit d'après la 4me édition. Heilbronn, Othon Weber. S. D. (1919). — 4 + 71 pp. in 8°, avec 1 plan et 18 illustrations.

Idem. Der dauernde Friede. Aus der Geschichte der Friedensbestrebungen. Hamm-Westfalen. Breer & Thiemann. — 56 SS. gr. in 8°. — Bildet die Hefte 10 und 11 des Bandes XXXVIII (1919) der „Frankfurter Zeitgemässe Broschüren."

Laterne (Die). Offizielles Organ der Freien Volkspartei. Für Freiheit, Gleichheit, Gerechtigkeit. Erscheint 1 mal wöchentlich. Luxemburg. Ed. Nimax. — gr. in fol. — Nr. 1 ist datiert vom 3. Januar 1920.

(Lech Friedrich). Festschrift zur Konsekration des dritten Bischofs von Luxemburg. I. Teil. Habemus Episcopum. Glück des Landes einen eigenen Bischof zu besitzen; Erinnerung an frühere Bischofsfeiern in Luxemburg. Geschichtlicher Rückblick. II. Teil. Erklärung der Zeremonien, welche bei der feierlichen Konsekration stattfinden. Luxemburg. St. Paulus-Druckerei. Ohne Datum. (1919). — 40 SS. in 8°.

Dr. Meyer Johann-Baptist. Ueber Desinfektion in verschiedenen Medien der Praxis. Inaugural-Dissertation zur Erlangung der Doktorwürde der veterinär-medizinischen Fakultät der Universität Zürich, vorgelegt. Luxemburg. Dr. M. Huss. 1920. — 55 SS. gr. in 8°.

Prüm Emil. Der Witwenstand der Wahrheit. Bemerkungen eines Neutralen zu der Abwehrschrift der deutschen Katholiken gegen das französische Buch „La Guerre allemande et le Catholicisme". Neue Friedensauflage. (Deutsche Volksausgabe). Erstes bis fünf und fünfzigstes Tausend. Paris. — Barcelona. — Dublin. Bloud & Gay. 1919. — XV + 271 SS. in 8°.

Idem. Der Einfall der Deutschen in Belgien. Aktenmäßige Einzeldarstellungen. III. Bändchen. Inhalt: V. Ethe. VI. Latour. VII. Gomery. VIII. Musson. Luxemburg. Linden & Hansen. 1920. — 24 SS. in 12°.

Scout. Organe officiel périodique de la F(édération) N(ationale des) E(claireurs du) L(uxembourg). Luxembourg. Linden & Hansen. — gr. in 8°, avec illustrations. Journal paraissant tous les deux mois et dont le N° 1 est daté du mois de janvier 1920.

Signal (Le). Organe officiel de la Fédération nationale des Cheminots Luxembourgeois. Revue hebdomadaire. Luxemburg-Gare. Fr. Bourg-Bourger. — pet. in fol. — Journal allemand dont le N° 1 a paru le 5 janvieur 1920.

Soziale Republik. République sociale. Organ der Sozialistischen Partei Luxemburgs. Erscheint wochentäglich (Journal quotidien). Luxemburg-Bahnhof. Fr. Bourg-Bourger. — pet. in fol. Deutsche Zeitung, welche seit Neujahr 1920 erscheint.

Dr. Welter Nikolaus. De Wilhelmus. E neit Lidd op eng al Weis. Letzeburg. Linden & Hansen. Unnê Datum. (1920). — 3 SS. gr. an 8°.

Idem. Idem. Fir 4 Männerstemme gesat vum J. P. Beicht. Ibid. (1920). — 3 SS. gr. an 8°.

W(uest) J. P. Den Hêscheman, Letzeburg. Linden & Hansen. 1919. — Nr. 17 vum „Letzeburger Allerlé". — 3 SS. pet. an 8°.

Ons Hémecht.

Organ des Vereines für Luxemburger Geschichte, Literatur und Konst.

Herausgegeben vom Vereins-Vorstande.

26. Jahrgang. — Drittes und viertes Heft. — März und April 1920.

Jeder Autor ist verantwortlich für seine Arbeit.

Beiträge zur Geschichte verschiedener Pfarreien.

(Fortsetzung.)

19. Grevenmacher.

1. Die Pfarrei zählt 800 Kommunikanten und besteht aus den Ortschaften Grevenmacher und Münschecker; dazu gehören auch die Höfe Bockholtz und Froney. Kirchenpatron ist der hl. Laurentius, Martyrer.

2. Weltlicher Herr ist Frau Dewigne de Wecker. Das Patronatsrecht gehört der Aebtissin von Clairefontaine in allen Monaten. Der derzeitige Pfarrer und alle seine Vorgänger erhielten die Pfarrei von ihr. Der Visitator bemerkt eigenhändig: der Vorgänger des jetzigen Pfarrers, Herr Nikolaus Zoller starb im Monat März 1751. Das Patronatsrecht über die Pfarrei Grevenmacher wurde der Abtei Clairefontaine schon vom Papst Alexander IV. im Jahre 1254 bestätigt.

3. Die Einkünfte betrugen etwa 70 Malter Getreide. Zehntherr ist die genannte Abtei, welche hierfür das Schiff und den Turm zu unterhalten hat. Der Benefiziat (nicht der Pfarrer) sorgt für das Chor; die Gemeinde für den Fußboden und die Bänke; diese befinden sich in einem elenden Zustande.

Die 3 Altäre sind konsekriert. Die darauf ruhenden Lasten trägt die Gemeinde und die Kirche. Alles Erforderliche ist vorhanden. Die Kirche muß dafür aufkommen. Die ewige Lampe wird oft vernachlässigt. Der Kirchhof ist auf allen Seiten offen.

Filialkirchen gibt es zwei: die eine in Münschecker, wo der Pfarrer seit uralter Zeit jede Woche Messe lesen muß. Die andere ist die Kapelle von St. Johann, wo der Pfarrer dieselbe Verpflichtung hat.

Die Kapelle zum hl. Kreuz hat 22 Stillmessen und 4 Hochämter.

Hauskapellen sind nicht vorhanden. Das einzige Benefizium verleiht die Frau Dewigne von Wecker. Inhaber desselben ist Herr Bayet. (Näheres über ihn siehe in „Ons Hémecht", Jahrgang 1917, Seite 207.) Die Obliegenheiten bestehen in 3 wöchentlichen Messen, welche entweder auf dem Hauptaltar der Pfarrkirche oder auf dem Altare des hl. Sebastian gehalten werden. Die Einkünfte bestehen in Zehnten und anderen ziemlich bedeutenden Renten, so daß dieselben zu einem Ordinationstitel mehr als ausreichend sind.

4. Der Pfarrer heißt Joh. Nik. Mathieu aus der Diözese Trier und steht der Pfarrei seit 3 Jahren vor. Der approbierte Vicar heißt

Mathias Harst. Der Beneficiat ist Herr Bayet. Außerdem wohnt auch noch dort ein Priester namens Jacobi.

Von der Schule wird nur gesagt, daß die Kinder nicht getrennt nach Geschlechtern sitzen.

5. Mit dem Pfarrer unterschreiben Hans Peter Lessel, F. Schmitt, G. Le Jeune, Peter? ein anderer mit sehr gelehrter, aber unleserlicher Handschrift und prachtvoller Paraphe nach Art der Notare mit eingefügter Jahreszahl 1755; Ludwig Piersch allein handzeichnete.

6. Die Visitation scheint eine gründliche gewesen zu sein. Der Zustand des Fußbodens und der Bänke wurde scharf gerügt, große Feuchtigkeit der Kirche festgestellt und bestimmt, daß diesem Mißstande durch Vergrößerung der Fenster abgeholfen werden solle. Der Fußboden, die Bänke und die elenden Beichtstühle müssen ausgebessert werden.

Weil der Kirchhof nach allen Seiten offen stand, und aus dieser Ursache außerhalb des Gottesdienstes auf demselben grober Unfug (varias insolentias atque indecentias) getrieben wurde, so wurde auf Antrag des Pastors und der Synodalen bestimmt, daß die Zugänge zu demselben nicht bloß mit Türen verschlossen würden, sondern daß diese Türen auch mit Schlössern versehen werden müßten und erst dann geöffnet würden, wenn die Leute zum Gottesdienst kämen.

Bezüglich der gestifteten Messen in der Kapelle des hl. Johannes auf dem Berg, welche seit undenklichen Zeiten dort gehalten wurden, hatten der Pfarrer und die Synodalen dem Visitator auseinander gesetzt, daß dieselben wegen der Entfernung vom Ort und des schwierigen Zuganges fast gar nicht besucht würden; es sei zu wünschen, daß die Wochenmesse nach der Pfarrkirche verlegt würde, die übrigen 4 jedoch, nämlich die an Weihnachten, am Ostermontag und am Feste der Geburt und der Enthauptung des hl. Johannes des Täufers, wie bisher, so auch in Zukunft dort gehalten würden. Diesen Erwägungen entsprechend wurde beschlossen und vorgeschrieben zur größeren Bequemlichkeit und zur Förderung der Andacht des Volkes.

Es war geklagt und festgestellt worden, daß über die Einkünfte der Kreuzkapelle seit mehreren Jahren keine Rechenschaft abgelegt worden sei. Der Visitator befahl, dieselbe unverzüglich (indilate) vorzunehmen.

Dem Priester Harst war das Amt eines Lehrers und Küsters übertragen worden. Er ließ sich durch einen andern ersetzen, welcher das Amt jedoch ganz vernachlässigte. Harst war persönlich vorgeladen worden und erschienen Nach erhaltener scharfer Rüge versprach er, einen anderen Ersatzmann zu stellen.

Endlich hatte der Pfarrer geklagt, daß ein Einwohner keine Ostern gehalten habe und außerhalb der Stadt (extra urbem) herumstreiche. Da er auch nicht erschienen war, nahm der Pfarrer es über sich, ihm noch weiter zuzusprechen. Die Synodalen waren der Meinung, der aus achtbarer Familie stammende junge Mann habe sich geschämt in der Kirche zu erscheinen, weil er keine passenden Kleider gehabt habe. Dabei blieb es. Die Visitation fand zu Grevenmacher selbst statt am 18. August 1755.

Tags vorher war der Weihbischof N. von Hontheim um 6 Uhr Morgens, des Sonntags, von Lenningen nach Betzdorf aufgebrochen, wo er gegen 8 Uhr ankam. Die edelen Herren de Waldt und Schengen, der Pfarrer und die Einwohner des Dorfes hatten ihn gebeten, an diesem

Tage die feierliche Einsegnung der Pfarrkirche vorzunehmen. Diesem Wunsche wurde auch entsprochen. Am Nachmittag wurde die Firmung erteilt und die Reise nach Grevenmacher fortgesetzt. Dort stieg er im Hause des hochw. Herrn Bayet ab. Am folgenden Morgen begab er sich in das Pfarrhaus und begann alsogleich mit der Visitation. Es waren dort versammelt die Pfarrer und Synodalen von Temmels, Machtum, Rittel, Wasserliesch und Grevenmacher.

20. Machtum.

1. Die Pfarrei steht unter dem Schutze des hl. Dagobert. Sie begreift nur diese Ortschaft mit 150 Kommunikanten.

2. Weltlicher Herr ist die edle Familie de Linden, welcher auch das Patronatsrecht zusteht, zugleich mit dem Zehntrecht. Von dem Zehnten kommt ein Achtel dem Herrn de Ziewel zu, sowohl von dem großen wie auch von dem kleinen. Die Einkünfte betragen 5 Malter Getreide und ein Fuder Wein.

3. Gemäß der Visitation vom 7. Mai 1738 haben die Collatores das Schiff und das Chor zu unterhalten; der Pastor das Dachwerk des Chores, die Einwohner den Turm, den Fußboden und die Bänke. Alles befindet sich in bestem Zustande, da die Kirche erst neu erbaut wurde. Sie hat nur einen Altar. Die Einwohner haben die Paramente und die Kirchenleinwand zu stellen. Alles ist in bestem Zustande vorhanden. Die Familie de Linden hat eineu silbervergoldeten Kelch und Ciborium mit silberner Cuppa, beide in schöner Arbeit ausgeführt, geschenkt. Die ewige Lampe brennt nur im Advent und in den Fasten. Der Kirchhof ist eingeschlossen, das Beinhaus ohne Dach; das Missionskreuz ist aufgestellt.

4. Pfarrer Johannes Blasius steht der Pfarrei vor seit 1750. Er hat keinen Kaplan, noch wohnt sonst ein Geistlicher dort.

Der Lehrer versieht sein Amt zur großen Zufriedenheit. Die Kinder sitzen, soweit es der Raum erlaubt, getrennt; der Schulbau befindet sich in schlechtem Zustande. Es wäre zu wünschen, daß die Eltern ihre Kinder fleißiger zur Schule schicken würden.

5. Aergernisse gibt es keine, außer daß die Einwohner allzu häufig an den Sonn- und gebotenen Feiertagen Ausflüge machen, worüber der Pastor sich nicht genug beschweren kann. Er möchte den Visitator bitten, die Einwohner streng zu ermahnen, dem Gottesdienst und dem Unterricht besser beizuwohnen.

6. Es wurde befohlen noch vor den nächsten Ostern den fehlenden Predigtstuhl zu beschaffen und das Beinhaus mit einem Dach zu versehen.

In Betreff der Sonntagsausflüge stellt es sich heraus, daß nur die ärmeren Leute dies tun, um betteln zu gehen. Der Pfarrer habe sie zwar öfters und streng ermahnt, doch an den Sonn- und Feiertagen ihre Christenpflichten nicht zu versäumen. Gegen solche arme Leute mit Strafen vorzugehen, sei allerdings zwecklos, doch soll der Pfarrer unentwegt fortfahren, die Fehlenden streng und privatim an ihre Pflicht zu erinnern, ihre Ausflüge einzuschränken im Vertrauen darauf, das Gottes Segen für das Zeitliche meistens von dem gewissenhaften Dienste Gottes abhänge.

7. Der Pfarrer hat vergessen seine Unterschrift zu geben; es haben aber unterschrieben Heinrich Lahr und Mathias Müller; es handzeichnete Nicolaus Modert zu Grevenmacher am 18. August 1755.

(Fortsetzung folgt.)

Leben und Wirken des hochw. Hrn. Theod.-Zeph. BIEVER.

(Fortsetzung)

Am 2. August 1907 traf Biever auf seiner neuen Missionsstelle ein. Hören wir, was er darüber berichtet:

(Beit-Sahur, 3. September 1907): „Ich bin jetzt ungefähr zwei „Wochen hier und fange wieder an, das wahre Leben des Missionärs „zu führen. Glücklicherweise wollte ich mich zu Tabgha nicht an „ein leichteres Leben gewöhnen, in der Voraussicht eines Tages „wieder Missionär zu werden und alsdann das Leben allzuschwer „und mit zu vielen Entbehrungen verbunden, zu finden. Doch „bietet das Leben hier auch geistige Genüsse, welche ich in meiner „Einsamkeit an den Ufern des See's von Genesareth nicht hatte. „Bethlehem ist von meinem Wohnhause nur 20 Minuten entfernt „und in 5 Viertelstunden kann ich per Wagen Jerusalem erreichen. „Ich bin deshalb so glücklich, meine alten Freunde und Mitbrüder „zu sehen; dazu stehen mir die schönen und reichhaltigen „Bibliotheken Jerusalem's zur Verfügung, welche für meine topo- „graphischen und archäologischen Studien[204]) von großem Nutzen „sind. Auch das Klima ist viel gesünder hier als am Ufer des „See's. Hier befinde ich mich 700 Meter über der Fläche des „mittelländischen Meeres, während ich zu Tabgha 200 Meter „darunter war, was also einen Unterschied von ungefähr 900 „Metern ausmacht. Neben dem Wohnhause befindet sich ein großer „Weinberg, von welchem wir augenblicklich enorme und außer- „ordentlich süße Trauben essen. Auch befindet sich dort ein „großer Garten mit Oelbäumen, welche mir Oel für Kirche und „Haus und Oliven für Küche und Speisetisch liefern. Dann gibt „es auch Feigenbäume, Granatbäume, Citronenbäume, Pomeran- „zenbäume und viele Mandelbäume. . . . . Mein Wohnhaus ist „wohl sehr verfallen; doch wird dasselbe, einmal ein wenig herge- „stellt, sehr bequem sein. Kirche, Wohnung des Missionärs usw., „alles befindet sich unter einem Dache, so daß zur Zeit des „starken Regens im Winter, ich nicht auszugehen brauche, was „für einen Alten, wie ich, sehr schätzbare Vorteile bietet."

(Beit-Sahur, 3. September 1907): „Beit-Sahur oder Hirtendorf, „wie die Pilger es nennen, ist die Heimat der Hirten, welche in „der geweihten Nacht zuerst Kunde von der Geburt des Messias „zu Bethlehem erhielten und welche als die Ersten hingingen, ihn „in der Krippe anzubeten. Unterhalb des Dorfes zeigt man noch „heute die Stelle, wo die Hirten den Gesang der Engel vernahmen: „Ehre sei Gott in der Höhe und Friede auf Erden den Menschen „die guten Willens sind. Eine sehr alte und heute fast unter „der Erde sich befindende Kirche steht an dieser Stelle und gehört „den schismatischen Griechen. Das Dorf kann 1200 Einwohner „zählen, welche in verschiedene Confessionen geteilt sind: Katho-

[204]) Auf diese Studien und deren Resultate für die Exegese und die näheren Kenntnisse über die Tier- und Pflanzenwelt in der Gegend von Genesareth werde ich gelegentlich zu sprechen kommen.

„liken vom lateinischen Ritus, Katholiken vom griechischen Ritus, „oder der katholischen Kirche angehörige Griechen, dann schisma„tische Griechen, d. h. solche die von der katholischen Kirche „getrennt sind, deren Papst sie nicht anerkennen, eine deutsche „protestantische Mission und Muselmänner. Meine Pfarrei zählt „ungefähr 200 Seelen; doch diese kleine Anzahl verursacht ebenso „viele, ja mehr Arbeit, als eine Pfarrei von 1000 Seelen im Luxem„burgischen. Hier muß der Pfarrer alles sein: Arzt, Richter, „Architekt, Seelenhirt und manchmal noch Schullehrer.

XXXVIII. Biever als Pfarrer von Beit-Sahur.

In diesem seinem neuen Wirkungskreise fand Biever sich bald zurecht. Dies, glaube ich, kann man schließen aus einem Ausspruche, welchen er einem Mitbruder gegenüber getan hat. „Als ich“, so schrieb mir dieser, „P. Biever mal fragte, ob er nicht „das Gefühl habe, er habe in Tabgha viel Zeit verloren, sagte er: „Ja, ich habe es immer als eine Strafe Gottes aufgefaßt, daß ich „meine Mission (Madaba) verlassen habe.“ Nun hatte er ja eine neue Mission, über welche er sich noch im ersten Jahre seiner dortigen Wirksamkeit äußerte (Beit-Sahur, 16. Dezember 1907): „Ich bin jetzt in meiner Mission zufrieden mit meinen Leuten. Rauh sind sie schon, und man braucht sie nicht gerade mit Handschuhen anzufassen; aber sie folgen und wir kommen recht gut mit einander aus.“

Erstes und Hauptaugenmerk für einen Pfarrer ist und muß auch seine Kirche sein. Nicht mit Unrecht kann man aus dem äußeren und inneren Aussehen einer solchen auch im Gewöhnlichen — Ausnahmen gibt es allerdings — auf den mehr oder weniger religiösen Sinn sowohl des Pfarrers als auch seiner Pflegebefohlenen schließen. Hören wir nun, was Biever über die Pfarrkirche seiner neuen Mission schreibt.

(Beit-Sahur, 29. November 1908): „Die hiesige Mission ist „im Jahre 1859 eröffnet worden durch einen französischen „Missionär, Dom Moretain. Derselbe baute einen Teil des Mis„sionshauses, sowie die Kirche, welche aber nur provisorisch sein „sollte, aber es wohl noch lange bleiben wird. Er hat auch den „herrlichen Hauptaltar aufgerichtet, zu welchem französische Wohl„täter die Mittel hergaben. Er hat an die 12 000 Fr. gekostet, „und ist viel zu kostbar für ein armes Missionskirchlein; aber er „ist nun einmal da. Derselbe ist ganz aus hiesigem Kalkstein „(von Bethlehem). Die Skulpturen sind Bas-Reliefs und wurden „ausgeführt von 2 bethlehemitischen Perlmutterarbeitern nach Vor„lagen des Missionärs. Leider sind diese Vorlagen aus verschie„denen Kunstepochen, so daß die Bilder kein einheitliches Ganzes „bilden. So sind die unteren Reliefs Renaissance und manche „sogar, und leider gerade das mittlere, die Hirten auf dem Felde, „von sehr geringem Kunstwerte, während die Serie auf der „Leuchterbank, die hl. 3 Könige und die Flucht nach Egypten an „gute mittelalterliche Bildhauerkunst anklingen. Sonst war das „Kirchlein bei meiner Ankunft vor einem Jahre (1907) recht arm

„und sogar verwahrlost. Ich habe nun den Altar leicht polychro- „miren lassen, die Reliefs sind alle in vìeil or mit hellgoldenem „Hintergrunde, so daß sie sich jetzt viel besser abheben als früher. „Der Altar hat bedeutend dadurch gewonnen. Nun ging es, wie „das gewöhnlich geht: l'appétit vient en mangeant. Der Zufall „hatte mir gerade einen jungen holländischen Künstler aus Nym- „wegen, Piet Geriss zugeführt, der sich studienhalber in Palästina „aufhält und dieser bot sich an, mir die ganze Kirche umsonst „zu malen. Ich hatte nur die Materialien zu stellen. Ich griff „mit beiden Händen zu, und so wurde nun die ganze Kirche „gemalt. Das Chor ist ganz in Goldgrund, auf der Rückseite, „hinter dem Altar eine Kreuzigungsgruppe, ganz von wilden Rosen „umrankt. Die Seiten des Chores sind ebenfalls einerseits mit „Passionsranken, andrerseits mit Rebengewinden geschmückt und „umschlingen jederseits ein Medaillon. Das eine Medaillon stellt „das Opfer des Melchisedech dar, das andere den schlafenden Elias, „der vom Engel geweckt wird und von ihm die wunderbare Speise „erhielt, welche ihm Kraft gab, bis zum Berge Horeb zu wandern. „Am Triumphbogen, welcher das Chor von dem Kirchenschiff „trennt, sind ebenfalls 6 Medaillons angebracht, welche alle Vor- „bilder des hl. Meßopfers und der hl. Kommunion darstellen. Links „unten der gute Hirt, dann der Pelikan, oben der Hirsch, der sich „nach der Wasserquelle sehnt; rechts nach unten Christus als Lehrer, „dann das Lamm Gottes und oben die eherne Schlange in der „Wüste. Nun kommen wir in's Schiff der Kirche. Da ist links, „zur Evangelienseite, der Muttergottesaltar, mit herrlichen Rosen „und Lilien als Hintergrund und verschiedene Embleme, welche „sich auf die seligste Jungfrau beziehen. Zur Rechten, zur Epistel- „seite, gegenüber dem Muttergottesaltar, ist ein schönes Oelgemälde, „den St. Georg vorstellend, wie er mit dem Drachen kämpft, ein „Bild, das in keiner orientalischen Kirche fehlen darf, da man hier „eine große Verehrung für den hl. Georg hat. Bevor ich weiter „schreibe, will ich gleich bemerken, daß die 3 Gewölbekuppen, „welche das Schiff der Kirche decken, in Himmelblau gehalten „sind und als Verzierung ebenfalls Ranken von wilden Rosen „haben. Auf den beiden großen Wandflächen zur Evangelienseite „sind 2 große Freskogemälde in byzantinischem Style, darstellend, „das eine die Anbetung der hl. Dreikönige, das andere die „Erscheinung der Engel bei den Hirten auf dem Felde. Zur „Epistelseite hin, über den 3 Kirchenfenstern mit je 5 Medaillons von „herrlichen Rosengewinden umschlungen, welche die Geheimnisse „des Rosenkranzes darstellen. Da haben sie in kurzen Worten „die innere Ausschmückung meines Missionskirchleins. Recht viele „Leute von Bethlehem und Jerusalem kommen sich die Malereien „anschauen und behaupten die Kapelle sei ein wahres Kleinod. „Fast möchte ich stolz werden, doch nicht mir, o Herr, die Ehre, „sondern deinem hl. Namen und der unbefleckten Gottesmutter, „welcher das Kirchlein geweiht ist!"

Recht anschaulich schildert Hr. Biever auch seine Sonntags- arbeit in der Pfarrei.

(Beit-Sahur, 12. Juli 1908): „Wie bin ich immer froh, wenn „die Sonntagsarbeit getan ist! Morgens Amt mit arabischer Predigt. „Nach dem Amte versammelt sich die ganze Männerwelt der „Gemeinde im großen Divan (d. h. Empfangszimmer) des Pfarrers. „Dort werden alle Vorkommnisse der ganzen Woche besprochen, „etwaige Streitigkeiten geschlichtet, auch manchmal eine Rüge und „ein Verweis erteilt, der aber gewöhnlich gut hingenommen wird, „da die Leute wissen, daß der Pfarrer es gut mit ihnen meint. „Dann wird ein Täßchen Kaffee kredenzt und jeder begibt sich „nach Hause, um für das Mittagessen die Einkäufe zu besorgen; „denn in der Küche geht es heute hoch her: Es wird Fleisch, das „man sonst in der ganzen Woche entbehrt. Für den Pfarrer beginnen „nun die Privatbesuche: einzelne Leute kommen sich beim Pfarrer „Rat holen, wie sie dies und jenes zu tun haben. Der will seinen „Sohn verheiraten; aber die Eltern der Braut verlangen einen zu „hohen Preis für ihre Tochter, da soll der Pfarrer vermittelnd „eintreten; bei anderen gilt es die Verwandtschaftsgrade zu unter- „suchen, da sie in der Familie heiraten wollen. Ein alter Vater „klagt über seinen Sohn, daß er ihn nicht, wie es Pflicht wäre, „unterstützt. Der pfichtvergessene Sohn wird herbeigeholt und „ihm das vierte Gebot in's Gedächtnis zurückgerufen. Da haben „zwei Nachbarinnen sich gezankt und wären sich fast in die Haare „geraten. Jede von ihnen will Recht haben, und keine will zuerst „um Verzeihung bitten. Auch das wird in Ordnung gebracht und „so ist es allmählich Mittag geworden und die Köchin klingelt „zum Mittagessen. Da ich Vegetarianer (d. h. gezwungener) bin, „so ist das Menü bald abgemacht: Eine Milch- und Brodsuppe, „Eier und dann das arabische Leibgericht: Reis und dicke Milch „(Brach). Ruzzona lebben, âfré lil bedden, sagt der Araber (Reis „und dicke Milch Wohlsein für den Körper) dann einige Früchte „als Nachtisch. Jetzt gerade ist die Zeit der Pasteken (Wasser- „melonen) eine wahre Gottesgabe in dieser heißen Zeit; bald „kommen auch die Trauben, welche bis in den November hinein- „dauern. Nun noch ein Argileh (Wasserpfeife) und dann eine „kleine Siesta (d. h. Mittagsschläfchen), ohne die es hier nicht „abgeht. Um 2 Uhr Versammlung der Damenwelt im Schwestern- „hause zum Katechismusunterricht. Alle sind im höchsten Staat, „und bei der mindesten Bewegung gibt es ein Klimpern und „Klingen der Silbermünzen und Silberkettchen, mit welchen die- „selben bedeckt sind. Unterdessen hat es zum drittenmal geläutet „und es beginnt der sakramentalische Segen. (Hier gibt es keine „Vesper, wie draußen). Die lauretanische Litanei wird in arabischer „Sprache gesungen, und als echter Luxemburger habe ich einge- „führt, daß die Anrufung ia mazzias el hazanat (o Trösterin der „Betrübten) 3mal wiederholt wird, und in diesen wenigen Augen- „blicken versetze ich mich im Geiste vor das Gnadenbild in der „Luxemburger Kathedrale und empfehle der hehren Trösterin Alles „was mir auf dieser Welt lieb und teuer ist: Meine Gemeinde „und all' die Lieben in der alten Heimat. Ist das nicht eine Art „drahtlose Telegrafie? Und nun ist das offizielle Tagewerk

„vollendet. Die Alten bleiben nun noch ein wenig im Schatten „auf der Veranda des Missionshauses sitzen, um ihre Pfeife zu „schmauchen, und dann bin ich endlich allein, wenn es nicht gerade „einem Nachbarspfarrer einfällt, zu einem kleinen Besuch herüber- „zukommen; denn wir Missionäre, obwohl wir aus allen Nationen „zusammengewürfelt sind, Franzosen, Italiener, Polen, Araber und „ich, als Luxemburger, der einzige Deutsche, halten brüderliche „Nachbarschaft, und kommen ausgezeichnet miteinander aus."

Eines der lieblichsten Feste des ganzen Kirchenjahres ist sonder Zweifel das hochheilige Weihnachtsfest, das Fest der gnadenreichen Geburt unseres Herrn und Heilandes *Jesus Christus.* Und dieses Fest gerade an *dem* Orte feiern zu können, wo dieses welterneuernde Ereignis stattgefunden hat, muß ja im Herzen eines jeden katholischen Christen, und umsomehr in dem eines Priesters ein unbeschreibliches Wonnegefühl wachrufen. Leicht begreiflich ist es also auch, daß Biever darüber schreibt:

(Beit-Sahur, 16. Dezember 1907): „Ich freue mich wie ein „Kind, darauf, jetzt nach 22 Jahren wieder einmal das hl. Weih- „nachtsfest in Bethlehem selbst feiern zu können. . . . . Vielleicht „wird es Sie interessieren, zu vernehmen, wie hier in Bethlehem „das Weihnachtsfest gefeiert wird. Das geht hoch her. Die ganze „katholische Gemeinde in Bethlehem, Beit-Sahur und Beitdjallah „bereitet sich durch eine neuntägige Andacht auf das hehre Fest „vor. Jeden Abend ist feierlicher Segen, bei welchem außer dem „Tantum ergo arabische Weihnachtslieder gesungen werden. . . . . „Ich für meinen Teil singe mir dann am Abend auf meinem Zimmer „mit Harmoniumbegleitung unsere schönen alten Adventslieder: „Tauet, Himmel den Gerechten. — O Heiland reiß' die Himmel „auf, u. s. w. Das beruhigt meine Nerven wieder und bringt mich „in die rechte Weihnachtsstimmung. Doch fahren wir fort mit der „Beschreibung: Am Vorabend von Weihnachten hält der Patriarch „von Jerusalem seinen feierlichen Einzug in Bethlehem, wo er „um Mitternacht das Hochamt singt. Alle Bethlehemiten, Männlein „und Weiblein, sind im Festesschmucke. In den engen Straßen „des Städtchens ist ein Gedränge, daß man kaum durchkommen „kann. Da erschallt aus der Ferne Flintengeknatter. Alles eilt „vor die Stadt, wo schon die ersten Reiter, wildblickende Beduinen- „scheichs auf flinken Araberstuten erscheinen. In wildem Galopp, „aus ihren rauhen Kehlen den Kriegsgesang brüllend, jagen sie „einher wie die Windsbraut, dann auf einen Ruck mit dem Zaum, „wenden sie die Pferde und sind in einem Nu wieder hinter der „Biegung der Straße verschwunden. Sie bringen auf diese Weise „dem Patriarchen ihre Huldigung dar. Aber bald müssen auch sie „sich fügen. Der Wagen des Patriarchen ist am Rachelgrabe, „etwa 20 Minuten vor Bethlehem angelangt. Dort stehen schon „die Pfarrer von Bethlehem, Beitdjallah und Beit-Sahur mit den „Notabeln ihrer Gemeinde zur Begrüßung bereit. Ist diese Zere- „monie vorüber, dann ordnet sich der Zug. Voran die Beduinen- „scheichs auf ihren in den Zaum knirschenden, schaumbedeckten „Pferden, darauf ein Trupp türkische Reiterei, mit dem Karabiner

„am Oberschenkel aufgesetzt, dann ein Geistlicher hoch zu Roß; „welcher dem Patriarchen das Kreuz vorträgt, dann der Patriarch „selbst in einem Galawagen, welchem die übrigen Wagen folgen. „Im Schritte fährt man durch die engen Straßen. Von den Häuser-„terrassen ertönt das Zaphaghut, das Freudengeschrei der bethlehe-„mitischen Frauen, welche in ihrem malerischen, farbenprächtigen „Festesschmuck die Terrassen bedecken. Böllerschüsse und Flinten-„geknatter erschüttern die Luft, bis endlich der Patriarch vor der „Türe der Geburtskirche angelangt ist. Dort erwarten denselben „die Franziskaner, welche den Dienst an der Geburtsgrotte versehen „und begleiten ihn in feierlicher Prozession zur Geburtsgrotte, „wonach alsogleich die Vesper im Chore gesungen wird. Unter-„dessen ist auch der französische Konsul in der Nähe von Beth-„lehem angekommen und wird als Vertreter der französischen „Regierung, welche offiziell als Schutzmacht der hl. Orte und der „katholischen Anstalten im Orient figuriert (!?) in derselben Weise, „wie der Patriarch, empfangen. Um Mitternacht beginnt das Pon-„tifikalamt in der Franziskanerkirche und darnach wird in feierlicher „Prozession die Statue des Jesukindes von dem Patriarchen in „die Geburtsgrotte getragen und dort auf den Ort niedergelegt, „wo der Weltheiland vor 1900 Jahren in Wirklichkeit geboren „wurde. Die Weihnachtstage über kommen nun von allen Seiten „die Christen herbei, um in der Geburtsgrotte zu beten. Hier in „Beit-Sahur, wo in der ersten Weihnacht die Engel den Hirten „erschienen sind, wird ebenfalls um Mitternacht die hl. Messe „gesungen, und dann geht die ganze Gemeinde, der Pfarrer an „der Spitze, hinauf nach Bethlehem. Ihre Vorfahren waren ja die „Ersten, welche das Jesuskind aufsuchen kamen und an der Krippe „des göttlichen Heilandes erschienen. Am Nachmittag kommt dann „die tausendköpfige Christengemeinde von Bethlehem herunter „auf das Hirtenfeld, um daselbst ihre Andacht zu verrichten und „kehrt dann bei der Rückkehr in unserm Kirchlein ein, um daselbst „eine kleine Andacht zu halten. Das ist in Kurzem die Beschreibung, „wie das hl. Weihnachtsfest in Bethlehem selbst gefeiert wird. „Schön ist es ja, aber man fühlt an dem Tage doch eine gewisse „Sehnsucht nach der Heimat. Es kommen einem unwillkürlich „unsere schönen Weihnachtslieder in den Sinn und ich singe mir „dieselben in meinem Zimmer mit lauter Stimme vor: Ein Kind „geboren zu Bethlehem, Alleluja, und jene: Stille Nacht, heilige „Nacht . . . Ihr Hirten erwacht vom Schlummer der Nacht . . . „und andere. Es kommen dann die anderen Festtage und dann „das lustige Neujahr mit seinen Besuchen und Gegenbesuchen, „dann das Dreikönigsfest und dann geht es wieder an die altge-„wohnte Arbeit des Missionärs mit seinen Freuden und Leiden."

(Fortsetzung folgt.)

Logements militaires à Luxembourg pendant la période de 1794—1814. (Par Alphonse RUPPRECHT.)

(Suite.)

14. Luy enjoignons et ordonnons de servir tous lesdts. marchands avec diligence et fidelité pour éviter leur retard en cette ville et leur donner moyen d'y amenner des marchandises et denrées avec empressement, pour que le prix n'en puisse point augmenter au désavantage du publique, et en cas de négligence de la part dudt. coureleur, ou qu'il y ait plaincte contre luy, il sera puni suivant l'exigence du cas, par telles paines qui luy seront par nous imposées.

Et sera le présent jugement servant de règlement registré, exécuté, lu, publié et affiché aux lieux et endroits accoustumés de cette ville, faict par Nous Justiciers et Echevins de Luxembourg, le dix-huitiesme jour d'octobre 1689." (Archives de la ville de Luxembourg.)

Le *coureleur* dont il est question dans ce document, était un genre d'appariteur qui allait annoncer l'arrivée des marchandises étrangères. Le terme est passé dans la langue luxembourgeoise sous la forme de *Kureler,* pour désigner un jaseur et en style de palais vulgaire, un procédurier.

Les *Everlins, Heverlins, Hiewerlänner* étaient des marchands de fromages. *Hiewerlengesche Kès, Herver-Käse,* du fromage de *Herve* (petite ville à 4 lieues de Liége, renommée par son beurre et ses fromages). — Dans un procès soutenu par le métier des merciers, on reprochait aux *heverlins* d'étendre leur commerce à d'autres objets qu'aux fromages. Selon la déclaration du 21. novembre 1760, le justicier tirait entre autres comme émolument un fromage de chaque panier *d'Heverling* (Cf. J. F. Gangler, Lexicon der Luxemburger Umgangssprache 1847; J. Ulveling, Notice sur l'ancien Magistrat de la ville de Luxembourg, Public. 1857 p. 1. et Notice sur les anciens 13 maîtres et les corporations de la ville de Luxembourg, Public^ons^. 1858, p. 22.)

De Wollef wor vun Honger
à Middhet halwer bès,
du kòm en *Hiewerlänner*
mat enger Kar voll Kès.

(M. Rodange, Renert, Eschte Gesank.)

Voici enore quelques indications sur notre régime du sel, à partir de l'entrée des troupes républicaines à Luxembourg en 1795.

La législation française fut introduite chez nous par le décret du 9 vendémiaire an IV (1. octobre 1795). L'impôt sur le sel ou la gabelle avait été aboli en France par la Constituante à partir du 1. avril 1790 (loi du 30 mars 1790); il reparut sous une forme atténuée lorsque les guerres eurent creusé le déficit dans les finances. Voté en l'an VII par le Conseil des Cinq Cents, l'impôt du sel fut rejeté par le Conseil des Anciens; il ne fut définitivement rétabli que par la loi de finances du 24 avril 1806. Introduit à titre de remplacement de la taxe d'entretien des routes, son produit fut d'abord exclusivement affecté aux travaux des ponts et chaussées (Pandectes Françaises V°. Sel, 22).

Une régie du sel pour le compte de l'Etat fut établie dans. le Grand-Duché par arrêté du Roi Grand-Duc du 9 août 1839 Des entrepôts ou magasins de la Régie furent ouverts à Luxembourg, à Remich et à Ettelbrück en 1839, à Echternach en 1842, à Clervaux en 1844, à Grevenmacher en 1845, à Redange en 1848, à Hosingen en 1849, à Arsdorf en 1851, à Esch s/l'Alz. et à Bettembourg en 1859. La gestion en fut confiée à des entreposeurs (en allemand: Salzfaktoren) nommés par le directeur général des Finances. La Régie fut supprimée par la loi du 26 décembre 1867 et remplacée par un impôt sur le sel perçu d'après des dispositions convenues entre les Etats de l'Union douanière. Sous la réserve du paiement de ce droit, le commerce du sel fut désormais libre. (V. Mém. du Grand-Duché).

Mr. *Jean-Mathieu-Henri Fischer,* né à Luxembourg, le 22 juin 1795, époux de Rosalie-Charlotte Garnier, décédé à Luxembourg, le 31 octobre 1856, avait été nommé entreposeur du sel à Luxembourg depuis l'établissement de la régie dans le Grand-Duché (Neyen, Biogr. Lux. T. 1, p. 197). Mr. *François Waldbillig,* né à Luxembourg, le 3 nivôse, an 9, fut chargé provisoirement de la recette; il fut nommé définitivement à ce poste avec le titre de receveur des accises et du sel, par arreé R. G. D. du 22 mars 1842. Après la mort de Mr. Jean-Mathieu-Henri Fischer, son fils Henri-Mathieu-Bonaventure, né à Luxembourg, le 14 juillet 1834, géra pendant quelque temps encore l'entrepôt qui fut ensuite confié à Mr. Waldbillig susdit.

L'entrepôt était successivement installé à Luxembourg dans une propriété de l'Etat, à l'emplacement de l'hôtel actuel de la Chambre des Députés (construit en 1856), dans le N°. 2 de la rue Wiltheim (V. Note 72) et dans la maison occupée par Mr. le receveur Waldbillig dans la rue de la Porte-Neuve (aujourd'hui le N°. 18 de cette rue). (A suivre.)

Das Eligiusamt zu Luxemburg.

(Fortsetzung.)

Wollte jemand die Rechte eines zünftigen Meisters erwerben, so mußte er „für sich selbst redlich und der Stadt Bürger" sein. Es liegt auf der Hand, daß die Zunft die Teilnahme an ihren wohlverbrieften Privilegien einem Ankömmling nur unter der Bedingung gewähren konnte, wenn derselbe bereit war, die mit dem Aufenthalt und der Ausübung des Handwerks in der Stadt zusammenhängenden politischen und sozialen Verbindlichkeiten zu übernehmen. Es sei z. B. erinnert an die Wehrbereitschaft und Wehrpflicht, an Steuer- und Einquartierungspflichten. Die sicherste Gewähr für Beteiligung des Ankömmlings an allen onerösen Leistungen bot dessen Eintragung in die Bürgerrollen. Sobald er Bürger war, hatte er

Bürgerrechte und Bürgerpflichten. Darum verlangte das Amt — und durch Aufstellung dieser Forderung handelte es zugleich vollständig im Sinne und Interesse der Staats- und Stadtbehörden —, daß jeder Zugewanderte, der die Aufnahme in die Reihen der Amtsbrüder nachsuchte, vorerst den Nachweis erbrachte, daß er das Stadtbürgerrecht erworben habe[165]).

Bei den Söhnen der zu Luxemburg ansässigen Meister konnte von den erwähnten Forderungen Abstand genommen werden, da deren Verhältnisse ohne die Erfüllung weiterer Formalitäten zur Genüge bekannt waren.

Die gewerbliche Leistungstüchtigkeit, die Fähigkeit, das Handwerk zum Nutzen der Mitbürger und zu Ehren des Amtes ausüben zu können, galt jedoch als das Haupterfordernis zur Aufnahme in die Reihen der zünftigen Meister. Mußten ja zu zwei Seiten Rechte gewahrt werden. Die Mitbürger, welche ausschließlich auf die Lieferungen der hauptstädtischen Meister angewiesen waren, glaubten zu der Forderung berechtigt zu sein, daß ihnen als Entgelt für die Beschränkung des Kaufmarktes solide, geschmackvolle und preiswürdige Arbeit von den Meistern geliefert würde. Dieser Forderung der Bürgerschaft konnte nur durch eine ernstlich beaufsichtigte, gründliche Ausbildung des Junghandwerks und eine auf Grundlage von genauer Prüfung erteilte Ermächtigung zur Ausübung des Handwerks Genüge geschehen. Auch waren die Meister selbst im Interesse ihres Standes, ihres Einflusses und Einkommens darauf angewiesen, die Ehre des ganzen Amtes hochzuhalten. Niemand sollte darum den Namen „Meister im Eligiusamt" tragen, der nicht im Stande war, Beweise seiner Tüchtigkeit zu

---

165) Bekanntlich hatte die Wanderlust zur Zeit des unseligen dreißigjährigen Krieges in Westeuropa ihren Höhepunkt erreicht. In dieser Periode machte sich auch zu Luxemburg eine verhältnismäßig starke Verschiebung der Bevölkerung bemerkbar, und die Anmeldungen zu den Zünften waren außergewöhnlich zahlreich. Der Vollständigkeit halber veröffentlichen wir nachstehend einen Auszug aus den Bürgerrollen von jener Zeit, so wie er im Amtsbuch eingetragen steht. Es handelt sich um Eingewanderte von Lommel, einer kleinen Ortschaft zwischen Antwerpen und Roermonde.

Extrakt auszer der burger rollen der Statt Lutzenburgh In welcher alle de Jenige so zu Burger ahngenohmen werden verzeichnet vndt annotirt sein vndt findt sich under anderen also:

Heuth den dreyzehnten Septembris 1634 seindt hernach gemelte: burger durch herrn Richter vndt Scheffen allhie zu burger ahngenohmen worden vndt haben auch vndt Ihrer Jedweder den gewohnlichen eydt alszgleich geleistet seindt alle Kesseler Ihres handwercks vndt von Lomel In brabant vnder der Meyerey Hertzogenbusch geburtige

Johan Rosen
Johan Tenten
Niclausz Arnoult
Johan Cornelius von bergheich
Steffen von Joric
Heinrich Den von Hallomell &

Wahre onderschrieben Extrahikt durch mich auf befelch G. Rang nots

Pro copia J. Strabius nots.

geben. Das Eingangstor zum Amt war eng. Desto größere Garantien hatten jedoch die Kunden reell bedient zu werden, desto größere Aussichten die Meister auf Erlangung wirtschaftlicher Vorrechte und politischen Einflusses.

Der Meister entsprach seinem Namen nur dann, wenn er zugleich gewerbe- und weltkundig war. Auf die gründliche Erlernung des Handwerks und die Aneignung der Kunst, mit den Menschen zu verkehren, mußte darum in der Vorbereitungszeit das Hauptstreben des zukünftigen Meisters gerichtet sein.

Von dem Grundsatz durchdrungen „Wer alles lernt, lernt nichts ganz" suchte das Amt allmählich je nachdem die Ansprüche der Kunden sich vermehrten, seine Arbeiten zu *spezialisieren*. Es setzte eine Anzahl von styles (fr.), wie man die Spezialitäten nannte, fest, in denen sich die jungen Handwerker, selbstverständlich nach freier Wahl, ausbilden und vervollkommnen sollten. In dieser weitgehenden Spezialisierung liegt auch der Schlüssel zum Verständnis der außerordentlichen Gewerbe- und Kunstfertigkeit, die wir in den historischen Gewerbemuseen bewundern. Allerdings waren die ersten Metallhandwerker der entstehenden Hauptstadt nur Schmiede und Schlosser. Später jedoch machten sich größere Bedürfnisse geltend [166]). Wenn auch die Entwicklung des Handwerks die Festlegung von streng abgegrenzten Perioden ausschaltet, so können wir aber auf Grund verschiedener Verfügungen die nachstehende Folge in der Spezialisierung des luxemburger zünftigen Metallhandwerks feststellen:

1. Als Grundstock des Eligiusamtes treffen wir nur Schmiede und Schlosser.

2. Als „zugekommene Brüder" werden in den Statuten von 1495 bezeichnet die Kesseler, Wagener, Sattler, Seiler und Kleinschmiede (taillandiers).

---

[166]) Zu Trier bestanden gegen Ausgang des 12. Jahrhunderts nur vier hofrechtliche Handwerkervereinigungen, welche von den Behörden anerkannt waren und dafür dem Erzbischof und den Höfen der Kaiser unentgeltliche Lieferungen zu machen hatten. Es waren die Kürschner, die Schuhmacher, die Schmiede und Fleischer. (Vgl. Forschungen zur deutschen Geschichte. Geschichte der deutschen Handwerksämter von Max Bär S. J., S. 234 ff.) Aber das Metallgewerbe entwickelte sich allmählich so stark, daß dessen Vertreter sich in fünf gesonderten Aemtern zusammenschlossen, so daß im Jahre 1523 das Bestehen der folgenden Aemter nachweisbar ist, das Schmiede-, das Kannengießer-, das Schwerdt-, das Nadelmächer- und das Goldschmiedeamt. Dem Schmiedeamt gehörten die nachgenannten Handwerker an:

a) Hufschmiede. Waffenschmiede, Nagelschmiede, Klingenschmiede, Haubenschmiede, Rohr-(Gewehrläufe)-Schmiede, Scherenschmiede, Zirkelschmiede, Kupferschmiede.
b) Klaustermacher (Schlosser), Uhrmacher, Sporenmacher, Geschmeidemacher, Ringmacher, Windenmacher, Büchsenmacher.
c) Messerschmiede, Weidmesser oder Dolchmesser, Harnischmacher oder Plattner, Schleifer, Polierer, Harnischfeger, Pienkherustmacher (?).
d) Topfgießer, Leuchter und andere Zierad für den Haushalt nötige Gegenstände, Glockengießer, Geschützgießer.
e) Kesseler, Kesselflicker, Spengler, Klempner, Schluzenizierer (?).

Auch die Holzschuhmacher gehörten zu diesem Amte.

3. Die von Karl VI. im Jahre 1738 genehmigten Statuten zählen außer den oben genannten Handwerkern auf: die Nägelschmiede, Büchsenmacher (arquebusiers, später armuriers genannt), Sporer, Schwertfeger (fourbisseurs), Uhrmacher, Gießer, Harnischer, Messerschmiede und Polsterer (boureliers).

Die Uhrmacher scheinen sich um das Bestätigungsdekret wenig gekümmert zu haben; denn sie werden wieder namhaft gemacht, als im Jahre 1791 das Eligiusamt und die 13-Meisterkorporation gemeinschaftlich in zwei getrennten Gesuchen vom Kaiser und König Franz II. verlangten, daß die Goldschmiede, Uhrmacher, Klempner, Nadler, Stahl- und Eisentöpfer, welche bislang zur Krämerzunft gehört hatten, behördlicherseits genötigt würden, in das Eligiusamt einzutreten.

4. Diesem Gesuch wurde durch Dekret vom 10. August 1793 stattgegeben, mit der stillschweigenden Erlaubnis zu Gunsten der Uhrmacher, bei der Krämerzunft verbleiben zu dürfen. Diese Sonderbehandlung wurde den Uhrmachern zweifellos zu teil, weil ihre Spezialität zumeist keine Bearbeitung und Veränderung des Rohmaterials zum Gegenstand hatte, sondern sich auf eine Anordnung und Zusammensetzung der fertigen Uhrteile beschränkte. Wie heute so waren auch damals die meisten Uhrenhändler mehr Kaufleute (Uhrenverkäufer) als Produzenten (Uhrmacher).

Die Spezialisierung der Gewerbe war die erste Vorbedingung zu ernster, tüchtiger Ausbildung der zukünftigen Handwerker. Ein weiteres tat die Forderung einer längern *Lehrzeit*. „Es ist noch kein Meister vom Himmel gefallen," rühmten sich die Handwerker jener Zeit und erinnerten selbstbewußt an ihre eigenen, oft beschwerlichen Lehrjahre.

Der Lehrling ward durch einen seiner Familie nahestehenden Meister dem Amt angemeldet und einem dazu ermächtigten (approuvé) Meister zur Schulung übergeben [167]). Das Amt hatte darüber zu wachen, daß der „lerre Knab" seine Zeit nicht unnütz vergeudete, daß der Meister ihn nicht vorzugsweise zur Verrichtung seiner Haus- und Gartenarbeiten, oder als Stütze der Hausfrau, oder zur Kinder- und Viehhut verwandte. Für diesen Schutz zahlte der Lehrling dem Amt eine besondere Gebühr. Sie bestand in 4 Pfund Wachs und einem Topf Oel „zum gelucht." Das Oel konnte durch die Erlegung von 24 Bayer ersetzt werden.

(Fortsetzung folgt.)

---

[167]) Nachstehend folgt ein Anmeldeakt eines Lehrlings aus dem Jahr 1740: Cest aujourdhy Les vient huitt du mois daous 1740 que thaesse ellter maisttres marichalle de cestt ville a mis pour aprantie cheux jean nicolas prome Louis crauss a restter trois anne et la mere du ditt louis crauss soblige de luy donner un demis anne la nourlitur et thaésse ellter et reponden pour le garson et pour la sire et lun port de luille sur quoy thaesse ellter a sy t de sa marque ordinaire Les temps de son apratissag commence le premier sestembre et fieny le mesme jour.

(Der Kesseler Amtsbuch, Jahr 1740.)

Luxemburgische Literarische Novitäten u. Drucksachen.

Comes Isidor. Ja, ja, — dât Englescht! oder Den australeschen Dódebréf. En hallef êscht, an hallef löschtegt Stéck. Letzeburg. Linden & Hansen. 1920. — 30 SS. an 8°. — N° 19, vum „Letzeburger Allerlè".

Idem. En Hirt gesicht! oder De musekalesche Burgermêschter. Kome' de' stëck mat Gesank an 2 Dêler. Musek vum Max Menager. Letzeburg. Linden & Hansen. 1920. — 45. SS. an 8°. — N° 21 vum „Letzeburger Allerlé".

Dessemeyer Camille. Im Höllenrachen des Bolschewismus. Die Memoiren meiner Soldatenratszeit. 1920. Luxemburg. J. P. Worré. — 132 SS. in 8°, mit dem Porträt des Verfassers.

Diderrich Emil. Die österreichische Invaliden-Compagnie zu Remich (1790—1792). — J. B. Maringer de Thorn, Kantonspfarrer zu Diekirch († 1818). — Die Einsiedlerklause bei Wellenstein. — Berg-im-Gau. Historische Notiz. Grevenmacher. Paul Faber. O. D. (1920). — 16 SS. in 8°.

Festschrift zur Feier der 25. Wiederkehr des Gründungstages des Luxemburger Landes-Obst- und Gartenbauvereins. Herausgegeben vom Vorstand. Luxemburg. Joseph Beffort. 1920. — 60 SS. gr. in 8°, mit 4 Porträts.

Gerichtswesen (Das) im Großherzogtum Luxemburg, für das Volk erläutert von zwei Juristen, herausgegeben vom Luxemburger katholischen Volksverein. Luxemburg. St. Paulus-Druckerei. 1920. — 84 SS. in 8°.

Gratiskalender der Obermosel-Zeitung für das Jahr 1920. Grevenmacher. Paul Faber. (1920). — 166 SS. in 8°, mit 2 farbigen Tafeln.

Kellen Tony. Erdbüchlein. Kleines Jahrbuch der Erdkunde. 1920. Herausgegeben unter Mitwirkung von Dr. Richard Bitterling, Prof. Heinrich Fischer, Ernst Wächter und Prof. Dr. K. Weule. Mit 42 Abbildungen und Kärtchen. Stuttgart. Franckh'sche Verlagshandlung. 1920. — 80 SS. in 8° mit 20 Abbildungen und 22 geographischen Kärtchen.

Dr. Klein Edmond-Joseph. Läßt sich die Erzeugung von Speisepilzen fördernd beeinflussen? Separatabdruck aus der Vereinsschrift der „Gesellschaft Luxemburger Naturfreunde". (Luxemburg.) J. P. Worré. O. D. (1920). — 3 SS. in 8°.

Idem. Wie Sorten entstehen und vergehen. Aufklärende Plauderei für alle Obst- und Gartenbaufreunde. O. O. n. D. n. Dr. (Luxemburg. Joseph Beffort 1920.) — 11 SS. gr. in 8°.

Dr. Medinger Pierre. Notions de balistique populaire. Armes et munitions. Engins de guerre. Effets des armes à feu. Choix d'une arme de défense. Les „Dum-Dum" en 1914. Canons à longue portée. Explosifs. Accidents. Expertise. Luxemburg. J. P. Worré. 1920. — 62 pp. in 8°, avec 16 figg. dans le texte.

Menager Max. D' Pankuchsfe'wer oder De' brav Amerikaner. Kome' de' stëck an engem Akt. Letzeburg. Linden & Hansen. 1920. — 21 SS. an 8°. — N° 20 vum „Letzeburger Allerlé".

Prüm Emile. Le Veuvage de la Vérité. Une rèponse aux Catholiques allemands. Avec Préface de S. E. le Cardinal Mercier. Paris. — Barcelone. — Dublin. 1919. — XV + 256 pp. in 8°.

Publications de la Section historique de l' Institut g. — d. de Luxembourg (ci-devant „Société archéologique du Grand-Duché") sous le protectorat de Son Altesse Royale la Grande-Duchesse de Luxembourg. Volume LIX. Luxembourg. M. Huss. 1919. — 367 pp. in 8°, avec 4 gravures et 3 planches. — Ce volume contient:

Arendt Charles. La Chimie au service de l'archéologie, spécialument de ln Numismatique. — p. 3—5.

Idem. Rapport sur les fouilles opérées au Titelberg en Octobre et Novembre 1907. — p. 6. — 13, avec 4 grav.

Idem. Die frühern Kirchen und Kapellen der Stadt Luxembourg und ihrer Vororte. — p. 14—16.

Blum Martin. Ordonnances et Nominations concernant le Dèpartement des Forëts depuis 1803 jurqu'en 1823 émanées de l'Évêché de Metz. Extraits de différents registres dèposés aux Archives diocésuines messines, précédés de notices biographiques. — p. 17—96.

Idem. L'abbè Claude-Ignace Laurent, Evêque nommé de Metz. Une page de l' Histoire ecclésiastique des diocèses de Metz et de Luxembourg. — p. 97—208.

Wenger Tony. Autour d'une Chapelle. Miettes d'histoire. — p. 209—218.

Vannérus Jules. Le premier livre de fiefs da Comté de Vianden. — p. 219—338.

Strasser G. Wappengruppen in Luxemburg und der Eifel. — p. 339—367, mit 3 Tafeln.

(Dr. Rumé Michel.) Thronbesteigung des hlst. Herzens Jesu. Eine freudige Nachricht. O. O. n. D. n. Dr. (Luxemburg. St. Paulus-Druckerei. 1920.) — 4 SS. in 8°.

Vereinsheft (9) des Luxemburger Tierschutzvereins unter dem Hohen Protektorat J. K. H. der Frau Großherzogin Maria Anna von Luxemburg. — 9me Bulletin de la Societé luxembourgcoise protectrice des animaux sous le Haut Protectorat de S. A. R. Madame la Grande — Duchesse Marie — Anne de Luxembourg. Luxemburg. J. P. Worré. 1919 — 46 SS. in 8°, mit 1 beigelegten Tafel.

Wagner Johann-Philipp Unser Obst- und Gartenbau der Zukunft. Festschrift zur 25jährigen Gedenkfeier der Gründung des Luxemburger Landes-Obst- und Gartenbauvereins. Luxemburg Joseph Beffort. 1920. — 40 SS. gr. in 8°.

Ons Hémecht.

Organ des Vereines für Luxemburger Geschichte, Literatur u. Kunst.

Herausgegeben vom Vereins-Vorstande.

26. Jahrgang. — Fünftes und sechstes Heft. — Mai u. Juni 1920.

Jeder Autor ist verantwortlich für seine Arbeit.

Eine äusserst wichtige

Generalversammlung

unseres Vereines wird stattfinden am letzten Donnerstag des Monates Juli, d. h. am 29. Juli, um drei Uhr Nachmittags, in unserem Vereinslokale, Haus PRAUM, Fleischerstrasse, 11.

Die Tagesordnung ist folgende:

1.) Verlesung, resp. Genehmigung des Berichtes über die letzte Generalversammlung.
2.) Bericht des Präsidenten über das verflossene Vereinsjahr 1919.
3.) Rechnungsabschluss für 1919.
4.) Bericht der Rechnungsrevisoren.
5.) Aufstellung des Budgets für 1920.
6.) Aufnahme neuer Mitglieder.
7.) Demission des Präsidenten. Wahl eines Nachfolgers
8.) Demission eines Vorstandmitgliedes. Deshalb
9.) Teilweise Erneuerung des Vorstandes.
10.) Vortrag über einen national-geschichtlichen Gegenstand.
11.) Definitive Beschlussfassung über Veröffentlichung eines Jubläumsheftes.
12.) Etwaige Anfragen und Bemerkungen.

Luxemburg, den 30. Juni 1920.

Der VORSTAND.

NB. Der Wichtigkeit wegen sind alle Mitglieder dringend eingeladen, der Versammlung beizuwohnen.

VEREIN

für Luxemburger Geschichte, Literatur und Kunst.

Cercle

historique, littéraire et artistique de Luxembourg.

Verzeichnis d. Mitglieder. — Liste des membres.

A. — Gründungs-Mitglieder (Membres fondateurs). *)

Hr. *Blum Martin,* Benefiziat zu U. L. Frau an der Kathedrale, Luxemburg, Prinzenring 23.
Hr. *Clemen Paul,* Hypotheken-Bewahrer, Luxemburg.
„ Dr *Herchen Arthur,* Ehren-Professor a. Gymnasium, Clausen.
„ *Kraus Mathias,* Buchhändler, Luxemburg.

B. — Ehren-Mitglied (Membre d'honneur).

Hr. Mongenast Mathias, ehem. Finanzminister, Luxemburg.

C. — Vorstands-Mitglieder (Membres du Comité).

Hr. Blum Martin, Präsident,
„ Kæsch Joh. Peter, Rechnungsrat a. d. Eisenbahn Wilhelm-Luxemburg, Vize-Präsident.
„ Dr Medinger Paul, Professor am Mädchen-Lyzeum, Luxemburg, Sekretär.
„ Warken Johann, Architekt, Hollerich, Kassierer.
„ Dr Klein Josef Edmund, Prof. am Gymnasium, Luxemburg, Beisitzender.
„ Rupprecht Alf., Polizeikommissar, Luxembg., Beisitzender.
„ Zieser Johann, Pfarrer zu Garnich, Beisitzender.

D. — Wirkliche Mitglieder (Membres effectifs).

Hr. Bassing Theodor, Organist u. Gemeindesekretär, Vianden.
„ Brück-Faber Johann Peter, Administrator der Staatlichen Besserungsanstalten, Stadtgrund.
„ Claude Joh. Peter, Vize-Konsul von Spanien, Esch (Alz.)
„ Diderrich Emil, Gasthofbesitzer, Bad-Mondorf.
„ Dr Didier Nikolaus, Fürstlicher Salm-Salm'scher Archivar und Hofpriester auf Schloss Anholt (Westfalen).
„ Dumont Willy, Parkgärtner, Hamm.
„ Faltz Michel, Kaplan, Ermsdorf (Medernach).
„ Funck-Eydt Peter, Architekt, Luxemburg.
„ Dr Gœrgen Wilhelm, Professor, Luxemburg.

*) Von den 18 Gründungsmitgliedern ist eines aus dem Vereine ausgetreten und ausser den 4 nachbenannten, die übrigen mit Tod abgegangen.

„ Hülsemann Wilhelm, Pensionatsdirektor, Echternach.
„ Jacoby Adolf, Lic theol. Hofprediger, Pfarrer der protestantischen Gemeinde, Clausen.
Mgr. Dr Kirsch Joh. Pet., Universitätsprof., Freiburg (Schweiz).
Hr. Knepper Johann Peter, Distrikts-Kommissar, Diekirch.
„ Kœnig Alexander, Pfarrer, Waldbredimus.
„ Lamesch Wilhelm, emeritierter Lehrer, Walferdingen.
„ Lech Friedr., emeritierter Dompfarrer, Kanonikus, Luxbg.
Mr. Lœs François, curé, Hondelange-lez-Arlon.
Hr. Ludovicy Peter, Brauerei-Direktor, Eich.
„ Meyers Theodor, Ehrendomherr und Dechant, Körich.
„ Molitor Peter, Buchführer, Hollerich, Karmeliterstrasse.
„ Müller-Storck Michel, Lehrer, Limpertsberg
„ Schlechter Dominik, Kaufmann, Limpertsberg.
„ Schmit Johann, Obergerichtsschreiber, Limpertsberg.
„ Sevenig Josef, Pfarrer, Bad-Mondorf.
„ Spedener Gregor, Bureauchef d. Postverwaltung, Luxbg.
„ Stomps Wilhelm, Hofmusikalienhändler, Luxemburg.
„ Thill Joh., Angestellter der St. Paulus-Druckerei, Neudorf.
„ Thill Mathias, Lehrer, Esch an der Alzette.
„ Trœs Joh. Pet., Archivar des Kriegsdepartementes zu Bandœng (Java, Niederländisch Indien).
Mr. Vannérus Jules, Archiviste, Anvers (Belgique)
„ Welter Ferréol, pharmacien, Rodemack (Lorraine).
Hr. Wenger Tony, Rentner, Limpertsberg.
„ Werner Heinrich, Pfarrer, Wormeldingen.
Mr. Weyrich Jean, curé, Thiaumont-lez-Arlon.

E. — Korrespondierende Mitglieder

(Membres correspondants).

Hr. Albrecht Paul, Feldwebel der Militärkapelle, Luxemburg.
„ Dr Bech Josef, Advokat-Anwalt und Deputierter, Luxbg.
„ Beck Michel, emeritierter Unterbureauchef, Kobenbour (Consdorf).
„ Dr Bian Felix, Notar, Redingen an der Attert.
„ Biermann Ernest, Vikar, Esch an der Alzette.
„ Dr Biever Victor, praktischer Arzt, Differdingen.
„ Birnbaum Johann, Werkmeister an der Staatshandwerkerschule, Limpertsberg.
„ Bisdorff Johann, emerit. Pfarrer, Daundorf (Bad-Mondorf.)
„ Bisdorff Theophil, Kaplan, Ingeldorf.
„ Biwer, Unternehmer, Esch an der Alzette.
„ Blum Franz, Rentner, Burglinster.
„ Blum Josef, Klempnermeister, Pfaffental.
„ Blum Ludwig, Chemiker, Esch an der Alzette.
„ Blum René, Advokat-Anwalt, Deputierter, Luxemburg.
„ Bock Josef, Vikar-Sakristan an der Kathedrale, Luxembg.
„ Bormann Johann, Pfarrer, Weimerskirch.

Hr. Bormann Joh. Bapt., Pfarrer, Limpertsberg.
.. Dr Bourg Leo, Notar, Cap.
.. Bové Peter, emeritierter Pfarrer, Diekirch.
.. Brück Hubert, Sekretär der Staatsanwaltschaft, Luxembg.
.. Dr Burg Georg, Professor a. Priesterseminar, Luxemburg.
.. Chomé Emil, ehmaliger Direktor des Roheisen-Syndikates Hollerich.
.. Dr Clasen Bernard, Advokat-Anwalt, Luxemburg.
.. Clemen Michel, Pfarrer, Ehleringen.
.. Clemens Andreas, Pfarrer, Beckerich.
.. Colling Albert, Bildhauer, Hollerich, Av. Michel Rodange, 8.
.. Dr Colling Prosper, Pfarrer der Herz Jesu-Pfarrei Esch an der Alzette.
.. Conzemius Alfred, Pfarrer, Lenningen.
.. Dr Dasburg Victor, praktischer Arzt, Fels.
.. Demander Nikolaus, Pfarrer, Bastendorf
.. Demuth Adolf, Pfarrer, Weicherdingen.
.. Dienhart Joh. P., Zeichner, Beaumontstr., Haus Fonck, Lbg.
.. Dornseiffer Peter, Stadtbeamter, Luxemburg.
.. Dr Dühr, Professor, Esch an der Alzette.
.. Düttmann-Krombach, Rentner, Birler Barrière, Sandweiler.
.. Eichhorn Alfons, Notar und Deputierter, Mersch.
.. Elinger Johann, Pfarrer, Limpach.
.. Erasmy Mathias, Pfarrer, Bonneweg.
.. Evert, Lehrer, Contern.
.. Eydt Karl, Gewerbe-Inspektor, Luxemburg.
.. Dr Eydt Karl, Advokat, Attaché d. Regierung, Luxembg.
.. Dr Faber Johann, Tierarzt, Wiltz.
.. Faber-Esslen Paul, Buchdrucker, Grevenmacher.
« Feldes Emil, Hüttendirektor, Differdingen.
Mr. Florange, Publiciste, Clamart. (Seine). 1, rue du Sud.
Hr. de la Fontaine Henri, Rentner, Limpertsberg
« Franck Johann, Accisenbeamter, Cap.
« Dr François Ernest, Advokat-Anwalt, Diekirch.
« Frantz Bernard, Pfarrer, Eischen
« Gengler Alfons, Pfarrer, Niederanven.
« Gevelinger Josef, Domvikar, Luxemburg.
« Gillen N. J., Limpertsberg, Johann-Strasse, 31
« Godefroid H., Lehrer, Rodingen.
« Gœtzinger Paul, Advokat, Luxemburg
« Grob Michel, cafetier, Petruss-Ring, Luxemburg-Bahnhof.
« Guill Karl, Bauunternehmer, Grevenmacher.
« Guillaume Peter, Pfarrer, Ellingen.
« Gusburst Felix, Pfarrer, Redingen an der Attert.
« Hansen-Stehres, Kaufmann und Deputierter, Diekirch.
« Harsch Joh Bapt. Apotheker, Ettelbrück.
« Hartmann Ludwig, Generalpräses, Arsenalstr., Luxembg.
« Hastert Peter, Pfarrer, Elvingen (Remich).

Hr Heinerscheid Johann, Gerichtsschreiber, Limpertsberg.
« Hemmer, Ehren-Postperzeptor, Ettelbrück.
« Hemmer Eduard, Notar, Cap.
« Hoffmann Eugen, Agronom und Deputierter, Vichten.
« Hosch Eduard, Lehrer, Düdelingen.
« Dr Hostert Alfons, Domherr und Dechant, Echternach.
« Hostert V., Unterbureauchef d. Sparkasse, Rollingergrund.
« d'Huart Joh. Bapt., Domherr, Dechant z St. Michel, Lbg.
« Dr d'Huart Martin, Professor-Bibliothekar, Luxemburg.
« Huberty Joh. Peter, Pfarrer, Stadtgrund.
« Hurt Josef, Vikar, Esch an der Alzette.
« Dr Huss Mathias, Buchdrucker u. Deputierter, Luxembg.
« Jacoby Aloys, Leutnant, Hollerich.
« Johannes Wilhelm, emeritierter Pfarrer, Eischen.
« Kaiffer Johann, Pfarrer, Hollerich.
« Karcher Alfons, Gerichtsschreiber, Luxemburg.
« Dr Kauffman Leo, Ehren-Staatsminister, Luxemburg
« Dr Kauffmann Wilhelm, Seminarsprofessor, Luxemburg.
« Kayser Franz, Pfarrer, Nagem.
« Kayser Heinrich, Rektor, Eich.
« Kayser Johann Peter, Pfarrer, Esch an der Alzette.
« Kayser Jos., Ingénieur-Architecte, Gand, rue Ledeganck, 23.
« Keriger Nikolaus, Pfarrer, Schouweiler.
« Kiefer Peter, Lehrer, Sandweiler.
« Kinnen Peter, Pfarrer, Bartringen.
« Dr Klees Rudolf, praktischer Arzt, Luxemburg.
« Klepper Bernard, Pfarrer, Keispelt-Meispelt.
« Klingenberg Jakob, Pfarrer, Hagen-Kleinbettingen.
« Kneip Peter, Ehren-Hypothekenbewahrer, Luxemburg.
« Kœner Michel, Pfarrer, Fentingen.
Mr. Koltz Eugène, Ingénieur, Bruxelles, Woluwe St.-Pierre 9,
Hr. Koppes Joh. Pet., Kunstglaser, Altwies [rue St Michel.
« Kowalsky Alfred, Musikprofessor, Luxemburg.
« Dr Kremer Joh. Pet., Professor, Luxemburg.
« Lamort-Welter Gustav, Ingenieur, Luxemburg.
« Lamperts Johann Peter, Pfarrer, Weiswampach.
« Linden Peter, Buchdrucker, Luxemburg.
« Linster Bernard, emeritierter Pfarrer, Bonneweg.
« Lippert Isidor, Pfarer, Beles.
« Lommel H., Gutsbesitzer, Schleiderhof b. Cruchten (Mersch).
« Dr Loutsch Hubert, Advokat-Anwalt, Luxemburg.
« Ludwig Albert, Destillator, Tetingen
« Mackel Nikolaus, Agronom, Hollerich.
« Majeres Johann, Ökonom am Konvikt, Luxemburg.
„ Majerus Joh., Ehrendomherr u. Dechant, Betzdorf.
„ Majerus Johann Peter, Pfarrer, Niederschieren.
„ Manderscheid Bernard, Pfarrer, Frisingen.
„ Dr Margue Nikolaus, Professor am Gymnasium, Luxembg.

Hr. Medinger Eugen, Pfarrer, Oberpallen.
„ Menningen Josef, Pfarrer, Mösdorf (Mersch).
„ Mergen Aloys, Apotheker, Redingen an der Attert.
„ Metz August, Hüttendirektor, Esch an der Alzette.
„ Mille Alfred, Stud. theol. a. Priesterseminar, Luxemburg.
„ Mille Jos. Nest., Pfarrer der Besserungsanst., Stadtgrund.
„ Mœs Nikolaus, emeritierter Pfarrer. Remich.
„ Molitor Heinrich, Pfarrer, Boxhorn.
„ Molitor Johann Heinrich Pfarrer, Steinbrücken.
„ Dr Müller Heinrich, Pfarrer, Ettelbrück.
„ Dr Müller Mathias, Dechant, Ospern.
„ Müller M., Geometer des Kadasters, Remich.
„ Namür Georg. Konditor, Luxemburg.
„ Neiers Peter, Vikar, Oberkorn.
„ Dr Neu Johann Peter, Dechant, Remich.
„ Neuens Nikolaus, Buchdrucker. Esch a. d. Alzette.
„ Dr Neumann Moritz, Advokat-Anwalt, Luxemburg.
„ Ney Josef. Lehrer. Everlingen.
„ Neyens Joh. Pet, Pfarrer, Hamm.
„ Nickels-Bomb, Paramentenhandlung, Luxemburg.
„ Nilles Johann Peter, Pfarrer, Rollingergrund.
„ Nimax Joh., Einnehmer d. Wohltätigkeitsbureaus, Lbg.
„ Noesen Paul, Lehrer, Luxemburg.
„ Noesen Valentin, Bauunternehmer, Steinfort.
„ Origer Joh, Direkt. der St. Paulus-Druckerei, Luxemburg.
Mgr. Dr Peiffer Joh., Generalvikar, Seminarspräses und Dompropst, Luxemburg.
Hr. Dr Philippe Albert, Advokat-Anwalt, Luxemburg.
« Pinth Joh. Pet., Prof. an der Handwerkerschule, Luxbg.
« Dr Pletschette Wilh., Ehrendomherr, Dompfarrer, Luxbg.
« Poncelet M., Ehren-Inspektor der Postdirektion. Luxbg.
» Prüm Emil. ehemaliger Deputierter, Clerf.
« Prüm Peter, Advokat-Anwalt, Deputierter, Luxemburg.
« Rausch Nik., Pfarrer. Wilwerdingen.
« Razen Emil, Pfarrer, Schifflingen.
« Dr Reckinger Josef, Domvikar, Luxemburg.
« Rehlinger Michel, Pfarrer, Ötringen.
« Reichling Joh. Pet., Pfarrer, Reckingen an der Mess.
« Reinard Joh. Peter, emeritierter Wachtmeister, Hollerich.
« Reinert Nikolaus, Pfarrer, Rodingen.
« P. Allard Paul, O. S. B., Clerf.
« Dr Reuter Emil, Exellenz, Staatsminister, Luxemburg.
„ Reuter Josef, Kaplan, Reckingen (Mersch).
Mr. Reuter Pierre, curé, à Steinbach près Limerlé (Belgique).
Hr. Reuter Norbert, Stud. theol am Priesterseminar, Luxbg.
„ Rink Johann, Ehrendomherr, Dechant, Diekirch.
„ Rodenbour Nik., Pfarrer, Holler.
„ Rouff Peter, Bureauchef der Prinz-Heinrich-Gesellschaft, Luxemburg.

Hr. Ruden Mathias, Gutsbesitzer, Consdorf.
,, Sand Nikolaus, Kerzenfabrikant, Luxemburg-Hollerich.
,, Dr Sax Joh. Bapt., Steuerdirektor, Pfaffental.
,, Schaack Nik. Jos., Pfarrer, Grosbous.
,, Schadecker Joh. Nik., emeritierter Pfarrer, Schandel.
,, Schaul Nikolaus, Pfarrer, Dönningen.
,, Schaus Joh., Pfarrer, Sandweiler.
,, Schmit Dominik, Lehrer, Weiler zum Turm.
,, Schmit Heinrich, Rektor zu Ste. Sophie, Luxemburg.
,, Schmit Michel, Vikar, Oberwiltz.
,, Schmit Peter, Pfarrer, Altwies.
,, Dr Schmitz Jakob, Ehrenprofessor, Luxemburg.
,, Dr Schumacher Aug., Staatsbadsarzt, Luxemburg.
,, Schumann Eduard, Steuerkontrolleur, Diekirch.
,, Schwebag Nik., Benefiziat, Ansemburg.
,, Senninger L., Lehrer, Folscheid.
Mr. Simminger Emile, Vitraux-d'art, Montigny-lez-Metz, Rue de Pont-à-Mousson, 114.
Hr. Simon Albert, Eigentümer, Wiltz.
,, Sinner Joh. Peter, Rentner, Theaterplatz, Luxemburg.
Dame Witwe C. M. Spoo, Rentnerin, Esch an der Alzette.
Hr. Stammet Peter, Baumaterialenhandlung, Luxbg.-Bahnhof.
,, Stein Mathias, emerit. Normalschulprofessor, Hollerich.
,, Steffen Albert, Professor, Limpertsberg.
„ Stifft E., ehemaliger Hüttendirektor, Eicherberg.
„ Dr Stümper-Berchem, Advokat-Anwalt, Pariser Platz, Lbg.
„ Dr Tibesar Leopold, Ehrenprofessor, Luxemburg.
„ Dr Tourneur, praktischer Artzt, Steinfort.
„ Trausch Dominik, Pfarrer, Esch an der Sauer.
„ Tüdor Robert, Bürgermeister, Rosport.
,, Dr Urbany Alfons, Advokat-Anwalt, Luxemburg.
,, Vannérus Heinrich, Ehren-Staatsratspräsident, Luxemburg.
,, Graf de Villers, Grossgutb. u. Deput., Grundhof (Echtern.)
,, Wagner Camille, Pfarrer, Böven (Bavigne).
« Wagner Joh. Phil., Ehrenprofessor, Ettelbrück.
« Dr Wagner Victor, Gesellenpräses, Luxemburg-Bahnhof.
« de Waha Raymond, Generaldirektor, Peterstr., Luxbg.
« Waltzing Joh., Pfarrer, Eschweiler (Grevenmacher).
« Weber Joh., Pfarrer, Harlingen.
« Weicker Joh., Bapt., Agronom, Sandweiler.
« Weidert Math., Beamter der Grundkredit-Anstalt, Luxbg.
« Weiler, Lehrer, Hosingen.
« Weisgerber, Agronom, Olingen (Roodt an der Syr.)
» Werling Ferdy, Bankier, Luxemburg.
Frl. Welter E., Lehrerin, Grevenknopp (Böwingen a. d. Attert).
Hr. Welter Mathias, Lehrer, Schifflingen.
« Wilhelmy Ernest, Adler-Apotheke, Luxemburg.
« Wilhelm, Lehrer, Hersberg (Hemstal.)
« Winkel August, Pfarrer, Betthorn.

Hr. Worré J. P., Buchdrucker, Limpertsberg.
" Dr Zettinger Jos., Seminarsprofessor, Luxemburg.
" Zuang Arnold, Buchführer, Limpertsberg.
Bibliothek des Vereins der hl. Familie (Redemptoristenklo.) Lbg.
Grossherzoglich-Luxemburgische Hofbibliothek zu Colmar-Berg.
Katholische Lesegesellschaft, Luxemburg.
Lehrerbibliothek, Beaumontstrasse Luxemburg.
P. Rektor des Redemptoristenhauses, Echternach.
P. Rektor des Redemptoristenhauses, Luxemburg.
S. A. R. Madame la Grande-Duchesse, Colmar-Berg.
Bibliothèque de la Chambre des Députés, Luxembourg.
Bibliothèque de la Section historique de Luxbg., Pfaffental.
Le Gouvernement grand-ducal (Dép. de l'Instruction), Luxbg.
National-Bibliothek, Athenäum, Luxemburg.
Le procureur général de l'Etat, Luxembourg.
Le procureur d'Etat, Luxembourg.
Hr. Weynandt-Harpes Jos. Geschäftsvertreter, Weidingen Wiltz.
Hr. Kellen Tony, Schriftsteller, Hohenheim bei Stuttgart.
Hr. Dr Faber Johann, Professor am Theresianum, Wien IV. Aloys Drasche-Park, 10 (Österreich).
Frantz'sche Buchhandlung, München, Perusa-Strasse 5.
Grossherzoglich-Luxemburgische Hofbibliothek, Biebrich a. Rh.
Hinrichs'che Verlagsbuchhandl., Leipzig, Grimmaische Str. 32.
Villaret Karl, Buch- und Kunsthandlung, Erfurt.
Gouvernements-Bibliothek, Luxemburg.
P. Rektor des Herz Jesu-Klosters, Limpertsberg.
P. Rektor des Jesuitenhauses, Limpertsberg.

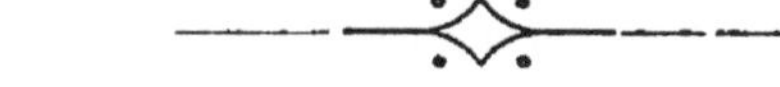

Beiträge zur Geschichte verschiedener Pfarreien.

(Fortsetzung)

21. Waldbredimus.

Über diese Pfarrei bleibt uns nur wenig zu berichten, da wir seiner Zeit dem hochw. Herrn Pfarrer Alex. Koenig unsere sämtlichen Notizen über Waldbredimus und die Kapelle resp. Pfarrkirche auf dem dazu gehörigen Stephansberg zur Verfügung gestellt hatten. Dieselben sind ausführlich in seiner interessanten Monographie über seine Pfarrei zur Verwendung gekommen. Wir verweisen auf § 34 und § 70, erschienen in unserer Vereinsschrift „Ons Hémecht" 1916, Seite 173 und 1919, Seite 237 ff. Nur einiges sei hier nachgetragen über die Ärgernisse und Mißbräuche am St. Stephanstage in der genannten Kapelle und deren Abstellung.

In der uralten Kapelle auf dem Stephansberge wurde von jeher jeden Sonn- und Feiertag Frühmesse gehalten, für deren Abhaltung der Pfarrer von Waldbredimus durch sich selbst oder einen andern Geistlichen zu sorgen hatte. Wie es scheint, wurden im Laufe der Zeiten zur Abhaltung dieser Frühmesse, ohne zu-Rate-Ziehung des Pfarrers, Geistliche angestellt, welche den katechetischen Unterricht während derselben unterließen. Darüber hatte sich der Pfarrer beschwert und es wurde dem betreffenden Priester seine Pflicht streng vorgehalten und zugleich bestimmt, in Zukunft einen Geistlichen nur mit Zustimmung des Pfarrers an dieser Kapelle anzustellen; derselbe soll streng verpflichtet sein und der Pfarrer habe darauf zu sehen, daß während der Frühmesse der katechetische Unterricht gehalten werde.

Am Stephansfeste, 26. Dezember, wurde in genannter Kapelle hochfeierlicher Gottesdienst abgehalten, zu welchem eine große Volksmenge aus der Nachbarschaft herbei eilte Dies gab dort, wie auch sonstwo bei ähnlichen Gelegenheiten, Anlaß zu wüsten Trinkgelagen und den damit verbundenen Ärgernissen. Um dem wirksam abzuhelfen, wurde die Kapelle für den Tag interdiziert, in der Annahme daß, wenn kein Gottesdienst dort stattfände, das Übrige auch unterbleiben würde.

Diese Maßnahme bewirkte, daß der weltliche Herr, Philipp Jakob von Flesgin auf Schloß Gondelingen, schon am 10. Oktober 1756, also kaum 14 Monate später, eine Bittschrift an die Trierische kirchliche Gerichtsbehörde sandte des Inhaltes, er habe seinen Gerichtsleuten in den Herr- und Dorfschaften Waldbredimus, Trintingen, Ersingen und Roedt streng befohlen, für die Abstellung der ihm gemeldeten Excesse Sorge zu tragen und spricht die Erwartung aus, daß das Interdikt gehoben werde und „zur Fortpflanzung und Vollführung der Ehr Gottes und des lieben heiligen Stephani, Hauptpatron besagter Kapell, in welcher auf dessen Festtag unter anderen der Pfarrdienst von allen Zeiten bis ahnhero gehalten worden und selbiger seinen Fortgang haben möge" Dem Ort herrn schlossen sich der Pfarrer J. Mathias Nüsser, der Meier in Roedt und der Meier in Trintingen, Reinart Schmitt, im Namen der Pfarrangehörigen, in einer eigenen Bittschrift vom 17. Oktober 1756 an. Unter dem 23. Dezember 1756 wurde ihrer Bitte willfahrt mit folgender Begründung:

Quandoquidem abusibus et excessibus in festo sti. Stephani in cappella montis ejusdem ejusve ambitu committi solitis per efficacem vini, vini adusti aut alterius liquoris venditionis ibidem prohibitionem mederi appromiserit loci Dominus temporalis Dominus de Flesgin, sic interdictum a nobis contra dictam capellam in cursu visitationis nostrae die 15a augusti 1755 latam absque praejudicio jurium parochi aut parochialis ecclesiae hisce levamus. — Treviris, 23 decembris 1756.

Auf deutsch (Auszug): Nachdem der weltliche Herr des Ortes Hr. de Flesgin zur Abstellung der Mißbräuche und Excesse ein wirksames Verbot des Verkaufes von Wein, Branntwein oder eines anderen Getränkes in oder um die Kapelle auf dem Stephansberge versprochen hat, heben Wir hiermit das am 15. August 1755 ausgesprochene Interdikt auf.

Trier, den 23. Dezember 1756.

Eine Abschrift dieses Dokumentes ist auf der Rückseite der oben erwähnten Bittschrift des Pfarrers und der Synodalen eingetragen und dem Dossier beigefügt.

Als nach der französischen Revolution die kirchlichen Angelegenheiten in Frankreich und den in Mitleidenschaft gezogenen Ländern durch das Concordat von 1801 neu geregelt worden waren, führte die Kapelle vom Stephansberge den Titel einer Pfarrkirche und war mit einem Pfarrergehalt dotiert. Ob und welche Titulare dort residierten und das Gehalt bezogen, wissen wir nicht. Dieser Zustand dauerte, bis im Jahre 1826 der Bürgermeister der Gemeinde Dippach eine Bittschrift um Errichtung einer Pfarrei zu Dippach an den Minister des Inneren nach Brüssel richtete. Bei diesem Anlaß wurde nachgesucht, wo etwa ein Pfarrergehalt verlegbar wäre Da stellte es sich heraus, wie es in dem Schreiben dieses Ministers vom 25. Oktober 1826 an den Generalvikar von Namür heißt, daß der Priester P. Hemes das Staatsgehalt eines Pfarrers vom Stephansberge bezog, das Amt aber keineswegs versah, sondern daß nur an den Sonn- und Feiertagen daselbst, bald durch den Pfarrer von Waldbredimus, bald durch den Vikar von Mu:fort, bald durch irgend einen pensionnierten Geistlichen, oder in letzter Zeit durch den genannten Hrn. Hemes eine Messe gelesen werde Die eingegangenen Berichte, heißt es weiter, stellen fest, daß genannte Unregelmäßigkeiten daher kommen, weil auf dem Stephansberge weder Pfarrhaus noch Kirchhof sich vorfinden. Es sei daher angezeigt, diese unnütze Pfarrei an einen andern, viel zweckentsprechenderen Ort zu verlegen. Er erwartet die Ansicht des Generalvikars.

Am 10. November 1826 antwortete der Generalvikar, daß er der Verlegung der Pfarrei auf dem Stephansberge nach Dippach zustimme, daß aber die Stephanskapelle als Annexe beibehalten werde.

Am 7. Januar 1827 wurde durch Königl. Großh. Dekret die Kirche von Dippach in Ersetzung derjenigen vom Stephansberge zur Pfarrkirche erhoben; l'église de Dippach. Grand-Duché de Luxembourg, est erigée en Succursale. en remplacement de celle du Mont St. Etienne. Letztere wurde als Annexe beibehalten, damit dort an den Sonn- und Feiertagen die hl. Messe zur größeren Bequemlichkeit der dortigen Einwohner gehalten werden könne, unter der Bedingung jedoch, daß sie dem Staate nicht zur Last falle. Les hameaux de la paroisse actuelle de Mont St. Etienne dépendront à l'avenir, pour le spirituel, de la Succursale de Waldbredimus.

Am 16. Januar 1827 überwies der Minister des Inneren dem Generalvikar von Namür dieses Dekret zur Ausführung.

2. Die ehemals luxemburgischen Pfarreien jenseits der Mosel.

Nachdem wir mit den Beiträgen zur Geschichte derjenigen Pfarreien, welche vom alten Landkapitel Remich bis auf den heutigen Tag zum Herzogtum Luxemburg gehören, zu Ende gekommen sind, bleibt uns noch übrig, einiges aus dem Visitationsbericht über diejenigen Pfarreien mitzuteilen, welche jenseits der Mosel gelegen sind, damals zum Herzogtum Luxemburg gehörten, heute aber dem deutschen Reiche einverleibt sind, nämlich Ganderen, Sümmingen, Kreuzweiler, Besch, Püttlingen und Beuren, von denen oben schon Rede gewesen ist; ferner Nittel, Wasserliesch, Temmels, Littdorf oder Rehlingen, auch Redlingen genannt, Wincheringen und Mandern, von denen hier einiges gesagt sein soll. Wincheringen, Kreuzweiler, Redlingen, Manderen und Besch gehörten zum Dekanat **Perl**, wurden aber wegen der geographischen Lage zugleich mit den Pfarreien des Dekanates Remich visitiert, wie ja auch nach der Abreise von Lenningen am 17. August 1755, es war ein Sonntag, unterwegs nach Grevenmacher die Kirche von Betzdorf, welche im Landkapitel Mersch gelegen war, auf Verlangen der Einwohner, des Pfarrers und des weltlichen Herrn de Waldt und Schengen, feierlich eingesegnet wurde.

Mandern Schengen gegenüber, wie auch Wiltingen, Canzem, Lammersdorf mit Dohm bei Gerolstein, Scheffeln und Schüller bei Kyll waren luxemburgischen Enclaven im Erzstift Trier; Agimont, Han-sur-Lesse und viele andere waren luxemburgische Enclaven im Bistum Lüttich; hingegen war Dalheim bei Bitburg eine Trierische, Dalheim bei Remich eine französische Enclave im Luxemburgischen; denn diese letztere Pfarrei wird im Visitationsprotokoll aufgeführt mit dem Vermerk: territorii gallici. Aus der Kadasteraufstellung von 1766 unter Maria Theresia erfahren wir, daß die kleinere Hälfte der Einwohner des Dorfes Holzem bei Mamer ihre Steuern nach Frankreich bezahlen mußten. Die Grenzen des alten Herzogtums waren also sehr verworren, ähnlich wie die der thüringischen kleinen und kleinsten Staaten vor dem Kriege. Auch in Bezug auf die **eigene innere** Verwaltung gab es solche Enclaven. Kahler, Saeul im Quartier Arlon gelegen, gehörten zum Quartier Diekirch; ebenso Kehlen und Roodt im Quartier Luxemburg und Schankweiler im Quartier Bittburg.

Doch kehren wir nach dieser Abschweifung zu den jenseitigen Moselpfarreien im Luxemburgischen zurück.

1. Für **Mandern** fand die Visitation am 15. August 1755 in Remich statt. Es war festgestellt worden, daß die Eltern sehr nachlässig waren, um ihre Kinder zur Schule zu schicken. Es wurde ihnen eine scharfe Rüge zu teil und dem Pfarrer, der von den Synodalen als pflichteifrig gerühmt wurde, in allem Ernste aufgetragen, mit allen ihm zu Gebote stehenden Mitteln, selbst mit Zuhülfenahme des weltlichen Armes, dahin zu wirken, daß die Eltern diese ihre strenge Pflicht gewissenhaft erfüllen möchten.

Pfarrer war Michael Michaelis, aus dem Luxemburgischen (ex patria luxemburgensi), seit 16 Jahren. Aus übergroßer Armut konnten die Pfarrangehörigen keinen Vikar unterhalten. Der Schullehrer versieht sein Amt vorzüglich, nur sind die Eltern sehr nachlässig, um die Kinder zu schicken. Die Pfarrei zählte 330 Kommunikanten. Aus Armut konnten die Einwohner das Oel für die ewige Lampe nicht stellen, dieselbe brannte nur während des Gottesdienstes.

2. In **Wincheringen**, einer Pfarrei von 492 Kommunikanten, Wormeldingen gegenüber, war Carl Cremer seit 1752 Pfarrer. Es gehörten dazu Soest, Bültzingen und Raellingen. Ich Paulus Brachmond war approbierter Vikar. In Soest und Bültzingen sind die Kapellen in gutem Zustande, in Raellingen jedoch in einem überaus elenden Zustande: keine Türe, kein Fenster, gänzlicher Verfall des Baues, sodaß keine Messe dort gehalten werden konnte. Dieselbe wurde infolgedessen mit dem Interdikt belegt.

3. In **Littdorf**, vulgo **Redlingen**, auch Rehlingen, einer Pfarrei mit 326 Kommunikanten, pastorierte Herr Paulus Hansen aus Contern seit dem 24. Juni 1754. Sie bestand aus den **luxemburgischen** Ortschaften Rehdlingen, Fisch und den kurfürstlich **trierischen** Kümmeren, Mannebach und Caren. Vikar war Herr Jakob Klein, welcher zugleich auch Frühmesser, Küster und Lehrer war.

Kapellen gab es in Caren, Mannebach und Rehdlingen. Die in Mannebach ist ganz baufällig und kann wegen der Armut der Einwohner nicht restauriert werden. Die in Rehdlingen hat der Freiherr von Warsberg zu Ehren des hl. Johannes von Nepomuck aus eigenen Mitteln erbaut und wurde bei der letzten Visitation am 1. September 1743 eingeweiht.

Ueber die Jugend hatte der Pfarrer sich bitter zu beklagen. An den Sonn- und Feiertagen, an den Kirmestagen und den Patronsfesten ergaben sich Jünglinge und Jungfrauen dem Trunke und tanzten in den Scheunen bis in den Morgen hinein. Am buntesten scheint es am St. Annafest zu Mannebach zugegangen zu sein. Der Pfarrer beklagt sich in den bittersten Ausdrücken über die vorgekommenen Schändlichkeiten, die ein Saarburger Wirt auf dem kurfürstlichen Gebiete Mannebach herbeigeführt und die Jugend zum Ungehorsam gegen den Pfarrer aufgestachelt hatte. Es wird besonders hervorgehoben, daß dieser Wirt mit Erlaubnis des kurfürstlichen Kellermeisters dort Wein verzapfte, Tänzerinnen, Sängerinnen und Musikanten, gegen den Wortlaut der Statuten der Diözese auftreten ließ und dergl. mehr. Es wurde nach gehöriger Untersuchung beschlossen, die baufällige Kapelle in Mannebach gleich nach dem nächsten Ostertage zu interdicieren, am St. Annafeste aber Musik und Tanz innerhalb der Pfarrei gänzlich zu verbieten. Das sind die Vorgänge, auf welche sich der Brief des Churfürsten vom 4. November 1755 bezieht und worin gesagt ist: „Was die zu Mannebach in festo S Annae vorgegangenen Ungebührlichkeiten betrifft, so ist bereits an den Kellner von Saarburg der behörige Befehl ergangen." In einer Anmerkung hatten wir oben („Ons Hémecht, 1913, Seite 73) hierzu geschrieben: „Was am dortigen Kirmestage vorgefallen war, wissen wir nicht." Damals waren uns diese Vorgänge nicht bekannt, ebenso wenig, daß Mannebach, heute ein Pfarrort, damals zu einer luxemburgischen Pfarrei gehörte, und aus diesem Grunde wohl in den Rahmen unserer Arbeit paßt.

4. **Temmels,** mit der Ortschaft Wellen, Grevenmacher gegenüber gelegen, zählte 260 Kommunikanten und hatte seit 1748 Hern. Marcus Braun zum Pfarrer. Er ist ohne Kaplan, obgleich er in Wellen eine neu eingerichtete Filialkirche hat. Eine öffentliche Kapelle befindet sich im Hause der Deutschherren zu Temmels. Sie ist sehr reparaturbedürftig und wurde aus diesem Grunde interdiciert, bis sie renoviert wäre. In Wellen hielt der Pastor von Machtum an 3 Festtagen Gottesdienst ab, nämlich am Feste des hl. Cunibert, am Kirchweihfeste und am Allerseelentage. Die Einwohner wurden streng ermahnt, dem Pfarrgottesdienste regelmäßiger beizuwohnen und nicht mehr, wie sie es zu tun gewohnt waren, an den Sonntagen und gebotenen Festen auswärts zu laufen und den Gottesdienst zu versäumen.

5. Die Pfarrei **Nittel** mit Köllig und Onsdorf zählte 480 Kommunikanten und stand seit 7 Jahren unter dem Pfarrer Joh. Prost aus der Diözese Trier. Derselbe schreibt: Nittel est ducatus lotharingici, Koelig et Onsdorf Luxemburgici, d. h. Nittel gehört zum Herzogtum Lothringen, Koelig und Onsdorf zum Herzogtum Luxemburg. Ihm stand zur Seite der Vikar Michael Soest, außerdem wohnte in der Pfarrei der Priester Karl Debolen, beide geben das beste Beispiel und beschäftigen sich mit Seelsorge. Es gab eine Filialkirche in Onsdorf ohne Vikar, eine andere auf dem Nitteler Berge, welche ein Einsiedler, namens Johannes Richard bewacht, welcher dem Pfarrer und den beiden anderen Geistlichen durch sein Geschwätz vielen Verdruß bereitet. Es wurde bestimmt, daß derselbe der Einsiedlerkongregation unter der Leitung des Dechanten von Bitburg strafweise überwiesen werden soll. Die auf dem Nitteler Berge befindliche Kapelle war reich mit Stiftungen versehen. König Stanislaus von Polen hatte als Herzog von Lothringen diese Pfründe einem außerhalb seiner Diözese Nanzig wohnenden Geistlichen, namens Févé überwiesen. Der[illegible] bezog wohl alle Einkünfte ohne Unterschied, überließ aber dem Pfarer die Erfüllung der Obliegenheiten ohne Entschädigung. Es wurde nach Untersuchung festgestellt, daß Févé ohne erzbischöfliche Trierische Investitur war und ohne Vorwissen seines Bischofes außerhalb der Diözese Nanzig weilte. Darin wurde eine schwere Verfehlung und Unregelmäßigkeit gesehen. Die Kapelle, welche der Muttergottes geweiht war, wurde interdiciert, bis von der zuständigen kirchlichen Gerichtsbehörde über die Rechte und die Pflichten des einen und des andern ein Urteil gefällt wäre.

In Nittel gab es außerdem noch zwei gestiftete Benefizien. Das eine bestehend in 5 wöchentlichen Messen, rührte her von dem verstorbenen hochw. Herrr Joh. Wilh. Piper und dem Einsiedler Petrus Beck. Es ertrug jährlich 64 Imperialen. König Stanislaus von Polen, als Herzog von Lothringen hatte das Collationsrecht. Titular desselben war damals der Student Petrus Victor, die Obliegenheiten aber erfüllte an seiner Stelle der Geistliche Karl Debolen. — Das andere Benefizium rührte ebenfalls von dem vorhingenannten hochw. Herrn Joh. Wilh. Piper her. Das Verleihungsrecht hatte der Metropolitanvikar Joh. Vimarius Piper. Inhaber war der Geistliche Michael Soest. Ertrag 72 Imperialen; Obliegenheit 5 Messen wöchentlich.

6. **Wasserliesch,** auch Wasserlörsch geschrieben, oder gar kurz Lörsch genannt, bildete zusammen mit Reinig die 300 Kommunikanten zählende

Pfarrei, welcher der Pfarrer Joh. Bapt. Adami aus Elter, Diözese Trier, (Elter = Autel?) seit 4 Jahren vorstand. Vikar: Karl Knupp. Der Lehrer versieht sein Amt mit Fleiß und zur Zufriedenheit der Eltern. Öffentliche Kapellen und sonstige Gotteshäuser gab es nicht. Eine officina ferraria, etwa Eisenhütte, war in Angriff genommen.

Unter den Ordinata sind hervorzuheben: Fenster und Dachwerk der Kirche müssen unbedingt wiederhergestellt werden, und zwar unter Strafe des Interdiktes.

In der Schule dürfen keine Trinkgelage gehalten werden.

Es ist den Einwohnern verboten, Prozessionen zu veranstalten, bei denen der Pfarrer oder sein Stellvertreter nicht zugegen wären.

Am 18. August 1755 nahm hiermit die Visitation zu Grevenmacher ihr Ende. Die Abreise erfolgte am Nachmittag; am Abende desselben Tages langte man in Trier an. Der Weihbischof unterschrieb das Protokoll der ganzen Visitation am 18. Oktober 1755.

Das Eligiusamt zu Luxemburg.

(Fortsetzung.)

Keine Verfügung der ersten Statuten lässt auf die Forderung einer bestimmten Zahl von Lehrjahren schliessen. Die Vermutung liegt jedoch nahe, dass die Statuten vom Jahr 1738 einem bestehenden Gebrauch Ausdruck verliehen, indem sie in Art. 1 bestimmten: „Celui qui voudra être reçu en la dite confrairie sera tenu de prouver . . . . et avoir fait 3 années d'apprentissage chez maître approuvé.“

Der Meister nahm den Lehrjungen wie sein eigenes Kind in seine Familie auf und ward für seine Mühe von dessen Eltern nach jeweiliger Vereinbarung entschädigt. Dem Amt gegenüber trug er die Verantwortung über den Knaben. Er selbst hatte dafür zu sorgen, dass der Anmeldebeitrag des Lehrlings dem Amt bezahlt wurde. Behielt er den Lehrling über 14 Tage in seinem Dienst ohne ihn anzumelden, dann fiel ihm selbst die Zahlung des Anmeldebeitrags zur Last „er lauf Eweg oder nit.“

b.) Das Wandern.

Die ersten und notwendigsten Kenntnisse musste sich der Lehrling unter der Aufsicht des Amtes und zwar in der Werkstätte seines Meisters erwerben. Dort eignete er sich die technischen Griffe an und lernte die Beschaffenheit und Verwendbarkeit der Rohstoffe kennen.

Dieser Unterricht, welcher in der Heimat oder deren nächster Umgegend erteilt ward, fand eine Ergänzung in dem WANDERBRAUCH. Nur wer gewandert war, nur wer die Fremde mit den grossen Werkstätten, den Herbergen und Wanderhäusern, mit den schönen Städten und Bauten gesehen und sogar fremde Wörter und Sprachen gelernt hatte, nur der galt als ganzer Mann: der durfte es sich herausnehmen, mit Sachkenntnis und Nachdruck in den grossen Versammlungen über das Handwerk zu reden. Die die Welt noch nicht gesehen hatten, waren Stubenhocker, Ofenhüter, Mamasöhnchen, beschränkte, verknöcherte Schufler und auf sie wurde das bekannte Handwerkerlied gesungen:

Wenn Montags wir beisammen sind
Und unsere Reisen zählen,
Da möchte manches Hätschelkind
Sich bald zu Tode quälen,
Das nur in seiner Mutterstadt
Beim Vater ausgelernet hat
Und helfen Rüben schälen.

Das Wandern war der Traum des heranreifenden Lehrlings. Murrte er gegen die Hafersuppe, die zu mager geraten war, so erinnerte ihn die Meisterin an die Wanderzeit: «Warte, Junge, wenn du mal wanderst, dann erinnerst du dich oft mit Sehnsucht an die gute Suppe.» Wollte er abends nicht nacharbeiten oder morgens nicht aus den Tüchern heraus, dann hiess es wieder: Junge, du musst noch vieles lernen; wenn du, zu andern Leuten kommst, so musst du andere Saiten aufspannen und dich an die Arbeit gewöhnen." Der Lehrling jedoch weiss schon, dass diese Drohungen nur halbernst sind, und dass er auf der Wanderschaft ein freier Bursch ist. Darum freut er sich auf den Tag des Abschieds, sucht seine Wanderroute kennen zu lernen und trifft sorglich alle Vorbereitungen. Nun endlich ist der Tag, der heissersehnte Tag der Abreise da. Er hat ein blankes Hemd und ein neues Kostüm mit tadelloser Falte in den Beinkleidern angelegt, den Hut unternehmungslustig schief aufs Ohr gesetzt, nun wird der Rucksack angeschnallt, der Stock zur Hand genommen und fröhlich geht's hinaus. Der Scheidende stimmt draussen in der Strasse, wo ihn die andern Gesellen erwarten, das alte Lied an:

Es, es, es und es
Es ist ein harter Schluss,
Weil, weil, weil und weil,
Weil ich aus Frankfurt muss.
So schlag ich Frankfurt aus dem Sinn
Und wende mich, Gott weiss, wohin.
Ich will mein Glück probieren, marschieren.

Arm in Arm geht's über den Fischmarkt, den Breitenweg hinunter in den Stadtgrund. Dort vor der Brücke sehen die Kameraden, wohin der Scheidende zieht. Nimmt er seinen

Weg gerade aus durch das Diedenhofenertor, dann geht's nach Metz oder Strassburg, nach Reims, nach Paris oder nach dem Welschland. Schwenkt er linksum über die Brücke, den Rhamberg hinauf, dann zieht er weiter nach den ehrwürdigen Domstädten Trier und Köln. Zu Trier fühlt er heimatlichen Boden unter den Füssen, dort hat er Grüsse zu bestellen von den trierer Freunden, die zu Luxemburg in Arbeit stehen. [1]) da findet er ganz gewiss junge Landsleute und der Anschluss ist leicht.

Geradeswegs geht der Bursche auf die Herberge los, zieht sein Zeugnis hervor, auf dem „Glerlichen" geschrieben steht, dass er seinem heimatlichen Amt angehört und begrüsst die neuen Freunde mit dem Spruch: „Gott zum Gruss. Alles mit Gruss." Man nimmt die Arbeitsnachweisliste zur Hand und ist am folgendem Tag dem Ankömmling „beiständig und behilflich", damit er Arbeit finde. Sitzt er in einer Werkstätte fest, so darf er daran denken, es sich im Kreis der Mitgesellen auf der Herberge recht zu machen. Er erhält zunächst einen neuen Namen, der entweder auf seine Herkunft, oder seine Gestalt oder sein Handwerk Bezug hat, wie Luxemburger, Langer, Fetter, Schwartz, Schweiseisen, Zierdenbalg, Eisenbruch, Schlagdrauf, u. a. [2]) Innerhalb acht Tage gelobt er den Gesellenbund und ist von da an mit allen Rechten und Pflichten eines zukünftigen Handwerksgesellen ausgerüstet. In den luxemburger Ordnungen findet sich keine Andeutung, dass zur Führung des Gesellennamens die Anfertigung eines Gesellenstückes verlangt worden sei; man begnügte sich mit der Forderung, dass der Lehrling bei seinem Abgang die „Ledig oder die Lossprechung" von seinem Meister oder dem Amtsmeister erhalten hatte.

In den Herbergen und Gesellenhäusern herrschte ein reges und frohes Leben. Abends in den Feierstunden wurden die Erlebnisse von den Reisen und aus den Werkstätten erzählt, die Wandervögel wussten eine Unmenge Wahres und Erdichtetes, Selbsterlebtes und Gehörtes von den Städten des Auslandes zu berichten. Launige Vorträge und gemeinschaftliche

---

1.) Im 15. Jahrhundert herschte zwichen Luxemburg und Trier ein sehr reger Verkehr. Als die Schmiedegesellen im Jahr 1401 zu Trier eine Bruderschaft gründeten, da befinden sich unter den Gründern die zwei Landsleute Thielman (zu Contern lebte damals eine Familie von diesem Namen) und Clais Caltbeyssel von Luxemburg.

Auch in Luxemburg überwiegt im Gesellenstand das fremde und zwar ausschliesslich das deutsche Element. Unter den Gründungsmitgliedern des Gesellenbundes vom Jahr 1467 treffen wir 14 fremde und nur 4 einheimische Gesellen. Die Namen der letztern sind: Hans Wilzehorn, Hans Setzedenrück, Hans von Luxemburg und Clesgen g'eratssohn.

2) Da die neuen Benennungen später zu Schwierigkeiteu Anlass gaben mussten die Gesellen zu Trier i j. 1401 in ihrem Druck geloben, fürderhin keinem Zugewanderten einen neuen Namen beizulegen.

Lieder umrahmten und belebten die Erzählungen. Dabei wurden die Vorzüge, namentlich das Alter und die Unentbehrlichkeit des eigenen Standes den andern Ständen gegenüber stark betont. Den Elegiusbrüdern machten beispielsweise die Schuster den Vorwurf:

Schlosser, Schmied und Zimmerleut
Wissen nichts von Höflichkeit! [1])

Die Vertreter des wohllöblichen Schlosser- und Schmiedehandwerkes blieben jedoch die Antwort nicht schuldig und sangen:

1. Schon an sechzig Jahrhunderte hämmert der Schmied
Mit der Wucht seiner Arme das Eisen und Erz.
Sein Gesicht ist zwar russig; doch rein ist sein Herz;
Seine Stimme zwar rissig, doch fröhlich sein Lied.
Das singt er ganz exakt
Im Schmiedehammertakt.
Ins Weltorchester klingt,
Wenn alles tönt und singt,
Wie ein Triangel rein,
Sein Hammerschlag hinein.

2. Nur mit Müh' zwingt der Meister des Eisens Gewalt.
Mit verdoppelter Müh' und der Redekraft Wucht
Hält er auch den Gesell' und den Lehrling in Zucht.
Diese Zucht kann man sehn, wenn der Hammerschlag schallt.
Da schlagen sie exakt
Im Schmiedehammertakt.
Ins Weltorchester klingt,
Wenn alles tönt und singt,
Wie ein Triangel rein,
Ihr Hammerschlag hinein.

3. Und beschliest er sein Leben nach Freuden und Weh,
Überweist er den Würmern als Speis' seinen Leib;
Seinen Geist schenkt er Gott und den Schurz seinem Weib,
Sagt dann Hammer und Ambos und Blasbalg ade.
Des Schmiedemeisters Stell'
Besetzt nun sein Gesell.
Ins Weltorchester klingt,
Wenn er den Hammer schwingt,
Wie ein Triangel rein,
Sein Meisterschlag hinein. [2])

Dem Meister wird der Vorwurf gemacht, er wolle möglichst wenig in den Gesellen hineinstecken und möglichst viel aus

[1]) Otto. Das deutsche Handwerk. S. 141.

[2]) Nach J. Sevenig. Die Umsturzmänner. Verlag v. Deiters - Düsseldorf.

ihm herausschlagen. Aus diesem Ideengang ist das Schlosserlied hervorgegangen:

1. An Schlosser hot an G'sellen g'hot,
Der hot gar langsam g'feilt:
Doch wenn's zum Fresse gange ischt,
Da hot er grausam g'eilt.
Der Erschte in der Schüssel drin,
Der Letzte wieder draus:
Do ischt ka Mensch so fleissig g'west,
Als er im ganzen Haus.

2. G'sell, hat amol der Meister g'sogt,
Hör' das begreif' i net,
Es ist doch all mei Lebtag g'west,
So lang i denk die Red':
So wie ma frisst, so schafft ma au,
Bei dir ischts nit aso,
So langsam hot noch kaner g'feilt
Un g'fressa so wie du!

3 Ho, sagt der G'sell, das begreif' i scho,
'S hot all's sein gute Grund,
As Fressa währt halt gar net lang,
Und d' Arbeit vierzeh' Stund:
Wenn aner sollt da ganzer Tag
In ein'm Stück fressa fort,
S' wird au gar bald so langsam gan,
Als wie beim Feila dort.

So fliessen die schönen Wanderjahre mit Windeseile hin. Der Geselle sieht mit Wehmut, wie seine Freunde nach und nach fortziehen: dazu beginnt der Drang nach Selbständigkeit sich immer mächtiger in ihm zu regen und nun denkt auch er an die Heimkehr. Mit gemischten Gefühlen begibt er sich auf die Reise und kommt als grossgewachsener Bursche im feinsitzenden Kostüm ins Elternhaus zurück. Stösst sich seine Zunge nun bisweilen an einem welschen Wort, kann er auch noch ein volles Beutelchen von Ersparnissen aufweisen, dann hat er in der Fremde seine Zeit nicht verloren. Aber es gilt nun, durch die Tat zu beweisen, dass er etwas Tüchtiges gelernt hat. Die Gelegenheit dazu bietet sich ihm, wenn er das Meisterstück anfertigen soll, um den Meistertitel zu erlangen.

(Fortsetzung folgt.)

Logements militaires à Luxembourg pendant la période de 1794-1814. (Par Alphonse Rupprecht.)

(Suite.)

245. *J. Dutreux* quartier d'officier de 3 chambres une avec cheminée et 2 sur le devant au 2. étage pour 16 hommes.

en outre une au 1. étage sur le derrière pour 4 hommes, ensemble pour 20 hommes, en tems de paix pour un Etat Major.

12 places au batiment principal, 8 à un 2. batim 1. derrière. [96])

---

[96]) Fait aujourd'hui partie du palais grand-ducal, coin des rues de la Boucherie et du Rost.

Propriétaires depuis 1821: SCHLOESSER JEAN-FRANÇOIS, tanneur, DEPREZ CHARLES-LAMBERT-XAVIER; les héritiers Deprez; BERCHEM MICHEL, marchand-tanneur: GRIMELER JEAN, receveur de l'Etat Belge pensionné (1874); HETTO NICOLAS, maitre-relieur (1888).

CLAUDE-IGNACE DUTREUX, négociant, conseiller municipal et juge au tribunal de commerce qui posséda et habita la maison en 1794 et y mourut le 26 mars 1814, était né à Luxembourg, le 19 novembre 1737, comme fils des époux Henri Dutreux et Catherine Mersch, y mariés le 16 août 1728. Il avait lui-même contracté mariage à Luxembourg, le 3 février 1771, avec Marie-Jeanne Baclesse, fille de Jean-Pierre Baclesse, justicier resp. baumaitre à Luxembourg.

Son fils JEAN-PIERRE BONAVENTURE, fabricant de draps, né à Luxembourg, le 14 juillet 1775, époux de MARIE-FRANÇOISE FERDINANDE BOCH, fut, le 9 octobre 1804 commandant de la garde d'honneur, lors de l'entrée de Napoléon I. à Luxembourg; le 2 décembre 1804, représentant du département des Forêts, au couronnement de l'empereur: en 1809, adjudant-major de la garde nationale mobile; en 1814, bourgmestre de Luxembourg; en 1815, receveur général du Grand-Duché; en 1823, administrateur du Trésor. Il décéda à Luxembourg, le 11 janvier 1829. (Cf. Neyen, Biogr. lux., T II, p. 338).

Les registres des certificats de vie et de résidence de la ville de Luxembourg portent les noms de FRANÇOIS DUTREUX, né à Luxembourg, le 3 avril 1736, frère de Claude-Ignace susdit, ayant vécu en 1794 dans le ménage de ce dernier. Il y est désigné comme ex-trinitaire du couvent de Vianden supprimé en 1783. . . . .

La maison montre des ancres de construction formant les lettres A, C, C et K et les millésimes 1611 et 1671.

Acquise le 27 avril 1882 par L'ADMINISTRATION DES DOMAINES DU GRAND-DUC, elle fut transformée en partie et incorporée dans les nouvelles constructions du palais grand- ducal, Un bel escalier en hors d'oeuvre qui s'élevait à peu près jusqu'à la hauteur du premier étage actuel et qui eut au point de vue historique la même importance que celui de la maison Würth-Paquet (V. Note 94), fut remplacé par l'escalier qu'on y voit aujourd'hui et qui donne accès au rez-de-chaussée.

La chronique luxembourgeoise de Sébastien-François de Blanchart mentionnée dans la note 92 fournit sur l'abaisse-

246. *Guillaume Clasen* [97]) *et Antoine Devora* le quartier d'officier de 3 chambres une surle devant 2 sur le derrière dont 1 avec cheminée au 2. étage. en tems de paix pour 3 prima plana, en foulle pour 10 hommes.

18 places en 2 batiments.

---

ment des rues du Marché-aux-Poissons et de la Boucherie les renseignements qui suivent :

"En l'année 1685 les français firent abbattre la chancellerie qui estoit une espèce de galerie contre la maison du Conseil qui occupoit toute la largeur de la rue : il falloit, pour aller de là à la porte du chasteau et aux quartiers de la ville vers l'orient, descendre plusieurs escalliers de pierre, ce qui empeschoit les voitures et chevaux d'y passer et estoient obligé de prendre par d'autres rues. Ladite galerie et chancellerie estant abbatue et emporté, ils firent applanir ladite rue, en abaissant le terrain afin d'y faciliter les voitures, et pour la rendre plus large, firent abattre ou recouper quelques maisons et entre autres une petite maison entière appartenante à une de mes tantes joignant à une plus grande là où elle résidait, par lequel abaissement de terrain plusieurs caves se trouvant plus exposées au soleil et à l'air ont perdu de leur bonté précédente, pour n'estre plus du depuis si profondes qu'auparavant .

Le 20 mai 1877, dimanche de Pentecôte, un violent incendie occasionné par l'imprévoyance d'une domestique, éclata vers 7 heures et demi du soir, dans la maison, dont les greniers et les mansardes furent détruits.

La capitale fêta ce jour-là le jubilé de Pie IX: les réjouissances comprenaient un concert public par toutes les sociétés de chant et de musique de la ville, des feux d'artifice, par Mr. Gavarni, artificier de la ville de Metz, un cortège aux flambeaux et l'illumination générale de la ville haute et des faubourgs. Le concert et les feux d'artifice, fixés à 8 heures du soir et pour lesquels avait été aménagé tout particulièrement la place Guillaume, allaient commencer et la place et les rues avoisinantes regorgèrent de monde, quand soudain un frémissement parcourut la foule. On avait perçu la sonnerie d'alarme des pompiers. Et tout le monde de se précipiter sur le lieu du sinistre où les flammes jaillissaient des combles de la maison Grimeler. Au bout de 2 heures les pompiers et les soldats du corps des chasseurs parvinrent à se rendre maîtres de l'élément destructeur. La fête rentra ensuite dans ses droits, et concert et feux d'artifice, cortège et illuminations furent, aux dires des reporters de l'époque, des plus réussis.

La maison était habitée à cette date par les familles *Pierre Heintzé*, imprimeur, *Charles Thiry*, capitaine du corps des chasseurs et *Charles Brandenburger*, photographe.

[97]) *Guillaume Clasen*, marchand, époux de Suzanne Christnach

217 *N. Samson et Pierre Losse* quartier d'officier de 4 chambres toutes avec cheminée, 2 sur le devant et les autres prennent jour dans la cour toutes au 2. étage pour 22 hommes, en tems de paix pour un Etat Major.

18 *places au bâtiment principal, 2 derrière.* [98])

---

père du Dr. Nicolas Clasen, celui-ci né à Luxembourg, le 10 décembre 1784, docteur en médecine, aide-major de l'armée d'Italie (1813-1816), président de la commission sanitaire du Grand-Duché, membre-fondateur de la société r. g.-d. pour la recherche et la conservation des monuments historiques et bibliothécaire de la ville de Luxembourg, mort à Luxembourg, le 4 septembre 1848. (Cf. Liez, op. co., p. 22; Neyen, Biogr. lux., T. I. p. 120.)

[98]) ***Nicolas Samson,*** marchand de tabacs, avait épousé à Luxembourg, le 2 février 1785, Anne Arendt. Comme témoin à l'acte de mariage nous avons trouvé ***Philippe Joseph Looz,*** époux de Catherine Wilhelm.

Nicolas Samson figure parmi les bourgeois qui en 1795 faisaient mensuellement une quête auprès de leurs concitoyens aisés au profit de la maison des orphelins à Luxembourg. Philippe-Joseph Looz, fit un legs en faveur du même établissement par testament reçu par le notaire W. Wenger, le 3 juin 1795.

A la suite d'un jugement en expropriation forcée du tribunal de Luxembourg en date du 12 janvier 1815, la maison, alors la propriété de J.-B. Muller, boucher, fut acquise par l'administration des hospices civils de la ville de Luxembourg qui la revendit en 1836 à Pierre Scheidt, cloutier. (Cf. Tony Wenger, op. co. pp. 37, 47 et 54 et acte du notaire Huberty du 5 mai 1824.)

La maison, aujourd'hui le No. 14 de la rue de la Boucherie, forme deux propriétés distinctes: la partie-est appartient depuis 1872 à la famille Urbany, la partie-ouest depuis 1875, à la famille Schrader. La porte d'entrée, les corridors et les escaliers, ceux-ci installés dans une tourelle construite en hors d'œuvre dans une petite cour, sont communs. Elle compte trois étages. La façade est régulière et présente 6 paires de fenêtres à joli encadrement en pierre sculptée. Au-dessus de la porte d'entrée que décorent 2 flèches croisées en fer forgé, et entre les fenêtres du 1er étage, se trouve adossé au mur et s'adaptant à l'architecture de la maison, un bas-relief en pierre haut de 0,94 m. et large de 0,55 m., représentant **Saint-Christophe** ou **Christophore,** au moment où, portant l'Enfant Jésus sur ses épaules, il passe jambes nues une rivière avec un arbre en guise de bâton dans ses mains. Le costume du Saint se compose d'un pourpoint boutonné par devant et retombant en plis de la taille jusqu'aux genoux; d'un manteau jeté sur les épaules et retenu par une agrafe qui s'applique sur la poitrine, et d'un turban comme coiffure. Une sacoche est attachée sous le bras gauche. Au bord de la rivière se

Leben und Wirken des hochw. Herrn Theod.-Zeph. Biever.

(Fortsetzung.)

XXXIX. Tätigkeit Biever's bis zu seiner Abberufung von Beit-Sahur.

In Tabgha hatte es Biever an Arbeit nicht gefehlt: Die verschiedenen Bauten, die Leitung des stets zunehmenden Werkes, der Zuspruch von Besuchern aus aller Herren Ländern, die Gründung verschiedener Schulen, die dadurch bedingten Reisen, sowie deren Inspektion, die vielen an ihn gestellten Anfragen deutscher, französischer, englischer, ja amerikanischer Gelehrter über Land und Leute, Sitten und Gebräuche, Pflanzen-, Tier- und Vogelwelt, Ausgrabungen und Entdeckungen, archäologische und neuzeitliche Funde u. s. w., sodann die rationelle Bewirtschaftung der immer sich weiter ausbreitenden Kolonie, die Verproviantierung und Überwachung des stets zunehmenden Personals, die Missionierung der eigenen Leute und der um das Hospiz sich stets vermehrenden Ansiedelungen von Beduinen, die unausgesetzt erforderte Wachsamkeit vor räuberischen Überfällen und noch vieles Andere, was aufzuzählen unmöglich ist, nahmen Biever's Zeit dergestalt in Anspruch, dass er Tag

---

tient l'ermite qui, d'après la légende, avait prêché le Christ à notre Saint et l'avait instruit dans la foi. L'ermite en habit avec capuchon rabattu en arrière, est environ du quart de la grandeur du Saint et ne nous semble avoir été compris dans la composition que pour faire ressortir la taille gigantesque de ce dernier. Toute la sculpture est abritée par une sorte de dais en fer blanc de 0,55 m. de largeur à la base de 0.45 m. de hauteur et de 0.23 m. de saillie.

Le petit chef d'œuvre, car c'en est un, ne porte ni millésime ni nom d'auteur. Nous croyons pouvoir placer son origine au 16e siècle, peut-être à l'époque de la Pieta de la maison Conrot (V. Note 54). Du reste toute la maison paraît être très ancienne et ce furent probablement les premiers propriétaires qui l'ont consacrée à Saint Christophore, en y plaçant son image. Mais qui étaient-ils? Nous l'ignorons. Il y a bien eu anciennement à Luxembourg une famille portant le nom patronymique de **Saint-Christophore,** mais tout ce que nous avons pu savoir à son sujet, c'est que les registres de la paroisse de Saint Nicolas à Luxembourg mentionnent sous la date du 4 août 1688 le baptême de Marie-Thérèse Saint-Christophore, fille de **Pierre Saint-Christophore** dit **La Pierre,** chirurgien et de Claire Augustin, tenue sur les fonts baptismaux par le révérend Sr Jean-Georges Kribs, prêtre et la demoiselle Thérèse Puillon.

(A suivre.)

und Nacht nicht zur Ruhe kommen konnte. Dieses Alles, sowie die verschiedenartigsten Unfälle und Krankheiten, [205]) hatten ihn derart hart mitgenommen, dass er unbedingt, sollte er nicht vor der Zeit in's Grab steigen müssen, einen leichteren Posten erhalten musste. Dank dem liebevollen Entgegenkommen des Patriarchen war ihm denn dieser auch geworden durch seine Ernennung zum Pfarrer von Beit-Sahur. Hier, wo ihm nur die gewöhnlichen seelsorgerischen Arbeiten einer kleinen Pfarrei oblagen, fand er denn auch wirklich Zeit und Musse, von den bisherigen Strapatzen auszuruhen. Die viele freie Zeit, welche ihm hier gegönnt war, verbrachte er aber doch nicht in einem Dolce far niente, sondern er nützte sie aus durch Lesung und Studium. Aus keiner Periode seines Lebens stehen mir so viele seiner an Freunde, Bekannte und Verwandte gerichteten Briefe zur Verfügung, als eben aus den Jahren 1907—1913, wo er zum Generalvikar der Insel Cypern promoviert wurde. Verschiedenes aus diesen Briefen erlaube ich mir, hier mitzuteilen. [206]) So schreibt er:

(Beit-Sahur, 12. Juli 1908): «Diese Woche beginnen hier «überall in den Anstalten die Schlussprüfungen und da muss «man, um nicht anzustossen, überall acte de présence machen. «Da fängt es übermorgen mit dem Seminar an: Prüfungen in «den alten und neuen Sprachen, in Kirchengeschichte, Natur-«wissenschaften, Mathematik. (Oh! wie erinnert man sich da «so lebhaft der Angst, die man einmal selbst bei ähnlicher «Gelegenheit, beim Abiturientenexamen, ausgestanden!) Es «kommen dann die gelehrten Disputationen der jungen Theo-«logen vor dem Patriarchen und seinem Domkapitel. Dann «kommen die Prüfungen im Waisenhause und im italienischen «Collège bei den Salesianern, dann dito bei den frères des «écoles chrétiennes u. s. w. und dann zu guter Letzt die «Prüfungen an der Knaben- und Mädchenschule in Beit-Sahur. «Lehrer und Schwestern haben arabische Deklamationen ein-«geübt; mein Lehrer hat sich sogar zu einem kleinen Schau-«spiel verstiegen — nun der gute Wille ist ja da, und bei «unseren Bauern kommt es auf einige Haare in der Suppe «nicht an. Sie sind schon furchtbar stolz darauf, dass ihre «Knaben und Mädchen «auch dabei sind.» Nach den Prü-«fungen geht es alsogleich an die nähere Vorbereitung der «Erstkommunikanten (zur hl. Kommunion), welche am 15. «August stattfindet, und dann beginnen für den Pfarrer die «Ferien, bis zu Ende September.»

Öfters war Biever bereits von Bekannten und Freunden gebeten worden, er möchte doch seine Erlebnisse im hl. Lande niederschreiben, resp. veröffentlichen. Anfangs wollte

[205]) Einzelne derselben werde ich noch später erwähnen.

[206]) Gelegentlich werde ich aber auch, nach anderen Quellen, Verschiedenes zu berichten haben.

er nichts davon hören; doch auf wiederholtes, immer stärkeres Drängen entschloss er sich dazu, es zu tun. In Beit-Sahur fand er dafür ja auch die nötige Zeit und Ruhe. Er gab sich nun an die Arbeit und berichtete dann darüber:

(Beit-Sahur, 20. September 1908): «Ich bin eben daran, «meine Notizen etwas zu sichten — vielleicht wenn Gott mir «Leben und Gesundheit lässt, werde ich dieselben veröffent-»lichen unter dem Titel: „Skizzen und Bilder aus dem «Missionsleben im hl. Lande“ — und da sehe ich immer «mehr ein, welchen grossen Dank ich der göttlichen Vorseh-«ung schuldig bin, dass sie mir die Liebe zu den Missionen «eingeflösst und mich in's hl. Land geführt hat, an die hl. «Stätten des Lebens und Leidens unseres Erlösers, und dass «es mir an meinem Lebensabend gegönnt ist, die frohe Bot-«schaft zu verkünden im Schatten der Geburtsgrotte des «Heilandes und an dem Orte, wo die frohe Botschaft erklungen: «Siehe ich verkünde euch eine grosse Freude, denn heute ist «euch geboren worden der Erlöser, in Betlehem, der Stadt «Davids,« Was ist denn das Leben des Missionärs anders «als die Verkündigung dieser frohen Botschaft, dem in Bet-«lehem geborenen Erlöser mitzuhelfen, dass sein Erlösungs-«werk sich ausbreite, dass es Wurzel fasse in den Herzen «der Menschen, der Erlösten, und dass es hundertfältige «Frucht bringe im öffentlichen und Privatleben?»

In einem ungefähr ein halbes Jahr später geschriebenen Briefe meldet er darüber:

(Beit-Sahur, 7. April 1909): «Ich hoffe dieses Jahr mit meiner «Arbeit fertig zu werden; es wird sich dann darum handeln, «einen Verleger aufzutreiben. Diese Buchhändler sind die «reinsten Juden, und diese Arbeit, die Frucht 33jähriger Be-«obachtungen und Notizen möchte ich doch nicht für einen «Apfel und ein Stück Brot hergeben. Lieber täte ich sie ver-«brennen.»

Dass Biever die freie Zeit, über die er verfügen konnte, recht fleisig zu ernsten Studien ausnützte, beweist folgender Briefauszug:

(Beit-Sahur, 29. November 1908): „Ich bin jetzt tüchtig «an der Arbeit zur Vorbereitung eines Vortrages, welchen ich «am 13. Januar nächsten Jahres (1909), also nach $1\frac{1}{2}$ Monaten, «vor einem grossen und gelehrten Auditorium in der école «biblique zu Jerusalem halten muss.[207]) Ich bin ge-«zwungen, sehr viel nachzulesen und Auszüge zu machen «und dann das Alles zu condensiren. Ich lege Ihnen das «Programm der diesjährigen Winterconferenzen bei. Sie «können aus demselben ersehen, dass ich mich in gelehrter

---

[207]) **Ueber diesen, sowie noch andere Vorträge Bievers soll in einem eigenen Kapitel „Bievers schriftstellerische Tätigkeit“ Rede gehen.**

«Gesellschaft befinde, da die Mehrzahl der Conferenzler Pro-«fessoren an der école biblique zu Jerusalem sind und «einige derselben sogar, wie P. Lagrange, P. Horme und «P. Janssen als Gelehrte einen europäischen Ruf geniessen, «so dass ich mir fast vorkomme, wie Saul, als er unter die «Propheten geraten war.»

Mit der geistigen Arbeit wechselte aber auch, wo es Not tat, die körperliche ab. So berichtet er, in dem schon erwähnten Schreiben vom 7. April 1909, über Ausführung einer dringenden Arbeit:

«Sie müssten mich jetzt sehen, wie mich die Sonne in «einigen Wochen gebräunt hat. Ich habe nämlich vor einigen «Wochen eine Mauer um unsern Friedhof gebaut und musste «deshalb von Morgens früh bis Abends spät bei den Arbeitern «sein. Das hat die zarte weisse Winterfarbe in ein ziemlich «dunkles Kaffeebraun verwandelt, so dass ich wie ein halber «Neger aussehe. Doch ich bin nun, Gott sei Dank, fertig „nach 3 Wochen harter Arbeit, und kam mit einer Erkältung „davon, die sich aber auch wieder verlieren wird, wenn ich „diese Woche meine Lungen nicht allzusehr mit Singen, „Predigen und Beichthören anstrengen muss. Nun, et Aäb „wussech, die Ermüdung, sagt ein arabisches Sprichwort, ist „wie der Staub, den man abschütteln kann. Nach Ostern „gibt es wieder etwas Ruhe, wenn nichts Anderes dazwischen „kommt.“ Dann heisst es weiter: „Heute nachmittag be-„ginne ich mit den Osterbeichten, dann kommen die 3 lezten „Tage der Charwoche mit ihren langen Ceremonien und Allem „was drum und dran hängt. Dann Ostersonntag mit den „lästigen Gratulationen, Besuche empfangen und erwidern. „Es gruselt mir schon jetzt davor. Denn hier Besuche in den „Häusern machen, will soviel sagen, als sich den Magen ver-„derben und sich die Haut und Kleider voll Ungeziefer sam-„meln, so dass man hernach mehrere Tage Jagd machen „muss, um wieder allein im Besitz seiner Kleider zu sein. „Auch eine Annehmlichkeit des Missionslebens! Doch im „Oriente muss man sich an Manches gewöhnen, das für den „verzärtelten Europäer recht shocking ist; aber à la guerre, „comme à la guerre.“

(Beit-Sahur, 4. September 1909): „Mit dem 26. August „bin ich dieses Jahr (1909) 60 Jahre alt geworden. Sie wissen „wohl nicht, dass der 26. August für mich ein grosser Tag „ist: Geburtstag, Tauf- und- Namensfest und dann der Tag „meiner Primiz. Die Freunde und Confratres von Jerusalem „hatten es sich dieses Jahr angelegen sein lassen, mir die „bittere 60jährige Pille durch ihre Gratulationen etwas zu ver-„süssen und hatten sich an dem Tage mit der Gemeinde „vereinigt, um mir (zum Fest) zu wünschen. Wir waren zu „18 am frugalen Mittagstisch; denn bei uns geht das viel

„einfacher zu, als bei einem so opulenten Pastorsessen „draussen. Nun die Herren können es sich ja leisten. Bei „uns ist die Hauptsache, dass man einige Stunden fröhlich „zusammen verbringt und dann sucht jeder wieder seine „Penaten auf.“ Im nämlichen Briefe berichtet er über eine unangenehme Enttäuschung: „Ich bin wirklich ein Pechvogel. „Ich war dazu bestimmt, unsern Herrn Patriarchen Mitte Sep- „tember nach Rom zu begleiten und hatte mir ausbedungen, „einen Abstecher von wenigstens 2 Wochen nach der Heimat „machen zu dürfen, was mir auch gütigst gestattet worden „war. Nun ist aber der Weihbischof sehr schwer erkrankt „und in Folge dessen hat der Patriarch für diesen Herbst auf „seine Romreise verzichtet und will erst im Frühjahre, nächste „Ostern, nach Europa reisen, und da kann wiederum ich nicht „mitgehen, da dann die grosse deutsche Karavane wahrschein- „lich mit dem deutschen Kaiser oder dem Kronprinzen zur „Einweihung der neuen katholischen deutschen Kirche auf dem „Berge Sion in Jerusalem hieher kommen wird. Und da komme „ich nicht gut weg . . . Brr! s'wär halt so schön gewesen, „es hat nicht sollen sein! singt ja der Trompeter von Säckin- „gen, und wir Missionäre müssen uns diesen Refrain ja recht „oft singen, um uns bei allen Enttäuschungen und Wider- „wärtigkeiten den guten Humor zu bewahren.“

(Beit-Sahur, Palmsonntag, 20. März 1910.) „Wir hatten „heute morgen eine recht schöne Palmenweihe und zwar mit „richtigen Palmen und Olivenzweigen, nicht wie zu Hause, mit „Buchsbaumzweigen (Pellem). Nach der Palmenweihe geht „die Prozession um die Kirche herum, voran die Kinder mit „blumengeschmückten Palmzweigen, dann die Männer und „zuletzt die Frauen, alle mit Olivenzweigen in den Händen und „das schöne arabische Lied singend: Auschâna li ibn Daud, „Hosanna dem Sohne Davids! Ein eigentümlicher Brauch „besteht hier im Oriente bei der Palmenprozession: Die „neuen Kleider für die Osterfeiertage, welche man den „Kindern anfertigt, werden schon auf Palmsonntag getragen, „dann aber gleich nach der Prozession wieder in die Truhen „verschlossen bis zum Ostersonntage. Besonders aber werden „die Kleinen auf den Armen der Mütter an diesem Tage heraus- „staffiert und mit allem möglichem Putze behängt, wohl zur „Erinnerung an das Wort des Heilandes. „Aus dem Munde „der Kindlein und der Säuglinge hast du dir dein Lob bereitet.“

(Beit-Sahur, Palmsonntag, 20. März 1910). „So Gott will, „werde ich diesen Sommer eine kleine Rundreise machen, die „sich bis in meine alte Missionsstation Madaba über den Jordan „drüben erstrecken wird. Ich werde, denke ich, von hier „gegen Ende Juli abreisen. Von hier bis Madaba habe ich „2 Tage Ritt zu Pferde, die mir wohl ein bischen hart vor- „kommen werden, da ich nun seit 3 Jahren nicht mehr im

„Sattel war. Von Madaba gedenke ich dann auf der neuen „Mekkabahn nach Damascus weiter zu fahren, von Damascus „dann wieder zurück mit der Eisenbahn bis an den See Gene-„sareth in meine alte Station Tabgha, wo ich 17 Jahre zugebracht. „Dann von dort nach Haifa, auf den Berg Karmel und dann „von Haifa per Dampfer nach Jaffa, von dort mit der Eisen-„bahn nach Jerusalem Das wird wohl meine letzte Reise „sein, bevor ich die letzte grosse Reise antrete, von der man „nicht mehr zurükkehrt" Dass aus dieser Reise nichts wurde, ersicht man aus folgendem Referat: «Beit-Sahur, 10. September 1910). „Mit meiner Gesundheit geht es jetzt etwas „besser; nur bin ich noch immer zur Ruhe, geistigen und „körperlichen verurteilt, und das ist für mich schlimmer als „die Krankheit. Ich darf weder reiten noch fahren, sondern „nur zu Fuss gehen, und das noch in langsamem Schritt und „und auf ebenem Terrain Deshalb habe ich meine (projektier-„te) Ferienreise aufgeben müssen, wenigstens einstweilen Nun, ich danke Gott, daß ich die Reise nicht angetreten habe, zu der Zeit, wo ich vorhatte. Ich wäre dann unterwegs krank geworden und dazu noch in die furchtbar heißen Tage gefallen, die wir hier Ende Juli bis Mitte August hatten. Eine solche Hitze hatte ich noch nicht erlebt seit den 34 Jahren, welche ich in Palästina bin. Wir hatten hier im Zimmer mehrere Tage 37° C.; in der Sonne stieg das Thermometer über 50° C. In Tabgha, meiner alten Station am See Genesareth war es, wie man mir schrieb, im Schatten 46° C. gegen Mittag und um 11 Uhr in der Nacht noch 37° C. Die Hühner gingen kaput vor Hitze. Nun, Gott sei Dank, hat der «Charif», der Herbst, angefangen. Es zeigen sich Wolken am Himmel und das Thermometer zeigt im Zimmer nur mehr 25° C. Dabei weht ein kräftigender Westwind vom Meere herüber, so daß die Lungen wieder frei atmen können.»

(Beit-Sahur, 26. Mai 1910): «Ich will Ihnen etwas von unserer diesjährigen (Frohnleichnams-) Prozession schreiben. Es ist das allerdings nicht so großartig, wie draußen in der Heimat, aber vielleicht gerade deshalb ist gläubigere, herzlichere Andacht bei der Prozession vorhanden. Dieses Jahr hatten wir es nun besonders feierlich gemacht. Von der höchsten Terrasse des Missionshauses wehte die Fahne des hl. Landes, welche zugleich die des Patriarchates ist (rotes, fünffaches Kreuz ☩ auf weißem Grunde.) Bunte Wimpel und Oriflammen flatterten vor der Balustrade der Terrasse im Winde, Laub- und Blumenguirlanden umzogen Kirche und Missionshaus und schlängelten sich an den Wegen vorbei, welche die Prozession nehmen sollte. Um 6 Uhr morgens war feierliches, levitirtes Hochamt (mat drei Hären), zelebriert vom Direktor unseres katholischen deutschen Hospizes in Jerusalem, P. Schmitz. Die Knaben des katholischen Waisenhauses in Bethle-

«hem sangen eine herrliche Messe für gemischten Chor von dem «deutschen Componisten Haller. Nach der hl. Messe begann die Pro-«zession mit dem Allerheiligsten. Die Fanfare des obengenannten «Waisenhauses spielte die Prozessionsmärsche. Die unvermeidlichen «Böller-, Flinten- und Pistolenschüsse hallten durch unser sonst so «stilles Tal, daß ein Fremder hätte glauben können, zwischen unsern «Bauern und den Beduinen sei ein blutiger Kampf entbrannt. Die «Fahnen flackerten im frischen Morgenwind, die schönen, arabi-«schen Prozessionsgesänge, abwechselnd von Männern und Frauen «gesungen, klangen dazwischen. Denken Sie sich nun auch dazu die «bunten Trachten unserer Männer mit ihren farbigen Turbanen auf «dem Kopfe, die Frauen in ihren farbigen Festkleidern mit dem «glänzendweißen Schleier auf dem Haupte, über all dem der im tie-«fen Blau strahlende orientalische Himmel — und Sie können sich «ein Bild von einer hiesigen Frohnleichnamsprozession machen.»

Daß eine solche Prozession vor, während und nach derselben, nicht ohne viele Mühe und Beschwerden für den Pfarrer abgeht, beweist uns folgende Stelle des nämlichen Briefes: «So lieb mir «auch sonst die schönen kirchlichen Feste sind, so fange ich doch «an, froh zu sein, wenn dieselben vorüber sind, wegen all der Mühen «und Arbeiten, welche sie dem alleinstehenden Pfarrer in seiner «Mission geben, wo er eben vorne und hinten sein muß, und sich «auf Niemanden verlassen kann. Da heißt es, wochenlang vorher «schon einexerzieren mit den Kindern, den Fahnen- und den Him-«melsträgern, die lateinischen und arabischen Prozessionsgesänge «einüben und dann am Vorabend den Weg, welchen die Prozession «nimmt, schmücken, die (Ruhe-) Altäre aufschlagen, dann im «Beichtstuhl bis Abends spät, und am Morgen heißt es schon wieder «vor Tagesanbruch auf den Beinen zu sein, um überall die letzte «Hand anzulegen. Dann kommt die Prozession selbst, wo man nicht «nur die schaulustigen und frechen schismatischen Griechen und «Mohammedaner im Zaume halten, aber auch die eigenen Schäflein «ordnen muß, und ist das alles glücklich vorüber, dann heißt es die «eingeladenen geistlichen und weltlichen Gäste bewillkommnen und «bewirten. Endlich gegen 10 Uhr ist alles wieder in seine alte Ruhe «zurückgekehrt und — o der Genuß, sich endlich wieder allein und «ungestört auf seiner Bude zu befinden, mit dem beruhigenden Ge-«danken, daß alles gut gegangen und kein Mißton die hehre Feier gestört hat — man ruht auf den wohlverdienten Lorbeeren aus.»

(Fortsetzung folgt.)

Vereinsnachrichten

Todesfall. Mit höchstem Bedauern haben wir wiederum das Ableben eines Mitgliedes unseres Vereins aus erster Stunde zu registrieren Herr

Heinrich Kabern, Pfarrer zu Düdelingen, hatte, als Hauskaplan seines seligen Großoheims, des hochw. Herrn Michel Probst, Dechant zu Ospern, das Erscheinen der „Hémecht" mit höchster Freude begrüßt und auch seine tätige Mitarbeiterschaft gleich von Anfang an in Aussicht gestellt. Seit Jahren hatte er sich mit dem Studium der Geschichte der Pfarrei Ospern beschäftigt. Erst nach langjährigem Forschen und nach Sichtung des reichhaltigen Pfarrarchivs von daselbst, fand er sein Manuskript zum Drucke geeignet und sandte mir dasselbe zu, mit der Bitte, es so viel wie möglich mit den von mir gesammelten Notizen zu vervollständigen. Und so erschien denn unter unserem beiderseitigen Namen, „*Ospern in älterer und neuerer Zeit. Ein kurzer Beitrag zur kirchlichen und bürgerlichen Geschichte dieser Ortschaft*" in den Jahrgängen VIII und IX (1902 und 1903) der „Hémecht". Während der Drucklegung zum Pfarrer der so bedeutenden Stadt Düdelingen befördert, war natürlich — was er in mehreren an mich gerichteten Briefen sehr lebhaft bedauerte, — an eine Mitarbeiterschaft an der „Hémecht" nicht mehr zu denken, obwohl er noch gar manche interessante Notizen, namentlich über die vielen zur früheren Pfarrei Ospern gehörigen Ortschaften gesammelt hatte. Was mag wohl jetzt aus denselben geworden sein? Seit längeren Jahren von einer schleichenden Krankheit befallen, wollte er doch niemals etwas vom „Ruhestande" hören. Er wollte ausharren, so lange als nur möglich, am Seelenheile der ihm anvertrauten Pfarrkinder und an der Beförderung der Ehre Gottes, zu arbeiten. Und so hielt er denn aus, bis schließlich die Kräfte ihm versagten. Er starb, rechtzeitig mit den hl. Sterbesakramenten versehen, am 19. März, dem Feste des hl. Josef, den er stets sehr hoch verehrt hatte, und der ihm auch gewiß recht bald die Aufnahme in die himmlischen Gefilde bei seinem Pflegesohne, unserem göttlichen Heiland, wird erbeten haben. Der biedere Freund, der Priester und Seelsorger nach dem Herzen Gottes, möge ruhen in Frieden. Der Familie des teueren Hingeschiedenen unser Aller herzlichstes Beileid! **M. Blum.**

Seine Heiligkeit Papst Benedikt XV. haben geruht, am 10. Mai, den hochw. Herrn **Johann Peter Kayser,** Pfarrer von Kayl, zum Pfarrer der St. Josephs-Pfarrei in Esch an der Alzette zu ernennen.

Herr **Michel Koener,** Vikar zu Esch an der Alzette, wurde am 8. April zum Pfarrer von Fentingen ernannt.

Herr **Armand Stümper,** Advokat-Anwalt zu Luxemburg, wurde am 4. Juni, mit 31 Stimmen, zum Greffier der Abgeordneten-Kammer ernannt.

Herr **Karl Eydt,** Advokat zu Luxemburg, wurde zum Attaché der Regierung, Departement der Justiz, ernannt durch Grossherzoglichen Beschluss vom 22. Januar 1920.

Durch Grossh. Beschluss vom 23. Januar 1920 ist Herr Dr **August Schumacher,** ehem. Arzt des Rhamhospizes und jetziger Staatsbads-Arzt von Mondorf, zum Ritter des Ordens der Eichenlaubkrone ernannt worden.

Herr **Viktor Hostert**, bisheriger Beamter an der Sparkasse, wurde durch Beschluss des Hrn. Finanzministers, vom 1. April 1920, zum Unterbureauchef der nämlichen Anstalt befördert.

Herr **Joseph Kayser**, Ingenieur und Architekt, hat an der technischen Hochschule zu Gent mit Auszeichnung die Diplomprüfung als Ingenieur für Kunst, Manufaktur und Chemie bestanden.

Durch Grossh. Beschluss vom 14. April 1920 ist Herrn **Karl Ferdinand Hemmer**, auf sein Ersuchen, vom 1. Mai 1920 ab, ehrenvolle Entlassung aus seinem Amte als Postperzeptor zu Ettelbrück bewilligt worden, unter gleichzeitiger Verleihung des Titels eines Ehren-Postperzeptors.

Durch Grossh. Beschluss vom 3. Mai 1920 ist Herrn Dr **Arthur Herchen**, auf sein Ersuchen, ehrenvolle Entlassung aus seinem Amte als Professor am Gymnasium zu Luxemburg bewilligt und er zum Ehrenprofessor ernannt worden.

Herrn **Alfons Eichhorn**, Notar zu Mersch, wurde am 27. Juni eine grossartige Ovation dargebracht gelegentlich seines 25jährigen Jubiläums als Deputierter. Gleichzeitig wurde ihm durch S. E. den Herrn Staatsminister Reuter, im Namen J. K. H. der Grossherzogin Charlotte, das Komturkreuz des Nassauischen Hausordens überreicht.

Allen diesen Herren unsere herzlichsten Glückwünsche!

Subskriptionsliste.*

Uebertrag	704.75	Frs.
P. K. in S.	2.00	"
B. M. in F.	7.00	"
J. H. in E.	2.00	"
G. L. in L.	10.00	"
J. R. in D.	2.00	"
E. W. in L.	2.00	"
L. B. in E.	25.00	"
J. R. in H.	3.75	"
Total . . .	758.50	Frs.

Vivant sequentes!

* **In dem Januar-Februarhefte (1920) ist irrtümlich der Betrag des Hrn. M. M. in R. mit 4.00 angezeigt statt mit 4.50. Dass dies nur ein Druckfehler ist, wird bezeugt durch das Total, welches richtig 704.75 angibt.**

Literarisches.

Heimstätte U. L. F. von Luxemburg einst und jetzt.

von Michael Faltz. 1920.

Es ist ein rechtes Heimatbuch, das Hr. Faltz uns hier vorlegt, an der Schwelle des großen Muttergottesjubiläumsjahres 1921. Ein großer Kenner unserer Muttergottesgeschichte und ein inniger Verehrer unsers Muttergottesbildes haben hier ein Werk geschaffen, das jedem Luxemburger tief in die Seele greifen muß Es ist nicht ein reines Geschichtswerk — gar manche historische Forschungen sind nicht bis zu Ende geführt — aber das will es auch nicht sein. Es soll und will ein Volksbuch sein, und das ist es auch geworden. Die Geschichte unseres Gnadenbildes und unserer Gnadenkirche sind nur das Goldgerüst, um das sich in reichem Blüten- und Blumenschmuck die Muttergottesandacht und die Muttergottesbegeisterung üppig ranken. Ein Volksbuch ist es, das in jeder Familie auf dem Ehrenplatz liegen soll und woraus man lesen soll an den Sonntagsnachmittagen. Und darum muß es in jedes katholische Haus hinein, damit es ein rechtes Familienbuch werde.

Doch auch dem Heimatforscher hat es vieles zu sagen. Hat doch der Verfasser in jahrelanger Arbeit unser Muttergottesarchiv — das leider noch nicht vollständig veröffentlicht ist (Herrn Blum Dank für seine Sammlung von Aktenstücken zur Geschichte des Gnadenbildes) — durchgearbeitet und dadurch auf manche historische Tatsache neues Licht geworfen.

Ausstattung und Druck geben dem Ganzen die künstlerische Vollendung und so kann der Preis von 10 Frk. für das Werk nur als sehr niedrig bezeichnet werden. Hier heißt es für jeden Heimatsfreund:

Nimm und lies! H.

Höfliche Bitte!

Unsere verehrten Mitglieder und Abonnenten sind höflichst gebeten, bei etwaiger Wohnungsänderung, mir ihre neue, genaue Adresse anzeigen zu wollen.

M. Blum.

Literarische Novitäten u. Luxembg. Drucksachen.

Anders Jérôme. Le Grand-Duché de Luxembourg historique, politique, économique et social. Bruxelles. Maurice Lambertin. 1919.— 2+121+1 pp. in 8°.

Faltz Michael. Heimatstätte U. L. Frau von Luxemburg einst und jetzt. Ein farbiges Titelbild und 99 Abbildungen im Text. 1.—3. Tausend. 1920. München—Gladbach. B. Kühlen.— 12+172 SS. in 4°.

Godefroid H. Eltern und Lehrpersonal. Verbreitung psychologisch- pädagogischer Wissenschaft. Einmütiges Zusammenwirken aller Erziehungsfactoren. Gründung und Wirken des Vereines „Haus und Schule", Rodingen. Separatabdruck aus dem „Luxemburger Schulfreund". (Ausserordentliche

Veröffentlichung des Vereins „Haus & Schule", Rodingen.) Luxemburg. Jos. Beffort. 1920— 16 SS. in 8°.

Dr. Klein Edmund-Josef. Die Krisis der Biologie. Aus der Revue Luxembourgeoise. Heft 5, 1920. O. O. n. Dr. n. D. (Luxemburg. St. Paulus-Druckerei. 1920.)— 7 SS in 8°.

(Klepper Bernadus.) Schematismus Cleri extranei pro 1920. Sacerdotes Saeculares et Regulares e Dioecesi Luxemburgensi oriundi. O. O. n. Dr. (Luxemburgi, Typographia ad. St. Paulum. 1920.)— 20 pp. in 8°.

(Dr. Koenig Lucian.) Walram. Dem Lessing sein Trauerspill „Philotas" a letzeburgescher Truecht, vum Siggy vu Letzeburg. 1920. J. P. Worré, Lampertsbirg. (N° 9b der „Bibliothe'k vun der Letzeburger Nationalunio'n")— 27 SS. in 8°.

Organist. (Der) Organ des Luxemburger Organistenverbandes. Luxemburg. St. Paulus- Druckerei.— In zwangloser Reihenfolge in 8°. erscheinendes Blatt, dessen Nr. 1. datiert ist vom 1. Mai 1920.

Reichling Johann-Peter. Kleine Kinder, grosse Helden. Ein Lesebuch der lieben Jugend zum Angebinde. Luxemburg. Sankt Paulus-Gesellschaft. 1920.— 184+2 SS. in 8°.

Idem. Unser Glaube ist ein vernünftiger Glaube. Ein Gedenkbuch auf den Tag der hl Firmung. 1920. (Luxemburg.) St. Paulus-Druckerei. — 246—4 SS. in 8°.

Dr. Schumacher Auguste. Le Livre de Mondorf-État. La Constipation. Son traitement par l'Eau de Mondorf-État. Luxembourg. Frères Bück. 1920.—52+1 pp. in 16°.

Spoo Caspar-Mathias. Seng gesammelt Wirker. 1920. Letzeburg. J. P. Worré. (Band 11 der „Bibliothe'k vun der Letzeburger Nationalunio'n.) — 91 SS. in 8°, mit Spoo's Porträt.

Ville de Differdange. 22, 23, 24 mai 1920. Union des Sociétés Luxembourgeoises de gymnastique. XXIme Fête fédérale 22, 23 et 24 mai 1920 (Pentecôte). Programme officiel. Differdange. Beicht. (1920.)— 68 pp. in 8°, avec 1 grav. sur la couverture, 2 portraits, 2 groupes photograph. et 2 grav. dans le texte.

Ville de Dudelange. Association des Gymnastes du Bassin minier. 5me Fête cantonale. Grand Concours de gymnastique, Dudelange, 20 juin 1920. Programme officiel. Luxembourg. Linden & Hansen. (1920.)— 32 pp. in 8°, avec 1 grav. sur la couverture.

Ons Hémecht.

Organ des Vereines für Luxemburger Geschichte, Literatur u. Kunst.

Herausgegeben vom Vereins-Vorstande.

26. Jahrg. — Siebentes u. achtes Heft. — Juli u. August 1920.

Jeder Autor ist verantwortlich für seine Arbeit.

Der Kalvarienberg und die alte Kapelle von Beckerich.

I. Beschreibung der Heiligtümer.

Ganz in der Nähe des alten Dorfes Beckerich, das in Urkunden den Namen «Bettonis Ecclesia, Bettoskirche», trägt, erhebt sich ein majestätischer Hügel, im Volksmunde «Kahlenberg», im Lateinischen «mons calvus oder mons calvariae», Kalvarienberg, genannt. Dieser Hügel hat den Namen wohl verdient; vom Talgrunde aus steigt ein prächtiger Kreuzweg, der bei einer sehr alten Kapelle endet, welche in den Urkunden «Capella ad Sanctam Crucem», Kreuzkapelle, heißt. Die Kreuzkapelle trägt die Geschichte mehrerer Jahrhunderte unter ihren Wölbungen.

Kaum findet man anderswo eine zur Errichtung eines Kalvarienberges besser geeignete Stelle, als hier in Beckerich. Nicht weit von der Pfarrkirche wendet sich dieser entzückende Hügel mit seinem anmutig bewaldetem Gipfel hinauf. Der sandige Weg hebt sich langsam, aber andauernd, scheint den Berg zu umgehen und verschwindet dann in einem köstlichen Hohlwege, der rechts und links von lieblichen Waldbäumen gesäumt ist, welche dessen Ränder verdunkeln. Vom Gipfel aus eilt der Blick über das reiche Panorama des Attertales, dessen weite Ebene sich unter dem Hügel erstreckt.

Zweifelsohne gab diese einzige geographische Lage, dieses fesselnde und unvergleichliche Gemälde, den Anstoß dazu, den Hügel zur Errichtung des Kalvarienberges zu erwählen. Erinnert der mühevolle Aufstieg nicht lebhaft an die Mühen des Heilandes, der sein Kreuz auf dem Schmerzenswege trug? Wenn man langsam, ohne Kreuz, hinaufsteigt, ermüdet man schon. Was erst, wenn eine Kreuzeslast hinaufzuschleppen wäre! Dieser ernste Gedanke, sowie die großartigen, malerischen Naturszenen wirken auf die Seele der Gläubigen ein, welche zum ersten Male den frommen Gang machen. Die Berge bringen das Herz dem Himmel näher.

Wir wollen den Kreuzweg gemeinsam wandeln. Alle Stationen — die sieben biblischen Stationen — sind in Bas-Relief aus Luxemburger Sandstein angefertigt und stehen unter freiem Himmel.

Ungefähr hundert Meter von der Pfarrkirche ragt auf einem Steinsockel die erste Station empor: Jesus im Oelgarten. Der Gottmensch liegt auf den Knieen; ein Engel reicht ihm den stärkenden Kelch dar. Die Säule, welche das Bas-Relief trägt, ist mit einem Wappenschild ohne Wappenstück bedeckt.

Ein wenig weiter, in einem engen Gäßchen, neben der Schule, ist die zweite Station eingemauert: die Gefangennahme Jesu. Die Soldaten — einer trägt eine Partisane — ergreifen Jesus und binden ihn, um ihn fortzuführen. Diese Station ist sehr gut erhalten.

Man kann nicht dasselbe von der dritten Station sagen, wovon nur einige Ueberbleibsel erhalten sind, die hinter einer Privatkapelle liegen. Sie zeigt uns Christus vor dem hohen Rate. Nach den Archiven erhob sich diese Station ehedem unter einer mächtigen Linde, wo, während der Feudalzeit, die Jahrgedinge des Pfarrdorfes Beckerich stattfanden. War es nicht ein sehr christlicher Gedanke, den Schöffen-Richtern jene Szene vor Augen zu führen, wo der Weltenrichter vor seinen Richter den Vertretern des Hohen Rates, erscheint?

Die vierte Station stellt die Geißelung dar. Sie wurde, wie man sagt, durch die Soldateska der französischen Revolution viel beschädigt und verstümmelt! Aber heute steht sie wieder an ihrem Platze, am Fuße des Kahlenberges.

Die fünfte Station bietet das Bild der Dornenkrönung. Unser Herr sitzt da, mit dem Spottmantel angetan, der Grausamkeit der römischen Soldaten überlassen, welche die Dornen der grausigen Krone in sein göttliches Haupt einschlagen. Der Eindruck, welchen die Darstellung auf den Zuschauer macht, ist ein überwältigender.

Die sechste Station, auf halber Höhe, stellt den Fall Jesu unter der Kreuzeslast dar. Die sehr gut erhaltene Station hat als Charakteristikum auf dem Stamme ein so schön gemeißeltes und so gut erhaltenes Wappen, als wäre es erst von gestern. Das Wappen ist gevierteilt: im 1. und 4. Feld ein Schildchen im Schild und ein aufgeblühter Rosenknopf oben; im 2. und 3. Feld ein zweilätziger Turnierkragen. Ein Schildchen überdeckt die vier Felder. Ein Gitterhelm mit Kopfverstäbung überragt das Wappen Der Turnierhelm trägt als Helmzier einen sechsfederigen Pfauenschwanz.

Die siebente und letzte Station scheint das immense, eindrucksvolle Kreuz zu sein, welches vom Gewölbe der Kreuzkapelle herabhängt, wenn man nicht das majestätische und große Steinkreuz dafür gelten lassen will, das unter zwei alten Linden vor der Kapelle sich erhebt. Es ist der Tod unseres Herrn am Kreuze.

In der Kapelle zum hl. Kreuze fand das hl. Meßopfer während der Fastenzeit an den Tagen statt, wo man von der Kirche aus prozessionsweise hinauf den Kreuzweg betete. Die Einsamkeit des Heiligtums, das dem Weltgetriebe entrückt ist, erinnert an die Worte der hl. Schrift: «Ich will seine Seele in die Einsamkeit führen und dort zu seinem Herzen sprechen.» Der Eindruck, welchen das ungeheuer große Kreuz, das am Triumphbogen der Kapelle hängt, auf den Pilger macht, der es zum ersten Male sieht, ist imposant. Die sterbende Christusgestalt ist vor Schmerz verzerrt. Es ist, als ob die Leiden der Passion sich auf ihn ergössen. Das Erlösungswerk mit all seinen Peinen und Schmerzen weckt in der aufrichtigen Seele unfehlbar ein Reuegefühl.

Dieses Kreuz am Triumphbogen erinnert an die letzten Zeiten des romantischen Stiles, dessen Auffassung eher eine realistische ist und die ihren Höhepunkt in der schmerzhaften Verrenkung des Gekreuzigten und in der Befestigung der Füße mittels eines Nagels erreicht. Es hat die eigentümlichen Charaktere der schwäbischen und fränkischen Schule: eine erstaunliche Gemütstiefe und einen grausigen Realismus, wie das für Colmar gelieferte Kreuz von Mathias Grünewald († 1529).

Das Mobiliar des Heiligtums datiert aus dem 17. Jahrhundert. Einer der Altäre trägt das Datum 1693. Die Altäre sind im Barokstil erbaut. Die darauf befindlichen Gemälde stammen auch aus diesem Jahrhundert. Man bemerkt da Nachahmungen mehrerer Gemälde von Rubens, welche der große flämische Künstler erst gegen 1624—1633 herausgab. Die drei Altäre sind im selben Stil gehalten. Die Nische des Muttergottesaltares, welche bestimmt war, das Bild U. L. Frau von Luxemburg aufzunehmen, beweist deutlich, daß dieser Altar nicht vor dem 17. Jahrhundert erbaut wurde. Er wurde also nach 1666 errichtet. So wird es, nach obigem Datum zu urteilen, für alle Altäre der Kapelle, die vom selben Künstler herrühren, der Fall sein.

Die alte Kapelle, welche von einem Türmchen überragt ist, erstreckte sich bloß bis zum jetzigen Langschiff. Mehrere Jahrhunderte später wurde sie vergrößert. Im Innern des Langschiffes sieht man noch heute die Spuren dieser Vergrösserung deutlich.

An der Stirnseite trägt ein Stein das Datum der letzten Vergrößerung im 18. Jahrhundert (1746). In jener Zeit wurde die eigene Malerei geschaffen, welche jedem Besucher auffällt: das blaue und sternenbesäte Firmament am hölzernen Gewölbe und die kindlich-naiv gehaltenen Feldblumen auf dem Getäfel, die Natur im Dienste Gottes.

Wenige Zeit vor Erbauung der Altäre wurde vor der Kapelle, im Schatten zweier mehrhundertjähriger Linden, welche ihre königlichen Aeste ausbreiten, ein großes Kreuz des Heilandes aus Haustein und eine schöne Steinstatue des hl. Job errichtet, wovon letztere das Datum 1662 trägt. Job, der seine Leiden geduldig erträgt, ist ein Vorbild Christi. Er muß auch unser Vorbild im Leiden sein. Daher haben die Christen die Verehrung von Sankt Job mit der Passion verbunden.

II. Alter des Kreuzweges und der Kapelle.

Ehemals zog dieser Kalvarienberg viele Fremde an. Man betete den Kreuzweg nicht im Innern der Pfarrkirche; man zog aus dem Heiligtum heraus, durcheilte die Straßen des Dorfes, machte bei den sieben Stationen Halt, und die ganze Pfarrei, vom Pfarrer geführt, betrachtete unter freiem Himmel die Leidensgeheimnisse. Das geschah nicht bloß an allen Freitagen der Fastenzeit, sondern auch an den großen Festen des hl. Kreuzes, an den Festen Kreuzauffindung und Kreuzerhöhung. Ehemals nahmen die Einwohner von Elvingen, Oberpallen, Colpach und andere aus den benachbarten Pfarreien an diesen heilsamen Prozessionen teil. Die frommen Betrachtungen gingen den Pilgern zu Herzen. Massenweise wohnten sie dem hl. Meßopfer in der Kapelle des Kalvarienberges bei.

Was hatte sich hier abgespielt? Welches Leid hatte man hier getragen? Welches Unglück durchgemacht? Zu welcher Zeit und in welchen Umständen wurde dieser Kalvarienberg errichtet? Das ist schwer zu bestimmen.

Kalvarienberge kommen früh, nämlich seit dem 13. Jahrhundert vor, ebenso Abbilder der Leidensstationen des Kreuzweges des Herrn. Sie datieren aus der Zeit nach den Kreuzzügen. In jenem Zeitpunkte war die Pfarrei Beckerich vom Kloster Mariental, die Richterei vom Kloster Clairefontaine abhängig. Nun aber sagen die Archiven beider Klöster, welche die Pfarreien Beckerich schon 1237, Elvingen 1244 und Oberpallen 1280 erwähnen, und alle Kaplaneien von Beckerich aufzählen, nichts von der Kapelle zum hl. Kreuz. Thilmann, der Oekonom von Mariental, welcher im Anfang des 14. Jahrhunderts die geringfügigsten Besitzungen Marientals einregistrierte, hätte gewiß davon gesprochen, wenn das Kloster Einkünfte daraus hätte ziehen können: und das mit um so größerem Rechte, als der Pfarrer von Beckerich nur ein «Vicarius perpetuus» war, der kein Recht auf den Zehnten seiner Pfarrei besaß, sondern gänzlich von dem Kloster bezahlt wurde.

Wann wurde der Kreuzweg also errichtet? Wir wollen versuchen, den Zeitpunkt annähernd zu bestimmen.

Merken wir uns zuerst, daß nur sieben Stationen vorhanden sind. Die Zahl der Stationen wechselt im 15. und 16. Jahrhundert, wie die der typographischen Stationen in der Nachbildung. Wiederholt sind es anfangs 7, entsprechend den sieben antiken Tagesstunden und den das Leiden symbolisierenden Horen des Breviers, so bei Adam Krafft († 1509). Ende des 16. und Anfang des 17. Jahrhunderts setzt sich erst die heutige Zahl 14 fest. Da der Kreuzweg von Beckerich nur aus 7 Stationen besteht, kann er erst vor dem Ende des 16. Jahunderts, also vor 1600 errichtet worden sein.

Auf einer Station, der sechsten, ist ein Visierhelm des 15. Jahrhunderts. Dieser sogenannte Turnierhelm, Rost- und Gitterhelm, kam erst nach 1430 auf. Wir sind also sicher, daß die Aufstellung dieser Stationsbilder erst nach 1430 erfolgte.

Noch mehr: Auf der zweiten Station, bei der Schule, sehen wir einen Soldaten, der eine Partisane trägt, d. h. eine zweischneidige Spitze mit Parierstangen auf langem Holzschafte. Die Partisane war die Stoßwaffe des Fußvolkes im 16. — 18. Jahrhundert, von Kaiser Maximilian eingeführt. Man muß deshalb die Errichtung des Kreuzweges nach dem Jahre 1500 verlegen.

Wir bemerkten, daß auf mehreren Stationen sich ein Wappenschild befindet. Auf der sechsten hingegen ist ein vollständiges Wappen, das von Valerian von Busleiden, des Herrn von Guirsch, der ein Schildchen mit einer Rose im Wappen führte. Valerian von Busleiden war Herr von Guirsch seit 1497. Seine Frau war Anna Waldecker, genannt von Kempt oder von Keymich. Dame von Aspelt. Im Jahre 1509 erhielt er von Philipp dem Schönen das Schloß Falkenstein zum Lehen. Er starb im Jahre 1514.

Nach den Wappenschildern, dem Turnierhelm und dem Turnierkragen zu urteilen, wurden die Stationen von einer adeligen Familie errichtet. Zweifelsohne können wir auf keinen andern schließen als auf Valerian von Busleiden, dessen Wappen auf der sechsten Station vorkommt. Der Kreuzweg wäre also zu Ende des 15. Jahrhunderts oder zu Anfang des 16. Jahrhunderts errichtet worden.

Im Jahr 1645 knüpfte der Papst Innozens X. einen vollkommenen Ablaß an diese Stationen.

Hat der jetzige Kalvarienberg einen früheren, älteren ersetzt? Wir können es annehmen; denn auf einem fliegenden Blatte des Pfarrarchivs heißt es: R. D. Robertus Lindanus confrat. S. Crucis — 1373 renovatam — iterum collapsam anno 1621 renovavit. (Der hochw. Herr Robert Linden hat im Jahre 1621 die im Jahre 1373 erneuerte Bruderschaft des hl. Kreuzes, welche wieder verfallen war, abermals erneuert.) Daraus kann man schließen, daß die Kreuzwegandacht eine sehr alte Uebung in dieser Pfarrei war, welche noch heute bekannt ist durch ihre treue Anhänglichkeit an den katholischen Glauben.

Das Datum 1373 sagt uns auch, daß die Kreuzkapelle, wenigstens der älteste Teil des Heiligtums, weit über die erste Hälfte des 14. Jahrhunderts zurückreichen muß.

III. Geschichtliche Ereignisse um die Kapelle.

Ein guter Teil Landesgeschichte zieht durch unsern Geist, wenn wir an die Begebenheiten denken, welche sich vor dem Heiligtum auf dem Kahlenberg abgespielt haben. Dieses heilige Haus bildet die Grenze zwischen dem Luxemburger Land und dem Arloner Gebiet, ehedem Luxemburger Boden, und blieb allein aufrecht nach den Stürmen von mehr als fünf Jahrhunderten. Rufen wir seine Vergangenheit in uns wach!

Gegen die Mitte des 14. Jahrhunderts erbaut, sah die heilige Kapelle nacheinander die Belagerung Arlons durch den Grafen von Gleichen im Jahre 1443, die Belagerung des Feudalschlosses von Guirsch durch die Armeen Philipp des Guten von Burgund, im Jahre

1453 und die Einnahme der Stadt Arlon durch den Herzog von Guise am 1. Juli 1558. Aus nächster Nähe warf sie ihren Blick auf die traurigen Zeiten des dreißigjährigen Krieges, des Jahres 1636, wo die Bevölkerung Beckerichs sich vor der kroatischen Soldateska in die Wälder flüchtete, eine Zeit, welche Pfarrer Molinäus im Taufregister der Pfarrei mit dem inhaltsschweren Wort vermerkte: Croatii (1636). Das bescheidene Gebäude sah die Verheerungen der folgenden Kriege, welche die Pfarrei derart dezimierten, daß sie im Jahre 1659 nur mehr 3½ Haushalte zählte. Und was darf es von der französischen Revolution erzählen? Am 30. April 1794 hatten die französische und die österreichische Armee im anschließenden Walde ein Treffen. Später wurde der Pfarrer festgenommen. Um den Verfolgungen der republikanischen Agenten zu entgehen, hatten sieben Geistliche in einem Privathause (Reding) am Fuße des hl. Hügels eine Zufluchtsstätte gesucht. Die Kreuzkapelle sah mehrmals die preußischen Armeen im Tale vorüber ziehen: das erste Mal im Jahre 1814, dem Jahre, wo das Bild der allerseligsten Jungfrau, welches unter einer Eiche am Fuße des Kahlenberges stand, verschwand; das zweite Mal im August 1914 unseligen Andenkens und das dritte Mal im November 1918, wo die Truppen der siegreichen Alliierten die Eindringlinge zurückwarfen.

Könnte man ein Heiligtum verfallen lassen, das einen so großen Teil unserer Nationalgeschichte durchlebt hat und das noch heute aufrecht da steht, während alles aus früheren Tagen um Arlon herum zerstört wurde? Der Archäologe sagt: Nein! Der Christ sagt mit noch größerem Rechte: Nein! Die seligste Jungfrau, Patronin des Luxemburger Landes, hat sichtbar unser liebes Vaterland beschützt, sie hat wunderbar alle seine Einwohner bewahrt und uns die Freiheit und Unabhängigkeit erhalten. Auch in diesem Heiligtum tront sie auf dem Altar. Sie wachte hier an der Grenze, an den Vorposten unseres geliebten Heimatlandes. Muß die Dankbarkeit nicht auf dem Grunde unseres Herzens erwachen? Müssen wir nicht Gott, seiner gebenedeiten Mutter, den Alliierten und unsern stolzen, edlen luxemburger Helden, unsern Befreiern, dafür danken?

Der schönste Dank wäre es, wenn luxemburger Landeskinder, Regierung und Volk, besonders aber die Pfarrei Beckerich sich verwendeten, diese uralte Kapelle, ein Kleinod des Landes, zu restaurieren. Möge sie dem Lande erhalten bleiben.

Eugen Medinger, Pfarrer in Oberpallen.

Leben und Wirken des hochw. Herrn Theod.-Zeph. Biever.

(Fortsetzung.)

(Beit-Sahur, 12. Juli 1910): «Hier geht das Gerede, ich müßte die «Kanzlerstelle im Patriarchate übernehmen. Offiziell ist mir darüber «noch nichts mitgeteilt worden; aber, um bei Zeiten vorzubeugen, «habe ich unserem Patriarchen, der eben in Rom ist, geschrieben «und ihm zu verstehen gegeben, daß mein Gesundheitszustand und «auch mein Temperament mir nicht erlauben würden, diese mühe«volle und arbeitsreiche Stelle zu übernehmen und daß er davon ab«sehen möge, und mich in den Missionen belasse so lange meine «Kräfte ausreichen. Wäre das einmal nicht mehr der Fall, so würde «ich mich am liebsten vollständig zurückziehen, um die von Gott «mir noch geschenkte Zeit dazu zu benützen, um mich auf die Reise «in die Ewigkeit vorzubereiten. Ich bin nun der zweitälteste im «Dienste der Patriarchalmissionen und hätte als solcher wohl schon «ein Recht auf Ruhe; aber es herrscht jetzt in den Missionen großer «Priestermangel und erst nächstes Jahr sollen 4 junge Leute aus«geweiht werden. Bis dahin heißt es also aushalten.»

Dass dieses „Gerede" nicht ganz ohne war, ersieht man aus folgendem Schreiben:
(Jerusalem, 5 Oktober 1910.): «Heute Abend beginnen wir die «diesjährigen Priesterexerzitien. Ich wollte eigentlich dieselben «nicht mitmachen, aber ich erhielt vor einigen Tagen einen «Brief vom Patriarchen, ich möchte zu den Exerzitien kom«men. Da wir, streng genommen, nur alle 2 Jahre zu den «geistlichen Exerzitien verpflichtet sind, und ich dieselben «voriges Jahr mitgemacht und dieses Jahr durch meinen Ge«sundheitszustand mich von denselben dispensieren zu kön«nen glaubte, so war ich etwas verblüfft durch diese Einla«dung und ich dachte mir wohl, es müsse etwas dahinter«stecken. Ich hatte mich nicht getäuscht. Gleich nach meiner «Ankunft liess mich der Patriarch zu sich rufen (er war vor 3 «Tagen von Rom zurückgekehrt) und händigte mir das Patent «als „Apostolischer Missionär" ein, eine Würde, die der hl. «Vater selbst verleiht und mit welcher ziemlich bedeutende Pri«vilegien verbunden sind. Zugleich trug er mir die Stelle als «Kanzler des lateinischen Patriarchates an. Mir fuhr bei die«sem Antrag ein Schrecken durch die Glieder, so dass ich «ganz sprachlos wurde, da ich mich auf diese hohe Stelle gar «nicht erwartet hatte. Und es ist nicht blos eine hohe Stelle, «sondern auch eine Stelle mit furchtbar schwerer Verantwort«lichkeit, da der Kanzler so eine Art General-Vikar ist, auf «dessen Rücken all die vielen unangenehmen Dinge geworfen «werden, die in einer so ausgedehnten Verwaltung, wie der «des Patriarchates, vorkommen, z. B. Verhandlungen mit den «religiösen Orden, mit den Consulatsbehörden, Ehesachen und «was weiss ich. Und nun fiel die Wahl auf mich armen Teu«fel, der infolge des langjährigen Aufenthaltes unter den wil«den Beduinen, Europa's „übertünchte Höflichkeit" vergessen «hat und dessen Gesundheitszustand den mit diesem Amte «verbundenen Strapazen und Aufregungen nicht mehr gewach«sen ist. Ich habe den Herrn Patriarchen angefleht, von mir

«abzusehen und mich auf meinem Posten (als Pfarrer zu Beit-«Sahur) zu belassen; aber das einzige was ich erreichen konn-«te, war, dass ich einen Aufschub erhielt auf 8 Tage, d. h. bis «zum Ende der Exerzitien, wo die Entscheidung fallen wird. «Also eine Art Galgenfrist, da, so weit ich unsern Patriarchen «kenne, derselbe von einem einmal gefassten Entschlusse «nicht gerne absteht und auch nicht leicht abgebracht wird. «Nun, Gottes Wille geschehe, und am Ende sagt ja das Sprich-«wort: „Wem Gott ein Amt gibt, dem gibt er auch den Ver-«stand». . . . . Dann wird wohl der Wechsel nicht so de but «en blanc stattfinden, so dass es immer noch bis Weihnach-«ten zugehen kann, bevor ich den neuen Posten antrete, wenn «ich ihn überhaupt antreten muss; denn ich habe immer noch «so eine leise Hoffnung, dass ich verschont bleibe . . . . Ich «habe immer einen heillosen Schrecken vor all' diesen Ehren-«posten gehabt und mich denselben bis jetzt immer zu ent-«ziehen gewusst, und jetzt soll ich zu meinen alten Tagen «noch auf den Leuchter gestellt werden. Nun, ich habe nicht «darnach gestrebt, wie ich überhaupt nie, seit ich Priester bin, «mich für eine Stelle gemeldet oder um eine bessere Stelle ge-«beten habe, sondern immer dorthin gegangen bin, wohin «mich der Wille meiner Obern schickte. Es sind das ja, «menschlicher Weise gesprochen, nicht immer die angenehm-«sten und leichtesten Stellen, da sie von Vielen ausgeschlagen «werden, aber unser Herrgott belohnt diesen Gehorsam da-«durch, dass er der Arbeit grösseren Segen verleiht. Darum «ist mir keine Menschenklasse mehr zuwider, als die Streber, «sie mögen Geistliche oder Weltliche sein.»

Die Sache zog sich hin, bis gegen Ende November. Da endlich stand der Patriarch von seinem Begehren ab. Denn Biever schrieb im folgenden Monat an eine Verwandte:

(Beit-Sahur, 15. Dezember 1910): „Ich hatte nach langem „Zögern unserem Patriarchen das Jawort (die Kanzlerstelle an-„zunehmen) gegeben, hatte aber die Rechnung ohne meine Pfarr-„kinder gemacht. Kaum hatten diese von dem Wechsel Kun-„de erhalten, als sie sich in Haufen nach Jerusalem begaben, „um den Patriarchen zu bewegen, meine Versetzung rückgäng-„ig zu machen. Auch mich selbst bestürmten sie Tag und „Nacht, doch bei ihnen zu bleiben. Das machte mich wieder „in meinem Entschlusse wanken, und da es auch für den Au-„genblick niemand gab, der mich auf diesem schwierigen Pos-„ten ersetzen konnte, so bat ich den Patriarchen, von mir ab-„zusehen und mich auf der mir liebgewordenen Stelle zu be-„lassen und einem jüngeren Mitbruder, der noch in seiner vollen „Kraft ist, den mir zugedachten Posten anzuvertrauen. Der „Patriarch gab einstweilen nach, und so bin ich, Gott sei „Dank, noch wohlbestellter Missionspfarrer in Beit-Sahur und

„hoffe es auch zu bleiben, bis die Maschine den Dienst versagt. „Ich glaube übrigens nicht, dass das eingesperrte Leben in „einer Kanzlei mir körperlich und geistig wohlgetan hätte . . . „Ich habe übrigens mein ganzes Leben gegen alle diese Ehren- „stellen ein geheimes Grauen gehabt. Meine Freunde ver- „denken mir das vielfach; aber ich denke mir immer, Ehren- „zeichen und Ehrenstellen verhelfen mir nicht in den Himmel, „sondern getreue Pflichterfüllung an der Stelle, an welche „mich Gottes Wille hingesetzt hat. Und darum, rüstig voran, „so lange Gott mir Leben und Gesundheit lässt. Aus demsel- „ben Grunde habe ich vor zwei Jahren eine Professur in ei- „nem Seminar in den Vereinigten Staaten ausgeschlagen. Hof- „fentlich wird man mich nun in Ruhe lassen."

Nochmals kommt Biever auf diese „Kanzlergeschichte" zurück in folgendem Briefe:

(Beit-Sahur, 17. August 1911.) „Im verflossenen Jahre „wollte mich der Patriarch zum Kanzler des lateinischen Pa- „triarchates machen und ich hatte schon mehr oder weniger „zugesagt; aber wir hatten die Rechnung ohne unsere Soua- „chera (Leute von Beit-Sahur) gemacht. Als man sah, dass „ich mich zum Weggange anschickte, da zogen sie in hellen „Haufen, Katholiken, Griechen nnd sogar Muhamedaner, ins „Patriarchat und flehten den Patriarchen an, ihnen doch ihren „Pfarrer zu lassen. Da am Ende der Patriarch mir die Ent- „scheidung anheim stellte, so beschloss ich, hier auf meinem „Posten zu bleiben, so lange ich es eben aushalte oder bis der „Tod mich abberuft. Und so bin ich noch immer wohlbestell- „ter Pfarrer in Beit-Sahur, auf dem Hirtenfelde, das heisst in „der Nähe der Stelle, wo die Engel den Hirten die frohe Bot- „schaft verkündeten, und im Schatten der Geburtsgrotte in „Bethlehem, von der ich nur eine Viertelstunde entfernt bin. „Von meinem Studierzimmer aus sehe ich den Turm der über „der Geburtsgrotte erbauten Kirche, — eine Ehre und ein Glück, „das ich nicht verdient habe." (Fortsetzung folgt)

* * *

Das Eligiusamt zu Luxemburg.

(Fortsetzung.)

c) Das Meisterstück.

Mehr denn vier Jahrhunderte hatte das Eligiusamt bestanden, ehe das Meisterstück in den Schriften erwähnt ward. Zuerst wird bei der Aufnahme von Petrus haß, die am 17. Juni 1717 stattfand, erzählt, dieser neue Meister habe als Meisterstück ein breites Beil, eine Queraxt, eine gerippte Zimmermannsaxt und ein Hackbeil angefertigt. Von da an wird die Forderung des Meisterstücks ziemlich regelmäßig (Statuten Karl VI., Art. 2.) bis zum Jahr 1775 erwähnt

und verschwindet merkwürdigerweise dann spurlos in den Aufnahmeprotokollen. Weit entfernt, daraus zu schließen, das Amt habe stillschweigend auf seine Forderung verzichtet, ist eher anzunehmen, daß die Forderung eigentlich als selbstverständlich gegolten habe, und darum nicht weiter erwähnt worden sei. Die Neuordnung Maria Theresias (1771) nimmt im Art. 11 auf das Meisterwerk bezug, und das Gesuch des Amtes um ein Ergänzungsstatut vom Jahre 1791 enthält die folgenden, sehr eingehenden Forderungen: Jeder, auch der Meisterssohn muß ein Meisterstück anfertigen (Art. 8), die Ausführung der Arbeit muß von Sachverständigen beaufsichtigt werden, die letzteren sollen vom Prüfling einen Gulden als Entschädigung pro Tag erhalten. Nach Vollendung seiner Arbeit sollte der Aspirant die Abhaltung einer Vollversammlung nachsuchen und dieser sein Meisterstück vorlegen. Hier sollte die Arbeit von vier Geschworenen geprüft und begutachtet werden. Wurde das Werk als bon et valable erklärt, so mußte der Aspirant zum Eid zugelassen werden.

Die Eintragung ins große Meisterbuch geschah öfters auf die bloße Erklärung des Gesuchstellers hin, er wolle sein Meisterstück «liefern». Dieses Versprechen mußte aber in die Tat umgesetzt sein, bevor er sich «niederschlug», d. h., ehe er als selbständiger Meister in eigener Werkstätte arbeitete.

Vor der Aufnahme mußte der junge Meister sich für eine Spezialität, style genannt, in welcher er später zu arbeiten wünschte, entscheiden, und dieser Spezialität mußte das Meisterwerk angehören. Wollte er aber später in mehreren Spezialitäten arbeiten, so war er verpflichtet, in jedem Style ein Meisterwerk anzufertigen.

In der ersten Zeit ward das Meisterwerk «vor dem ganzen ampt gewiesen» und von der ganzen Versammlung gutgeheißen. Später jedoch (seit dem Jahre 1738) verlangten die Statuten, daß vier beeidigte Meister eine gewissenhafte Prüfung vornahmen und der Vollversammlung die Annahme, resp. Verwerfung des Meisterstückes vorschlugen.

Um den Forderungen des Amtes zu genügen, mußten die Schlosser ein Schloß «mit innerem getribst», die Schmiede ein Beil oder eine Axt, die Büchsenmacher eine Flinte anfertigten. Sehr oft gingen die Leistungen der Aspiranten über diese Forderungen hinaus, und so wurden Arbeiten angefertigt, die noch heute unsere Bewunderung verdienen. Gabriel Folscheid, aufgenommen am 12. Juli 1735, verfertigte eine dreiseitige Spitzfeile, einen Schlüssel, sowie einen runden und einen viereckigen Drillbohrerdraht für ein Präzisonsschloß. J. B. Viots (aufgenommen am 3. März 1736) Meisterstück erregte allgemeines Staunen. Er hatte 1600 Schuhnägel geschlagen, die er dem ganzen Amt in einer halben Eierschale vorzeigte und zählte. Anton Hureau (aufgenommen am 11. Februar 1735) hatte ein kunstreiches Repetiergewehr, eine Flinte, die 4

Schüsse aus einem Lauf feuern konnte, angefertigt. Johann Stregnart (aufgenommen am 25. Januar 1753) einen Stahldegen mit Griff ohne Schweißung gearbeitet. J. B. Viot (Sohn) wollte sich zweifellos seines Vaters würdig zeigen. Er verfertigte eine kunstvolle Repetierflinte. Zündpfanne und Schloß waren nur ein Stück, die ganze Garnitur aus Eisen, das Schaftblech hatte acht Oehrchen, und der Lauf war reich mit Gold verziert.

Konnte die Forderung des Meisterstückes nicht zu einem bedenklichen Mißbrauch Anlaß geben? Mußten doch die Prüfungsmeister, in deren Hand die Entscheidung lag, in dem Gesuchsteller einen zukünftigen, vielleicht gefährlichen Konkurrenten sehen? Lag nun für die Geschworenen die Versuchung nicht nahe, dem Prüfling die Aufnahme in das Amt durch Aufgabe eines schweren Meisterstückes oder durch übergroße Strenge möglichst zu erschweren? Es ist leider nicht zu leugnen, daß zur Zeit des Niedergangs des Amtes in den letzten Dezennien des 18. Jahrhunderts, das Meisterstück bisweilen den Riegel abgeben mußte, um den Gesuchstellern das Tor zum Amt zu verschließen. Gottlob sind das aber Ausnahmen: denn das Amt besaß andere wirsame Mittel (gemeinsame Feststellung der Preise, Bestimmung der Höchstzahl der Lehrlinge und Gesellen usw.), um eine preisdrückende oder arbeitsraubende Konkurrenz fern zu halten.

Ihren Hauptzweck, die Hebung des Handwerks, hat die Forderung des Meisterwerks unleugbar erreicht. Die kunstsinnigen Schlösser und die Beschläge, die wir noch heute an den alten Türen und Truhen bewundern, die äußerst geschickt gearbeiteten Schlüssel und andere Eisenarbeiten aus jenen Zeiten, — es sei nur erinnert an den goldenen Schlüssel des Muttergottesbildes[1]) und den Votivaltar[2]) aus der luxemburger Kathedrale, — dürften zur Genüge beweisen, daß man mit den damaligen technischen Mitteln unmöglich mehr leisten konnte. (Fortsetzung folgt.)

---

[1]) Dieser goldene Schlüssel, der im Muttergottesschatze mit großer Sorgfalt aufbewahrt wird, und mit dem man das Gnadenbild immer au den höchsten Festtagen schmückt, wiegt samt der goldenen Kette etwa vier Unzen. Innerhalb des verzierten Griffes sind die Wappen des Prinzen von Chimay und der Stadt Luxembourg sehr niedlich eingegraben, und auf dem Barte des Schlüssels las man in deutlichen Buchstaben folgende Inschrift:

Oblatum. a. c.
MDCLXVII VII
IDVS. OCTOB. (P. Amherd. Maria, die Trösterin der Betrübten S. 152.)

[2]) Dieser Altar ist ein Meisterwerk des Peter Petit, gebürtig von Izel, bei Orval. Wie überhaupt aus der Abtei viele Künstler hervorgegangen sind, so hat sich auch Petit hier ausgebildet Kaum erhielt der ehrw. Pater Theodor Helm, Direktor der Kapelle, Kenntnis von seiner Geschicklichkeit, als er ihn mit der Verfertigung eines Muttergottesaltares für die Oktavfeierlichkeiten beauftragte, den der Meister im Jahre 1766 für 2200 Luxemburger Taler lieferte. (P. Amherd. Maria, die Trösterin der Betrübten, S. 300.) Eine Aufnahme vom 2. Juli 1769 wurde in der Meisterei von Peter piti zu Luxemburg vorgenommen. Damals gehörte er also dem Amt als Meister an.

Reise-Erinnerungen (von N. Funk.)

Dreizehnter Teil.

Nach Venezuela. Ankunft in La Guayra.

(Fortsetzung). *)

Die Damen von Caracas verdienten den Ruf der Schönheit. Ihre Kostümierung war einfach aber doch anmutig; eine weiße Mousseline-Robe, welche die Taille umgürtet, mit einem von rosablauem oder bis zur Erde fallendem dreifarbigem Bande. Ein anderes Band von derselben Farbe, jedoch schmäler und kreuzweise um den Hals gelegt, vervollständigte die Toilette; ihre an sich schon schwarzen Haare, geflechtet oder auf die Schultern herabfallend, wurden durch eine leichte Guirlande natürlicher oder künstlicher Blumen zurückgehalten, die zierlich und künstlich aufgesetzt war. Die Frauen, oder vielmehr die Fräuleins dieses Landes affektieren in ihren Bewegungen eine Art Nachlässigkeit, die, obschon sie mit Grazie tanzen, auf den ersten Blick mißfällt; aber man bemerkt bald, daß diese Nachlässigkeit, die der Gleichgültigkeit ähnelt, nur ein durchsichtiger Schleier ist, der diese feuerigen Seelen nicht lange verhüllen kann. Besonders sind es die großen, schwarzen, feuchten Augen die deren Gefühle verraten.

Seit die französischen Moden in Caracas Wurzel gefaßt haben, sieht man nicht mehr, wie früher, in den Toiletten der Damen dieses Auskramen verschiedener glänzender Farben. Vierzig oder fünfzig Tage nach ihrem Entstehen sind die neuen Pariser Moden hier schon einheimisch. Früher waren die Bälle kalt und steif, die Damen versammelten sich auf der einen Seite des Saales, die Herren auf der anderen. Diese Symmetrie wurde nur durch den Tanz unterbrochen; dann auf einmal wurde sie wieder hergestellt, wie im Ballet-Corps der Operas. Doch ist diese Gewohnheit verschwunden, dank den Damen, welche die Stadt Caracas jetzt bewohnen und den wenigen jungen Leuten, welche sich früher eine Zeit lang in Frankreich aufgehalten haben.

Der Ball, dem ich beiwohnte, glich nicht im geringsten denen, auf welchen ich mich früher befunden hatte; eine Lustigkeit und ein kindisches Sichgehenlassen herrschte in desem Schwarm von Tänzern. Quadrille und französischer Galopp folgten dem deutschen Walzer und dem spanischen Contretanz; sogar die Polka kam an die Reihe, aber da sie erst vor Kurzem eingeführt worden war, riskierten die Damen nicht leicht diese Gymnastik.

Europa war schrecklich schlecht in dem schönen Geschlecht vertreten. Ich schämte mich wirklich! Als Repräsentantinnen waren nur drei oder vier kaum gelandete deutsche Damen zugegen, die antiken Statuen ohne Leben und Bewegung glichen, dann eine die Nase hoch tragende Engländerin, gehüllt in eine weiße Robe mit rosa Streifen und in ein scharlachrotes Mieder. Diese lächerliche Toilette wurde noch erhöht durch eine enorme Schleppe, welche ihr das Aussehen eines Pfauen gab. Aus verschiedenen Ursachen waren keine Französinnen dort: erstens leben keine in La Guayra,

*) Siehe den Anfang dieses Aufsatzes in „Ons Hémecht", Jahrgang 1919, Seite 56–59. Leider mußte, der Ungunst der Zeiten wegen, die Fortsetzung bis auf dieses Heft verschoben werden.

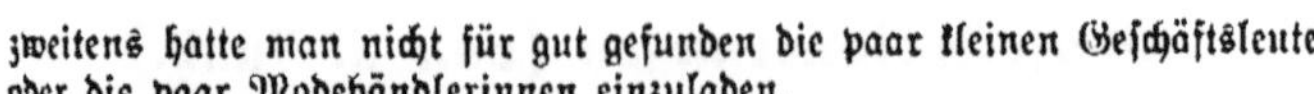

zweitens hatte man nicht für gut gefunden die paar kleinen Geschäftsleute oder die paar Modehändlerinnen einzuladen.

Im Moment, wo der Ball am höchsten belebt war, entzündete man zahlreiche, am Fuße der Cocosbäume aufgestellte Raketen, welche wie leuchtende Sterne mitten unter die Tänzer fielen; denn jetzt tanzte man überall, im Vestibül, im Hof, im Garten, unter den Palmen und unter den Orangebäumen.

Vor dem Souper, das um Mitternacht aufgetragen wurde, setzten sich einige Fräuleins ans Klavier und sangen die National-Hymne der Republik, mit stark näselnder Stimme, die den Einwohnern der Tropen natürlich erscheint. Ich konnte nie feststellen, woher diese Gewohnheit herstammt, und dies um so mehr, weil sie so große Liebhaber der Musik sind und mit Leichtigkeit dieselbe erlernen. In Caracas gibt es nur zwei oder drei junge Damen, die diesen Fehler abgelegt haben. Während dieses nasemusikalischen Intermezzos bereitete man das Souper, welches mit einem Aufwande, der nichts zu wünschen übrig ließ, aufgetragen wurde: Schinken, Fleischwurst, kalter Braten, Pasteten, geräucherte Zunge, Gurken und Sardinen, dann Conserven von Nantes als da sind: Trüffierte Feldhühner, grüne Erbsen, Straßburger Pasteten, gesalzene Gänsebrust aus Hamburg, in einem Worte, Alles, was Europa oder Amerika an feinen Gerichten an Obst, sowohl frischem wie auch in Conserven nur bieten konnte, fand sich vor, um jeden Geschmack befriedigen zu können. Als Landesprodukt dominierte der Truthahn; dieses Tier ist wesentlich amerikanischer Herkunft, von dort wurde es nach Europa eingeführt, wo es jetzt im Ueberfluß vorhanden ist. Die Weine aus Frankreich, Deutschland, Spanien, Portugal und Madeira vereinigten sich dort gesellig. Die Damen zogen den süßen prickelnden Champagner allen andern Weinen vor; darin wenigstens gleichen sie unsern europäischen Damen.

Tat man schon den Gerichten alle Ehre an, so geschah dies auch nicht weniger mit den Weinen. Ich muß gestehen, daß, dank den Deutschen und den Engländern, die Flaschen sich mit bewunderungswürdiger Schnelligkeit leerten. Man muß den Creolen die Gerechtigkeit wiederfahren lassen, daß sie sehr mäßig sind .Die Franzosen bildeten den mittleren Teil zwischen die n äußersten Grenzen. Unter den Damen dagegen hielten die Creolinnen die Spitze; hier darf man kühn behaupten, daß die Extreme einander berühren: ich sah niedliche Fräuleins, welche, ohne sich Zwang anzutun, sechs bis sieben Glas Champagner leerten. Gegen drei Uhr morgens brach man auf. Ich gab einem deutschen Arzte den Arm, einem ausgezeichneten, sehr gelehrten Jüngling, welcher erst vor kurzem die Universität verlassen hatte, um sich hier niederzulassen. Ich hatte alle Mühe der Welt, um ihn in dem schmalen Wege längst des Meeres zu halten, er hatte eine außerordentliche Neigung für die schiefen Linien; das Meer schien eine Anziehungskraft auf ihn auszuüben und ich mußte alle Kraft aufbieten, um zu verhüten, daß er ein Salzbad nehme. Sonderbar, als wir in die Stadt gelangten war es die entgegengesetzte Seite, welche auf ihn einwirkte. Anfangs sagte er mir alle Augenblicke: ich weiß nicht was das bedeutet, aber so oft ich einige Glas Wein getrunken, finde ich mich immer schwerer auf einer Seite. In der

Stadt bemerkte ich ihm, daß er auf der anderen Seite schwanke, worauf er antwortete: Oh, ich weiß, was das ist: das Gleichgewicht fängt an sich einzustellen. Und wirklich, am andern Tage fand ich meinen Doktor wieder in vollem Gleichgewichte. (Fortsetzung folgt)

La Famille Schramm de Larochette.

(Suite.) *)

A ce narré, l'avocat ajoutait les remarques suivantes:

I) „Schram ne paya rien à de Cassal, pour les biens ainsi Pendus (comme il avoua depuis), pas même les 200 écus. vaurquoi auroit-il payé d'ailleurs pour acheter un bien qu'il sçovoit (par les lettres de vente absolue accordées à son père et qu'il reconnoit avoir èz mains) n'avoir jamais appartenu au vendeur M. de Cassal?

2) Les lettres èz mains de P-Ernest sont appelées LETTRES DE GAGÈRE; il falloit bien leur donner ce nom, pour ne pas faire sauter aux yeux la nullité de cette seconde vente.»

3) Cette „prétendue vente ou vente simulée" ne fut connue qu'après la mort du conseiller de Cassal arrivée quelques années plus tard; alors l'acheteur, craignant qu'elle ne lui fût contestée par le baron de Bomal, fils et unique héritier du baron de Cassal, alla lui payer enfin les 200 écus, pour „l'engager par là à la ratifier."

Tout semblait donc marcher à souhait pour les petites affaires de Schram, seulement à roublard, roublard et demi. Monsieur de Bomal accepta bien les 200 écus, mais n'eut rien de plus pressé que d'adresser une copie authentique de la vente au Grand Conseil de Malines, „pour obtenir restitution en entier, alléguant que ces biens luy ayant été donnés en mariage par son père en 1715 il n'avoit pu les vendre ensuite à un autre à son préjudice; que par cette vente il se trouvoit lésé outre moitié."

„La restitution en entier fut accordée à Malines, le 14 août 1730, puis présentée au conseil de Luxembourg, qui, le 19 août, ordonna communication à partie pour répondre"

Schram répondit que le 26 août 1720, alors que le baron de Bomal „étoit major d'ans", les 200 écus avaient été acceptés; il n'y avait donc pas lieu à restitution en entier.

Invité par le conseil, le 2 janvier 1731, à fournir sa réplique, de Bomal prétend que les 200 écus ne concernaient nullement cette affaire et demande consignation de la quittance au greffe, par son adversaire: consignation accordée le

*) Voir le commencement de ce travail dans „ONS HÉMECHT", t. XXII, 1916, pages, 38, 97, 137, 194 et 321.

7 mars 1731, Schram répond que cela ne lui est pas possible, qu'il n'en a reçu d'autre que celle insérée dans l'acte du 26 août 1720; qu'au surplus Adamy, sollicité d'en fournir une autre, avait objecté „qu'on ne donnoit pas une seconde quittance pour la même somme." Lors de la lecture de l'acte, ajoute Schram, il n'avait point d'argent sur lui et de Cassal l'avait autorisé, „étant honnête homme" à payer à sa commodité, ce qui arriva après la mort de M. de Cassal.

Le 22 juin 1731, le conseil fit signifier cette réponse à partie, mais le procès s'arrêta, «le sieur Schram étant bientôt après tombé en maladie, dont il mourut en 1732, pendant la quinzaine de Pasques, le 19 avril.»

Plus d'un an après, de Bomal reprit le procès contre la veuve Schram, „en y faisant entrer, par ordre du conseil, les héritiers de Jean Schram et de son fils P.-Ernest, mort sans testament, comme pouvant être intéressés..."

L'intérêt des Weydert est certain, observe à ce propos leur avocat, car „si l'on peut montrer évidemment que la «prétendue vente obtenue de M. de Cassal est nulle, parceque ces biens n'ont jamais appartenus au vendeur, ils doivent «tous revenir aux dits héritiers, savoir trois quarts aux hériti- «ers de Jean Schram et le quatrième quart à ceux de son fils, «c'est-à-dire, un demi quart à ceux de Diekrich et l'autre moi- «tié à ses nepveux de Brandenbourg (supposé que ceux-ci en «pareil cas doivent concourir avec la tante à une succession «collatérale, comme nos avocats le croient communément)»

Quant à la veuve de P. Ernest, elle «n'y pourra rien prétendre, n'ayant pour elle que les meubles et la moitié des immeubles acquis *durante matrimonio.*»

Au reste, elle aura encore sujet d'être très-contente «avec «la moitié de la belle et solide maison bâtie par son marit sans «qu'elle y ait rien contribué du sien, avec tous les meubles, «l'argenterie, l'argent trouvé chez elle et ailleurs, avec les «grains dont les greniers étoient pleins et avec les sommes «mises à rente par son mary, dont l'une dite est de 900 escus, «enfin, avec les dettes actives de son mary, qu'il faisoit mon- «ter à 2000 escus.»

Les Weydert se déclarèrent donc prêts à *résumèr* le procès mais durent demander, préalablement, communication des pièces fournies «dont jusque là ils n'avoient eu aucune connoissance» Cette communication s'étant faite à la fin de mai 1734, «ils «eurent la première connoissance des importantes lettres de «vente que P.- E. Schram leur avoit si soigneusement cachées.»

Cinq semaines, après, l'avocat des héritiers Schram demanda que M. de Bomal eût à prouver que son père eut jamais eu la propriété des biens de Schwartzenberg, avec pouvoir de les dégager après la mort de Jean Schram; à cette demande et à plusieurs autres, M. de Bomal ne répondit pas, «étant certainement hors d'état d'y répondre d'une manière solide et satisfaisante.»

Restait leur action contre la veuve de leur oncle, qui avait «employé l'espace de vingt-huit ans une perpétuelle suite de tromperie et de dole pour frustrer ses soeurs et leurs enfants de la meilleure partie de leurs biens.»

C'est par cette appréciation sévère que se termine le mémoire de 1734. Malgré l'espoir qu'y avait émis son auteur, les Weydert n'en finirent pas de sitôt avec Monsieur de Bomal, et ce n'est que le 28 février 1737 qu'ils terminèrent leur différend, par la transaction suivante 1):

Messire J.-Baptiste baron de Cassal et de Bomal et la dame A.-Barbe de Rode, son épouse, seigneur et dame de Rendeux, Fischbach et autres lieux, d'une part; le Sr. Ant.-Ignace Weydert, officier de la seigneurie de Brandenbourg, pour lui et pour J.- Charles Weydert et au nom du Sr. Herman, son gendre, et Delle-A. Elis. Weydert, sa fille, épouse Herman; et le Sr. J.-Georges Filtz, mayeur d'Ettelbruck, en qualité d'héritier de feu J.-Bapt. (J.-Guill.) Weydert et de tuteur des autres héritiers, et comme fondé de procuration de Delle Antoinette Schram, veuve du Sr. Rich. Weydert 2), d'autre; commencent par rappeler qu'un procès s'est plaidé à Luxembourg, puis à Malines, par appel, entre eux et la Delle Cath. Heyart, au sujet des biens de Schwartzenberg, acquis en 1678 et 1679 par le Sr J. Schram et „que les dits seconds com„parants prétendoient leurs devoir estre suivis avec renseigne„ment des fruits que P. E. Schram et sa veuve en ont perceus."

Un autre procès resté indécis a surgi entre les mêmes premiers comparants, impétrant lettres de restitution en entier de la „prétendue vente de propriété des mêmes biens faite le 26 août 1720, et le dit Schram, opposant ajourné; dans cette seconde cause, résumée par la suite contre sa veuve et les seconds comparants rescribents, les impétrants soutenaient que ni eux ni leur père n'avaient jamais engagé à P. E. Schram les dits biens pour en jouir à titre de gagère et ils „prétendoient estre relevés de ladite vente, fondés sur la lé„zion et autres raisons."

Pour terminer ce dernier procès, le baron et son épouse cèdent et abandonnent aux Weydert „tous les droits, noms,

1) Par acte passé devant le notaire H. Deleau, de Luxembourg (expédition, par le dit notaire, en ma possession.)

2) A.-J.-Weydert et J.-G Filtz se portaient garants pour l'approbation des enfants mineurs de Richard, absents.

„raisons, actions ou prétensions généralement quellesconques „qu'ils ont ou pourroient avoir aux dits biens de Schwartzen-„berg en vertu des deux actes passés en faveur du feu seigneur-„leur père le 22 juin et 1er aoust 1701 par P.-E Schram et Rich. „Weydert, leurs abandonnant aussy tous les fruits d'iceux „biens, que P-E Schram et sa veuve ont perçus, les surro-„geant en leur lieu et place pour obliger ladite veuve à leurs „remettre et laisser suivre les dits biens, avec restitution des fruits...".

Les seconds comparants „se chargent d'en faire les pour-„suittes à leur fraix, comme aussy de rembourcer aux premiers „comparants ceux qu'ils ont déjà fait au sujet des dites lettres de restitution en entier"; d'autre part ils cèdent et abandonnent au baron et à la baronne de Cassal „un quart dans „la totalité des biens des Schwartzenberg acquis par feu „J. Schram ez années 1678 et 1679 et moienant qu'ils fas-„sent valoir aux dits seigneur et dame la parte entière que „les Schwartzenberg et J. Schram ont possédé en la seigneu-„rie de la Rochette, consistant en haute, moiene et basse jus-„tice, bois, chasse, pesche, dismes, vouéries, rentes et reve-„nues....". De leur côté, les premiers comparants renoncerent „au reste de la totalité des dits biens de Schwartzenberg à „Moestroff, Medernach, Rosport et alieurs et qui avoient etés cédés au dit feu baron de Cassal par acts de 1704, des quels „biens les seconds comparants promettent de ne rien distraire. „tant... que les dits seigneur et dame ne seront dans la ré-„elle et actuelle possession de toutte la part de Schwartzen-„berg et dudit Schram dans la seigneurie de la Rochette"; de plus, ils feront livrer annuellement au château de Fischbach un maldre de froment „hors de la disme de Medernach ou „autres rentes" et donneront à la baronne de Cassal," une „fois pour tout, pour une paire de gans, une somme de „cent escus". *(A suivre)*

Logements militaires à Luxembourg pendant la période de 1794-1814. (Par Alphonse Rupprecht.)

(Suite.)

218. *La veuve Muller* une chambre au 2. étage sur le devant pour 6 hommes, en tems de paix pour un pr plana *8 places.*

249. *Mathieu Bous* quartier d'officier de 2 chambres une par devant avec cheminée au 2. étage pour 8 hommes. en tems de paix pour un officier. *7 places au batiment principal. 6 derriere.* [99])

---

[99]) Aujourd'hui le No 10 de la rue de la Boucherie, propriété de Mr. JEAN DOPPELMANN, boucher. Devant cette maison se trouve un ancien escalier à 3 marches.

250. *Mad^elle.-Bous* 2 chambres sur le derriere et une petite pour 2 officiers, en paix une chambre avec cheminée sur le devant avec une petite sur le derriere au 2. étage pour un pr. plana marié. *5 places au batiment principal. 6 à un batim. entre 2 cours. 1. à un batim. derriere.* [100])

251. *Joseph Husquin* quartier d'officier de 2 chambres l'une sur le devant au 2. étage pour 2 officiers, en tems ordinaire pour un. *5 places au batiment principal. 6 à un batm. entre 2 cours 1 derrière.*

252 *La veuve Reuter* une grande chambre avec cheminée au 2. étage sur le devant pour 1 officier, en tems de paix ne loge. *6 places* [101])

253. *J. F. Baclesse* quartier d'officier de 2 chambres avec cheminée et le cabinet joignant au 2. étage sur le devant pour 1 capitaine aussi en tems de paix, *13 places.* [102])

---

[100]) Aujourd'hui le No 8 de la rue de la Boucherie, propriété de Mr. J DOPPELMANM boucher. Des ancres de construction à la façade forment les lettres J. S. A, initiales du nom de JACQUES SCHROLL-AULENER, boucher, natif de Geisenheim, que le cadastre de 1824 renseigne comme propriétaire de la maison.

[101]) Aujourd'hui le No 4 de la rue de la Boucherie, propriété de Mr. PIERRE-ALOYSE KUBORN-LASSNER, pharmacien. Propriétaire en 1824 d'après le cadastre: FISCHER JEAN, marchand de tabacs, époux de KOPPENHÖFER MARGUERITE.

Mr. Kuborn-Lassner succéda en 1896 à Mr. JEAN-PIERRE FRÉDÉRIC FISCHER, pharmacien. C'était le père de ce dernier, Mr. FRÉDÉRIC GEORGES-ALEXANDRE FISCHER, époux de CATHERINE FISCHER qui avait en 1839 établi le premier une pharmacie dans cette maison; il était lui le successeur de Mr. le pharmacien THÉODORE-NICOLAS HOCHHERTZ dont l'officine se trouvait à l'emplacement actuel de la maison Beffort-Bandermann, rue du Gouvernement, No. 2. La pharmacie est enseignée AU CYGNE et un cygne en métal doré forme saillie au dessus du nom de Mr. Kuborn-Lassner. Celui-ci a, en 1903, embelli la façade par des majoliques représentant des cygnes et des plantes. Il y a fait en même temps placer une lanterne en fer forgé. Les fénêtres des 2. et 3. étages sont munies d'appuis en fer forgé provenant de l'ancienne maison des merciers. (V. Note 83).

[102]) Aujourd'hui le No. 2 de la rue de la Boucherie, propriété de Mme. Veuve WEISS-LENTZ.

C'est l'ancien hôtel de la famille scabinale des JOLLIOT.

NICOLAS JOLLIOT était au 17. siècle justicier de la ville de Luxembourg. Pendant ses dernières années il avait ad-

ministré le domaine de „Schinfelz" (Schoenfels) où il est décédé le 28 juin 1683, à l'âge de 76 ans. Il fut inhumé à Luxembourg.

PIERRE JOLLIOT, décédé le 27 mars 1680 de mort subite, dans l'étuve de sa maison à Luxembourg, âgé de 72 ans, avait rempli jusqu'au jour de son décès les fonctions d'échevin à Luxembourg. Son sceau appendu à un acte de vente de la maison N° 287 du Registre des Logements, en date du 29 octobre 1678 porte le millésime 1669 et des armoiries méconnaissables. Il avait été marié à Gertrude Bosch qui, plus qu'octogénaire, le rejoignit dans la tombe le 9 novembre 1691.

Dans les „Archives du Gouvernement" par P. Ruppert, nous trouvons page 115 : Jolliot Pierre. Dénombrement pour Bous, 21 janvier 1650.

PIERRE JOLLIOT eut un fils du prénom de CLAUDE qui fut vice-capitaine du régiment du comte de Manderscheidt et qui mourut à Luxembourg, le 14 mai 1682, âgé de 32 ans. Celui-ci avait épousé à Luxembourg, le 19 novembre 1679, CATHERINE STEIDEL, fille de MATHIAS, bourgeois marchand et de BARBE PARREL qui lui avait donné un fils inscrit le 4 octobre 1680 aux livres de baptême de la paroisse de St. Nicolas à Luxembourg, sous les prénoms de CASPAR-MATHIAS, mais désigné plus tard par celui de CSPARY seul.

CASPAR-MATHIAS JOLLIOT : a été marié deux fois. Sa première femme ANNE-CLAIRE PERL ou PERLE étant morte à Luxembourg, le 4 octobre 1726, il y convola en secondes noces, le 29 juillet 1731, avec Marie-Geneviève-Joseph DE SAUMONT, fille du noble seigneur BENOIT DE SAUMONT, et de MARIE DUFAIT, originaires de Malmédy. Il était bourgeois marchand. Dans l'acte de baptême de sa fille Catherine, du 29 novembre 1706, il est désigné comme organiste et dans plusieurs actes notariés dont l'un du 6 janvier 1719, comme ancien justicier de la ville de Luxembourg.

Sur ses enfants du 1er lit nous possédons les indications qui suivent.

a) ELÉONORE épousa JEAN - JACQUES KELLER, bourgeois marchand resp. chirurgien juré à Luxembourg :

b) JEAN-PIERRE, époux de BARBE OLINGER s'établit comme marchand à Remich. Sa fille du prénom d'Anne, née à Remich, vers 1730, y décédée le 29 juin 1807, avait contracté mariage avec JEAN VELTER bourgeois marchand à Remich, l'aïeul du Dr. GUILLAUME VELTER, époux de MARIE-ANNE CURÉ dite BÉVA, médecin cantonal, bourgmestre et député à Remich, y décédé le 4 mai 1869 ; le bisaïeul de Mr. ALFRED-JEAN-PIERRE-BERNARD VELTER, époux de MARGUERITE HOLLENFELTZ, échevin et député à Remich, y décédé le 6 septembre 1888 et le trisaïeul de Mr. CAMILLE-MARIE-GUILLAUME VELTER, époux de NELLY-EMILIE-AUGUSTINE

SIMONS, procureur d'Etat et conseiller à la Cour supérieure de Justice à Luxembourg, y décédé le 2 javier 1916. (Cf. pour le Dr. Guill. Vellter, Neyen, Biogr. Lux., T. III, p. p. 457 et 458).

c) CATHERINE fut unie à NICOLAS AMBROSY, officier moderne des seigneuries de Beaufort et de Heringen;

d) RENÉ-LOUIS s'allia à MARGUERITE CLOTZ et devint échevin à Grevenmacher (P. Ruppert, op. Co., mentionne p. 83: JOLLIOT PHILIPPE-CHARLES, de Berg, avocat, 26 octobre 1765: réadmission au nombre des avocats, 25 janvier 1772 et JOLLIOT PHILIPPE-CHARLES-JOSEPH, échevin du siège de la Justice de Grevenmacher, 18 septembre 1788).

e) MARIE-JEANNE accorda sa main à NICOLAS PONCIN, bourgeois marchand à Luxembourg;

f) JEAN-HENRI, né à Luxembourg, le 30 avril 1714, docteur en médecine, pratiqua à Luxemburg et y mourut le 3 novembre 1755;

g) ANTOINE, né à Luxembourg, le 9 mai 1719, théologien, y trépassa le 25 juin 1742.

h) AUGUSTIN-JOSEPH, né à Luxembourg, le 19 juillet 1721, prêtre, devint curé à Guerlange et décéda à Arlon, le 3 fructidor an 6 (20 août 1798). C'est lui qui en sa qualité de grand'-oncle du futur, donna à Remich, le 17 octobre 1787, la bénédiction nuptiale aux époux JEAN-PIERRE VELTER et MARIE-JEANNE BOGAERTS au BOGARDT. les pére et mère du Dr. Guillaume Velter susnommé. (Cf. les registres paroissiaux de la ville de Remich, année 1787).

Trois enfants du mariage de Caspar-Mathias Jolliot avec Marie-Geneviève de Saumont sont inscrits aux registres paroissiaux de St Nicolas à Luxembourg:

JEAN-MARIE-BARBE, née le 25 juillet 1732;

JEAN-THÉODORE-GASPARD, né le 7 septembre 1833 et

MARIE-CATHERINE, née le 29 novembre 1734. Nous n'avons sur eux aucune donnée ultérieure.

Caspar-Mathias Jolliot avait 2 grand'tantes dont l'une, CAROLINE-ODILE JOLLIOT décédée à Luxembourg, le 3 avril 1728, âgée de 87 ans, avait épousée JEAN-ADAM SIMONI, huissier ordinaire au 30 janvier 1658 (V. Ruppert, op. co., p. 106); l'autre, MARIE-ELÉONORE JOLLIOT, née à Luxembourg, le 27 juin 1639, épouse en 1. ères noces de FRANÇOIS OBLET et en secondes noces de MARTIN FELTZ, est décédée à Luxembourg, le 10 mai 1725. CATHERINE SIMONI, fille des époux SIMONI-JOLLIOT, épousa à Luxembourg le 19 février 1694, NICOLAS SEUL, bourgeois marchand à Luxembourg.

Les noms de l'épouse Simoni se retrouvent dans la relation suivante consignée dans le 2e volume du Cartulaire du Prieuré de Marienthal, publié en 1885 par Mr. N. van Werveke.

„1677 — 1698.

„Guérisons miraculeuses à Marienthal, dues à l'interven-„tion du bienheureux Pierre de Milan.

„Des reliques du bienheureux Pierre de Milan furent vé-„nérées à Marienthal dès le commencement du 14. siècle, et, „comme le prouvent les pièces suivantes, un grand nombre „de guérisons furent attribuées à l'intercession de ce saint. „Après la destruction de l'église de Marienthal, l'autel fut „transporté à Steinsel, où le bienheureux Pierre de Milan jouit aujourd'hui d'une vénération semblable à celle qui a eu lieu à Marienthal.

«Attestations originales, aux archives du Gouvernement de Luxembourg. ....

« 18) Heut den 3 September (1676) kombt den durwachter «SIMONI zu Luxemburg sein Hausfrau, CARLINA JOLLIOT, bit-«gang ausrichten für ihr Sohn, der frisch und gesund worden «nach dem verloben hieher zu S. Peter und versichert das «ihr elzter Sohn vor 10 jahren auch gewihen worden und «gleich frisch und gesund.» (Public. Inst. 1885. p. p. 337 et 345).

FRANÇOIS-MELCHIOR JOLLIOT, lieutenant dans la compagnie du sieur Bonal, du régiment de Bade, le frère de Claude JOLLIOT, avait épousé YOLANDE-AGNÈS VELAIN. Son fils Pierre-François fut tenu sur les fonts baptismaux à Luxembourg, le 20 décembre 1678, par le grand'père Pierre Jolliot.

MARGUERITE JOLLIOT, la soeur de Claude Jolliot, décédée à Luxembourg, le 13 janvier 1696, avait été mariée à JEAN ALDRINGEN, avocat au Conseil provincial, né à Luxembourg, le 30 juillet 1640, fils de Nicolas Aldringen et d'Anne Niederkorn et cousin germain du général-feldmaréchal comte Jean d'Aldringen duquel une rue a été dénommée à Luxembourg par décisions du Conseil communal des 1er juin 1851 resp. 21 juillet 1877. (Cf. Brück, Bourses d'études, Luxembg. Imp. Jos. Beffort, 1882-1907, p p. 7 et 8; Recueil des règlements de police de la ville de Luxembourg. Impr. M. Huss, 1903 p. 293; Bulletin communal de la ville de Luxembourg. Année 1877, p. 174).

Parmi les parrains et marraines des enfants Jolliot les registres parroissiaux de Luxembourg mentionnent aux dates ci-après indiquées:

27 juin 1639: FLORENTIN BOSCH et MARIE-LÉONORE, épouse de JOACHIM BOSCH (V. Note 65 pour la maison de la famille Bosch):

27 avril 1642: CONEN, échevin à Luxembourg et MARIE-GABRIELLE MARCHALL:

20 Décembre 1678: ANNE-BARBE BOSCH désignée comme VIRGO DEO LECTA et dont les noms figurent également parmi

ceux des marraines à l'une des cloches de l'église St. Michel à Luxembourg datées 1681. (Cf. Breisdorff, Geschichte der St. Michaelskirche. Public. 1856, p. 129);

29 novembre 1706: Jean-Auguste BURLEUS, avocat au Conseil provincial, puis conseiller, juge et président de la Chambre des domaines et droits dans le pays de Luxembourg, anobli en 1712 par Maximilien-Emmanuel duc de Bavière (Cf. Dr. Neyen, Biogr. Luxemb., III, p. 61)

18 septembre 1710: François GERBER, greffier de la ville de Luxembourg et Anne-Joseph PERLE, fille de Pierre, bourgeois marchand à Arlon;

30 avril 1714: Jean-Henri PERL, conseiller au Conseil provincial et Marguerite PELLOT, épouse du sieur HARON, seigneur de Sterpenich;

9 mai 1719: Antoine JURIANO, bourgeois marchand à Luxembourg et Jeanne REUJON, veuve de Nicolas MONIER, également bourgeois marchand à Luxembourg;

19 juillet 1721: Augustin SEITZ, bourgeois marchand à Arlon et [illegible] THIBAUT, épouse de Honoré MERX, capitaine du régiment du Roi;

25 juillet 1733: Jean-Baptiste EDMOND, bourgeois marchand à Luxembourg et Marie-Barbe-Joseph PERL, épouse d'Augustin SEITZ susdit;

7 septembre 1733: Théodore BEHM, bourgeois marchand à Luxembourg et Marie-Catherine LERISCH, veuve de Pierre PERL.

Plusieurs membres des familles Jolliot, de Saumont, Poncin et Ambrosy figurent au registre de la confrérie de St. Jean-Népomucène à Luxembourg aux années 1738 et 1739 (V. Note 92)

Par acte passé devant le notaire Kleber, le 6 janvier 1749, Caspar-Mathias Jolliot, agissant au nom de son fils Louis, bourgeois marchand à Grevenmacher, emprunta aux maîtres et confrères du métier des Merciers à Luxembourg, une somme de 500 florins destinée à être „employée pour son dit fils pour continuer l'entreprise des vivres des troupes cantonnées à Grevenmacher“; il consentit en même temps à la confrérie une rente annuelle de 28 florins brabant dont il greva „sa maison du Marché-aux-Herbes“.

Le 16 avril 1760, Marie-Geneviève-Josephe de Saumont, épouse de Caspar-Mathias Jolliot mourut subitement à Luxembourg d'un coup d'apoplexie et fut ensevelie à l'église Saint Nicolas où la famille avait une sépulture devant l'autel de la Sainte-Croix. Son mari ne lui survécut que quelques années.

Le 10 avril 1766, ses héritiers: les époux Keller-Jolliot, Jean-Pierre Jolliot, Nicolas Ambrosy et ses enfants, les époux Jolliot-Clotz, Nicolas Poncin et ses enfants et Augustin-Joseph Jolliot vendirent par le ministère du notaire A. Moris, de Luxembourg, „leur grande maison faisant le coin vis-à-vis la boucherie, située sur le Marché-aux-Herbes, entre les héritiers Techter du côté du midi et ceux de Nicolas Reuter du côté du levant" aux époux Jean-François BACLESSE, bourgeois marchand et Angélique BOURGEOIS, pour la somme" de 2100 écus à 56 sols pièce, au cours de cette province "

La veuve et les héritiers de J. F. Baclesse la revendirent par acte du notaire J. P. Huberty, de Luxembourg, en date du 14 mai 1810, aux époux Pie NAMUR et Marie-Françoise GONNER, marchands de draps à Luxembourg. Pie Namur, natif de Luxembourg, fils du sculpteur Barthélemy Namur mentionné dans la note 92, avait épousé à Luxembourg en 1ères noces Marie-Hélène-Angélique WÜRTH, tante de Mr. Würth-Paquet (V. note 91) et en secondes noces Marie-Françoise Gonner susdite. De ce dernier mariage naquit Nicolas NAMUR qui contracta mariage avec Catherine WITTENAUER et fonda à Luxembourg la confiserie N. Namur, rue des Charbons, la plus renommée du pays, continuée à la mort du fondateur par son fils, Mr. Georges NAMUR, dont l'habileté à fabriquer des friandises et plus particulièrement des pièces montées confond toute concurrence. (Par acte d'adjudication reçu par le notaire Camille Wecklecker, de Luxembourg, le 30 mars 1920, Mr. Georges Namur a acquis des héritiers de feu les époux Paul Zenz et Fanny Marie Gillard, de Paris, la maison No. 9 de la Grand'rue, anciennement l'hôtel du comte Frédéric d'Autel (V. Note 31), pour y installer ses magasins et ateliers.)

Suivant procès-verbal d'adjudication du notaire Jacques Funck, de Luxembourg, l'ancienne maison Jolliot passa le 11 juin 1838 des mains des époux Namur-Gonner entre celles de Moïse-Bernard FIX, originaire de Bourbon-les-Bains et de son épouse Marie-Émilie GODCHAUX, originaire de Thionville qui y exerçaient également le commerce de draps et qui de là transférèrent leur résidence à Bruxelles. Deux fils de ces époux se distinguèrent dans la carrière des armes: Henri Constant, né à Luxembourg le 18 mars 1831 et Louis Ferdinand, y né le 1er septembre 1829.

Henri Constant Fix s'engagea en 1846 dans l'armée belge, se fit recevoir le 8 avril 1848 à l'école militaire et avança rapidement. Il fut nommé général major à l'État-Major [illegible] le 8 juillet 1888 et pensionné [illegible] [illegible] juin 1896, après [illegible] ans de service. Il est décédé [illegible] 1917. [illegible] Mr. [illegible] dans sa Bibliographie luxembourgeoise, Vol. I, p. 287 et 288, [illegible] plume du général Fix.

Louis-Ferdinand Fix [illegible] sa ville natale

lieutenant de vaisseau avant même sa 19. année révolue En 1862, pendant la guerre de Sécession, il partit pour l'Amérique et fut blessé en combattant comme major dans les rangs des Etats du Nord contre les esclavagistes. Après avoir encore occupé diverses fonctions publiques, il fut promu au grade de colonel, au quartier général à Washington, où il est décédé le 30 mars 1893 (Cf. les journaux „Freie Presse", année 1888, No. 201 et „Obermosel Zeitung, No. 85 du 20 octobre 1893).

Le 5 octobre 1851, Mr. Gutschlick Godchaux, fabricant de draps à Schleifmühl-lez-Luxembourg, vendit, comme mandataire des époux Fix-Godchaux domiciliés alors à Bruxelles, l'immeuble à Mr. François LENTZ, maître-boulanger dans la ville-basse de Grund et à son épouse la dame Marguerite FUNCK dont les initiales (F. L. et M F.) se détachent à jour dans une jolie girouette.

La fille de ces époux, la dame Anne LENTZ, veuve de Mr. Antoine WEISS, de son vivant directeur de l'usine à gaz à Luxembourg, la possède et l'habite à ce jour. C'est elle qui a bien voulu nous communiquer pour cette notice les actes notariés y mentionnés, en nous ouvrant en même temps toute grande sa maison pour y fouiller à notre guise. Qu'elle en reçoive ici nos vifs remerciements.

La maison qui est désignée communément de „Lentzen Eck", fait le coin des rues de la Boucherie et du Gouvernement (ci-devant Marché-aux-Herbes). Elle est à 2 étages et présente par son élévation, ses baies larges et hautes, ses ornements et sa belle toiture à mansardes, un aspect vaste et aisé. Le pan coupé du coin est décoré environ à la hauteur du second étage, d'une jolie niche; la statue de la mère de Dieu qu'elle abrite y a été placée par les époux Lentz-Funck; celle qui s'y trouvait anciennement avait été enlevée par le prédécesseur de ces derniers pour des motifs inconnus.

Des ancres de construction aux façades forment à celle de la rue de la Boucherie le millésime 1731 et à celle de la rue du Gouvernement les lettres J. M. J. Il est possible que celles-ci correspondent à la devise Jésus, Marie, Joseph, ce qui ne serait pas surprenant eu égard aux sentiments pieux dont parait avoir été animé Caspar-Mathias Jolliot qui les aura fait mettre. (A noter quant à la vénération de la Sainte Famille en général à Luxembourg, aux 17. et 18. siècles, qu'une des cloches susmentionnées de l'église St. Michel porte également, en dehors du millésime 1682 et d'autres inscriptions, celle de Jésus, Marie, Joseph).

A l'intérieur: Deux escaliers anciens, l'un tournant, en pierre, logé dans une tourelle emmurée et condamnée à l'heure qu'il est, l'autre [illegible] rampes alternatives, en bois. A notre avis le millésime pré[illegible]é de 1731 marque l'année d'une construction nouve[illegible] en a remplacé en partie une datant des siè des précédents. L'escalier en pierre aura été établi avec la première, celui en bois avec la seconde construction. Les murs d'une chambre du rez-de-chaussée sont revêtus dans toute leur hauteur de plaquettes à dessins bleus remontant au début de ce genre de fabrication à la faïencerie de Septfontaines-les-Luxembourg créée en 1767.

D'autres souvenirs d'un passé lointain ornent les appartements des étages, tels que boiseries sculptées, panneaux peints représentant des paysages, cheminées en marbre noir, armoires, faïences, cuivres, étains, pendule à gaine provenant de l'abbaye de Himmerode etc. Dans l'une des cheminées on voit une taque trouvée dans la cuisine et montrant des inscriptions et 4 blasons dont 2 reconnus comme étant ceux des DE TYNNER (SEIGNEURS DE HOLENFELTZ) et 2 qui n'ont pu être déchiffrés. Les inscriptions sont les suivantes.

HOLLENFELS

Sebastian V. TYNNER HOLLENFELS HAUPMAN	MARIA v. TINNE GEBOREN v. HOHENSTEIN FRAU zu HOLLENFELS.

MARARET VON TINNER GEBORE 1623 CU. HOHENSTEIN CU. ALY.

(Cf. Jos. Fischer-Ferron, Taqnes. Description de plaques de foyer et de fourneau observées dans le Grand-Duché de Luxembourg. Impr. Ch. Praum.)

La cave, au dessous de la maison, a 2 nefs et mesure 12 m. de long sur 8 m. de large et 5,20 m. de haut sous voûte. Les voûtes reposent sur un pilier carré d'un mètre 30 à pans coupés. A part une entrée dans la cour de la maison, 26 marches conduisent de la rue du Gouvernement à la cave. Selon la tradition, celle-ci, d'une solidité à toute épreuve, a tout particulièrement servi d'abri en cas de siège. Dans les parois sont aménagés des réduits dont il est difficile de déterminer la destination; il en est de même d'un corridor de construction très ancienne qui va de la cave, sous la rue du Gouvernement, jusqu'à la maison en face Beffort-Bandermann, et dans lequel on rencontre une porte cintrée munie des deux côtés d'espaces vides en forme de meurtrières. Le curieux est que ces vides se rétrécissent vers l'est c. à. d. vers l'intérieur de la ville, situation qui nous paraît ouvrir un champ très vaste aux suppositions sur leur âge et leur histoire.

(A suivre.)

Die frommen Stiftungen unserer einheimischen Herscherfamilien in Arel und Umgegend.

Die Pfarreien wurden zumeist vom Landesfürsten gegründet, mit [illegible] und Wittumsland dotiert. Auch mit der Krone oder Domäne ver[illegible] gebliebener fürstlicher Besitz wurde in späteren Jahrhunderten beschwert mit mancherlei Lasten zu Wohltätigkeitszwecken und Seelenämtern. [illegible] zumeist auf fürstlichen Äckern, Brühlen, Weihern, Waldwiesen und [illegible] sogenannten liegenden Zinsen. Einem Grafen Heinrich von Luxemburg, wohl Heinrich V., Ermesindens Sohn und Nachfolger, werden [illegible] fromme Stiftungen zu Arel und in der Umgegend zugeschrieben.

[illegible] Verzeichnis des Areler Domäneneinnehmers vom Jahre 1309 enthält [illegible] Ausgabenposten, welche die Domäne als Lehen für [illegible]: an die Kirche d. i. an den Pastor von Freylingen, 1 Mutt, 6 [illegible] Hafer und 22 Hühner, ruhend auf dem Landrecht der Grundmeierei [illegible]; an die Kirche von Losebrück oder vielmehr an den Pastor von [illegible], sowie an die Areler Schloßkapelle resp. an den Schloßkaplan [illegible] ein halbes Mutt Korn und 13 Mutt Hafer, ruhend auf dem Landrecht [illegible] Delingen und Metzig; an das Kloster von Bardenberg [illegible]; an den Kaplan der Areler Schloßkapelle 16 Pariser So[illegible] und [illegible] Mutt Hafer, lastend auf dem Landrecht von Hertzig, nämlich auf dem zum Teil auf der Grundmeierei Hertzig befindlichen zwischen Offen und Lottert gelegenen fürstlichen Breitzer-Gut. Zu Offen und Heischlingen [illegible] dieser Flurname Brez, in dem Volksmund der Einwohner von Lottert [illegible] jedoch die Bezeichnung Breiß vor, die auch urkundenmäßig (Brussen [illegible]; Bruisse, 1401; Brüsse, 1441, 1470, 1480) als die richtige [illegible].

[illegible] Bruchstücke des Breißer Gutes waren im Ablauf der Zeit ab[illegible] worden, [illegible] die in der Richtung Heischlingen und [illegible] Lotterter [illegible]brunnen herum gelegenen. Unter der spanischen [illegible]. Noch im Jahre 1480 gab es ein überaus umfangreiches [illegible] „Brüsse" mit den erforderlichen Gebäulichkeiten. Diese [illegible] das Licht der [illegible]. Das Gehöft scheint in den Kriegswirren des Jahres [illegible] und [illegible] durch die Franzosen [illegible]. Wir finden wir alsdann [illegible] erblichen [illegible], gegen einer [illegible] zu [illegible] von 1309 [illegible].

[illegible] nicht jedesmal der übliche also genannte Grund[illegible], sondern vielmehr ein Erbpachtzins. [illegible] belief sich auf 6 Malter Korn, [illegible] angebracht von den [illegible]

Teilhaber am Breißer-Gut galten die Besitzer bestimmter Stockhäuser. Die Bann Lottert gelegene Guterhälfte bestand, wie auch der auf Bann Offen befindliche Güterteil, aus sechs Erbteilen, die wir im 18. Jahrhundert in Händen dreier Inhaber vereinigt vorfinden. Unterm 16. Plüv. XIII berichtet der Diedenberger Gemeinderat an den Präfekten des Wälderdepartementes: «L'hospice d'Arlon (der ehemalige Katharinenbruderhof) possède des biens sur cette mairie qui sont détentés à bail perpétuel par des particuliers de Lottert et de Fouches. Les biens consistent en terres et prairies. Les revenus sont de six maldres de seigle et autant d'avoine, et quatorze livres en argent. Cette fondation est si ancienne que l'on ignore s'il existe encore des titres. Le nom du fondateur et les clauses de cette fondation sont inconnus.» Das in zwölf Teilstücke zerlegte, mit Stiftungsrenten an die Katharinenbruderschaft beschwerte Breißer-Erbbestandnis wurde, gegen Erlegung des auf das Fünfzehnfache des jährlichen Erbpachtzinses berechneten Kapitalwertes, von der revolutionären Regierung den bisherigen Inhabern zu freiem Eigentum überlassen oder als solches an andere Liebhaber veräußert.

Eines der schönsten fürstlichen Vermächtnisse an die Katharinenbruderschaft bildete der sogenannte Katharinenhof zu Almert. Die berühmte Katharinenbruderschaft von Arel war eine Wohltätigkeitseinrichtung mit eigener Kirche, mit Armen- und Krankenhaus und besonderer Leprosenanstalt.

Den 21. September 1337 schenkte Johann der Blinde seiner Areler Schloßkapelle sein Landrecht von Diedenberg, nämlich den Landrechtzehnten. Seit den ältesten Zeiten stand dicht an dem Areler Burgschloß die bei der Belagerung von 1558 verschont gebliebene Blasiuskapelle, in welcher Stiftungsämter für die fürstliche Familie abgehalten wurden. Die Stiftungspfründen waren bereits vor 1531 an das Karmeliterkloster gelangt. «Après la ruine du château, les reliques de la chapelle de St. Blaise furent transportées aux RR. PP. Carmes *avec les revenus de la dite chapelle*.» (Arch. des Capucins d'Arlon). Am 12. Januar 1544 bescheinigen [illegible] nehmer folgende zu Weihnachten 1543 erfallenen Renten empfangen zu haben: 6 Pfd. Wachs für Kerzen, 1 Sester Weizen für Hostien und Brot sowie den Ertrag des Diedenberger Landrechts, nämlich 3 Mutt Korn und 6 Mutt Hafer, die ihnen geschuldet werden für das Wochenamt in besagter Kapelle, und auch noch 3 Mutt, 12 Sester Korn für die täglich in der Frühe zu zelebrierende Messe (Publ. hist., vol. 49, p. 337). Des Steuereinnehmers Rechnung vom Jahre 1634 enthält eine Ausgabe an die Karmeliter von 6 Malter Korn, welche sie von alters her jährlich beziehen zur Abhaltung eines täglichen von Wenzel von Böhmen, Herzog von Luxemburg, den 15. April 1370 gestifteten Amtes, genannt die Herzogsmesse. 1752 zahlt der Domäneneinnehmer an die Karmeliter 6 Pfd. Wachs, 4 Sester Weizen für Hostien, 8 Malter Korn und 8 Malter Hafer für die tägliche Messe; überdies noch 8 Malter Korn, 6 Malter Hafer, 16 Sester Korn und 16 Sester Hafer.

Die beiden Stiftungen Johanns des Blinden von anno 1337 und Wenzels vom Jahre 1370 lasteten somit auf dem fürstlichen Diedenberger

Landrecht. Das Landrecht ward aber zu Diedenberg dem Zehnten beigezählt, weshalb die beiden Bezeichnungen Landrecht und Zehnten bisweilen als gleichbedeutend zu nehmen sind. Dies ist namentlich der Fall in späteren Jahrhunderten, z. B. 1766, wo die Karmeliter „die neunte theil zehend im ban Diedenburg, Lottert und ieſcher" besitzen, welcher Zehntteil auf derselben Urkunde wiederum auch als Landrecht verzeichnet steht, und sich beläuft auf 8 Malter Korn und 8 Malter Hafer. Infolge des Ineinandergreifens resp. der Verschmelzung der eigentlichen Zehnten und des früheren fürstlichen als Stiftungsfonds an die Schloßkapelle vermachten und an die Karmeliter übergegangenen Landrechts, wurden im Laufe der Zeit die Karmeliter, obgleich in Wirklichkeit nur Pfründner fürstl. Areler Stiftungen als Diedenberger Mitzehntherren betrachtet und schließlich auch für die Zehntlasten betreffs der Pfarrbauten herangezogen.

(Fortsetzung folgt.)

Aus der Generalversammlung vom 29. Juli.

Infolge der stattgehabten Wahlen besteht der Vorstand des Vereines jetzt aus folgenden Herren:

Herr **Martin Blum**, Ehrenpräsident.
„ **Johann Zieser**, Präsident.
„ **Johann Peter Kæsch**, Vize-Präsident.
„ **Paul Medinger**, Sekretär.
„ **Joseph Edmund Klein**, |
„ **Alexander Kœnig**, | Beisitzende.
„ **Alphons Rupprecht**, |

Alle Geldsendungen sind zu richten an Herrn MARTIN BLUM, Prinzenring, 23, Luxemburg, welcher einstweilen die Funktionen des Schatzmeisters übernommen hat.

Ein Bericht über den Verlauf der General-Versammlung wird in nächster Nummer erscheinen.

DER VORSTAND.

Vereinsnachrichten.

Todesfälle. Am 10. Juli starb zu Capellen Herr **Eduard Hemmer**, Notar und ehemaliger Kammerpräsident; am 15. Juli verschied zu Hollerich, Herr **Johann Reinhard**, pensionierter Gendarmerie-Wachtmeister. Beide Herren, deren Familien wir andurch unser herzlichstes Beileid ausdrücken, waren treue Anhänger unseres Vereines seit dessen Gründung und fleissige Leser der „Hémecht". Mögen sie ruhen in Gottes heiligem Frieden.

Ehrung Seine Heiligkeit Papst Benedikt XV. haben geruht, Hrn. **Friedrich Lech,** Domkapitular und ehemaliger Dompfarrer, am 3. Juli, zum päpstlichen Hausprälaten zu ernennen. Unser hochwürdigster Herr Bischof, Dr. Peter Nommesch, überbrachte demselben eigenhändig, am 17. Juli, dem Vorabend seines Namensfestes, die diesbezügliche Urkunde.

I. K. H. Grossherzogin Charlotte hat geruht, Hrn. **Joh. Peter Claude,** spanischer und italienischer Vize-Consul, das Ritterkreuz I. Klasse des Adolf-Ordens zu verleihen.

Ausser verschiedenen anderen Ärzten wurde Herrn Dr. **August Schuhmacher** von der französischen Regierung die Médaille de la Charité verliehen.

Am 1. August wurde im Priesterseminar das fünfzigjährige Priesterjubiläum des hochw. Herrn Mgr. Dr. **Joh Peiffer,** Seminarspräses u. Generalvikar, auf das feierlichste begangen. Auch S. Heiligkeit Benedikt XV. hatte, neben dem Ausdrucke seines Dankes für die der hl. Kirche geleisteten Dienste, demselben den Päpstlichen Segen zu seinem Jubeltage zugesandt.

Allen diesen Herren entbietet der Vereinsvorstand die herzlichsten Glückwünsche!

Subskriptionsliste.

Uebertrag	758,50 Frs.
A. D. in W.	4,00 „
Total . . .	762,50 Frs.

Vivant sequentes!

Litterarisches.

Friedensklänge. Die Sankt Mauritius-Abtei zu Clerf. Den guten Mönchen in Huld gewidmet von M. Luxemburg J. P. Worré 1920.

Wirklich ein prächtiges Büchlein! Es ist eine Sammlung von Gedichten in 10 Teilen, welche, wie aus dem Titel ersichtlich, die Benediktiner-Abtei von Clerf behandeln. In dem ersten erklärt der Verfasser, weshalb seine Muse so lange geschwiegen, sie jetzt aber wieder „lallt": es sind die Töne der Abtei-Glocken, sowie das Gebet der Mönche welche dieselbe wieder aufgeweckt haben. In den folgenden Gedichten schildert uns der Autor in recht schönen und — man fühlt es ihm ab — aus dem Herzen kommenden Gedanken das Abteigebäude (mit den still darin wirkenden Mönchen), welches, allen Forderungen der modernen Technik entsprechend, eingerichtet ist. Sodann behandelt er in wirklich schwungvoller Weise die Devise der Abtei, die da gipfelt im einzigen Worte: Pax. Friede. Nach Erklärung der 42. Regel des hl. Ordenstifters Benedictus geht er über auf den „bl nden" Gehorsam der Abteibewohner, auf deren Chorgebet, ihre Beschäftigung vom frühen Morgen bis zum späten Abend, namentlich ihr wissenschaftliches Streben, sowie die gesamte Tagesordnung (Hl. Messe, Konventamt, Mittagessen — unter frommer Lesung und strengstem Stillschweigen — Erholung, Vesper, Komplet, Angelus und Nachtsruhe). Den 5 Glocken (Victoria, St. Benedict, St Johannes, St. Maria und Adelheid — nach unserer unvergeßlichen, ersten Großherzogin, welche dieselbe geschenkt — benannt) widmet er jeder ein eigenes Lied, worin die herrlichsten Gedanken und Gefühle, welche ihr Schall im Herzen eines jeden echt gläubigen Christen wach rufen müssen, ihren Ausdruck finden. Im „Schluß" endlich erklärt der Autor, weshalb er diese Gedichtssammlung „den guten Mönchen in Huld gewidmet" habe und er läßt denselben ausklingen in dem frommen Wunsche:

Mög' uns allen sein beschieden
Einstens auch der Mönche Los,
Gott uns schenken ew'gen Frieden
Nach dem Tod im Himmelsschoß.

Ohne uns weiter über die Form und Schönheit der Sprache und die kunstgerechten Verse auszulassen, können wir unsern Lesern die Anschaffung dieses Büchleins nur auf's wärmste empfehlen.

Dem überaus sinnigen und schönen Inhalt entspricht auch die geradezu prachtvolle Ausstattung, welche Herr Buchdrucker J.-P. Worré dem Werkchen zu geben verstanden hat. Bis dato haben wir noch keine so schöne Druckarbeit aus dessen Offizin in Händen gehabt. Herr Worré hat bewiesen, daß er den neuesten Fortschritten der Technik in seiner Kunst vollgültig Rechnung zu tragen weiß. Auch der Preis, wenn wir nicht irren, beträgt er 3.50 frs., ist angesichts des guten Papieres und der, wie gesagt, prachtvollen Ausstattung nicht zu hoch berechnet. Das Büchlein ist in allen Buchhandlungen und auch direkt beim Drucker Worré vorrätig. X.

Literarische Novitäten & Luxemburger Drucksachen.

Catalogue de la bibliothèque de l'association pour l'éducation populaire. Esch-Alzette, N. Neuens. S. d. (1920).- 95 + 19 pp. in 8°.

Caritas-Stimmen. Sozial-caritative Beiblätter zum „Pfarrboten" von Esch a. d. Alzette. Esch. G. Willems. Monatlich (oder zweimonatlich) erscheinendes Blatt in 8°, dessen Nr. 1 und 2. datiert ist vom August und September 1920.

Crémation ou Inhumation? Tract de propagande publié par la Société luxembourgeoise pour la propagation de l'incinération. Neuens, Esch. S. d. (1920). — 14 + 1 pp. in 8°.

Diekirch. [Ville de] Association des Gymnastes du Nord. 1 ère Fête régionale le 8 août 1920 organisée par la Société de gymnastique de Diekirch. (Terrain des courses hyppiques-Lorentzvous). Programme officiel. Diekirch. Inpriméric du «Fortschritt» (Pierre Cariers) — 36 pp in 8°, avec 9 gravures.

École professionnelle à Esch sur-Alzette. Programme 1919 — 1920 — Gewerbliche Fortbildungsschule in Esch an der Alzette. Programm 1919 — 1920. G. Willems, Esch. 1920. — 34 pp. in 8° — Dissertation. **Dr. Pfeiffer Jean:** L'enseignement du calcul aux Écoles d'apprentis. p. 3 — 7.

Établissements d'Assurances sociales. Assurance-accidents industrielle. Compte-Rendu de l'Exercice 1919. — Soziale Versicherungs-Anstalten. Gewerbliche Unfallversicherung. Geschäftsbericht für das Rechnungsjahr 1919. L[illegible]burg. P. Worré-Mertens (J.-P. Worré, successeur) 1920. — 23 pp. pet. in fol.

Dr. Etienne Emile. Der [illegible]mus in der französischen Sozialökonomie [illegible] Paul Schroell, Diekirch. — 103 + 1 SS. in [illegible]

Friedensklänge. Die S[illegible] [illegible]auritius-Abtei zu Clerf. Den guten Mönchen i[illegible] Huld gewidmet von M. 1920. Luxemburg. J.-P. Worré. 58 + 1 SS. in 8° mit einer farbigen Gravüre auf dem Umschlag, einem Wappen im Texte und mehreren Vignetten.

Grevenmacher. [Stadt] Fest-Programm des Monstre-Konzertes vom Sonntag, den 25. Juli 1920, veranstaltet vom Gesangverein «Cäcilia» von Grevenmacher, unter gefl. Mitwirkung der Gesangvereine von Berburg, Machtum, Manternach, Mertert und Wormeldingen. Paul Faber, Grevenmacher. (1920). — 4 SS. in 8°.

Huart (d') Johann-Baptist. Verein der hl. Zita für christliche Dienstmädchen. Achtundvierzigster Jahres-Bericht. (April 1919 bis April 1920). Luxemburg. St. Paulus-Druckerei. 1920. — 18 SS. in 8°.

Jacoby Jemp. Eng domm Situatiŏn. Komédéstéck an èngem Akt. Diekrech. P. Schroell. U. D. (1920.) — 27 SS. in 8°

Kinder-Kalender. (Luxemburger) 1920. Herausgegeben vom Escher Jugendschriften-Ausschuss. Selbstverlag des Jugendschriften-Ausschusses. Esch-Alz. G. Willems, Esch/Alz. — 80 SS. in 8°, mit vielen Vignetten und Gravüren.

Oeuvre du Foyer de l'Enfant(Kinderhort) de Luxembourg sous le Haut Protectorat de S. A. R. Madame La Grande-Duchesse. Luxembourg. Joseph Beffort. 1920. — 16 pp. in 8°.

Partei (Die) der Rechten. Rückblick und Ausblick. Veröffentlicht von der Zentrale der Rechtspartei. 1920. St. Paulus-Druckerei, Luxemburg. — 87 SS. in 8°, mit 2 photographischen Gruppenbildern.

P(ierrot) Ed(ouard) La Grotte de Remouchamps. S. l. ni d. ni impr. (1920.) — 2 pp. in 8°.

Dr. Rettel Jean. La Représentation proportionnelle au Grand-Duché de Luxembourg. La Répartition proportionnelle des sièges. Luxembourg. 1920. S nom d'impr. (Société St. Paul.) — 20 pp. in 8°.

Staats-Ackerbauschule zu Ettelbrück. Programm herausgegeben am Schlusse des Schuljahres 1919—1920. — École agricole de l'État à Ettelbrück. Programme publié à la clôture de l'année scolaire 1919—1920. Ettelbrück. Paul Schrœll. 1920. — 18 pp. in 8°. — Dissertation. **Hermano A.** und **Putz M.**: Die Besteuerung der luxemburgischen Landwirtschaft p. 3 - 15.

Vie aux Champs. (La) Agriculture—Elevage—Chasse—Pêche—Tourisme. Numéro special sur le Grand-Duché de Luxembourg. Publié sous le patronage du Gouvernement luxembourgeois. 3e Série, N° 1, du 25 mai 1920. Jean Blondel & Cie Editeurs, Paris. — X + 24 pp. in 4°, avec couverture coloriée et illustrée, une petite carte géographique, deux groupes photographiés et très nombreuses gravures et illustrations dans le texte.

Volksbildungs-Kalender. (Luxemburger.) 1920. VII. Jahrgang. Herausgegeben vom Zentralvorstand der Luxemburger Volksbildungsvereine. (Luxemburg). Gustave Soupert. — 160 SS. in 8°, mit vielen Vignetten und Zeichnungen.

Dr. Wagner Victor. Bericht über Leben und Wirken des Luxemburger Meister-, Lehrlings- und Gesellen-Vereins vom August 1919 bis zum August 1920. Sechsundfünfzigster Jahrgang. Luxemburg. St. Paulus-Druckerei. 1920. — 31 SS. in 8°.

Ons Hémecht.

Organ des Vereines für Luxemburger Geschichte, Literatur u. Kunst.

Herausgegeben vom Vereins-Vorstande.

26. Jahrgang. — neuntes und zehntes Heft. — September und Oktober 1920.

Jeder Autor ist verantwortlich für seine Arbeit.

Aus dem Geistesleben unserer Vorfahren.

PETER UNRUH und der CRISPINUSFELS.

Nördlich der Stadt Luxemburg befindet sich in einer Grotte unter dem Crispinusfels eine seltsame aus Holz geschnitzte Figur, die einen entkleideten menschlichen Körper, den sogenannten «Peter Unruh» in liegender Stellung veranschaulicht. Oberhalb dieser Grotte befindet sich in einer gewölbten Grotte ein aus Stein gefertigter Christus am Kreuze.

Versuchen wir es in Nachstehendem den Sinn dieser seltsamen Darstellung zu ergründen und in näheres Licht zu rücken.

Zunächst sei es uns gestattet, auf einen Artikel hinzuweisen, der im Organ des «Tourning-Club Luxembourgeois» veröffentlicht worden ist. Der Verfasser H. M., der ihn der IDO-Zeitschrift «Pioniro» entnommen, gibt seine Eindrücke folgendermassen wieder:

«Unter der Eicherbergstrasse . . . . flackert ein Licht auf «vom hohen Felsen neben mir. Zwischen den Bäumen stieg «jemand eine Felsentreppe hinauf . . . . . Die Treppe führt «zu einem dunkeln Loch im Felsen. Dort schützen Eisen«stangen eine grobe liegende Statue, genannt Peter Unruh. «Dort soll einst St. Crispinus gehaust haben. Eine Kerze er«hellt den Ort. Ringsum liegen Stecknadeln und abgebrannte «Kerzenstücke. An der brennenden Kerze sind herzförmig «angeordnete Stecknadelköpfe zu sehen. Eine von ihrem Ge«liebten Verlassene hat sie hineingesteckt. Sie glaubt ihn «dadurch zurückzubringen. Sie betet und geht dann fort. Die «Kerze wird kleiner. Die Flamme erreicht eine Stecknadel. «Diese wird erwärmt und soll das Herz des Treulosen ver«wunden. Eine Nadel fällt nach der andern. Verwunden sie wirklich das verräterische Herz? — Nötigen die Schmerzen «den Verräter wirklich, zu derjenigen zurückzukehren, die ihn «so sehr liebt?»

Die in diesem Artikel angegebene Deutung entspricht zwar den Anschauungen der Jetztzeit, jedoch werden die Grundlagen nicht berührt, die bei der Schöpfung des Bildes und der Gruppierung der Gestalten massgebend gewesen sind.

Um diese Grundlagen zu finden, wollen wir die unanfechtbaren Schätze der Edda und der grossen Sagas des nordischen Altertums zu Hilfe ziehen.

Die brennende Kerze mit den hineingesteckten Nadeln, sowie die liegende Menschengestalt gehören zu einer und derselben Gruppierung. Die Kerze, welche nicht als Werkzeug zur Hervorbringung eines magischen Zaubers gedacht ist, stellt die betrogene Jungfrau dar und versinnbildlicht durch die hineingesteckten Nadeln das seelische Leiden, das die Unglückliche betroffen.

Die männliche entkleidete Menschengestalt mit ihren mephistophelischen Gesichtszügen, ihren krampfhaft eingezogenen Fusssohlen, zu der manche Unglückliche glaubt, ihre Zuflucht nehmen zu müsssn, ist kein Heiliger, wohl aber die Verkörperung des Bösen, der Verführer, der Betörer.

Unsere Auffassung stützt sich auf folgende Ausführungen:

Wodan, der oberste der germanischen Götter, der Allvater, der Beschützer der Tugendhaften, der Feind und Rächer alles Bösen, hatte in seinem Gefolge hehre Jungfrauen, prächtig gerüstete Walküren, diese hoben die im Kampfe gefallenen Helden auf und brachten sie nach Walhalla. Sie dienten im Götterstaate, in dem sie den Trank herumreichten, das Tischzeug und die Methkrüge verwahrten.

Eine dieser Jungfrauen hatte einem jungen Helden, Agnar, **gegen den Willen des Gottes,** ihre Liebe zugewandt. Als sie nun auf dem Felsen schlief, stach sie Wodan zur Strafe für ihren Ungehorsam mit dem Schlafdorn. — Dieser Schlafdorn ist wohl bildlich zu nehmen, denn unter Schlafdorn versteht man auch den Speer Gungnir, den der Walkürenvater trägt und mit dem er in den letzten Schlummer sticht. Auch wird Wodan selbst als Hagendorn (Hodar) personifiziert —.

Nach dem obigen Mythos, ist die Paralelle zwischen der bestraften Walküre und der betrogenen Jungfrau leicht herzustellen, unter der Voraussetzung allerdings, dass man sich die Betrogene als durch die brennende Kerze symbolisiert vor Augen stelle.

Was nun den Verführer anbelangt, so finden wir denselben vorbildlich in dem listigen und verschlagenen Loki dargestellt. Dieser Ase, der in dem Götterstaate blos eine dienende Stelle annahm, brachte die Götter oft in schlimme Verlegenheit, half ihnen jedoch wieder durch seine Pfiffigkeit.

Er gilt als Gegner des weisen und scharfsinnigen Ase Heimdall, des Stifters der Stände, des Schutzherrn der Ordnung und der Gerechtigkeit.

Er ist der Mörder des edelsten und reinsten aller Götter, des jugendlich stralenden Baldur, der Räuber von Sifs goldenem Lockenhaar, der Dieb von Freya's leuchtendem Sternendiadem. Auch gilt er als arglistiger Verlocker der Iduna, der jugendlichen Gattin des Dichterhelden Bragi, der Verwahrerin der wunderbaren Äpfel, von denen die Götter essen, um sich ewig jung zu erhalten.

Seine Grundzüge sind diabolischer Natur. Man hält ihn auch verwandt mit dem Feuergotte, also mit Luzifer.

Seiner Treulosigkeit und Böstaten wegen wurde er in der Gnippahöhle an eine Felskante gefesselt. — Bei der Götterdämmerung wird er sich jedoch wieder losreissen. — In der nordischen Dichtung ist ausgeführt, wie eine Schlange von der Felsdecke herunter ihr Gift auf sein Antlitz speit, wie aber sein Weib Sigyn in einer Schale das Gift auffängt und so den Schmerz abwendet. Nur wenn sie die Schale ausgiesst, kommt ein Tropfen auf Loki's Gesicht, und dann zuckt der Gefesselte, dass die Erde bebt; das nennen die Menschen Erdbeben.

Aus dem Obengesagten ergibt sich der Schluss, dass der Sinn der gruppierten Gestalten sich zusammenfassen lässt in die Begriffe: «Verbotene Liebe, oder Schuld und Sühne».

«Peter Unruh» und «Crispinusfels» haben, wie es scheint, eine und dieselbe Unterlage. Ein Peter (petra) ist ein Fels. Ist dieser Fels bebend, so ist er unruhig; und er kann ebensogut «Peter Unruh als «Crispinusfels» angesprochen werden. (Vergleiche das lateinische Zeitwort crispare: in schwingende Bewegung geraten, beben.) Ob sich dort eine Kultstätte des heiligen Crispinus befand, entzieht sich unserer Beurteilung. Wenn wir gut unterrichtet sind soll in früheren Zeiten auf der betreffenden Felsplatte ein Kirchlein gestanden haben, in welchem ein anderer Heiliger, nämlich Peter von Mailand, verehrt wurde und zu welchem alljährlich die Pfarrei Steinsel walfahrtete.

Wie man sieht, hat beim Zusammenbruche des Heidentums das emporblühende Christentum nicht ermangelt, die alten Kultstätten aufzusuchen und dieselben den Anschauungen des Christentums anzupassen. Über der Grotte, in welcher der diabolische Loki, als Fürst der Unterwelt gefesselt liegt, erhebt sich ein anderer Fürst, der Bezwinger der Unterwelt, der Fürst des Lichtes, der am Kreuzesstamme sühnte, was das Menschentum verschuldet hatte. Nur diesem Zusammenhange ist es zuzuschreiben, dass die Lokifigur bis zum heutigen Tage bestehen blieb.

Das Ganze, in seinen verschiedenen Einheiten, ist ein Wahrzeichen Luxemburgs, ein Vermächtnis aus alter Zeit, das wegen seiner Eigenart verdient, der Nachwelt in seinem ganzen Gefüge erhalten zu bleiben. J. Schmit.

Luxemburgisches Sprachgut.

Die Schobermesse.

Zur Etymologie des Wortes „Schobermesse" sind schon so viele Beiträge erfolgt, dass man fast annehmen könnte, der Stoff sei in seinem ganzen Umfang erforscht und in ein völlig klares Licht gerückt worden.

Wir wollen uns mit einer Kritik des bereits Veröffentlichten nicht befassen. Das überlassen wir einer berufeneren Feder. Jedoch wollen wir dem bereits Veröffentlichten Folgendes nachtragen:

Der Name „Schobermesse", der durch Jahrhunderte hindurch so getreulich von dem Volke in seinem Sprachschatze bewahrt worden, hat in seiner Form und Aussprache keinerlei Lautverschiebung oder Verstümmelung erlitten. Wir haben ihn also zu nehmen, wie er sich darbietet; er setzt sich zusammen aus Schober und Messe. Messe bedarf keinerlei Erläuterung. Was nun das Bestimmungswort Schober anbelangt, so frägt man sich, welcher Begriff hier bestimmend gewesen ist.

Schober, an und fü sich, kommt im heutigen luxemburger Platt nicht vor und hat, im allgemeinen genommen, bei uns auch keine Aufnahme gefunden, wohl aber «Schaub», (als Masculinum). Diesen Schaub nennen unsere Landleute Schóaff. Man versteht darunter ein gut geordnetes (zusammengeschobenes) Bündel Stroh (Langstroh), auch Getreidebündel oder Garbe; ferner ein leichtes Strohbündel zum Dachdecken, auch eine Stroh-Fackel zum Sengen der abgeschlachteten Schweine. Im Hochdeutschen wird Schaub auch als weibliches Dingwort gebraucht. Die «Schaube» ist ein langes Überkleid, mittelhochdeutsch «schûbe», das Anklänge an das luxemburgische „Schiepp", Kittel, aufweist, verwandt mit dem italienischen Giubba, vielleicht auch mit dem französischen jupe und dem deutschen Joppe. Auch scheint das Wort Schuppen (Schapp) von Schaube abgeleitet zu sein.

Die Schaube begegnet man ferner in Kinderschaube, Regenschaube, Doktorschaube. (Siehe deutsches Wörterbuch Heyne-Göttingen.)

Endlich und mit besonderem Nachdrucke bemerken wir, dass die Schaube ausserdem das Sinnbild eines armseligen Häuschens, einer Bretterhütte sowie eines Marktzeltes (luxemburgisch Letsch) ist.

Das Doppelwort „Schobermesse" bezeichnet also eine Messe, die unter Schauben (Schobern) gehalten wird. J. S.

Das Eligiusamt zu Luxemburg.

(Fortsetzung.)

d) Aufnahmegebühren.

Die Aufnahme in das Korps der organisierten Amtsmeister sicherte dem Zünftler schätzenswerte wirtschaftliche Vorteile, Anrecht auf sämtliche Amtsprivilegien und große Vorrechte gegenüber den nichtzünftigen Mitbürgern. Bei verschiedenen Anlässen wurden ziemlich hohe Ansprüche an die Amtskasse gestellt. Diese konnte ihren Verpflichtungen nur genügen, wenn ihr eine entsprechende Einnahme gesichert war. Eine ergiebige und dranglos fließende Geldquelle bildeten die Aufnahmegebühren der neuen Mitglieder.

1. Die ordentlichen Mitglieder, d. h. die Meister hatten einen Globalbeitrag zu entrichten, der auf vier Posten verwandt wurde, für das Amt, den Wein, das Stockrecht und das Sesserecht.

Manche Kosten mußten aus der gemeinschaftlichen Kasse bezahlt werden, z. B. das Begräbnis der verstorbenen Amtsbrüder, die Kerzen und das Oel beim amtlichen Gottesdienst, die Berufungsspesen für die ganzen und halben Gebote usw. Zwar sind die Jahresbeiträge nicht gering zu schätzen; aber das Amt traf entschieden den günstigen Augenblick, wenn es dem Aufzunehmenden am Tag der hochlodernden Begeisterung und der Uebertragung der zahlreichen Zunftprivilegien einen Beitrag für die allgemeinen Bedürfnisse von 6 Gulden abforderte.

In allen Zunftordnungen finden wir ebenfalls einen Weinbeitrag. Sogar zu Wiltz, wo die Schlehen und Lohhecken besser gedeihen als die weinspendende Rebe, mußten der Schmiedemeisterssohn und die Schmiedemeisterstochter für die Aufnahme einen halben Sester Wein zahlen, vom Vater und Schwiegersohn forderte man sogar zwei Töpfe Wein.[1]) Auch die Crispinusjünger scheinen dem Weingenuß nicht abhold gewesen zu sein. Denn als sie i. J. 1794 ihre ehrsame Zunft auflösten und bei der nun folgenden Gründung einer Schumacherbruderschaft neunzig Prozent ihrer ehrwürdigen Ordnung preisgaben, da hielten sie den Weinbeitrag doch fest. Im Eligiusamt treffen wir die Weingebühr sowohl im Gründungsstatut, wie in der letzten Ordnung, die vor derendgiltigen Auflösung des Amtes entworfen wurde. Gegen Mitte des 18. Jahrhunderts hatte der Kandidat 10 Schilling für den Wein zu zahlen. Aber die damals eingesetzten Reformbestrebungen sahen in diesem Weinverzehr einen Mißbrauch und durch Uebereinkommen vom 20. Juni 1768 wurde bestimmt: «zweytens, sooft als ein junger Bruder aufgenommen worden, ist allezeit 10 Schilling verzehrt worden, diese sollen auch abgestellt und dem Handwerk zu nutz gemacht werden »

---

1) Le pays et la franchise de Wiltz par Nic. Peffer p. 37.

Außer der Amts- und Weingebühr war im Globalbeitrag ein Teil für Zahlung des Stockrechtes vorgesehen. Unter Stockrecht verstand man die Befugnis, den Ambos[1], gewöhnlich Schmiedestock genannt, aufzustellen, d. h. sich eine Werkstatt einzurichten[2])

Das Stockrecht wurde praktisch erst verwertbar durch Erwerb des Sesserechtes, des Rechtes, bei «flamme und fure zu sessen», das Handwerk selbständig innerhalb des Stadtgebietes auszuüben. Das Sesserecht befugte, ungehindert und dauernd, als Ansässiger zu arbeiten: es zeichnete seine Inhaber vornehmlich gegen zwei Klassen von als unehrlich geltenden Handwerksgenossen aus, den Gelegenheitsschmieden und den Wanderschmieden. Der Gelegenheitsschmied war ein verachteter Arbeiter. In Süd- und Westdeutschland ward er «Bönhase» genannt Da er nicht in offener Werkstatt, sondern geheim auf dem Oberb[illegible]len eines Hauses arbeitete ward er von allen Zunftmitgliedern wie ein Hase gejagt, was ganz wörtlich zu verstehen ist, indem eine förmliche Aufspürung und Verfolgung stattfand[3]). Er durchbrach den festgeschlossenen Ring der zünftig organisierten Handwerker und mußte sich demgemäß bei den Zunftgenossen die nämliche Behandlung gefallen lassen wie der moderne Streikbrecher bei den streikenden Arbeitern. Daß die Luxemburger Eligiusbrüder diesen «Störer», wie sie ihn nannten, nicht bloß als unehrlichen, sondern als direkt straffälligen Kollegen ansahen, das erhellt aus den empfindlichen Bußen, denen er bei seiner Ueberführung verfiel.

Auch die Wanderschmiede durften keine Standesehre beanspruchen. Sie waren sich dessen auch bewußt, und um unliebsamen Konflikten aus dem Wege zu gehen, verfügten sie in ihrer Regel: «Zum sechsten solle sich keiner Dippengießer und Kesseler unterstehen, vor trey monacht in der statt zu arbeiten oder zu verkauffen vermiß einer buß von trey pfondt wax und dem meister geben 3½ stüber vor die permission.»[4]). Ob jene Geringschätzung

---

[1]) Der Ambos scheint eine Einführung von Italien her; wenigstens sind die deutschen Namen onabos und onafalz . . . genaue Entsprechungen der lateinischen Bezeichnung incus . . . Die Form des Ambos wird durch das ahd. Substantiv s mit-stok beleuchtet: Man steckt das schwere Eisenstück, worauf geschmiedet wird, ganz in einen Klotz. M. Heyne. Das alte deutsche Handwerk. S. 20 und 21.

[2]) Die Bezeichnung „Stockrecht" hat nichts gemein mit dem Namen „Stockbruder" und „Stockschwester". Mit diesen wurden zu Luxemburg und zu Trier die ordentlichen Mitglieder des Eligiusamtes, zu Luxemburg die Vollmitglieder der Crispinusbruderschaft bezeichnet Hier erscheint die ganze Bruderschaft wie eine stockartig fest geschlossene Gruppe, welcher der Neuaufgenommene angeschlossen wird. In der Grundregel der Crispinusbruderschaft (aufgestellt den 26. Juli 1794) steht der Satz: „Bei der Anmeldung eines jeden Stockbruders wird ein jeder neu ankommender Stockbruder zu bezahlen haben vierzehn Schilling für das Handwerk und vier Schilling für ein Glas Wein und den Willkommen zu trinken".

[3]) Moriz Heyne. Das alte deutsche Handwerk S. 136.

[4]) S. Kleines Amtsbuch. S 3.

der Wanderschmiede berechtigt war, das steht freilich auf einem andern Blatt. Es mag unter den Wanderschmieden ja einzelne gegeben haben, die auf ihren Dorf- und Hausbesuchen die Begriffe von Mein und Dein nicht immer streng schieden: aber die Fehle der Einzelnen berechtigte nicht zur Verallgemeinerung. Der Hauptgrund dieser Mißachtung ist jedoch vorzugsweise in der damals herrschenden Geringschätzung aller Fremden, oft heimatlosen Elementen zu suchen. Man mag dabei oft recht, sehr oft auch unrecht gehabt haben. Jedenfalls ist es unleugbar, daß der Wanderschmied nicht zu entbehren war, und daß noch heute der wandernde Dippengießer eine große Bequemlichkeit für die Haushaltungen auf den Dörfern bietet. Mit der Reparatur der kleinen Haushaltungsgegenstände, der Töpfe, Lampen, Blecheimer u. s. f. fände auf dem Dorf ein Mann keine ständige Beschäftigung. Dennoch müssen diese Arbeiten gemacht werden. So ist noch heute der Wanderschmied zwar nicht hoch angesehen: aber wenn er mit Feldesse und Lötkolben ins Dorf kommt, dann wird er als ersehnter Gast bewillkommnet. Und nach seinem Fortgang wird ihm nachgerühmt, daß er dem Küchengerät die häßlichen Beulen und Löcher weggenommen und den Löffeln und Gabeln den für den Kirmestisch nötigen Silberglanz gegeben hat. Von der Daseinsberechtigung ihrer Wanderkollegen waren übrigens die ehrsamen Meister des Eligiusamtes überzeugt: darum bewilligten sie ihnen gegen Entrichtung einer Gebühr von 10 Reichstalern die Erlaubnis, auf je ein Jahr, ihr Gewerbe viermal pro Jahr in der Stadt auszuüben und auf dem Land das ganze Jahr hindurch zu hausieren.[1])

Der Betrag der Aufnahmegebühren war sehr schwankend. Anfangs war er verhältnismäßig gering, stieg aber allmählich und erreichte gegen Ende der Zunftverfassung eine für viele Handwerker unerreichbare Höhe. In der ältesten Ordnung ist folgende Aufnahmegebühr vorgesehen:

a) für das Amt: 6 Gulden (à 1.64 Fr.) =	9.84 Fr.
b) für den Wein: 8 Beyer (à 0.10 Fr.) =	0.80 Fr.
c) für das Stockrecht: 8 Beyer =	0.80 Fr.
d) für das Sesserecht: 12 Beyer =	1.20 Fr.
Total	12.64 Fr.

Die Statuten Karls VI. (1738) und die durch Maria Theresia vorgenommene Neuordnung (1771) sahen eine namhafte Erhöhung der Beiträge vor. Das Statut Maria Theresias forderte von

1) S. Kleines Amtsbuch. Akt vom Jahr 1779.

dem aufzunehmenden Meister ein Eintrittsgeld von fünfzig Florins.[1])

2. Die ausserordentlichen Mitglieder, vorab die Witwen, Söhne, Töchter und Schwiegersöhne der Meister genossen besondere Vergünstigungen. Töchter und Söhne nahmen an manchen Amtsveranstaltungen teil; anfangs jedoch jedoch waren sie, wenigstens solange sie unter der Leitung des Vaters standen, von jeder Gebühr frei. Die Meisterstochter, welche heiratete, übernahm diese Exemption mit auf ihren Mann, aber nur für die Zeit, wo er mit dem Schwiegervater zusammen arbeitete. Wollte er das Handwerk in eigener Werkstätte selbständig ausüben, so war er zur Zahlung der Aufnahmegebühr verpflichtet. Die Statuten Karls VI. verlangen vom aufzunehmenden Meisterssohn 3 Taler und 2 Pfund Wachs, von der Meisterstochter die herkömmliche Hälfte der gewöhnlichen Gebühr.[2]) Sie verhalfen durch diese Bestimmung der leider vom Amt selbst durchbrochenen Tradition wieder zu ihrem Recht. Wie weit das Amt in den vorhergehenden Jahren von seinen ererbten Gepflogenheiten abgekommen war, beweist der Aufnahmeakt des jungen Rolland Guillemar, in dem man dem Eintretenden i. J. 1735 eine Gebühr von 16 Talern und 7 Pfund Wachs abverlangte.

---

[1]) Vergleichshalber sei erinnert an die für das Trierer Amt durch den dortigen Senat am 16. April 1700 festgesetzte Aufnahmegebühr. „Zum dritten sollen die neu ankommende Meister bey Aunehmung zur Meisterschaft, wan Fremde 4 Goldgulden per 4 Florin 16 Albus gerec[illegible]et, da aber unverdiente Meisters-Söhne 3 dergleichen Goldgulden, sonste aber, wan verdiente Meisters-Söhne, nur 2 dergleichen Goldgulden nebenst einem ledernen Aymer zu Behuff des Amts, so dan 2 viertel Weins vor die Amts-Meister bezahlen, und damit zur Meisterschaft aufgenommen werden. S. Archiv der Trierer Stadtbibliothek.

[2]) Fremde Meister mussten eine Aufnahmegebühr von 12 Talern und 7 Escalins in bar entrichten.

Die Statuten des Wiltzer Amtes von 1750 verfügten, daß der aufzunehmende Meisterssohn eine Gebühr von 2 Talern, ein Pfund Wachs und ½ Sester Wein zu entrichten hatten, die Meisterstochter jedoch ausser den Naturalien 5 Thaler zahlen mußte.

Die Vergünstigung für die Meisterssöhne wird auch in der Trierer Ordnung festgehalten. Die Art. 1 und 2 des Goldschmiedeambts bestimmen: „Als viel aber ein Ehrbahres Goldschmids-Ambt belanget, sollen deren Lehrjungen bey ihrer Einschreibung wann frembde, 18 Gulden Cöllnisch zu gemeinem Amts-Behuffs, so dan zwei Viertel Weins und acht Fettmenger vor der Ambts-Meister hierunter habende Bemühung, da aber Meisters-Söhne, und bei dem Vatter das Handwerk zu erlernen eingeschrieben werden, nur 8 Fettmenger und zwey Viertel Weins, sonsten aber da bei einem andern Meister das Handwerk zu erlernen eingeschrieben, gleich deren Frembden 18 Gulden Cöllnisch, jedoch mit dem Unterschied abtragen, daß hiervon die verdiente Meisters Söhne befreyet sein, und nicht mehr, dan obgemelte 8 Fettmenger und zwei Viertel Weyns bezahlen sollen. Zum andern, sollen diese Lehrjungen ohne Onterscheid, ob Frembde, verdient oder unverdiente Meisters Söhne, bey ihrer Ausschreibung neun Gulden Cöllnisch zu des Ambts-Unterhalt und 4 Fettmenger nebenst zwey viertel Weins vor die Ambts-Meister erstatten."

S. Trierer Stadtarchiv. Das Goldschmiede-Amt.

Auch die Lehrlinge hatten für den Schutz, den ihnen das Amt sicherte, einen bescheidenen Beitrag in die Kasse zu zahlen. Jahrhunderte hindurch galt als Regel, dass der Lehrling bei seiner Anmeldung die Lichtbeiträge zu leisten hatte, jedoch keineswegs, wie man anzunehmen versucht wäre, zur Bestreitung der beim Unterricht nötigen Ausgaben für Öl und Kienspähne, sondern für die allgemeinen religiösen Amtszwecke. Die Ordnung verlangte «4 Pfund Wachs und 24 Beiger zu geluocht», dieweil das Amt sich verpflichtet hatte, 4 Kertzen vor dem Bilde des Zunftpatrons zu brennen und 2 Lampen, eine im Münster, und eine zu St. Nikolaus zu unterhalten.[1] Zudem mußte der Lehrling 4 Beiger für den Wein zahlen. Vermutlich war die letzte Forderung ausschließlich ein Gebührentitel, da der Lehrling nicht feierlich in einer Versammlung aufgenommen und durch seine Annahme keine Zeche veranlaßt wurde. Die Statuten Karls VI. behalten die 4 Pfund Wachs bei, lassen jedoch die Lehrlings-Weingebühr fallen, und ersetzen den Geldbeitrag fürs Licht durch einen Topf Oel. Dieser soll seine Verwendung nicht mehr in den beiden genannten Gotteshäusern, sondern am Altar des Zunftpatrons in der Rekollektenkirche auf dem Knodeler finden. Das Zusatzreglement vom Jahre 1793 ließ die beiden Naturalleistungen (Wachs und Oel) fallen, um sie durch einen Geldbeitrag von 18 Schilling zu ersetzen. Es forderte außerdem, daß der Lehrling nach Ablauf der 3jährigen Lehrzeit der Plenarversammlung vorgestellt werden und für deren Unkosten die Entschädigung von 10 Schilling zahlen sollte. (Fortsetzung folgt.)

[1]) Vergl. Bestimmung 21 der „Ordnung".

Die frommen Stiftungen unserer einheimischen Herrscherfamilien in Arel und Umgegend.

(Schluß.)

Auch auf etlichen der fürstlichen Breißer-Güter lastete eine Stiftungsrente zu Gunsten der Schloßkapelle resp. der Karmeliter. Dieserhalb zahlte 1766 der damalige Erbpächter Andreas Desebiscour von Lottert dem Kloster 1 Malter Korn und 1 Malter Hafer oder in Geld 1 Goldgulden. Ferner besaßen die Karmeliter einen zum Breißer-Areal gehörigen, zwischen Lottert und Tattert gelegenen Weiher von einem Morgen, 25 Ruten zur Abhaltung eines jährlichen Singamtes für die fürstlichen Stifter. Beatrice von Bourbon, die hochbegabte und fromme Gemahlin Johanns des Blinden, ist als die große Gönnerin der Areler Karmeliter bekannt. Wie an alle fürstlichen Stiftungen legte auch an diese die republikanische Regierung ihre frevelhafte Hand. «Carmes d'Arlon. Vente de biens communaux. Commune de Thiaumont. N° 713 des ventes. Un étang d'un journal et demi situé sur le territoire de la commune de Thiaumont, provenant des Carmes d'Arlon, exploité par Pierre Rix, en vertu d'un bail commencé le 15 octobre 1791 pour douze années, ... étang réduit en prairie , est vendu à Félix Rossot, de Luxembourg, pour 325 livres »

Auf dem über 6 Morgen großen fürstlichen Breißer-Brühl lastete eine Meßstiftung in den Pfarrkirchen Diedenberg und Freylingen. Unterm 6. November 1786 war der „Brüsser Brühl“ von der österreichischen Regierung auf ein Termin von 15 Jahren an Heinrich Elsen von Heischlingen verpachtet worden. Die der fürstlichen Domäne geschuldeten Fronarbeiten, als Mähen, Heuen und Unterbringen in die Domänescheune, resp. in die Wohnung des Pächters, lastete auf der Meierei Diedenberg, gegen eine an jeden einzelnen der täglich heranzuziehenden 15 Fronarbeiter zu verabreichende Protration von zwei Laib, im damaligen Werte von je 6½ Centimen. Arbeiterzahl und Erntedauer waren so berechnet, daß auf jeden Gemeiner der Meierei, die Untertanen der Herrschaft Lischert ausgenommen, je ein Frontag fiel und demgemäß „zum Lohn des Heumachens bekombt jeder Hausstatt zwey Brot zu acht deniers jedes“ (Zehnerrechnung von 1785). Der Ertrag des Brühls war geschätzt auf 6 Fuder minderwertiges Heu. Für die auf dem Brühl ruhenden Stiftungslasten an die Pfarrkirchen v. Diedenberg und Freylingen war ein Abkommen zwischen dem Pächter und den Pastören dieser Pfarreien vereinbart worden. Die republikanische Gesetzgebung hatte die auf dem Brühl lastende kirchliche Gerechtsame und die damit verknüpfte fromme Stiftung aufgehoben. Der Pächter Heinrich Elsen wurde 1798 Ansteigerer und Eigentümer des nunmehr lastenfreien Brühls. (Affaires communales de Heinsch, aux archives de l'État à Arlon.)

Zu Stiftungszwecken waren hierlands die meisten fürstlichen Fischweiher an Klöster vergeben. Der Weiher, welchen die Karmeliter in der Pfarrei Freylingen innehatten, war belastet mit einem Hochamt für die fürstliche Familie und obendrein mit einem halben Pfund Wachs zum Nutzen der dortigen Kirche, sowie 16 Sol und 6 Heller für die Domäne (Kataster v. 1766).

Für vier an den Fronfasten abzuhaltende Aemter für die fürstliche Familie bezog der Pastor von Attert aus dem dortigen fürstlichen Brühl ein Fuder Heu (Kataster v. 1766).

Zu Freylingen waren, wie bekannt, an den Fronfasten zwölf Lesmessen gestiftet für die Luxemburger Herrscher; dafür erhielt der Pastor jährlich aus der Domäne 22 Sester Hafer und 22 Hühner; das bereits erwähnte Fuder Heu aus dem Breißer-Brühl bezog er für ein weiteres Hochamt. Pastor Valerian von Freylingen erklärt 1575, die erstere Stiftung anbelangend, sie rühre her vom Grafen Heinrich von Luxemburg.

Zu Elchert geschah jährlich am 19. November eine Lesmesse für das Fürstenpaar; als Honorar hatte der Pastor eine Waldwiese an der Ruhr im Genuß. «Decima nona hujus (nov.) missa legenda pro imperatore et Elisabetha regina (inquit parvus libellus fundationum), et pastor pro retributione fruitur prato prope fluvium vulgo die ruhr“. (Pfarrarchiv von Elchert.)

Im fürstlichen Asler-Wald erhob sich die Thomas-Kapelle mit Klause, ebenfalls ein von dem Landesherrn gestiftetes und im Genuß des Pastors von Heinstert befindliches Benefizium. Noch im Jahre 1570 wurden die Stiftungsämter in jener Waldkapelle abgehalten; 1679 gab es noch einen Klausner, namens Hérard. Gegen die Mitte des 18. Jahrhundert war die letzte Kapelle samt Klause baufällig geworden und die Stiftung gelangte an die Pfarrkirche von Heinstert; dieselbe bestand ebenfalls in 4 Messen für das fürstliche Haus. Sein diesbezügliches Honorar bezog der Pastor jährlich aus der Areler Domäne. Zum Kapellenwittum gehörten u. a. 8 Morgen fürstlicher Waldwiesen. Im Jahre 1766 klagt der Pastor, daß die Kapellengüter unbilligerweise ebenfalls den die geistlichen Stiftungen beschränkenden Amortisatjonsabgaben unterworfen worden seien, obwohl sie „vom Souverain gegeben und die Kapell durch selben fundirt worden." (Pfarrarchiv von Heinstert.)

Auf Grund des Verzeichnisses von 1309 besteht damals noch keine fürstliche Stiftung in der Pfarrei Metzig. Dasjenige von 1752 erwähnt jedoch Seelenämter für die Herzoge von Luxemburg; dieserhalb werden an den Pastor entrichtet 21 Gulden, 7 Sol, 6 Denare und eine gleiche Summe an die Bruderschaften d. i. die Fabrik der Kirche von Metzig. Auch der Pastor von Selingen bezieht genau dasselbe Stipendium für in der Liebfrauenkirche vor Losebrück abzuhaltenden Aemter. Die Bruderschaft d. i. die Pfarrei St. Martin von Arel erhält elf Gulden für fürstliche Stiftungen. Anno 1570 und 1575 bezieht der Pastor von Selingen für eine allwöchentlich abzuhaltende Stiftungsmesse 5 Mutt Hafer und 4 Franken, der Pastor von Metzig, wohl einschließlich die Fabrik, 19 Mutt, 6 Sester, wovon zwei Drittel Hafer und ein Drittel Korn.

In einzelnen Landpfarreien bestand die Stiftung in vier an den Fronfasten abhzuhaltenden Hochämtern resp. Stillmessen für die fürstliche Familie. Die Stiftungslasten werden übrigens nach Zahl, Natur, Ort und Zeit verschieden angegeben.

Zu Diedenberg u. a. weist das Verzeichnis der Anniversarien von 1694, einschließlich vier für den Landesfürsten, überhaupt nur Stillmessen auf. Es war nicht immer ein Küster-Sänger vorhanden. Zu einem „Entwurf" der Anniversarien von 1788 schreibt Pastor Viot folgenden Randvermerk: „In den Schriften der Domanien findet sich nur Meldung von einem Jahrgezeit".

Wie man dazu kam, eben für die Fronfasten Stiftungen für den Landesherrn zu machen, dürfte seine Erklärung finden in dem Umstande, daß der Name Fronfasten (Angarien) uns erinnert an die Pflicht der Leibeigenen oder Hörigen, bei Gelegenheit derselben die Frone (angariae) des letzten Vierteljahres zu entrichten.

J. P. Weyrich.

Logements militaires à Luxembourg pendant la période de 1794-1814. (Par Alphonse Rupprecht.)

(Suite.)

254. *Jacques Artois* donne 2 chambres avec cheminée l'une sur l'autre pour 10 hommes, mais en tems de paix il doit donner 2 chambres au 2. étage une sur le devant et une sur le derriere pour 1 officier.
12 places.

255. *La veuve Dudion* quartier d'officier de 2 chambres avec cheminée l'une sur le devant et l'autre sur le derriere pour 10 hommes
8 places au batim. principal, 2 derriere.

256. *Veuve Diedenhoven* quartier d'officier de 3 chambres 2 sur le devant et une sur le derriere qui a cheminée pour chancellerie ou capitaine, en tems ordinaire le même.
12 places au batiment principal 4 à 2 batiments derriere [103])

257. *Charles Lintgen* et *François Geyer* quartier d'officier de 2 chambres une avec cheminée sur le derriere au 2. étage pour 9 hommes, en tems de garnison ordinaire pour 1 officier.
14 places.

258. *J. Eysenbach*, quartier d'officier de 3 chambres et un alcoffre au 3. étage, 2 de ces chambres sur le devant pour 1 capitaine en tout tems.
12 places au batiment principal 6 derriere. [104])

---

[103]) Fait aujourd'hui partie de la maison no. 13 de la rue du Marché-aux-Herbes appartenant à Mr. BOURG JACQUES. Un perron qui se trouvait devant la porte d'entrée, a été supprimé il y a quelques années.

La veuve Diedenhoven s'appelait de ses noms de fille JEANNETTE KIEFFER et avait été mariée à JEAN DIEDENHOVEN, boucher (V. Note 91). Son fils Jean-Joseph, également boucher, époux de Marguerite Klein, était le père de Jacques Diedenhoven, Né à Luxembourg le 10 décembre 1809, celui-ci fit ses études à l'athénée de Luxembourg de 1820-1829. Pendant cette dernière année, il composa plusieurs poésies en idiôme luxembourgeois, dont la plus connue est „De Bittgang no Conter" Entré en service militaire en Belgique en 1830, il parcourut vite tous les grades jusqu'au colonel d'état major. Il mourut à Schaerbeek (Bruxelles) le 29 mars 1866 (Voir: Ons Hemecht, 1895, p. 126-129 et Dr. Neyen, Biographie luxembourgeoise, T. III. p. 110-111.)

[104]) Aujourd'hui le No. 9 de la rue de la Boucherie, propriété de Mr. WALENS-TROQUET.

Entre 1791 et 1801 la maison fut acquise par VENANT SCHLOEDER, négociant, originaire de Pölich (Trèves), époux

259. *Dominique Pescatore* quartier d'officier d'une grande chambre sur le devant et de deux cabinets sur le derriere au 2. étage pour 1 capitaine en tout tems, par derriere demeurent *Cornil Pettinger* qui donne une petite chambre derriere son poele pour 2 hommes, et la *veuve Housse* une au 2. étage pour 5 hommes, qui en tems ordinaire ne peuvent loger.
13 places au batiment principal 12 à 2 batimens dans une grande cour.
1 écurie pour 4 chevaux et 1 pour 7. [105])

d'Anne Wagener qui figure dans les almanachs de poche de Luxembourg pour les années 1796 à 1816 comme ayant reçu en dépôt les lettres et paquets destinés au messager extraordinaire de Remich qui arrivait les mercredi et samedi et à celui de Wiltz, d'Esch-à Fosse (sic: dans l'édition allemande: Esch-im-Loch) et de Feulen qui arrivait toutes les semaines....

La maison passa ensuite entre les mains de Mr JEAN-FRANÇOIS BAASEN, notaire qui la revendit le 11 avril 1851, à Mr. JACQUES BECKER, tonnelier. Le 28 mai 1877, elle fut acquise par Mr. JACQUES TROQUET dit LE JEUNE, originaire de Houtain-Saint-Siméon (Liège) qui y installa une fabrique et un magasin de chapeaux, continués à son décès par Mr. JEAN-JOSEPH WALENS, époux de MARIE TROQUET.

[105]) Aujourd'hui le No 11 de la rue de la Boucherie et propriété de Mme. VEUVE PRAUM-VALENTINI. La maison semble avoir été réunie au commencement du 19. siècle à une partie des dépendances de la maison BARTZEN dont il sera parlé au numéro suivant (No 260 du Registre des logements militaires). Des mains de Mr. DOMINIQUE PESCATORE elle passa entre celles de ses fils, M M. JEAN-PIERRE PESCATORE et CHARLES-PHILIPPE-LOUIS dit FERDINAND PESCATORE; en 1817, elle appartenait à ce dernier. Les propriétaires subséquents furent depuis 1864, Mr. FRANÇOIS SERRIG-HERRIGES; depuis 1871, Mr. MARTIN RICHARD, receveur des Contributions; depuis 1876. Mr. BALTHASAR VALENTINI, fumiste et depuis 1902, Mr. CHARLES PRAUM, imprimeur dont la veuve la possède encore actuellement.

Cette maison avait également logé le dépôt du sel, la SALZSTAPPEL et était au commencement du 17. siècle la propriété d'ANTOINE BLANCHART, substitut-greffier du Conseil provincial, au 13 novembre 1611; continué dans ces fonctions le 3 juin 1645 et receveur des exploits du Conseil, au 20 février 1645 (V. Note 95 et Ruppert, Archives du Gouvernement pp. 63 et 64). Dans l'histoire généalogique de la famille de Blanchart, par le baron Emmanuel d'Huart (Public. 1850, p. 127), il figure comme suit: ANTOINE II DE BLANCHART d'Ars, seigneur de Tallange, d'Arloncourt, de Belvaux, d'Elby, du Châtelet, de Morfontaine, né à Bastogne, fils d'ANTOINE I DE BLANCHART D'ARS, seigneur de Crespy, de Sorbé et de Linden. Ce dernier, né à Metz, le 13 mai 1535, était venu se fixer à Luxembourg, en 1552, et y avait épousé le 28 mai 1561, JEANNE BRENNER DE NALBACH, fille de Jean Brenner, greffier du Conseil provincial.

ANTOINE II DE BLANCHART D'ARS épousa au château de Vitry, le 6 novembre 1617, CATHERINE D'EVERLANGE DE VITRY et mourut à Luxembourg, le 16 août 1668, âgé de 85 ans.

Son fils, GASPARD-ANTOINE DE BLANCHART, né à Luxembourg, le 15 janvier 1630, époux en 1ères noces de LOUISE DE LA COUR, dame de Sailly et en secondes noces de CATHERINE-SIDONIE DES CHAMPS dite VAN-DER-VELD, eut du second lit SÉBASTIEN-FRANÇOIS DE BLANCHART, l'auteur de la chronique luxembourgeoise mentionnée aux notes 92 et 96.

SÉBASTIEN-FRANÇOIS DE BLANCHART, né au Châtelet (Habay), le 4 octobre 1674 et y décédé le 26 juin 1752, était seigneur du Châtelet, de Belvaux, de Hachiville et de partie de Brandenbourg, membre resp. président d'âge et vice-maréchal des Etats du pays et duché de Luxembourg. Sa première épouse GABRIELLE DE ...... mourut sans postérité. De sa seconde épouse, THÉRÈSE-HENRIETTE DE COURCY, il eut une fille, MARIE-ANTOINETTE-PHILIPPINE-LOUISE qui épousa CHRISTOPHE-ANTOINE D'ARNOULT, BARON DE SOLEUVRE, SEIGNEUR DE DIFFERDANGE. Des enfants nés de ce mariage, PAUL-ANTOINE-JEAN-NÉPOMUCÈNE BARON D'ARNOULT ET DE SOLEUVRE désigné également sous les prénoms de PANTALÉON-ANTOINE, contracta mariage avec Joséphine-Henriette de PROUVY DE PLASSIGNY et eut une fille unique MARIE-ANTOINETTE qui s'unit à CHRISTOPHE-PHILIPPE-BERNARD-HUGUES DE NELL, de Trèves; MARIE-THÉRÈSE-WALBURGE BARONNE D'ARNOULT ET DE SOLEUVRE fut mariée à JACQUES-FRANÇOIS-CELINI BARON DE CRESSAC. (Cf. Public. 1850, pp. 124 ss.; Brück, Bourses d'Etudes, pp. 989 et 991, Neyen, Biogr. Lux. T. I. pp. 74 et 75 et T. III, p. V).......

Sébastien-François de Blanchart mentionne sa maison de la rue de la Boucherie dans le passage suivant de sa chronique luxembourgeoise:

„Sans aucune déclaration de guerre précédente, l'armée de France ayant encore environné la ville de Luxembourg derechef de tous costé et s'en estant approché le 21 décembre 1683 de plus près elle commenca à la bombarder le 22 décembre et y jeter des carcasses, boulets rouges et pots à feu ce qui fut continué 5 jours entiers jusques au 27 dudit mois et notamment pendant les trois festes de Noël d'une manière si terrible qu'on crû que toute la ville allait être réduite en cendres .... Et celles (les maisons) qui ont échappé le feu, se sont en grande partie trouvées les toits enfoncés, les murailles et cheminées abattues ou autrement ruinées et la ville entière désolée, les habitants de laquelle ayant esté obligés de se retirer dans les caves pour se mettre à couvert des bombes, de l'éclat desquelles plusieurs gens ont esté tués et des maison gâtées.

Il y a même tombé 3 bombes DANS LA MAISON QUI M'APPARTIENT JOIGNANT CELLE DU CONSEIL et luy a causé un grand dommage, mais elles n'ont pas pénétrées dans les caves" (Public. 1898, p. 154)...........

La famille PESCATORE s'est établie dans la ville de Luxembourg vers le milieu du 18. siècle et c'est à la même époque qu'elle paraît avoir acquis l'ancienne maison de Blanchart.

PESCATORE JOSEPH-ANTOINE contracta mariage à Luxembourg, le 16 avril 1748, avec Doyé Marie-Barbe. Il y convola en secondes noces, le 4 octobre 1755, avec Buisson ou Bysson Marie-Catherine. De ce dernier mariage naquit PESCATORE DOMINIQUE qui épousa à l'église St.-Michel à Luxembourg, le 27 août 1786, Geschwindt Marie-Madeleine, de Luxembourg. Ces époux ont procréé 3 fils: PESCATORE CONSTANTIN-JOSEPH-ANTOINE, né à Luxembourg, le 16 décembre 1787; PESCATORE CHARLES-PHILIPPE-LOUIS dit FERDINAND, né à Luxembourg, le 24 juin 1791 et PESCATORE JEAN-PIERE né à Luxembourg le 10 mars 1793.

PESCATORE CONSTANTIN-JOSEPH-ANTOINE, époux de Beving Marie, entra en 1814 à Luxembourg au conseil de régence et fut nommé en 1817 bourgmestre-président. De 1824-1828 il fut membre des Etats Provinciaux, puis, jusqu'en 1830, député des États généraux; de 18[illegible]-[illegible]47 représentant du canton de Grevenmacher aux États du Pays; en 1851, réélu par le même canton à la chambre des députés. La société pour la recherche et la conservation des monuments historiques dans le Grand-Duché le compte parmi ses fondateurs. Il est décédé à Scheid-lez-Hamm, le 31 octobre 1858.....

PESCATORE CHARLES-PHILIPPE-LOUIS dit FERDINAND, époux de Claus Marie-Jeanne, négociant, succéda en 1814 à Mr. Scheffer comme bourgmestre de la ville de Luxembourg, fonctions qu'il occupa jusqu'au 12 mai 1848. Le jeudi, 16 mars 1848, la maison qu'il habita rue de la Boucherie, fut le théâtre de l'un des incidents qui marquèrent cette journée d'émeute et qui décidèrent Mr. Pescatore à donner sa démission: A [illegible] heures de l'après-midi les perturbateurs apparurent devant la maison du bourgmestre, brisèrent les carreaux, pénétrèrent dans les appartements et les magasins, jetèrent par les fenêtres les marchandises y déposées et auraient tout ravagé sans l'arrivée d'un piquet de gendarmerie qui dissipa la foule et mit fin aux désordres.

Du 7 juin 1841 au 1. mai 1845, Ferdinand Pescatore représenta le canton de Luxembourg à la 1ère assemblée législative. De 1858 jusqu'à son décès survenu à Luxembourg, le 25 décembre 1862, il fit encore partie du conseil communal de la capitale.....

PESCATORE Jean-Pierre, époux de Beving Marguerite, fut nommé en 1852 consul pour le Grand-Duché de Luxembourg à Paris. Il est le fondateur du Musée Pescatore (collection de tableaux, antiques, livres, objets d'art etc.) et de l'établissement de bienfaisance désigné sous le nom de Fondation Jean-Pierre PESCATORE: Cadeaux de roi faits à la ville de Luxembourg et qui témoignent autant des sentiments artistiques et humanitaires du généreux donateur que de son attachement au sol qui l'a vu naître! Pescatore Jean-Pierre est décédé à La Celle-de-Saint-Cloud, le 11 décembre 1855.

En 1814, Pescatore Constantin-Joseph-Antoine et Pescatore Jean-Pierre avaient créé à Luxembourg une maison de commerce et une manufacture de tabacs sous la raison sociale: Pescatore frères. En 1817, ils se séparèrent. Le premier établit en son propre nom un commerce qu'il contina jusqu'en 1822: à cette dernière date il s'associa de nouveau avec son frère Jean Pierre et la maison de banque ainsi que la manufacture de tabacs existant sous le nom de Jean-Pierre Pescatore furent continuées sous la direction d'Antoine et de Jean-Pierre jusqu'au 31, décembre 1841, où Antoine, par suite d'arrangements avec son associé, prit pour son compte et à son nom personnel l'établissement de Luxembourg qu'il conserva jusque fin de 1845 (Cf. Neyen, Biogr. Lux., T. II, pp. 41-43 et T III. p. 350)...........

Mr. Balthasar VALENTINI, installa en 1876 dans la maison et dans ses dépendances son magasin et ses ateliers de fumiste. Mr. Charles PRAUM y établit en 1892 l'imprimerie qu'il avait fondée et qui se signala surtout par ses publications en patois luxembourgeois. Charles Praum, époux de Marguerite Valentini, né à Luxembourg, le 25 juin 1865, y décédé le 7 avril 1917, avait été commandant du Corps des pompiers de la ville de Luxembourg et s'était pendant une trentaine d'années dévoué à ses concitoyens dans ce poste ingrat et gros de responsabilités. Il était en outre membre du Conseil supérieur pour le service d'incendie, Chevalier de l'ordre national de la Couronne de chêne de 2e classe) chevalier de l'ordre d'Adolphe de Nassau et décoré de la Croix civique belge de 1ère classe.

La maison Praum-Valentini se compose d'un bâtiment principal à 3 étages situé dans l'alignement des autres édifices de la rue de la Boucherie, et de plusieurs arrières-corps entourant une cour dans laquelle on pénètre par une vaste porte-cochère aujourd'hui murée en partie. L'un des

260. Les héritiers *Batzen (Bartzen)* doivent 5 chambres une avec cheminée dont 3 sur le devant au 2. étage pour 30 hommes, en tems de paix pour 1 officier d'état major. *16 places au batiment principal 7 places à bâtiment eutre 2 cours. 1 derriere.* écurie pour 11 chevaux. [106])

bâtiments de derrière porte des ancres de construction formant le millésime 181 (le dernier chiffre est caché par une construction y adossée); un autre bâtiment avec vue sur la rue du Palais de Justice montre des ancres formant les initiales F P (Ferdinand Pescatore). Les ateliers de MM. LINDEN ET HANSEN, successeurs de Mr. Charles Praum, étaient logés dans une partie de cette bâtisse jusqu'au mois de juillet 1920.

[106]) Le corps de bâtiments connu sous le nom de *Bartzenhaus* se trouvait en majeure partie à l'emplacement occupé aujourd'hui par la propriété des héritiers Collart-de Scherff, N° 3, rue du Marché-aux-Poissons resp. N° 1, rue Wiltheim (v. Note 67). Une autre partie parait avoir été englobée dans les annexes de la maison Praum-Valentini, N° 11, rue de la Boucherie (v. Note 105).

Joseph Bartzen, fils des époux Etienne Bartzen et Anne ..., originaire de Reyl s/Moselle, contracta mariage à Luxembourg, le 24 octobre 1745, avec Catherine Scholer, fille de Corneil Scholer, bourgeois tonnelier à Luxembourg et d'Anne-Marie Bellin. Également tonnelier, il parait avoir continué l'atelier de son beau-père situé au Marché-aux-Poissons. Son fils Joseph-Benoit épousa à Luxembourg, le 17 juin 1771, Catherine Jost, fille de Nicolas Jost et de Barbe Schumacher. Dans l'acte de mariage afférent le père, Joseph Bartzen, est désigné comme tonnelier, impérial (vietor imperialis).

Déjà au 16. siècle le tonnelier assermenté exerçait son métier dans ces parages.

Nous lisons dans le Recueil des documents concernant l'atelier monétaire de Luxembourg publié par Mr. van Werveke (Public. 1895, p. 455):

«Le 10 de janvier 1578 payé à Bistz Hansz, le masson, pour avoir rompu aulcuns murs de la maison de la chancellerie, à l'endroit de la maison des monnoyers, parce que les ouvriers de lad. monnoye avoient occupé LE LIEU, AUQUEL LE TONNELIER SERMENTÉ MECTOIT LES TONNEAULX DU ROY, et à ladicte rupture y faict ung huys et 2 fenestres, ayant en ce forny toutes les manoeuvres nécessaires, par convention faict avec luy, 2 fl. 14 gr.» (v. Note 67). . . . .

Le 26 août 1812, les héritiers Bartzen: Jean-Etienne Clemens, propriétaire à Luxembourg (v. Note 22), Jacques Weber, tonnelier à Luxembourget Catherine Ney, son épouse (v. Note 70) et Jacques-Philippe Neumann, juge au tribunal de 1. instance à Luxembourg et ses enfants (v. Note 65), pour sortir de l'indivision, firent, par le ministère du notaire Jean-Pierre Huberty, vendre aux enchères la maison Bartzen qui fut acquise par Mr. JEAN-PIERRE-BONAVENTURE DUTREUX (v. Note 96) moyennant la somme de 15525 francs.

L'acte d'adjudication en donne la description suivante:

«Cette maison est située entre la cour des anciennes prisons d'un côté, les bâtiments de la veuve Housse de l'autre, donnant du devant sur la rue de la Boucherie et du derrière sur la rue de la descente au Pfaffenthal laquelle maison est composée de 3 principaux corps de logis, savoir: le 1er contient une cave, 5 places à rez-de-chaussée, 5 pièces au 1er étage et 7 pièces au 2e et dernier étage avec 2 greniers au dessus. Le second, séparé du 1er par une cour, au dessous de laquelle se trouve une cave pouvant contenir 10 foudres de vin, est composé de 5 places à rez-de-chaussée, de 5 pièces au 1er, d'un grenier au dessus et d'une grande cave de 20 foudres de vin au dessous. Le 3e et dernier desdits corps de logis, ayant vue sur la descente au Pfaffenthal, également séparé du 2e par une cour, dans laquelle se trouve une écurie, est composé d'une grande pièce et de 2 greniers au dessus.

A côté de cette maison se trouve une grande place séparée de ladite maison, avec une grande écurie propre à y mettre 24 chevaux, avec un grenier à foin au dessus, laquelle cour a son entrée de ladite rue par une grande porte-cochère.»

Cette GRANDE PORTE-COCHÈRE nous paraît être celle qui donne aujourd'hui accès à la cour de la maison Praum-Valentini (v. Note 105) . . . .

Les héritiers Bartzen avaient vendu le même jour une maison leur appartenant au Marché-aux-Poissons, le No 218 de notre Registre (v. Note 70) . . .

Par acte du notaire Pierre-François-Joseph Kneip, en date du 26 mai 1816, Mr. Jean-Pierre-Bonaventure Dutreux vendit, pour le prix de 18000 francs à Mr. JEAN-PIERRE PESCATORE, époux de la dame Marguerite Beving, les biens et bâtiments suivants, lesquels semblent avoir été compris dans la propriété Bartzen: «1.) une maison d'habitation, sise rue de la Boucherie, No 308, contenant 3 corps de logis, avec une cour; écuries, porte cochère, entre les biens ci-après d'un côté, des bâtiments appartenans à sieur CHARLES-PHILIPPE-LOUIS PESCATORE, frère de l'acquéreur et autres de l'autre côté, donnant de devant sur ladite rue et de derrière sur celle de la descente de Pfaffenthal.

2.) une ancienne tour, sise place du Marché-aux-Poissons, avec une petite maison y attenant, et un jardin, donnant de devant sur ladite place et de derrière sur différens particuliers, entre les bâtiments précédemment désignés d'un côté et différens particuliers de l'autre côté.» (V. Note 105.) (A suivre.)

La Famille Schramm de Larochette.

(Suite.)

Le baron de Cassal écarté, restait aux Weydert à continuer le procès avec la veuve Schramm. Le 3 août 1717, par devant le notaire P.-F. Henrion, à Bruxelles, le Sr J.-Guill. Weydert, gouverneur des pages de Son Altesse Sérénissime, se faisant fort pour le Sr Nic.-Ant. Weydert, curé de Saarbourg, Delle Marie-Madel. Weydert, épouse du Sr Casaquy, et le Sr Henri-Ignace Weydert, curé d'Orgeo, ses frères et soeurs, tous enfants et héritiers d'Antoinette Schramm - morte sur ces entrefaites -, constitua le Sr Motteau, procureur au Grand Conseil, «pour poursuivre jusqu'au définitif la «cause actuellement ventillante par devant le dit Conseil contre «Delle Cath. Havart, veuve du Sr P.-E. Schram [1])

Ce procès dura longtemps, si longtemps qu'en 1740 les Weydert cherchèrent à s'arranger à l'amiable: le 3 septembre de cette année, nous voyons J.-Guill. Weydert, «chef «directeur de l'academie royale établie à Bruxelles et gouver«neur des pages de la Sérénissime Archiduchesse Gouver«nante générale des Pais-Bas Autrichiens», donner procuration à son beau-frère Lambert-(Jean Baptiste) Casaquy, de Martilly (près de Neuf-château), «pour en son nom et de sa «part agir, transiger et faire passer tel autre acte qu'il trou«vera convenir pour parvenir à un accomodement amiable au «procès qu'il soustient en appel avec consors au Grand Con«seil à Malines, contre N. Hayar, en qualité d'héritier de feue «Cath. Hayart, sa tante» [2]).

Heuardt se montra sans doute intraitable, car le procès continuait encore le 20 juin 1744, jour où une sentence fut rendue en faveur du Sr. de Weydert, directeur de l'académie de la Cour de Bruxelles, et de ses frères et soeur, et «au désavantage de Catharine Hayart, suppliante par requette du 24 décembre 1739 et resumé après son trespas par J.-Théod. Heuard» [3]).

La victoire n'était cependant pas définitivement acquise pour les Weydert: lorsque le 22 octobre 1744, Nic.-Ant. Weydert, le curé de Saarburg, céda, par donation entre vifs, à sa soeur, Madame J.-B. Casaquy, de Martilly, tous ses biens du Luxembourg, ce fut à condition qu'elle remboursât au Sr Filtz, mayeur d'Ettelbruck, les 200 écus, monnaie de cette province, qu'il avait avancés au donateur et qu'elle se char-

---

1) Notariat général de Brabant, aux Arch. gén. du Royaume, à Bruxelles, No. 4959.

2) Même protocole, No. 4962.

3) Ibidem, No. 4965.

geât, à l'entière décharge de ce dernier, „de l'événement et «dépens faits et à faire au procès ventillant au grand Conseil... «entre Théod. Heyard, rescribent et respectivement intimé, «le Sr de Weydert, directeur de l'académie de la cour de «Bruxelles et consors, suppliant et respectivement apellans» [1])

Pendant que leur procès se plaidait toujours à Malines, les Weydert, impatients, sans doute, de „toucher" enfin quelque chose de la succession Schramm, réalisèrent toujours la moitié qui leur revenait dans la maison de leur famille à Larochette: le 11 décembre 1744, par devant le notaire Promenschenckel, de Diekirch, Ant.-Ign. Weydert, officier de la seigneurie de Brandenbourg, et Charles Weydert (son fils), résidant à Diekirch, agissant pour eux et comme tuteurs des orphelins de J.-Math. Herman et d'Elisabeth Weydert (leur fille et soeur), d'une part; Marie-Madeleine Weydert, épouse du Sr J.-Bapt. Casaquy [2]) agissant en son nom, comme donataire de son frère le curé de Saarbourg et comme fondée de procuration de son autre frère, le directeur de l'Académie de Bruxelles, [3]) d'autre part; vendirent au Sr J.-Théod. Heuardt, célibataire, co-seigneur à Larochette et mayeur à Lintgen, précisément leur adversaire de Malines, la moitié qui leur compétait, en partage avec l'acquéreur, dans la maison Schramm, avec ses dépendances (grange, écuries, jardin enmuraillé), dans le jardin dit B o h r e n g a r t t e n, et dans une maison ruinée (a l t e h o s t e r t), plus le quart qu'ils avaient dans une brasserie sise également à Larochette; le tout pour mille reichsthaler à 56 sols, non compris 24 reichsthaler pour les venderesses, für «eine Kirmes» (dont 12 pour Mme Casaquy et 12 pour la femme de Charles Weydert [4]).

L'année suivante, les Weydert purent poursuivre entre eux la liquidation de la succession Schramm: le 31 mai 1745, J.-Georges Filtz, mayeur d'Ettelbrück, autorisé de M.-Marg. Weydert, son épouse, vend à Casaquy, pour 190 écus à 56 sols de Brabant, plus les frais, „tout ce qui lui appartient

---

[1]) Protoc. du notaire J. G. Schwab, de Luxembourg, No. 72., Reg. aux réalisations devant les échevins de Diekirch, du 15 déc. 1747; acte du notaire Promenschenckel, du 11 déc. 1744 (XII, 276).

[2]) L'acte la qualifie de „d i e e h r - u n d t t u g e n t r e i c h e M a r i a - M a g d a l e n a W e y d e r t, ehegemahlin deß auch ehr undt vesten herrn Jean-Baptiste Casaquy, herr zu Martilgy", bien que Casaquy ne fût que mayeur de l'endroit: mainte fois, il est vrai, les mayeurs se donnaient des airs de seigneurs dans leur village.

[3]) Marie-Madelaine Weydert devait être femme de tête; son mari lui avait donné, le 8 octobre précédent, à Martilly, pleins pouvoirs pour „vendre et disposer des biens provenans de son chef, comme elle trovera convenir et en passer les actes ou transports": de son côté, Jean Guillaume l'avait autorisé, par acte du 10 novembre, à vendre aliéner et autrement disposer, à son nom et de sa part, selon qu'elle trouvera convenir", des biens qu'il possédait à Diekirch, la Rochette et partout ailleurs . . ."

[4]) Protoc. Promenchenckel, XII, 275 et 276.

«dans des dixmes et des censes, où ils puissent être situés, «qui luy sont échus et dévolus par la succession de feu. Jean «Schram de la Rochette, dont les revenus se livrent annuelle«ment en partie à la Rochette, savoir la rente ditte „Steinische Rent"; item la rente dite „Ainatische Rente, consistant en une „parte dans les dixmes de Schrondweiller, Glabach, Meysen„bourg, Ernzer, Ermsdorff, Haler, Schlafer dixme, et dans la „cense de Bruch. Item une parte dans la dixme de Frondt„ville de Dickerich et aux environs [1] et tout ce qui luy ap„partient à l'entour de Diekerich, en ladite ville, tant en maison, „jardins,prés et tous biens, de quelle nature ils puissent être. „Idem tout ce qui luy appartient dans la cense de Rollingen, „avec la maison et dépendance. Enfin, tout ce qui luy appar„tient dans tous les susdits biens nommés et tout ce qui pro„vient de la succession de Jean Schram de la Rochette, sans „rien excepter ny hors mettre, sinon quelques engagères qui „ont été partagés l'an 1732, qui se pourroient trouver à la „Rochette." [2]).

Le 13 octobre suivant, Casaquy put encore arrondir la part qu'il avait dans la succession Schram, grâce à une donation de son beau-frère de Bruxelles: «à cause de l'amitié et «inclination qu'il a toujours eu pour le Sr Lambert (sic) Casaquy «son beau-frère, et en considération de ce qu'il a payé et «acquitté plusieurs dettes de la famille», Mr J.- Guill. Weydert «chef-directeur de l'Academie Royale, lui donne, ainsi qu'à «ses enfants procréés avec la Delle M.- Magdeleine Weydert «seulement . . . tous les droits et prétentions qu'il a ou peut «avoir dans la suite sur tous les biens meubles et immeubles «situés dans la province de Luxembourg, provenant de la «succession de ses père et mère ou de celle de P.- Ernest «Schram, son oncle maternel». Casaquy doit, toutefois, achever de payer entièrement les dettes de la famille et se charger «de poursuivre au nom de la famille et de faire juger le procès pendant par appel au Grand Conseil à Malines». [3])

J'ignore comment et qnand se termina ce malheureux procès; par contre, différents actes nous renseignent sur le sort ultérieur de certains biens dépendant de la succession

---

[1]) **Cette part de dime provenait, comme les autres biens de Diekirch, de Suzanne Jacobi, la femme de Jean Schram: le 30 janvier 1642, Pierre Jacobi de Diekirch, et Apollonie Lanser, sa femme, engagent pour 1100 fl. á 10 sols à leur frère Charles Jacobi, de Mersch, et à Catherine, sa femme (parents de Suzanne) la moitié des rentes et dimes à Diekirch et aux environs, que les deux frères détenaient des Srs de Fronville, suivant engagère du 24 janvier 1617, pour 2200 florins (Protoc. Balthasar). Voir encore, au sujet de ces dimes, un acte du 12 mars 1714, dont nous parlerons plus loin, à propos de Jean-Adam Schram.**

[2]) **Cet acte, écrit et signé par Casaquy, a été inséré dans le reg. aux réalisations de Diekirch.**

[3]) **Protoc. P.-F. Henrion, No. 4965; réalisation à Diekirch le 15 déc. 1747.**

de Jean Schram: le 21 juin 1749, Casaquy acheta encore, de Nicolas Besch, marchand à Luxembourg, et de Suzanne Weydert, sa femme, pour 165 écus à 56 sols, une part dans les dimes de Diekirch, Bastendorf et Michelau. «et tout ce qui leur appartient sur le ban et finaige de Diekrich et en la dite ville, en maisons, jardins, terres et prairies provenants de Herman et Jacoby, et dans la cens de Rollingen, avec la maison et appendances et dependances» [2]).

Le 2 juillet suivant, le mayeur Filtz, d'Ettelbrück, fait de son côté mettre en vente publique, à Larochette: a) des dépendances de l'ancienne maison Schram [3]), adjugées à J.-Théod. Hayard, co-seigneur en ce lieu, pour 70 rthl; b) la dite ancienne maison Schram, adjugée à Roch Gläsener, de Larochette, pour 100 rthl., et un jardin sis derrière la maison, qui resta pour 10 rthl. à Suzanne Reckinger, de Medernach. La même maison, n'ayant sans doute pas été payée, fut remise en vente le 29 mai 1750, et adjugée pour 85 rthlr. au curé de Nommern, Phil. Betz, qui haussait au nom de Mattheiss Liesch, de Larochette. [4])

Le 6 mai 1755, par devant le notaire Kleber, le fils de Marie-Régine Schram, Jean-Charles Weydert, vendit au Sr de Feltz et à son épouse, différents biens; il y avait, entre autres, compris «une partie de dime au village de Nommern et à la Rochette», mais il se trouva par la suite qu'il n'avait rien, en fait de dime, dans ces deux localités: le 17 décembre 1757, à Luxembourg, alors qu'il était markvogt à Diekirch, il reconnut cette erreur et s'engagea à payer à Mme de Feltz, née de Meven, dame de Mœstroff, endéans l'année, 60 écus, «pour indemnité de non-jouissance et faute de pouvoir guarantir les dittes deux parties de dixmes» [1]) (A suivre).

---

[2]) Protoc. J. G. Schwab, á Luxembourg; réalisation à Diekirch le 7 avril. 1751.

[3]) Seine zugehörige verfallene scheur, stallung undt misten platz, richt über der alten Schramen behausung, wie sich alles aldortten befindet undt zu der alten Schramen behausung vur diesem zugehörig.

[4]) Promenschenckel, XIV, 86, 87 et 40.

[1]) Realisation á Diekirch le 18 avril 1761.

Voir á propos de cette dîme de Nommern un „Mémoire" fait par „Mr. Gemen et Mr. Leclerc au sujet de la dîme de Schlaffen et Haller à la paroisse de Nommern [sic]" [XVIIIe siècle], annexé, aux Arch. du Gouvernement à Luxembourg, à l'acte du 9 août 1675 [Ch. et t. div., l. 11, Haller]. Nous y voyons que dans la paroisse de Nommern les Seigneurs de Larochette avaient à l'exclusion du Sr du Waldt, un tiers dans les dîmes grosses et menues: ce tiers se divisait comme suit:

1/2 au Sr. de Blockhausen représentant la part d'Encheringen	1/4 à Mme. de Feltz pour la part de Bongart	1/4 aux Seigneurs de Pallant, ce quart se divisant en trois tiers:
La part de Schwartzenbourg modo Hayart.	La part de Rollingen modo Holenfels	La part d'Einatten acquise par le grand père du Sr. P.-Ernest Schram.

Les héritiers immobiliaires du Sr. Schram, les Srs. Weydert et Casaqui, ont vendu la part d'Eynatten au Sr. de Feltz défunt, après en avoir joui depuis la mort de la veuve de P.-E. Schram. (voir plus loin, á ce propos, un acte du 7. déc. 1763).

Cette vente comprenait un huitième des dimes dites Schlaffen undt Haller-zehnden en la paroise de Waldbillich, également cédé au Sr. Jean Schramm par les Eynatten; ces dimes se divisaient comme suit: le Sr. de Waldt (anciennement Autel) un quart, Mme de Feltz (anciennement Bongart) 1½ quart les Pallant 1½ quart; de cette dernière part Eynatten avait un tiers, soit un huitième de toute la dime.

Heimatliteratur und Heimatsprache.

Eine kritische Studie von Victor Hostert.

Motto: Ons Spròch, dat ass d'Muerch an de Schanken, t'ass d'Blutt an onsen Oderen; durch d'Blutt verieift sech den Art: an de soll och ken ons verdierwen.

(Staatsminister PAUL EYSCHEN bei der Einweihung des Nationaldenkmals auf dem Paradeplatz (11 Oktober 1903).

I. Heimatliteratur.

Von jeher standen Sprache und Schrifttum eines Landes in innigem Zusammenhang mit der politischen Unabhängigkeit und dem wirtschaftlichen Wohlstand desselben. Gedeihen die Künste im allgemeinen nur, wenn ein Volk sich frei von nationalen Bedrängnissen und materiellen Sorgen fühlt, so trifft dies besonders für die Dichtkunst zu. Kann man diese doch gewissermassen als das Spiegelbild, den geistigen Niederschlag all dessen betrachten, was die Seele des Volksganzen empfindet und durch den Mund einiger Auserwählten zum Ausdruck bringt. Am besten aber singt und plaudert es sich nach des Tages Mühe und Last, wenn man stolz und zufrieden auf das Geschaffene zurückblicken und sorglos in die Zukunft schauen kann.

Während nun in andern Ländern die Entwickelung der Literatur nur ganz allmählich vor sich ging und Jahrhunderte zur vollen Reife benötigte, schritt unser heimatliches Schrifttum mit einer Eile vorwärts, welche ihm unbedingt zum Schaden gereichen musste. Innerhalb eines Zeitraumes von vierzig Jahren durchlief es das gesamte weite Gebiet der Dichtkunst. 1829 ist sein Geburtsjahr, indem Anton Meyer das erste Buch in luxemburgischer Sprache „E Schreck op de Letzeburger Parnassus", veröffentlichte. 1855 bringt das Volkslied und das Volkstheater, 1859 das Nationallied, 1872 Michel Rodange's „Renert", unser Nationalepos. Von Jahrhunderte langer Knebelung endlich befreit, stürmte die heimische Muse den Parnass hinan, gleichsam als wolle sie einholen, was ihr solange vorenthalten geblieben war. In jugendlichem Ungestüm eilte sie vorwärts, ohne sich bewusst zu werden, dass sie sich unterwegs überschlug, ohne darauf zu achten, dass sie nur mit mangelhaften sprachlichen Mitteln ausgerüstet war.

Es geht nicht an, den Werdegang unserer heimatlichen Literatur mit demjenigen des Schrifttums anderer Völker zu vergleichen. Bei den letzteren finden wir stets die drei Grundformen der Dichtung in der chronologischen Reihenfolge: Epik, Lyrik, Dramatik. Aus den alten, ungeschriebenen Heldensagen und Heldenliedern entwickelte sich regelmässig zuerst die epische oder erzählende Dichtkunst. Was war natürlicher, als dass alle jene wirklich vollbrachten oder auch nur erfundenen Grosstaten der Vorzeit schliesslich von den Dichtern aufgegriffen und niedergeschrieben wurden! Aus diesen Sagen und Gesängen entstanden in der Folge die verschiedenen Formen der Epik, wie Ballade, Romanze, Epos, Erzählung, Roman, Novelle u. s. w. Erst nachdem die Epik all das erzählt und geschildert hatte, was sich im Herzen des Volkes angesammelt hatte, setzte die Lyrik oder Gefühlsdichtung ein. An allerletzter Stelle wagte sich dann endlich die Dramatik, die darstellende Dichtkunst hervor. Es ist diese Entwicklung eine durchaus logische. Denn was die Epik betrifft, schreibt Dr. Hermann Schlag in seinem Buch „das Drama", so erzählt und fabeliert schon der kleine Mensch gern, namentlich in seinen Spielen; der grösser werdende erfindet mit Vorliebe ganze Geschichtchen zur Unterhaltung seiner Kameraden, der Erwachsene zur Belustigung der Kinder. Desgleichen besitzt der grosse Haufe ein leichteres Verständnis für Fabeleien, Märchen, Parabeln, Erzählungen und Romane als für lyrische und vollends für dramatische Erzeugnisse. In Ansehung der Lyrik finden wir, dass auch diese noch eine leichtere Art der Dichtkunst vorstellt.

Es mag zwar nicht viel Kinder geben, die schon lyrisch tätig sind: der liedersingenden Jünglinge Zahl ist Legion.

Schopenhauer nennt deshalb die Lyrik schlechtweg die leichteste und fügt hinzu: „Und wenn die Kunst sonst nur dem so seltenen echten Genius angehört, so kann selbst der im ganzen nicht sehr eminente Mensch ein schönes Lied zustandebringen; denn es bedarf dazu nur einer lebhaften Anschauung seines eigenen Zustandes im aufgeregten Moment. Im Jüngling wirkt alle Wahrnehmung zunächst Empfindung und Stimmung, ja vermischt sich mit dieser: eben daher haftet der Jüngling so sehr an der anschaulichen Aussenseite der Dinge; eben daher taugt er zur lyrischen Poesie. Und erst der Mann zur dramatischen." Erst der Mann, jawohl. Und zwar nicht jeder Mann, sondern nur der ganze Mann.

dem es gegeben ist, sich auf den höchsten Gipfel der Dichtkunst zu schwingen. Mit epischen und lyrischen Schöpfungen vermögen viele Menschen Erfolge zu erringen, mit dramatischen nur eine Auslese von wenigen. Besonders lehrreich in dieser Beziehung dürfte ein Blick auf die geschichtliche Entwickelung der Dichtungsformen sein. Bei den Griechen wird dieser Entwickelungsgang durch folgende drei Höhepunkte gekennzeichnet: Die Epen Homers, die Lieder Pindars, die Dramen des Sophokles; bei den Germanen durch folgende: das Nibelungenlied, Walther von der Vogelweide und Schiller. Eine so auffallend regelmässige Zeitfolge liegt offenbar in der Eigenart der Dichtungsarten begründet. Charakteristisch dürfte auch noch die Tatsache sein, dass die anonymen alten Volksdichter in der Epik Unvergleichliches, in der Lyrik Treffliches, in der Dramatik so gut wie nichts geleistet haben."

V i s c h e r nennt in seiner Ästethik die Dramatik die vollkommenste Erfüllung des Begriffes der Kunst, die reifste und daher späteste Frucht ihres Wachstums; Gustav F r e y t a g sagt, die dramatische Dichtkunst sei immer erst möglich, wenn eine Vertiefung der Menschenseele eingetreten sei.

Unsere heimatliche Dichtung brachte es nicht über sich, diese Leiter, welche allmählich zu den höchsten Höhen der Kunst führt, Stufe für Stufe zu erklimmen; sie nahm stets zwei auf einmal. Dieser eigenartige Charakterzug unserer Literatur macht sich bemerkbar bis auf den heutigen Tag, besonders aber in neuester Zeit. Weitaus das meiste, was bisher in luxemburgischer Sprache geschrieben wurde, ist lyrischen und dramatischen Inhalts. Merkwürdigerweise ist die erzählende Dichtkunst, welche doch den ersten Schritt hätte tun sollen, sehr vernachlässigt worden. Zwar besitzen wir auf diesem Gebiet recht wertvolle Schöpfungen, welche sich zum Teil sogar ohne jede falsche Scham neben das Beste stellen dürfen, was das Ausland aufzuweisen hat. Mit vierzehn Jahren schrieb D i c k s unser bestes Tiermärchen „De Wellefchen an de Fis'chen." Das Meisterwerk inländischer Erzählungskunst stellt unstreitig Michel R o d a n g e 's „Renert, oder de Fuss am Frack an a Mansgre'sst dar, eine Umdichtung des in der Weltliteratur öfters wiederkehrenden Tierepos vom „Reinecke Fuchs". Das Verdienst, den Anstoss zu einer luxemburgischen Prosaerzählung gegeben zu haben, gebührt N.-S. P i e r r e t. Die schönsten seiner Erzählungen erchienen 1900 im „Luxemburger Landeskalender" unter dem Titel „Geschichten aus der Uecht". Caspar Mathias S p o o verdanken wir das hervorragendste Prosabuch, welches bisher in unserer Muttersprache erschienen ist. In der „Sœur Marie du Bon Pasteur" hat Spoo den Beweis erbracht, dass er das Luxemburgische nicht nur meisterhaft sprach, sondern auch formvollendet schrieb. Die epischen Erzeugnisse der neuesten Zeit sind ebenfalls äusserst dünn gesät. Abgesehen von Hetting's „Jong Letzeburg, we'et gouf" und Siggy's „Menschekanner" (1918) ist kaum ein diesbezügliches grösseres Werk erschienen. Zwar besitzt unser Volk einen unerschöpflichen Schatz von Sagen und Märchen; leider aber sind dieselben fast ausnahmslos in deutscher Sprache geschrieben.

Aus dieser Aufzählung der hauptsächlichsten Erzeugnisse unserer epischen Dichtung ergibt sich, dass in qualitativer Hinsicht dieselbe sich nicht zu schämen braucht; quantitativ aber verhältnismässig weit hinter derjenigen anderer Völker zurückgeblieben ist.

Auch die didaktische oder Lehrdichtung ist fast vollständig übersehen worden. Ausser dem sprudelnd witzigen Spottgedicht „D'Vulleparlament am Grengewald" von Dicks, „Dem Le'weckerche sei Lidd", von Rodange, sowie einer Anzahl von Sprichwörtern, Redensarten und Bauernregeln hat unsere Lehrdichtung nichts nennenswertes aufzuweisen.

Es würde zu weit führen, wollte man alles einzelne aufzählen, was die lyrische und dramatische Dichtung in unserm Lande hervorgebracht hat. Wir verweisen dafür auf die „Beiträge zur Literaturgeschichte des Luxemburger Dialektes" von Martin Blum, Heft I und II; in diesem Werke finden wir eine übersichtliche Zusammenstellung all dessen, was bisher über unsern Dialekt und in demselben geschrieben worden ist. Vergleicht man nun die Arbeiten epischen Charakters mit denjenigen lyrischen und dramatischen Inhaltes, so muss auch der Unbefangenste eingestehen, dass unsere heimische Literatur eine wenn auch vielleicht nicht ungesunde, so doch sehr ungewöhnliche Entwicklung durchgemacht hat. Mit Absicht nennen wir dieselbe nicht direkt ungesund, weil auch unsere Lyrik und Dramatik, besonders aber erstere, uns wahre Perlen der Dichtkunst geschenkt haben. Diese ungewöhnliche Entwicklung mag insofern zu erklären sein, als unsere Dichtung, wie schon eingangs hervorgehoben, mit einem Schlage einsetzte und zwar zu einer Zeit, in welcher die grosse Masse des Volkes durchschnittlich geistig gebildet war. Im Vollbesitze politischer Freiheit und wirtschaftlichen Wohlstandes schienen dem mündig gewordenen Volke die Kinderschuhe der Kunst nicht zu behagen. Mit kühnem Griff wagten seine Dichter sich an die schwierigsten Aufgaben heran. Einigen Auserlesenen ist auch der Wurf gelungen; neben ihren Meisterwerken wuchert aber, besonders in neuester Zeit, eine Menge Unkraut, welches die edlen Blumen im Dichtergarten zu ersticken droht.

Was besonders als eine entschiedene Verirrung angesehen werden muss, ist der Umstand, dass die Mehrheit der in unserm Lande literarisch Tätigen frisch und keck das innerste Heiligtum der Dichtkunst, die Bühne, betreten. Ohne genügende Vorkenntnisse über Wesen und Technik des Dramas macht man sich an die Theaterdichtung heran, ohne sich bewusst zu sein, dass unter allen Dichtungsarten eben die dramatische die allerhöchsten Anforderungen an den Künstler stellt. Auch scheint man sich keine Rechenschaft darüber abzulegen, dass bei uns die Bühne die Hauptträgerin einer eigenen Heimatliteratur geworden ist. Indem sie den Weg über die weltbedeutenden Bretter einschlägt, findet unsere Dichtkunst stets das Volk um sich versammelt; gut gelaunt und dankbar nimmt es das ihm gebotene entgegen, während es sonst vielleicht achtlos an den übrigen Erzeugnissen unserer Dichtung vorüber geht. Doppelt grosse Verantwortung übernimmt daher derjenige, der von der Bühne herab zum Volke spricht. (Schluss folgt.)

Leben und Wirken des hochw. Herrn Theod.-Zeph. Biever.

(Fortsetzung.)

Gelegentlich seiner Heiliglandreise (1898) hatte der deutsche Kaiser Wilhelm II. vom türkischen Sultan Abd el Hamid das auf dem Berge Sion zu Jerusalem) gelegene Grundstück zum Geschenk erhalten, auf welchem, der Tradition gemäss, das Haus stand, in dem die Mutter Jesu, die allerseligste Jungfrau Maria, aus diesem Leben geschieden ist. Der Kaiser seinerseits trat dieses Grundstück den deutschen Katholiken ab, die daraufhin eine Kirche zu Ehren der Gottesmutter erbauen wollten. In der ganzen katholischen Welt wurden nun zu diesem Zwecke Almosen gesammelt. Nach einem dutzend Jahren war ein herrlicher Mariendom hergestellt, bekannt unter dem Namen der «Dormitio B M. V.» (Heimgang der allerseligsten Jungfrau) welcher im April 1910 eingeweiht werden sollte. In mehreren Briefen spricht Briever von der bevorstehenden Feierlichkeit und äussert sich (Beit-Sahur, Palmsonntag, 20. März 1910): «Vielleicht werden auch einige «Luxemburger mit der grossen deutschen Karavane kommen, «welche am 4. April in Jerusalem eintreffen wird zur Einweih-«ung der neuen Marienkirche auf dem Berge Sion». [208])

Diese Karavane fuhr am Osterdienstag 29. März, in der Frühe von Köln ab nach Genua, wo sie das Pilgerschiff (einen mächtigen Dampfer der Hamburg-Amerika-Linie, 161 Meter lang, 18 Meter breit und 12,80 Meter tief) bestieg. Sie bestand aus 701 Pilgern, darunter 2 königliche Prinzen von Bayern, 3 Bischöfe, 1 Abt, 126 Priester und unter den Laien 358

---

[208]) Im nämlichen Briefe heißt es: „Am Mittwoch (d. h. also, am 23. März) kommt auch wieder einmal ein Luxemburger Pilger (ein Ereignis!) in Jerusalem an. Es ist das Dr. Kirsch aus Dippach, Professor an der katholischen Universität in Freiburg (Schweiz).

In einem Briefe (Beit-Sahur, 23. April) heisst es unter Anderem: «Diese Kirche ist am letzten Sonntag vor 8 Tagen «feierlich consekriert worden, im Beisein von 7 Bischöfen, 3 «Benediktineräbten und nahe an 800 deutschen Pilgern. Auch «der Prinz Eitel Fritz, 2ter Sohn des deutschen Kaisers, nebst «Gemahlin, ebenso 2 Prinzen aus dem bayerischen Königshause «wohnten der erhabenen Feier bei, welche von morgens 6 Uhr «bis nachmittags 1/21 Uhr dauerte. Die Consekration der 7 «Altäre nahm allein gegen 4 Stunden in Anspruch. Da mich «meine pfarramtlichen Pflichten am Sonntag in meiner «Gemeinde zurückhielten, so konnte ich mich nach der hl. «Messe nach Jerusalem begeben, wo ich noch früh «genug ankam, um wenigstens dem Pontifikalamte beiwohnen „zu können, welches den Schluss der Feier bildete [209]). Es „waren schöne Tage für uns Andere von der Heimat Ent- „fernten, wieder einmal die trauten Mutterlaute zu hören, für „mich im besonderen wieder einmal „letzeburger Deitsch“ „hören und sprechen zu können, [210]) das erste mal wieder „seit 10 Jahren [211]) und liebe Grüsse aus der alten Heimat „zu erhalten: aber froh war ich doch, als alles vorüber war „und ich wieder in meine stille Einsamkeit nach Beit-Sahur „zurückkehren konnte. Einem demokratischen Luxemburger, „und besonders wenn derselbe, wie ich, so lange, lange „Jahre von jedem Verkehr mit vornehmen Leuten entfernt „war, [212]) geht das Kratzefüsse-machen und Schweifwedeln ja „gar nicht und ich glaube, ich muss manchmal eine recht „komische Figur gemacht haben. Na, ich habe mich deshalb „so weit wie möglich von all' den hohen Herrschaften ent- „fernt gehalten und nur soviel getan, als ich eben tun musste, „um nicht die Höflichkeit zu verletzen. Nun ist, Gott sei „Dank, Alles vorüber, und in der kurzen Spanne Zeit, welche „ich noch zu leben habe, werde ich wohl kaum mehr in die „Gefahr kommen, mit kaiserlichen und königlichen Hoheiten „in Berührung zu kommen.“ Doch wie sehr sich Biever mit diesem letzten Satze geirrt hatte, ersehen wir aus nachstehendem Entrefilet der Zeitschrift „Das hl. Land“ (Jahrg. 1911, Heft 1, Seite 19–20): „Am 24. Oktober (1910) morgens 6 Uhr

[209]) Wer Weiteres über diese Feierlichkeiten zu haben wünscht, den verweise ich auf den Aufsatz: „Die Fest-Pilgerfahrt des Deutschen Vereins vom hl. Lande zur Kirchweihe auf dem Berge Sion im Frühjahr 1910“ in: „Das hl. Land“. Jahrg. 1910, Heft 2, Seite 98–100 und Heft 3, 105–109.

[210]) Mit dem obenerwähnten Fräulein Strasser.

[211]) Diesem gemäß scheint Hr. Kirsch entweder nicht nach dem hl. Lande gekommen oder doch nicht mit Biever zusammengetroffen zu sein.

[212]) Seit Oktober 1898, wo er ja den Deutschen Kaiser in Haïfa begrüßt hatte.

Herren und 216 Damen, darunter ein gewisses Fräulein Adèle Strasser aus Düdelingen.

„landete in Jaffa der Khedivial-Dampfer, der die königlichen „Hoheiten Prinz und Prinzessin Johann Georg von Sachsen und Prinzessin Mathilde, Herzogin zu Sachsen, zum hl. Lande „brachte. . . . . Volle 14 Tage beehrten sodann die hohen „Herrschaften die hl Stadt und Umgebung. Ausser Jerusa- „lem wurde noch besucht: St. Johann, Jericho und das Tote „Meer, Bethanien, Bethlehem Hebron. In Bethlehem war „der allen Lesern des „hl. Landes" rühmlichst bekannte „Pfarrer Biever von Beit-Sahur zur Begrüssung erschienen. „Se. kgl. Hoheit Prinz Johann Georg unterzog sich trotz des „kurzen Aufenthaltes in Bethlehem doch noch der Mühe, gleich „nach Mittag dem hocherfreuten Pfarrer, der Pastor Pastorum, „wie er ihn scherzend nannte, in seinem Hirtendorf Beit- „Sahur zu besuchen: Wie fühlten sich da nicht die Lateiner „und Katholiken des armen Dorfes in ihrem braven Pfarrer „geehrt und beglückt!"

Auch an allerlei Widerwärtigkeiten und namentlich auch Krankheiten fehlte es Biever nicht; doch verlor er dabei das Gottvertrauen und auch — den Humor nicht; Beweis dafür folgende Briefauszüge: (Beit-Sahur, 22. April 1911.) «Gestern, «gegen 4 Uhr des Nachmittags, hatten Frauen aus unserm «Dorfe, welche zu Jerusalem gewesen waren, hier das «Gerücht verbreitet, sie seien aus Jerusalem geflohen, wo «man man mit der Niedermetzelung der Christen «begonnen habe. Unsere Christen waren sehr beunruhigt, «weil sie aber mehr Mut besitzen, als die Einwohner von «Jerusalem. begaben sie sich gleich daran, für den Notfall. «ihre Waffen in Bereitschaft zu setzen. Denn Beit-Sahur, an «der Grenze des Beduinen-Terrains gelegen, hat immer den «ersten Anprall auszuhalten . . . . . Das Oberhaupt der «Muselmänner von hier kam heute morgen zu mir, um sich «zu erkundigen, was in Jerusalem vorgefallen sei. Ich zeigte «ihm mein Kriegsmaterial: 163 Patronen für mein Mauser- «gewehr. 100 Patronen für meine Jagdflinte. Dabei sagte ich «ihm. ein jedes Haar aus meinem Barte werde einem aus «ihnen das Leben kosten. Es ist das jedenfalls Windbeutelei; «aber ich kenne meine Leute. Einem jeden, der es nur hören «willl, wird er es sagen, der Pfarrer besitze ein ganzes «Arsenal von Munition und es sei nichts dabei zu gewinnen, «wenn man ihn angreife. Jedenfalls stehen wir in Gottes «Hand und ohne seine Zulassung wird kein Haar von unserm «Haupte fallen. Und schliesslich, im Schatten der Krippe von «Bethlehem niedergehauen zu werden, das wäre noch nicht «gerade zu verschmähen, wenn der liebe Gott uns diese un- «verdiente Gnade erweisen würde.»

Einem Briefe an eine ihm befreundete Familie von Limpertsberg [213]) entnehme ich folgenden Passus (Beit-Sahur, 19. August 1911): «Einige Wochen nach Ihrer Abreise fiel «ich in eine ziemlich schwere Krankheit, von welcher ich «noch in diesem Augenblicke nicht vollständig hergestellt bin. «Für mehrere Monate war ich zu einer körperlichen und «geistigen Ruhe verurteilt und auch jetzt kann ich nur unter «grossen Beschwerden die Pflichten meines hl. Amtes ver«richten. Es ist hier nicht, wie in Europa, wo man, wenn «die Unpässlichkeiten des Alters sich einszutellen beginnen, «seine Entlassung nehmen kann. Der Mangel an Missions«priestern ist in dieser Zeit so gross bei uns, dass die alte «Garde nicht daran denkt, sich zurückzuziehen, sondern sie «muss auf ihrem Posten bleiben, indem sie spricht, wie ehedem «die Soldaten der Garde Napoleon's I.: «Die Garde stirbt, aber «sie ergibt sich nicht.» Ich muss darum noch auf dem «Schlachtfelde ausharren und die Kämpfe Gottes kämpfen indem ich mich an das Wort des göttlichen Erlösers erinnere:. «Wer ausharrt bis ans Ende, wird die Krone davontragen. «Das grade ist das Loos, welches wir alle anstreben, auf dem «Schlachtfelde, mit den Waffen in den Händen zu sterben. «Unser guter Patriarch hatte mir für einige Zeit einen Gehülfen «gegeben; doch war er gezwungen, denselben wieder weg«zunehmen, um ihn auf eine neugegründete Missionsstelle in «der Nähe von Kérak, in dem alten Moabitergebirge, südlich «vom Toten Meere zu senden.» (Fortsetzung folgt.)

[213]) Im Frühjahre 1911 hatte er den Besuch des Herrn Coner-Lakaff mit dessen Tochter. Seiner Freude darüber gab er, wie folgt, Ausdruck in einem Briefe vom 1. Mai desselben Jahres: „Ich hatte dieses Jahr die „Freude, zwei engere Landsleute von Limpertsberg hier als Pilger zu be„grüßen und einige frohe Tage mit ihnen zuzubringen. Welch' eine Menge „alter Erinnerungen an Personen und Orte wurden bei dieser Gelegenheit „wieder aufgefrischt! Ich lebte förmlich wieder ein halbes Jahrhundert „zurück. Man war ganz erstaunt, daß ich noch Alles aus frühester Jugend „so lebendig im Gedächnis hatte und daß ich noch so gut „letzeburger „Deitsch" sprach. Die beiden Pilger waren Herr Coner-Lacaff mit seinem „Töchterlein Josephine. Herr Coner ist mit allen Mitgliedern unserer „Familie bekannt und seine Frau ist eine Schulkameradin von mir ge„wesen. Eine Kusine von uns, von Zolver, Grethchen ist nach Rollinger„grund mit einem Verwandten der Frau Coner, Johann Barthel verheiratet „gewesen und lebt noch heute. Dieselbe ist von meinem Alter und war „mir eine recht teure Jugendgespielin. Vorige Woche sind meine Lands„leute wieder abgereist, und ich muß gestehen, ich fühle seit deren Abreise „so eine Art Heimweh. Nun, das wird vorübergehen!"

Nachrichten aus dem Vereine.

Anzeige. Wegen Überhäufung des Stoffes musste der Bericht über die Generalversammlung für das folgende Heft zurückgestellt werden.

Ernennungen, resp. Beförderungen. Nachbenannte hochwürdige Herren wurden ernannt: **Félix Gushurst,**

bisher Pfarrer zu Redingen an der Attert, zum Pfarrer von Petingen.

Dominik Trausch, bisher Pfarrer zu Esch an der Sauer, zum Pfarrer von Redingen an der Attert.

Peter Neiers, bisher Vikar in Oberkorn, zum Koadjutor am Pensionat zu Diekirch.

Herr **Alfred Mille,** Neopresbyter aus Gonderingen, wurde ermächtigt seine Studien an der „Anima" in Rom fortzusetzen.

Allen diesen Herren unsere herzlichsten Glückwünche.

Subskriptionsliste.

Uebertrag	762.50 Frs.
G. L. in L. Gustav Lamort in Luxemburg . . .	10.00 „
R. B. in L. René Blum in Luxemburg	16.50 „
J. S. in L.	5.00 „
E. W. in L. Ernest Wilhelmy in Luxemburg . .	6.00 „
Total . . .	800.00 Frs.

Vivant sequentes!

Literarische Novitäten & Luxemburger Drucksachen.

Écho (L') de l'Industrie. Organe de la Fédération des Industriels Luxemburgeois. Luxembourg. Joseph Beffort. — Journal hebdomaire in 4° folio, dont le No. 1 est daté du 14 août 1920.

École industrielle et commerciale d'Esch-s.-Alz. Programme publié à la clôture de l'année scolaire 1919 — 1920. Industrie- und Handelsschule zu Esch an der Alz. Programm herausgegeben am Schlusse des Schuljahres 1919—1920. Luxembourg. J. P. Worré 1920. — 66 pp. in 8° — Dissertation: **Dr. Mohrmann Robert.** Von Boltzmann zu Planck. — p. 1 — 26.

École industrielle et commerciale de Luxembourg. Programme publié à la clôture de l'année scolaire 1919—1920. Industrie- und Handelsschule zu Luxemburg. Programm herausgegeben am Schlusse des Schuljahres 1919—1920. Luxembourg. Charles Beffort. 1920. — 86 pp. in 8° — Dissertation: **Dr. Weiwers Guillaume.** Leçons sur la théorie des équations du troisième degré. — p. 2 — 36.

Gymnase grand-ducal de Diekirch. Programme publié à la clôture de l'année scolaire 1919—1920. Grossherzogl. Gymnasium zu Diekirch. Programm herausgegeben am Schlusse des Schuljahres 1919 — 1920. Luxembourg. Victor Bück (Bück frères). 1920. — 49 + 1 + 32 + 21 pp. in 8°, avec 4 tableaux statistiques et 7 figures dans le Texte. — Dissertation: **Dr.**

Stein Tony. Johann Gregor Mendel, 1822—1884, der Begründer der Vererbungslehre. — p. 1—49 + 1, avec 4 tabl. statist. et 7 fig.

Hurst Tony. Zeitgeme'ss. Eng Farce an engem Opzock. Letzeburg. 1920. J. P. Worré. — 20 SS. in 8°.

Idem. De Pôl an der Patsch. Schwank an engem Akt. Letzeburg. 1920. J. P. Worré. — 23 SS. in 8°.

Imdahl Josy. D'Wichtelcher vu Beggen. Eng Séchen an 3 Biller. Letzeburg. 1920. J. P Worré — 23 SS. in 8°.

Jacoby Adolf. Zu der „Ammonier" — Inschrift der grossen Oase in der lybischen Wüste. (Sonderabdruck aus „Byzantinisch-Neugriechische Jahrbücher", I, 1 u. 2.) Berlin-Wilmersdorf. 1920. — 3 SS. in 8°.

Idem. L. Troje, Adam und Zoë. Eine Szene der altchristlichen Kunst in ihrem religionsgeschichtlichen Zusammenhange. Sitzungsbericht der Heidelberger Akademie der Wissenschaften, Stiftung Heinrich Lanz, Phil.-hist. Kl., Jahrgang 1916. 17. Abhandlung. Heidelberg 1916. Carl Winters Universitätsbuchhandlung. 107 S. mit 1 Tafel. Mk. 3.50. (Sonderabdruck aus „Byzantinisch-, Neugriechische Jahrbücher", I. 1 und 2.) Berlin-Wilmersdorf. 1920. — 4 SS. in 8°

Lycée. grand-ducal de Jeunes Filles de Luxembourg. Programme publié à la clôture de l'année scolaire 1919 — 1920. Luxemburg. Linden & Hansen. 1920. — 33 + 57 p. in 8° — Dissertation: **Dr. Noesen J.** L'Oeuvre romanesque de Th. Gautier — p. 1 — 32.

* **Medinger Eugen.** Der Kalvarienberg und die alte Kapelle von Beckerich. Esch an der Alzette. N. Neuens. 1920. — 6 SS. in 8°.

Oeuvre de la Charité Maternelle de Luxembourg sous le Haut Protectorat de S. A. R. la Grande-Duchesse Marie-Anne. Rapport de l'année 1919. Luxembourg. Joseph Beffort.. 1920. — 15 pp. in 8°.

Paul Felix von der Mosel. Berühmte Moselaner aus den Kantonen Grevenmacher und Remich. Grevenmacher. Michel Braun. O. D. (1920) — 115 SS. in 8°.

Revue financière éditée par la Société luxembourgeoise de Crédit et de Dépôts, Successeurs de Werling, Lambert & Cie Luxembourg. Victor Bück (Bück frères) — Journal hebdomadaire Gr. in 4° dont le No. 1 est daté du 18 septembre 1920.

* **Schmit Johann.** Aus dem Geisterleben unserer Vorfahren: Peter Unruh und der Crispinusfels. — Luxemburgisches Sprachgut: Die Schobermesse. Esch an der Alzette. 1920. N. Neuens. — 4 SS. in 8°.

---

* Sonderabdruck aus „Ons Hémecht".

Ons Hémecht.

Organ des Vereines für Luxemburger Geschichte, Literatur u. Kunst.
Herausgegeben vom Vereins-Vorstande.

26. Jahrgang. — elftes und zwölftes Heft. — November und Dezember 1920.

Jeder Autor ist verantwortlich für seine Arbeit.

Reise-Erinnerungen (von N. Funck.)

Dreizehnter Teil.

Nach Venezuela. Ankunft in La Guayra.

(Schluß.)

An diesem Tage machten wir unsere Besuche bei den alten Freunden und Bekannten und bereiteten uns vor, nach Caracas zu gelangen, um von dort aus unsere Ausflüge nach dem Innern zu unternehmen. Wir zogen es vor, Maulesel zu gebrauchen und dem alten, malerischen und kürzeren Weg zu folgen.

Von dem kleinen Dorfe Maiquetia aus führt der Weg gleich in die Berge. In einer weniger als eine Stunde erfordernden Steigung gelangt man zu einigen armen Hütten, wo die Maultiertreiber (arrieros) sich erfrischen können. Dieser Ort, namens Curucuti, befindet sich schon 2500 Fuß über dem Meere. Die Temperatur ist um 5 bis 6° niedriger als in Guayra und in diesen Gegenden beginnt die Vegetation einen imposanteren Anblick zu gewähren. Eine Stunde weiter begegnet man die Venta, (eine Art Herberge auf halbem Wege von Caracas), wo die Reisenden sich gewöhnlich etwas aufhalten, damit ihre in Schweiß gebadeten Maultiere etwas verschnaufen können. Diese sauber gehaltene, kleine Herberge liegt 4000 Fuß über dem Meeresspiegel. Hier muß man zum Mantel greifen, denn die Kälte ist sehr fühlbar; das Wasser scheint eiskalt und doch beträgt die Temperatur 15—16 Grad Réaumür. Von 9—10 Uhr morgens an herrsch ein dichter, feuchter Nebel über den Höhen. Bei klarem Wetter ruht der Blick fast vertikal über dem Meere, wo man im Hafen von Guayra die Schiffe gleich Wasserspinnen über das Wasser gleiten sieht. Beim Austritt aus der Venta bemerkt man, daß die Vegetation plötzlich geändert hat: Die Syphocampilus haben die Bignouen ersetzt. Die Clusia, die Gaultheria, die Thibaudia usw. folgten auf die Bombax (Käsebaum). Zedern, Cecropia Acazien und Mimosen. Dichte Sträucher von fingerförmigen Caladien, schöne Büschel von Farrenkraut und Baumschmarotzern mit weißen, gelben und roten Blumen begrenzten die beiden Seiten des Weges bis zur Cumbre, dem höchsten Punkte des Weges. An diesem Orte befindet man sich auf einer

Höhe von fünftausend und einigen Fuß. Die Kälte ist dort ziemlich scharf und der Wind bläst mit starken Stößen. Vom Meeresstrand bis dorthin begleitet euch eine schöne und mannigfaltige Vegetation; aber sobald die Cumbre überschritten ist, wird sie immer erbärmlicher. Verkrüppelte Bäume und Sträucher wachsen vereinzelt in den dürren, bergischen Savannen. Nur die von Bächen durchrieselten Schluchten zeigen schönes Grün.

Nach einer halben Stunde auf dem Wege, welcher längst des kahleren Bergabhanges sich hinschlängelt, gelangt man an den großen Abstieg, von welchem aus der Blick die Stadt und das Tal von Caracas beherrscht, dessen verschiedene grüne Schattierungen sich vorteilhaft von der Blöße der Berge abheben. Nach einem Marsch von zwei Stunden auf einem holperigen, steilen Wege kamen wir plötzlich vor den Eingang der Stadt. Rechts am Fuße der Berge sieht man eine Art Minaret, welcher als Pulvermagazin dient.

Beim Eingang in die Hauptstadt von Venezuela bemächtigt sich der Seele des Reisenden ein Gefühl von Trauer: zahlreiche Ruinen aus dem großen Erdbeben von 1812 bieten sich seinen Blicken dar, wie unheilbringende Vorposten, die ihm bedeuten, daß er lockeres Erdreich betritt. Unwillkürlich denkt man an Pompeji und Herculanum. Bald aber verschwinden diese Ruinen, um niedlichen kleinen einstöckigen Häusern mit grünen Läden und Wänden Platz zu machen, die oft in allerlei Farben glänzen. Die Straßen werden belebter, Klavierstücke, schöne Frauen mit schwarzen Augen hinter den vergitterten Fenstern. Reiter auf ihren kleinen, lebhaften Pferden längst den Trottoirs lassen einen schnell die traurigen Eindrücke des ersten Augenblickes vergessen.

Die Stadt Caracas ist nichts weniger wie schön; die Straßen sind sehr lang und einförmig und haben den Nachteil aller Straßen der amerikanischen Städte, das heißt, daß sie sich alle gleichen und ziemlich langweilig sind. Diese Eintönigkeit wird nur hie und da unterbrochen durch eine Kirche oder eines jener Gebäude in Haustein nach maurischer Architektur, dessen Solidität den starken Erschütterungen von Anno 12 stand gehalten hat. Die Pflaster sind so schlecht, daß sogar die Pferde die Trottoirs aufsuchen, wenn nur solche vorhanden sind.

Abgesehen von diesen kleinen Unannehmlichkeiten ist es eine lustige und belebte Stadt: sie ist das Zentrum der kaufmännischen Operationen des Landes. Sie hat Oberschulen, eine Universität, ein Seminar, mehrere Pensionate, eine Bibliothek im Kloster St. Franzisko, einen Senat und eine Abgeordnetenkammer. Aber was Caracas die meiste Belebung gibt, das ist der Zufluß von Fremden, welche wohl den zehnten Teil der Bevölkerung, die auf 35 000 Seelen geschätzt wird, ausmachen.

In Caracas bilden die Franzosen die Mehrzahl der Europäer, statt daß in La Guayra bei einer Bevölkerung von 4000 Seelen, wovon ein Drittel Europäer, die Deutschen den vierten Teil der ganzen Bevölkerung ausmachen. Diese Letzteren haben sich des Haupthandels des Landes bemächtigt; ihre Tätigkeit, ihre Ausdauer und besonders ihre kaufmännischen Kenntnisse, verbunden mit den Kapitalien, über welche sie verfügen, sind die Ursachen ihrer Überlegenheit über die anderen Nationen. Auch ist ihre Erziehung auf diesen Zweck gerichtet, und selten sieht man einen deutschen Kaufmann, der nicht wenigstens 3 oder 4 verschiedene Sprachen spricht.

Der französische Handel beschränkt sich deshalb auf spezifisch französische Artikel, für welche keine Konkurrenz zu fürchten ist, so zum Beispiel: Seidewaren, Pariser Artikel, Modesachen, einige Wollstoffe, sowie Weine und Cognac. Mit Ausnahme von Wein und Cognac werden die Waren durch Kleinhändler in das Land eingeführt, was die Großkaufleute zwingt, eine traurige Rolle zu spielen oder aber sich zu Kommissionären dieser letzten Häuser herabzuwürdigen. Die Tätigkeit der französischen Kaufleute im Detailhandel ist unglaublich: Die meisten derselben machen jährlich ein oder zwei Reisen nach Paris um ihre Auswahl zu treffen, welche Sorge speziell den Frauen obiegt; ich habe mehrere Damen in Caracas gekannt, welche schon zwölf bis fünfzehn Reisen nach Frankreich und zurück gemacht haben.

Der englische Handel ist zu apathisch, um die deutsche Konkurrenz aushalten zu können. Während diese letzteren ihre Verbindungen mit dem Inneren des Landes durch Kreditbriefe auf 8—12 Monate ausstellen, mit Freiheit die Quantität der Waren auszuwählen, wollten die Engländer lange ihr altes System beibehalten, das darin besteht, bestimmte Quantitäten auf Muster gegen bar zu verkaufen.

Das von den Deutschen eingeführte Kreditsystem hat, trotzdem es die Handelsverhältnisse in ganz Venezuela gehoben und beschleunigt, doch seine ernsthaften Nachteile; denn dieses System verteilt sich progressiv vom Großkaufmann bis zum letzten Konsumenten. Diese Leichtigkeit der Geschäfte, ohne bares Geld Einkäufe zu machen, verleitet notwendigerweise den Kleinkrämer, sowohl wie den Konsumenten, in einem Lande, wo die Sparsamkeit der geringste Fehler ist; der Luxus übersteigt die Mittel und wenn der Zahlungstermin verfallen ist, dann kommt entweder der Bankrott oder man greift zu unredlichen Mitteln.

Dagegen machen sich alle Ankäufe durch Vorausbezahlung, bisweilen 10 oder 8 Monate vor der Ernte. Es unterliegt keinem Zweifel, daß mit einem solchen Kreditsystem das Land dem Ruin entgegengeht und die Unredlichkeit sich zu einer nationalen Plage ausbildet, wenn sie es nicht schon ist.

Im Allgemeinen sind die Venezolaner einem lächerlichen Luxus zugetan, sowohl die der mittleren als auch die der niederen Klasse. Nicht selten sieht man einen Mann, in höchst dürftiger Kleidung, der an seinem Hemde eine diamantene Stecknadel trägt, die 600—800 Franken kostet, was bisweilen den Betrag seiner ganzen Habseligkeit, sowohl Mobiliar als Immobiliar, ausmacht. Die Frauen der niedrigen Klasse würden sich für entehrt halten, wenn sie grobe Schuhe oder gewöhnliche Strümpfe trügen; sie müssen Atlasschuhe und seidene durchbrochene Strümpfe, oder einfach nur Atlasschuhe haben, was sehr possierlich absticht von

diese nur für Festtage; in der Woche gehen sie barfuß.

einer schönen mousselinen Robe und nackten siennafarbenen Beinen,

Die höhere Klasseist unterrichtet, die hat ausgezeichnete Manieren, aber unter einem bescheidenen Äußern verdeckt sie viel Stolz und adeligen Dünkel, was sehr wenig mit den liberalen und republikanischen Einrichtungen des Landes stimmt. Sie verkehrt nur mit außerordentlicher Zurückhaltung mit der bezüglich des Farbenursprungs verdächtigen Gesellschaft. Dieser Unterschied und diese Zurückhaltung gilt insbesondere mehr für die Frauen als für die Männer; weil sie nicht dieselbe Ursache zur Duldung haben als diese letzteren. Farbige Männer sind tatsächlich während des Freiheitskrieges zu den höchsten Graden und Ämtern gelangt. Sie flößen mehr Respekt ein und sind bisweilen geduldet. Unter diesen letzteren zitiere ich den General Paez, der vom einfachen Hirten sich zum General und Präsidenten der Republik emporgeschwungen hat. Dieser außerordentlich weise und gemäßigte Mann hat sich als unübersteigliche Schranke zwischen die weiße und farbige Partei gestellt und verstand es, während langen Jahren sein Land vor dem Bürgerkriegt oder was noch schrecklicher gewesen wäre, vor dem Kastenkriege zu bewahren, Einerseits vertrat er die sogenannte liberale Partei; andererseits hiel. er es mit der weißen Partei oder dem Regierungsausschuß und darin handelte er zu gleicher Zeit sowohl im Interesse der beiden Parteien als auch in seinem eigenen; denn als Besitzer von ausgedehnten Grundgütern konnte jeder Bürgerkrieg ihm nur sehr nachteilig werden.

Obschon man dem General Paez einen außerordentlichen Geiz, eine Sucht nach grenzenlosem Reichtum vorwirft, ist es doch für jeden vernünftigen Menschen eine unumstößliche Tatsache, daß ihm allein der Friede zu verdanken ist, dessen Venezuela so lange genießt inmitten der blutigen Revolution, welche die anderen Nachbarrepubliken zerrissen haben. Seit General Soublette auf Paez folgte (seit 4 Jahren) haben bisweilen dumpfe Erschütterungen diesen langen Frieden bedroht. Di- liberale Partei glaubt sich verlassen, sie setzt Himmel und Hölle in Bewegung, um die Macht zu erlangen und es wird ihr gelingen, wenn Paez, der als einfacher Privatmann die Massen auch jetzt noch durch sein Wort, seinen Blick bemeistert, aufgehört hat zu leben; denn diese Partei ist stark, geschickt und intrigant, während die aristokratische Partei zu entschlummern scheint, wie Brutus, als Rom in eisernen Fesseln lag. Ein letzter Anflug von Energie hat bei ihr durchgesickert bei den letzten Präsidentenwahlen, die alle 4 Jahre stattfinden; aber sie wurde erregt und unterhalten durch den Beistand des Generals Paez und einiger andern alten Generäle des Freiheitskrieges. So hängt also die Ruhe, der Friede von Venezuela, am Lebensfaden eines einzigen Menschen. Meine Ahnungen haben sich unglücklicherweise in der Folge verwirklicht.

Caracas ist eine der vorteilhaft gelegenen Städte im tropischen Amerika. Seine Lage über dem Meere (3000 Fuß) gewährt ihm eine der angenehmsten Temperaturen, die sich kaum über 22° R. erhebt und nachts bis auf 15° fällt

So in der gemäßigten Zone, nahe der heißen sowie der kalten, gelegen, zeitigt sie die Produkte dieser 3 Zonen. Das europäische Obst und Gemüse, die Bananen, die Schellenbäume, die Breiäpfelbäume, die Ananas der heißen Zone strömen dem Markte von Caracas zu.

Eine prachtvolle Ebene von außerordentlicher Fruchtbarkeit dehnt sich nach Westen hin, von Caracas in einer Länge von 2 Stunden und einer Breite von einer halben Stunde aus, umgeben von hohen Bergen, deren Gipfel sich bis an die 6000 Fuß über diese Ebene erheben.

Ist die Hauptstadt von Venezuela etwas monoton, so bietet dagegen das Tal von Caracas, das sich gegen Osten hinzieht, eines der freundlichsten Panorama's. Prachtvolle Kaffeepflanzungen folgen ohne Unterbrechung bis zum Dorfe Petaré. Von allen Seiten wird die Luft geschwängert durch die balsamischen Wohlgerüche der Blüten der die Wege begrenzenden und die Wohnhäuser einschließenden Orangenbäume. Millionen von Pomeranzen bedecken den Boden während der Monate November und Dezember; kaum daß man sich die Mühe gibt, dieselben aufzuheben. Tausende von Kolibris in brillanten, metallischen Farben flattern, summend wie die Bienen, um die Blüten des Kaffeebaumes, um aus dessen strahlenden, weißen Blumenkronen den Honig und den Tau, welchen die nächtliche Ruhe drauf ausgebreitet hat, mit ihren, spitzen Zungen aufzusaugen In Mitten der Kaffeepflanzungen erhebt sich ein Wald von großen Bäumen, deren blendend rote Blüten Korallenholsbändern gleichen; es sind das die Erithrinamitis, welche bestimmt sind, die Kaffeepflanzen vor den Sonnenstrahlen zu schützen. An den Ufern des Guayreflusses, welcher das Tal in seiner ganzen Länge durchläuft und deren Wasser durch die Bodenbewässerungsvorrichtungen halb aufgesaugt wird, bewundert man zwei Sorten riesenmäßiger Grasarten, welche dort dichte Gebüsche bilden; ihre 12—15 Fuß hohen Stengel sind an ihrer Spitze mit breiten, goldgrünen, fächerartigen Blättern versehen. Aus dem Zentrum dieser Fächer erheben sich schlanke Blumenstiele mit Blumenbüscheln an ihrer Spitze, welche riesenmäßigen Federbüschen gleichen, die sich vom Winde schaukeln lassen. Wasservögel, Wasserhühner und schneeweiße Reiher verbergen sich während der größten Tageshitze unter ihrem dichten Schatten.

Einige Oreodoxa (Königspalme) zeigen hie und da ihre mit eleganten Wedeln geschmückten Häupter über den Pomeranzenbäumen und den Erithrina. Dieser prachtvolle Palmbaum sieht von weitem aus wie eine bewegliche mit einem Kapitäl von gemischter Ordnung gekrönte Säule.

Welch schöne Landhäuser, welch prachtvolle, angenehme Residenzschlößchen hätte man nicht in diesem reizenden Tale oder am Fuße der dasselbe umrahmenden, starren Berge errichten können! Doch nein! hier sowohl wie im ganzen spanischen Amerika bilden Saumseligkeit und Gleichgültigkeit die vorwiegenden Charaktere der Einwohner. Nur die Europäer verstehen es, die natürlichen Annehmlichkeiten, welche das

Land bietet, auszunützen und zu genießen. Kaum sieht man einige Kreolen, die ausnahmsweise mit europäischen Blumen einige kleine Plätze im Innern ihrer ausgedehnten Besitzungen schmücken. Soll der mangelnde Geschmack für die Kunstgärtnerei dem angeborenen Luxus der Natur oder der Leichtigkeit, womit sorglos alles in den südlichen Ländern blüht und vergeht, zuzuschreiben sein. Ich bin fast versucht, das zu glauben. Aber diese Gleichgültigkeit für das Behagliche, diese Unempfindlichkeit für alles, was die Einbildungskraft und den Geist während der freien Zeit erheben kann, das ist nicht nur mehr Sorglosigkeit, das ist Faulheit.

Das Gebiet von Venezuela umfaßt 15000 Quadratmeilen, wovon allein die Hälfte auf die Provinz Guyana entfällt; diese stößt im Süden an Brasilien und im Osten an die europäischen Guyanen.

Die jüngst vom Oberst Codazzi veröffentlichten statistischen Arbeiten schätzen die Bevölkerung auf 1,1000,00 Seelen, ein drittel reinrassige Indianer, ein Viertel Weiße, und der Rest ein schillerndes Gemisch von Kreuzungen zwischen Weißen, Indianern und Negern; letztere haben seit zehn Jahren ungemein abgenommen und machen kaum mehr ein Zwanzigstel der Gesamtbevölkerung aus.

Eine Abzweigung der hohen Cordillere durchzieht das Land von Westen nach Osten und verlauft hier allmählich beim Pariabusen auf der Halbinsel Araya in den atlantischen Ozean. Im Westen, in der Provinz Merida, drängen sich die höchsten Spitzen zusammen, mehrere tragen ewigen Schnee und erreichen an 15000 Fuß Höhe.

In mehreren Provinzen teilt sich die Hauptkette in auseinanderstrebende Äste, die bis zur Küste verlaufen und manchmal weite Ebenen, Hochebenen und Taler entwickeln, deren Klima und Erzeugnisse mit der Erhebung über den Meeresspiegel wechseln. So kann man drei klimatische Stufen unterscheiden, welche untereinander sehr verschieden sind. Die erste begreift die Tierra caliente (warme Erde) und erstreckt sich von der Küste bis zu einer Höhe von 2.500 Fuß. Die Temperatur schwankt dort im Maximum zwischen 22 und 28, im Minimum zwischen 18 und 24 Réaumur. Das ist die Heimat der Kokospalmen, der Brotfruchtbäume, der Paradiesfeigen, der Tamarinden, der Mimosen und Riesenakazien; es wächst dort der Rasselbüchsenbaum (Hura crepitans) und die Königspalme (Oreodoxa regia). Säulenkaktusse, Agaven, Bignonien, Apfelsinen- Mango- sowie Sapotillbäume vollenden das Bild, und an der Küste des Meeres und der Salzflüsse treffen wir auch Coccoloben und Stelzenbäume. An Kulturpflanzen sind zu erwähnen der Kakao, den man in warmen und feuchten Geländen unter schattenspendenden Korallenbäumen zieht, Kaffeestrauch und Baumwollstaude im ganzen Gebiete, die Ananas in heißen und sandgründigen Strichen, der Mais welcher zu erstaunlicher Höhe gedeiht, das Zuckerrohr, das bessere Ernten liefert als in gemäßigteren Verhältnissen. Die im Großen angebaute Kokospalme, die gelbe Mangopflaume und der breitblattrige Brotfruchtbaum haben sich so gut angepaßt, daß sie, obschon eingeführt, dennoch einheimisch zu sein scheinen. Die Paradiesfeigen machen in der Kultur keine Mühe und wachsen und vermehren sich mit äußerster Schnelligkeit. Auch Indigo und Reis sind vorhanden, werden aber nach und nach aufgegeben und erhalten sich nur mehr einigermaßen in den Provinzen Carabobo und Varinas.

Die zweite oder gemäßigte Stufe (tierra templada) liegt zwischen 2500 und 5000 Fuß. Ihre Charaktergewächse sind Zedern, Cecropia palmata, aus deren hohlem Stamm man Röhren fabriziert, der baumartige Croton, Anona humboldtiana u. s. w. In dieser Umgebung treten auch die ersten Baumfarne in die Erscheinung, sowie Melastomeen und Gesnerien dazu bedecken sich die alten Stämme der Bäume mit zahlreichen epiphytischen Orchideen, Akazien und Bromelien und zu ihnen gesellen sich endlose Lianen, die sich nach allen Seiten in die Zweige verstricken und gar oft dem vorwärts strebenden Sammler Hindernisse entgegenstellen. Nach der oberen Grenze dieser Region zeigen sich, nebst allerlei Palmen mit biegsamem Stengel, die verschiedensten Arten der Gattungen Weinmannia, Vismea, Clusia, Esxolonia u andere: schließlich gelangt eine richtige subalpine Flora zur Entwickelung, welche aus Vertretern der Gattungen Besaria, Gaultheria, Podocarpus, Siphocampylus u s. w. besteht. Gegen die folgende Stufe besteht hier keine scharfe Abgrenzung, denn die Zusammensetzung des Bodens, zumal aber die Lage zum Lichteinfall, bringen mancherlei Abweichung zuwege, und an einigen Orten sieht man die Wälder und Pflanzen der unteren gemäßigten Stufen, mit einigen Abweichungen allerdings, sich ununterbrochen bis auf fünf und sechstausend Fuß Höhe ausdehnen.

In dieser Region glücken noch Kaffeeplantagen, und eine Paradiesfeigenart, St. Domingo oder Camburé genannt, hält sich im Schutz gegen Nord- und Nordostwinde, auch gedeihen alle europäischen Gemüse auf das herrlichste, Apfelbaum und Pfirsich geben zwei Ernten im Jahre, schlagen aber aus Mangel an Pflege und, weil nicht gepfropft, leicht in die wilde Form zurück.

Die dritte Stufe verläuft von der 6000 Fußgrenze bis zum ewigen Schnee. Der Einheimische nennt sie kalte Erde oder „paramo". Anfangs finden sich die Arten des tieferen Stockwerkes noch unter die Waldpflanzen gemischt, bald aber treten sie zurück und überlassen das Feld den ungezählten Vertretern der Familie der Heidekräuter, der Lippen- und Korbchenblättler. Da stößt man auf den Weihrauchbaum (Trixis neriifolia) die Wachspalme (Ceroxylon andicaulon) Die Heidelbeeren, Maiblumenbäume (Cletra) und Torfbeeren (Guay-Lussaccia), und schließlich zeigen sich zahlreiche Frailejon (Espeletia) deren große Blätter mit reinem, dichtem Seidenpolster bedeckt sind, aus dem der von der kühlen Nacht ereilte Wanderer sich ein warmes Lager herstellen kann. Eine gewisse Abwechselung wird auch bedingt durch das Auftauchen solcher Pflanzen, deren Familien oder Gattungen aus Europa stammen, so Berberis, Allium, Plantago, Morus, Gentiana, Geranium und andere Gattungen, zumal auch Umbelliferen und Grossulariaceen. Dicht vor der Schneegrenze bleiben nur mehr wenige eigenartige Farne sowie Polster von Gramineen erhalten. An der äußersten Grenze der gemäßigten Stufe fällt das Quecksilber bis auf 12° Réaumur; bei 8500 Fuß beträgt das Mininum 0°, das Maximum an warmen Tagen nicht mehr als 15°. Auf dieser Höhe steht die mittlere Temperatur bei 9° R. in dem gemäßigten Gebiete bei 15°—18°.

Einige Gewächse weisen keine Verteilungsgrenze auf: so wächst der Wunderbaum (Ricinus) in der Nähe der Siedelungen vom Meeresrande bis auf die kalten Höhen hinan, die Pappelweide (Salix humboldtianum) ist steter Begleiter der Flüsse im heißen, wie im kalten Bezirke. Kartoffel und Getreide gedeihen zwar an den oberen Grenzen des gemäßigten Striches, geben aber zumal schöne Ernten zwischen 6 und 800 Fuß Höhe über dem Meere.

Den drei Klimastufen entspricht auch eine Dreiteilung der Bewohner in Rassen, deren jede wieder mehrere Varietäten umfaßt: 1) Die weiße oder kaukasische Rasse, welche aus der alten Welt eingeführt ist; 2) Die amerikanische oder einheimische Rasse mit straffen, glatten Haaren und von glänzend akajoufarbener Haut; 3) Die schwarze oder äthiopische Rasse, mit krausem Haar, kommt aus Afrika.

Weiße mit Indianern gekreuzt geben eine schöne Abart, Chino oder Mestize; aus der Vermischung von weißem und Negerblut entsteht der Mulatte, aus Negern und Indianern der Zambo.

Die Verschiedenheit der Bevölkerung tritt auch im Charakter, in Sitten und Gebräuchen zutage, und auf diese wirken außerdem Lage und Klima, Erzeugnisse und soziale Beziehungen ein. Ich werde mich daher enthalten, ein Urteil abzugeben, welches zu leicht mehr als einmal den Tatsachen nicht entsprechen dürfte, die ich später eventuell anzuführen gezwungen sein werde. Man soll sich hüten, gewisse Reisende nachzuahmen, die mit staunenerregender Sicherheit Sitten und Einrichtungen eines Landes beschreiben, das sie nur eben berührt, und von dem sie vielleicht nur eine Stadt oder ein Dorf gesehen haben. Das erinnert an jenen Touristen, welcher, in Bern durch einen achttägigen Regen zurückgehalten, in seinem Tagebuch vermerkte, dort regne es immer; man könnte auch an Jules Janin erinnern, welcher behauptet, die Belgier tränken nichts als Bier. Ein anderer Fehler, der besonders in französischen Reiseberichten auffällt, besteht darin, stets Vergleiche anstellen zu wollen und jedes Volk nach dem eigenen zu beurteilen. Der Charakter und die Gepflogenheiten eines Volkes ändern eben nach den Verhältnissen, welche sein Land beherrschen.

Die in Venezuela ansässige weiße Rasse hat im Großen und Ganzen die Sitten der Spanier bewahrt, von welchen ihr Ursprung datiert, höchstens wären Stolz und Ehrgeiz in Abrechnung zu bringen. Die einheimische, zivilisierte Rasse hat seit einigen Jahrhunderten unter dem Druck der spanischen Herrschaft die ursprüngliche Eigenkraft eingebüßt, sie ist feige, niedrigdenkend und kriecherisch geworden, ohne alle Würde, aber noch immer mit einem gewissen Selbstbewußtsein im Auftreten. Munterkeit, Sorglosigkeit und Verwahrlosung sind das glückliche Erbteil des Negers und Mulatten, ob er frei oder Sklave sei.

Die Leichtigkeit des Lebenserwerbes, die große Bedürfnislosigkeit, welche in den Tag hineinleben läßt, hat bei der Bevölkerung das Laster des Stehlens nicht aufkommen lassen. Der Reisende kann dreist ohne

Waffen das ausgedehnte Land durchqueren, er wird nie ausgeraubt. Allerdings wird er manchmal einen kleinen Gegenstand vermissen, ein Taschenmesser etwa oder sonstiges. Deshalb kann auch der Landbote zwischen Bogota, Sta Martha und Carthagena seit Jahren mit großen Geldsummen verkehren, ohne daß ihm je das Geringste abhanden gekommen ist.

Welches auch der Grund dieser übergroßen Sicherheit sei, die Tatsache liegt vor Augen; es scheint nicht, daß religiöse, moralische oder Überlegungsmotive im Spiele sind, es kommt viel eher auf die Gleichgültigkeit, den wenig entwickelten Hang zum Reichtum und die sehr geringen Bedürfnisse der ärmeren Bevölkerungsschichten heraus.

Heimatliteratur und Heimatsprache.

Eine kritische Studie von Victor Hostert

(Schluss.)

II. Heimatsprache.

Ein zweiter Punkt in unserer Literatur, der vielleicht mehr in die Augen springt als die ungewöhnliche Entwicklung derselben, und welcher sich wie ein lästiger Hemmschuh an das künstlerische Schaffen unserer Dichter hängt, sind die sprachlichen Unvollkommenheiten unseres Dialektes. Diese Unvollkommenheiten sind in der Hauptsache folgende: 1. Mangel an eigenen luxemburgischen Ausdrücken, an deren Stelle deutsche oder französische herangezogen werden. 2. Fehlen verschiedener Zeitformen. 3. Fehlen einer möglichst einfachen, einheitlichen und allgemein durchgeführten Schreibweise. 4. Unkenntnis mancher kernluxemburgischer Ausdrücke, die früher dem Volke geläufig waren, aber immer mehr der Vergessenheit anheim fallen.

Was den ersten Punkt betrifft, so wollen wir hier nicht reden von der lächerlichen Gewohnheit mancher Leute, ihre Sätze geflissentlich mit fremden Ausdrücken zu spicken. Aber auch solche, die vom besten Willen beseelt sind, fühlen sich oft durch das Fehlen gut luxemburgischer Ausdrücke in die Enge getrieben. Dies trifft besonders für den Redner zu, der in der Eile, vielleicht auch in der Aufregung, nicht immer das entsprechende luxemburgische Wort findet, entweder weil es ihm zu fern liegt oder gänzlich fehlt. Wenn er es nicht vorzieht, sich rasch ein solches eigenmächtig zu schmieden, greift er zur fremden Sprache. Auch der mit ruhiger Überlegung Schreibende ist manchmal zur Entlehnung fremden Gutes genötigt.

Allerdings ist beispielsweise eine Anzahl französicher Ausdrücke dem Volke derart vertraut geworden, dass sie nicht mehr als eigentliche Fremdwörter angesehen werden können, so z. B. Affront, Gilé, Ficelle, Gigo, Blessur und viele andere.

Daneben haben manche durch Umformung und Anpassung an unsere Sprache ihr fremdes Gewand mehr oder weniger abgestreift und sich dadurch Bürgerrecht in dem heimischen Wortschatz erworben. Solche sind: Back, baffen, Bäl (bail. Canaljen, Cartong, Coulang, Follement, femmen, Forschett, glott (altfränz. Glout), u. s. w.

Sollte es nun nicht möglich sein, dass man nach Art dieser letzten Gattung das fremde Reis auf den heimischen Stamm pfropft, um dadurch die unliebsamen Lücken in unserer Sprache auszufüllen!

Was das fehlen von Zeitformen anbelangt, so können wir die sonderbare Tatsache feststellen, dass unsere Sprache fast gar kein Imperfekt und nicht ein einziges Futurum kennt. Imperfektformen sind einige wenige vorhanden: Ech ko'm, ech go'ng, ech duecht, u. s. w.; im grossen ganzen aber sind sie äusserst selten. Ein Futurum besteht überhaupt nicht. Allerdings haben wir eine demselben ähnliche Form, in Wirklichkeit drückt sie aber mehr einen Zweifel oder eine Hoffnung aus: Ech denken he werd kommen.

Über die Rechtschreibung unseres Dialektes sind bereits ganze Bände geschrieben worden. Umso befremdender scheint es, dass bis jetzt noch kein endgültiges, allgemein befriedigendes Ergebnis erzielt worden ist. Der Grund wird wohl in dem Umstand zu suchen sein, dass einerseits sämtliche bis jetzt vorgeschlagene Schreibarten nicht einfach genug waren, anderseits weil all diesen Arbeiten, auch den besten, jede Sanktion fehlte.

Der allgemeine Wunsch geht dahin, dass unsere Mundart möglichst leicht zu lesen und zu schreiben sei. Zur Bezeichnung des jeweiligen Lautes ist es gar nicht nötig, seine Zuflucht zu Akzenten, Apostrophen und über die Linie gestellten Buchstaben zu nehmen. Man denke beispielsweise an das Englische, dessen Aussprache bekanntlich eine der schwierigsten aller lebenden Sprachen ist; und doch würde man darin vergebens nach einem einzigen dieser Hilfsmittelchen suchen. An unserer schwer zu handhabenden Rechtschreibung liegt es hauptsächlich, dass unser Schrifttum bis jetzt noch nicht die Volkstümlichkeit erlangt hat, die ihm gebührt.

Wer soll nun die Hand ans Werk legen, um unsere Sprache in dem angedeuteten Sinn auszubauen? Es ist die Ansicht geltend gemacht worden, unser höchst gestelltes Organ, die Regierung, habe keine Zeit, sich mit derartigen Dingen abzugeben. Selbstverständlich ist es nicht Sache der Regierung, sich den Kopf über Sprachreformen zu zerbrechen. Wohl aber gibt es im Lande eine ganze Reihe zuständiger Fachmänner, welche auf Grund ihrer eigenen Erfahrung und an Hand des vorliegenden Materials diese so oft berührte Frage einer glücklichen Lösung entgegenführen könnten. Für alles mögliche werden Kommissionen eingesetzt; weshalb also nicht auch eine für Reinigung und Ausbau unserer Sprache!

Eine diesbezügliche Arbeit kann ihre Sanktion nur von der Öffentlichkeit im weitesten Sinne des Wortes erhalten. Die von den besten Köpfen des Landes ausgedachte Rechtschreibung muss allgemein angenommen und durchgeführt werden, in der Schule, in der Presse, in privaten Schreiben, in Anzeigen, ja sogar in der Kirche. Was von ihr abweicht, muss sofort als unrichtig erkannt und missbilligt werden. Die Lesebücher unserer Kleinen sollen für die in denselben aufgenommenen Stücke sich der offiziellen Rechtschreibung bedienen, desgleichen alle literarisch Tätigen. Auch die Presse kann in dieser Hinsicht sehr viel wirken. Bis jetzt besitzen wir nur ein einziges Blatt „d'Natio'n, Organ vum Letzeburger Nationalissem", welches grössere luxemburgische Artikel veröffentlicht. Wir bedauern nur, dass die „Natio'n" einigermassen von der Richtlinie abgewischen ist, welche die National-Unio'n sich im November 1911 gezogen hatte. In der ersten Nummer von „Jongletzeburg" schrieb sie nämlich, sie wolle „eng Zeidong an nach eng ganz op Letzeburgesch" herausgeben. Aber auch die grossen Tagesblätter sollten ihre Spalten unserm Dialekte nicht verschliessen; ein in demselben geschriebenes Feuilleton würde sicher gern gelesen werden. Ein reiches Arbeitsfeld öffnet sich da unserer erzählenden Dichtkunst. Auch die Kirche könnte sich um unsere Sprache verdient machen, wenn sie beispielsweise dem Volke luxemburgische Andachtsbücher in die Hand gäbe. Wir sind überzeugt, dem lieben Gott wären sie ebenso angenehm wie deutsche oder französische. Der Brief der Mutter, in unserm Dialekt geschrieben, müsste wie ein Sonnenstrahl aus der Heimat in das Herz des in der Ferne weilenden Kindes dringen.

Zum Schluss möchten wir noch einen Punkt erwähnen, hinsichtlich dessen die Ansichten geteilt sind. Es ist nämlich die Frage erörtert worden, ob die verschiedenen Lokalmundarten unseres Landes eine eigene Rechtschreibung haben sollen. Wir glauben, dass es für unser Schrifttum unerlässlich ist, dass inbetreff Schreibart und Ausdruck auf dem Gebiet luxemburgischer Zunge vollständige Gleichförmigkeit herrsche. Ähnlich dem Flämischen ist unser Dialekt eigentlich mehr als Sprache, denn als Mundart zu betrachten, indem er nicht nur von den niederen Gesellschaftsschichten, sondern von dem ganzen Volke gesprochen wird. Mit Recht dürfen und sollen wir daher auch eine eigene Schriftsprache, mit allen wesentlichen Merkmalen einer solchen beanspruchen. Wenn nun das Flämische bei etwa vierzig verschiedenen Lokalmundarten eine einheitliche Schriftsprache besitzt, welche neben dem Französischen sogar als offizielle Sprache anerkannt worden ist, weshalb soll dann nicht auch in unserm Lande völlige Einheitlichkeit zu erzielen sein! Übrigens ist der Raum, auf dem sich unser Schrifttum betätigt, derart klein, dass es wahrhaftig nicht angeht, für jede einzelne der zahlreichen Untermundarten unseres Ländchens besondere Regeln aufzustellen. Als Grundlage soll die dem Stadtluxemburgischen sich nähernde allgemeine Umgangssprache dienen, welche ausserdem an der Alzette sowohl als an der Mosel und der Sauer ohne die geringste Schwierigkeit verstanden wird. Nur auf diese Weise können wir unserm Dialekt die grösstmögliche Ausbreitung und damit die so lange angestrebte grösstmögliche sprachliche Vollkommenheit sichern.

General-Versammlung vom 29. Juli 1920.

Herr Präsident Blum begrüsst die zahlreich erschienenen Mitglieder und ergreift das Wort zum Jahresbericht. Der Verein hatte im verflossenen Jahre erhebliche Schwierigkeiten zu überwinden, um das Weitererscheinen der „Hémecht" zu ermöglichen. Nach einem kurzen Ueberblick über die Personalveränderungen bespricht Redner die Tätigkeit des Vereins im verflossenen Jahre und erwähnt die tüchtigen Veröffentlichungen der Herren Jacoby, Zieser, Kœnig, Stümper, Sevenig u. a., vor allem aber die gründliche Arbeit des Hrn. Rupprecht, die fortdauernd die günstigste Aufnahme findet. Er dankt herzlich allen jenen, die bis heute die Subskription des Vereins unterstützt haben, die bereits 762.50 Frs. eingetragen hat. Redner schliesst mit dem Wunsch, es möchte der Verein, den er als Gründungsmitglied gleichsam als sein Lebenswerk betrachten kann, an seine Stelle eine jüngere Kraft setzen, indem er zugleich seine weitere rege Mitarbeit in Aussicht stellt.

Nach Erledigung der Finanzlage: Einnahmen 7604,85 Frs. Ausgaben 6300,00 Frs., Ueberschuss 1304,85 Frs., wird die Erneuerung des Vorstandes durchgeführt, die folgendes Resultat ergibt: Hr. Blum, Ehrenpräsident und Kassierer; Hr. Zieser, Präsident; Hr. Kaesch Vizepräsident; die HH. Klein, Kœnig, Rupprecht Vorstandsmitglieder; Hr. Medinger, Sekretär.

Herr Zieser erzählt in einem freien Vortrag den Verlauf eines im XVIII. Jahrh. geführten Prozesses wegen Teilung des luxbg. Landkapitels in ein rein luxemburgisches und ein lothringisches. Der interessante Vortrag wird mit Beifall aufgenommen und es wird dessen Veröffentlichung im Jubiläumsband beschlossen. — Hr. Blum teilt zum Schluss mit, es sei gute Aussicht vorhanden, einen eigenen Jubiläumsband herausgeben zu können. Ueber die in Betracht kommenden Artikel werden verschiedene Erörterungen ausgetauscht, worauf die Versammlung gegen 5 Uhr aufgehoben wird. P. M.

Aktenstücke über die Teilung der Gemeingüter zu Oberdonven. 1790.

Nachstehende Aktenstücke kommen her aus dem Hause Wellenstein zu Ehnen und sind vor einigen Jahren zu Wormeldingen durch Kinder aus der Mosel gefischt und so gerettet worden.

Dank der Fürsorge des Herrn W. H. zu Wormeldingen sind dieselben der «Hémecht» zur Veröffentlichung überlassen worden.

Lit. B.

Beratung über die Teilung der Gemeingüter zu Oberdonven.

Extract

schatzungs Rolle oder laagbuch des St. Maximinischen Grundhoffs Oberdonven betreffend die ordinarie schatzung pro 1790.

passus concernens

Nr. 11

Die Gemeinde Oberdonven
36 Morgen 60 ruth bauland
" 65 ruth garten
7 Morgen wiesen.

pro extractu

Wellenstein

Meyer

Auff heut 11ten julii 1790 vor mir unterschriebenen, zu Wormeldingen seßhaften, durch den Souverainen Rath zu luxemburg admittirten Notarien und in endtbenanten Zeugen beyseyns kommen undt erschienen sind zentner und gemeine Inwohner des dorfs oberdonven und erklärten, was gestalten sie Vornehmen hätten, daß durch eine Verordnung, ohne dieselbe mitt tag und jahrzahl nahmhaft machen zu können, Erlaubt worden wäre umb die gemeinen gütter stakstädig vertheilen zu können, als haben sie in erwegung dieser erlaubnus damitt jeder, wenn er ein stück eigenthumlich besitzet, viell besser besorget in völliger ingebührend zu samenberoffener gewöhnlicher gemeiner Versammlungsplatz sich über diese sache beratschlaget und nach ordentlich in gemelter Versammlungs eingenohmenen stimmen sich nicht allein aber mehrester theil, sondern schier alle entschlossen, ihrer gemeinde zustehende gütter gleich unter alle gemeinen Inwohnern zu vertheilen, weilen aber ein solches ohne Vorläuffige landtsfürstliche authorisation nicht geschehen kann alß hätten sie den Rechtsgelehrten Herrn De la fontaine, junior, advocaten bei hochgedachtem Souverainen Rath zu ihrem anwalt ernent committirt und constituirt wie sie dan andurch denselben ernennen, committieren und constituiren thun, gestalten die nötige authorisation bei Hocherwehnten landtsfürsten auszubringen mit Versprechen alles was Herr Constituirter in dieser sache für sie thun und handelen wird für gutt gültig und unwiderrufflich zu halten unter ordinarie obligation Rechtens. urkund nach Verlesung haben Comparenten theilß unterschrieben, teilß deß unerfahren sich angebend Verhandzeichnet beyieyns des ehren Vesten Herrn Nicolas Wellenstein von Ehnen, scheffen der stadt und landtrichterey Grevenmacher und Mathes Schmit von Wormeldingen, so alß zeugen benebst mir Notarien unterschrieben.

Actum Wormeldingen ut supra.

Waren unterschrieben und respective verhandzeichnet Heinrich donkell, zentner, philip Court, joannes peter Roppert, peter engell, johanneß prost, mateß winter, mathiaß roppert, Hand-zeichen peter Bernard, Hand-zeichen gregorius Consbrück. Wellenstein mit pph. zeugen M. Schmit testis und in fidem Klein nots mit pph. 1790

In fidem praemissorum
H Klein, nots.
1790

Lit. D.

Verzeichniß oder Liste der Inwohner des Dorfes ober-Donven

auffgerichtet durch uns unterschriebenen Meyer u. scheffen des grundgerichts daselbsten.

1. Heinrich Donkel, Zentner
2. Philippe Kourt
3. Johann peter Roppert
4. peter Engel
5. Michel Prost
6. Mathias Victor
7. Mathias Roppert
8. peter Bernard
9. Gregorius Consbrück
10. Johann Medernach

In allem zehn Inwohner und Haus-meister. So geschehen zu ober Donven am 21te 7bris 1790:

Wellenstein
Meyer
philip Court
michel prost

Lit. C.

Kadaster oder Lagerplan der zu verteilenden Gemeingüter.

(Wegen seines ausschließlichen lokalen Interesses wird derselbe hier nicht abgezeichnet.)

Lit. A.

Bittschrift der Gemeiner um Teilung der Gemeingüter und deren Genehmigung unter bestimmten Bedingungen.

Aan den allerdurchlauchtigsten Grosmächtigsten Konigen in Ungarn und Böhmen.

Allergnädigster König
undt Herr!

Die gemeine Inwohner des Dorfs Oberdonven in der Zahl von zehn besitzen zufolg anliegendem extract schatzungs Rolle oder laagbuch dreyßig sechs morgen, sechzig Ruthen bauwland, sechzig fünf Ruthen garten, sieben morgen wiesen, alle gemeinschaftliche undt unzertheilte Gütter, welche sie zum besten ihrem nutzen und wegen den in beykommender Vollmacht ferners enthaltenen ursachen stak und erblich gern theilen mögten, weilen aber solches nicht ohne Vorherige Erlaubnusse ihrer Königlichen Majestät geschehen könne, weswegen sie ihre Demütigste zuflucht zu deroselben nehmen,|

Dieselben in aller Unterthanigkeit bittend geruhen zu lassen, ihnen die behörende Erlaubnusse zu gestatten und zu deme Endt den grundgerichts officianten zu bevollmächtigen undselbe mit zunehmung eines geschwornen landtmesser vorzunehmen.

Dies ist die Gnadt.

de la Fontaine.

Rapport fait du contenu de la requête qui précède et de l'avis y rendu par le Substitut Procureur Grl. de Luxembourg de Traux, la Commission Royale apermis et permet aux habitans d'Oberdonven de partager à l'intervention de leur officier leurs biens communaux consistant en quarante trois journeaux et cent vingt cinq verges et ce aux clauses et conditions suivantes :

1. Les fermiers et les possesseurs des vomeriers y auront part à l'exclusion des propriétaires non habitants de l'endroit.

2. Le partage devra se faire entre les habitants chefs de famille, les veuves y comprises.

3. Le curé ni le vice curé n'y participeront pas.

4. Les signataires des portions seront tenus de les défricher entièrement et de les réduire en culture dans le terme de deux ans à compter du jour du partage et de continuer de les cultiver, à peine que la Communauté pourra s'en ressaisir.

5. Ils ne pourront, à peine de nullité, les vendre ou aliéner par acte d'entre vifs dans le terme de six années.

6. Ceux qui auront obtenu une part dans le partage d'une communauté ne pouront en obtenir dans celle-ci.

7. Pour tout ce qui devra être défriché et ne se trouvera pas du jour du partage réduit en culture suivie, il y aura exécution de la dime et de la taille pendant trente années ; pendant trente autres années, exécution de la moitié de l'une et de l'autre.

8. Les parties de ces biens communaux qui doivent jouir de la dite exécution seront annotées sur les plans et cartes figuratives faites de tous les dits biens communaux à partager et ces cartes avec une copie authentique de l'acte de partage, seront déposées en greffe de la justice du dit lieu. Finalement.

9. S'il survient quelque difficulté dans l'exécution du partage dont il s'agit, elle sera decidée sans forme ni figure

de procès par le même Substitut Procureur Général de Traux, auquel il sera envoyé copie du présent acte d'autorisation. Fait à Luxembourg, sous le cachet secret de feu Sa Majesté le 14 Août 1790.

(Sieg:l) Malcum (?

Ausmessung und Verteilung der Gemeingüter an die einzelnen Einwohner.

Auff Heuth 21 Septembris 1790 haben wir theils unterschriebene teils auch verhandzeichnete Zentner und gemeine Inwohner des Dorfes ober-Donven, expreslich zu dem folgenden zusammenberufen und auff unserm gewöhnlichen gemeiner versammlungsorte eingestanden, allwo wir einhelliglich erklährt haben, den zu Luxemburg seßhaften geschworenen Königlichen feldmesser Heuchling bestellet zu haben, wie wir denselben hiemit bestellen, gestatten unsere gemeine gütter abzumessen, auszurechnen, dann dieselben unter uns Inwohner nach Laut Inhalt Ihro Majestät Decret vom vierzehnten augusti jüngsthin und mit Intervention unseres Herrn Meyers und officianten abzutheilen, deren Loosen ziehen zu thun. gebührend autentisches Procès Verbal darüber auffzurichten, und selbes, nach Vorschrift obgemelter Ihro Majestät decret sammt der auffzurichtenden geometrischen Carte der Vorhabenden theilung in unserer Gerichts Kasten zu hinterlegen

Sofort erklähren wir unsere Mit Inwohner Philippus Kourt, Johann peter Roppert, Heinrich Donckel und Mathias Wietor zu unsern Deputirten ausgewählet zu haben, um obgemeltem geschworenen feld messer in obiger seiner operation an die Hand zu gehen, die werthsschatzung unserer gemeinen gütter zu machen, selbe in Verschiedene Classen eintheilen zu thun — Endlich ein Recht Klar und Deutliches Verzeichniß oder Liste der Inwohner unsers dorffes welche dem sinn nach obgesagtes Ihro Majestät Decret in unserer Vorhabenden Theilung theilhaftig seyn müssen; obgemeltem geschworenen feldmesser einzuhändigen: mit Versprechen für Vest und unwiderruflich zu halten alles, was obgesagte Deputierte in unserm Nahmen thun werden, unter Verbindung, wie Rechtens; dessen zu urkund haben wir in unserer heutigen Versammlung gegenwärtiges unterschrieben Zu ober-Donven ut supra :l;:

Heinrich Donckel zentner philip Court
peter engel, joannes petres Ruppert
Mathias Ruppert
Hand -- zeichen Johann Medernach
michel prost
mateis wetor
Hand · zeichen Gregory Consbrück
Hand + zeichen peter Bernard.

En exécution du Decrêt de la Commission Royale du quatorzième août dernier ci joint sub Litera A permettant aux communs habitants d'ober-Donven de partager à l'intervention de leur officier, leurs biens communaux; je Géomètre et arpenteur juré admis par le Conseil Privé de Sa Majesté à Bruxelles. Résidant à Luxembourg soussigné, autorisé à exécuter ce partage en suite de la procuration du 21me du courant mois ci jointe sub Litera. B. et à l'intervention du sieur Wellenstein résidant à Ehnen. Officier et Mayeur de la justice foncière d'ober-Donwen, ci Levé la Carte topographique cy attachée sub Litera C des biens Communaux du dit Ober-Donwen.

Cela fait nous avons de l'avis et du Consentement des quatre commis de la Communanté dénommés dans la susdite procuration, pour la plus grande commodité et utilité des habitants, divisé tous ces terrains en sept Classes.

Dans la première classe nous avons mis une partie du Canton dit der oberste Mausswinkel, désigné en la dite Carte sub No. 1. Cette partie partie y est lavée en verd.

Dans la seconde classe nous avons mis le restant du susdit canton dit der oberste Mausswinkel, lavé en la dite carte de rouge.

Tout le dit canton constitue les deux premières classes et contient ensemble vingt trois journaux et dix sept verges.

Dans la troisième classe nous avons mis une partie du canton dit der hinterste Mauswinkel désigné en la dite carte sub No. 2. Cette partie y est lavée en bleu.

Dans la quatrième classe nous avons mis le restant du susdit canton dit der hinterste Mausswinckel, lavé en la dite carte en couleur de terre.

Tout le dit canton constituant la troisième et la quatrième classe contient ensemble vingt journaux et cinquante verges.

Dans la cinquième classe nous avons mis une pièce de terre dite Auff... (illisible) désignée en la dite carte sub No. 3. Cette pièce contenant quatre journaux et soixante quatre verges y est lavée en jaune.

Dans la sixième classe nous avons mis une pièce de terre dite auf dem Mirrchen désignée en la dite carte sub No. 4 Cette pièce contenant quatre journaux et trente verges y est lavée en violet.

Dans la septième classe enfin nous avons mis une pièce de terre dite Zu Rohr, désignée en la dite carte sub No. 5 Cette pièce contient un journal et cent quarante verges et y est lavée en couleur d'eau.

Nous avons ensuite divisé les susdits terrains en dix portions proportionnées au nombre de dix habitants, qui ont droit d'avoir part dans ce partage suivant la liste à faire sub littera D.

Toutes ces portions aussi égales, qu'il a été possible se devront la servitude du passage nécessaire et comme d'usage, dans les endroits où il n'y a pas de chemin, qui y aboutit.

Nous avons enfin numéroté sur la carte toutes les portions des dits sept classes par des numeros jusques à dix inclus. Puis moi le dit arpenteur juré, je les ai mesuré et séparé par des piquets plantés de deux côtés et numeroté du même numero, qui se trouve dans la carte, qui désignent la longueur et la largeur de chaque portion.

Ce fait, déclaraient les dits commis, que de toutes les aisances ci-dessus partagées, il n'y en a pas de tout, qui depuis memoire d'homme n'ait été cultivé; partant la disposition contenue dans l'article sept du susdit decrêt de la commission Royale à l'égard de l'exécution de la dime et de la taille y accordée vient à cesser.

Nous avons ensuite fait dix billets contenant chacun un numero différent, et chaque numero sa portion dans toutes les sept classes, après quoi nous avons procédé au tirage des dits billets et les numeros sont tombés comme s'ensuit:

à Henri Donkel No. deux
à Philippe Kourt No. trois
à Jean Pierre Ruppert No. neuf
à Pierre Engel No. huit
à Michel Prost. No. dix
à Mathias Victor No. sept
à Mathias Ruppert No. six
à Pierre Bernard N. cinq
à Grègoire Consbrück No. quatre
à Jean Medernach. No. un.

En foi de quoi après lecture et explication donnée en langue allemande de ce que dessus, ont les dits quatre commis au nom de toute la communanté signé le présent procès Verbal avec nous aussi soussigné officier et arpenteur juré Royal à Ehnen le vingt sixième septembre dix-sept cent nonante :/: étaient signés philip Court, joannes petrus Ruppert, Heinrich Donckel, mateis Wietor., Wellenstein et N. Heuschling arp^{r} juré les deux derniers avec paraphe.

Pour Expédition
N. Heuschling
arp^{r} juré.

La Famille Schramm de Larochette.

(Suite.)

Quelques années après, Jean-Charles Weydert conservait encore une bonne partie de biens provenant des Schram; le 17 décembre 1760, empruntant 560 fl. de Brabant au collège des Jésuites de Luxembourg, il créait au profit de ce dernier une rente annuelle de 35 fl. à 20 sols, pour laquelle il obligeait tous ses biens et ceux de son épouse, Marguerite

Weyland ; tout spécialement, il hypothéquait „ses censes de Bersbach et Rolling, ses maison, bâtiments, aisances, jardins, terres et prez situés à Diekirch et dans les environs et ses dimes de Diekirch, Bastendorff et Michelau" ; le 12 décembre précédent il s'était fait délivrer une attestation que sa part de dimes, venant de sa mère feu Anne-Régine Schram, libre et sans charges, provenait du tiers de cette dime appartenant au château de Bourscheidt [1]). Le 29 janvier 1763, fut terminé un différend qui s'était élevé entre l'échevin J.-Ch. Weydert défunt et ses neveux, Antoine-Ignace Herman, primissaire à Ettelbrück, et Anne-Catherine Herman, frère et sœur, à cause de la ferme de Bersbach, dont ceux-ci réclamaient un tiers, alors que leur oncle prétendait ne devoir leur y revenir qu'un sixième ; pour éviter toute difficulté au sujet des biens échus des parents de Weydert et de leurs ancêtres (urelteru), c'est-à-dire les biens de Larochette venant des héritiers Schram, il fut décidé que la veuve de J.-Charles, Marg. Weilland!, aurait toute la ferme de Berschbach, tandis que sa part des dimes de Diekirch, Bastendorf et Michelau, passerait aux Herman, sous certaines conditions [2]). D'un acte du 17 août 1763, il résulte que la part de disme, qu' Anne-Cath. Herman possédait dans les trois localités susdites rapportait annuellement au moins 9 maldres 2 setiers (mesure de Vianden) de grains (Korn und Weizen), ce qui faisait, le maldre évalué à 3 species reisthaler, un revenu annuel de 27 rth. [3])

Le 13 Mars 1766, pardevant le notaire Gemen de Larochette, Bernard Post, tanneur (rothgerber) à Ettelbrück, et A.-Cath. Herman, son épouse vendent pour 700 rth. à 56 sols au Rd Sr Jean Sinnes, prêtre, chapelain castral à Mœstroff et receveur en ce lieu, représentant la baronne de Feltz, dame de la seigneurie de Mœstroff, Feltz et autres lieux, leurs parts de dimes dans la paroisse de Diekirch et de Bastendorf et dans le douzième d'un tiers de la dime de Michelau [4]).

Précédemment Jean-Baptiste Casaquy (qui mourut à Martilly, le 11 mai 1762, veuf de Marie-Madelaine Weydert depuis mars 1745.) avait vendu à la baronne de Feltz différentes portions de dimes venant des Schram : en effet, le 7 décembre 1763, Marie-Elise de Meyen, baronne douairière de Feltz, dame de Mœstroff, Larochette, Rosport, Herborn, Mompach, etc., relaissa et donna en admodiation à J.-B. Gemen, officier et notaire à La Rochette, pour six ans :

---

1) Réalisé à Diekirch le 26 mai 1762.

2) Acte Prommenschenkel, réalisé à Diekirch le 18 janvier 1766 ; expédition de l'acte de réalisation, en ma possession.

3) Acte passé devant le notaire J.-H. Caudon, d'Ettelbrück, réalisé à Diekirch le 22 août 1763.

4) Réalisation à Diekirch le 29 mars, à Erpeldange le 26 Mars, et à Bastendorf le 2 avril 1766 ; expéditions en ma possession.

la rente vulgairement appelée la Steinische Rente, „qui „se livre ordinairement hors de la part de la dime de „Meysenburg, appartenante à M. de Stein de Helfingen : item. „une douzième hors de la troisième part de la dime appartenante communément aux seigneurs de la Rochette, aux villages de Schrondweiler, Glabach, Meysenburg et Erentzen „situés dans la paroisse de Nommeren, avec la dime de foin „et menue dime proportionnée à cette part ; item une sixième „part à une troisième de la dime de Haaler, après déduction „d'un quatrième appartenant à M. Mohr-Devalt : item un sixième ou Schlaffen Rente du censier du Harthoff et dépendances ; lesquelles parts de dimes et cens appartenaient „ci devant aux Sieurs Casaqui et Weydert desquels nous avons „fait cette acquisition ; item notre troisième part aux rentes „et dimes de Biwer et Boudweiler dans la part de Pallant ; etc." [1])

Enfin, ajoutons encore que le 21 juin 1768, par devant le notaire J. Buttgenbach, de Diekirch, Dominique Oettinger, bourgeois de Luxembourg, demeurant à Clausen, et Elisabeth Weydert, sa femme, (fille de Richard, fils cadet de Jean-Guill. Weydert et de M.-Cath. Schram) vendirent à Jean-Henri Maréchal, marchand à Diekirch, et à Suzanne Weydert, sa femme (fille de Jean-Charles) la propriété de leur part, engagée, de dimes à Diekirch, Bastendorff et Michelauven, avec un seizième de la ferme de Rollingen.[2])

* * *

III B.-Pierre,-Ernst I Schramm, appelé ordinairement Pierre Schram [3]), fils d'Adam, est cité à partir du 9 août 1675 (voir à la fin de la notice consacrée à son père): il était alors bailli à Wincheringen (terre à l'est de Wormeldange, qui appartenait aux de Warsberg) et mari d'Anne-Barbe Beetz ou Betz.

Le 13 décembre 1660 et le 30 janvier 1681 Pierre Schram, son épouse et son beau-frère Pierre-Ernest Betz interviennent, comme héritiers de Jean Dhame, dans la vente faite par les consorts Dhame à Conrad-Philippe de Heisgen, seigneur de Berg, du huitième de la seigneurie, foncière, moyenne et haute, de Larochette, possédé autrefois par Jean-Oswald de Britto, conseiller du roi d'Espagne : cette part dite Hohensaxische oder Brittische Theil, avait été acquise par de Britto de Jean-Louis de Hohensax et avait passé (par donation ?) aux enfants de sa sœur, N. Britt, épouse de Nicolas Dhame; le fils de celui-ci, Jean, avait laissé une fille Apolline, qui fut la mère de Pierre-Ernest, Anne Barbe Betz [4]). Cité le

[1]) Original, en ma possession.

[2]) Réalisation à Diekirch, le 22 juin 1768.

[3]) Il signe P.-E Schramm le 9 août 1675, P.-E. Schramm le 27 juillet 1705

[4]) Cf. Arch. de Reinach, No. 4111, et Généalogie Dhame déjà citée

17 mars 1699 parmi les bourgeois de Larochette il fut échevin (27 juillet 1705—15 juin 1710) et justicier (11 avril 1708 — 27 avril 1709) de cette localité [1].

Le 18 décembre 1714, il vendit deux vouries abandonnées qu'il possédait à Nommern (ihm zugehörige zwo zu Nohmern gelegene, die Meyers, und Eyffelers verfallene undt pleglose schaftvogteyen), avec leurs dépendances, à Adam Hoffmann et à Barbe, sa femme, de Nommern ; cette cession, opérée du consentement des deux seigneurs censiers (schafftherrn) Charles de Stein, co-seigneur à Larochette et à Mœstroff, et Pierre Ernst Schram, bailli de la part de Pallant et co-seigneur des deux mêmes terres, se fit pour 350 dallers luxembourgeois à 5 schilling ou à 30 sols de Brabant [2].

Il est encore mentionné le 15 juin 1716, jour où il se porte caution pour son gendre Antoine von der Werden et sa fille Marie Marg. Schram [3] semble avoir encore été vivant le 26 avril 1717 [4], mais mourut certainement avant le 22 mars 1721. [5])

De son épouse Anne-Barbe Betz, Pierre Ernest Schram eut cinq enfants, au moins :

1) Jean-Adam II, mentionné à partir du 29 septembre 1712, [6]) entra dans la carrière ecclésiastique.

Le 12 Mai 1714, par devant les échevins de Larochette, fut dressé le titulus ordinationis du Sr J.-Adam Schram, fils de P.-Ernest et de A.-Barbe Betz, qui se destinait à la prêtrise.

En attendant qu'il fût pourvu de meliori titulo ecclesiastico, Charles de Stein, de Heffingen, co-seigneur à Larochette et à Mœstroff, lui assigna les deux messes hebdomadaires qu'il venait de fonder, le 1er mai, l'une dans la chapelle de St. Elisabeth lez Larochette, l'autre dans la chapelle de St Michel, au bourg même (binent ermeltem Flecken Veltz); cette fondation rapportait 21 dhaller luxembourgeois ou 15 specie patacons oder reichsthaler.

---

1) Protoc. Buttgenbach, I, 1222 ; Welter, IV, 228, 229, 233, 391 : V, 100 bis et 102 ; XI, 178 et 179; etc.

2) Welther, VIII, 214.

3) Welther, XI, 178 et 179.

4) Ce jour est mentionnée dans Larochette une maison, das Schenaneten haus genent, negst an der Kirchen doselbsten, zwischen ermelter Kirchen undt Peter Schramen unten daran gelegene brauwhauss (Welter IX, 367).

5) Un acte de ce jour cite à Medernach les Schramen Peters erben von der Veltz (Welther, X, 349.)

6) Ce jour il assiste comme témoin, avec J. Conrad Boltz chapelain à Larochette, á un acte relatif aux conjoints Ant. Weydert et Suz Bockholtz ; il signe J.-A. Schramm (Buttgenbach, I, 1524.)

D'autre part, P.-Ernest Schram, bailli de Larochette et Mœstroff, et Ant.-Ign. Weidert, bailli de Brandenbourg, beaux-frères, assignèrent à leur cousin (vetter) Jean Adam leur moitié de la dime dite „de Fronville" à Diekirch, moitié rapportant annuellement 9 maldres de grains (h a r t e r f r u c h t e n, w o r u n t e r z w o t h e y l l e n K o r n und ein dritte theil weitzen) en lourde monnaie du roi, 33 reichstaler valant par an. Pour compléter le revenu dont jouirait Jean-Adam, Ant.-Ign. Weidert et Susanne Boehholtz, sa femme, lui assignèrent encore une obligation de 113 rthl., souscrite par J.-Richard Weidert, échevin de Diekirch, le 31 mai 1713, et rapportant annuellement, au denier vingt, 22 rthl. 1½ schill

Le revenu total de ce titre d'ordination s'élevait donc à 70 reichstaler 1½ schilling [1])

Le bénéfice espéré se présenta par la suite à Waldbillig, car le 22 mars 1721, J o e s-A d a m u s S c h r a m m, pr. t. p r i m i s s a r i u s i n W a l t b i l l i g, signe un acte avec J. Conr.-Boltz, curé de Biessen. [2])

2) Marie-Marguerite, citée du 29 mars 1706 au 23 octobre 1736 comme épouse d'A n t o i n e v o n d e r W e r d e n, v a n d e r W e e r h t, v a n d e r W e r t h, v a n W e r d e n, V a n d e r v e h r t ou V o n d e r W e r d e n, bourgeois et marchand à Larochette, bourgmestre de la franchise de ce lieu au 21 octobre 1709, d'origine flamande ou hollandaise. Antoine signait Antonius van der Werden.

Le 10 Octobre 1707, ces époux acquièrent du Sr. Jean-Jaques Jacobi, landmaire du comté de Wiltz, et de son épouse Anne-Cath. Jacobi une maison sise à Larochette, negst dem Creutz über [3]). Marguerite Schram était veuve le 12 novembre 1744, lorsqu'elle reconnut devoir à Thomas Dhame, curé de Wormeldange, pour vin acheté de lui du vivant de son mari, 32 reichsth. 25 st. le rth. à 56 st., [4]).

3) M a d e l e i n e, citée du 14 janvier 1715 au 7 novembre 1724 comme femme de H e n r i W o l f f, bourgeois et marchand à Larochette; le 7 novembre 1721, ils donnent à leur fille Marie et à leur futur gendre, Mathias Schmitt, natif de Lintgen, «zu einer heurath steuer undt morgengaab», leur vieille maison sise à Larochette bey der Kirchen [5]).

---

[1]) Protoc. Welter, VIII, 91 et 119; grâce à la libéralité de Ch. de Stein, Jean-Adam put prendre le titre d'altariste à Larochette (11 août 1715).

[2]) Welter, X 340.

[3]) Buttgenbach II, 218 et 219; Welter, III 265, 265, IV, 61, 135, V, 144; VIII 140, 228; IX 260; XI, 170; Prommenschenkel VIII 240 etc.

[4]) Protoc. Promenschenkel, XII 263.

[5]) Not. Welter VIII 215, 227, 228; IX, 28, 240; Promenschenkel, I, 12; à la fin de l'acte on appelle Madeleine (par erreur) Madel. Weynacht.

4) Marie-Catherine, mentionnée du 19 décembre 1730 au 18 avril 1738 avec son mari Mathias Gemen, bourgeois de Larochette Le 19 décembre 1730, ils acquièrent de Mathias Engel et d'Elisabeth Keyser, sa femme, demeurant à la ferme de Weydert, une place à bâtir (alten bauw platz; tenant à la grange d'Ant. von der Werden, et ce pour 50 thalers luxembourgeois à 5 schilling, plus une Kirmes de 2 species reisthaler pour la venderesse; les acheteurs resteront chargés des intérêts annuels d'une somme de 50 thalers due au dit Antoine. (A suivre).

Logements militaires à Luxembourg pendant la période de 1794-1814. (Par Alphonse Rupprecht.)

(Suite.)

261. *Jean-Pierre Namur* donne sur le 1. étage 2 places avec antichambre une avec cheminée, bonnes pour une Chancellerie, au 2. étage aussi 2 grandes chambres dont l'une avec cheminée également pour chancellerie, en tems ordinaire le tout pour un Etat Major. *21 places.* [107])

[107]) Aujourd'hui le No. 1 de la rue du Marché-aux-Poissons et propriété de Mr Bradtké Jacques et de sa sœur Elise. La maison est communément appelée *Gölde Klack*, en français *Cloche d'Or.*

Echue dans la succession des époux Michel Mullendorff et Marie-Françoise Antoine à leurs enfants Jean-Baptiste Mullendorf, négociant, et Marie-Anne Mullendorf, épouse de Louis-Charles Perin, également négociant, tous demeurant à Luxembourg, la maison fut vendue par ceux-ci, le 19 octobre 1816, par le ministère du notaire Pierre-François-Joseph Kneip, de Luxembourg, aux époux Jean-Baptiste Wolff, marchand et Anne-Barbe Neuveu, de Luxembourg, pour le prix de 12 000 francs. Le 23 décembre suivant, les nouveaux acquéreurs la revendirent par acte du notaire Jean-Pierre Huberty, de Luxembourg, aux époux François-Hubert Berchem, marchand dans la ville basse de Grund, et Suzanne Wahl, pour le prix de 14 200 frs. Dans les deux actes de vente elle est désignée comme étant connue sous l'*Enseigne de la Cloche d'Or.* Une quittance en langue allemande y jointe, datée du 26 décembre 1816, parle du *Kaufpreis von der golden Klocke.*

Il nous a été affirmé par l'un des anciens habitants de la maison que l'enseigne précitée se composait d'un tableau attachée en saillie à la maison et sur lequel était représentée une cloche dorée.

En 1872, la maison fut acquise par Mr. Georges Traus, teinturier, époux de Clémentine Warisse. Par acte d'adjudication reçu par le notaire Charles Crocius, le 5 mars 1900, elle passa entre les mains des époux Auguste Bradtké, vitrier et Marie Gillig, pour le prix de 60 000 francs et par acte d'adjudication reçu le 31 mai 1929, par le notaire Jules Hamélius, pour le prix de 100 000 francs, entre celles de Jacques et d'Élise les Bradtké, enfants d'Auguste......

JEAN-PIERRE NAMUR qui possédait et habitait la maison à la fin du 18. siècle (v. note 56), était né à Luxembourg, le 29 août 1731, de Jean-Pierre, cousin du sculpteur Barthélemy Namur (v. notes 92 et 102), et de Marguerite Grevelding et y est décédé le 30 avril 1807. Le 6 novembre 1758, il avait épousé à Luxembourg, Elisabeth Ring ou Rinck dont il eut les 2 filles mentionnées à la note 72.

Il était marchand et fabricant. Du livre sur l'industrie au département des Forêts par Mr. A Funk, nous extrayons le passage suivant relatif à son établissement :

« (Jean) Pierre Namur a été le premier à fabriquer à Luxembourg des flanelles, des molletons et des couvertures de laine. Afin d'encourager l'entreprise, l'empereur Joseph II lui accorda, le 12 avril 1783, des avantages considérables, à savoir : 1) un „octroi" exlusif pour un terme de 6 ans et dans l'étendue de 3 lieues de la ville de Luxembourg ; 2) l'entrée libre des matières premières nécessaires à la fabrique ; l'exportation, franche de tous droits, des produits fabriqués ; l'exemption des droits de tonlieux pour les envois dans les autres provinces de Belgique ; 3) *l'exemption de logements militaires pour les bâtiments servant à la manufacture ;* 4) le payement des charges publiques à titre de marchand seulement, avec dispense de taxe du chef de la fabrique ; 5) le titre de manufacture impériale et royale privilégiée dans la ville de Luxembourg.» (A. Funck, L'Industrie au département des Forêts, Une statistique d'il y a 100 ans- Tiré à part du „Landwirt" 1913, Imprimerie J. Schroell. Diekirch, p. 90.

J.-P. Namur avait rempli également les fonctions de *Baumaître* de la ville de Luxembourg (Les finances de la ville étaient autrefois administrées par un receveur de ville qui portait le nom de «Baumaître». Le Baumaître était d'abord nommé pour le terme de 2 ans et choisi alternativement par le Magistrat dans son sein et par le corps de la bourgeoisie ou les 13 Maîtres des métiers. Un décret du Souverain du 29 mai 1781 rendit la place de baumaître permanente, et en abandonna la nomination à la bourgeoisie ou aux 13 maîtres).

J.-P. Namur, baumaître au moment de la capitulation (7 juin 1795), fut le dernier titulaire de cette charge. La nouvelle municipalité (instituée par l'arrêté du représentant du peuple, Joubert, du 30 juin 1795, après l'entrée des troupes françaises dans la forteresse), le maintint dans ses attributions elle changea seulement son titre en celui de *Trésorier Général de la commune* et lui imposa un cautionnement de 4000 florins, pour garantie de la recette de 2 mois, les recettes annuelles étant évaluées à 20000 florins. (Cf. Lefort, op. c°, pp. 99 et 118 et Ulveling, Notice sur l'ancien magistrat de la ville, Public. 1857; A Funck, op. c°, p. 90).

La maison de la Cloche d'Or semble se composer de plusieurs bâtisses réunies à une époque inconnue, peut-être en l'année 1736, millésime formé par des ancres de construction à la façade longeant la rue du Marché-aux-Poissons. La même façade est ornée au coin ouest d'une statue en pierre de St. François-Xavier, placée dans une niche. Un escalier en hors d'oeuvre à sept marches conduit de la place du Marché-aux-Poissons à la maison. Un perron haut d'environ 2 mètres, supprimé en 1901, lors de travaux de transformation effectués par Mr. Aug. Bradké, y donnait accès du côté ouest, en face de la maison Praum-Valentini. L'escalier tournant, à l'intérieur, est logé dans une tourelle aujourd'hui emmurée en partie. Les plus anciens plans de la ville indiquent un corps de bâtiment au même emplacement.

Mr. De Muyser, en décrivant, d'après le plan de Deventer, antérieur à 1551, et celui de Guicciardini daté de 1581, la disposition des vieux quartiers, s'exprime comme suit:

«Les maisons vis-à-vis de l'église (St. Michel), venant de la rue Wiltheim jusqu'à la banque Werling, Lambert & Cie formaient un quart de cercle. La place du marché actuel n'existait pas encore. La maison désignée sous le nom de *Klack* n'était pas isolée: d'autres maisons s'avançaient sur l'emplacement du marché actuel, à peu près jusqu'au griliage de la maison Larue. (v. note 71).

Entre ces maisons et celle de Mr. de Scherff (v. note 67) il restait une étroite ruelle qui aboutissait derrière la *Klack*. Cette rue se continuait derrière la maison Werling et venait également aboutir sur la place libre devant la descente de Clausen.» (Cf. De Muyser, op. c°, pp. 179 et 280).

L'étroite ruelle désignée par Mr. De Muyser nous semble être *la rue de Hunstorff* mentionnée dans la relation suivante faisant suite à celle reproduite à la note 106.

«(Le 10 janvier 1578 payé) Audict Bistz Hantz le masson, pour avoir au moys de feburier 78 rompu le mur de la cave de la chancellerye du costé vers la rue de Hunstorff et illecques faict ung neuf huys, affin que les ouvriers de la monnoye puissent avoir leur entrée et sortie en ladicte cave, pour y accomoder leur besonges, y ayant aussi faict 2 appas . . . . 2 fl. 5 gr. 2 d.»

Thilman de Hunstorff possédait au Marché-aux-Poissons une maison où demeurait un nommé George, le cranequinier, située entre la maison de Bertingen et la maison d'Ourlé. Le fils

Rue de Philippe. [108])

262. La veuve *Rinck* pour un homme dans son poele *5 places.*

263. *N. Kemp* pour un homme dans son poele. *4. places.*

264. *Mr. Collard.* Cons. Pré. des Etats 3 chambres dont 2 sur le devant au 2. étage pour 2 officiers, en tems de paix également selon sa cathegorie. *14 places.* 1 écurie pour 4 chevaux. [109])

---

de Thilman de Hunstorff soutenoit pendant une dizaine d'années au sujet de cette maison un procès contre la ville qui fut toisé par sentence du conseil provincial de Luxembourg, en date du 16 janvier 1469, N. St.. donnant gain de cause au premier (Cf. Van Werveke. Les finances de la ville pendant le règne de Philippe-le-Bon 1444—1467. Public. 1895, pp 195 et 216—223.

La Cloche d'Or actuelle n'aurait-elle pas été en tout ou en partie la propriété de Thilman de Hunstorff et celui-ci, comme propriétaire principal de la rue, ne lui aurait-il pas donné son nom? La façade nord est assise sur une construction très ancienne présentant des soupiraux à grillages en fer forgé également très anciens.

[108]) Cette rue a été établie en 1555, sous le règne de Philippe II, roi d'Espagne, duc de Luxembourg (1555—1598) dont elle porte le nom. C'est par erreur qu'elle a été appelée rue Saint-Philippe bien que nous ayons trouvé cette dénomination dans de nombreux documents officiels. L'arrêté du 29 fructidor an VI (15 septembre 1798) lui donna le nom de *rue de la Nation*. L'arrêté du 21 septembre 1807 lui rendit celui de Saint-Philippe (sic). Le règlement communal concernant la désignation des rues, en date du 4 juin 1851, l'appelle également rue Saint-Philippe. Aujourd'hui le nom officiel est rue Philippe. (Cf Würth-Paquet. Anciennes rues et places de Luxembourg. Public 1849, p. p. 109 et 127; Engelhardt, op. c°, p. 768; Recueil des règlements de police de la ville de Luxembourg, 1903)

[109]) Maison transformée par des constructions nouvelles. Aujourd'hui le N° 6 de la rue Philippe: propriété de M. M. Elter frères, marchands de vins dont le grand'père, Jean-Pierre Elter resp. le père, Mathias Elter, y avaient installé pendant un certain nombre d'années les bureaux, remises et écuries du service de diligences Luxembourg-Diekirch qu'ils exploitaient de 1827 à 1850 . . . . . .

Le propriétaire de la maison en 1791, *Pierre Joseph Collard ou Collart* dit *de Betloy et de Grandvoir*, était né à Neufchâteau, le 7 avril 1752. Avocat au Conseil provincial, le 1 juillet 1775, puis au Conseil souverain; juge de paix à Luxembourg en 1795; député au Conseil des Cinq Cents en 1797; président

265. *C. Geller* quartier d'officier de 2 chambres au 2. étage l'une sur le devant. l'autre sur le derrière avec cheminée pour 12 hommes, en tems ordinaire pour 1 officier.
13 places.
1 écurie pour 3 chevaux.

266. *Mehlen et Felden* une petite chambre au 2. étage sur le devant pour 3 hommes qui ont la cuisine commune avec l'hôte.
6 places.

267. *Mr. de Hout* 3 chambres dont l'une sur le devant au 2. étage, et les 2 autres au 1. étage et prennent jour dans la cour, l'une d'icelle à cheminée pour 2 capitaines, en tems ordinaire pour 1 selon la cathegorie.
10 places au batiments du devant, 4 entre cour et jardin
1 écurie pour 4 chevaux.[110])

268. M. *l'avocat Winckel* donne 3 chambres une avec cheminée au 1. étage dans le batiment de derrière pour 2 officiers, en tems de paix pour 1 capitaine.
10 places au batiment principal. 6 au batiment, dans le jardin. 1 écurie pour 4 chevaux. [111])

---

du tribunal de Neufchâteau en 1803: membre des Etats du nouveau Grand-Duché en 1816. Mort au château de Grandvoir près de Neufchâteau, le 21 juillet 1863. Le Prince Pierre-Napoléon Bonaparte qui habitait Orval, prononça un discours sur sa tombe. (Cf. Neyen, Biogr. Lux., T. II. p 301; Lefort, Dép. des Forêts, p. 174).

110) Aujourd'hui le No 8 de la rue Philippe, propriété de Mr. Pierre Léonard, négociant.

Nicolas-François de Hout, fils des époux Théodore de Hout et Catherine Seyler (v. note 55). Reçu avocat au Conseil provincial le 16 octobre 1786; puis juge au tribunal de Luxembourg. Avait épousé à Luxembourg, le 7 mai 1787, Marie-Elisabeth de Groffey, fille des époux Remacle-Joseph de Groffey, avocat et Marie-Scholastique Chardon.

111) Aujourd'hui le No 10 de la rue Philippe, propriété de Mr. Jean-Jules Kariger, boucher, auparavant Zahn.

Jean-Baptiste Winckell, avocat, né à Luxembourg, le 15 octobre 1770, a habité la maison en 1794 avec son frère Jean-Paul-Edmond, né à Luxembourg, le 16 novembre 1772. Leur père, Jacques-Bernard Winckell, originaire de Remich, époux d'Eve Mathey, avait été reçu avocat à Luxembourg, le 1. août 1767 et y est décédé le 19 juin 1785.

Le cadastre de 1824 renseigne comme propriétaire de la maison Jacques-Joseph Baltia, contrôleur des contributions à Luxembourg, y marié le 2 janvier 1806, à Suzanne-Eve Winckell, soeur des frères Winckell susdits. C'est l'oncle de feu le lieutenant-général C. Baltia qui commanda en

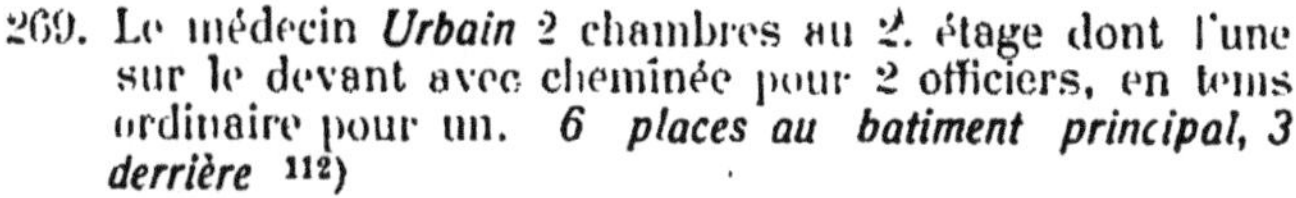

269. Le médecin *Urbain* 2 chambres au 2. étage dont l'une sur le devant avec cheminée pour 2 officiers, en tems ordinaire pour un. *6 places au batiment principal, 3 derrière* [112])

270. Mlle. *Niederkarn* quartier d'officier de 2 chambres au 2 étage une sur le devant avec cheminée pour 2 officiers, en tems ordinaire pour un *9 places au batiment principal 3 derrière.* 1 écurie pour 4 chevaux.

271. Madame *Coutellier* une chambre pour 1 officier, en tems ordinaire ne loge. *6 places.*

272. *P. Ries* quartier de fourier d'une chambre au 1. étage prenant jour au Piquet pour 1 officier en tems ordinare pour 1 prima plana. *9 plaees.*

---

dernier lieu la 3. division de Liége et le grand'oncle du lieutenant-général H. Baltia qui s'est illustré pendant la guerre mondiale (1914—19 8) et a été après l'armistice nommé haut commissaire royal pour les cercles d'Eupen et de Malmédy. Le grand'père de ce dernier, Remacle Baltia, en dernier lieu receveur des contributions à Roodt, était originaire de Marche et avait épousé à Niederanven, le 28 juillet 1817, Marie-Angélique Bourgeois Il avait fait toutes les campagnes du Consulat et de l'Empire avec le 10. chasseurs à cheval et conquis le grade de commandant d'escadron et la croix de la Légion d'honneur. (Cf. reg de l'état civil de Luxembourg et de Niederanven et Ch Schaack, Les Luxembourgeois. Soldats de la France 1792-1815. Les Survivants pp.-7-7 et 728)

La poste se trouvait logée dans la maison au 31 décembre 1829 : le directeur des postes, Hennet François, l'habitait à cette date (Cf Reis. Histoire des Postes et Télégraphes. 1897, Luxembg. Imp. V. Bück. p. 145 et Reg. de population de la ville de Luxembourg de 1829)

112) Aujourd'hui le No 2 de la rue Philippe., propriété de Mr Jean Watry, boulanger.

Herman URBAIN, né à Luxembourg, en 1746, y reçu médecin le 22 août 1791, fils de Jean Urbain, docteur en médecine et de Hélène Behm : marié à St Ulric a Luxembourg, le 5 décembre 1793, à Madeleine Vanderwekene : décédé à Luxembourg, le 30 avril 1816 : père de Nicolas Urbain, né a Luxembourg, le 27 janvier 1795, décédé le 18 août 1852 comme major au service de la Belgique et de Théodore Urbain, né a Luxembourg le 9 février 1797, docteur en médecine, domicilié à Altzingen, mort à Hespérange le 12 janvier 1845 (Cf Neyen Biogr Lux, T. III, p 150 et Liez, op cit., pp. 38 et 139 : Registres des anciennes paroisses de Luxembourg).

273. *N. Bauteler* ne peut loger. *3 places* 1 écurie pour un cheval. [113]

274. *M. Deniger* donne une chambre au 2. étage sur le devant pour 2 prima plana, en tems ordinaire ne loge. *6 places.*

275. & 276. *La veuve Klein* quartier d'officier de 2 chambres au 2. étage une sur le devant avec cheminée pour 2 prima plana aussi en tems ordinaire. *9 places au batiment principal, 1 derriere.* [114]

277. Mademoiselle *Rinck* ne peut loger. *9 places.*

278. *N. Malck* une chambre avec cheminée au 2. étage sur le devant pour 5 hommes, en tems ordinaire ne loge. *6. places.* [115]

279. *N. Bauschet* une petite chambre avec cheminée par derriere au 2. étage pour 2 hommes, en paix pour 1 prima plana. *7 places*

280 *Jean Schneider* 2 petites chambres au 1. étage sur le derriere, 1 avec cheminée pour 2 prima plana ou un marié, en tems de paix 2 chambres au 2. étage l'une sur le devant avec cheminée pour 1 officier. *10 places.*

---

113) Les maisons No 273 à 280 de notre Registre des logements formaient la rue du Piquet. Würth-Paquet place l'établissement de cette rue à la fin du 16. ou au commencement du 17. siècle. Engelhardt donne l'explication suivante du nom de „rue du Piquet" par lequel elle a été déjà désignée anciennement et qu'elle porte encore de nos jours: „Aux casernes de l'Arsenal construites en 1674, les autrichiens avaient annexé une écurie pour les chevaux d'un piquet de cavalerie, bâtisse qui, continant à ladite rue, la fit appeler „rue du Piquet." Supprimée pendant un certain temps, cette désignation fut rendue à la rue par le règlement du 1. juin 185. qui dispose „que la rue qui de la rue St. Philippe conduit vers le côté Sud desdites casernes, reprendra son ancien nom de rue du Piquet»

114) Aujourd'hui le No 6 de la rue du Piquet, propriété de la dame Marie Hippert, épouse de Nicolas Houscht, auparavant François Siegen. Au coin de cette maison une statuette de St.-Antoine. A la façade ouest, encastré dans le mur, un boulet datant du siège de 1794—1795

115) Maison démolie en 1882, après avoir appartenu en dernier lieu à la famille Timmermanns. Elle avançait dans la rue et il y eut entre elle et la maison Siegen (v. note 114) un passage tellement étroit que 2 personnes qui s'y rencontrèrent, devaient se heurter Souvent il fallait se ranger et attendre pour pouvoir passer et on veut expliquer par là en quelque sorte la vogue dont jouissait le débit tenu par Mr. Siegen. En effet, attendre devant un cabaret qui vous barre le chemin! La tentation était trop forte pour beaucoup, et beaucoup, dit-on, y succombèrent.

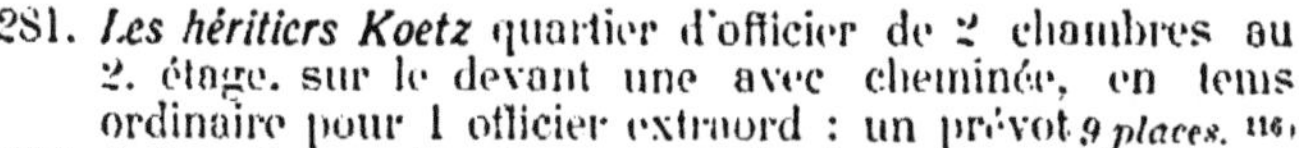

281. *Les héritiers Koetz* quartier d'officier de 2 chambres au 2. étage, sur le devant une avec cheminée, en tems ordinaire pour 1 officier extraord : un prévot *9 places*. [116])

282. *J Lorent* une chambre au rez-de-chaussée sur le devant pour 1 officier, en tems ordinaire ne loge. *6 places.*

283. *La veuve Cunot* 2 chambres au 2. étage une sur le devant pour 1 capitaine, en tems ordinaire pour un prima plana. *6 places au devant 2 derriere.* [117])

284. *Le Procureur Conter* une chambre au 2. étage sur le devant pour un prima plana aussi en tems ordinaire. *6 places.*

285. Mons. *l'Echerin Tesch.* deux chambres l'une sur de devant au 1. étage avec cheminée pour 2 officiers, en tems ordinaire pour un salon la cathegorie. *13 places* 2 écuries pr. 5 chevaux. [118])

---

[116]) Aujourd'hui construction nouvelle, No 20 de la rue Philippe, propriété de la dame Catherine Offenheim, épouse de Nicolas Schanen. Une jolie statue polychrome en pierre de Saint Jean-Népomucène qui date du commencement du 18 siècle (v. note 92) et qui se trouvait auparavant dans une niche au coin de l'ancienne maison, a été comprise de façon heureuse dans l'ornementation de la façade principale. D'après une tradition de famille, l'ancienne maison aurait, au commencement du 18. siècle, appartenu à une communauté religieuse.

[117]) Aujourd'hui le No 21 de la rue Philippe, propriété des héritiers de feu Mr. l'avocat Guillaume Leibfried.

La dame CUNO JEANNE, née PAULY, était la veuve de Philippe Cuno, mort à Luxembourg, le 6 Juillet 1789. Son fils, Jean-François Cuno, notaire à Niederanven, puis à Luxembourg, né à Luxembourg, le 7 novembre 1773, y décédé le 12 javier 1837, avait épousé à Remich, le 18 septembre 1809, Anne-Jeanne Thorn, fille du notaire J.-P. Thorn, de Remich. L'une des filles de ces époux se maria à Luxembourg, le 13 février 1851, à Mr. GUILLAUME LEIBFRIED, avocat à Luxembourg, y décédé, dans la maison qui nous occupe, le 1. mars 1905. Celle-ci est actuellement habitée par Mr. Robert Leibfried, avocat, petit-fils de Mr. Guillaume Leibfried . . . .

Une délibération de la Municipalité en date du 4 fructidor an V (21 août 1797) porte ce qui suit :

« . . . . Lecture d'une pétition présentée par la citoyenne Cuno, tendante à être exemte de logement militaire, étant dans le cas de devoir faire élargir une de ses cheminées qui communique audit logement. — Vu les motifs déduits, la Municipalité exemte la pétitionnaire du logement dont s'agit pendant 4 décades pour faire ladite réparation. »

(Etat civil de Luxembourg et de Remich; Archives de la ville de Luxembourg).

118) Aujourd'hui le No 28 de la rue Philippe, propriété de Mr. Wagner-Lentz, auparavant Muller-Muller.

JEAN-JACQUES TESCH, avocat et landmaire de Kehlen, avait été établi échevin haut justicier surnuméraire de la ville de Luxembourg, par Lettres-Patentes de l'impératrice Marie-Thérèse, en date du 11 novembre 1778 (v. note 7). Il est le bisaïeul de Mr. Ernest-August-Georges Tesch, époux de Thérèse Brasseur, industriel à Hespérange . . . .

La maison est à un seul étage. Relevons comme particularité qu'elle a 2 caves dont les entrées sont situées aux extrémités de la même façade, rue Philippe, et qu'à chacune d'elles correspond un trou d'encaveur pratiqué dans une pierre de taille encastrée dans la façade, à 1 m., 25 resp. 1 m., 10 du sol. (Dans le temps les tonneaux étaient généralement descendus dans les caves au moyen de cordes enroulées autour d'un arbre placé obliquement sur l'entrée, contre la façade. Le trou d'encaveur, dans lequel l'une des extrémités de l'arbre était introduite, empêchait celui ci de glisser. Les noms luxembourgeois de ces trous qui se voient encore aux façades de beaucoup de vieilles maisons de la capitale, sont „Kapell" (chapelle), parce qu'ils ressemblent à une petite niche mais de forme renversée ⌣ et Schröderlach, de schröden, encaver (en allemand: Schroeter et schroten). Parfois ces trous sont garnis de fer. La maison No 13, rue Louvigny montre un mascaron dont la bouche largement ouverte forme un trou d'encaveur. Un tonnelier de nos amis, aujourd'hui âgé de 76 ans, nous a affirmé qu'il a été le dernier qui a encavé à Luxembourg de la manière indiquée (dé lèschten dén nach zu Letzeburg geschröd hüet). (A suivre.)

Leben und Wirken des hochw. Herrn Theod.-Zeph. Biever.

(Fortsetzung.)

Recht ergreifend schildert Biever dann das Missionsleben auf einer neugegründeten Station, mit folgenden Worten: «Armer Junge! Es ist seine erste Mission und welch' eine «Mission! Die Samokié heissende Ortschaft befindet sich in «einem vollständig aufständischen Lande (Beduinen gegen die «Regierung) und Alles ist dort zu beschaffen. Er muss sich da«selbst eine Hütte erbauen, welche ihm gleichzeitig als Kapelle, «Empfangszimmer usw., usw. dienen muss. Da er keinen «Koch auftreiben konnte, muss er selbst seine Küche besorgen «Seine Pfarrkinder, der wildeste Beduinenstamm von Kérack «sind von der Zivilisation noch nicht angeleckt worden und «sind nahezu Barbaren, welche einen Menschen ermorden, «wie man eine Fliege tötet. Dazu kommen noch die Entbeh-«rungen aller Art des elementarsten Comfortes, eine mehr als «primitive Nahrung und dann obendrein noch das Ungezieler, «eine Geissel, von welcher Sie anderen zivilisierten Leute sich «keinen Begriff machen können. Sie ist nicht einladend, nicht «wahr? und doch kenne ich es aus Erfahrung. Wenn man «jung ist, dann besitzt man noch den Enthusiasmus der «Jugend und dieser Enthusiasmus lässt einen viele Miserien «übersehen: dazu est jeder Anfang schwer. Nach einem oder «zwei Jahren werden diese Wilden umgewandelt dank des «Einflusses der göttlichen Gnade, welche innen zuteil wird «in den hl. Sakramenten, in dem Unterrichte und im täglichen «Verkehr mit ihrem Missionar, der Allen Alles sein muss: «Pfarrer, Arzt, Richter, und manchmal sogar Anführer im «Kriege. Dann beginnt er die Früchte seines Apostolates ein-«zuheimsen. Er wird noch Abtrünnige finden, und wo gäbe «es solche nicht, selbst in unseren christlichen Ländern, seit «vielen Jahrhunderten: er wird noch manche Enttäuschung «erleben; aber alles das wird ihn nicht verzagt machen, «sondern wird im Gegenteil nur dazu dienen, seinen Mut zu «heben und sich vollkommener an Gott anzuschliessen, von «welchem er Hülfe erwartet»

Schon öfters hatte ich Gelegenheit von Krankheiten zu berichten mit welchen Biever heimgesucht wurde. Mit dem zunehmenden Alter kehrten solche, in Folge der vielen unausbleiblichen Strapatzen und des heissen Klima's Palästina's, öfters und in rascher Aufeinanderfolge bei ihm ein. In einer Menge von Briefen finde ich hierauf bezügliche Berichte. Doch will ich hier nur einen zitieren: (Beit-Sahur, 7. März 1912): «Ein ziemlich starkes Unwohlsein, zu welchen die Ärzte in «ihrer hohen Weisheit bedenklich die Köpfe schüttelten, hat «mich gleich nach den Weihnachtsfeiertagen auf's Krankenlager «geworfen und erst seit zwei Wochen bin ich wieder in meiner «Pfarrei in Beit-Sahur, wohl noch etwas schwach auf den «Beinen, aber ich kann doch wenigstens einen Teil meiner «Obliegenheiten erfüllen. Unser guter Patriarch, welchen ich «gebeten hatte, mich aus dem Missionsdienste zu entlassen, «hat das nicht zugegeben, da er Niemanden hat, um mich «auf diesem schwierigen Posten zu ersetzen: dann haben sich «auch meine Pfarrkinder mit Händen und Füssen gegen mein «Abgehen gewehrt und den Patriarchen mit Bittschriften be-«stürmt, er möge mir nicht erlauben, die Mission zu ver-«lassen, und so hat dieser denn mir einen Gehilfen gegeben, «der die mühevollen Arbeiten auf sich genommen, so dass «ich mich nicht oder doch nur wenig anzustrengen brauche «und ein Leben habe, wie Gott in Frankreich, so ein rechtes «Faulenzerleben an das ich mich nicht so leicht gewöhnen kann. «Die Weihnachtsfeierlichkeiten und die leidigen Neujahrs-

„besuche hatten mich etwas hart mitgenommen und ich
„musste, trotzdem ich schon ziemlich krank war, mich be-
„mühen, meine Conferenz bei den Dominikanern fertig zu
„stellen für den 30. Januar. Am 29. Januar begab ich mich
„nach Jerusalem, musste mich aber allsogleich zu Bette be-
„geben, da ich ein heftiges Fieber herannahen fühlte. Am
„nächsten Tage konnte ich nicht aufstehen und ein Anderer
„musste meine Conferenz ablesen. Der Arzt konstatierte den
„Ausbruch eines alten Malaria-Fiebers, also eine Erinnerung
„an Tabgha, und nun galt es, mit dem letzten Rest meiner
„Kräfte gegen dasselbe anzukämpfen. 7 Tage lang schwankte
„die Körpertemperatur zwischen 39° und 40°. Dann fiel die-
„selbe auf 38° und ich benutzte diesen Nachlass, um mich
„nach dem lieblichen Johanniterspital Tantur, halbwegs
„zwischen Bethlehem und Jerusalem, zu flüchten, wo ich schon
„so oft wieder zusammengeflickt worden bin. Der guten Pflege
„der wackern Brüder des hl. Johannes von Gott gelang es
„auch diesesmal, mich wieder auf die Beine zu bringen, so
„dass ich endlich nach 3 Wochen mit Ach und Krach wieder
„herunter nach Beit-Sahur kommen konnte, wo die wärmere
„Luft und die nahrhafte Kost meiner Köchin ein Übriges tat.
„Der Empfang meiner Pfarrkinder, die hier in der Umgegend
„als halbe Wilde und als herzlos verschrieen sind, hat mich
„bis zu Tränen gerührt. Was von Männern und Jünglingen
„nur frei war, kam mir bis Behtlehem und manche sogar bis
„Tantur entgegen, sogar Frauen und Mädchen kamen mir
„bis vor's Dorf entgegen, und empfingen mich mit Freuden-
„gesängen, und nun wurde es ein Begrüssen ohne Ende. So-
„gar Griechen, Protestanten und Mohammedaner erschienen
„zum Besuche im Pfarrhause und drückten ihre Freude über
„meine Genesung aus. Ich war froh, als es Abend wurde,
„und ich mich wieder allein befand. Nun ist alles wieder
„in's gewöhnliche Gleis zurückgekehrt und ich glaube sagen
„zu können, dass mein Allgemeinbefinden lange nicht mehr
„so befriedigend war, als jetzt. Am letzten Sonntag und
„gestern, Mittwoch, habe ich zum ersten Male, nach 2 Mo-
„naten, wieder gepredigt und die Pfarrmesse gehalten, und
„am letzten Sonntag hörte ich nach der Messe einen meiner
„Bauern sagen: Et haman lillott el churi melass. (Gott sei
„Dank, der Pfarrer ist wieder durchgekommen.) Bei einem
„68 Jahre alten Knaben wie ich, kommen die Kräfte nicht
„wieder so schnell zurück und so ein veraltetes Sumpfieber
„wirft auch den stärksten Mann darnieder!"

Dass die Hülfe, welche Biever erhalten hatte, gar gering war, mag der Leser ersehen aus folgenden Worten: Beit Sahur, 16 September 1912: „Er (der Patriarch) schickte mir
„einen Gehülfen von 57 Jahren, der noch mehr gebrochen ist
„als ich, und den ich so zu sagen noch pflegen muss. Nun das-

„ist auch gut, weil ich dadurch verhindert werde, an meine „eigenen Miserien zu denken, und mit etwas Energie geht es „dann immer wieder, bis — — — — —!"

War es auch nur eine geringe Hülfe, so war es aber denn doch immerhin eine solche, was Biever auch dankend anerkennt, mit dem Satze (Beit-Sahur 14. Dezember 1912): „Dazu (dass ich die Pflichten des hl. Ministeriums erfüllen „könne) hat unser guter Patriarch mir einen alten Mitbruder „zugesellt, der aber auch mehr oder weniger durch die Stra- „patzen des Apostolates gebrochen ist, der aber, indem er „von den schweren Arbeiten ausruht, doch noch ein klein „wenig wirken kann. Jedenfalls ist es doch ein Gehülfe, und „ist doch zu hoffen, dass wenigstens immer einer von uns „auf der Bresche stehen kann."

Gewiss ahnte Biever nicht, dass er bereits einige Tage später (18. Dezember) auch diese geringe Hülfe entbehren müsse, schrieb er ja an diesem Tage: „Mit meiner Gesundheit „geht es, Gott sei Dank, heuer bedeutend besser als im „vorigen Jahre und ich habe es jetzt auch von Nöthen, da ich „wieder allein bin. Mein Vikar, den mir der Patriarch zur „Stütze gegeben, ist eines plötzlichen Todes gestorben. Er „war noch am Abend gesund und munter. Gegen 3 Uhr des „Morgens hörte die Haushälterin, welche in dem Zimmer „nebenan schlief, wie ein Röcheln. Sie kam allsogleich mich „rufen und als ich in sein Zimmer eintrat, war er schon tot. „Er war ein sehr lieber Freund und Mitbruder, den ich noch „als Seminaristen in Jerusalem gekannt hatte, und der jetzt „seit 30 Jahren in den Missionen des hl. Landes tätig war. „Gott gebe ihm die ewige Ruhe! Er starb an einem Herzleiden „oder vielmehr an einem Herzschlag. Wie schwer fiel mir in „den ersten Wochen das Alleinsein! Doch es geht schon „wieder, weil es eben gehen muss."

Und am 21. Dezember schrieb Biever: „Für mich ist der „Tod dieses ausgezeichneten Mitbruders und Freundes ein un „geheurer Verlust, und vermag ich mich kaum darüber zu „trösten. Doch der Wille Gottes geschehe!"

Im folgenden Jahre heisst es (Beit-Sahur, 11. März 1913): „Vorige Woche habe ich zur Abwechselung wieder einmal „Malariafieber gehabt, das mich gehörig mitgenommen hatte. „Ich bin jetzt noch nicht ganz hergestellt und nächste Woche „beginnt bei uns die Osterzeit, und ich bin dieses Jahr ganz „allein. Was das wohl werden soll? Nun, à la garde de „Dieu!"

Wie im Leben eines jeden Menschen Freude und Leid abwechseln, so war dieses selbstverständlich auch mit Biever der Fall. Zum Abschlusse dieses Kapitels mögen deshalb hier noch zwei Briefausschnitte ihren Platz finden, worin Freudiges aus seinem Missionsleben mitgeteilt wird.

(Beit-Sahur 8. September 1912): „Sie müssen wissen, „dass ich hier so wie eine Art Patriarch der katholischen „Deutschen aus Jerusalem und Umgegend bin, und dass „zu meinem Namensfeste Alle sich im Missionshause zu „Beit-Sahur rendez-vous geben. Da geht es dann an „diesem Tage hoch her. Am Morgen feierliches Hochamt, „darnach die Gratulationen der Gemeinde, sowie der Häupter „der anderen Confessionen. Kaum sind diese abgefertigt, „dann kommen die Gratulanten von Bethlehem, von „Beitdschala, von Tantur, von Jerusalem usw., usw., so „dass am Mittag der frugale Mittagstisch ziemlich besetzt ist. „Dass es in der Küche an diesem Tage ebenfalls etwas hoch „hergeht, ist selbstverständlich und meine wackere Köchin „sorgt schon dafür, dass ihr guter Ruf in dieser Hinsicht „keinen Schaden leidet. Interessant ist immer das Sprachengewirr „bei Tisch: Deutsch, französisch, italienisch, arabisch, das „alles schwirrt nur so durcheinander und in all' diesen „Sprachen werden Toaste ausgebracht und manchmal recht „gelungene Gedichte vorgetragen. Am Nachmittag kommen „noch alle Arten von Gratulanten aus der Umgegend; auch „die Armen und Bettler müssen ja ihren Teil vom Feste „haben, und dann endlich wird es Abend und der arme Gefei-„erte hat seine Ruhe und kann dann auch sich selbst dazu „gratulieren, dass die corvée wieder für ein Jahr vorüber ist. „Ob ich wohl noch einen weiteren Namens- und Geburtstag „feiern werde? Chilosa (Wer weiss das?)"

(Beit-Sahur, 16. September 1912): „Wir haben dieses Jahr „unsere Exerzitien in dem reizend gelegenen Beitdschala, einem „bedeutenden Dorfe, etwa ½ Stunde westlich von Bethlehem „gelegen, wo sich eine katholische Missionsstation befindet „und wo zugleich auch das Erholungsheim unserer Seminaristen „ist. Am 22. sollen die Exerzitien beginnen und bis zum darauf-„folgenden Sonntag dauern. Ich freue mich schon jetzt auf „diese 8 Tage der Ruhe und stillen Beschaulichkeit, welche dem „Missionär, der das ganze Jahr von allen möglichen Dingen „hin- und hergezerrt wird, so notwendig sind wie die Luft, „welche er einatmet. Und dann: 8 Tage keinen casse-tête zu „haben! Das darf man auch nicht gering achten. Und dann „habe ich auch die Freude, für einige Tage in der Nähe von „zwei meiner Pfarrkinder zu sein, welche sich im Seminar „befinden und Priester zu werden versprechen. Der eine ist „schon 4 Jahre dort und beginnt mit diesem Jahre das Studium „der Theologie, nachdem er vor einem Monat sein Examen „in der Philosophie mit grosser Auszeichnung bestanden hat. „Er ist erst 18 Jahre alt, muss also noch wenigstens 5 Jahre „warten, bis er Priester wird. Der andere ein Knirps von 11 „Jahren studiert tüchtig latein und italienisch und ist des „Patriarchen Liebling wegen seines Fleisses und seiner guten

„Aufführung. Gebe Gott. dass beide ausharren und Missionäre
„werden. Es würde das ein grosser Trost für mich sein, aus
„einer schon über 50 Jahre bestehenden Mission, die bisher
„noch nichts geleistet, durch meine Bemühungen nächst Got-
„tes Beistand dem Herrn 2 Priester gegeben zu haben. Ein
„dritter wird nächsten Montag. 23. September in die aposto-
„lische Schule bei den Salesianern eintreten, um sich später
„den Missionen in Südamerika (Patagonien) zu widmen.
„Wenigstens so hat er es vor. Sein Vater ist der grösste
„Taugenichts. den ich in meiner Mission habe. Hoffentlich
„wird der Sohn ersetzen. was der Vater gefehlt hat. So würde
„ich 3 haben. die später für die Ruhe meiner armen Seele
„beten werden. Das ist das Leben des Missionärs. Arbeit
„und Entbehrungen. oft sogar schmerzliche Enttäuschungen:
„aber dann auch wieder Trost und Freuden, wie sie die Welt
„nicht kennt. Doch das ist ja so im Allgemeinen der Welt
„Lauf."

XI. Gründung einer neuen Missionsstation.

In dem Jahre, in welchem Biever's Abberufung von Beit-Sahur stattfand, ward ihm noch die Genugtuung, ein Werk mit Erfolg gekrönt zu sehen, welches er bereits Jahre lang geplant hatte, nämlich die Gründung einer neuen Missionsstation in dem etwa vier Stunden von Tabgha gelegenen Dorfe Rameh. In verschiedenen aus Beit-Sahur datierten Briefen (11. März, 3., 10. und 19. Juni 1913) berichtet er, wie, nach jahrelanger Vorbereitung, die Gründung endlich zu glücklichem Abschlusse gelangte. Diesen vier Briefen entnehme ich das Folgende:

„Wenn ich mich nach Ostern etwas wohler fühle, so
„werde ich eine kleine Spritze bis nach meiner früheren
„Station Tabgha am See Genesaret machen. Es ist jetzt in
„der Nähe, in Rameh, eine neue Missionsstation gegründet
„worden, an deren Zustandekommen ich nun schon seit 1[illegible]
„Jahren gearbeitet habe. Ich bin froh, dass die Angelegenheit
„noch vor meinem Tode in Ordnung gekommen ist, und ich
„möchte gerne diese neuen Katholiken, die ich selbst noch
„unterrichtet habe im hl. katholischen Glauben, sehen, wie sie
„sich machen. Man hat ihnen für den Augenblick zwei Schulen
„mit zwei Lehrkräften eröffnet, und pastoriert werden sie einst-
„weilen von Tabgha aus, bis im Patriachate ein Missionär
„fällig wird. Es ist ein Unglück mit diesem Priestermangel
„und gerade die neuen Missionen müssen eben mehr gepflegt
„werden, als die alten, wo die Katholiken doch schon mehr
„oder weniger im Glauben befestigt sind"

Diese Reise fand dann auch wirklich statt, war aber nichts weniger als eine Ferienreise „Nun bin ich wieder glücklich
„in meine stille Häuslichkeit nach Beit-Sahur zurückgekehrt,

„nach fast $1^1/_2$ monatlicher Abwesenheit. Wie ich glaube, „hatte ich Ihnén in meinem letzten Briefe mitgeteilt, dass ich „so eine Art Ferienreise zu machen, im Begriffe stehe, welche „ich denn auch wirklich Mitte April angetreten habe. Als ich „bei unserem Patriarchen meinen Abschiedsbesuch machte, „sagte er mir: «A propos! Da Sie an den See Genesaret „kommen, so wäre es mir sehr lieb, wenn Sie sich ebenfalls „nach Rameh begeben wollten, wo viele schismatische Grie„chen um Aufnahme in die katholische Kirche bitten. Schauen „Sie dort nach dem Rechten, und wenn Sie sehen, dass es „den Leuten wirklich mit ihrer Bekehrung ernst ist, so gebe „ich Ihnen alle nötigen Vollmachten, um daselbst eine neue „katholische Missionsstation zu errichten.» Wie freute ich „mich im Herzen über diesen Auftrag, war doch ich es selbst, „der mich schon lange Jahre um die Rückkehr dieser Leute „bemüht und Alles in die Wege geleitet hatte! Aber mit der „Erholungsreise war es nun doch grossenteils vorbei. Doch „die kann ja später kommen. Die Hauptsache ist jetzt, Seelen „zu gewinnen, und das alte Sprichwort sagt ja: Nach getaner „Arbeit ist gut ruhen. Also vorwärts und à la garde de „Dieu! Das Gepäck des Missionars ist schnell zusammen„gebracht: Das Brevier, ein Katechismus, eine heilige Schrift, „Leibwäsche zum Wechseln, und so bin ich parat. Von „Jerusalem ging es mit der Eisenbahn nach Jaffa, wo ich „gleich bei meiner Ankunft den fälligen egyptischen Dampfer „bestieg, der mich nach 5 stundiger angenehmer Fahrt nach „Haïfa am Fusse des Berges Karmel brachte. Ich hielt mich „in Haïfa einen Tag auf, um U. L. Fr. vom Berge Karmel in „ihrem Heiligtum zu verehren und ihr meine Reise mit deren „Zweck zu empfehlen. Dass ich auch bei dieser Wallfahrt „die Lieben in der Heimat nicht vergass und sie dem Schutze „der Gottesmutter empfahl, versteht sich von selbst. Es betet „sich so gut hier oben auf dem Berge, fern ab vom Getöse „und Getümmel der Welt, die da tief unter uns liegt, und „von welcher kein Laut herauf in die heilige Stille dringt. . . . „Am nächsten Morgen schon um 5 Uhr entführte mich das „Dampfross hinunter an den heiligen See Genesaret . . . . „Sammach! Endstation für den See. Hart am Ufer wiegt „sich in den blauen Fluten ein altes Dämpferchen, das ich „allsogleich besteige und das mich in $1^1/_2$ Stunden nach Tibe„rias bringt. Dort erwartete mich auch schon eine bereit„stehende Fischerbarke, die mich in 2 Stunden an den Rand „des Sees, nach Tabgha, meiner alten Station, brachte. Es „war gerade Mittag, als ich ihnen dort ganz unverhofft in's „Haus fiel. Das war eine Freude! Wie ein Lauffeuer hatte „sich schon nach einigen Stunden die Kunde verbreitet, der „Abuna Daud sei in Tabgha angelangt, und nun begannen „die Begrüssungen, die volle 5 Tage dauerten und mich der-

„massen ermüdeten, dass ich es vorzog, in stiller Nacht mich „auf und davon zu machen, um nur Ruhe zu haben. Ich ritt „daher in der Nachtkühle «nach Rameh . . . .“

«Seit kurzem bin ich zu Hause wieder eingetroffen „von einer mehr oder minder apostolischen Reise, welche „annähernd anderthalb Monate beansprucht hat. Ich bin „allerdings sehr ermüdet und kann fast gar nicht mehr „sprechen, aber doch bin ich äusserst glücklich, dem „Herrn des Weinberges eine ziemlich bedeutende Schaar „von Seelen anbieten zu können, welche dem griechi- „schen Schisma entrissen worden sind. In der Um- „gegend meiner ehemaligen Station (Tabgha) am Ufer des „See's von Tiberias, befindet sich, vier Stunden in nordwest- „licher Richtung entfernt, ein hübsches, kleines Dorf, namens „Rameh, welches von ungefähr 600 schismatischen Griechen „und 100 Drusen bewohnt wird. Bereits seit langen Jahren „zeigte sich ein Teil der Griechen geneigt, in den Schoos der „katholischen Kirche einzutreten; jedoch hatte man, um ihre „Beharrlichkeit zu prüfen, deren Aufnahme bis jetzt aufge- „schoben. Weil nun in diesem Jahre ihre Bitten dringender „wurden und sie sich dieserhalb sogar nach Rom gewandt „hatten, fand unser Patriarch es für angezeigt, ihrer Bitte „zu willfahren und wurde ich hingesandt, um das Funda- „ment zu dieser neuen Mission zu legen . . . .“

„Von hier (Tabgha) aus ging es zu Pferd (mein erster Ritt „nach sechs Jahren) nach Rameh. Auch dort nahmen die „Begrüssungen mehrere Tage in Anspruch, und dann, nach- „dem der erste Anlauf ertragen war, konnte ich mich endlich, „da ich meine Neophiten recht gut disponiert fand, gleich an „die Arbeit geben. Der (deutsche) Verein vom Hl. Lande hat „sehr viel zur Gründung dieser vielversprechenden Mission „beigetragen, und ich glaube kaum, dass ohne das energische „Vorgehen des sel. Hrn. Klinkenberg, der im Zentrum des „Russentums eine blühende, katholische Schule eröffnete, „welche dann durch das kluge, ruhige Benehmen des Herrn „Sonnen (Direktors von Tabgha) sich prächtig entwickelte, je „die lateinische Mission dort hätte Fuss fassen können. Ihm „und auch den beiden wackeren Herren in Tabgha der Dank „des lateinischen Patriarchates und auch den meiner Wenig- „keit, für welchen die Gründung dieser Mission die Verwirk- „lichung eines jahrelang gehegten Traumes war. Seit Februar „hat der Herr Patriarch ebenfalls zwei Rosenkranzschwestern „dorthin geschickt zur Errichtung einer Mädchenschule, welche „gleich von Anfang an sich eines starken Besuches zu erfreu- „en hatte. Den vereinten Bemühungen des Herrn Sonnen und „der Schwestern habe ich es zu verdanken, dass ich das „Terrain ziemlich vorbereitet fand und unverzüglich an die „Installation der Mission schreiten konnte.„. ...“ Nun begann

„die Arbeit. Zwei Unterrichte per Tag. Morgens und Abends, „den ganzen Tag hindurch Unterredungen mit einzelnen Per- „sonen, die Einrichtung einer provisorischen Kapelle und „einer Wohnung für den Missionar, welcher dort residieren „soll, sowie endlich alle die kleinen, manchmal sehr lästigen, „aber manchmal doch unabweislichen Einzelheiten bei Gründung „einer Mission. Schliesslich war denn doch alles aufs beste ge- „ordnet. In den wenigen Wochen, die ich mich daselbst auf- „hielt, habe ich so ziemlich alle pfarramtlichen Funktionen „vornehmen können: Kindertaufen, Begräbnis, Trauung u. s. w. „Die Männer wussten fast alle den kleinen Diözesankatechis- „mus auswendig, so dass ich sie auch in Bezug auf Katechese „schon vorbereitet fand. — Deo gratias! Nach drei Wochen „ziemlich angestrengter Arbeit, bei welcher ich die Stimme „fast ganz verloren hatte, waren meine Neubekehrten so weit „unterrichtet, dass ich 78 von ihnen in den Schoos der hl. „katholischen Kirche aufnehmen konnte. Etwa 200 andere „werden bis zum Herbste nachfolgen. Gott sei Dank! „Nach menschlischem Ermessen verspricht die Mission „eine recht gute zu werden: es hängt nun, nächst Gottes „Segen, davon ab, dass ein kluger Missionär dort hinkommt, „der auf dem gelegten Fundamente weiter aufbaut. Doch es „fehlt nun noch dort an allem: — es fehlt vor allem an einem „Pfarrer, und im Patriarchat ist grosser Priestermangel für „den Augenblick. Im August sollen aber fünf Ordinationen „stattfinden, und dann wird wohl auch ein Missionär für „Rameh zu finden sein. Einstweilen wird auf Wunsch des „Herrn Patriarchen einer von den beiden Herren in Tabgha „des Sonntags in Rameh die hl. Messe halten, so dass wenigs- „tens die Angelegenheit in Fluss bleibt und nicht in das un- „selige Stagnieren kommt. Wie ich oben bemerkt, verspricht „die Mission sehr viel. . . . .»

«Nun hiess es wieder an die Rückreise denken, da «ich für das Fronleichnamsfest in Beit-Sahur sein musste, «an welchen Feste die Kinder zur ersten heiligen Kom- «munion gehen sollten. Ein Freund von mir, ein Domi- «nikanerpater aus Jerusalem, der meine Stelle vertrat, hatte «die Kinder sehr gut auf die hl. Handlung vorbereitet. Ich «kehrte auf demselben Wege wieder zurück: Rameh, Tabgha «Haïfa. Mit einem äusserst schmutzigen, russischen Dampfer «kam ich von Haïfa nach Jaffa morgens gegen 6 Uhr und «schon um 8 Uhr war ich wieder im Eisenbahnzug nach «Jerusalem, wo ich um Mittag ankam. Dort fand ich glück- «licherweise einen Wagen nach Bethlehem, und um $1^1/_2$ Uhr «war ich totmüde, aber froh und zufrieden in meinem stillen «Pfarrhause angelangt, wie ein Blitz aus heiterem Himmel, «da man mich erst für den nächsten Tag erwartet hatte. Nun «begannen wieder die lästigen Begrüssungen. Aber Alles hat «ja endlich ein Ende und nun ist alles wieder im gewöhnlichen «Fahrwasser, als wenn ich nie fortgewesen wäre.»

Der Wunsch Biever's, dass zu Rameh baldigst ein eigener Missionar (Pfarrer) angestellt werden möchte, ging auch gegen Ende 1913 oder Anfang 1914 in Erfüllung. Denn «Das hl. Land» (Jahrg. 1914, Heft 2, Seite 122) berichtet darüber wie folgt: «Endlich hat die kleine, katholische Mission von Rameh, «einige Stunden von Tabgha, einen ständigen Priester zum «Pfarrer erhalten, nachdem vorher einer der Patres, von Tabgha «aus, den Ort von Zeit zu Zeit besucht hatte, da der Verein «auch eine Schule dort unterhält.» Fortsetzung folgt.

Nachricht.

Da das letzte diesjährige Heft erst so spät zu Händen unserer Mitglieder und Abonnenten gelangte, wird der Termin für Einsendung der ausgefüllten Postanweisungs-Formulare vom 15. auf den **20.** Januar 1921 verlegt.

Nachtrag zu den „Literarischen Novitäten" auf Seite 169—172

Caritas-Jahrbuch für das Jahr 1920—1921. Herausgegeben vom Caritas-Sekretariat Esch-Alz. Mit 2 farbigen Bildbeilagen. Kremer & Rettel, Esch an der Alzette. 1920—226 SS. in 8°

Kellen Tony. Alter und neuer Humor des deutschen Volkes. Auswahl der besten Schwänke, Schnurren und spassigen Geschichten. I. Band. Zweite, verbesserte und vermehrte Auflage. Saarlouis. Hausen O. D. (1920).— 144 SS. in 8°

(Idem.) Guides Grieben. Vol. 180. Le Rhin de Cologne jusqu' à Francfort. Guide pratique. Avec sept cartes. Berlin W. 35. 1920/21. — 122+2+20 p. in 16°, avec 1 carte typogr. et 6 plans de villes.

(Klepper Bernardus.) Directorium Romano-Luxemburgense seu Ordo Divini Officii recitandi Sacrique peragendi ad usum Cleri Luxemburgensis RR. DD. Dr Petri Nommesch Episcopi Luxemburgensis jussu et auctoritate editus pro anno MCMXXI. Luxemburgi. Typogr. ad. S Paulum. 1920. — 119+2 pp. in 8°.

(Idem) Schematismus Cleri extranei pro 1921. Sacerdotes Saeculares et Regulares e Dioecesi Luxembourgensi oriundi (Luxemburgi. Typogr. ad S. Paulum. 1920. — 19 pp. in 8°

Nachrichten aus dem Vereine.

Hr. **Hubert Brück,** Sekretär der Staatsanwaltschaft und Präsident des Cercle sténographique, wurde in Anerkennung seiner auf dem Gebiete der Stenographie erworbenen Verdienste von der französischen Regierung zum Officier de l'Instruction publique ernannt. Vor nicht langer Zeit war Herr Brück zum Officier d'Académie ernannt worden.

Hr. Polizeikommissär **Alfons Rupprecht** ist von der französischen Regierung mit der Rosette eines Officier de l'Instruction publique ausgezeichnet worden.

Beiden Herren unsere herzlichsten Glückwünsche!

Höchst wichtige Anzeige.

Dem letzten Hefte (November-Dezember) der „Hémecht" liegt ein Postmandats-Formular bei, welches die verehrten Herren Mitglieder, resp. Abonnenten, recht höflich und **dringend** gebeten sind, **unverzüglich** ausgefüllt, an den Unterzeichneten einsenden zu wollen, damit die Zahl der zu druckenden Exemplare des Jahrganges XXVII (1921) festgestellt werden könne.

Die bis zum 15. Januar 1921 nicht eingelaufenen Cotisationen werden in der zweiten Hälfte des Monats Januar per Post eingezogen, mit Hinzufügung des Postporto's (10 Sous) auf Kosten des Säumigen.

Andurch auch die erfreuliche Mitteilung, dass der schon längst projektierte **Jubiläumsband** unter der Presse ist.

Luxemburg, den 25. Dezember 19 0.

Für den Vorstand:
Der EHRENPRÄSIDENT und KASSIERER
Martin Blum.

Subskriptionsliste.

Übertrag	800,00 Frs.
B. M. in F.	12,50 „
P. M. in L.	50,00 „
Total	862,50 Frs.

Vivant sequentes!

Literarische Novitäten & Luxemburger Drucksachen.

Administration des postes, des télégraphes et des téléphones (du Grand-Duché de Luxembourg). Renseignements statistiques sur l'organisation, le mouvement et le rendement des services postal, télégraphique et téléphonique pendant les années 1918 et 1919. Luxembourg. Bück frères. 1920. — 39 pp. pet. in 4°.

Association des Dames françaises. Comité de Luxembourg. Fondé en 1892. Compte-Rendu des années 1911 à 1920. Luxembourg. Joseph Beffort. 1920. — 11 pp. in 8°.

Assurance-maladie (L') dans le Grand-Duché de Luxembourg. Publié par le Département de l'Agriculture et de la Prévoyance Sociale. Luxembourg, Charles Beffort. 1920. — 41 pp. in 8°.

Ballegtrieder (De) Eng humoristisch Deklamatio'n vum H. E. Zum e'schte virgedrôn de 29. Februar 1920 zo' Rodange, vum Här Jempy Hopp op der General-Versammlung vum Verein „Haus a Scho'l" Letzeburg. Linden & Hansen. 1920. — 12 SS. in 8. (Letzeburger Allerlé. — Nr. 28.)

Bulletin financier (de la Banque Internationale de Luxembourg). Luxembourg. Joseph Beffort. — pet. in Quartfolio. — N° 1 est daté du 1 décembre 1920.

Comes Isidor. De' nei Police oder Furt dénen Alen net iwer de Mont. Kome'de'stek an 1 Akt. Musek vum Menager. 2. Oplo. Letzeburg. Linden & Hansen. 1920. — 32 SS. in 8° (Letzeburger Allerlé. — No. 13.)

Diderrich Émile. Emblèmes du Laboureur et autres en Lorraine et Luxembourg. Edition du Pays Lorrain. Nancy. 1920. — 7 pp. in 8° avec 1 vignette et 1 fig. dans le texte.

École d'Artisans de l'Etat à Luxembourg. Programme pour l'année scolaire 1920—1921. Staatshandwerkerschule in Luxemburg. Programm für das Jahr 1920—1921. Gustave Soupert. Luxembourg. 1920. — 64 pp. in 8°.

École professionnelle des Aciéries réunies de Burbach-Eich-Dudelange. Dudelange. Luxembourg. Gustave Soupert. 1920. — 13 pp. in 8°.

Gymnase grand-ducal d'Echternach. Programme publié à la clôture de l'année scolaire 1919—1920. Grossherzogl. Gymnasium zu Echternach. Programm herausgegeben am Schlusse des Schuljahres 1919—1920. Luxembourg. Bück frères. 1920. — 41 - 1 - 32 + 19 pp. in 8°. — Dissertation: **Dr. Michels Franz.** Die Existenz der Atome und Moleküle. — p. 1—41 + 1.

In Haus, Hof und Garten. Offizielles Organ des „Escher Verbandes landwirtschaftlicher Nebenbetriebe". Kremer & Rettel, Esch-Alz. — Monatlich gr. in 8° herausgegebenes Blatt, dessen Nr. 1 erschien am 1. Mai 1920.

Institut Emile Metz, Dommeldange. Programme publié à la clôture de l'année scolaire 1919—1920 Programm herausgegeben am Schlusse des Schuljahres 1919—1920.

Luxemburg. Joseph Beffort. 1920. — 108 pp. in 8°, avec 5 planches hors texte. — Dissertation: **Dr Werveke (van) Nicolas.** Les plaques de foyer et de fourneau de la collection Eduard Metz à Eich. — p. 3—52, avec 5 planches. — **Dr. Robert A.** La Méthode psychologique du Travail et l'orientation professionnelle. — p. 53—71. — **Dr. Arend Jean-Pierre.** Discours prononcé par le Directeur à la distribution des prix du 4 septembre 1920. — p. 95—98.

Isak (Den) als Zaldot. Eng komesch Szen. Letzeburg. Linden & Hansen. 1920 — 8 SS. in 8°. (Letzeburger Allerlé. — No. 23.)

Kampf. (Der) Wochenschrift der Kommunisten Luxemburgs. Luxemburg. Ed. Nimax. — In fol. Nr. 1 erschien am 18. November 1920.

Dr. Klein Edmund-Joseph. Hémecht a Scho'l. En escht Wûort un de' Al an un de' Jong, gesôt an der Setzong vum Katho'l. Le'rerverein zu Letzeburg. U. Uórt nach Datum nach Drécker. (Letzeburg. Joseph Beffort. 1920.) — 15 SS. pet. in 4°.

Klein Louis. Notes sur l'Argentine industrielle. Extrait du Bulletin de l'Union des Ingénieurs sortis des écoles spéciales de Louvain, premier fascicule 1920. Bruxelles. (1920.) — 23 pp. in 8° avec 1 planche hors texte et 1 carte géographique.

Lentz Michel. Wantergréng Liddercher a Gedichtercher. 1920. Letzeburg. I. P. Worré. — 55 SS. pet. in 4°. (Bibl. vun der Letzeburger Nationalunio'n. Band 12.)

Lycée grand-ducal de Jeunes Filles d'Esch-sur-l'Alzette. Programme publié à la clôture de l'année scolaire 1919—1920. Grossherzogliches Mädchenlyzeum zu Esch an der Alzette. Programm herausgegeben am Schlusse des Schuljahres 1919—1920. Luxembourg. Linden & Hansen. 1920. — 32+38+12 pp. in 8°. Dissertation: **Dr. Nœsen Jean.** l'Oeuvre romanesque de Th. Gautier. — p. 1 — 32.

Dr. Pletschette Guillaume. Ouvre des Jeunes-Economes de la Ville de Luxembourg. Compte-Rendu des résultats de la 70e Année suivi de la Liste des Jeunes-Economes et des Souscripteurs de l'Oeuvre. Aidez-nous! Août 1920. Luxembourg. Société Saint Paul. 1920. — 14 pp. in 8°.

Scho'erschleffer. (De) E komesche Virdrag. Letzeburg Linden & Hansen. 1920. — 4 SS. in 8°. (Letzeburger Allerlé. — No. 25.)

Dr. Schneider Nikolaus. Die neueste kirchliche Entscheidung in der Pentateuchfrage. (Dekret der Offiziumskongregation vom 21. April 1920). Separatabdruck aus „Pastor Bonus". 1. Heft (1920/21). Seite 1. Trier. O. D. (1920). 19 SS. in 8°.

Scho'lbo'w (De) mat de verwurelte Gedanken. Eng humoristesch Deklamation vum H. G' Zum e'schte virgedrôn de 29. Februar 1920 zo' Rodange. vum Här Jean Welter. op der General-Versammlong vum Verein „Haus a Scho'l". Letzeburg. Linden & Hansen. 1920 — 12 SS. in 8° (Letzeburger Allerlé. - No. 26.)

Schwe'ermammen (We' ën d') zäm kritt. Ekomesche Virdrag. Letzeburg. Linden & Hansen. 1920. — 4 SS. in 8°. (Letzeburger Allerlé — No. 25.)

Sozialer Fortschritt. Organ des Allgem. Luxemburger christlichen Arbeitsbundes. Christliche Gewerkschaften. — Cooperativen. „La Prévoyance". Katholische Arbeitervereine. Luxemburg. (St Paulus-Druckerei.) — Nr. 1 erschien (pet. in fol.) am 1. November 1920. (Wochenbl.)

Verein für Volks- und Schulhygiene. Vereinsjahre 1919 und 1920. XVI. und XVII. Jahrgang. Verhandlungen. Vorträge. Besichtigungen Société d'hygiène sociale et scolaire. Années 1919 et 1920 XVIe et XVIIe Année. Assemblées, Conférences, Visites et Inspections. M Huss. Luxembourg. (1920). — 42 pp. in 8°.

Verhulst Louis. La Lorraine belge. Bruxelles. 1920. — 218 pp. in 8°. avec 2 planches hors texte, 1 tableau graphique et 1 carte topographique.

Wampach Nicolaus. Beim Zwergevolek um Groestën. Eng Sëchen fir d'Kannerbûn an 2 Akten mat enger Verwandlong. Letzeburg. Linden & Hansen. 1920. — 32 SS. in 8°.

Weiner. (Ons lëtzeburger) Eng humoristesch Deklamation vum H. G. Dem Stëck „Die 88. Weine" vum J. Trojan, dëlweis nogëmacht. Zum e'schte virgedrôn de 29. Februar 1920 zo' Rodange, vum Här Willy Rusterberg, op der General-Versammlong vum Verein „Haus a Scho'l". Letzeburg. Linden & Hansen. 1920. — 8 SS. in 8°. (Letzeburger Allerlé. - No. 27.)

Wintringer J.-P. Nos Loisirs. Récits amusants et instructifs Luxembourg. J.-P. Worré 1920. — 62+2 pp. in 8°.

Zenner Theodor. Im Walde verirrt. Kindererzählung. Nik. Neuens. Esch a. d. Alzette. O. D (1920). — 72 SS. in 16° mit 1 farbigen Abbildung auf dem Umschlag

*) **Zieser Johann**. Beiträge zur Geschichte verschiedener Pfarreien. 2. Heft. Das Landkapitel Remich. Esch an der Alzette. N. Neuens. 1920. — 41 SS. in 8°.

---

*) Sonderabdruck aus „Ons Hémecht".

Ons Hémecht.

Organ des Vereins

für

Luxemburger Geschichte,

Literatur und Kunst.

Herausgegeben

von dem Vorstande des Vereins.

Siebenundzwanzigster Jahrgang.

1921.

Luxemburg.
Katholische Jugenddruckerei.
Selbstverlag des Vereins.
1921.

Ons Hémecht.
Organ des Vereines für Luxemburger Geschichte, Litteratur und Kunst

27. Jahrg. 1. u. 2. Heft. Jan. u. Febr. 1921.

Jeder Autor ist verantwortlich für seine Arbeit.

Zum 5. Januar 1921,

dem Geburtstag des Erbprinzen Jean.

Horch! Bumm, Bumm, Bumm! Kanonendonner? — Ja, wirklich und wahrhaftig Kanonendonner! — Was ist denn wieder los? Ist der Friede gebrochen? Sollen Stadt und Land Luxemburg, wie wir einst gefürchtet, doch noch in Grund und Boden geschossen werden? — Oh nein! mein Freund, beruhige dich. Was vor noch knapp zwei Jahren ein Gegenstand des Schreckens gewesen, ist heuer ein Anlass zur Freude geworden. — Wie denn das? — Nun, so höre:

Uns ist im Städtchen gar nicht bang:
Denn Jubel herrschet überall.
Gleich Orgelton und Glockensang
Klingt heute der Kanonen Schall.

Ja, freu' dich Stadt! und freu' dich Land!
Denn was wir längst erhofft, begehrt, —
Das Schiessen macht es dir bekannt —
Hat uns der güt'ge Gott bescheert.

In Colmar-Berg ein Fürstenkind
Erblickte ja das Licht der Welt.
Erfüllet uns're Wünsche sind.
Das freut uns mehr als Gut und Geld.

Ein Throneserbe ist nun da,
Ein echtes Luxemburger Kind,
Von edlem Spross aus Gallia,
In dem Nassauer Blut auch rinnt.

O Gott, behüt' dies Kindelein,
Auf dass es werd' zum starken Mann.
An Leib und Seele keusch und rein,
Wie's Land ihn sich nur wünschen kann!

Auch auf die Eltern, Tag für Tag,
Blicke huldvoll, Gott, hernieder,
Dass ihm in jeder Lebenslag
Ihre Tugend strahle wieder!

Nimm alle drei in Gnaden auf,
Dass, wenn vereint in Lieb und Treu',
Einst enden wird ihr Lebenslauf,
Ihr Lohn die Himmelskrone sei!

* * *

Hätten wir wohl, zu Beginn des 27ten Jahrganges von «Ons Hémecht», ein für die Grossherzogliche Familie und für das ganze Luxemburger Volk freudenreicheres und hoffnungsvolleres Ereignis registrieren können, als die Geburt eines Erbprinzen? Gewiss nicht!

Was aber die Freude der Eltern und unserer Aller noch vermehrt, ist der Umstand, dass Unser Heiliger Vater, Papst Benedikt XV., der Statthalter Christi auf Erden, huldvollst die Patenstelle bei dem Luxemburger Thronerben zu übernehmen geruht hat, und sich durch Seine Excellenz, Erzbischof Nicotra, Apostolischen Nuntius, bei der durch den Hochwürdigsten Herrn Dr. Petrus Nommesch, Bischof von Luxemburg, vorgenommenen feierlichen Taufspendung hat vertreten lassen. Dank dafür dem Heiligen Vater, und stimmen wir deshalb freudig ein in den Jubelruf:

Dank dem Heiligen Vater Benedikt XV!
Dank Sr. Exzellenz dem Nuntius Nicotra!
Dank Sr. Gnaden dem Bischof Nommesch!

* * *

Hoch lebe unsere Grossherzogin Charlotte!
Hoch lebe Ihr erlauchter Gemahl Prinz Felix!

Hoch lebe der Erbprinz Jean!

LUXEMBURG, den 1. Februar 1921.

DER EHRENPRÄSIDENT **M. Blum.**

Beiträge zur Geschichte verschiedener Pfarreien

III. Das ehemalige Landkapitel Arlon.

Einleitung

Die Liste der zum früheren Landkapitel Arlon gehörigen Pfarreien ist eine sehr verschiedene, je nach den Quellen, welche man dazu benutzt. Wir geben die vom Jahre 1570 nach Heydinger und lassen einige ergänzende Anmerkungen folgen:

1. Arlon. 2. Aix-sur-Cloix (Esch auf der Hurt, Aix ad cratim): 3 Anlier; Aubange (Ibingen): Chatillon; 6. Ste. Croix; 7. Dahlem; 8. Freylingen; 9. Garnich; 10. Gerlingen; 11 Habergy (Heverdingen); 12 Hachy (Herzig); 13. Halancy (Holdingen) 14. Heinstert; 15 Herserange; 16. Hondelingen; 17. Kœrich; 18. Clemency (Küntzig); 19. Longwy-Haut; 20. Messancy (Metzig); 21. Meix-le-Tige (Meer); 22. Mont-St.-Martin; 23. Musson; 24. Bascharage (Niederkerschen); 25. Hautcharage (Oberkerschen); 26. Nobressart (Johannis Elcheroth); 27. Rachecourt (Resig); 28. Selingen; 29. Sterpenich; 30. Thiaumont (Diedenburg); 31. Vance (Wannen); 32. Villers-la-Montagne.

Das Visitationsprotocoll von 1570 zählt noch auf: Arlon, das Spital, und fügt bei: possesor seu pastor est Dominus Nicolaus Serrarius, sedis Christianitatis Arlunensis Decanus.

Im Jahr 1611 werden im Decanat Arlon nur 21 Pfarreien visitiert; unter diesen finden wir noch: Regis curia (Rachecourt) und Genserat.

In einem Register: Status Cleri Archidiœcesis Trevirensis vom Jahre 1787 im Bisch. Archiv des Generalvicariates zu Trier, werden für das Decanat Arlon nur 28 Pfarreien und die in demselben wohnhaften Geistlichen namentlich angeführt. Wir geben diese Liste an anderer Stelle.

Am 18. August 1791 bestimmt der Weihbischof I M. d'Herbain in einem Rundschreiben die Firmungsordnung für das Decanat Arlon und nennt dabei die Pfarreien, 29 an der Zahl: Arlon, Wolfringen, Hondelingen, Sterpenich, Koerich, Garnich, Freylingen, Anliers, Heinstert, Nobressart. Thiaumont, Hachy, Vance. Chatillon, Meix-le-Tige, Habergy, Musson, Rachecourt, Aix-sur-Cloix, Halancy, Messancy, Clemency. Selange, Gerlange, Aubange, Oberkerschen, Niederkerschen, Dahlem und Rodange.

Hr. Martin Blum gibt in der Geschichte des luxemburger Landes von Dom. Constant München nach Bertholet 26 Pfarreien mit Namen an und fügt in einer Anmerkung noch 6 andere nach dem Trierischen Hofkalender und Heydinger hinzu Diese Liste ist folgende: 1. Anlier; 2. Arlon; 3. Chastillon; 4. Dahlem; 5. Didenburg; 6. Eischerot; 7. Freilingen; 8 Garnich; 9. Guerlingen; 10. Halancy; 11. Hinstert; 12. Herzig; 13. Hewerdingen; 14. Hondelingen; 15 Körich; 16. Küntzig; 17. Meix-le-Tige; 18. Metzigh; 19. Musson; 20 Niederkerschen; 21. Oberkerschen; 22 Rachecourt; 23. Sitingen; 24. Sterpenich; 25. Vance; 26. Wolkringen; 27. Esch auf der Hoart; 28. Aubange; 29. Herserange; 30 Longwy 31. Villers-la-Montogue; 32. Ste Croix.

Es würde uns zu weit führen, wollten wir die Divergenzen nach Zeit und Ursprung aufklären. wenn uns auch alle erforderlichen Dokumente zu Gebote ständen.

Verzeichnis der Geistlichkeit im Jahre 1787.

Nachdem wir die Namen der Pfarreien angegeben haben, aus denen das Decanat in der Zeit vor der französischen Revolution bestand, wollen wir die Liste der Geistlichen mitteilen, welche am Vorabend jener gewaltigen Umwälzung auf dem kirchlichen und politischen Gebiete in dessen Pfarreien tätig waren. Sie ist einem lateinischen Generalverzeichnis entnommen, welches im Archiv des Bischöfl. Generalvicariates zu Trier aufbewahrt wird und stammt aus dem Jahre 1787. Der Titel lautet: Status Cleri Archidiocesis Trevirensis in **Ducatu Luxembourgico,** Anno 1787.— **Decanatus Arlunensis.**

1. Arlon (Stadt) [1])

J. Nic. Schlim aus Luxemburg, Pastor, 55 Jahre alt.
Jacob Sibenaler aus Arlon. Vicar, 27 Jahre alt.
Nicolaus Chevalier id Frühmesser, 65 id.
Mathias Hagen id liest die letzte Messe, 65 id.
Nic. Hutin, Arlon, chem. Pfarrer in Körperich, jetzt kränkl., 70 Jahre alt.
Johann Schappert id Privatgeistlicher (kam nach Stockem) 39 id.
Anton Zimmmer id Schulmeister, 47 id.
Joh. Peter Schwartz id Privatgeistlicher 89 id
Carl Nicolas, aus Ethe, Exjesuit; jetzt Postvorsteher, 54 id.
. . . Ein zweiter Exjesuit, wohnt bei dem Vorigen.
Michel Mangin aus Arlon Hauslehrer bei Hr. Mahy, 28 id.

---

[1]) Aus demselben Register haben wir leider nur einige Notizen in Bezug auf die damalige Bevölkerung entnommen.

Im Jahre 1787 zählte die Pfarrei Arlon: Arlon [Stadt] 2000, Viville Altenhoven 100; Bonnert 227; Barnich 148; Clairfontaine ? Eischen 521. Niedereller 120; Obereller ? Waltzing 80; Weiler 132; Frassem 72; Total 3500. Die dort angegebene Gesamtzahl lautet aber auf 3649. Obereller und Clairefontaine werden somit zusammen den Unterschied von 149 ausmachen.

Folgen die Filialen.

Waltzing: Nic. Dernoeden aus Hondelingen, Vicar, 67 Jahre alt.
Frassem: Joh. Nic. Schroeder aus Harlingen, Lehrer u. Vicar 74. id.
Bonnert: Joh. Ludwig Molitor aus Bilsdorf, Vicar, 32 id.
Barnich: Jacob Nickels aus Hondelingen, Frühm. und Lehrer 49 id.
id Nic. Molitor aus Diedenburg, Vicar, 71 id.
Eischen: Jacob Welschen aus Metzig Vicar, 66 id.
id Joh. Michaelis aus Lischer, Frühm., Küster u. Lehrer, 39 id.
Weiler: Joh. Bapt. Weydert aus Oberanven, Vicar 51 id. (cf. Wolfringen)
Clairfontaine, Abtei: Barth. Lucas, aus Trier, Rector, 55 id.
id J. Bapt. Camus aus Morthehan, Rector, Nachf. des vor. 50 id.
id Dominik Kauffmann aus Levelingen, Kaplan, 39 id.

Aix-sur-Cloie (Esch auf der Hurt).

Wilhelm Moes aus Keispelt, Pfarrer, 26 Jahre alt.
Dominik Sadler, aus Sprinkingen, Frühm. Lehrer u Sänger, 30 id.
Battincourt: Andreas Schumacher aus Lamadeleine, Frühm. u. Lehrer 33id
id Andreas Stoffel aus Folscheid, Frühmesser u. Lehrer 38 id.

3. Anl'ers.

Joh. Bapt. Waltzing aus Metzert, Pfarrer 71 Jahre alt.
Andreas Thyry aus Nulle, Frühmesser und Lehrer 38 id.
Habay-la-Neuve: Nic. Gillet aus Sucy, Vicepastor, 65 id.
id Nic. Allard aus Ethe, Frühm u. Lehrer, 35 id.
Walansart: Nic Collin, aus Luxemburg, Frühm. u. Lehrer, 44 id.

4. Aubange (Ib'ngen).

Dominik Felten aus Rodingen, Pfarrer u. Dechant 54 Jahre alt.
J. Bapt. Kob aus Siebenborn, Frühm., Sänger u. Lehrer 30 id.
Athus: J. P. Nepper aus Jouvilleneour, Frühm., Sänger u. Lehrer 38 id.
Lamadaleine (Rollingen), Peter Henesse aus Koemen, Frühmesser und Lehrer 68 id.
Clairemarais, Peter Schanus aus Küntzig, Hauslehrer, 31 id.

. 5. Chatillon.

Johann de Soy aus Bleid, Pfarrer, 41 Jahre alt.
Joseph Menus aus Chatillon, Vicar und Küster, 38 id.

6. Dahlem. 2)

Theodor Umbscheiden aus Rittersdorf, wohnt in Sprinkingen 64 J. alt.
Dahlem: Joh. Wilh. Bourton aus Freylingen, Frühmesser und Lehrer, wohnt in Sprinkingen, 57 id.
Schouweiler: Bern. Schmitz aus Bickendorf, Vicar, 56 id.
Dippach: Joh. Michel Steinbach aus Metzert, Vicar, 31 id.

7. Diedenburg (Thiaumont). 3)

Joh. Peter Wiot aus Wormeldingen, Pfarrer, 41 Jahre alt.

2) Die Pfarrei Dahlem hatte folgende Einwohnerzahl: Dippach 235; Dahlem 71; Schouweiler 185; Sprinkingen 126, Total 617.

3) Die Pfarrei Didenburg hatte: Didenburg 201; Lischer 158; Lottert 137; Tattert . , Total 496. Die Einwohner von Tattert sind wohl einem Nachbardorf zugezählt.

J. B. Schnock aus Diedenburg, Frühmesser und Küster 31 id.
Lottert: Lailotte (Lamotte) aus Lottert, früher Vicar jetzt im Elternhaus 55 id.

8. Freilingen.

Christian Jos. Kairis aus Thimister, Baccalaurus, Pfarrer 60 Jahre alt.
J. B. Joentgen aus Küntzig, Kaplan u. Lehrer, 31 id. (cf. Hachy).
Theodor Kauth aus Geichlingen id id 45 id: ersetzte den Vorigen.
Metzert: Nic. Salentiny aus Michelbuch, Vicar, 51 id.
id Michel Ferber aus Metzert, Privatgeistl. phreneticus, modo sanus 34 id.
Stockem: Jos. Mersch aus Luxemburg, Kaplan Lehrer u. Frühm. 41 id.
id Fr. Prinz aus . . . Kaplan, Lehrer und Frühmesser 45 id.
id Joh. Schappert aus Arlon, id id 39 id (Siehe oben Arlon) folgte den beiden Vorigen.

9 Garnich [4])

Theodor Mertens aus Kehlen, Pfarrer, 44 Jahre alt.
Michel Brann aus Hagen, Küster und Frühmesser, 28. Jahre alt.
Hivingen: Joh Pflieger aus Baustert, Kaplan, 57 id.
Kahler: Joh. Tilman Weiland aus Kleinbettingen Kaplan 86 id.

10. Gerlingen.

August Jos. Jolliot aus Luxemburg, Pfarrer 66 Jahre alt.
Michel Loenert aus Küntzig, Frühm., Küster und Lehrer, 63 id.

11. **Halancy** [Holdang]

Joh. Bapt. Adam aus Godbringen, Pfarrer, u. Definator 80 Jahre. alt.
Joh. Lemoin aus Halancy, Vicar und Lehrer, 54 Jahre alt.
Remigius Collet aus Halancy, Privatgeistlicher 49 id.

12. Heinstert.

Peter Simon aus Wiltz, Pfarrer 33 Jahre alt.
Dominik Schwartz aus Bastendorf, Frühm. Küster u Lehrer 34 id.
Joh. Peter Gentis aus Heinstert, Privatgeistlicher 35 id.

13. Hachy (Herzig).

J. Bapt. Lommel aus Luxemburg, Pfarrer 60 Jahre alt.
Christoph Paltz aus Seyl, Frühm., Küster und Lehrer 39 id.
Essen - Offen (Fouches): Nic. Caas aus Ell, Vikar, 55 id.
Saas [Sompont] : Peter Scherer aus Bauschleiden, Frühm., Küster u. Lehrer 56 id
J. B. Joentgen, aus Küntzig, id. id. 34 id. [cf Freilingen] ersetzte den Vorigen.

14. Herverding.

Nicolaus Feller, aus Siebenborn, Pfarrer, 69 Jahre alt.
Petrus Fabry, aus Ell, Küster und Lehrer, 67 id.
Törnich: Ludwig Pallang, aus Lottert, Vikar 51 id.

---

[4]) Die Pfarrei Garnich besaß: Garnich 283, Hivingen 122, Kahler 89, Total 494, Kleinbettingen, die Villa, steht ohne Zahl.

15. **Hondelingen.**

Michel Neu aus Siebenborn, Pfarrer, 57 Jahre alt.
Anton Tilmany aus Herpelding, Frühm., Küster u. Lehrer, 43 id.

16. **Herserange** [in Gallia]

Pfarrer wird nicht genannt.
Rodange: Peter Beckerich aus Freylingen, Vikar 51 Jahre alt.

17. **Körich** 5)

Ernst Karger aus Hostert, Pfarrer, 67 Jahre alt
Joh. Nic. Karger aus Redingen, Küster, Frühm. u. Lehrer 39 id
Nic. Erpelding aus Mersch, Beneficiat und Cooperator, 57 id.
Gitzingen: Nic. Jussel aus Oberelter, Frühm. u. Lehrer, 31 id

18. **Küntzig** [Clemency]

Nic. Bontems aus Clerf, Pfarrer, 48 Jahre alt
Nic. Printz aus Düdelingen, Küster u. Frühm., 36 id
Petingen: J. P. Schnock aus Didenburg, Kaplan, 67 id
Fingig: J. B. Arend aus Reckingen [Meß] Frühm u. Lehrer, 59 id.

19. **Meix-le-Tiche** [Meer].

Joseph Gillet, aus Jovancourt, Pfarrer, 44 Jahre alt.
Johann Escher, aus Wiltz, Pfarrerverwalter, 30 id.

Mellancy [Metzig].

August Hinkes, aus Arlon Pfarrer, 41 Jahre alt
Nic. Welter, aus Niederfeulen, Küster und Lehrer 33 id.
Bebingen: Theodor Göbert, Bebing, Kaplan 65 id.
Metzig: Jahann Soos aus Metzig, Poenitentiarius in St. Hubert 31 id.

21 **Musson**

Joh. Jac. Delpire, aus Hausenne, Pfarrer, [absens] 52 Jahre alt.
Joh. Eschette, Belmont, Pfarrverweser, 51 id.
Peter Pierre, aus Virton, Frühm. Küster u. Lehrer, 32 id.
Willancourt: Heinr. Aaufeauf, aus Luxemburg, Vic. Lehrer 44 id.

22. **Nobrissant** [Elscheroth].

Dominik Kaufmann, aus Leveling, Pfarrer, 39 Jahre alt.
(cf. Arlon, Clairefontaine.) Sein Vorgänger wohnt noch daselbst.
Gerard Goov, aus Clermont, Baccal., früher Professor u. Pfarrer in Nobrissart, 44 Jahre alt.
Nic. Thil aus Niedermertz, Frühm., Küster u. Lehrer, 36 id.
Petrus Adamy aus Nobrissart, 77 Jahre alt, ließt die hl. Messe in der Kapelle zu Pondoy.

23. **Niederkerschen** [Bas-Charage].

Wilh. Braun aus Berburg, Pfarrer, 66 Jahre alt.
Nic. Kesseller, aus Befort, Küster und Frühm., 44 Jahre alt.

---

5) Die Pfarrei Körich bestand aus Körich mit 726, Gebelingen 146 Gitzingen 157, Cap 26, Mühlen und Schmelzarbeiter 60, Total 813.

24. **Oberkerschen** [Haut-Charage].

Joh. Eberhard Borrig aus Oberweißel, im Trierischen, Pfarrer und Dechant, 67 Jahre alt. Sein Nachfolger als Pfarrer

Jakob Sadler aus Budersberg, Pfarrer 42 Jahre alt

Nic. Geimer aus Hagen,, Frühm. u. Lehrer, 51 id.

Linger: Franz Mouchant aus Beles, Frühm., Küster u. Lehrer 79 id.

25. **Rachecourt** [Roesig]

Nic. Didier aus Bivingen, Pfarrer 65 Jahre alt.

Dominik Didier aus Bivingen, Frühm, Küster und Lehrer, 31 id.

26. **Selingen.**

P.(ierre) F(rançois) Godfroid aus Moinet, Pfarrer 67 Jahre alt

Michel Thill aus Hagen, Frühm. und Lehrer, 27 id.

27. **Sterpenich.** [6])

Jakob Courtois aus Ste. Marie, Pfarrer, 65 Jahre alt

Joh. Brosius aus Schwarzenhof, Benefiziat u. Lehrer, 47 id

Nic. Schroeder aus Nachtmanderscheid, Kaplan, 37 id

Hagen: Dom. Zenner aus Lipperscheid, Kaplan, 38 id

Steinfort: Heinr. Claudy aus Steinfort, Diacon zu Luxemburg, 26 id.

28. **Vance** [Wannen].

Heinrich Mortehan aus Vance, Pfarrer 51 Jahre alt.

Michel Belsch aus Nobrissart, Frühm. Küster u Lehrer, 51 id.

Joh. Guillaume aus Vance, 68 Jahre alt, ehem. Hauslehrer in der gräflichen Familie von Kinsky.

Chantemelle: Theod. Brandenburg aus Ettalle, Kaplan und Lehrer, 51 Jahre alt.

29. **Wolkringen.**

Nic. Plamer aus Luxemburg, magister artium, Pfarrer, 56 Jahre alt. Sein Nachfolger im selben Jahr:

Christian Paltz aus Seyl, Pfarrer, 45 id.

Michel Lehnen aus Welscheid, Lehrer, Frühm. und Küster, 41 id

Udingen: J. Bapt. Feydt aus Luxemburg, Vicar u. Lehrer, 27 id.

Oberelter: Servatius Gabriel Demander aus Diekirch, Vicar u. Lehrer 61 Jahre alt

Weiler: J. B. Weydert aus Oberanven, Früh., Küster und Lehrer, 51 Jahre alt. [cf. Arlon: Weiler].

Verordnungen Josephs II. über die Anmeldungen der Kirchengüter.

Durch „Verordnung Josephs II. vom 22. Mai 1786, befehlend eine General-Verzeichniß der Güter eben so wohl der Welt- als Ordens-Geistlichen", veröffentlicht zu Luxemburg, den 31. Mai 1786 waren „die Erzbischöffen und Bischöffen und alle arderen zu einer Würde erhobenen, die Kapituln der Dom- und Collegial Kirchen, die Ordensklöster ohne Ausnahme so wohl der Bettel-Mönchen als anderer, die

[6]) Die Pfarrei Sterpenich setzte sich zusammen aus Sterpenich mit 246, Bettingen 79, Hagen 263, Nandlingen ?, Steinfort ?, Graas 60, Peiffershof 6, Schwarzenhof 3, Total 618.

Pfarrherrn und alle anderer Genießern einer Geistlichen Pfründe, bei welchen die Seelsorge oder die Persönliche Wohnung erfordert ist", gehalten, „in einer Frist von zwey Monaten nach der Kundmachung Gegenwärtiger grad (direct). Unserer General Regierung zu übersenden eine Verzeichniß oder ausdrückliche und eigentliche Erklärung der Güter, Renten, Ansprüch Schuldverschreibungen und Einkünften, gleich wie der Lästen ohne Ausnahme ihrer allerseitigen Erz-Bisthümer. Bisthümer, Klöster. Pfareyen und Pfründen."

„Diese Erklärungen sollen umständlich enthalten alle Gattungen der Liegenden Güter mit ihrem Bestand und ihrer Lage, alle Zehenden, Renten, Ansprüche. Schuldverschreibungen und andere Gattungen des Einkommens ohne Ausnahme und ihren Eintrag, gleichwie den Betrag der Lästen eines gemeinen Jahres von zehen.

„Die Erklärungen der Kapituln der Dom- und Collegial-Kirchen sollen benebst diesen enthalten die Güter und Lästen ihrer Fabriken, die Anzahl und die Benennung der Canonicaten und Präbenden, die Anzahl der Kapellanen und anderer Besitzer der Pfründen oder die der Kirch anklebigen Beamten, und im Fall daß für einige Canonicaten, Präbenden, Kapellen, Pfründen oder Ämter der Kirchen besondere und von der Massa des Kapituls unabhängige Güter und Renten vorhaden wären, soll dieses Kapitul für jedn eine klare und besonderr Verzeichniß davon geben und im übrigen die selbigen anklebige Verrichtungen und Gebühr eigentlich anführen. Die Erklärungen der Klöster sollen auch benebst der Güter und Lasten des Hauses mit Sich führen eine Verzeichniß der Einkünften und Lasten ihrer Sacristeyen, Kapellen und anderer ihren Kirchen anhängigen Stiftungen."

„Jene der Pfarrherreu sollen benebst den Gütern und Einkünften ihrer Pfründen, der geziemende Unterhalt mit einbegriffen, in sich halten jene der Fabriken ihrer Pfarr- und Filial-Kirchen gleichwie jene der Pfründen oder Aemter mit Seel-Sorge, so selben möchten anhängig seyn; zu welchem Ende sollen die Vorsteheren, die Küster oder Aufseher der Fabriken gleich wie die Besitzeren dieser Pfründen und Ämter allerseits den Pfarrherrn alle Wissenschaft und erforderte Erläuterungen zustellen."

„Alle jene, so diesem ein pünktliches Genügen zu leisten ermangeln werden, werden in eine Buß von tausend Gülden verfallen, davon zwey Drittel zu Nutz des Anbringers„ dessen Namen wird verholen gehalten werden, und das übrige Drittel wird zu Nutz des Beamten Verfolgers seyn. Im übrigen werden die verbotene oder nicht angegebene Theilen zu Nutz der Religionskiste eingezogen werden."

Am 27. Mai 1786 erließ Joseph II. eine besondere „Anordnung, vorschreibend eine General Verzeichniß aller Pfründen und schlechten Geistlichen Aemter, so mit keiner Seel-Sorge beladen sind, auch keine persönliche Residenz erfordern, ... es sey daß selbe bestehen in Meß zu lesen, in der Kirch beizuwohnen oder darin einige Verrichtung zu tun, Gebeter, Rosenkränz zu sagen oder in all anderm Geistlichen Gebühr, was es für sey, und es sey daß die Pfründe oder Amt einer Kirche, Kapelle, oder Bet-Haus anklebig sei oder nicht, so . . . . haben wir Statuirt und geordnet . . folgende Puncten. 1. Wir befehlen allen

Besitzern, sie seyen Weltliche oder Ordensleute, dergleichen Pfründen oder Aemter, gleich wie den Patronen oder Verleihern, wenn die Pfründe offen stehend ist, in der Zeit von zween Monaten nach der Kundgebung Gegenwärtiger, unserer Generalregierung gerad (direct) zu zuschicken eine genaue und eigentliche Erklärung inhaltend die Namen der Stifter, des Patron oder Verleihers und des wirklichen Besitzers der Pfründe oder Amts; die Verrichtungen, die selbem anklebige Gebühr oder Pflichten, ausführlich seine Güter und Einkünften, jenes was der Besitzer, die Kirche, Kappelle oder einige andere Person oder Stiftung davon ziehet, endlich alles jenes was die nämliche Pfründe oder Amt antreffen mag."

2. Folgen die Strafbestimmungen: 1000 Gulden für nicht Einhaltung der Befehle, 2 Drittel für den Angeber, dessen Namen wird verholen gehalten werden, das übrige Drittel zu Nutz des Verfolgers, und die Einziehung der verholenen und nicht erklärten Theile zu Nutz der Religionskiste.

3. „Um zu erfahren, ob all jene die es angeht, diesen Befehlen in dem vorgeschriebenen Ziel ein Genügen werden geleistet haben, sollen die Pfarrherren der Städten so wohl als des platten Landes in dem nämlichen Ziel (Termin) und unter einer Strafe von fünf hundert Gulden Buß ihrerseits, unserer General Regierung übersenden eine Liste aller Pfründen oder Aemter von dieser Gattung, so sich in den Kirchen oder Kapellen ohne Ausnahme oder in einigen anderen Ort des Bezirk ihrer allerseitigen Pfarreyen befinden."

Vorige Verordnung oder Ordonnanz wurde in Luxemburg am 8. Juni 1786 veröffentlicht.

Zur einheitlichen Ausführung dieses Gesetzes wurden officielle Formulare den einzelnen Verpflichteten zur Ausfüllung zugeschickt, wie manche Kirchenarchive beweisen. Es kann nicht unsere Absicht sein, diese Formulare hier zum Abdruck zu bringen, ebenso wenig von den einzelnen Kirchenfabriken oder Pfarrwiddums, die Felder, Wiesen, Wälder, Weier, Triften, Renten, Zehenden usw. nach Größe oder Ertrag und Lage namhaft zu machen, wir heben lediglich daraus die in kultureller und geschichtlicher Hinsicht interessanten Details heraus, um auf diese Weise dem Leser einen Einblick in das damalige Leben und Treiben zu verschaffen. [Fortsetzung folgt]

Logements militaires à Luxembourg pendant la période de 1794-1814. (Par Alphonse Rupprecht.)

(Suite.)

286. Monsieur *le Baron de Tornaco* quartier d'officier sub N° 293 de 5 chambres et une cuisine pour 36 hommes, en tems ordinaire pour un Etat Major *15 places*. 1 écurie pour 8 chevaux. [119])

[119]) Cette maison et celles aux N° 287 et 288 qui suivent étaient situées dans l'ancienne *rue du Conseil* qui formait cul-

de-sac. Elles font aujourd'hui partie de la *rue du Génie*, ainsi nommée par le règlement communal du 1. juin 1851.

Une ancienne maison de cette rue était celle de la famille *Bisserot* qui se trouvait à l'emplacement de l'hôtel des postes actuel. Les époux Bisserot Pierre et Anne Schoos vivaient à Luxembourg au commencement du 18. siècle. Ils avaient un fils du prénom de François qui était bourgeois et tailleur de pierres et qui se maria 3 fois à Luxembourg: le 17 juin 1752, à Marie Lederlé; le 4 décembre 1755, à Marie-Anne Fischer et le 3 janvier 1760, à Catherine Calmes. De ce dernier mariage naquit Gérard Bisserot qui exerça la profession de vitrier et qui épousa à Luxembourg, le 5 octobre 1785, Jeanne Klein. L'aîné des fils de ces époux, François Bisserot, né à Luxembourg, le 13 août 1786, s'unit à Luxembourg, le 8 mai 1817, à Marie-Joséphine-Charlotte Mengin, de cette ville. Il fut conducteur du Waterstaat sous le régime hollandais et, après 1830, ingénieur et directeur à l'administration centrale au ministère des travaux publics à Bruxelles. Il est mort à St.-Josse-ten-Noode (Bruxelles), le 9 mars 1853. Un autre fils, François-Antoine Bisserot, vitrier, né à Luxembourg, le 25 août 1801, épousa à Luxembourg, le 25 mars 1829, Marie Brasseur, de Mondercange, soeur de Dominique-Léopold Brasseur, époux de Marie-Madeleine de Wacquant, d'Esch-sur-Alzette. Dans notre Registre des Logements nous trouvons mentionné sous les Nos 379 et 389 que Gérard Bisserot était en 1791 en train de bâtir une maison dans la rue du Haut de la place d'Armes. C'est la maison actuelle A. Kampff, No 1, de la rue Génistre, à laquelle on voit encore aujourd'hui des ancres de construction formant le millésime 1791. Cette-dernière maison était habitée dans la première moitié du siècle passé par la famille Bisserot, d'abord par Gérard Bisserot, puis par son fils François-Antoine et par la veuve de celui-ci, laquelle convola en secondes noces à Luxembourg, le 3 février 1836, avec Jules-Charles Rhaesa, également vitrier, originaire de Bisenrode.

La famille Bisserot possédait de même une maison rue du Curé, le No 409 de notre Registre........

Depuis la démolition de la Chancellerie du Marché-aux-Poissons, en 1736, le Conseil Provincial et Souverain, appelé également Conseil du Roi, avait transféré son siège dans la maison Bisserot qui en fut baptisée *Maison du Roi*.

Sous le Directoire, en 1795, et jusqu'en 1814, les autorités françaises avaient installé au 1. étage le Génie militaire et le logement de service du sous-directeur des fortifications; des gendarmes et des gardiens avaient été logés au rez-de-chaussée; des salles d'arrêt se trouvaient au bâtiment de derrière.

Pendant l'occupation hollandaise resp. prussienne, la maison resta affectée aux services de la Forteresse et particulièrement à la Direction du Génie jusqu'en 1867. (Cf. Engelhardt, op. c°., pp. 161 et 259.)

Le livre de Mr. Reis déjà cité nous fournit à la page 202 les données suivantes sur la destination ultérieure du bâtiment.

«Immédiatement après le départ de la garnison prussienne on se mit à l'oeuvre et on installa la poste au rez-de-chaussée de l'ancien bâtiment du Génie, en même temps qu'on logea à l'étage de l'immeuble la Chambre des comptes, l'administration de l'enregistrement et celle des contributions directes, accises et cadastre.

La partie du bâtiment que l'administration des postes occupa, se trouvait dans un état primitif; rien n'avait pu être fait ni pour l'installation convenable des bureaux de l'administration centrale, ni pour celle des bureaux servant aux relations avec le public; celui-ci se pressait, dans une sorte de couloir sombre et étroit, à des guichets mal éclairés que l'on avait pratiqués dans des murs de près d'un mètre d'épaisseur.

L'administration des postes ne tarda pas à se trouver à l'étroit dans ces bureaux et le besoin d'agrandissement était devenu très urgent lorsque Mr. Mongenast, directeur général, fit, suivant acte d'adjudication publique reçu par le notaire Ransonnet, de Luxembourg, le 7 décembre 1882, l'acquisition, pour le compte de l'Etat, de l'ancien hôtel de Gerden, occupé auparavant par le commandant militaire de la forteresse.

Alors, après avoir transféré les bureaux de la chambre des comptes et ceux des deux administrations de l'enregistrement et des contributions dans le bâtiment nouvellement acquis, on affecta à l'administration des postes tout le bâtiment du Génie.» Elle y était installée jusqu'à la construction du nouvel hôtel des postes achevée en 1910............

En face de la maison Bisserot se trouvait celle de la branche de la famille ***de Tornaco*** dite ***de Vervoz***.

D'après Engelhardt, cet édifice a été construit en 1730, par le général Lefèvre. Il s'agit ici de ***Francois-Théodore baron de Lefebure (Lefebvre),*** lieutenant général de cavalerie au service de l'Empereur, commandant des ville et château de Gand, fils du capitaine Antoine Lefebure et de Hélène Royer.

Le 13 février 1731, il contracta mariage à St. Nicolas à Luxembourg, avec Anne-Elisabeth de Henron, fille de Jean-Baptiste de Henron, seigneur de Sterpenich, Gorcy et autres lieux, conseiller du Roi et receveur général des aides et subsides de la province et de Marguerite Pellot.

Dix jours plus tard, le 23 février 1731, Anne-Claire-Gabrielle de Henron, sœur d'Anne-Elisabeth de Henron susdite, épousa dans la même église à Luxembourg, Arnould-François de Tornaco, alors capitaine du régiment de Wurtemberg. Né à Aix-la-Chapelle, en juillet 1696, comme fils de Claude-Théodore de Tornaco et de Marie-Catherine Chorus,

Arnould-François de Tornaco avait de bonne heure embrassé le métier des armes et y avait fait une carrière des plus brillantes. Devenu colonel aux gardes de corps du duc de Wurtemberg, il fut en 1736 envoyé en mission à la cour de France. En récompense de ses éminents services, l'Empereur Charles VI lui accorda, le 23 janvier 1738, le titre de baron du St. Empire, transmissible à tous ses descendants. A.-C.-G. de Henron lui avait apporté en dot les seigneuries de Messancy et de Sterpenich. En mars 1751 il acquit la terre de Vervoz et en octobre 1753 celle de Sanem. Mort à Termonde, le 16 août 1766, il y a été enseveli dans le choeur de l'église de Notre-Dame.

De son mariage avec A.-C.-G. de Henron naquit Anne-Marie-Auguste de Tornaco qui se maria en 1756 avec son cousin Jean-Théodore baron de Tornaco et du Saint-Empire, fils de Théodore-Guillaume et de Thérèse de Belfroid, veuve en 1. noces de N. de Blecheins, seigneur de Lens-St.-Servais; et c'est *Jean-Théodore baron de Tornaco* qui fut propriétaire en 1794 de la maison qui nous occupe. (Son père avait été créé baron conjointement avec son frère Arnould-François susdit).

Nous reparlerons de la famille de Tornaco au N° 306 de notre Registre des logements.

(Cf. Tandel, Communes luxembourgeoises, T. II, pp. 422-424; Dr. Neyen, Biographie luxemb., T. II, pp. 429 ss.; Registres de la paroisse de St. Nicolas à Luxembourg).

Il résulte du registre «aux inscriptions civiques» institué à Luxembourg le 25 pluviôse an 4 (14 février 1796) que Jean-Théodore Tornaco, né à Lens-St.-Servais, dép. de la Dyle, âgé de 67 ans, cultivateur (c'est ainsi que le baron de Tornaco figure dans ce registre) habitait au 1. floréal an 4 (20 avril 1796) à Luxembourg la «rue du ci-devant Conseil».

Il faisait partie, en qualité de président, du bureau de bienfaisance établi à Luxembourg, par décision de l'administration centrale du 28 pluviôse an 5 (16 février 1797).

Les registres aux délibérations de la Municipalité de Luxembourg portent sous la date du 23 ventôse an (13 mars 1797) la décision suivante prise au sujet d'une offre faite par le baron de Tornaco relativement à des locaux pour l'installation dudit bureau.

................«Puis a été fait lecture de la lettre que le Bureau de bienfaisance a adressée à la Municipalité annonçant la nomination des président, secrétaire et trésorier, avec invitation de faire remettre les fonds qui pourraient être au pouvoir de cette Municipalité et qui appartiendraient à leur Bureau. — Que pour ménager les fonds de cette institution, et au lieu de louer un quartier, le président veut bien céder 2 places dans sa maison pour l'établissement de ce Bureau, si la Municipalité vouleit bien l'exemter des Logemens Militaires. — Résolu : Le C[en] Kayser sera invité de remettre à cette commission la donation que feu le C[en] Leonardy a faite aux pauvres d'une maison située au Paffendahl et qu'elle ne peut exemter aucun citoyen des Logemens militaires ; qu'en conséquence, elle peut, sur les fonds dudit Bureau, louer un quartier convenable en ville, pour ses séances, si le citoyen Tornaco n'est pas d'intention de céder pour l'avantage des pauvres, ces 2 places gratuitement. — il sera fait part de cette résolution à la dite commision.».......

La maison porte aujourd'hui le N° 5 de la rue du Génie et appartient à Mr. Mathias Kraus, libraire qui l'a acquise en 1918 pour le prix de 230 000 francs de la famille Reuter-Reuter laquelle, à son tour, en était devenue propriétaire dans la 1re moitié du 19. siècle. Comme nous l'avons déjà dit plus haut, sa construction date de 1730, millésime formé par des ancres de construction à la face postérieure. Elle n'a qu'un seul étage. Le jardin y contigu a disparu en partie en 1910 par suite de la percée faite pour relier les rues Louvigny et Philippe à la rue Aldringer. Une autre partie a été couverte par l'édifice qu'y a élevé, l'année passée, la Société Luxembourgeoise de Crédit et de Dépôts, success. de Werling, Lambert et Cie. dont les bureaux installés jusque là au N° 3 de la rue St.-Michel (v. Note 77) ont été transférés le 11 septembre 1920 dans les nouveaux locaux..............

Le niveau du sol dans ces parages a été anciennement et probablement encore au 17. siècle, bien inférieur à celui du niveau actuel. Une preuve en a été acquise lors des fouilles faites pour la construction des caves du nouvel hôtel de la Société Luxembourgeoise de Crédit et de Dépôts. L'entrepreneur, Mr. Achille Giorgetti, a bien voulu nous fournir à cet égard les données qui suivent : A trois mètres sous la rue Louvigny (c. à d. le prolongement actuel de cette rue vers la rue Aldringer), les ouvriers découvrirent une surface pavée d'environ 10 mètres carrés. Sous ce pavé on trouva une citerne et deux fosses que nous désignerons par A et B. La citerne avait 3 m. de long, 2,50 m. de large et 2 m. de haut ; la fosse A, 3 m. de long, 2,50 m. de large et 2,20 m. de haut ; la fosse B, 3 m. de long, 3 m. de large et 2,50 m. de haut.

La citerne était au moment de la découverte remplie d'eau très claire ; la fosse A était vide et revêtue d'un crépissage ; la fosse B était en partie emblayée et avait un canal de décharge qui conduisait sous le prolongement actuel de la rue Louvigny.

Tous ces indices portent à croire que ce niveau était celui d'une ancienne cour.

287. *Sire Schock* 2 chambres au 2. étage sur le devant pour 1 capitaine, en tems ordinaire pour 1 officier selon la cathegorie, selon les ordonnances· *8 places.* [120])

288. Mad. *de Haselman* 2 chambres une avec cheminée et une antichambre dans le batiment de derrière qui a une entrée à part pour 1 capitaine, aussi en tems de paix à son tour après que la bourgeoisie aura été logée selon ordonnance. *8 places.* 1 écurie pour 2 chevaux. [121])

---

[120]) Aujourd'hui le N° 3 de rue du Génie, propriété de Mme. Arendt-Koch.

Par acte reçu par les échevins Olivier Schütz et Pierre Jolliot, de Luxembourg, assistés du clerc juré Jean-Paul Mannart, le 29 octobre 1678, les époux Théodore Krebs, bourgeois à Luxembourg et Marie Behm vendirent cette maison qui est désignée comme partie de leur maison nouvellement construite «uber Ihre Koenigl. Majest. Rentmeisterhaus», pour le prix de 480 écus à 48 sols, aux époux Ambroise Havelange, Ambtmann à Heystorff et Catherine Heincourt [?]. A ce document écrit sur parchemin, sont appendus les sceaux des 2 échevins; celui de Schütz, en cire verte est indéchiffrable; dans celui de Jolliot, en cire jaune, on distingue le millésime 1660, les lettres *Joll* et des armoiries.

Par acte du notaire Spyr en date du 24 juin 1745, la maison fut vendue par les époux Gérard Havelange, bourgeois marchand à Luxembourg et Catherine Girsch pour le prix de 740 écus à 56 sols pièce, aux époux Jean-Baptiste Schock, procureur à Luxembourg et Anne-Elisabeth Girsch, soeur de Catherine Girsch prénommée. Elle passa par voie de succession au révérend sr *Nicolas Schock,* fils des époux Schock-Girsch, né à Luxembourg, le 2 mars 1739, prêtre bénéficiaire de l'église paroissiale de Notre-Dame à Trèves décédé le 27 août 1828, à l'âge de 89 ans, dans sa maison paternelle à Luxembourg que, d'après une déclaration faite par lui à la Municipalité de Luxembourg, le 3 thermidor an 10 [22 juillet 1802], il avait habitée sans interruption depuis sa naissance. Le 24 février 1786, le sieur Schock avait payé aux époux Damien-Henri Krell et Catherine Havelange, de Hunstorff, héritiers des époux Havelange-Girsch, le restant de la somme due sur le prix de vente.

Les propriétaires subséquents furent les époux Pierre Zahn, loueur de voitures et Brouch Marie, la dame veuve Jeannette Worms-Worms et les sieurs Antoine Mehlbreuer et Schütz-Koch, photographes.

(Cf. Reg. des paroisses et de l'état civil de Luxembourg, celui des déclarations de résidence de l'an 10 et les papiers de famille de Mr. Julien Fabricius, de Luxembourg).

121) Aujourd'hui le N° 1 de la rue du Génie et probablement le N° 30 de la rue Philippe, propriété de Mr. Mathias-Wellenstein [constructions nouvelles].

Marie-Marguerite Klein, fille de Philippe et de Marguerite Colle. épousa à Luxembourg, le 15 août 1756, *Ignace de Haselman*, directeur des postes à Luxembourg, qui y est mort le 27 mai 1793. Le père de ce dernier, Joseph de Haselman, époux de Barbe de Zeyer, décédé à Luxembourg, le 18 février 1724, d'abord directeur des postes à Barcelone [Espagne], avait été appelé à Luxembourg pour y remplir les mêmes fonctions.

(Cf. Reg. des paroisses de Luxembourg; Reis op. c° pp. 31 et 34) (A suivre.)

La Famille Schramm de Larochette.

(Fin.)

Le 26 juillet 1731 ils achètent pour 500 rth. la maison Boltz de Larochette ainsi que nous l'avons dit précédemment (à propos d'une fille d'Adam Schram); le 18 avril 1735, ils recèdent cette maison à Nicolas Bredemus. 1)

Mathias Gemen, justicier à Larochette, au 27 avril 1711, mourut peu avant le 18 février 1742, et le 7 mars Nicolas Kasell, de Christnach, échevin de Larochette, et André Schram furent désignés par la justice comme tuteurs de ses enfants mineurs, André et Jean Gemen. Le 5 décembre 1743, les tuteurs et la mère des enfants vendirent à nouveau la maison Boltz, cette fois à Jean Weber et à Régine Kann, son épouse, de Larochette; la vente précédente ayant sans doute été annulée pour une raison ou l'autre. 2)

Le 15 novembre 1743, Marie-Cath. Schram prête 56 fl. de Brabant, à 20 sols, à Buhrr Frantz, de Nommern, échevin de Larochette. Comme elle doit un capital semblable à l'église de ce lieu pour la fondation d'un anniversaire perpétuel à célébrer annuellement par une messe haute et basse, en faveur de son mari défunt, Buhrr se charge de payer ces intérêts, au denier seize, le 4. juin de chaque année, et oblige à cet effet une prairie envers l'église.

M.-Catherine vivait encore le 27 octobre 1746 3)

5) André Schram, que nous venons de voir désigner comme tuteur de ses neveux Gemen le 7 mars 1742, n'était pas marié.

1) Protoc. Promenschenkel, V, 45; VI, 153; VIII, 25.

2) Ibid, XI, 230; XII, 122.

3) Ibid. XII, 114; XIII, 276.

Le 27 avril 1742, der wohlachtbahrer Andress Schram junger gesell, wonhafft dahier zur Veltz, nuhnmero zu einem zimlichen altertumb kommen undt mit leibsschwachheitten überfallen, fait son testament à Larochette, par devant le notaire Promenschenkel de Diekirch.

Il demande qu'on l'inhume dans l'église de l'endroit et que son héritier lui fasse faire des funérailles convenables [1]. Il lègue pour un anniversaire perpétuel dans la chapelle de Larochette 20 rthl. à prendre dans sa succession : des intérêts de cette somme on célébrera annuellement pour lui et ses chers amis (freunden) une messe haute et basse (eine heilige, hohe undt leess mess), le reste devant être consacré à la fabrique de l'église.

Comme héritière universelle de tous ses biens, meubles et immeubles, échus des côtés paternel et maternel, ou produits par son industrie, il désigne sa sœur Marie-Catherine, à l'exclusion de ses autres sœurs, amis et parents. [2]

* * *

Au dénombrement des habitants de Larochette en 1656 figure un Mathias Schram, avec la note : „mannuvrier, at le sixiesme dans une maison, at deux vaches, doibt 25 fl" : C'est bien probablement un parent d'Adam Schram. Il eut une fille dont le nom nous est fourni par un acte du 25 février 1710, mentionnant Jean Federspiell, bourgeois de Larochette, assisté de sa mère Marie, veuve de Nicolas Feederspiel, bourgeois de la même localité, et rappelant que le 17 février 1691 Marie a engagé une prairie venant de feu Mathias (Daubenfeld) Schram, son père. [3]

Marie Schram vivait encore le 24 décembre 1710, jour où, assistée de son fils Jean Federspiell, elle vend au bailli P. E. Schram une petite écurie à Larochette, lui échue du côté Schram [4]

Signalons, enfin, que le 4 mars 1722, Anne-Catherine Schram, veuve de Laurent Zentzner, assistée de son fils Guillaume Zenner, d'Echternach, vendit des biens à Larochette, entre autres un jardin sis contre Peter Schram : elle signe l'acte: „Lanna Catharina Schram" [5]

[1]) Ein zierliches begängnuss nach gehalten zu haben undt sollen sowohl in die depositionis alss jedess tag dess begängnuss sechs herrn geistlichen benebss des herren pastoren von hier darzu beruffen werden.

[2]) Ibid. XI, 257 ; avec la marque † du testateur et les signatures des témoins, le notaire J. B. Hourst, d'Ettelbrück, et Jean Weber, bourgeois et „lauwer" à Larochette

[3]) Protocole Welther, VI, 177.

[4]) Ibid: VI, 93.

[5]) Ibid: XII, 320.

Note complémentaire

Le nom de Schramm se rencontre à Ferschweiler dès 1528; dans un dénombrement daté du 21 octobre de cette année, figurent parmi les habitants de Verzwiller, mairie d'Ernzen-lez-Echternach, Schramm Clas et Schramm Thiel (Arch. du Gouv à Luxembourg)

Signalons encore qu'un Fr. Nicolas Schrem, intervient comme procureur de l'abbaye de Wadgassen, dans un acte passé au monastère même, le 19 novembre 1657 (Arch. d'Ansenbourg, No 571) et que le 25 septembre 16.8 Aloysius Schram, officier de Berbourg, nommé sequestre de cette seigneurie pour la part de la duchesse d'Arschot, à l'instance des héritiers du Général Beck, se déporte de cette commission et remet cette seigneurie aux dits héritiers (Arch. de la sect. hist de Lux., dossier Beck: anal. van Werveke).

Ajoutons enfin, pour ce qui concerne les Schramm de Larochette [1], que le 5 août 1721 le conseil provincial de Luxembourg, terminant un procès entre le couvent de Marienthal, suppliant, et les Frères Chartreux de St. Alban, près Trèves, Guil.-François et Philippe Marchand, maîtres des forges de Dommeldange, et Pierre Ernest Schramm, de Larochette, tous seigneurs de Rosport et de Ralingen, condamne ces derniers à livrer annuellement au couvent un foudre de vin et 5 maldres de seigle. Appel ayant été interjeté, cette sentence fut confirmée par le grand conseil de Malines le 15 février 1727 (N. van Werveke, Cartulaire de Marienthal, II. 184, No. 563.)

Arbre généalogique

I. Godart Schramm (Endres Gort?) de Larochette, (9 juin 1608).

II. — Adam Schram, né vers 1603, cité du 13 juillet 1634 au 11 mai 1669, officier de la part de Pallant à Larochette (26 décembre 1647-2 avril 1669), époux de Marie Winckel, née vers 1621, encore citée en avril 1669 (fille de Jean, clerc juré et bailli à Larochette ?)

Ces époux eurent huit enfants :

1) Une fille, épouse de Jean-Michel Betz, de Medernach (10 août 1652).

2) Aloyse (1670; 17 mars 1680), bailli à Berbourg (1698 — 1698) et admodiateur de Gerolstein (21. nov. 1702).

3) Une fille, épouse a) N. Jacobi, b) Jean Boltz (17 mars 1680).

---

[1]) D'après N. Schrœder (Geschichte von Ettelbrück, Ons Hémecht t. x, 1904, p 112) un Nicolas Schram de Larochette, qui signe le 23 février 1692 un acte relatif au moulin d'Ettelbrück, était le frère de Marie-Cath., seconde épouse du mayeur J.-Guill. Weydert; il y a eu là, je pense, confusion avec N. Schram, l'oncle de Marie-Catherine, que nous avons signalé jusqu'en janvier 1691.

4) Jean, qui suit (III a)

5) Pierre-Ernest I, qui suit (III b)

6) Jean Adam I, curé de Grevenmacher (16'9—1691) doyen du décanat de Remich (18 janvier 1686 -1er mars 1691)

7) Antoine, qui suit (III. c)

8) Nicolas (1670—168), célibataire à Trèves au 4 janvier 1690

III a. — Jean Schramm (mars 1637—1701), officier de Pallant à Larochette (à partir de 1669), bailli de Heringen (1674) et de Beaufort (1678), sgr en partie de Larochette, Moestroff, Herborn et Rosport (1678); épousa avant mars 1667 Suzanne Jacobi, dont il eut quatre enfants :

1) IV. — Pierre-Ernest II (1693—19 avril 1732), officier de Pallant à Larochette et Moestroff (à partir de 1706), Sgr. en partie de ces lieux (1710), de Rosport et de Ralingen (1729). ; épousa avant mai 1708 Catharina Henardt, de Lintgen, qui mourut sans enfants, en 1740 ou en janvier 1741.

2) Maria Catherine épousa, avant avril 1692, Jean Guillaume Weydert, mayeur foncier à Ettelbrück (1683 — 1700), mort vers 1702.

3) Anne-Marie-Antoinette, épousa vers 1693 Jean-Richard Weydert né en 1659, mort en 1726, markvogt et lieutenant-markvogt à Diekirch (1694—1700, 1723), échevin (1712—1726), député aux Etats (1721—1722).

4) Marie-Reine (1699—1711 ou 1712), épousa en 1703 ou 1704 Antoine-Ignace Weydert, admodiateur de la seigneurie de Brandenbourg, encore vivant en 1742.

III. b. — Pierre-Ernest I Schramm, bailli à Wincheringen (1675), échevin (1705—1716) et justicier (1708—1709) à Larochette, mort entre le 15 juin 1716 et le 22 mars 1721, épousa Anne-Barbe Betz (1675—1681), fille d'Apolline Dhame, dont il eut cinq enfants :

1) Jean-Adam II (1712—1721), altariste à Larochette (1715), primissaire à Waldbillig (1721)

2) Marie-Marguerite (1766—1744), épousa Antoine van der Werden, de Larochette (1703—1736), bourgmestre en 1769.

3) Madeleine (1715—1724), épousa Henri-Wolff, de Larochette

4) Marie Catherine (1730—1743), épousa Mathias Gemen, justicier de Larochette (1741), mort en 1741.

5) IV. — André, célibataire, à Larochette, teste le 27 avril 1742.

III. c Antoine Schramm (1683), notaire (1682—1688) et échevin de haute justice à Grevenmacher (1679 - 1700), mourut avant le 5 octobre 1710, [1]) laissant:

1) Madelaine, épouse de Nicolas Schraner, échevin de haute justice à Grevenmacher (1710—1711)

2) Anne-Marguerite, épouse de Jacques Gatterman, échevin de la landrichterei à Grevenmacher (1710 1711).

3) Marie-Barbe, épouse de Jean Rouer ou Rouet, lieutenant aux dragons de Mélin (1710—1711.)

Table des Noms.

Les noms de personnes sont marqués d'un *

[1]) Ant Schramm semble avoir épousé une fille d'Adam Boltz et d'A.-Barbe Savelborn (ou Belfort?); Il avait pour beau-frère Jean Hardtman, d'Echternach, dont le fils Jean-Frédéric était au 24 mars 1687 clerc-juré d'Echternach (voir le registre aux sentences de Grevenmacher, de l'époque, où j'ai puisé quelques renseignements complémentaires.)

Ernsdorf
Erzen
Erpeldange (Diekirch)
Esch-sur-Sûre
Espagne
Ettelbrück
*d'Everlange
*Eyden
*Eyffelers
*d'Eynatten

— F —

*Fasbender
*Federspiel
Fels
*de Feltz
Fénétrange
Ferschweiler
*Filtz
Fischbach
Folkendange
*de Fronville

— G —

*Garrians
*Gatterman
*Geisen
*Gemen
*Gerber
Gerolstein
*Gieben
Gilsdorf
Glabach
*Gläsener
Godelsauwe
*Gödert, Godhardt
*Gœdert
Grentingen
Grevenmacher
*de Grünmelscheid

— H —

*Halers
Haller
*Hames
*Hardtman
Harthof
*de la Haye
Heffingen
*de Heisgen
*(de) Henn
*Henrion
Herborn
Heringen
*Herman
*Heuardt, Heyardt, Heyart
*Hinderst
*Hoffman
«Hoff zehend»
*de Hohensax
Hollange
*Holffer
Hollenfels
*de Hombourg
*van Horim ou Horrum
*Hormann
*Hourst

— I —

Ingeldorf

— J —

*Jacobi
*Jaegers
*Jommes
Juliers

— K —

*Kann
*Kasell
Kayl
*Keyser
*Kirchens
*Kirsch
*Kleber
*Kleffer
*Klein
*Knauff
*Knyp

— L —

Langsur
*Lanser
*(de) Larochette
*Leclerc
Leidenbach
*Leidenbach
*de Lettrelin
„Limberger" ou „Limpergers Hof"
*Liesch
Lintgen
*de Loen-Rœsbeek
Lorraine
Luxembourg

— M —

*le Machuré, Massuré
*(de) Malaise
Malines
*de Manderscheid
Manternach
*Marchand, Marchant
*Maréchal
Marienthal
*de Martial
Martilly
*Martini
Masingen
*Masinger
Maubeuge
Medernach
Meisembourg
*de Melin
*Mercatoris
Mersch
Metz
*de Meven
*Meyer(ss)
Michelau
Mestroff
*Mohr de Waldt
Mompach
*la Montagne
*Montenach
*Motteau
*Müller
Müllerthal

— N —

*de Neuerbourg
*Ney
Nommern

— O —

*Oettinger
Olingen
Orgeo

— P —

Palatinat

*de Pallant
Paris
*Petit
*Pfaltz
*Pierret
*Post
*Printz
*Promenschenkel

— R —

Ralingen
*Ramey
*de Raville (Rollingen)
*Reckingen
*Reinersch
Reisermühle
Remich
Rendeux
*Rennot
*Reulandt
*de Rode
*Rodenmacher
Rollingen
Roosbeek
*Rospert
Rosport
Roth
*Rottart
*Rouer, Rouet

— S —

Saarburg
Saint-Alban
Saint-Maximin
Saint-Vith
Sarreguemines
Savelborn
*Schenck de Niedecken
*Schengen
*Schenger
*Schenneten
*Scheul(ss)
Schieren
*Schiltges
*Schlaffen zehend»
*Schmitt
*Schneider(ss)
*Schock
Schœnfels
*Schompers
Schoos
*Schraum
*Schraner
Schrondweiler
*Schwartz
*de Schwartzenberg
Simmern
*Simon
*Sinnes
*Souroux
*Spanier
Spire
*Spyr
Stegen
*de Stein
Steinbach
Steinbrücken
Steinfeld
*Stenges

— T —

*Theisen
*Themon
*Thielen, Thiellen
Thionville
Trèves
Tyrol

— U —

Udange (Mersch)

— V —

*von der Veltz
Vervoz
Vianden
*Victor
Virton
*de Vogelsang

— W —

Wadgassen
Waldbillig
Wallendorf
*(de) Wampach
*Warcken
*de Warsberg
Wasserbillig
*Weber
*de Weicherdange
*Weingardt
*Weingarten
*Weis
*Weisgerber
*Welther
*von der Werde, Werth
*Werner
Weydert
*Weydert
*Weyland
Wiltz
*de Wiltz dit Rottart
Wincheringen
*Winckel
Wittlich
*Wolff
Wormeldange
Worms

— Z —

*Zenner, Zentzner
*Zimmermann

Das Eliginsamt zu Luxemburg.

(Fortsetzung.)

c. *Aufnahmefeier.*

Es entsprach einerseits dem geselligen und korporativen Charakter des Amtes, anderseits der grossen beruflichen und gesellschaftlichen Bedeutung, welche die Amtszugehörigkeit für den Handwerker hatte, dass die Aufnahme unter Beteiligung aller Mitglieder vorgenommen werde.

In der Blütezeit des Amtes fand darum die Aufnahme vor dem ganzen Gebot, en pleine assemblée, statt.

Einige Tage vorher machte der Bote im Auftrag des Meisters die Runde bei den Stockbrüdern, — deren Zahl zwischen 50 und 70 schwankte, und teilte ihnen Tag, Stunde und Beratungsgegenstände des bevorstehenden Gebotes mit. Dieses wurde nur vormittags, wenn der Kopf klar und die Hand sicher ist, abgehalten. Auch Gesellen und Lehrlinge durften beiwohnen. Zur festgesetzten Stunde trafen die Geladenen in der Amtsstube bei den Knodelerherren ein. Die Zunftlade wurde herbeigebracht und geöffnet, das grosse Amtsbuch herausgenommen und neben die Lade auf den Tisch gelegt. Dann trat der Amtsmeister gravitätisch in die Mitte des Tisches, übernahm den Vorsitz, und eröffnete das Gebot, indem er mit dem grossen Ladenschlüssel an den Amtskrug schlug. War Ruhe eingetreten, so ergriff er das Wort und begann feierlich mit der herkömmlichen Anrede: „Alles mit Gunst." In grossen Zügen skizzierte er sodann die Rechte und Pflichten der Stockbrüder u stellte den Anwesenden ihren neuen Mitbruder vor. Er erinnerte ferner daran, dass alle ordnungsgemässen Voraussetzungen erfüllt seien, dass der Aufzunehmende Bürger der Stadt sei, der katholischen Religion angehöre, seine Aufnahmegebühr bezahlt, und das Meisterstück zur allgemeinen Zufriedenheit angefertigt habe. Dann forderte er den Kandidaten auf vorzutreten und die Ordnung zu beschwören.

Das war ein bedeutsamer Augenblick. Seit Jahren hatte sich der Geselle zu Haus und in der Fremde auf diesen Schritt vorbereitet. Zünftig werden, das war das Ziel, das ihm stets vorleuchtete, das ihm die schweren Stunden der Lehrlingszeit erträglich, ja den glückbringenden Ambosz und Hammer lieb und teuer machte. Der Eid auf die Ordnung legte ihm allerdings eine Fessel an; aber diese Fessel war ihm eine Ehrenkette, die er selbst - und standesbewusst im privaten und öffentlichen Leben trug. Die Brust freudig geschwellt trat er darum der Aufforderung des Meisters folgeleistend hervor und erhob die ausgereckten Finger, um vor Gott, seiner lieben Mutter Marey und dem grossen Sant Loyen die Ordnung, und Satzungen feierlich zu beschwören. Dieser Schwur nahm in den Amtsorganisationen eine so hervorragende Stelle ein, dass manche Ämter sich einfachhin „serments" nannten [1]).

---

[1]) Vergl. Kübom, Beitrag u. s. w. S. 4 und 5.

Auf die Vereidigung[1]) folgte die Einschreibung in das Amtsbuch. Bisweilen beschränkte man sich darauf, Name und Vorname des neuen Mitbruders einzuschreiben, oft fügte man auch die Bezeichnung des Handwerks, z. B. ein sadtler, ein weisskerber, oft auch — dieses mag nachträglich geschehen sein — die Stellung im Amt bei z. B. jetziger amptsmeister, ein sechster.

Gewöhnlich wurde aber ein vollständiges Protokoll errichtet unnd eingetragen. Das älteste überlieferte Einschreibungsprotokoll ist vom Jahre 1529 datiert. Es wurde aus den alten Akten ins grosse Amtsbuch überschrieben und hat mit dem einleitenden Satz folgenden Wortlaut: Uncer anderen stunde In berurtem[2]) buch geschrieben Item hain Wir empfangen seekels Hans fur ein stockbruder desz Echte dages na sant Johans dach bapt Im somer Im Jair na Christus gebuert x v c o x x v i i i i Jair[3]) desz soll Er uns geben alle Jairs fur syn housz on vor dasz Er nit darff Zu gebode kommen und dann uff Jairgezytt sall Er alle Jair vsrichten dem ampt vm b.[4]) Extrahiert aus berurtem buch J. Strabius not. (Grosses Amtsbuch. 12 verso.)

Bis zum Jahr 1711 hatten die Einschreibungsprotokolle — abgesehen von unwesentlichen Abweichungen, die folgende Fassung: Auff heuth dato den 28 brachmonath des Jahres 1699 ist in gegenthwarth des alte meister und bruderen sich in das ambtsbuch lassen einschreibn als nemblich petter seill

---

[1]) Wie mag die Eidesformel gelautet haben? Das haben wir nicht zu entdecken vermocht. Als Anhaltspunkt möge die nachstehende Eidesformel der echternacher Gerber- und Schuhmachermeister gelten, so wie sich selbige im Statut vom Jahre 1752, Art. 14, vorfindet.

„Ich N. N. schwöre und gelobe dem allmächtigen Gott und seinen Heiligen, dass ich von Stund an und die Tage meines Lebens ihro Majestät meiner landesfürstinen und der Schuster und gerber Ambt treuw und gehorsam verbleiben will und dass ich auch die privilegien, freyheiten polizei Gesetze und gebrauche ermeltes Schuster und Gerber Handwerks in allen puncten und articulen, wie sie berechtiget sind, will helfen handhaben und mich bey wachnug, Kauf und Verkaufung schuhe oder leder und anderer Waaren, so dem anhängig, als einen redlichen und aufrichtigem mitbruder wohl anstehen soll und mag, verhalten und aufführen werde, auch im Fall, da ich heimlich oder öffentlich vernehmen thäte, das ihro Majestät oder dem Handwerk und dessen Regulen und Statuten etwas zu nachtheilig gehandelt und vorgenommen wurde, die übertretter dem amtsmeister antragen werde, damit durch Rechtsmittel die zu nachteil ihro Majestät und des Handwerks verübte übertrettungen mögen niedergelegt und abgeschafft werden, darzu helfe mir gott und alle seine Heiligen."

Über den Inhalt des Eides in dem Eligiusamt gibt das Statut vom Jahr 1738 (Art. 3) Aufschluss. „En cas que son chef d'œuvre soit approuvé et qu'il soit recevable le dit prétendant sera obligé de prêter serment entre les mains des maîtres de nous être fidèle obéissant á tes supérieurs et qu'il abservera fidèlement les essances et règles de la confrérie et qu'il les assistera á les défendre tant qu'en lui sera.

[2]) Erwähntem. [3]) 1. August 1529. [4]) b. Beyger.

mit samt seinen Kiendern undt alle anbtsgerechtigkeit ausgericht.

Von 1711—1794 werden regelmässig die zwei zur Zeit der Aufnahme an der Spitze stehenden Amtsmeister namhaft gemacht, z. B. Haut dato den 27ten Juny 1780 ist petrus suttor in unser amptsbuch eingeschrieben worden im Beysein des ganzen Handwerks in der meisterey jostus hus nicola als alten Meister jacobus König als jungen meister eingeschrieben als nagelschmit.

Auch einige französische Protokolle finden sich vor und zwar zumeist, wenn der Aufzunehmende auch einen französisch klingenden Namen trägt. Ohne Zweifel ein Beweis für das Entgegenkommen des Amtes gegenüber dem neuen Genossen. Die nachfolgende Fassung war für die genannten Protokolle vorbildlich:

Cejourdhui 16e Juillet 1735 a Rolland Guillemar fils légitime et natif en cette ville d'antoine Guillemar vivant bourgois armurier en cette dte ville après serment prêté et fait chef d'œuvre louable et aprouvé des maitres et confrères été reçu en ce métier et confrairie de St Eloy, en payant les droits ordinaires comme nouveau confrère scavoir seize écus en argent et sept livres de cire pour la dte confrairie fait a Luxembourg ut supra Roland Guillemard
D Schwartz maitre moderne
Theodorus Rodolf.

Einige Protokolle sind nicht nur von den Amtsmeistern unterzeichnet, sondern auch von einem Notar, zumeist von H. Heuschling und Denis beglaubigt. War der Kandidat als sehr federkundig bekannt, wie beispielsweise die Geistlichen und Advokaten, so trugen sie selbst ihre Aufnahme ins Buch ein und zwar bisweilen in kalligraphischer Schrift.[1]) Mit der Errichtung und Eintragung des Aufnahmeprotokolles war der offizielle Teil der Aufnahmefeier zu Ende.

Allein der neue Stockbruder erachtete es als eine Ehrenpflicht, durch Bewirtung der Anwesenden seiner Freude einen geziemenden Ausdruck zu verleihen. Auch diese Pflicht war genau geregelt. Die alte Ordnung verlangte, dass der aufgenommene Bruder „für syn wyn vm beyger" gebe. Welches Quantum Wein für diesen Betrag verabfolgt wurde,

---

[1]) Nicht ohne Interesse ist der nachstehende Aufnahmeakt aus dem Jahr 1792, den der damalige Pfarrer von St. Nikolaus ins Amtsbuch eintrug:

Hac sexta Augusti anni millesimi septingentesimi nonagesimi secundi ego Carolus Antonius de feller oriundus en oberelter sacerdos et beneficiatus ad sanctum Nicoläum Luxemburgi, me caeteris confratribus sancti Eligii adscripsi obligansque me ad lectionem duodecim missae sacrificiorum; deus omni et singulo confratri benedictionem largiatur mihique et omni cristiano aeternam salutem: Gubernatore primario sedente Joanne Moritz et Petro braun gubernatore juniore et andrea Müller thesaurario factum ut supra in fidem de feller

steht nicht fest. Man ist aber zu der Annahme berechtigt, dass man beiläufig 1 Sester, d. h. 4 Masz oder 5 Liter verzehrte; denn zu Diekirch und Wiltz, wo die Zahl der Amtsbrüder kaum halb so hoch sein konnte wie zu Luxemburg, verzehrte man bei der Aufnahme ½ Sester Wein.[1] Die Weinspende wird von den Statuten Karls VI. nicht mehr als eine Verpflichtung erwähnt: aber sie erhielt sich durch die Macht der Tradition bis gegen Ende des 18. Jahrhunderts. Leider scheint jedoch der Weinparagraf zu begründeten Klagen Anlass gegeben zu haben. Zu zwei verschiedenen Malen warnt bereits die „Ordnung" vor Missbräuchen im Weingenuss.[2] und diese Warnungen waren ohne Zweifel nicht grundlos. Zwar fehlt uns das Material zu direkten Anklagen gegen das luxemburger Amt: aber es steht fest, dass in den benachbarten Ämtern arg gegen die Regeln der Genügsamkeit und des weisen Masshaltens gefehlt wurde. Es sei vergleichshalber nur an die Gebräuche im trierer Amt, das mit dem luxemburger soviele Berührung und Ähnlichkeit hatte, erinnert. „Wurde dort ein Mann oder eine Frau in die Bruderschaft der Eisenschmiede aufgenommen, musste er der Bruderschaft ein Mittagessen bestehend in 7 Gerichten, geben. Der Scholtes, zwei Scheffen und der Zentner von Trier sassen mit zu Tisch[3])." Und was war die Folge? Dass manche Meister ihren Eintritt in die Bruderschaft möglichst verzögerten, andere teilweise, einige sogar vollends finanziell zu Grunde gingen.[4] Im luxemburger Amt war der Weinbetrag im Lauf der Jahre von 8 Beyger auf 10 Schilling, also um das Sechsfache gestiegen. Wollte man diesen Missbrauch abstellen oder der Amtskasse eine Zuwendung in bar machen, oder beides zugleich, das steht nicht fest; aber Tatsache ist, dass das Amt im Jahr 1768 einmütig beschloss, den Geldbeitrag zwar noch beizubehalten und zwar zu Gunsten der Amts-

---

[1]) Vergl. Kalbersch. Gebrauch und Missbrauch geistiger Getränke, B I' S. 47 und 48 — Peffer, Le pays et la franchise de Wiltz, p. 39.

[2]) Siehe Ordnung, §. 11 und Nachtrag zu §. 40.

[3]) Siehe Kalbersch, gebrauch u. s. w. I B. S. 49.

[4]) Der trierer Senat machte diesem Missbrauch im Jahre 1700 durch den folgenden Beschluss (S. trierer Stadtbibliotkek) ein Ende:

Und in dem zum Vierten, die neu erwehlte Ampts-Meistere bey ihrer Erwehlung verschiedene Mahlzeiten halten müssen, sonsten auch denselben bei dem also genanten Vilbergang grosse überschwängliche Unkosten aufgetrieben werden, so auch, dass diese Kösten und Mahlzeiten sich zuweilen zwey bis drey hundert Rthlr. ertragen, dardurch aber verschiedene allsolche Ambtsmeister, wo nicht verdorben, wenigstens in ihr Namung und Handlung nicht wenig geschwächt worden: Als werden allsolche Mahlzeiten hiermit unter arbitrarie Straaff gäntzlich eingestellet und verbotten, und verordnet, dass anstatt . . einmal vor alle 70 Rthlr. abstatten und damit von allen Kösten befreyet sein solle.

. . . . Ita Conclusum in Senatu den 16. Aprilis 1700.

kasse, die Weinspende jedoch für abgeschafft erklärte. Drei Jahre später erhielt dieser Beschluss auch öffentliche Anerkennung, indem das Dekret Maria Theresias (1771) bestimmte: Défendons toute Buvette avant, pendant et après les assemblées, soit des Métiers en Corps, ou des Métiers et Jurés seulement, quand ce ne serait même qu'aux dépens particuliers de l'un ou de l'autre, à peine de dix sols d'amende à charge de chaque contrevenant, et ce au profit de la caisse du Métier. Auch die späteren Statutenentwürfe von 1789 und 1791, welche vom Amt selbst und den 13 Meistern abgefasst waren, sowie das Zusatzreglement von 1793 erwähnen die Weinspende überhaupt nicht mehr.

(Fortsetzung folgt.)

Leben und Wirken des hochw. Herrn Theod.-Zeph. Biever.

(Fortsetzung.)

XLI. Die letzten Tage zu Beit-Sahur. — Berufung auf einen höheren Posten.

Am 1. Juli 1907 hatte Biever den deutschen Lazaristenpatres die Geschäfte in Tabgha übergeben und allsogleich die Reise nach Jerusalem angetreten, um sich dem Herrn Patriarchen zur Verfügung zu stellen. Anfangs war dieser gesonnen, ihn zu seinem Kanzler zu ernennen, gab aber dieses Vorhaben auf 214) und sandte ihn als Pfarrer nach Beit-Sahur. Hier traf Biever am 4. August 1907 ein. Sieben volle Jahre hatte er hier äusserst verdienstvoll gewirkt, zur Freude seiner Pfarrkinder 215) und zur höchsten Zufriedenheit des hochw. Herrn Patriarchen. Doch das zunehmende Alter (er zählte damals 61 Jahre) die vielen Strapatzen und die mannigfaltigen Krankheiten, wozu in letzter Zeit Schwerhörigkeit hinzukam, bewogen ihn, im Jahre 1913, dem Patriarchen seine Entlassung aus dem Missionsdienste einzureichen, damit er sich «in den Ruhestand zurückziehen und in der Einsamkeit sich auf den Tod vorbereiten könne». Im Folgenden werden wir die Antwort des Patriarchen auf dieses Gesuch erfahren. Doch vorher sei es mir gestattet, noch einige Auszüge aus Briefen Biever's vom Jahre 1913 folgen zu lassen:

(Beit-Sahur, 11. März 1913): «Hier ist alles noch immer «schrecklich teuer und dazu stockt Handel und Wandel. In «Folge dessen hat sich die Sicherheit vermindert und Diebe

214) Daß der Patriarch später noch einmal auf diesen Plan zurückkam, haben wir schon weiter oben gesehen. (Kapitel XXXIX.)

215) Man erinnere sich, wie die Beit-Sahurer Pfarrkinder den Patriarchen mit Bitten bestürmten, er möge ihnen doch ihren Pfarrer lassen und ihn nicht zum Kanzler ernennen. (Ibidem.)

«zeigen sich überall. Fast jeden Tag wird hier im Dorf «irgendwo eingebrochen, um Ziegen oder sonstiges Vieh zu «stehlen. Auch hier im Pfarrhaus hatte man vor einigen «Wochen einen misslungenen Versuch gemacht, da ich durch «das Bellen meines wackeren Lires aufgeweckt wurde und «durch einige Schreckschüsse die Bande vertrieb. Sie sollen «nur nicht wiederkommen!»

(Beit-Sahur, 19. Juni 1913): «Sehr schmerzlich hat mich «die Nachricht vom Tode meines alten Freundes und Collegen. «des Hrn. J. P. Barthel berührt. Als wir zusammen Vikare in «Echternach waren, habe ich gelernt, ihn als einen Heiligen «zu betrachten. Noch heute sehe ich es als eine grosse «Gnade an, dass ich drei Jahre lang mit einem so seelen-«eifrigen Priester in vertraulichem Verkehr leben durfte. «Glückselig diejenigen, die im Herrn sterben!» [216])

(Beit-Sahur, 12. Juli 1913): «Auch ich hatte in den letzten «Wochen schwere Stunden durchzumachen. Am 27. Juni «wurde eines meiner besten Pfarrkinder, ein Mann in der «Vollkraft seines Alters, von einem Diebe, welchen er verfolgte, «meuchlings niedergeschossen und war in einigen Minuten «eine Leiche. Um 11 Uhr abends wurde ich aus dem Schlafe «geweckt, und man brachte mir den Getöteten in's Haus, «legte ihn im Korridor gerade vor der Türe meines Schlaf-«zimmers nieder: denn hier ist der leidige Gebrauch, dass «ein gewaltsam Getöteter nicht in sein eigenes Haus, sondern «in die Kirche getragen und von dort aus bestattet wird. Ich «hatte nun die ganze Nacht hindurch das Klagen und Heulen «der Weiber in nächster Nähe zu hören bis zum Morgen, wo «ich dann den Toten in die Schule tragen liess, bis die gericht-«liche Untersuchung von Jerusalem kam, und dann am Nach-«mittag um 5 Uhr konnte ich das Begräbnis vornehmen. Das «war eine grässliche Nacht. Der Orientale kann seinen «Schmerz nicht ruhig tragen: er muss schreien und heulen, «sich die Haare ausraufen, die Brust zerschlagen, sich das «Gesicht zerkratzen und desgleichen Unsinn ohne Ende. Be-«sonders schrecklich ist das «tenaüsch», die Totenklage der «Weiber. An die 50—60 und noch mehr Weiber hocken um «den Toten herum mit aufgelösten Haaren und zerrissenen «Kleidern. Eine singt vor und die anderen wiederholen, alle «klopfen sich dabei auf die entblöste Brust oder auf die «Wangen: auf einmal ertönt ein schriller Schrei: ia sobach «es sekûm! (O Morgen der Trauer)! Alle springen vom «Boden auf und in die Höhe, so weit es nur geht, stampfen «mit aller Gewalt die Erde und das Alles bis sie vor Er-«mattung hinstürzen, und dann beginnt wieder der Klage-

---

[216]) Bekanntlich war Hr Joh. Peter Barthel Rektor am Dominikanerinnen-Kloster zu Limpertsberg Als solcher starb er daselbst am 13 April 1913. Er war wirklich ein heiligmäßiger Priester.

«gesang. Nach dem Begräbnis begeben sich die Weiber 7 «Tage lang jeden Tag auf das Grab, um die Totenklage fort- «zusetzen und dann wieder am 40ten Tage nach dem Tode. «Bei unseren lateinischen Katholiken ist am Todestage, am «3., 7. und 30 Tage ein Totenamt. Der Geistliche muss aber «am 3., 7. und 30. Tage auf den Friedhof gehen, um das «Grab von neuem einzusegnen und für den Verstorbenen zu «beten. 217) Die Verwandten haben keine Zeit zum Beten: «sie müssen heulen und klagen. Wie traurig! Und doch «können wir nichts dagegen tun: der unsinnige Brauch ist «zu tief im Volke eingewurzelt.»

(Beit-Sahur, 16. September 1913): «Ich hatte mich dieses «Jahr, um den Gratulationsstrapazen (zu meinem Geburts-, «Tauf- und Namensfeste und meiner Primizfeier) zu entgehen, «auf einige Tage in die Einsamkeit zurückgezogen und auch «meine Freunde und Bekannte davon in Kenntnis gesetzt. «Niemand hat es mir übel genommen. Ich war nämlich dieses «Jahr am 16. Juli plötzlich so krank geworden (Herzschwäche), «dass die Ärzte mich aufgegeben hatten und ich selbst ver- «langt, mit den hl. Sterbesakramenten versehen zu werden, «was auch geschah. Die Ärzte hatten gemeint, ich hätte noch «höchstens für eine halbe Stunde zu leben; aber meine kräftige «Constitution, die sich mit aller Gewalt aufbäumte, bekam «wieder die Oberhand, und nach einigen Wochen Ruhe war «ich wieder auf den Beinen. Doch eines habe ich dabei ge- «lernt: Ich muss mit meinen Kräften sparsamer umgehen, „wenn ich mir das irdische Leben noch auf einige Jahre er- „halten will. Ich habe mich entschlossen, meinen Posten auf- „zugeben und mich für meine letzten Lebenstage in den Ruhe- „stand zurückzuziehen, um mich allen Ernstes auf den Tod „vorzubereiten. Wohin ich mich zurückziehen werde, weiss „ich noch nicht. Ich muss damit warten, bis unser Herr „Patriarch, der jetzt schon seit 3 Monaten in Rom weilt, zu- „rückgekehrt ist. Dann soll sich die Sache entscheiden, aber „in den Missionen werde ich keinesfalls bleiben, da ich dazu „nicht mehr stark genug bin und anfange schwerhörig zu „werden, so dass ich kaum mehr Beicht hören kann. Ich bin „jetzt der älteste im aktiven Dienste stehende Missionär. Bis „jetzt habe ich aushalten müssen, da eben keiner da „war, der mich ersetzen konnte. Nun sind seit Juli 5 neue „Priester geweiht worden, so dass ich aus der Fronte aus- „treten kann. Wie sehne ich mich nach Ruhe!"

Hören wir nun, mit Biever's eigenen Worten, welche Antwort auf sein Entlassungsgesuch ihm vom Patriarchen zu teil wurde:

(Beit-Sahur, 7. November 1913): „Ich hatte . . . meine „Entlassung eingereicht und beschlossen, mich in das mir so

217) Dieser Brauch besteht ja auch hierlands auf manchen Landpfarreien.

„liebe Johanniterhospital nach Tantur, zwischen Jerusalem „und Bethlehem zurückzuziehen; aber der Mensch denkt und „Gott lenkt. Vor einigen Wochen liess mich unser Patriarch „nach Jerusalem rufen und trug mir die Stelle (des General- „Vikars des lateinischen Patriarchen für die Insel Cypern, an, „mit der Bemerkung: „Ich hoffe, Sie werden die Stelle an- „nehmen. Sie sind der einzige Priester des Patriarchates, „der englisch spricht, und da Cypern unter englischer Herr- „schaft steht, so muss der dortige Vikar, der so oft mit der „Regierung offiziell zu tun hat, die Sprache der Regierung „verstehen. Also .... Ich habe daraufhin zugesagt, und „dem guten Patriarchen eine grosse Freude gemacht. Ich „selbst bin jetzt ruhig, da ich weiss, dass ich den Willen „meiner Obern erfülle und dadurch auch den Willen Gottes. „Darum mit Gott voran! Allerdings schmerzt es mich nicht „wenig, das hl. Land und die hl. Stätten, wo ich jetzt 37 „Jahre gewirkt, verlassen zu müssen und wohl für immer „Abschied nehmen zu müssen, von meiner Mission in Beit- „Sahur, von so vielen und lieben Freunden und Bekannten: „aber es winkt ja bald das himmlische Jerusalem, wo ich „hoffe, alle meine Lieben wiederzufinden. Das ist ja der Trost „des Missionärs bei der Trennung von allem, was ihm lieb „und teuer ist. Eins freut mich bei der ganzen Sache, näm- „lich, dass ich der türkischen Misswirtschaft entrückt bin „und wieder mit einer ordentlichen Regierung werde zu tun „haben."

Im nämlichen Briefe schreibt Biever: ... „Ich werde „wohl in den ersten Wochen schon nach meinem neuen Be- „stimmungsort abreisen. Derselbe wird mich wohl einige 50 „Seemeilen weiter nach Osten treiben, nämlich nach der Insel „Cypern (Chypre), welche noch zum lateinischen Patriarchate „Jerusalem gehört. .... Ich warte nur die Bestätigung von „Rom ab, welche wohl noch diese Woche eintreffen wird."

Dass Biever, dem es ja unmöglich war, längere Zeit un- tätig zu sein, seinen neuen Wirkungskreis so bald als mög- lich antreten wollte, ersehen wir aus einem Briefe, den er noch im nämlichen Monat an eine Verwandte schrieb: Ich entnehme demselben folgende Stelle:

. (Jerusalem, 26. November 1913): „Morgen Abend werde „ich mich nach Jaffa einschiffen, um mich auf meinen neuen, „verantwortlichen Posten zu begeben. Am 23. ds. habe ich „von meiner Mission Abschied genommen und bin seit dem „21ten in Jerusalem, um Abschied zu nehmen. Ich wollte es „wäre vorüber."

Dass der hochw. Herr Patriarch den Gehorsam und die Opferwilligkeit Biever's aber auch anzuerkennen wusste, ist ersichtlich aus demselben Briefe, worin es heisst: „Heute „morgen bin ich zum Kanonikus der hl. Grabeskirche ernannt

„worden, und zugleich wurde mir meine Patente (d. h. Be-„glaubigungsschreiben) als Generalvikar des lateinischen „Patriarchates ausgestellt. Dieselben sind äusserst schmeichel-„haft für mich persönlich, werden mich aber doch wohl dem „Himmelstor nicht näher bringen. In meinem Alter macht „man sich nicht viel aus menschlichen Ehrungen."

In humorvollem Tone schreibt Biever an eine Jugend-mitschülerin von Limpertsberg über seinen Titel als General-vikar:

(Larnaca, auf der Insel Cypern, den 13. Dezember 1913): (abgedruckt in einer amerikanischen Zeitung. 218) „Doch nun „müsst Du Dir unter einem General-Vikar im Orient, selbst „wenn derselbe ein Patriarchal-Vikar ist, nicht gleich ein so „grosses "Tier" vorstellen, wie Ihr das im Abendland ge-„wohnt seid. Wie hier der Patriarch der erste Missionar „seiner Diözese ist, so sind seine beiden General-Vikare von „Jerusalem und Cypern die zweiten Missionäre, welche neben „der Verwaltung noch das Missionsleben mitmachen müssen, „wie der letzte Missionar des Patriarchats Es ist nur etwas „mehr äusserer Schein. Das wirst Du ersehen, wenn ich „Dir meine Reise beschreibe.

XLII. Reise nach der Insel Cypern.

Über Biever's Reise nach seinem neuen Wirkungskreise liegen mir drei Briefe vor aus seiner Residenzstadt Larnaca (vom 13. und 17. Dezember 1913 und vom 28. Januar 1914) aus welchen ich im Folgenden das Hauptsächlichste zu-sammenstelle: „Ja, da bin ich nun ausgewandert aus dem „heiligen Lande, an welchem ich mit allen Herzfasern ge-„hangen habe und welches mein Adoptiv-Vaterland geworden „war. Es machte das anfangs auf mich den Eindruck, als "ginge ich in die Verbannung. Als ich bei der Abfahrt aus „der Station Jerusalem noch einmal aus dem Waggon-Fenster „mich herausbeugte, um noch mit einem letzten Blicke die „Kirchtürme der heiligen Stadt zu begrüssen, kamen mir die „Worte der Juden in der babylonischen Gefangenschaft in „den Sinn, welche sie sprachen, als ihre Wärter sie auf-„forderten, die heimatlichen Loblieder anzustimmen: Wie „könnten wir in fremden Landen unsere Loblieder singen! „Unsere Zunge möge vertrocknen und unser rechter Arm „möge verdorren, wenn wir jemals Jerusalem vergässen. „. . . . 219) Doch, der liebe Gott ist ja überall und man ist sicher „ihn dort zu finden, wohin der Gehorsam uns hinsendet. Am 26.

218) Katholischer Westen. Ein katholisches Wochenblatt für den Nord-westen der Vereinigten Staaten. Dubuque, Jowa. Jahrgang 40, Nr. 2041 vom Donnerstag, den 19. Februar 1914 (mit dem Porträt Biever's).

219) Psalm 136, Vers 4—7 (Dem Sinne nach, nicht aber wörtlich von Biever zitiert.)

„November des Morgens um 8 Uhr reiste ich vom Bahnhof in „Jerusalem ab. Alle meine Freunde von Jerusalem hatten „sich daselbst eingefunden, um mir noch einmal die Hand „zu drücken. Von meiner Missionsstation Beit-Sahur hatten „recht viele den weiten Weg nicht gescheut, um ihrem alten „Pfarrer ein letztes Lebewohl zu sagen. Sogar Beduinen aus „meiner früheren Station Madaba, welche sich gerade in Jeru-„salem befanden, liessen es sich nicht nehmen, ihrem früheren „Missionär noch einmal ein ma'a selamé (geh' in Frieden) „nachzurufen. Endlich pfeift die Lokomotive zur Abfahrt — „ein letzter Händedruck, und das Dampfross trägt mich fort „von den Stellen, an denen ich 37 Jahre gewirkt. Ob ich sie „wohl noch einmal wiedersehe? Von rechts herüber winkt „mir noch einmal die Anstalt St. Peter zu, für welche ich die „Pläne ausgearbeitet, dessen Bau ich geleitet und für welches „ich die Vereinigten Staaten durchstreifte, um das zur Vollen-„dung des Baues notwendige Geld zusammenzubringen. Dir „habe ich die Erstlinge meiner Arbeit im hl. Lande gewidmet, „empfange auch du meinen letzten Gruss und Segen! Ein „letzter Blick auf die hl. Stadt, ein Winken mit der Hand und „— Muth, alter Knabe, — nur keine Rührseligkeiten! Das ist „Unsinn! — Gott will es und „der gehorsame Mann wird vom „Siege reden." Weiter jagt das Dampfross vorbei an so „manchen Stellen, die ich aus früheren Zeiten kannte. Ich hole „mein Brevier und bete meinen Rosenkranz und meine Tag-„zeiten. Um 11 Uhr bin ich schon in Jaffa, wo ich, wie „immer, im Kloster der Franziskaner absteige, und wo mich „der gute Bruder Emil, ein wackerer Elsässer, mit offenen „Armen empfängt. Der Nachmittag wurde dazu verwendet, „in Jaffa einige Abschiedsbesuche zu machen, und am „Donnerstag Morgen, 27. November, schiffte ich mich ein auf „der Goritia, ein prächtiges Schiff des „Oesterreichischen „Lloyd", das noch am selben Abend weiter fahren „sollte. Das Meer war ziemlich unruhig, doch ich fühlte „mich recht wohl, trotz des heftigen Schaukelns des Schiffes „und nahm mit gutem Appetit das Mittagsmahl ein. Die Seeluft „gibt einem ja einen Wolfsappetit, d. h. wenn man nicht „seekrank ist. Als General-Vikar des Patriarchen hatte ich die „Vergünstigung erster Klasse zu fahren, während ich nur „zweite Klasse bezahlte, erhielt eine nette Kajüte für mich „allein, einen eignen Kellner zu meiner Bedienung und — „was mir nicht so angenehm war, am Tische den Platz neben „dem Kommandanten. Doch entpuppte sich dieser schon beim „ersten „Lunch" als ein äusserst gemütlicher, alter Seebär, „mit dem ich mich direkt anfreundete, so dass ich alle mög-„lichen Vergünstigungen von ihm erhielt, z. B. auf die Schiffs-„brücke, das geheiligte Revier des Kommandanten, zu steigen „und mich dort in die Geheimnisse der Schifffahrt einweihen

„zu lassen. Ich habe aber von der ganzen Geschichte nicht „viel verstanden — tut ja auch nichts, da ich es ja wohl nie „gebrauchen könnte. Am Abend des 27. November fuhren „wir von Jaffa ab, und am frühen Morgen des andern Tages „waren wir schon vor Haïfa, wo das Schiff wieder bis zum „Abend ankern sollte, um Fracht ein- und auszuladen. Ich „benützte diesen Aufenthalt, um hinauf auf den Berg Karmel „zu steigen, wo ich der lieben Gottesmutter meinen Dank „auszusprechen hatte für die Errettung aus der Todesgefahr „am 15. Juli dieses Jahres, und ich auch mein neues Amt „unter ihren mütterlichen Schutz stellen wollte. Auch dort „galt es, Abschied zu nehmen von so manchen lieben, alten „Freunden. Am selben Abend fuhren wir weiter und am „Samstag Morgen in aller Frühe — ich lag noch in den Federn „— hatte das Schiff vor Beyrut Anker geworfen. Da ich daselbst „angemeldet war, so fand sich schon bald eine deutsche „Borromäus-Schwester auf dem Schiffe ein, um mich abzuholen. „Ich sollte bei den Schwestern bleiben bis Sonntag Morgen, „9 Uhr, wie das Schiff weiter fahren sollte, hatte also Gelegen- „heit, meiner priesterlichen Sonntagspflicht nachzukommen. „Diese (die Schwestern) hatten schon über mich bestimmt. „Im Hafen lag die «Goeben» eines der grössten deutschen „Kriegsschiffe und die katholischen Mannschaften waren für „den Sonntag zu den deutschen Schwestern zum Gottesdienst „kommandiert worden. Diesen sollte ich nun am Sonntag „Morgen vor meiner Abreise die hl. Messe und, während der- „selben, eine deutsche Predigt halten. Wie lange hatte ich „nicht mehr in deutscher Sprache gepredigt? Doch abschlagen „konnte und wollte ich nicht und ich wählte mir also „gleich zum Texte die Worte aus Job: „Ein Kriegsdienst ist „das Leben des Menschen auf Erden." Ich war eben daran, „mich in meinem Zimmer etwas zurecht zu machen, da klopfte „es an meiner Türe an. — «Herein!» und im Rahmen der „Türe erschien eine junge, schlanke Schwester, in deren „Gesicht es nur so vor Freude strahlte. „Welkomm heir „Biever, eich kénen iech, mei Papp huot es als Kanner eso „fill von eich erzielt," erscholl es in gutem iechternócher Dialekt „mir entgegen Das war nun eine Freude, und zwar beider- „seits. Ihr Vater, Peter Zimmer von der „Oberbach", war einer „der ersten jungen Leute, welche in den von uns gegründeten „Gesellenverein eintraten, und zwei Jahre später habe ich ihn „getraut. Dieselben hatten eine Töpferwarenfabrik auf der „Oberbach.— Wir Luxemburger sind doch überall in der „Welt; in Beyrut gibt es ausser dieser Borromäerin, Schwes- „ter Raimunda, noch einen Jesuitenpater und einen Schulbru- „der, welchen ich am Nachmittag einen Besuch machen woll- „te. Aber unser Kommandant machte mir und den Schwes- „tern einen Strich durch die Rechnung. Um 3 Uhr Nachmit-

„tags erhielt ich vom Oberkellner der Goritia einen Brief des „Inhaltes: Il comandante vi prega di ritornare presto alla „Goritia, perche il batello partira questa sera in vece di do„manic mattina. (Der Kommandant bittet Sie gleich zur Goritia „zurückzukehren, weil das Schiff heute Abend anstatt morgen „früh abfahren wird). Und ich hatte schon zugesagt, den „katholischen Mannschaften des deutschen Kriegsschiffes „Goeben" am Sonntag Morgen Gottesdienst mit deutscher „Predigt zu halten!. „'S wär halt zu schön gewesen, es hat „nicht sollen sein," heisst's im Trompeter von Sickingen, „und darum wieder zum Schiffe. Ich traf den Kapitän auf „der Schiffbrücke. „Gut, dass Sie da sind", rief er mir zu. «wir werden allsogleich abfahren, um noch vor Nacht die «enge Ausfahrt aus dem Hafen zu bewerkstelligen, denn av«remo un piccolo temporale questa note (wir werden einen «kleinen Sturm diese Nacht bekommen)». Schöne Aussicht! Ich «liess mir deshalb gleich etwas zu essen geben, und ging dann «zu Bette, um mich nicht der Seekrankheit auszusetzen. Ich «schlief allsogleich ein und erwachte erst am Morgen, als das «Schiff vor Tripolis (Syrien) anhielt und gewaltig mit seinem «Anker herumschlenkerte. Ich kleidete mich an und begab «mich auf's Verdeck. In einer vor Wogengischt geschützten «Ecke sah ich einen jungen Franziskaner-Pater, welcher in «aller Gemütsruhe sein Brevier betete. (Er kehrte eben aus «seiner schönen Heimat, Spanien, wieder in seine Missions«tätigkeit zurück.) Ich gesellte mich zu ihm und begann eben«falls mein Offizium zu beten. Als wir beide fertig waren, «stellte er sich mir vor als der lateinische Pfarrer von Limas«sol auf der Insel Cypern und fragte mich, ob ich wohl der «neue Patriarchal-Vikar sei. Ich bejahte es und so waren «wir schnell bekannt Von ihm erfuhr ich manches Interes«sante bezüglich meines neuen Wirkungskreises. Das Meer «war so aufgeregt, dass keine Barke sich vom Lande an das «weit draussen im Meer liegende Schiff heranwagte und so «blieb es den ganzen Tag. Erst in der Nacht wurde es «ruhiger und am anderen Morgen in der Frühe erscholl die «Dampfsirene, um die Barken zum Ausladen an's Schiff heran«zurufen. Das Meer war ziemlich ruhig geworden und nun «waren 5 Dampfkranen von Morgens bis Nachmittags 5 Uhr «beschäftigt, aus dem Bauche des Schiffes Frachtgut in die «Barken zu verladen . . . . Am Abend ging es weiter — die «letzte Nacht auf dem Schiffe!" Als ich am anderen Morgen «erwachte, lag Limassol vor uns. Von dort hätte ich dann «noch weiter vier Stunden gehabt, mit dem Schiffe bis nach «Larnaca, aber da das Meer noch immer sehr unruhig war, «so riet mir der Pfarrer, mich hier in Limassol auszuschiffen «und dann später per Automobil nach Larnaca weiterzufahren. «Ich nahm den Rat an und setzte deshalb in Limassol zuerst «meinen Fuss auf cyprischen Boden. Es war mein Glück: «denn, wie ich später hörte, konnte man am Nachmittag nur «mit Gefahr in Larnaca sich ausschiffen. Doch mein guter «Pfarrer hatte einen kleinen Hintergedanken, den er mir erst «mitteilte, als wir am Land waren. Er hatte in seiner Ge-«meinde an die 200 Maroniten, welche vom Libanon ausge-«wandert sind und sich in Limassol niedergelassen hatten. Die-«selben verstehen nicht genug griechisch, um in dieser «Sprache ihre Beichte ablegen zu können und der Pfarrer «verstand kein arabisch, um die Beichten seiner Pfarrkinder «in ihrer Muttersprache zu hören. So meinte er denn, ob es «mir nicht möglich wäre, diese Leute auf das constantinische «Jubiläum durch einige Exerzitien vorzubereiten und dann am «Ende derselben, den Leuten ihre Beichten abzunehmen. Da «ich gerade vor einer Woche, vor meiner Abreise, in Beit-«Sahur meine Pflegekinder auf das Jubiläum vorbereitet «hatte und ich die Predigten wohl noch so ziemlich im Kopfe «hatte, begann ich noch am selben Abende die Exerzitien, froh, «nach dem Faulenzerleben auf dem Schiffe, wieder etwas zu «tun zu haben. Wie freuten sich die Leute, wieder einmal «das Wort Gottes in ihrer Muttersprache zu hören! Wie «freuten sie sich, ihre General-Beichte in ihrer Muttersprache «ablegen zu können Siehst Du, liebe . . . . .. das sind die «Freuden des Missionärs, die so manches andere Unange-«nehme und Unbequeme tausendfach aufwiegen. Ich hielt «mich in Limassol fünf Tage auf und dann fuhr ich in Be-«gleitung eines anderen jungen Franzikaner-Paters, des «Vikares der Pfarrei Nicosia, nach Larnaca per Automobil. «Es war das erste Mal, dass ich ein Automobil gesehen und «in einem solchen gefahren bin! Welche Gedanken der «Anblick des Ungetüms in mir erregte, brauch' ich Dir nicht «noch zu sagen; ich bestieg dasselbe mit einem ziemlich «unheimlichen Gefühl. Doch es brachte uns glücklich «nach Larnaca, wo sich an der Haltestelle schon alle Patres «des dortigen Franzikaner-Klosters, an deren Spitze der Pater «Guardian, ein alter Bekannter aus Jerusalem, mit den Nota-«bilitäten eingefunden hatten. Von da ging es per Wagen «nach ihrem grossen Kloster mit schöner Kirche, in welche «ich einen Augenblick eintrat, um dem göttlichen Heiland «zu danken für Seinen Schutz auf der Reise und um, was «mir noch an Gesundheit und geistiger und körperlicher Kraft «zur Verfügung steht, in seinen heiligen Dienst zu stellen. «Ich sah mich nun genötigt, im Kloster der Franziskaner-«patres abzusteigen, welche mich mit der ihnen eigenen wohl-«tuenden Liebenswürdigkeit empfingen. Zuerst musste das «Haus des Vikariates, worin ich meine Residenz aufschlagen «sollte, in ordentlichen Zustand gesetzt werden. Die lang-«wierige Krankheit meines Vorgängers, welcher durch einen «griechischen Diener verpflegt wurde, der ein Dieb war, wie «es alle Griechen sind, hatte das Haus dem Verfall und der «Ausplünderung preisgegeben, so dass ich nicht einmal einen „Topf vorfand, um mir eine Suppe zu bereiten. Alles „musste neu hergerichtet und gekauft werden. Nun, dank „einer Summe von 3.0 Franken, konnte ich mir das Aller-„nötigste anschaffen, und so bin ich denn, seit einem Monat, „in meiner neuen Residenz installiert, welche für mich, der „ich an unsere einfachen Wohnungen in den Missionen „Palästina's gewohnt bin, ein wahrhaftiger kleiner Palast ist. „Das Haus ist recht nett und ziemlich geräumig. Es ähnelt „einem amerikanischen Cottage und ist einstöckig (wegen der „häufigen Erdbeben.) In der Mitte befindet sich eine durch das „ganze Haus ziehende breite Halle, aus welcher man zu „beiden Seiten in die Zimmer gelangt. Links: Studierzimmer, „Schlafzimmer, Gästezimmer; rechts: Salon, Esszimmer, „Schlafzimmer des Diners, Küche. Vor dem Hause ein alter „Blumengarten, dessen letzte Teerosen mir noch einen Will-„kommgruss bieten (im Dezember!) Hinter dem Hause ein „Gemüse- und Obstgarten. Orangen und Mandarinen die „Hülle und Fülle, so dass ich nicht weiss, was ich damit „anfangen soll. Die Erde unter den Bäumen ist handhoch „von denselben bedeckt, welche der Wind in der Nacht ab-„schüttelt. Das Haus ist ebenfalls prächtig möbliert, zu „schön für einen alten Missionär, der nicht weiss, was er „mit all dem Krimskram anfangen soll, und der in seinem „Zimmer lieber die Ellenbogen frei hätte, statt dass er fürch-„ten muss, überall etwas von diesen „Nippes" umzustossen. „Enfin à tout seigneur, tout honneur! Ob ich mich wohl „daran gewöhnen werde oder einen frühen Morgen den ganzen „Boutik" vor die Türe werfe! Was mir am meisten gefällt, „ist die ziemlich bedeutende mit guten Werken ange-„füllte Bibliothek, welche mein Vorgänger hinterlassen „hat. Unter so guten Freunden fühlt man die Einsamkeit „nicht so sehr, und einsam werde ich hier sein, da meine „Wohnung etwas ausserhalb der Stadt liegt, und ich auch „nicht daran denke, viele Bekanntschaften zu machen. In der „Nähe meiner Wohnung liegt das Kloster der Josephsschwes-„tern (Sœurs de St. Joseph de l'Apparition), welche eine ziem-„lich gut besuchte Schule (Externat) und ein kleines Pensio-„nat unterhalten, daneben auch ein kleines Hospital. Dort soll „ich Pfarrdienst versehen, d. h. jeden Tag die hl. Messe lesen, „Predigen, Beichthören und Katechismus halten. Für heute „Abend habe ich eine kleine Feierlichkeit arrangiert und eini-„ge Gäste geladen. Heute Abend gett den Hèl opgehangen, „oder wie man hier sagt das erste Feuer in die Küche „gemacht."

Über sein Wohnhaus schreibt Biever an einer anderen Stelle: „Es ist wirklich ein Luxus für Jemanden, dem nie „mehr als 2 Zimmer zu Gebote standen; dazu ist Alles das „so schön möbliert, dass man sich fast in Europa glauben „sollte. Die ersten Wochen hindurch hinderte das Alles mich, „überall stiess ich an, an den Schränken, an den Consolen, „an den Tischen u. s. w., u. s. w., kurz ich fand mich nicht „zurecht, doch: à tout Seigneur tout honneur, und ich fürchte „dass ich mich sogar an den Comfort gewöhnen werde. Der „Mensch ist doch ein wunderliches Wesen! Nächste Woche „werde ich die offiziellen Besuche machen bei den Behörden. „(Die Regierung ist in den Händen der Engländer, welche „im Jahre 1877 die Insel einstweilen (!!) von der türkischen „Regierung gepachtet haben, aber sie wohl bald dem „Greater „Britain" einverleiben werden.) Ich habe, Gott sei Dank, mit „der Politik nicht viel zu tun, und das Einzige, wo es heisst „Acht zu geben ist, dass man es mit keinem der verschiede„nen Consule verfehlt und da habe ich mir in mein Tagebuch „eingeschrieben: „Katholisch vor Allem und darnach Luxem„burger bis in's Herz und in die Seele." Keinem zu Liebe „und Niemanden zu Leide, Erfüllung meiner Pflicht und „strengste Neutralität. wie wir Luxemburger das ja gewöhnt „sind. Dann wird es mit Gotte Hülfe schon gehen. Sind ein„mal die offiziellen Besuche abgetan, dann werde ich einige „Streifzüge in der Insel unternehmen, um die kanonische „Visitation vorzunehmen, um einen ersten Einblick in die „hiesigen Verhältnisse zu gewinnen. Es soll Manches zu ord„nen geben da mein heiligmässiger Vorgänger infolge seines „hohen Alters und seiner beständigen Kränklichkeit in den „letzten Jahren fast nicht mehr ausgehen konnte. Hoffentlich „wird sein Gebet am Throne Gottes mir helfen, Das zu voll„bringen, wozu ihm in den letzten Jahren die körperlichen „und geistlichen Kräfte mangelten. Doch nun wird es so nahe „an die elf Uhr in der Nacht gehen und es heisst „sich in die „Klappe" machen." (Fortsetzung folgt.)

Die Kirche von Waldbredimus.

I. Datum der Erbauung. Gegen 1460.

Das Datum der Erbauung der Pfarrkirche findet sich nirgendwo verzeichnet. Aeltere Personen behaupten, vor der Dekoration des Chores habe man auf den vier Säulen, die dem Hochaltare am nächsten stehen, je eine Ziffer des Datums der Erbauung der Kirche lesen können. Trotz eifrigem Nachsuchen ist es jedoch heute unmöglich, irgend eine Zahl an einer dieser vier Säulen entziffern zu können.

Herr Diderrich in seinem Aufsatz: Archäologische Bemerkungen über die Kirche von Waldbredimus in der „Hemecht" 1913 S. 137 ff. eruirt das Datum der Erbauung derselben auf 1460 gemäß den Angaben, die er aus den Wappen an den Hauptschlußsteinen der Kirche herausliest.

Das Wappen über dem Hochaltar, die Muttergottes mit dem Jesuskind, ist das **Wappen der Münsterabtei von Luxemburg.**

Das Wappen am zweitfolgenden Schlußstein im Schiff gehört zweifellos **Jugerus von Burscheid**, der als 20. Abt. vom Jahr 1444 bis zu seinem Tod am 28. September 1470 der Münsterabtei vorstand.

Ferner befindet sich das Burscheider Wappen, drei rote auf weißem Schild im Dreipaß (2, 1) heraldisch gestellte Lindenblätter, ein zweites Mal im Schlußstein über der Emporbühne.

Dies deutet hin auf die Beziehungen des Geschlechtes derer von Burscheid im 15 Jahrhundert zur Kirche und zur Ortschaft von Waldbredimus.

Im 15. Jahrhundert hatte die Familie von Waldbredimus grundherrliche Rechte zu Waldbredimus und mußte daher vielleicht beitragen zum Bau des Schiffes der Pfarrkirche

Zudem war Gottfried von Burscheid, bisher Altarist zur hl. Katharina zu Remich, damals, gemäß Urkunde vom 10 Juni 1448, Pfarrer zu Waldbredimus geworden an der Stelle seines Oheims, Wilhelm von Burscheid, der seine Pfarrstelle mit der leichteren Anstellung seines Neffen vertauschte (Publik. hist. 29, S. 79).

Der Stil und die Bauweise der Pfarrkirche stammen aus der Mitte des 15. Jahrhunderts. Das bescheidene Dorfkirchlein blickt somit auf das ansehnliche Alter von 460 Jahren zurück.

II. Die äußere Gestalt des Kirchengebäudes.

Die Kirche von Waldbredimus liegt im Innern des Dorfes auf einer kleinen Bodenerhebung und inmitten des Friedhofes der Pfarrei.

Abgesehen von dem Mauerwerk des Turmes, welcher dem romanischen Stil gehörend, wohl in das 11. Jahrhundert hinaufragt, ist die Kirche im gotischen Stil erbaut und bildet ihrer Hauptform nach ein lateinisches, von Westen nach Osten zeigendes Kreuz.

Der Bau macht sowohl im Innern als im Aeußern einen guten Eindruck; denn seine Verhältnisse sind einfach, klar und getroffen.

Im Innern gliedern denselben die kräftigen, schlanken Gewölbe mit Diagonal- und Querrippen, die Teilung der Wandflächen durch Säulchen mit achteckig gegliedertem Fuße, die weit nach Innen ausgeschnittenen Fenster mit zierlichem Maßwerk, sowie die Trennung des Chores und der Kreuzarme durch spitze Mauerbogen mit gebrochenen Ecken.

Das Äußere der Kirche macht den Eindruck ungekünstelter, geschmackvoller Solidität.

Die Mauern ruhen ringsum auf einem kräftig vorspringenden Sockel und sind an den geeigneten Stellen, wo sich der Gewölbeschub besonders fühlbar macht, durch Strebepfeiler verstärkt, die, mit Ausnahme der niedrigen Widerleger der Westecken der Kreuzarme, in zwei schlanken Aufsätzen fast bis zum Dach emporwachsen, und aufwärts in einen Giebel auslaufen, dessen Spitze bei den beiden vordersten Strebepfeilern mit einer Kreuzblume geschmückt sind.

Eine besondere Eigentümlichkeit des Baues liegt in der Vermeidung des schablonenmäßigen und symetrischen Wesens, das an neueren Kirchen leider vorherrscht.

Die Reichhaltigkeit und Vielseitigkeit der architektonischen Figuren zeigt sich vorzüglich an dem **Maßwerk der Fenster** und an der äußeren Gestalt und den Dimensiionen der Kreuzarme

Bei dem **Maßwerk der 12 vorhandenen Fenster** sind 6 bis 7 verschiedene Muster zur Verwertung gekommen Und als sei es dem Meister mit dieser Reichhaltigkeit noch nicht genug gewesen, ließ derselbe die gleichartigen Fenster nicht nebeneinander oder gar einander gegenüber aufstellen, sondern anderswo, so daß man bei flüchtiger Betrachtung den Eindruck gewinnt, als seien so verschiedene Arten von Maßwerk vorhanden, als sich überhaupt Fenster in der ganzen Kirche vorfinden.

Auch **die äußere Gestalt der beiden Kreuzarme** ist verschieden, indem die vorwärts angebaute Sakristei mit dem Kreuzarme zur selben Höhe emporsteigt und unter einem Dache liegt, so daß hier Dach und Mauerwerk doppelt soviel Raum einnehmen, als an dem Kreuzarme der Südseite.

Ebenso verschieden sind **die Breite und Höhe der Kreuzarme**, indem der rechte eine Höhe von 5,61 Meter und eine Breite non 3,40 Meter hat, während die Höhe des linken Armes nur 5,21 Meter und die Breite 3,10 Meter beträgt.

III. Der Turm

Im Westen erhebt sich **der Turm mit dem Vorhof der Büßenden**, der den Eingang zur Kirche bildet und allgemein **der Glockenring** genannt wird. Letzterer liegt eine Schwelle tiefer als die Kirche selbst.

Das Mauerwerk des Turmes ist ohne jegliche Verzierung und steigt in mehreren Stockwerken, die außen oder innen durch Gesimse oder eine leichte Verjüngung der Mauer sichtbar werden, zu einer Höhe von 15 Metern 50 Centimetern über der Türschwelle empor. Dasselbe wird in den Oberpartien belebt durch zweiteilige Schallöffnungen und durch ein später angebrachtes kleines Rundfenster und in der Frontfläche durch ein rundbogiges, ziemlich niedriges, am Gewände von einem kräftigen Rundstabe umzogenes Portal, und trägt heute einen schlanken Helm von etwa 15 Meter Höhe.

Dieses Turmquadrat ist der älteste Teil der Kirche und ist gegen Ausgang des 11. oder gegen Anfang des 12. Jahrhunderts errichtet worden. Es zierte eine andere Kirche, die früher an demselben Platz erbaut war und gehört dem romanischen Stile an. Das sieht man aus den Schallöffnungen mit den romanischen Säulchen und dem eigentümlichen Kämpfer darüber, welcher die ganze Dicke der Mauer einnimmt und die beiden Mauerbogen trägt, mit welchem aufwärts die Schallöffnung abschließt; ferner aus dem Profil des Portals, welches zwei in die Ecken gestellte Rundstäbe zeigt, deren äußerer kräftiger als der nach innen gestellte ist; weiter aus der beträchtlichen Dicke der Mauer und aus dem plumpen Tonnengewölbe, welches die Vorhalle deckt.

Wahrscheinlich hatte das Turmquadrat ursprünglich nur ein niedriges pyramidales Schieferdach oder bloß einen Dachreiter. Die heutige Pyramide, welche unten an der Wurzel aus dem Viereck ins Achteck übergeht, wurde, wie die Dorfeinwohner erzählen, erst aufgesetzt unter dem am 29. Dezember 1843 ernannten Bürgermeister Spanier Nikolas, der als Eigentümer auf der Mühle zu Waldbredimus lebte und auch vom 3 Oktober 1848 bis zum 15 Mai 1854 Abgeordneter der Kammer für den Kanton Remich war. Damals wurde ebenfalls das Dachwerk der ganzen Kirche vollständig neu hergestellt.

IV. Langhaus und das Querschiff.

Der Raum für die Gemeinde besteht aus einem Langhaus und einem Querschiffe.

Das Langhaus ist einschiffig und hat bei einer Länge von 12 Meter eine Breite von 6 Meter und eine Höhe von 7 Meter 51 Centimeter. Es wird von einem spätgotischen Kreuzgewölbe überspannt, das drei Felder bildet, von denen die beiden vorderen gleich groß und etwas kleiner sind als das dritte.

Das Gewölbe ruht an den vier Ecken auf dünnen Halbsäulen mit eckiger Basis und achteckigem, kelchartig geschichtetem Kapitäl, während an den beiden Langseiten je zwei kräftigere Säulen als Stützen dienen, die jedoch kein Kapitäl haben, so daß die Rippen, wie die Aeste aus einem Baumstamme, unvermittelt aus dem Säulenschaft herauszuwachsen scheinen.

Das Langschiff hat vier spitzbogige Fenster, welche dieselbe Größe wie die zwei einlichtigen des Chores haben, und deren obere Partie ebenfalls zur Aufnahme von Maßwerk durch einen gedrückten, mit gotischen Nasen besetzten Rundbogen abgesondert werden.

Das Querschiff mißt bei einer Länge von 13 Meter im rechten Arme 3 Meter 40 Centimeter und im linken 3 Meter 10 Centimeter in der Breite.

Die beiden Arme desselben, durch Spitzbogen vom Langschiff getrennt, sind, ähnlich wie dieses, von einem Kreuzgewölbe überdeckt, jedoch in viel geringerer Höhe, die im rechten Kreuzarme 5 Meter 61 Centimeter, im linken nur 5 Meter 29 Centimeter beträgt.

Die Gurten des Gewölbes werden in der Tiefe vom Kapitäl kleinerer Säulen, an der Vorderseite hingegen von einer einfach konstruirten

Konsole getragen. Die zwei Fenster der Kreuzarme sind etwas kleiner als die vier des Langschiffes und die beiden einlichtigen des Chores.

In der Pfarrkirche fanden vom Jahr 1675 bis zum Jahr 1784, wo Joseph II dies verbot, nachweislich 24 Personen ihre letzte Ruhestätte. Es waren dies teils Wohltäter der Kirche (13 an der Zahl), teils Geistliche der Pfarrei (der Kaplan Johan Heinrich Schiltz), teils Mitglieder der herrschaftlichen Familie (10 an der Zahl). Der Kaplan Johann Heinrich Schiltz und der Subdiakon Johann Oswald de Flesgin waren bestattet im Chor zur Evangeliumseite des Hochaltares, die übrigen entweder vor dem Kreuz-, jetzt S. Josefsaltar, oder vor dem Dreikönigs-, jetzt Muttergottesaltar, in den beiden Kreuzarmen der Kirche.

Vom Gondelinger Schlosse wurden in die Pfarrkirche begraben:

1. Nikolas von Cherisey, gestorben 22 Oktober 1679.
2. seine Gattin Anna Maria von Wiltheim, gest. 1 März 1715.
3. Johann Baptist von Cherisey, gest. 25 Juli 1684.
4. Philipp Hermann von Flesgin, gest. 21 Oktober 1729.
5. seine Gattin Maria von Cherisey, gest. 4. April 1744.
6. Johann Oswald von Flesgin, Diakon, gest. 27 Juli 1743.
7. Maria Regina von Bergener, gest. 30 Mai 1719.
8. Maria Anna Franziska Josepha von Martiny, gest. 4. August 1753.
9. Phillipp Jakob von Flesgin, gest. 29 Januar 1769.
10. Anna Maria Franziska von Flesgin, gest. 27 April 1771.

Auf dem Kirchhof zu Waldbredimus zur Seite der Türe der Kirche im heutigen Begräbnisse der Familie Alesch und Hoffmann-Peffer wurde bestattet der hochw. Herr Emmanuel Joseph von Martiny, der am 6. August 1800 im Alter von 80 Jahren als ehemaliger Herr von Gondelingen und Waldbredimus im Pfarrhause daselbst starb, wohin er sich nach der Verwüstung seines Schlosses zu Gondelingen zurückgezogen hatte.

Von den Begräbnissen in der Pfarrkirche finden sich nur mehr zwei Grabtafeln mit Wappen und Inschriften vor. Die übrigen Grabplatten werden wohl verschwunden sein, als in den Jahren 1787 bis 1792 bei der Renovirung des Innern der Kirche der Fußboden mit neuen Platten belegt und die alten Grabsteine erhoben oder mit den Inschriften nach unten gewendet wurden.

Die beiden Grabtafeln vor dem heutigen Muttergottesaltar sind in der Westwand des südlichen Kreuzarmes aufrecht eingefügt. Sie sind von schieferartigem Granit, messen jede 1,32 Meter in der Länge und 1 Meter in der Breite und haben jede am Kopfe die beiden Wappen der darin benannten Verstorbenen, die erste die Wappen von Cherisey und Wiltheim, die zweite die Wappen von Flesgin und Cherisey.

Die Inschriften, welche die Namen der dort zur letzten Ruhe Bestatteten anführen, sind in lateinischer Majuskel unterhalb der betreffenden Wappen eingraviert und lauten wie folgt:

I. Cy gist |
Messire Nicolas de Cheresey |
Chr du Siége des Nobles de cette |

Province sr d'Issoncourt Gondling |
Trintingen, Hassel etc |
Decede le 22e octobre 1679 |
et dame Anne Marie de Wiltheim son |
épouse decedee le 1r Mars 1703 |
fille de Mess^re Eustache de Wiltheim |
vivant chr. sgr. de Waldbredimus |
Président au conseil proal de |
Luxembourg et de dame Marie |
Régine de Bennink
Requiescant in pace.

II. Cy gist noble sieur Philippe |
Herman de Flesgin vivant ;
seigneur de Gondling Trin- |
tingen de la seigneurie propriétaire de Roussy Reim- |
lange etc lequel deceda age
de 75 années le 21 8bre 1729 |
et noble dame A. M. de Cherisey |
son épouse dame de Waldbredimus |
decede (sic !) le 4 av. 1744 agée de 78 ans. |
Priez Dieu pour les |
trespassez.

V. Das Chor.

Als Hauptteil des Baues ist das Chor um einen Tritt von 16 Centimeter höher gelegt als das Schiff, von dem es getrennt ist durch einen spitzen Triumfbogen, dessen Füße auf zwei Kragsteinen mit zusammengekauerten Menschenfratzen darunter, aufsitzen.

Das Chor hat eine Länge von 7,16 Meter bei einer Breite von 5,62 Meter und eine Höhe von 7,23 Meter.

Der mittelalterliche Meister hat dasselbe als den Ort, an welchem sich die heiligen Geheimnisse vollziehen, durch größeren Reichtum an baulichen Formen vor den übrigen Teilen der Kirche ausgezeichnet. Vor allem tritt das Chor hervor durch **den reichen Schmuck an den Kapitälen der Säulen und dem Schlußstein des Gewölbes**, sowie durch **die Zahl und das Maßwerk der Fenster.**

Während die **Kapitäle** im Schiff aus Stäben und Hohlkehlen bestehen, die kelchartig auslaufend als starre, tote Massen übereinander liegen, herrscht an den Kapitälen dreier Säulenpaare des Chores Beweglichkeit und Leben.

Hinter dem Triumfbogen sind zwei Säulen, die in ihrem Knaufe mit einem Blätterkranze geschmückt sind; und um den Altar stehen vier Säulchen, die in ihren Kapitälchen mit Engelfiguren geschmückt sind, wovon die beiden hinteren Spruchbänder tragen und die beiden vorderen Cymbeln spielen und somit als singende und musizierende Engel aufgefaßt werden mussen; eine zartsinnige Darstellung des Glaubens, daß stets Engelscharen den Altar umgeben, um den Heiland anzubeten und ihm Loblieder zu singen.

Ebenso ist der **Schlußstein des Gewölbes im Chor** schöner gestaltet. Während von den andern Schlußsteinen drei mit Wappenschildern, (darunter zwei mit dem Wappen von Burscheid) und alle übrigen blos mit Rosetten geschmückt sind, ist im Haupt-Schlußstein des Chores die Muttergottes mit dem Jesuskind inmitten eines herrlichen Strahlennimbus dargestellt als die Beschützerin der Münsterabtei zu Luxemburg, die abwechselnd mit Marienthal und Bonneweg die Collation der Pfarrei Waldbredimus besaß. Von diesem Schlußstein im Mittelpunkt des Chorgewölbes steigen die Rippen zu den Kapitälen der ringsum aufgestellten kleinen Ecksäulchen strahlenartig hernieder.

Das **Chor hat sechs Fenster**, gerade soviele als alle übrigen Teile des Gotteshauses zusammen. Während die Fenster im Schiff der Kirche einlichtig sind, finden sich hier vier, die durch Mittelsäulen in zwei Felder geteilt und aufwärts von einem viel reicherem Maßwerk durchzogen sind.

Auffallender Weise sind die Chorfenster sehr hoch gestellt. Dadurch berauben sie das Schiff einer genügenden Lichtzufuhr und im Schiff der Kirche lastet ein geheimnisvolles Dunkel, das jedem der in die Kirche eintritt, durch die Lichtfülle im Chore noch mehr bewußt wird. Der Raum der Gemeinde liegt im Dunkeln, der Raum der Priester und des Allerheiligsten dagegen im vollsten Lichte. Durch diese Anlage soll der Blick des gläubigen Volkes von der Dunkelheit und Schwere des Erdenlebens auf die strahlende Helle des in Christus der Welt erschimmernden Lichtes hingedeutet werden.

Auch im Aeußern ist dem Chor eine ganz vorzügliche Sorgfalt geschenkt worden. Dasselbe zeichnet sich von dem übrigen Teil der Kirche aus durch zahlreichere Strebepfeiler, die noch überdieß durch ein unterhalb der Fenster herlaufendes Sims zu einem Ganzen verbunden werden, das an der Sakristei und an dem nördlichem Kreuzarm endet.

Ferner zeigt das Chor, wie in einigen andern spätgotischen Kirchen die Eigentümlichkeit, daß die Axe des Chores nicht im Winkel steht, sondern leicht nach der Evangelienseite hinneigt. Bekanntlich sehen die Mystiker des Mittelalters darin die symbolische Darstellung der Worte der hl. Schrift: „Mit geneigtem Haupte gab Jesus seinen Geist auf." Joh. 19, 30.

VI. Das Sakramentshäuschen.

An der Evangelienseite, rückwärts vom Hochaltar, befindet sich das sogenannte Sakramentshäuschen, in welchem Jahrhunderte lang das hl.

Sakrament aufbewahrt wurde. Es ist im Stile der Kirche und in edeln Formen gebaut.

Es besteht aus einer rechtwinklichen, von kräftigem Leistenwerk umzogenen Wandnische von einer Höhe von 66 Centimeter und einer Breite von 42 Centimeter.

In der Tiefe ist eine als Dreiblatt gestaltete Öffnung, die an der Außenseite mit kreuzförmigem Gitter verschlossen ist und offenbar den Zweck hatte, Licht und Luft zuzuführen und den Inhalt vor Schimmel und Fäulnis zu bewahren.

An der Vorderseite befindet sich noch die ursprüngliche mit schwerem Schloß versehene Türe, welche aus gitterartig in einander greifenden Eisenstäben gebildet und an der Umarndung mit kleinen Rosetten aus demselben Material verziert ist.

Das Leistenwerk der beiden Seiten nimmt oberhalb der Türe eine fialenartige Gestalt an, und ist, sowie auch die dazwischen liegende Verzierung, mit platt aufsitzenden, zierlichen Blättchen belegt. Die so noch frei gebliebenen, kahlen Flächen sind bis zum zinnenförmigen Abschluß hinauf durch größere oder kleinere Rosetten belebt.

Das Ganze ist sorgfältig ausgeführt und gehört zu den schönsten unter den noch heute erhaltenen Sakramentshäuschen unser Diözese, wie solche sich z. B. vorfinden in Aspelt, (Hemecht 1910, 178,) Oberwampach, (Hemecht 1901, 152,) Ospern, Esch an der Sauer, Dünkrodt, Arsdorf (früher in der alten Kirche), Lieler, im alten Chore, Munshausen, auf der linken Chorseite der Kirche, zu Schloß Falkenstein, (Hemecht 1901, 25), u. s. w.

Der innere Raum des Sakramentshäuschens ist heute angefüllt mit einem kostbaren Schreine oder Schranke, in welchem Reliquien von 15 verschiedenen Heiligen in zierlicher Fassung und schöner Ordnung ihre Aufstellung gefunden haben. Diese Reliquien rühren her von den heiligen Gregorius Martyrer, Mansueta M., Eulogius M., Basilianus M., Diodora M., Delphina, Aurea M., Timotheus M.; sieben kleinere Reliquien sind nicht näher mit dem Namen ihrer Herkunft bezeichnet, sondern tragen einfachhin die Aufschrift: „Reliquien"

VII. Die Piszine.

An der Epistelseite des Hochaltares war an der Wand die Piszine, wie sie in früheren Zeiten in gotischen Kirchen sich vielfach vorfand.

Dieselbe besteht aus einer rechtwinkelichen, 67 Centimeter hohen, 45 Centimeter breiten und 40 Centimeter tiefen Mauernische; sie ist mit einem geschweiften Kielbogen umrahmt und an der Außenseite durch die Spuren des ausmündenden Abzugskanals ersichtbar.

In derselben befindet sich noch der eiserne Hacken zum Aufhängen eines Wasserbehälters, an welchem an beiden Seiten Röhren angebracht waren, aus denen das Wasser abfloß, sobald der Priester das Gefäß durch einen leichten Ruck in Bewegung setzte. (Ein derartiges Wassergefaß, zum Waschen der Hände des Priesters vor und nach der hl. Messe befindet sich noch heute in der Sakristei der Pfarrkirche zu Fels.)

Bei einer solchen Vorrichtung konnte die doppelte Händewaschung während der hl. Messe, nach der Opferung und nach der Kommunion, ohne Schwierigkeit durch den Priester selbst ohne Beihilfe des Meßdieners, geschehen.

Der leiseste Fingerdruck brachte den Kessel in eine schiefe Lage, so daß sich dann aus einer der beiden Röhren das Wasser über die Finger des Priesters hinweg in die beckenartige Vertiefung der Piszina-Nische ergoß, um von dort durch den Abzugskanal nach auswärts abgeleitet zu werden. Neben der Anlage hingen mehrere Handtücher, die durch einen leinenen oder seidenen Vorhang verhüllt wurden.

(Schluß folgt.)

Nachrichten aus dem Vereine.

Todesfall. Herr **Ludwig Blum** Chef des chemischen Laboratoriums der „Arbed" zu Esch-an-der-Alzette, verschied alida, nach ganz kurzer Krankheit, am 30. Dezember 19.0. Sein Tod geht uns sehr nahe, da er, Mitglied unseres Vereines von Anfang an, demselben stets das lebhafteste Interesse entgegenbrachte. Als self made man hat er in seinem Fache sehr Bedeutendes geleistet und das Resultat seiner Forschungen in manchen Zeitschriften veröffentlicht Was wir besonders hervorheben möchten, ist, dass er von allen seinen im Druck erschienenen Arbeiten unserer Vereinsbibliothek stets ein Exemplar verehrt hat, und auch einen namhaften Beitrag zu unserer Subskriptionsliste geliefert hat. Auch war er es der den ersten Anstos gegeben hat, damit unsere Deputiertenkammer die Subside für die „Fauna" (Verein Luxemburger Naturfreunde) und „Ons Hémecht" erhöhen möchte.

Ehre darum stets seinem Andenken!

Ehrung. Den Herren **Dr. Rudolf Klees,** und **Johann Nimax,** Einnehmer des Wohltätigkeitsbureaus, wurde von der französischen Regierung die „Plaquette de la Charité" verliehen.

Herr **Valentin Noesen,** Unternehmer zu Steinfort, wurde zum Bürgermeister daselbst ernannt.

Herrn **Paul Albrecht,** Feldwebel der Militärcompagnie, wurde das 30 jährige Dienstkreuz verliehen.

Herr **Johann Origer,** Direktor der St. Paulus-Druckerei, wurde vom hochw. Hrn. Bischof Nommesch zum Domkapitular ernannt.

Der hochw. Herr **Wilhelm Johannes,** emeritierter Pfarrer, ist zum Rektor des Dominikanerinnen-Klosters zu Limpertsberg ernannt worden.

Hrn. **Hubert Loutsch,** Ehemaliger Staatsminister, Advokat-Anwalt zu Luxemburg, ist das Grosskreuz des italienischen Kronenordens verliehen worden.

Herr **Julius Vannérus,** Staats-Archivist zu Antwerpen, wurde von der Grossherzogin Charlotte zum Ritter des Ordens der Eichenlaubkrone ernannt.

Herrn **Johann-Peter Brück-Faber,** Verwalter der Grossherzoglichen Strafanstalten, im Stadtgrund, wurde das Ritterkreuz des Italienischen Kronenordens verliehen.

Allen diesen Herren unsere herzlichste Gratulation!

Zur Nachahmung empfohlen.

Von Herrn A. D. erhielten wir schon zu verschiedenen malen einen Beitrag zu unserer Subskriptionsliste. Damit nicht zufrieden, sandte er uns auch noch einen Extra-Beitrag zur „Bestreitung der Druckkosten des Jubiläumsbandes". Besten Dank!

Hr. **Johann Reinard,** pensionnierter Gendarmerie-Wachtmeister, welcher am 15. Juli 1920 zu Hollerich verstarb, hat einem seiner Söhne seine Sammlung der „Hémecht" (1895—1920) vermacht, unter der ausdrücklichen Bedingung, dass derselbe, an seiner statt, unserem Vereine beitreten solle. Den letzten Willen des verstorbenen Vaters heilig haltend, hat der Sohn, **Julius Reinard**, Briefträger zu Esch-an-der-Alzette, sich für 1921 als Vereinsmitglied angemeldet. Das ist recht brav!

Subskriptionsliste.

Uebertrag (aus dem Jahre 1920)	802.50 Frs.
A. D. in W.	4.00 „
A. D. in W. „Zur Bestreitung der Druckkosten des Jubiläumsbandes"	10.00 „
	816.50 Frs.

Vivant sequentes!

Fragekasten!

Manche schon verstorbene und auch einzelne noch lebende Priester des Grossherzogtums gehörten früher dem Lehrerstande an. Dürfte ich die verehrten Leser der „Hémecht" bitten, mir die Namen solcher Priester, die ihnen bekannt sind, anzeigen zu wollen, nebst Angabe der Ortschaften wo und der ungefähren Zeit, wann selbe als Lehrer gewirkt haben. Schon zum Voraus besten Dank für alle desfallsigen Mitteilungen.

M. Blum.

Mitteilung.

Nachdem der Unterzeichnete im Oktober 1891 den „Verein für Luxemburger Geschichte, Literatur und Kunst" gegründet, und deren Organ „Ons Hémecht" vom 1. Januar 1895 bis zum 28. Februar 1921, also über ein Vierteljahrhundert, redigiert hat, sah er sich aus verschiedenen Gründen, und nicht zum wenigsten wegen seines hohen Alters von nahezu 76 Jahren, veranlasst, die Redaktion der „Hémecht" in jüngere, tatkräftige Hände zu übergeben, und zwar in diejenigen des jetzigen Vereinspräsidenten, des hochw. Herrn Johann Zieser, Pfarrer zu Garnich. Demgemäss sind also vom künftigen 1. März an alle Manuskripte und die Redaktion der „Hémecht" betreffenden Schriftstücke an dessen Adresse zu senden.

Der Ehrenpraesident: Martin Blum.

Literarische Novitäten u. Luxemburger Drucksachen.

Bulletin (10me) de la Société luxembourgeoise protectrice des animaux sous le Haut Patronage de S. A. R. Madame la Grande Duchesse Marie-Anne de Luxembourg. — 10. Vereinsheft des luxemburger Tierschutzvereins unter dem Hohen Protectorat I. K. H. der Frau Grossherzogin Marie-Anna von Luxemburg. Luxembourg. P. Worré-Mertens (J. P. Worré, successeur). 1920. — 12 SS. in 8°, mit einer Tafel, ausser Text.

P. Delvaux Adolphe. M. E. La prise de Hué par les Français, 5. juillet 1885. Extrait du Bulletin des Amis du Vieux Hué. Avril—Juin 1920. S. l. ni nom d'impr. — 36 pp. in 8°, avec 1 grav. et un plan hors texte.

Esch-sur-Alzette (Ville d') 1895—1920. Société chorale d'Uolzecht. 25me anniversaire. (Diekirch. Paul Schroell. 1920); — 61 pp. in 8°, avec un groupe photographié, 5 portraits et 3 grav. dans le texte.

Rapport sur la situation sanitaire du Grand-Duché de Luxembourg pendant l'année 1919 Luxembourg. Victor Bück (frères Bück, successeurs) 1920. — 28 pp. pet. in 4°

Revue (Nouvelle) luxembourgeoise. St. Paulus-Druckerei, Luxemburg. — in 8° — Le 1er. Nro est daté : Année 1921, Janvier.

Schematismus Dioecesis Luxemburgensis 1921. S. l. ni nom d'imp. (Luxemburgi. Typogr. ad. S. Paulum. 1920). — 58 pp. in 8°.

Spartz Léandre. Rapport sur la tuberculose bovine dans le Grand-Duché de Luxembourg. Luxembourg. Th. Schrœll (Emile Schrœll, successeur) S. d. (1920). — 11 p. in 8°.

Steichen Joseph. Conférence financière internationale de Bruxelles. Exposé de la situation économique et financière du Grand-Duché de Luxembourg au Bureau de la Commission d'étude des problèmes économiques Luxembourg. Luxembourg. Victor Gieser. S. d. (1920,) — 8 pp. in 8°.

Traufler Heinrich. Morgenglocken. Luxemburger Kinderzeitung. Luxemburg. P. Worré-Mertens (J.-P. Worré, Nachfolger.) — in 8°. Illustrierte Monatszeitschrift. Nr. 1 erchien am 25. Dezember 1920.

Vannérus Jules. Matrices de sceaux luxembourgeois. Extrait de la Revue belge de Numismatique, nos 3 et 4 de 1919. Bruxelles. 1919. — 27 pp. in 8°, avec 4 grav. dans le texte.

Idem. Le Maitre Monnayeur Taloon de Lampage à l'Atelier d'Anvers. Extrait de la Revue belge de Numismatique S. l. ni d. (Bruxelles 1919.) — 12 pp. in 8°.

Waha (de) Mathias. Ein Lebensbild. Mit einem Porträt von M de Waha. Luxemburg. Victor Bück (Gebrüder Bück, Nachfolger.) 1919. — 132 SS. in 4°. — Dieser Band enthält folgende Arbeiten:

Grechen M. Abstammung, Lebenslauf, Charakterzeichnung (de Waha's) — S. 11—52.

Lanners N. Wissenschaftliche Tätigkeit (de Waha's.) — S. 53—87.

Schlottert N. Tätigkeit (de Waha's) im Volksschulwesen. — S 89—107.

Hamus J. P. (De Waha als) Pädagog, Lehrerfreund und Wissenschaftler. — S. 109—132.

. ns me t.

Organ des Vereines für Luxemburger Geschichte, Literatur u. Kunst.

Herausgegeben vom Vereins-Vorstande.

27. Jahrgang. + Drittes und viertes Heft. + März und April 1921.

Jeder Autor ist verantwortlich für seine Arbeit.

Die Kirche von Waldbredimus.

(Schluß).

VIII. Die Sakristei mit dem Sakristeizimmer.

An die Nordseite der Kirche lehnt sich gegen den linken Querarm die **Sakristei**, die ein einfaches Kreuzgewölbe, aber ohne Rippen, hat.

Ueber der Sakristei befindet sich ein zimmerartiger Raum mit Fensteröffnung nach dem Chor der Kirche, sowie mit Fenster und Türe nach außen und mit Ueberresten eines Kamines.

Ebenso befindet sich über den beiden Seitenkapellen· ie ein Raum mit Fenster und Türe, die bewohnt werden konnten.

Wer hat aber hier gewohnt? Auf diese Frage antwortet die Legende. Es war ein Einsiedler oder ein Klausner, der sich dort beständig aufhielt und von dem Sakristeizimmer aus den Gottesdienst anhören konnte, ohne in die Kirche hinabsteigen zu müssen.

Ueber diesen Einsiedler erzählt man sich in der Spinnstube folgendes:

„Vor vielen Jahren, man weiß nicht mehr wann, lebte in Wald-
im Land. Allein
man die Trom-
die Sarazenen,
die Schänder des hl. Grabes. Im fernen Morgenland stritt unser Ritter siegreich an der Spitze des Fähnleins, das er anführte. Ruhmgekrönt kehrte er heim und krank, sehr krank dazu; denn Gott, der die Seinen prüft, hatte ihn geschlagen mit dem Aussatz von der Fußsohle bis zum Scheitel. Der Ritter blieb geduldig; kein Wunder, denn er hatte ja das hl. Grab gesehen und die Schädelstä
die Leiden des Heilandes. Zu Haus
bauen und über den Gewölben derse liche Woh-
, ganz ab-
gesondert von den Menschen, aber nicht getrennt von seinem Gott und Herrn. Die kleine Oeffnung über der Sakristeitüre gestattete ihm, das Wort Gottes zu hören und den Priester am Altare zu sehen. Die Stunden des Tages waren geteilt zwischen Gebet und Arbeit.

Betete er nicht, so saß er da, der arme Mann, vor einem gewaltigen Block, den man mit den Sparren des Dachwerks hinaufgewunden hatte, beschäftigt, zwei Reiterstatuen daraus zu schnitzen. Es waren die Gestalten der beiden Heiligen, Celsus und Georg, die er so oft im heißen Schlachtgewühl um Hilfe angerufen. Weil alle Zugänge so eng und so niedrig waren, mußten die beiden Bilder, zwei wahre Meisterwerke, oben bleiben bis man sie bei einer Dachreparatur (1847) herabnahm und (durch Vermittlung des damaligen Bürgermeisters Nikolaus Spanier von Waldbredimus) nach Luxenburg (ins Archäologische Museum) transportierte. Der gute Rittersmann lebte viele Jahre in der engen Zelle, ein Muster der Geduld und der Andacht. Endlich gefiel es dem Herrn, ihm im Himmel droben den Lohn zu geben, den er hienieden auf Erden nie und nirgends gefunden hatte." So die Legende. —

Was sagt dazu die Geschichte?

1. Einen **Ritter aus Waldbredimus**, der zur Zeit der Kreuzzüge im Morgenland mit dem Aussatz behaftet worden und nach seiner Rückkehr die Kirche samt jener Wohnung zu seinem Aufenthalt gebaut, gibt es nicht; denn:

Zur Zeit der Kreuzzüge 1095 — 1270 gab es keinen Ritter zu Waldbredimus; damals hatten die Herren von Burscheid die Grundherrlichkeit über dieses Dorf, welche sie aber mit noch mehreren anderen Grundherren teilten.

Zudem ist die Kirche von Waldbredimus nicht gleich nach den Kreuzzügen, sondern viel später, wahrscheinlich gegen 1460 erbaut worden.

2. Die **Sakristei mit dem Sakristeizimmer** und **die beiden Wohnräume über den Kreuzarmen sind nicht zugleich mit der Kirche aufgeführt worden, sondern erst gegen 1700**, wie die architektonische Untersuchung des Kirchenbaues durch den vom Staatsarchitekten Weis Sosthenes beauftragten Architekten sonnenklar bewiesen hat. Der Sakristeischrank führt die Jahreszahl 1697. Die Verbindung des angebauten Sakristeizimmers mit dem ursprünglich hergestellten Aufstieg zu dem Kirchengewölbe ist hergestellt durch eine in Hausteine gefaßte Türöffnung, 1,78 auf 0,47 Meter, sowie durch die ins Gewölbe über der einen Seitenkapelle eingebauten Treppen-Mauersteine, die noch vorhanden sind.

Ein Blick auf die Mauer des nördlichen Anbaues der Sakristei und auf die architektonische Gestaltung der Fenster der Sakristei, des Sakristeizimmers, die 1,06 auf 0,58 Meter groß ist, und des Wohnraumes über der heutigen Muttergotteskapelle, sowie der Oeffnung des Sakristeizimmers nach dem Kirchenchor hin, 75 auf 48 Centimetern, lassen deutlich die Periode des Verfalles gegen 1700 als Zeit der Erbauung der Sakristei erkennen, wobei zugleich das Mauerwerk über den beiden Seitenkapellen erhöht wurde und so Raum zum Aufenthalt oder zur Aufbewahrung der kirchlichen Gegenstände gewonnen wurde. Auch die Anlage eines Kamines gehört wesentlich zum Baustile, wie er gegen 1700 gebräuchlich war.

3. Damit fällt auch die Ansicht weg, **die Abtei von Münster** habe bei Gelegenheit **des Neubaues der Kirche** die Gelegenheit benützt, um mit derselben und in derselben eine **Wohnung für gebildete Aussätzige** herzurichten. (**vgl. Hemecht** 1913, S. 137. ff.) Ueberhaupt ist es absurd, Wohnungen für **Aussätzige** in einer Kirche zu suchen, da doch eines der Hauptgebote für dieselben bestand, außerhalb der bewohnten Ortschaften und fern von allem Verkehr mit andern Menschen sich aufzuhalten und zu wohnen. „Der **Aussätzige wurde** ja aus der Gesellschaft ausgeschlossen; er mußte sich von der gesunden Menschheit fernhalten; er war in sozialer Hinsicht nur noch ein lebender Toter."

4. **Die Standbilder des hl. Celsus und des hl Georg**, die der Ritter in seiner ‚Muße geschnitzt haben soll, sind tatsächlich 1847 bei der Reparatur des Dachwerkes auf dem Gewölbe der Kirche vorgefunden und herabgenommen worden. Dieselben fanden durch Vermittlung des Herrn Nikolaus Spanier Aufnahme in dem ‚Archäologischen Museum zu Luxemburg. Später gegen 1895 wurden diese prachtvollen, 1,90 M. hohen aus Holz geschnitzten Standbilder durch den Staatsminister Eyschen restaurirt und dann in der St. Quirinuskapelle zu Luxemburg-Petruß aufgestellt und von dort 1918 in das Museum im Pfaffenthal zurückgebracht, wo sich dieselben heute noch befinden. Diese beiden schönen Statuen sind aber keineswegs die Arbeit eines aussätzigen Ritters, der in der Kirche von Waldbredimus eingeschlossen gelebt haben soll, sondern dieselben befanden sich auf dem frühern Hochaltare dieser Kirche, bis dieser alte gotische Hauptaltar bei der vollständigen Umwandlung des Innern der Kirche in den Rokokostil während der Jahre 1760 bis 1768 mit den beiden gotischen Nebenaltären spurlos entfernt wurden. Dabei wurden die beiden Standbilder als unpassend auf das Kirchengewölbe gebracht und blieben dort unbekannt und unberührt liegen, bis die vollständige Reparatur des Kirchendaches unter dem tätigen Bürgermeister Spanier, 1847, dieselben wieder auffinden und aus ihrem Versteck befreien ließ.

5. Seit Jahrzehnten schreibt ein Touristenführer und Touristenbericht dem andern nach: „Früher gelangte man in diese Räume des Aussätzigen nur durch einen engen **Schlupf über dem Gewölbe** und zu diesem selbst nur **mittels der Turmleiter.**" Früher, d. h. bevor der Unsinn des 18. Jahrhunderts die äußere Türöffnung des Sakristeizimmers, welche 1,72 Meter auf 0,62 Meter mißt, zugemauert hatte, konnte mann bequem auf **einer Leiter oder Treppe**, die ebenfalls damals entfernt wurde, die drei Räume über der Sakristei und den beiden Seitenkapellen besteigen. **Diese zugemauerte Türöffnung** hat der Maurer Mathias Reisdorffer wieder eröffnet nach dem Aufbau des heutigen Treppenturmes neben der Sakristei, im Jahre 1891. **Mittels der Turmleiter** kann man heute nicht mehr aufsteigen, seitdem im Jahre 1898 über dem Orgelgehäuse im Turm ein Holzboden errichtet wurde zur Verhütung jeder Beschmutzung des Orgelbaues durch die Eulen, die im Turme nisteten und noch heute nisten. **Der enge Schlupf über dem Gewölbe** ist früher nicht über dem Gewölbe gewesen, sondern erst 1894 durch den Schreiner Nikolas Gnad daselbst angebracht worden. Früher, vor 1894, war der Aufstieg vom Gewölbe der

nördlichen Seitenkapelle zum Gewölbe der Kirche und zum Gewölbe der südlichen Seitenkapelle durch garnichts behindert, sondern er stand gänzlich offen.

Mancher Neugierige wird fragen, **wozu denn das Sakristeizimmer und die beiden Räume über den Seitenkapellen der Kirche dienten.** Offenbar zur Aufbewahrung der kirchlichen Gegenstände und zu einer menschlichen Wohnung, worauf der Kamin und die Fensteröffnung auf dem Chore an der Stelle eines früheren großen Chorfensters hindeuten. Als man gegen 1700 die Sakristei anbaute und den Raum über dem Gewölbe der Seitenkapellen erhöhte, wollte man wohl eine Wohnung bereiten für einen Klausner, der beständig in der Kirche wohnen und dieselbe nebst den kirchlichen Gegenständen stets bewachen könnte. Dazu wurde man wohl veranlaßt durch die Klausner, welche auf dem Stephansberg zu Trintingen wohnten, und deren man seit dem Jahr 1690 bis zum Jahr 1814 folgende acht aufweisen kann:

Bonaventura Mareschal, am 30. April 1690;
Gerardus Bichel, am 3. Juni 1708;
Bruder Bruno, gestorben am 25. März 1715;
Macarius Leonard, 1723, gestorben am 25. Mai 1733;
Bruder Gerard, am 7. März 1722;
Paulinus Wagener, seit 1760, gest. am 30. Mai 1801;
Bruder Xaverius, am 7. April 1813;
Ambrosius Claudy, am 24. Juli 1814.

Diese Klausner des Stephansberges hatten ein gemeinschaftliches Grab auf dem Kirchhof zu Waldbredimus, bei der Türe der Sakristei gelegen, das heute dem Hause Niklassen zugehört.

IX. Kirchenmöbel und kirchliche Gegenstände.

1. Der Hochaltar.

Der gotische Hauptaltar wurde zum Sebastiansfeste, am 19. Januar 1889, errichtet nach den Plänen des Architekten Vincent Lehnertz zu Löwen, gebürtig aus Echternach, gestorben im September 1914, durch Johann Decker Vater, Kunstschreiner zu Mondorf nach Motiven des Muttergottesaltares in der Kathedrale zu Luxemburg. Der Hauptschmuck des reichlich in Gold dekorierten und im Jahr 1920 erst renovierten Altares ist der Tabernakel mit seinem nach vier Seiten offenen Ausstellungsthron.

Den Schauthron ziert ein von Jerusalem mitgebrachtes Kruzifix aus Olivenholz mit 14 eingelegten Steinchen von je einem Stationsplatz aufgelesen, das in ein gothisch gearbeitetes Kreuz ei gesetzt, der Kirche zum Schmuck gereicht

2. Die beiden Nebenaltäre.

Die beiden Nebenaltäre sind beachtenswert durch ihre Bilder u. Statuen. Am Muttergottesaltar, dem frühern Dreikönigsaltar, befindet sich eine Anbetung des Jesukindes auf dem Schoße seiner Mutter durch die 3 Weisen. Jesus und Maria und einer der Dreikönige, diese drei Figuren, sind in dem sehr altem Bilde aus Eichenholz schön **geschnitzt, indeß die beiden andern** Könige seitwärts stehen.

Auf dem Josefsaltar, dem früheren Kreuzaltar oder Sebastianusaltar, befindet sich außer dem altem Holzbild des hl. Mathias ein beachtenswertes Oelbild des hl. Josef, das den Heiligen mit dem Jesukind an der Hand auf der Reise in sehr schöner Position darstellt. Dieses Bild soll aus der Privatkapelle des früheren Schlosses zu Gondelingen herstammen.

3. Die Beichtstühle.

Die beiden Beichtstühle sind, so gut es eben anging, aus dem frühern Renaissancestil in den gotischen Stil umgemodelt worden.

4. Die Orgel.

Die neue Orgel wurde angefertigt von Gebrüder Müller, Orgelbauer aus Reifferscheid und zum Kirchweihfest 1898 aufgestellt.

Eine große Schwierigkeit war zu lösen, weil durch Aufstellen einer Orgel die Kirche sich als zu klein darbieten würde. Doch wurde diese Schwierigkeit durch den Architeckten Knepper aus Diekirch glücklich gelöst. Eine Vergrößerung der Empore fand statt durch Durchbrechung der Mauer des angrenzenden Turmes, in welcher Oeffnung die neue Orgel sich prachtvoll mit ihrer gotischen Facade als Abschluß ausnimmt. Der davor stehende Spieltisch nimmt nicht mehr Raum ein als das früher dort aufgestellte Harmonium.

Die der Größe der Kirche entsprechende Orgel hat folgende 8 Register, welche durch ebenso viele kleine, über der Klaviatur liegende elfenbeinerne Tasten in Bewegung gesetzt werden: 1) Prinzippl 8', 2) Bourdonbaß 16' (25 Tasten), 3) Bourdon-Diskant 16', 4) Gamba 8', 5) Salizional 8', 6) Gedak 8', 7) Oktav 4', 8) Traversflöte 4' (vom 2 C an mit überblasendem Tone. Für ein weiteres 9. Register (Cornett 3fach) das erst später beigefügt wurde, waren von Anfang an Platz und Bohrungen vorgesehen. Ein angehängtes, 25 Tasten zählendes Fußpedal vervollständigt das Ganze.

Die vier Combinationsknöpfe sind 1) Piano 2) Mezzoforte 4) Plenum 4) Auslösung. Die Fraktur zu der Windlade und dem Registerkasten ist pneumatisch in 6 Millimeter weiten Messingröhren; die Windlade selbst ist in Eichenholz in solider Ausführung nach Kegelladen-System mit einschlagenden Kegeln konstruirt.

Die kirchliche Einsegnung der Orgel fand statt am 24. November 1898.

Die Orgel kostete, ohne die Umänderung im Glockenturm im Betrag von 500 Franken, die zu deren Aufstellung notwendig waren, alles in allem 4242,50 Franken. Zur Bezahlung derselben brachte eine Hauskollekte 1006,50 Franken, das Vermächtnis Brandenburger 1000 Franken, der Bauverein 568 Franken, zwei Subside der Regierung zusammen 1000 Franken und den Rest die Beiträge einiger Schenkgeber.

5. Die Kanzel.

Die neue Kanzel wurde 1893 und 1894 nach Motiven der Kanzel in der Liebfrauenkirche zu Luxemburg angefertigt nebst dem Schalldeckel durch den Kunstschreiner J. Decker aus Mondorf für 537,50

Franken. Für die Holzfiguren der 4 Evangelisten wurden 1895 an Stuflesser zu St. Ulrich-Gröden in Tirol 101,25 Franken bezahlt.

6. Der Taufstein.

Der Taufstein aus weißem Marmor mit Fußsockel aus rot-weißem Marmor wurde 1910 durch den Marmorarbeiter Nettel aus Ettelbrück für 600 Franken angefertigt. Für den Plan dazu wurden 1911 dem Architekten Krätzer aus Diekirch 40 Franken bezahlt.

7. Die Holztäfelung.

Die Holztäfelung im Chore, im Kirchenschiff und in den Seitenkapellen, die drei Sitzstühle im Chor sowie die 24 Kirchenbänke wurden vom Kunstschreiner J Decker aus Mondorf nach einem Gesamtplan des Architekten Johann Peter Koenig aus Luxemburg über die Möblierung der Kirche angefertigt in den Jahren 1898 bis 1908.

8. Die Malerei.

Die Malerei der Kirche, die in den Jahren 1903 bis 1905 durch den Maler J. Braun aus Trier für schweres Geld in Caseinfarben hergestellt wurde, bröckelt allenthalben ab wegen der mangelhaften Zubereitung des Untergrundes der Malerei und befindet sich in vollständigem Auflösungsprozeß.

9. Die Monstranzen.

Die Monstranz aus Silber, welche zur Ausstellung des Allerheiligsten an den Festtagen dient, wurde 1774 angeschafft. Für das dazu nötige Silber im Gewicht von 5 Pfund 14½ Unzen zu 9 Schilling wurden bezahlt 106 Reichstaler 2 Schilling 3 Stüber und 2 Liards, für die Vergoldung 9 Dukaten und für den Macherlohn samt den Steinen zur Verzierung 60 Reichstaler, also zusammen 168 Reichstaler, 3 Schilling und 6 Stüber, oder 884 Franken und 60 Centimen in heutiger Münzwährung.

Die kleine gotische Monstranz aus vergoldetem Silber wurde 1904 vom Goldarbeiter Albert Wünsch zu Diekirch aus einer alten gotischen Monstranz, die am Fuße die Jahreszahl 1643 nebst dem Künstlernamen Mathias Biettburg trug, vollständig umgearbeitet und wieder in Stand gesetzt für 125 Franken.

10. Die Paramente.

Von alten Paramenten hatte sich nur der Vorderstab einer Kasel erhalten, auf welchem der hl. Andreas mit der crux decussata und der hl. Bischof Celsus mit Kreuzstab und geöffnetem Buch in Nadelmalerei dargestellt waren. Nur die Fleischpartien waren etwas beschädigt; die Farben der Gewandung und der Goldgrund hatten wenig gelitten. Durch kunstgeübte Hände wurden die Stickereien vor längerer Zeit wieder hergestellt. Das Bild des hl. Andreas wurde auf die Rückseite eines roten Meßgewandes appliziert, das an den zutreffenden Sonn- und Festtagen noch in Gebrauch ist. Das Bild des hl. Celsus wurde auf die Rückseite eines weißlichen Meßgewandes appliziert, das wegen mehrerer Beschädigungen längere Zeit nicht mehr in Gebrauch war, jedoch im Jahr 1918 von der Firma Nickels-Bomb zu Luxemburg für 250 Franken renoviert wurde und seither an den zutreffenden hohen Feiertagen beim Gottesdienste wieder gebraucht wird. Die Renaissance-Architektur an den Heiligennischen der beiden gestickten Bilder beweist, daß die Stickereien der nachgotischen Zeit angehören. Dieselben sind im Stile des beginnenden 17. Jahrhunderts und höchst wahrscheinlich im Auftrag von Johann von Wiltheim 1558—1636 ausgeführt worden, der Grundherr und Schloßherr zu Waldbredimus gewesen ist. Von ihm ist ja bekannt, daß er während seines ganzen langen Lebens gegen Arme und Kirchen sich sehr mildtätig erwies, und daß er sogar noch in der Todesstunde 600 Taler bestimmte, um für die Gotteshäuser seiner Herrschaften Kirchengewänder u. dgl. anfertigen zu lassen.

11. Andere Geräte.

Ferner sind noch zu erwähnen **die sechs alten kupfernen Leuchter für den Hochaltar** und die **vier aus Kupfer gegossenen Leuchter für die beiden Nebenaltäre**, die vorteilhaft abstechen von den übrigen modernen Leuchtern aus Messing oder Bronze.

Recht beachtenswert ist auch **der kleine aus Kupfer gegossene Weihkessel** in der Sakristei, welcher die Jahreszahl 1622 trägt.

X. Feldkreuze

gibt es zwei auf dem Banne von Waldbredimus.

1. Das Steffeskreuz,

aus Stein auf der Wiese, die früher zum Steffes-Hause, jetzt aber dem Nicolas Weydert-Marx gehört.

Die Inschrift desselben lautet:

Das vertelenne |
Kreitz wider |
herrgestellt |
von |
J. Brandenburger |
und M. Groos |
von |
Waldbredimus |
den
2. Merz 1863.

Man erzählt, daß vorher bereits an derselben Stelle ein Kreuz aus Stein mit der Jahreszahl 1822 stand, das im Lauf der Zeit verfiel und durch das jetzige ersetzt wurde.

2. Das Kreuz bei der Gondelinger Mühle,

hart an der Landstraße nach Dalheim und am Abzweigungspunkt der alten Straße nach Dalheim. Dasselbe ist sehr hoch und solid aus Stein aufgeführt.

Es trägt keine Inschrift, hat aber oben die Jahreszahl 1841 und unten 1722. Es ist sehr gut erhalten.

Die geschichtliche Ursache seiner Errichtung ist mir unbekannt.

3. Im **Hof der Mühlenbesitzung Spanier** befindet sich noch ein anderes schönes Kreuz aus Stein mit Kruzifix und Bild des hl. Nikolaus, er-

richtet 1818 durch Nikolas Spanier. Dasselbe diente früher als Stationskreuz bei der Prozession. Damals stand es an einem anderen, jetzt nicht mehr bekannten Platze.

XI. Stationskreuze

Der sakramentale Segen wird bei feierlichen Prozessionen gespendet: 1. in der **Kapelle der Familie Weydert-Marx** im oberen Dorf. Diese Kapelle ist jüngeren Datums und dürfte kaum 20 Jahre erbaut sein.
2. beim **Mörisch-Kreuz**, d. i. jenem Kreuz aus Stein aufgeführt beim Alt Meisch Haus, das heute von Nikolas Entringer bewohnt ist.
3 beim **Musels Kreuz** unten im Dorfe, jenem Kreuz aus Stein aufgeführt, das in einer solid gebauten Kapelle in der Musels-Wiese, die dem Johann Frieden zugehört, errichtet ist. 4. in der 1919 neu errichteten **Kapelle beim Bevings-Hause**, in deren Rückwand das alte „**Pest- oder Bürgerkreuz**" eingebaut ist, vgl. Hemecht 1913, S. 137 ff.

Dieses Kreuz stand früher am Gemeindeplatz mitten im Dorfe, der jetzt von dem Waschbrunnen eingenommen ist. Später wurde es einige zehn Meter davon entfernt, dicht an der Landstraße aufgerichtet, und seit 1919 hat es seinen Platz ganz nahe dabei in der Rückwand der neuen Kapelle beim alten Bevingshause gefunden.

Das Kreuz findet seinen Abschluß in einer etwas verstümmelten Kalvariengruppe, unter welcher über und neben einem Wappenschild mit Antoniuskreuz in der Mitte, und Pflugschar und Pflugkolter zur Seite, die Worte stehen: EXSTRVCTA 1458. FRANS PLVMER (letzteres Wort unleserlich) d. i.: Errichtet 1458 durch Franz Plumer.

Dieser ältere Teil des Denkmals ruht auf einem jüngeren Unterbau mit der Inschrift:

1709 |
DVRCH DIE |
GEMEIN VON |
WALDTBREDI |
MVS. |

Den Namen „**Bürgerkreuz**" trägt dieses Denkmal, weil in alten Zeiten die Bürger von Waldbredimus sich im Schatten der alten Linden, die dasselbe umstanden, zur Besprechung ihrer Dorfangelegenheiten versammelten.

Den Namen „**Pestkreuz**" erhielt dasselbe, als es im Hungerjahr 1709 durch die Gemeinde von Waldbredimus renoviert wurde, zur Erinnerung der vielen Pestjahre des 17. Jahrhunderts, z. B. 1632, 1652, 1656, 1672 u. s. w., in welchen das Dorf fast gänzlich ausgestorben war.

Alex. Kœnig.

Das Eligiusamt zu Luxemburg.

(Fortsetzung.)

II. Die Amtsleitung.

Das volle Verständnis für das Wesen und die Befugnisse der mittelalterlichen Amtsleitung geht dem Sohn des 20. Jahrhunderts zumeist ab. Hat man sich doch in den letzten

Dezennien daran gewöhnt, nach dem Vorbild des von geschlossenen Parteien geführten Parlamentarismus, auch in den Vereinsleitungen rundweg eine ausschliessliche Vertretung der augenblicklich herrschenden Mehrheit zu sehen. Wie ungerecht dieser Grundsatz ist, zeigen täglich die Beschlüsse, die man nur rechtfertigen kann mit der nichtssagenden Ausrede: Die Mehrheit hat so beschlossen. Wie unrichtig derselbe bisweilen den Willen der Mitglieder zum Ausdruck bringt, möge folgendes Beispiel zeigen, in dem allerdings zwecks Veranschaulichung extreme Zahlen angeführt werden. Ein Verein besteht aus 50 Mitgliedern, von denen 26 eine geschlossene Majorität bilden. In einer bestimmten Frage hat sich die Majorität zur Erreichung ihrer Zwecke vorher verabredet und geeinigt. Für den verabredeten Beschluss stimmten in der Parteiversammlung, wo nur 14 Mitglieder zugegen waren, 8 für und 6 gegen den Beschluss. Der Beschluss dieser 8 Mitglieder gilt nun als Beschluss der Majorität; der Beschluss der Majorität ist bestimmend für den Beschluss der Generalversammlung. Wären also in dieser auch alle Vereinsmitglieder zugegen, und würde jeder nach der ausgegebenen Parteiparole stimmen, so wäre jener Beschluss trotzdem nichts anders als der Willensausdruck einer verschwindenden Minorität von 8 Mitgliedern. Zweifelsohne kam die frühere Anschauung, im Willen des Volkes die massgebende Richtschnur zu sehen, den Forderungen der Gerechtigkeit viel näher, weil bei Ausschaltung der Parteirücksichten, die eigene Einsicht, das Verantwortlichkeitsgefühl und der Gerechtigkeitssinn der einzelnen Abstimmenden sich Gehör und Geltung verschaffen konnten. Diese Anschauung kam dem unanfechtbaren römischen Rechtgrundsatz wohl am nächsten: Salus populi suprema lex esto Das Wohl des Volkes soll das höchste Gesetz sein. Zuerst das Wohl und erst an zweiter Stelle der Wille des Volkes soll entscheidend sein, so dachten die Amtsgenossen. Hatten sie eine Ahnung davon, wie oft der Wille des Volkes, sowie es bei Abstimmungen zum Ausdruck kommt, nur ein nichtssagendes Gemisch von Unwille und Mutwille ist? Den damaligen Anschauungen entsprechend fand man es selbstverständlich, dass die Gesamtheit der Mitglieder einem einzelnen Mann ihre Befugnisse rückhaltlos übertrug. Gegen Missbräuche dieser Gewalt schützten das enge Zusammenwohnen und Zusammenarbeiten der Mitglieder mit dem gewählten Meister, dessen Ehr- und Rechtlichkeitsgefühl und die beim Ablauf der Amtszeit abzulegende Rechenschaft.

An der Spitze des Amtes standen die »Bevehlshaber«, nämlich der Amtsmeister, die zwei Kerzenmeister und die Sesser.

a. *Der Amtsmeister.*

Der Amtsmeister, gewöhnlich einfach der Meister, oder des ampts meister genannt, vereinigte alle Befugnisse des Amtes in seiner Hand. Die Kerzenmeister und Sessen waren nur seine ausführenden und helfenden Organe.

Wie hoch das Amt des Meisters allgemein eingeschätzt wurde, das zeigte sich deutlich bei der jährlich stattfindenden Wahl. Tags nach dem Feste des Vorläufers Johannes [1]), morgens um acht Uhr, versammelten sich alle Brüder des Amtes in einem Raum des Knodelerklosters auf dem heutigen Wilhelmsplatz, um zur Wahl des Amtsmeisters zu schreiten.

Der Amtsmeisterkandidat musste 1. vollberechtigter Amtsbruder, 2. fromm, 3. brav, 4. von gutem Leumund, und 5. zu dem Amt bequem sein. Auch musste er entweder Hufschmied, oder Schlosser, oder Kleinschmied sein. Abwechselnd wurde für je ein Jahr ein Hufschmied oder ein Vertreter der Gruppe Schlosser und Kleinschmiede gewählt

Sollte ein Hufschmied gewählt werden, so bestand das Wählerkorps aus den Schlossern. Kleinschmieden und der Nebengruppe. Diese bildeten die Kesseler, Wagner, Sattler und Seiler. Für die Wahl eines Schlossers oder Kleinschmiedes waren die Hufschmiede und die ganze Nebengruppe stimmberechtigt.

War die Wahl des Amtsmeisters beendigt, dann traten die drei Hauptgewerbe, die Hufschmiede. Schlosser und Kleinschmiede zusammen und wählten einen der Nebengruppe angehörenden Meister zum Mitgesellen.

Dieser Wahlmodus war in den Artikeln 2 und 3 der alten »Ordnung« festgesetzt worden, zweifelsohne, damit die verschiedenen Zweige des Eligiusamtes nach Massgabe ihrer Bedeutung im Leitungsorganismus vertreten wären. Allein die Praxis brachte schon in den ersten Jahrhunderten starke Abweichungen. Die Vertreter der Nebengruppe wurden unzufrieden. dass sie von der höchsten Amtsstelle ausgeschlossen seien und sie brachten ihre Klage vor den Statthalter, Christoph, Markgraf von Baden. der nach Anhörung der beiden Parteien in einem längeren, vortrefflich motivierten Urteil i. J. 1495 die Kläger abwies und es ihnen anheimstellte, entweder sich der »Ordnung« zu fügen oder aus dem Amt auszutreten und mit Gutheissung der Behörde ein neues Amt zu gründen.

---

[1]) Die Mitglieder der Sebastiansbruderschaft wählten ihren Vorstand „des Sondags nach unsers herren lichnamsdag." Dieser Vorstand sollte gemäß Art. 1 der Statuten vom Jahre 1402 aus „zwene meister und vier gesellen" bestehen. „Sie sullent und haint die macht von den gesellen gemeynelichen, so welcherley zorn und zweyung in der Gesellschaft were, die sullen und haint die macht, sie zu zürnen, brechen und zufryden stellen; und welcher Geselle das nit thun wult in unserer gesellschaft und das brechen wult, den sal man ussthun." (Siehe Küborn, Beitrag zur Geschichte der Sankt Sebastians-Bruderschaft. S. 6.)

Dem Wortlaut der »Ordnungs« - Artikel gemäss hätte jedes Jahr ein anderer Amtsmeister gewählt werden müssen. Das war jedoch nicht der Fall. Die späteren Aufnahmeprotokolle, die vom Meister unterzeichnet wurden, haben mehrere Jahre lang die nämliche Unterschrift. Es ist anzunehmen, dass die Wähler diese »Ordnungs«-Verletzung nur zu Gunsten von hervorragenden, vertrauenswürdigen Meistern begingen, deren Persönlichkeit dem Amt mehr wert war als der geschriebene Artikel.

Auch das neue Statut vom Jahre 1738 behielt die beiden ersten Stellen im Amt, den Amtsmeister und den Mitgesellen, bei, gebrauchte aber die Bezeichnung, »alter Meister« und »junger Meister«, denen wir von da an stets begegnen.

Eine radikale Änderung brachte das Dekret Maria Theresias vom Jahre 1771, das folgendes verfügte: Considérant au surplus que le métier des Drapiers, celui de Merciers, ainsi que ceux de St. Eloy et de St. Thibaut., sont beaucoup plus forts que les autres; Nous voulons, que ces quatre métiers présentent annuellement six Sujets au Magistrat pour en faire le choix d'un Maitre; ainsi qu'il est dit à l'Article précédent:...

War die Wahl vorbei, so blieb man noch einige Stunden bei froher Rede und einer »fleisch weintz« zusammen. Bei der Trennung am Mittag gab man sich Stelldichein für die Abendversammlung. Auch bei dieser ging es hoch her, aber stets auf Kosten der Einzelnen, die am Morgen und Abend des grossen sankt Loyentages je einen halben Gulden in die gemeinsame Zechkasse legten.

Der gewählte Meister durfte vorderhand noch keine Amtshandlung vornehmen, bis er vor der Behörde vereidigt war und die Amtssachen, Lade, Bücher, Siegel, Becher und Gelder in Empfang genommen hatte. Innerhalb der ersten acht Tage kamen der abgehende und der neue Meister zu verabredeter Stunde im Amtslokal zusammen. Der alte Meister gab »rechenschaifft« von seiner Geschäftsführung, hatte unter Strafe von einem Gulden alle Schuld des Amtes »aufzudrengen« und die in Verwahr gehaltenen Amtssachen abzugeben. Nach dieser Zusammenkunft trat der Meister in seine vollen Rechte und Pflichten ein.

Die Befugnisse des Amtsmeisters waren bis in die unbedeutendsten Einzelheiten durch die ursprüngliche »Ordnung« festgesetzt worden. Nach aussen und nach innen waren dieselben sehr ausgedehnt. Sie konnten auch jahrhundertelang unbehindert ausgeübt werden, wurden jedoch später durch behördliche Verfügungen, besonders durch das Dekret Maria Theresias vom Jahre 1771 eingeschränkt.

Dem Amtsmeister oblag die Vertretung des ganzen Gewerbes den Behörden und den anderen Ämtern gegenüber. Im Amt selbst war ihm die Bewahrung der Amtssachen, die

Führung der Geschäfte, die Berufung und Leitung der Versammlungen, die Aufnahme neuer Mitglieder und die Oberaufsicht aller Amtshandlungen anvertraut. In seiner Wohnung bewahrte er sorglich die Lade mit den Archiven, dem Siegel, den Mitgliederlisten und dem Geldbestand, das grosse Amtsbuch, den Trinkbecher und zumeist auf hohem Sockel in der Werkstätte die Statue des hl. Eligius. Alle Gelder, die einund ausgingen, flossen durch seine Hände. Zu allem war seine Zustimmung erforderlich; denn nach Ablauf seiner Amtszeit musste er über sämtliche Amtsgeschäfte eine eingehende Rechenschaft ablegen. Alle Geschäfte persönlich zu besorgen, wäre dem Amtsmeister nicht möglich gewesen; auch entsprach das nicht der Auffassung, die die Mitglieder von der Meisterstellung hatten. Ihm oblag vorzugsweise die Oberleitung und die Oberaufsicht des ganzen Amtsbetriebes. Dazu gehörte vor allem die Würde des Alters und die durch Erfahrung und Verkehr mit den Menschen erworbene Leitungskunde. In den praktischen Handgriffen und in der Verwaltungsarbeit stand ihm als erster, als rechte Hand, der jüngere Mitgeselle zur Seite, den die ganze Versammlung jährlich gleich nach der Wahl des ersten Meisters wählte. Sache des Meisters war es, »mit rade der alsten« sich die übrigen Mitarbeiter, nämlich die zwei Kerzenmeister und einige Beigeordnete, die den Namen »sechter« oder »ses-e« führten, zu bestimmen. Diese hatten unter Führung des Amtsmeisters und mit Hilfe des »boten« die Kleinarbeit zu leisten.

Zu den bedeutsamsten Befugnissen des Meisters gehörte die Aufnahme neuer Mitglieder und die Leitung der Amtsgebote. Beim Meister musste der Postulant gemeldet werden. Der Meister stellte ihn, falls keine Schwierigkeiten der Aufnahme entgegenstanden, dem Amt vor, hielt ihm seine neuen Pflichten vor, nahm ihn durch Handschlag auf und trug eigenhändig dessen Aufnahmeprotokoll ins grosse Amtsbuch ein.

Galt es einen alle Mitglieder betreffenden Beschluss zu fassen, das Meister-Stück zu begutachten, eine wichtige Wahl vorzunehmen oder einen Fest- oder Gedenktag des Amts zu begehen, so schickte der Amtsmeister den Boten zu den einzelnen Brüdern und Schwestern, um sie »zusammenzugebieden«. Die ganze Versammlung wurde das »gantz gebuit« genannt. In ihr hatte der Amtsmeister den Vorsitz, die Leitung und die Polizei. Die Eröffnung geschah dadurch, dass er durch den Boten alle Anwesenden zu schweigen aufforderte. Leistete einer dieser ersten Aufforderung keine Folge, so schlug der Meister an den Krug und wiederholte die Aufforderung. Wer sich auch dann nicht sofort fügte, verfiel der Strafe von einer Flasche Wein. Auch private Zusammenkünfte erhielten durch die Anwesenheit des Meisters

Liste der alten und jungen Meister.

Jahr	Alter Meister	Junger Meister
1671	tomas wagener	nikolaus Recht
1685	Peter Eysenbruch	georg haas
1686	Georg Haas	jakob Recht
1687	Jakob Recht	georg Grobschmid
		Sechster: Adam muller, smidt
		Nikolaus girsch, smidt
		hans-tomas boltz, schlosser
		Pet. ernest Scholer, messerschmidt
		hans Peter Burger, Satteler
		Christian simon, schmidt
1728	pier françois	wellem wirt
1734	Nikolaus Haas	Dominik schwartz
1735	Dominikus schwartz	Nikolaus haas
1736	Nikolaus Haas	
1737		jean lanio
1738	jean lanio	peter haas
1739	peter haas	
1740		wilhelm wirtz
1741	wilhelmus wirtz	
1742		andreas postell
1743	anders postell	
1744		Michel haas
1745	michel haas	nicolas ellter
1746	Nikolaus Elter	Anton harles
1747	anton harles	friederich schmit
1748	Nik. Elter	mathias jamber
1749	mathias jamber	jan nicola
1750	jan nikola	joseph Wohlliber
1751	josef wohlleber	Theodor rodolf
1752	josef wohlleber	
1753	Nikolaus schwartz	Joh. Nik. fromm
1754	Nikolaus praum	Nikolaus Elter
1755	Nikolaus Elter	Joh. bapt. Gilliom
1756	Joh. bapt. Gulliaume	jean Strengar
1757	jean strengar	pier fox von hollenfeltz
1758	pier fox	johann hausburger
1759	Johann Trausburger	Andreas fendel
1760	Andreas Pfinder	pier piti
1761	Peter piti	Adrian bergman
1762	Adrian bergman	Adam moris
1763	Adam moris	tomas winsch
1764	tomas winsch	Nikolaus haas
1765	Nikolaus haas	Peter Fuchs
1766	Petrus fuchs	And. Pfender
1767	Andreas Pfinder	paul Reuter, willibrordus wagener
1770	peter petit	joh. B. Guilliaume
1779	joan Nicola	jakobus könig
1780	jakob königh	jakobus elter, — jean nicola
1786	johann Kremer	Mathias rupert, Christian eisenbach
1790	jacobus König	andreas miller. — petrus schmidt
1791	andreas miller	johann muris — jakob könig, johann [meyer, Bote.
1795	Franz hilger	

»da der meister bey ist« einen halböffentlichen Charakter. So galt es im allgemeinen als ungebührlich, einen Mitbruder vor andern »sunderlichen im Wirtshaus« an seine Schuld zu erinnern; war aber der Meister dabei, so war dieses Vergehen überdies strafbar.

Durch die vielgestaltigen Amtsarbeiten wurde der Meister und seine Zeit viel in Anspruch genommen. Als Trostpfennig bezog er für seine Mühewaltung die Entschädigung von 2 Reichstalern. Vom Jahre 1768 an leisteten die Meister im Interesse der Kasse Verzicht auf diese Summe.

b. *Die Kerzenmeister.*

Das wichtigste Amt, zu dem der Meister ein Mitglied berufen konnte, war das eines Kerzenmeisters.

Im Vorstand sassen zwei Kerzenmeister, denen, wie der der Name andeutet, die Verwaltung des Wachsbestandes und der Kerzen anvertraut war.

Auch in den Statuten der Sebastiansbruderschaft [1]) von 1402 wird ein Kerzenmeister erwähnt. Welche Bedeutung dessen Amt hatte, ist jedoch daraus nicht recht ersichtlich. 200 Jahre später ist sein Name aus den Statuten verschwunden. [2])

Das Eligiusamt hatte einen stark ausgeprägten religiösen Charakter. Die Beteiligung am Gottesdienst und an Leichenfeiern, wobei stets die Kerzen des Amtes verwandt wurden, wird mehrfach betont. Der Erneuerung des Wachsbestandes diente die Verfügung, dass der Lehrling bei seiner Aufnahme vier Kerzen für den Handwerksheiligen opfern musste; ferner vielfache Wachsstrafen, die vorzugsweise vom Kerzenmeister verhängt wurden. Das Wachs war also ein wesentlicher Bestandteil des Amtsvermögens und, da gerade der Eingang und Verbrauch des Wachses eine genaue und zeitraubende Aufsicht verlangte, so war die Anstellung eines eigenen Kerzenverwalters unabweisbare Notwendigkeit. Der ursprünglichen »Ordnung« zufolge oblagen dem Kerzenmeister folgende Rechte und Pflichten:

a) Er sollte »desz amptez regement mitt helfen verwahren.« (Ordnung, Art. 3.)

b) Er musste »ump gain desz amptez schuld zu heben,« d. h. die Beiträge und Bussgelder eintreiben. (Ordnung, Art. 12 und 13.)

Für diese Mühewaltung bezog er 1 Groschen. Bezahlte jemand seine Beiträge oder Strafen nicht am bestimmten Tag, so wurde er vom Kerzenmeister gepfändet. Kam er innerhalb der folgenden vierzehn Tage seiner Verpflichtung

---

[1]) Küborn. S. 6. Art. 3.

[2]) Ebenda. S. 10. Statuten vom Jahr 1625.

nicht nach, so wurde das Pfand verkauft; der Käufer wurde aber erst nach weiteren vierzehn Tagen voller Eigentümer. In dieser Frist konnte der Schuldner noch immer sein Pfand einlösen.

c) Der Kerzenmeister hatte ferner das Recht gegen die Pfandfrevler vorzugehen. Lieferte der Schuldner das Pfand nicht, oder nicht richtig ein, oder entwertete der Inhaber das Pfand ganz oder zum Teil, so verfiel der Pfandfrevler einer Strafe von 2 Groschen zu Gunsten der Amtskasse. In letzter Instanz zogen die Meister den Stadtboten heran und regelten die Pfandangelegenheit. (Ordnung, Art. 14.)

d) Nur ersatzweise brauchte der Kerzenmeister an Stelle des gelegentlich verhinderten Boten die Kerzen beim Gottesdienst anzuzünden. [1])

Die Kerzenmeister sind nicht mit den »Kertzbrüdern« zu verwechseln. Die letztern würden in den heutigen Vereinen mit dem Namen »Ehrenmitglieder« bezeichnet.

c. *Die Sechster.*

Die Leitung der Bruderschaft lag wesentlich in den Händen des Amtsmeisters. Seine Macht- und Vertrauensstellung jedoch, die Menge der kleinen Verrichtungen, die der Leitung oblagen, und nicht zuletzt der äussere Glanz des Amtes liessen einen Leitungsorganismus von mehreren Personen erwünscht erscheinen. Ausser den zwei Kerzenmeistern bestimmte sich der neue Amtsmeister alljährlich kurz nach seiner eigenen Wahl einige Gehilfen, die den Namen S e c h s t e r erhielten. Nun erst war der Vorstand vollständig. Amtsmeister, Kerzenmeister und Sechster wurden »Bevelshaber« (Befehlshaber) genannt.

Wie gross die Zahl der Sechster war, ist in keinem Statut gesagt. Es sprechen aber Gründe für die Annahme, dass sie tatsächlich zu sechs waren. Vorab der Name. Sodann der Umstand, dass die «Ordnung» im Art. 5 ausdrücklich sechs Mitgliedergruppen namhaft macht, aus denen die Sechster gewählt werden sollten, nämlich die Schmiede, Schlosser, Wagener, Kesseler, Seiler und Sattler.

Beiläufig siebenhundert Jahre hindurch bewahrte diese Verwaltungsbehörde des Eligiusamtes ihre Selbständigkeit und,

---

[1]) In der Sebastiansbruderschaft wurde der Vorstand „Rat der Siebenter" genannt. Tatsächlich bestand derselbe statutengemäß aber nur aus sechs Personen, wie aus den folgenden Artikeln hervorgeht: (5) Folgendts unter sich vier denominieren und dieselbe Richter und Scheffen dieser Statt vorstellen sollen, umb durch sie zwen aus denselben zu meistern der bruderschaft zu erwehlen, so am dienlichsten dazu gehalten werten. (7) Demnach dieselbe mit bestand der bruderschaft noch vier aus ihnen zu dero Meistern mitgehilfern beyerwehlen sollen. S. Küborn, S. 10 u. 11.

Möglicherweise zählte man entweder den später durch Maria Theresias Dekret ernannten Schöffen oder den Bruderschaftsboten hinzu und gelangte dadurch zu der Zahl sieben.

abgesehen von unwesentlichen Abweichungen, die nämlichen Befugnisse.

Da brachte das Jahr 1771 eine gründliche Aenderung. War diese verschuldet durch die Verwaltungsunfähigkeit der bisherigen Amtsvorstände, oder sahen die Staatsbehörden die für die freie Entwickelung und die Tätigkeit des Staatslebens bisweilen hinderliche Selbständigkeit der Bruderschaften ungerne, jedenfalls machte sich in der zweiten Hälfte des 18. Jahrhunderts eine starke Bewegung zur Schwächung des Einflusses der Aemter geltend.

Am 14. September 1771 dekretierte die Kaiserin Maria Theresia eine wesentliche Reform, welche die 13 Bruderschaften von Luxemburg der Beaufsichtigung und der Oberleitung des Staatsmagistrats unterwarf. Je 2 Bruderschaften wurden einem Schöffen unterstellt. Die Mitglieder verloren das Recht, den Amtsmeister zu wählen; ihr Wahlrecht beschränkte sich darauf, dass sie eine Liste von Kandidaten aufstellen durften, von denen der Magistrat nach eigenem Ermessen einen Amtsmeister bestimmte. 9 Bruderschaften wählten 3 Kandidaten; 4 jedoch, die Tucher, die Krämer, die Eligius- und die Theobaldsbrüder wegen ihrer grösseren Mitgliederzahl 6. [1]) Der direkte Verkehr mit der Staatsbehörde ward untersagt; der Amtsmeister durfte die Abhaltung der Mitgliederversammlung beantragen, der Schöffe jedoch bestimmte Tag und Stunde und beauftragte den Meister die Mitglieder durch den Boten zu berufen.

Die Rechnungsführung wurde in die Hände eines eigenen Beamten, genannt mambour oder receveur, gelegt. Dieser vom Magistrat auf Sicht einer Liste von drei Kandidaten gewählte Schatzmeister bezog als Entschädigung 5 Prozent der Einnahme, legte am Ende des Jahres vor dem Schöffen und Amtsmeister Rechenschaft von seiner Kassenführung ab und musste, falls dann ein anderer zum Kassenwart gewählt wurde, seinem Nachfolger innerhalb 24 Stunden Kasse und Belegstücke abliefern. Art. 19—23 des Dekretes bestimmen, dass förder die Amtsgelder nicht mehr zu Trinkgelagen u. ä. verwandt und nicht unter die Mitglieder verteilt werden dürften. Vor Abschluss der Rechenschaftsablage mussten alle Amtsschulden bezahlt, und der etwaige Überschuss zinsbringend angelegt werden.

d. *Der Amtsbote.*

Als Mittelperson zwischen den „Befehlshabern" und den gewöhnlichen Sessen, zugleich als ausführendes Organ der Leitungsbehörde erwähnen die Amts-Satzungen des öftern den

[1]) Art. 10 des Dekretes von 1771 lautete: Considérant en plus que le métier des Drapiers, celui des Merciers, aussi que ceux de St. Eloy et de St. Thibaut sont plus forts que ces quatre métiers présentent annuellement six Sujets au Magistrat pour en faire le choix d'un Maître, ainsi qu'il est dit à l'article précédent . . . . .

Amtsboten. Seine Stellung und seine Befugnisse sicherten ihm einen grossen Einfluss und mehr Ansehen, als wir es bei den Vereinsboten heutigentags sehen. Jeder junge Meister wurde sofort nach seiner Annahme in das Amt Bote — „und so sy meister werden (sollen sy) glich boiden syn" — (Art. 25.), gleich ob er der Sohn des hochgeschätzten Amtsmeisters oder der vielgeplagte Nägelschmied war. Sein Name erinnerte ihn an seine erste Pflicht, die darin bestand, dass er die Mitglieder zu den Geboten, den Leichenwachen, Begräbnissen und Begängnissen zusammenberufen „gebieten" musste. In der Versammlung hatte er die kleinen Dienste zu leisten, dem Amtsmeister in der Ausführung der Ordnungsbefehle zur Verfügung zu stehen, beim Gelage Wein und Brot herbeizuschaffen und die Beisteuer zur Bestreitung dieser aussergewöhnlichen Ausgaben einzutreiben. Vernachlässigte er letzteres, so verfiel er einer Strafe von einem halben Gulden, (Art. 20). Beim Amtsgottesdienst musste er die Kerzen anzünden. Falls er verhindert war, musste er dem ersten Kerzenmeister davon Anzeige machen. Unterliess er dieses, so verfiel er einer Busse von einem halben Pfund Wachs (Art. 39). [1])

Reichte die Disziplinargewalt des Amtes nicht aus, um ein unfügsames Mitglied zur Beobachtung des Statuts zu zwingen, so trat des Amtsboten Kollege, der Stadtbote, in Tätigkeit. Die Statuten sahen zwei bez. Fälle vor: Das Nichtentrichten der Busse und den Pfandfrevel. In beiden Fällen wurde der Schuldige dem Stadtrichter vorgeführt. Dieser verhängte eine Busse von 25 Schilling, [2]) und sandte den Stadtboten in die Wohnung des Schuldigen, um diesen bis zur entgiltigen Regelung der Angelegenheit zu pfänden. (Forts. folgt.)

Logements militaires à Luxembourg pendant la période de 1794-1814. (Par Alphonse Ruppreeht.)

(Suite.)

289. *Monsieur Huart* dans son batiment de derriere 2 chambres avec cheminée une au rez de chaussée, l'autre au 1. étage avec alcoffre pour 2 officiers ou 1 capitaine, en tems ordinaire pour un à son tour selon ordres. *7 places au batiment principal une derriere.* [122])

[122]) Aujourd'hui le No 32 de la rue Philippe, propriété de de Mr. Julien Fabricius, marchand tailleur.

[1]) Die Statuten der Schuhmacherbruderschaft zu Diekirch verfügten, daß „Wenn der Bruderschaftsbote in dem Bruderschaftsgottesdienste die Kerzen zu frühe anzündet oder zu spät löscht, ein Kreuzer durch den Schuldigen zu zahlen wer." S. Kalbersch. Gebrauch und Mißbrauch u. o. w. I. S. 47.

[2]) Diese Summe fiel zur Hälfte dem Fürsten, zur Hälfte der Amtskasse zu. Ordnung, Art. 33.

Il paraît résulter des documents mentionnés à la note 120 que cette maison a été construite dans la seconde moitié du 17. siècle par les époux Théodore Krebs, bourgeois à Luxembourg, et Marie Behm et que ceux-ci l'ont vendue aux époux Ambroise Havelange, Amhtmann à Heystorff et Catherine Heincourt (?) tout comme celle qui fait l'objet de ladite note. En tout cas, d'après l'acte du notaire Spyr, également mentionné dans cette note, elle appartenait le 24 juin 1745 aux époux Gérard Havelange, bourgeois marchand à Luxembourg et Catherine Girsch. • Des mains de ceux-ci elle aura passé dans celles de la famille Huart.

Par acte du notaire François Cuno, de Luxembourg, du 7 février 1817, Jean-Baptiste-Barthélémy Huart la vendit pour le prix de 9000 francs aux époux François-Joseph Wenger, greffier de police à Luxembourg, et Anne-Christine-Joséphine Fromanst.

Les héritiers Wenger-Fromanst (Jean-Baptiste-Lambert Wenger et les enfants issus des mariages: Claude-Gabriel Legerin avec Marie-Elisabeth Wenger, Joseph Claisse, capitaine pensionné, avec Anne-Christine-Joséphine Fromanst et Gabriel-Jean-Joseph-Antoine-Hubert de Marie avec Anne-Elisabeth Wenger) firent vendre la maison aux enchères par le ministère du notaire Jean François, de Luxembourg, le 17 mars 1830. Elle fut adjugée pour le prix de 7650 florins aux époux Isaïe Lippmann, fabricant de gants, et Mélanie Maas, domiciliés à Luxembourg.

A la requête du sieur Lippmann, elle fut adjugée par acte du notaire Nicolas Mothe, de Luxembourg, en date du 10 février 1813 pour le prix de 7000 florins à Mr. Auguste Neyen, docteur en médecine, en chirurgie et en accouchement, établi à Luxembourg. Celui-ci la vendit le 1. juillet 1847, par acte sous seing privé, pour le prix de 24 300 francs aux époux Michel-Xavier Schon, directeur de l'enregistrement, et Marie-Joséphine Tschiderer. Par acte sous seing privé du 7 février 1855, la dame veuve Schon-Tschiderer la vendit pour le prix de 31 000 francs à Mr. Edouard Thilges, alors administrateur général des affaires communales. Enfin, suivant acte du notaire Léon Majerus, de Luxembourg, elle fut acquise sur les héritiers Thilges, le19 septembre 1904, par le propriétaire actuel, Mr. Julien Fabricius . . . .

Jean-Baptiste-Barthélemy Huart, né à Luxembourg, le 24 août 1757, était le fils de Charles-François-Joseph Huart, échevin haut justicier de la ville de Luxembourg, et de son épouse Claire Edmond et le petit-fils de Lothaire-Joseph Huart, marié à Eléonore Aldringen, fille de Jean Aldringen et de Marguerite Jolliot (V. Note 102). Il avait épousé à Luxembourg, en 1ères noces, le 27 août 1786, Elisabeth-Marguerite Quiriny et en secondes noces, le 4 avril 1793, Anne-Marie-

Ange Pastoret. Dans le dernier acte de mariage, il figure comme licencié en droit, avocat et échevin du magistrat de Luxembourg, assesseur au siège prévôtal de Luxembourg et député du Tiers Etat de la même province.

J.-B.-B. Huart avait été reçu avocat à Luxembourg, le 28 janvier 1782 et établi assesseur au siège prévôtal de Luxembourg, au titre de landmaire de Bettingen, le 14 avril 1788. En 1787 et jusqu'en 1794, il fut receveur des épices du Conseil et en 1795, sous le directoire, juge suppléant du tribunal civil du département des Forêts. Le Livre de population de 1807 et l'acte de mariage des époux Nicolas Huart de 1810 le renseignent comme contrôleur des contributions à Luxembourg, l'acte de vente susrappelé, du 7 février 1817, comme percepteur des contributions directes dans l'arrondissement de Dieulouart, dép. de la Meurthe.

(Cf. P. Ruppert, Archives du Gouvernement ; Brück, Bourses d'Etudes ; Reg. des paroisses et de l'état civil de Luxembourg).

Auguste-Claude Neyen, né à Luxembourg, le 12 août 1809, comme fils de Jean-Nicolas Neyen, de Luxembourg, et d'Anne-Marie Kemp du moulin de Steinsel.

Reçu à Liége docteur en médecine le 12 août 1831 et docteur en chirurgie et en accouchement, le 21 février 1832, autorisé à Luxembourg, le 5 septembre 1837. Domicilié dans sa ville natale jusqu'en septembre 1846, puis à Wiltz ; membre-fondateur de la Société pour la recherche et la conservation des monuments historiques dans le Grand-Duché ; membre de l'Institut archéologique d'Arlon ; ancien secrétaire de la société de médecine de Liége ; correspondant de plusieurs académies, instituts et sociétés savantes étrangères ; chevalier des ordres de la Couronne de Chêne et de la Couronne de Prusse ; décédé le 1. décembre 1882 à Wiltz, où il avait pratiqué jusqu'à sa mort comme médecin très recherché. Epoux de Gertrude-Justine Netzer, née à Wiltz, le 29 septembre 1821.

Dans une notice biographique, Mr. Martin Blum l'appelle „un de nos plus célèbres concitoyens, un des historiographes luxembourgeois les plus méritants, un éminent savant qui, grâce à une vie de recherches et d'études incessantes, s'est acquis un juste titre de reconnaissance non seulement auprès de ses contemporains, mais encore vis-à-vis de la postérité de notre aimée patrie."

Le Dr. Neyen est l'auteur de plusieurs ouvrages, mémoires, articles et manuscrits touchant les sciences médicales et naturelles, des questions philosophiques et philantrophiques.

Ce sont cependant ses travaux historiques qui nous semblent avoir inspiré en premier lieu les belles paroles ci-dessus de son biographe. Elle est bien longue la liste des publications et manuscrits que lui doit l'histoire de notre pays et dont la palme revient à l'ouvrage qui est une mine d'histoire inépuisable et que nous n'avons cessé de mettre à contribution pour le présent travail, la «Biographie luxembourgeoise». C'est, comme le porte le titre complet, «l'histoire des hommes distingués originaires de ce pays considéré à l'époque de sa plus grande étendue, ou qui se sont rendus remarquables pendant le séjour qu'ils y ont fait." Trois volumes in 4° de 493 resp. 492 et 573 pages. dont les 2 premiers ont été imprimés chez P. Brück en 1860 et 1861 et le 3me (Supplément) chez Jean Joris en 1876. Publication unique en son genre et, pour nous servir encore des termes de Mr. Blum, un des monuments historiques les plus glorieux de notre pays.

(Cf. Notice biographique sur feu Mr. Claude-Aug Neyen, docteur en médecine etc. par Martin Blum, curé; Imprimerie P. Worré-Mertens, 1902).

Michel-Xavier Schon, né à Hupperdange (Clervaux), le 13 février 1806, fils de Jean et de Catherine Cales, cultivateur, époux de Marie-Joséphine Tschiderer.

Proclamé docteur en droits romain et moderne à Liége, le 11 août 1835. Reçu avocat à Diekirch, le 30 décembre 1835. Nommé substitut du procureur général près la Cour supérieure de Justice, le 10 février 1840; procureur d'Etat à Diekirch, le 19 juillet 1842; procureur d'Etat à Luxembourg, le 25 février 1843; directeur de l'Enregistrement et des Domaines, le 30 janvier 1844.

Membre et président du bureau de bienfaisance à Luxembourg de 1847 à 1853. Elu député suppléant à l'Assemblée Constituante allemande à Francfort le 11 mai 1848.

A publié le «Journal de l'enregistrement et du notariat pour le Grand-Duché de Luxembourg» dont 6 volumes plus 7 livraisons du 7e parurent de 1847 au décès de l'auteur, arrivé le 7 novembre 1853.

(Cf. Neyen Biogr. luxemb. T. III, pp 392—394 et Mémorial du Grand-Duché).

Jules-Georges-Edouard Thilges naquit à Clervaux, le 18 février 1817, comme fils des époux Henri Thilges, négociant, et Anne-Marie Thilges et contracta mariage à Kœrperich (Bitbourg), le 28 février 1842, avec Joséphine-Hyacinthe-Rosalie Richard, fille de Joseph Richard, propriétaire à Niedersgegen, et de Suzanne-Julienne d'Ennershausen, (V. Note 61).

Après avoir été admis au serment d'avocat à Luxembourg, le 18 mars 1841, il s'établit à Diekirch et y exerça le ministère d'avocat-avoué jusqu'au 9 décembre 1853. Il fut nommé: 2 suppléant de la justice de paix à Diekirch, le 1. juillet 1843; président du tribunal de Luxembourg, le 9 décembre 1853; administrateur général, le 18 septembre 1854 (chargé de l'administration des affaires communales, le 22 septembre 1851); de nouveau président du tribunal de Luxembourg, le 2 juin 1856: directeur général de la Justice, les 15 juillet 1859 resp. 26 septembre 1860; conseiller à la Cour supérieure de Justice, le 5 avril 1861: membre-suppléant de la Haute Cour militaire, le 5 février 1862; directeur général des affaires communales, le 3 décembre 1867; président de la Chambre des comptes, le 7 février 1870; procureur général d'Etat, le 3 juillet 1878; président de la Cour supérieure de Justice, le 13 octobre 1879; ministre d'Etat, président du Gouvernement, le 20 février 1885, ministre d'Etat honoraire, le 24 septembre 1888.

Au Conseil d'Etat, Mr. Thilges a eu les nominations suivantes: Conseiller, les 28 novembre 1857 resp. 28 septembre 1860; membre du Comité du Contentieux, les 6 octobre 1858 resp. 25 octobre 1860 et 13 août 1875; vice-président, le 15 mars 1871; président les 25 juillet 1872 resb. 29 juillet 1873 et 13 février 1889.

Après avoir quitté le Gouvernement, Mr. Thilges reprit la profession d'avocat. Le 20 décembre 1888, il prêta de nouveau le serment d'avocat et le 31 du même mois il déclara, par acte reçu au greffe de la Cour supérieure de Justice, accepter les fonctions d'avoué près ladite cour et près le tribunal d'arrondissement de Luxembourg. La Pasicrisie Luxembourgeoise relate plusieurs procès dans lesquels il a plaidé depuis cette date. Le 30 décembre 1893, il déclara au greffe de la Cour cesser les fonctions d'avoué.

J.-G.-Edouard Thilges est mort le 9 juillet 1904, dans sa maison rue Philippe. Il avait été grand-croix de l'ordre grand-ducal de la Couronne de Chêne (24 septembre 1888) et de l'ordre g.-d. d'Adolphe de Nassau (22 mai 1889); commandeur (avec plaque) de l'ordre de Charles III d'Espagne (5 avril 1880); grand'officier de l'ordre de Léopold de Belgique (6 février 1886); grand-cordon de l'ordre Portugais du Christ (18 février 1886) et commandeur. de l'ordre de la Légion d'Honneur (22 juillet 1891)...............

De même que Mr. Thilges, M.M. Huart, Neyen et Schon habitaient constamment la maison rue Philippe pendant qu'ils en étaient propriétaires. C'est une ***maison historique***, pour consigner une epithète que lui a donnée feu Mr. le Ministre d'Etat Paul Eyschen, dans une conversation avec le propriétaire actuel. De fréquentes séances des gouvernants luxembourgeois y ont été tenues du temps de Mr. Thilges. Elle est de construction régulière, à 2 étages, sans ornements architecturaux. et se compose du bâtiment principal avec façade sur la rue Philippe et d'un bâtiment de derrière réuni en partie au premier à côté d'une petite cour. Au rez-de-chaussée, à gauche du corridor, se trouve le magasin de vente de Mr. Fabricius et à l'arrière et communiquant avec ce local, une petite pièce prenant lumière de la cour et qui est celle où ont eu lieu les réunions des membres du Gouvernement.

(V. Mémorial du Grand-Duché de Luxembourg; Archives de la Cour supérieure de Justice; Pasicrisie Luxemb.; Reg. de l'état civil de Diekirch.. (A suivre).

Leben und Wirken des hochw. Herrn Theod.-Zeph. Biever.

(Fortsetzung.)

XLIII Land und Leute auf Cypern. Wirksamkeit daselbst.

Im ersten Hefte des Jahrganges 1914 teilte „Das Heilige Land" seinen Lesern die Kunde von Biever's Ernennung zum Generalvikar in einem höchst belobigenden Aufsatze mit, dem ich folgende Stelle entnehme:

„Mit lebhafter Freude wird wohl allenthalben die Nachricht „aufgenommen werden, dass der vielen Pilgern bekannte „Pfarrer Zephyrin Biever zum Patriarchal-Vikar auf „der Insel Cypern ernannt worden ist. Bekanntlich gehört "diese Insel neben Palästina ebenfalls zum Verwaltungskreis „des lateinischen Patriarchen von Jerusalem. Cypern zählt „256,556 Einwohner: darunter 184000 schismatische Griechen; „etwa 50 000 Mohamedaner, bei 1100 Lateinern, 1200 Maroniten, „180 Armeniern..... Die Insel steht unter englischer Verwaltung „und blüht in wirtschaftlicher Beziehung wieder auf. Die Katho-„liken haben auf der Insel 3 Stationen: in Nikosia, der „jetzigen Hauptstadt der Insel, in Larnaca und in Limasol „an der Südküste, jetzt der Haupthandelsplatz der Insel. In „diesen 3 Orten befinden sich Niederlassungen der Franzis-„kaner. Sie verwalten die Pfarreien und besuchen auch die „sonst auf der Insel zerstreut wohnenden Katholiken. Um den „Unterricht der Mädchen und den Krankendienst machen sich „die St. Josephsschwestern verdient, die gleichfalls „an den genannten drei Orten Niederlassungen haben. . . . . „Wir wünschen dem eifrigen Priester von ganzem Herzen Glück „und rufen ihm zu: Ad multos annos!" (Seite 52—53.)

Selbstverständlich begann Biever seine apostolische Tätigkeit zuerst mit den offiziellen Besuchen. Dass natürlich der erste dem Gouverneur der Insel galt, brauche ich nicht weiter zu betonen. Hören wir nun, was er darüber berichtet:

(Nicosia, 15 Januar 1914.): „Doch nun ist es Zeit, sich „herauszuputzen. Ich soll heute Morgen meinen offiziellen „Besuch beim General-Gouverneur der Insel machen und „muss mich, wie man sagt, darauf gefasst halten, zum Diner „eingeladen zu werden. Wirklich es ist wahr, Würde bringt „Bürde! Das ist, was mir in meinem neuen Amte so schwer „fällt! Der Umgang mit all' diesen grossen Leuten, und ich

„kenne Europa's übertünchte Höflichkeit nicht mehr. Nun das „wird ja auch wieder vorübergehen, wie so Manches andere „Unangenehme im menschlichen Leben."

(Larnaca, 26. Januar 1914): „Vorige Woche habe ich dem „Generalgouverneur der Insel (Cypern) meinen offiziellen Be„such gemacht. Er wohnt den Winter über in der Hauptstadt „Nicosia im sog. Gouvernement House, auf einem mit Tannen „bepflanzten Hügel ausserhalb der Stadt — eine prächtige „Residenz. . . . . Bei meiner Ankunft trat die Wache in's „Gewehr, der Privatsekretär mit dem Kawassen empfing mich „auf der Freitreppe und führte mich in die Privatgemächer „Seiner Excellenz. Der Besuch dauerte über eine Stunde und „die Unterhaltung wurde in englicher Sprache geführt, was „dem Gouverneur, wie ich nachträglich hörte, sehr angenehm „war, da er weder französisch, noch italienisch, noch griechisch „spricht, sondern nur englisch. Nach wiederholten ponds„hakes verabschiedete ich mich, froh die Sache hinter mir zu „haben. Die Wache präsentierte wieder und Good bye. Ich „habe bei der Rückkehr über mich selbst lachen müssen. Ich „hätte es mir nicht träumen lassen, dass man mir in meinen „alten Tagen noch auf Cypern das Gewehr präsentieren würde; „aber es ist ja auch nicht für meine Person, sondern für „denjenigen, den ich hier zu vertreten habe."

Fügen wir gleich hinzu, dass Biever wirklich zum Diner eingeladen wurde, und hören wir, wie er sich darüber äussert: (Larnaca, 6. März 1914). „Letzthin bin ich einmal ange„schmiert worden. Ich war zum Diner beim Gouverneur ein„geladen, und hatte auch angenommen, weil ich dachte, es „sei en famille. Als ich hinkam, fand ich die Herren en frac „et gilet blanc und die Damen en grand décolleté. Nun, il „fallait faire bonne mine à mauvais jeu, mais j'ai juré qu'on „ne m'y prendrait plus. Ich dachte an die Anekdote, welche „man sich von dem berühmten Dominikaner P. Monsabré „erzählt. Er predigte in Notre-Dame in Paris die station de „carême. Eines Abends wurde er auch zum Diner geladen „und befand sich am Tische zwichen 2 ziemlich tief dekolle„tierten Damen. Alle Fleischspeisen liess er unberührt vorü„bergehen und ass nur Brot und Gemüse. Als man ihm da„rüber eine Bemerkung machte, gab er zur Erklärung die „Antwort: «A force de voir de la chair, je suis dégoûté de „la viande.» Ist das eine dumme Sitte! mais c'est la mode „et la mode est un tyran."

Nachdem Biever dem General-Gouverneur seinen offiziellen Besuch abgestattet hatte, machte er auch andere notwendige Besuche, hüllt sich aber über diese in tiefstes Stillschweigen. Noch am nämlichen Tage begann er die bereits oben erwähnte Visitationsreise. «Sind hier,» schreibt er von Nicosia aus, am 15. Januar 1914, „meine Besuche abge-

„tan, dann geht es weiter auf der Reise. Ich muss für Samstag Abend (17 Januar) wieder in Larnaca sein, da ich am „Sonntag bei den Schwestern Amt mit französischer Predigt „zu halten habe. Nächste Woche geht es dann wieder los, „nach Limassol, Famagusta, Papho u. s. w." Und, am 26. „Januar 1914: „Nach diesem Besuche (bei dem General-Gou„verneur der Insel Cypern zu Nicosia) machte ich, da ich „einmal dran war, einen kleinen Streifzug durch die Insel, um „unsere zerstreut lebenden Katholiken zu besuchen.' Famaquote „Papho Kirinia u. s. w. Welch herrliche Ruinen von Klös„tern, Kirchen und Palästen aus der Zeit der Kreuzfahrer, be„sonders der Lousignan ! Es tut einem im Herzen weh, dass „diese Zeiten vorüber sind. Doch so ist ja die Welt ! Mein „Gott, was ist alles zu tun und was könnte man vieles tun, „wenn man die nötigen Mittel hätte. Überall bittet man mich, „Schulen zu gründen, Waisenkinder nach Jerusalem zu schi„cken, Ordensleute hierher kommen zu lassen, und, was weiss „ich, noch alles mehr. Die Leute glauben man könnte das „Alles so aus dem Boden herausstampfen. Sie wissen nicht, „wie schwer es hält, Geld zusammenzubringen. Gott möge „mir helfen !" . . . .

„Eben habe ich meine erste Visitationsreise auf der Insel „beendet, um mir Rechenschaft zu geben über den geistigen „Zustand der kleinen, mir anvertrauten Heerde. Es befinden „sich ungefähr 1000 Lateiner auf der Insel, welche in 3 von „den Franziskanerpatres verwalteten Pfarreien Larnaca, Nicosia „und Limasol vereinigt sind ; auch gibt es an die 1500 Maro„niten, mit 5 oder 6 Pfarrern, um welche ich mich zu beküm„mern habe. Ausser diesen 3 lateinischen Centren gibt es „ein wenig überall auf der Insel Katholiken : zu Faura„gousta, zu Papho, zu Contéa und sind es diese zerstreuten „Schafe, welchen man näher nachgehen muss. Es tut einem „wehe, zu gewahren, dass diese Leute das ganze Jahr hin„durch fast niemals eine hl. Messe haben und dass ihnen nur „in der Osterzeit Gelegenheit geboten wird, die hhl. Sakra„mente zu empfangen und der hl. Messe beiwohnen zu kön„nen Es ist das also eine Art ambulanten Ministeriums, wie „ich es ehemals bei meinen lieben Beduinen hatte. Ich kann „Ihnen noch nicht Vieles über mein neues Missionsfeld mit„teilen: doch war der erste Eindruck kein allzugünstiger. Man „wird überall recht gut empfangen, da man hier sehr auf „Etiquette hält, aber leider ! gibt es im Grunde genommen, „sehr wenig praktische Religion. Der Empfang der Sakramente „beschränkt sich auf das strikteste Kirchengebot (einmal im „Jahr, und wenn man in Lebensgefahr ist, wie stets ein alter, „luxemburgischer Pfarrer zu sagen pflegte) ; man dispensiert „sich sehr leicht von der Anhörung der hl. Messe am Sonn„tage, Fasten und Abstinenz werden fast gar nicht beobach-

«tet und... der Rest ist auch demnach. Die Männerwelt hat «sich dem Handel überantwortet und findet keine Zeit, sich «mit dem lieben Gott und mit ihrem Seelenheile zu beschäftigen. Die Frauenwelt denkt nur an Toilette, Spaziergänge und «Lesung unflätiger Romane, wie George Sand, Victor Hugo «und Zola. Letzter Tage fand ich auf einem Salontisch einen «der infamsten Romane Zola's. Ich frug die Dame des Hauses, wesshalb sie dieses Schmutzwerk auf ihrem Salontische «liegen lasse. Sie antwortete mir, sie sei eben daran, dasselbe «zu lesen. „Aber Madame, würden Sie es denn jemals wagen, «ähnliche Sachen zu tun, wie sie in diesem Buche befürwortet «werden?" — „O, das doch nicht," antwortete sie mir. — «Steigt Ihnen denn die Schamröte nicht in's Gesicht, wenn «Sie diese Sachen lesen?» — «Ei, weshalb denn? mein Vater. «Sie mögen wissen, dass das über mich hinweggleitet, wie «das Oel über das Wasser»!!! Es war allerdings eine «griechische Dame, welche mir diese Antwort gab, doch sind «unsere katholischen Damen nicht besser. Eben hat man «hierlands einen neuen Tanz, den Tango, eingeführt, welchem «man augenblicklich mit Wut sich hingibt. Ich habe gerade «gelesen, dass ganz kürzlich die französischen Bischöfe diesen «Tanz untersagt haben, weil er so ärgernisgebend ist, wo «hingegen unsere Zeitungen auf Cypern, welche übrigens fast «alle freimaurerisch sind, demselben das grösste Lob spenden «und über dessen unerhörte Erfolge zu Larnaca berichten. «Nicht wahr, das ist nicht tröstlich? Doch darf man den Mut «nicht verlieren: es genügt nicht, über das Übel zu seufzen, «man muss dasselbe bekämpfen, um dessen zerstörende «Wirkung zu hemmen. Das wollen wir auch tun mit Gottes «Hilfe und unter dem Schutze der Unbefleckt Empfangenen, «welche mit ihrem jungfräulichen Fusse alle Irrlehren zertreten «hat. In einer Zusammenkunft, welche die Pfarrer und ich «vor einigen Wochen hatten, haben wir beschlossen, unsere «ganze Tätigkeit auf die Jugend beiderlei Geschlechtes zu «richten, und wundere ich mich, dass man noch nicht auf «diesen Gedanken gekommen ist. Wir wollen ein Werk ins «Leben rufen für die Knaben, sowie für die Jünglinge, das «man hier einen »katholischen Club« nennt, und für die «Jungfrauen eine Congregation der Kinder Mariens. Der «Club ist bereits gegründet, mit den Mädchen aber warten wir «bis zum Marienmonat (Mai). Sodann werden wir im Monat «Juni unsere Lateiner und Maroniten, ja vielleicht die ganze «Insel Cypern, dem heiligsten Herzen Jesu weihen. Leider «ist diese Andacht auf Cypern unbekannt. Ich habe mich entschlossen, aus Europa eine schöne Herz-Jesu-Statue kommen «zu lassen, welche ausser den Transportkosten auf 150 Fr. «zu stehen kommt......»

Um den letzteren Zweck zu erreichen, griff Biever zu seinem alterprobten Mittel — der **„Bettelei"**. Schon am 13.

Dezember — er war also noch keine 11 Tage in seiner neuen Residenz — schrieb er an obenerwähnte Limpertsberger Schulkameradin am Ende seines Briefes: «Bevor ich schliesse, «möchte ich Dir doch nur eine Sache an's Herz legen, wenn «Du dafür etwas tun kannst. In einer Conferenz, welche ich «hier vor einigen Tagen mit einigen lateinischen und maroni- «tischen katholischen) Pfarrern, hatte, wurde der Vorschlag «gemacht, für's kommende Jahr 1914, am Herz-Jesu-Fest, die «Insel Cypern dem heiligsten Herzen Jesu zu weihen. Ich «möchte dafür eine schöne Herz-Jesu-Statue anschaffen, um «die Widmung feierlicher und eindrucksvoller zu machen. «Aber dazu ist Geld nötig und das fehlt uns Missionären «immer. Sollte es nicht möglich sein, dass Du dazu etwas «Geld zusammen bringst? Die Statue, welche $4^1/_2$ Fuss hoch «sein muss, wird wohl mit dem Transport bis an die 200 «Franken kommen. Es ist ja keine so grosse Summe «an sich, aber für uns ist sie unerschwinglich. Also gib Dich «einmal an's Sammeln. Vielleicht bekomme ich noch von «anderer Seite etwas und ich könnte dann einen Baldachin an- «schaffen für den Herz-Jesu-Altar und diesen selbst verschönern. «Und nun, Gott befohlen und bettele noch auch andere fromme «Personen um ein Gebetsalmosen für den armen General- «Vikar von Cypern an. Meinem alten Freunde und Mitschüler «Hrn. emer. Dompfarrer Lech, meine herzlichsten Grüsse.»

In alter Liebe und Freundschaft, Dein ergebenster,

Zephyrin Biever, Vic. Patr.

Ganz sicher hatte Biever nicht ohne spezielle Absicht diesen Gruss an Herrn Lech hinzugefügt, da es ihm ja bekannt war, dass dieser Herr für religiöse Zwecke stets eine mildtätige Hand hatte. Dies erhellt noch mehr daraus, dass Biever Sorge getragen hatte, dass Herrn Lech aus Amerika die betreffende Nummer des „Katholischen Westen" zugesandt werde, was auch geschehen ist. Dieselbe Zeitung, deren verdienstvoller Chef-Redakteur, Herr Nicolaus Gonner, Vater (ebenfalls aus Luxemburg — Pfaffental — gebürtigt) war, veröffentlichte auf ihrer letzten Seite ein ziemlich wohlgetroffenes Porträt Biever's aus jener Zeit, und bat auch um „eine kleine finanzielle Hülfe" für den „ehrwürdigen und verdienstvollen" Missionär „in seinen dürftigen Verhältnissen im fernen Morgenlande."

Dass Bievers „Bettelbrief" Erfolg hatte, wird bewiesen durch folgendes Entrefilet. (Nicosia, 15. Januar 1914): «Ich «erhielt heute Morgen deinen lieben Brief mit Inhalt (50 Fr.), «gerade als ich das Automobil besteigen wollte, um mich «hierhin, nach Nicosia, auf Visitation zu begeben. Der Pfarrer «von Larnaca, der zugleich mein Sekretär und überhaupt «meine rechte Hand ist, und der mich auf meinen offiziellen «Reisen begleitet, war entzückt, als ich ihm das blaue Billet «zeigte. Die Herz-Jesu-Statue soll ja für seine Kirche sein.» Mit diesen 50 Franken war also der Anfang gemacht. Auch von anderer Seite gingen Biever Gelder zu, so dass er seinen Plan verwirklichen konnte, schreibt er ja aus Larnaca, unter'm 22. Mai 1914: «Die Herz-Jesu-Statue ist bestellt und «erwarte ich dieselbe mit jedem Schiffe. Sie wird nahe an «300 Franken kommen, mit Allem was dran und drum ist: «aber dank der Grossmütigkeit meiner Freunde habe ich jetzt «über 300 Franken zusammen, so dass mir noch etwas übrig «bleibt zur Ausschmückung des Altares. Die feierliche Weihung «der Statue wird am Herz-Jesu-Feste selbst stattfinden. Ich «freue mich darauf, wie ein Kind.»

(Fortsetzung folgt.)

Beiträge zur Geschichte verschiedener Pfarreien.

III. Das ehemalige Landkapitel Arlon.

Einleitung.

Schwierigkeiten bei den Ausführungen der kaiserlichen Decrete.

Die „Verordnungen des Kaysers vom 22 May 1786 befehlend eine General Verzeichnis der Güter ebenso wohl der Welt- als Ordens geistlichen" wie auch die „Anordnung des Kaysers vom 27. May 1786, vorschreibend eine General-Verzeichnis aller Pfründen und schlechten geistlichen Aemter so mit keiner Seelsorge beladen sind, auch keine persönliche Residenz erfordern", stießen, wie manche andere, bei der Ausführung auf heftigen und allgemeinen Widerstand, sodaß Joseph II. sich genötigt sah, in einem „Edit du 4 janvier 1787" neue Termine dafür anzusetzen unter dem Vorgeben, als seien allzu große Zweifel entstanden wie die geforderten Erklärungen zu verstehen und abzufassen seien. Die amtliche Begründung lautet im französischen Text, den deutschen haben wir nicht, wie folgt: Comme depuis il Nous avoit été représenté que plusieurs déclarants étoient dans le doute et dans l'inquiétude sur la forme à donner à leurs déclarations, Nous avons bien voulu suspendre l'exécution des deux Edits sus mentionnés jusqu'à ce que Nous eussions fait publier des formulaires suivant lesquels les Déclarations prescrites pour ces Edits, devraient être faites. En conséquence Nous avons . . . statué et ordonné . . . que toutes les Déclarations qu'exige l'Edit du 22 mai 1786 devront être faites sur le pied du formulaire ci-attaché No 1 et l'instruction explicative No 2, et que celles à faire en exécution de l'Edit du 27 Mai devront être redigées selon le formulaire ci-attaché No 3, le tout dans le terme de deux mois de la publication de Notre présent Edit sous le peines respectivement comminées par ceux du 22 et du 27 mai derniers".

Dieses Edikt wurde zwar am 3. Februar 1787 zu Luxemburg gedruckt, allem Anscheine nach aber erst am 28. Januar des folgenden

Jahres 1788 den Interessenten zur Ausführung zugeschickt. Der Pfarrer von Dahlem bei Garnich erhielt dasselbe am 1. Februar 1788 und brachte es an demselben Tage durch öffentlichen Anschlag zur Kenntnis der Bevölkerung, wie er auf dem ihm zugeschickten Formular vermerkt hat. Der Oekonom der Münsterabtei gibt seine Erklärung ebenfalls unter Hinweis auf das Edikt vom 28. Januar 1788 ab. Tatsächlich erfolgten die eingeforderten Erklärungen in den Monaten März, April und Mai.

Allein diese Maßnahmen waren trotz allem von nur ganz kurzer Dauer, denn schon am 12. Februar 1790 werden diese und viele andere durch Cobenzl zurückgenommen.

Der Pfarrer Nicolaus Bontemps von Küntzig hatte dem ersten Edikt schon Folge geleistet und seine Deklaration eingeschickt. Nach der Veröffentlichung des zweiten Ediktes am 28. Januar 1788 mußte er sie wiederholen und zwar durch Ausfüllung der beigegebenen Formulare. Ob andere Deklaranten sich in demselben Falle befanden, wissen wir nicht. Was Küntzig angeht, schöpfen wir aus beiden Erklärungen, von denen die erste vom 24. Juli 1786, die zweite vom 1. März 1788 datiert ist.

Wir können hier weder auf den Text noch auf die Auslegung der einzelnen Rubriken des Formulars eingehen. Das soll vorkommenden Falles geschehen. Manche Rubriken sind in einzelnen Pfarreien gegenstandslos, andere erscheinen ohne Erklärung unverständlich, nach heutigen Anschauungen kleinlich und lächerlich, wurden aber trotzdem zur Beantwortung gestellt. Ob die Angaben aufrichtig und vollständig waren, können wir nicht beurteilen. Der gebotene Inhalt soll einen Wiederschein des damaligen Kulturlebens abgeben.

Flächenmaaße und Preise.

Es bleibt noch ein Wort zu sagen über die Maaße für Flächeninhalt und Preisangaben.

In der „Instruction sur les déclarations ou dénombrements à fournir“ wurde gefordert, „la consistance des Biens-Fonds devra être individuée par Bonniers, Journaux, ou autres mesures usitées à l'endroit de la situation, et on exprimera la grandeur de ces mesures. On énoncera les produits et les charges suivant le cours de l'argent usité au lieu de la situation, ou du domicile, et l'on aura soin d'exprimer ce cours.“ Die Erträge waren nach dem Mitteljahr von zehn anzugeben.

Wir wollen als Beispiel die von Küntzig hersetzen. „Der Morgen ist gemessen zu 160 Ruthen, die Ruthe zu 16 Lamberti Schuh“, nach heutigem Metersystem 3 5352 Meter resp. 0,2907 Meter Länge.

„Das Bauland (im Gegensatz zu Rodtland) trägt das erste Jahr Korn, das zweite Haber, das dritte Jahr nichts; es ruht.

„Das Rodtland trägt das erste Jahr Korn, das zweite Jahr Haber; alsdann ruht es 15 Jahre.“ Unten heißt es 30 Jahre.

„Alle denen (Kirchen)Fabriken zugehörige Ländereyen werden das Morgen ad 4 Sester taxiert; überall ist luxemburger Sester. Zehn

Sester machen ein Malter. Ueberall ist der Sester Korn ad 2 Schilling taxiert, und der Sester Haber zum Schilling."

„Ein jedes Morgen Land wird zu Küntzig und zu Finig mit 4 Sester besät, also ein Stück von 2 Sester ist soviel als ein halbes Morgen."

„Aber zu Petingen (gehörte zur Pfarrei Küntzig) wird das Morgen nur mit 3 Sester besät, also zu Petingen ist ein Stück von 3 Sester soviel als ein Morgen Land." — Heute wird 1 Sester Saatkorn auf 9 Ar genommen.

In seiner zweiten Selbsteinschätzung ist der Pfarrer Bontemps etwas ausführlicher. Er sagt:

„Die Pfarr Küntzig bestehet in 3 Dörffer, sie nennen sich Küntzig, Petingen und Finig. Sie alle seynd von der Probstei Luxemburg, überall ist luxemburger Sester. Zehn Sester machen ein luxemburger Malter. Das Geld gehet wie zu Luxemburg, acht Schilling machen zween Goldgulden oder ein Reichsthaler (= 4,60 frs. nach heutigem Gelde). Ein Schilling macht sieben Stüber, ein Stüber macht acht Dubbelen. Durch einen Gulden verstehe ich vier Schilling oder 28 Stüber, durch einen Kronendahler verstehe ich 10 Schilling zween Stüber."

„Überall tragt das Bauland das erste Jahr Korn oder Mischler, das zweite Jahr Haber, das dritte Jahr nichts, es ruhet.

„Das Rodtland tragt alle dreißig Jahr einmal Korn, das zweite Jahr Haber · darnach muß es abermal 30 Jahr ruhen.

„Die Maß und Größe der Ländereyen, Wiesen und sonstigen liegenden Gütteren ist überall dieselbige. Der Morgen ist gemessen zu 160 Ruthen, die Ruthe zu 16 Lamberti Schuhe."

„Alle liegenden Gütter, so dem Pastoren, oder der Pfarrkirch von Küntzig, oder der Kappellen von Petingen oder von Finig zugehören, seynd erblich, das heißt, sie können mit Geld nicht eingelöst werden."

Vergleichshalber sei hier über dieselben Gegenstände mitgeteilt, wie der Pfarrer von Dahlem, also einer an die Küntziger anstoßende Pfarrei sich ausdrückt.

„... Die Morgen der Grundstücke seynd gerechnet auf 160 Ruthen, die Ruthe zu 16 Schuh S. Lamberti Maaß· Alle Gelder seynd in luxemburger Curs Brabantischer Gulden deren jeder in 20 luxemburger Stüber, der Stüber in 12 denarien besteht, ausgedruckt."

„... die Früchten seynd alle gerechnet in luxemburger Maaß, das Malter zu 10 Sester, den Sester zu 4 Faß."

„Der Preis der Früchten nach dem neuesten Hallage der Stadt Luxemburg. Weitzen den Sester 24 Stüber; Mischlerkorn, wie in dieser Pfahr wachset zu 19 stüber 6/8 stüber; Korn pur 18 stüber; gerst (gerste) 19 st.; grundbiehren (Kartoffeln) das Malter 36 st. Haber den Sester ad 10 1/2 st., erbsen 21 st. und der Ertrag der gütter nach der allhier üblichen Verpachtung per Morgen 3 Sester, das 1000 heu auf der Wies im gras 5 gulden 12 stüber.

Gelegentlich der Katastereinschätzung im Jahre 1766 findet man ähnliche Angaben. Hier beispielshalber diejenigen von Garnich, datiert vom 13. August.

„1. ... daß der Morgen Ackerland ein Jahr durchs andere in reinem Einkommen 1 Reichstahler 2 Schilling 5 Stüber netto erträgt, gründen wir darauf ein Morgen Ackerland im Jahr hervorbringt $2^1/_2$ Sester Korns, das andere Jahr $2^1/_2$ Sester Habers. Das Korn zu 20 Stüber und den Haber zu 10 gerechnet, macht gerade wie vorgemeld. Wir schätzen alle Früchten nach dem Werth des Korns und Habers, weilen in unserm Bezirk kaum andere Früchten wachsen und dem Ackermann eher schädlich als nützlich wäre andere Früchten einzusäen

„2. Daß der Morgen Rodtland, nachdem er 16 Jahre geruhet in reinem Einkommen ein Jahr bringet 4 Sester Korns, das andere Jahr 4 Sester Habers, mithin nach obigem Preis 2 Reichsthaler 1 Schilling 1 Stüber.

„3. Daß ein Morgen Garten jedes Jahr gebet 1 Rthr. 3 Sch. 3 St., weilen derselben jedes Jahr 4 Sester Korns hervorbringen könnte.

„4. Daß das Tausend vom besten Heu 15 Sch., vom mittelmäßigen 12 Sch. und vom mindesten 9 Sch. wehrt seye, das Tausend Grummet 10 Sch. geschätzt.

„5. Den Morgen Landt, so für Weidtgang gehalten wird und nichts als Graß trägt zu 5 Sch. und 5 St. 1 Denar jedes Jahr geschätzt.

„6. Was die Büsche anbetrifft, so haben wir geschätzt, daß der gemeine Büsch jährlichs 30 Korden Holz und dann auch 30 Fuder Schnauen (Reiser) geben kann und daß die Korde Holz 3 Schilling u. das Fuder Schnauen 1 Sch. werth ist. Der Wehrt von den Schnauen scheint nicht zu gering, weilen sich darinnen viel Dörner befinden.

„Der Acker (Eicheln) in diesem gemeinen Büsch haben wir ad 30 Sch. angesetzet, weilen es in 6 Jahren kaum einen vollkommenen Acker daran gibt, so daß man 30 S. V. Schwein hinein treiben könnte.

„In denen particularen oder sogenannten Erbenbüschen, worinnen ein jeder particular seynen Anteil selbst declariert, läst man das grobe Holz bey obigem Preis von 3 Sch. par corde, das Fuder Schnauen aber setzt man wegem besserem Gehölz ad 2 Sch. und wird für den Acker einem jeden mitgeteilet 6 Stüber oder nach Maß seynes Antheyles weniger oder mehr hinzugesetzt.

„7. Bey Schätzung deren Weyeren hat man in Betracht gezogen, daß der Morgen jährliches geben könnte 100 Pfund Karpen und 15 Pfund Hechten, den Karpen zu 3 St und das Pfund Hecht zu 6 St., wovon man die Bau- Unterhalts- und Zuchtfisch-Kosten abgezogen und den Überrest ins reine Einkommen eingetragen.

„8. Bey denen Praestationen und einkommenden Rechten hat man das Korn ad 20 St., den Haber ad 10 St., die Henne ad 5 St., das Pfund Flachs ad 7 St., das Dutzend Eyer ad 18 liards, das Fuder Stroh ad 12 Sch., das Pfund Wachs ad 3 Schilling gerechnet.

„9. Den in den zweyen Tabellen von denen Klöstern Marienthal und zum hl. Geist angegebenen läßt das Kirchenbauen und Unterhalt zu 8 Reichsthaler 3 Schilling, jedem Kloster hat man um deßwillen passieren lassen, daß weillen die Pfarrkirch zu Garnich bey Erbauung

1675 Reichsthaler gekostet und 200 Jahr stehen soll, der 200jährige Unterhalt sich auf 1675 Rthlr. belaufen muß, welche beyde Summen zusammen 3350 Rthlr. ausmachen, dannenhero wan man die 200 Jahre in diese letztere Summe dividirt für den jährlichen Unterhalt 16 Rthlr. 6 Sch. herauskommen und jedem von beyden Klöstern 8 Rthlr. 3 Sch. passiert werden können.

„10. Der Länderey, Wiesen, peschen und garthen Morgen bestehet in 160 Ruthen, die Ruthe ad 16 Lamberti schue.

„Der Buschen und Hecken morgen besteht in 400 Ruthen, die Ruthe ad 12 Lamberti Schue."

Doch gehen wir zum eigentlichen Thema unserer Arbeit über und beginnen wir mit der Pfarrei Küntzig. (Fortsetzung folgt).

Nachrichten aus dem Vereine.

Ehrungen. Herrn **Alfons Rupprecht,** Polizeikommissär zu Luxemburg, wurde das Ritterkreuz des Italienischen Kronenordens verliehen.

I. K. H. Grossherzogin Charlotte hat Herrn **Johann-Peter Dieschbourg,** zweiten bischöflichen Sekretär, zum Ritter des Nassauischen Hausordens ernannt.

Herr **Tony Wenger** erhielt von der französischen Regierung das Ritterkreuz der Légion d'honneur.

Unsere herzlichste Gratulation!

Subskriptionsliste.

Uebertrag	816.50 Frs.
P. M. in L.	2.00 „
G. K. in L.	25.00 „
	843.50 Frs.

Vivant sequentes!

Literarische Novitäten u. Luxemburger Drucksachen.

Beilage zum kirchlichen Anzeiger für die Diözese Luxemburg. (Luxemburg. St. Paulus-Druckerei.) — In zwanglosen Nummern erscheinendes Blatt in 4° — Nr. 1 ist datiert vom Jahre 1921.

Funck Nicolas. L'Araponga ou Sonneur de cloches. Tiré-à-part du Bulletin de la Société des Naturalistes luxembourgeois. Luxembourg. P. Worré-Mertens (J.-P. Worré, successeur.) S. d. (1920.) -- 6 pp. in 8°.

Jacoby Adolf. Ein alter Zeuge für den Tierschutz. Separatabdruck aus dem Vereinsheft des „Luxemburger Tierschutzvereins". (Luxemburg. J.-P. Worré 1920). — 7 SS. in 8°.

Junge Kommunist. (Der) Organ der Jeunesse Communiste, Luxembourg. (Section der Kommunistischen Jugendinternationale.) Luxemburg. Ed. Nimax. — Halbmonatlich in Kleinfolio erscheinendes Blatt, dessen Nr. 1 datiert ist vom 1. März 1921.

Kellen Tony (und Mitarbeiter). Erdbüchlein. Kleines Jahrbuch der Erdkunde 1921. Mit 28 Abbildungen und Kärtchen. Stuttgart. Franckh. 1921. — 80 SS. in 8°.

Idem. Die Auskunft. Eine Sammlung lexikalisch geordneter Nachschlagebücher über alle Zweige der Wissenschaft, Kunst und Technik, unter Mitarbeit erster Fachleute, herausgegeben von Dr. Franz Pachler, Oberschulrat, Coblenz. 14. Führende Frauen. Heidelberg. Willy Ehrig. O. D. (1920.) — 80 SS. in 8°.

Klein Edmund-Josef. Vom Wirken des Tierschutzvereins. Separatabdruck aus dem Vereinsheft des „Luxemburger Tierschutzvereins". (Luxemburg. J.-P. Worré. 1920.) — 6 SS. in 8°.

„La Lutte!". Blatt der revolutionären Arbeiter Luxemburgs. Luxemburg-Bahnhof. Fr. Bourg-Bourger. — Wöchentlich in Kleinfolio erscheinendes Blatt. — Nr. 1 ist datiert vom 1. März 1921. als Beiblatt zu „Neue Jugend".

Lech Frédéric. Resumé de l'Histoire de la Congrégation des Soeurs de Ste Elisabeth à Luxemburg. En mémoire du 250ième anniversaire de leur établissement à Luxembourg. 1617—1921. S. l. ni d. ni nom d'impr. (1921.) — 15 + 1 pp. in 8°.

Idem. Überblick über die Geschichte und das Arbeitsfeld der Kongregation der Schwestern vom 3. Orden des hl. Franziskus, genannt Hospitalschwestern von der hl. Elisabeth zu Luxemburg. Zum 250jährigen Jubiläum ihrer Niederlassung in der Stadt Luxemburg. 1671—1921. Der Kongregation gewidmet. (Mit bischöflicher Genehmigung.) Kremer & Rettel, Esch-Alz. (1921.) — 20 SS. pet. in 4°.

„Neue Jugend". Organ der Jeunesse Communiste, Luxembourg. Luxembourg.-Bahnhof. Fr. Bourg-Bourger. — Wöchentlich in Kleinfolio erscheinendes Blatt, dessen Nr. 1 datiert ist vom 14. Dezember 1920.

Oeuvre de la Charité maternelle de Luxembourg sous le haut Protectorat de L. A. R. les Grandes-Duchesses Marie-Anne et Charlotte. Rapport de l'année 1920. S. l. ni d. ni nom d'impr. (Luxembourg. Joseph Belfort. 1921.) — 16 pp. in 8°.

Sevenig Josef. D'Artiste vu Juxda. Operett an drei Akten. Musék vum Gustav Kahnt. Letzebúrg. 1921. Ch. Hermann. — 61+1 SS. in 8°.

Stümper Robert. Die Kontinuität der Erscheinungswelt. Separatabdruck aus der Vereinsschrift der „Gesellschaft luxemburger Naturfreunde". 1921. Luxemburg. J.-P. Worré. — 14 SS. in 8°.

W.-J.-P. Den Hür vun der Schlapp! E komesche Virdrag. Pétange. Meyer & Hueber 1921. — 3 SS. pet. in 4°.

Ons Hémecht.

Organ des Vereines für Luxemburger Geschichte, Literatur u. Kunst.
Herausgegeben vom Vereins-Vorstande.

27. Jahrgang. + Fünftes und sechstes Heft. — Mai und Juni 1921.

Jeder Autor ist verantwortlich für seine Arbeit.

VEREIN
für Luxemburger Geschichte, Literatur und Kunst.

CERCLE
historique, littéraire et artistique de Luxembourg.

Verzeichnis der Mitglieder. — Liste des membres.
1921.

A. — Vorstandsmitglieder (Membres du Comité).

Hr. Blum Martin, Ehrenpräsident und Schatzmeister.
» Zieser Johann, Pfarrer zu Garnich, Präsident und Redakteur der »Hémecht«.
» Kœsch Joh. Peter, Rechnungsrat a. d. Eisenbahn Wilhelm-Luxemburg, Vize-Präsident.
» Dr. Medinger Paul, Professor am Gymnasium, Luxemburg, Sekretär.
» Dr. Klein Josef Edmund, Prof. am Gymnasium, Luxemburg, Beisitzender.
» Rupprecht Alf., Polizeikommissar, Luxembg., Beisitzender.
» Kœnig Alex., Pfarrer, Waldbredimus, Beisitzender.

B. — Ehrenmitglied (Membre d'honneur).

Hr. Dr. Mongenast Mathias, ehem. Finanzminister, Luxemburg.

C. — Wirkliche Mitglieder (Membres effectifs).

Hr. Bassing Theodor, Organist u. Gemeindesekretär, Vianden.
» Brück-Faber, Johann Peter, ehemaliger Administrator der staatlichen Besserungsanstalten, Luxemburg.
» Claude Joh. Peter, Vize-Konsul von Spanien, Esch-Alz.
» Clemen Paul, Hypothekenbewahrer, Luxemburg.
Mr. Depoin Joseph, Président de l'Institut sténographique, Paris, Boulevard, St. Germain, 150.

Hr. Diderrich Emil, Gasthofbesitzer, Bad-Mondorf.
» Dr. Didier Nikolaus, Fürstlicher Salm-Salm'scher Archivar und Hofpriester auf Schloss Anholt, Westfalen.
» Dumont Willy, Parkgärtner, Hamm.
» Faltz Michel, Kaplan, Ermsdorf (Medernach).
» Funck-Eydt Peter, Architekt, Luxemburg.
» Dr. Gorgen Wilhelm, Professor, Luxemburg.
» Dr. Herchen Arthur, Ehrenprof. am Gymnasium, Clausen.
» Hostert Victor, Unterbureauchef der Sparkasse, Rollingergrund.
» Jacoby Adolf, Lic. theol. Hofprediger, Pfarrer der protestantischen Gemeinde, Clausen.
Mr. Kaiser Jean-Baptiste, Professeur au Petit Séminaire, Montigny-lez-Metz.
Mgr. Dr Kirsch Joh. Pet., Universitätsprof., Freiburg (Schweiz).
Hr. Knepper Johann Peter, Distrikts-Architekt, Diekirch.
» Kraus Mathias, ehemaliger Buchhändler, Luxemburg.
» Lamesch Wilhelm, ehemaliger Lehrer, Walferdingen.
Mgr. Lech Friedr., em. Dompfarrer, Kanonikus, Luxemburg.
Mr. Loes François, curé, Hondelange-lez-Arlon.
Hr. Ludovicy Peter, Brauerei-Direktor, Eich.
» Medinger Eugen, Pfarrer, Oberpallen.
» Meyers Theodor, Ehrendomherr und Dechant, Körich.
» Molitor Peter, Buchführer, Hollerich, Karmeliterstrasse.
» Müller-Storck Michel, Lehrer, Limpertsberg, Allée Scheffer.
» Schlechter Dominik, Kaufmann, Limpertsberg.
» Schmit Johann, Obergerichtsschreiber, Limpertsberg.
» Sevenig Josef, Pfarrer, Bad-Mondorf.
» Spedener Gregor, Bureauchef d. Postverwaltung, Luxbg.
» Stomps Wilh., ehm. Hofmusikalienhändler, Luxemburg.
» Thill Joh., Angestellter der St. Paulus-Druckerei, Neudorf.
» Thill Mathias, Lehrer, Esch an der Alzette.
» Tres Johann Peter, Archivar des Kriegsdepartements zu Bandoeng (Java, Niederländisch Indien).
Mr. Vannérus Jules, Archiviste, Ixelles-Bruxelles, rue Ernestine, 3.
Hr. Warken Johann, Architekt, Hollerich.
Mr. Welter Ferréol, pharmacien, Rodemack (Lorraine).
Hr. Wenger Tony, Rentner, Limpertsberg.
» Werner Heinrich, Pfarrer, Wormeldingen.
Mr. Weyrich Jean, curé, Thiaumont-lez-Arlon.

D. — Korrespondierende Mitglieder (Membres correspondants).

Hr. Albrecht Paul, Feldwebel der Militärkapelle, Luxemburg.
» Dr. Bech Josef, Generaldirektor, Luxemburg.
» Beck Michel, em. Unterbureauchef, Kobenbour (Consdorf).
» Beres Ernest, Pfarrer, Hesperingen.
» Dr. Bian Felix, Notar, Redingen an der Attert.
» Biermann Ernest, Vikar, Esch an der Alzette.

Hr. Dr. Biever Victor, praktischer Arzt, Differdingen.
„ Birnbaum Johann, Werkmeister an der Staatshandwerkerschule, Limpertsberg
„ Bisdorff Johann, em. Pfarrer, Daundorf (Bad-Mondorf).
„ Bisdorff Theophil, Kaplan, Ingeldorf.
„ Biwer N., Unternehmer, Esch an der Alzette.
„ Blum Franz, Rentner, Burglinster.
„ Blum Josef, ehemaliger Klempnermeister, Pfaffental.
„ Dr. Blum René, Advokat-Anwalt, Deputierter, Luxemburg.
„ Bock Josef, Vikar-Sakristan a. d. Kathedrale, Luxemburg.
„ Bormann Johann, Pfarrer, Weimerskirch.
„ Bormann Johann-Baptist, Pfarrer, Limpertsberg.
„ Dr. Bourg Leo, Notar, Cap.
„ Bové Peter, emeritierter Pfarrer, Diekirch.
„ Brück Hubert, Sekretär der Staatsanwaltschaft, Luxbg.
„ Dr. Burg Georg, Prof. am Priesterseminar, Luxemburg.
„ Dr Clasen Bernard, Advokat-Anwalt, Luxemburg.
„ Clemen Michel, Pfarrer, Ehleringen.
„ Clemens Andreas, Pfarrer, Beckerich.
„ Colling Alb., Bildhauer, Hollerich, Av Michel Rodange 8.
„ Dr. Colling Prosper, Pfarrer an der Herz Jesu-Pfarrei Esch
„ Dr. Conzemius Alfred, Pfarrer, Lenningen (an der Alzette.
„ Dr. Dasburg Victor, praktischer Arzt, Fels.
P. Delvaux Adolf, Apostolischer Missionar, (Quâng-Tri, Annam) Cochin-China.
Hr. Demander Nikolaus, Pfarrer, Bastendorf.
„ Demuth Adolf, Pfarrer, Weicherdingen.
„ Dienhart Joh. P., Zeichner, Bahnhof-Avenue, Luxemburg.
„ Dieschbourg Johann, Bischöfl. Sekretär, Luxemburg.
„ Dornseifer Peter, Stadtbeamter, Luxemburg.
„ Dr. Dühr, Professor Esch an der Alzette.
„ Düttmann-Krombach, Rentner, Stadtbredimus.
„ Eichhorn Alfons, Notar und Deputierter, Mersch.
„ Ehlinger Johann, Pfarrer, Limpach.
„ Erasmy Mathias, Pfarrer, Bonneweg.
„ Evert, Lehrer, Contern.
„ Eydt Karl, Gewerbe-Inspektor, Luxemburg.
„ Dr. Eydt Karl, Advokat, Attaché d. Regierung, Luxembg.
„ Dr. Faber Eugen, Obergerichtsrat, Luxemburg.
„ Dr. Faber Johann, Tierarzt, Wiltz.
„ Faber-Esslen Paul, Buchdrucker, Grevenmacher.
„ Feldes Emil, Hüttendirektor, Luxemburg.
Mr. Florange, Publiciste, Clamart (Seine), 1, rue du Sud.
Hr. de la Fontaine Henri, Rentner, Limpertsberg.
„ Frank Johann, Accisenbeamter, Roodt an der Syr.
„ Dr. François Ernest, Advokat-Anwalt, Diekirch.
„ Frantz Bernard, Pfarrer, Eischen.
„ Gengler Alfons, Pfarrer, Niederanven.

Hr. Gengler Theophil, Kaplan, Gertzingen.
„ Gevelinger Josef, Domvikar, Luxemburg.
„ Gillen N. J., Limpertsberg, Johann-Strasse, 31.
„ Godefroid, Lehrer, Rodingen.
„ Dr. Gertzinger Paul, Advokat, Luxemburg.
„ Guillaume Peter, Pfarrer, Ellingen.
„ Gushurst Felix, Pfarrer, Petingen.
„ Hansen-Stehres, Kaufmann und Deputierter, Diekirch.
„ Harsch Joh. Bapt., Apotheker, Ettelbrück.
„ Hartmann Ludwig, Generalpräses, Arsenalstr., Luxembg.
„ Hastert Peter, Pfarrer, Elvingen (Remich).
„ Heinerscheid Johann, Gerichtsschreiber, Limpertsberg.
„ Hemmer Karl, Ehren-Postperzepter, Kehlen.
„ Heltgen Johann, em. Pfarrer, Prinzenring, Luxemburg.
„ Dr. Heuertz Felix, Professor, Luxemburg.
„ Hoffmann Eugen, Agronom und Deputierter, Vichten.
„ Hosch Eduard, Lehrer, Düdelingen.
„ Dr. Hostert Alfons, Domherr und Dechant, Echternach.
„ d'Huart Joh. Bapt. Domherr, Dechant z. St. Michel, Lxbg.
„ Huberty Joh. Peter, Pfarrer, Stadtgrund.
„ Hurt Josef, Vikar, Esch an der Alzette.
„ Dr. Huss Mathias, Buchdrucker u. Deputierter, Luxembg.
„ Jacoby Aloys, Leutnant, Hollerich.
„ Johannes Wilhelm, Rektor, Limpertsberg.
„ Kaiffer Johann, Pfarrer, Hollerich.
„ Karcher Alfons, Gerichtsschreiber, Luxemburg.
„ Dr. Kauffmann Leo, Ehren-Staatsminister, Luxemburg.
„ Dr. Kauffmann Wilhelm, Seminarprofessor, Luxemburg.
„ Kayser Franz, Pfarrer, Nagem.
„ Kayser Heinrich, Rektor, Eich.
„ Kayser Johann Peter, Pfarrer, Esch an der Alzette.
Mr. Kayser Jos., Ingénieur-Architecte, Gand, rue Ledeganck, 23.
Hr. Keriger Nikolaus, Pfarrer, Schouweiler.
„ Kiefer Peter, Lehrer, Sandweiler.
„ Kinnen Peter, Pfarrer, Bartringen.
„ Dr. Klees Rudolf, praktischer Arzt, Luxemburg.
„ Klepper Bernhard, Pfarrer, Keispelt-Meispelt.
„ Klingenberg Jakob, Pfarrer, Hagen-Kleinbettingen.
„ Dr. Knaff Edmund, Arzt, Schobermessring, (Glacis)
„ Kneip Peter, Ehren-Hypothekenbewahrer, Luxemburg.
„ Kener Michel, Pfarrer, Fentingen.
Mr. Koltz Eugène, Ingénieur, Bruxelles, Woluwe St.-Pierre 9.
Hr. Koppes Joh. Pet., Kunstglaser, Altwies. [rue St. Michel.
„ Dr. Kremer Johann Peter, Professor, Luxemburg.
„ Kuborn-Lassner, Apotheker, Luxemburg
„ Lamort-Welter Gustav, Ingenieur, Luxemburg.
„ Lamperts Johann Peter, Pfarrer, Weiswampach.
„ Dr Letellier August, Gutsbesitzer, Osterholz, (Consdorf).

Hr. Linden Peter, Buchdrucker, Luxemburg.
„ Linster Bernard, emeritierter Pfarrer, Bonneweg.
„ Lippert Isidor, Pfarrer, Beles.
„ Lommel H., Gutsbesitzer, Schleiderhof, b. Cruchten(Mersch).
„ Dr. Loutsch Hubert, Advokat-Anwalt, Luxemburg.
„ Ludwig Albert, Destillator, Tetingen.
„ Mackel Nikolaus, Agronom, Hollerich.
„ Majeres Johann, Ökonom am Konvikt, Luxemburg.
„ Majerus Johann, Ehrendomherr und Dechant, Betzdorf.
„ Majerus Johann Peter, Pfarrer, Niederschieren.
„ Manderscheid Bernard, Pfarrer, Frisingen.
„ Dr. Margue Nikolaus, Professor a. Gymnasium, Luxembg.
„ Menningen Josef, Pfarrer, Mösdorf (Mersch).
„ Mergen Aloys, Apotheker, Redingen an der Attert.
„ Metz August, Hüttendirektor, Esch an der Alzette.
„ Mille Jos. Nest., Pfarrer der Besserungsanstalten, Stadtgrd.
„ Mœs Nikolaus, emeritierter Pfarrer, Remich.
„ Molitor Heinrich, Pfarrer, Boxhorn.
„ Molitor Johann Heinrich, Pfarrer, Steinbrücken.
„ Dr. Müller Heinrich, Pfarrer, Ettelbrück.
„ Dr. Müller Mathias, Dechant, Ospern.
„ Müller M., Geometer des Kadasters, Remich.
„ Namür Georg, Zuckerbäcker, Luxemburg.
„ Neiers, Peter, Vikar, Diekirch.
„ Dr. Neu Johann Peter, Dechant, Remich.
„ Neuens Nikolaus, Buchdrucker, Esch an der Alzette.
„ Dr. Neumann Moritz, Advokat-Anwalt, Luxemburg.
„ Ney Josef, Lehrer, Everlingen.
„ Neyens Johann Peter, Pfarrer, Hamm.
„ Nickels-Bomb, Paramentenhandlung, Luxemburg.
„ Nilles Johann Peter, Pfarrer, Rollingergrund.
„ Nimax Joh., Einnehmer d. Wohltätigkeitsbureau, Lxbg.
„ Nœsen Paul, Lehrer, Limpertsberg.
„ Nœsen Valentin, Bürgermeister u. Bauuntern. Steinfort.
„ Origer Joh., Domkapitular, Direkt. d. St. Paulus-Druckerei, Luxemburg.
Mgr. Dr Peiffer Joh., Generalvikar, Seminarpräses und Domprobst, Luxemburg.
Hr. Dr. Philippe Albert, Advokat-Anwalt und Deputierter, Lbg.
„ Pinth Joh. Pet., Prof. an der Handwerkerschule, Luxbg.
„ Dr. Pletschette Wilh., Ehrendomherr, Dompfarrer, Luxbg.
„ Poncelet M., Ehren-Inspektor der Postdirektion, Luxbg.
„ Prüm Emil, ehemaliger Deputierter, Clerf.
„ Dr. Prüm Peter, Advokat-Anwalt, Deputierter, Luxemburg.
„ Rausch Nikolaus, Pfarrer, Wilwerdingen.
„ Razen Emil, Pfarrer, Schifflingen.
„ Dr. Reckinger Josef, Domvikar, Luxemburg.
„ Rehlinger Michel, Pfarrer, Ötringen.

Hr. Reichling Joh. Peter, Pfarrer, Reckingen an der Mess.
„ Reinard Julius, Briefträger, Esch an der Alzette.
„ Reinert Nikolaus, Pfarrer, Rodingen.
„ Dr. Reuter Emil, Excellenz, Staatsminister, Luxemburg.
„ Reuter Josef, Kaplan, Reckingen (Mersch).
„ Reuter Norbert, Stud. theol. am Priesterseminar, Luxbg.
„ Rink Johann, Ehrendomherr, Dechant, Diekirch.
„ Risch Johann, Pfarrer, Weiler zum Turm.
„ Rodenbour Nikolaus, Pfarrer, Holler.
„ Rouff Peter, Bureauchef der Prinz-Heinrich-Gesellschaft, Limpertsberg, 71 Fayencerie-Avenue.
„ Ruden Mathias, Gutsbesitzer, Consdorf.
„ Sand Nikolaus, Kerzenfabrikant, Luxemburg-Hollerich.
„ Dr. Sax Joh. Bapt., Steuerdirektor, Pfaffental.
„ Dr. Schaack Karl, Staatsprokurator, Diekirch.
„ Schaack Nik. Jos., Pfarrer, Grosbous.
„ Schadecker Joh. Nik., emeritierter Pfarrer, Schandel.
„ Schaul Nikolaus, Pfarrer, Dömingen.
„ Schaus Johann, Pfarrer, Sandweiler.
„ Schmit Dominik, Lehrer, Weiler zum Turm.
„ Schmit Heinrich, Rektor zu Ste Sophie, Luxemburg.
„ Schmit Michel, Vikar, Oberwiltz.
„ Schmit Peter, Pfarrer, Altwies.
„ Dr. Schmitz Jakob, Ehrenprofessor, Luxemburg.
„ Dr. Schumacher August, Staatsbadarzt, Luxemburg.
„ Schumann Eduard, Steuerkontrolleur, Diekirch.
„ Schwebag Nikolaus, Benefiziat, Ansemburg.
„ Senninger Lehrer, Bonneweg, August-Charles Strasse 33.
Mr. Simminger Emile, Vitraux-d'art., Montigny-lez-Metz, Rue de Pont-à-Mousson, 114.
Hr. Simon Albert, Eigentümer, Wiltz.
„ Sinner Joh. Pet., Rentner, Theaterplatz, Luxemburg.
Dame Witwe C. M. Spoo, Rentnerin, Esch an der Alzette.
Hr. Stemmet Peter, Baumaterialienhandlung, Luxbg.-Bahnhof.
„ Stein Mathias, emerit. Normalschulprofessor, Hollerich.
„ Dr. Steffen Albert, Professor, Limpertsberg.
„ Stift E., ehemaliger Hüttendirektor, Bad-Mondorf.
„ Dr Stümper-Berchem, Kammergreffier, Pariser Platz, Lbg.
„ Dr. Tibesar Leopold, Ehrenprofessor, Luxemburg.
„ Dr. Tourneur, praktischer Arzt, Steinfort.
„ Trauffler Heinrich, Lehrer, Mamer.
„ Trausch Dominik, Pfarrer, Redingen an der Attert.
„ Tudor Robert, Bürgermeister, Rosport.
„ Dr. Urbany Alfons, Advokat-Anwalt, Luxemburg.
„ Vannérus Heinrich, Ehren-Staatspräsident, Luxemburg.
„ Graf de Villers, Grossguth. u. Deput., Grundhof (Echtern.)
„ Wagner Camille, Pfarrer, Böven, (Bavigne).
„ Wagner Joh. Phil., Ehrenprofessor, Ettelbrück.

Hr. Dr. Wagner Victor, Gesellenpräses, Luxemburg-Bahnhof.
„ de Waha Franz-Karl, Pfarrer, Medernach.
„ Dr. de Waha Raymond, Generaldirektor, Peterstr., Lxbg.
„ Waltzing Joh., Pfarrer, Eschweiler (Grevenmacher).
„ Weber Joh., Pfarrer, Harlingen.
„ Weicker Joh.-Bapt., Agronom, Sandweiler.
„ Weidert Math., Beamter der Grundkredit-Anstalt, Luxbg.
„ Weiler, Lehrer, Hosingen.
„ Weisgerber, Agronom, Olingen (Roodt an der Syr.)
Frl. Welter E. Lehrerin, Grevenknapp.
Hr. Welter Mathias, Lehrer, Schifflingen.
„ Werling Ferdy, Banquier, Luxemburg.
„ Weynandt-Harpes J., Geschäftsvertreter, Weidingen
„ Wilhelm, Lehrer, Hersberg (Hemstal) [(Wiltz.)
„ Wilhelmy Ernst, Adlerapotheke Luxemburg.
„ Winkel August, Pfarrer, Bettborn.
„ Worré J.-P. Buchdrucker, Limpertsberg.
„ Dr. Zettinger Jos., Seminarprofessor, Luxemburg.
„ Zieser Nicolaus, Dechant Vianden.
„ Zuang Arnold, Buchführer Limpertsberg.
Bibliothek des Vereins der hl. Familie (Redemptoristenkloster), [Luxemburg.
Grossherzoglich-Luxemburgische Hofbibliothek Colmar-Berg.
Katholische Lesegesellschaft, Luxemburg.
Lehrerbibliothek, Beaumontstrasse, Luxemburg.
P. Rektor des Redemptoristenhauses, Echternach.
P. Rektor des Redemptoristenhauses, Luxemburg.
S. A. R. Madame la Grande-Duchesse, Colmar-Berg.
Bibliothèque de la Chambre des Députés, Luxembourg.
Bibliothèque de la Section historique de Luxbg., Pfaffental.
Le Gouvernement grand-ducal (Dep. de l'Instruction), Luxbg.
National-Bibliothek, Athenäum, Luxemburg.
Le Procureur général de l'Etat, Luxembourg.
Hr. Kellen Tony, Schriftsteller, Hohenheim bei Stuttgart.
Hr. Dr. Faber Johann, Professor am Theresianum, Wien IV, Aloys Drasche-Park, 10 (Österreich).
Grossherzoglich-Luxemburgische Hofbibliothek, Biebrich a. Rh.
Villaret Karl, Buch- und Kunsthandlung, Erfurt.
Gouvernements-Bibliothek, Luxemburg.
P. Rector des Herz Jesu-Klosters, Limpertsberg.
P. Rector des Jesuitenhauses, Limpertsberg.
Falk fils, librairie, Bruxelles, 28 rue des Paroissiens.

Das Eligiusamt zu Luxemburg.

(Fortsetzung.)

III. Die Regelung der Arbeit.

Zu den vornehmlichsten Zielen und zugleich praktischsten Aufgaben des Amtes gehörte die Regelung der Arbeit. Sie erstreckte sich auf die Menge und Qualität der Produktion, sowie auf den Absatz der Arbeitsprodukte.

a. Die Regelung der Produktionsmenge.

„Leben und leben lassen", das war ein Fundamentalprinzip des Wirtschaftslebens im Zeitalter des Zunftwesens. Als sich im 10. und 11. Jahrhundert das Handwerk auf dem Boden der werdenden Städte entwickelte und organisierte, da steckte die Geldwirtschaft erst in den Kinderschuhen. Dienstleistungen wurden mit Gegendiensten oder mit Naturalien entlohnt. Der rasch aufgeschwollene Geldkapitalist gehört der spätern Frei- Wirtschaftsperiode an. In der Zunftzeit war man nur reich durch den Besitz von grössern Immobilien, wertvollen Hauseinrichtungen und andern ungemünzten Kostbarkeiten. Der Erwerb von Reichtum in der Form von Geld und Wertiteln war sogut wie ausgeschlossen. Abgesehen von den seltenen Glückspilzen, die bei der Wahl ihrer Eltern sehr glücklich gewesen waren, mussten die Zunftzeitgenossen, um ehrbar leben oder zu einem kleinen Wohlstand emporkommen zu können, selbsteigen mit der Hand oder dem Kopf arbeiten.

Um allen Individuen des Gemeinwesens die Möglichkeit zu verschaffen, ehrbar leben zu können, musste darum die Arbeit selbst geregelt und möglichst gleichmässig auf alle Schultern verteilt werden. Niemand konnte sich eigenmächtig, wie heutzutage, mit Heranziehung zahlreicher Hilfskräfte zum Herrn der ganzen Produktion machen.

Dieser Wirtschaftsart haftet offenbar der Nachteil an, dass dem Einzelnen der mächtige Ansporn zu intensiver und tüchtiger Leistung fehlte, nämlich die Aussicht auf den Erwerb eines grossen Vermögens. Auch der leistungsfähigste und unternehmungslustigste Handwerksmeister musste Klein-, im günstigen Falle, Mittelproduzent bleiben. Einen nicht zu unterschätzenden Ausgleich jedoch bot jedem Meister die Sicherheit, dass weder ihm noch seinen Kindern und Kollegen je die lohnende und nährende Arbeit mangelte, ferner die Gewähr, dass neben seiner soliden Arbeit keine Stümper- und Schundware als unredliche Konkurrenz geduldet würde. Die Hoffnung des Reichwerdens ist unleugbar ein kraftvoller Antrieb im Erwerbsleben; dass sie aber nicht der einzige ist, dass auch der systematisch gepflegte korporative Geist, der von edeln Motiven getragene Opfersinn und nicht zuletzt das stark ausgeprägte Standesbewusstsein zu grossen Leistungen antreiben, das haben die Zünfte bewiesen. Gerade die Berechtigung des zünftigen Standesstolzes muss anerkannt werden, weil er auf dem Boden des redlich erworbenen Meistertitels und der von den Zeitgenossen allgemein und rückhaltlos anerkannten Leistungen fusste. Dieser edle Stolz auf die eigene Tüchtigkeit einerseits und die Kraft der Berufsorganisation andrerseits durchdrang und beherrschte tatsächlich die ganze Handwerksproduktion.

Der Produktionskraft des einzelnen Meisters wurde eine erste Maximalgrenze gezogen durch eine einschränkende Bestimmung bez. der Einstellung von Gehilfen. Die „alte Ordnung" bestimmte nicht arithmetisch die Zahl der jeder Werkstätte zukommenden Gehilfen. Sie hätte es tun können, aber nur für normale Verhältnisse. Sie war zu tief durchdacht und praktisch erprobt, um nicht die Fälle ausserordentlichen Arbeitsandranges vorher- und vorzusehen. Die Regulierung legte sie vielmehr in die Hände des jährlich neu zu wählenden Amtsmeisters. Sie verlangte (Art. 21) unter Strafe, dass der Handwerksmeister seinen neuen Lehrling innerhalb der zwei ersten Wochen beim Amtsmeister anmeldete und zugleich „orloif", d. h. die Erlaubnis zu dessen Annahme einholte. [1] Ein kostbares Regulativ gegen die Lehrlingsschinderei und Ausbeutung! Zugleich einerseits eine Gewähr für die Kunden, dass ihnen nicht ausschliesslich Lehrlings-Stümperwerk, sondern Meisterarbeit gemacht wurde, anderseits eine Beruhigung für die Meisterkollegen, dass nicht eine vielbesuchte Werkstätte alle Mitbürger bediente, die andern Werkstätten der Vereinsamung und Verelendung überlassend. Die erwähnte Verfügung der »alten Ordnung« ist auch in das Statut Karls VI. (Art. 5) aufgenommen worden. Hatte sie nun für einzelne einen zu beengenden Charakter? Das Dekret Maria Theresias vom Jahr 1771 liess sie fallen und bestimmte (Art. 25): „Il sera permis à chaque Confrère, de quelque Métier qu'il soit, d'avoir autant d'Apprentifs, Ouvriers ou Valets qu'il trouvera convenir pour l'exercice de son Métier." Aber nach einer weitern, zwanzigjährigen Erfahrung wurde sie auf Vorschlag des Amtes [2] und der 13 Meister-Korporation [3]) durch das kaiserliche

[1]) Die Satzungen des Schmiedeamts von Trier vom Jahre 1523 bestimmten (Art. 12): Du sollst keinen Lehrjungen ahnnehmen sonder Urlaub des Meisters bey der Straff einen Gulden. (Mitgeteilt v. Wilh. Schäffer).

[2]) Projet de règles additionnelles aux Statuts du Métier de saint Eloy de la ville de Luxembourg. Art. 4to aucun maître n'osera prendre un apprentif sans l'annoncer au métier pendant les quinze premiers jours pour être annoté et reconnu par le métier . . . .

[3]) Projet de règles et Statuts pour le métier de saint Eloy etc. Art. 7°. Genau derselbe Text.

Règlement additionnel vom Jahr 1793[1]) auf Wunsch sowohl des Amtes wie der Kundschaft wieder aufgenommen. Das Statutenprojekt der 13 Meister beantragte, allerdings erfolglos, im Art. 25, dass ein Meister einen Lehrling und zwei Jahre später einen zweiten annehmen könnte.

Die Produktion erlitt eine fernere Einschränkung durch die Umgrenzung des **Produktionsobjektes**. Es galt als Tradition — und diese wurde durch das königliche Dekret vom 21. Oktober 1738 zum Statut (Art. 4) erhoben, — dass der einzelne Meister sich auf die Herstellung und den Verkauf jener Gegenstände beschränken sollte, in denen er das Meisterstück gemacht hatte. Wer in mehreren Spezialitäten die Meisterprüfung bestanden hatte, durfte auch die sämtlichen dazu gehörenden Waren herstellen und feilbieten. Diese Einschränkung lag ohne Zweifel im Interesse der andern Amtsgenossen, anderseits bot sie eine Sicherheit für die gute Qualität der Produkte.

Allein die Nachfrage seitens der Kundschaft duldete keine Einschränkung auf dem Warenmarkt. Darum war es den Meistern erlaubt, neben den Eigenprodukten auch alle zu ihrer Spezialität gehörenden Eisengegenstände zu verkaufen, die nicht in der Stadt fabriziert, sondern von aussen, **entweder vom platten Land oder aus dem Ausland** bezogen worden waren. Die Ausübung dieses Rechtes war Handel. Und Handel gehörte zu den Vorrechten der Theobaldusbrüder, der Krämer. Es lag nun nahe, dass bald Konflikte zwischen den beiden Ämtern entstanden. Tatsächlich ist es oft genug zu Reibungen, sogar zu Reibereien gekommen.

Eine endgiltige Entscheidung wurde noch im Jahr 1793 durch das Règlement additionnel (Art. 8) getroffen. Sie bestimmte: Die Krämer haben das Recht, alle aus dem Ausland kommenden Quincailleriegegenstände[2]) feil zu halten; die Mitglieder des Eligiusamtes müssen sich auf die Waren ihrer Spezialität beschränken, sei es dass sie dieselben in ihrer Werkstätte hergestellt oder von aussen her bezogen haben.

b. Regelung der Qualität der Produktion.

Die zahlreichen Bestimmungen über die Produktionsmenge waren ohne Zweifel eine drückende Fessel für den einzelnen

---

[1]) Règlement de Sa Majesté additionnel etc. Art. 4°. Der nämliche Text.

[2]) Als Quincaillerie betrachtet dasselbe Règlement additionnel die folgenden Gegenstände: Sensen und Sicheln; Vorhängeschlösser; Feilen; Meißel aller Arten; Sägen, Schmiedezangen, Stutenringe; Pferdeschnallen; Zwickbohrer; Stahl; Hobeleisen; Zäume; Schraubendreher; Steck- und Nähnadeln; Häkselmesser; Tischgabeln und Schneuzscheren; Messer und Scheren; Schäferschaufeln; Kellen; Steigbügel; Ahlen und Schusterstahlnägel; Compässe; Spiralbohrer; Pfropfenzieher; Eisendraht; Bratpfannen; Kochmaschinen; Kupfer- und Eisenblätter; Öfen; Töpfe und eiserne Kessel und alle Werkzeuge, die aus England kommen und andere, die nicht in der Stadt hergestellt werden; alle Holzschrauben; Pferdestriegel; Pflugscharen.

strebsamen, erwerbslustigen Meister; allein er musste sie tragen. Sie bezweckten vorzugsweise den Vorteil der Meister im allgemeinen, die sich alle von ihrem Gewerbe ernähren wollten und mussten. Allein das Amtsstatut unterliess nicht, auch das Interesse der Abnehmer zu wahren durch fachmännische Sorge für eine vorzügliche Qualitätsware.

Uns und unsern Zeitgenossen ist im Handel längst der Grundsatz «Augen auf oder Beutel auf» in Fleisch und Blut eingedrungen. In der Zunftzeit war es anders. Der Käufer war damals überzeugt, dass er ein strenges Recht auf eine echte, brauchbare Ware hatte, er glaubte, kein Schuster habe das Recht, einen Menschenfuss und kein Schmied das Recht, einen Pferdefuss zu verderben.

Dieser Forderung in den Kreisen der Abnehmer wurde Rechnung getragen einerseits durch die gediegene Vorbildung der Handwerksmeister, anderseits durch die ständige Kontrolle ihrer Produkte.

Das Wort Meister bezeichnete den Mann, der drei Jahre Lehrling, dann einige weitere Jahre Geselle gewesen war, der sich auf der Wanderschaft die Welt angesehen und durch Herstellung des Meisterstückes bewiesen hatte, dass er seine Sache verstand. Seine Vergangenheit und sein Name bürgten für die gute Qualität seiner Arbeit.

Eine weitere Gewähr bot die Besichtigung der Märkte.

In allen inländischen Zünften, deren Statuten uns bekannt sind, wurde die Besichtigung der auf den Märkten feilgehaltenen Waren als ein best- und festbegründetes Recht des Amtsmeisters angesehen.

Über den Ursprung und die Ausübung dieses Rechtes durch die deutschen Zünfte schreibt Ed. Ott [1]: »Sollte die Zunft der Stadtbehörde die ausreichende Versorgung der Bürgerschaft mit guter Arbeit und preiswürdiger Ware gewährleisten, so musste man ihr an der Handhabung der Gewerbepolizei einen bestimmten Anteil geben. Diese war ja anfangs Sache des Marktinhabers, also in den meisten Fällen Sache des Stadtrates, der sie durch Ausschüsse aus seiner Mitte handhabte. Den mit der Ausübung der Gewerbepolizei und des Gewerbegerichtes betrauten Ratmannen und den verschiedenen Marktbeamten, denen die erforderliche Sachkenntnis nicht selten abgehen mochte, wurden zunächst als Sachverständige verschiedene Handwerksmeister beigesellt. Der Einfluss und die Bedeutung der letztern für die Gewerbepolizei steigerte sich in dem Masse, als der Marktverkehr sich belebte, als die Zunft als städtisches Amt anerkannt wurde. So gingen denn die gewerbepolizeilichen und gewerbegericht-

---

[1]) Dr. Eduard Ott. Das deutsche Handwerk in seiner kulturgeschichtlichen Entwickelung. Verlag: B. G. Teubner, Leipzig. S. 40 ff.

lichen Befugnisse mehr und mehr auf die Zunftvorstände über, die freilich unter Aufsicht der Stadtbehörde ihres öffentlichen Amtes walteten. Vor allem wurden die von Einheimischen und Fremden zum Markte gebrachten Waren einer eingehenden Prüfung oder »Schau« unterzogen. Ja, zuweilen erweiterte sich diese Prüfungsbefugnis den Einheimischen gegenüber zu dem Rechte, den gesamten Vorgang der Produktion vom Einkaufe des Rohstoffes bis zum Verkauf der Ware zu überwachen. Die »Schauer« oder »Schaumeister« hatten darauf zu halten, dass das verwendete Material gut und haltbar, die Arbeit sauber und sorgfältig sei. Die Verwendung geringwertiger Stoffe, stümperhafte Arbeit und dergleichen auf Übervorteilung und Täuschung des Abnehmers hinauslaufende Vergehen des Produzenten wurden von den prüfenden Zunftvorständen mit Geld- und Wachsbussen belegt.« Diese Schilderung der deutschen Marktschau passt genau auf die luxemburger Verhältnisse, auf den hierländischen »besicht auf Kupfer- und Eisenwerk.«

Der »Besicht« wurde als ein altes traditionelles Recht von Herzog Wenzeslaus am 2. Mai 1377 zu Gunsten des Eligiusamtes und für das Gebiet des ganzen Herzogtums anerkannt. [1])

Die Ausübung dieses Rechtes muss sehr beschwerlich gewesen sein: denn es darf nicht übersehen werden, dass das Herzogtum zu Anfang des 17. Jahrhunderts etwa viermal grösser war als das heutige Grossherzogtum und dass es nicht weniger denn dreiunddreissig [2]) Märkte zählte, von denen je vier zu Avioth, Bastnach und Echternach, je drei zu Arlon und Luxemburg, je zwei zu Mondorf und Zolver, je einer zu Bissen, Diedenhofen, Diekirch, Einelter, Heiderscheid, Helpert, Igel, Johannisberg, Kettenhofen, Rodenmacher und Wiltz abgehalten wurden. Auf den Besicht bezügliche Bestimmungen aus den Statuten der Eligiusämter einiger Marktflecken vom Lande z. B. Wiltz [3]) und Echternach berechtigen

---

[1]) Vgl. Dominik Constantin Münchens Versuch einer Geschichte usw. S. 303.

[2]) Vgl. Peffer Nik. Le pays et la franchise de Wiltz sous le régime féodal, p. 39.

[3]) Nicht ohne Interesse ist das nachfolgende Bekräftigungsurteil vom Jahr 1630:

> Zwischent den Kesselern dieses landtsz supl a) auch Impten a) provisions brief b) eins c) den Schmidt. Schlosser undt Kesseler amptszmeister dieser statt Rbten d)
> auch op'nten d) bes anderen theilsz.
>
> Nach übersehung desz schriftlichen prows e) Mein gnediger Herr Gubernator f) President vndt Rathe zu Lutzemburg die durch opnten bes In- dero Inventario sub Lit. S exhibirte und In einer anderen sachen gehaltene informationes vnd kundschaften verwerfent Erkennen die Supl In Ihren conclusionibus g) unbefugt vndt die opnten bes davon absol-

jedoch zu der Annahme, dass die bestehenden Landämter ziemlich regelmässig das Besichtigungsrecht entweder selbsteigen oder im Auftrag des luxemburger Amtsmeisters ausgeübt haben.

Dass die Letztern über die Unverletzlichkeit ihres Privilegs eifersüchtig wachten, geht aus mehreren nachfolgenden Urteilen [1]) hervor.

Durch Dekret vom 21. Oktober 1738 bestätigte Karl VI. das genannte Privileg ohne die geringste Abänderung (Art. 15).

---

virendt h) dasz der durch dieselben erwehlten vndt In dieser statt gesessener Schmidt vnd Kesseler' amptszmeister den besicht uf kupfer vndt eysenwerk so woll In dieser statt alsz uf anderen dieses Herzogthumbs fehe: vndt Jahr marcken i) desz Hertzogen venceslai privilegio vom 2 May 1377 gemesz thun sollen Welchem auch alle uf dem platten landt vndt auszerhalb dieser Stadt gesessene Kesseler oder amptszbruder den gebuhrlichen gehorsam leisten sollen, dieselbe Suph darzu vndt In abdragh der kosten dieser Verfolgh nach rechtlicher messigungh Condemnerendt vnd verweisendt, Actum Lutzemburgh ahm 16 Novembris 1630 vnderschrieben auf befelch A Blanchart

Pour copie authentique
J. Strabius Nots. k)

---

a) Supplikanten-Bittsteller. Impetranten-Kläger.
b) Sie verlangen einen Provisionsbrief, d. h. (nach Dictionnaire von A. König) ein vorläufiges Erkenntnis in der nachstehenden Angelegenheit in der Erwartung eines endgiltigen Austrags des Rechtsfalls.
c) Einesteils.
d) Reskribenten, Opponenten - Gegenpartei; bes - Beschuldigte.
e) Beweis.
f) Gouverneur war damals Graf Christoph von Ostfriesland und Emden, Ritter des goldenen Vliesses (8. April 1628 — 19. März 1636.)
g) Die Kessler vom platten Land sprachen dem Eligiusamt von Luxemburg das Recht ab, die Eisenarbeiten auf den Landmärkten zu besichtigen.
h) Von diesem Vorwurf spricht das Urteil den Luxemburger Amtsmeister frei und erkennt, daß . . . .
i) Vieh- und Jahrmärkte.
k) Notar. S. Schötter, S. 167.

[1]) Ein einschlägiges Urteil befindet sich im großen Amtsbuch, Seite 15, verso. Nachstehend dessen Wortlaut:

Zwischent Schmidtsamdtsmeistern alhie Klegeren eins undt Matheysz frisch betz andern' theils.

Nach verhor der Partheyen. der Richter erkendt In der guette dass es dem bitz nicht geburt pistolen holfteren a) allhu feillen b) kaufsz c) zu halten vndt zu nachtheill der clegeren amptsz ordnungh d) zu veräuszeren, denselben deswegen In abdragh der kos diesesz gehor e) verweisendt, Wie auch dem Schmidt ampt wegen des dardurch zugefugten nachtheilsz zwen herrengulden f) zu erlegen, Sonsten vbrigen streitt wegen der durch bitz feilen kaufs gegebener vndt vereuszerter pistollen ahnlangent hinderschickt partheyen Insz ordentlich gericht g); gestalt denselben alda wie sie es rath-

Die Ordnung Maria Theresias vom 14. September 1771 (Art. 62) hob das Privileg nicht gänzlich auf, beschränkte jedoch dessen Geltungsbereich auf die Stadt Luxemburg. Gegen diese Beschränkung legten die dreizehn Meister im Jahr 1789 in einem neuen Statutenprojekt [1]) Verwahr ein; aber erfolglos. In der vier Jahre später erfolgenden kaiserlichen Ordonnanz wird das Besichtigungsrecht mit keinem Wort erwähnt. Die Freiwirtschaftstheorien von Adam Smith, die in den kaiserlichen Kanzleien inzwischen bereits Anhänger gewonnen hatten und der neue Freiheitsgeist, der von Frankreich herüber wehte, begünstigten die Lösung aller den Handel und Wandel hemmenden Fesseln.

c. *Die Regelung des Absatzes.*

Solange der Meister nur auf Bestellung arbeitete, war der Absatz gesichert. Als jedoch zu gewissen Zeiten des Jahres die Nachfrage die Leistungsfähigkeit der vorhandenen Arbeitskräfte überstieg, machte sich das Bedürfnis geltend, auf Vorrat zu produzieren und ein Lager und einen Laden zu halten. Der Inhaber des Ladens hatte nur allein das Verkaufsrecht der von ihm in seiner Werkstätte hergestellten und anderer gleichartigen Waren. Uns Kindern des 20. Jahrhunderts erscheint dieses Monopol als beengendes und rückständiges Privileg. Freilich besteht das Monopol in der professionellen Betätigung heutzutage nur noch in den freien Berufen, deren Vertreter sich dieses Monopol durch eine voraufgehende Prüfung erworben haben (Professoren, Advokaten, Kultusdiener, Lehrpersonen, Apotheker). Die Prüfung bildet die Vorbedingung des Monopols. War damals die Vorbildung zum Meister, die Lehrlings- und Gesellenerziehung, das Wandern und das Meisterstück nicht ebenfalls ein hoher Kaufpreis für das Verkaufsmonopol! Wer unbefugter Weise

---

samb finden werden, aussfundigh zue machen actum Lutzenburgh ahm 22 Juny 1648 underschrieben
J Simoni

Pro copia authentica
J Strabius nots. (paraphe)

a) Holfter = Futteral, Scheide für die Pistole.
b) Allhier zu Luxemburg.
c) Zum Verkauf feilzuhalten.
d) Waren, deren Verkauf durch die Ordnung d. h. das Statut dem Amt vorbehalten war.
e) Zur Zahlung der Kosten des Verhörs verweisend.
f) Der Herrengulden wird auch Goldgulden genannt. Dessen Wert = 28. Stüber (12 Stüber = 1 Franken = 0.80 Mark).
g) Das Erkenntnis Simonis entscheidet die Angelegenheit nur insoweit das Eligiusamt in Betracht kommt.

[1]) Projet de règles et Statuts pour le métier de saint Eloy de la ville de Luxembourg. Art. 27 et 34.

fremde Waren auslegte, wurde von der Stadtpolizei gefasst und bestraft.

Ein weiterer Vorteil war dem Meister gesichert durch das Recht auf einen Verkaufsplatz.

Bekanntlich weisen alle mittelalterlichen Städte die Eigentümlichkeit auf, dass die verwandten Gewerbe in der nämlichen Strasse zu finden sind, die Metzger in der Fleischerstrasse, die Leineweber in der Leineweberstrasse u. s. f. Es lag nahe, dass einige Gewerbe bestimmte Plätze bevorzugten, wie die Gerber die Nähe des Flusses, die Bäcker das Zentrum der Stadt. Auch wiesen manche Stadtverwaltungen zwecks Förderung der öffentlichen Gesundheit, der Ruhe usw. einzelnen Gewerben bestimmte Strassen an. Dass aber zu Luxemburg je ein Strassenzwang bestanden habe, ist durch nichts erwiesen Luxemburg hatte seine Schmiedegasse [2]). Noch heute kennt jeder Hauptstädter die Schmiede im Stadtgrund, ein öffentlicher Platz, auf dem gelegentlich der Volksfeste die Karussels und die Zuckerbuden aufgestellt werden.

Eine sehr fürsorgliche Massnahme, die ebenfalls auf die Schuster ausgedehnt wurde, traf das Règlement additionnel von 1793 (Art. 10), indem es verfügte: »Der Amtsmeister des Eligiusamtes wird dem Magistrat eine Liste der Mitbrüder, welche in verkehrsarmen Strassen wohnen, oder die keinen offenen Laden haben, unterbreiten, damit der Magistrat ihnen einen Platz oder zwei ausserhalb des Wochenmarktplatzes anweise. Auf diesen Plätzen dürfen sie an den Markttagen, aber nur dann, ihre Produkte und Waren feilhalten. Tun sie das anderwo, so verfallen sie einer Strafe von einem halben Taler zum Vorteil des Beaumaitre; ausserdem werden ihre Verkaufsstände auf ihre Kosten abgetragen.« Diese Massnahme ist bis heute durch keine Gegenverfügung aufgehoben worden.

Verkaufspreis. Aus den beiden durch die Behörde gesicherten Rechten des Verkaufsmonopols und des Verkaufsplatzes entstand für die Meister die Pflicht, annehmbare Preise einzuhalten. Die Behörde, welche die preisregulierende Konkurrenz zu Gunsten des Amtes ausschaltete, hielt sich für

---

[2]) Vergl. I. Wolff. Contern, S. 44. „smydegasse". — 2. Van Werweke schreibt (kurze Geschichte usw. S. 212): „In diesen engen, dumpfen Straßen wohnten die Bürger, vielfach diejenigen, die dasselbe Gewerbe betrieben, dicht nebeneinander, wenn nicht etwa in einer Gasse;. . . . . . . In der Scharsmiedegasse, einer heute längst verschwundenen Gasse, auf dem linken Ufer der Alzette von der Hurenbrücke bis zum Hundhaus." -- 3. Publications, année 1895. Les finances de la ville de Luxemburg pendant le règne de Philippe le Bon. p. 131. De la porte st. jean elle prenait sa direction rers le sud-ouest, en bordant la Scharfsmidergasse jusqu'au point, où elle atteignait le chemin, qui, venant du Pfaffenthal, passait le pont Honthaus et conduisait au plateau d'Altmunster.

Auch im Breitenwege wohnten Schmiede; z. B. Clein schmitgin, i. J. 1455 und der negelsmide i. J. 1445 (Vgl. Ebend. Publications, 1895, etc. S. 131 und 188).

berechtigt und verpflichtet, die Preisregulierung selbst in die Hände zu nehmen. Dass einheitliche Normalpreise durch gegenseitige Vereinbarung der Behörden und der Meister zu Stande kamen, geht aus den Amtsschriften hervor. Durch notariellen Akt vom Jahr 1591 [1]) verpflichtete sich namens der

[1]) Nachstehend der Akt:

Uf heuth dato mittwoch den fünften dagh Septembris In diesem Instehendem fünfzehnhondert vndt Neuntzigsten Jaer vur mittagh alhie zu Lutzemburg vur mir Johansen Datt Keyserlichen gewaltsz offenbahren auch durch die Konigl Regierung desz hohen Rathsz zu Lutzemburgh admitirten geschworenen Notarien sampt hernach ernente hierzu sonderligh a) ersuchte vndt erbettene glaubwurdige gezëugen erschienen seyndt meister Claus kesseler In nahmen vnd von Wegen der Kesseler Zunft, Wie auch desso beyden sännen alsz nemlich Michell vndt Georgen drey burger der Statt Lutzemburgh vndt haben einmündigh b) durch gedachten Michelen ahngezeigt dass diess vndt Ihrer Zunft durch jung vndt alt Ier meinungh sey, so auch nunmehr von Ihnen zue ewigen Jaeren vnd dagen hinfürter gehalten werden soll wie hernach folgt, dar mit der gemein man nicht bedrogen wirdt Item dass vndt wanner ein neuwer kessell ein loch hatt dasz man ein nagell kan drin schlagen nach Vbung Ihres amptss soll uf zwen str c) vndt mehr nicht gestraft werden, wie dan auch da solcher nagell darzu undienlich soll man ein ney drufsetzen mitt zwen nagell, so sall vermacht sein vier Stüber, Item da es die notturft erfordert dass man ein stück druf schlagen werden so solle vermacht sein acht stüber, Item deszgleichen da ein kessell drey finger breydt vnd dem brandt ausgedrieben were soll vermacht sein Ein halben thlr., da ess sich aber begebe dasz ein kessell darüber ess wehr so viell esz auch sein magte vssgetrieben wehr soll vermacht vndt denselbigen verfallen sein fünf Pfhund alter Tornisz die man nent kleine schwartze Tornisz, so durch herrn vndt gericht nach lauth vndt Inhalt dero drüber auszgesprochenen vrtheill in dato zwölften january anno ut supra vndt seindt solche Tornisz eracht worden durch gl gericht uf vier thaler fünf stbr die halbe theill Ihrer Kongl May' vndt die ander halb theill dem ampt vnnachlessigh zu beza len verfallen sein, vndt nach vurlesung diesz sie sampt vndt sonders druff beharret, vndt weill Ich 'vurgl Notarius dasz so vorstehet dass also gesehen vndt gehort habe Ich diese attestation druber ufgericht eichener hand geschrieben vndt zum wahren Urkundt mitt meinem Notariat handzeichen underschrieben, Geschehen zu Lutzemburgh In beyseins der ehrsahmen martin Greiff vndt Michel von Feckingen beyde burger zu Lutzemburgh vndt zeugen sonderlich herzu beruffen vndt erbetten uff Jaër undt tag vurgl jedoch mir In allerwegh ohne nachtheill. mehr unden stunde geschrieben vndt weill Ich Notarius vurgeschrieben anderer gescheften halber zu thun, hab Ich dieses durch ein treuwe handt lassen abschreiben vndt vergleicht sich dem original Actum Lutzemburgh den dreyssigsten Augusti anno 1591 Underschrieben Datt nots

Pro copia authentica

J. Strabius nots

(Großes Amtsbuch, Seite 14 verso und 15 recto.

a) Eigens.
b) Mit einem Mund, einstimmig.
c) Stüber.

Kesselerzunft Meister Claus. Kesselreparaturen zu folgenden Preisen vorzunehmen:

1. Falls die Ausbesserung nur 1 Nagel erfordert: 2 Stüber;
2. « « « « 2 Nägel « 1 «
3. « ein Stück auf das Loch gesetzt werden muss: 8 «
4. « der schadhafte Kessel drei Finger breit durch den Brand ausgetrieben ist: ½ Taler;
5. Äusserster Preis für die Reparatur: 5 Pfund alter Turnosen. (Fortsetzung folgt.)

Logements militaires à Luxembourg pendant la période de 1794-1814.

(Par Alphonse Rupprecht.)

(Suite.)

290. Monsieur le *baron de Schauwenbourg* quartier d'officier de 3 chambres au rez-de chaussée dont 2 avec cheminée pour 1 capitaine ou 2 officiers, en outre une chambre dans l'intérieur de sa maison pour 1 officier. *10 places au batiment principal 5 au batiment séparé.* 2 écuries pour 8 chevaux. [123])

---

[123]) Aujourd'hui le N° 34 de la rue Philippe, propriété des héritiers München.

Maison acquise en 1798 par Mr. Philippe-Charles München-Well et reprise par son fils, Mr. François-Charles München-Pescatore; vendue après la mort de ce dernier, à Mr. Lippmann-Nathan et en 1902, à Mr. J.-P.-Alphonse München-Graf.

La famille de *Schauwenbourg (Schauenbourg, Schawenbourg, Schawembourg, Schaumbourg)*, originaire d'Alsace, semble s'être fixée dans le Luxembourg pendant le 15. siècle. Au commencement du 16. siècle elle acquit les châteaux de Preisch-lez-Mondorf et Berwart à Esch s/A. Une pierre tombale à la chapelle castrale de Preisch porte cette épitaphe:

«Im Jahre 1523, den 3. Juli starb der edele Jehan von Schawenburg, Herr zu Preisch, Hofmeister des Markgrafen Christoph von Baden, Herr zu Rodemachern.»

Une fille de ce Jean de Schauwenbourg, du prénom de Madeleine, avait épousé en premières noces Bernard d'Autel et en secondes noces Jean II de Naves. A Luxembourg, la famille de Schauwenbourg possédait d'abord une maison dans la Grand'rue (V. Note 39), puis celle de la rue Philippe qui fait l'objet de la présente note.

Albert-Eugène de Schauwenbourg, fils des époux Charles-Bernard de Schauwenbourg et Barbe-Salomé de Housse, lieutenant justicier des nobles en 1738, mort à Luxembourg, le 1.

janvier 1712, descendant direct de Jean de Schauwenbourg susdit, avait transmis sa part dans la maison de la rue Philippe à son neveu et héritier universel, Antoine-René-Joseph de Schauwenbourg. Celui ci, né en 1701, décédé à Luxembourg, le 7 mai 1783, seigneur de Berwart, Gaisbach (Bade), Mondercange, Bertrange, Strassen etc., vice-gouverneur des trois Etats du duché de Luxembourg et comté de Chiny, avait son domicile à Luxembourg. Il s'était uni à Messancy, le 31 octobre 1740, à Marie-Elisabeth de Zuckmantel de Brumat, dame de l'ordre de la Croix Etoilée, née en 1718, morte à Luxembourg, le 28 décembre 1787 et ensevelie à Bertrange. (La mention *de Brumat* qui ne figure ni dans une notice de Mr. J.-B. Kolbach sur la ville d'Esch s/A. et le chateau de Berwart, ni dans celle de Mr J.-P. Claude sur la famille de Schauwenbourg, se trouve ajoutée au nom de Zuckmantel dans plusieurs actes de cette famille insérés aux registres des anciennes paroisses de Luxembourg).

Du mariage d'Antoine-René-Joseph de Schauwenbourg avec Marie-Elisabeth de Zuckmantel de Brumat naquit à Luxembourg, le 16 avril 1749, le baron Charles-Joseph de Schauwenbourg qui habitait et possédait en 1791 la maison de la rue Philippe. Il fut seigneur de Geisbach, Berwart, Bertrange, Osthofen (Alsace), châtelain à Frinsberg et capitaine du régiment d'Alsace, et épousa en 1ères noces en 1779, au château de Preistroff, Marie-Augustine-Anne, baronne Schenk de Schmidtbourg, née à Heidelberg, le 10 août 1751, et en secondes noces, en 1803, Sophie baronne de Terzberg, née le 2 janvier 1777, décédée à Krozingen (Bade), le 21 mai 1811. Les registres des déclarations de résidence de la ville de Luxembourg mentionnent qu'il avait constamment habité sa maison rue Philippe depuis 1777 et qu'auparavant il avait servi la France et fait la guerre d'Amérique.

Après l'entrée des troupes françaises à Luxembourg, le baron de Schauwenbourg fut porté sur la liste des émigrés. Rentré à Luxembourg, il signa le 5 floréal an IV (24 avril 1796), sa déclaration au Registre Civique de la ville de Luxembourg. Le 8 vendémiaire an VI (29 septembre 1797) il fit devant la Municipalité de Luxembourg la déclaration de se soumettre à l'article 5 de la loi du 19 fructidor an V qui ordonnait aux personnes inscrites sur la liste des émigrés et non rayées définitivement, de sortir du territoire de la République. Le baron de Schauwenbourg demanda en même temps un passeport et partit, non sans avoir réclamé contre son inscription. Il soutenait qu'il n'avait jamais émigré et qu'il ne s'était absenté de Luxembourg que pour aller à sa campagne de Berwart et vaquer à ses affaires à Osthofen. Une enquête ouverte à cet égard par la Municipalité de Luxembourg et dans laquelle furent entendus plusieurs notables

(Jodoc Hochhertz, apothicaire, J.-B. Huart et Jean-Jacques Tesch, anciens échevins, Antoine Pescatore et J.-N. Van der Noot et autres), lui fut favorable et paraît avoir emporté sa radiation définitive de la liste des émigrés. Probablement en 1794, le baron Schauwenbourg avait vendu son château de Berwart et acquis celui de Krozingen (Bade). Après avoir, en 1798, aliéné également sa maison de la rue Philippe, il alla se fixer à Krozingen. Il est mort en 1829. Du 1er lit il eut 9 et du second, 2 enfants dont les descendants, établis encore pour la plupart aujourd'hui dans le pays de Bade, y sont parvenus à des positions élevées dans l'administration, dans l'armée et dans la diplomatie.

(Cf. J.-B. Kolbach Esch s/A., Schloss Berwart-Imp. V. Bück. Luxembourg, 1871: J.-P. Claude, Die Familie von Schauenburg, dans Ons Hémecht, Année 1912, pp. 15, 19, 99; Biogr. Neyen, T II, pp. 112—113: Registres des anciennes paroisses et archives de la ville de Luxembourg.)

Philippe-Charles München, né à Dudeldorf, le 20 septembre 1777, époux d'Eléonore Well. Licencié en droit en 1800; avocat près le tribunal d'arrondissement de Bitbourg et d'Echternach de 1801 à 1814: avoué près le tribunal civil de Bitbourg, le 8 janvier 1802: juge suppléant du même tribunal, le 19 septembre 1805; président du tribunal civil de Quakenbruck, le 21 novembre 1811 (fonctions qui n'ont point été acceptées): avocat à Luxembourg, le 1 août 1824: conseiller à la Cour supérieure de Justice à Luxembourg, le 16 avril 1831: président de la même juridiction le 19 octobre 1840. Commandeur de l'ordre g. d. de la Couronne de Chêne, chevalier de l'ordre royal du Lion néerlandais et de l'ordre royal de l'Aigle rouge de Prusse: décédé à Luxembourg dans sa maison rue Philippe, le 29 mars 1858.

(Cf Dr. Neyen, Biogr., Lux., T. I. p. 477 et T. III. p. XXI.)

Avait 3 fils:

a) *Francois-Charles München*, né à Echternach, le 1 septembre 1813, marié à Luxembourg, le 17 février 1842, à Marguerite-Angélique Pescatore, fille de Guillaume Pescatore et de Thérèse Molitor, bâtonnier de l'ordre des avocats à Luxembourg et conseiller d'Etat; commandeur de l'ordre de la Couronne de Chêne, chevalier de 2e classe de l'ordre de l'Aigle rouge de Prusse; décédé à Luxembourg, rue Philippe, le 4 janvier 1882.

b) *Mathias-Tite-Louis-Alphonse München*, né à Luxembourg, le 31 janvier 1819, marié à Diekirch, le 19 juillet 1845, à Barbe-Pétronille-Valérie-Sophie Wolff.

Entré au service militaire hollandais comme volontaire, le 16 mai 1836; sous-lieutenant dans l'escadron de chasseurs à cheval, au contingent fédéral luxembourgeois, en 1841; lieutenant en premier des chasseurs, le 1 mars 1847: adjudant-major de bataillon, le 1 mars 1849; capitaine en second, le 27 decembre 1851; chef de compagnie, le 22 février 1858; capitaine en premier, le 30 mai 1861; major-commandant du bataillon des chasseurs luxembourgeois, le 4 juin 1868; aide-de-camp en service extraordinaire de S. M. le Roi Grand-Duc, le 21 juin 1870; commandeur de l'ordre g. d. de la Couronne de Chêne (1876) et officier de l'ordre de Léopold (1880), décédé subitement à la caserne du St. Esprit à Luxembourg, le 7 mars 1881.

(Cf. Arthur Knaff, Notice biographique sur Louis-Alphonse München, Luxemburg, mai 1883).

c) *Georges-Charles-Jacques-Marie-Gustave München,* né à Luxembourg, le 11 septembre 1821, marié à Hesperange, le 15 février 1851, à Marie-Barbe-Joséphine Tesch, ingénieur, membre effectif de la Société pour la recherche et la conservation des monuments historiques dans le Grand-Duché de Luxembourg; décédé à Hespérange, le 5 novembre 1855. (Cf. Dr. Neyen, Biogr.. Lux.. T. III, p. XXI).

Jean-Pierre Alphonse München, fils de M.-T.-L.-A München et de B.-P.-V.-S. Wolff, né à Diekirch, le 3 septembre 1850, marié à Luxembourg, en 1ères noces, le 5 juin 1884, à Julie-Elisabeth dite Agathe Wolff et en secondes noces, le 21 janvier 1893, à Marie-Eugénie Graf; ingénieur civil, conseiller communal de la ville de Luxembourg de 1892—1901; bourgmestre de la même ville de 1904—1914; député de la ville de Luxembourg de 1905—1917. Officier de l'ordre g. d. de la Couronne de Chêne (1909); chevalier de l'ordre de la Légion d'Honneur (1906); chevalier de 3. classe de l'ordre de la Couronne de Prusse (1909); commandeur de l'ordre de Léopold de Belgique (1914); décédé à Luxembourg, le 21 janvier 1917, dans sa maison rue Philippe . . . . . .

De 1897 à 1901 la maison était habitée par les agents diplomatiques allemands suivants:

le Comte Henckel de Donnersmark, ministre résident (15 juin 1897).

M Mumm de Schwartzenstein, envoyé extraordinaire et ministre plénipotentiaire (21 octobre 1898.

M. de Tschirschky et Bögendorff, envoye extraordinaire et ministre plénipotentiaire (16 septembre 1899) . . . .

La propriété München se compose du bâtiment principal, à un seul étage, avec façades sur la rue Philippe et sur le prolongement de la rue Louvigny; de bâtiments de derrière avec tour de construction moderne et d'anciennes écuries qui entourent une belle cour. L'entrée qui était autrefois rue Philippe, est formée aujourd'hui par une porte-cochère donnant accès à la cour, dans le prolongement de la rue Louvigny. A l'intérieur du bâtiment principal, la maison d'habitation proprement dite, qui nous semble dater du commencement du 18e siècle, on remarque entre autres comme constructions anciennes une cuisine voûtée divisée par un pilier en 2 nefs, et une cheminée très bien conservée. Un escalier en marbre blanc qui conduit à l'étage, est muni d'une rampe superbe en fer forgé et cuivre. Parmi les toiles, les objets d'arts anciens et modernes qui décorent l'escalier et les appartements de la maison München et dont de nombreux portraits des familles München et Willmar, nous avons remarqué une statuette du curé München qui vivait à Speicher de 1817 à 1858 et qui s'était créé dans cette localité une popularité que rappellent aujourd'hui encore de nombreuses anecdotes.

»Endlos sind die Stückche, lisons-nous dans une revue »allemande, die von dem ehrwürdigen alten Herrn in Knie»hose und Haube heute noch in Speicher kursieren: Hier nur »eins: In der Karfreitagpredigt ruft München zum Grabe »Christi gewandt, aus: Da liegst du nun, nackig und plackig; »die Juden haben dich gepeinigt und mit Dornen gekrönt, sie »haben dich gekreuzigt — nun ist es noch dein Glück, dass »du nicht unter die Speicherer gefallen bist, sonst wär's dir »noch schlimmer ergangen.« (Die Rheinlande. Monatsschrift für deutsche Kunst. Mai 1902. Düsseldorf, A. Bagel, p. 17).

Nous relevons de plus un tableau peint à l'huile comme provenant de l'ancienne famille de Schauwenbourg. Il a 0,77 m. de long sur 0,55 m. de haut et représente une femme avec des légumes qu'on voit à travers la fenêtre du local où elle est occupée. La fenêtre est en partie cassée, au point de montrer des vides et la manière dont l'artiste a tenu compte de cette circonstance dans la composition de son oeuvre, est admirable. La toile qu'on désignait toujours dans les familles München et Willmar du nom de »d'Kächen« (la cuisinière), a été donnée à Mr. Alphonse München par Mad. Willmar (V. Note 79) qui affirmait qu'il avait appartenu aux de Schauwenbourg.

(A suivre.)

Dr. Adam Chenot.

Adam Chenot (Chenotus), ein hervorragender Arzt der alten Wiener Schule, war der Sohn eines Müllers und ist im Jahre 1721 in der alten niederländischen Provinz Luxemburg geboren. Sein Geburtsort war trotz aller Nachforschungen bisher nicht festzustellen. Wir hoffen jedoch, dass, wenn die Kunde von ihm in unsere Heimat gedrungen sein und bekannt wird, dass er Luxemburger war, sich auf diese Anregung hin bei Trägern dieses Namens, der im engeren Luxemburg und sehr wahrscheinlich auch in Belgien im 18. Jahrhundert verbreitet war, urkundliche Angaben über den Geburtsort und seine Familie auffinden lassen.

Aus einer Biographie Chenots, die wir dem ungarischen Dozenten W. Schraud verdanken, der eine in lateinischer Sprache verfasste Geschichte der Pest in Transilvanien vom Jahre 1770 aus dem Nachlass unseres Landsmannes 1799 in Budapest herausgegeben hat, erfahren wir, dass er seine humanistischen und philosophischen Studien in seiner Heimat absolviert hat. Er war Doktor der Philosophie und der Medizin. Die Nachforschungen darüber, wo er diese Titel erworben hat, sind noch nicht abgeschlossen. Sicher ist, dass er am 18. August 1755 in Wien das medizinische Examen abgelegt hat. Den Doktortitel hat er jedoch damals schon besessen, denn es steht dabei der Vermerk: »Promotus alibi.«

Im Jahre 1755 wurde er von der Kaiserin Maria Theresia mit anderen Ärzten nach Siebenbürgen zur Bekämpfung der Pest geschickt. Sein dortiges Arbeitsfeld war Kronstadt. Hier zeichnete er sich durch Mut, Menschenfreundlichkeit und hohes Pflichtgefühl in seinem schweren Berufe aus. Er selbst erkrankte an der Pest und beschreibt alle Beobachtungen, die er an sich gemacht, auf das genaueste, bis er von Delirien erfasst wurde.

Im Jahre 1766 gab er sein berühmtes Buch »Über die Pest« heraus, dessen Inhalt heute noch mit Recht als hoch interessant bezeichnet werden kann. Das Buch, welches der Kaiserin Maria Theresia gewidmet ist, fand allgemeine Anerkennung, besonders bei seinem gelehrten Landsmann, Lehrer und Gönner, dem Leibarzt der Kaiserin, dem grossen van Switen, einem früheren Professor der Universität Leiden.

Wie uns in liebenswürdigster Weise aus Leiden, wo van Switen im Jahre 1725 sein Doktorexamen in der Medizin bestanden hat, mitgeteilt wurde, studierte dort in den Jahren 1721—1724 ein Johann Chenot Rechtswissenschaft. Derselbe stammte auch aus dem Luxemburgischen. Es ist wahrscheinlich, dass dieser Umstand, die Gönnerschaft des berühmten holländischen Gelehrten für Adam Chenot seine Übersiedelung nach Wien veranlasst hat. Nach der Schraudschen Biographie zu schliessen, muss er diesem, der einen Ruf an die Universität Wien im Jahre 1745 erhalten, dorthin gefolgt sein. Es ist mit Sicherheit festgestellt, dass Chenot nicht an einer Universität des gegenwärtigen Holland studiert hat.

Das Buch Chenots fand im Jahre 1776 einen Übersetzer in der Person des sächsischen Feldschers des 1. Leibregimentes namens Schweighardt in Dresden.

Im Jahre 1770 zeichnete sich Chenot zum zweiten Male bei einer Pestepidemie in Transilvanien aus. Die von ihm bei dieser Gelegenheit angewandten Massnahmen sind so durchschlagend gewesen, dass im Jahre 1771 die Pest in seinem Bezirke als erloschen betrachtet werden konnte, während die umliegenden Provinzen noch Jahre lang darunter zu leiden hatten. Er erhielt daraufhin als Auszeichnung die goldene Medaille I. Klasse und wurde 1773 zum Protomedicus (Physicus) in Siebenbürgen mit dem Sitze in Hermannstadt ernannt. Wegen seiner grossen Spezialkenntnisse in der Fachlitteratur über Pest und seiner Erfahrungen in deren Bekämpfung, ward er nach Wien berufen, um dort an der Ausarbeitung einer neuen Pestordnung mitzuwirken. Hier fanden aber seine mit grossem Fleiss und vieler Ausdauer durchstudierten Lehrsätze bei der Fakultät nicht die gebührende Aufnahme. Van Switen war 1772 gestorben.

Die letzten Jahre seines Lebens wurden ihm durch lange und sterile Verhandlungen, bei denen es an erbitterter Gegnerschaft nicht fehlte, vergällt.

Einen praktischen Triumph konnte er noch im Jahre 1786 feiern, indem er persönlich mit der Bekämpfung einer Pestepidemie in Mitroviz in Ungarn und Umgebung von Joseph II. betraut und bei der unter seiner Leitung die Seuche in kurzer Zeit ausgerottet wurde.

Mitten in seiner reichen wissenschaftlichen Tätigkeit, bei der er die Pestliteratur aller Zeiten bis ins Einzelne zusammengetragen hatte, wurde er vom Tode abgerufen. Er starb an einer Krankheit, die man zur damalig · Zeit »Schwarze Galle« nannte. (Ex atra bile). Das Datum s... s Todes wird einmal mit dem 6. Mai, das andere Mal mit dem 9 und 12. Mai 1789 angegeben. Er hinterliess ein bescheidenes Vermögen, da er keine Privatpraxis annahm, um nur für seine Studien über Pest zu leben.

Lange Jahre nach seinem Tode wurde der Wert der literarischen Arbeiten dieses ausgezeichneten Menschenfreundes erkannt. Im Jahre 1798 erschienen seine »nachgelassenen Schriften über die politischen Anstalten gegen die Pest«, von denen die Geschichte der Pest in Siebenbürgen, die wir vorhin erwähnten, gleichsam das letzte Kapitel bildete.

Seine Manuskripte wurden auf Befehl Joseph II. seinen Erben abgekauft und der Bibliothek in Clausenburg einverleibt. Schraud erwähnt darunter ein grosses Werk von tausenden von Seiten, in denen alles, was sich in der damaliger Literatur nicht allein auf medizinischem Gebiete, sondern auch in per Philosophie, der Poesie, der Geschichte usw. auf die Pest bezieht, planmässig geordnet und gesichtet ist.

Chenot war mit der Tochter eines Feldarztes mit Namen Stocker in Hermannstadt verheiratet, deren Grossvater auch Arzt war. Über seine Familie ist weiter nichts bekannt.

Nach den uns vorliegenden Quellen starb Chenot in Wien. Dort soll er Professor der Chirurgie an der medizinischen Akademie gewesen sein. Die Rückäusserungen auf unsere Erkundigungen an Ort und Stelle über diese Einzelheiten stehen noch aus. Inzwischen hat uns der Magistrat von Hermannstadt eine Arbeit mit wertvollen Aufschlüssen über die Tätigkeit Chenots, zuerst als Sanitätsphysicus und darnach als Protomedicus in Siebenbürgen gesandt. Die Aufzeichnungen reichen von 1758-1780. Wir sind geneigt anzunehmen, dass Chenot von da an in Wien gelebt hat.

In der Einleitung seines Buches über die Pest hat Chenot eine Seite über die Pflichten des Arztes bei der Pestbekämpfung geschrieben, die uns eine hohe Meinung über seinen Wert als Mensch einflösst. Über seine wissenschaftlichen Arbeiten soll an anderer Stelle berichtet werden.

Luxemburg, den 6. Januar 1921.

Dr. Edm. Knaff-Faber.

Luxemburgisches Sprachgut.

Im Volksmunde besteht noch heute die Redensart: »Brech Bruot an t'Brach«. Diese unter Zuhilfenahme der Alliteration geprägte Formel nimmt unser Interesse gewissermassen in Anspruch. Ins Hochdeutsche umgesetzt, lautet dieselbe: »Bröckele Brocken (Brotbissen) in die Bröch.«

Bröch ist Echternacher Sprachweise und entspricht dem Eifeler Brock. Es bedeutet saure Milch, Stockmilch, Schlizzermilch, gestandene Milch.

Beschäftigen wir uns für jetzt mit der Etymologie des Wortes, ohne uns mit der Schnellsprechübung abzugeben.

Das luxemburgische Brach ist von brechen hergeleitet, ebensowie die hochdeutschen bröckeln und Brocken. Brechen wird im Angelsächsischen nicht allein mit brecan, sondern auch mit brocen und auch mit brucan wiedergegeben. Es hat eine »mehrfache Bedeutung« brechen, drängen, eindringen auf, sich bemächtigen, hervorbrechen, hervorspringen, sich mit Gewalt einen Weg bahnen.

Dass auch Bruch (Mehrzahl Brüche), in der Bedeutung von Gebrochensein oder die Stelle, wo das Brechen stattgefunden, auf denselben Stamm hinweist, brauchen wir wohl nicht weiter zu betonen. Die Frage, ob auch Brüch u. (kommt häufig in Flurnamen von Wiesen vor). Sumpfwiese, das mit dem Angelsächsischen bróc, Bach, Strömung, verwandt ist, ebenfalls Anklänge an brecan, brocen oder brúcan aufweist, wollen wir als unentschieden dahingestellt sein lassen.

Von dem Zeitworte brechen ist auch brächen bruochen, durch Pflügen aufgerissenes Land ausruhen lassen, abzuleiten. Ferner die Wörter Brack u. Wrack. Das Brack bedeutet etwas abgestandenes, brackiges Wasser ist verdorbenes abgestandenes Wasser.

Die Brache: also das brachliegende Ackerland, wird von einem neueren Forscher, der seine Ansicht jedoch nicht weiter begründet, als gleichbedeutend mit »Leere« und auch mit »Erde« hingestellt. Allerdings dürfte »leere Erde« als brachliegendes Feld aufzufassen sein und den Begriff des »Abgestandenen«, des Brackigen, des Ausgenutzten so gut in sich schliessen wie die entrahmte Stockmilch.

Zum Schlusse gestatten wir uns noch die Frage, — sie ist allerdings umstritten — ob nicht auch das Zeitwort »brauchen« zu Bruch in Beziehung steht. Heyne-Göttingen, weist darauf hin, dass brauchen auf Grund der Verwendung **für Nahrung, eine allgemeine Bedeutung entfaltet hat,** dass das Wort urverwandt ist mit dem Lateinischen frui (**geniessen**) für frugvi, fructus, fruges: derselbe weist darauf hin, dass nur im Altenglischen das Verbum **der starken Conj.** als brucan, Prät. breac, gehört. — Nach diesen Erörterungen dürfte also das Wort brauchen, in Ansehung der Etymologie, nicht so ganz wertlos sein, und verdienen, etwas mehr in den Vordergrund gerückt zu werden. J. SCHMIT.

Beiträge zur Geschichte verschiedener Pfarreien.

III. Das ehemalige Landkapitel Arlon.

1. Küntzig.

1. Den Pfarrbezirk beschreibt Pastor Bontemps wie folgt: „Ich bin allein für die ganze Pfarr mit der Seelsorge beladen, und Küntzig ist ein Dorf so groß wie ein Fleck bestehend in 500 Seelen mit zwo auf dem Bann gelegenen Müllen, eine gute Viertelstunde zerstreut, mit einer Kreuzstraß durchschnitten, eine Straß kommt von Arlon, die andere von Luxemburg, darum ist die Hospitalität sehr groß . . . .“ Im ersten Bericht hatte er geschrieben: „Küntzig ist ein mit zwo auf dem Bann gelegenen Müllen eine halbe Stunde weit zerstreutes und auf einer Kreutz-Straß gelegenes Dorf, wo kaum ein einziges reiches Haus ist, bestehend in 90 Häuser und 500 Menschen. Eine Straß geht von Luxemburg (zu Mamer abzweigend) durch Küntzig auf Virton (sie heißt noch heute die Virtonerstraße), die andere von Arl durch Küntzig ins Frankreich: in diesen Umständen welche Hospitalität fällt nicht auf den Pastoren!“

„Petingen dependirt von Küntzig, bestehend in 200 Seelen. Der Weg ist sehr schlimm dahin, 5 Viertelstunden entlegen. Jährlich muß ich ungefähr fünfzigmahl hingehen, wegen allerlei Pastorsdiensten, bald zu Pferdt, bald zu Fuß. Es liegt zwischen dem Gewässer . . .“ Im ersten Bericht heißt es: „ . . . . Petingen, ein mir zugehöriges Dorff mit schlimmem Weg liegt eine Stunde von der Pfarrkirche bestehet in 36 Häusern (zwey Häuser gehören zu Oberkerschen) und in 200 Menschen. Im Winter wan es nur etliche Täg regnet, so gehet das Wasser dem Pferdt bis an die Pantz . . . .“

„Finnig liegt eine halbe Stunde weit entlegen, bestehend in 80 Seelen." Im zweiten Bericht heißt es „. . . . ich muß fünfzigmal auf Finnig gehen. Finnig, ein mir zugehörendes Dorff, liegt eine halbe Stund von der Pfarrkirch, bestehend in 14 Häusern und in 90 Menschen." „Tag und Nacht muß ich hin und herlaufen, bald auf Petingen, bald auf Finnig, mit Küntzig allein hab ich ruh noch rast. . . . ."

Die dem auszufüllenden Formular beigegebene Instruction forderte unter der Rubrik der den Beneficien anklebenden Lästen diese und ähnliche, heute kleinlich erscheinende Angaben. Pfarrer Bontemps hat sie ausführlich gegeben.

Wenn die Bevölkerungsverhältnisse von 1787 wie vorhin angegeben, mit den heutigen in keinem Verhältnis stehen, so sind sie mit denen von 1473 bis 1537, wie sie Pfarrer Jakob Grob in seinen „dénombrements" von jener Zeit veröffentlichte, auch kaum zu vergleichen.

1473	hatte	Küntzig	28	Feuerstätten,	Finnich	10,	Petingen	18.
[illegible]	„	„	[illegible]	[illegible]	„	10	„	9.
1501	„	„	9	„	„	10	„	9.
1525	„	„	25		„	6	„	5.
[illegible]	„	„	24	[illegible]	„	6	„ & Linger	10.
1537	„	„	24	„	„	6	„ „ „	9.

Unter Feuerstätte, ménages, versteht Hr Grob keine Familie, sondern Steuereinheiten, einen fiskalischen Ausdruck. Immerhin kann man daraus auf die Bedeutung der Ortschaften schliessen. Auch sind manchmal die Freien und die Unfreien oder Hörigen zusammengefaßt, manchmal getrennt angeführt. Bald sind Petingen und Linger zusammen, bald ist Linger nicht genannt, aber mitgezählt, u. s. w.

Heute zählt Küntzig über 800, Petingen über 3000, Fingig an 250, Linger gegen 250 Einwohner.

2. Kirchen und Kapellen. — Die Pfarrkirche war damals wie heute dem hl. Remigius geweiht. Das heutige Gotteshaus ist 1793 erbaut und steht auf derselben Stelle wie das frühere.

Die frühere Kapelle von Fingig hatte wie auch die heutige Pfarrkirche (1852 erbaut) den hl. Mathias zum Schutzpatron. Am 28. März 1846 wurde die Ortschaft Fingig von der Pfarrei Küntzig getrennt und zur eigenen Pfarrei erhoben. Der erste Pfarrer wurde der damalige Ortskaplan Hr. Nik. Blendchette, der im Jahre 1851 nach Bettingen (Meß) versetzt wurde.

Die Kapelle zu Petingen hatte damals ebenso wie die heutige Pfarrkirche den hl. Hubertus zum Schutzpatron. Letztere wurde im Jahre 1870 erbaut. Petingen ist seit Anfang des 19. Jahrhunderts eine Pfarrei. Im „Etat de la population présumée et vulgairement reconnue des cures et Succursales existantes et de communes réunies à chacune des cures et Succursales, certifié véritable à Luxembourg le 23 mars 1808" (archives du Gouvt) figuriert Petingen als Succursale mit 225 Einwohnern im Kanton Messancy, Küntzig mit 574, Finzig (sic) 109, Schockmühl 3 Einwohnern.

„In **Küntzig** auf der Luxemburger Straß ist eine Cappellgen dem hl. Maximino gewidmet, von der Gemeinde gebauet, weil sie voraus mit der procession nachher Trier zum hl. Maximino mußten ge en, seyndt sie darvon mit dieser Bedingnuß dispensirt worden, sie sollten diese Cappeltgen bauen und jährlich darin einen hohen Dienst geben. Sie hat jährlich 5 Reichsthaler von einem Capital von hundert auff interesse auff liegende Güttè:."

Bei diesen Angaben des Pfarrers Bontemps fehlt jede Jahreszahl. — Heute wird diese Kapelle als Geräteschuppen benutzt. Sie steht im Schatten einer uralten, mächtigen Linde, nahe am Bahnübergange am Wege nach Fingig.

3. Die Geistlichen. — Pfarrer ist der hochw. Herr Nicolaus Bontemps (so schreibt er selbst) aus Clerf gebürtig Im Jahre 1787 war er, wie wir oben gesehen haben, 48 Jahre alt; sein Geburtsjahr wird somit 1739 sein. Er stand der Pfarrei seit dem 13 März 1766 vor; das Placet erhielt er am 15. März 1766 Am Schluß seiner Selbsteinschätzung erklärt er seit 20 Jahren Pastor zu Küntzig und von der Universität Löwen nach öffentlichem Concurs zu dieser Stelle promoviert worden zu sein. Für gewöhnlich ist die Aebtissin von Differdingen Vergeberin dieser Pfründe. „Jam a 20 annis per concursum ab alma universitate Lovaniensi ad pastoratum promotus. Collatrix parochiae ordinaria est abbatissa de Differdange." Im amtlichen Generalverzeichnis vom 22. Februar 1803 heißt es von ihm: adhère au concordat. Il est recommandé par le maire. Insoumis Er starb am 8. Prairial Jahr 12 (8 Mai 1807) und war laut obiger Geburtsberechnung 68 Jahre alt gewesen sein. Sein Vorgänger hieß Johann Friederich Behm: sein letzter Kaplan Theodor Blaise, wohnhaft zu Küntzig

Von seinen Kaplänen meldet Pfarrer Bontemps in der „Declaration der schlechten geistlichen Ämter, so mit keiner Seelsorg beladen seyn, auch keine persönliche Residenz erfordern".

1. „In Küntzig ist Nikolaus Pritz, gebürtig von Düdelingen, 55 Jahre alt, von der Gemeinde gedingt ad 18 Reichsthaler. Seine Schuldigkeit ist Sonntags und Feyertags nach ihrer (der Einwohner) Gemächlichkeit die Frühmeß halten, und im Winter vermitz Bezahlung selbst oder durch andere Schul halten. Derselbiger ist auch Pfarrküster, bekommt dafür von der Pfarrkirche und Capellen aus den 3 fabriques ungefähr 25 Reichstaler 4 Schilling." — Im Jahr 1803 ist derselbe Pfarrer zu Messancy und heißt es von ihm unter Nr. 693 im Generalverzeichnis: adhère au Concordat.

2. „In Finnig ist Johannes Baptista Arent, gebürtig von Rekingen (an der Meß), alt 59 Jahr von der Gemeinde ad 18 (25) Reichsthaler gedingt für Frühmeß zu thun und für im Winter vermitz Bezahlung selbst oder durch einen anderen Schul zu halten." Im selbigen Jahr 1787 wurde sein Lohn von 18 auf 25 Rthr. erhöht. Im Generalverzeichnis von 1803 findet sich sein Name nicht mehr vor.

3. „In Petingen ist Johannes Baptista Schnock, gebürtig von Oldenburg, alt 67 Jahre, von der Gemeinde ad 18 Reichsthaler gedingt für Frühmeß zu thun und für im Winter vermitz Bezahlung Schul zu halten." In der zweiten Declaration es heißt etwas ausführlicher:

„ . . damit er für sie Sonntags und Feyertags die Meß nach ihrer Gemächlichkeit lese und Nachmittags entweder Vesper oder Rosenkrantz halte. Er bekombt noch fünff Reichsthaler auß der fabrique, damit er im Winter selbst oder durch einen anderen die arme Kinder in der Schuhl umsonst lehre."

„Sie seynd alle drey fromme Geistliche, zur Beicht approbirt; sie haben alle zu wenig um standesmäßig zu leben." „In Küntzig am 21. July 1786"

„In Petingen ist noch ein Ämtgen herkommend von einem Stückelein einer geistlichen Pfründe, welche der Prior von Dominicaner von Luxemburg conferiert und welche Herr Ruckert von Sanweiler besitzt, welche er auch in forma wird erkleren. Er brauch nicht zu residieren, er muß in den fasten zu Petingen 6 Messen lesen und 6 christliche Lehren halten. Die leuth sagen, er müsse jährlich für einen Kronendahler praemien denen Kindern austheilen. Dafür hat er zu petingen ungefehr acht Morgen bauland, welches nebst den zehenden der kayserlichen Weinfuhr und Landrecht unterworfen ist. — Item an Wies hatt er 125 Ruthen hierüber weiß ich weiter nichts sicheres — Küntzig 8 mertz 1788. N. Bontemps.

4. Von den zur Zeit des Pfarrers Bontemps lebenden und aus Küntzig gebürtigen Geistlichen finden wir 1787 folgende: Peter Schanus, Hauslehrer in Clairemarais bei Aubange, 31 Jahre alt. Im Generalverzeichnis der Geistlichkeit von 1803 wird unter Nr. 774 ein Peter Joseph Schanus, Pfarrer in Machthum genannt. Es heißt von ihm: demandé par ses paroissiens. — Insoumis. Ob er mit obigem identisch ist, wissen wir nicht.

In der Concurstabelle der 1. Klasse vom 12 Juni 1787 derjenigen Geistlichen, welche sich den Anordnungen Joseph II. „vom 16. Brachmonat 1786, einführend die Nothwendigkeit und die Gestalt des Concurs für alle Pfründen ohne Ausnahme, welchen die Seelsorge anklebig ist", gefügt haben, begegnen wir einem Herrn Jos. Anton Schanus aus Kuntzig, 34 Jahre alt, seit 10 Jahren in der Seelsorge tätig. Er concurierte in der deutschen Abteilung und bestand die Prüfung mit noch 15 anderen Geistlichen; darunter befand sich einer, der 56 Jahre alt war und 27 Dienstjahre hinter sich hatte, Hr. Bernard Schmitz aus Bickendorf gebürtig Jos. Ant. Schanus ist nicht im genannten Generalverzeichnis vermerkt.

Ob der Notar Joh. Mathias Schanus aus Küntzig ein Bruder oder ein Vetter von den beiden genannten Geistlichen aus Küntzig ist, wissen wir nicht. Er wurde durch Patent vom 13. Dezember 1781 zum Notar in Küntzig ernannt Es sei noch hingewiesen auf den Notar Jos. Schanus vom Jahr 174? in Rodenmachern

Joh. Bapt. Joentgen, aus Küntzig, 1787, Kaplan in Freilingen und Saas, 34 Jahre alt. Er bestand das Concourexamen in deutscher Sprache am ?8. August 1787 und steht mit 4 anderen auf der Tabelle der 1. Kl. Er hatte damals 11 Seelsorgsjahre. Das Generalverzeichnis von 1803 kennt ihn nicht.

Michel Loenert, Frühmesser in Guerlingen, 63 Jahre, alt, aus Küntzig.

(Fortsetzung folgt.)

Leben und Wirken des hochw. Herrn Theod.-Zeph. Biever.

(Fortsetzung.)

In verschiedenen Briefen spricht Biever von seinem Gesundheitszustande. So (Larnaca, 15. Januar 1914). „Wir werden „eben alt, nicht? Hast du es nicht bemerkt auf der Photographie „welche ich dir schickte? Bei mir ist der Blasbalg noch ziem- „lich gut, nur fängt das Herz an, schwach zu werden und ich „werde wohl einmal plötzlich hingerafft werden. Gebe Gott, „dass ich bereit bin, wenn Gott mich ruft. Ich kann ziemlich „viel Strapazen aushalten trotz meiner 64 Jahre und meiner „37 Jahre in der Mission. Wenn ich wieder aufgezogen bin, „dann geht es den ganzen Tag hindurch: nur bin ich Abends „schrecklich müde und abgespannt.“— Am 26. Januar 1914: „Mit meiner Gesundheit geht es bis jetzt ziemlich gut. Es „scheint das Klima von Cypern behagt mir besser als das „von Jerusalem. Nur haben wir dieses Jahr ziemlich Regen, „der einen manchmal die Poësie des ‚coin du feu“ vermissen „lässt. Drüben vom Frordos, dem alten Olimp“ — fährt er in launiger Weise fort— „dem Wohnort des Zeus und der alten „Götter, winkt der Schnee herüber und der alte Vater Zeus „wird sich wohl in Pelze einhüllen müssen, wenn er noch „droben sein sollte. Im Sommer werde ich mir erlauben, „mich ihm vorzustellen, denn der Olymp ist der Sommer- „aufenthalt aller vornehmen Leute der Insel, besonders der „Engländer.“

Über seine Tätigkeit berichtet Biever, dass er jetzt wieder da anfangen müsse, wo er vor 50 Jahren angefangen habe, nämlich Griechisch zu lernen.“ Wozu denn das? Als er von Jerusalem kommend, auf der Insel Cypern eintraf, fand er gleich, dass der Pfarrer von Limassol nur rumeika, d. h. neugriechisch sprechen könne Dessen Pfarrkinder verstanden davon aber sehr wenig. Wollte Biever sich also mit ihnen unterhalten, musste er mit den letzteren (katholische Maroniten) in arabischer, mit ersteren in griechischer Sprache verkehren. Vielleicht hätte er mit diesen auch lateinisch reden können, aber Biever zog es doch vor, mit ihm in ihrer Muttersprache dies zu tun. Möglicherweise war der gute Pfarrer auch nicht stark beschlagen in der Cicerossprache. Kurz und gut, Biever gab sich unverdrossen an das Studium des rumeika. Wie weit er es darin gebracht, entgeht meiner Kenntnis, da der letzte Brief desselben vom 22. Mai 1914 datiert ist. Bezugnehmend hierauf schreibt er: „Das wäre aber die 6te Sprache, die ich mir aneignen müsste, und ich fange an, nicht mehr zu behalten, wie früher “

Wie an seinen früheren Stellen, so tat Biever auch hier. Arbeiten war ihm zum Bedürfnis geworden. Beweis dafür folgender Briefauszug: (Larnaca, 6. März 1914): „Ich habe

„jetzt in der Fastenzeit jede Woche 3 Predigten, französisch,
„italienisch und eine arabische Predigt für die Maroniten vom
„Libanon. und das kommt mir ein wenig hart an. da ich
„mich besonders für die franzsöischen und italienischen Pre-
„digten recht sorgfälltig vorbereiten muss. weil da die sog
„haute volée von Larnaca zugegen ist, die nicht blos die
„Sprache. die Ausdrücke, sondern auch den Gestus des Pre-
„digers kritisiert. Einfältiges Volk. Il n'y a rien de plus vile
„au monde qu'un parvenu! Und Emporkömmlinge sind ja
„all' diese Cyprioten, die nicht dunch Tatkraft, Talent, Geschick-
„lichkeit es zu etwas gebracht haben. sondern durch Betrug,
„durch Wucher u. s. w. sich ihr Vermögen zusammenge-
„scharrt haben. Und das will dann noch von den Kreuzfah-
„rern. von den Lourignen und Gott weis von wem abstammen.
„Nun wir haben auch gute. brave Leute hier. mit denen zu
„verkehren es eine Freude ist. Mein Umgang beschränkt sich
„fast nur auf die englische Colonie. in welcher es recht nette
„Leute gibt. Man macht sich gegenseitige Besuche. die recht
„herzlich sind ohne und allzugrosse Etiquette. geht bald hierhin.
„bald dorthin zum fife o' clocke tee, gibt auch mal Tee."

Dass Biever aber mit diesen Fastenpredigten und Allem. was dran drum hing. wie Beichthören. Conferenzen u.s.w. sich eine zu schwere Bürde auferlegt hatte. sah er bald ein. klagt er doch in einem anderen Briefe. (Larnaca. 22 Mai 1914): „Ich
„habe mich in der Fastenzeit etwas zu sehr angestrengt, und
„seit Ostern bin ich nicht mehr gut zusammen. Ich bin eben
„dran. meine ersten Fieber (Malaria) durchzumachen. und das
„nimmt einen gehörig mit Nun. Frau Fieber und ich, sind
„ja alte Bekannte. und ich hoffe dass wir am Ende doch schied-
„lich friedlich auseinander kommen werden." — Schon in einem früheren Briefe lese ich:

(Lanaca 3. März 1914) „Mit einer Gesundheit geht es leid-
„lich. Ich habe ein nur für diese Fastenzeit etwas viel Arbeit
„aufgeladen mit Predigten, Conferenzen u. s. w. Ich fange
„doch an alt und gebrechlich zu werden. il n'y a pas à dire. .
„Ich habe 3 Monate Ferien, welche ich gedenke. in Palästina
„zu verbringen. Es könnte möglich sein, dass ich mich nach
„Rom begeben muss. wegen Angelegenheiten mit der Propo-
„ganda. — Dann könnte ich in zwei Tagen zu Hause sein. Dohém!
„Doch es ist zu schön, um sich zu verwirklichen." Biever ahnte richtig: Aus der Romreise wurde nichts, aber auch nichts aus einem Besuche in der Heimat.

Am 22. Mai 1914 schrieb er nochmals: „Nächsten Monat
„werde ich auf einige Monate nach Jerusalem reisen — zur
„Luftveränderung. In Jerusalem ist es frischer. als hier in
„dem sumpfigen Larnaca. wo man Tag und Nacht schwitzt
„und von den Moskitos geplagt wird." Ob diese Ferienreise stattgefunden. weiss hierzulande Niemand. da der Brief aus

Larnaca, vom 22. Mai 1914, der letzte ist, den seine hiesigen Verwandten erhalten haben. Im August brach der furchtbare Weltkrieg aus, und vernahm man nichts mehr von Biever, bis die unerwartete Kunde von seinem, im Juli erfolgten Hinscheiden im August 915 zu Luxemburg eintraf.

Doch ich irre: Eine deutsche Zeitschrift [214]) brachte ein Portrait Biever's gleichzeitig mit der Abbildung der neuerbauten prächtigen „lateinischen" Kirche von Madaba. Biever hatte die Genugtuung und die Freude, von Cypern aus einen Abstecher nach seiner alten Missionsstation machen und dort am 14. Dezember (1914) diese Kirche benedizieren zu können.

Dass auch die feierliche Widmung der Insel Cypern an das heiligste Herz Jesu durch Biever am Herz-Jesu-Feste 19. Juni 1914 vollzogen wurde, unterliegt wohl keinem Zweifel.

Über die weitere Tätigkeit Biever's als General-Vikar sind wir in die Unmöglichkeit versetzt, andere Aufschlüsse zu liefern, weil eben durch den Weltkrieg alle Verbindung Cypern's mit der Aussenwelt unterbunden war und er bereits vor Ablauf des ersten Jahres desselben in die Ewigkeit abberufen wurde.

XLIV. Die letzten Lebenstage und das jähe Hinscheiden Biever's.

Was Biever in dem obenerwähnten Briefe (aus Larnaca, vom 15. Februar 1914) geschrieben: „Ich werde wohl einmal plötzlich hingerafft werden", sollte in Zeit von 17 Monaten tatsächlich eintreffen

Über Biever's letzte Lebenstage und plötzlichen Tod liegen mir drei Briefe vor: Der erste ist datiert vom 15. August 1915 und vom P. Maurus Kaiser O. Pr.; von Rom aus an seinen hiesigen Freund, Herrn Seminarsprofessor Dr. Burg, gerichtet. [215])

Zwei andere Schreiben, gerichtet an den hochwürdigen P. Albert Biever, S. J., Zephyrin's Bruder, zu New-Orleans (Nord-Amerika), haben den Sekretär Biever's, P. Domenico di Marco O. S. Fr. Pfarrer von Larnaca, zum Verfasser. In dem ersten Briefe (Larnaca, 24. Juli 1915) teilte er nur kurz den Tod Bievers mit; in dem zweiten Briefe (Larnaca, 15. Oktober 1915) gibt er einen detaillierten Bericht über die letzten Lebenstage (vom 17. Juli bis zum Todestage, 21. Juli) Biever's. Diese beiden Briefe sandte P. Albert Biever an seinen Neffen, Hrn. Dr. Victor Biever, Arzt zu Differdingen, welcher so freundlich war, mir selbe zur Verfügung zu stellen, wofür ich ihm neuerdings an dieser Stelle meinen besten

---

[214]) Die Woche.

[215]) Denselben habe ich benutzt zu der im „LUXEMBURGER WORT" (1915) veröffentlichten kurzen Biographie Biever's. Hrn. Dr. BURG nochmals besten Dank!

Dank ausdrücke. Diese beiden in italienischer Sprache verfassten Briefe lasse ich in wortgetreuer deutscher Übersetzung folgen. Sie beweisen am untrüglichsten, wie P. Domenico di Marco, der treueste Freund Biever's, seinen General-Vikar beurteilte.

(Fortsetzung folgt.)

Die diesjährige

Generalversammlung

unseres Vereines wird stattfinden am letzten Donnerstag des Monates Juni, d. h. am 30. Juni, um 3 Uhr-Nachmittags, in unserm Vereinslokale, Haus PRAUM, Fleischerstrasse 11.

Die Tagesordnung ist folgende:

1. Verlesung, resp. Genehmigung des Berichtes übe die letzte Generalversammlung.
2. Bericht des Präsidenten über das verflossene Vereinsjahr 1920.
3. Rechnungsabschluss für 1920.
4. Bericht der Rechnungsrevisoren.
5. Aufstellung des Budgets für 1921.
6. Aufnahme neuer Mitglieder.
7. Teilweise Erneuerung des Vorstandes.
8. Vortrag über einen national-geschichtlichen Gegenstand.
9. Etwaige Anfragen und Bemerkungen.

Luxemburg, den 5. Juni 1921.

Der VORSTAND.

Unmittelbar darnach findet die gewöhnliche Monats-Sitzung des Vorstandes statt.

N. ZIESER, Präsident.

NB. Der Wichtigkeit wegen sind alle Mitglieder dringend eingeladen, der Versammluug beizuwohnen.

Nachtrag zum Mitgliederverzeichnis.

Hr. **Dühr Johann**, Redakteur der »Luxemburger Weinzeitung« Grevenmacher.
» Dr. **Herzig Emmerich**, Pfarrer, Steinsel.
Mgr. Dr. **Nommesch Peter**, Bischof von Luxemburg.
Hr. Dr. **Reiffers Edmund**, Notar, Useldingen.

Nachrichten aus dem Vereine.

Todesfälle. In der kurzen Zeit von drei Wochen hat der unerbittliche Tod wiederum zwei Mitglieder unseres Vereines aus erster Stunde abgerufen:

Herr **Hülsemann Wilhelm**, Direktor des Bischöflichen Pensionates zu Echternach, welchem erst vor kurzem von S. E. dem hochw. Herrn Kardinal und Fürstbischof Dr. Piffl von Wien das Offiziersehrenzeichen vom Roten Kreuz mit der Kriegsdekoration überreicht worden war, starb nach kurzer Krankheit wohlversehen mit den hl Sterbesakramenten zu Echternach am 25. April. Mit ihm verliert unser Verein eines seiner ältesten Mitglieder und Mitarbeiter. Eine ganze Menge von Gedichten (nicht weniger als 28), von welchen die meisten einen vaterländischen Stoff behandelten, sind im Laufe der ersten 25 Jahre des Vereines in „Ons Hémecht" erschienen. Ausserdem war er auch sonst noch schriftstellerisch tätig. Was alles er während des furchtbaren Weltkrieges (1914—1918) und auch noch nach demselben bis kurz vor seinem so unerwarteten, fast plötzlichen Tode, zur Linderung des Elendes und des Hungers sowohl hierlands, als in Belgien und Österreich gewirkt hat, ist noch in unserer Aller lebhaften Erinnerung und hat ihm einen Ehrenplatz im Andenken der Nachwelt gesichert. Unserem Vereine wird er stets unvergesslich bleiben. Er ruhe in Gottes heiligem Frieden. Der Familie des Verstorbenen unser herzlichstes Beileid!

Am 16. Mai starb zu Luxemburg, und wurde am 19. Mai in der Familiengruft zu Diekirch beigesetzt, Herr **Dr. Vannérus Heinrich**, eine der höchstgestellten und hochgeachtetsten Persönlichkeiten des Luxemburger Landes, beiläufig gesagt, der Onkel des Herrn Vannérus Julius, Archivist zu Antwerpen, eines der allen Lesern der «Hémecht» durch seine so zahlreichen und wertvollen Beiträge bekannten Mitarbeiters. Herr Heinrich Vannérus, mit vielen und hohen Orden ausgezeichnet, hat während seines langen, 88jährigen Lebens verschiedene, darunter äusserst wichtige Ämter bekleidet. So war er unter andern Generaldirektor der Justiz, Ehrenpräsident des Obergerichtshofes zu Luxemburg, ehemaliger Präsident des Staatsrates, Mitglied des Haager Schiedsgerichtes,

Ehrenpräsident des Verwaltungsrates der Internationalen-Bank, Geschäftsträger des Grossherzogtums zu Paris, zweimal Präsident der historischen Sektion des grossherzoglichen Institutes usw. Sein Andenken als das eines Ehrenmannes wird nicht so bald dem Gedächtnis seiner Freunde und Bekannten entschwinden. Der Familie des Verstorbenen unser herzlichstes Beileid. Er ruhe in Frieden!

Ernennungen: Zum neugebildeten Ministerium gehören drei unserer hochverehrten Herren Vereinsmitglieder: **Dr. Reuter Emil, Dr. de Waha Raymund** und **Dr. Bech Joseph.**

Entlassung: Herrn **Brück-Faber Johann-Peter,** Administrator der Staatlichen Besserungsanstalten wurde wegen Erreichung der gesetzlichen Altersgrenze ehrenvolle Entlassung aus seinem Amte erteilt und ihm der Titel «Ehren-Administrator» zugesprochen.

Ehrung: Am 7. März wurde dem hochwsten. Herrn Bischofe **Dr. Peter Nommesch,** von I. K. H. der Grossherzogin Charlotte, das Komturkreuz des Nassauischen Hausordens verliehen. — Herr **Dr Beuerlz Félix.** Professor am Gymnasium zu Luxembourg, wurde von der französischen Regierung zum Officier d'Académie ernannt. — Se. Heil. Papst Benedikt XV. haben geruht Herrn **Dr. Reuter Emil.** Staatsminister, Präsident der Regierung, das Grosskreuz des Pius-Ordens zu verleihen.

Diesen Herren unsere herzlichste Gratulation!

Literarische Novitäten u. Luxembg. Drucksachen. [1]

Amitié (L) franco-luxembourgeoise. Les Manifestations du 13 février 1921 à Nancy. Nancy. Edition de la Revue «Le Pays Lorrain». 1921.—15 : 1 pp. in 8⁰. avec 2 grav

Banque Générale du Luxembourg. Société anonyme. Filiale de la Société Générale de Belgique. Luxembourg. V. Bück (Bück, frères, successeurs). — 23 pp. pet. in 4⁰ obl.

Bulletin de l'Association pour l'éducation populaire édité par le Comité central. Esch-Alz. G Willems. — Publication trimestrielle in 8⁰. dont le No 1 a paru le 15 décembre 1920.

Bulletin de la Ligue luxembourgeoise pour la protection des oiseaux utiles (L. L. P. O.) Sous le haut Protectorat de S. A. R. le Prince Félix de Luxembourg. Esch-Alz.

[1] Aus Raummangel im letzten Hefte musste eine Anzahl Novitäten für dieses Heft zurückgelegt werden.

Kremer & Rettel — Publication trimestrielle in 8°, dont le N° 1, 2, 3 (Janvier, Fevrier, Mars) est daté de 1921.

P. Delvaux Adolphe. M. E. Le Livre de Job d'après les Saints Pères. Douze Conférences d'un quart d'heure. Hongkong. Imprimerie de Nazareth. 1920.—152 pp. in 16°.

Employé (L') Organe officiel de l'Union nationale des Employés du Grand-Duché. L'Employé Public. — L'Employé Privé. S. l. ni nom d'impr. (C. Massard & Cie.) Rumelange. — Journal pet. in fol. paraissant le 1er et le 16me de chaque mois. Le N° 1 est daté du 1er mai 1921.

Dr. Gœrgen Wilhelm. Onst klèngt lèft Land. Hirer Kinéklecher Hoheit der Grossherzogin Adelheid vu Letzebûrg zôerkannt. Musék fum J. A Müller. 2 Oplo.-Letzebûrg. 1920. J. P. Worré. — 3 SS. in 4°. mit illustriertem Umschlag.

Hentges P. De Ligefelix oder durch D'Fegfeier gejot. Komedestéck maf Gesank an èngem Akt. Letzeburg J P Worré. 1921. — 38 SS. in 8°.

Kellen Tony. Die Erfindung der Streichhölzchen. Sonderabdruck aus der „Chemiker-Zeitung" 1921. Nr. 26. — O. O. u. Drucker. — 11 SS. in 8°

Klein Theodor. Gedichte in deutscher und luxemburger Mundart mit Anhang. Verbesserte Auflage. Luxemburg. St. Paulus-Gesellschaft. O. D. (1921.) — 48 SS. in 8°.

* **Kœnig Alexander.** Die Kirche von Waldbredimus. Esch an der Alzette. N. Neuens. 1921. — 15 SS. in 8°.

Lech Friedrich. Geschichte u. Arbeitsfeld der Kongregation der Schwestern des dritten Ordens des hl. Franziskus, genannt Hospitalschwestern von der hl. Elisabeth oder Elisabetherinnen zu Luxemburg. Zum 250 jährigen Jubiläum ihrer Niederlassung in Luxemburg. 1671—1921 und zum 700jährigen Jubiläum der Stiftung des dritten Ordens durch den heiligen Franziskus. 1221 1921. Luxemburg. St. Paulus Druckerei. 1921. — 297 + 2 SS. in 8°. mit drei Porträts und 19 Abbildungen.

Logelin Jean et Kohll Jean. Société de l'Art à l'école. Rapport triennal 1918 — 1920. S. l ni d. ni nom d'impr (Luxembourg. 1921.) — 7 pp. in 8°.

„Luxembourg" Le Courrier. Der Kurier. The Courier. De Koerier. Fondé en 1921. Société Intern. de Correspondance et d'Echange. N. Neuens. Esch-Alzette. — Journal philatélique in 8° dont le Nr. 1 parut le 15 mai 1921.

---

* Separatabdruck aus «Ons Hémecht».

Missions-Verein der Diöcese.) Luxemburg. — Luxemburg St Paulus-Druckerei. (1921— 1 SS. in 8°.

Mondorf-État. Établissement thermal et hydrothérapique à Mondorf-les-Bains (Grand-Duché de Luxembourg) Saison du 15 mai au 30 septembre. Guide du Baigneur. Luxembourg. 1921. P. Worré-Mertens (J P. Worré, successeur.) — 18 pp. in 8°.

Müllendorff Prosper. Das Grossherzogtum Luxemburg unter Wilhelm I. (1815—1840.) Luxemburg Victor Bück (Walter Bück, Nachfolger). 1921. — 370 - 1 SS. in 8°.

Dr. Pletschette Wilhelm. Missionsbrief des Pfarrers von Liebfrauen (vom 1. April 1921). Einladung zur Teilnahme an der Mission. — Luxemburg. Kath. Jugenddruckerei. (1921.) — 1 SS. pet. in 4°.

Reiter Hary. D'Traudche vum Kuelishaff. Volleksstéck aus dem Kördall an 3 Akten. Musék vum Albert Hack. Letzeburg. J. P Worré. 1921. — 34 SS. in 8°.

Revue an 2 Akten. 28. 3. 1921. Opgeféert vum Turnverein «La Patrie». Ettelbreck am Staadthaus. P. Thein, Ettelbreck-Gare. (1921.) — 40 SS. pet. in 4°.

Rodange Michel. Renert oder de Fuss am Frack an a Mansgrésst Op en neis photographe'ert vun engem Letzebreger. (Drett Oplo). Letzeburg Linden & Hansen. 1921. — 4 - 88 SS. in 8° (mat) 21 Biller vum A. Trémont a 1 vum Seymetz (enner aneren dem Portrait vum Rodange.)

Schlechter Dominik. Et waren zwé Kinnekskanner . . . Loststpil an engem Akt. Letzeburg. J. P. Worré. 1921 — 20 SS. in 8°.

Sevenig Joseph. Kirchenbauverein Bad Mondorf. An die geehrten aktiven und Ehrenmitglieder und Gönner des Vereins. (Einladung zur Generalversammlung vom 13. März 1921.) Luxemburg. Linden & Hansen. (1921.)-4 SS. in 8°.

Tum sum ego. Feierlichkeiten zu Ehren des hochwürdigsten Herrn Bischofes Nommesch veranstaltet vor und bei der Konsekration vom 25. März 1920 in Kayl, Bettemburg und Luxemburg. Luxemburg St. Paulus-Druckerei 1921. — 88 SS in 8°, mit dem Wappen (auf dem Umschlage) und dem Porträt des hochw. Herrn Bischofes Nommesch.

Verhulst L. Indices toponymiques. Gand. L. Vanderpoorten. S. d (1921.) — 9 pp in 8°.

Vins (Les) de la Moselle luxembourgeoise Luxembourg. Dr. M Huss. S. d. (1921.) — 12 pp pet. in 4° oblong. avec 8 grav. dans le texte et 2 grav. sur la couverture.

Ons Hémecht.

Organ des Vereines für Luxemburger Geschichte, Literatur u. Kunst

Herausgegeben vom Vereins-Vorstande.

27. Jahrgang. + Siebentes und Achtes Heft. + Juli und August 1921.

Jeder Autor ist verantwortlich für seine Arbeit.

Das Eligiusamt zu Luxemburg.

(von Jos. Sevenig.)

(Fortsetzung.)

IV. Versicherung u. Schutz der Amtsbrüder.

In der heutigen Gesetzgebung nimmt die Versicherung der Arbeiter gegen die Folgen der Erwerbsunfähigkeit, der Krankheit, des Unfalls und des Sterbefalls einen breiten Raum ein.

In der Zunftzeit war es nicht so.

Die Hauptschuld an den zahlreichen Unfällen kommt heute unleugbar auf das Conto der Maschine. Ehe die Maschine hämmerte und walzte, schnitt und sägte, in der frühern Manufakturperiode, waren die Betriebsunfälle so selten, dass man sich nicht eigens um sie zu kümmern brauchte.

Auch die Versorgung der kranken Mitglieder lag in jener Zeit, wo der Geist der Solidarität stark war, wo christlicher Familiensinn und weise Sparsamkeit zum eisernen Bestand der Hauswirtschaften gehörten, dem Amt als solchem fern. In der Pflege des Kranken sahen die eigene Familie u. die Nachbarschaft damals eine selbstverständliche Pflicht. Wer auf dem Lande gelebt hat, weiss, wie es noch heutzutage vielfach dort zugeht. Des Kranken nimmt sich die ganze Nachbarschaft an: Wer eben Zeit hat, besucht ihn, um ihm mit einem guten Rat beizustehen, oder wenigstens ihm die Langweile zu vertreiben. Man bringt herbei, was etwa an Nahrung, an Bett- u. Verbandszeug, an Kleidungsstücken und Tee mangelt. Die ganze Nachbarschaft bildet eine einzige hilfreiche, opferwillige Familie. Wenigstens auf den kleinen Dörfern mit patriarchalischer Tradition ist es noch heute so.

Innerhalb der geschlossenen Korporation lagen zur Zunftzeit die Verhältnisse ähnlich. Die Mitglieder waren vom Geist praktischer christlicher Liebe beseelt. Die herrschende Weltanschauung gab dem Kranken das Recht auf besondere Rücksichtnahme. Auch hatte er selbst sich in den gesunden Tagen einen Sparpfennig für die Zeit der Not in die Truhe zurückgelegt.

In diesen beneidenswerten Verhältnissen liegt der Grund, dass die Amtsstatuten keine Unterstützungen in Geld oder Naturalien für die kranken oder erwerbsunfähigen Mitglieder oder die Hinterbliebenen der verstorbenen Amtsbrüder vorsahen. Versorgung der Meister und ihrer Nachkommen mit lohnender Arbeit im Leben und nicht zuletzt ehrenvolle Bestattung nach dem Tode, das waren die grossen Sorgen und darum die vornehmlichsten Versicherungsgegenstände des Eligiusamtes.

V. Die Amtsversammlungen.

Ein wesentliches Element im Vereinsleben bilden die Versammlungen. Deren Zahl und die Sachlichkeit der dort gepflogenen Verhandlungen sind der Gradmesser der Regsamkeit der Mitglieder und zugleich der unentbehrliche Ansporn zur Entfaltung einer intensiven Vereinstätigkeit. [1])

Die Satzungen des Eligiusamtes kennen berufliche, religiöse und gesellige Versammlungen.

a. Die beruflichen Versammlungen

wurden gehalten, wenn man „von der bruderschaift wegen zu chaiffen" hatte. Sie hiessen das „ganz geboit". Auf Geheiss des Meisters machte der Bote die Runde bei allen Mitgliedern und teilte ihnen Zeit und Ort der Versammlung mit.

Ein erstes ordnungsmässiges „ganz geboit" wurde alljährlich am Eligiustag, den 25. Juni, vormittags um „acht oren" zwecks Vornahme der Meisterwahl veranstaltet. Diese Versammlung hatte eine hervorragende Bedeutung. Legte doch die dort getätigte Wahl die Geschicke des Amtes auf ein Jahr in die Hände eines Meisters, dem weitgehende Befugnisse zustanden. Der Gewählte wurde zugleich Mitglied der Dreizehn Meisterkorporation, welche an der Stadtverwaltung teilnahm.

Ohne schwerwiegenden Grund dieser Versammlung fernbleiben, hiess darum eine erste Amtsmitglieder- u Bürgerpflicht vernachlässigen.

Das „ganz geboit" trat anfänglich ebenfalls zur Besichtigung und Annahme des Meisterstückes zusammen. Später verfügte Maria Theresia, dass dessen Annahme durch die geschworenen Meister, gewöhnlich zwei an der Zahl geschehen sollte.

---

[1]) Das gilt selbstredend nicht mehr, wenn die Vereinsversammlungen in Trinkgelage oder Zankgelegenheiten ausarten. Dann begreift es sich, daß sogar die Satzungen wie z. B. die der Wiltzer Schmiedebruderschaft die Bestimmungen auf-nehmen: La corporation ne sera convoquée en assemblée sans motif fondé (Vergl. . Pelier N. Le pays et la franchise de Wiltz S. 39.)

Das nämliche kaiserliche Dekret erschwerte die Berufung der Versammlungen wesentlich dadurch, dass der Amtsmeister jedesmal bei dem dem Amt vorgesetzten Schöffen die Erlaubnis zur Abhaltung der Versammlung einholen musste. Auch konnten infolge des Dekretes die versammelten Meister keinen gültigen Beschluss in Abwesenheit des Schöffen fassen.[1])

Wer je in seinem Leben in Vereinen tätig war, wird die Bedeutung der Frage nach dem Versammlungslokal nicht unterschätzen. Heil und Bestand der Vereine hängen gewöhnlich sehr eng mit dem Vereinslokal zusammen. Wo versammelten sich denn die Mitglieder des Eligiusamtes? Die Ordnung sagt: «zu de Knodeler.» Andere Ämter waren weniger günstig gestellt. Die Leineweber, Taglöhner und Küfer waren auf die Wohnung ihrer Meister angewiesen, die Krämer und Tucher hatten sich ein Lokal gemietet. die ersten in der heutigen Loge, die letzten im Hause Thisi, die Metzger und Fischer kamen unter freiem Himmel auf den Wällen zusammen [2]). die Bäcker im Sprechzimmer des hl. Geistklosters[3]), die Schuster, Schneider, Köche und Theobaldusbrüder in den Innen- und Aussenräumen, sogar auf dem Kirchhof des Rekollektenklosters auf dem heutigen Wilhelmsplatz, die Mitglieder des Eligiusamtes im Waschhaus desselben Klosters. Im Jahr 1735 wurde dem Amt die Benutzung des Lokals durch einen Mietvertrag gesichert. Die Patres verpflichteten sich, den Meistern das Waschhaus zur Verfügung zu stellen oder, falls dieses bestezt wäre, einen anderen geeigneten Raum: als Entgelt versprachen die Meister schriftlich, sechs Töpfe Öl, oder auch falls es sich später als nötig erweisen sollte, nunmehr zu liefern [4]).

---

[1]) Dekret vom Jahr 1771. Art. 2 - Ob verdient oder nicht, diese Bevormundung musste die Meister verbittern und entmutigen.

[2]) Ulveling. Notice sur les treize maitres de Luxembourg.

[3]) J. Grob. Les Frères-Mineurs. S. 19.

[4]) Nachstehend der Wortlaut des Mietvertrags (Großes Amtsbuch S.41 recto)

I. VERPLICHTUNG der PATRES:
Nous Soussignés Pères Gardien et discrets du Couvent des Pères Recollets) a luxembourg avons accordés et accordons par cette, aux maitre et confrères de la confrairie de St Eloy) en cette dite ville notre chambre appellé ordinairement La buerie pour y tenir leurs assemblées et convocation du metier et confrairie Si souvent que leur devoir et besoin requerera moïenant qu'ils entretiennent la dite chambre de son entretien necessaire a leur frais en bon etat comme elle se trouve aujourdhui et en cas que dans le meme tems la dite chambre soit occupé a notre usage nous nous obligeons de leur assigner autre chambre commode a cet usage pour leur dite assemblée. fait a Luxembourg le 11e mars 1735.

Fre Englebert DEUMER gardien
F. Bonaventura LUDOVICI Diffinitor
F. Fr. CLESSE Lecteur
F. Maurice LEMAIRE Lect.

Lugen wir nun im Geist durch das kleine Gitterfenster ins Waschhaus hinein, um uns das Bild der Versammlung anzusehen!

Sie sind alle da. Keiner fehlt, sofern nicht der eine oder der andere durch zwingende Gründe am Erscheinen verhindert ist. Der lebendige Korporationsgeist bei den Meistern und das eigene Interesse bringen sie alle zusammen. Wenigstens in den ersten Jahrhunderten ihres Zusammenschlusses hatten die Meister keinen Ansporn nötig. Erst später, als die Amtstruhe sich allmählich leerte, entstanden auch Lücken in der Versammlung. Die Gleichgültigkeit gewann alsdann an Raum. Die Statuten von 1738 (Art. 11) mussten die Säumigen mit einer Busse von zwei und ein Sol belegen.[1])

Die Debattenordnung scheint dem späteren Studentenkomment als Vorbild gedient zuhaben. Der vorsitzende Meister eröffnete die Versammlung und gebot Schweigen durch einen schallenden Schlag gegen seinen Trinkbecher. Musste er seine Aufforderung durch den Boten wiederholen und fand noch kein Gehör, so verhängte er über den Unbändigen die in der «Ordnung» (Art 39) vorgesehene Busse von einer Flasche Wein.

Da die Meister sich auf den Hammerschlag besser verstanden als auf den Zungenschlag, wurde die Tagesordnung

Fr. Josephe FABRY Lect
Fr. Josephus MILLION disc.
Fr. Jacobus KERCK conf.
Fr. Michaël THYLEN discret
Ita testor
B. Denis not.

2. VERPFLICHTUNG der AMTSMEISTER:
Nous sousignés maitres et confreres du metier et confrairie de St. Eloy en cette ville avons recu avec remercîment la concession nous faite d'autre part par les Reverend Peres gardien et discrets des R. R. P P Recollets en cette ville de la chambre nous accordée en reconnaissance du benefice nous nous obligons de la part de toutte notre confrairie de fournir un et chacun alusage des RR Peres six pots d'huile sauf de les augmenter suivant les moiens et volonté de notre dite confrairie fait aluxembourg le 11e mars 1735 Nicolas haas maitre moderne D.,Schwartz heinrich Ritter iean Iunier peterus Haas Theodorich Rodolff Nicolaus landsger Franz brabender

marque ⊕—— de Pierre Gaffary

marque + de pierre jung

Ita testor
B Denis nots

5) Zu Trier verfügte Art. 5 der Satzungen von 1523: du solt kommen zum Gebote bey der Uhren bey der Straff 3 Albus. — Das Nichterscheinen nannte man zu Luxemburg „das gebet versitzen." Vergl. Küborn. Seite 7.

rasch erledigt. Sie umfasste einen oder mehrere der folgenden Gegenstände:

Wahl des Amtsmeisters auf ein Jahr;
Besichtigung und Annahme eines Meisterstücks:
Abänderung und Vervollständigung der Amtsordnung;
Besprechung und Festsetzung einer beruflichen, geselligen oder religiösen Veranstaltung:
Gutachten oder Beschluss über Angelegenheiten der Stadtverwaltung:
Beschluss über die Mitwirkung des Amtes bei der Belagerung der Stadt oder bei einem kriegerischen Unternehmen
Erlaubniserteilung zum Führen eines Prozesses.

Auch andere Angelegenheiten, bei deren Besprechung die Öffentlichkeit ausgeschlossen war, Angelegenheiten persönlicher Natur, heikele Kundenfragen, Anträge betr. den Ausschluss von Mitgliedern, kamen zur Verhandlung. Das Ende der Versammlung bildete ein gemütliches Beisammensein mit feucht-fröhlichen Treiben. Über den Kostenpunkt des Weinverbrauchs brauchten die meisten sich keine Sorgen zu machen.

Der Wein wurde entweder von dem Gefeierten des Tages oder von der Bussenkasse bezahlt. Dass letztere nicht leer blieb, dafür sorgten die Strafparagraphen der «Ordnung» Wer z. B. einem Mitglied öffentlich, besonders im Wirtshaus, seine Schulden vorwarf, musste zur Strafe eine Flasche Wein spenden, wer einen andern Lügen strafte, sogar einen Sester[1]) Als Regel galt, dass die erhobenen Bussgelder zur Hälfte verzehrt, zur Hälfte für die allgemeinen Bedürfnisse des Amtes zurückgelegt wurden.

Die Vermutung liegt nahe, dass der reichliche Weingenuss zu manchen Unzuträglichkeiten führte. Vorab um der Kassennot zu steuern, — das Amt war damals sehr verarmt, — gewiss auch nicht zuletzt, um den Unordnungen bei den Versammlungen vorzubeugen, veranlasste der Stadtrat, im Verein mit dem Magistrat die Meister zu dem am 10. Juni 17(?)8 gefassten Beschluss, künftig alle der Amtskasse zu Belast fallenden Trinkunkosten zu vermeiden, ferner die 10 Schillinge, die bisher bei der Aufnahme eines Mitgliedes und die piesz,[2]) die früher bei der Zierung des Altars verzehrt worden waren, der Amtskasse zuzuführen. Drei Jahre später verbot-

[1]) d. h. 4 Liter

[2]) Die einfachen mit der Prägung VI Sols galten 6, die doppelten 12 Stüber

[illegible]

b) Die geselligen Versammlungen

[illegible]

Die „Ordnung" erwähnt folgende festliche Veranstaltungen:

1. „Der Kuchen auf der K[illegible]" Ein Volksbrauch, der sich bis auf den heutigen Tag erhalten hat³). Am Dreikönigstag (6. Januar) wird nach dem Mittagstisch ein Kuchen aufgetragen und an die Anwesenden verteilt. Beim Backen hat die Hausmutter eine Bohne hineingelegt. Niemand weiss, wo sie liegt. Der Glückliche nun, in dessen Stück man die Bohne findet, wird zum König der Tafelrunde proklamiert und mit Komplimenten beehrt. Seinen Dank bezeigt er den Anwesenden, indem er den Tischwein spendet.

Forts. folgt.

---

¹) Art. VIII des Dekretes lautet: Défendons toute beuvette avant, pendant et apres les assemblées, soit des métiers en corps, ou des métiers ou jurés seulement, quant ce ne serait même qu'aux dépens particuliers de l'un ou de l'autre, à peine de dix sols d'amende à charge de chaque contravenant, et ce au profit de la caisse du Métier.

²) Beschluß

³) Vergl. Das Luxemburger Land. Jahrgang 1883 - 84. S 315.

Die 13. Handwerkerzünfte Luxemburgs und ihre Patrone.

1. Schmiede, Schlosser, Waffenschmiede, Uhrmacher Deppen- und Kesselmacher. — S. *Eligius.*
2. Tuch- und Hutmacher. — S. *Antonius. Servatius, Barbara.*
3. Bäcker und Müller. — S. *Rochius.*
4. Fleischer. — S. *Bartholomäus.*
5. Gerber und Schuster. — S *Crispinus* und *Crispinian.*
6. Fassbinder und Küfer. — S. *Urbanus.*
7. Krämer. — S. *Michael.*
8. Schneider. — S. *Anna.*
9. Bauhandwerker, Steinmetzer, Zimmerleute, Schreiner, Drechsler. S. *Theobald.*
10. Leinweber. — S. *Peter von Mailand.*
11. Fischer. — S. *Petrus.*
12. Garköche, Buttenschläger, Piffer, andere Spielleute. — S. *Laurentius.*
13. Gärtner, Fuhrleute, Ackerer, Pflasterer u. Taglöhner — S. *Nikolaus.*

Logements militaires à Luxembourg pendant la période de 1794-1814.

(Par Alphonse Rupprecht.)

(Suite.)

291. La *douairière de Marechal* 2 chambres pour officiers en tems ordinaire selon les ordonances.
9 places au batiments principal, 3 derrière dont 2 servant d'écurie et remise à foin
1 écrarie pour cheveau[124])

---

[124]) Aujourd'hui le N° 36 de la rue Philippe, propiété de Mademoiselle Justine-Mathilde Mayer et de la dame Mayer, veuve de Mr. François-Xavier Bélet, natif de Delle (Haut-Rhin), de son vivant inspecteur principal des chemins de fer de l'Est, chevalier de la Couronne de Chêne et de la Légion d'Honneur. La maison fut acquise entre 1807 et 1817 par Mayer-Ensch, grand-père des propriétaires actuelles.

Jean Mayer négociant en vins, né à Bening (Dep. de la Moselle le 21 april 1785, avait contracté mariage à Luxembourg, le 12 Juillet 1810 avec Ensch Anne-Marie, née à Crauthem, le 30 novembre 1789 et s'était la même année fixé à Luxembourg. Auparavant il avait été domicilié à Valmont (Dép. de la Moselle). Ces époux habitaient la maison de même que leur fils Hippolyte-Eugène-Eduard, époux d'Eugenie Putz, de Bourglinster, qui fut avocat et conseiller honnoraire de chambre des comptes et mourut à Luxembourg le 10 avril 1872. Le 1er étage de la maison est occupé aujourd'hui par les 2 filles de ce dernier, les dames Justine-Mathilde et Julie Mayer, veuve Bélet susdites. Au rez-de-chaussée sont installés les bureaux du Commissariat des chemins de fer. . . . .

La duairière de Marechal, Hélène-Eléonore comtesse de Brias de Hollenfels, née à Luxembourg, le 6 juillet 1729, y décédée, le 16 avril 1815, avait épousé Jean-Charles-Joseph baron de Mareschal (ou Marschal, né à Luxembourg le 25 septembre 1701, colonel d'infanterie au service de l'Empire et major de place dans la ville de Luxembourg, mort, d'après Mr. le Dr. Neyen (Biogr. Luxembourg., T III, p. 271), à Bâle en Suisse, le 12 juillet 1769. (Dans les registres des anciennes paroisses de la ville de Luxembourg figure Jean-Charles baron de Maréschal, seigneur de Siebenborn, Larochette et Greisch, décédé à Luxembourg également le 12 juillet 1769).

J.-Ch.-Joseph baron de MARESCHAL était le fils de François-Albert de MARESCHAL, écuyer et de Marie-Anne de LANSER qui s'étaient mariés à Luxembourg, le 30 mai 1702. Il avait un frère, Jacques-Augustin-Ignace-Joseph, baron de MARESCHAL, né à Luxembourg, le 7 septembre 1710 qui fut de nombreuses années embassadeur de l'Impératrice près de différentes cours et notamment à Bâle.

La fille de ce dernier, Marie-Anne-Antoinette, épousa à l'église de Hollenfels, le 9 juillet 1789, Pierre baron de Schawenbourg, originaire de Bergholtz en Alsace, capitaine des grenadiers au régiment d'Alsace, plus tard lieutenant colonel au service du Roi de Bavière. Le registre des déclarations de résidence porte sous la date du 23 floréal an 8 (13 mai 1800) que Pierre SCHAWENBOURG (sic) était alors âgé de 40 ans et qu'il avait résidé sans interruption à la maison appartenant à la veuve Marchel (sic), rue de la Nation, No 291, depuis le 12 juillet 1780 jusqu'au 22 prairial an 3 (11 juin 1795).

De ses séjours faits à Bâle, la famille fut dénommée Mareschal de Bale.

(Cf. Biographie Neyen, T. III., p. 271: Registres des anciennes paroisses et de l'état civil de la ville de Luxembourg:)

Dans les registres aux délibérations de la Municipalité de Luxembourg nous trouvons sous la date du 21 prairial an 5 (9 juin 1797) cette décision: „Lecture de la pétition de la citoyenne Marechal qui se plaint qu'un particulier dont elle ne connait ni les fonctions ni le caractère occupe la remise qui fait partie de sa maison. Demandant d'être déchargée de ce logement, attendu qu'elle n'a cessé d'en fournir à un officier de la garnison. — La Municipalité, après délibération, a résolu que le particulier y mentionné aura à faire connaitre dans le jour, à quel titre et par quel ordre il occupe la remise dont s'agit."

La maison Mayer-Ensch dont la construction parait dater de la fin du 17e. ou du commencement du 18e siecle, est à un étage. 4 marches conduisent à une belle porte munie d'un heurtoir et dont le fronton circulaire montre un mascaron orné d'ailettes. Au coin de la bâtisse on voit encore l'ancien numéro de la maison, le No 189, peint en noir sur un fond blanc de forme elliptique. Il paraît que c'est là la manière dont jusqu'en 1851 les maisons étaient généralement numérotées à Luxembourg. Dans les considérants du règlement du 1er juin 1854 concernant le numérotage des maisons, nous lisons que les numéros des maisons avaient à cette époque disparu de presque toutes les habitations. Le même règlement introduisit le numérotage des SÉRIES SPÉCIALES PAR RUES tel qu'il existe encore de nos jours. Auparavant il n'y avait que des SÉRIES PAR SECTIONS DE COMMUNE. Le recensement de 1852 renseigne pour la ville-haute les Nos 1 à 570; pour la ville-basse den Grund, 1 à 177; pour celle de Pfaffenthall à 161; pour le faubourg de Clausen, 1 à 146; pour la Basse-Pétrusse, 1 à 23 (6 maisons sans numéros); pour le Limpertsberg et la Côte d'Eich, 1 à 19 et pour Bonsmalades, 26 à 45.

Aux pièces du rez-de-chaussée on voit de vieilles boiseries sculptées; à celles du 1. étage, les portraits des époux MAYER-ENSCH et des panneaux peints représentant des scènes champêtres provenant des ornements du rez-de-chaussée. A l'escalier on a placé une taque en fer retirée d'une cheminée à colonnes qui existe encore en partie dans la cuisine, au rez-de-chaussée. Elle porte le millésime 1818 et montre une rosace surmontée de deux colombes et flanquée de cornes d'abondance. Une taque identique, mais sans millésime, est reproduite dans le livre déjà cité de Mr. Fischer-Ferron sur les plaques de foyer et de fourneau, p. 126, comme faisant partie des collections de Mr. Neuberg, de Luxembourg et des Forges d'Eich.

Jusqu'à la percée faite en 1910 (V. Note 119), la ruelle entre les maisons Munchen, d'un côté et Mayer-Ensch, de l'autre, était limitée par un mur dans lequel une grande porte donnait accès au jardin de l'ancienne maison de Tornaco. Cette ruelle portait autrefois le nom de Marschalslach (de la maison de la famille de Mareschal). Lach (Loch, trou), en patois luxembourgeois, est autant qu'impasse. (Cf. Wurth-Paquet, Rues de Luxembourg, p. 103).

292. *Lederlé & Feyereisen.* 2 chambres pour 1 officier aussi en tems ordinaire

9 places au batiment principal 6 derrière. [125])

293. Le quartier d'officier du *baron de Tornaco.*

6 places. [126])

---

[125]) D'après un acte du notaire Huberty, du 2 février 1824, cette maison était située „à l'extrémité inférieure de la rue Philippe entre les propriétés du sieur Mayer-Exsch et le jardin de Mme. Simonis". Elle fut vendue en 1824, par le ministère du même notaire, aux époux Mayer-Exsch. Aujourd'hui le No 38 de la rue Philippe, est la propriété de la dame veuve Bové-Groos.

En 1872, alors qu'elle appartenait à Mesdemoiselles Bové, la maison fut occupée par la congrégation des sœurs de Sainte-Zite, fondée à Luxembourg le 25 mars 1872 par Mr le professeur Wies et Mesdemoiselles Anne Bové, née à Luxembourg, le 5 avril 1829 et Louise Niederprüm, y née le 8 septembre 1843, et constituée définitivement le 30 mai 1872. Le but de cette association est la sauvegarde des intérêts spirituels et matériels des servantes chrétiennes. L'œuvre prospéra et pour la loger convenablement, les propriétaires se virent obligées en 1876 à rehausser de 2 étages la maison de la rue Philippe. Le 19 mars 1886, les sœurs de Sainte-Zite s'affilièrent à l'ordre des Carmélites sous le titre de Carmélites tertiaires du tiers ordre. En 1889, le siège de l'établissement fut transféré à la maison de Sainte-Zite nouvellement construite à Luxembourg-Gare, ancienne commune de Hollerich, dans la rue qui a reçu son nom. Du 19 avril 1918 au 11 décembre 1918, un poste sanitaire intercommunal des villes de Luxembourg et de Hollerich s'y trouvait installé.

Par arrêté du directeur général de la justice et des travaux publics en date du 25 mai 1921, l'association des Carmélites tertiaires régulières de Luxembourg-Gare a été autorisée à aménager en clinique l'aile gauche du couvent.

Si nous ajoutons que pendant près de 50 ans d'une existence grosse de difficultés, la maison de Sainte-Zite a pris sous sa protection, placé et hébergé des milliers de jeunes filles, c'est pour documenter les mérites de cette institution et pour expliquer la popularité et l'estime dont elle jouit chez nous et bien au delà de nos frontières. (Cf. Caritas-Jahrbuch für das Jahr 1920-21, Esch a. d. A. Caritas-Sekretariat, pp. 125 - 131.)

[126]) V. le No 286 du Registre des Logements qui renvoie au No 293, et la note 119.

294. *A. Stout*, quartier d'officier de 3 chambres au 2. étage, 2 sur le devant dont l'une avec cheminée pour 14 soldats, en tems ordinaire pour 1 capitaine.

13 places ou batiment principal 4 dans la cour aiant vue au devant [127])

---

127) A l'emplacement de la maison actuelle No 26 de la rue Marie-Thérèse, coin de cette rue et de la rue Philippe, propriété de Mme. veuve Ernest Derulle.

Alexandre Stout, époux de Marie Ney qui possédait et habitait la maison en 1794, et ses successeurs (Fendius, Gottschalk, Paul, veuve Englebert et Amberg), exploitaient une auberge fréquentée surtout par les forains. Vers 1863, Mr. Jean-Joseph DERULLE, époux de Marie-Françoise Wigreux, originaire de Houdremont (Belgique), en fit l'acquisition et y ouvrit un hôtel. Il fut le premier agent d'émigration dans la ville de Luxembourg, agréé en cette qualité, conformément à la loi du 13 mars 1870, par arrêté du directeur général de la Justice en date du 19 mai 1870. A sa mort, survenue le 12 décembre 1881, l'agence d'émigration DERULLE-WIGREUX ET FILS fut continuée par son fils Ernest DERULLE, époux d'Anne Jaminet, agréé comme agent d'émigration le 17 janvier 1880. En 1904, Mr. Ernest Derulle fut nommé agent consulaire des Etats Unis d'Amérique à Luxembourg. Il est décédé à Luxembourg, le 15 décembre 1912. Sa succession comme agent d'émigration et agent consulaire des Etats Unis passa le 12 février 1913 à son neveu, Mr. Désiré DERULLE, fils de Mr. Arthur DERULLE. Ce dernier, né à Nospelt, le 16 février 1849, domicilié à Luxembourg, est connu pour sa forte taille qui, de 2 m., 3 centimètres, a été pendant le dernier siècle et jusqu'à ce jour, unique dans le Grand-Duché de Luxembourg. [A ce „géant" on peut ajouter le révérend curé Albert-Michel Molitor, en son vivant instituteur, ensuite prêtre, décédé curé de Trintange, le 3 février 19[illegible], et feu l'abbé Théodore-Zéphyrin Biver, missionnaire en Palestine, décédé vicaire-général du Patriarchat latin de Jérusalem à Larnaca (île de Chypre), le 24 juillet 1915 et duquel notre président d'honneur est en train de publier dans „Ons Hémecht" une biographie fort intéressante. Note de la Rédaction.]

L'ancienne maison Derulle avait des ancres de construction qui formaient le millésime 1685. La maison actuelle a été construite en 1907 d'après les plans de Mr. l'architecte Alphonse Kemp. Elle est à 3 étages et 5 mansardes, et se fait remarquer par son style moderne d'une grande élégance. Un bow-window, au coin des rues Philippe et Marie-Thérèse, est couronné d'un dome avec l'inscription en lettres d'or AMERICAN BUILDING et d'un lanterne au surmonté de l'aigle américain en métal doré. (A suivre)

Sammlung von Aktenstücken zur Geschichte des Gnadenbildes Mariä, der Trösterin der Betrübten, zu Luxemburg.

III. Verleihung eines vollkommenen Ablasses durch S. P. H. Innocenz XI, vom 26. Mai 1679.

Im Archiv von Liebfrauen befindet sich die Abschrift eines von Innocenz XI. am 26. Mai 1679 verliehenen vollkommenen Ablasses für die Beter vor dem Gnadenbilde der Trösterin der Betrübten. Diese Abschrift ist unterzeichnet von dem hochw. Trierer Weihbischof Joh. Heinr. d'Anethan (1673—1680) und datiert vom 21. Juni desselben Jahres. Der Wortlaut dieses Ablassbriefes ist folgender:

Innocentius P. P. XI.

Vniversis Christi)[1] fidelibus praesentes litteras inspecturis Salutem et A(posto) licam ben(edictionem). cum sicut pro parte dilectorum filiorum trium Ordinum sive Statuum Ducatus Luxemburgensis et Comitatus Chiniacensis Nobis nuper expositum fuit ipsi electionem Beat(issi)mae Virginis Mariae Matris Jesu Consolatricis Afflictorum quae colitur in Capella eidem sub dicto Titulo dedicata et ad Collegium soc(ieta)tis Jesu Oppidi Luxemburgi Trevirensis dioec(esis) pertinente ac prope et intra mœnia dicti oppidi sita in Protectricem et Patronam Ducatus et Comitatus præfatorum canonice factam a Congregatione Venerabilium fr(atr)um nostrorum S. R. E. Cardinalium sacris ritibus praepositorum approbari obtinuerint;

Papst Innocenz XI.

Allen Christgläubigen, welche dieses Schreiben sehen. Gruß und apostolischen Segen.

Vor kurzem wurde Uns von Unsern lieben Söhnen der drei Orden oder Stände des Herzogtums Luxemburg und der Grafschaft Chiny auseinandergesetzt, daß die Erwählung der allerseligsten Jungfrau Maria, Mutter Jesu und Trösterin der Betrübter, welche in der ihr unter diesem Titel geweihten, dem Collegium der Gesellschaft Jesu in der Stadt Luxemburg, Diöcese Trier, zugehörigen, in der Nähe der genannten Stadt und außerhalb der Festungsmauern gelegenen Kapelle von dem Volke viel verehrt wird, zur Schutzfrau und Patronin des genannten Herzogtums und der Grafschaft Chiny gemäß den kanonischen Vorschriften stattgefunden hat und von Unsern ehrw. Brüdern, den Kardinälen, die der Congregation der Riten vorstehen, gutgeheißen worden ist.

[1]) Weil in der Druckerei die Typen für die einzelnen Abkürzungen nicht vorhanden sind, habe ich dieselben in Klammern ( ) hinzugefügt. M. B.

Imago vero eiusdem Beat(issi)mae Virginis populorum Deuotione celebris, quae in Capella praefata colitur, propter bella aliosq(ue) casus interdum in Eccl(esi)am Collegii praedicti transportetur. Nos ad augendam fidelium religionem et animarum salutem Coelestibus Ecclesiae thesauris pia charitate intenti, ac supp(licatio)nibus trium Ordinum siue statuum praedictorum nomine Nobis super hoc humiliter porrectis inclinati, omnibus et singulis vtriusq(ue) sexus Chri(sti) fidelibus vere poenitentibus et confessis ac sacra communione refectis, qui dictam capellam vel quando memorata sacra Imago inde ad Ecclesiam dicti Collegii transportata fuerit eandem Ecclesiam aliqua die Dominica per Ordinarium loci semel duntaxat designanda a primis vesperis vsq(ue) ad occasum solis diei Dominicae h . . . annis singulis, aut proximo anno tantum aliquo alio die intra Octavam eiusdem diei Dominicae deuote visitauerint, et ibi pro Christianorum Principum concordia, haeresum extirpatione, ac sanctae Matris Ecclesiae exaltatione pias ad Deum preces effuderint plenariam omnium peccatorum suorum Indulgentiam et remissionem misericorditer in Domino concedimus. Praesentibus ad decennium tantum valituris. Volumus autem, vt si pro impetratione praesentatione admissione seu publicatione praesentium aliquid vel minimum detur aut sponte oblatum recipiatur praesentes nullae sint. Datum Romae apud S. Petrum sub annulo Piscatoris die XXVI. Maji MDCLXXIX Pont(ificat)us N(ost)ri anno Tertio. Subscriptum erat J. G. Slusius. Gratis pro Deo et Scrip(to).

Das Bild der allerheiligsten Jungfrau, berühmt durch die Verehrung, welche ihm die Bevölkerung darbringt, wurde wegen der Kriegs- und anderer Fälle bisweilen in die Kirche des vorerwähnten Collegiums überführt.

Um die Andacht der Gläubigen zu fördern und das Seelenheil derselben in väterlicher Liebe zu sichern und um den Uns von den drei Ständen gemelter Länder vorgetragenen Bitten zu entsprechen, verleihen Wir Allen und jeden Christgläubigen, welche nach reumütiger Beicht und würdiger Comunion vorerwähnte Kapelle oder die Kirche des genannten Collegiums, wenn sich das Bild dort befindet, andächtig besuchen und daselbst für die Eintracht unter den christlichen Fürsten, für die Ausrottung der Ketzereien und für die Erhöhung der katholischen Kirche zu Gott beten, einen vollkommenen Nachlaß aller Sünden und Sündenstrafen.

Dieser Ablaß kann gewonnen werden von der ersten Vesper bis zum Sonnenuntergang desjenigen Sonntags, den der Ortsordinarius (der Erzbischof v. Trier) entweder für jedes Jahr oder nur für das nächstfolgende Jahr, oder auch einen anderen beliebigen Tag innerhalb der Oktave dieses Sonntags dafür bestimmen wird. Diese Vergünstigung soll nur für 10 Jahre Geltung haben.

Wir bestimmen aber, daß, wenn für die Erlangung dieses Schreibens oder für dessen Zulassung oder für dessen Veröffentlichung auch nur das

Indulgentias praefatas vidimus, cognovimus, et publicari authoritate ordinaria permittimus designan(do) pro hoc anno D(omi)nicam VI post Pentecosten pro sequentibus autem Dominicam IV post pascha. dabantur longui die 21 Junii 1679. Subscriptum erat J. H. Anethan Ep(iscop)us Hierap(olitanus) suffrag(aneus): Vic(arius) ge(n)(er)alis Trevirensis.

Mindeste geboten oder als freiwillige Gabe angenommen wird, dasselbe als null und nichtig anzusehen sei

Gegeben zu Rom, bei St. Peter, unter dem Fischerring, am 26. Mai 1679, im 3. Jahre Unseres Pontifikates.

War unterschrieben: J. G. Slusius.

* * *

Vorstehenden Ablaßbrief haben Wir gesehen, anerkannt und kraft unserer Bischöfl. Autorität dessen Veröffentlichung gestattet.

Für dieses Jahr bestimmen Wir (zur Gewinnung des Ablasses) den 6. Sonntag nach Pfingsten[2]; für die folgenden Jahre aber den 4. Sonntag nach Ostern.

Gegeben zu Longwy, am 21. Juni 1679.

J. H. Anethan, Bischof von Hierapolis etc.

Luxemburgische Folklore.

Die Zahnsncade

Aus der Mythologie wissen wir, dass, gemäss den Anschauungen der heidnischen Völker, in dem Gezweige des Weltbaumes, — der Esche Yggdrasil, — ein listiges Tierchen, mit sehr scharfem Gebiss und buschigem Fuchsschwanze, auf und nieder hüpft. Es unterhält als Zwischenträger regen Verkehr zwischen Ober- und Unterwelt. Es kennt die Vorgänge auf der Welt und trägt Zankworte hin und her. Auf diese Weise leistet es dem Drachen Nidhöggr, der an der Wurzel des Baumes nagt, Handlangerdienste, die schliesslich Göttern und Menschen zum Verderben gereichen. Es ist das **Eichhörnchen Ratatösker**, oder **Nagezahn**. In seinem Tun und Treiben ähnelt es vielfach dem **listigen Loki**, dem Vermittler zwischen den himmlischen Asen und den dämonischen Unterweltsmächten. Loki ist **Totengott**, er ist der Färge, der den Leichenstrand, d. h. das Ufer des Gjöll-Stromes verschliesst und den Toten die Wiederkehr zum Leben verweigert; er ist ausserdem **Feuerdämon** und wird als Sinnbild des Feuers angesehen. Sein Name lautet auch **Logi**, (von: lohen, als Lohe emporschlagen,

---

2) Der 6. Sonntag nach Pfingsten fiel im Jahre 1679 auf den 2. Juli, das Fest von Mariä Heimsuchung.

züngeln ignescere, flammescere.) In den Wohnungen der Menschen hat er sich eine Stätte ausgesucht, und zwar unter dem Herde (in der Tack), also in unmittelbarer Nähe des Feuers. — Hier hausen aber auch, nach den Anschauungen unserer heidnischen Vorfahren, die Totengeister, nämlich Heimchen, Zwerge und Wichtelein. (Vaettir). Ihnen wurden kleine Gaben als Belohnung für die dem Hause erwiesenen Dienste gespendet. — Loki hat die besondere Eigentümlichkeit, dass er Tiergestalt annimmt; namentlich verwandelt er sich in die **Maus**. — Er ist gradezu der Herr der Ratten und Mäuse. — Die Maus ist ebenfalls **mit scharfem Gebisse versehen,** und hat auch unter dem Herde ihre Wohnstätte.

Nach diesen Darstellungen wollen wir zu einem altheidnischen Volksbrauche übergehen, der sich vielleicht schon anderthalb Jahrtausend in unserm Lande erhalten hat.

Wenn im Kindesalter der Zahnwechsel sich vollzieht, so pflegen die betreffenden Kinder, auf Anraten der erwachsenen Angehörigen, den ausgefallenen Milchzahn in ein Mäuseloch zu stecken oder ins Feuer zu werfen.

Nicht allein bei uns besteht dieser sonderbare Brauch. In Ostpreussen, — so heisst es in einem zeitgenössischem Berichte, — wird beim Wechsel der Schichtzähne an den Ofen herangetreten; derselbe wird umfasst mit den Worten: «Öfchen Öfchen, hier schenke ich dir meinen knöchernen Zahn, gib du mir einen eisernen.» Dann wirft man den verlorengegangenen Zahn in den Ofen. (Siehe J. von Negelein, Königsberg.)

Die ausgeführte Handlung stellt ein orginäres, heidnisches Opfer dar, das man dem **Totengotte Loki** darbringen zu müssen glaubte. Es entspringt dem inneren Beweggrunde. «Do ut des» «Ich gebe damit du gibst.»

Luxemburg, im Juli 1921. J. SCHMIT.

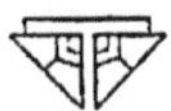

Péréginations aux Pays bibliques.[1])

Ma bonne maman; chers frères et soeurs!

Depuis le mois d'août (1914) nous sommes restés, vous et moi, sans aucune communication, la guerre ayant intercepté toute correspondance. C'est cette situation anormale qui, jointe à un peu de paresse et à beaucoup de travail, a causé mon long et pénible silence. Pendant mes rares loisirs j'ai revu et ajusté mes notes de voyage, toutes jaunes et racornies en cours de route, et c'est ce petit travail que je vous envoie. Rarement j'ai fait un voyage avec tant de satisfaction et de dévotion: puissiez-vous, même à défaut de cartes et gravures, y prendre quelque plaisir!

Recevez, avec mes meilleurs voeux de bonheur et de prospérité, l'expression de ma profonde reconnaissance et de ma filiale et fraternelle affection.

Adophe. Delvaux. Miss. apost.

France et Méditerranée

Dimanche, 5 juillet 1914. Tout voyage étant précédé généralement de douloureux adieux, mon départ n'en pouvait rester exempt. Un dernier dîner réunit la plus grande partie de notre chère famille, tant pour fêter le 70e anniversaire de Maman, que pour „condoler" au départ d'un de ses membres. Merci à tous de leur affection délicate et délicieuse!

Une grande partie de la soirée se passe en visites aux amis et aux voisins. Suit un dernier tour au jardin, où j'avais passé tant d'heures agréables pour l'âme et l'esprit, autant que profitables à la santé.

Vous me ferez grâce de l'énumération de toutes les meurtrissures qu'eut à ressentir mon pauvre coeur jusqu'au coucher

6 juillet. — Dès la pointe du jour toute la maison était sur pied. A quatre heures et demie j'allai à l'église avec Maman et Victore qui communiaient à ma messe. Nous avions tant

---

[1]) Après que les „Reise-Erinnerungen" de feu le professeur et célèbre voyageur Monsieur Nicolas Funck ont trouvé parmi nos lecteurs un si grand applaudissement, nous croyons que ces „Péréginations aux Pays bibliques", émanées de la plume d'un antre de nos compatriotes, seront également lues avec le même intérêt. Nous remercions de tout coeur l'auteur de ce qu'il ait voulu nous faire parvenir ce travail si consciencieux et si lucide. Le R. P. Delaux est le fils de feu le notaire Valentin Delvaux de Weiswampach et le frère du Dr. François Delvaux, médecin à Luxembourg-Gare. Pour nos lecteurs qui désireraient mieux connaître le P. Delvaux, nous les renvoyons à „Ons Hémecht", Année 1913, p 403-406, où ils trouveront sa courte notice biographique. Ajoutons que le P. Delvaux est l'auteur de plusieurs travaux historiques et théologiques bien intéressants.

M. Blum.

à nous recommander les uns les autres à la divine Miséricorde. La tombe à Papa ne fut pas oubliée. Le déjeuner, malgré les délicatesses matérielles, reste quasi intact, et l'autobus précipita les adieux. Se reverra-t-on jamais sur cette terre de larmes?

Merci encore une fois, bonne Maman, de tous vos bons soins, de votre sollicitude incessante qui, plus qu'aucune médecine, m'a fait retrouver la santé! Victoire m'accompagne jusqu'à Luxembourg, et Jeanne vient nous rejoindre pendant une demie heure. Francis avance le déjeuner; puis, tous ensemble, nous allons à la gare, où l'on m'installe dans le train de Paris.

Le temps passe assez vite, et j'arrive sans encombre à 6 heures à la gare de l'Est et à 6 heures 1/2 à la rue du Bac dans notre cher séminaire des Missions Étrangères.

7 juillet. — Toute la matinée est consacrée à des courses et à diverses emplettes, et la soirée se passa en emballages: Quelques moments libres me permettent de revoir la vénérable maison avec ses vieux oratoires, ses reliques et ses innombrables souvenirs.

8 juillet. — Malgré la pluie les courses se poursuivaient jusqu'à l'arrivée du train du Luxembourg à 11 heures. J'ai le plaisir d'embrasser mon petit cousin Adolphe Mayer qui doit faire avec moi le pèlerinage de la Terre Sainte. Ensemble nous galopons vers le Séminaire des Missions Étrangères, et nous y arrivons juste pour le déjeûner. Est-il besoin de dire qu'on a longuement visité la salle des Martyrs, l'église et le jardin dans tous leurs détails? Viennent les derniers préparatifs, les visites d'adieu aux Pères directeurs, suivi du dîner à 6 heures.

A 7 heures nous sommes à la gare de Lyon, heureux encore de pouvoir nous caser dans un compartiment des plus cosmopolites. On se trouve avec un Arabe pur sang, un zouave à destination du Maroc, un marin de l'escadre de Chine, un Provençal et deux dames d'Alger. Chacun s'enveloppe et cherche à s'endormir au bruit régulier et monotone du train qui nous berce: mais Morphée nous laisse languir dans l'insomnie. Par moments un beau clair de lune illumine le paysage de couleurs macabres; la plupart du temps c'est la nuit noire et sans aucun charme. Nous brûlons quantité de petites gares illuminées, mais désertes, et nous ne nous arrêtons que trois ou quatre fois. A Lyon on descend prendre un verre de bière. Enfin l'aube tant désirée commence à percer les ténèbres: puis les dissipe enfin.

9 juillet. — A Avignon une bonne tasse de café au lait nous fait grand bien. Tout en faisant un brin de méditation, nous admirons le paysage ensoleillé du midi, et lorsque la mer apparait parée des ses plus belles couleurs, nous

ne lui ménageons pas nos admirations. A 9 heures nous sommes arrivés en gare de Marseille. Une voiture surmontée d'un parasol carré, nous amène à la rue Noce où nous trouvons les Pères Milliet et Demanse. Ce dernier nous accompagne à un magasin, où nous achetons chacun une coiffure coloniale, une musette en forte toile, une ceinture de flanelle etc. Après le déjeûner on fait encore une sortie en ville et la soirée est entièrement occupée par un dernier emballage, notre correpondance et la fixation des grandes lignes de notre pélerinage en Terre-Sainte.

10. juillet. — La nuit avait été d'autant plus délicieuse que la précédente avait été mauvaise. Vers les 9 heures le Père Milliet nous accompagne à la Joliette et nous installe à bord du „Karnak" qui doit nous amener directement à Alexandrie. Quel plaisir de nous voir logés tout seuls dans une délicieuse cabine du pont! Après avoir fait nos adieux au cher Père Procureur, nous suivons avec intérêt les derniers préparatifs de départ. Toute une tribu de Marocains—ils sont 75 environs — fait le voyage avec nous. Ils emportent leur nourriture et leurs ustensils de ménage avec eux, chargeant des tonneaux d'huile, des outres d'eau, des sacs de blé, voire même tout un troupeau de brebis. Quelques-uns sont d'un noir d'ébène, d'autres de couleur moins foncée. Tous portent les habits orientaux, longs et très amples, sales, mais superbement drapés. Un long couteau de Damas ou un antique pistolet à pierre ne quittent jaimais leur ceinture.

A 11 heures passées on rentre les amarres, et bientôt on est au large. Derrière nous Marseille s'étale en amphithéâtre: Tout près la cathédrale: d'un côté une forêt de mâts et de vergues. De l'autre les deux forts de Saint-Jean et de Saint-Nicolas dominés du sanctuaire de Notre-Dame de la Garde. Vue de loin, Marseille avec sa merveilleuse corniche est plus bèlle que vue de près. On est juste à examiner le château d'If à droite de notre route, lorsque la cloche nous appelle au déjeûner. Nous nous trouvons à table avec un Frère des Ecoles Chrétiennes et un groupe assez turbulent d'étudiants de Syrie ou d'Egypte. Plus loin deux religieuses, des fonctionnaires et des touristes sans oublier nos chefs marocains qui mangent à part, non sans nous amuser plus d'une fois à leurs dépens. Le maître d'hôtel nous apprend que tous ces Arabes forment la suite de Moulaïd el Haffid, frère du sultan du Maroc et gouverneur de Marakeck. Celui-ci est logé dans la plus belle cabine de luxe du „Karnack", et ce n'est que rarement qu'on peut l'entrevoir. Rien que de Marseille à Beyrouth il a versé 10.000 francs aux Messageries Maritimes.

En remontant du déjeûner, la terre ferme est déjà loin. A gauche les iles d'Hyéres; derrière nous les contours de Notre-Dame de la Garde et le Mont Faron qui abritent la rade de Toulon. Bientôt il n'en reste qu'une ligne azurée qui se confond avec le ciel.

Que vous dire de notre »Karnak«?. Il a environ 170 mètres de long sur 14 mètres de large. La force de notre Hercule est celle de 9050 chevaux, et il vous porte aisément 7000 tonnes, sans compter son propre poids. Sa vitesse ordinaire est de 25—27 kilomètres à l'heure, soit 630 kilomètres par jour, de sorte qu'il lui faudra quatre jours à franchir les 2610 kilomètres de Marseille à Alexandrie. Un tel colosse dévore plusieurs tonnes de charbon par jour. Il a fallu bien des calculs pour loger dans sa carcasse de fer et d'acier de puissantes machines à vapeur, tant pour les mettre en mouvement que pour actionner ses grues, ses pompes, ses dynamos électriques, etc. Ajoutez-y les dépots de charbon, les réservoirs d'eau, les magasins à provisions, les ateliers et cuisines, les cales à marchandises, sans oublier les nombreuses cabines, salons et promenoirs Encor ce colosse qui abrite des centaines de personnes se laise-t-il diriger au gré du timonier et comme en jouant. On comprend aisément l'affection du marin pour son bateau tout imprégné d'intelligence et de génie.

11. juillet — La nuit a été assez mauvaise. On a passé vers trois heures du matin par le *détroit de Bonifacio,* et vers les 10 heures on est à la hauteur de Rome. Une prière silencieuse monte au ciel pour le pape et toute l'Eglise. A midi on se trouve en face de Naples. La soirée est consacrée au bréviaire et à l'étude de l'histoire de la Terre-Sainte. Après dîner une soirée musicale s'organise comme par enchantement. De notre côté nous faisons quelques parties au jeu de palet et nous nous couchons de bonne heure.

12 juillet. — On a passé le *détroit de Messine* au petit jour sans voir ni Charybde ni Scylla. A défaut d'ornements sacrés on n'a pas d'office dominical, ni même de messe basse. Nous montons à la dunette d'arrière faire une longue causette, tout en regardant passer quelques bateaux.

13 juillet.—Comme la mer est plus mouvementée, nous faisons la grasse matinée. Après dix heures Crète est en vue avec deux pics pointus, dont l'un a près de 25'0 mètres. La correspondance nous prend une bonne partie de la soirée. Une fois au lit, une véritable discussion se lève sur la grâce, la coopération et la vocation, et dure jusqu'à minuit.

Egypte.

14 juillet. — La matinée est bien calme. Vers une heure et demie du soir on aperçoit le phare d'Alexandrie et peu après la côte basse et sablonneuse d'Egypte. La voilà donc cette antique cité, fondée par Alexandre le Grand 332 av. N. S.) pour être la capitale de son nouvel empire. Située entre l'Asie et l'Afrique et à portée de l'Europe et des Indes.

elle possède un des plus beaux ports du monde. Longtemps elle resta un des centres intellectuels des plus réputés, et elle vit naître dans son sein la version grecque de la Bible, dite des Septante. Saint Marc en est regardé comme l'apôtre. Parmi ses patriarches se signalèrent saint Athanase, saint Cyrille, saint Jean l'Aumônier; parmi ses martyrs sainte Apollonie et sainte Catherine, la patronne des philosophes. Dans son école fameuse enseignèrent: saint Patène, Clément d'Alexandrie, Origène et Didyme. Aujourd'hui elle compte encore 332,000 âmes, mais n'a plus rien de son antique splendeur. Le pilote se faisant attendre assez longtemps, on n'y aborde qu'à 4 heures. Six ou sept Frères des Ecoles Chrétiennes, dont 4 à 5 Luxembourgeois, nous attendent au quai et nous souhaitent la bienvenue. Une voiture nous conduit à l'Agence des Messageries Maritimes, au collège Sainte Catherine et enfin à Minieh, maison de campagne des chers Frères. Le Frère Casimir, un compatriote au cœur d'or, en est le supérieur. Il nous sert nolens volens un goûter substantiel, puis nous accompagne au galop jusqu'à la gare. L'express nous emporte à 6 heures précises vers le Caire. Pour faire le 208 kilomètres à travers le delta (Basse-Egypte), il ne met que trois heures et quart. A droite s'étend un vaste marais; à gauche notre train longe un canal bien entretenu et et une route très fréquentée. Le paysage — un immense champ de coton — est plat et parfois dominé par un minaret élancé. Par-ci par-là quelque misérable village, une tente de fellahs des plus primitives, une saki (élévateur hydraulique) tournée par des bœufs ou des ânes. Plus loin des voiles annoncent quelque bras du Nil. La nuit arrive assez précipitamment et nous voilà engagés dans une longue conversation avec notre voisin, un vieil Egyptien bien instruit. A notre arrivée au C a i r e, nous trouvons le cher Frère Dosithée qui nous amène en voiture à son collège.

A proximité de la gare, le Caire ressemble aux autres villes; mais dès qu'on est engagé dans le vieux quartier indigène, on se voit transporté dans un monde tout nouveau, surtout pendant la nuit. Les rues sont étroites et sales. Tout le monde est installé dehors au milieu d'un brouhaha et d'une animation indescriptibles. Les étalages, parfois des plus originaux et des plus exotiques, avec l'odeur qui s'en dégage, font penser à une foire. Ajoutez-y les costumes orientaux, les montures et véhicules bizarres et vous aurez quelque idée du vieux Caire. La population du Caire est de 390,000 âmes. Au collège on trouve la table mise, et nous ne nous faisons pas prier. On va se reposer assez tard, heureux de coucher à terre dans des lits bien larges et des chambres spacieuses.

15 j u i l l e t. — Vers six heures je vais dire la messe chez les P P. Franciscains. Leur couvent a tout l'air d'une forte-

resse à l'extérieur et d'un labyrinthe à l'intérieur, et serait un vieux comptoir génois. D'aucuns prétendent que saint François, dans son voyage d'Orient soit venu ici, et ait même logé dans la maison actuelle. Après le petit déjeûner le Frère Etienne, d'origine autrichienne, vient se mettre gracieusement à notre disposition. Un tramway électrique nous amène en 40 minutes aux trois grandes pyramides de Ghizéh. Celle de Chéops a 137 mètres de haut (autrefois 10 mètres de plus), et avec ses matériaux on pourait construire un mur de deux mètres de haut allant de Lisbonne à Varsovie. Elle et ses deux voisines dateraient de 4000 avant Notre Seigneur, et étaient destinées à servir de mausolées aux vieux pharaons. Nous nous décidons à l'ascension, et chacun de nous se fait aider de deux bédouins.

Chaque degré a de 80 cm. à un mètre de haut. La vue d'en haut est magnifique: Au nord le Nil et son delta tout couvert de verdure: au sud le désert immense et sans vie. C'est au nord-ouest du Caire que s'étend le champ de bataille, où Bonaparte remporta la célèbre victoire des pyramides en 1799. De la harangue du Consul, apprise jadis par cœur, il ne me reste en mémoire que son début: «Du haut de ces pyramides quarante siècles vous contemplent.» Vers le sud et parallèles au Nil, on aperçoit quantité d'autres pyramides, quoique plus petites. La plus ancienne serait la pyramide à degrés de Sakkarah. Vis-à-vis d'elle, mais de l'autre côté du Nil s'élevait autrefois la superbe Memphis, qui fut pendant de longs siècles la capitale des premières dynasties. C'est là qu'habitait le patriarche Joseph. Actuellement il n'en reste pas même de ruines, et la prophétie de Jérémie que Memphis sera réduite en un désert, se trouve réalisée à la lettre. (Jér. XLVI, 19.) L'ancienne terre de Gessen était attenante au canal actuel de Suez.

Une fois descendus de notre colosse, nous rendons visite au Sphinx qui, à 300 mètres de là, est taillé dans le roc vif. C'est un lion énorme à tête d'homme, mesurant 57 mètres de long sur 20 mètres de haut. Son nez a près de 2 mètres, et d'une oreille à l'autre il y a 4 mètres 30. En somme le Sphinx est assez assorti à ses voisines gigantesques.

Nous regagnons le Caire, et notre aimable compagnon nous fait visiter la maison Parvis, où l'on voit une collection unique des plus beaux spécimens de l'art arabe et égyptien. Au dîner nous faisons la connaissance d'un compatriote, le Frère Victor (de Lieler), professeur d'anglais au collège de Choubrah. Dès une heure, et malgré la chaleur accablante, le Frère Victor veut bien nous montrer la citadelle du Caire, construite au XIIe siècle par Saladin, et occupée par les Anglais. Elle domine la ville et renferme outre les casernes et l'arsenal un palais et une belle mosquée, toute revêtue d'albâtre. Pour la visiter il faut quitter ses souliers ou mettre des babouches par-dessus. A droite en rentrant on voit le tombeau de Méhémet-Ali, et au centre une gracieuse coupole repose sur quatre piliers carrés. D'une petite plate-forme en dehors de cette mosquée on a une vue magnifique sur la ville et ses environs. Sur les 400 mosquées du Caire, plus de la moitié sont à minarets, ce qui, joint aux détails de l'architecture arabe, produit un effet assez étrange pour un occidental Assez près de la mosquée se trouve le puits de Joseph qui a 86 mètres de profondeur et a été creusé par Saladin († 1193) pour assurer à la citadelle de l'eau potable en cas de siège. On descend par un plan incliné et taillé dans le roc en spirale jusqu'à une saki, que tournaient autrefois des boeufs.

De la citadelle on va en tramway électrique jusqu'à la gare centrale, où l'on prend le train pour Matarièh, à 10 kilomètres au nord-est du Caire. En vingt minutes nous y sommes arrivés. Après un bon quart d'heure de marche on arrive à l'emplacement de la vieille H é l i o p o l i s, l'antique capitale de l'Egypte avant Memphis. C'est de là qu'était originaire Aseneth, la femme du patriarche Joseph Au temps, où le fameux temple du soleil était à son point d'apogée, le personnel qui desservait le temple, étail d• 11.0·0 personnes. Les anciens écrivains parlent avec complaisance de l'avenue des Sphinx, ainsi que de la rangée monumentale d'obélisques qui précédaient le temple. Jérémie semble y faire allusion, lorsqu'il annonce de Nabuchodonosor qu'il briserá les colonnes de la maison du soleil qui est dans le pays „d'Egypte„ (Jér. XLIII, 13). Trois des obélisques d'Héliopolis ont été transportés à Rome dès le premier siècle de notre ère, un quatrième se trouve à Alexandrie et un cinquième au milieu du cirque de Constantinople Aujourd'hui l'emplacement même d'Héliopolis serait à jamais oublié,—puisqu'il n'en reste plus le moindre vestige—sans un obélisque cassé en deux et remis en place. Il a 19 mètres de haut et porte le nom d'un roi qui régnait vers 2700 avant Notre Seigneur Comme depuis ce temps lointain le niveau du sol s'est élevé, il faut descendre près de 10 mètres pour arriver à sa base. Ce témoin mutet solitaire d'un brillant passé perdu au milieu des champs de. colon et de maïs, vous impressionne grandement.

C'est dans ces parages que K l é b e r battit avec ses 10.000 hommes le grand-vizir à la tête de 70.000 soldats (20 mars 1800).

L'arbre de la Vierge de Matarieh est à un quart d'heure au sud de cet obélisque C'est un vieux sycomore presque desséché qui a 7 mètres de circonférence à sa base. Grâce au Frère Victor nous en emportons une assez jolie branche comme souvenir. Cet arbre aurait d'après la tradition servi d'abri à la sainte Famille, réfugiée en Egypte. A 80 mètres plus loin vers la porte d'entrée de la propriété se trouve la source miraculeuse dont nous buvons à grands traits l'eau délicieuse. D'après les uns cette source aurait jailli à l'arrivée de la sainte Famille; d'après les autres son eau jusqu'alors malsaine et imbuvable, serait devenue potable, à sa prière. On aime à se représenter la bienheureuse Vierge lavant ici les linges de son petit Jésus, tandis que Lui prenait ses ébats, épié par maint esprit céleste. Tout près d'ici se trouve l'église des Pères Jésuites, dédiée à la Sainte Famille. Quelques belles toiles rappellent les principales scènes de l'enfance de Jésus.

Nous reprenons le chemin de la gare de Matariéh, et, montés tous les trois sur des ânes fringants, nous galopons à travers le désert droit sur LA MODERNE HELIOPOLIS. Cette ville qui ne date que de quelques années, est l'œuvre d'une société belge. Un bon matin elle vint acheter un gros lopin du désert, traça des quartiers et des rues, et se mit à bâtir toute une série de palais, d'hôtels et de maisons d'habitation, voire même une belle cathédrale. Pendant l'hiver surtout les hôtels sont bondés. Un tramway électrique des plus luxueux part tous les quarts d'heure pour le Caire. Nous allons voir le nouveau collège des Frères qui, tout récent qu'il est, est déjà trop petit pour ses élèves. A côté s'élève un pensionnat de filles très fréquenté. Le Frère Victor nous indroduit à l'évêché, où nous faisons la connaissance de Monseigneur DURET, une figure bien sympathique. Sa Grandeur nous accompagne à la cathédrale dont la coupole est des mieux réussies. Puisse-t-elle rebondir de nombreux fidèles, sincèrement attachés à notre sainte religion!

La soirée avance à grands pas et on arrive juste au collège de Choubrah pour l'heure du dîner. Il est neuf heures lorsque le Frère Victor nous accompagne chez nous, tout en nous faisant voir quelques-uns des grands boulevards du Caire qui feraient bonne figure à Paris. Après une journée si remplie, le sommeil ne se fait pas attendre.

16 juillet. — Au lever nos jambes engourdies nous remémorent la pyramide de Chéops. Après le petit déjeuner le Frère Victor nous conduit à la cathédrale grecque, puis au collège et à l'église des Pères Jésuites. Revenus à la gare, nous nous trouvons avec six frères maristes et un prêtre arabe, le Père Barada (Béni de Dieu). Tous sont professeurs au collège des Pères Jesuites que nous venons de visiter, et tous vont nous accompagner jusqu'à Beyrouth. J'ai la bonne chance d'être à côté du Frère Isidore, le supérieur du groupe, et tout en causant des choses et autres, nous arrivons, sans nous en apercevoir à Alexandrie. Le bon Frère Casimir est venu

à la gare et nous conduit chez lui à Miniéh. Pendant le déjeûner deux compatriotes, le Frère Innocent de Trois-Vierges et le Frère Jacob viennent nous tenir compagnie et l'on se croit au pays. Nous avions presque oublié notre bateau, et comme nous voulons encore envoyer quelques cartes chez-nous, il faut se hâter. On passe près d'un quart d'heure à la poste égyptienne, tout trempés de sueur; puis l'on court au bateau. Diantre! notre bateau a bel et bien levé ses ancres dès trois heures, et le voilà qu'il se dirige vers le large. Le moment est critique. Le Frère Casimir heureusement nous embarque en hâte et après quelques minutes nous rejoignons le „Karnak".

Du haut cent mouchoirs s'agitent. Comment monter sans escalier? Un officier nous crie que c'est trop tard. Heureusement le maître d'hôtel apparaît et on lui crie de faire ouvrir le rabord. Quelques minutes se passent. Le „Karnak" continue ses évolutions, et l'on semble nous avoir oubliés. Enfin une lourde plaque de fer s'ouvre et deux paires de bras se tendent vers nous. Tirés par en haut, poussés par en bas nous passons la porte de salut. A peine avons-nous payé nos canotiers, que le bateau s'ébranle à grande vapeur. Dieu merci, nous sommes à bord. Comme les passagers sont plus nombreux qu'avant, tous les lits sont pris. Notre cabine elle-même est occupée par un Syrien qui s'en croyait maître absolu. Un accord amical est vite conclu; car pour les 732 kilomètres qu'il y a d'Alexandrie à Beyrouth, on mettra un peu plus de 24 heures. Après dîner on passe une soirée bien agréable avec les Frères Maristes.

Syrie.

17 juillet. — La matinée est consacrée à la correspondance et à des entretiens avec le Frère Isidore. Entretemps nos pensées s'envolent vers la Terre-Sainte qu'on côtoie sans la voir. Après déjeûner tout est préparé pour le débarquement. Vers les quatre heures on approche de la côte de la Syrie et une heure après on peut distinguer les maisons de Beyrouth, étagées en forme d'amphithéâtre. Plus loin des blanches villes sont semées à profusion dans la verdure; tout l'arrière-plan du tableau est dominé par le Liban aux croupes neigeuses.

Beyrouth, l'ancienne Bérythe des Phéniciens, compte aujourd'hui 120,000 habitants, chrétiens pour la plupart. Saint Grégoire le Thaumaturge vint y étudier. Cette villle resta près d'un siècle au pouvoir des Croisés. Actuellement l'établissement le plus remarquable est l'université des Pères Jésuites. Pendant qu'on regarde la ville, l'escadre anglaise de la Méditerranée s'est approchée de nous par le côté opposé. Six lourds cuirassés s'avancent de front, majestueux et menaçants comme les cratères d'un volcan toujours prêt à vomir la mort et la destruction. (A suivre)

Leben und Wirken des hochw. Herrn Theod.-Zeph. Biever.

(Fortsetzung.)

LARNACA, 27. 7. 1915. Sehr hochwürdiger Herr!

Mit grösstem Schmerze teile ich Ihnen das unerwartete Ableben Ihres geliebten Bruders Dom. Zephyrinus mit. Er starb heute morgen um 3.30 Uhr. Die Tugenden des Entschlafenen sind ein sicheres Pfand, dass er in dieser Stunde sich bei seinem Gott, den er so sehr geliebt hat, erfreut. Genehmigen Sie unterdessen den Ausdruck meiner höchsten Wertschätzung.

Ihr sehr ergebener

P. Dominicus di Marco, Pfarrer vom heiligen Lande.

(Insel Cypern). Larnaca.

* * *

LARNACA, 15. Oktober 1915. Sehr hochwürdiger Herr!

Ich habe mit grosser Freude Ihr Schreiben vom 24. Sept. letzthin erhalten. Man sieht, dass mein Brief vom vergangenen (24.) Juli Sie sehr spät erreicht hat; aber was ist da zu wollen? In so traurigen Zeiten läuft die Correspondenz auch Gefahr verloren zu gehen. Jetzt will ich Sie aber befriedigen betreffs Ihrer Anfrage über den Tod Ihres Bruders. Seine Krankheit war keine langwierige, nein, man kann sogar sagen, er war überhaupt nicht krank. Um die Mitte Juli [221]) begab er sich nach Nicosia, einer benachbarten Stadt, um dort einige Tage zu verbringen. Eines Morgens erlitt er in der Kirche einen Ohnmachtsanfall, als er im Begriffe war, den Altar zu verlassen. Dieser Vorfall machte einen tiefen Eindruck auf ihn, und er kehrte sofort nach Larnaca zurück. Als ich dies vernommen hatte, suchte ich ihn auf. Ich erkundigte mich nach seinem Befinden, worauf er mir antwortete, alles sei vorüber und er befinde sich ziemlich wohl. Und wirklich, nach einigen Tagen hatte er sich vollständig wieder erholt. Eines Abends begab ich mich zu ihm und ich traf ihn im Bette mit einem leichten Fieberanfall; ich blieb ein Weilchen bei ihm. Zum Schluss frug ich ihn, ob er vielleicht etwas wünsche, worauf er mir mit Nein antwortete. Ich drang in ihn mit der Bitte, während der Nacht bei ihm bleiben zu dürfen, was er mir rundweg abschlug. »Es handelt sich nur um ein leichtes Fieber«, gab er mir zur Antwort; »es ist nicht so schlimm, der Arzt hat mir Chinin verschrieben, und ich hoffe, es wird bald wieder gut sein. Auf Wiedersehen bis morgen.« Ich bestand nochmals auf meiner Bitte; aber er blieb unbeugsam. Ich entfernte mich. Es war gegen vier Uhr morgens,

---

[221]) Es war am 17. Juli, wie aus dem an Herrn Professor Burg gerichteten Briefe ersichtlich ist.

als der Diener kam und mir weinend sagte: »Der Pater Vikar ist tot.« Ich konnte es nicht glauben und eilte schnell nach seiner Wohnung, wo ich ihn in einem Lehnstuhl als kalten Leichnam fand. Eilends sandte ich nach dem Arzte; doch dieser konnte nur den Tod feststellen. Eine Herzlähmung hatte dem Leben unseres geliebten Patriarchalvikars ein jähes Ende bereitet. Der Arzt selbst konnte sich dieses unerwartete Ende gar nicht erklären, da er noch am Vorabend bei ihm gewesen war und kein Anzeichen für ein so nahes Ende gefunden hatte. Andererseits können Sie leicht begreifen, dass ich beim Kranken geblieben wäre, wenn ich auch nur die geringste Gefahr hätte ahnen können. Und was soll ich Ihnen wohl von den Leichenfeierlichkeiten sagen? Sie waren eine allgemeine Kundgebung der Trauer und zugleich der Liebe zu dem teueren Verstorbenen. Er war eine schöne Seele, voll Liebe, eine vollendete Persönlichkeit, geschätzt und geehrt von Allen. Und jetzt noch ein Wunsch: Der Gott der Barmherzigkeit möge diese gute und heilige Seele mit den Freuden des Paradieses beglücken. Ich höre nicht auf, seiner Seele beim heiligen Opfer zu gedenken; denn ich war ihm mit kindlicher Liebe zugetan. Eine Liebe, die er — Gott habe ihn selig — mit Vaterliebe vergalt. R. I P. Ich weiss nicht, ob der Verstorbene Ihnen einen Brief geschrieben hat Die Photographie, die ich Ihnen zusandte, datiert von vor einigen Monaten. Es ist wie Sie sehen, ein Gruppenbild mit englischen Soldaten

Indem ich mein herzlichstes Beileid erneuere, verbleibe ich, Euer Hochwürden, ergebenster Diener.

P. Dominicus di Marco, Pfarrer. O. M.

Beeilen wir uns noch mitzuteilen, dass nach Eintreffen der Kunde von Biever's Hinscheiden, zuerst in der Pfarrkirche von Limpertsberg und, kurze Zeit darnach, auch in der Kathedrale zu Luxemburg ein feierliches, levitiertes Hochamt für den lieben Verstorbenen dargebracht wurde.

* * *

Hiermit wäre ich mit der Schilderung des so tatenreichen Wirkens Biever's für Gottes Ehre und das Heil so vieler unsterblicher Seelen im fernen Morgenlande zu Ende gekommen. Doch muss ich, vor dem endgültigen Abschlusse dieses Lebensbildes, um dasselbe zu vervollständigen, noch Verschiedenes nacholen, was in der bisherigen Darstellung keinen Platz gefunden, oder nur allzu kurz gestreift worden ist.

XLV. Bievers Anhänglichkeit an die alte Heimat. Jugenderinnerungen.

Wenngleich Biever in so vielen seiner Briefe sich glücklich pries, im „Heiligen Lande" eine zweite Heimat gefunden zu haben.[222]) so darf man daraus doch nicht den Schluss ziehen, er sei dadurch dem Geburtslande entfremdet worden. Nein, niemals vergass er seinen lieben Limpertsberg, das St Willibrordus-Städtchen Echternach, das ihm so teuere Luxemburger Ländchen. Wir haben bereits gesehen wie er — abgesehen von den unzähligen Schreiben an seine hiesigen Anverwandten — in so regem Briefverkehre verblieb mit Herrn Seminarspräses Föhr, Herrn Dechanten Closen, Herrn Vikar Beck, Herrn Oberlehrer Mathieu u. s. w. in Echternach. Wie viele Correspondenzen sandte er an den „Echternacher Anzeiger" ! Wie besorgt war er, dass die «Annalen Unserer Lieben Frau von Sion» zuerst in Echternach und später in Luxemburg gedruckt wurden ! Wie froh war er, wenn er hörte, dass der eine oder andere Luxemburger eine Wallfahrt in's heilige Land machen sollte ! So schrieb er mir von Larnaca aus am 27. 2. 1914 «Gott sei Dank, dass doch 'mal einmal wieder ein Luxemburger Priester den Weg nach dem hl. Lande findet.» [223]) Wie freute er sich als er hörte dass Bischof Koppes und Pfarrer Nothumb von Weimerskirch eine Reise nach Palästina antreten sollten! Was tat er nicht Alles, um die hohen Gäste in Tiberias abzuholen und ihnen zu Tabgha einen herrlichen, gastfreundlichen Empfang zu bereiten! Und als einmal gar zwei bekannte Limpertsberger [224]) bei ihm zu Besuch vorsprachen, wie fühlte er sich da so überaus glücklich, nach längeren Jahren wieder einmal „letzeburger deitsch" sprechen zu können und mit ihnen über längst verstorbene oder damals noch lebende «Limpertsberger» seine Erlebnisse und Erinnerungen austauschen zu können! Mit welcher Liebe und Lust stellte er sich jenen Luxemburgern, welche ihn in Jerusalem aufsuchten, als Cicerone zur Verfügung, so weit es Amt und Zeit gestatteten! Das «Luxemburger Wort für Wahrheit und Recht»,[225]) welches ihm ja so viele Neuigkeiten aus der Heimat erzählte, war gewiss ein Gegenstand seiner Lieblingslektüre. Er fand

---

[222]) Deshalb sah er ja seine Versetzung nach der Insel Cypern gleichsam als eine Verbannung aus seinem Adoptiv-Vaterlande an.

[223]) Weil damals schon auf Cypern als General-Vikar angestellt, war es ihm höchst wahrscheinlich unbekannt geblieben, daß erst im vorigen Jahre (1913) ein anderer Luxemburger Priester eine Heiligland-Reise unternommen hatte. — Da ich beabsichtige, in einem Anhange, die Namen jener hochwürd'gen Herren aus dem Großherzogtum Luxemburg bekannt zu geben, welche eine Pilgerreise nach dem hl. Lande angetreten haben, möchte ich Alle, welche hierüber Aufschlüsse geben können, höflichst bitten, mir gütigst mitteilen zu wollen: Namen, Vornamen, Stellung resp. damaliger Wohnort des Betreffenden, Tag, Monat und Jahr der Hinreise, resp. des Wiedereintreffens in der Heimat (soweit dies möglich ist.)

[224]) Herr Coner-Lacaff und dessen Tochter (Vergl. Kapitel XXXIX, Note 213).

[225]) An Pfarrer Schockweiler aus Remerschen schrieb Blever (Tabgha, 14. Mai 1901): „Das (Luxemburger) „Wort" geht mir ziemlich regelmäßig zu. Besten Dank! Bitte, rechne das Abonnement von den Meßstipendien ab."

darin manche erfreuliche, aber auch ihn schmerzlich berührende Nachrichten, so unter anderen die Anzeige des Todes der ehrwürdigen Mutter Maria-Josepha Meyer und des durch ein Automobil verursachten Todes des Hrn. Ludw. Meyer, beide aus Limpertsberg gebürtig und Jugendfreunde. In drei Briefen (Beit Sahur, 16 September 1912, und 7, resp. 12. Juli 1913) an eine noch lebende Schwester derselben drückte er ihr sein tiefgefühltes Beileid aus. Er berichtet, dass bei Lesung des so unvorhergesehenen, schrecklichen Todes seines unvergesslichen Freundes Ludwig Meyer, das Blut ihm gleichsam in den Adern erstarrt gewesen, und dass es längerer Zeit bedurft hätte, bis er wieder zu sich gekommen sei. Wie manche Briefe hatte er ja ehedem mit demselben gewechselt!

Biever unterhielt überhaupt eine umfangreiche Correspondenz mit vielen Luxemburger Priestern und Laien. Ausser den schon oben erwähnten Priestern war es besonders Herr Pfarrer Schockweiler von Remerschen, welcher im Jahre 1898, gelegentlich seiner Reise in's Heilige Land, Biever in Tabgha besuchte und mehrere Tage dort verweilte. In seinem Nachlasse fanden sich noch mehrere Briefe vor, welche mir zur Verfügung gestellt wurden und aus welchen ich folgende Auszüge mitzuteilen mich nicht enthalten kann

(Tabgha, 9. Dezember 1900): »Herzlichen Dank für Deinen »letzten Brief vom 10. November mit Einlage . . Hoffentlich bist Du nun mit Deinen Kreuzwegstationen fertig. Das »nenne ich eine Pilgerreise nach dem hl. Lande auch praktisch »für die Pfarrei verwenden! Möge Gottes reichster Gnadensegen auf dieser Darstellung des Leidensweges unseres gekreuzigten Heilandes ruhen für Dich und die Deiner Sorgfalt »anvertrauten Seelen . . . . Aus den Nachrichten in Deinem »letzten Briefe merke ich, dass ich anfange alt zu werden. »Die bekannten Herren sterben so nach und nach alle weg. »Der gute alte Behm von Schifflingen! Ich war als Student »auf seiner Primiz in Saeul. Da gab es Wildpret jeder Art »am Tische, alles von seinem Vater und seinem Bruder er»jagt! Die jungen Herren, die jetzt Pfarrer werden, kenne »ich nicht einmal mehr dem Namen nach Trausch von Box»horn — war der nicht mit uns im Seminar gewesen?»

(Tabgha, 18. August 1901): »Was seid ihr Luxemburger »Pfarrer doch glückliche Leute! Doch in patientia possidebitis »animas vestras. Das war einer der Hauptpunkte, welche ich »für meine Exerzitien in Aussicht genommen hatte. Die Praxis »folgt allsogleich nach der Theorie. Hier haben wir in diesem »Sommer schrecklich heiss. Gewöhnlich 36 ° C. im freien »Schatten gegen Mittag und dazu ein glühend heisser Wind, »der einem die Lunge austrocknet. Hätten wir ein Fass eures »Moselweines hier, statt unserer starken Weine!!

(Tabgha, 12. November 1903: »Ich denke mir, ihr werdet »jetzt am neuen Gräachen herumschmecken und die Köpfe »schütteln und lange Zähne bekommen, da, wie ich in den »Zeitungen lese, die Trauben dieses Jahr nicht gut gereift »sind.«

(Tabgha, 25. Oktober 1904): »Ihr werdet wohl jetzt im »Gräachen schwelgen, Ihr Sybariten draussen, während wir »hier kaum mehr Wasser zu trinken haben. Das »wir« ist »in sensu latiori zu nehmen. Denn wir haben den See »(Tiberias) noch nicht ausgetrunken, und der Jordan fliesst »noch, obschon er so klein ist, dass man ihn fast überall »durchwaten kann. Aber auf den Dörfern stand es bis vor »einigen Tagen schlecht Die Cisternen waren leer und sehr »viele Quellen waren versiegt. In Nazareth floss die Marien»quelle, die einzige, welche es dort gibt, noch etwa so dick »wie ein kleiner Finger, und der Krug Wasser kostete 20 »Paras = 10 Cts. Die ärmeren Leute mussten über eine »Stunde weit gehen, um Wasser zu schöpfen. Aber, Gott »sei Dank, haben wir seit einigen Tagen starken Regen, wie »ich ihn um diese Zeit noch nicht gesehen habe.«

Auf die unzähligen Briefe, welche Biever an seine hiesigen Verwandten gerichtet hat, sowie an seinen Begleiter, Herrn Weynandt, brauche ich wohl nicht näher einzugehen, da ja sehr viele Auszüge daraus im Laufe meiner Darstellung veröffentlicht worden sind.

Kommen wir nun an seine Jugenderinnerungen, woraus ich nur Einiges mit seinen eigenen Worten hervorheben will. Vieles enthielten ja schon die ersten Kapitel.

(Beit-Sahur, 29. September 1908): »Mir sind Ihre Briefe »recht lieb und teuer und kommen nie zu häufig. Sie sind »sozusagen die einzige angenehme Zerstreuung, welche ich »habe, und deshalb lese ich dieselben immer wieder und »wieder, indem ich mich im Geiste in ihr trautes Heim ver»setze, mitten zwischen Sie und die Kleinen und so mit Ihnen »plaudere, als wenn nicht 900 Stunden Wasser und Land »zwischen uns lägen. Ich fühle dann manchmal so ein bis»chen Sehnsucht nach all den Lieben und Liebsten draussen »in der alten Heimat, »es kehrt die Jugend zurück« und mit »ihr so viele lieben und freundlichen Erinnerungen.«

(Jerusalem, 1. April 1878): »Aber was muss das jetzt in »eurem Hause sein mit all' den grossgewachsenen Jungen »und Mädchen. Ich kann mir das nicht gut vorstellen. Lieber, »noch denke ich mich 15—20 Jahre zurück, wo ich einmal »Margareth und Elise mit dem »Stenner« umgerannt habe, »und wo dann der »Mononk« mir mit dem Stecken nachjagte, »dass ich Fersengeld gab. Oder als wir die Kapelle bei eurem »Holzkoup« bauten und dann hernach wochenlang dauernden

»Streit bekamen, oder wie der Louis und ich an »Fiss« seinem »Omnibus uns im edlen Rauchhandwerk ausgebildet haben, »so dass es uns manchmal ganz katzenjämmerlich zu Mute »war. Du warst damals lange Zeit krank gewesen und ich »hatte während der ganzen Zeit den Mut nicht in euer Haus »zu kommen. So war es vor [illegible]0 Jahren. O Jahre der Kind- »heit, wann kehrt ihr zurück! o selig, o selig, ein Kind »noch zu sein.«

(Beit-Sahur, 20. September 1908): »Ich freue mich über »Ihr schönes Familienleben; Gott gebe, dass Sie es noch lange »ohne die geringste Störung geniessen können. Wir hatten »das ja gerade nicht in unserer Jugend zu Hause, obschon »unsere Eltern redlich ihre elterlichen Pflichten erfüllten und »alles was in ihren Kräften stand, taten, um uns zu brauch- »baren Mitgliedern der Gesellschaft zu erziehen; aber das »Geschäft war dem Familienleben nicht zuträglich, und dann »kamen wir so früh auseinander und wurden in alle Welt »zerstreut.«

(Fortsetzung folgt.)

Critique littéraire.

Paul MEDINGER, Armorial de l'ancienne Noblesse du Grand-Duché de Luxembourg. Sortie des presses de Vromant & Cie à Bruxelles, s. d. (1919.) — In 8, 70 pages. Prix: 5 francs.

Nous trouvons dans „l'Annuaire de la Société d'histoire et d'archéologie de la Lorraine". Trente-troisième Année. Tome vingt-neuvième, pages 252—253, la critique suivante du savant ouvrage de notre estimé secrétaire que nous reproduisons avec plaisir:

Petit livre écrit pour les élèves du lycée de jeunes filles à Luxembourg; il veut leur enseigner d'abord la théorie du blason (p. 11 à 12), puis vivifier cet enseignement par la description des armoiries de l'ancienne noblesse du Grand-Duché (p. 45 à 65). Dans cette soixantaine de blasons, quelques-uns intéressent les pays voisins du Grand-Duché actuel, comme ceux de Raville, Rodemack, Volmerange. L'auteur n'a pas dressé lui-même ses planches et il rend hommage à son collaborateur en ces termes: «L'illustration dessinée par le R. Fr. Fidèle G. D. sous la direction de M. Em. Gevaert, nous montre comment un artiste pénétré de l'esprit de l'héraldique vivante sait raviver un art oublié depuis trois siècles.»

Nous ne toucherons pas aux côtés artistiques de l'œuvre, mais nous avons quelques remarques à faire sur la connaissance exacte des armoiries ou les renseignements sommaires sur les familles.

On dit p. 17 que la famille Bourscheid «est domiciliée aujourd'hui près d'Arnoldsweiler. Eiffel.» N'est-ce pas plutôt aux châteaux de Roth près de Düren et de Roettgen entre Düren et Eschweiler? ce qui n'est plus dans l' Eiffel. Et le blason que porte cette famille «d'argent à trois feuilles de nénuphare de gueules est-il bien primitif? Un membre de la famille veut rattacher ces feuilles de nénuphare aux croisades. Cependant les sceaux anciens portent au lieu de cela trois cœurs et, vu la situation du château de Bourscheid (Luxembourg) ne serait ce pas là les armes primitives? [1])

Kerich porterait en un endroit (p. 24). *d'or* au chef d'argent fretté de sable, et ailleurs (p. 53): de *gueules* au chef d'argent . . . Quelle est la vraie leçon?

Dans la lettre d'amplification d'armes en faveur de Claude de Lellich, fils de la dernière héritière de Wolmerange, les armes de ceux-ci sont indiquées: d'argent à la fasce d'or liserée de gueules au chef chargé de trois croix de Bourgogne de gueules. [2]) Dans notre armorial on met: au chef fretté de gueules. (p. 55).

Les Walpot de Bassenheim sont-ils vraiment originaires de l'Eiffel (p. 16) ou plus exactement «de Kyll dans l'Eiffel» (p. 67)? Ou faut-il chercher leur origine sur la Lahn? [3])

En semblable matière, des points d'interrogation ou des remarques ne vont pas à nier la valeur d'un travail, et celui-ci, nous le recommandons pour les nombreux renseignements qu'il donne sur les différentes familles lorraines.

J.-B. Kaiser.

Nachrichten aus dem Vereine.

Todesfälle: Ausserst schmerzlich hat uns das plötzliche Hinscheiden des hochw. Herrn **Prälaten ben Friedrich** berührt. Wenn auch sein Tod nicht unerwartet eintraf, da er ja bereits seit langen Jahren an einer unheilbaren Krankheit litt, so hatten wir doch nicht an ein so jähes Ende gedacht. Wie während

[1]) Cf. J. Th. de Raadt. *Sceaux armoriés*, Bruxelles. 1897, I, p. 133.

[2]) N. van Werveke. Archives de Betzdorf. Vol. IV. des Publ. de la section hist. de l'Inst.G.—D. de Luxembourg. Luxembourg, 1908, p. 135, n. 324.

[3]) Voir E. v. Oidtmann, Das Geschlecht von Welchenengst, genannt Bernkott, dans les Mitteilungen der Westdeutschen Gesellschaft für Familienkunde, II, 2 (1919), p. 47: „Waldmannshausen war der alte Waldbotenhof der Grafschaft Dietz.“

der letzten Jahre, so war er auch dieses Jahr in das Sanatorium der Schwestern der hl. Elisabeth nach Heusy bei Verviers gereist, um allda; in der stillen Einsamkeit, sich neue Kräfte zu holen. In verschiedenen an mehrere Freunde hierlands von dort aus gerichteten Schreiben erwähnte er mit keiner Silbe, dass sein Gesundheitszustand sich verschlechtert habe. Wie es scheint, hat ein Herzschlag in der Frühe des 13. Juni ihn weggerafft. Seine Leiche wurde per Automobil nach Luxemburg gebracht und im Vereinshause, gegenüber der Kathedrale, wor er seit seiner Entlassung als Pfarrer von Liebfrauen seinen Wohnsitz hatte, aufgebahrt, und am 15. Juni unter grossartiger Beteiligung von Klerus und Volk auf dem Liebfrauenkirchhofe beigesetzt. Herr Loch war uns ein lieber Freund. Gleich bei Gründung unseres Vereins trat er demselben als wirkliches Mitglied bei. Er äusserte uns gegenüber öfters, es tue ihm wirklich leid, dass er sich nicht mit schriftlichen Beiträgen an der »Hémecht« beteiligen könne, da ihm seine vielen Berufspflichten dazu keine Zeit liessen. In der Zurückgezogenheit, nach seiner Entlassung aus dem Pfarramte, beschäftigte er sich stets mit historischen Studien. Jahre lang arbeitete und feilte er an verschiedenen Werken, wovon das hauptsächlichste kurz vor seinem Tode erschien, nämlich die Geschichte der Elisabetherinnen von Luxemburg. Wir gedenken später eine weitläufigere Biographie des Verstorbenen zu veröffentlichen. R. I. P. Der trauernden Familie, sowie den Elisabetherinnen, die in ihm ihren grössten Wohltäter und treuesten Freund verloren haben, unser herzlichstes Beileid!

Am 23. Juli starb in seinem Geburtsort Burglinster, Herr **Blum Franz,** Rentner, ein Vetter unseres Ehrenpräsidenten, nach kurzer Krankheit. Mit ihm ging wieder eines unserer Mitglieder aus erster Stunde in die Ewigkeit hinüber. Er ruhe in Gottes heiligem Frieden. Den Angehörigen seiner Familie unser tiefgefühltes Beileid.

Der unerbittliche grausame Tod scheint dieses Jahr in unserem Vereine ganz besonders seine Beute zu suchen; denn wiederum hat er ein Opfer — bereits das fünfte in diesem Jahre — gefunden. Am 24. Juli, Sonntags Abends, um ½11 Uhr, verstarb, nachdem er noch den ganzen Gottesdienst abgehalten, unvermutet der hochw. Herr **Müller Mathias,** Doktor der Philosophie und der Theologie, Dechant zu Ospern, an einem Herzschlage. Gleich bei Gründung unseres Vereins war er demselben als wirkliches Mitglied beigetreten und hatte auch mit Herrn Blum den Aufsatz »Das Collegium Germanikum zu Rom und dessen Zöglinge aus dem Luxemburger Lande« zu bearbeiten begonnen; doch der vielen seelsorgerlichen Arbeiten wegen musste er nach einiger Zeit seine

Collaboration einstellen. Er blieb aber dessungeachtet zeitlebens ein treuer Anhänger unseres Vereines und ein fleissiger Leser der »Hémecht«. Der liebe Gott, der Vergelter alles Guten, wird dem seeleneifrigen Priester gewiss die schöne Krone nicht vorenthalten, welche Er denen bereitet hat, die Viele in den Heilswahrheiten unterrichtet haben. Der trauernden Familie unser herzlichstes Beileid! Ruhe sanft in Gottes heiligem Frieden, du lieber und treuer Freund!

Ehrungen: Unserm langjährigen, wirklichen Vereinsmitgliede, Herrn Apotheker **Ferréol Welter**, in Grosshettingen bei Diedenhofen, dem Verfasser der so schönen, reich illustrierten in „Ons Hémecht" (1910 und 1911) erschienenen Biographie „Welter Jean-Joseph, Chimiste-mécanicien", wurde in Folge eines von ihm an die „Académie nationale" de Metz eingesandten Manuskriptes eine recht schöne Anerkennung zuteil. Wir lesen darüber in der Zeitung „Le Lorrain", von Metz (Nr. 117 vom 22. und 23. Mai 192) Folgendes:

»**L'escarmouche d'Audun-le-Tiche**, est le récit sincère, loyal »et objectif d'un épisode de guerre qui s'est déroulé du 27 au »29 août 1870; le héros est M. Gabriel Welter, alors maire »de Rédange, qui faillit être passé par les armes. L'auteur, »M. Ferréol Welter, qui a fourni ainsi une précieuse con»tribution à l'histoire de la guerre de 1870, se voit attribuer un »prix de 400 francs sur les arrérages du prix Herpin.«

Dem verdienstvollen Laureaten und allen den nachbenannten Herren unsere herzlichsten Glückwünsche!

S. E. Herr Dr. **Reuter Emil**, Staatsminister, Präsident der Regierung, ist von der französischen Regierung mit dem Grossoffizierskreuz der Ehrenlegion ausgezeichnet worden.

Herr Dr. **Schumacher August**, Staatsbad-Arzt ist von der französischen Regierung zum Ritter der Ehrenlegion ernannt worden.

In der Sitzung der „Académie nationale" von Metz, vom 16. Juni 1921 wurden der Ehrenpräsident der „Hémecht" Herr **Blum Martin**, sowie Herr Dr. **Schumacher August**, Staatsbad-Arzt von Mondorf, zu correspondierenden Mitgliedern der besagten gelehrten Gesellschaft ernannt.

Der hochw. Herr **Dr. Müller Heinrich**, Pfarrer zu Ettelbrück, wurde zum Ehren-Domherrn ernannt.

Ernennungen, resp. Beförderungen: Herr Dr. **Steffen Albert**, Stagiär am Gymnasium zu Luxemburg, hat das praktische Examen für's Professorat mit Auszeichnung bestanden.

Der hochw. Herr **Neyens Johann-Peter**, Pfarrer zu Hamm, wurde zum Pfarrer von Ehnen befördert.

Entlassungen: Herrn **Brück-Faber Johann-Peter**, Administrator der staatlichen Besserungsanstalten, wurde, wegen Erreichung der gesetzlichen Altersgrenze, ehrenvolle Entlassung aus dem Amte, mit dem Titel Ehren-Administrator, erteilt.

Herrn **Knepper Johann-Peter,** Distriktsarchitekt zu Diekirch, wurde, auf sein Begehren, ehrenvolle Entlassung aus seinem Amte, mit dem Titel Ehren-Distriktsarchitekt, bewilligt.

Mitgliederliste des Vereins (Nachtrag).

Aus Versehen des Druckers wurde (auf Seite 86 der „Hémecht") ausgelassen der Name des Herrn Reuter Peter, Pfarrer zu Steinbach (Belgien).

Als neubeigetretene Mitglieder sind zu nennen:

Mgr. Dr. Pelt Johann-Baptist, Bischof von Metz.
Hr. Reding Heinrich, emerit. Lehrer, Hollerich, Feldchenstr.
„ Bintz Peter, Lehrer zu Bilsdorf bei Arsdorf.
„ Glesener Albert, Sergeant-Major der Militärmusik, Luxemburg, Bahnhof-Avenue.
„ Schockweiler Anton, Gemeindeförster, Vianden.
„ Majerus Martin, Pfarrer, Munshausen.
„ Blum Martin, Ingenieur, Grevenmacher (in Ersetzung seines verstorbenen Vaters, Hrn. Blum Franz, Burglinster).
„ Barnich August, Architekt, Esch an der Alzette.
„ Henry Raymund, Ingenieur, Rodingen.

Subskriptionsliste.

Uebertrag	843,50 Frs.
P. M. in L.	5,00 „
B. M. in F.	100,00 „
E. K. in L.	5,00 „
	953,50 Frs.

Vivant sequentes!

Druckfehler-Berichtigung.

Auf Seite 111, anstatt 214) Die Woche, lies: 220) Die Welt. (Jahrg. 1914, Seite 390).

Ebendaselbst, anstatt 215), lies: 221).

Literarische Novitäten u. Luxembg. Drucksachen.

Association des Gymnastes du Nord. 1921. 2me Fête régionale de gymnastique. Organisée par la Société de gymnastique „L'Hirondelle" à Niederwiltz, le 24 juillet 1921. Clervaux. Geisbusch-Grosbusch. (1921.)— 20 pp. in 8°.

Dr. Buffet Lucien. Maison de Santé d'Ettelbruck (Grand-Duché de Luxembourg.) Souvenir de la Visite-Réception du XXVe Congrès des Aliénistes et Neurologistes de France et des Pays de Langue Française. Ettelbrück, le 8 Août 1921. Luxembourg. Dr. M. Huss. (1921.) — 5 pp. pet. in 4° oblong, plus 25 grav. sur 7 planches hors texte.

Cycliste. (Le) Revue hebdomadaire illustrée. Organe officiel de la Fédération des Sociétés Cyclistes Luxembourgeoises. (F. S. C. L.) Luxembourg. Linden & Hansen. — pet. in fol. — Le premier numéro est daté du vendredi, 5 août 1921.

École d'Artisans de l'État et Cours techniques supérieurs à Luxembourg. Programme pour l'année scolaire 1921—1922. — Staatshandwerkerschule und Technische Oberkurse in Luxemburg. Programm für das Schuljahr 1921—1922. Luxembourg. P Worré Mertens (J. P. Worré, successeur). 1921. — 61 pp. in 8°.

Dr. Grosbüsch J. und Dr. Hermann. Der Bauernprofessor. — Was soll der praktische Landwirt von den gesetzlichen Verfügungen betr. die Erbschaften wissen? S. l. ni d. ni nom d'impr. (Separatabzug aus dem Programm der Staats-Ackerbauschule von Ettelbrück 1920—1921) — 26 SS. in 4°.

Lycée grand-ducal de Jeunes Filles de Luxembourg. Programme publié à la clôture de l'année scolaire 1920—1921. Grossherzogliches Mädchenlyzeum zu Luxemburg. Programm herausgegeben am Schlusse des Schuljahres 1920—1921. Luxembourg. Linden & Hansen. 1921. — 100 pp. in 8°.— Dissertation: **Dr. Esch Mathias.** Notre Métier. Notes d'un professeur. p. 3—55.

Medinger Eugen. Haus und Schule. Die christliche Familienerziehung, eine Handreichung für katholische Eltern. Mit bischöflicher Druckerlaubnis. Luxemburg. M. Huss. 1921 Selbstverlag des Vereins „Haus und Schule". — 38 SS. in 8°.

Idem. Stürmische Tage. Erzählung aus der Zeit des dreissigjährigen Krieges. Luxemburg. St. Paulus-Druckerei 1921. — 66 SS. in 8°.

Nationalist. (Den) Organ vum Letzeburgertom fir d'Grossherzogtum, d'Nopeschlänner a fir Amerika. Luxemburg. P. Worré Mertens (J. P. Worré, Nofolger.)— in 1°.— N° 1 ass date'ert vum Mé 1921.

Programm und Gedenkschrift zum fünfzigjährigen Stiftungsfest der «Harmonie municipale", Esch-Alzette 1871—1921 Aug. Wagner. Esch-Alzette. (1921) — 18 SS. pet. in 4° obl., mit 1. Portraitgruppe, 1. Portrait und 2 Grav. auf dem Umschlag.

Prüm Emil. Der Einfall der Deutschen in Belgien. Aktenmässige Einzeldarstellungen. Dritte, vermehrte Auflage. Fünftes bis zehntes Tausend. 1. Bändchen. (Durch die preussische Staatsanwaltschaft in ungesetzlicher Weise beschlagnahmt Juni 1921.) Grevenmacher. Paul Faber. 1921.— 100 SS. in 8°.

Rapports sur la situation sanitaire du Grand-Duché de Luxembourg pendant l'année 1920. Luxembourg. Victor Bück (Walter Bück, successeur). 1921.— 27 pp. pet. in 4°.

Dr. Schumacher Auguste. L'Arthritisme. L'Eau de Mondorf dans les manifestations de la goutte, du diabète, l'obésité, de la phosphaturie, du rhumatisme chronique. Luxembourg. Th. Schrœll (Emile Schrœll, successeur). S. d. (1921). — 32 pp. in 8°.

Stadt Ettelbrück. Gesangverein „Lyra". Fest-Broschüre. Gesang-& Musikfest Gesang-Wettstreit des Adolfverbandes am 17. Juli 1921. Ettelbrück. P. Thein. (1921).— 16 +28 SS. in 8°.

Ville d'Esch-Alzette. 22me Fête fédérale de l'Union des Sociétés luxembourgeoises de gymnastique. Programme des Festivités des 2—3—4 juillet 1921. (Faux titre): Union des Sociétés luxembourgeoises de gymnastique. XXIIe Fête fédérale. Grand Concours national et international de gymnastique et de sports athlétiques organisé sous les auspices de l'Administration communale par les Sociétés de gymnastique Eschoises „Les Eschois" et Club athlétique et gymnastique „La Fraternelle." Imprimerie St. Paul. (Luxembourg. 1921).— 106 pp. in 8°. avec 2 plans et 14 gravures dans le texte.

Ville de Luxembourg. Renseignements sur la situation financière de la Ville agrandie. Juin 1921. Luxembourg. Victor Bück (Walter Bück, successeur). 1921.— 18 pp. in 4°.

Ville de Luxembourg. Distribution des prix aux Élèves des écoles primaires supérieures et primaires de la ville. Août 1921. (Faux-titre:) Programme. Écoles primaires supérieures et primaires de la Ville de Luxembourg-Extension. Distribution des prix 5, 6 et 7 Août 1921. Luxembourg. Jos. Beffort. 1921. — 57 pp. in 8°. avec 1 grav sur la couverture et 2 grav. (planches) hors texte.

Dr. Wagner Viktor. Bericht über Leben und Wirken des Luxemburger Meister-, Lehrlings- und Gesellen-Vereins vom August 1920 bis zum August 1921. Siebenundfünfzigster Jahrgang. Luxemburg. St. Paulus-Druckerei. 1921. — 35 SS. in 8°.

Zieser Johann. Dismembration des ehemaligen Landkapitels Luxemburg und Translation des Kapitelssitzes von Luxemburg nach Esch a. d. Alzette. Eine kirchliche Verwaltungsfrage aus dem 18. Jahrhundert. Aktenmässig bearbeitet und dargestellt. 1921. O. O. u. Drucker. (Esch-an-der-Alzette. Nikolaus Neuens.)— 41 SS. in 8°.

Ons Hémecht.

Organ des Vereines für Luxemburger Geschichte, Literatur u. Kunst.

Herausgegeben vom Vereins-Vorstande.

27. Jahrgang. + Neuntes und Zehntes Heft. + September und Oktober 1921.

Jeder Autor ist verantwortlich für seine Arbeit.

Leben und Wirken des hochw. Herrn Theod.-Zeph. Biever.

(Fortsetzung.)

(Beit-Sahur, 7. April 1909): „Mir träumt heute in meinen „alten Tagen noch manchmal von Schlittschuhlaufen und „Schneemänner machen und Krieg mit Schneeballen! Ach „wie weit! Ach wie weit! Aus der Jugendzeit etc. Eine andere „Erinnerung aus der Jugendzeit haben Sie in mir wachgerufen „mit den herzigen Melodien von Dicks, von welchen ich heute „noch manche auswendig weis, wenn auch nur mehr in Bruch-„stücken. (Dann zitiert er verschiedene davon.) Den wackeren „Dicks habe ich noch persönlich gekannt; er war damals „Friedensrichter in Vianden, und kam öfters auf Besuch zu „unserem Dechanten Hrn. Clasen in Echternach und da „hatten wir manchmal am Abend Seitenstechen vor Lachen. „Ich erinnere mich noch eines seiner Witze, den er uns er-„zählte. Er hinkte nämlich sehr stark und hatte fuchsrote „Haare. Einmal kam er den Pfaffentaler Berg herauf, da „hörte er einen Jungen zu seinem Gefährten sagen: »Kuck „Pier, wat dé kromm ass.« Dicks kehrte sich um und sagte: „A rôt derbei, mei Jong." Für mich war Dicks der Typus „eines biederen Luxemburgers von altem Schrot und Korn, „der, wie vielleicht kein anderer, das Luxemburger Volk mit „seinen vielen Eigentümlichkeiten bis in's innerste Herz hinein „gekannt hat. — Am Theater selbst habe ich nie Freude ge-„habt und ich habe als Student viel lieber Bier getrunken, als „mein Geld für's Theater auszugeben. Ich war einige male „im Luxemburger Theater, aber die Geschichten kamen mir „immer dumm und fad vor, und wo Andere weinten, da „musste ich lachen, weil ich mir sagte, dass das, warum die „Leute weinten, ja doch erfunden war und die Leute deshalb „für eine Lüge ihre Tränen vergossen. Mitleid mit wirklichem „Elend habe ich immer gehabt, und manchmal vielleicht mehr „als es gut war. Aber ich las leidenschaftlich gern Theater-

„stücke und hatte immer eine grosse Achtung für die wahren „Dichter, welche es immer verstanden hatten, Alles, was das „Menschenherz bewegt, in so schöner Weise darzustellen. „Darum lese ich noch heute gern Shakspeare und Racine, hie „und da auch etwas von Schiller und Goethe."

(Beit-Sahur, 23. Juni 1909): „Wie Sie mir so verführerisch „die Maiglöckchen schildern! Ich meinte deren süssen Duft „in meinem Zimmer wahrzunehmen, und, ob ich den „Bäm-„besch" kenne? Ich glaube, ich könnte noch heute, nach 40 „Jahren, jeden Weg, jeden Pfad in demselben auffinden. „Kennen Sie den „Libertätsbaum", gegenüber der Porzellan-„Fabrik von Boch, um welchen die alten Siebenbrunner im „Jahre 1848 herumgetanzt sind? Kennen Sie die „Schwarze „Buche" auf der herrlichen Waldstrasse von Siebenbrunnen „nach Kopstal? Sie stand oder steht vielleicht noch heute an „der Strasse, und wem es von uns Schulbuben gelang, die-„selbe zu erklettern, der war so stolz wie heute ein Radfah-„rer, wenn er in einem Rennen den Rekord geschlagen hat. „Was habe ich bei meinen Bemühungen, mir diesen Lorbeer-„kranz zu erringen, Schweiss vergossen und — Hosen zeris-„sen und dann zu Hause Prügel bekommen! Aber es gelang „mir nie, zu meinem damaligen schweren Leidwesen. Und „dann die „Mölbieren" Donnerstags, und Sonntags nach der „Vesper! Und dann die Jagd auf die Eichhörnchen (Kawé-„chelcher) und das Einfangen der Jungen, welche zu Hause „zahm gemacht wurden und dann im Rad laufen mussten „u. s. w. Jugendzeit, Jugendzeit! ach wie weit, wie weit! „Als ich vor zwölf Jahren zu Hause war, da habe „ich mit mehreren Jugendfreunden all' die alten Plätze, an „die sich so manche trauten Jugenderinnerungen knüpfen, wieder „aufgesucht; aber es war mehr Wehmut als Freude bei die-„sem Wiedersehen. Wo ist der und der und die und die? „Wo sind so viele der Jugendgespielen? Der nächste Tag „am Morgen, als ich die Gräber der Eltern auf dem Friedhofe „besuchte, gab mir die Antwort: Hier ruht der . . . . Hier „ruht die . . . . Die kalte Erde deckt ihre Überreste und ich „fühlte mich so vereinsamt, als wenn ich mutterseelenallein „auf der weiten Welt wäre."

(Beit-Sahur, 8. September 1912): „Ich erinnere mich sehr „deutlich des wehmütigen Gefühles, das mich beschlich, als „ich, nachdem wir unser Elternhaus versteigert hatten, etwa „ein Jahr später an demselben vorbeiging und die herrlichen „Tannen- und Lindenbäume, unter denen ich als Kind ge-„spielt, gefällt sah. Es war das letzte Mal, dass ich mein „Elternhaus sah: denn ich machte später, wenn ich aus „irgend einem Grunde nach Rollingergrund ging, lieber einen „Umweg, um nur nicht da vorbeizukommen."

Dass d r Limpertsberg den grössten Anteil in Biever's Jugenderln errungen bildete, ist wohl selbstverständlich. Aber dass er auch bis in seine letzten Lebenstage denselben nie vergass, möge man ersehen, aus den paar Auszügen, die ich zum Abschlusse dieses Kapitels noch mitteilen will. [226])

(Beit-Sahur, 22. April 1912): „Ihrem Herrn Vater sende „ich meine letzthin **ohne mein Vorwissen** durch einen Freund „genommene Photographie Augenblicklich besitze ich keine „andere. Es ist: „Den âlen Zeff mat der peif."

(Beit-Sahur, 28. Juni 1912): „Habe ich Ihnen gesagt, dass „ich diesen Winter ein schönes Steinbockfell an das luxemburgische (naturhistorische) Museum geschickt habe, welches „den Conservator Herrn Ferrant in Entzücken versetzte? Er „schrieb mir, er würde den Namen des Gebers druntersetzen. „Letzthin schickte ich einen Geierbalg; der Vogel mass mit „ausgespannten Flügeln über 2 Meter. Auch für diese Sendung „erhielt ich ein recht nettes Dankschreiben. Ich werde wohl, „wenn Gott mir das Leben lässt, noch andere Tiere nach „und nach senden."

(Beit-Sahur 21. Dezember 1912): „Hr. Ferrant, Conservator des naturhistorischen Museums zu Luxemburg hat „mir letzthin eine Postkarte mit der neuen Kirche von Limpertsberg zugesandt. Selbe scheint mir sehr schön und „monumental."

(Beit-Sahur, 19. Juni 1913.): „Meine Glückwünsche wegen „Ihrer neuen Pfarrkirche auf dem Limpertsberge; mögen „meine alten Mitbürger dieselbe zu ihrem Seelenheile benützen. „Aus dem was ich in den Zeitungen sehe, scheint es, dass „in der Stadt Luxemburg und auf dem Limpertsberge man „sich viel amüsiert und sehr wenig an den lieben Gott denkt. „Es ist das traurig, aber es liegt im Zeitgeiste. Wie glücklich „bin ich, mich in einem barbarischen (!) Lande zu befinden. „Das erinnert mich stets an's Ende einer Ballade, die wir im „Dorfe auswendig lernten und welche begann mit den Worten: „Ein Wilder, der Europas übertünchte Höflichkeit „nicht kannte" und welche schloss mit dem Verse: Wir „Wilde sind doch bessere Leute." Und wirklich, unsere „Christen sind, obschon ihre Sitten jeglichen Schliff der europäischen Zivilisation entbehren, im Grunde genommen, doch „besser, als viele Christen der zivilisierten Länder und selbst „des Luxemburger Landes."

XLVI. Bievers Sprachstudien, Lesungen und Forschungen.

Unermüdlich in der Arbeit, hasste Biever nichts mehr als den Müssiggang, der ja ist »Aller Laster Anfang.« Langeweile kannte er denn auch höchstens nur dem Namen nach. Vom

[226]) Gemeint ist Herr Coner-Lakaff, Eigentümer zu Limpertsberg.

frühen Morgen bis zum späten Abend, oft sogar bis um Mitternacht, war er entweder körperlich oder geistig beschäftigt. Alle freie Zeit, welche seine Berufsarbeiten ihm übrig liess, verwandte er auf Lesen, resp. Studien. In den ersten Kapiteln habe ich gezeigt, wie emsig er, gleich nach seiner Ankunft im heiligen Lande, an die Erlernung der arabischen und türkischen Sprache herantrat Dazu kam später das Hebräische, ja sogar das (Neu-)Griechische. Ausserdem redete und schrieb er ja, wie uns bekannt ist, -- abgesehen vom Luxemburger, heimatlichen Dialekt, — deutsch, französisch, italienisch und englisch. Auch an das Spanische hatte er sich herangewagt: doch ersah ich aus keinem seiner Briefe, wie weit er es in dieser Sprache gebracht hatte. Dass er sich auch stets auf der Höhe der dem Priester notwendigen Kenntnisse hielt, ist wohl selbstverständlich Gerne und eifrig las er auch epochemachende Werke. Leider erlaubten es die ihm zu Gebote stehenden Geldmittel nicht, alle jene Bücher sich anzuschaffen; deshalb war er so überaus glücklich, als Pfarrer von Beit-Sahur, in der Nähe Jerusalems, die dortigen Bibliotheken, und namentlich die der Dominikaner-Patres von St. Stephan ausgiebig benützen zu können. Als Direktor von Tabgha blieb ihm, teils wegen der vielen materiellen Arbeiten zur vollständigen Instandsetzung des dortigen deutschen Pilgerhospizes, teils wegen der öfters so notwendigen Reisen, teils wegen der vielen dort zu empfangenden Besuche von ganzen Pilgerkarawanen, wie von einzelnen hochgestellten Persönlichkeiten, darunter viele europäische Fachgelehrte, keine oder doch nur wenige Zeit zum Bücherstudium; desto mehr Zeit konnte er aber verwenden auf Beobachtungen und Forschungen über Land und Leute, Sitten und Gebräuche, Fauna und Flora, Archäologie und Kunst. Weiter unten werden wir sehen, welche Resultate diese Art Studien zu Tage gefördert haben. In dem »weltverlassenen« Madaba, wo es ihm überhaupt an allen und jeden wissenschaftlichen Hülfsmitteln gefehlt, wo er ja ein halbes Nomadenleben zu führen gezwungen war, konnte an andere Studien gar nicht gedacht werden, als an die Exploration der Umgegend. Als Pfarrer von Beit-Sahur verblieb ihm aber manche freie Zeit, welche er denn auch ordentlich zum Lesen und Studieren ausnützte.

Ich beschränke mich deshalb darauf, von dieser Periode (1907—1913) verschiedene Stellen aus seiner Correspondenz hier anzuführen. Aus denselben ersieht man, welchen Nutzen er selbst für seine Person daraus zog, wie er aber auch anderwärts auf die Leser seiner Briefe belehrend und veredelnd einzuwirken suchte.

(Beit-Sahur, 20. Sept. 1908): »Ich las in den letzten Zeiten »zwei herrliche Romane aus dem irischen Leben, in welchen

»es sich allerdings nicht handelt, „ob sie sich kriegen oder »nicht", sondern in welchen das katholische Leben in Irland »sich abspielt, wie es heute ist. Die Romane haben zum »Autor einen jungen, irischen Priester, Patrik Shehan und »heissen der eine »My new vicar« und der andere »Luc Del»mege. — Für diesen Winter habe ich mir für die langen »Winterabende die Geschichte der Päpste von Ranke bestellt. »Ranke ist wohl Protestant, aber ein unparteiischer Forscher, »soweit es eben ein Protestant sein kann. — Zur Verdauung »am Nachmittag werde ich die Romane der Gräfin Hahn-Hahn »wieder einmal vornehmen, besonders Maria Regina, die »beiden Schwestern und Peregrim und dann auch wohl einige »der Sittenromane von Conrad Bolanden. Das sind mir alle »Jugendfreunde. Ich habe denselben in geistiger Hinsicht »recht vieles zu verdanken, und ich möchte die guten Er»innerungen aus meinen Flegeljahren, wie sie fast jeder »junge Mann durchmachen muss, wieder auffrischen. Ich danke »noch heute Gott dafür, dass ich durch das Lesen dieser »sittenreinen Romane vor schlechter Lektüre bewahrt blieb »und mir gerade durch diese Bücher ein wahrer Ekel vor »allem Niedrigem und Gemeinem eingeflösst wurde. — Daneben »lese ich dann immer und immer wieder die Divina comedia »des unsterblichen Dante Alighieri, in welcher ich immer »neue Schönheiten entdecke; allerdings lese ich dieselbe immer »nur in kleinen Abschnitten und lasse das dann ruhig auf »mich einwirken. Je savoure, wie der Franzose so richtig »sagt. Dabei bleibt mein Geist frisch und verknöchert nicht, »wie das so leicht draussen einem Landpfarrer geschehen »kann. — Daneben habe ich dann noch jeden Tag die für den »Priester so notwendige Lesung aus der hl. Schrift und dann »meine liebe »Nachfolge Christi« von Thomas a Kempis, eines »der schönsten geistigen Bücher, die wohl je geschrieben »worden sind und das deshalb in keinem christlichen Hause »fehlen sollte.«

(Beit-Sahur, 7. April 1909): »Ich habe vor der Fastenzeit »ein herrliches Buch gelesen: Die Edda, eine alte, isländische »Dichtung, welche ich früher nur in Bruchstücken kannte. An »Grossartigkeit, Kraft, Schwung und Lebendigkeit der Dar»stellung erreicht diese Dichtung völlig die beste mythische »Volkspoesie der höchststehenden Kulturvölker. Mich erinnerte »sie an die von Wagner in Musik gesetzte Dichtung von »Siegfried und Chriemhilde. Ich will Ihnen aus meinen Noten »einiges herausschreiben. (Es folgen verschiedene Stellen, »woreuf er fortfährt): Ist das nicht grossartig? In einigen »markigen Strichen solch ein gewaltiges Bild! Ich wollte, „Sie könnten das Buch lesen."

In einem Briefe an eine Verwandte (Beit-Sahur, 10. Febr. 1909) schreibt er: „Ich habe soeben das Wort „Lappalien"

„ausgesprochen. Ich las in den letzten Zeiten ein aus der „Feder eines spanischen Jesuiten stammendes Sittengemälde „aus der aristokratischen, spanischen Gesellschaft von heute. „Der Jesuit heisst P. Luis Coloma, und trat nach einem sehr „bewegten Leben in der Welt in die Gesellschaft Jesu ein. „Er war zuerst in die spanische Marine eingetreten, sattelte „aber bald um, studierte die Rechte und wurde Advokat, „als welcher er die Aristokratie Spaniens durch und durch „kennen lernte. Und nun geisselt er dieselbe, aber auf eine „so feine Art, und in so verblümter Weise, dass es einem „wohl tut. Das Buch ist allerdings nur für reife Leser be„stimmt, aber auch die gemeinsten Verbrechen sind in so „zartester Weise dargestellt, dass sie von unreifen Lesern „kaum verstanden werden. Neben emanzipierten Damen sind „aber dann auch so herrliche Frauengestalten dargestellt, die „einen doch wieder mit der heutigen leichtfertigen Welt aus„söhnen und Hoffnung machen, dass, wenn es noch solche „Frauen und Mütter gibt, diese wieder zu besseren Prinzipien „zurückkehren können. Ich habe das Buch im spanischen Urtexte „gelesen; der Verfasser gab ihm den Titel „Pequineces", „Kleinigkeiten. Es soll aber auch eine sehr gute deutsche „Übersetzung geben mit dem Titel „Lappalien". Wenn Sie das „Buch bekommen können (vielleicht ist es in der Borromäus„Bibliothek), so würde ich Ihnen dasselbe zum Lesen anraten; „Sie würden daraus grossen Nutzen ziehen, und Sie hätten „nicht zu beklagen, dass die Charaktere zu ideal geschildert „seien, wie in den Romanen der Gräfin Hahn-Hahn. Wenn „ich die in dem Buche geschilderten Zustände in der hohen „Welt Spaniens mit den hiesigen Sittenzuständen in der levan„tinischen Geldaristokratie, welche ich in den letzten Jahren „mehr als mir lieb war, kennen lernte, vergleiche, so möchte „ich fast behaupten, für hier hätte Coloma noch kräftigere „Farben auftragen müssen. Und das wird hier aus Europa „importiert, da Herren und Damen, denen ihre Verhältnisse „es erlauben, jeden Sommer sich in die europäischen Bäder „begeben und daselbst mit der sog. vornehmen Gesellschaft „in Verbindung kommen."

(Beit-Sahur, 1. Februar 1910): „Ich lese jetzt eben ein „herrliches Büchlein von einem katholischen deutschen „Bischofe, Dr. von Keppler, Bischof von Rottenburg in Würtem„berg, welches den Titel trägt: „Mehr Freude". Es ist ein „herrliches Büchlein, dessen Lektüre ich Ihnen sehr anem„pfehle. Sie würden daraus manchen schönen Gedanken, aber „auch recht viel Trost und gute Anregungen schöpfen. Wenn „Sie mir versprechen, das Büchlein zu lesen, dann werde ich „es Ihnen schicken."

(Beit-Sahur, 17 September 1910): „Ich lese jetzt den „Talmud (Die Bibelerklärung des alten Testamentes der

„jüdischen Rabbiner) um mir eine Idee von dem Leben und „Wirken dieser Rabbi's, die meistens in Tiberias begraben „liegen, machen zu können. Ich habe mich deshalb wieder „an's Hebräische geben müssen, das ich nun schon längere „Zeit vernachlässigt hatte. Sie sehen, was solch eine Con„ferenz [227], einem Arbeit macht, besonders, wenn sie gedruckt „wird und so der unbarmherzigen Kritik unter die Hände „fällt. Doch, nur keine Bange nicht!"

(Beit-Sahur, 20. Mai 1911): „Durch meinen Beruf und „meine eigenen Studien bin ich in meinem Leben mit vielen „gelehrten Männern von Weltruf zusammengetroffen. Es gab „unter denselben Gläubige und Religionslose; aber ich habe „immer bemerkt, und es hat mich auch oft tief ergriffen, wie „solche Riesen der Wissenschaft, die sich aber ein kindlich„gläubiges Herz bewahrt hatten, so einfach und bescheiden „sind, während die anderen, die Ungläubigen, mit einem „widerlichen Eigendünkel behaftet sind und keine Meinung „neben der ihrigen gelten lassen wollen. Das sind die „vor„aussetzungslosen" (?) Gelehrten. Eben in diesem Augen„blicke stehe ich in einer sehr anregenden Correspondenz mit „einem sehr hohen englischen Gelehrten, der aber ein gläubiger „Protestant ist. Es ist der durch seine in der Gelehrtenwelt „sehr gesuchten Schriften über Palästina bekannte Dr. Adam „Smith, Professor an der Universität zu Oxford. Ich hatte „vor etwa 8 Jahren die Ehre, diesen Herrn auf einige Tage in „Tabgha als Gast zu besitzen und ihn bei dieser Gelegenheit auf „verschiedenen gelehrten Ausflügen zu begleiten und ihm auch „das Resultat meiner eigenen Studien und Nachforschungen „über verschiedene topographische Fragen vorzulegen. In „der neuen Auflage seines ausgezeichneten Buches Historical „Geography of the holy Land, schreibt er nun, dass er in „Folge von Unterredungen und Correspondenzen mit dem „früheren Direktor von Tabgha, jetzigem Pfarrer von Beit-Sahur, „sich bewogen gefühlt habe, verschiedene seiner Ansichten zu „ändern, wofür er dem Betreffenden seinen aufrichtigsten „Dank auszusprechen sich bewogen fühle. Welch' eine Be„scheidenheit für einen Gelehrten von Weltruf!"

(Beit-Sahur, 10. Januar 1913): „Ich habe mir für diesen „Winter zum besonderen Studium die Geschichte der ersten „französischen Revolution gewählt und der Ausgeburt der„selben, des ersten Napoleons. Als Bücher habe ich die „Histoire de la révolution française" von Thiers, einem der „ersten Präsidenten der dritten französischen Republik, dann „Les mémoires de Bourienne", des Sekretärs und Jugend-

[227]) In einem Briefe hatte er einer Verwandten mitgeteilt, daß er an einem Conferenz-Vortrage arbeite, welcher in einer gelehrten Gesellschaft vorgelesen werden solle. Weiter unten werde ich auf denselben zu sprechen kommen.

„freundes Bonaparte's und dann für die napoleonischen „Kriege die „Mémoires du général de Marbot.“ Jetzt, wo „ich mit dem kalten Verstande des gereiften Mannes und „nicht mehr mit der dummen Begeisterung eines unerfahrenen „Jünglings lese, widern mich diese Dinge förmlich an, und „das Bild, das ich mir in meiner Jugend von Freiheit, „Gleichheit und Brüderlichkeit, von dem „grossen“ Kaiser „Napoleon machte, stürzte in sich selbst zusammen, begraben „unter einem Wuste von Leidenschaften und Gemeinheiten, „von Ehr- und Ruhmsucht, von Eigenliebe und Selbstsucht. „Und was hat ein Napoleon in Folge seines unersättlichen „Ehrgeizes bodenloses Elend über ganz Europa gebracht.“

Als Seitenstück zu dem Briefauszuge vom 20. Mai 1911 möchte ich hier noch einen kleinen Nachtrag bringen aus einem früheren Briefe und damit dieses Kapitel abschliessen:

(Beit-Sahur, 30. Oktober 1909): „Ich glaube mir mit „vollem und gutem Gewissen das Zeugnis geben zu können, „dass ich nie meine Prinzipien verleugnet und mit meiner „religiösen Überzeugung nie hinter dem Berge gehalten habe. „Und trotzdem habe ich recht gute Freunde unter Freidenkern „und Andersgläubigen, so dass noch vor drei Jahren ein „hiesiger schottischer, protestantischer Prediger, der zugleich „einer Freimaurerloge angehört, in einem Briefe an eine „englische Zeitung schrieb: „Ich habe während meiner langen „Missionszeit in Palästina nur einen einzigen Freund ge- „wonnen, and this friend is a catholic priest, the director of „catholic german colony on the lake of Tiberias“ (und dieser „Freund ist ein katholischer Priester, der Direktor der „katholischen deutschen Colonie am See Tiberias.) Und doch „sassen wir manche Abende bis tief in die Nacht hinein und „disputierten über Religion und Politik. Aber unsere Diskus- „sionen waren fair und gentlemanlike, und wenn auch ein- „mal in der Hitze des Gefechtes ein nicht gerade parlamen- „tarischer Ausdruck fiel, so wurde daraus kein Kriegsfall „gemacht, sondern stillschweigend darüber hinweggegangen.“

XLVII. Biever's schriftstellerische Tätigkeit.

Um auf bereits früher Gesagtes [228]) nicht näher zurückzukommen, verweise ich die geehrten Leser auf das chronologische Verzeichnis der Schriften Bievers, im folgenden Kapitel. Hier will ich nur mehr reden von den verschiedenen Conferenzen und Vorträgen, welche Biever, als Pfarrer von Beit-Sahur, gehalten hat und welche auch im Druck erschienen sind. [229])

[228]) Veröffentlichungen in verschiedenen Zeitungen und in den Annalen U. L. Fr. von Sion.

[229]) Diese Drucksachen, sowie überhaupt eine sehr bedeutende Anzahl von Briefen Bievers wurden mir bereitwilligst von einer seiner Verwandten zum Gebrauche überlassen, wofür ihr an dieser Stelle noch einmal auf's herzlichste gedankt sei!

Über diese Vorträge berichtet die Zeitschrift „Das Heilige Land" (Jahrgang LIII, 1909, Heft 1, Seite 49) wie folgt: „In „der Aula der Bibelschule der PP. Dominikaner bei St. „Stephan zu Jerusalem werden alljährlich öffentliche Confe-„renzen von sehr bedeutenden Gelehrten abgehalten, welche „fleissig besucht werden. Auch Pfarrer Biever gehörte zur „Zahl der Conferenzler. Der erste Vortrag den er hielt, fand „statt am 30. Dezember 1908, über das Thema: Machärus „und das Martyrium des hl. Johannes. (Machärus das heutige „Mekauer, im Gebiete des Toten Meeres, heute eine Ruinen-„stätte, ist eine herodianische Festung, wo der hl. Johannes „der Täufer, auf Verlangen der Tänzerin, der Tochter Herodias, „den Martertod erlitt.)"

Dieser Vortrag wurde wie es scheint, nicht gedruckt. — Bezüglich eines zweiten Vortrages Biever's in der École biblique äussert sich dasselbe «Heilige Land» (Jahrgang LIV, 1910, Heft 1, Seite 12 und Heft 3, Seite 137) an zwei Stellen:

„Wie im Vorjahre und früher, so veranstaltet auch in „diesem Jahre die Dominikaner-Bibelschule eine Reihe wissen-„schaftlicher Vorträge für die Öffentlichkeit . . . . P. Zeph. „Biever, z. Z. Pfarrer in Beith-Sahur bei Bethlehem, hat als „Gegenstand seines Vortrages den See Genesareth gewählt, „an dessen reizenden Ufern er mehrere (17) Jahre, zu weilen „Gelegenheit hatte."

„Dem P. Biever, 17 Jahre hindurch Direktor von Tabgha, „der Besitzung des Deutschen Vereins vom Hl. Lande am „See Genesareth, hat mancher Besucher stundenlang mit „gespannter Aufmerksamkeit zugehört. Mit gleicher Genug-„tuung wird man seine Konferenz lesen."

Biever selbst berichtet uns näher über den Gegenstand dieser zweiten Conferenz:

(Beit-Sahur, 1. Februar 1910): „So, nun wäre ich wieder „endlich in Ruhe. Am 19. Januar habe ich meinen diesjähri-„gen Vortrag in der École biblique zu Jerusalem gehalten. „Derselbe wurde stark applaudiert und soll nun mit den „übrigen Winterkonferenzen gedruckt werden. Gerade wegen „des „Gedrucktwerdens" musste ich diese Conferenz etwas „sorgfältiger ausarbeiten, besonders da darin Sachen vor-„kommen, welche den bisherigen Beobachtungen entgegen-„stehen. Das Thema meines Vortrages war: «Au bord du „lac Tibériade» Ich konnte für dieses Jahr aber nur die „Hälfte der Arbeit vortragen, nämlich: Klimatologie und phy-„sikalische Geographie am See. Wenn ich bis nächstes Jahr „noch am Leben bin, werde ich die zweite Hälfte der Confe-„renz vortragen, nämlich Fauna und Flora, Topographie, „Geschichte und Folklore. Dieser zweite Teil wird interessan-„ter sein als der erste, der meist nur das Resultat 17 jähriger

„Beobachtungen war, und Beobachtungen sind ja immer et-„was trocken."

(Beit-Sahur, 12 Juli 1910 : „Über meine Conferenz „Au „bord du lac Tibériade" sind sehr günstige Rezensionen ein-„gegangen, besonders aus England Ich habe den zweiten „Teil schon so ziemlich druckfertig da liegen. Derselbe wird „interessanter werden, aber wohl auch in verschiedenen „Dingen angefochten werden, da ich einige ganz neue Ansich-„ten über verschiedene Ortslagen am See vorbringe und da-„durch mit gelehrten Topographen in Widerspruch gerate, „und diese Gelehrtenzänkereien hasse ich wie die Pest ; aber „der R. P. Lagrange, der Leiter der biblischen Conferenzen, „dem ich meine Arbeit unterbreitete, hat mir sehr geraten, „meine Ansichten darzulegen. Du choc des opinions jaillit la „lumière " An einer anderen Stelle (Beit-Sahur, 17. September „1910) schreibt er : „Ich bearbeite eben den 2ten Teil derselben „(d. h. der Conferenz „Au bord du lac Tibériade") als Confe-„renz für diesen Winter. Derselbe wird Flora und Fauna „und dann die archäologische Topographie behandeln Letztere „ist ein sehr heikler Punkt, da ich manche neue Sachen vor-„bringe, über die sich wohl später gewaltige Diskussionen „eröffnen werden Enfin, il faut avoir le courage de ses „opinions "

Über Bievers dritte Conferenz (zweite über den See Tiberias) schreibt „Das Heilige Land" : „Die Dominikaner haben „grossen Einfluss durch ihre berühmte Bibelschule die . „wie in früheren Jahren so auch in diesem Advente (1910) einen „Zyklus öffentlicher sehr besuchter Konferenzen über wissen-„schaftliche biblische Stoffe begonnen hat. Auch zwei Nicht-„Dominikaner werden als Redner auftreten, der Archäologe P „Germer Durand . . und der wohlbekannte Luxemburger Pfar-„rer Z. Biever mit einem solchen über den See Tiberias " (Das Hl. Land, Jahrg LVI, 1911, Heft 1, S. 47)

„Im 54 Jahrgang unseres Organs (1910 Seite 136) konnte „ein erster Band der „Conférences de Saint-Étienne" angezeigt „werden. Unterdessen liegt ein weiterer Band vor, enthaltend „je einen Vortrag von . . und des vielen Lesern bekannten „Herrn Pfarrers Zeph. Biever " (Das Hl. Land, Jahrgang LV, 1911, Heft IV, Seite 243.)

„Dass der zweite Jahrgang der „Conférences de Saint-„Étienne" erschienen ist wurde im letzten Hefte schon bemerkt „Allgemein interessieren der Vortrag des P Lagrange „Forschung „nach den biblischen Ortschaften" und der des Herrn Pfarrers „Biever „Am See Genesareth " . . . „Sehr reichhaltig ist auch „der Vortrag des Herrn Biever, des früheren Direktors von „Tabgha, über den See Genesareth. Wer, wie Biever, 17 Jahre „lang offenen Auges am See Genesareth gelebt hat, kann jeder-„mann noch etwas bieten. In diesem Vortrag wird die Pflan-

„zen- und Tierwelt der Umgebung des Sees Genesareth erörtert, „besonders insoweit, als sie für die Leser der Hl. Schrift von „Interesse ist. Hr. Biever geht dabei teilweise auch auf den „Ackerbau ein, die Fruchtbarkeit dieses Teiles von Galiläa. „Der Palästinapilger, der viel steiniges Land gesehen, wird „mit Vergnügen lesen, wie Hr. Biever einst am See Genesareth „von 7 Liter Aussaat 385 Liter geerntet hat; zugleich wird „darauf aufmerksam gemacht, dass zwar der Boden ungemein „fruchtbar ist, dass aber das Ergebnis dieser Fruchtbarkeit „leider nicht in die Hände des Ackerbauers kommt, weil eine „Unmasse Getreide verloren geht; eine gute Ernte könnte zwar „das Zehnfache der Aussaat geben, aber selbst das ist bei der „jetzt gebräuchlichen Arbeitsweise und bei der grossen Zahl „Sperlinge und sonstiger kleiner Feinde der Landwirtschaft „nicht zu erreichen. — So kann man denn auch für das Studium „der hl. Schrift einen Gewinn aus diesem Vortrag ziehen, der „dabei in echtem, gemütlichem Plauderton geschrieben ist. Neu-„lich las ich in einer Übersetzung des Propheten Isaias (I. 8): „Und die Tochter Sion blieb übrig wie eine Hütte im Wein-„berge, wie eine Rohrhütte (Hängematte) im Gurkenfeld". Wie „die „Hängematte" dahinkommen mag! Hr Biever zeigt sehr „schön (S. 276 ff.) zwei verschiedene Arten von Hütten und „erklärt dabei gut sowohl das aus Isaias wie auch das aus „Baruch (VI, 69 formido in cucumerario) bekannte Bild. Es „gibt, wenn ich mich recht erinnere, ein im 18. Jahrhundert „veröffentlichtes, mehrbändiges Werk, das die Sitten und Ge-„bräuche der damaligen Bewohner Palästinas mit den Sitten „und Gebräuchen, wie wir sie in der Bibel finden, vergleicht. „Ob der betreffende Verfasser wirklich in Palästina lange Zeit „unter dem Volk gelebt hat, weiss ich nicht. Hr. Biever wäre „jedenfalls der Mann, ein solches Werk, das zugleich allge-„mein verständlich wäre, zu schreiben; es brauchen ja keine „langen Abhandlungen eingeflochten zu werden, ein kleines „Bändchen könnte genügen: dann muss es aber von einem „Kenner des Volkslebens geschrieben sein. (Das Hl. Land, Jahrg. LVI, 1912, Heft 1. S. 48—49) Dieser zweite Jahrgang bringt zum Vortrag des Hrn. Pfarrers Biever auch ein Kärtchen vom See Genesareth. (I Bd. S. 19.)

Merkwürdig ist der Satz, welcher Biever über den Ackerbaubetrieb durch die Beduinen schreibt: „Pour le vrai „bédouin nomade le travail des champs est déshonorant. On „ne rençontre plus ce dernier qu'à l'orient du lac (de Tibé-„riade), où, suivant les saisons et les pâturages, il va et „vient de l'est à l'ouest, et du nord au sud, avec ses magni-„fiques troupeaux de vaches et petit bétail."

(Schluss folgt.)

Logements militaires à Luxembourg pendant la période de 1794-1814.

(Par Alphonse Rupprecht.)

(Suite.)

Melle. de Marechal, 2 chambres au 2. étage l'une sur le devant avec cheminée pour 2 officiers ou un capitaine et une troisième au bas de la cour. 1er étage avec cheminée pour un troisième officier, en tems ordinaire selon ordonnance. *11 places au batim. principal, 6 derrière.* 1 écurie pour 8 chevaux. [128])

205 *Motz. Labbaie et Behler* une chambre avec cheminée au 2. étage sur le derrière pour 5 hommes. en tems ordinaire ne logent pas. *5 places.* 1 écurie pour 2 chevaux

---

[128]) Aujourd'hui le No 29 de la rue Philippe, propriété de Mme. veuve Zender-Angelsberg. Maison transformée entièrement. Après la mort de Melle. de Mareschal, la maison passa à sa nièce Marie-Charlotte-Barbe-Joséphine d'Anethan, épouse de François-Damien Simon Le cadastre de 1824 mentionne comme propriétaire Mr Pierre Dagoreau, époux de Jeanne-Elisabeth Peillers. Les propriétaires subséquents furent Melle. Anne-Julie Dagoreau et la famille Deralle (V Note 127).

Melle. Anne-Marie-Joséphine-Angélique de Mareschal, née à Luxembourg, le 10 novembre 1714, y décédée le 16 frimaire an 7 (6 décembre 1798), était la fille des époux Albert de Mareschal et Marie-Anne de Lanser (V. Note 124). Sa soeur Marie-Béatrix-Henriette-Josephe de Mareschal avait épousé François-Antoine-Oswald d'Anethan, haut-justicier du duché de Luxembourg. La fille de ces derniers, Marie-Charlotte-Barbe-Joséphine d'Anethan, décédée à Luxembourg, le 16 juin 1827, avait contracté mariage à Luxembourg, le 7 août 179 , avec François-Damien Simonin, originaire de Marche, avocat, puis juge au tribunal civil et à la cour criminelle. Le recensement de 1807 renseigne dans le même ménage Simonin Bernard, médecin, également originaire de Marche et ses enfants.

Mr. *Pierre Dagoreau,* originaire de Fairé (France), était chef de direction au Gouvernement provincial à Luxembourg Sa fille Anne-Julie Dagoreau, décédée à Luxembourg, le 30 décembre 1882, âgée de 73 ans, était une des figures typiques de la rue Philippe. Ayant légué par testament au bureau de bienfaisance de Luxembourg la somme de 2000 frs., son nom a été porté sur le Livre d'or de cette ville. (Bulletin com 1883, p. 58, 1890 250.)

297. *N. Schoosse* une chambre pour 4 hommes, *Fischbach* une deuxième aussi pour 4 hommes, *Oberlaender* aussi une
298. 3. pour 4 ainsi 12 hommes, en tems ordinaire pour 1 capitaine, *8 places au batiment principal, 8 par derrière.*
299. Les héritiers *de Ballonfaux* propriétaires, Monsieur le Conseiller *de Musiel* locataire, 3 places pour un Etat Major, en tems ordinaire selon ordonnances *14 places.* 1 écurie pour 2 chevaux. [129]

---

[129]) A l'emplacement du No 25 actuel de la rue Philippe, propriété de Mr. Coner-Lacaff. Le cadastre renseigne comme propriétaire, à partir de 1824, Jean-Nicolas Van der Noot, officier de santé, puis Mathias Seywert, cordonnier et Nicolas Kahn, menuisier.

Les de *Ballonfeaux* se titraient seigneurs de Rollingen, Bous, Oetrange, Schrassig etc. . Jean-Georges de Ballonfeaux, seigneur de Bous, marié à Gertrude de Binsfeld, fille de Christophe de Binsfeld, procureur général à Luxembourg et de Marie de Wiltheim (V. Note 69), eut comme fils Georges de Ballonfeaux, seigneur d'Oetrange, capitaine, puis major retraité, époux en 1res noces de Josine Dalscheid et marié en secondes noces à Luxembourg, le 13 janvier 1675, à Anne-Philippine de Scouville, veuve de Jean de Wiltheim. Celle-ci donna à son mari plusieurs enfants dont François de Ballonfeaux, baptisé le 15 décembre 1676, seigneur d'Oetrange, uni à Luxembourg, le 28 janvier 1719, à Marie-Marguerite de Martial. De ce dernier mariage naquit Jean-Georges-François de Ballonfeaux, baptisé le 16 mai 1737, marié le 25 janvier 1774, à Pétronelle-Eléonore Van der Noot, du château de Schrassig, décédée le 10 juin 1781; lui, décédé à Luxembourg, le 21 avril 1789. Ce sont ces époux qui possédaient la maison susdite de la rue Philippe. Leurs héritiers furent, en 1794, leurs 3 fils: Jean-François-Xavier-Nicolas, baptisé à Luxembourg, le 1 novembre 1774; Damien-Juste-Paul-Joseph, y baptisé le 23 octobre 1776 et Charles-Henri-François y baptisé le 4 octobre 1778. Le Chevalier l'Evêque de la Basse-Moûturie qui avait séjourné au château de Schrassig avant d'écrire son livre paru en 1844, dit (p. 186) que le nom de la famille de Ballonfeaux s'est éteint par la mort desdits 3 fils qui avaient servi dans les chasseurs luxembourgeois volontaires durant le siège de 1794—1795. Les registres de la paroisse de Saint-Nicolas à Luxembourg portent, en effet, que Xavier de Ballonfeaux, seigneur de Schrassig, célibataire, est décédé à Luxembourg, le 15 avril 1795. Damien et Charles, également célibataires, les 25 avril 1795 resp 17 juin 1795 Ces noms ne figurent pas dans la liste des chasseurs luxembourgeois volontaires publiée par MM. Zelle et Knaff, dans leur livre sur le siège de 1794—1795, mais qu'à cela ne tienne, puisque d'un côte cette liste est déclarée incomplète par les auteurs mêmes et que de l'autre, la relation de Mr. le Chevalier l'Evêque de la Basse-Moûturie faite peut-être sur le témoignage de contemporains des trois frères, nous semble confirmée par les extraits mortuaires ci-dessus de ces derniers.

Les de Ballonfeaux portaient: coupé d'argent et de sable à 2 hures de sanglier du second chef et à un pélican à 2 têtes du premier en pointe. Supports: Deux sangliers. Ces armes ornent encore aujourd'hui une porte du château de Schrassig qui aurait été construit par Jean-Georges de Ballonfeaux et qui est aujourd'hui la propriété de Mr. Albert-Marie van Gogh, époux d'Eugénie-Angélique Meyer, après avoir appartenu à Mr Louis-Marie-Edouard-Théodore de la Fontaine, fils de Prosper-Emile-Joseph-Théodore de la Fontaine et de Charlotte-Adrienne de Villers . . . .

Mr. Emile Diderrich, de Mondorf-les-Bains, nous a communiqué, sur notre demande, avec sa bonne grâce coutumière, les notes suivantes sur la famille de Musiel.

»La famille *de Musiel* est originaire du pays rhénan, ou la noblesse de l'Empire lui a été conférée par lettres-patentes d. d. 6 juillet 1580. Armes: Coupé-émanché de deux pièces et deux demies d'azur sur or; l'or chargé de trois étoiles d'or rangées de fasce. On voyait cet écusson, accompagné des initiales C. M. sur le bâtiment No 104 de la Fahrgasse à Trèves, qui était l'ancien hôtel des Musiel et que les suffragants (Weihbischöfe) occupaient après.

Claude de Musiel de Bissingen vint s'établir dans le duché de Luxembourg à la suite de son premier mariage avec Jeannette Roemer (décédée en 1596), dame et héritière de Thorn-sur-Moselle (rive droite de la Moselle, entre Stadtbredimus et Remich, vis-à-vis du chateau moderne de Mr. Collard). Claude de Musiel possédait aussi les $^3/_4$ dans la seigneurie voisine de Berg. Il eut six enfants, dont Christophe de Musiel fonda avec Chrispine de Hom la branche des de Musiel de Thorn qui est actuellement représentée par Mr Rodolphe de Musiel, chevalier du St. Empire, propriétaire du château de Thorn et par Madame Henry de la Fontaine, née A.-Marie-A.-J. de Musiel de Thorn. Jean de Musiel (décédé en 1579), autre fils de Claude, épousa Marguerite de Wiltz, dite Rottart: il possédait $^2/_5$ dans les $^3/_4$ de la seigneurie de Berg et fonda la branche cadette des de Musiel dite de Berg lesquels se titraient encore de seigneurs de Nennig, Wies etc; ils possédaient aussi la collation de la paroisse de Kirf (doyenné de Sarrebourg).

La seigneurie de Berg avait son siège dans le vaste corps de bâtiments qui était composé par les deux chateaux Bas-Berg et Haut Berg. La part des de Musiel à la seigneurie de Berg a changé pour ainsi dire à chaque génération, vu que pendant quatre générations de suite les de Lassaulx co-seigneurs de Berg, famille anoblie le 29 juin 1611 par Henri II, duc de Lorraine ont pris leurs femmes parmi les demoiselles de Musiel de Berg et que les de Musiel de Berg ont souvent épousé des demoiselles de Lassaulx de Berg. Les châteaux existent encore aujourd'hui. Ils ont été construits à peu de distance de cette fameuse villa romaine dont les célèbres mosaïques, dites de Nennig, nous prouvent la splendeur. Il convient de rappeler que c'est de cette même terre de Berg que Ferdinand-Pierre Rapédius de Berg (né en 1710, décédé à Vienne, en 1800), cet homme d'Etat de la révolution Brabançonne qui y joua un rôle aussi important qu'honnête, tira son nom. Il était fils de Jean-Louis Rapédius, co-seigneur de Berg, conseiller-maître à la chambre des Comptes à Bruxelles et de Marie-Anne de Feltz, de Luxembourg; petit-fils de Georges-Pierre Rapédius, seigneur de Hunolstein, grand-bailli, à Rodemack, de la princesse Cécile de Bade-Bade-Rodemack, née princesse de Suède, et d'Elisabeth de Lassaulx, co-héritière de Berg, décédée à Luxembourg en 1712, inhumée a l'église St.-Nicolas.

Berg n'était qu'une seigneurie foncière: la haute-justice appartenait à la cour prévôtale de Remich. En 1815, alors que la rive droite de la Moselle fut distraite du pays de Luxembourg, Berg entra dans le cercle prussien de Trèves. Aux premiers jours de la grande guerre, en août 1914, les trois chateaux voisins de Thorn, de Bubing (propriété de M. de Maringh) et de Berg ont été occupés par le quartier-général du VIme corps d'armée prussien (Breslau) que commanda le général von Pritzelwitz; le 14 aout, ce quartier-général fut transféré à Mondorf-Etat. (Il existe un second château de Berg-sur-Moselle, au delà de Sierk, mais qui était un prieuré de l'abbaye d'Echternach: le propriétaire actuel en est M. André Koch, ancien directeur à Esch-sur-Alzette).

Hubert de Musiel, seigneur de Berg, eut de son mariage avec Marguerite de Lassaulx de Berg :

1º Jean-Pierre de Musiel de Berg, avocat à Luxembourg et juge, épousa le 4 février 1785, Anne-Louise de Mazenod. Un acte de baptême de la paroisse de Mondorf, du 17 janvier 1796, l'appelle „thesaurarius Reipublicae in Wiltz;" l'Almanach impérial de Testu de l'an 1808 renseigne M. »Demuziel« comme »receveur particulier d'arrondissement« à Diekirch.

Les de Mazenod, originaires de Provence, ont été anoblis le 30 décembre 1650; armes: D'azur à trois molettes de sable, au chef du même chargé de trois bandes de gueules. — Une soeur de Madame de Musiel-Mazenod, Agathe-Ange de Mazenod, avait épousé, le 25 novembre 1775, François-Philippe de Lassaulx de Berg, garde du corps de Louis XVI, chevalier de St. Louis. Deux frères de François-Philippe avaient également servi dans les gardes du corps, en même temps que Messire de Mazenod, frère de Mesdames de Musiel et de Lassaulx: d'où les relations de ces familles. Le baron André de Maricourt, historien aussi remarquable que littérateur estimé, descend des de Mazenod et dans ses archives de famille se trouvent de nombreux papiers et documents touchant les châtelains de Berg; pour la création d'un personage de son roman »L'oncle Praline«, M. de Maricourt a pris comme modèle sa grand'tante de Musiel.

2º Elisabeth de Musiel de Berg, mariée au baron de Birckenwald, dont une fille, Fanny de Birckenwald, a été épousée par le marquis Grimaldi, d'une branche collatérale des princes de Monaco. Veuve, la marquise de Grimaldi a été empoisonnée une nuit de bal (1801) par un homme dont elle avait repoussé les avances.

3º François-Joseph de Musiel de Berg.

4º Marie-Barbe de Musiel de Berg, mariée à Joseph d'Eising.

5º Marie-Françoise de Musiel de Berg: elle épousa Hubert-Bernard-Antoine Toussaint, de Mondorf, lequel était greffier de la haute-justice sous l'ancien régime et maire sous la République.

Dont descendance.

6º Marie-Elisabeth de Musiel de Berg, mariée à Messire de Ballogh de Galantha, dont une fille épousa N. Haspély.

(Ferdinand Rapédius de Berg. Mémoires et documents pour servir à l'histoire de la Révolution Brabançonne par P. A. F. Gérard; Bruxelles, 1842 — Correspondance littéraire de Rapédius, publiée par Alexandre Pinchart. Annuaire de la Noblesse de Belgique, 21. année, 1867, pp. 241 ss.)«

Ajoutons que le conseiller *Jean-Pierre de Musiel* qui habitait en 1791 la maison de Ballonfeaux à Luxembourg, était né au château de Berg vers 1750 et que son mariage avec Anne-Louise-Adelaïde de Mazenod avait été célébré dans la chapelle castrale de Schrassig, alors propriété des de Ballonfeaux. Au moment de la capitulation de la forteresse de Luxembourg, en 1795, il était conseiller de longue robe au conseil souverain à Luxembourg. Il y avait été reçu avocat, le 16 août 1780 et nommé juge de la Commission des charges publiques, le 26 avril 1786. Les fonctions de conseiller ordinaire lui avaient été conférées le 3 juillet 1788. Sous le Directoire, il fut nommé, par arrêté du 28 novembre 1795, juge au tribunal civil du département des Forêts, mais déjà le mois suivant il déposa cette charge, à la suite de la loi du 3 brumaire an IV (art. 2 et 6) sur le serment des fonctionnaires publics et la déclaration de n'être ni parent ni allié d'émigrés. Le 25 prairial an VIII (10 juillet 1800), il obtint une nomination de receveur à Diekirch

(Renseignements fournis par Mr. Henry de la Fontaine: Lefort, op. C° pp. 175 et 177; Ruppert-Archives p. 96; Reg. Civique de la ville de Luxembourg du 16 floréal an IV, N° 241).

Van der Noot Jean-Nicolas, né à Luxembourg, le 31 janvier 1771, fils de Jean-Nicolas, bourgeois marchand et de Madeleine Herman, reçu officier de santé à Luxembourg, le 19 août 1803, en conformité de la loi du 19 ventôse an IX, habitait Luxembourg et y est décédé célibataire, le 25 juin 1844. Mr N. Liez, dans le Dictionnaire du Corps médical luxembourgeois, p. 139, dit erronément qu'il s'appelait de ses prénoms Jean-Baptiste, qu'il était né à Luxembourg, le 9 février 1797 (?) et qu'il est mort à l'âge de 47 ans. Van der Noot Jean-Nicolas était le frère du vicaire apostolique Jean-Théodore Van der Noot (V. Note 72). Dans la biographie de ce dernier, le Dr. Neyen (T. II, 186) rappelle l'aventure suivante à laquelle était mêlé Van der Noot Jean-Nicolas, y désigné également de Jean-Baptiste.

„Il (Van der Noot Jean-Théodore) obtint les ordres sacrés à Trêves. De retour dans ses foyers, il n'accepta d'abord aucun bénéfice et vivait ainsi tranquille, lorsque la conquête du pays par les républicains français vint amener la proscription des cultes autres que celui de la Déesse Raison, figurée, tout le monde sait, comment. Van der Noot ayant résolument refusé de prêter le serment prétendu civique, fut déclaré hors de la loi et conséquemment décrété de déportation. Afin d'échapper aux recherches des sbires, il se tenait caché chez ses parents lorsque pendant la nuit du 3 au 4 novembre 1797, les agents du pouvoir exécutif se présentèrent dans la maison où il se trouvait couché. Son frère Jean-Baptiste, qui fut plus tard chirurgien, s'y trouvait également et dans la même chambre. Dans leur précipitation pour s'emparer d'une proie qu'ils croyaient assurée, les gendarmes se saisirent de ce dernier le confondant avec le prêtre, et le menèrent à la grand'garde pendant que le véritable condamné qui s'était pendant cette visite inopportune tenu tranquillement blotti dans son lit, saisissant l'occasion propice après leur départ, prenait la fuite, se sauvant à Trêves où il demeura une année entière, au bout de laquelle il revint travesti passer, caché dans la maison paternelle, le reste du temps de la persécution, c'est-à-dire jusqu'au 28 nivôse an VIII, 18 janvier 1800, où il fut déclaré absous de la peine de la déportation«.

(A suivre.)

General-Versammlung
des Vereins „Ons Hémecht"
vom 30. Juni 1921.

Bericht des Präsidenten über das Jahr 1920.

Meine Herren!

Als Präsident habe ich die Aufgabe, Ihnen in der heutigen Generalversammlung über das verflossene Vereinsjahr Bericht zu erstatten.

Was die finanzielle Lage, den geschäftlichen Teil und das eigentliche Vereinsleben angeht, darüber wird Ihnen Hr. Sekretär Prof. Medinger an Stelle des erkrankten Hrn. Schatzmeisters Blum, der es sehr bedauert, heute nicht unter uns sein zu können, Aufschluß erteilen. Ich habe lediglich einen eingehenden Rückblick auf die im Laufe des Jahres veröffentlichten Aufsätze zu werfen.

Die bis zur Stunde noch immer andauernde übermäßige Teuerung für Satz, Druck und Papier erlaubte uns nicht, über die Hälfte der vor dem Kriege mittleren Anzahl der Druckbogen hinaus zu gehen, obgleich die Beiträge der Mitglieder im großen Ganzen dieselbe Summe ergaben wie früher, trotzdem das Staatssubsid von der Kammer um 1000 Fr. erhöht wurde (es sei hier den Herren Abgeordneten unser innigster Dank für dieses Wohlwollen ausgesprochen) und die Preisberechnung des neuen Druckers wesentlich niedriger ist als die seiner Vorgänger.

Auf den 172 Seiten wurde des Interessanten gar Manches geboten. Damit will ich nicht behaupten, daß alles Gebotene für Jedermann interessant gewesen wäre. Die Geschmäcke sind bekanntlich sehr verschieden. Aus diesem Grunde mußten wir Verschiedenartiges in reicher Auswahl bieten, um den Anforderungen unseres geschätzten Leserkreises so viel wie möglich gerecht zu werden.

Daß wir diesem Ziele ziemlich nahe gekommen sind, glaube ich in der Tatsache sehen zu dürfen, daß bloß 6 Mitglieder ausgetreten sind, während 25 neue sich angemeldet haben. Vier sind gestorben: Die Herren Pfarrer Zorn, Pfarrer Kuborn, Notar Hemmer und Oberwachtmeister Reinhard. Um ihr Andenken zu ehren, bitte ich die verehrl. Versammlung sich zu erheben. Die alten Mitglieder sind uns treu geblieben und eine große Anzahl neuer sind hinzu gekommen.

Daß unsere Veröffentlichungen gewürdigt werden und die andauernde Aufmerksamkeit auf sich ziehen, beweist unsere Mitgliederliste. 284 Männer aus allen gebildeten Ständen dürfen wir unsere Gönner und Freunde nennen. An ihrer Spitze stehen 3 Mitglieder der Regierung, S. Exc. Staatsm. Reuter, und die HH. Generaldirektoren R. de Waha, und Jos Bech; Mgr. Dr Nommesch, unser Bischof und Mgr. Pelt, Bischof von Metz, Mgr. J. P. Kirsch, Universitätsprofessor zu Freiburg (Schweiz), eine auf dem Gebiete der Geschichte rühmlichst bekannte und anerkannte Autorität, und viele andere.

Aus all diesem glaube ich schließen zu können, daß unsere Leistungen den Erwartungen der Fachmänner und der gebildeten Stände entsprochen

haben. Das Redaktionskomitee nimmt hiervon Anlaß, Allen den innigsten Dank auszusprechen und sich ihrem ferneren Wohlwollen zu empfehlen.

Die Durchsicht des Inhaltsverzeichnisses vom Jahrgang 1920 läßt erkennen, daß neben den Vereinssachen, nämlich dem rein Geschäftlichen und Persönlichen, die geschichtlichen Abhandlungen selbstredend den größten Teil des eng bemessenen Raumes einnehmen.

Der literarische Teil ist der Sachlage entsprechend zur gebührenden Geltung gekommen im Aufsatz, in Recensionen und im Verzeichnis der Novitäten.

Der größere geschichtliche Teil bietet eine Reihe von gediegenen Arbeiten verschiedener Art. Drei ausgedehntere, noch nicht zum Abschluß gekommene Beiträge bilden im Jahr 1920 den Kern unserer Vereinsschrift.

An erster Stelle ist zu nennen die wohldokumentierte Abhandlung des Herrn Jos. Sevenig über das Eligiusamt zu Luxemburg. In formvollendeter Sprache und packender Darstellung zeigte er uns das Leben und Treiben der Zunft der Schmiede und der verwandten Handwerke im Verlaufe der Jahrhunderte bis zur Zeit der französischen Revolution. Wir sehen die Meister, Gesellen und Lehrlinge in den Werkstätten an der Arbeit, in geselliger Unterhaltung bei den zünftigen Versammlungen, in amtlicher Tätigkeit bei der Warenschau auf den Jahrmärkten und großen Messen. Er unterrichtet uns über die rechtlichen Verhältnisse des Vorstandes zu den einzelnen Mitgliedern; er führt sie uns vor in ihrem Auftreten bei öffentlichen kirchlichen und weltlichen Feierlichkeiten; er zergliedert vor unserem Geiste den inneren Organismus der Corporation und beschreibt die Betätigung desselben in ihren einzelnen Funktionen.

Wir sind der Ansicht, daß dieses Werk unserer Vereinsschrift zur Ehre gereicht und mancher hervorragenden ausländischen Facharbeit mit Recht an die Seite gestellt werden darf. Wir gedenken dieselbe, wenn nicht mit Ablauf dieses Jahres, so doch zu Anfang des nächsten Jahres zu Ende führen zu können.

An zweiter Stelle steht die sehr verdienstliche Arbeit des Herrn Polizeikommissars Alph. Rupprecht über die Militäreinquartierungen in der Stadt Luxemburg zur Zeit der französischen Revolution. Er knüpft daran, und das ist die charakteristische Eigenschaft derselben, ich möchte sagen den Civilstand der angeführten Häuser der Altstadt und ihrer Bewohner während der letzten 150—200 Jahren Er zeigt uns, wie die Gebäude sich vererbten und die Bewohner sich folgten Er läßt an unserem Geiste die seither meist verschwundenen adeligen und Patrizierfamilien der Stadt vorüberziehen; führt uns die hervorragenden Mitglieder derselben in ihren öffentlichen Ämtern und Stellungen vor und schreibt auf diese Weise in lapidarer Kürze eine Geschichte eigener Art der Stadt und einzelner Verwaltungen. Sie zeichnet sich aus durch gewissenhafte Genauigkeit der Daten und Fakta, durch tiefgehende Gründlichkeit und angenehme Darstellung. Wir sehen mit vielen anderen der Fortsetzung mit Spannung und Interesse entgegen.

An dritter Stelle ist hervorzuheben das Leben und Wirken des großen luxemburgischen Missionars und Orientkundigen Pater Joh. Biever von Herrn Martin Blum. Selten begegnen wir in den Missionsberichten etwas über einen luxemb. Missionär. Aus diesem Grunde war es zu begrüßen, daß Herr Blum es unternommen hat, das Leben und Wirken jenes Mannes zu beschreiben, der seiner Zeit eine so große Rolle auf dem Gebiet der Orientmissionen gespielt hat und als Belohnung für seine Tüchtigkeit zu hohen Ehren gelangt war. Ausländische Missionsgesellschaften werden nicht müde ihre Männer auf den Leuchter zu stellen und ihre Andenken in ausführlichen Biographien zu verewigen. Weshalb sollen wir nicht auch dasselbe tun für unseren Landsmann, der seinem Vaterlande und seinem Stande nur Ehre gebracht hat? Solche Monographien werden in der Regel nur einmal geschrieben; es ist deshalb im Interesse der Geschichte, daß sie ausführlich seien. Dem Leser bieten diese Ausführungen und Beschreibungen in ethnographischer Hinsicht des Belehrenden außerordentlich vieles. Was man gewöhnlich in gelehrten Fachwerken oder auch in Reisebüchern über Sitten und Gebräuche im Orient sucht, findet man sehr häufig in den Missionsberichten beisammen. Was Herr Blum hier bietet, spricht uns um so angenehmer an, weil eben ein Landsmann der Träger der Erzählung ist. — Im Laufe dieses Jahres wird das fleißige und verdienstvolle Werk des Herrn Blum vollendet sein, den Bekannten und Verwandten des Herrn P. Z. Biever in einem stattlichen Bande zur Verfügung stehen und den Blättern der vaterländischen Geschichte einverleibt sein. Es ist das Verdienst des Gründers unseres Vereins, dasselbe ermöglicht zu haben.

Die ethnographischen Beschreibungen und Reiseerlebnisse unseres Landsmannes N. Funck sind mit der Reise nach Venezuela zum Abschluß gelangt. Das Ganze bot für viele Leser des Lehrreichen gar manches und folgten sie den spannenden Erzählungen mit großem Interesse. Standen dieselben zwar nicht in einem direkten Verhältnis zu unserer luxemb. Geschichte, so ist ihr Verfasser, ähnlich wie P. Biever, doch immer unser Landsmann gewesen.

Von den „Beiträgen zur Geschichte einzelner Pfarreien", welche ebenfalls einen größeren Raum im engen Rahmen unserer Vereinsschrift einnehmen, will ich als Autor nur hervorheben, daß sie eine Sammlung von lokalgeschichtlichen Tatsachen, kirchenverwaltlichen und kulturellen Momenten bezwecken, welche späteren Geschichtsschreibern vielleicht sehr dienlich und willkommen sein dürften. Dieses Gebiet ist bisher kaum studiert und bearbeitet worden. Daher erschließen diese Notizen manchem Leser einen sicheren Blick in eine bisher unbekannte Welt der verflossenen Jahrhunderte und dürften zur Vervollständigung unserer Kenntnisse über die Vergangenheit nicht wenig beitragen.

Die beiden alten Landkapitel Luxemburg und Remich sind im 1. resp. 2. Hefte behandelt und zwar größtenteils auf Grund der amtlichen Visitationsberichte aus jener Zeit. Gegenwärtig bildet das frühere Landkapitel Arlon, von welchem eine gewisse Anzahl von Pfarreien zum heutigen Großherzogtum gehören, den Gegenstand der Untersuchungen vornehmlich auf Grund nicht mehr der Visitationsberichte, sondern der amtlichen Erhebungen über den Besitzstand der kirchlichen Pfründen und deren Inhaber. Doch will ich der Arbeit nicht vorgreifen.

Eine besondere belobigende Erwähnung verdient die außerordentlich gut dokumentierte gehaltvolle Arbeit unseres fleißigen und als gründlichen Geschichtsforschers weit bekannten Herrn Jules Vannerus über die Familie Schramm aus Fels. Dieselbe kam im Jahre 1921 in mehreren Abschnitten zur Fortsetzung und dieses Jahr zum Abschluß. Sie soll in der nächsten Revue eingehend besprochen werden.

An diese Hauptarbeiten schließt sich eine längere Reihe kleinerer Beiträge. Es seien hervorgehoben die fleißige und umsichtig gehaltene Arbeit des Herrn Pfarrers Medinger von Oberpallen über den Kalvarienberg und die alte Kapelle von Beckerich; der Aufsatz über die frommen Stiftungen unserer einheimischen Herrscherfamilien in Arlon und Umgegend von Pfarrer J. B. Weyrich von Diedenburg, aus Oberkerschen gebürtig; die von Pfarrer Alex. Kœnig veröffentlichten Aktenstücke über die Teilung der Gemeindegüter zu Oberdonven.

Zum Schluß seien noch ehrend erwähnt die Aufsätze des Herrn Obergerichtsschreibers J. Schmit über das Geistesleben unserer Vorfahren und das luxemb. Sprachgut.

Meine Herren! Ich bin mit der Revue des Jahrganges 1920 unserer Vereinsschrift zu Ende.

In den öffentlichen und in vielen bedeutenderen Privatbibliotheken des In und Auslandes befindet sich neben anderen ausgedehnteren Sammelwerken historischer Natur eine bis jetzt 26-bändige, vielbenutzte Sammlung über luxemburger Altertumskunde; es ist unser Vereinsorgan. Die Anerkennung und Benutzung, die ihm zuteil wird, gereicht dem Verein zur Ehre.

Die Sammlung der „Hémecht" wird erst in den späteren Zeiten zur vollen Geltung gelangen und den zukünftigen Geschichtsforschern große Dienste leisten.

Auf welche Werke greift man heute beim Studium der vaterländischen Geschichte zurück? Auf den 8-bändigen Bertholet; auf die Wiltheimischen Geschichtswerke, auf Pierret, Merjai, Wurth-Paquet, Schötter, N. v. Werwecke, Grob, auf die Sammlung der Publicationen der historischen Section des großherzoglichen Institutes. So wird man auch später auf die Sammlung der Jahrgänge von „Ons Hémecht" zurückgreifen, die Arbeiten studieren, prüfen, benutzen und auf den gebotenen Grundlagen weiterbauen und Gediegenes, Zuverlässiges liefern.

Hierin liegt zum Teil unsere Daseinsberechtigung und der Hauptzweck unserer Aufgabe: Bekanntmachung des bis heute Erworbenen bei der gegenwärtigen Generation und Fundament für die Forschungen der künftigen Geschlechter.

Eine Bitte möchte ich zum Schluß an Sie alle richten, meine Herren! die nämlich, in Ihren Bekanntenkreisen das Interesse für das Studium der Geschichte wecken, unserm Vereine zahlreiche neue Freunde und fleißige Mitarbeiter gewinnen und zuführen. Dadurch wird unsere Zukunft gesichert, unser Ansehen gehoben und die Wissenschaft gefördert.

Um dieses Ziel leichter und sicherer zu erreichen, wird der Vorstand den Umfang der Hémechthefte schon in den nächsten Monaten bedeutend erweitern und womöglich mit dem Beginn des nächsten Jahres wieder in der früheren Ausdehnung erscheinen lassen.

Der in der vorigen Generalversammlung beschlossene Jubiläumsband befindet sich unter der Presse. Drei größere Abhandlungen sind bereits gedruckt, die vierte, beginnend mit der Seite 85, ist im Satz. Wir hoffen ihn gegen Ende des Jahres fertig vorlegen zu können.

L u x e m b u r g , 30. 6. 1921. J. Z. Präsident.

Ein Brief des Kurfürsten von Trier
an das Metzer Domkapitel
in der Luxemburger Bistumfrage.
(12. Februar 1572)

Eine der wichtigsten Fragen der Luxemburger Kirchengeschichte ist unstreitig die Errichtung eines Bistums in dem Lande. Und dann ist meines Wissens diese Angelegenheit ihrer ganzen Bedeutung entprechend noch nicht behandelt worden. Bertels berührt sie in seiner Historia Luxemburgensis nur nebenbei: [1]) Bertholet gibt in seiner Landesgeschichte nur einen Teil vom Anfang der Verhandlungen [2]) Der Altmeister der Luxemburger Geschichte. Hr. Würth-Paquet. hat zwar das weitschichtige, zerstreute Material in einem schweren Quartband zusammengetragen, der im Archiv der archäologischen Gesellschaft von Luxemburg ruht, [3]) selbst aber die Abhandlung nicht geschrieben. Dies besorgte der verstorbene Professor Dr Peters, indem er, um seinen Ausdruck zu gebrauchen, das gesamte Material in einen Artikel zusammenpresste. [4]) Hierbei legte er anscheinend das Hauptgewicht auf die Verhandlungen vom 17. bis 19. Jahrhundert. Für die erste Zeit sind allem Anschein nach nur wenige Urkunden vorhanden. Daher wird für diese Periode jeder Beitrag, mag er noch so klein sein, sicherlich willkommen sein.

Nun liegt im Archiv des Moseldepartements in Metz [5]) ein Brief des Trierer Erzbischofs Jakob von Eltz an das Metzer

[1]) Ausgabe J. P. Brimmeyr und M. Michel, Luxemburg, 1856, 163.

[2]) *J. Bertholet*, Histoire ecclésiastique et civile du Duché de Luxembourg et Comté de Chiny, VIII. (Luxembourg 1743) 30—49.

[3]) Unter dem Titel: Recueil des documents relatifs au projet d'ériger un Evêché dans le pays de Luxembourg 1560—1790.

[4]) Dieser Artikel erschien unter dem Titel: *Die luxemburger Bistumsfrage* in Band 42 der Publications de la section hist. de l'Institut royal grand-ducal, Luxembourg 1895, 281—302.

[5]) Serie G 467, 22.

Domkapitel, der unsere Kenntnis über die Angelegenheit etwas erweitert. Er reiht sich etwa folgendermassen in die Ereignisse ein.

Das Gebiet, das der Trierer Oberhirte an das neue Bistum hätte abtreten sollen, war bedeutend; umfasste es doch den grössten Teil des heutigen Grossherzogtums. Ein Aktenstück vom 22. August 1786 zählt für das ehemalige Herzogtum ausser der Hauptstadt und den fünf Nebenstädten Arlon, Diekirch, Echternach, Grevenmacher und Virton noch über 249 Pfarreien und ebenso viele Filialen, welche Trier unterstanden. [6]) Es ist deshalb gar nicht auffallend, dass sich der Kurfürst gegen eine derartige Verkleinerung seines Sprengels zur Wehr setzte.

Indes wird er sich den edlen Absichten Philipps II. von Spanien nicht haben verschliessen können. Dieser wollte dem stark um sich greifenden Protestantismus mit Macht entgegentreten, und in der Errichtung neuer Bistümer glaubte er mit gutem Grunde das beste Mittel hierzu gefunden zu haben. In Rom war man derselben Ansicht und hatte 1559 im Einverständnis mit dem König drei Erzbistümer und vierzehn Bistümer neu geschaffen. In demselben Sinne wurde auch die Errichtung eines Bistums in Luxemburg an der römischen Kurie betrieben. Am 13. November 1571 meldete der Kardinal von Augsburg, Otto Truchsess von Waldburg, [7]) die Nachricht nach Trier, dass von spanischer Seite alle Hebel in Bewegung gesetzt würden, um zum Ziele zu gelangen. Zugleich gab er an, was der Kurfürst tun sollte, um nicht zu unterliegen. Er sollte, meinte der Kardinal, besonders nachzuweisen suchen, dass die Errichtung eines Bistums in Luxemburg nicht nötig sei, weil man die katholischen Interessen im Herzogtum nicht vernachlässigt habe. [8]) Man sieht, worauf die spanischen Agenten besonders Nachdruck legten.

Jakob von Eltz schrieb nun an den Papst, man möge in einer für seine Erzdiözese so wichtigen Angelegenheit nichts beschliessen, ohne ihn gehört zu haben, wenn es überhaupt wahr sei, dass die Errichtung eines Bistums in dem Herzogtum betrieben werde. [9]) Der Papst bestätigte ihm in seiner

---

[6]) *Peters* 283. Vgl. *Bertholet* VIII 35—38.

[7]) Otto Truchsess von Waldburg, Bischof von Augsburg 1543—1573, wurde unter Paul III. am 19. Dezember 1544 Kardinalpriester von S. Balbina, Titel, den er später mit S. Sabina und S. Maria trans Tiberim vertauschte. Am 18. Mai 1562 wurde er Kardinalbischof von Albano, am 12. April 1570 von Sabina und am 3. Juli 1570 von Palestrina. Er starb am 2. April 1573 (*Le Comte de Mas Latrie*, Trésor de Chronologie, Paris 1889, col. 1162, 1164, 1169, 1217 u. *A. Weber* in Wetzer und Welte's Kirchenlexikon XII (Freiburg i. Br. 1901) 114—117.

[8]) *Peters* 284.

[9]) Der Inhalt des Briefes ist teilweise aus der Antwort des Papstes zu entnehmen.

Antwort die Richtigkeit der Nachricht und bat ihn, möglichst bald seine Gründe, die er gegen das Projekt habe, in Rom anzugeben; man werde ihm Gelegenheit geben, die Rechte seiner Kirche zu verteidigen. [10])

Über den weiteren Verlauf [11]) sind wir durch Bertholet etwas genauer unterrichtet. Anfangs Februar 1572, vom 4. bis zum 6., fanden in Hermelstein zwischen dem Abgesandten des Herzogs von Alba, Johann Fonk, Propst und Archidiakon von Utrecht, und dem Erzbischof mündliche Unterhandlungen statt. Die Antwort, die am 6. Februar dem spanischen Agenten schriftlich zu teil wurde, lautete dahin, man wolle sich in einer so löblichen Angelegenheit nicht mit dem König in einen kleinlichen Streit einlassen, sondern die Entscheidung dem Papste als dem obersten Hirten der gesamten Kirche anheimstellen. [12])

In der mündlichen Auseinandersetzung mit dem Trierer Offizial wurden auch die Interessen der Suffraganbischöfe berührt. [13]) Leider teilt uns Fonk die Einwände nicht mit, die dieserhalb erhoben wurden. Es kann sich jedoch nur um Metz und Verdun handeln, deren Jurisdiktion sich über luxemburgisches Gebiet erstreckte.

Verdun unterstanden nach Bertholet VIII 41 sieben Pfarreien. Metz war mit einer grösseren Anzahl beteiligt: Bertholet S. 40 zählt deren 44 auf. [14]) Der Kurfürst war, wie er an das Metzer Domkapitel schreibt, mit dem Kardinal Karl von Lothringen befreundet. Er durfte wohl auf dessen Unterstützung rechnen. Allein es war ihm zu Ohren gekommen, dass der Kardinal zu gunsten eines andern auf das Metzer Bistum resigniert habe. Es ist zum mindesten

---

[10]) Arch. dép. de la Moselle à Metz G 467, 22.

[11]) *Bertholet* VIII 44—49.

[12]) *Ebd.* 46.

[13]) „Le 4 fevrier l'Electeur ayant deliberé avec son conseil, on m'envoya l'Official, qui me forma bien des difficultés, non seulement touchant la personne de l'Archevêque, mais encore par rapport au Chapitre et *aux Suffragans*", heißt es in dem Berichte des Utrechter Propstes (*Bertholet* 45).

[14]) Bertholet sind bei der Aufzählung verschiedene wesentliche Irrtümer unterlaufen. Zunächst lagen die Pfarreien, wenn wir von Raville (Rollingen) und Bambiderstroff (Baumbiedersdorf) absehen, die zum Dekanat Warize resp. St. Avold gehörten, in den Dekanaten Thionville (Diedenhofen, Rombas (Rombach) und Kédange (Kedingen). In der Gleichsetzung „*Rombas ou Redingen*" kann man nur eine Verwechselung mit Kedingen erblicken. Im Laufe der Jahrhunderte hat Rombas nie einen mit Redingen auch nur ähnlich lautenden Namen getragen. Vgl. hierzu *De Bouteiller*, Dictionnaire topographique de l'ancien département de la Moselle, Paris 1874, 218; Das Reichsland Elsaß-Lothringen, III (Straßburg i. Els. 1901/03) 910 — Zum Archipresbyterate *Thionville* gehörten von den bei Bertholet aufgeführten Pfarreien: Thionville, Berg, Hussange (Husingen), Cattenom (Kettenhoven, Kattenhofen), Sufftgen, Kanfen, Oeutrange, Hayange, Escherange (Enschringen, Escheringen), Bertrange, Uckange, Manom (Monhoven), Yutz (Jeutz), Guénange (Guinningen, Giningen), Rodemack, Angevillers (Answeiler, Ars-

auffallend, dass Jakob von Eitz nicht besser unterrichtet war, da Karl von Lothringen als Administrator dem bisherigen Metzer Oberhirten Franz de Beaucaire, nahe gelegt hatte, sich seines Benefiziums zu gunsten des Kardinals Ludwig von Guise zu begeben. Und bereits am 5. Oktober 1568 hatte Nikolaus Pseaume, Bischof von Verdun, in dessen Namen Besitz ergriffen. [15]) In dieser etwas sonderbaren Ungewissheit wandte sich der Erzbischof am 12. Februar 1572 von Ehrenbreitstein aus an den Dekan und das Domkapitel von Metz. In dem Schreiben werden die voraufgegangenen Ereignisse kurz skizziert; sodann wird die Absicht kund gegeben in Bälde einen Gesandten nach Rom zu schicken mit dem Auftrag, dem Heiligen Vater die aus einer etwaigen Errichtung des geplanten Bistums für seine Erzdiözese erwachsenden Nachteile auseinanderzusetzen. Da es nun auch seine Pflicht als Metropolit sei, die Unversehrtheit der

---

weiler), Fontoy (Fentsch), Wolkrange und Florange. Die sonderbare Reihenfolge Berholets wurde zum leichteren Vergleich beibehalten. Was B. mit den Pfarreien Berch und Welskirchen gemeint hat, habe ich nicht ermitteln können. Für den ersteren Ort ist wohl eine Dittographie anzunehmen. *Mackenhoven* (Macquenom erscheint in den Metzer Pfarrlisten als Annexe von Yeutz (Vgl. z. B. *N. Dorvaux*, Les anciens Pouillés du Diocèse de Metz, Nancy 1902/07, 162, 516 und 710). Hat Bertholet eine Aufzählungsliste der im Herzogtum gelieferten Subsidien benutzt? In der von J. Vannérus Bd. 49 der Veröffentlichungen der Luxemburger archäologischen Gesellschaft 1899—1901 herausgegebenen Liste von 1575 wird Mackenhoven auch als selbständige Kirche vermerkt. Allein es ist keine Taxe dafür angegeben, so daß die Ortschaft von selbst aus der Liste der Pfarreien gestrichen wird (S. 235). — Mit *Sinningen* ist im Archipresbyterat Thionville nichts anzufangen. Ein Simmingen lag an der Grenze, gehörte aber zum Dekanate Remich Erzdiözese Trier (*W. Fabricius*, Taxa generalis subsidiorum cleri Trevirensis, im Trier. Archiv VIII (Trier 1905) 25; *Heydinger*, Archidiaconatus tituli s Agathes in Longuione . . . descriptio, Augustae Trevirorum 1884, 26 und *J. Vannérus* 49, 256) — *Guentrange* (Guentringen) steht bei B. als selbständige Pfarrei des Archipresbyterats Rombas: es war jedoch eine Annexe von Diedenhofen (*N. Dorvaux*, 511, 701.)

Die von B. dem Archipresbyterate Rombas zugewiesenen Pfarreien gehörten teils diesem Sprengel teils dem von Kedingen zu. Zu *Rombas* gehörten: Mondelange, Richemont (Riechersperch), Boussange (Bolsingen), Fameck (Villmacher), Logne (Lensen), Rurange (Rörchingen) Talange (Tettlingen) und Marange (Mairingen). *Kedingen* unterstanden: Elsange (dahin ist jedenfalls Elfingen zu identifizieren), Kœnigsmaker, Inglange (Englingen), Metzervisse, Wolstroff (Wolffsdorf), Luttange (Luchtingen), Metzeresch und Bettlainville (Betzdorf). Die noch aufgeführte Pfarrei Hackenberg war nicht metzisch, sondern lag im trierischen Dekanate Perl (*W. Fabricius*, Taxa generalis, 27; Derselbe, Erläuterungen zum geschichtl. Atlas derRheinprovinz, V (Bonn 1913) 103 f.) Der Status eccles. superioris archiepiscopatus Trevirensis saeculi XVI., Msc. 98 der Kurtrier. Religions- und Kirchensachen im Staatsarchiv Coblenz, setzt zur Kirche vom H. folgende Bemerkung: „Die Kirch lutzemb., loth das dorf" S. auch N. Dorvaux 685 u. Vannérus 256, wo fürs Jahr 1531 der Hackenberg unter Doyenné de Lorraine mit den übrigen Pfarreien des Dekanates Kedingen steht. — Als Gesamtpublikation ist in dieser Frage heranzuziehen: *Longnon-Carriere*, Pouillés de la Province de Trèves, Paris 1915.

[15]) *Meurisse*, Hist. des Evesques de l'Eglise de Metz, Metz 1634, 633.

Metzer Diözese zu schützen, sehe er sich genötigt, dem Kapitel diese Mitteilungen zu machen, damit er im Verein mit dem Bischofe die Interessen des Sprengels vertreten könne.

Was das Domkapitel hierauf beschloss und ausführte, entzieht sich unserer Kenntnis. Hat es dem Erzbischof geantwortet? Hat es in Rom protestiert? Wir wissen es nicht. Der Kurfürst betrieb jedenfalls die Angelegenheit so, dass man in Rom in seinem Sinne entschied. Das Bistum Luxemburg blieb einstweilen ein schönes Projekt.

Belegurkunde.

Jacobus Dei gratia archiepiscopus Treverensis ac Princeps Elector

Venerabiles, syncere nobis dilecti. Cum superiori tempore ad aures nostras pervenisset apud sanctissimum dominum nostrum nomine Hispaniarum Regis catholici pro erectione novi Episcopatus in ducatu Lucemburgensi sollicitari: non solum archiepiscopalis officii nostri cura nos admonuit indemnitati Dioeceseos nostrae maturo consilio prospiciendum esse, verum etiam communis Ecclesiae pax atque tranquillitas nos adhortata sunt, ne aliquid, quod tranquillitatem ipsius impedire aut alioqui exemplo grave esse potest, in eam introduci pateremur. Literas itaque ad Sanctissimum dedimus, quibus Sanctitatem Suam, ne inauditis nobis in causa tanti praeiudicii aliquid statuat, humiliter rogavimus. Ad quas etiam Sanctitas Sua nobis respondit veram quidem praefatam Regis Catholici sollicitationem esse, sed in hoc negotio indicta causa nostra Sanctitatem Suam nihil statuturam, propterea que monere, si quid opponere haberemus, id ut in Sanctitatis Suae curia quantocius fieret operam daremus. Quibus de causis inducti, constituimus legatum nostrum propediem Romam mittere, qui Sanctissimo gravamina exinde in nostram Dioecesim redundatura humiliter exponat. Quare cum ad pastoralis officii nostri sollicitudinem pertinere arbitrati simus vestrae quoque Dioeceseos, quantum in nobis est, tueri incolumitatem, cumque ad nos fama perlatum sit, Reverendissimum Illustrissimum Principem et Dominum Cardinalem Lotharingiae, dominum et amicum nostrum, Episcopatum suum alii resignasse atque idcirco, quis modo vestrum Episcopum agat, incerti simus, intermittere noluimus, quin vos huius nostri consilii certiores redderemus vobisque (si vestra, cuius tamen incerti sumus, interesse putaveritis) hac de re cum Episcopo vestro latius conferendi deliberandique occasionem praeberemus. Quae vos pro pastorali nostra sollicitudine latere noluimus, quibus ad gratiam et benignitatem propensi manemus. Datum ex arce nostra Erenbreitstein die XII. februarii Anno LXXI, more Treverensi.

Jacobus Archiepiscopus Treverensis
Princeps Elector.

Venerabilibus ac syncere nobis dilectis Decano et Capitulo Ecclesiae cathedralis Metensis. [16])

J. B. KEISER.

St. Wendelinus 20. Oktober.

Leben, Verehrung und bildliche Darstellung.

Der hl. Wendelinus wurde um das Jahr 554 aus königlichem Geschlecht in Schottland oder Irland geboren. Im 20. Lebensjahr entschloß er sich, die Königskrone mit einem Leben strengster Selbstverleugnung zu vertauschen. Heimlich verließ er den Hof und das Königreich, um dem Ruf Gottes zu folgen, machte eine Wallfahrt nach verschiedenen Orten, die durch ihre Heiligtümer berühmt waren und gelangte auch nach Rom. Auf seiner Rückkehr kam er in eine waldige Gegend in dem sogenannten Westrich, dem Flußgebiet der Saar, wo die nördlichen Ausläufer der Vogesen an die Höhen des Hunsrückens grenzen. Dort errichtete er eine Hütte und lebte als Einsiedler, wurde Hirte und hütete zuerst die Schweine, dann die Kühe und später die Schafe eines Edelmannes, worauf er in seine Einöde zurückkehrte, um in der trauten Waldeinsamkeit sein früheres Büßerleben wieder fortzusetzen in einer Zelle, etwa zwei Stunden vom Benediktinerkloster Tholey entfernt.

Nach der Meinung einiger Schriftsteller soll der hl. Wendelinus später zum Abt des Klosters Tholey erwählt worden sein. Andere behaupten daß der Heilige zwar stets in freundschaftlicher Verbindung mit den Mönchen gestanden, aber bis zum Tode in seiner Zelle gewohnt habe.

Jedenfalls fand er in dieser Zelle sein Grab, sei es, daß man seinen Leichnam von Tholey dorthin übertrug, oder daß er in seiner Zelle starb und sogleich in ihr begraben wurde. Sein Tod fällt nach dem Geschichtsschreiber Brower in das Jahr 637, nach Anderen in das Jahr 617. Der Sterbetag (Festtag) des hl Wendelinus fällt auf den 20. Oktober. Irrtümlicher Weise wird er von einigen auf den 22. und von andern auf den 21. Oktober gesetzt.

Auch in der Stadt St. Wendel ist die kirchliche Feier des Heiligen am 20. Oktober; am 22. Oktober wird jedoch daselbst der berühmte Wendelinus-Markt gehalten.

Die Verehrung des hl. Wendelin hat eine außerordentlich weite Verbreitung gefunden. Der hl. Wendelin ist nicht nur einer der volkstümlichsten Heiligen Deutschlands, sondern seine Verehrung erstreckt sich weit über dessen Grenzen. In vielen Kirchen und Kapellen wird er verehrt und als Patron angerufen.

Zur Zeit einer großen und gefährlichen Viehseuche nahmen die Bewohner der umliegenden Ortschaften ihre Zuflucht zum hl. Einsiedler, und durch inständiges Bitten veranlaßten sie ihn, daß er mit ihnen

[16]) Arch. dép. de la Moselle G. 467, 22.

nach ihren Dörfern ging, ihre Kranken heilte und über das kranke Vieh betete und es gesund machte.

Das **Grab** des hl. Wendelin ward bald durch zahlreiche Wunder verherrlicht, und von nah und fern eilten Pilger zu der Gnadenstätte. An Stelle der armen Hütte erhob sich bald eine **Kapelle**, welche der hl. Maria Magdelena geweiht wurde, und in ihrer Mitte befand sich das Grab des Heiligen, durch eisernes Gitter geschützt

Bald siedelten sich zahlreiche Bewohner um die Kapelle an, und es entstand ein kleiner Ort, der den Namen St. **Wendel** und später auch eine eigene Pfarrkirche neben der St. Magdalena-Kapelle erhielt. Zu besonderer Blüte gelangte der Ort unter der Herrschaft der Trierischen Kurfürsten. Der kraftvolle Erzbischof Balduin von Trier (1307—1354) kaufte nämlich 1326 den Flecken St. Wendel nebst den umliegenden Ortschaften an und wandte diesem neuen Gebiet seiner Diözese seine besondere Huld zu. Er ließ den Ort mit Mauern und Gräben umgeben und mit städtischen Rechten und Ehren ausstatten. Jetzt ist St. Wendel eine Kreisstadt von 4000 Einwohnern.

Der Bau der heutigen herrlichen **Pfarrkirche** an Stelle der älteren kleineren begann wahrscheinlich auch schon unter Balduin

Im Jahr 1360 wurde das frühgotische Chor vollendet und am Pfingstfest desselben Jahres eingeweiht. Das Langhaus und die Seitenschiffe der Hallenkirche wurden erst im Anfang des folgenden Jahrhunderts fertig. Dieselbe ist in gotischem Stil erbaut und eine der schönsten und größten des Bistums Trier. Sie ist 52 Meter lang und 14 Meter breit. 1[illegible] schlanke Rundsäulen tragen im Innern das kunstreiche Gewölbe der drei Schiffe, welches sich 19 Meter über den Boden erhebt.

Die alte Magdalenen-Kapelle blieb neben der Pfarrkirche noch lange im Gebrauch, bis sie in der französischen Revolution zu einem Getreidemagazin umgewandelt wurde. Jetzt wird das mehrfach umgeänderte Gebäude als Schulhaus benutzt.

Eine bleibende Erinnerung an den Heiligen ist der **St. Wendelsbrunnen** in einem engen Wiesentälchen, etwa 20 Minuten von der Stadt entfernt. Die Quelle, die auf das Gebet des Heiligen aus dem dürren Boden hervorkam, ist in Stein gefaßt und wurde ehedem alljährlich in der Kreuzwoche von einem Priester gesegnet. Neben ihr befindet sich eine kleine, 1755 erbaute Kapelle, die sogenannte **St. Wendels-Kapelle**.

Die Reliquien des hl. Wendelin erhob man 1360 bei der Einweihung der neuen Pfarrkirche aus der kleinen Magdalenen-Kapelle und übertrug sie in die neue Kirche, wo sie in einen **Holzschrein** gelegt und hinter dem Hochaltar in solcher Höhe aufgestellt wurden, daß die Pilger nach alter Sitte darunter durchgehen konnten.

Der ursprüngliche Steinsarkophag aus der Magdalenen-Kapelle ist noch heute erhalten. Er stammt aus dem 13. Jahrhundert. Auf demselben sind ausgehauen die zwölf Apostel, der hl. Wendelin, sowie ein knieender Pilger, der ihm eine Kerze darbringt. Auf der einen Schmalseite ist die hl. Dreifaltigkeit und auf der andern das Bild der seligsten Jungfrau, der hl. Katharina und der hl. Magdalena dargestellt. Auch eine alte lateinische Inschrift in 6 Verszeilen ist daran angebracht. Dieser alte Sarkophag bildet jetzt den Unterteil des Hochaltars in der Pfarrkirche.

Der Erzbischof und Kurfürst Jakob II von Trier, 1503–1511, ist der Stifter des zweiten Holzschreines, der in einen gotischen Steinsarkophag eingeschlossen ist, in welchem die Reliquien des hl. Wendelin bis 1896 ruhten.

Dieser mit den Bildern der 12 Apostel geschmückte Sarkophag stand auf Säulen hinter dem Hochaltar der Kirche, sodaß er den Blicken der Pilger von allen Seiten her sichtbar war.

Im Jahr 15 6 wurden die Gebeine des Heiligen in diesen zweiten steinernen Sarkophag geschlossen, der seitdem öfters geöffnet wurde. So in den Jahren 1520, 1699, 1739, 1762, und zuletzt 1896, von Bischof Korum von Trier, in Anwesenheit der Geistlichkeit von St Wendel, des Dechanten Bourgeois, der Kapläne Dr. Notton und Irsch und des hinzugezogenen Arztes Dr. Neu.

Bei dieser Gelegenheit wurden die Gebeine des hl. Wendelinus vom 15. bis zum 29. Oktober 1895 den Gläubigen zur Verehrung ausgestellt in einen kunstvollem neuen Schreine im Chor der Kirche, das vom Maler Schuhmacher aus Aachen neu dekoriert worden war. Der Hauptaltar, der nach den Plänen von Kanonikus Dr. Bock aus Aachen stilvoll hergestellt ist, bildet ein Kunstwerk ersten Ranges

Auch die nahebei im lauschigen Talgrund gelegene Wendelinus-Kapelle erglänzt seit 1896 in neuer Ausstattung die ebenfalls der genannte Maler geschaffen hat.

Auf dem St. Wendelinushofe, etwa 5 Minuten nach Osten hin von der St. Wendelinusbrunnen-Kapelle, befindet sich seit Ende 1898 das Missionshaus St. Wendel der Steyler Missionsgesellschaft der Väter des Göttlichen Wortes.

In der Diözese Trier, die den Leib des Heiligen zu St. Wendel besitzt, ist der Heilige Kirchenpatron zu St. Wendel, Britten, Groß Rosseln, Hirschfeld, Kirmutscheid, Gommelshofen, Neroth, Rapperath und im Bürgerspital zu Wittlich.

In der Erzdiözese Köln ist der hl. Wendelin Kirchenpatron zu Berrenrath, Hastenrath, Rohr, Sourbrodt und Wallerode.

Außerdem gibt es Wendelini-Kapellen zu:

Alpenbach, Dek. Eitorf; Bettendorf bei Gelsenkirchen;

Eiserfey, Dek. Steinfeld; Im Felde, Dek. Uckerath;

Scheuren, Dek. Münstereifel; Sechtem, Dek. Brühl und Wolfshoven bei Jülich.

Nebenpatron ist er in Müngersdorf bei Köln, wo man während der Oktav seines Festes zahlreich zusammenströmt; ferner in Brand bei Aachen, und in Neukirchen bei Grevenbroich, wo man an seinem Festtag zahlreich die hl. Sakramente empfängt und vor der Statue des hl. Wendelin eifrige Gebete zum Himmel emporsendet.

In der Diözese Münster befindet sich das Bild des hl. Wendelin in manchen Kirchen.

In dem zur Diözese Paderborn gehörigen Eichsfeld ist die Verehrung des Heiligen keineswegs erloschen; er genießt vielmehr dort großes Ansehen als Beschützer der Herden, und in vielen Familien wird täglich ein Vater Unser zu Ehren des hl. Wendelin gebetet, damit auf seine Fürbitte das Vieh gesund bleibe.

In der Diözese Limburg wird der hl. Wendelin als Patron verehrt zu Dombach. Außerdem gibt es Wendelini-Kapellen zu Camberg, Lindenholzhausen und Hübingen (Pfarrei Kirchenähr).

In der Diözese Fulda steht der hl. Wendelin in großen Ehren, besonders in den Landpfarreien. Als Patron verehren ihn die Filialkirchen zu Höchst bei Gelnhausen, Neuses im Freigericht, und Thaiden in der Rhön. Eine große Wallfahrt findet am Festtag des Heiligen in Rhabanusdorf bei Maßdorf statt

In der Diözese Mainz ist die Verehrung des Heiligen sehr verbreitet und uralt. Derselbe ist Kirchenpatron zu Zellhausen Am Festtag (20. Oktober) kommen dahin viele Pilger Die Filialgemeinden Dietesheim (Pfarrei Mühlheim) und Hainstadt (Pfarrei Klein-Krotzenburg) haben Wendelini-Kirchen. Wendelini Kapellen stehen in Dieburg, Seligenstadt und Offstein bei Worms. Außerdem hatten die Bewohner von Budenheim in der Nähe von Mainz infolge eines Gelübdes bei einer Viehseuche 1814 eine Wendelinus-Kapelle etwa 1 [illegible]. Als aber diese zu eng und baufällig wurde, errichteten sie 1866 eine neue Wendelinus-Kapelle. Jedes Jahr zieht am St. Wendelstag im Oktober nachmittags eine Prozession mit dem Allerheiligsten zur Kapelle, wo eine Andacht mit Predigt gehalten wird. Am Montag in der Bittwoche ist hier ebenfalls Prozession und heilige Messe.

Noch ist Butzbach in der Wetterau südlich von Gießen, besonders zu erwähnen. Denn hier soll Wendelinus einst, die Lahn heraufkommend, gepredigt haben; im Jahre 1208 wurde dort zu seiner Ehre eine Kapelle erbaut. Jetzt ist die Gegend protestantisch, aber die Verehrung des Heiligen hat sich bis in die neueste Zeit erhalten.

In der Diözese Speyer ist der hl. Wendelin Kirchenpatron zu Bliesdalheim, Bundenthal, Hatzenbühl, Imsbacherhof, Reifenberg, Schneckenhausen und Waldhambach.

In der Erzdiözese München-Freising und im Bistum Passau gibt es keine dem hl. Wendelin geweihte Kirchen; doch verehrt ihn das Landvolk überall als Beschützer.

In der Erzdiözese Bamberg wird das Fest des heiligen Wendelin als das eines Diözesanheiligen in den kirchlichen Tagzeiten gefeiert.

In der Diözese Eichstätt haben viele Kirchen einen Wendelinus-Altar; unter ihnen ragt Ammerfeld durch bedeutende Wallfahrt hervor.

In der Diözese Würzburg gibt es Wendelini-Pfarrkichen zu Bischwind, Egershausen, Feuerthal, Rüdenschwinden, Sternberg, Strüth und Unterpreppach.

In der Diözese Augsburg ist der hl. Wendelin Hauptpatron zu Scheffau und in der Filialkirche zu Sibratshofen. Außerdem gibt es

Wendelini-Kapellen zu Aichthal, Börlas, Eglofs, Forsthof, Feldkirchen, Goldbach, Grafertshofen, Hagenried, Rettingen, Schleebuch, Siglohe, Traunried, Wagneritz, und Wengen.

In Ober-Germaringen ist eine berühmte Wendelini-Wallfahrt. In der dortigen Wendelini-Kirche wird eine Reliquie des Heiligen als Heiligtum verehrt. Noch jetzt kommen im Laufe des Sommers 22 Gemeinden in Prozessionen, um derselben ihre Verehrung zu zollen und am Hauptwallfahrtsfeste, Dienstags nach dem 3. Sonntag im Oktober, ist die Zahl der Pilger eine überaus große.

In der Diözese Regensburg ist der hl. Wendelin Kirchenpatron zu Lengenfeld bei Amberg, und zu Oberlauterbach (Wallfahrtskirche).

Das Wendelinusfest feiern Burkhardsried, Dechbetten (Wallfahrtskirche), Donaustauf, Hadersbach, Hollersried, Martinsbuch, Mettenbach, Niederhart-Zeitldorn, St. Leonhard bei Penting (Wallfahrtskirche). Prum, Sarching, Schwabelweis, Schwarzenberg und Söllitz (Wallfahrtskirche).

In der Erzdiözese Freiburg gibt es in dem badischen Teil Wendelini-Pfarrkirchen zu Altglashütten, Jach, Neudorf, Reichenbach, Sinzheim und Weissenbach. Wendelini-Kapellen gibt es in den Pfarreien Ballenberg, Beutrn, Erlach-Stadelhofen, Matsch, Neuhausen, Nußbach (Wallfahrtsort), Schwarzach und Weiher, sowie in sehr vielen Filialen.

Der Hohenzollerische Teil der Erzdiözese hat Wendelini Pfarrkirchen zu Großelfingen und Rangendingen; außerdem Wendelini-Kapellen in der Pfarrei Heiligenzimmern, und in den Filialen Bechtoldsweiler, Bisingen, Hochberg und Kalkreuthe.

In der Diözese Rottenburg gibt es Wendelini-Pfarrkirchen zu Bösingen, Bühl, Demmingen, Horgen, Jagstfeld, Oberdorf und Wehingen.

In der Diözese Metz ist der hl. Wendelin Hauptpatron zu Barst, Burgaltdorf, Dieblingen, Eblingen, Hommert und Hültenhausen

Außerdem gibt es noch viele Wendelini Filialkirchen und Kapellen in dieser Diözese.

In den Kreisen Forbach, Saarburg und Saargemünd ist seine Verehrung am volkstümlichsten.

In der Diözese Straßburg ist der hl. Wendelin Hauptpatron zu Bremmelbach, Eberbach, Eichwald, Erlenbach, Kaltenhausen, Krüt, Rohrweiler, Roßfeld, Uberrach, Urbis, Wanzenau und Werenzhausen.

Ferner gibt es Wendelini-Filialkirchen zu Hindlingen, Harthausen, Heiweiler, Lobsann, Niederbruck, Niederseebach, Roggenhausen, Weinburg und Wildenguth.

Eine besondere Wallfahrt zum Heiligen findet statt in Niederburnhaupt.

In der Diözese Luxemburg ist der hl. Wendelin Hauptpatron in den Pfarrkirchen von Keispelt, Michelau, Olingen und Rodershausen, sowie in den Kapellen von Baschleiden, Buchholz, Pfarrei Munshausen, Oberwormeldingen und Schrondweiler.

In der Schweiz ist der hl. Wendelin Kirchenpatron zu Bürgeln, Kanton Uri, Rüte-Dürten, Kanton Zürich, Studen, Kanton Schwyz,

Unterschönenbuch, Kanton Schwyz, und ganz besonders zu Greppen Kanton Schwyz.

An letzteren Ort wallfahren am Festtag des Heiligen, den 20. Okt., Bauern von nah und fern in langen Prozessionen, beichten und kommunizieren dortselbst und wohnen den Messen bei, die vom Morgen an bis zum Mittag gehalten werden und besonders dem feierlichen Hochamt mit Festpredigt zu Ehren des hl. Wendelinus, des Patrons der Pfarrei und Schutzheiligen der Haustiere.

Voralberg steht nicht zurück in der Verehrung des heiligen Wendelin. In vielen Familien des Bregenzerwaldes und des Rheintales wird täglich ein Vater Unser zu Ehren des hl. Martin und des hl. Wendelin gebetet, damit durch ihre Fürsprache das Vieh gesund bleibe. Kirchenpatron ist unser Heiliger zu Fluh bei Bregenz

Wendelini-Kapellen gibt es zu Buchenbrunnen bei Rankweil, Frastanz, Riefersberg und Schnepfau.

In Tirol genießt der hl. Wendelin ebenfalls große Verehrung, besonders im Ober-Innthal und im Pusterthal

Eine Wendelini-Kirche befindet sich in Grähn, Dekanat Breitenwang. In sehr vielen Kapellen auf Bergeshöhen oder neben Bauernhöfen befindet sich ein Wendelinus-Bild.

Sogar in Amerika steht der hl. Wendelin hoch in Ehren. Namentlich die Einwanderer aus der Trierer und Luxemburger Gegend und aus Bayern sind seine Verehrer. In manchen Kirchen befinden sich Statuen vom Heiligen. Auch gibt es 13 Städte, die vom hl. Wendelin ihren Namen haben

Für die bildliche Darstellung des hl. Wendelin sind wohl maßgebend diejenigen in der Pfarrkirche zu St Wendel und in der Wendelsbrunnen-Kapelle daselbst.

In der Pfarrkirche erhebt sich der neue, reich geschnitzte Hochaltar, hinter welchem sich heute der Sarkophag, die Ruhestätte der Reliquien des Heiligen befindet.

In reichem Schnitzwerk stellt der Hochaltar den Heiligen dar:

1. als Hirten, umgeben von seiner Herde;

2. als Einsiedler betend vor dem Kruzifixe;

3. als Mönch, wie er eben vom Bischof zum Abt von Tholey konsekriert wird;

4. in seiner beginnenden Verherrlichung, wie sich Kranke und Bedrängte um seine sterblichen Überreste drängen, im Vertrauen in ihm einen himmlischen Fürsprecher zu finden.

In der Wendelsbrunnen-Kapelle trägt ein einfacher, hölzerner Altar im Zopfstil das Bild des Hirten. In seiner linken Hand hält er den Hirtenstab, die rechte ist an die Brust gelegt, während wir zu seinen Füßen einen Ochsen und ein Schaf und unter dem linken Fuße die verschmähte Königskrone erblicken.

Unter dem Altartisch befindet sich ein Gemälde, auf dem man den hl. Wendelin, zum Himmel schauend, von Schafen umgeben, die Hände auf den Hirtenstab gelegt, und die verschmähte Königskrone mit dem

Zepter zu seinen Füßen erblickt. Im Hintergrunde sieht man Berge und Täler.

Der berühmte Maler Führich hat einen Bilderzyklus: „Der hl. Wendelinus" herausgegeben bei der Gesellschaft für vervielfältigende Kunst in Wien, der verschiedene herrliche Darstellungen aus dem Leben des Heiligen bietet. Alex. Kernig.

Pérégrinations aux Pays bibliques.

(Suite.)

Nous voilà arrêtés au milieu de la rade. Une vingtaine de canots, se gênant les uns les autres, prennent l'escalier d'assaut. Nous laissons s'apaiser le flot envahissant des canotiers, et nous confions nos bagages et nos personnes à un représentant de l'hôtel Victoria. A la douane il faut exhiber avant toute autre chose son passeport. Le nôtre se trouvait dans nos musettes, et celles-ci étaient introuvables pour le moment. Notre hôtelier n'était pas embarrassé pour si peu. Un bacchiche à l'officier et au soldat de garde nous ouvrait l'entrée de l'empire turc. Peu après nous étions installés au balcon de l'hôtel Victoria, juste en face de la mer. Au diner on nous servit une bouteille de vin rose délicieux. Vers les 10 heures une voiture nous conduit à travers les rues sales et mal éclairées jusqu'à la gare, simple baraque en planches. On s'installe dans un compartiment, où déjà un Syrien s'est allongé. Comme le paysage était voilé par les ombres de la nuit, nous essayons de dormir.

18 juillet. — Pendant une heure et demie, le train marche assez raisonnablement; puis, la montée devenant plus raide, on semble patiner sur place. Notre Syrien nous apprend qu'une trentaine de kilomètres sont à crémaillère, et qu'il faudra plus de trois heures pour faire ce trajet. Vers les 2 ou 3 heures du matin, la lune se lève et illumine tous les contours du Liban. La fraicheur se fait sentir de plus en plus. A droite se dresse le djébel Sannin (2608 m.) Plus près des vallées et terrasses bien cultivées et de nombreux vignobles. De gros villages entourés de coquettes villas, s'étalent partout; des vieux cèdres du Liban il ne reste plus trace. Peu à peu toute culture végète et on ne voit plus que des roches nues. Une fois qu'on a dépassé le point culminant de la voie ferrée (1487 m.), le train dévale vers Rayak, où nous prenons le train de Baalbek. On remonte la plaine de Célésyrie, ayant à notre gauche le Liban, à notre droite l'Antiliban. Au bout d'une petite heure on aperçoit un reste de colonnade, et bientôt on arrive en gare de Baalbek. Nous y trouvons le Père X, ancien missionnaire du Kumbakonam qui s'offre à nous faire voir la fameuse acropole termi-

née par les Romains sous Caracalla († 217). Chemin faisant nous admirons un bloc de près de 22 mètres de long non détaché de sa carrière. Nous confions nos musettes au Grand-new-Hotel et nous nous rendons aux ruines.

Un escalier monumental de 7 à 8 mètres de haut et restauré en partie, conduisait aux propylées (60 m. sur 12). Douze énormes colonnes corinthiennes en granit rose d'Egypte avec chapiteaux en bronze doré en formaient la façade. Suit une avant-cour hexagonale, bordée d'une double colonnade, le tout de 60 mètres de diamètre. Puis la cour de l'autel de 131 mètres sur 113, entourée d'un double péristyle et d'une série de salles. Au milieu de cette cour se trouvait l'autel des sacrifices, bloc énorme en maçonnerie de près de 10 m de côté Une partie de cette cour fut plus tard aménagée en basilique chrétienne par Théodose († 395) De là un escalier mène au grand temple de Jupiter, vraie forêt de colonnes de 23 m. de haut. A l'ouest de ce sanctuaire s'élève le temple de Bacchus (67 mètres sur 35), orné à profusion de sculptures les plus somptueuses. Tout cet immense monument, chef-d'œuvre tant pour l'ensemble que pour le détail, est un des plus beaux, monuments du monde d'après Elisée Reclus Il vous fait concevoir une bien haute idée de la puissance romaine.

Après déjeûner nous nous rendons à la gare, et nous y faisons la connaissance du Consul de France de Damas. Arrivés à Rayak, il nous faut attendre près de deux heures le train de Damas. Depuis la gare on aperçoit presqu'au pied du Liban, le village de El Kérak Nouah, chateau de Noé, où les Musulmans placent le tombeau de Noé. On y montre son sarcophage, long de plus de 30 mètres.

A une heure passé on s'installe dans le train. Longtemps encore le Djebel Sannin reste visible. Le train s'engage entre les deux chaines parallèles de l'Antiliban rougeatres et dénudées. Plus loin vers le sud se dresse le grand Hermon. Un mince filet d'eau, bordé d'une étroite nappe de verdure, contraste agréablement avec les sommets arides et désolés. A Zebdani la vallée s'élargit. Le Barada, l'ancien Abana que vantait déjà Naaman le Syrien, prend sa source au pied du Djebel Zebdani (l'Amana du Cantique), qu'on voit à droite et se dirige de là droit sur Damas, répandant tout autour de lui la fertilité et la richesse. Là où ses eaux n'arrivent pas, c'est le désert. Les Arabes vous montrent par ici l'endroit où s'arrêta l'arche de Noé. Nous achetons un petit panier d'abricots délicieux. Après une dizaine de kilomètres la vallée se transforme en gorge étroite et le Barade devient un torrent impétueux. Les rochers escarpés et déchiquetés donnent un air sauvage à ces tristes parages. Notre train s'engouffre dans un tunnel, puis s'arrête devant un village des plus pittoresques: Souk Ouadi Barada. C'est ici que du temps de Notre-Seigneur s'élevait Abila, capitale de la tétrarchie d'Abilène, gouvernée par Lysanias. Peu à peu le paysage s'élargit et s'embellit, et à partir de Doummar on aperçoit les nombreux minarets et coupoles de Damas. On traverse un faubourg tout noyé dans la verdure et à 1 heures et demie on est à Damas.

Quelle Babel que cette gare encombrée! Un frère Jésuite nous installe dans un fiacre et mande au cocher de nous emmener au couvent des Pères Franciscains. La voiture part à fond de train, longe quelques terrains vagues, puis quelques lourdes bâtisses et s'engage dans une large rue toute recouverte en zinc. On est horriblement cahoté, étourdi par les cris de notre cocher et les clameurs des passants qui se garent. Suit un dédale de rues étroites et très animées, couvertes en planches ou en nattes et bordées de misérables taudis. Enfin le cocher s'arrête et nous indique d'un coin de rue une grande porte cochère. Un jeune homme nous mène de là au couvent des P. P. Franciscains, et nous introduit dans une jolie cour plantée d'orangers et ayant une vasque d'eau au milieu. Comme le Révérend Père Custode vient d'y arriver, on nous renvoie assez poliment aux Pères Lazaristes. Le Père Procureur nous reçoit bien cordialement, et d'accord avec le Père Supérieur, nous invite à rester pour la fête de Saint Vincent-de-Paul. Nous faisons vite connaissance avec le cher Père Vial qui nous montre le collège, aménagé bien ingénieusement.

Du haut de la terrasse on se laisse absorber par la contemplation de la ville, une des plus vieilles du monde. Elle est citée dans la bible dès le temps d'Abraham. Comment 300.000 âmes peuvent-elles tenir dans un espace aussi restreint? Deux faubourgs s'en détachent, l'un au nord-ouest, l'autre au sud. La ville toute entourée de verdure est traversée de l'ouest à l'est par l'ancienne „Via recta" des Romains.

L'histoire de Damas est mainte fois mêlée à celle du peuple juif. Les Assyriens en déportèrent les habitants en 732 avant Jésus-Christ. Alexandre le Grand s'en empara (333 av. J.-Chr.), puis la ville tomba au pouvoir des Romains (64 av. J. Chr.). Du temps de Notre Seigneur il y avait environ 50.000 Juifs qui jouissaient des plus grands privilèges. Le christianisme y pénétra dès la première heure. On sait comment vers 38 après J.-Chr. Saul le Pharisien se convertit sur le „chemin de Damas," assez près de la ville. Il logea dans la maison de Jude dans la Via Recta, et y fut baptisé par le disciple Ananie. Poursuivi par les Juifs, il se retire en Arabie. Trois ans après sa conversion eut lieu son évasion aventureuse (Act. IX et II Cor. XI). Le christianisme fut assez florissant jusqu'à l'époque où le Kalife Omar la conquit à l'islamisme en 635. Les croisés ne réussirent pas à la reprendre. Lors des massacres de chrétiens en 1860, environ 6000 chrétiens périrent, et 15000 autres perdirent tout leur avoir. Abd-el-Kader, alors fixé à Damas, arbora le drapeau français et se fit avec ses 600 Algériens le protecteur héroïque des chrétiens, en attendant l'arrivée du corps expéditionnaire que la France envoya.

Depuis le dîner jusqu'après la prière du soir on est avec toute la communauté des P P. Lazaristes. Leur hospitalité patriarcale nous laissera toujours le plus doux souvenir.

19 juillet. — Où aurions-nous pu mieux passer la fête de saint Vincent-de-Paul que parmi ses enfants ? A 8 heures grand'messe chantée par le Père Visiteur. L'évêque grec catholique, un archimandrite et le vice-consul français viennent y assister. Les élèves de l'école libre des Sœurs de charité, différentes communautés et une foule de simples fidèles remplissent l'église. Après la grand'messe nous visitons l'église maronite et tout près de là la maison de saint Ananie. C'est une chapelle souterraine, ornée de quelques peintures grecques et sans cachet: pourtant le souvenir de la conversion du grand saint Paul s'y présente spontanément.

En sortant par la porte orientale, le propriétaire d'une fabrique de meubles et d'objets d'art (M. Nassan, un grec catholique) nous invite à visiter ses ateliers et sa maison. Il y a de superbes spécimens d'art arabe, tant en bois qu'en cuivre et en bronze. Un des élèves du collège des P. P. Lazaristes nous fait voir la fabrique de réglisse de son père. Tout près de là on voit une ancienne porte murée. La tradition locale y place l'endroit où Saint Paul se fit descendre dans une corbeille pour échapper aux poursuites de l'ethnarque du roi Arétas qui avait fait garder toutes les portes de Damas pour s'emparer de l'intrépide apôtre. En face de cette porte se trouve le cimetière des Grecs orthodoxes avec le tombeau de Saint Georges l'Abyssin, le soldat qui aurait favorisé l'évasion de saint Paul. Nous prenons un affreux chemin poussiéreux entouré de longs murs en terre battue tout parsemé de débris d'ossements humains, et nous arrivons au lieu de la conversion de saint Paul. A côté de là se trouvent plusieurs caveaux où furent jetés les corps des massacrés de 1860. Nous sommes au quartier des morts et chaque confession y a son cimetière. Celui de Bab el Saghir (mahométan) renferme entre autres tombes célèbres celles de deux femmes de Mahomet et de sa fille Fatima. De retour à la porte orientale, le Père Vial nous montre vers le nord la maison de Naaman, actuellement léproserie municipale. Dans la même direction, à quelques 5 ou 600 mètres de là serait l'emplacement de la maison de saint Jean Damascène.

Nous rentrons dans la ville par la „Via Recta". Tout le quartier voisin de la porte orientale est chrétien, et chaque culte a son église ou sa chapelle. Nous ne voyons que l'église grecque catholique ; car l'heure du déjeûner va sonner.

Après le salut nous allons à la mosquée des Omniades, primitivement la cathédrale de Damas dédiée à saint Jean-Baptiste. Incendiée plusieurs fois (ainsi en 1893), les Musulmans ont toujours tenu à la rebâtir avec luxe. Elle a 131 m. de long sur 38 m. de large avec une coupole de 45 mètres de haut et d'un rayon de 6 mètres. Les dalles et le revêtement des parois sont en marbre et le plafond est tout incrusté d'arabesques dorées. Çà et là on découvre quelques restes de la vieille mosaïque byzantine, entre autre tout un verset de psaume en grec. Les Musulmans vénèrent le chef de saint Jean-Baptiste dans un petit édicule orné avec profusion. Ils conservent aussi la tente et la bannière de Mahomet qu'on porte chaque année en grande pompe à la Mecque. On traverse la cour pour voir le mausolée de Saladin († 1193) le plus redoutable ennemi des croisés et des chrétiens. Au milieu du monument tout garni de vieilles et précieuses fayences, se dresse le sarcophage en marbre qui renferme sa dépouille mortelle. L'empereur d'Allemagne, tout en proclamant qu'il faisait le pèlerinage de Terre-Sainte (1898) pour faire acte officiel de foi, se ménageait louchement l'appoint des Musulmans, en déposant une couronne de lauriers en bronze doré sur les restes du farouche sultan.

Nous allons jusqu'à la place du sérail, et de là le tramway électrique nous conduit jusqu'au bout du faubourg de Saléhiéh. Nous montons jusqu'à mi-flanc de la colline qui se dresse nue et brûlée vers le nord. C'est sur son sommet que les Musulmans placent la création d'Adam et d'Ève, le fratricide de Caïn, le tombeau d'Abel et la grotte des Sept Frères Dormants. D'ici la vue sur Damas est splendide. On voit à l'ouest le grand Hermon, au sud les régions noires et stériles du Hauran, et à l'est le désert de Syrie. On est heureux de rentrer chez nous, et de passer le reste de la soirée en compagnie de nos vénérés hôtes.

20 juillet. — Dès 3 heures et demie on est levé ; car on ne voudrait pas manquer la sainte messe, et à 5 heures et demie il faut être à la gare. Nous y trouvons les pèlerins marocains de la suite de Mouley-Haffid ; mais ceux-ci s'embarquent sur la ligne turque, tandis que nous autres nous prenons la ligne française. Une fois qu'on a quitté la ville de Damas, on traverse des jardins et des champs pendant quelque temps; mais bientôt commence une région rocailleuse

et désséchée. A droite se dresse le grand Hermon, coiffé de sa couronne de neige (2759 m.). C'est de ses flancs que sort le Jourdain A gauche on voit les ruines d'un vieux château fort, appelé le couvent d'Elisée par les Arabes. Plus on s'approche du Djebel Hauran, plus le paysage devient triste et lugubre. Ce plateau de lave sillonné de crevasses et de cavernes est l'ancien pays de Basan, dont le roi Og, un survivant de la race des Raphaïm, fut vaincu par les Israélites sous la conduite de Josué Par-ci par-là quelques ruines d'église, un beffroi ou une tour démantelée attestent un passé plus glorieux. Vers les 11 heures on est à Cheikh Meskin que la tradition tant arabe que chrétienne dit être la patrie de Job. Les indigènes ont en grande vénération le tombeau de Job et de sa femme et la „source de Job". Le pays devient de plus en plus accidenté, et le train ne fait que tourner les gorges profondes du Yarmouk. Près de Zézoun il y a une jolie cascade. C'est par ici qu'eut lieu la bataille du Yarmouk (20 août 636) qui livra toute la Syrie aux Musulmans. Malgré le paysage pittoresque nous avons hâte d'arriver, et le cœur nous bat d'attente et d'allégresse. La chaleur devient étouffante; car nous sommes bien au-dessous du niveau de la Méditerranée (à Sémak — 186 m.). Il est près de 3 heures, lorsque nous arrivons à Sémak au sud du lac de Tibériade, et nous quittons prestement le train.

(A suivre.)

Das Eligiusamt zu Luxemburg.

(von Jos. Sevenig.)

(Fortsetzung.)

2. „Das Haunen essen." — Bei den Bauern und Handwerkern ist es noch heute vielfach Sitte, dass, wenn eine grössere Arbeit zu Ende ist, z. B. die Kartoffelernte, ein Neubau u. ä. der „Hahn" verzehrt wird. Die gedungenen Taglöhner binden einen Strauss und bieten diesen dem Hausherrn an, die Maurer und Zimmerleute befestigen einen mit Bändern geschmückten Blumenstrauss auf dem Dachgebälk und lassen sich sodann vom Hausherrn ein leckeres Mahl mit Wein traktieren.

3. „Die fasznaicht broide". — Eine ehrwürdige Tradition gewährt den Kindern das Recht, an vier Tagen im Jahr, am fetten Donnerstag und an den drei Fastnachtstagen, die Runde in den Häusern zu machen und die Fastnachtsbraten zu erheben. Im Hausgang stehend singen die Kinder das Fastnachtsliedchen, welches sich im Volksmund wesentlich un-

verändert erhalten hat; aber von jeher in den verschiedenen Gegenden einige Abweichungen aufweist. [1]) Die glücklichen Beschenkten tragen ihre Beute, Mehl, Eier, Speck und Bargeld in einigen, meist ärmeren Häusern zusammen, um dort bei fettem Schmaus und lustigem Gesang Fastnacht zu feiern. — In der Stadt Luxemburg beschränkten die Kinder ihren Rundgang auf den Lichtergang, den sie, brennende Lichter tragend, in der Abenddämmerung am Lichtmessfest oder am darauffolgenden Blasiustag in den Nachbarshäusern oder in der eigenen Gasse unternahmen. Sie sangen dabei das bekannte Lied: Le'wer Herrgotts Bléschen u. s. w.

Gestützt auf diese Volkssitte glauben wir, annehmen zu dürfen, dass die Amtsbrüder des hl. Eligius in ähnlicher Weise, vielleicht mit Verzichtleistung auf die Singrunde, die „fasznaicht broide" verzehrt haben.

4. Der „St Joistdag" ward ebenfalls festlich begangen, möglicherweise im Anschluss an einen Gottesdienst, der in der St. Jostkapelle [2]) abgehalten wurde.

5. Endlich „unsers herrn leichnamsdag", zwei Wochen nach Pfingsten.

c. *Die religiösen Versammlungen.*

Der religiöse Geist, der im Mittelalter das öffentliche und private Leben beherrschte, durchdrang auch die Satzungen und sämtliche Veranstaltungen des luxemburger Eligiusamtes.

---

[1]) Vergl. Das Luxemburger Land. Jahrgang 1883—1884. S. 162 ff. Nachstehend die Wiltzer Leseart, die u. W. nirgends im Druck veröffentlicht ist und dadurch Interesse verdient, dass sie wohl am meisten von den in den andern Gegenden üblichen Fasnachtliedchen abweicht.

Hei komme mir gespiongen;
Mir sange wât mir konnen.
Wât mir nik konnen, dât loze mer aus;
Get es d'Fâosichtzbroden eraus.
Engt Èchen oder zwè.
Zwo solt dir giéwen.
Glecklech solt der stiérwen.
De Pètres ass en helliche Mann.
Klammt op, klammt op
Setzt dê Lèder an dê Hâoscht,
Schnèckt en decke Grèf erâof;
Mir èn, dir èn.
Kommt der nik gleich,
Da gi mer op d'Schleich.
Kommt dir nik geweß,
Da krett der eng op d'Schn . . .

[2]) Die st. Jostkapelle befand sich in der Nähe, etwas westlich von dem heutigen Bürgerkasino. — Sie war im Jahr 1348, von Balduin, Erzbischof von Trier erbaut worden, wurde aber bei der Vergrößerung der Festung durch die Franzosen im Jahr 1685 mit Erde überworfen. Bei Schleifung der Festung wurde dieselbe blosgelegt und demoliert. Vergl. Amherd. Maria, Die Trösterin der Betrübten. Seite 207.— Küborn. S. 9.

Schon der Lehrjunge, welcher seine Aufnahme in die Meisterwerkstätte nachsuchte, musste einen besonderen Beitrag an Wachs und an Bargeld zum Unterhalt je einer Lampe im Liebfrauenmünster und in der Sankt Nikolauskapelle zahlen.[1]) Vom nämlichen Geist waren die Gesellen beseelt, welche ihre besondern Satzungen mit der Formel einleiteten: In nahmen Gottesz undt seiner lieben muter Marey usw. amen. Die Meister aber stellten sich und ihr Gewerbe unter den Schutz des hl. Eligius, und eine ihrer vornehmsten Amtssorgen war stets die vollzählige Beteiligung der Mitbrüder am Amtsgottesdienst und die würdige Vertretung des Amtes bei den kirchlichen Veranstaltungen.

Als besondere Amtsfeiertage erwähnt die »Ordnung« vorab die beiden St. »Loyentage« und den st. »Loyen moiderdag.«

Der eine st. Loyentag wurde am 16. Juni, am Gedächtnisfest der Übertragung des hl. Eligius nach Noyon gefeiert;[2]) der andere am 1. Dezember, dem Sterbetag des Heiligen.

An diesen Tagen hatte die Kirche ihr Festgewand angelegt. Am Eingang des Chores stand auf hohem Sockel das Bild des hl. Eligius, die in Glasbrillanten glitzernde Mitra auf dem Haupt, umgeben von einer Anzahl leuchtender Kerzen. Während des Hochamtes umstanden die Meister, in farbige Mäntel gehüllt und eine brennende Fackel in der Rechten haltend ihren Schutzheiligen.[3])

In ähnlicher Weise wurde auch der »Janstag«, ein anderer Amtsfeiertag, begangen.[4])

Bei den grossen kirchlichen Veranstaltungen kannten die Eligiusbrüder ihren Platz. An »unsers herrn liehnamsdag« reihten sie sich in die Sakramentsprozession ein und schritten würdig hinter ihrem Amtsschild einher. Bei der Jubeloktave der Trösterin der Betrübten i. J. 1781 wohnten jeden Tag die Mitglieder einer anderen Bruderschaft, im Chor stehend, dem Hochamt in der Kathedrale bei. Die 16 Altmeister der Schlosser, Küfer, Schneider und Theobaldusbrüder erschienen Dienstags.[5])

---

[1]) Ordnung. Art. 22.

[2]) Vergl. französisches Martyrologium. Ferner François Giry, Vie des Saints. Tome VI. 1. décembre. — Daß auch hierzulande das Eligiusfest früher am 25. Juni gefeiert wurde, steht fest. Unter den Meßstiftungen der Pfarrei Mörsdorf befindet sich folgende: Junius 25 in festo s. Eligii, seu commemoratione ejus anniversarium 1 cantatur de festo et com. Solet haberi concio. S. Hémecht, Jahrgang 1916, S. 343.

[3]) Auch zu Trier wurde der Eligiustag vom dortigen Amt feierlich begangen. In den Satzungen von 1525 (Art. 8) heißt es: „du solt Sanct Elogius feyern auf seynen tag.“ Im trierischen Ritnale von 1574 steht das Fest am 1. Dezember.

[4]) Ordnung. Art. 39.

[5]) Vergl. Amberd. Die Trösterin der Betrübten. S. 300.

Eine weitere Kundgebung ihres gläubigen Sinnes war die äusserst rücksichtsvolle Behandlung ihrer Toten. War ein Mitglied oder dessen Frau gestorben, so machte der Bote die Runde in allen Werkstätten der Hauptstadt und verkündigte die Stunde der Leichenwache. Von altersher bestand hierzulande die Sitte, nach eingetretenem Tode die Leiche baldigst in Trauerkleider zu hüllen, auf ein Schaubett zu legen und mit Kerzen und grünen Pflanzen zu umgeben.[1]) Verwandte und Nachbaren hielten Tag und Nacht Ehrenwache, verrichteten die üblichen Gebete und legten auch, wenn nötig, in der Haushaltung eine helfende Hand an. Zu Luxemburg waren die Eligiusmeister verpflichtet, die Wache bei ihrem verstorbenen Amtsbruder zu halten. Von dieser Pflicht war nur der entbunden, der ausserhalb der Stadt weilte.

Am Tag der Beerdigung war das ganze Amt auf den Füssen. Die vier jüngsten Mitglieder trugen die Leiche bis zum Grabe, zwölf andere schritten zu beiden Seiten mit brennenden Fackeln.[2]) Nach beendigter Leichenfeier versammelten sich die Amtsbrüder mit den übrigen Leidtragenden im Sterbehaus und beschlossen die Totenfeier mit einem freundschaftlichen Mahl, das man mit dem besser klingenden Ausdruck Comedation bezeichnete. Auch am Tag des ersten Jahrgedächtnisses wohnten alle Mitglieder dem Totendienste bei.

VI. Disziplinargewalt des Amtes.

Im Gegensatz zu den neuzeitlichen Vereinsstatuten, weisen die mittelalterlichen Zunftsatzungen zahlreiche Disziplinarmassregeln, Naturalien- und Geldbussen, Amtsverlust u. ä. auf. Auch in der »Ordnung« des Luxemburger Eligiusamtes treffen wir in den meisten Artikeln auf eine Strafe für den Übertreter.

Die Hauptquelle der Amtsdisziplinargewalt war die Festsetzung der »Ordnung« durch die Mitglieder und deren gegenseitiges Einverständnis mit den getroffenen Verfügungen.

---

[1]) München, Geschichte des luxemburger Landes. S. 316.

[2]) Nach Aufhebung der Ämter durch die französische Gesetzgebung im Jahre 1795 fuhren die Vertreter des Schlosser- und Schmiedehandwerks fort, ihre verstorbenen Genossen eigenhändig zu Grabe zu tragen. Sie gründeten zwecks Deckung der Unkosten eine eigene Bruderschaft, die man spottweise die „Totengräberbruderschaft" nannte. Als nun die luxemburger Stadtverwaltung am 17. Aug. 1866, ein Totenwagenreglement dekretierte und verfügte, daß alle erwachsenen Leichen im Totenwagen zum Kirchhof gefahren würden, da fühlten sich die Mitglieder der Bruderschaft tief getroffen. In 3 Eingaben an den Gemeinderat (1867, 1870 und 1873) beklagten sie sich und verlangten, daß die Bestimmung, welche zu Gunsten der Angehörigen von Vereinen zur gegenseitigen Unterstützung, die Abzugstaxe von 5 Fr. festsetzte, auch auf alle Bruderschaftsmitglieder ausgedehnt würde.

Es ist selbstverständlich, dass die Disziplinargewalt des Amtes sich nur auf die Mitglieder erstreckte und zwar soweit dieselben in Konflikt mit der »Ordnung« gerieten. Wurden Vorrechte des Amtes durch Aussenstehende verletzt, so hatte der Richter über das Vergehen und dessen Ahndung zu befinden.

Als Disziplinarmittel kamen in Anwendung: Warnung, Wachs-, Wein- und Geldbussen, Pfändung und Amtsverlust.

Eine Hauptaufgabe des Meisters bestand darin, seinen Lehrjungen in den Geist und die Forderungen des Amtes einzuführen. Er selbst musste die Satzungen wenigstens so genau kennen wie sein Handwerkszeug. Bei jedem Verstoss des Jungen musste der Meister mit einem Satz aus der »Ordnung« dienen. Das war die Warnung [1])

---

[1]) Vergleichshalber lassen wir nachstehend die kurzen Satzungen des Trierer Schmiedeamts vom Jahr 1523 folgen:

Satzungen des Schmiedeamts in Trier

diß hernach geschrieben ist wie sich ein bruder der daß schmidt Ambt empfangen will halten soll bei der straff.

Zum Ersten du solt niemandt frembdes sagen waß du hoe.est auff dem Ambtshauß bey der Straff

2. Du solt kein meißer oder dolch zucken bey der Straff.

3. du solt niemand heischen liegen oder fluchen im Ernst bey der Straff

4. du solt niemand Von dem Amtshauß foidern in Zorn bey der Straff.

5. du solt kommen zum Gebote bey der Uhren bey der Straff 5 Albus

6. du solt nicht barbeinich noch mit dem Schortzfeldt auf das Amtshauß kommen bey der Straff 2 Albus.

7. Du solt niemandt Schuld heischen auf dem Ambtshauß dir nicht da geluven bey der Straff einen Gulden.

8. du solt Sanct Elogius feyern auf seynen tag.

9. du solt zu den fronfasten opfern und nicht hinweggehen sonder Urlaub des Meisters bey der Straff 7 Albus.

Und so ein Begräbniß oder Begengnuß ist bei der Straff Jechliches mahl 3 Albus

10. du solt nicht barbeinich noch mit dem Schortzfeld opfern bey der Straff 4 Albus.

11. du solt keinen frembden Gesellen lenger halten den vierzehn tag er soll den bundt bey dem Ambtsmeister ahngeloben bey der Straff ein Gulden.

12. du solt keinen Lehrjungen ahnnehmen sonder Urlaub des Meisters bey der Straff ein Gulden.

13. Vier der jüngste Brüder sollen einen Thoden zu der Erden tragen. Zween der jüngsten Brüder sollen des Amtskerzen tragen wenn es sich gebürt.

Diese *nachfolgenden Punkten* die man vorlesen wirdt ist ein Jeder Ambtsbruder bey seynem Eyd und Pflicht schuldig treulich nachzukommen und zu halten.

Wachs- und Weinbussen waren in allen mittelalterlichen Zünften des In- und Auslandes vorgesehen. Die Wachsbussen des Eligiusamtes waren folgende: ein halbes Pfund hatte für seine Nachlässigkeit der Bote zu zahlen, welcher es unterliess, beim Gottesdienst die Kerzen anzuzünden, resp. der im Verhinderungsfalle vom Boten damit beauftragte und in der Fehle angetroffene Kerzenmeister.[1])

1 Pfund hatte zu hinterlegen, wer sich ohne hinreichenden Grund der Pflicht des Leichentragens entzog[2]) oder wer ohne Entschuldigung dem Begräbnis eines Mitbruders oder dem Jahrgedächtnis fernblieb[3]) Bedeutend höhere Wachsbussen verfügten die Satzungen von Karl VI. aus dem Jahr 1738. Nachstehend einige Beispiele: 12 Pfund Wachs als Strafe für den, der in der Versammlung einen Mitbruder so schlug, dass Blut vergossen wurde; 6 Pfund Wachs für den Anstifter der ohne Blutverlust verlaufenen Schlägerei; und für den, der einen Amtsbruder Lügen strafte: 4 Pfund für den, der den Meister in der Versammlung beschimpfte; 2 Pfund für den Ausplauderer der Amtsgeheimnisse.[4])

Als Weinbusse wurde die Spendung von einem Sester[5]) oder einer Flasche Wein festgesetzt. Der Sester Wein wurde verfügt gegen das Mitglied, das überführt wurde, einen Amtsbruder lügen gestraft zu haben.[6]) sowie gegen die

---

Zum Ersten du solt dieser Stadt Trier treu und holt sein.

2. du solt dem Amtsmeister gehorsam sein.

3. du solt keinen Bruder hindern ahn Gesellen Mägde oder Haußern

4. du solt niemandt seine Kunden absvannen da du wolltest mäher arbeiten oder beßer dan ein ander daß soltu nicht sagen.

5. du solt kein wachsen oder gedruckte Schlüssel nachmachen.

6. du solt niemandt seine Arbeit strafen und die deine loben.

7. du solt mit keinem frembde gemeinscht halten daß in unser Ambt nicht gehört.

8. du solt niemandt weglangen der argwilligen auf der Straß wenn man von dem Ambtshauß geeht.

9. du solt dem Büdell gehorsam von Ambtswegen sein so man dir gebeuth.

10. Was du schaffest gemeines mit einem Bruder mit Worten oder Werken daß solstu vor uuserm Ambt austragen und nicht anderswo.

11. Es sollen die geschenkt a) Handwerker kein Lihrjung weniger halten denn vier Jahr die Negelschmidt auch die Hoefschmidt drei Jahr.

a) Geschenkte waren die Schlosser, Sporer, Uhrmacher, Windenmacher, Armbruster, Schwertfeger, Panzerschmiede, Kesseler.

[1]) Ordnung Art. 39.

[2]) Ibid. Art. 32. [3]) Hidem. Art. 35.

[4]) Statuten Karls VI. — Art. 10.

[5]) 1 Sester Wein war 4 Maß oder 5 176 Liter; — 1 Vierzel = 4 Sester. (Nach K. Arendt. Notizen S. 68)

[6]) Ordnung. Art. 16.

Nachlässigen, die sich der Pflicht der Leichenwache entzogen.[1]) Mit einer Flasche Wein kam los, wer auf ungeziemende Weise einem andern öffentlich seine Schuld abverlangte, so wie der Unruhestifter, der in der Versammlung nicht schweigen wollte, nachdem der Meister zum Zeichen, dass er selbst reden möchte, auf den Krug geklopft hatte.[2])

In dem Statut Karls VI. sind keine Weinbussen mehr erwähnt.

Die »Ordnung« verhängte folgende Geldbussen:

1 Gulden über das neue Mitglied, das es unterlässt, sich innerhalb des ersten Jahres einen Harnisch anzuschaffen;[3]) über das unkollegialische Mitglied, das für einen säumigen Kunden arbeitet, welcher die Arbeitsrechnung eines Amtsbruders noch nicht beglichen hat;[4]) über den Meister, der einen Gehilfen über acht oder vierzehn Tage in Arbeit hat, ohne dass letzterer den »Bund gelobt« hat;[5]) über die dünnlippigen Mitglieder, welche nach Altweiberart die Geheimnisse und Beschlüsse des Amtes ausgeplaudert haben,[6]) endlich über den alten Amtsmeister, der es unterlassen hat, die Amtsschulden eines Mitgliedes einzutreiben.[7])

1/2 Gulden war die Strafe des Boten, dem es oblag, bei der geselligen Versammlung die Beiträge für Brot und Wein zu erheben und der es versäumt hatte, den Lieferanten zu bezahlen.[8])

8 Beiger hatte zu entrichten das Mitglied, welches ohne Erlaubnis des Meisters einen Lehrjungen eingestellt hatte.[9]) 25 alte Schilling hatte zu zahlen derjenige, der sein Pfand beschnitten hatte.[10]) 2 Groschen, der in irgend einer andern Weise sich eines Pfandfrevels schuldig gemacht hatte.[11])

Eine vierte Eigentumsstrafe war die Pfändung. Sie wurde gegen die säumigen Mitglieder verhängt, die ihre Amtsschulden, d. h. gewöhnlich ihre Beiträge nicht bezahlten. Um den Schuldigen den Vorwand, sie seien vom Boten überrascht worden, zu benehmen, liess der Meister den Mitgliedern vorher den Erhebungstag ankündigen. Wurde nun der Bote oder der ihn vertretende Kerzenmeister nicht bezahlt, so oblag ihm die Pflicht, sofort zu pfänden, d. h. ein dem Betrag der Schuld wenigstens gleichwertiges Möbelstück mit Beschlag zu belegen. Das Pfand musste aber vierzehn Tage lang im Hause des Gepfändeten verbleiben. Kam dieser in der Wartezeit seiner Verpflichtung nicht nach, so wurde das Pfand

---

[1]) Ebenda. Art. 18. — [2]) Ebenda. Art 39.

[3]) Ebenda. Art. 9.

[4]) Ordnung. Art. 19. [5]) Ordnung. Art. 24. [6]) Ordnung. Art. 26 & 27.

[7]) Ordnung. Art. 39. [8]) Ordnung. Art. 20. [9]) Ordnung. Art. 21.

[10]) Ordnung. Art. 33. [11]) Ordnung. Art. 14.

verkauft, und von dem Ertrag die Amtsschuld beglichen. Der Ankäufer wiederum musste vierzehn Tage das Pfand unberührt lassen und durfte erst, falls der frühere Eigentümer in dieser Zeit sein Möbel nicht eingelöst hatte, ungehindert darüber verfügen. So war also dem rückständigen Mitglied eine vierwöchige Frist gewährt, ehe er seines Besitztums endgültig verlustig ging.[1])

Die letzte und folgenschwerste Strafe endlich war der Amtsverlust. Wenn über einen Meister das Urteil gesprochen wurde »der yst vnnd sein ampt,« dann hatte der Gemassregelte seine Handwerkerehre, ja bei dem damals enggeschlossenen Rahmen des ganzen Gewerbes seinen Verdienst in der Stadt verloren. Wollte er nicht in die Niederungen der gemeinen Tagelöhnerzunft herabsteigen, so blieb ihm keine andere Wahl, als sein Bündel zu schnüren und ausser Gesichtsweite von Luxemburg sein Glück zu versuchen.

Während der alten »Ordnungsperiode« wurde mit Amtsverlust bestraft, wer in der Versammlung ein Messer zog,[2]) wer einen wund oder blau schlug, wer im Zorn einen Mitbruder beschimpfte,[3]) wer noch arbeitete, obgleich ihm das Amt verboten worden war,[4]) endlich, wer einen aussenstehenden Richter mit einer das Amt betreffenden Klage befasste.[5])

Die Statuten Karls VI. kennen nur mehr einen Grund des Amtsverlustes, die halsstarrige Unverbesserlichkeit des Mitgliedes. Art. 21 lautet: Si un confrère aurait plusieurs fois été amendé et qu'il n'y aurait espoir d'émendation par opiniâtreté ou se fiant sur sa pauvreté de ne pouvoir payer les dites amendes sera par autorité du Magistrat privé du droit et privilège du métier sans en plus oser faire profession. Das Dekret von Maria Theresia und das 22 Jahre ältere Règlement additionnel de la Majesté erwähnen den Amtsverlust nicht mehr, ohne Zweifel, weil die unseligen Folgen sowohl für den Gemassregelten wie für die Gesellschaft die Schwere des vorliegenden Fehlers überschritten.

Durch die Gewährung des Marktbesichtigungsrechtes an das Amt und die Genehmigung der Amtsordnung verliehen die Landesfürsten den in diesen Statuten enthaltenen Disziplinarbestimmungen polizeirechtliche Kraft. Die »Ordnung« legte die Disziplinargewalt in die Hände des Meisters. Der Amtsbote war das Vollzugsorgan. Stiess nun der Amtsbote bei der Erfüllung seiner undankbaren Aufgabe auf Widerstand, so wandte sich der Meister an den Stadtrichter[6]) mit dem Ersuchen, ihm

---

[1]) Ordnung. Art. 12 & 14.
[2]) Ordnung. Art. 15. [3]) Ordnung. Art. 17. [4]) Ordnung. Art. 28.
[5]) Ordnung. Art. 29. [6]) Ordnung. Art. 14 & 33.

den Stadtboten zwecks Vollziehung der verhängten Strafe zu Verfügung zu stellen. Das Dekret Maria Theresias verfügte eine wesentliche Änderung. Die Ordnungspolizei legte es in die Hände des Stadtmagistrates und der Schöffen; der mambour oder Schatzmeister hatte mit der Verwaltung der Amtsgelder auch die damit zusammenhängenden Disziplinarverfügungen zu treffen und auszuführen.

(Fortsetzung folgt.)

Luxemburgisches Sprachgut.

Lexikalische Bruchstücke.

1. Gradebengech (Adv.) ist, soviel wir wissen, im luxemburger Schrifttum nicht bezeugt.

Sich Gradebengech zu Pferde setzen heisst sich rittlings oder reitlings setzen, französisch: à califourchon, jambe deça, jambe delà, im Gegensatze zu kuesch.

2. Quesch, kuesch, bedeutet quer, schief, schräg; mittelhochdeutsch, twer, zwerch, quersch, latein: transversus, gothisch thwairhs in der übertragenen Bedeutung von zornig, starrköpfig, halsstarrig, tockig, (wie im Luxemburgischen), altnordisch thver, verkehrt, Zeichen einer ärgerlichen Gemütsstimmung, in Urverwandschaft zum lat. torquere.

Querkopf — Mensch von geistiger Verschrobenheit oder Unbeständigkeit, Quertreiber, der andere in Verlegenheit oder üble Laune bringt; kuesch als Adverb, nicht grade, nicht glatt, unerwünscht; sich kuesch zu Pferde setzen.

3. Lepp, Läpp, m. bulgarisch lèp, Schlamm, französisch la vase, la bourbe, verwandt mit dem deutschen Laib. Bei Bildhauern bedeutet Laib die Masse aus zubereiteter Erde, die sie zum modellieren brauchen. Das Verb „laiben" bedeutet formen, Brotlaib.

4. Zergotzderéch, Zergutzderéch, Adverb, auf die richtige Art und Weise (Diekirch) z. B. Mäch dat zergotzderéch, zergutzt.

5. Hoff, m. Der Hub, der Aufhüb, z. B. bei Versteigerungen. „Mach emol erem en Hoff". Mach wieder ein Übergebot. — Von heben, eine Last heben, Anstrengung beim Heben einer Last.

Mellem, mittelhochdeutsch melm, m. leichter Staub im Ablaut zu Mulm, zerfallene Erde, steht zu mahlen (malen) und malmen (zermalmen) in nächster Beziehung.

Der Mulm bedeutet auch Wurmmehl; zerfallenes zu Erde gewordenes Holz, Modererde, ebenso verwittertes Gestein.

Beispiele. Das Ackerstück ist lauter Mellem. Die Erdäpfel sind zu Mellem (Brei) verkocht. Als Adjektiv ist mulmicht und auch mulmig bekannt.

Eine weitere Form ist Moll mit derselben Bedeutung: zerkleinerte, aschenartige Erde. französisch: mou, molle. lateinisch : mollis.

7. Mössel, m. der Missel, mit dem Stamm des alten Adjektivs missa in der ursprünglichen Bedeutung des Verschiedenseins, des Abweichens, daher Streitgegenstand, Schwierigkeit, de Mössel délen, durch gütlichen Vergleich die Streitsache beilegen, ferner in der Bedeutung des Verlierens. einer Sache verlustig sein, sie entbehren, eines Verlustes inne werden.

Es gibt Flurorte die den Namen Mössel tragen. Auf der Gemarkung von Esch-Alz., zwischen den „wassern", unmittelbar an der lothringischen Grenze, liegt eine Wiesenparzelle genannt „Im Mössel". Da der Begriff des Wechsels, Tausches, ebenfalls in Mössel enthalten ist, so frägt es sich, ob nicht etwa ein Mössel eine Handwechsel-Wiese, einen pré-alternant zum Gegenstande haben kann.

8. Stoffi, Stoffiskes, m. Quarkkäse, Magerkäse, Matten-Käse, Kuhkäse, Käse aus geronnener „gefengter Brach", lac a sero discretum, lac chiston, französich : la caillebotte, masse de lait caillé, du fromage à la pie, angelsächsich Masekés, Matechés, im Luxemburgischen umgewendet in Cheesmates. Das Wort Stoffi kommt von Stube, heizbares Gemach, stoven, stove, auch heisses Bad, altnordisch stufa, stoffa, althochdeutsch stuba, stupà, Vorrichtung für Erzeugung siedenden heissen Wasserdampfes, französisch une étuve, chauffer dans une étuve, sowie adverbial à l'étuvée, cuire ou sécher à l'étuvée, auch à l'étouffée, schmorren, schwitzen, dünsten, in dunstige Wärme bringen, um gar zu machen, abdämpfen in einem Dunstbad (dans un bain marie).

6. Schmër. f. eine bestrichene Brotschnitte z. B. „eng Stoffisschmër;" kommt vom Altnordischen smjör:Butter mittelhochdeutsch smer:Fett, Schmieren, bestreichen.

Im Hochdeutschen der Schmer und das Schmer • das Fett.

10. Hierchen und Unthierchen. — Sein Hierchen an sein Unthierchen hun et schonn esuº gemächt. Sein Grossvater und sein Urgrossvater haben schon so gehandelt. Pathetischer Ausruf in dem Sinne einer Rüge. Unthierchen ist gleichbedeutend mit dem hochdeutschen A h n h e r r.

Hierchen ist das Diminutiv von Herr, also ein altes kleines Männchen „das immer mehr zum Boden geht" das immer kleiner wird, ein Grossväterchen.

J. SCHMIT.

Mitteilung.

Was der Herr Präsident in der Generalversammlung am 30. Juni 1921 angedeutet hat, soll mit dem Beginn des Jahres 1922 verwirklicht werden!

Von da ab erscheint die „HÉMECHT" regelmässig **jeden Monat in dem bisherigen Format 32 Seiten** stark; auch ist jede Nummer wieder wie früher mit einem **Umschlag** versehen und **geheftet**. Der **Beitrag** beträgt in Zukunft **10 Franken**.

Der Vorstand glaubt mit dieser Neuerung einem allgemeinen Wunsche der verehrlichen Mitglieder zu entsprechen und bittet dieselben, dem Vereine auch fernerhin treu zu bleiben und ihm neue Freunde und Mitarbeiter zuzuführen.

Für interessante Arbeiten ist vorgesorgt. — Der Jubiläumsband befindet sich unter der Presse.

Neue Mitglieder.

Hr. **Koepfler Dominik**, Saaldiener an der Industrie- und Handelsschule, Limpertsberg.

Hr. **Weis Wilhelm**, Coadjutor am Bischöflichen Convikte, Luxemburg.

Nachrichten aus dem Vereine.

Todesfall. Wiederum hat der unerbittliche Tod ein Mitglied geraubt, das kaum zwei Jahre unserem Vereine angehörte. Der hochw. Hr. **Hoeltgen Johann,** aus Kahler gebürtig, hatte nachdem er lange Jahre als Pfarrer im Bistum Namür gewirkt, sich vor zwei Jahren nach Luxemburg in den Ruhestand zurückgezogen und war auch'gleich unserem Vereine beigetreten. Er starb, auf einer Reise, zu Trier, am 11. Oktober. R. I. P.

Ernennungen resp. Beförderungen. Hr. **Dr. Didier Nikolaus,** bisher Fürst Salm-Salmerischer Archivist zu Anholt (Westfalen) wurde zum Direktor des Bischöflichen Conviktes zu Echternach ernannt.

Hr. **Weber Johann,** bisher Pfarrer zu Harlingen, wurde zum Pfarrer von Arsdorf ernannt.

Hr. **Schmit Wilhelm,** Vikar zu Oberwiltz, wurde zum Pfarrer von Harlingen befördert

Hr. **Dr. Wagner Viktor,** bisher Vikar zu St. Michel und Gesellenpräses, wurde zum Religionslehrer an der Normalschule ernannt.

Hr. **Bintz Peter,** bisher Lehrer zu Bilsdorf, wurde zum Lehrer in Redingen-an-der-Attert ernannt.

Hr. **Senninger Leo,** bisher Ersatzlehrer zu Hollerich, wurde zum Lehrer in Pintsch ernannt.

Wohnungs-Veränderung.

Seit dem 1. November wohne ich im Erdgeschoß, zweite Türe links des ehemaligen Hauses Neumann, Genister-Straße [Lantergässelchen] 5. Luxemburg.

M. Blum.

Changement de domicile

A partir du 1 novembre j'habite le rez-de-chaussée, deuxième porte à gauche, de l'ancienne maison Neumann, Rue Genistre, (Lantergässelchen) 5, Luxembourg.

M. Blum.

Literarische Novitäten u. Luxembg. Drucksachen.

Bassing Theodor, Vianden. La Perle du Grand-Duché de Luxembourg pittoresque et historique. Guide illustré pour les Touristes. Imprimerie du Nord, Diekirch. S. d. (1921). — 60 pp. in 8°, avec 1 plan, 1 carte topographique et 34 illustrations dans le texte.

École industrielle et commerciale d'Esch-sur-Alz. Programme publié à la clôture de l'année scolaire 1920—1921. — Industrie- und Handelsschule zu Esch a. d. Alz. Programm herausgegeben am Schlusse des Schuljahres 1920—1921. Luxembourg. J.-P. Worré. 1921. 36+13 pp. in 8°. — Dissertation: **Dr. Foos Alphonse.** Jakob Wassermann. Eine literarische Studie. — S. 1—36

École industrielle et commerciale de Luxembourg. Programme publié à la clôture de l'année scolaire 1920—1921. Industrie- und Handelsschule zu Luxemburg. Programm herausgegeben am Schlusse des Schuljahres 1920—1921. Luxembourg. P. Worré-Mertens, J.-P. Worré succ. 1921. — 102+47 pp. 8°. — Dissertation: **Dr. Tresch Mathias:** Évolution de la Chanson française savante et populaire. Ire Partie: Depuis les Origines jusqu'au Romantisme. — p. 3—102.

Flor Johann Peter. 1914—1918. Kriegstagebuch. Aufzeichnungen und Stimmungen. (Zweiter Titel): Kriegs-Tagebuch eines Neutralen in Luxemburg-Stadt. Flüchtig niedergeschriebene Aufzeichnungen und Stimmungen 1921. Esch-sur-Alzette. Imprimerie du »Journal d'Esch«. — 192+2 p. in 8°.

Fest-Programm. Siebenzehnte jährliche Schobermesse verbunden mit interessanter Acker- und Gartenbau-, nebst Obst- und Blumen-Austellung. Sektion Nr. 3. Rogers Park Luxemburger Bruderbund von Amerika. Am Sonntag, den 5. September und Montag (Labor Day), den 6. September 1920. In Karthauser's und Ebert's vereinigten Groves. Chicago, Illinois. (1921.) — 86 SS. pet. in 4°, illustriertem Umschlag, 1 Porträtsgruppen, 5 Porträts und Gravuren im Texte.

Gymnase Grand-ducal de Diekirch. Programme publié à la clôture de l'année scolaire 1921—1922.*) Grossherzog-

*) Irrtümlich hat der Drucker 1921—1922, anstatt, (wie es richtig heißen soll) 1920—1921 gesetzt.

liches Gymnasium zu Diekirch. Programm herausgegeben am Schlusse des Schuljahres 1921—1922. Luxemburg. Victor Bück (Walter Bück. Nachfolger). 1921. — 45+33 +11+13 pp. in 8°. avec 5 tableau statistiques et 3 figures dans le texte. — Dissertation: **Dr. Stein Tony:** Johann Gregor Mendel, 1822—1884, der Begründer der Vererbungslehre (Schluss). — S. 1—45, mit 5 statistischen Tabellen und 3 Figuren im Texte.

Gymnase Grand-ducal de Luxembourg. Programme publié à la clôture de l'année scolaire 1921—1922. *) Grossherzogliches Gymnasium zu Luxemburg. Programm herausgegeben am Schlusse des Schuljahres 1921—1922. Luxembourg. Victor Bück (Walter Bück, successeur.) 1921. — 30 , 37+16 pp. in 8°. avec 1 tableau géographique. — Dissertation: **Dr. Manternach François:** Liste des Elèves qui ont passé l'examen de maturité à l'Athénée pendant les années 1890—1915. avec indication de leur profession et domicile. Continuation du travail publié par Monsieur le directeur N. Gredt, au programme de l'Athénée, à la clôture de l'année scolaire 1892—1893. — p. 3—30 in 8°. avec 1 tableau graphique.

Huart (d') Johann Baptist. Verein der hl. Zita. Neunundvierzigster Jahresbericht (April 1920 bis April 1921). Luxemburg. St. Paulus-Druckerei 1921. — 16 SS. in 8°.

Institut Emile Metz. Dommeldange. Programme publié à la clôture de l'année scolaire 1920—1921 — Programm herausgegeben am Schlusse des Schuljahres 1920—1921. Luxembourg. Theodor Schrœll (Emile Schrœll, succ.). 1921. — 45 pp. in 8° avec 8 planches et 3 gravures. — Dissertation: **Dr. van Werveke Nicolas.** Les plaques de foyer et de fourneau de la collection Edouard Metz à Eich. (Seconde partie.) — p. 3—13, avec 16 gravures sur 8 planches hors texte. — **Robert A.** L'Orientation professionelle à l'Institut E. Metz. — p. 45—53. — **Arendt J.-P.** L'Evolution de l'Institut Emile Metz et l'atelier d'apprentissage. — p. 77—86, avec 2 gravures dans le texte.

Jacoby Adolf. Segenssprüche und Zauberformeln aus Luxemburger Handschriften. O. O. n. D. n. Dr. (Esch an der Alzette. N. Neuens. 1921.) — 36 SS. 8°.

---

*) Irrtümlich hat der Drucker 1921—1922, anstatt, (wie es richtig heißen soll) 1920—1921 gesetzt.

Idem. Miszellen: Volkskundliche Splitter. Sonderabdruck (aus dem) Schweiz. Archiv für Volkskunde, Band XXIII (1921). O. O. Dr. — 7 SS. in 8. 8°

Kellen Tony. Russische Tragödien. Sondernummer von Zeiten und Völker. Ermordung des letzten Zaren und seiner Familie. Stuttgart. Franckh. O. D (1921). — 48 SS. in 8° mit 7 Porträts, 4 Gruppenbildern, 6 Abbildungen und 1 Plan im Texte.

Dr. Klein Edmund. Ville de Wiltz. Société philharmonique 125ième anniversaire. 7 août 1921. Wiltz. Aloyse A. Feld. (1921). — 50 pp. in 8°, avec 1 illustration sur la couverture.

Dr. Knaff-Faber Edmond. Adam Chenot (Chenotus) 1721—1789. S. l. ni d. ni nom d'impr. (Luxembourg 1921.) 54 pp. in 8°.

(Medinger Eugen.) Beherzige es wohl! Ein Merkblatt für christliche Eltern. Allen Familien gewidmet vom Verein „Haus und Schule". Zweites Tausend. Luxbg. M. Huss. O. D. (1921). — 4 SS. in 8°.

Merkels Johann-Baptist. Blummen aus Amerika. Eng kleng Auswiel patriotesch Gedichter. Letzeburg. Linden & Hansen. 1921. — 61 SS. in 8°, mat dem Porträt vum Autor, dem vun der Gro'ssherzogin Charlotte an engem Gruppebild mat de Porträten vum Prenz Felix. der Charlotte, an dem Erwprenz Jean.

Nimm und lies! Ein Merkblatt für die Eltern schulpflichtiger Kinder. Allen Familienvätern und Familienmüttern gewidmet vom Verein „Haus und Schule". 7. Tausend O. O. n. D. n. Dr. (Luxemburg 1921.) — 4 SS. in 8°

Vannérus Jules. La Toponymie Luxembourgeoise de Mr. M. Noppeney. Braine-L'alleud René Berger. 1921. — 20 pp. in 8°.

Warker Nikolaus. De Mèschter Schuowert. Loschtspil an drei Akten. Musek vum S. Bungert. Letzeburg. 1821. P. Worré-Mertens. J. P. Worré Nofolger. — 79 SS. in 8°.

(Zieser Johann.) Pilger-Büchlein für die National-Wallfahrt der Luxemburger nach Lourdes. Mit Bischöfl. Genehmigung. 1921. Luxemburg. St. Paulus-Druckerei 56 SS. in 8°.

Ons Hémecht.

Organ des Vereines für Luxemburger Geschichte, Literatur u. Kunst.

Herausgegeben vom Vereins-Vorstande.

27. Jahrgang. — Elftes und Zwölftes Heft. — November und Dezember 1921.

Logements militaires à Luxembourg pendant la période de 1794-1814.

(Par Alphonse Rupprecht.)

(Suite.)

300. *G. Theis* et la *veuve Baptiste*, quartier d'officier de 4 chambres avec cheminées au 2. étage 2 sur le devant et autant sur le derrière pour un capitaine ou 2 officiers aussi en tems ordinaire, mais pour le moment Gerard Theis donne une chambre avec cheminée au 2. étage par derrière pour 4 hommes. — ensemble pour huit. La veuve Baptiste pour supléer dans le moment donne également 2 chambres avec cheminée l'une sur le premier et l'autre sur le deuxième étage chacune pour 4 hommes ainsi toute la maison seize hommes. *14 places au batiment principal 8 à 2 batiments derriere.* [130])

[130]) Aujourd'hui englobée dans la propriété de Mr. *Tony Dutreux*, No 21 de la rue Philippe. Le cadastre de 1824 renseigne comme propriétaire Mme. veuve Joseph Pescatore. L'immeuble qui passa plus tard entre les mains de M. M. Théodore Pescatore resp. Antoine Pescatore, était connu sous le nom de *maison Kahn*, du nom de son principal locataire, Jean Kahn, bottier, époux d'Annette Claudine, et formait certainement le plus affreux taudis de la ville haute. D'après des indications qu'a bien voulu nous fournir Mr Tony Dutreux, la maison n'avait guère plus de 15 chambres et logeait plus de 50 personnes. Le recensement de 1852 renseigne 13 ménages avec 52 personnes qui exerçaient les professions de bottier resp. de tailleur d'habits, de sculpteur, de peintre, de postillon, de marchand, de plafonneur, de couturière, de vitrier, de gantier etc. Mr. Tony Dutreux l'ayant acquise de son cousin Antoine Pescatore, la fit démolir et profita de

301. Monsieur le ***baron de Maréchal*** 4 chambres dont 2 avec cheminées au 2. étage sur le devant pour un Etat Major ou 2 capitaines, en tems ordinaire selon les ordonnances. *22 places.* 1 écurie pour 4 chevaux. [131])

---

l'emplacement pour agrandir sa maison y contiguë. La construction y élevée en 1881 d'après ses plans, présente une façade monumentale avec un bow-window et un fronton qui porte l'inscription A n n o 1881 et le monogramme de la famille Dutreux (2 lettres D entrelacées).

[131]) Aujourd'hui le No 21 de la rue Philippe, propriété de Mr. ***Tony Dutreux.*** Construction nouvelle. A la fin du 18. ou au commencement du 19. siècle la maison passa entre les mains des époux Jean-François Maréchal et Marie Hencke. Elle fut acquise en 1846 ou 1847 par Joseph-Auguste Dutreux et son épouse Elisabeth Pescatore, les père et mère du propriétaire actuel.

D'un certificat annexé aux registres de la paroisse de St.-Nicolas à Luxembourg, en date du 26 novembre 1783, il appert que ***Jacques-François libre baron de Mareschal,*** domicilié à Luxembourg, a contracté mariage à l'église de la Ste-Vierge Marie à Campenhout, dans l'archidiocèse de Malines, le 29 avril 1783, avec Jeanne-Henriette Rapédius de Berg, née à Bruxelles, paroissienne de Campenhout (V. Note 129). Le 7 janvier 1788 le baron de Mareschal se vit accorder la dispense d'âge pour pouvoir remplir les fonctions de juge de la commission des charges publiques de la province. Dans l'acte de décès de sa fille Marie-Constance Antonia de Mareschal, du 6 janvier 1793 (paroisse de St-Nicolas à Luxembourg, il est qualifié de receveur général des subsides de Sa Majesté l'Empereur.

Il était le dernier seigneur de Stadtbredimus dont il venait de faire l'acquisition quand éclata la révolution française. Le château de Stadtbredimus ayant été adjugée aux enchères publiques, le 5 brumaire an 11 (27 octobre 1802), à Mr. Théodore-Ignace de la Fontaine, membre du conseil souverain de Luxembourg, le baron de Mareschal se retira en Autriche, où, dit Mr. le Chevalier l'Evêque de la Basse Moûturie, sa descendance occupait en 1844 des postes élevés dans l'armée et dans la diplomatie

(Cf. le Chevalier L'Evêque de la Basse Mouturie, op. c°. p. 156; Notices historiques sur Stadtbredimus par de la Fontaine. Public. 1868, p. 164; Registres de la paroisse de St.-Nicolas à Luxembourg) . . .

Jean-François Maréchal, né dans la commune de Sprimont, le 17 avril 1767, de Pierre-François Maréchal et de Catherine Weriter domiciliés à Etalle, s'unit à Luxembourg, le 30 brumaire an 8 (21 novembre 1799), à Marie Hencke, née à

Luxembourg, le 15 mars 1771, de Henri-Ambroise Hencke et de Catherine Servais. Il fut inscrit le 24 juin 1788 au nombre des avocats attachés au conseil de Luxembourg. En 1819, il faisait partie de la seconde chambre des Etats généraux des Pays-Bas, fut nommé membre du Gouvernement, le 5 mars 1831 et président de la Cour supérieure de Justice, le 16 avril 1831, fonctions qu'il occupa jusqu'à sa mort arrivée à Luxembourg, le 16 juillet 1839.

L'ainé de ses fils, Henri-Ambroise Maréchal, né à Luxembourg, le 23 ventôse an 8 (14 mars 1800), reçu docteur en droit et avocat à Luxembourg, le 5 juillet 1824, entra également dans la magistrature et fut nommé juge à Luxembourg, le 19 avril 1831; juge à Diekirch le 19 février 1840; juge à Luxembourg, le 25 février 1843; vice-président du tribunal de Luxembourg, le 24 juillet 1848 et conseiller à la Cour supérieure de Justice, le 13 octobre 1859. Il est décédé à Luxembourg, le 5 août 1862. Le 27 février 1840, il y avait épousé Marie-Louise Van der Noot, née à Luxembourg, le 25 octobre 1809, fille de Jean-Nicolas Van der Noot et de Marie-Madeleine Namur (V. Note 72).

Joseph-Auguste Dutreux, avocat, né à Septfontaines, alors commune d'Eich, le 20 juin 1808, fils de Jean-Bonaventure Dutreux et de Marie-Françoise-Ferdinande Boch, officier de l'ordre de la Couronne de Chene et officier d'Académie, est décédé à son domicile au château de la Celle St.-Cloud (Seine et Oise), le 24 avil 1891. Il s'était marié à Luxembourg, le 9 mai 1836, avec Elisabeth Pescatore, née à Luxembourg, le 2 mars 1816, fille de Constantin-Joseph-Antoine Pescatore et de Marie Beving (V. Notes 98 et 105).

La propriété de Mareschal se composait originairement d'un immeuble formant le coin des rue Philippe et Monterey, ainsi que de la cour et des écuries y attenantes. La maison actuelle est à 2 étages. Ornements architecturaux aux fenêtres. Au dessus de la porte d'entrée, la lettre D taillée dans la pierre. Du côté de la rue Monterey, un balcon avec rampe en fer forgé, à la hauteur du 1. étage. Les trois fenêtres faisant suite à ce balcon constituaient une maison à part que Mr. J.-Auguste Dutreux avait achetée de Mr. Communeau, maitre de forges dans les environs de Longwy. Cette partie de la maison a été reconstruite par Mr. Hartmann, ingénieur des travaux publics à Diekirch. (V. la note 130 pour la partie de la maison construite à l'emplacement de l'ancienne maison Kahn).

Voici 2 extraits des registres aux délibérations de la Municipalité de Luxembourg relatifs à la maison de Mareschal.

»Du 15 Floréal an 5 (4 mai 1797).

Après que la séance a été ouverte par la lecture du procès-verbal d'hier, le président a fait celle de la pétition du c.en directeur de l'enregistrement et du domaine national à ce que, par rapport aux différens bureaux qu'il doit monter, il soit tenu exemt de loger des militaires, et dans le cas que cela ne soit pas possible, il se soumet à payer entre les mains de la Municipalité l'indemnité qu'elle voudra fixer pour le logement qu'il doit fournir. » après délibération cette pétition a été apostillée comme suit:

Vu la pétition du directeur des domaines nationaux relative aux logements militaires - L'adon.-Municipale déclare que la maison du C.en-Mareschal N° 301 étant portée au tableau des logements pour 4 chambres, c'est-à-dire, pour loger un officier de l'Etat Major ou 2 capitaines, il ne peut être fait de changement dans la classification des maisons de cette commune, sans bouleverser l'ordre et la marche suivis jusqu'à ce jour pour les logements militaires; ces logements ne portent d'ailleurs pas sur les locataires, mais bien sur les propriétaires de ces maisons, la demande du pétitionnaire ne peut lui être accordée, sauf à lui de prendre à cet égard, soit avec le propriétaire de la maison qu'il occuppe, soit avec l'officier qui y est assigné pour son logement, tel arrangement qu'il trouvera convenir «

(signé) Abinet présid Lachapelle, J.-F. Baclesse.
Keyser; F. Röser, Leistenschneider secr.

«Du 16 nivose an 9 (6 janvier 1801).

Le général commandant des armées ayant prévenu le maire qu'il est allé occuper la maison du C.en-Marechal, rue de la Constitution, N° 301 et que le bureau d'état major de la place y a été transféré, - les aubergistes, cabaretiers et autres citoyens de la ville donnant à loger aux étrangers ont été par une proclamation avertis de déposer dans la boite placée à la guérite posée devant ladite maison, les billets de nuit, sans pour cela être exemts de les remettre à la boite de la maison de ville.«

Les anciens arrêtés de police imposaient aux aubergistes, hôteliers, logeurs et en général à tout habitant qui logeait ou recevait des étrangers moyennant une indemnité, l'obligation de tenir registre des étrangers qu'ils recevaient, et de remettre tous les soirs, après la fermeture des portes, dans une boite suspendue à l'hôtel de la Régence une déclaration sur les étrangers qu'ils avaient reçus dans la journée.

Ces arrêtés, suspendus pendant quelque temps, furent remis en vigueur par l'ordonnance de police du Conseil de la Régence en date du 29 mars 1819 et observés jusqu'à la promulgation de la loi du 30 décembre 1893 concernant la police des étrangers. (Recueil des Règlements de la ville de Luxembourg, pp. 243--245) . . . . . .

Au mois de septembre 1911, la maison Dutreux avait été occupée par Mr. de Bethmann-Hollweg et ses bureaux. En

302. *Petit* et *Kayser* propriétaires plusieurs locataires 2 chambres au 2. étage sur le devant pour 13 hommes, en tems ordinaire pour 2 prima plana. *14 places.*

303. Le notaire *Sibenaler* quartier d'officier de 2 chambres au 2. étage l'une sur le devant, l'autre sur le derriere avec cheminée pour 2 officiers et en tems ordinaire pour un. *9 places au batim. ppal. 3 dans la cour celle à rez de chaussée servant d'écurie.* 2 écuries pour 9 chevaux. [132])

304. *Robert Kayser* donne son 2. étage de 3 chambres et un cabinet dont 2 ont des cheminées, pour un Etat Major ou 2 capitaines, en tems de paix que (sic) 3 chambres pour 1 capitaine. *13 places.* [133])

305. *Michel Weyer* et la *veuve Simon* une chambre au 1. étage sur le devant pour 3 hommes, en tems ordinaire ne loge. *8 places.*

---

guise de souvenir le chancelier a laissé à son départ au propriétaire un autographe par lequel il s'excusait d'avoir pris en son bureau une douzaine d'excellentes plumes ; il lui laissa encore son récepteur télégraphique. Si on savait, a ajouté l'aimable collaborateur d'occasion qui a bien voulu nous fournir ces détails, tout ce qui a pu passer par cet appareil pendant ce mois fatidique de septembre 1914!

[132]) Aujourd'hui le N° 15 de la rue Philippe, propriété de Mr. *Francois Dousseau.* Construction nouvelle.

Jacques Sibenaler, notaire à Luxembourg, fils des époux Nicolas Sibenaler, et Marie François, d'Arlon, contracta mariage à Luxembourg, le 31 juillet 1791, avec Catherine Roth, veuve de Severin Glodt. Au registre civique il est inscrit sous la date du 21 floréal an 4 comme greffier de la justice de paix de Luxembourg. Sa fille Catherine se maria à Luxembourg le 14 décembre 1810 avec Sébastien Bergmann, greffier de la justice de paix du canton de Bettembourg, né à Ste.-Marie (dép. de Forêts), domicilé à Luxembourg, fils de Philippe et de Marie-Jeanne Rossignon.

De ce mariage naquit entre autres enfants, Elisabeth-Corneille-Catherine Bergmann qui épousa à Luxembourg, le 6 juin 1850, Constant Demuyser, négociant, né à Luxembourg, le 29 octobre 1820, fils de Henri et d'Elisabeth Lejeune.

[133]) Aujourd'hui le N° 13 de la rue Philippe, propriété de Mr. *Morheng,* auparavant de Mme. *veuve Erpelding.*

Le recensement de 1817 renseigne comme locataire principal de cette maison le pharmacien *Schauer,* qui l'habitait avec sa famille.

François-Xavier-Aloyse-Emmanuel Schauer, né à Braunau en Bavière, le 18 juillet 1758, fils des époux Joseph Schauer, médecin et Marie-Claire Deyere, domiciliés audit Braunau, s'était fixé à Luxembourg en 1781 et y avait contracté mariage, le 1. germinal an 6 (21 mars 1798), avec Marie Gubering, née à Lamadelaine, alors canton de Bascharage, vers 1775, fille de Nicolas Gubering, greffier et de Marie-Jeanne Neu résidant à Lamadelaine. Il était en 1817 père de 8 enfants tous nés à Luxembourg.

Mr. Liez, dans son dictionnaire des membres du corps médical, dit que Schaner (sic) avait été reçu pharmacien à Luxembourg antérieurement à la loi du 21 germinal an XI. Schauer a quitté Luxembourg avec sa famille en 1817. La même année Mr. Albert Lenoël (V. Note 51) vint s'établir comme pharmacien à Luxembourg et nous avons lieu de supposer que ce fut lui le successeur de Schauer. L'officine de Mr. Lenoël enseignée *Mohren-Apotheke* (pharmacie des Nègres) a été vendue en 1832 à Nicolas Rothermel et passa après la mort de celui-ci à son fils, Louis-Charles Rothermel. En 1872, elle fut acquise par Mr. Corneil Schroeder et en 1891, par Mr. Nicolas Klees-Kneip. Du temps de Mr. Schroeder, l'enseigne se composait de 2 tableaux mobiles représentant des noirs habillés à l'européenne et se tenant entre des caisses et des balles sur lesquelles on lisait des noms de produits pharmaceutiques Mr. Klees les avait d'abord remplacés par des tableaux exécutés en majoliques également mobiles, placés aujourd'hui dans la cour de la maison Actuellement la porte d'entrée de la pharmacie Klees qui s'appelle toujours Mohren-Apotheke est décorée des deux côtés de majoliques fixées dans la façade et montrant, au milieu d'un paysage exotique, des guerriers nègres nus, hauts d'un mètre, 65 centim. coiffés et ceinturés de plumes et armés l'un d'une lance et d'un bouclier, l'autre d'un arc et d'une massue.

L'origine de cette enseigne nous paraît devoir être cherchée dans la rue Philippe où anciennement 2 établissements portaient des noms dans lesquels revenaient des nègres: le Mohrenstall, en français l'écurie du nègre et en latin stabulum Aethiopis dont nous n'avons pu établir exactement la situation, mais que nous voudrions mettre en rapport avec la maison Sibenaler, le N° 303 du notre Registre des Logements; puis une maison de commerce, peut-être une pharmacie qui était située au coin de la rue Philippe et de la Grand'rue, le N° 2 de la Grand'rue actuelle, propriété de Mr. Charles Alexandre, et qui avait pour enseigne 2 nègres placés des deux côtés de la maison: la même disposition qu'a toujours présentée et que présente encore de nos jours l'enseigne de la pharmacie des Nègres, le N° 55 de la Grand'rue actuelle.

Des mentions relatives à ces établissements et enseignes se trouvent dans les comptes de la Confrérie du S. Sacrement érigée en l'église St.-Nicolas à Luxembourg, années 1681 à 1698, et dans le Journal de l'abbé A. Feller, curé-doyen à St.-

Nicolas, années 1676 à 1678. Nous en donnons avec quelques explications les extraits qui suivent.

a) Année 1687. „Heinrich Boufferding civis et lapicida e domo sua in der Philipsgassen unter dem Mohrenstall dt (debet) annue ultima Martii 25 asses"

b) 1688. Mêmes indications avec modification: neben Mohrenstall

c) 1691, 1692, 1693 et 1694. „Vidua Henrici Boufferding civis et lapicida, e domo sua in der Philipsgasse sita inter stabulum zum Mohren et viduam Jacobi Ollem debet annue ultima martii 25 asses".

d) 1695. Mêmes indications avec cette modification: inter stabulum Aethiopis.

D'après ces mentions l'écurie de l'Ethiopien ou du Nègre était située dans la rue Philippe à côté de la maison de Jacques Ollem, peut-être dans la partie supérieure, à proximité de la maison de Barthélemy Muller qui avait épousé une demoiselle Ollem et dont il sera parlé ci-après.

e) Année 1693. „*Bartholomäus Muller* civis Luxemburgensis, ex trecentis et viginti daleris quos recepimus a Leonardo Gerard et Adamo Bratsch, et illi cessimus supra hypothecam suam domum cum stabulis in der Onkischgass sitam inter domum Oble adjudantem modo haeredes ipsius et D. Simon maiorem hujus urbis dictus Quimnodel, vor auf der acht, machend den Eck zum moren, dess moren schilt auf beyden seiten, dbt (debet) annue 9 februarii 20 d. (dalero)

Barthélemy Muller, capitaine de S. Majesté Catholique, époux d'Anne Ollem, possédait des écuries dans la Onkischgasse, la rue de la Monnaie actuelle, et une maison au coin de la rue Philippe et de la Grand-rue. Le nom officiel de la Grand'rue actuelle était déjà à cette époque Grand'rue; auf der Acht était le nom ancien, encore en usage en 1693 dans le langage populaire. L'extrait ci-dessus dit expressément que le coin que formait la maison était appelé Eck zum Mohren (coin de l'Ethiopien ou du Nègre) et que l'enseigne du nègre était placée des deux côtés.

L'adjudant François Oblet dont il y est question également, époux d'Anne Aspelt avait un fils, Charles Alexandre, qui avait contracté mariage à Luxembourg, le 24 janvier 1663, avec Marguerite Le Clercq, fille de Julien Le Clercq, apothicaire à Luxembourg et d'Anne Mery.

Simon ou plutôt Jean-Phlippe de Cymon, écuyer, maier de la ville de Luxembourg, était marié à Anne-Marie Quenodel, décédée à Luxembourg, le 3 avril 1713, âgée de 63 ans.

(Cf; pour la Onkisch-ou Onkesgasse, Würth-Paquet, Rues et places de Luxembourg. Public. 1850, p. 105, où il est fait mention des écuries de cette rue et Rupprecht, Trouvaille numismatique de la rue de l'Eau, dans »Ons Hémecht« 1917, p. 231 ss.).

f) »Junius 1676, 4. Festum corporis Christi . . . . . hora 7a eximimus ex nostro templo cum processione per n o v a m p l a t e a m versus ad A e t h i o p e m; et descendimus per m a g n a m p l a t e a m, et fuerunt novemdecim Sacerdotes induti casulis cum facibus in manibus ac 4 alii cum facibus processerunt et fuit pulcherrima proccesio . . . .«

g) »Junius 1677, 17. Festum corporis Christi . . . . hora 7a incepta processio, in qua 17 sacerdotes casulis induti processerunt, et itum per n o v a m p l a t e a m versus A e t h i o p e m, et descensum per m a g n a m p l a t e a m ad Ecclesiam nostram, ibidem cantatum sacrum a. D. Pastore . . . . postea itum ad S[tum] Michaelem . . . . . ."

h) »Junius 1678, 9. Festum corporis Christi . . . . . hora 7a itum cum processione per n o v a m p l a t e a m ad A e t h i o p e m et per m a g n a m reditum ad templum nostrum et ibi cantatum sacrum . . . .«

Ces inscriptions nous indiquent le chemin que suivait au 17. siècle la procession de la fête-Dieu. La procession sortait de l'église St-Nicolas, passait par la r u e N e u v e, aujourd'hui la r u e d u C u r é et s'arrêtait peut-être à un reposoir dressé près de la maison dite du Nègre. De là elle descendait la Grand'rue, en latin per m a g n a m p l a t e a m et rentrait à l'église St-Nicolas, pour se rendre ensuite à l'église St.-Michel où furent célébrées les cérémonies de clôture.

(Cf. Reg. de population et de l'état civil de Luxembourg, années 1798 à 1817; Reg. No 13 de la paroisse de St.-Nicolas, aux archives de la ville de Luxembourg; Liez, op ci., p. 119 et Toelle.: »Kurze Geschichte des Apothekerwesens im Grossherzogtum Luxemburg 1920«, Vor. Bück, p 4. A relever que notre note qui précède rectifie quelques erreurs dans les publications de ces auteurs notamment celle que le pharmacien Schauer serait décédé à Luxembourg en 1816.)

Un boulet en fer de 0.12 m de diamètre, encastré dans la façade entre la 2me et la 3me fenêtre du second étage, à compter de la maison à côté, No 15, a été enlevé et remis à l'auteur de ces lignes lors de travaux exécutés à la maison en septembre 1921

(A suivre.)

Das Eligiusamt zu Luxemburg.

(von Jos. Sevenig.)

(Fortsetzung.)

C. Blüte des Eligiusamtes.

Seine schönsten Tage sah das luxemburger Eligiusamt im 16. und 17. Jahrhundert.

Die Mitglieder freuten sich kraft ihres von den Behörden anerkannten Zusammenschlusses eines gesicherten, hinlänglichen Einkommens, eines mächtigen Schutzes gegen jede Konkurrenz und eines wohlbegründeten Ansehens.

Jene Zeit war allerdings der Entfaltung des Handels und dem Anwachsen des Kapitals wenig günstig. Die Handelsleute waren zünftige Krämer, und diesen waren die Hände durch die Verfügungen und Vorrechte der andern Zünfte gefesselt. Kein Wunder, dass darum trotz der verlockendsten Anerbieten, die Ludwig XIV. den fremden Handelsleuten machte, um sie nach Luxemburg zu ziehen, der Handel nicht emporblühte. Jeder kleine Produzent war ja zugleich Kaufmann und besass mit seinem Gewerbegenossen das Verkaufsmonopol für die Produkte seines Handwerks.

Für den Kapitalisten, den Mann, der in seinem Dienst Hunderte und Tausende fleissige Hände beschäftigt, der aus unzähligen Kanälen und Kanälchen den Verdienst in seinem grossen Sammelbecken konzentriert, gab es bei den damaligen wirtschaftlichen Organisationen keinen Platz. Nicht einer allein soll die Frucht der Arbeit geniessen, die mehreren genügenden Unterhalt verschaffen kann, das galt damals als erste Regel.

Der innern Kraft des Amtes entsprach dessen **äussere Stellung** in der Gesellschaft.

Durch ihre Vertreter in der Stadtverwaltung mitraten und mittaten gehörte zu den Rechten aller Ämter.

Durch den Freiheitsbrief, den die Gräfin Ermesinde i. J. 1244 ausstellte, erlangte die Bevölkerung der Stadt Luxemburg das Recht, ihre Gemeindeangelegenheiten selbst zu führen. Dieses Recht übte die Bürgerschaft durch einen selbstgewählten »Magistraten« aus. Einen weiteren Schritt auf dem von Ermesinde betretenen Weg der Emanzipierung tat Herzog Wenzelaus II., als er i. J. 1384 den Magistraten mit dem Amt des Gerichtsherrn bekleidete, um sowohl in wie ausserhalb der Stadt die Verbrecher zu strafen. Nur vorübergehend, von 1443—1477, hatte die Bevölkerung dieses doppelte Recht der eigenen Gemeinde- und Gerichtsverwaltung eingebüsst, um es sodann bis zum Ausgang des Mittelalters bald mit grösseren bald mit geringeren Beschränkungen zu behalten.

Da die Mehrheit der Hauptstädter zünftige Handwerker waren, konnte der Magistrat ihrer Mitwirkung nicht entraten. Ihr Gutachten war meistens massgebend bei der Vorbereitung der Dekrete, und in deren Ausführung war ihre Hilfe vonnöten. Als Vertretung der dreizehn Ämter hatte sich ein eigenes Kollegium aus den Meistern der verschiedenen Zünfte gebildet' das amtlich »Die dreizehn Meister«, im Volksmund »die Bürgergemeinde, la commune bourgeoisie« genannt wurde. Diese Körperschaft stand tatsächlich dem Magistrat zur Seite, gewöhnlich helfend, bisweilen hemmend, ohne dass ihre Befugnisse durch ein geschriebenes Reglement festgesetzt gewesen wären. Die »dreizehn Meister beriefen« sich zunächst auf das Gewohnheitsrecht, sodann auf den Vergleich vom Jahre 1728. Im Jahr 1781 bestätigte ihnen ein kaiserliches Dekret die drei folgenden Privilegien, die sie bereits früher, allerdings nicht ohne Widerspruch ausgeübt hatten, nämlich das Recht, den Bannmeister zu ernennen, ferner sich unter drei vom Magistraten vorgeschlagenen Kandidaten ihren Schöffen zu wählen, endlich abwechselnd mit dem Magistraten Vorschläge für die Besetzung der Stelle des Richters zu machen.[1]) Der politische Einfluss der Zünftler, welcher durch die Vermittelung der Dreizehn Meister-Körperschaft im Staats- und Gemeindewesen ausgeübt wurde, verteilte sich ungefähr gleichmässig auf die verschiedenen Ämter.

In jener Zeit jedoch, wo man alte Urkunden und Überlieferungen heilig hielt, verlieh sein verbürgtes Alter dem Eligiusamt ein hohes Ansehen. Sicher ist, dass das Tucheramt bereits im Jahre 1397, das der Metzger 1400, das der Schuhmacher 1412 bestand. Auch berufen sich die Statuten dieser Ämter auf alte verbriefte Rechte. Aber nur das Eligiusamt konnte seine Gründung mit Sicherheit auf ein bestimmtes Datum, auf das Jahr 1263, zurückführen. Es gab sicher berühmte Fürsten- und Adelsgeschlechter, die weniger stolz waren, auf ihr hohes Alter als die ehrwürdigen Amtsbrüder von Hammer und Amboss.

Durch den Beitritt vornehmer Mitbürger, denen man den ehrenden Titel »Kertzbrüder« gab, wurde das Ansehen des Eligiusamtes wesentlich erhöht.

Folgendes »Kertzbrüderverzeichnis« befindet sich im grossen Amtsbuch (Seite 13 rechts).

Kertzbrüder der bruderschaft St. Loyen.
Der hochgebohrener furst vndt herr Cristoffel Margraf zue Baden u. grave zue Sponheim der Zeit Gubernerer desz Hertzogthumbsz Lutzemburgh
Vndt die hochgeborene furstin vndt fraw fraw u.

[1]) S. J. Ulveling. Notice sur les anciens treizemaîtres. Publications de la société archéologique. année 1858.

Otilia geborene Grefin von KatzenElenbogen Margräfin zu Spanheim seiner gnaden gemael mit Ihren Kindern herrn vndt frauwen Actum In der Wachen visitationis Mariae [2])

dess Jairs xvc

Humo Egidius [3]) apt zu Lucx

herrn Suger [4]) apt zu Lucx

herrn Sifort Pastor zu st Niclasz [5]) u.

herrn Peter Pastor zu sant ulrich [5])

herrn Johanness [6]) von Lutzemburgh abt daselbsten zu Münster

Joncker Claisz von Stein [7]) u. [8])

Im Jahre 1696 traten Johann Heinrich Wironus, H. B. Knepper und S. Bresytat, alle drei Advokaten beim Provinzialrat zu Luxemburg dem Amt bei.

1717 der Notar Heischling;

1759 Pfarrer Feller von st. Nikolaus;

1792 der andere de Feller, ebenfalls von st. Nikolaus:

1791 dessen Nachfolger der hochwürdige Herr Kauffer.[1])

Diese Ehrenmitglieder besassen nicht die Rechte der eigentlichen Stockbrüder. In keiner Vorstandsliste sind ihre Namen zu finden. Durch ihre Zugehörigkeit zum Amt erhöhten sie dessen Ansehen und Leistungskraft. Das Amt seinerseits war nur verpflichtet, durch die Beteiligung seiner Mitglieder die Feier des Begräbnisses und des nachfolgenden Leichendienstes des verstorbenen Kertzbruders zu erhöhen.

(Fortsetzung folgt.)

---

[2]) Am 1. Juli des Jahres 1500. — Dieses Datum bezieht sich offenbar nur auf die Einschreibung des Gouverneurs, seiner Gemahlin und Kinder.

[3]) Humo Egidius von Fischbach war Abt im Münsterkloster zu Luxemburg von 1407—1423. S. Wilhelm. La Seigneurie de Munster, S. 36 ff.

[4]) Suger von Burscheid war ebendort Abt von 1444—1470. S. Wilhelm, S. 45.

[5]) St. Nicolaus, st. Michel, st. Johannes ad lapidem und st. Ulrich waren damals die einzigen Pfarreien der Stadt Luxemburg.

[6]) War es Johann von Wesel (1423—1443), Johann von Arlon (1486—1490) oder Johann von Enthoven (1490—1508)?

[7]) Wahrscheinlich entstammte er der damals im Luxemburgischen ansässigen Familie von Stein, der u. a. die Herrschaft Heisdorf gehörte. S. Wolff, Geschichte des Klosters und der Abtei Bonneweg, S. 67.

[8]) Das obige Verzeichnis ist nicht chronologisch geordnet. — Dem Abschreiber, der seine Arbeit i. J. 1686 in Angriff nahm, lag möglicherweise bereits ein nach dem Rang der Kertzbrüder geordnetes Verzeichnis vor.

Pérégrinations aux Pays bibliques.

(Fin.)

Galilée.

Lundi, 20 juillet 1914. -- Nous voici donc au lac de Génésareth, où Jesus passa une grande partie de sa vie publique, qu'il illustra d'innombrables miracles, de ses discours et de ses exemples divins. Ce lac est le vrai berceau du christianisme. Tout près du débarcadère de Sémak se trouvaient autrefois Tarichée et Sennabris, connues pour leur résistance acharnée aux légions de Vespasien. Plus d'une fois Notre-Seigneur a dû cheminer par ici pour se rendre de Nazareth au Jourdain, du Jourdain à Cana, ou de la Galilée à Jérusalem par Jéricho. Le lac mesure 21 kilomètres de long sur 10 à 12 de large. Il est 208 mètres au-dessous du niveau de la Méditerranée. Ses bords, autrefois si animés, sont silencieux et solitaires. Un petit vapeur nous mène en une demie-heure à Tibériade, juste en face de la Casa Nova, où le Gardien, un vieux Père italien, nous reçoit et nous installe. L'église du couvent a été élevée par les Croisés en mémoire de l'apparition de Jésus ressuscité et de la primauté conférée à saint Pierre. Nous profitons du temps qui nous reste avant la nuit pour voir la ville et ses environs. Les trois quarts de ses 6500 habitants sont Juifs. Parmi ceux-ci beaucoup viennent de la Pologne ou de l'Allemagne et portent un petit chapeau noir et les cheveux longs. Il y a environ 260 chrétiens (grecs, latins et protestants).

Tibériade, la capitale de la Galilée des Gentils, a été fondée par Hérode Antipas en l'honneur de l'empereur Tibère en 17 après Jésus-Christ. Probablement, au témoignage d'Eusèbe, Notre-Seigneur n'y mit jamais le pied. Après la ruine de Jérusalem les Juifs s'y établirent assez nombreux, et un peu plus tard le Sanhédrin, alors établi à Sephoris, s'y transporta, de même que la fameuse école talmudique. Du temps de Constantin la ville devint siège épiscopal. Prise par les Musulmans en 637, les Croisés s'y maintinrent pendant un siècle jusqu'à ce que Saladin s'en empara de nouveau. L'enceinte de la ville, élevée par Josèphe pendant la guerre de Judée, fut rasée et reconstruite à plusieurs reprises. Actuellement il n'en reste que quelques murailles noires et quelques tours délabrées.

21 juillet. — Grâce à l'obligeance d'un vieux Frère arabe, nous pouvons dire la messe dès 4 heures et demie, et une heure plus tard nous voguons sur la mer mignonne de Galilée. A 5 kilomètres au nord de Tibériade quelques misérables masures ombragées d'un palmier indiquent l'emplacement de Magdala, patrie de sainte Marie-Madeleine.

Plus loin vers le nord s'étend la plaine de Génésareth sur une longueur d'une lieue. Notre-Seigneur y a passé et repassé maintes fois. Ainsi après la deuxième multiplication des pains Jésus, abordant ici, guérit tous les malades qui le touchaient. A l'extrémité de cette plaine se trouve Aïn-Tabiga, colonie allemande de la société catholique de Cologne. L'ancien supérieur, le P. Zéphyrin Biever, notre compatriote, vient assez récemment de partir pour l'île de Chypre.

Nous abordons à Tell Houm, l'ancienne C a p h a r n a u m, qui fut comme le domicile officiel de Jésus pendant sa vie publique. Il y habitait la maison de Pierre ou d'un autre ami ou parent, et y payait l'impôt. Il y multiplia les miracles dans la synagogue, chez les humbles et les riches Après les journées laborieuses on s'assemblait devant sa porte, et il continuait à instruire et à guérir dans le calme du soir. Nulle part ailleurs les miracles ne furent aussi nombreux, les discours plus fréquents, la bonté divine aussi tendre et miséricordieuse. On se présente aisément l'hémorroïsse guérie, la fille de Jaïre ressuscitée, le serviteur du centurion à qui le Domine, non sum dignus de son maître vaut le retour à la santé. Actuellement l'anathème du Christ pèse de tout son poids sur la cité infidèle.

Nous recevons l'accueil le plus cordial du P. Barnabé qui, depuis des années, a fouillé tout ce terrain et déterré un à un les énormes blocs de la vieille synagogue. Cet édifice avait 24 mètres de long sur 18 de large. Son toit était supporté par 16 colonnes et l'entablement et la frise portaient des sculptures de style juif. Peu au sud se voient les arasements d'un monument octogonal pavé en mosaïques à dessins géométriques.

Nous prenons congé du vaillant solitaire pour regagner notre barque. C'est probablement au large de Capharnaum qu'eurent lieu les deux pêches miraculeuses, l'une avant l'appel des premiers Apôtres, l'autre après la Résurrection: c'est là aussi que d'un mot Notre-Seigneur apaisa la tempête. De loin nous voyons au-delà de l'embouchure du Jourdain Mésadiéh, l'ancienne Bethsaïda, patrie de 5 apôtres: Jacques et Jean, Pierre, André et Philippe. Corozaïn était probablement à 5—6 kilomètres plus au sud (à l'est du lac), et le pays des Géraséniens était à peu près en face de Tibériade. La chaleur augmente, et vers les 10 heures et demie nous sommes à l'abri derrière les vieilles murailles de la Casa Nova.

Le départ à deux heures du soir est assez laborieux. Nos deux chevaux montent assez allégrement la côte abrupte et pierreuse qui domine le lac. Plus d'une fois nous nous retournons pour contempler le lac si fécond en souvenirs. Bientôt nous voyons à notre droite deux mamelons assez rapprochés, les

Cornes de Hattin ou le Mont des Béatitudes. C'est là, dit la tradition, que Jésus prononça son sublime discours sur la montagne. En vain la sagesse humaine a-t-elle depuis 19 siècles voulu substituer ses théories creuses à l'enseignement de l'Eternelle Vérité. Ce même lieu est marqué par la victoire de Saladin sur les Francs (4 juillet 1187), victoire qui amena la fin du royaume de Jérusalem à brève échéance.

Vers le sud se trouve Loubiéh, colonie juive établie par le baron de Rothschild; un peu plus loin vers l'ouest s'étend l'endroit où le général Junot battit les Turcs en avril 1799. Nous piquons droit à travers les champs sur le Thabor, laissant à notre droite la plaine de Zabulon. Les chevaux n'avancent qu'avec peine et à force de précautions sur ce terrain pierreux et crevassé. Vers les 4 heures et demie nous arrivons au Khan et Toudjar, immense caravansérail fortifié, deux véritables châteaux forts à gauche et à droite de la route. Le Thabor aux pentes assez boisées et au sommet arrondi semble tout près: mais il faut en passer les contreforts avant que de s'engager dans les interminables lacets de la montée. On arriva harassés et essoufflés à l'entrée de l'enclos. Tout le plateau du Thabor (550 sur 250 m.) est entouré d'un mur en ruines. Les premières fortifications datent de Josèphe et ont été restaurées par les Sarrasins au XIIIe siècle. L'intérieur est actuellement divisé en deux parties égales: la propriété des Latins au sud et celle des grecs orthodoxes au nord. Du côté des Grecs se trouvent l'église et le couvent de saint Elie avec une grotte qui aurait été habitée par Melchisédech. Du côté latin une longue allée conduit au couvent hôtellerie des Pères Franciscains, et nous y recevons l'accueil le plus empressé. Un petit groupe de Français s'est déjà installé au salon-divan. Bientôt le dîner est servi et nous ne tardons pas à gagner nos couchettes.

22 juillet. — On se réveille frais et dispos à l'aube du jour. Quelle magnifique vue qu'on a d'ici! Vers l'orient la vallée du Jourdain avec le château de Belvoir et les montagnes de Moab: vers le sud la plaine d'Esdrelon dominée par le petit Hermon avec les villages d'Endor et de Naïm: vers le nord le grand Hermon et l'Antiliban: vers l'est le Carmel et la Méditerranée. En attendant l'heure de la messe, je vais voir les ruines de l'ancienne basilique et celles du couvent bénédictin qui date du Moyen-âge. Qu'il est doux et aisé de se représenter ici la scène de la Transfiguration! Après la messe et le petit déjeûner, on descend à Débouriéh, petit village arabe assez misérable. C'est ici que Notre-Seigneur avait laissé les neuf Apôtres en gravissant la montagne. C'est là aussi qu'après sa Transfiguration Jésus délivra le possédé dont le père s'écria: „Je crois, Seigneur: mais venez en aide à mon incrédulité."

Nous nous dirigeons tout droit sur la fontaine publique, espérant y trouver une monture ou un guide pour Cana. Toute négociation est inutile, et, notre musette sur le dos, nous prenons un sentier poussiéreux qui après un bon quart d'heure nous mène tout essoufflés à la fontaine de Cana. C'est probablement ici qu'on a dû puiser l'eau que Notre-Seigneur changea en vin. Un vieux sarcophage sert d'abreuvoir au bestiaux, et toute la jeunesse de Cana y prend ses ébats. Nous longeons quelques jardins bordés de haies de cactus, et bientôt nous arrivons au cœur du village. Sur ses 100J habitants 500 sont musulmans. Ce n'est pas sans difficultés qu'on arrive à louer deux chevaux poussifs; encore ne réussit-on pas à se faire conduire à l'église paroissiale des PP. Franciscains, où l'on vénère le lieu du miracle, ni à la chapelle de saint Barthélemy, construite sur l'emplacement de sa maison natale.

Je n'ai pas fait 500 mètres que mon cheval plie et s'abat sous moi : il ne s'engage qu'en hésitant sur la pente raide et caillouteuse. Bientôt apparait à droite le village de El Méched où les musulmans vénèrent le lieu de la naissance et le tombeau du prophète Jonas. A peu de distance de là, sur la gauche se trouve la Fontaine du Cresson, où l'avant-garde de Saladin surprit et extermina 700 Francs (en mai 1187). Après Reinéh, gros village chrétien, on remonte assez péniblement ; puis à un détour de la route, on voit devant soi Nazareth, s'étalant riante et gracieuse au soleil du matin. Ses maisons, rangées en amphithéâtre, sont d'une blancheur assez rare en Orient, et autour d'elles s'épanouissent des jardins et des arbres à foison. Mais par-dessus toute la ville plane comme un nimbe le souvenir de l'Incarnation du Verbe et du séjour de la Sainte Famille.

L'élément chrétien prévaut à Nazareth. Ainsi sur 7 — 8000 habitants il y a 1200 latins, 10'0 grecs catholiques, 2800 grecs schismatiques, 100 maronites et 300 protestants Les Nazaréens, tout en portant l'antique costume juif, se distinguent par leur voile blanc maintenu sur la tête par un gros cordon en poil de chameau. On passe devant la Fontaine de la Vierge sans s'arreter et à 11 heures et demie on arrive devant le sanctuaire de l'Annonciation Les cloches sonnent à toute volée, tant pour le départ du pèlerinage hongrois (200 personnes) que pour l'arrivée processionelle de 250 Bavarois. La Casa Nova est bondée de monde. Un Père français nous conduit au Père Cellérier qui, après un bon moment d'attente, nous trouve deux places En attendant qu'on nous installe, nous écrivons quelques cartes postales

Dès le déjeûner nous avons hâte de vénérer le lieu de l'Annonciation. On descend un large escalier jusqu'à la chapelle de l'Ange, située au-dessous du maître-autel et du chœur des Franciscains. C'est l'emplacement de la maison de Marie, actuellement à Lorette. La grotte de l'Annonciation, toute taillée dans le roc, y fait suite. Elle a environ 6 mètres de long sur 2 mètres et demi de large. Au fond sous un autel en marbre se voit une rosette avec l'inscription: „Ici le Verbe s'est fait chair!"

On ne quitte ce lieu vénérable qu'à regret pour aller a l'église des Grecs unis bâtie sur l'emplacement de l'ancienne synagogue, d'où les Juifs expulsèrent Jésus. De là on s'en va à la Fontaine de la Vierge, où Marie a dû venir puiser l'eau pour son ménage. (C'est l'unique fontaine de la ville). Tout près de là s'élevait autrefois l'église de la Nutrition, actuellement propriété des Grecs schismatiques, où Jésus aurait grandi à son retour d'Egypte. Revenus à l'église de l'Annonciation, nous trouvons un P. Franciscain qui nous montre en détail le musée des Pères, les restes d'une antique habitation située au-dessous du parloir du couvent, et l'atelier de saint Joseph, où Jésus travailla avec son père nourricier. Nous n'avons plus le temps d'aller jusqu'au précipice, d'où les Juifs voulaient précipiter Jésus, ni à Notre-Dame de l'Effroi. Après dîner le sommeil ne se fait guère attendre.

23 juillet. Dès quatre heures je dis la messe à la grotte: puis nous partons à dos d'âne pour la gare d'Afouléh. A l'est s'élève le Thabor: au sud-ouest le petit Hermon. A gauche une petite éminence est occupée par une colonie allemande assez prospère. Depuis la route on voit Naïm, sur la pente nord du Petit Hermon, ville où Notre-Seigneur ressuscita le fils unique de la veuve. Un peu plus loin vers l'est se trouve Endor, où Saül, avant d'engager avec les Philistins le combat où il périt, consulta une pythonisse. On traverse le lit d'un petit ruisseau desséché qui n'est autre que le Cison. Vingt minutes après on est à quelques centaines de mètres de la gare d'Afouléh, où deux trains sont en partence. L'un part pour Damas, et l'autre, celui qu'on devait prendre, s'ébranle — sans nous attendre—vers Caïffa. Que faire? Plus d'une vingtaine de chars à bancs appartenant aux templiers allemands de Caïffa stationnent devant la gare; mais tous sont retenus par les pèlerins bavarois. Le prochain train ne passera qu'à 5 heures du soir. On aurait le temps d'aller jusqu'à la Fontaine de Gédéon à 8 kil. vers le sud-ouest, à l'endroit où Gédéon battit avec ses 300 braves les Madianites et les Amalécites. Là on serait au pied du mont Gelboé, où périrent Saül et ses trois fils, et l'on viendrait par Jezraël (act. Zérain), résidence du roi Achab et de l'impie Jézabel.

On se décide à partir vers Caïffa, et l'on remonte sur nos ânes.

C'est à côté d'Afouléh que Kléber tint tête à 35,000 Musulmans pendant six heures jusqu'à l'arrivée de Bonaparte. A notre gauche s'étend la plaine d'Esdrelon arrosée par le Cison et illustrée par la victoire de Barac et de Débora sur toute l'armée chananéenne.

La plaine d'Esdrelon est bordée vers l'ouest par l'énorme massif du Carmel, dont la verdure contraste agréablement avec la plaine désséchée et brûlante. Un modeste édicule blanc qu'on voit de très loin, indiquerait l'endroit où les 400 prêtres de Baal, convaincus d'imposture par le prophète Elie, furent égorgés et jetés au Cison.

La chaleur augmente en même temps que la fatigue, et la route semble s'allonger. Heureusement une bonne femme nous vend des pommes, et nos montures trouvent une flaque d'eau noirâtre pour s'abreuver. Bientôt apparaissent des vergers, quelques villages, puis un faubourg, et enfin nous sommes à Caïffa. On se désaltère dans un petit restaurant italien, et on se fait servir à manger. Une voiture nous conduit au Mont-Carmel, mais comme il ne reste aucune place à l'hôtellerie des Pères Carmes, ceux-ci nous indiquent l'hôtel Nassar.

24 juillet. — A notre réveil le soleil nous reproche discrètement de faire la grosse matinée; mais n'est-on pas excusable après une bourricade de 50 kilomètres comme celle d'hier? De notre hôtel au sanctuaire du Carmel on met trois quarts d'heure pour monter, mais quelle promenade délicieuse! On ne s'étonne guère que les Livres Saints aient pris le Carmel comme type de la fécondité et de la beauté. A ces attraits s'ajoutent le souvenir des miracles du prophète Elie et les charmes du sanctuaire de Notre-Dame du Mont-Carmel. Ce sanctuaire a la forme d'une croix grecque. Sur le maître-autel trône la statue miraculeuse de Notre-Dame, et au-dessous du chœur s'ouvre la grotte d'Elie. Après la messe on visite le couvent et on jouit longuement du merveilleux panorama.

Au-delà du golfe azuré on aperçoit Saint-Jean d'Acre qui fut pendant un siècle (1191—1291) la brillante capitale du royaume franc d'Oultre-mer. La plupart des Croisés ont passé et repassé par là, et on estime à plus d'un demi-million ceux qui sont enterrés sous ses murs. Honneur à ces nobles preux qui ont laissé leur vie au service du Christ pour s'opposer aux empiétements de l'islamisme!

De retour à Caïffa nous allons à la poste turque et à l'agence du Lloyd autrichien.

Dans la soirée on revient au Mont-Carmel tout embaumé de précieux souvenirs. Non loin du bord de la mer se trouve l'école des Prophètes, vaste grotte de 11 m. sur 7 m., où Elie et Elisée réunissaient leurs premiers disciples. Au dire de la légende, la Sainte-Famille, en revenant d'Egypte, aurait séjourné une nuit dans cette grotte avant de prendre la route de Nazareth. Plus haut se trouvent de nombreuses grottes avec les ruines d'un couvent et un oratoire dédié à saint Simon Stock.

On revient par la colonie des templiers allemands, et on regagne notre hôtel juste à temps pour le diner.

25 juillet. — Dès six heures on reprend la route du Carmel, et j'ai le bonheur de dire la messe à la grotte de St. Elie. Après plusieurs démarches l'agence autrichienne nous délivre enfin nos passages, et après diner nous nous rendons à bord du „Habsburg," où tout est encombré de monde. Le bateau ne part que très tard. Encore un salut à Notre-Dame du Carmel, en doublant son promontoire, et nous nous couchons.

Judée.

Dimanche, 26. Juillet. — Au lever du soleil on est en vue de Jaffa. Ses maisons pittoresquement étagées sont dominées par l'église des P. P. Franciscains et encadrées d'un ruban de verdure. En un quart d'heure une barque nous conduit au pied de la Casa Nova.

Jaffa, l'ancienne Joppé, est déjà citée avant Josué. Sous le règne de Salomon le roi Hiram y débarqua les cèdres coupés sur le Liban et destinés à la charpente du temple de Jérusalem. Jonas, envoyé à Ninive et voulant se soustraire aux ordres de Dieu, s'embarqua à Joppé pour Tarsis. C'est ici que saint Pierre ressuscita la veuve Tabitha et eut la fameuse vision symbolique des animaux purs et impurs, pendant qu'il priait sur le toit de la maison de Simon le corroyeur.

En 1099 Godefroy de Bouillon s'empara de Jaffa et la fortifia. Cent ans après Richard Coeur-de-Lion vint s'illustrer sous ses murs. Saint Louis marqua son séjour ici par la construction de l'église des Franciscains, et Bonaparte y avait son quartier général pendant son expédition de Syrie.

Après la messe les Pères nous servent au petit déjeûner du lait et du miel. Arrivés à la gare, ce n'est pas sans peine qu'on arrive à s'installer dans des voitures préhistoriques. Un coup de sifflet et nous partons vers Jérusalem. Au sortir de Jaffa on traverse de beaux vergers; puis on débouche dans la plaine de Saron si fertile autrefois. Nous voilà en plein pays philistin. La première station est Lydda, où saint Pierre guérit le paralytique Enée. Suit Ramleh, où Saladin fit élever un grand minaret carré en l'honneur des 40 musulmans tués jadis par ici. Au 30e kilomètre on voit à droite sur une hauteur Accaron, d'ou les Philistins renvoyérent l'arche d'Alliance à Bethsamès (au 50e kilomètre). On remonte la vallée du torrent de Sorec, théâtre des exploits de Samson et des fanfaronnades de Goliath. Depuis la voie ferrée on aperçoit à gauche l'ancienne Saraa, patrie de Samson. Au 76e kilomètre se trouve Bittir, le dernier boulevard des Juifs, où, après trois ans de résistance exaspérée, la nation juive succomba à jamais (135 après J.-Ch.) On s'impatiente de la lenteur de notre vieille locomotive poussive et rétive et l'estomac commence à crier famine. Enfin le train stoppe, et on arrive bel et bien en gare de Jérusalem. L'émotion vous étreint. Le rêve que je caressais depuis ma tendre jeunesse, est devenu réalité: Grâces en soient rendues à Dieu!

Une voiture nous mène jusqu'à Notre-Dame de France, et nous allons de là à pied jusqu'à la Casa Nova. Comme il n'y a aucune place de disponible, force nous est de revenir sur nos pas. A Notre-Dame de France nous recevons l'accueil le plus charmant. A peine installés et restaurés nous avons hâte d'aller vénérer le Saint-Sépulcre. Les rues qui y mènent sont étroites et glissantes, inégales et tortueuses. Des deux côtés de la rue s'élèvent des boutiques grises et mal éclairées ou des murs percés de rares et étroites ouvertures.

Après quelques détours involontaires on débouche sur une petite place carrée, et l'on voit au fond une façade gothique surmontée d'une coupole. Il faut quelque temps pour s'orienter dans ce labyrinthe et se représenter l'état primitif de ces lieux si vénérables.

Un mauvais escalier à droite de l'entrée mène au Calvaire. Actuellement c'est une chapelle basse et mal éclairée que deux énormes piliers divisent en deux nefs égales. Celle de gauche avec l'endroit, où expira Notre-Seigneur appartient aux Grecs; celle de droite est aux Latins. Vous dire l'émotion que l'on ressent en ce lieu le plus auguste du monde, est impossible. A droite de l'emplacement de la Croix de Jésus se voit la fente miraculeuse produite lors de Sa mort. Deux plaques en marbre noir marquent l'emplacement des croix des deux larrons. C'est un peu vers la droite qu'on vénère le lieu du dépouillement des vêtements, de la mise en croix ainsi que de l'endroit où se tenaient Marie et saint Jean. Sous le Calvaire s'ouvre une espèce de crypte, la chapelle d'Adam, où la tradition place le tombeau du père du genre humain. Les quatre premiers rois latins y furent ensevelis.

En descendant du Calvaire par l'escalier des Grecs, on arrive à la »pierre de l'onction«, juste en face de la porte d'entrée de la basilique. Cette plaque rougeâtre marque l'endroit où fut embaumé le corps de Jésus. Une petite cage en fer désigne l'endroit où se tenaient les saintes femmes pendant la Passion.

On arrive ensuite au Saint-Sépulcre, petit édicule revêtu de marbre rouge et muni d'une petite façade à son entrée. Tout autour s'ouvre une ceinture de plusieurs rangées d'arcades superposées et surmontées d'une coupole. La chambre sépulcrale est précédée de la chapelle de l'Ange. Elle mesure quatre mètres carrés à peine, et on ne peut y être que trois personnes à la fois. Le tombeau où reposa le corps de Notre-Seigneur pendant deux nuits et un jour, est actuellement fermé par une dalle de marbre blanc. Nous voici donc au lieu de la glorieuse résurrection de Notre-Seigneur. C'est tout près d'ici qu'Il apparut à sainte Madeleine.

En face du Saint-Sépulcre se trouve le chœur des Grecs, entouré lui-même d'une série de chapelles commémoratives des souvenirs de la Passion, et tout à droite de la basilique l'étroit couvent des P. P. Franciscains. Dans la chapelle de leur couvent on vénère l'apparition de Jésus à Sa sainte Mère, et la colonne de la flagellation. Un Père nous explique tout par le menu et nous fait voir tous les alentours de la basilique.

Rentrés à Notre-Dame de France, nous faisons la connaissance d'un vieux prêtre irlandais, revenu d'Australie. Il s'offre à nous accompagner le lendemain. Le reste de la soirée se passe à écrire des lettres et à étudier l'histoire de la ville sainte.

Deux mille ans avant Notre-Seigneur s'élevait ici la vieille Salem, connue par le sacrifice de Melchisédech. Peu après Abraham gravit la montagne de Moriah pour y sacrifier son fils Isaac. Pendant le séjour des Israélites en Égypte, les Jébusiens ont fortifié cette hauteur si bien que nonobstant la conquête de la Terre promise par Josué, ils s'y maintiennent près de quatre siècles. David s'en empare et en fait sa capitale, et Salomon y élève le fameux temple de Jéhovah. Vingt ans après le peuple juif se trouve divisé en deux royaumes jusqu'à ce que la captivité de Babylone (722 av. J. Chr.) met fin à l'infidèle royaume de Samarie. Celui de Juda, revenu à résipiscence, continua son existence; mais, dédaignant les avertissements des prophètes, il devint simple province babylonienne après la destruction de Jérusalem par Nabuchodonosor (588 av. J.-Ch.). Babylone succomba à son tour sous les coups de Cyrus et les juifs revinrent en Judée sous la conduite de Zorobabel. Ils reconstruisirent leur temple de Jérusalem et instituèrent le Sanhédrin (517 av. J.-Ch.). Sans recouvrer leur ancienne indépendance, ils vécurent pendant deux cents ans en paix sous le protectorat perse. En 332 av.

J.-Chr. Alexandre le Grand mit la main sur la Palestine. Les Juifs restaient soumis aux Ptolémées jusqu'en 198 av. J.-Chr.; puis passèrent sous la domination syrienne. La violente persécution des Antiochus amena un réveil religieux et patriotique sous la conduite des Machabées (166 à 37 av. J.-Chr.). Les Juifs reconquirent leur indépendance et la gardèrent pendant un siècle; puis des divisions intestines amenèrent le protectorat de Rome et la nomination d'Hérode comme roi des Juifs.

C'est sous le règne d'Hérode le Grand que naquit Jésus-Christ, dont on connaît assez la sublime mission. En l'an 6 apr. J.-Chr. la Judée fut annexée à la province de Syrie. Les Juifs voulurent à plusieurs reprises secouer le joug romain; mais Vespasien et Titus (67 à 70) détruisirent Jérusalem de fond en comble et écrasèrent les Juifs. Sous les empereurs chrétiens la Palestine vit des jours brillants. De splendides monuments s'élevèrent en tous les lieux évangéliques, les pèlerins affluèrent et quantité de saints illustrèrent de leurs vertus et de leur doctrine la Terre-Sainte. Le 19 mai 614 les Perses appelés par les Samaritains et conduits par les Juifs de Galilée prirent Jérusalem, dévastant et massacrant tout et emportant la vraie Croix qui ne revint à Jérusalem que 15 ans plus tard. Suivit la domination musulmane de 638 à 1099, assez supportable grâce au protectorat franc établi par Charlemagne. Hakem, le kalife-dieu (1009 à 1020), persécuta les chrétiens et détruisit la plupart de leurs établissements. Peu après le protectorat franc passa aux empereurs de Byzance qui, leur schisme consommé (1054), ajoutèrent parfois leurs tracasseries à celles des Fatimites d'Egypte et des Turcs Seldjoucides de Damas.

L'heure des Croisades sonna (1099—1291). Si les efforts héroïques des croisés n'eurent pas plus de succès matériel, la vie religieuse et l'union chrétienne en profitèrent grandement et la domination des Infidèles fut sérieusement ébranlée et affaiblie. Qui sait si l'expulsion des Turcs n'aurait amené des conflits sanglants et séculaires provoqués par les convoitises des diverses nations représentées aux Lieux-Saints!

27 juillet. — Dès les premières lueurs du jour on est au pied du lit. Notre vieux Père irlandais se fait attendre assez longtemps, et l'on manque ainsi quelques souvenirs du quartier arménien. La porte de Jaffa est dans le voisinage immédiat de la citadelle actuelle, au nord de l'ancien palais d'Hérode le Grand. On laisse à droite saint Jacques le Majeur, l'église patriarcale arménienne, où l'on localise le martyre de cet apôtre en l'an 41 ap. J. Ch. Un peu plus loin se trouve le palais du Patriarche, le séminaire arménien avec un hospice et deux monastères. La chapelle des religieuses arméniennes occupe l'emplacement de la maison d'Anne, où Jésus eut à

subir un premier interrogatoire et où Il fut souffleté par un valet.

On sort par la „porte de David", et après une centaine de mètres on arrive à la magnifique église de la DORMITION. Nous recevons l'accueil le plus empressé des P. P. Bénédictins, et j'ai le bonheur de dire la messe dans la crypte à l'autel de la Dormition. Cet autel est à quelques 30 ou 40 mètres du lieu traditionnel de la Dormition ou trépas de Marie. L'église est de style roman et rappelle le vieux Munster de Charlemagne à Aix-la-Chapelle. La crypte surtout est du meilleur effet. Au sortir de l'église on se trouve dans le cloître qui donne sur un préau minuscule. Un Père nous invite à déjeûner et nous fait voir un musée archéologique bien garni.

La Dormition touche au Nébi Daoud ou mosquée du prophète David qui renferme le CÉNACLE, la mère de toutes les églises, ou l'Église des Apôtres. Après le Calvaire il n'y a pas de lieu plus vénérable au monde. C'est là qu'eut lieu la Cène, là que le Seigneur apparut à ses disciples le soir de Sa résurrection et leur donna le pouvoir de remettre les péchés. C'est là aussi que le Saint Esprit descendait sur les Apôtres le jour de la Pentecôte. La Sainte Vierge habita tout à côté et y rendit sa belle âme à Dieu. Quantité d'autres souvenirs se rattachent à ce lieu : l'élection de saint Mathias, le concile des Apôtres, le premier sermon de saint Pierre suivi de la conversion de 3000 juifs, la chaire de saint Jacques, premier évêque de Jérusalem, la mort d'Ananie et de Saphire, l'élection des sept diacres, etc. A peine les musulmans nous laissent-ils monter quelques minutes dans la salle dite du Cénacle. Une autre salle contigue renferme le faux cénotaphe de David.

De retour à la porte de Jaffa, nous prenons une voiture jusqu'à Béthanie au sud-ouest du Mont des Oliviers. Un petit hameau de 300 musulmans est venu se grouper autour du tombeau de Lazare. Ce tombeau est une grotte précédée d'un vestibule; mais au lieu d'y entrer de plein pied comme autrefois, on descend actuellement par un mauvais escalier de 26 marches. La maison de Marthe et de Marie, où Jésus aimait à se retirer, était à peu-près à l'emplacement du couvent des Passionistes. Tout près de là se trouvait aussi la maison de Simon le lépreux, où Marie-Madeleine oignit les pieds du divin maître. A un kilomètre plus loin dans la direction du Mont des Oliviers, se trouve le petit couvent Franciscain de Bethphagé, où l'on voit une grosse pierre cubique couverte de peintures. C'est de là que partit Notre-Seigneur pour son entrée solennelle dans la Ville Sainte. C'est là aussi que Marthe et Marie vinrent à la rencontre de Jésus avant la résurrection de Lazare.

Nous arrivons au sommet du Mont des Oliviers. Au milieu du village de Kefr-et-Tour, se dresse la mosquée de l'ASCENSION, lieu d'où Notre-Seigneur est retourné au Ciel. L'empreinte de Son pied gauche sur le rocher est encore visible. Non loin de là se trouve le Carmel du "PATER", l'endroit où Notre-Seigneur a enseigné l'Oraison dominicale à ses Apôtres Tout autour d'une galerie rectangulaire le Pater se trouve reproduit en 35 langues. Un escalier mène à la grotte des enseignements de Jésus récemment retrouvée (1910). A l'entrée de l'enclos des Carmélites une autre grotte dite du «CREDO» marquerait l'endroit, où les apôtres avant leur dispersion auraient composé le Credo. En descendant vers la vallée du Cédron par un petit sentier escarpé, on passe au Dominus flevit, endroit où Notre-Seigneur lors de son entrée triomphale prédit la ruine de Jérusalem et pleura sur elle.

Le temps du déjeûner nous oblige à rentrer à Notre-Dame. Dans la soirée on retourne au mont des Oliviers. Chemin faisant on visite la caverne de Jérémie, puis on monte jusqu'au sommet de la montagne pour y jouir d'un merveilleux panorama. D'un côté la Ville Sainte avec ses murs 17 fois renversés, ses clochers et ses dômes; du côté opposé la vallée du Jourdain avec Jéricho, la Mer Morte et les Monts de Moab. Nous descendons à mi-côte pour entrer au jardin de Gethsémani. Huit vieux oliviers énormes désignent l'endroit de l'agonie si émouvante de Notre-Seigneur. Vers le nord, en dehors dudit enclos, se trouve la grotte de l'Agonie, où les anciens pèlerins localisent la trahison et le baiser de Judas, tandis que ceux d'aujourd'hui y vénèrent plutôt l'agonie et la sueur de sang. Malgré cette divergence des traditions on se représente aisément la mémorable scène du Jeudi Saint et on aimerait à en prolonger la méditation.

La grotte de l'Agonie est à proximité du Tombeau de la Sainte Vierge. Depuis son suave trépas au Mont Sion jusqu'à sa glorieuse Assomption le corps de la Bienheureuse Vierge reposait ici. De toutes les églises élevées et détruites tour à tour ici il ne reste plus que le porche et la crypte. On arrive au tombeau par un escalier de 18 marches. C'est un édicule cubique dans le genre du Saint-Sépulcre moins le vestibule. Les Grecs et les Arméniens se sont emparé de ce sanctuaire depuis un siècle et demi au préjudice des P. P. Franciscains.

Nous suivons la vallée du Cédron ou de Josaphat absolument à sec. Chrétiens, Juifs et Musulmans, s'appuyant sur un texte du prophète Joël, placent ici le lieu du jugement dernier. Du côté de la Ville Sainte, surtout aux environs de la «porte dorée», se trouvent des milliers de tombes musulmanes, tandis que tout le versant du Mont des Oliviers est parsemé de tombes juives. Parmi ces dernières on remarque le curieux tombeau dit d'Absolom, ceux de saint Jacques et de Zacharie. On est sur la Voie de la Captivité, c'est-à dire le chemin que Notre-Seigneur a suivi de Gethsémani chez Anne et Caïphe De l'angle sud-ouest de la Ville on voit à 200 mètres au sud l'entrée de la Fontaine de Gihon ou de la Vierge. C'est dans son voisinage (au champs de Foulon) qu'Isaïe prédit la naissance miraculeuse du Messie. Plus loin dans la même direction s'étale le village de Siloë au pied du Mont du Scandale avec la Piscine de Siloë, célèbre par la guérison de l'aveugle-né. Le jardin du Roi, hortus conclusus, avec la Fontaine Scellée se trouvait en contrebas.

Nous voilà à longer le mur sud de Jérusalem. Les terrains vagues à notre gauche, remplis d'immondices, étaient du temps de Notre-Seigneur en pleine ville: c'était d'ailleurs l'emplacement primitif de la cité de David. Un pli de terrain marque la vallée de Géhenne ou le Tyropaeon, aujourd'hui comblée, où les Juifs infidèles sacrifiaient à Moloch. On laisse à gauche le terrain de saint Pierre en Gallicante, l'ancienne maison de Caïphe, où Pierre renia son Maitre par trois fois. Encore quelques visites au quartier arménien et nous rentrons à Notre-Dame de France. Au dîner nous faisons la connaissance de deux Pères des Missions-Africaines venus d'Egypte. L'un d'eux est Irlandais et bientôt toute la conversation roule, étincelante et palpitante sur l'émancipation et l'autonomie de la verte Erin.

28 juillet. — Après la messe à Notre-Dame de France nous prenons une voiture pour Hébron: le R. P. Blaise assomptioniste, le directeur de la poste française de Jérusalem et nous deux. Il y a 72 kilomètres aller et retour, mais nous avons bonne route. On laisse à droite la gare, et un peu plus loin Katamon, la villa du patriarche grec. Peu après le Père Blaise nous fait remarquer à gauche et en avant du couvent grec de Mar Elias le puits des Mages. En face du village chrétien de Beit Djala nous laissons la route de Bethléem et nous nous arrêtons au tombeau de Rachel. C'est un grand cénotaphe blanchi à la chaux et abrité par une petite coupole. Nombre de Juifs et de Juives l'entourent en psalmodiant. On laisse la visite des Vasques de Salomon pour le retour, et pendant que les chevaux filent à fond de train,notre imagination erre à travers le pays des patriarches à la recherche d'Abraham, d'Isaac et de Jacob. A Beit Zakaria Judas Machabée battit le roi Antiochus. Des vestiges de l'aqueduc de Pilate se rencontrent souvent. Sur une petite hauteur à gauche et au pied d'un amas de ruines jaillit la Fontaine de saint Philippe où l'eunuque d'Ethiopie fut baptisé. En face d'elle s'entassent les ruines de l'ancienne Bethsour de

Josué, illustrée par une éclatante victoire des Machabées sur Lysias. Le paysage jusqu'ici assez morne s'anime, et des vergers et des vignobles s'étalent à perte de vue. Par contre les Hébronites qu'on rencontre n'ont pour nous que des regards farouches et méprisants. La voiture s'engage dans la cour d'une auberge juive, et nous montons à la chambre haute, bien aise de pouvoir goûter un peu de repos et de fraîcheur.

Une demie-heure après on s'enfile dans les rues tortueuses et enchevêtrées de l'antique Hébron, et bientôt on arrive à la mosquée qui abrite les tombeaux des patriarches. Toutes nos négociations pour pénétrer échouent et il faut se contenter à faire le tour de l'enceinte sacrée. David fut sacré roi à Hébron, et il en fit sa capitale pendant sept ans et demi. La visite de la ville gardant si jalousement son cachet antique n'est pas sans charmes. On nous montre les hauteurs de Kapharbaruka, d'où Abraham assista à la destruction de Sodome et de Gomorrhe. Au retour nous abordons à la chênaie de Mambré, où Abraham avait fixé sa tente lors de la visite des trois Anges. Actuellement on ne voit qu'une vaste enceinte construite au milieu des vignes avec des blocs cyclopéens. A l'angle sud-ouest se trouve une vieille citerne dont la margelle a été usée par des générations. De loin nous saluons Thécua, patrie du prophète Amos, perdue au beau milieu du désert de Juda. Arrivés à 3 ou 4 kilomètres au sud de Bethléem, nous nous arrêtons aux vasques dites de Salomon, gardées par un vieux château arabe délabré. Nous ne rentrons à Notre-Dame qu'après la tombée de la nuit.

29 juillet. — J'ai le bonheur de dire la messe à un autel voisin du Saint-Sépulcre. Une bonne partie de la matinée se passe à Sainte-Anne située au nord de l'ancien temple. Nous y trouvons un compatriote, le Frère Apollinaire, qui nous montre dans la vieille crypte de l'église le lieu de la Nativité de la Sainte Vierge. La petite chapelle est arrangée avec une grâce et une piété exquises. A quelques pas du berceau de Marie et dans une grotte voisine se trouvent les tombeaux de ses parents : saint Joachim et sainte Anne. Un couloir suivi d'un escalier mène à quelque distance de l'église à la Piscine probatique, où Notre-Seigneur guérit le paralytique. Les fouilles sont faites par les Pères Blancs de Sainte-Anne et les séminaristes melkhites qu'ils instruisent.

Après déjeûner nous prenons le chemin de Bethléhem, à neuf kilomètres au sud de Jérusalem. Nous quittons la route de Hébron au tombeau de Rachel, et dix minutes après nous arrivons aux premières maisons de la ville de David. Les rues sont étroites, mal allignées et bordées d'échoppes obscures où l'on fabrique des objets de piété. Tout converge vers une grosse masse de bâtisses noires qu'on dirait une forteresse. Nous passons par deux fois devant l'entrée minuscule de la basilique sans l'apercevoir. Une fois la porte franchie, nous trouvons quelques soldats turcs étendus sur un divan et occupés à fumer et à jouer. Une seconde porte mène à la vieille basilique, une des premières construites en Palestine. La nef finit brusquement à un mur percé d'une lourde porte carrée. A travers cette porte entre-baillée nous voyons tout le transept occupé par des moines arméniens schismatiques. Nous avons recours à un P. Franciscain qu'on trouve à l'entrée de son couvent, et nous arrivons enfin à la crypte. Une étoile en argent indique l'endroit de la naissance de Notre-Seigneur. Quelques mètres plus loin on montre dans une espèce de niche taillée dans le roc le lieu de la crèche avec l'autel des Mages en face C'est donc ici que s'est accompli ce doux ineffable mystère de Noël; ici que Marie et Joseph ont offert leurs premiers hommages au Dieu fait homme. A la suite des bergers et des Mages et de milliers de saintes âmes, nous nous prosternons, incapables d'exprimer nos sentiments.

Dans le voisinage de la grotte de la Nativité un autel dédié à saint Joseph marquerait l'endroit où l'ange vint avertir ce saint de fuir en Egypte. Une grotte plus spacieuse, appelée grotte des Innocents, renferme une espèce de caveau où furent inhumés les restes des saints Innocents. La caverne habitée par saint Jérôme communique avec cette dernière grotte par un étroit passage où reposèrent pendant quelque temps les restes de saint Jérôme et de saint Eusèbe, son disciple et successeur ainsi que des saintes Paule et Eustochium. On sort par l'église sainte Catherine, actuellement église paroissiale des Latins

Encore une visite à la Grotte du Lait à 500 pas au sud-est de la basilique de la Nativité, et nous rentrons à Jérusalem. Cette belle journée, toute embaumée des souvenirs les plus suaves, se trouve entachée d'une nouvelle bien vilaine: l'Autriche a déclaré la guerre à la Serbie, et la Russie menace d'entrer en scène. Dominus det nobis suam pacem !

30 juillet. — Vers les six heures nous nous trouvons, les deux Pères Africains et nous deux, à la grotte de l'Agonie au pied du mont des Oliviers. La messe dite, nous montons en voiture, et tout en déjeûnant sur le pouce, nous dévalons à une allure vertigineuse jusqu'à la Fontaine des Apôtres. Plus d'une fois Notre-Seigneur et ses disciples ont dû se désaltérer ici. La route remonte insensiblement pendant une bonne dizaine de kilomètres et nous arrivons au Khan du Bon Samaritain, appelé l'Auberge des voleurs par les Arabes. Ce khan est dominé par les ruines d'un château-fort des Templiers, qui autrefois veillaient à la sécurité des

Pèlerins de Jéricho. Un peu plus loin se détache un chemin qui conduit au Nébi Mouça, où les Musulmans vénèrent le tombeau de Moïse. Le paysage est d'une mélancolie sauvage, où toute trace de vie et de végétation disparaît. La chaleur devient de plus en plus accablante. On est bien surpris de voir à notre gauche le couvent grec de Koziba, accroché au-dessus de la gorge du Nahr-el Kelt, et comme inaccessible au commun des mortels. C'est là, dit la tradition, que saint Joachim, rebuté par le grand prêtre à cause de la stérilité de son épouse, alla cacher sa douleur; là aussi qu'un ange lui apparut pour lui prédire la naissance de Marie. Au sortir des rochers le Nahr el-Kelt on arrive à la vallée d'Achor, où fut lapidé Achan avec sa famille, pour avoir enfreint les ordres formels de Dieu, à la prise de Jéricho. Du temps de Notre-Seigneur la ville de Jéricho occupait cette même vallée. Hérode le Grand en avait fait sa résidence d'hiver, et y fit construire quantité d'édifices des plus luxueux. On n'en voit plus que quelques débris d'un aqueduc et un immense réservoir. C'est aux portes de cette ville que Jésus guérit l'aveugle Bar-Timée quelques jours avant sa passion. C'est aussi à Jéricho que Notre Seigneur entra chez Zachée, chef des publicains, et l'appela à sa suite. La Jéricho des Croisés se trouvait au même endroit, où se trouve actuellement Er-Riha. Dès le 4e siècle Jéricho était la résidence d'un évêque, et c'est juste un titulaire de ce siège épiscopal, Monseigneur Potron qui m'a ordonné sous-diacre et diacre.

Nous descendons à l'hôtel Guilgal pour déjeuner. Malgré la végétation tropicale de cette contrée, la Jéricho actuelle est sans importance. Après une courte siesta nous partons vers le Jourdain. A trois kilomètres vers l'est on voit à gauche de la route et sur une petite éminence un beau tamaris qui marque l'emplacement du camp de Galgala. C'est là que Josué fit dresser les douze pierres prises dans le Jourdain en mémoire du passage miraculeux de ce fleuve. L'arche y resta six ans, et Saül y fut proclamé roi par Samuel.

Encore cinq kilomètres et nous arrivons au Jourdain, au lieu traditionnel du passage des Hébreux. Cinq siècles plus tard le Seigneur renouvela par deux fois le même miracle en faveur d'Elie et d'Elisée. Vers la même époque Naaman le Syrien fut guéri après s'être lavé sept fois dans les eaux du Jourdain. Le lieu du baptême de Notre-Seigneur, là où prêcha saint Jean-Baptiste, est à 7 ou 8 kilomètres en amont.

Encore sept autres kilomètres vers le sud, et nous arrivons à la Mer Morte. Elle est à près de 400 mètres au dessous du niveau de la Méditerranée, et mesure 75 kilomètres de long sur 15 de large. Sodome et Gomorrhe se trouvaient à l'autre extrémité. L'eau est d'un goût et d'une odeur infectes et semble comme saturée de la malédiction divine.

On quitte ces parages lugubres et l'on revient à Jéricho juste à temps pour visiter la Fontaine d'Elisée. D'après le quatrième livre des Rois Elisée assainit ces eaux à la demande des habitants de Jéricho. Tout près de cette fontaine se trouvent les ruines de la vieille Jéricho de Josué mises à jour par une société autrichienne après deux ans de travail. Ces ruines sont dominées par le Mont de la Quarantaine qui rappelle le jeûne et la tentation de Notre-Seigneur au début de sa vie publique. De même que Josué était parti d'ici pour la conquête de la Terre Promise de même Jésus part d'ici pour la conquête du monde. On revient à l'hôtel où le dîner nous attend. Une demi-heure plus tard on est au lit

31 juillet. — Après un petit somme de trois à quatre heures il faut remonter en voiture pour regagner Jérusalem Cette course nocturne à travers une contrée déjà si macabre en plein jour, vaut une vraie fantasmagorie. On s'arrête une bonne demi heure au khan du Bon-Samaritain, où l'on arrive au point du jour. A la Fontaine des Apôtres nous laissons la voiture monter seule la pente abrupte du Mont des Oliviers, et nous prenons un sentier des plus escarpés. A 7 heures et demie nous arrivons à Notre-Dame de France. Un des organisateurs du pèlerinage bavarois nous permet de nous joindre à ses gens qui partent pour la mosquée d'Omar, et malgré notre lassitude, nous repartons derechef avec le plus grand empressement Il faut vous dire que les Musulmans veillent jalousement à n'y laisser pénétrer aucun giaur (infidèle) sans paperasse ni escorte.

La mosquée d'Omar occupe une partie de l'emplacement du temple de Salomon, centre séculaire de la vie religieuse du peuple de Dieu. N'est-ce pas ici au sommet du Moriah que Melchisédech sacrifia et qu'Abraham devait immoler son fils Isaac? Salomon mit sept ans à élever son temple à Jéhovah, une des merveilles d'alors; mais ce monument fut détruit en 588 av. J.-Chr. par les Chaldéens, relevé par Zorobabel au retour de l'exil (535), et enfin reconstruit par Hérode le Grand peu de temps avant Notre-Seigneur. Un Père Franciscain nous explique par le menu toute la disposition de l'ancien temple. La principale entrée était à l'ouest, à 80 mètres de la Porte Dorée actuelle. Tout l'ensemble du temple et de ses cours mesurait environ 301 sur 180 mètres et était entouré de portiques. Celui de Salomon, où Jésus et ses disciples se rassemblaient de préférence, était à l'ouest en face de la Porte Dorée. Une fois qu'on avait traversé la cour extérieure ou le parvis des Gentils, on arrivait au parvis des Israélites, de là au parvis des prêtres et enfin au Saint et au Saint des Saints. La mosquée d'Omar s'élève à l'endroit même du parvis des prêtres, et a pour centre l'autel des holocaustes. Cette mosquée est d'une richesse inouie et d'une élégance parfaite. Tout son centre est occupé par la Roche Sacrée. Les Turcs nous montrent quelques cheveux de la barbe de Mahomet, l'empreinte de son turban, les marques des doigts de l'Archange Gabriel, etc.; mais nos pensées s'envolent dans le domaine des vieux souvenirs bibliques. On voit Jésus âgé de douze ans au milieu des docteurs de la loi; on le voit chassant du lieu saint les marchands et les changeurs, pardonnant à la femme adultère, louant le denier de la veuve, prédisant la destruction du temple et enseignant à qui voulait l'entendre la doctrine du salut. A l'angle nord-ouest de l'esplanade du temple se trouvait la Tour Antonia, où saint Paul resta quelque temps en attendant d'être emmené à Césarée. Le palais de Salomon, décrit au 3e livre des Rois, se trouvait entre la mosquée d'Omar et celle d'el Aksa. Cette dernière a 90 mètres de long sur 60 m. de large. Les Croisés la transformèrent en résidence royale et lui donnèrent le nom de Palais de Salomon. Encore une visite aux Ecuries de Salomon et à la Porte Dorée, et nous rentrons à Notre-Dame prendre un peu de repos.

A trois heures du soir les Pères Franciscain,s suivis d'un nombreux groupe de pèlerins, font le Chemin de Croix en commun. La première station se trouve au coin de la cour d'une caserne turque, où la tradition place le prétoire de Pilate. Dans la rue en face de l'entrée de cette même caserne on fait la seconde station. Le plus souvent une marque peu apparente désigne les stations. On s'agenouille en pleine rue et l'on fait ses dévotions sans être molesté le moins du monde par les passants. Les cinq dernières stations se trouvent dans la basilique du Saint-Sépulcre. Après cette cérémonie touchante nous nous rendons au Mur des Pleurs, où tous les vendredis des groupes nombreux de Juifs viennent pleurer et lire les lamentations de Jérémie. Tout le reste de la soirée le souvenir de la Passion de Jésus ne nous quitte pas. Au diner on apprend le refus de l'Angleterre de rester neutre, le bombardement de Belgrade par les Autrichiens et l'ultimatum de l'Allemagne à la Russie.

1. août. — Dès avant six heures on est à la recherche d'une voiture pour Aïn Karem ou Saint-Jean in Montana. Pendant cinq à six kilomètres on traverse une campagne aride et pierreuse; puis tout à coup s'opère un changement de décor inattendu. Devant nous s'étale une vallée des mieux cultivées, telle qu'on n'est pas habitué à en voir en Palestine, et dans cette vallée un gros village prospère avec des clochers et des coupoles, des maisons et des établissements présentables. Nous allons directement à l'église de la Nativité de saint Jean-Baptiste. Une grotte à gauche du

maître-autel est vénérée comme le lieu de la naissance du Précurseur. C'est là que Zacharie recouvra la parole et que, rempli de l'Esprit divin, il chanta le Benedictus. Après la messe et le petit déjeûner nous nous rendons à l'autre extrémité du village au sanctuaire de la Visitation. C'est là que la Sainte Vierge rendit visite à Elisabeth, et qu'elle répondit aux compliments de sa cousine par le Magnificat. Au retour nous repassons à la Fontaine de la Vierge, dont les eaux entretiennent toute la végétation de cette vallée privilégiée.

Dans la soirée nous refaisons le chemin de croix, mais plus en détail qu'hier. Nous nous arrêtons assez longuement à l'église de la Flagellation et chez les religieuses de l'Ecce Homo. Après une visite au patriarchat latin nous rentrons à Notre-Dame. Les Pères Assomptionistes viennent juste d'apprendre l'ordre de la mobilisation générale en France et la déclaration de guerre de l'Allemagne à la Russie. Les pèlerins bavarois sont le moins affectés; d'aucuns même applaudissent ouvertement à la détermination de leur empereur.

2 août. — A six heures je dis la messe à l'autel de la Nativité de la Sainte-Vierge à Sainte-Anne. Le Frère Apollinaire est heureux de me montrer en détail le beau musée du Père Cré. Rien de si instructif que cette infinité d'objets bibliques, étiquetés avec un simple texte de l'Ecriture. On fait une visite à un autre compatriote, frère des Ecoles-Chrétiennes, et du haut de la terrasse de son établissement, on jouit d'une vue magnifique Dans la soirée on revoit encore quelques souvenirs de la Passion; mais les bruits de la guerre joints à une forte migraine, vous dégoûtent de tout.

3 août. — A 5 heures et demie je me rends à la chapelle de l'Ecce Homo, où les Sœurs de Sion m'avaient invité à dire la messe. Mon cousin Adolphe est en retard, et pour arriver à l'heure, je pars sans lui. Chemin faisant un religieux me rejoint et m'apprend que les Turcs ont mobilisé toutes les montures et les voitures de la ville pendant la nuit. Les indigènes ont l'air consterné, et à chaque coin de rue un soldat monte la garde. La messe dite, j'ai hâte de gagner le logis, mais mon cousin a disparu avec armes et bagages. Le portier de Notre-Dame m'apprend qu'il est parti à la suite du pèlerinage bavarois. J'arrive à la gare deux minutes après le départ du train, et force m'est de rester tout seul. Je passe aux Messageries pour retenir mon passage, mais on exige une réquisition signée du Consul. Je reviens donc avec ma réquisition, et me voilà en règle. Je profite de ma dernière journée à Jérusalem pour revoir les principaux sanctuaires et faire mes derniers préparatifs de départ.

4 août. — Nous disons la messe à cinq heures, les deux Pères africains et moi; puis, ayant fait nos adieux

aux Pères, nous partons pour la gare. Impossible de trouver un véhicule quelconque, et chacun doit porter ses bagages. En fin de compte on trouve un portefaix qui nous débarasse d'une bonne partie des nôtres. Quoique nous soyons en avance d'une heure, nous avons de la peine à nous caser. La plupart des places sont prises par des Juifs allemands ou polonais. Peu à peu arrivent des Pères Dominicains, Assomptionistes, Franciscains etc. On ajoute des wagons ; la police passe pour s'assurer si tous les papiers sont en règle. Quantité de Turcs sont expulsés, et cela à travers les portières. Enfin le train s'ébranle et on arrive sans encombre jusqu'à Ramléh. Là une foule compacte nous attend et en deux minutes le train est pris d'assaut avant même qu'il ne s'arrête. Un Père réussit à découvrir le chef de gare, et lui enjoint d'appeler la police et de faire venir un train de secours de Jaffa. En attendant on étouffe au milieu de ces chenapans qui vous abasourdissent par leur vociférations leurs coups de pistolet et leurs rixes incessantes. Huit soldats arrivent, *baïonette* au canon ; mais, menacés d'être désarmés, ils *battent* en retraite. Juste sur le toit de notre wagon on a *installé* le drapeau du prophète avec deux tambours qui ne cessent de battre la générale. Après deux longues heures le train de secours arrive enfin, et bon nombre des intrus déguerpissent pour s'installer mieux à leur aise dans l'autre train. A Lydda même foule houleuse ; heureusement on a tout fermé et le train ne s'arrête pas.

A Jaffa on pourrait marcher par-dessus les têtes des Turcs. Grâce au Père irlandais on se fraie un passage jusqu'au bureau du chef de gare. La porte se referme sur nous et l'on sort du côté opposé. On s'installe dans l'unique voiture qui reste, et après bien des détours on arrive à la Casa Nova. Nous attendons les autres Pères plus d'une heure ; puis on s'embarque. Peu à peu le bateau se remplit si bien que beaucoup de passagers n'ont pas de couchette pour la nuit. On apprend que les Allemands ont franchi la frontière française en trois points différents avant toute déclaration préalable, que la Belgique refuse de livrer passage à l'Armée allemande, et que l'Angleterre a déclaré la guerre à l'Allemagne. Notre bateau part vers les 8 ou 9 heures du soir. Malgré tout je m'endors en envoyant un dernier adieu à la Terre-Sainte. Mille actions de grâces encore une fois à la divine Miséricorde pour m'avoir permis de voir cette terre choisie entre toutes, où le Fils de Dieu est venu établir son royaume des Cieux, où tout rappelle son Amour infini pour nous !

Vers l'Extrême Orient

5 août 1914. — Après une nuit assez mauvaise on arrive à Port-Saïd vers les sept heures du matin, et une heure

après on est à terre. Au bureau des Messageries-Maritimes on n'a aucune nouvelle de „l'Euphrate" qui doit m'emmener. Je m'installe à l'hôtel de la Poste.

6 août. — Tout en lisant les dépêches, je trouve celle qui annonce l'invasion de notre cher petit Luxembourg par les Allemands dès le 2 août. Quel coup de foudre! Le soir en entrant à la grande salle à manger, le propriétaire de l'hôtel M. Allard, me présente à ses hôtes comme„ sans-patrie" et comme„ ancien" Luxembourgeois. Tout le monde se lève, et dans mon émotion je trouve à peine quelques mots pour remercier de cette marque de sympathie. Tout en faisant mille voeux pour une prompte et entière victoire de la France, j'aime à croire pourtant, que, contrairement à l'Allemagne, la France respectera notre modeste devise: „ Nous voulons rester ce que nous sommes. "

7 à 9 août. „L'Euphrate" est arrivé et n'a échappé que par miracle au „Breslau" et au „Goeben," qui savaient qu'il transportait des marins de relève et des obus destinés à l'escadre de Chine. Comme on n'est pas fixé sur son départ, je dois rester à terre.

10 au 15 août. — Le lundi 10 août on me laisse monter à bord, mais „l'Euphrate" ne reçoit sa feuille de route que le 15 août au soir. Toute la nuit on fait du charbon et de l'eau.

16 à 22 août — On avance péniblement dans le détroit de Suez et dans la Mer Rouge. C'est un bain de chaleur continuel. Dans la soirée du 22 on arrive à Djibouti.

23 à 27 août. — Séjour à Djibouti, où l'on débarque du matériel de chemin de fer. Je reçois le meilleur accueil des Pères Capu- cins qui sont presque tous mobilisés, et je reste avec eux jusqu'au départ de l'„Euphrate."

28 août à 6 septembre. — Entre Djibouti et Colombo, la mer est assez mauvaise et maintes fois je suis seul à table avec les officiers du bord. Le soir du 6 septembre on entre au port de Colombo. Un inspecteur anglais veut me faire débarquer comme sujet allemand, et parle de m'interner à Calcutta avec les prisonniers de guerre. Ce n'est que grâce aux réclamations du commandant que j'échappe; mais je suis consigné sur parole pendant tout mon séjour au port.

7 à 17 septembre. — Le roulis se fait sentir jusqu'à l'entrée du détroit de Malacca. Dans les environs de Pinang on rencontre le „Dupleix" qui prend une centaine de nos marins à bord et nous passe ses malades. On double l'île qui est en face de Singapore sans s'arrêter. Dans la soirée du 17 septembre on débarque à Saïgon. Vous ne sauriez croire avec quel plaisir j'ai revu le pays d'Annam.

18 à 22 septembre. -- Séjour à Saïgon. Le 22 au soir je m'embarque sur la „Manche" avec deux Frères des Ecoles chrétiennes de Hué.

23 à 25 septembre. — De Saïgon à Tourane. A la hauteur de Quang Nyai on rencontre une escadre qui fait la chasse à l'«Emden». On débarque à Tourane dans la matinée du 25. Ce même jour vers les six heures du soir je suis à Hué chez Monseigneur, au centre de la mission.

26 septembre. — J'arrive pour dîner à Dan Han chez mon premier curé le cher Père Bonin. Après une longue absence et deux mois et demi de voyage il me tarde de rentrer chez moi. Mes voisins, les deux Pères de Pirey ayant annoncé l'heure de mon retour à la chrétienté, je suis reçu avec tambour et bannières et réinstallé au presbytère de Nhu Ly. Le lendemain toutes les autres chrétientés viennent me souhaiter la bienvenue, et un grand repas de plusieurs centaines de «couverts» vient affermir les liens de notre affection réciproque.

* * *

Me voici au bout de mon voyage de Terre-Sainte. Un autre pèlerinage plus ardu et de longue haleine me reste à parachever: celui de la Jérusalem céleste. Daigne Dieu nous accorder à vous et à moi, cette grâce des grâces de ne pas manquer un suprême rendez-vous!

Fin.

Vereinsnachrichten.

EHRUNGEN. *Mgr. Dr. Kirsch Johann-Peter,* Professor an der katholischen Universität Freiburg (Schweiz) wurde am 8. Dezember 1921 vom hochw. Hrn. Bischof Nommesch zum Ehrendomherrn der Luxemburger Kathedrale ernannt.

Hr. *Bassing Theodor,* Gemeindesekretär und Organist zu Vianden, wurde von I. K. H. der Grossherzogin Charlotte zum Ritter des Nassauischen Hausordens ernannt.

Hr. *Diderrich Emil,* Hotelier zu Bad-Mondorf, wurde zum korrespondierenden Mitglied der Akademie Stanislas in Nanzig ernannt.

Hr. *Didier Nikolaus,* Direktor des Bischöflichen Konviktes zu Echternach, wurde zum wirklichen Mitglied (membre effectif) der Historischen Sektion des Grossherzoglichen Institutes von Luxemburg gewählt.

Hr. *Medinger Eugen,* Pfarrer zu Oberpallen, wurde zum korrespondierenden Mitglied derselben Gesellschaft ernannt.

Die HH. *Kaiser Johann-Baptist,* Professor am Bischöflichen Gymnasium zu Montigny bei Metz, und *Welter Ferreol,* Apotheker zu Gross-Hettingen bei Diedenhofen, wurden zu Ehrenmitgliedern (membres honoraires) derselben Gesellschaft ernannt. Ausserdem wurde Hr. *Welter*, gelegentlich der Inauguration des Monumentes für Paul Déroulède zu Metz (am 16.Oktober 1921) zum Officier d'Académie ernannt.

Allen diesen Herren unsere herzlichsten Glückwünsche!

ERNENNUNGEN. Hr. *Medinger Eugen*, bisher Pfarrer zu Oberpallen, wurde zum Pfarrer von Gilsdorf ernannt.

Hr. *Bisdorff Theophil*, bisher Kaplan zu Ingeldorf, wurde zum Pfarrer von Flaxweiler befördert.

Hr. *Schmit Wilhelm*, bisher Vikar zu Oberwiltz, wurde zum Pfarrer von Eschweiler (Wiltz) — nicht von Harlingen, wie in der letzten Nummer angezeigt war — befördert.

Auf sein Verlangen hin wurde die Ernennung des Hrn. *Weber Johann* zum Pfarrer von Arsdorf widerrufen und verblieb er also Pfarrer zu Harlingen.

Neues Mitglied. Der hochw.Hr. Nikolaus Drees, Pfarrer und Dechant zu Ospern.

Mitteilung.

Unvorhergesehener, von unserm Willen unabhängiger Umstände halber, konnte der Schluss der Biographie des hochw. P. *Biever Theodor-Zephyrin* nicht, wie angedeutet, in diesem Hefte erscheinen; er musste daher notgedrungen für die ersten Hefte des folgenden Jahrganges zurückgelegt werden.

Aus derselben Ursache können Umschlag, Titelblatt und Inhaltsverzeichnis des Jahrganges 1921 erst mit dem ersten Hefte des Jahrganges 1922 ausgegeben werden.

Sehr dringende Bitte.

Unsere verehrlichen Vereinsmitglieder und Abonnenten werden andurch recht höflich aber auch sehr eindringlich ersucht, den Betrag ihrer Cotisation gütigst vor dem 20. Januar an den Unterzeichneten einsenden zu wollen.

Der Beitrag für die Vereinsmitglieder beträgt 10 Franken, für die Abonnenten 12 Franken, für die auswärtigen Abonnenten 12 Franken nebst den Frankierungsgebühren.

Die bis zum 28. Januar nicht eingelaufenen Beiträge werden per Postquittung eingezogen, in welchem Falle die Postspesen hinzu gerechnet werden müssen.

Durch rechtzeitige Einsendung der Beiträge werden dem Kassierer viele und zeitraubende Arbeiten und den Mitgliedern, resp. Abonnenten unnötige Kosten erspart.

Der Kassierer: MARTIN BLUM
Genister-Strasse, 5. Luxemburg.

Literarische Novitäten u. Luxemb. Drucksachen.

Dr. Goergen Wilhelm. D'Gro'si séngt. Musék vum J. Mertens. Letzeburg, 1921. P. Worré-Mertens, J.-P. Worré, Nofolger. 3 SS. in 4°.

Gymnase grand-ducal d'Echternach. Programme publié à la clôture de l'année scolaire 1921—1922.*) — Grossherzogl. Gymnasium zu Echternach. Programm herausgegeben am Schlusse des Schuljahres 1921—1922. Luxemburg, Victor Bück (Walter Bück, successeur), 1921. — 28 + 33 + 7 pp. in 8°. — Dissertation. *Dr. Lanners R.:* Vom Bildungswert der Wissenschaft. — p. 1—28.

Institut archéologique du Luxembourg. Annales. Tome LI. Année 1920. Liége, 1921. — 2 + 198 + 1 pp. in 8°, avec 4 figures dans le texte. — Ce volume renferme les travaux suivants:

Halkin Joseph: La chapelle Sainte-Anne de Werpin en la paroisse de Melreux. — p. 1—46.

Balter V. et **Dubois Ch.:** La Chaussée romaine Arlon-Tongres. — p. 46—63, avec 2 fig. dans le texte.

Nicolas Joseph: Le droit coutumier de la Seigneurie de Muno. — p. 65—131.

Liégeois Edouard: Monographie de la commune de Tintigny. — p. 133—174.

P. Durand Ch. C. SS. R.: Un problème historique luxembourgeois résolu. Vie et mort du Serviteur de Dieu François Folch, prêtre belge, martyrisé en Suisse en 1643. — p. 175—188.

Balter V. et **Dubois Ch.:** Un établissement romain dans la forêt d'Anlier. — p. 189—190, avec 1 fig. dans le texte.

Verhulst L.: La Confrérie des Marchands merciers de Virton. — p. 191—192.

Bernays Ed.: Demi-esterlins luxembourgeois et half pennies anglais faux émis à Marche sous le règne de Jean l'Aveugle. — p. 193—194, avec 1 fig. dans le texte.

Kellen Tony. Das Schwabenland. Ein Heimatbuch für Württemberg und Hohenzollern. Mit 27 Zeichnungen und Buchschmuck von Karl Sigrist, 2 alten Stichen und 8 Schattenrissen. Leipzig, Friedrich Brandstetter, 1921. — VIII + 408 SS. in 8°.

*) Irrtümlich hat der Drucker 1921—1922, anstatt (wie es richtig heissen sollte) 1920—1921 gesetzt.

Idem. Alter und neuer Humor des deutschen Volkes. Eine Auswahl der besten Schwänke, Schnurren und spassigen Geschichten. 2. Band. Zweite verbesserte und vermehrte Auflage. Saarlouis, Hausen. O. D. (1921). — 144 SS. in 8°

Idem. Bei Tony Schumacher (Jugendschriftstellerin). Sonder-Abdruck aus dem Stuttgarter „Neuen Tagblatt", Nr. 567 vom 6. Dezember 1921. (Stuttgart 1921). — 1 S. pet in fol.

Dr. Klein Edmund - Joseph. Sekundäre Geschlechtsmerkmale. Eine Zusammenfassung. Luxemburg, J.-P. Worré, 1921. — 63 SS. in 8°.

Marienkalender (Luxemburger) für das Jahr 1922. Sechsundvierzigster Jahrgang. Luxemburg, St. Paulus-Gesellschaft. (1921.) — 8 + 132 + 28 SS. in 4°, mit 3 Tafeln ausser Text und vielen Bildern.

Oswald Josef. Die wirtschaftliche Entwicklung des Grossherzogtums Luxemburg innerhalb des Deutschen Zollvereins (1842-1872). Ein Beitrag zur Wirtschaftsgeschichte Luxemburgs. Esch-Alzette, 1921, Kremer & Rettel. — 319 SS. in 8°.

Dr. Pletschette Guillaume. Oeuvre des Jeunes-Economes de la ville de Luxembourg. Compte-Rendu des résultats de la 71e année suivi de la liste des Jeunes-Economes et des souscripteurs de l'Oeuvre. (Aidez nous!) Août 1921. Luxembourg, Imprimerie de la Jeunesse Cath., 1921. — 16 pp. in 8°.

Trauffler Heinrich. Morgenglocken. Kalender für die Luxemburger Kinder. 1. Jahrgang. 1922. Luxemburg, P. Worré-Mertens, J.-P. Worré, Nachfolger. (1921.) — 48 SS. in 12°, mit vielen Bildern.

Weber Batty. En Teschtement. Kome'distéck an engem Akt. De Briedemesser Jongen zo'erkannt. Letzeburg, Linden & Hansen, 1921. (No. 36 vum „Letzeburger Allerlé.") — 23 SS. in 8°.

Welter Timothée. Les Mares. Habitations souterraines de nos Ancêtres en Lorraine. Rapport présenté au Congrès de Strasbourg de l'Association française pour l'avancement des sciences, le mercredi, 28 juillet 1920. Paris, 1921. — 3 pp. in 8°.

Zenner Theodor. Was der schwarze Hans erlebte. Kindererzählung aus der Heimat. Esch-Alzette, Kremer & Rettel, 1921. — 128 SS. in 8°, mit 3 Abbildungen ausser Text.

Inhaltsverzeichnis:

I. Vereinssachen.

A. *Geschäftliches.*

II. *Geschichtliches.*

III. *Folklore.*

IV. *Literarisches.*

V. *Verschiedenes.*

B. Personalnachrichten.

I. *Todesfälle:*

II. *Ehrungen:*

III. *Ernennungen, resp. Beförderungen.*

IV. *Ehrenvolle Entlassungen.*

ONS HÉMECHT.

Organ für Luxemburger Geschichte, Literatur und Kunst.

Inhaltsverzeichnis

zu den 25 ersten Jahrgängen.

(1895-1919.)

(Die fette Ziffer bedeutet den Jahrgang, die anderen die Seiten.)

densprovinz (der Gesellschaft Jesu) der vom hochw. Bischofe von Azot approbierten Wunder. — 1907, 69.

15. Zahl der in der Jesuitenkirche zu Luxemburg gespendeten hl. Kommunionen, vom Jahre 1600 bis zum Jahre 1658. — 1907, 253.

16. Muster eines Aufnahmescheines in die von P. Brocquart S. J. gegründete Bruderschaft der Trösterin der Betrübten. — 1908, 37.

17. Zweites Muster eines Aufnahmescheines in die Bruderschaft der Trösterin der Betrübten, mit deren kurzgefaßten Statuten. — 1908. 264.

18. Schreiben des hochw. P. Alexander von Wiltheim, S. J., an den Provinzialrat von Luxemburg, um denselben zu bewegen, die Trösterin der Betrübten zur Schutzpatronin der Stadt Luxemburg zu erwählen. — 1907, 458.

19. Auszug aus dem Testamente des Fräuleins Magdalena Goudius (Gaudius) aus Luxemburg. — 1917, 294.

20. Beschreibung der Feierlichkeiten, gelegentlich der Erwählung Mariä, der Trösterin der Betrübten, zur Schutzpatronin der Stadt Luxemburg, am 10. Oktober 1666. — 1914, 459.

21. Mobiliar-Inventarium der Gnadenkapelle in den Jahren 1668 (resp. 1669 und 1670). — 1915, 364.

22. Approbation der vom Luxemburger Provinzialrat vorgenommenen Erwählung der Trösterin der Betrübten zur Patronin der Stadt Luxemburg, durch den hochw. Herrn Weihbischof von Trier. — 1907, 519.

23. Breve, wodurch die hl. Congregation der Riten, zu Rom, die durch die drei Stände und die Städte vollzogene Erwählung der Trösterin der Betrübten zur Schutzpatronin des ganzen Luxemburger Landes genehmigt. — 1906, 172.

24. Anzeige des Beginnes der Oktave der Trösterin der Betrübten im Jahre 1679. — 1917, 281.

25. Wiederholte Approbationen des ersten eigenen Offiziums zu Ehren der Trösterin der Betrübten für das Herzogtum Luxemburg und die Grafschaft Chiny. — 1906, 203.

26. Andere Druckerlaubnis für ein Offizium zu Ehren der Trösterin der Betrübten. — 1917, 279.

27. Schreiben des hochw. P. Jakob Pirenne, S. J., aus Luxemburg, an den hochw. P. Eusebius Steiner, S. J., in Rom, behufs Erneuerung des vollkommenen Ablasses vom Jahre 1678. — 1906, 132.

28. Personalbestand des Jesuitenklosters zu Luxemburg im Jahr 1741. — 1915, 116.

29. Andere Geschenke gemacht an die Kirche der PP. Jesuiten zu Luxemburg. — 1914, 384.

30. Einnahme an Opfergeldern in der Kirche der PP. Jesuiten zu Luxemburg, vom 1. Mai 1757 bis Juli 1773. — 1914, 381.

31. Disposition de Sa Majesté relative à l'administration des biens dépendant de la Chapelle de Notre-Dame la Consolatrice des Affligés, au Glacis de Luxembourg. — 1908, 64.

32. Verzeichnis aller, vor Ausbruch der französischen Revolution, der damaligen Kapelle U. L. Frau zugehörigen, goldenen und silbernen Schmucksachen, Ornamente und kirchlichen Gegenstände, bekannt unter dem Namen «Muttergottesschatz». — **1910**, 382.

33. Ankündigung der Abhaltung der ersten feierlichen Oktave und Schlußprozession zu Ehren der Trösterin der Betrübten, nach Einnahme der Stadt Luxemburg durch die Franzosen (1795), im Jahre 1803. — **1907**, 304.

34. Dossier relatif au projet de reconstruire l'ancienne chapelle de Notre-Dame sur les glacis de Luxembourg. -- Ce dossier contient:

 1. Lettre du premier Inspecteur général du Génie à Monsieur le Directeur des fortifications à Verdun.
 2. Lettre du directeur des fortifications par intérim à Monsieur Adant, Sous-directeur des fortifications à Luxembourg.
 3. Lettre du Ministre des Cultes, Portalis, à Mgr Jáuffret, Evêque de Metz.
 4. Lettre de l'Evêque Jauffret de Metz au Maire de Luxembourg.
 5. Lettre (sans signature, probablement de M. le Vicaire-général de Neunheuser) à Monsieur le Ministre de la guerre.
 6. Lettre de Mgr. Jauffret au Préfet du Département des Forêts.
 7. Lettre non-signée (probablement un brouillon du Préfet du Département des Forêts) à M. Lejeune, faisant fonctions de Sous-directeur des fortifications à Luxembourg.
 8. Lettre du Capitaine du génie, Le Jeune, au Préfet du Département des Forêts.
 9. Lettre du Directeur des fortifications par intérim, Charles Chevallot, à M. Jourdan, Préfet du Département des Forêts.
 10. Lettre sans signature (provenant probablement du préfet Jourdan) au Ministre de la guerre.
 11. Brouillon de lettre sans adresse et sans date. — **1908**, 282, 334, 389, 425.

35. Marche qui sera suivie pour la Procession de la Vierge, fixée à Dimanche 16 Floréal, an 12 (6 mai 1804). — **1919**, 159.

36. Erneuerung eines vollkommenen Ablasses für die zu Wiltz stattfindende Oktave zu Ehren der Trösterin der Betrübten. — **1907**, 184.

37. Mitteilung an die Gläubigen von der Anteilnahme des Oberhirten des Landes, des hochw. Herrn Bischofes Jauffret, von Metz, an der Schlußfeier der Oktave der Trösterin der Betrübten, im Jahre 1807. — **1907**, 331.

38. Feierliche Überreichung des Schlüssels der Stadt Luxemburg an das Gnadenbild der Trösterin der Betrübten. — **1906**, 35.

39. Hirtenbrief des hochw. Herrn Bischofes Jauffret, über die Verehrung der Trösterin der Betrübten zu Luxemburg. — **1906**, 80.

40. Anzeige über die Ablaßerneuerung für die Oktave der Trösterin der Betrübten. — **1909**, 312.

41. Herr Generalvikar de Neunheuser fordert Klerus und Volk auf zur Teilnahme an der Oktavfeier. -- **1907**, 185.

42. Breve Seiner Päpstlichen Heiligkeit Pius VII., wodurch die Pro-

zession zu Ehren der Trösterin der Betrübten, am 5. Sonntag nach Ostern, zu Diekirch eingesetzt und für die Festoktave ein vollkommener Ablaß gewährt wird. — **1906, 238.**

43. Circular des hochw. Herrn Vandernoot, Apostolischen Vikars für die Stadt Luxemburg, welches anzeigt, daß in Zukunft die Prozessionen vom Lande wieder zum Gnadenbilde pilgern dürfen. — **1908, 155.**

44. Maria, die Trösterin der Betrübten, wird vom hochw. Herrn Johannes-Theodor Vandernoot, zur ersten Patronin aller Pfarreien des Luxemburger Landes erklärt. — **1908, 211.**

45. Hirtenschreiben des hochw. Herrn Bischofes Laurent, worin derselbe mitteilt, die bisherige St. Nikolaus- oder St. Peters-Kirche führe fortan den Namen Liebfrauen- oder Muttergottes-Kirche. — Anzeige eines alljährlich während der Oktave der Trösterin der Betrübten zu gewinnenden vollkommenen Ablasses in Form eines Jubiläums. — **1908, 97.**

46. Gebet (zur Trösterin der Betrübten) um die Rückkehr des hochw. Herrn Bischofes Laurent nach Luxemburg zu erwirken, verfaßt vom hochw. Herrn Nikolaus Adames, Apostolischer Provikar. — **1907, 142.**

47. Hirtenbrief des hochw. Herrn Nikolaus Adames, wodurch derselbe die Feier des bevorstehenden 200jährigen Jubiläums des Gnadenbildes Mariä, der Trösterin der Betrübten, anzeigt. — **1915, 161, 220.**

48. Fêtes jubilaires de l'institution de l'Octave de Notre-Dame en 1866. — **1910, 462.**

49. Hirtenschreiben des hochw. Herrn Bischofes Nikolaus Adames, worin derselbe das ihm von Seiner Päpstlichen Heiligkeit Pius IX., auf seinen Bericht über die Feier des 200jährigen Jubiläums des Gnadenbildes, zugesandte, huldvolle Antwortschreiben mitteilt. - **1915, 301.**

50. Urkunde über die Restauration des Turmdaches der Liebfrauenkirche (Kathedrale) zu Luxemburg. — **1919, 59.**

51. Teilweise Abänderung des bisher befolgten Ganges der Schlußprozession zu Ende der Muttergottesoktave. — **1915, 76.**

52. Anzeige, wo die Vereine, Bruderschaften und Körperschaften bei der Schlußprozession (der Muttergottesoktave) herkommen und in dieselbe eintreten sollen. -- **1915, 77.**

IV. Bibliographisches. Gesamtwerke von

A. — *Einzelnen Autoren.*

53. Arendt Karl, Ehrenstaatsarchitekt. — **1901, 87.**
54. Beck Christian, emeritierter Pfarrer. — **1917, 269.**
55. Bertels Johann, Benediktinerabt. — **1909, 308.**
56. Binsfeldt Peter, Weihbischof. — **1896, 242, 272.**
57. Burg Georg-Jordan, Seminarsprofessor. — **1899, 7.**
58. Diedenhoven Jakob, Belgischer Kolonel. — **1895, 38.**
59. Duchscher Andreas, Industriel. — **1895, 62.**
60. Eltz Heinrich, Postperzeptor. — **1900, 574.**
61. Everlingen (von) von Witry Ludwig-Hyacinth, Naturalist. — **1897, 384.**

62. Fallize Johann-Baptiste-Olaf, Bischof. — **1898**, 329, 395.
63. Fontaine (de la) Edmund, (Dicks.) — **1895**, 39,62.
64. Gangler Johann Franz, Polizeikommissar. — **1895**, 38.
65. Gonner Nikolaus, Redakteur. — **1895**, 64.
66. Kintgen Damian, Normalschulprofessor. — **1901**, 635.
67. Knaff Karl-Joseph-Philipp, Unterbureauchef. — **1895**, 38.
68. Lentz Michel, Nationaldichter. — **1895**, 63.
69. Mameranus Nikolaus, gekrönter Dichter. — **1913**, 508, 537.
70. Mansfelt (von) Karl, Militärseelsorger. — **1896**, 398.
71. Menager Lorenz, Musikprofessor. — **1903**, 182.
72. Menard Johann-Jakob, Coiffeurmeister. — **1895**, 63.
73. Mersch Karl, Rentner. — **1895**, 64.
74. Meyer Anton, Universitätsprofessor. — **1895**, 38.
75. Meyers Jakob, Gymnasialprofessor. — **1916**, 229, 289.
76. Müllendorff August-Julius, Jesuit. — **1898**, 186, 222.
77. Müllendorff Karl, emeritierter Gymnasialprofessor. — **1895**, 65.
78. Müller Mathias, Dechant. — **1899**, 11.
79. Neyen Claudius-August, Arzt. — **1902**, 565, 569.
80. Nilles Nikolaus, Universitätsprofessor. — **1895**, 566, 632, 681.
81. Peters Johann, Seminarsprofessor. — **1897**, 626.
82. Pint Peter, emeritierter Pfarrer. — **1917**, 368.
83. Pünnel Johann-Peter, Dechant. — **1899**, 10.
84. Rewenig Nikolaus, emeritierter Oberlehrer. — **1901**, 623.
85. Rodange Michel, Staatsbeamter. — **1895**, 63.
86. Schliep Heinrich, emeritierter Staatsbeamter. — **1913**, 291.
87. Steffen Nikolaus, emeritierter Lehrer. — **1895**, 62.
88. Steffen-Pierret Nikolaus, Schreiner. — **1895**, 64.
89. Weber Joseph, Zahnarzt. — **1909**, 129.

B. — *Verschiedene Autoren und Schriften.*

90. Literatur über die Abtei Clairefontaine. — **1907**, 306.
91. Literatur über die Abtei Orval. — **1907**, 255.
92. Literatur über den Titelberg. — **1907**, 429.
93. Literatur über Vianden. — **1909**, 405.
94. Littérature sur les églises abbatiale et paroissiale d'Echternach. — **1910**, **151**.
95. Littérature sur la procession dansante d'Echternach. — **1910**, **152**.
96. Littérature sur la ville d'Echternach, en général. — **1910**, **151**.
97. Littérature sur Saint-Willibrord. — **1910**, **149**.
98. Manuskripte der Bibliothek der historischen Sektion des Institutes zu Luxemburg, über Vianden. — **1901**, 647.
99. Gedruckte Werke und Abhandlungen über Vianden. — **1901**, 618.
100. Nomenclature des ouvrages publiés sur la géographie du Grand-Duché de Luxembourg. — **1897**, 693.
101. Relevé alphabétique des publications relatives à la touristique luxembourgeoise. — **1905**, 321, 355, 419.
102. Relevé chronologique des ouvrages imprimés, traitant ex professo l'histoire générale du pays de Luxembourg. — **1897**, 510.
103. Statistique historique du Grand-Duché de Luxembourg. — **1897**, 394; **1902**, 94.

V. Biographisches über

A. — *Einzelne Personen:*

184. Peter (der Selige) von Luxemburg. — **1896**, 102.
185. Peters Johann. — **1897**, 580, 600.
186. Pint Peter. — **1917**, 367; **1918**, 28.
187. Pünnel Johann-Peter. — **1897**, 702; **1899**, 9, 240.
188. Rewenig Nikolaus. —, **1898**, 574.
189. Roberts (von) Alexander, Schriftsteller. - **1916**, 125.
190. Rollingen (von) Heinrich-Hartard, Bischof. — **1897**, 91, 115, 168, 222.
191. Rollingen (von) Johann-Jakob, Germaniker. -- **1897**, 323.
192. Schiltz Peter, Konviktsdirektor. — **1899**, 5.
193. Sifroi Kunuz, Comte de Mosellane, tige de la Maison de Luxembourg. — **1904**, 307, 349, 422, 507.
194. Simminger Nicolas, curé. — **1912**, 442.
195. Simonis Nicolas. — Siehe: Nicolas de Luxembourg.
196. Spoo Elise. (Sœur Marie du Bon Pasteur.) — **1896**, 59, 97, 158, 200, 238, 265, 292, 326, 367, 386, 432; **1897**, 29, 73, 111; 159, 216.
197. Thierry Johann, Jesuit. - **1908**, 326.
198. Thomæ Nikolaus, Rechtsgelehrter. — **1907**, 315.
199. Thomas von Siebenborn (Simmern), Ritter. — **1914**, 19.
200. Thomes Heinrich, Germaniker. — **1898**, 15.
201. Thüngen (von) Adam-Sigmund, Militärgouverneur. — **1914**, 26.
202. Trausch Gustav-Adolf, Notar. — **1895**, 300.
203. Vogt von Hunolstein, Graf. — **1916**, 287.
204. Weber Joseph. - **1908**, 401; **1909**, 1. 41, 81, 121.
205. Weiler Romain, Lieutenant-Colonel belge. — **1897**, 326.
206. Weis Bernard, Benediktinerabt. — **1908**, 147, 173, 212, 273, 304, 323.
207. Welter Jean-Joseph, Chimiste-mécanicien. — **1910**, 424, 456; **1911**, 2, 42, 92, 138, 178.
208. Wiltheim (von) Eustach, Historiker. — **1900**, 31.
209. Wolter (Edler von) Johann-Anton, Militärischer Protomedicus. **1912**, 237.
210. Zievel-Bettemburg (von) Eberhard-Friedrich, Germaniker. — **1897**, 325.
211. Zirbes Peter, Eifler Volksdichter. — **1897**, 49, 119.
212. Zobel Johann-Ambrosius, Redemptorist. — **1918**, 83.
213. Zorn Theodor, Germaniker. -- **1897**, 37.

B. — *Familien:*

214. Beck, général. — Note sur sa famille et son lieu de naissance. — **1903**, 434.
215. Brœck (van den) de Jamoigne et de Preisch. — Notice généalogique sur cette famille. — **1912**, 425.
216. Busleyden (Les de) et les manifestations artistiques du Grand Serment de l'arbalète à Bruxelles. — **1912**, 190.
217. Chotek Sophie (Ascendants luxembourgeois de la Comtesse), Epouse de l'Archiduc François-Ferdinand d'Autriche. -- **1900**, 338; **1903**, 367.
218. Holbach (von). -- Anfrage betreffend diese Familie. — **1917**, 124.

219. Hollenfels. — Notes relatives à ces Seigneurs (XVe siècle). — **1912**, 91.
220. Manchette (de). — Quelques documents relatifs à la famille et ses descendants. — **1911**, 262, 281, 361, 402.
221. Mansfelt (de) Pierre-Erneste, Prince et Comte. — Son testament, sa chapelle sépulcrale et sa famille. — **1896**, 296, 321, 364, 391, 442; **1897**, 34, 53, 107, 176, 211, 245, 305, 388, 435; 471, 529, 596, 672; **1898**, 177, 233, 262, 348.
222. Mansfelt (de) Pierre-Erneste, représentant le roi d'Espagne comme parrain au baptême du duc Henri II de Lorraine. — **1912**, 135.
223. Mensdorff-Pouilly-Dietrichstein. (Die Grafen von.) — **1917**, 363.
224. Milleret de Preisch. Notice généalogique sur cette famille. — **1911**, 464.
225. Olimart (d'). Von dieser Familie. — **1916**, 160.
226. *Prel* (du). Notice généalogique sur cette famille. — **1907**, 226.
227. Ransonnet. Einiges über diese Familie. **1917**, 121, 147.
228. Recke (von der), Freiherren, Herren von Weiler zum - Turm, Aspelt und anderen Orten. — **1911**, 19.
229. Ryaville (de). Notice historique sur cette famille. — **1912**, 147.
230. Schramm (La famille) de Larochette. - **1916**, 38, 97, 137, 194, 321.
231. Ungeschick von Grevenmacher. Genealogisch-biographische Notizen über diese Familie. Gesammelt und chronologisch zusammengestellt. — **1918**, 15, 68, 102, 143.
232. Werchin (de). Crayon généalogique de cette famille. — **1912**, 447.
233. Wiltheim (La famille). Ancien Mémoire généalogique et documents la concernant. — **1902**, 344, 401, 463, 522, 614.
234. Wiltheim. Herkunft der Familie. — **1915**, 23.

C. — *Gruppen:*

235. Notes biographiques sur des Jésuites nés dans l'ancien Luxembourg ou ayant fait partie des collèges de Luxembourg et de Marche (1627—1765). — **1899**, 349, 398, 455.
236. Biographische Notizen zur Geschichte der Stadt Vianden. - **1900**, 278, 296, 377, 468, 516, 569; **1901**, 84, 143, 198, 249, 293; 360, 408, 469, 576, 621.
237. Luxemburger an der ehemaligen Universität Trier. — **1906**, 362.
238. Mainzer Erzbischöfe aus Luxemburger Familien. — **1910**, 72.
239. Statistique biographique des médecins, chirurgiens et pharmaciens ayant été établis à Mondorf, Altwies et Mondorf-les-Bains. — **1911**, 67.
240. Priester in verschiedenen luxemburger Pfarreien des Bistums Lüttich. — **1912**, 438.
241. Die Luxemburger in der Niederländisch-Indischen Kolonial-Armee von 1825 bis 1913. — **1913**, 28, 41, 101, 201, 243, 282, 289, 406, 462, 496, 570; **1914**, 2, 70, 109, 128, 191, 202, 272; 282, 426; **1915**, 14, 70, 109, 169, 217, 269; **1916**, 22, 61, 85, 121, 158, 188, 219, 285; **1917**, 116, 141, 218, 253, 318.
242. Die letzten Benediktinermönche der Münsterabtei zu Luxemburg, von 1786—1796. Biographische Notizen aus offiziellen, bisher ungedruckten Quellen gesammelt. — **1917**, 225, 344.

VI. Bruderschaften und kirchliche Vereine.

243. Die Bruderschaft zum Loskauf der gefangenen Christen aus den Händen der Türken und Ungläubigen. — **1895**, 334.
244. Die Männer- und Jünglingskongregation genannt Marianische Sodalität in der Stadt Vianden unter dem Titel: Himmelfahrt Mariä. — **1900**, 183, 216, 559.
245. Œuvre des Jeunes Economes. — **1900**, 366.
246. Schutzengelbruderschaft in der Pfarrei Ospern. — **1902**, 69.
247. Die Satzungen der Echternacher Schneiderzunft. — **1902**, 121.
248. Joseph's II. kirchliche Reformen gegen die Bruderschaften. — **1902**, 355.
249. Bruderschaften in der alten Pfarrei Niederbeßlingen. — **1902**, 595; **1911**, 461.
250. Einführung der Marianischen Sodalität zu Vianden. — **1907**, 470.
251. Bruderschaften in der Pfarrei Asselborn. — **1910**, 181.
252. Bruderschaften zu Ehren des hl. Hubertus. — **1910**, 347.
253. Die St. Katharinenbruderschaft in der Martinuspfarrei zu Arlon. — **1911**, 309; **1915**, 66, 91.
254. Bruderschaften zu Ehren der hl. Barbara. — **1911**, 442.
255. Bruderschaft zu Ehren des hl. Sebastian zu Rodenmacher. **1912**, 94.
256. Schützengesellschaft (Bruderschaft des hl. Ritters und Martyrers Sancti Sebastiani) zu Luxemburg. — **1912**, 95.
257. Die Schützengesellschaft (Bruderschaft sti Sebastiani undt Rochi) zu St. Vith. — **1912**, 98.
258. Bruderschaften der Pfarrei Weiswampach. — **1913**, 212.
259. Die Sebastianusbruderschaft zu Simmern. — **1915**, 132.
260. Die Christenlehr-Bruderschaft zu Waldbredimus, 1664 bis heute. — **1916**, 106, 109, 133.
261. Die Bruderschaft von der Marianischen Liebe zu Waldbredimus. — **1916**, 133.
262. Satzungen der St. Andreae-Fischerzunft in Remich. — **1917**, 242.
263. Geschichte des Vereines der hl. Familie zu Luxemburg. — **1918**, 19, 60, 83, 121, 160, 189, 197.
264. Das Eligiusamt zu Luxemburg. — **1919**, 19, 48, 80, 112, 136, 175.

VII. Burgen und Schlösser. Siehe: Lokalitäten.

VIII. Dialekt (Luxemburger).

A. — *Erzählungen:*

265. De steiwen Theis, oder Wie' Pèch huot, krit de Spott emmesoß. Eng Geschichtgen aús der Zeit vun der franzescher Révolution. — **1896**, 16.
266. Sœur Marie du Bon Pasteur. Geschicht vun ènger Lëtzeburger Scho'lschwester. — **1896**, 59, 97, 158, 200, 238, 265, 292, 326, 367, 386, 432; **1897**, 29, 73, 111, 159, 216.

B. — *Forschungen:*

267. Zur Grundlegung und Vereinfachung der Orthographie unseres Idioms. — **1895**, 34.

268. Über die Sprache unserer Urkunden, insbesondere der deutsch abgefaßten Weistümer des Landes. - **1895**, 94, 133, 168.
269. Die Luxemburger Mundart. - **1895**, 206, 229, 258, 287, 315, 351; **1896**, 40, 68, 127, 172, 210, 228, 275, 300, 332, 361; 403, 423.
270. Auszug aus einem Briefe den Luxemburger Dialekt betreffend. — **1895**, 332.
271. Was ist über unsern Dialekt geschrieben worden? — **1895**, 18, 19; **1912**, 34, 77, 110; **1913**, 522.
272. Wast ist in unserm Dialekt geschrieben worden? — **1895**, 37, 62, 98; **1912**, 112, 156, 194, 233, 313; **1913**, 147, 413, 618, 523, 579.
273. Essai de Lexicologie luxembourgeoise. **1896**, 23, 81, 116, 164, 197, 226, 269, 314, 338, 369, 394.
274. Zur Orthographie der luxemburgischen Sprache. — **1897**, 19.
275. Ein weiteres Wort zur Orthographie der Luxemburger Sprache. — **1897**, 84, 98, 162, 229.
276. Verschiedenartige Schreibweise des Luxemburger Dialektes, wie sie aus den bisher vorgebrachten Meinungsäußerungen hervorgeht, an einem Beispiele praktisch bewiesen. — **1897**, 318.
277. Noch ein Wort zur Orthographie des Luxemburger Idioms. - **1897**, 358.
278. Commission zur Fixierung der Orthographie des Luxemburger Dialektes. — **1897**, 397.
279. Die luxemburgische Sprache. — **1898**, 34, 78, 157, 215, 320, 380, 477, 511, 556, 600; **1899**, 25, 59, 112.
280. Le dictionnaire du dialecte luxembourgeois devant la Chambre des Députés du Grand-Duché de Luxembourg. **1897**, 574.
281. Entwurf zu einer Rechtschreibung der Luxemburger Mundart. — **1900**, 1.
282. Rechtschreibung der Luxemburger Mundart. — **1900**, 529.
283. Zur Etymologie des Wortes «Houseker oder Hoseker». — **1901**, 98.
284. Anfrage über gewisse im Luxemburger Dialekte gebräuchlichen Wörter. — **1902**, 576, 644.
285. Bitte um Übersetzung gewisser Wörter. -- **1903**, 120.
286. Luxemburgisches Wörterbuch. (Bitte um Übersetzung verschiedener im Luxemburger Dialekte gebräuchlicher Wörter.) — **1903**, 120.
287. Einige Luxemburger Redensarten und Flurnamen. (Schrein für geschichtliches Allerlei.) — **1904**, 50.
288. Rezension des Herrn Dr. Martin Schweisthal von: Frühm Thomas. Die Jaader und moselfränkische Mundart. Vergleichende Flexionslehre der Jaader und moselfränkischen Mundart. Inaugural-Dissertation zur Erlangung der Doktorwürde einer hohen philosophischen Fakultät der Universität zu Tübingen vorgelegt. — **1908**, 185.
289. Rezension des Herrn Dr. Martin Schweisthal über: Huß Richard. Zur Sprachgeschichte Luxemburgs und Deutsch-Siebenbürgens. Vergleichende Lautlehre des Siebenbürgisch-Moselfränkisch-Ripuarischen mit den moselfränkischen und wallonischen Mundar-

ten. Inauguraldissertation zur Erlangung der philosophischen Doktorwürde an der Kaiser Wilhelms-Universität in Straßburg. 1908, 433.

C. — *Gedichte.*

290. T'14 Stazio'nen. - **1895**, 177.
291. De Wellefchen an de Fischen. Eng àl Séchen, nei a Reimen gesàt, — **1895**, 234.
292. T'Vulleparlament am Grengewald. — **1895**, 263.
293. Holiver. — **1896**, 86.
294. Am Wanter. — **1896**, 86.
295. Hamebritt. — **1896**, 87.
296. De Santmènnchen. — **1896**, 87.
297. De Meisjut. — **1896**, 88.
298. U' jong Éleid. — **1896**, 133.
299. Fir jong Leid. — **1896**, 225.
300. Sénger Duóchter an de Poésie-Album. — **1896**, 258.
301. Séngem Jong èng Postkårt zum 28. Geburtsdåg. — **1896**, 275.
302. Aus dem alen Testament. Frei bearbécht. Psalm I. — **1896**, 299.
303. Psalm 103. — **1896**, 324.
304. Ecclesiastes oder Priédécher, XI,8—XII,7. — **1896**, 421.
305. D'Onscholt. — **1897**, 17.
306. Om Kirfech. - **1897**, 36.
307. Mengem jingste Brugder op de Wé an d'Frémt. — **1897**, 97.
308. Dè Mièrscherdål. — **1897**, 505.
309. Un d'Kanner dé mer de Feierwon an d'Hémecht hu gesongen um 40 jèrége Steftonksfèst fun der Gymnastique, den 27. Abrel 1889. — **1897**, 540.
310. Gudde Nuecht. — **1897**, 684.
311. Eng Neijòrskårt un e Frénd. — **1898**, 2.
312. Séngem Kann an de Poésie-Album. — **1898**, 18.
313. Der Mamm hirt Härz. — **1898**, 33.
314. Eng Kårt op èng Ho'chzeit. — **1898**, 40.
315. En Drénksproch op de Létzeburger Feierwierbond. — **1898**, 109.
316. Wéderkalenner aus dem Ésleck. — **1898**, 191, 289, 337.
317. De Lannebaam. — **1898**, 239.
318. Oà mengt Hèmicht. — **1898**, 375.
319. Ons Religioun. Breif vun ènger Mamm un hire Piɛr zu Pareis. — **1898**, 495, 563, 604; **1899**, 2, 81, 97, 145, 193, 241, 289, 337.
320. Du gutt Mamm, verlöß méch net. — **1899**, 262.
321. D'arem Seilen. — **1899**, 385, 433.
322. Eng Hiérschtréschen. Zum Geburtsdåg vun onser jéngster Prenzessin. — **1899**, 481.
323. Kreschdåg. — **1899**, 537.
324. Onme'glech. — **1900**, 49.
325. Eng verlöße Millen. — **1900**, 97.
326. Den Hémechtsfuondel. — **1900**, 132.
327. T'Freijohr aß do! — **1900**, 145.
328. D'Halefnuecht vum neie Joer nom Lamartine. — **1900**, 156.
329. Eng Wantersé:hen oder Prosa a Poésie. (Dem Hèr Franz Heldenstein zu séngem 80. Geburtsdåg.) - **1900**, 169.

330. Et tonkt, et lakt: T'aß Fréjôrsklekkelchen. – 1900, 174.
331. D'Jubiléumskirech. 1900, 193.
332. Se hun e gudde Man begruewen.. Erenneronk un den 1. Mé 1900, Doudesdâg vum Hèr Nik. Blanc gottreischt, Pastouer vu Stésel. — 1900, 241.
333. E kléngt leift Land. — 1900, 289.
334. Eng drôlech Sâch. — 1900, 296.
335. D'Ro'senzeit. — 1900, 327.
336. Séfeblosen. — 1900, 337.
337. Kuck déngem Kand an d'A. – 1900, 353.
338. E fofzégjêhrégt Steftongsfèst. — 1900, 366.
339. Am Koarschnatz. I. Muergensfrei. — 1900, 399.
340. II. Um Wé fir an d'Gewân. — 1900, 401.
341 III Am Stéck. — 1900, 401.
342. Net vill, an dach genoch. — 1900, 455.
343. Eng Wâréng. — 1900, 514.
344. Èppes Klèngs vum Mound a vun de Steiren. – 1900, 576.
345. En neit Jôer. — 1901, 1.
346. Spâß muß sin. — 1901, 59.
347. De Wollef an de Scheiferpitt. — 1901, 71.
348. Allerlé. — 1901, 98.
349. Od vum Popst Leo XIII. iwert XIX. Jorhonnert, geschriwen den 31. Dézèmber 1900, iwersât. (Mit dem lateinischen Originaltext.) — 1901, 101.
350. En traurègt Wûrt. — 1901, 117.
351. D'Oktâv. — 1901, 205.
352. De Schlôfmännchen. — 1901, 243.
353. D'Sèche vum âle Wollef. — 1901, 253.
354. Ännereng. — 1901, 330.
355. Dem Kand sei Klédchen, nom E. Manuel. — 1901, 365.
356. E Lid fir d'Mèd (no engem Breif vum Lamartine). — 1901, 421.
357. Ann dach! (Um Grâf vum Hèr M. Engels.) — 1901, 590.
358. Zwê Neijohrschbiller. — 1902, 1.
359. Der Deiwel. — 1902, 49.
360. Pax Domini. — 1902, 60.
361. Mei Kand aß krank. — 1902, 72.
362. Op den Do'd vum Hèr Chârel Müllendorff, Präsident vun der «Hémecht» († 3. Abrel 1902). — 1902, 193.
363. De Krôpeman. — 1902, 289.
364. Fèst ewei Eisen. — 1902, 385.
365. Et wor emol. — 1903, 1.
366. Wât éch mer wônschen. — 1903, 35.
367. 'T aß bèsser. — 1903, 41.
368. De Mierscherdal. — 1903, 65.
369. Geih mâch ewei d'Bâch. — 1903, 140.
370. Kuerfreidég an Ouschterdâg. — 1903, 205.
371. De Scheierschlöffer. — 1903, 323.
372. Eng Séchen aus der Spannstuff. — 1903, 369.
373. An der Friemt. — 1903, 465.
374. Novembergedanken. — 1903, 541.
375. Neklésje komm! Eng Zén aus dem Kannerliewen. — 1903, 669.

376. Allerhand Reimercher. — **1904**, 1.
377. Pèch ann Dròt. — **1904**, 49.
378. Rareteiten. — **1904**, 49.
379. Eraus dermat. (Eng Baurerèjel.) — **1904**, 83.
380. Dàt guet sech. — **1904**, 90.
381. Wuerfir? — **1904**, 198.
382. E Mammenhiérz. — **1904**, 482.
383. Ech ferlangeren. — **1904**, 517.
384. O Här, lòß Rudde wueßen. — **1904**, 567.
385. Den eiwege Krich. — **1904**, 607.
386. Krich oder Friden? — **1905**, 23.
387. Zum neie Joer. — **1907**, 1.
388. Am Abrel! — **1907**, 122.
389. Liewerknidellidchen. — **1907**, 461.
390. Wat Liewen aß? — **1908**, 81.
391. Gedold, mè Jong! — **1908**, 146.
392. Dei Wé gehàlen. — **1908**, 224.
393. Fir dè Arem. — **1908**, 361.
394. Zwén Dòdekränz. (Zur Erönnerong un den Dr. Jos. Weber gott-tréscht.) — **1908**, 402; **1909**, 161.
395. He'ch ons Spròch! — **1909**, 28.
396. Wann d'Klacke lauden. — **1909**, 161.
397. Sòen aus dem Syrdal. — **1909**, 189, 218, 259, 281, 361, 441; **1910**, 2, 121, 161, 241, 278, 281.
398. Eng So. — **1909**, 241.
399. Ons Hémechtsspròch. — **1909**, 401.
400. De Wollef an den Hond. — **1911**, 18.
401. De' zwe'n Ieselen. — **1911**, 41.
402. D'Rendchen, d'Schof an d'Gès a Company mam Le'w. — **1911**, 81.
403. De Wollef an d'Lämchen. — **1911**, 137.
404. De Fùß an de Storch. — **1911**, 154.
405. Onser Härgott an d'De'ren. — **1911**, 159.
406. D'Bommelen an d'Beien. — **1911**, 192.
407. De Wollef an de Fùß um Gericht. — **1911**, 215.
408. Maria, aise Stèr. — **1911**, 220.
409. Eng Versammlong vun de Meis. — **1911**, 256.
410. Mei' Kand. — **1911**, 270.
411. D'Séche foàm Raiberhannes. — **1911**, 304.
412. D'Ste'eren an d'Fräschen. — **1911**, 312.
413. D'Le'ft. — **1911**, 321.
414. D'Flentermaus an d'Wiselen. — **1911**, 401, 441.
415. De Bre'fdre'er. — **1912**, 2.
416. De Mound. — **1912**, 6.
417. Wann ech emòl gro'ß sin. — **1912**, 81.
418. Op den Do'd vun onsem Gro'ßherzog Wöllem. — **1912**, 122.
419. D'Kàlebunn. — **1912**, 226.
420. Wöllkem, du le'f Kinekero's! (Zur Erönnerong un den 18. Juni 1912.) — **1912**, 242.
421. Maria Adelheid. (Zum 18. Juni 1912.) — **1912**, 278.
422. Den Hond an seng Nòpesch. — **1912**, 361.

423. De Bauer. — **1912**, 398.
424. Eng Re'ßen, zwe' Stéren. — **1912**, 401.
425. Vergänglechkét. – **1914**, 25.
426. De Schle'webirég. – **1914**, 81.
427. De' e'scht Fio'len. – **1914**, 161.
428. D'Noûchtigailchen. — **1914**, 201.
429. D'Huôlbâch. – **1914**, 281.
430. Op Josefsdâg. — **1915**, 1.
431. De Birebâm. — **1915**, 41.
432. D'Spre'wen. – – **1915**, 65.
433. E gutt Hiérz. Zur Erönneronk un onsen Dichter P. Klein. (1825—1855.) – **1915**, 81.
434. De klènge Stêmètzer. — **1915**, 95.
435. De Möschegulchen. — **1915**, 340.
436. Zwo' Hodärshècken. – **1916**, 33.
437. Soß brènnt et un. — **1916**, 65.
438. De Kâschtel bei Muneref. — **1916**, 97.
439. Liéwensmid. – **1916**, 161.
440. De klèngen Teis an de Po'fank. – **1916**, 193.
441. Un de Lieser. — **1917**, 1.
442. Spuervull a Meiskinek. – **1918**, 40.
443. Fir d'Kand. — **1918**, 65.
444. Schwe'er Zeiten. – **1918**, 97.
445. Fréd a Léd. – **1918**, 137.

D. — *Schriftsteller.* Siehe: *Was ist in unserm Dialekt geschrieben worden? Bibliographisches und Biographisches.*

IX. Erzählungen, Legenden, Märchen und Sagen.

446. Die Mutter und ihr Kind. Eine Phantasie. – **1895**, 25.
447. Die Elfen auf dem Stromberg bei Schengen. Ein Märchen. **1895**, 291, 310, 337.
448. Die Gründung der früheren Kapelle auf dem Michelsberg. Eine Sage. – **1896**, 49, 142, 161.
449. Das Geldfeuer in der Hollemollefiels bei Hesperingen. – **1896**, 447.
450. Die schießende Schlange in der Hollemollefiels bei Hesperingen. — **1897**, 578.
451. Der Schatz in der Hesperinger Schleid. – – **1897**, 578.
452. Die Wichtelcher in der Hollemollefiels bei Hesperingen. **1897**, 697.
453. Das Schappmännchen in der Seitert bei Hesperingen. – **1897**, 698.
454. Das Kiemtier von Itzig. — **1897**, 698.
455. Die weiße Frau von Hesperingen. — **1898**, 58.
456. Einiges über die weiße Jungfrau und die weiße Katze von Hesperingen-Alzingen. — **1898**, 59.
457. Die weiße Katze zwischen Hesperingen und Alzingen. – – **1893**, 59.
458. Des (Escher-) Thales Sagenzauber. — **1898**, 148.
459. Der Ritter der Nacht. — **1898**, 150.
460. Waldscheid. — **1898**, 282.
461. Das blutende Christusbild. — **1898**, 331.

X. Familien. Siehe: **Biographisches.**

XI. Folklore. Siehe auch: **Heiligenverehrung.**

XII. Gedichte.

A. — *Deutsche:*

499. Ostern. — 1896, 145.
500. Wahrer Frühling. -- 1896, 146.
501. Ons Hémecht. Sonett zum III. Jahrgang. - 1897, 1.
502. Das Wunder des heiligen Maximin. 1897, 18.
503. Der Großvater und sein Enkel. - 1897, 32.
504. Des Dichters Klage. — 1897, 52.
505. Die Spieler zu Vianden. – 1897, 53.
506. Die Gründung von Clairefontaine. - 1897, 62.
507. Das Gelübde des Grafen Konrad I. -- 1897, 105.
508. Der Kampf bei Düdelingen gegen die Franzosen am 17. Mai 1794. — 1897, 156.
509. Gruß ans Herrscherhaus. -- 1897, 209.
510. Die Gründung der Lützelburg. - 1897, 220.
511. Der Marienschlüssel. -- 1897, 238.
512. Wechsel und Ruhe. -- 1897, 280.
513. Einem Schwätzer ins Album. - 1897, 301.
514. Der Epheu. -- 1897, 317.
515. Lebensregel. -- 1897, 330.
516. Pristerweisen. — 1897, 337.
517. An die Träne. — 1897, 355.
518. Freundes Abschied. — 1897, 366.
519. Lied eines Heimgekehrten. -- 1897, 410.
520. Empfehlung nach Lourdes. -- 1897, 418.
521. Entsagung. -- 1897, 439.
522. Früher Herbst. -- 1897, 453.
523. Zur Centenarfeier der Ardenner Klöppelarmee. — 1897, 541.
524. Gemälde. — 1897, 596.
525. Das neue Jahr. - 1898, 14.
526. Album-Verse. -- 1898, 65.
527. O heil'ge Kunigunde. - 1898, 121.
528. Der Landmann an seinen Sohn. - 1898, 177.
529. Lenzeserwachen. – 1898, 233.
530. Die Oktave. -- 1898, 256.
531. Der einsame Grund. -- 1898, 261.
532. Dein Bild. — 1898, 433.
533. Der Morgen. – 1898, 447.
534. Das Luxemburger Vaterlandslied. — 1898, 476.
535. Gruß ans Vaterland. — 1898, 481.
536. Jähes Ende. — 1898, 529.
537. Am Grabe der Mutter. - 1898, 555.
538. Abschied von der Heimat. — 1898, 560.
539. Vertraue! — 1898, 577.
540. Ahnung. — 1899, 593.
541. Johann der Blinde. -- 1899, 49.
542. Die zwei verwünschten Spieler. - 1899, 56.
543. Bitte. -- 1899, 116.
544. Schwüre. – 1899, 121.
545. Volkslied. - 1899, 131.
546. Träume. — 1899, 154.
547. Lugo di Lugano .-- 1899, 177.
548. Der Deutsche in Amerika. - 1899, 233.

549. Die Röntgen-Strahlen. Tragisch-komisches Schauspiel in drei Akten. — 1898, 311, 356, 405.
550. Die mitternächtlichen Reiter im Pützbacher Walde. -- 1899, 335.
551. Sängers Heimkehr. — 1899, 422.
552. Der Regen. — 1899, 454.
553. Das Straßburger Münster. -- 1899, 532.
554. Sickermännchen. — 1899, 573.
555. Neujahrsgruß der «Hémecht». — 1900, 4.
556. Sitzung (des Luxemburger Kunstvereins) vom Aschermittwoch 1894. — 1900, 104.
557. Dulderinnen. — 1900, 121.
558. Der alte Jäger. — 1900, 142.
559. Was ich möchte. (Influenza-Gedanken.) -- 1900, 155.
560. Der Künstler. — 1900, 167.
561. Die Jubiläumskirche. — 1900, 194.
562. Ostergedanken. - 1900, 216.
563. Der Schwalben Heim. - 1900, 256.
564. Gebet. - 1900, 277.
565. Verbesserung der Wege. -- 1900, 335.
566. An der Mutter Todtenbahre. -- 1900, 427.
567. Strandsonett. — 1900, 433.
568. Interessantes Gedicht von Michel Wunderlich. - 1900, 175.
569. Das Jünglingsheim zu Esch an der Alzette. — 1900, 481.
570. Am Grabe der Mutter. — 1900, 496.
571. Ewiges Lied. -- 1900, 542.
572. Der Herbst. — 1900, 559.
573. Festlied zur Feier des hundertjährigen Jubiläums der Marianischen Sodalität zu Vianden. — 1900, 562.
574. Herbstwehen. — 1900, 568.
575. Das Erzlied. - 1900, 591.
576. Der Brautschleier. (Nach einer wahren Geschichte.) — 1901, 20.
577. Neujahrsgrüße. — 1901, 34.
578. Heimweh. — 1901, 46.
579. Die Waldhütte. — 1901, 51.
580. Folgen des Branntweingenusses. — 1901, 83.
581. Schneeglöckchen. — 1901, 90.
582. Zum silbernen Jubiläum des hochwürdigen Herrn Dechanten Mgr. Haal. — 1901, 149.
583. Lied eines Heimgekehrten. Für Gesang mit Klavierbegleitung componiert. — 1901, 156.
584. Lothringer Wallfahrtslied. — 1901, 218.
585. Wunder und Taten des hl. Willibrord. — 1901, 239, 309, 533.
586. Spuck in der Schmiede. — 1901, 301.
587. Sommerabend. — 1901, 372.
588. Heimat. -- 1901, 456.
589. Cronjé auf St. Helena. (Juli 1900.) — 1901, 466.
590. Zum Andenken (an die ehrw. Schulschwester Modeste, geborene Gales Margaretha). — 1901, 628.
591. Ein Blümchen auf das Grab der ehrwürdigen Schwester Modeste Gales. — 1901, 629.
592. St. Willibrord heilt die Pestkranken. — 1902, 45.

593. Spätherbstklage. (November 1900.) — 1902, 86.
594. Kunigunde. (Oratorio.) Ihr Heim. — 1902, 97.
595. St. Thomas von Aquin. — 1902, 109, 145, 436.
596. Das Auge. — 1902, 142.
597. An den Tod. — 1902, 305.
598. Des Abendglöckchens Aveläuten. — 1902, 343.
599. Mutterwert. — 1902, 449.
600. Allerseelen. — 1902, 497.
601. Der greise Sänger. — 1902, 577.
602. Leo XIII. zum 25 jährigen Papstjubiläum. — 1903, 121.
603. Die Pilgerfahrt eines Luxemburger Kindes aus Amerika nach der Heimat. — 1903, 225.
604. Sankt Willibrord und die Entstehung des «St. Willibrordus-Brunnens» in Echternach. — 1903, 273.
605. Sankt Willibrord und der scheidende Sankt Bonifazius. — 1903, 321.
606. An Luxemburg. — 1903, 417.
607. Meine Spinne. — 1903, 513.
608. Zwei Heimatskinder. — 1903, 577.
609. Unsere Dialektdichter. — 1904, 97.
610. Zum zehnten Jahrestag des Todes Fr. W. Webers. (5. April 1904.) — 1904, 145.
611. Land der Missionare. — 1904, 179.
612. Frühling 1904. — 1904, 193.
613. Luxemburg. — 1904, 241.
614. Lebende Lettern. 1904, 286.
615. Ein sonnig Heim. — 1904, 289.
616. Wegerich. — 1904, 337, 385, 449, 545.
617. Muscheln von Blankenberghe. — 1904, 497, 498.
618. Neujahrsgruß. «Ons Hémecht» an seine Leser. — 1905, 2.
619. $^3/_4$ die goldene Zahl. (Eine Berichtigung des Kalenders für 1905.) — 1905, 31.
620. Distelköpfe. — 1905, 35.
621. Zurück zu den Alten. — 1905, 49.
622. Höchstes Streben. — 1905, 97.
623. Traumfliegen. — 1905, 119.
624. Nachtgedanken des Zolverknapp. — 1905, 146.
625. Ein heiliges Dreigestirn. — 1905, 160.
626. Die Raupe und der Schmetterling. Eine Myongwé-Fabel. — 1905, 189.
627. Afrikanische Sprichwörter. — 1905, 241.
628. Das Narrenschiff. — 1905, 289.
629. Epistel an Herrn General-Direktor Mongenast, der als Student am 11. März 1863 auf der Abendunterhaltung des Athenäums sein Gedicht «Der blinde Held» vorgetragen. — 1905, 337.
630. Die Tauben des Zaren. (Eine neue russische Fabel.) — 1905, 385.
631. In Sartos fliegendem Haus. (Ferienreise.) — 1905, 386.
632. Festhymne zur Enthüllung des Lorenz Menager-Denkmals. (Musik vom Max Menager.) Zum 20. August 1905. — 1905, 428.
633. Mein erster Dollar. — 1905, 433.
634. Im Singalesendorf der Lütticher Ausstellung. — 1905, 481.

635. Das große Requiem. — **1905**, 182.
636. 17. November 1905. — **1905**, 529.
637. Es lebe Großherzog Wilhelm! — **1905**, 530.
638. Auf Drei Eicheln im Winter. — **1905**, 531.
639. Ein Stückchen Heimat. (Brief aus Amerika.) — **1906**, 1.
640. Frage des Dichters. — **1906**, 2.
641. Kablogramm. — **1906**, 2.
642. Brief folgt. — **1906**, 3.
643. Der Frühling kommt doch wieder. — **1906**. 49.
644. Das Tränentuch der Braut. — **1906**, 50.
645. Der treue Weggefährte. — **1906**, 97.
646. Des Baumes Wintertraum. — **1906**, 98.
647. An ein altes liebes Haus, das abgetragen werden soll. — **1906**, 137.
648. Gottes Wort. Sonett. — **1906**, 177.
649. Des Gesellen Abschied. **1906**, 178.
650. Festhymne. Zur Übertragung der Reliquien des hl. Willibrord in die Basilika von Echternach (4. Juni 1906). — **1906**, 217. 257.
651. Poetische Gedanken über die Himmelfahrt Jesu Christi. — **1906**, 220.
652. Für dich! — **1906**, 297.
653. Lebensweisheit. — **1906**, 298.
654. Heinrich, der Prinzgemahl. — **1907**, 121.
655. Im Mai. — **1907**, 161.
656. Sangeslust. — **1907**, 201.
657. «Froh hinaus!» (Marschlied. Musik von M. W. Hülsemann.) — **1907**, 202.
658. Abschied an die Welt. — **1907**, 211.
659. Der Blick des sterbenden Vaters. — **1907**, 252.
660. Hoch Maria Adelheid! — **1907**. 281.
661. Die Unschuld. — **1907**, 301.
662. Muttergottes-Lieder. — **1907**, 321.
663. Abend-Gebet. — **1907**, 332.
664. Sursum corda. — **1907**, 361.
665. Venite, mittamus lignum in panem ejus. — **1907**, 379.
666. Lied zum heiligen Nikolaus. — **1907**, 394.
667. Wir Luxemburger bleiben frei! — **1907**, 401.
668. Die Birkenjungfer bei Mutfort. — **1907**, 453.
669. Vor dem Tabernakel. — **1907**, 481.
670. Die Lästerzunge. — **1903**, 2.
671. Der Müller. — **1908**, 41.
672. Vor dem Tabernakel. — **1908**. 121.
673. Der Gartenblumen Andacht zur Trösterin der Betrübten. — **1903**, 161.
674. Die gefangene Schwalbe oderr «Sie sind wirklich fort». — **1903**, 201.
675. Zum goldenen Priesterjubiläum S. P. H. Pius X. (1858—1908.) — **1908**, 281.
676. Zum 25 jährigen Bischofsjubiläum S. B. G. Johannes-Joseph Koppes, Bischof von Luxemburg. (1883—1908.) — **1908**, 321.

677. Lourdes-Lied. — **1908**, 322.
678. Der Bergmann. — **1909**, 201.
679. Schirm' Luxemburg. — **1911**, 161.
680. Wechsel. — **1911**, 177.
681. Moselmadl. — **1912**, 11, 42, 89.
682. 25. Februar 1912. — **1912**, 124.
683. An der Schetzelquelle. — **1912**, 161.
684. Die Taube. — **1912**, 219.
685. Dem großen Wohltäter der Menschheit, «**Vater**» der Armen und Kranken, Herrn Leopold Rischard in Wiltz, zu seinem 80. Wiegenfeste (11. Mai 1912). — **1912**, 233.
686. Die Quelle. — **1912**, 281.
687. Zum Fest des hl. Nikolaus. — **1912**, 431.
688. Der Schöpfung Krone. — **1913**, 529.
689. Dietrich von Reuland. — **1915**, 181.
690. Im Wirbel der Geschicke. (1914—1916.) — **1916**, 3.
691. Stimmen in der Nacht. — **1916**, 129.
692. Die Keltenhöhle im Müllertal. (Mit näherer Erklärung.) — **1917**, 34.
693. Die Weltschmiede. — **1917**, 362.
694. Der Mensch. — **1918**, 177.
695. Lobgesang. Über das wundervolle Leben des Hl. Johann von Nepomuk. — **1919**, 154.

B. — *Französische:*

696. Le Maronnier de la cour de l'Athénée. — **1897**, 215.
697. Mort de Jean l'Aveugle à la bataille de Crécy. — **1897**, 227.
698. Prise de voile. — **1897**, 285.
699. Rêverie de Mai. — **1897**, 296.
700. Les hirondelles. — **1897**, 382.
701. Adieux à Luxembourg. — **1897**, 401.
702. L'orage. — **1897**, 470.
703. A Notre-Dame de Luxembourg. — **1897**, 517.
704. Jour des morts. — **1897**, 581.
705. Salut de trouvère! — **1897**, 645.
706. Soir de bataille. — **1898**, 131.
707. L'Idéal. — **1898**, 193.
708. Pluie de printemps. — **1898**, 241.
709. Le parc. — **1898**, 400.
710. Labour. — **1898**, 574.
711. Après l'Octave. — **1899**, 253.
712. La minuit du nouvel an, par Lamartine. **1900**, 156.
713. Les yeux qui passent. — **1900**, 411.
714. Pensée d'album. — **1900**, 411.
715. Assomption. — **1900**, 532.
716. Cantique (en l'honneur de St. Jean Népomucène). **1919**, 153.

XIII. Heiligenverehrung.

717. Die Verehrung des hl. Martinus im Luxemburger Lande. — **1899**, 476.

718. Thiofrids Leben des heiligen Willibrord, aus dem Lateinischen übersetzt. — 1899, 87, 101, 148, 196, 244, 292, 341, 443, 482; 1900, 6, 50.
719. Der hl. Willibrord als Kirchenpatron. — 1900, 42.
720. Verehrung des hl. Sebastianus in Echternach. — 1900, 412.
721. Die Verehrung des hl. Mathias zu Trier und im Luxemburger Lande. — 1904, 547.
722. St. Nikolaus, der hl. Bischof und Kinderfreund. — 1907, 391.
723. Die Verehrung des hl. Hubertus. — 1910. 338, 371.
724. Zum Feste des hl. Martinus. (11. November.) — 1910, 417. 445.
725. Zum Feste des hl. Johannes des Täufers. — 1911, 170, 227.
726. Zum Feste der hl. Barbara. — 1911, 407, 412.
727. Verehrung des hl. Sebastianus. (20. Januar.) — 1912, 27, 69, 94.
728. Die heiligen Komas und Damian. — 1912, 224.
729. Der heilige Hilarius. — 1912, 225.
730. Die schmerzhafte Mutter. — 1912, 225.
731. Verehrung der hl. Anna. — 1912, 243.
732. Verehrung und bildliche Darstellung der hl. Katharina. — 1912, 385.
733. Zum Fest des hl. Nikolaus. (6. Dezember.) — 1912, 431, 465.
734. Zum Fest der hl. Dreikönige. — 1913, 20, 70, 97, 153.
735. Die Verehrung und bildliche Darstellung des hl. Rochus. (16. August.) — 1913, 321, 382.
736. Zum Feste des hl. Petrus. (29. Juni.) — 1914, 219.
737. Verehrung und bildliche Darstellung der hl. Margareta. Zum 20. Juli. — 1914, 241.
738. Verehrung und bildliche Darstellung des hl. Georg. (23. April.) — 1915. 56.
739. Die Verehrung des hl. Donatus im Luxemburger Lande. — 1916, 186, 202, 255, 293.
740. Nachklänge zum St. Nikolausfeste. Der Nikolausbrief. — 1916, 9.
741. Zum Fest der hl. Maria Magdalena. (22. Juli.) — 1917, 214.
742. Zum Fest des hl. Blasius. (3. Februar.) — 1918, 2.
743. Verehrung des hl. Donatus zu Waldbredimus. — 1918, 98.
744. Zur Verehrung des hl. Lambertus. — 1918, 130, 166.
745. Zum Fest des hl. Laurentius. (10. August.) — 1919, 88.
746. Le groupe de Saint-Jean Népomucène dans la cour de la maison Heinesch à Luxembourg. — 1919, 151.

XIV. Herrschaften. Siehe: Biographisches und Lokalitäten.

XV. Illustrationen.

A. — *Bauten:*

Der Dingstuhl zu Echternach. — 1895, 68, 72.
Ruine des Burgschlosses Hesperingen. — 1898, 294.
St. Quirinuskapelle. — 1898, 300.
Fort Thüngen. — 1898, 303.
Das Eicher Tor. — 1898, 310.
Schloß Berg. — 1898, 318.

Schloß Kolpach. — 1899, 162.
Ansicht der Ruinen der Burg Falkenstein. — 1901, 24.
Noch vorhandene Ruinen (Vorder- und Seitenansicht) der Burgkapelle zu Falkenstein an der Our. — 1901, 26, 27.
Kapelle auf der Burg Falkenstein an der Our, nach ihrer Restaurierung. — 1901, 28.
Burgfried (Donjon) der Burg Falkenstein an der Our, nach seiner Restaurierung. — 1901, 29.
Heutige Ansicht der Burg Falkenstein an der Our, nach ihrer Restaurierung. — 1901, 30.
Abbildung (Vue cavalière) der Burg Falkenstein an der Our, von der Höhe des Baulerberges aus skizziert. — 1901, 32.
Ansicht des teilweise restaurierten sogen. Schlößchens auf Burg Falkenstein an der Our. — 1901, 33.
Inneres der Franziskanerkirche von Ulflingen. — 1903, 224, 225.
Der Bockfelsen zu Luxemburg nach einem Holzschnitt vom Jahre 1684. — 1905, 56.
Obere Kasematten im Bockfelsen. — 1905, 58.
Inneres der Bockbefestigung vor der Schleifung. — 1905, 59.
Eingang zum Steinheimer Freihof. — 1905, 109.
Alte St. Laurentius-Kirche zu Diekirch. Grundriß und Vorderansicht. — 1905, 153, 155.
Innenansicht (der alten St. Laurentius-Kirche zu Diekirch mit blosgelegtem Pfeiler und Bogen). — 1905, 157.
Die Sankt Greins-Kapelle im Petrußtal zu Luxemburg. (Vorderansicht und Totalansicht.) — 1906, 144, 146.
Ruines du château d'Esch-sur-la-Sûre telles qu'elles existaient encore en 1901. — 1906, 318.
Projet de restauration du château d'Esch-sur-la-Sûre. — 1906, 317.
Ansicht des Viandener Schlosses in seinem heutigen Zustande. — 1908, 228.
Burg Vianden. Reste des romanischen Haupteingangstores. (Fünftes Tor.) — 1908, 258.
Burg Vianden. Der Waffensaal vor dem Einsturz 1801. — 1908, 259.
Château de Vianden. Salle des chevaliers (Rittersaal.) — 1908, 260.
Ansicht der Burg Vianden. — 1909, 206.
Intérieur de la Basilique d'Echternach. (Jubé.) — 1910, 62.
Portail de la Basilique. — 1910, 64.
Vue d'ensemble de la Basilique. — 1910, 64.
Intérieur de la Basilique d'Echternach. — 1910, 65.
Intérieur de l'ancienne église paroissiale d'Echternach. — 1910, 102.
Das Klöppelkriegerdenkmal zu Clerf. — 1910, 256.
Schloß Berwart vor dem Brande. (Nach einem Aquarell von Fresez.) — 1912, 62.
Le château de Hollenfels. — 1913, 69.
Die Kirche von Waldbredimus. — 1913, 90.
Ansicht von Körich und seiner Pfarrkirche. — 1913, 460, 461.
Chor der Pfarrkirche von Körich mit ihren Seitenaltären. — 1913, 474—475.
Rückseite des herrschaftlichen Hauses von Wiltheim zu Waldbredimus. — 1915, 156.

Ansicht des nach den Plänen des P. Th.-Zeph. Biever errichteten Gebäudes für das neue Institut St. Peter (Künstler- und Handwerkerschule) zu Jerusalem. **1917**, 17.

B. — *Karten:*

Planche VIII de l'«Atlas historique de la France» d'Auguste Longnon. — **1900**, 420.
Grenzen von Ettelbrück. (Um das Jahr 1000.) Topographische Karte. — **1903**, 544—545.
Flurnamen Ettelbrücks. (Topographische Karte.) — **1903**, 620—621.

C. — *Münzen:*

Gallische Münzen. — **1901**, 331.
Münze Heinrich VII. — **1901**, 332.
Typus Easterlin König Edouard III. — **1901**, 333.
Un denier inédit d'Echternach. — **1902**, 256—257.
Monnaie trouvée dans la rue de l'Eau, le 31 mars 1916. — **1917**, 231.

D. — *Ortschaften:*

Esch an der Alzette. — **1898**, 291.
Luxemburg. — **1898**, 297.
Der Wilhelmsplatz zu Luxemburg. — **1898**, 298.
Das Petrußtal. — **1898**, 299.
Die Lützelburg. — **1898**, 304.
Mersch. — **1898**, 316.
Luxembourg en 1867, 1897 et 1803. — **1898**, 400—401, 416—417, 536—537.
Vue d'Echternach. — **1910**, 23.
Ansicht von Mersch. — **1910**, 277.
Ansicht von Clerf. — **1910**, 308.
Ansicht von Körich und seiner Pfarrkirche. — **1913**, 460—461.

E. — *Pläne und Grundrisse:*

Plan de l'ancienne Forteresse de Luxembourg. — **1898**, 400—401.
Plan de Luxembourg avec le projet des fortifications qu'on y doit adjovter du 5 juillet 1684. - **1898**, 446—447.
Perspektivische Ansicht des Entwurfes zu einer neuen Kathedrale in Luxemburg. — **1900**, 267.
Grundriß des Entwurfes zu einer neuen Kathedrale in Luxemburg. — **1900**, 268.
Grundriß von römischen Bauresten zu Consdorf. - **1900**, 354.
Grundriß der Burg Falkenstein an der Our. — **1901**, 22.
Plan topographique du bourg d'Esch (le trou) sur la Sûre d'après les vestiges existents et d'anciens plans cadastraux. — **1906**, 436.
Plan du château d'Esch-sur-la-Sûre. Périmètres des ruines. — **1906**, 437.
Burg Vianden. Grundriß und Schnitt der Kapelle. — **1908**, 301.
Dessin indiquant la forme des traces de substructions romaines à Hamm. — **1908**, 254.
Burg Vianden. Gesamtgrundriß. — **1908**, 257.

F. — *Porträts:*

G. — *Siegel und Wappen:*

H. — *Täken und Kaminplatten:*

I. — *Verschiedene:*

Die Hessen vor Luxemburg (1814). — **1898**, 307.
Der 24. Juli 1891. (Einzug des Herzogs Adolph in Luxemburg.) — **1898**, 309.
Auffindung des Bildes der Trösterin der Betrübten. — **1898**, 311.
Schlacht an der Alzette, 53 vor Christus. — **1898**, 314.
Gemaltes Glasfenster in der Kirche zu Biwingen-Berchem. — **1899**, 143.
Der letzte Tag eines zum Tode Verurteilten (von Mich. Munkacsy). — **1899**, 158.
Milton diktiert seinen Töchtern das verlorene Paradies (von Mich. Munkacsy). — **1899**, 169.
Drei Illustrationen aus dem «Mäßigkeits-Katechismus» von Dr. Karl Müllendorff. — **1899**, 431, 432.
Der Segen spendende Ecce Homo von Albrecht Dürer. — **1900**, 18.
Facsimile der über die Erwerbung der Lucilinburnhuc durch Graf Siegfried (963) errichteten Urkunde. — **1900**, 385.
Zehn Illustrationen zur Monographie der Burg Falkenstein an der Our. — **1901**, 22, 24, 26, 27, 28, 29, 30, 32.
Spätgothische Monstranz und zwei kleine originell geformte Reliquien aus der Kapelle von Bivels. — **1901**, 34.
Grabdenkmal in der Pfarrkirche zu Oberwampach. — **1901**, 56—57.
Sakramentshäuschen in der Pfarrkirche zu Oberwampach. — **1901**, 154.
Taufstein in der Kirche zu Oberwampach. — **1901**, 208.
Teil eines Quadersandsteines mit römischer Inschrift (zu Berburg). — **1901**, 209.
Oberer Teil eines romanischen Taufsteines (zu Berburg). — **1901**, 210.
Zwei römische Urnen. — **1901**, 212.
Große kupferne Schnabel-Stehlampe. — **1901**, 214.
Schatzkästchen mit Heiligenfiguren und fabelhaften Tieren. — **1901**, 215.
Malaischer Kris. — **1901**, 216.
Spanisches Gala-Rapier. — **1901**, 216.
Japanesisches Richtschwert. — **1901**, 216.
Koptisches Byssus-Gewebe, III. Jahrh. — **1901**, 335.
Äbtissin-Reliquien-Kreuz. — **1901**, 336.
Ägyptisches Byssus-Leinen mit Durchbruch (point coupé) aus der Ikle'schen Sammlung zu St. Gallen. — **1902**, 151.
Leinen-Durchbruch mit Macramé im Kunstgewerbemuseum zu Berlin. — **1902**, 155.
Venetianische Possamenterie-Borde vom Jahre 1557. — **1902**, 156.
Venetianische Klöppelspitze (16.—17. Jahrh.). — **1902**, 157.
Kopfbedeckung Carl V. (1506—1555). Vlämische Klöppelarbeit im Cluny-Museum zu Paris. — **1902**, 158.
Klöppelspitze von Brügge (18. Jahrh.). — **1902**, 159.
Mechelner Klöppelspitze (18. Jahrh.). — **1902**, 159.
Valenciennes-Klöppelspitze mit Diagonalgrund. — **1902**, 160.
Brüsseler Klöppelspitze (18. Jahrh.). — **1902**, 160.
Französische Nathspitze (14. Jahrh.). — **1902**, 161.
Englische Nähspitze (17. Jahrh.) — **1902**, 161.
Typische Spitzen-Stiche (points). — **1902**, 162.

Manschette auf dem in der Bildergallerie von Versailles befindlichen Porträt Maria's, Königin von Ungarn, Statthalterin der Niederlande und Luxemburg (1517—1558). — **1902**, 163.
Mechelner Spitze aus der Sammlung im Pfarrhofe von Liebfrauen zu Luxemburg. — **1902**, 164.
Spitzen-Meßgewand, von dem römischen Verein «della croce» dem Andenken an Papst Pius **IX**. geweiht. (Le Pianeta del Sepolcro di Pio **IX**.) - **1902**, 164.
Freiheitskreuz auf dem Marktplatze zu Beßlingen. **1902**, 518.
Die Chorfresken der Pfarrkirche von Steinheim. — **1903**, 80—81.
Inneres der Franziskanerkirche von Ulflingen. — **1903**, 224—225.
Un chemin de croix (en 14 scènes). — **1904**, 84-85.
Der Egbertus-Tragaltar. Schmalseite und Langseite. — **1905**, 201.
Willibrordus-Tragaltar. — **1905**, 203.
Abbildung der Dreijungfern-Gruppe in der Sankt Greins-Kapelle im Petrußtal zu Luxemburg. — **1906**, 144.
Vier Kriegsmaschinen. — **1908**, 4, 5, 6, 7.
Krönungsbild, entworfen und gezeichnet 1866 von Karl Arendt, Staatsarchitekt in Luxemburg, zum 200jährigen Jubiläum der Trösterin der Betrübten. — **1909**, 315.
Grabmal des Grafen Mauritius von Nassau-Vianden zu Cleve. — **1909**, 405.
Profils divers de la Basilique d'Echternach. — **1910**, 63.
Clef de voûte de l'ancienne église d'Aspelt. — **1910**, 220.
Die ehemaligen Paradeschüsseln unserer (Luxemburger) Schützengesellschaft. — **1910**, 235.
Plaque commémorative de Jean-Joseph Welter. — **1910**, 426.
Acte de baptême de Jean-Joseph Welter. — **1910**, 430.
Reproduction du titre des thèses de philosophie, défendues par Welter et consorts, le 17 août 1781 et le 12 août 1782. — **1910**, 460—461.
Diplôme par lequel Jean-Joseph Welter est nommé membre associé de l'Institut National des sciences et des arts de Paris, section de chimie, classe des sciences physiques et mathématiques. — **1911**, 6, 7.
Diplôme par lequel Jean-Joseph Welter est nommé membre correspondant de la Société libre des Pharmaciens de Paris. — **1911**, 6—7.
Machine à retordre les fils. — **1911**, 8—9.
Diplôme de Jean-Joseph Welter comme Chevalier de l'Ordre royal de la Légion d'honneur. — **1911**, 10—11.
Lettre annonçant à Jean-Joseph Welter sa nomination comme membre actif de la Société d'Encouragement pour l'industrie nationale de France. — **1911**, 10—11.
Lettre de Jean-Joseph Welter à son ami Lion de Luxembourg, en tachygraphie. — **1911**, 12—13.
Diplôme délivré à Jean-Joseph Welter comme Commandeur de l'Ordre de la Couronne de Chêne. — **1911**, 18—19.
Appareil pour préparer l'acide muriatique, oxygéné. — **1911**, 44—45.
Tube de sureté à siphon renversé de Welter. — **1911**, 44—45.
Appareil de Woulf monté. (Tubes de sureté Welter.) — **1911**, 44—45.
Appareil pour la saturation du carbonate de potasse. — **1911**, 48—49.

Dynanomètre à coussinats mobiles par M. Welter. — **1911**, 48—49.
Niveau à bulle d'air par M. Chézy. — **1911**, 48—49.
Niveau de poche à bulle d'air et à réflecteur par M. Welter. — **1911**, 48—49.
Bohrloch von Mondorff im Großherzogthum Luxemburg. — **1911**, 56—57.
Décorations de Chevalier de l'Ordre de la Légion d'honneur et de Commandeur de l'Ordre de la Couronne de Chêne de Luxembourg, decernées au chimiste J.-J. Welter. — **1911**, 82—83.
Tombeau de la famille Michelez au cimetière Père-Lachaise à Paris, édifié dans la 28me division, chemin Camille Jordan, 2me rangée, en face de la sépulture Boode, dite «La Pomme de Pin» (point de repère). J.-Jos. Welter est y inhumé. La cinquième plaque de la série du milieu en fait mention. — **1911**, 84—85.
Disque généalogique de la famille Welter. — **1911**, 178—179.
Tabernacle en pierre de l'église d'Oberwampach. — **1912**, 7.
Theoteca en pierre de l'église d'Ospern. — **1912**, 8.
Abdruck einer Marmorplatte (Grabstein) des Bernhard von Schauenburg. — **1912**, 26.
Die restaurierten Chorfresken der St. Blasiuskapelle zu Arlon. — **1912**, 84.
Peinture représentant les doyens et jurés du Grand Serment de l'arbalète en 1601. — **1912**, 190.
Broche («Souvenir») émise par le Cercle artistique lors de l'avènement de S. A. R. la Grande-Duchesse Marie-Adelaïde. — **1912**, 201.
Vitraille donné à la chapelle du couvent des Pauvres Claires à Boxtel, par Pierre van Bronckhoven et Lucie von Hohenstein (1612). — **1913**, 65.
Symbol der Landwirtschaft: Gewölbeschlußstein aus der Kirche von Aspelt, 1514. — **1913**, 139.
Mittelstück des Hochaltars der Pfarrkirche von Körich. — **1913**, 474—475.
Taufstein der Pfarrkirche von Körich. — **1913**, 564—565.
Initiale. (La lettre D. représentant un lansquenet.) — **1914**, 169; **1918**, 45.
Le fourneau du château de Cobourg. — **1914**, 173.
Vase dans lequel se trouvaient les monnaies de la trouvaille faite dans la rue de l'Eau à Luxembourg, le 31 mars 1916. — **1917**, 232.

XVI. Kaplaneien. Siehe: **Lokalitäten.**

XVII. Kirchengeschichtliches. Siehe auch: **Aktenstücke.**

747. Das Collegium Germanikum zu Rom und dessen Zöglinge aus dem Luxemburger Lande. Vorbericht. — **1896**, 12.
748. Entstehung, Zweck und Einrichtung des Gymnasium Germanikum. — **1896**, 13.
749. Luxemburger Zöglinge im Collegium Germanikum. Siehe: *Bibliographisches und Biographisches.*
750. Beiträge zur kirchlichen Geschichte des Luxemburger Landes vom Ausbruche der ersten großen französischen Revolution bis zur Errichtung des Apostolischen Vikariates. (1789—1840.) — **1905**.

32, 74, 129, 174, 233, 271, 317, 380, 423, 465; 498; **1906**, 469; **1907**, 18, 70, 109, 144, 178, 220, 255, 306, 354, 380; 454, 515; **1908**, 62; 132, 190.

751. Supplique adressée par plusieurs curés du Département des Forêts à S. E. le Ministre de l'Intérieur à Paris. — **1909**, 227.

752. Abschätzungsprotokoll der Möbel verschiedener Kirchen aus dem Kanton Hesperingen zur Zeit der französischen Revolution. — **1909**, 352, 394.

753. Ein historisches Gedenkblatt. — **1909**, 313.

754. Die Luxemburger Bistumsfrage. — **1909**, 443.

755. Kirchliche Verhältnisse des Herzogtums Luxemburg in der ersten Hälfte des achtzehnten Jahrhunderts. — **1910**, 295.

756. Rapport sur un arrêté de l'administration centrale, relatif aux cultes. — **1912**, 62.

757. Circulaire de Fouché, Ministre de la Police générale, aux diverses Administrations, relative à la libération des ministres du culte, de la déportation. — **1912**, 63.

758. Extrait d'une lettre du Préfet J.-B. Lacoste, du 15 brumaire, an X (6 novembre 1801), à propos de l'exercice du culte. — **1912**, 66.

759. Lettre du Ministre de l'Intérieur à J.-B. Lacoste, Préfet du Département des Forêts, à propos du serment de fidélité à exiger des ministres du culte. — **1912**, 66.

760. Réponse du Préfet J.-B. Lacoste à la lettre (précitée) du Ministre de l'Intérieur, du 9 messidor an X. — **1912**, 67.

761. Réponse du Préfet J.-B. Lacoste à une lettre du Conseiller d'Etat, chargé des affaires du culte, à propos du même sujet. — **1912**, 68.

762. Le Préfet J.-B. Lacoste accuse réception d'une lettre du Ministre de l'Intérieur, relative à la restitution de biens de fabriques d'église. — **1912**, 192.

763. Lettre du Préfet J.-B. Lacoste en réponse au Ministre de l'Intérieur, relative aux nominations, approuvées par le premier Consul, de six curés primaires. — **1912**, 192.

764. Lettre du Préfet Lacoste au Ministre de l'Intérieur, relative à la prohibition de l'exercice du culte dans les églises supprimées par le Gouvernement. — **1912**, 193.

765. Die noch erhaltenen Kreuzwege der sieben Fußfälle Jesu in Deutschland und Luxemburg. — **1912**, 349.

766. Schenkung eines Lothringers zu Gunsten der Gnadenkapelle von Luxemburg. — **1914**, 386.

766a. Nachschrift (zu dieser «Schenkung»). — **1914**, 394.

767. Le Régime des Cultes dans le Département des Forêts durant la période révolutionnaire. — **1917**, 174.

768. Die kirchlichen Verhältnisse Luxemburgs nach dem französischen Konkordat. — **1917**, 237.

XVIII. Klöster. Siehe: Orden.

XIX. Kunsthistorisches.

769. Zur Erklärung des Titelbildes von «Ons Hémecht». — **1895**, 7.

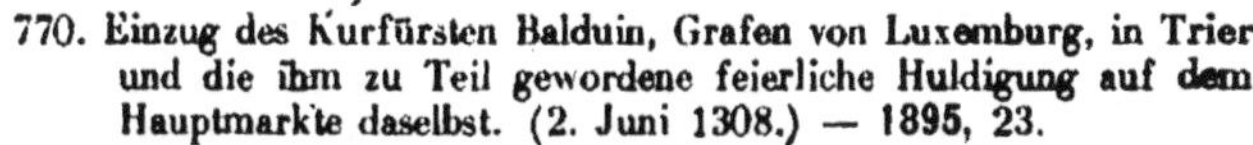

770. Einzug des Kurfürsten Balduin, Grafen von Luxemburg, in Trier und die ihm zu Teil gewordene feierliche Huldigung auf dem Hauptmarkte daselbst. (2. Juni 1308.) — **1895**, 23.

771. Das große Altarbild unserer St. Michaelskirche, die Himmelfahrt Mariä darstellend. — **1895**, 36.

772. Einige Bemerkungen zu dem Artikel «Das große Altarbild unserer St. Michaelskirche», die Himmelfahrt Mariä darstellend. — **1895**, 60.

773. Erzbischof Balduin von Trier, als streitbarer Held. — **1895**, 96.

774. Ein letztes Wort über das große Altarbild in der St. Michaelskirche. (Auffindung des Rubens'schen Originalgemäldes.) — **1895**, 146.

775. Schlußwort über das große Altarbild in der St. Michaelskirche. **1895**, 196.

776. Künstlerische Ausstattung der Herz-Jesu-Kapelle in der Kathedralkirche zu Luxemburg. — **1895**, 363.

777. Der Luxemburger Kunstverein. — **1896**, 289.

778. Die malerische Ausschmückung des Chores der Kathedrale zu Luxemburg. — **1898**, 48.

779. Die Alzette, poetisch-malerische Schilderung in Wort und Bild. — **1898**, 290.

780. Die Hymne: Wilhelmus von Nassauen. — **1898**, 464.

781. Die Glasmalerei in der Kirche von Biwingen-Berchem. — **1899**, 141.

782. Michael von Munkacsy und seine Beziehungen zum Luxemburger Lande. — **1899**, 155.

783. Notizen über ein in München entdecktes, dem Albrecht Dürer zugeschriebenes Gemälde. — **1900**, 17.

784. Der Luxemburger Kunstverein, unter dem Hohen Protektorate Ihrer Königlichen Hoheit der Frau Großherzogin von Luxemburg. Eine Chronik. — **1900**, 77, 98, 162.

785. Avant-projet d'une nouvelle Cathédrale pour Luxembourg. — **1900**, 265.

786. Denkmäler der Kunst im Luxemburger Lande in Wort und Bild. — **1901**, 53, 55, 152, 206.

787. Kunstarchäologische Privatsammlungen (des Herrn Karl Arendt). — **1901**, 211, 263, 331.

788. Über die bei der Echternacher Springprozession ausgeführte Melodie. — **1901**, 240.

789. La peinture à l'huile était-elle connue des Romains? Question traitée au Congrès historique et archéologique de Tongres (3—8 août 1901). — **1901**, 535.

790. Die Sammlung antiker Paramente und Spitzen (dentelles) der Liebfrauenkirche zu Luxemburg. Allgemeines zur Spitzenkunde (Hyphantik.) — **1902**, 151.

791. Die Pfarrkirche zu Steinheim und ihre Chorfresken. — **1903**, 80.

792. Historique des chemins de croix. Règles à suivre dans la dispositions des diverses scènes de la Passion pour satisfaire aux précepte de l'église et de l'art. — **1904**, 84.

793. Analyse d'un manuscrit de 1565, conservé à la Bibliothèque de Trêves, traitant de la technique de la peinture sur verre. — **1904**, 270.
794. Rückblick auf die vergangene Konzertsaison. — **1904**, 335.
795. Allgemeines über den Taufritus. Älteste Taufstätten im luxemburger Lande. — **1905**, 25.
796. Der Bockfelsen zu Luxemburg .— **1905**, 55.
797. Der alte Freihof zu Steinheim und die mit ihm verbundenen Sagen. — **1905**, 108.
798. Diekirch und seine alte Pfarrkirche. — **1905**, 152.
799. Zwei unsere Lande-geschichte interessierende Juwelen kirchlicher Kleinkunst. — **1905**, 200.
800. Unsere Dreijungfrauen-Gruppen. Eine kunstarchäologische Skizze. — **1906**, 133.
801. Allgemeines über Burgenkunde mit Bezugnahme auf inländische Burgen und Schlösser. — **1909**, 266.
802. Nos anciens tabernacles. — **1912**, 7.
803. Freskomalereien aus dem XVIII. Jahrhundert im Luxemburger Lande. — **1912**, 83.
804. L'émission d'un «Souvenir» du Cercle artistique lors de l'avènement de S. A. R. la Grande-Duchesse Marie-Adelaïde. — **1912**, 201.
804a. Guido Oppenheim «D'E'slék». — **1916**, 50.
804b. Cercle artistique de Luxembourg. Plauderei über die diesjährige Kunstausstellung. — **1916**, 260.

XX. Lokalitäten.

Altrier.
805. Abstammung des Ortsnamens Altrier. Eine Richtigstellung. — **1905**, 483.
806. Nachtrag zu der Abhandlung des Hrn. Engling «Maria im Walde zwischen Altrier und Hersberg». — **1907**, 126.
Römische Funde. — **1912**, 82.

Altwies.
807. Les écoles d'Altwies au XVIIIe siècle. — **1909**, 186. (Siehe: *Mondorf. Statistique biographique etc.*)

Alzingen.
808. Beiträge zur Geschichte der Pfarrei. — **1919**, 132.

Ansemburg.
809. Entscheidung des Hochw. Herrn N. Adames über die kanonische Lage der Kirche Mont Marie zu Ansemburg. — **1907**, 36.

Arlon.
810. Zerstörung der Stadt. — **1897**, 562.
811. Surprise d'Arlon par les gueux, 1598. — **1909**, 43.
812. Les vieilles fresques de Saint-Donat à Arlon. — **1912**, 439.
813. Découvertes archéologiques. — **1912**, 490.
814. Die Wohltätigkeitseinrichtungen in der Martinipfarrei zu Arel. — **1915**, 66, 97, 143.

Aspelt. 815. Les pierres armoriées d'Aspelt. — **1910**, 139, 176, 217.

816. Dekoration der Kirche. — **1912**, 82.

Assel. 817. Güter zu Assel, welche zur Herrschaft Waldbredimus gehören. — **1917**, 45.

Asselborn. 818. Schöffengericht und Pfarrei Asselborn in alter und neuerer Zeit. — **1910**, 103, 144, 181, 250, 313, 348.

Bartringen. 819. Beiträge zur Geschichte der Pfarrei. — **1917**, 130.

Beiler. 820. Filiale von Weiswampach. — **1914**, 50.

Beles. 821. Beiträge zur Geschichte der Pfarrei. — **1918**, 50.

Berburg. 822. Römische und mittelalterliche Funde bei Berburg. — **1901**, 209.

Beßlingen. 823. Feudalhof Beßlingen. — **1902**, 516.

824. Freie Mark Beßlingen. — **1902**, 516.

Siehe: *Oberbeßlingen und Niederbeßlingen.*

Bettborn. 825. Visitationsprotokolle aus den Jahren 1570, 1686, 1729 und 1750. — **1903**, 202, 270, 356, 395.

Bettemburg. 826. Les armoiries de la famille de Zievel sur une taque de cheminée (aux environs de Bettembourg). . . . . — **1910**, 141.

827. Beiträge zur Geschichte der Pfarrei. — **1917**, 277.

Bettingen a. d. M. 828. Beiträge zur Geschichte der Pfarrei. — **1917**, 311.

Binsfeld. 829. Die Kapelle daselbst. — **1914**, 57.

830. Streitigkeiten zwischen Weiswampach und Binsfeld wegen der Pfarrrechte. — **1914**. 105.

Biwingen. 831. Ein fideles Scheffen-Essen zu Berchem im Jahre 1521. — **1898**, 31.

832. Die Glasmalerei in der Kirche von Biwingen-Berchem. — **1899**, 141

Bivels. 833. Spätgothische Monstranz und zwei kleine originelle geformte Reliquare aus der Kapelle von Bivels. — **1901**, 34.

Bonneweg. 834. Einige Notizen über die frühere Abtei von Bonneweg. — **1896**, 18.

835. Die Besitzungen des Klosters von Bonneweg zu Waldbredimus. — **1915**, 293.

836. Die Besitzungen der Ortschaft Bonneweg zu Waldbredimus. — **1916**, 385.

Borsdorf. 837. Geschichtliches über Borsdorf. — **1916**, 314.

838. Die heutige Ortschaft Borsdorf. — **1916**, 315.

Boxhorn. 839. Kapläne zu Boxhorn. — **1910**. 250.

Breitfeld. 840. Streitigkeiten zwischen Weiswampach und Breitfeld wegen der Pfarrechte. — **1914**, 105.

Buchenberg.	841. Die Pfarrei Buchenberg oder Heinerscheid. — **1902**, 90.
Bürmeringen.	841a. Beiträge zur Geschichte der Pfarrei. — **1919**, 173.
Büwisch.	842. Die Kaplanei Büwisch. — **1910**, 313, 348.
Clairefontaine.	843. Neuwahl der Äbtissin zu Clairefontaine, 1762. — **1917**, 92. Siehe: *Orden.*
Clerf.	844. Schloß Clerf. — **1910**, 308.
	845. Der Johannismarkt zu Clerf. — **1916**, 124.
Consdorf.	846. Der römische Fund bei Consdorf. — **1900**, 353.
Constum.	847. Pfarrvisitation von 1792 in der Pfarrei Constum. — **1907**, 468.
Contern.	848. Beiträge zur Geschichte der Pfarrei. — **1919**, 107.
Daleiden.	849. Schenkung der Pfarreinkünfte von Daleiden an die Trinitarier zu Vianden. — **1907**, 250.
Dalheim.	850. Nachgrabungen. — **1912**, 82.
	851. Das Feldkreuz bei Dalheim. — **1916**, 125.
	852. Beiträge zur Geschichte der Pfarrei. — **1919**, 133.
Damvillers.	853. Einnahme von Damvillers. — **1897**, 556.
Diedenburg.	854. Grundbesitz und Grundlasten in der ehemaligen Grundmeierei Diedenburg. — **1911**, 34, 64, 98, 127, 193, 221, 257, 308, 321, 366, 426; **1912**, 9, 44, 125, 183, 228, 273, 282, 321, 362, 402; **1913**, 5, 75, 125, 195, 240, 272, 328, 337, 453, 486.
Diedenhofen.	855. Eroberung der Stadt. — **1897**, 562.
Diekirch.	856. Diekirch und seine alte Pfarrkirche. — **1905**, 152.
	857. Pfarrvisitation von 1729 in der Pfarrei Diekirch. — **1907**, 469.
Differdingen.	858. Wahl der Äbtissin zu Differdingen (1702, 30. Dezember). — **1917**, 94, 126.
Drauffelt.	859. Angeblich römische Funde. — **1912**, 398.
Drinklingen.	860. Beschlagnahme zu Drinklingen. — **1902**, 600.
	861. Die Kapelle von daselbst. — **1914**, 33.
Düdelingen.	862. Beiträge zur Geschichte der Pfarrei. — **1917**, 308.
Dünckrodt.	863. Steuerrolle für Dinckerodt vom Jahre V. — **1906**, 78.
	864. Güter der Auswärtigen (foreins) in der Pfarrei Dünckrodt im Jahr 1794. — **1907**, 65.
Echternach.	865. Der sogenannte «Dingstuhl» auf dem Marktplatze zu Echternach. — **1895**, 68.
	866. Echternach wird gebrandschatzt. — **1897**, 558.
	867. Verehrung des hl. Sebastianus in Echternach. **1900**, 412.

868. Die Satzungen der Echternacher Schneiderzunft. — **1902**, 121.

869. Abtei und Stadt Echternach während des 13. Jahrhunderts. — **1902**, 124, 232, 282, 301, 438, 478, 539, 633.

870. Extrait du Registre des séances décadaires et de fêtes nationales de l'Administration municipale du canton d'Echternach. — **1906**, 457.

871. Etude archéologique sur la Basilique de Saint-Willibrord à Echternach, suivie d'un Petit aperçu sur l'église paroissiale de la même ville et de la littérature concernant ces deux édifices. — **1910**, 22, 58, 99, 149.

872. Anzeige über den Fund römischer Gräber zwischen Irrel und Minden (Preußen). — **1912**, 82.

873. Aus dem Geistesleben unserer Vorfahren. Mythologisches aus Echternach. — **1914**, 23, 58.

874. Geschichte der Grundherrschaft Echternach. - **1915**, 144, 201, 273, 290.

875. Alt-Echternach. — **1919**, 22, 53, 83.

Ehleringen. 876. Beiträge zur Geschichte der Pfarrei. — **1917**, 314.

Ehnen. 877. Die Kreuzpartikel in der Pfarrkirche zu Ehnen. — **1912**, 396.

Elvingen (Remich). 878. Les écoles d'Elvange au XVIIIe siècle. — **1909**, 187.

Erpeldingen (Diek.). 879. Ein Streit um die Jagd in der Herrschaft Erpeldingen. — **1904**, 116.

Ersingen. 880. Feldlazaret zu Ersingen, 1792. — **1917**, 106.

881. Besitzungen des Klosters zum heiligen Geist zu Luxemburg in Ersingen. — **1916**, 386.

Esch an der Alzette. 882. Zerstörung der Stadt. — **1897**, 562.

883. Beiträge zur Geschichte der Pfarrei. — **1918**, 8.

Esch an der Sauer. 884. Die Familie von Schauenburg auf Schloß Berwart zu Esch an der Alzette. Als Beitrag zur Geschichte der Stadt Esch, nach dem von Schauenburgischen Familienarchiv bearbeitet und aus historischen Quellen ergänzt. — **1912**, 15, 49, 99. — Siehe auch: *Sagen.*

885. Über den Ursprung der Johannisstatue auf dem Friedhofe zu Esch an der Sauer. — **1898**, 561.

886. Les anciens Dynastes d'Esch-sur-la-Sûre. — **1905**, 263, 304, 387, 434, 485, 532; **1906**, 18, 51, 112, 138, 191, 214, 276, 304, 342, 397, 432, 472; **1907**, 53, 92, 130, 170, 211, 261, 293, 333, 371, 411, 471; **1908**, 9, 56, 122, 163, 202, 241, 289, 314, 362, 405;

1909, 57, 97, 148, 201, 243, 282, 337, 362, 411, 451, 492.

Escheid. 887. Visitationsprotokolle aus den Jahren 1570, 1686, 1729 und 1750. — **1903**, 203, 312, 358, 396.

Ettelbrück. 888. Geschichte Ettelbrücks. (Leider unvollständig.) — **1903**, 19, 88, 141, 170, 256, 330, 379, 474, 542, 615; **1904**, 27, 53, 108, 157, 194, 242, 328, 375, 483, 490; **1905**, 3, 65, 111, 161, 204, 282, 294, 313, 410, 443, 569.

889. Die Revolution zu Ettelbrück im Jahre 1848. Geschichtliche Episode, gemäß einem Manuscript aus jener Zeit. — **1907**, 138, 162, 203.

Everlingen. 890. Urteil des königlichen Rates zu Luxemburg vom 12. Juni 1705. Zwischent den Inwohner von Everling und Schandell supplicantes, Herr Anthoine Reiff, Pastor von Ospern, Rescribenten. — **1903**, 37.

891. Consekrations-Urkunde der Schloßkapelle, vom 19. Juli 1756. — **1903**, 38.

892. Visitationsprotokolle aus den Jahren 1570, 1686, 1729 und 1750. — **1903**, 203, 269, 315, 355, 394.

Falkenstein. 893. Beitrag zur Geschichte des Schlosses und der Herrschaft Falkenstein. — **1899**, 51, 131, 222, 279, 306, 423, 533, 561.

894. Monographie der Burg Falkenstein an der Our. **1901**, 21.

895. Zehn Illustrationen betreffend die Burg Falkenstein. — **1901**, 22, 24, 26, 27, 28, 29, 30, 32, 33.

Fenningen. 896. Beiträge zur Geschichte der (ehemaligen) Pfarrei. — **1917**, 305.

Fentingen. 897. Beiträge zur Geschichte der Pfarrei. — **1917**, 194.

Freylingen. 898. Die Pfarrei Freylingen. — **1914**, 317, 395; **1915**, 32.

Frisingen. 899. Beiträge zur Geschichte der Pfarrei. — **1919**, 109, 129.

Fuhren. 900. Das Patronatsrecht (der Trinitarier von Vianden) über die Pfarrei Fuhren. — **1907**, 409.

901. Pfarrvisitation von 1723 in der Pfarrei Fuhren. — **1907**, 466.

Ganderrn. 901a. Beiträge zur Geschichte der Pfarrei. — **1919**. 173.

Garnich. 902. Zwei Weistümer des Grundgerichtshofes Garnich vom 10. April 1614 und vom 25. Oktober 1745. — **1917**, 52, 92, 118, 142, 171, 204.

Gödingen.
903. Beschlagnahme zu Gödingen. — **1902,** 600.
904. Der Wallfahrtsort Gödingen. — **1912,** 219.

Gondelingen.
905. Die ehemalige Schloßherrschaft Gondelingen. (1673—1835.) — **1914,** 303, 362.
906. Die Herrschaft Gondelingen. — **1916,** 132.
907. Sterbefälle auf dem Schloß von Gondelingen. — **1916,** 172.
908. Vikare zu Gondelingen. — **1916,** 275.

Gras.
909. Die St. Donatuskirche in Gras. — **1916,** 295.

Grevenmacher.
910. Zerstörung des Städtchens. — **1897,** 588.

Hamm.
911. Traces de substructions romaines à Hamm. **1908.** 254.

Heinerscheid.
912. Hof Heinerscheid. — **1902,** 87, 89.
913. Die Pfarrei Buchenberg oder Heinerscheid. — **1902,** 90.
914. Jahrgeding zu Heinerscheid. — **1914,** 189.
915. Treueid des Schöffenrates von Heinerscheid auf der Burg von Ouren, bei Herrschaftswechsel. — **1914,** 190.

Heischlingen.
916. Die Pfarrei Heischlingen. — **1914,** 411.
917. Kapläne und Pfarrer von Heischlingen. — **1915,** 36.

Hemsthal.
918. Genealogische Veranschaulichung des früheren Vererbungssystems der Hausnamen, dargestellt an einem Beispiele, gezogen aus den Registern der Pfarrei Hemsthal. — **1906,** 179, 251, 291, 300.

Hesperingen.
919. Annexion der Herrschaften Rodenmacher und Hesperingen durch Ludwig XIV. — **1898,** 422.
920. Die frühere St. Nikolauskapelle zu Hesperingen. — **1917,** 31. — Siehe auch *Sagen.*

Hollenfels.
921. Notes sur quelques seigneurs de Hollenfels. — **1913.** 17, 64.

Holler.
921a. Pfarre und Hof Holler. — **1901.** 233, 289, 389, 463, 555, 596; **1902,** 87, 516, 594; **1903,** 85, 227.
922. Filiale von Weiswampach. — **1914,** 51, 102.
923. Selbständige Pfarrei. — **1914,** 145, 177.

Hollerich.
924. Beiträge zur Geschichte der Pfarrei. — **1917,** 129.

Hostert (Luxembg.).
925. Beiträge zur Geschichte der Pfarrei. — **1919,** 34.

Hostert (Ospern).
926. Visitationsprotokolle aus den Jahren 1570, 1686, 1729 und 1750. — **1903.** 204, 311, 358, 396.

Hüpperdingen.
927. Feudalhof Hüpperdingen. — **1902,** 87.

Itzig.
928. Beiträge zur Geschichte der Pfarrei. — **1917,** 193.

Ivoix.	929. Fall von Ivoix und Gefangennahme Mansfelts. — **1897**, 556.
Johannisberg.	930. Zerstörung des Schlosses. — **1897**, 555.
Kayl.	931. Beiträge zur Geschichte der Pfarrei. — **1917**, 306.
Körich.	932. Körich, seine Kirche und seine Schloßherrschaften. Bearbeitet nach dem Pfarrarchiv. — **1913**, 458, 470, 565; **1914**, 5, 60, 82, 121, 197, 228, 265, 313, 441; **1915**, 3, 50, 102, 121, 234, 305.
Kreuzweiler.	932a. Beiträge zur Geschichte der Pfarrei. — **1919**, 174.
Lenningen.	932b. Beiträge zur Geschichte der Pfarrei. — **1919**, 172.
Leudelingen.	933. Beiträge zur Geschichte der Pfarrei. — **1917**, 194.
Leylum.	934. Filiale von Weiswampach. — **1914**, 50.
Liefringen.	935. Notizen aus der Lokalgeschichte von Liefringen im 18. Jahrhundert. — **1906**, 24, 75; **1907**, 8, 61.
Lieler.	936. Filiale von Weiswampach. — **1913**, 514, 559.
Limpach.	937. Beiträge zur Geschichte der Pfarrei. — **1917**, 313.
Lischer.	938. Der Privatbesitz zu Lischer. — **1911**, 366, 426; **1912**, 9. 44, 231.
	939. Kapellenwittum im Jahre 1679. — **1913**, 127.
Lottert.	940. Der Privatbesitz zu Lottert. — **1911**, 308, 321; **1912**, 230.
	941. Kapellenwittum. — **1913**, 129.
Lullingen.	942. Geschichte des Hofes und der Herrschaft Lullingen. quellenmäßig dargestellt. — **1895**, 116, 130. 166, 284. 318. 372; **1896**. 28, 72, 108. 175. 222, 246. 262. 306, 353, 388 und 417.
Luxemburg.	943. Das große Altarbild unserer St. Michaelskirche, die Himmelfahrt Mariä darstellend. (Das Für und das Wider.) — **1895**. 36, 60, 146, 196.
	944. Une association républicaine à Luxembourg. — **1895**. 210.
	945. Die fünfzigjährige Gründungsfeier der historischen Sektion des Großherzoglichen Institutes. — **1895**, 273.
	946. Künstlerische Ausstattung der Herz-Jesu-Kapelle in der Kathedralkirche zu Luxemburg. — **1895**, 363.
	947. Coup d'œil historique sur les origines et les développements de la «Section historique de l'Institut grand-ducal de Luxembourg». —

1896, 31, 50, 130, 167, 194, 281, 316, 335, 377, 413, 428; **1897**, 83, 133, 185, 255, 303, 347, 440 et 495.

948. Der Luxemburger Kunstverein. — **1896**, 289.

949. Tagebuch über die Belagerung der Festung Luxemburg (1794—1795) von Ludwig Langers. — **1897**, 199, 252, 309, 391, 445, 666.

950. Einnahme Luxemburgs durch die Franzosen im Jahre 1897. — **1897**, 203.

951. Die musikalisch-litterarische Abendunterhaltung am Athenäum zu Luxemburg vom 26. Februar 1897. — **1897**, 269.

951a. La Chapelle au cimetière des Bons-Malades hors de la porte d'Eich à Luxembourg, pendant la révolution française. — **1897**, 297.

952. Die malerische Ausschmückung des Chores der Kathedrale zu Luxemburg. — **1898**, 18.

953. Blockade der Stadt und Festung Luxemburg, August 1681 bis 22. März 1682. — **1899**, 467, 538.

954. Œuvre des Jeunes Economes. — **1900**, 366.

955. Die Erwerbung der Lucilinburhuc durch Graf Siegfried und die darüber errichtete Urkunde. — **1900**, 385.

956. Der Luxemburger Kunstverein. Unter dem Hohen Protektorate Ihrer Königlichen Hoheit, der Frau Großherzogin von Luxemburg. Eine Chronik .— **1900**, 77, 98, 162.

957. Avant-projet d'une nouvelle Cathédrale pour Luxembourg. — **1900**, 265.

958. Die Sammlung antiker Paramente und Spitzen (dentelles) der Liebfrauenkirche zu Luxemburg. — **1902**, 151.

959. Der Bockfelsen zu Luxemburg. — **1905**, 55.

960. Notice historique sur l'hospice des Orphelins à Luxembourg. — **1905**, 223, 276, 298, 351, 405, 455, 500, 559; **1906**, 37, 66, 103, 165, 205, 207, 224, 259, 326, 337, 377.

961. Visite du Comte de Monterey, Gouverneur des Pays-Bas, à Luxembourg, du 13 au 15 avril 1671. — **1905**, 338.

962. Le droit des licences et l'émeute des femmes à Luxembourg en 1670 (d'après Alexandre Wiltheim). — **1905**, 448.

963. Procès-verbal de la cérémonie (de l'anniversaire de la juste punition du dernier roi des Français), qui a eu lieu à Luxembourg, chef lieu du Département des Forêts, le 4 pluviose an IV (24 janvier 1796) de la République. — **1906**, 417.

964. Die öffentlichen Gebete in der Stadt und Festung Luxemburg während der Belagerung vom 21. November 1794 bis 5. Juni 1795. Offizielle und authentische Gottesdienstordnung im Originaltext der Münsterabtei zu Stadtgrund. Ein Beitrag zur vaterländischen Geschichte. — **1906**, 90, 108.

965. Annonce de l'arrivée de l'Empereur Napoléon Ier dans la ville de Luxembourg. — **1908**, 277.

966. Rapport sur le passage de S. M. l'Empereur Napoléon Ier à Luxembourg .— **1908**, 318.

967. Supplique adressée par le Conseil de fabrique de l'église St. Pierre à Luxembourg, au Préfet du Département des Forêts à propos de divers biens et rentes appartenant à la dite fabrique. — **1909**, 316.

968. Révendication, par le Conseil de fabrique de l'église St. Pierre à Luxembourg, de l'orgue provenant de l'ancienne abbaye de Münster, au faubourg du Grund. – **1909**, 317.

969. Ein Beitrag zur Geschichte der Ausübung der Heilkunde in der Stadt Luxemburg. — **1916**, 90.

970. Punition du crime d'adultère à Luxembourg. — .**1916**. 190.

971. Les anciens comptes de la ville de Luxembourg .— **1916**, 220.

971a. Louis XIV à Luxembourg, en 1687. - **1917**, 40, 72, 97.

972. Der Altmarkt in Luxemburg. — **1917**, 30.

793. Logements militaires à Luxembourg pendant la période de 1794—1814. — **1917**, 49, 88, 101, 135, 165, 195, 247, 337: **1918**, 24, 63, 86, 125, 163, 200: **1919** 11, 43, 72, 123, 146, 186.

974. Trouvaille numismatique faite dans la rue de l'Eau, à Luxembourg, le 31 mars 1916. Les ateliers monétaires de Luxembourg. — **1917**, 231.

975. Zur Geschichte der Pfarrei St. Nikolaus. — — **1918**, 108, 117.

976. Zur Geschichte der Pfarrei Sankt Michael. — **1918**, 149.

977. Zur Geschichte der (ehemaligen) Pfarrei St. Ulrich. — **1918**, 178.

978. Zur Geschichte der (ehemaligen) Pfarrei St. Johann auf dem Stein. — **1918**, 180.

979. Das Eligiusamt zu Luxemburg. — **1919**, 16, 48. 80, 112, 136, 175.

980. Le groupe de Saint-Jean Népomucène dans la cour de la maison Heinesch. — **1919**, 151, 187.

Malscheid. 981. Filiale von Weiswampach. — **1914**, 50.

Mamer. 982. Beiträge zur Geschichte der Pfarrei. — **1917**, 163.

Marienthal. 983. Beitrag zur Geschichte des Frauenklosters Marienthal bei Ansemburg. — **1895**, 275, 395 und 340.

984. Die Besitzungen des Priorates Marienthal in Lothringen. — **1915**, 46, 96, 138, 221.

985. Die Besitzungen Marientals zu Waldbredimus. **1915**, 182.

Massen (-Mühle). 986. Streitigkeiten zwischen Weiswampach und Massen wegen der Pfarrrechte. — **1914**, 105.

Mecher. 987. Die gemeinschaftlichen Weideplätze von Liefringen und Mecher. — **1906**, 77.

988. Steuerrolle vom Jahre V für Mecher. — **1906**, 78.

Mensdorf. 989. Acte de confirmation ou nomination comme maire de Mensdorf 1769 et 1770. — **1904**, 608.

990. Die Glocken zu Mensdorf. — **1916**, 316.

Mersch. 991. Etudes sur le Luxembourg à l'époque carolingienne. I. Le Domaine de Mersch et ses possesseurs. — **1905**. 258. 329, 374. 393: **1906**, 60. 118. 153, 184. 265, 311. 355, 385, 420. 461; **1907**, 22. 42

992. Zur Touristik im Großherzogtum Luxemburg. Der Kantonal-Hauptort Mersch. — **1910**, 277.

Mesenich. 993. Beiträge der Mörsdorfer zum Pfarrgehalt des Pfarrers von Mesenich. — **1916**, 371.

994. Mörsdorf wird von Mesenich (aus dem Pfarrverbande) getrennt. — **1916**, 372.

995. Almosenei von Mörsdorf und Mesenich. — **1916**, 2.

Mettendorf. 996. Schenkung der Pfarreinkünfte an die Trinitarier von Vianden. — **1907**. 250.

997. Die Glocke von Mettendorf. 1520. — **1907**, 369.

998. Das Mettendorfer Sehnerweistum, 1621. — **1907**, 410.

Metzert. 999. Die Kaplanei Metzert seit 1800. — **1914**. 411.

1000. Kapläne von Metzert. — **1915**. 35.

Mörsdorf. 1001. Geschichte des Dorfes und der Pfarrei Mörsdorf. — **1916**, 151. 177. 205, 265, 313. 341, 368; **1917**, 2. 38 75.

Mondorf. 1002. A propos d'enseignement primaire. Les

écoles dans la paroisse de Mondorf au XVIIIe siècle. — **1909,** 141, 186.

1003. Statistique biographique des Médecins, Chirurgiens et Pharmaciens ayant été établis à Mondorf, Altwies et Mondorf-les-Bains. (Fin du XVIIme siècle — 1911.) — **1910,** 67.

1004. Beiträge zur Geschichte der Pfarrei. — **1919,** 108.

Monnerich. 1005. Beiträge zur Geschichte der Pfarrei. — **1917,** 313.

Montmédy. 1006. Übergabe von Montmédy. — **1897,** 557.

Münschecker. 1007. Entdeckung von 12 Skeletten. — **1912,** 155.

Mutfort. 1008. Beiträge zur Geschichte der Pfarrei. — **1919,** 104.

Niederbeßlingen. 1009. Pfarrei Niederbeßlingen. — **1902,** 594.

1010. Beschlagnahme zu Niederbeßlingen. — **1902,** 600.

1011. Reihenfolge der Pfarrer bis 1805. — **1911,** 415.

1012. Die früheren Bruderschaften der alten Pfarrei. — **1911,** 461.

1013. Verzeichnis der Einnahmen des Pfarrers in der früheren Pfarrei. — **1911,** 462.

Niederpallen. 1014. Visitationsprotokolle aus den Jahren 1570, 1686, 1729 und 1750. — **1903,** 203, 311, 357, 396.

Niederwampach. 1015. Schimpach et Niederwampach. — **1900,** 230.

1016. Documents concernant le fief de Niederwampach. — **1904,** 91, 130, 165, 199, 206, 256, 297, 339, 440, 464, 533, 568.

Niederwiltz. 1017. Seine Wiege. Sein Schloß. — **1916,** 66.

Nörtzingen. 1018. Beiträge zur Geschichte der (früheren) Pfarrei. — **1917,** 305.

Oberbeßlingen. 1019. Beschlagnahme zu Oberbeßlingen. — **1902,** 600.

1020. Freibrief für Oberbeßlingen, von S. M. König Johann dem Blinden, ausgestellt im Jahre 1331. — **1910,** 351.

Oberkorn. 1021. Beiträge zur Geschichte der Pfarrei. — **1918,** 48.

Oberwampach. 1022. Geschichte des Dorfes und der Herrschaft **1900,** 133, 175, 227.

1023. Kunstdenkmäler in der Pfarrkirche von Oberwampach. — **1901,** 55, 152, 206.

Otringen. 1024. Beiträge zur Geschichte der Pfarrei. — **1919,** 105.

Olingen. 1025. Orts- und Flurnamen meiner Heimat Olingen. Kurz- und langweilige Erörterungen. — **1902,** 195.

Ospern.	1026. Ospern in älterer und neuerer Zeit. Ein kurzer Beitrag zur kirchlichen und bürgerlichen Geschichte dieser Ortschaft. — **1902**, 17, 60, 99, 180, 210, 260, 314, 350, 427, 505, 623; **1903**, 35, 109, 200, 263, 310, 353, 392.
	1027. Visitationsprotokolle aus den Jahren 1570, 1686, 1729 und 1750. — **1903**, 200, 263, 353, 392.
Ouren.	1028. Geschichte der ehemaligen Dynastie von Ou- bei Weiswampach, mit besonderer Berücksichtigung der Ourener Pfarrchronik. (Leider unvollständig.) — **1897**, 23, 57, 129, 179, 263, 330.
Püttlingen.	1029. Analyse raisonnée des Registres de la paroisse de Puttelange-lez-Rodemack. — **1908**, 115, 142, 180.
Reckingen a. d. M.	1030. Beiträge zur Geschichte der Pfarrei. **1917**, 311.
Reichlingen.	1031. Geschichtliches über Reichlingen. — **1902**, 260, 314, 350, 427.
Remerschen.	1032. Beiträge zur Geschichte der Pfarrei. — **1919**, 134.
Remich.	1033. Satzungen der St. Andreae-Fischerzunft in Remich. — **1917**, 242.
	1034. Hessisches und preußisches Generalquartier in Remich, 1814. — **1918**, 225.
	1034a. Beiträge zur Geschichte der Pfarrei. — **1919**, 170.
Reuland.	1035. Französische und hessische Truppen in Reuland zur Zeit Napoleons I. — **1916**, 88.
Rodenmacher.	1036. Eroberung von Rodenmacher. — **1897**, 535.
	1036a. Zerstörung von Rodenmacher. — **1897**, 562.
	1037. Annexion der Herrschaften Rodenmacher und Hesperingen. — **1898**, 422.
	1038. Bruderschaft zu Ehren des hl. Sebastian zu Rodenmacher. **1912**, 94.
Röser.	1039. Beiträge zur Geschichte der Pfarrei. — **1917**, 276.
Rollingen (Rem.).	1040. Güter zu Rollingen, welche zur Herrschaft Waldbredimus gehören. — **1917**, 45.
Roth.	1041. Trennung der Pfarreien Roth und Vianden, 1256. — **1907**, 285.
	1042. Spätere Schicksale der Kommende der Tempelherren von Roth. 1266—1297. — **1907**, 287.
	1043. Geschichte der Kommende, Komturei oder Kommanderie der kirchlich-militärischen Ritterorden der Tempelherren und der Johanniter zu Roth bei Vianden. — **1914**, 86, 153, 319, 414, 449.

	1044. Die Pfarrei Roth. — **1914**, 417.
Rüssingen.	1045. Beiträge zur Geschichte der (ehemaligen) Pfarrei. — **1917**, 311.
Sandweiler.	1046. Aus dem Weistum der Landmeyerei Sandtweiler, 1604. — **1916**, 83.
	1047. Beiträge zur Geschichte der Pfarrei. — **1919**, 65.
Sardorf.	1048. Borsdorf und Sardorf. — **1916**, 206.
Saint-Hubert.	1049. Die Zerstörung des Klosters von Saint-Hubert im Jahre 1568 und die Reliquien des heiligen Hubertus. — **1897**, 449.
Sankt Vith.	1050. Die Schützengesellschaft (Bruderschaft sti Sebastiani undt Rochi) zu St. Vith. — **1912**, 98.
Sassel.	1051. Kapläne zu Sassel. — **1910**, 250.
Sassenheim.	1052. Beiträge zur Geschichte der Pfarrei. — **1918**, 8.
Schandel.	1053. Urtheil des königlichen Rathes zu Luxemburg vom 12. Juni 1705. Zwischent den Inwohner von Everling und Schandell supplicantes Herr Anthoine Reiff Pastor von. Ospern Rescribenten. — **1903**, 37.
	1054. Consekrations-Urkunde des Altars in der Kapelle zu Schandel. — **1903**, 41.
	1055. Visitationsprotokolle aus den Jahren 1570, 1686, 1729 und 1750. — **1903**, 204, 310, 356, 396.
Schifflingen.	1056. Beiträge zur Geschichte der Pfarrei. — **1917**, 310.
Schimpach.	1057. Schimpach und Niederwampach. **1900**, 230.
Schrondweiler.	1058. Inschrift an einem Bauernhause. **1915**, 117.
Schuweiler.	1059. A propos de deux mardelles récemment découvertes dans les environs de Schuweiler, canton de Capellen, Grand-Duché de Luxembourg. — **1900**, 73.
Schüttburg.	1060. Schloß und Herrschaft Schüttburg. — **1899**, 16.
Schüttringen.	1061. Beiträge zur Geschichte der Pfarrei. — **1919**, 3.
Simmern.	1062. Im Eischtal. Ritter Thomas von Siebenborn (Simmern). Spaziergang und Reflexionen. — **1914**, 26.
	1063. Die Schloßherren von Simmern, die Träger der Würde eines Erbmarschalls des Luxemburger Landes. — **1915**, 127.
	1064. Das Eischtal, ein Jammertal. — **1915**, 130.
	1065. Die St. Rochusprozession und die Sebastianusbruderschaft zu Simmern. — **1915**, 132.

Steinheim. 1066. Die Pfarrkirche zu Steinheim und ihre Chorfresken. -- **1903.** 80.

1067. Der alte Freihof zu Steinheim und die mit ihm verbundenen Sagen. — **1905.** 108.

Stephansberg. 1068. Einsiedler auf dem Stephansberg. — **1916,** 218.

1069. Die Pfarrei auf dem Stephansberg. — **1917,** 237.

Stockem (Arlon). 1070. Die erste Kapelle von Stockem. — **1914,** 401.

1071. Stockem seit Errichtung der Pfarrei. — **1914,** 411.

1072. Kapläne und Pfarrer von Stockem. — **1915,** 35.

Stolzemburg. 1073. Kaminplatte von Schloß Stolzemburg. — **1901,** 264.

Tattert. 1074. Der Privatbesitz zu Tattert. — **1911,** 257; **1912,** 230.

Titelberg. 1075. Der Titelberg im Großherzogtum Luxemburg. Ein gallorömischer Vicus. — **1907,** 427, 482.

Trintingen. 1076. Die Güter und Einkünfte des Schloßherrn Philipp Jakob von Flesgin in der Herrschaft Trintingen. — **1916,** 309.

1077. Die Gemeindegüter der Gemeinde Trintingen. — **1916,** 330.

1078. Renten-Besitzer in der Herrschaft Trintingen. — **1917,** 68.

1079. Eigentümer in der Herrschaft Trintingen. — **1917,** 69.

1080. Errichtung der Pfarrei Trintingen, 1851. Pfarrer daselbst. — **1917,** 333.

Ulflingen. 1081. Feudalhof Ulflingen. — **1902,** 87.

1082. Geschichtliche Notizen über Ulflingen. — **1903,** 85, 227.

1083. Das alte und das neue Ulflingen (Troisvierges) und sein ehemaliges Franziskanerkloster. — **1911,** 271, 285, 343, 386, 414, 449; **1912,** 138.

Vianden. 1084. Zustand der Stadt und Grafschaft Vianden zur Zeit der ersten französischen Revolution und unter dem ersten Kaiserreiche, sowie der ersten Jahre der Wiederherstellung des Königtums. Vom Jahre 1794—1816. - **1895,** 76, 108, 136, 152, 181, 226, 242.

1085. Die Andacht zu den sieben Fußfällen Jesu. Ein Charfreitags-Gebrauch in Vianden. — **1895,** 149.

1086. Die Männer- und Jünglingscongregation gen. Marianische Sodalität in der Stadt Vianden unter dem Titel: Himmelfahrt Mariä. — **1900,** 183, 216, 559.

1087. Festlied zur Feier des hundertjährigen Jubiläums der Marianischen Sodalität zu Vianden. 1900, 562.

1088. Biographische Notizen zur Geschichte der Stadt Vianden. — **1900**, 278, 296, 377, 468, 516, 569; **1901**, 84, 143, 198, 249, 293, 360, 408, 469, 576, 621.

1089. Das Schloß-Archiv von Vianden. — **1907**, 186.

1090. Geschichte des Klosters der Trinitarier zu Vianden. — **1907**, 242, 282, 323, 363, 402, 463; **1908**, 17, 42, 86.

1091. Causerie sur les ruines du château de Vianden. — **1908**, 225, 256, 300, 352.

1092. Le Comté de Vianden au commencement du XVIIe siècle. Enquête de 1617 sur ses limites. — **1910**, 321, 361, 401.

1093. Les armoiries de la famille de Zievel .... sur une pierre tombale de l'église des Trinitaires à Vianden. — **1910**, 444.

1094. Quelques documents relatifs à la prise de possession de la ville, du château, de la terre et du comté de Vianden, ainsi que les seigneuries en dépendantes de St. Vith, Dasbourg et Bütgenbach, par la Maison d'Isenghien. — **1913**, 23, 81, 129, 177, 234, 277, 319, 386.

1095. Die St. Nikolauskapelle in der Vorstadt von Vianden. — **1914**, 323.

Virton

1096. Das Urteil der Reunionskammer, welches Virton mit Frankreich vereinigte. — **1898**, 458, 508, 607.

1097. Relation sur une fête républicaine célébrée à Virton, l'an VII de la République. — **1906**, 460.

Waldbredimus.

1098. Archäologische Bemerkungen über die Kirche. — **1913**, 87, 137, 158.

1099. Die herrschaftliche Familie von Waldbredimus, 1629—1783. — **1915**, 22, 42, 82, 150.

1100. Die Grundherren zu Waldbredimus. — **1915**, 182, 293.

1101. Geschichte des Ortes und der Pfarrei Waldbredimus. — **1916**, 5, 46, 78, 104, 132, 171, 216, 275, 307, 330, 382; **1917**, 25, 45, 68, 103, 137, 167, 197, 236, 327; **1918**, 17, 42, 66, 98, 137.

1102. Weistum von Waldbredimus, 1545. — **1916**, 79.

Weiler zum Turm.

1103. Notes sur cette paroisse. — **1917**, 208.

1104. Beiträge zur Geschichte der Pfarrei. — **1919**, 130.

Weimerskirch.	1105. Beiträge zur Geschichte der Pfarrei. — **1917**, 162.
Weiswampach.	1106. Geschichtliche Notizen über das alte Gericht, die Pfarrei Weiswampach und deren Annexen Lieler, Wilwerdingen und Holler. — **1913**, 141. 186, 209, 249, 313, 394, 510, 559; **1914**, 30. 48. 102, 145, 177, 235.
Wiltz.	1107. Das amtliche Inventarium des gräflichen Schlosses zu Wiltz, vom Jahre 1648. — **1908**, 265, 297, 428, 467.
Wilwerdingen.	1108. Beschlagnahme zu Wilwerdingen. — **1902**, 600.
	1109. Filiale von Weiswampach. — **1914**, 30.
	1110. Selbständige Pfarrei. — **1914**, 34, 48.
Wintringen.	1111. Der de Musset'sche Altar in der Kapelle von Wintringen, 1609. — **1919**, 25.
Wormeldingen.	1112. Bau-Vertrag über ein Wohnhaus, Kelterhaus und Stall zu Wormeldingen, 1792. — **1908**, 384.
Zolver.	1113. Zerstörung des Schlosses. — **1897** 555.
	1114. Beiträge zur Geschichte der Pfarrei. — **1918**, 7.

XXI. Nachrufe, Predigten und Reden.

1115. *Blum Martin.* Nachruf an den hochw. Herrn Christian Beck, emeritierter Pfarrer, wirkliches Mitglied des Vereines für Luxemburger Geschichte, Literatur und Kunst (Ons Hémecht). — **1917**, 265.

1116. *Idem.* Nachruf an den hochw. Herrn Peter Pint, emeritierter Pfarrer, wirkliches Mitglied des Vereins für Luxemburger Geschichte, Literatur und Kunst (Ons Hémecht). — **1917**, 367.

1117. *Decker Aloyse.* Discours prononcé à Luxembourg, le 5 octobre 1909, sur la tombe de M. le docteur Joseph Weber, médecin-dentiste et Consul général d'Italie. — **1909**, 92.

1118. *Feltgen Erneste.* Discours prononcé à Luxembourg, le 5 octobre 1909, sur la tombe de M. le docteur Joseph Weber, médecin-dentiste et Consul général d'Italie. — **1909**, 126.

1119. *Grob Willibrord Jakob.* Nachruf an weiland Karl Müllendorff, Vorsitzender des Vereines für Luxemburger Geschichte, Literatur und Kunst (Ons Hémecht), gesprochen in der Generalversammlung vom 12. Juni 1902. — **1902**, 290.

1120. *Held Karl-Anton-Ludwig.* Eloge funèbre de M. Charles Müllendorff, prévôt du chapitre luxembourgeois, prononcé dans la chapelle de Notre-Dame (Ste-Sophie) à Luxembourg, le 22 avril 1902. — **1902**, 250.

1121. *Kirsch Jean-Pierre.* Discours prononcé à la séance inaugurale du IVe Congrès scientifique international des catholiques à Fribourg (Suisse), le 16 août 1897. — **1897**, 637.

1122. *Lech Friedrich.* Leichenrede gehalten in der Pfarrkirche zu Gostingen, unmittelbar vor der Beisetzung der sterblichen Oberreste des hochw. Herrn Dr. Johann Peters, Canonikus, Subregens und Professor am Priesterseminar zu Luxemburg, am 25. September 1897. - **1897**, 619.

1123. *Idem*. Leichenrede auf den hochw. Herrn Domprobst Dr. Karl Müllendorff, gehalten bei dessen feierlichem Seelenamt in der Liebfrauenkirche zu Luxemburg, am 7. April 1902. — **1902**, 242.

1124. *Masi Antonio*. Rede in italienischer Sprache (mit deutscher Übersetzung), gehalten zu Luxemburg, den 5. Oktober 1909, am Grabe des Herrn Dr. Joseph Weber, Zahnarzt und italienischer Generalkonsul. — **1909**, 121.

1125. *Meyers Jakob*. Vortrag, gehalten in der öffentlichen Schluß-Versammlung der 54. Katholiken-Versammlung Deutschlands, zu Würzburg (1907) über das Thema: Literatur und Kunst im Lichte der katholischen Weltanschauung. — **1907**, 385, 419, 478.

1126. *Idem*. Discours prononcé à Luxembourg, le 5 octobre 1909 sur la tombe de M. le Dr. Joseph Weber, médecin-dentiste et Consul général d'Italie. — **1909**, 93.

1127. *Prüm Emil*. Rede gehalten auf dem Eucharistischen Kongresse zu Metz, in der General-Versammlung vom Freitag Abend, den 9. August 1907. — **1907**, 345.

1128. *Pünnel Johann Peter*. Mitteilungen über Herrn Prof. Peters. — **1897**, 613.

1129. *Ruscitti Albino*. Rede in italienischer Sprache (mit deutscher Übersetzung), gehalten zu Luxemburg, den 5. Oktober 1909, am Grabe des Herrn Dr. Joseph Weber, Zahnarzt und italienischer Generalkonsul. — **1909**, 123.

1130. *Steichen Eugène*. Discours prononcé à Luxembourg, le 5 octobre 1909, sur la tombe de M. le Dr. Joseph Weber, médecin-dentiste et Consul général d'Italie. — **1909**, 121.

XXII. Orden.

A. — IM ALLGEMEINEN:

1131. Josephs II. kirchliche Reformen gegen die Klöster und Bruderschaften. — **1902**, 332, 354.

1132. Lettre du Ministre de l'Intérieur et Réponse du Ministre de la Police générale au sujet des Religieux Mendiants (Bettelorden). — **1909**, 318, 319.

1133. Weltliche Ritterorden. - **1910**, 343; **1915**, 57.

1134. Lettre de P. Desert, Commissaire du Directoire exécutif près l'Administration municipale du Canton de Luxembourg au Ministre de l'Intérieur (sur l'évacuation des Maisons religieuses). — **1911**, 438.

1134a. Lettre de Legier, Commissaire du Directoire exécutif près l'administration centrale du Département des Forêts (sur la prestation du serment prescrit aux ministres du culte, tant séculiers que réguliers par la loi du 19 fructidor an V. — **1911**, 439.

B. — IM BESONDEREN:

I. — Männliche:

BENEDIKTINER:

a) zu Echternach:

1135. Stadt und Abtei Echternach während des 13. Jahrhunderts. — **1902**, 124, 132, 282, 301, 438, 478, 481, 539, 633.
1136. Ettelbrück kommt ans (Benediktiner-) Kloster von Echternach. — **1904**, 52.
1137. Die (den Echternacher Benediktinern gehörige) Bannmühle zu Ettelbrück. — **1904, 116**.
1138. Bertels Johann, Abt. — Siehe: *Biographisches*.

b) zu Luxemburg (Maria-Münster im Stadtgrund):

1139. Ein Schiedsspruch des Gouverneurs von Luxemburg vom Jahre 1501 (16. August) über die Fischerei in der Alzette (durch die Münsterabtei). — **1898**, 184.
1140. Die öffentlichen Gebete in der Stadt und Festung Luxemburg während der Belagerung vom 21. November 1794 bis 5. Juni 1795. Offizielle und authentische Gottesdienstordnung im Originaltext der Münsterabtei zu Stadtgrund. Ein Beitrag zur vaterländischen Geschichte. — **1906**, 90, 108.
1141. Das letzte Lohnbuch der Münsterabtei zu Stadtgrund, nebst dem Dienstboten-Reglement von 1771—1773. Ein Beitrag zur Lohnfrage zur Zeit vor dem Ausbruch der französischen Revolution und zur Geschichte der Münsterabtei. — **1906**, 394, 411, 443; **1907**, 2, 46, 85.
1142. Die Besitzungen der Luxemburger Münsterabtei zu Waldbredimus. — **1915**, 299.
1143. Gerechtigkeiten und Prestationen der Abtei Münster im Grundgerichte zu Waldbredimus. — **1916** 383.
1144. Die letzten Benediktinermönche der Münsterabtei zu Luxemburg von 1786—1796. Biographische Notizen aus offiziellen bisher ungedruckten Quellen gesammelt. — **1917**, 225, 344.
1145. Dom Bernard Weis, letzter Abt-Prälat. — Siehe: *Biographisches*.

c) zu Trier (St. Mathias):

1146. Verzeichnis aller Güter, Renten und Gerechtigkeiten, welche die Abtei Sankt Matheis von Trier im früheren Herzogtume Luburg besaß. — **1898**, 219.

d) zu Trier (St. Maximin):

1147. Incorporationsakt der Pfarrei Ospern an die Abtei St. Maximin bei Trier. — **1902**, 505, 623.
1148. Auszug aus einem Güterverzeichnis (in der Pfarrei Ospern) der Abtei St. Maximin in Trier, vom Anfange des XIII. Jahrhunderts. — **1903**, 35.
1149. Die Besitzungen der Trierer St. Maximiner-Abtei zu Waldbredimus. —. **1915**, 297.
1150. Grundgüter der Abtei St. Maximin in der Herrschaft Waldbredimus. — **1916**, 362.

e) zu St.-Hubert:

1151. Die Zerstörung des Klosters im Jahre 1566 und die Reliquien des hl. Hubertus. -- **1897,** 119.

1152. Un portrait inédit de Clément Lefebvre, 54e abbé. Siehe: *Biographisches.*

f) zu Orval:

1154. Die Anfänge der Abtei Orval. - **1900,** 119.

1155. Einäscherung der Abtei Orval. - **1907,** 255.

DEUTSCHHERREN:

1156. Einige Angaben über die Besitzungen der Deutschherren im Luxemburger Lande zu Ende des XVIII. Jahrhunderts. — **1898,** 99.

DOMINIKANER:

1157. Gründung des Luxemburger Dominikanerklosters. — **1901,** 93.

FRANZISKANER:

1158. Das ehemalige Franziskanerkloster genannt: Conventus Trium Virginum, zu Ulflingen. - **1911,** 343, 386, 419; **1912,** 138.

JESUITEN:

1159. Notes biographiques sur des Jésuites nés dans l'ancien Luxembourg ou ayant fait partie des collèges de Luxembourg et de Marche. -- **1899,** 349, 398, 455.

1160. Die Aufhebung der Jesuiten. - **1903,** 130, 169.

JOHANNITER:

1161. Die Sankt Nikolauskapelle zu Vianden unter den Johannitern von Roth, 1312. -- **1907,** 288.

1162. Den Johannitern werden die Güter des Tempelherrenordens zuerkannt. — **1914,** 327.

1163. Geschichte der Johanniter. -- **1914,** 329, 414, 449.

1164. Stiftung, Zweck, Verbreitung und Verwaltung des Johanniterordens. — **1914,** 329.

1165. Zwistigkeiten zwischen den Trinitariern zu Vianden und den Tempelherren zu Roth. - **1907,** 284.

TEMPELHERREN:

1166. Spätere Schicksale der Commende der Tempelherren von Roth, 1266—1279. - **1907,** 287.

1167. Geschichte der Kommende, Komturei oder Kommanderie der kirchlich militärischen Ritterorden der Tempelherren und der Johanniter zu Roth bei Vianden. **1914,** 86, 153, 319, 414, 449.

1168. Aufhebung des Tempelherrenordens durch Papst Clemens V. — **1914,** 325.

TRINITARIER:

1169. Gründung des Trinitarierklosters zu Vianden. — **1901,** 50.

1170. Geschichte des Klosters der Trinitarier zu Vianden. — **1907,** 212, 282, 323, 363, 402, 463: **1908,** 17, 42, 86.

II. — Weibliche.

BEGHINEN:

1171. Beghinen in Echternach. - **1899**, 72.

CISTERZIENSERINNEN:

a) zu Bonneweg:

1172. Einige Notizen über die frühere Abtei von Bonneweg. — **1896**, 18.
1173. Die Besitzungen des Klosters von Bonneweg zu Waldbredimus. — **1915**, 293.

b) zu Clairefontaine:

1174. Einäscherung der Abtei Clairefontaine. — **1907**, 306.
1175. Wahl der Äbtissin zu Clairefontaine, 1672. - **1917**, 95.

c) zu Differdingen:

1176. Wahl der Äbtissin zu Differdingen, 30. Dezember 1702, 1719, 1740. — **1917**, 94, 95.

CLARISSEN:

a) zu Echternach:

1177. Gründung des Clarissenklosters in Echternach. — **1899**, 76.
1178. Die vornehmsten Schenkungen (an dieses Kloster). — **1899**, 123. 207.
1179. Reihenfolge der Äbtissinnen oder Vorsteherinnen im Clarissen- oder Urbanistinnen-Kloster. — **1899**, 209.
1179a. Gericht und Rechtsame der Clarissinen. — **1899**, 213. 263.
1180. Gründung des Klarissenklosters in Echternach. — **1901**, 301. 344.

b) zu Luxemburg:

1181. Besitzungen des Klosters zum Heiligen Geist in Luxemburg, zu Ersingen. — **1916**, 386.

CONGREGATION ZU U. L. F. (Ste Sophie):

1182. Fondation du couvent à Luxembourg. — **1898**, 265.

DOMINIKANERINNEN:

1183. Beitrag zur Geschichte des Frauenklosters Marienthal bei Ausemburg. — **1895**, 275, 305, 340.
1184. Die Besitzungen des Priorates Mariental in Lothringen. — **1915**, 46, 96, 138, 221.
1185. Die Besitzungen Marientals zu Waldbredimus. — **1915**, 182.
1186. Besitzungen des Klosters Mariental in der Herrschaft Waldbredimus. — **1916**, 381.

ELISABETHERINNEN:

1187. «Den Schwestern der hl. Elisabeth zu Luxemburg zum frohen Andenken!» — **1906**, 30.
1188. Séance de la Commission administrative (des hospices civils

de Luxembourg) du 4 messidor an XIII (23 juin 1805). — **1906**, 31.
1189. Ordonnance du 8 mai 1816 relative aux Sœurs Elisabethines à Luxembourg. — **1906**, 57.
1190. Loi du 3 avril 1893 accordant la personnification civile aux Sœurs hospitalières de Sainte-Elisabeth à Luxembourg. — **1906**, 486.

FRANZISKANERINNEN:

1191. Œuvre des Jeunes Economes. — **1900**, 366.

XXIII. Ortschaften. Siehe: **Lokalitäten.**

XXIV. Periodische Schriften und Zeitungen.

1192. La Clef du Cabinet des Princes ou Recueil historique et politique sur les matières du tems. — **1895**, 42.
1193. Journal historique et littéraire. — **1895**, 73, 111.
1194. Gazette de Luxembourg. — **1895**, 139.
1195. Mélanges historiques et politiques. — **1895**, 140.
1196. Gazette politique et littéraire de Luxembourg. — **1895**, 140.
1197. L'Echo des Forêts. — **1895**, 141.
1198. Affiches, annonces et avis divers de la ville de Luxembourg. — **1895**, 142.
1199. Journal officiel du département des Forêts. — **1895**, 162.
1200. Journal officiel du Grand-Duché de Luxembourg. — **1895**, 165.
1201. Mémorial administratif du Grand-Duché de Luxembourg. — **1895**, 201.
1202. Mémorial législatif et administratif du Grand-Duché de Luxembourg. — **1895**, 201, 214, 216.
1203. Mémorial du Grand-Duché de Luxembourg. — **1895**, 219, 245, 278, 308.
1204. Luxemburger Wochenblatt. — **1895**, 355.
1205. Journal de la ville et du Grand-Duché de Luxembourg. — **1896**, 20.
1206. Feuille d'annonces du Grand-Duché de Luxembourg. — **1896**, 67.
1207. Wochenblatt für Bürger und Landleute. — **1896**, 131.
1208. Diekircher Wochenblatt. — **1896**, 186.
1209. Compte-rendu des séances des Etats du Grand-Duché de Luxembourg. — **1896**, 213, 231, 278, 312, 341.
1210. Compte-rendu des séances de la Chambre des Députés du Grand-Duché de Luxembourg. — **1896**, 357.
1211. Compte-rendu des séances de l'Assemblée des Etats du Grand-Duché de Luxembourg. — **1896**, 407.
1212. Compte-rendu des séances de la Chambre des Députés du Grand-Duché de Luxembourg. **1896**, 440.
1213. Courrier du Grand-Duché de Luxembourg. — **1897**, 27, 136, 197, 245, 315, 367, 431, 466.
1214. Luxemburger Zeitung. — **1897**, 543.
1215. Der Luxemburger Schulbote. — **1897**, 628, 662.
1216. Exposé de la situation du Grand-Duché de Luxembourg sous le

rapport administratif, industriel et commercial présenté aux Etats du pays. - 1893, 53.

1217. Exposé de la situation administrative du Grand-Duché de Luxembourg. — **1898**, 57.

1218. Publications de la Société pour la recherche et la conservation des monuments historiques dans le Grand-Duché de Luxembourg. **1898**, 181, 211.

1219. Publications de la Section historique (ci-devant Société archéologique) du Grand-Duché. - **1898**, 213.

1220. Recueil des arrêts notables de la Cour supérieure de justice et de la Cour de cassation du Grand-Duché de Luxembourg, comme aussi des jugements des tribunaux et de son ressort, suivis du texte et de l'analyse des lois, arrêtés, instructions et de dissertations sur des questions de droit. — **1898**, 427.

1221. Journal de l'enregistrement et du notariat. Recueil de décisions, arrêts, jugements en matière d'enregistrement, de timbre, de greffe, d'hypothèques, de successions, de mutations par décès, de notariat, de domaines etc. pour le Grand-Duché de Luxembourg. — **1898**, 129.

1222. Journal de l'enregistrement, du notariat et de jurisprudence pour le Grand-Duché de Luxembourg ou Recueil des lois, ordonnances, arrêtés, décisions judiciaires et administratives en matière d'enregistrement, de timbre, de greffe, d'hypothèques, de notariat, de successions, de mutations par décès, de domaines et en général de législation civile et pénale. — **1898**, 470.

1223. Recueil général en matière de notariat et de jurisprudence pour le Grand-Duché de Luxembourg. — **1898**, 198.

1224. Journal de l'Enregistrement et des Domaines du Grand-Duché de Luxembourg. - **1898**, 499.

1225. Öffentlicher Anzeiger. — **1899**, 63, 183.

1226. Der Grenzbote. — **1899**, 185, 203, 254.

1227. Luxemburger Wort für Wahrheit und Recht. — **1899**, 297, 368, 391, 451, 563; **1900**, 146, 207, 257, 433, 497, 537; **1901**, 71, 118, 171, 218, 281, 457, 520, 561, 654.

XXV. Pfarreien. (Siehe Lokalitäten.)

XXVI. Politische Geschichte.

1228. Johann der Blinde in seinen Beziehungen zu Frankreich. — **1895**, 46, 82, 103, 121, 155, 189, 220, 251, 281, 313.

1229. Historische Rückblicke. — **1895**, 91, 93.

1230. Les vœux de l'épervier et le prétendu empoisonnement de l'empereur Henri VII. — **1895**, 269, 297, 327 et 342.

1231. Le témoignage de Jean l'Aveugle sur la mort de son père, l'Empereur Henri VII. **1896**, 31, 75.

1232. Les Français à Luxembourg. Notes d'histoire. — **1897**, 67, 125, 151, 233, 275, 372, 419, 454, 518, 583, 647; **1898**, 19, 66; 161, 242, 323, 338, 401, 434, 482, 530.

1233. Tagebuch über die Belagerung der Festung Luxemburg 1794 bis 1795. Verfaßt von Herrn Ludwig Langers, gewesener Notar und Oberleutenant des Freiwilligen Jägerkorps, gestorben als Gerichtsvollzieher zu Luxemburg. — **1897**, 199, 252, 309, 391, 445, 666.

1234. Eine Folge der Fremdherrschaft im Luxemburger Lande. — **1897**, 289.

1235. Fünfter Krieg Kaiser Karls V. gegen Frankreich und dessen Folgen für das Luxemburger Land. — **1897**, 554.

1236. Die Einnahme von Trier durch die Luxemburger und die Gefangennahme des Erzbischofs Philipp Christophs von Sœtern, am 24. Mai 1635. — **1897**, 563.

1237. Sentence du Conseil provincial de Luxembourg du 20 février 1761. — **1897**, 691.

1238. Quelques détails sur les domaines du Duché de Luxembourg. — **1898**, 2, 81.

1239. Les ouvrages manuscrits intéressants pour l'histoire du Luxembourg conservés dans la Bibliothèque de Lille. — **1898**, 369, 371.

1240. Les comptes luxembourgeois du XIVe siècle. Compte-rendu par le cellerier de Luxembourg du 1er août 1380 au 1er octobre 1381. — **1898**, 388, 516, 566, 570, 594; **1899**, 12, 65, 117, 178.

1241. Frankreichs Absichten beim Nymweger Frieden. — **1898**, 420.

1242. Die Einsetzung der Reunionskammern. — **1898**, 423.

1243. Gewaltsame Wegnahme weiterer Luxemburger Herrschaften vor Beschluß der Reunionskammer von Metz. — **1898**, 426.

1244. Die Urteile der Reunionskammer von Metz. — **1898**; 452.

1245. Das Urteil der Reunionskammer vom 5. April 1683. — **1899**, 30.

1246. Die Lehensherrlichkeit über die Grafschaft Chiny. — **1899**, 79.

1247. Haltung der Regierung in Brüssel und Luxemburg gegenüber den Anschlägen Frankreichs. — **1899**, 127.

1248. Die Franzosen erzwingen durch Rauben und Brennen die Übergabe sämtlicher Ortschaften des Landes, mit Ausnahme der Hauptstadt. — **1899**, 267.

1249. Frankreich und die Vasallen des Herzogtums Luxemburg. — **1899**, 325, 371.

1250. Eustach von Wiltheims historische Werke. — **1900**, 31, 89, 270, 320, 342, 419, 522, 577; **1901**, 47, 90, 131, 185, 243; 301, 344, 394, 572, 591; **1902**, 33, 73, 131, 165, 224, 277; 306, 375, 405, 470, 555, 578; **1903**, 42, 115, 206, 289, 362; 443, 484, 565, 638; **1904**, 33, 73, 98, 181, 217, 248, 386; 478.

1251. Luxemburg unter der Herrschaft des Direktoriums. — **1900**, 62, 109, 188; **1901**, 368.

1252. La Maison Française de Luxembourg. Notes d'histoire. — **1900**, 290, 356, 417, 456, 506, 562; **1901**, 36, 60, 101, 159, 272, 310, 373, 439, 501, 537, 611, 661.

1253. Philipp von Anjou, 1700 1711. — **1903**, 285.

1254. Maximilian-Emanuel von Bayern, 1711—1713. — **1903**, 289.

1255. Karl VI., 1713—1740. — **1903**, 325.

1256. Maria Theresia, 1740--1780. — **1903**, 371, 418, 466.
1257. Joseph II., 1780 1790. **1902**, 327, 351, 389, 451, 498.
1258. Leopold II., 1790--1792. **1902**, 498.
1259. Franz I., 1792—1795. - **1903**, 123.
1260. Unter der französischen Herrschaft, 1795 - 1814. — **1905**, 37, 60, 120, 168, 193, 212, 290, 366.
1261. Wilhelm I., 1814 - 1840. - **1904**, 171, 210, 264, 290, 367.
1262. Wilhelm II., 1840 1849. **1906**, 149, 240, 270, 316, 350, 382, 484.
1263. Wilhelm III., 1849—1890. - **1908**, 413, 461; **1909**, 65, 107, 137, 178, 214, 253, 292.
1264. Adolph von Nassau, 1890--1905. - **1913**, 429, 476.
1265. Wilhelm IV., 1905 1912. - **1913**, 553.
1266. Etudes historiques et archéologiques sur le Luxembourg. — **1903**, 70, 134, 186, 245, 301, 338, 402, 447, 499, 514; 579, 592; **1904**, 19, 62, 137, 223, 272, 316, 358, 431, 450; 518, 549; **1905**, 10, 79, 135, 182, 212, 248, 311, 360, 396; 470, 509, 543; **1906**, 5, 84, 125, 159, 197, 231, 283, 320; 367, 407, 446, 477; **1907**, 71, 113, 148, 187, 229, 271, 311.
1267. Durchzug eines französischen Heeres von über 100.000 Mann durchs Herzogtum Luxemburg. — **1906**, 23.
1268. Procès-verbal de la cérémonie (de l'anniversaire de la juste punition du dernier roi des Français) qui a eu lieu à Luxembourg, chef-lieu du Département des Forêts le 1 Plaviose an 4 de la République. — **1906**, 417.
1269. Etudes sur le Luxembourg à l'époque carolingienne. Le roman de saint Meingaud. - **1903**, 220, 313, 377, 417, 451; **1909**, 69, 110, 132, 174, 219, 260, 298, 321, 378; **1910**, 4, 41; 84, 125, 162, 202, 244, 281; **1913**, 369, 482, 530. — Voir encore sous *Lokalitäten* (Mersch).
1270. Geschichte des Herzogtums Luxemburg während des achtzehnten Jahrhunderts, I. Teil. Von dem Beginne des spanischen Erbfolgekrieges bis zum Regierungsantritt Maria Theresias. — **1909**, 329, 387, 424, 442; **1910**, 11, 47, 90, 131, 168, 208, 261, 295.
1271. La Campagne de France et le blocus de Luxembourg en 1814. — **1916**, 162, 211, 246, 302, 336, 362; **1917**, 3, 35, 65, 107.

XXVII. Reisebeschreibungen.

1272. Petit souvenir d'un voyage à Reims. **1896**, 38.
1273. Un voyage de Cambrai à Lorette et à Rome au XVIIe siècle. — **1905**, 228.
1274. Rapport sur le passage de S. M. l'Empereur Napoléon Ier à Luxembourg. - **1908**, 318.
1275. Reiseerinnerungen von N. Funck, ehemaligem Professor am Athenäum zu Luxemburg. **1909**, 348, 370, 433, **1910**, 27, 66, 156, 195, 227; **1915**, 189, 341; **1916**, 11, 33, 68, 117, 148, 168, 208, 282, 333, 353; **1917**, 6, 78, 99, 150, 180, 210; 289; **1918**, 11, 54, 78, 117, 157; **1919**, 56.

XXVIII. Rezensionen.

1276. *Annuaire* de l'Association catholique des Etudiants luxembourgeois. Septembre 1913. — **1913**, 581.

1277. *Anschauungsunterricht (Der)* auf der Unterstufe der Primärschule, nach dem Lehrplan der Muster- und Übungsschule in Luxemburg. - **1899**, 536.

1278. *Arend Jean-Pierre.* Etudes géologico-chimiques sur la genèse des terres arables du Grand-Duché de Luxembourg. — **1907**, 397.

1279. *Arendt Karl.* Die ehemalige Schloßburg der Grafen und Herzoge von Luxemburg auf dem Bockfelsen daselbst. Eine kunstarchäologisch-kriegsbautechnische Studie. — **1896**, 192.

1280. *Idem.* Historique des chemins de croix. Règles à suivre dans la disposition des diverses scènes de la Passion, pour satisfaire aux préceptes de l'église et de l'art. - **1904**, 239.

1281. *Idem.* Das Luxemburger Land in seinen kunstgeschichtlichen Denkmälern summarisch in Wort und Bild geschildert. (Drei populäre Vorträge (mit Lichtprojektionen) gehalten im Winter 1903 im großen Saale der Villa Louvigny. — **1904**, 541.

1282. *Idem.* Portrait-Gallerie hervorragender Persönlichkeiten aus der Geschichte des Luxemburger Landes von ihren Anfängen bis zur Neuzeit. Mit biographischen Notizen. (Erste Serie.) — **1904**, 541; **1907**, 157.

1283. *Idem.* Notizen über altluxemburgische und alteifler Sitten und Bräuche, aus alten Urkunden gesammelt. -- **1906**, 214.

1284. *Barnich Adolphe.* Situation économique de l'industrie métallurgique luxembourgeoise. - **1917**, 222.

1285. *Idem.* Les Finances publiques du Luxembourg. -- **1917**, 370.

1286. *Bivort Charles.* Mon village. Histoire, traditions, usages, mœurs, coutumes, fêtes religieuses et populaires, légendes, métiers, dictons, superstitions, croyances populaires du vieux temps. Oberpallen, commune de Beckerich, canton de Redange, grand-duché de Luxembourg. — **1902**, 145.

1287. *Blum Martin.* Der fromme Pilger zur Mutter Jesu der «Trösterin der Betrübten». Ein Gebetbuch gezogen aus den Andachtsschriften des P. Aloysius Amherd. Siebente gänzlich neubearbeitete Auflage. — **1903**, 272.

1288. *Idem.* Bibliographie luxembourgeoise ou Catalogue raisonné de tous les ouvrages ou travaux littéraires publiés par des Luxembourgeois ou dans le Grand-Duché de Luxembourg. 1re partie. Les auteurs connus. (Ergänzungshefte zu «Ons Hémecht».) **1904**, 543; **1906**, 73; **1910**, 114, 399.

1289. *Idem.* Dominik Constantin Münchens Versuch einer kurz gefaßten statistisch bürgerlichen Geschichte des Herzogthums Lützelburg. Zum Gebrauche der in Lützelburg studierenden Jugend. Unter Mitwirkung mehrerer Geschichtsfreunde, mit zahlreichen Verbesserungen und Zusätzen versehen zum ersten Mal herausgegeben. - **1906**, 73.

1290. *Bodo Ebhardt.* Deutsche Burgen. Zweiter Halbband. **1908**, 157.

1291. *Boissarie Dr. med.* Die großen Heilungen von Lourdes. Deutsche autorisierte und vermehrte Ausgabe von J. B. Baustert. — **1902**, 333.

1292. *P. Braun Joseph S. J.* Die Liebfrauenkirche zu Luxemburg. — **1900**, 144.

1293. *Brück Auguste.* Fondations de bourses d'études instituées en faveur des Luxembourgeois. Deuxième édition, remaniée et complétée. — **1908**, 229; **1910**, 78.

1294. *Brück Hubert.* Schrift und Stenographie von den Uranfängen bis zur Gegenwart. - **1919**, 161.

1295. *Burg Georg.* Kalendarische Festlegung des Ostersonntags. — **1915**, 178.

1296. *Caenegem (Van).* La guerre des paysans. Quelques noms et quelques faits: 1798—1799. 2e édition revue et augmentée, accompagnée d'une carte topographique des lieux cités. — **1898**, 126.

1297. *Claude Jean-Pierre.* L'état civil, le statut personnel et la capacité juridique des Espagnols. — **1906**, 265.

1298. *Idem.* La bienfaisance publique dans le Grand-Duché de Luxembourg. Manuel à l'usage des administrations communales et des bureaux de bienfaisance. — **1907**, 198.

1299. *Idem.* La nouvelle loi française relative au mariage. Etude comparée à l'usage des officiers de l'état civil et des secrétaires communaux. **1907**, 397.

1300. *Idem.* Recueil général des lois, circulaires et décisions administratives en matière d'enregistrement et de timbre concernant spécialement les administrations communales et les secrétaires communaux du Grand-Duché de Luxembourg. -- **1907**, 398.

1301. *Comptabilité communale (La).* Manuel à l'usage des administrateurs, secrétaires et receveurs communaux, par le Comité permanent de la Mutualité des secrétaires communaux du Grand-Duché de Luxembourg. — **1904**, 142.

1302. *Delvaux Franz.* Die traumatische Neurose. Eine gemeinverständliche Studie. - **1907**, 398.

1303. *Delvaux Valentin.* Quelques mots sur la plantation des sapins dans les Ardennes. - **1906**, 290.

1304. *Diderrich Arthur.* Au temps des Emigrés. - **1913**, 151.

1305. *Diderrich Emile.* Bibliographie. (Crayon généalogique de la famille de Werchin.) — **1912**, 447.

1306. *Duchscher André.* D'Villa Fina. Komedésteck an dräi Akten. — **1905**, 540; **1906**, 74.

1307. *Idem.* De Fenstermaates. Volkssteck an dräi Akten. -- **1907**, 520.

1308. *Idem.* D'n dawe Jang. Lostspill an zwin Akten. — **1909**, 229.

1309. *Eltz J. (von).* — Siehe: *Kellen Tony.*

1310. *Engels Michel.* Die Darstellung der Gestalten Gottes des Vaters, der getreuen und der gefallenen Engel in der Malerei. — **1895**, 240, 272 und 303.

1311. *Idem.* Die Kreuzigung Christi in der bildenden Kunst. Eine ikonographische und kunsthistorische Studie. - **1899**, 190.

1312. *Idem.* Le Luxembourg pittoresque. Das romantische Luxemburger Land. Dessins et vignettes par Michel Engels. Texte explicatif par Michel Engels et Dr. M. Huss. — **1902**, 143.

1313. *Esslen Willy.* Gratiskalender der Obermosel-Zeitung für das Jahr 1912. — **1912**, 119.

1314. *Feltgen Ernst.* Landhygiene. Ein Beitrag zur Hygiene der ackerbautreibenden Bevölkerung. — **1907**, 198.

1315. *Gœrgen Wilhelm.* Blummen a Bleider. Lidder a Gedichter. — **1906**, 3. 136.

1316. *Idem.* Spackelsro'sen. En neie Band letzeburgesch Gedichter. — **1912**, 475.

1317. *Idem.* Stùrm a Sonneschein. **1915**, 259.

1318. Idem. Hémechts-Te'n. 2. Oplo. **1916**, 28.

1319. *Greclen Mathias.* J.-F.-L.-Alexandre de Colnet d'Huart. Sa vie et son œuvre. — **1906**, 237.

1320. *Guillaume Denis.* L'Archidiaconé d'Ardenne dans l'ancien diocèse de Liége. — **1913**, 424.

1321. *Hardt (von der) J.* Berels Berta: Eine Bauerngeschichte aus dem Luxemburgischen. Novelle. — **1916**, 62.

1322. *Hary Arthur.* Dem Kind der Heimat. Jahrbuch der «Zeitung für kleine Leute». — **1915**, 175.

1323. *Idem.* «Unser Land.» Ein Heimatbüchlein für große und kleine Leute. 2. Jahrbuch der «Zeitung für kleine Leute». — **1916**, 318, 349.

1324. *Henry Charles-Théodore-Damase.* Vénérable Jeanne d'Arc. **1896**, 95.

1325. *Herchen Arthur.* Cours d'histoire universelle. Premier volume. Histoire ancienne. Deuxième partie. Les Romains. — **1906**, 281.

1326. *Herr Philippe.* Code des droits de timbre, d'enregistrement, de greffe, d'hypothèques, de successions et de mutations par décès, avec annotations. — **1908**, 80.

1327. *Herzig Emmerich.* Die longobardischen Fragmente in der Abtei S. Pietro in Ferentillo (Umbrien). — **1906**, 454.

1328. *Hostert Maria-Michel.* Kundegund. Geschichtliches Drama in 5 Akten. — **1895**, 238.

1329. *Hülsemann Wilhelm.* St. Willibrordus-Büchlein enthaltend das Leben des Heiligen, sowie besondere Gebete zu seiner Verehrung und zur Wallfahrt nach Echternach. Außerdem die gewöhnlichen christlichen Gebete. — **1901**, 530.

1330. *Imdahl Joseph.* D'Joffer Marie-Madeleine. Operett an 3 Akten. Musék vum L. Beicht. — **1916**, 316.

1331. *Jukundus Jovialis.* Der Fröhliche und Gespassige. Luxemburger humoristischer Volkskalender für das Jahr 1910 von Hilarius von Witzleben. Erster Jahrgang. — **1910**, 36.

1332. *Keiffer Jules.* L'esclavage à Athènes et à Rome d'après les auteurs grecs et latins. — **1897**, 207.

1333. *Idem.* Découvertes archéologiques faites dans le Grand-Duché de Luxembourg de 1845 à 1898. 3e fascicule. — **1899**, 190.

1333a. *Idem.* La Littérature du Grand-Duché de Luxembourg. **1903**, 613.

1334. *Idem.* Jugenderinnerungen. Sitten und Gebräuche. - **1906**, 45, 74; **1907**, 198.

1334a. *Keiter Heinrich.* - Siehe: *Kellen Tony.*

1335. *Kellen Tony.* Das Zeitungswesen. (Sammlung Kösel, Band 17.) — **1908**, 159.

1336. *Idem* und *Keiter Heinrich.* Der Roman. Geschichte, Theorie und Technik des Romans und der erzählenden Dichtkunst. Dritte vermehrte und verbesserte Auflage der Theorie des Romans. — **1908**, 159; **1912**, 445.

1337. *Idem.* Lebens- und Anstandsfragen. Altes und neues über die Kunst zu leben, über Liebe und Ehe, die geselligen Sitten und den Anstand in besonderen Verhältnissen. Von J. v. Eltz. (Zweiter Band des «Goldenen Anstandsbuches».) 1. bis 5. Tausend. — **1909**, 158.

1338. *Idem.* Alter und neuer Humor des deutschen Volkes. Eine Auswahl der besten Schwänke, Schnurren und spassigen Geschichten. Mit einer Einleitung: Der Humor der deutschen Literatur. — **1910**, 118.

1339. *Idem.* Aus der Geschichte des Feuilletons. — **1910**, 159.

1340. *Idem.* Der Deutsche in der Anekdote. Eine deutsche Kulturgeschichte in 400 Anekdoten. Mit Porträttafeln — **1911**, 118.

1341. *Idem.* Das Buch als Lebensleiter. — **1911**, 118.

1342. *Idem.* Die Dichtkunst. Eine Einführung in das Wesen, die Formen und die Gattungen der schönen Literatur, nebst zahlreichen Musterbeispielen. — **1912**, 37.

1343. *Kirpach Theodor.* La cure thermale à Mondorf-les-Bains. — **1907**, 396.

1344. *Klein Edmund Joseph.* Die Flora der Heimat sowie die hauptsächlichsten bei uns cultivierten fremden Pflanzenarten biologisch betrachtet. Eine Anleitung zur selbständigen Beobachtung der Lebens- und Anpassung erscheinungen in der Pflanzenwelt. — **1898**, 61.

1345. *Idem.* Über den Ardenner Dorfgarten. — **1916**, 29.

1346. *Kohn J.-Ch.* Monographie de la Seigneurie de Dudelange ou de Mont Saint-Jean. — **1895**, 208.

1347. *Kowalsky Alfred.* Op. 7. Missa in hon. St. Alphonsi de Liguori ad IV voces inaequales. — **1913**, 32.

1348. *Kraus Mathias.* Luxembourg. Guide du touriste à travers la ville et le Grand-Duché. — **1911**, 398.

1349. *Idem.* Illustrierter Führer durch die Stadt Luxemburg. Zweite vermehrte und verbesserte Auflage. **1914**, 277.

1350. *Idem.* Illustrierter Führer durch Stadt und Land Luxemburg. Zweite vermehrte und verbesserte Auflage. — **1914**, 277.

1351. *Krombach Wilhelm.* Der Alkoholismus, seine Folgen und seine Bekämpfung. Vortrag gehalten am 17. August 1901 im Justizgebäude zu Luxemburg. **1902**, 331.

1352. *Lamesch Wilhelm.* Liederhort. - **1904**, 287.

1353. *Idem.* De Mononk. Komeídestek an 3 Akten. — **1906**, 491.

1354. *Idem.* D'Schmelz. Theaterstéck an drei Akten (6 Opzög). — **1911**, 115.

1355. *Idem.* Bis sie sech hun! Theaterstéck an èngem Akt. Musek vum N. Weyrich. — **1917**, 371.
1356. *Leonardy Nikolaus.* Vergißmeinnicht. Novene für die armen Seelen. Zweite Auflage. — **1900**, 592.
1357. *Letellier Virginie (Madame).* Deux mois en Terre sainte. — **1902**, 287.
1358. *Lettre* à M. Félix Servais, auteur de la comédie en trois actes en vers « Le Duc de Saint-Firmont ». — **1906**, 250.
1359. *Mack Friedrich.* Trennung von Kirche und Staat. — **1909**, 237.
1360. *Ménard Jean-Jacques.* Theater. Sexter Band. — **1908**, 395.
1361. *Meyers Jakob.* Guido Görres. Beiträge zur Geschichte seines Lebens und Wirkens. — **1897**, 271.
1362. *Idem.* Neue Menschen. Die jüngsten Ziele und Wege der Volksbildung. — **1910**, 279.
1363. *Müllendorff Karl.* Die Trunksucht und die Branntweinplage, deren Folgen und Heilmittel. — **1896**, 47.
1364. *Idem.* Illustrierter Mäßigkeits-Katechismus. — **1899**, 431.
1365. *Idem.* Idem. Zweite Auflage. — **1902**, 334.
1366. *Müller Michel.* Lesebuch für Primärschulen. Zweiter Teil für obere Klassen. Fünfte vermehrte Auflage. — **1902**, 446.
1367. *Idem.* Bilder aus der Luxemburger Landes- und der Allgemeinen Geschichte, nebst einer Zeittafel als Anhang. — **1902**, 416.
1368. *Idem.* Zeittafel zur Geschichte des Großherzogtums Luxemburg. — **1902**, 447.
1369. *Idem.* Zeittafel zur politischen und kirchlichen Geschichte des Luxemburger Landes, mit einigen Daten aus der Kultur- und Lokalgeschichte. Zweite, vermehrte Auflage. — **1904**, 411.
1370. *Münchens D. C.* Versuch einer kurzgefaßten statistisch-bürgerlichen Geschichte des Herzogthums Lützelburg von M. Blum. — **1906**, 73.
1371. *N. P.* Frauenehre und Frauenmode im Urteil zeitgenössischer Männer und Frauen. — **1915**, 261.
1372. *Neuens Nikolaus.* 1916. Hab' dich gern! Kalender für Gesundheitswetter. — **1915**, 367.
1373. «*Ons Hémecht.*» Organ des Vereins für Luxemburger Geschichte, Literatur und Kunst. — **1906**, 74.
1374. *Pellé R.-J.* Musique. Mokta-el-Hadid. Grande valse pour piano. — **1897**, 47.
1375. *Raadt (de) J.-Théodore.* Sceaux armoriés des Pays-Bas et des pays avoisinants (Belgique, royaume des Pays-Bas, Luxembourg, Allemagne, France). Recueil historique et héraldique. — **1897**, 643; **1898**, 59.
1376. *Reichling Johann Peter.* Der katholische Priester. Erzählungen und Erwägungen über den Priesterstand, anläßlich einer Primiz, gesammelt aus dem « Luxemburger Sonntagsblatt ». — **1913**, 423.
1377. *Reisen J. P.* Der Erstkommunikant in seiner Vorbereitung auf die heilige Kommunion. — **1902**, 237.
1378. *Relevé* des travaux périodiques à fournir par les administrations communales du Grand-Duché de Luxembourg. — **1902**, 575.

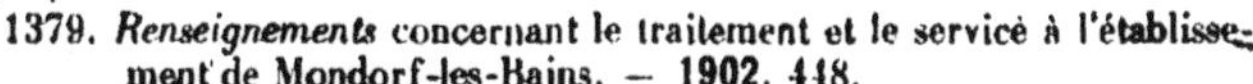

1379. *Renseignements* concernant le traitement et le service à l'établissement de Mondorf-les-Bains. — **1902**, 418.
1380. *Ridder (de) Alphonse*. Devises et cris de guerre de la noblesse belge. — **1895**, 240.
1381. *Rollmann Franz*. Heinrich Belletable, Hauptmann des belgischen Ingenieurkorps und der Verein der heiligen Familie. — **1909**, 279.
1382. *Rousseau Thomas*. Le placement des capitaux au point de vue de la comptabilité communale. — **1906**, 214.
1383. *Ruppert Pierre*. Circonscription du Pays-Duché de Luxembourg et Comté de Chiny en Quartiers, Hauts-Commands, Justices, Villes, Bourgs, Villages, Hameaux, Moulins, Censes, Forges etc., d'après le Cadastre de Marie-Thérèse en 1766—1771. — **1900**, 143.
1384. *Rupprecht Alphonse*. Ville de Luxembourg. Recueil des règlements de police pris par le Conseil communal de la Ville de Luxembourg, depuis le 3 juin 1903. Supplément au Recueil publié en 1903. — **1916**, 126.
1385. *Schannat J.-F*. Correspondance. — **1903**, 575.
1386. *Scherrer Jean-Pierre*. Notice historique sur Kirchnaumen. — **1912**, 141.
1387. *Schlechter Dominik*. So' sin s'all! Kome'de'steck mat Gesank an 1 Akt. — **1911**, 199.
1388. *Idem*. Vio'len. Lidder a Gedichter. — **1916**, 317.
1389. *Schuster Joseph*. Protomedikas Johann Anton Edler v. Wolter und seine Zeit. Ein Beitrag zur Kultur- und Heeresgeschichte Bayerns im 18. Jahrhundert. — **1912**, 337.
1390. *Schweisthal Martin*. Les Francs des bords de la Moselle et leurs descendants de Transylvanie. — **1905**, 42.
1391. *Idem*. Histoire de la maison rurale en Belgique et dans les contrées voisines. — **1907**, 27.
1392. *Servais Emmanuel*. Autobiographie. — **1895**, 375.
1393. *Sevenig Joseph*. Gregorio, das Opfer des Piraten. Schauspiel in vier Aufzügen. — **1901**, 586.
1394. *Idem*. A. Heidelmanns Theaterbibliothek. Heft 146. In der Gewalt des Revolutionärs. Drama aus der Zeit der französischen Revolution in fünf Aufzügen. — **1905**, 44.
1395. *Idem*. Johann Beck. Nationaldrama in 4 Aufzügen. — **1908**, 398.
1396. *Idem*. De Pisto'leklub. Löschtech Operett an zwe'n Akten. — **1910**, 35.
1397. *Idem*. De Gëscht an der Bâckstuff. Löschteg Operett an drei Opzig, Musék vum G. Kahnt. — **1914**, 469.
1398. *Idem*. Eng Loftkur op Luksdâg. Leschteg Operett an 2 Akten. Musék vum Gust. Kahnt. — **1916**, 347.
1399. *Idem*. De Kommissär kennt. — **1919**, 161.
1400. *Spedener Gregor*. Michel Lentz. Ein Gedenkblatt an unsern National-Dichter. — **1895**, 336.
1401. *Idem*. Esch an der Sauer. Die Perle des Öslings. Ein romantischer Spaziergang für Touristen und Naturfreunde. — **1908**, 189.

1402. *Idem.* die Stenographie Duployé dem Luxemburger Dialekte angepaßt vom Herausgeber der «Stenographenpost». — **1909**, 279.

1403. *Speyer Johann Peter.* Das Polizeigericht, Verfahren bei demselben, nebst Erläuterungen. — **1895**, 271; **1897**, 515.

1404. *Stomps Wilhelm.* Letzeburger Lidderbuch. 100 Lidder. — **1910**, 432; **1911**, 238, 319.

1405. *Idem.* Luxemburger National- und Volksmelodien für Pianoforte herausgegeben. — **1914**, 239.

1406. *Tibesar Léopold.* «Dreizehnlinden.» Eine litterarische Studie. — **1896**, 251.

1407. *Vannérus Jules.* Cinq lettres inédites de Juste Lipse. — **1899**, 144.

1408. *Idem.* Interdit lancé sur l'église de Sprimont à la fin du XIVe siècle. — **1899**, 431.

1409. *Vokalismus* (Der) der Viandener Mundart aus dem «Korrespondenzblatt des Vereins für siebenbürgische Landeskunde. — **1910**, 465.

1410. *Vorwärts.* Organ des Luxemburger Stenographen-Vereins. 15. Jahrgang. — **1897**, 206.

1411. *Wagner Johann Philipp.* Thomasmehl, Ernteerträge und Nahrungsmittel-Versorgung im Großherzogtum Luxemburg unter dem Kriegseinfluß. — **1917**, 284.

1412. *Wampach Gaspard.* Die französische Nationalökonomie der Gegenwart von August Bécheaud, übersetzt und mit Anmerkungen versehen. — **1903**, 168.

1413. *Warker Nikolaus.* Hiérschtbliéder. Lidder a Gedichter. — **1907**, 523.

1414. *Idem.* Den Herrgott an den Noé. — **1908**, 397.

1415. *Idem.* De Spilmann-Veit vun Iéchternach. — **1908**, 397.

1416. *Idem.* Kandsleift oder t'Vergißmeinnicht vum Mammegråf. Volks- an Zaldotesteck. — **1909**, 77, 236.

1417. *Idem.* Op Niklòsdàg. — Dem âle Fieschter sei Bittgank. Zwê Gedichter. — **1909**, 77.

1418. *Idem.* De Baltes vum Bichenhaf. Volkssteck a véier Akten. — **1910**, 237.

1419. *Wegweiser* für das kirchlich-bürgerliche Leben, herausgegeben von den Luxemburger Marianischen Kongregationen. — **1913**, 33.

1420. *Welter Nikolaus.* Frederi Mistral, der Dichter der Provence. Mit Mistrals Bildnis. — **1899**, 574.

1421. *Weydert Nicolas-Eloi.* Graphique et tableau sur les degrés de parenté. — **1915**, 177.

1422. *Wolff Eugène.* Le siège de Luxembourg (27 avril—4 juin 1684) d'après des documents inédits. Programme de l'Athénée de Luxembourg 1904—1905. — **1906**, 74.

1422a. *Folchette.* A schlechter Gesellschaft. — **1919**, 194.

1422b. *Salomon.* Um Wäschbur. — **1919**, 195.

1422c. *Vier Lieder* aus «De Chançard» und «Vun der Rés erem». — **1919**, 195.

1422d. *Aus der Hémecht.* Band VIII. — **1919**, 195.
1422e. *Medinger Paul.* Armorial de l'ancienne noblesse du Grand-Duché de Luxembourg. — **1919**, 196.

XXIX. Varia.

1423. Mahnruf. — **1895**, 29.
1424. Die Milchstraße am Himmel. — **1895**, 349.
1425. Pestartige Krankheiten im Luxemburgischen. — **1896**, 33, 287, 348, 381, 410, 445; **1897**, 41, 78, 140, 146, 210, 281, 339 et 411.
1426. Die Spuren der Herkules- und Ulyses-Sagen in unserer Heimat. — **1896**, 182.
1427. Zuschrift über das Wort «Kimmel» (1896, 64), welches zu ersetzen ist durch «Fimmel». — **1896**, 200.
1428. Ein recht beherzigenswerter bischöflicher Erlaß, betreffend die Beschreibung und Geschichte der Pfarreien der Diözese Paderborn. — **1897**, 63.
1429. Die Vertretung Luxemburgs auf dem IV. internationalen, wissenschaftlichen Katholikenkongreß zu Freiburg in der Schweiz, vom 16. bis 21. August 1897. — **1897**, 193, 396, 636.
1430. Les routes romaines dans le Luxembourg. — **1897**, 359.
1431. Ein Zacharias- oder Pest-Kreuz in Verbindung mit einem Sankt Benediktus-Kreuz. — **1897**, 260, 319.
1432. Fédération archéologique et historique de Belgique sous le haut patronage de S. M. le Roi des Belges. XIVe session. Congrès d'Arlon. — **1899**, 336.
1433. Compte-rendu du XIVe Congrès de la Fédération archéologique historique de Belgique. Session d'Arlon. (Du 30 juillet au 2 août 1899.) — **1899**, 493.
1434. Zur Abwehr. (Herr van Werveke Nikolaus gegen Herrn Grob Jakob.) — **1900**, 121.
1435. Zur Gegenwehr. (Herr Grob Jakob gegen Herrn van Werveke Nikolaus.) — **1900**, 127.
1436. Heiratskontrakt vom Jahre 1735. — **1900**, 182.
1437. Les procès portés en appel du Conseil provincial de Luxembourg au Conseil souverain de Hainaut (1707—1709). Inventaire des dossiers conservés aux Archives de l'Etat à Mons. — **1900**, 194, 243, 309, 368, 404, 443, 482, 543.
1438. Huldvolles Belobigungsschreiben Seiner Päpstlichen Heiligkeit Clemens VII. an das Luxemburger Volk. — **1900**, 236.
1439. Avis touchant la vente publique de biens et droits domaniaux sous le règne de l'empereur Joseph II. — **1900**, 427.
1440. Une vente de tableaux à Luxembourg en 1775. — **1901**, 340.
1441. Der Anthropologentag in Metz, vom 5.—9. August 1901. — **1901**, 422, 477.
1442. Une rosière à Luxembourg. — **1903**, 388.
1443. Beitrag zur Frage der Lohnverhältnisse zu Anfang des vorigen Jahrhunderts. (Einem alten Privatregister entnommen.) — **1905**, 493.
1444. Heiratskontrakt aus dem Jahre 1793. — **1905**, 495.

1445. Une lettre d'Eustache Wiltheim à son frère Alexandre. — **1905,** 147.
1446. Die ehemaligen Gebräuche und Bestimmungen über die Viehweide und das Holzungsrecht. — **1907,** 100.
1447. Verschiedene ältere Aktenstücke aus dem XVI., XVII. und XVIII. Jahrhundert. — **1907,** 122.
1448. Studie über mittelalterliche Kriegsmaschinen. — **1908,** 3.
1449. Annonce de l'arrivée de l'Empereur Napoléon Ier à Luxembourg. — **1908,** 247.
1450. Rapport sur le passage de S. M. l'Empereur Napoléon Ier à Luxembourg. — **1908,** 318.
1451. Calendrier républicain. — **1908,** 336.
1452. Abolition du Calendrier républicain et réintégration du Calendrier grégorien pour la tenue des registres de l'état civil. — **1908,** 466.
1453. Listes (Deux) des absens du Département des Forêts, prévenus d'émigration au terme de la loi du 25 brumaire an III. — **1908,** 382, 426.
1454. Tableau des foires (Jahrmärkte) du Département des Forêts fixé par Napoléon Ier, le 14 mars 1808. — **1909,** 195.
1455. Un couvent de laborieuses ouvrières (c'est à dire d'abeilles). — **1910,** 335.
1456. Die ehemaligen Paradeschüsseln unserer (Luxemburger) Schützengesellschaft. — **1910,** 231.
1457. L'état civil à travers les âges. — **1911,** 26, 60, 105, 130, 162, 202, 244, 371.
1458. La durée légale du travail au Grand-Duché de Luxembourg. Etude d'histoire législative et économique. — **1912,** 162.
1459. Un glorieux centenaire 1812—1912 (des soldats russes et français tombés en Russie en 1812). — **1912,** 227.
1460. Un monument funéraire de la famille baronniale de Raville à Aschaffenbourg. — **1914,** 152.
1461. Description des taques du Musée historique de Luxembourg. — **1914,** 169, 209, 249, 289.
1462. Das Brautkleid der Erbgroßherzogin Maria-Anna. — **1916,** 190.
1463. Ein interessantes Geschäftsregister. — **1916,** 346.

XXX. Vereine (Weltliche).

1464. Une association républicaine à Luxembourg. — **1895,** 210.
1465. Der historischen Sektion des Großherzoglichen Institutes zum fünfzigjährigen Jubelfeste, 2. September 1895. — **1895,** 241.
1465a. Die fünfzigjährige Gründungsfeier der historischen Sektion des Großherzoglichen Institutes. — **1895,** 273.
1466. Coup d'œil historique sur les origines et les développements de la «Section historique» de l'Institut royal grand-ducal de Luxembourg. — **1896,** 31, 50, 130, 167, 194, 281, 316, 355, 377, 413, 428; **1897,** 83, 133, 185, 255, 303, 347, 440, 495.
1467. Der Luxemburger Kunstverein. — **1896,** 289; **1900,** 77, 98, 162.
1468. Fédération archéologique et historique de Belgique. XIVe session. Congrès d'Arlon. — **1899,** 336.

1469. Compte-Rendu du XIVe Congrès de la Fédération archéologique et historique de Belgique. Session d'Arlon. (Du 30 juillet au 2 août 1899.) — **1899**, 423.
1470. Sitzung (des Luxemburger Kunstvereins) vom Aschermittwoch 1894. — **1900**, 104.
1471. Œuvre des Jeunes Economes. — **1900**, 336.
1472. Der «Jonghémecht» zum Geleite. — **1916**, 2.

XXXI. Verein für Luxemburger Geschichte, Literatur und Kunst. (Ons Hémecht.)

1473. Gründung des Vereines am 18. Oktober 1894. — **1895**, 11.
1474. Deutsches und französisches Chronogramm zur Erinnerung an das Gründungsjahr des Vereines. — **1895**, 1.
1475. Was will unser Verein und was bezweckt dessen Organ? — **1895**, 3.
1476. Zur Erklärung unseres Titelbildes (auf «Ons Hémecht»). — **1895**, 7.
1477. Satzungen des Vereines. — **1895**, 8.
1478. Willkommen! An die Leser (Gedicht zu Nr. 1 des 1. Jahrganges von «Ons Hémecht»). — **1895**, 2.
1479. Aufruf (zum Beitritt in den Verein und zur Einsendung geeigneter Aufsätze). — **1895**, 32.
1480. Reglement über Anlegung und Benutzung einer Vereinsbibliothek. — **1895**, 209.
1481. Mitglieder-Verzeichnis. — **1895**, 14, 58; **1896**, 118; **1897**, 9; **1899**, 234; **1901**, 12; **1902**, 9, 96; **1903**, 2; **1904**, 3; **1905** 99; **1908**, 249. 333; **1909**, 169; **1912**. 102, 155, 189; **1914** 63; **1918**, 33. 131, 172; **1919**, 17, 163.
1482. Generalversammlungen und Vorstandssitzungen. — **1895**, 12, 13, 54, 57, 89, 145; **1896**, 2, 257, 385; **1897**, 17, 145, 273; **1898**. 129, 576; **1900**. 47; **1902**, 250.
1483. Kassenabschluß. — **1896**, 3; **1897**, 338; **1898**, 130.
1484. Wirksamkeit des Vereines. (Jahresberichte.) — **1896**, 4, 9, **1897**, 2; **1900**, 17; **1901**, 2; **1902**, 3; **1903**, 10; **1904**, 12, **1905**, 51; **1906**, 99; **1907**, 81; **1908**, 82; **1909**, 162; **1910**, 81, 82.
1485. Correspondierende Gesellschaften und Zeitschriften-Austausch. — **1896**, 3; **1897**, 15, 46, 94, 143, 203, 270, 274, 335, 399, 451; 579, 700; **1898**, 62, 127, 192, 240.
1486. Briefkasten und Telephon. — **1895**, 31, 55, 88, 120, 143, 304; **1896**, 256, 352, 448; **1897**, 48, 516; **1905**, 240, 287, 432, 480; **1906**, 216, 255, 296, 454; **1907**, 38; **1913**, 335; **1917**, 373.
1487. Fragekasten. — **1895**, 31; **1905**, 191, 240; **1916**, 29, 91; **1918**, 92; **1919**, 62.
1488. Büchergeschenke an die Vereinsbibliothek. — **1897**, 95, 205. 336, 515, 580, 702; **1898**, 61; **1899**, 233, 479, 578; 1900, 47, 143, 336.
1489. Vereinsausflüge:
a) Bericht über den Ausflug nach Vianden, am 16. September 1909. — **1909**, 307.

b) Bericht über den Ausflug nach Clerf, am 26. Mai 1910. — **1910**, 241.

c) Bericht über den Ausflug nach Wiltz, am 8. Juni 1911. — **1911**, 277.

1490. Personalien:

a) Auszeichnungen und Ehrungen. — **1896**, 352, 384, 644; **1898**, 128; **1903**, 512; **1905**, 334, 429; **1906**, 46; **1907**, 38; **1909**, 278; **1910**, 35, 239, 318, 398; **1911**, 397, 435; **1912**, 118, 278, 318, 399, 490; **1913**, 94, 207, 287, 580; **1914**, 238, 276, 356; **1915**, 38, 77, 367, 459; **1917**, 191, 223; **1918**, 134; **1919**, 28, 62, 128, 162, 198.

b) Ernennungen resp. Beförderungen. — **1896**, 288, 384, 416; **1897**, 48, 336, 400, 644, 702; **1899**, 240; 1903, 62; **1905**, 191; **1906**, 296; 1909, 436; 1910, 318, 398; **1911**, 397, 435, 436; **1912**, 118, 399; **1913**, 94, 287; 423, 581; **1914**, 238, 276, 356, 472; **1915**, 367; **1916**, 92, 387; **1917**, 62, 96, 126, 159, 223; **1918**, 29, 172; 1919, 128, 162, 163, 198.

c) Todesfälle. — **1896**, 288, 416; **1897**, 48, 580; **1905**, 191, 334, 576; **1906**, 46, 215, 244; **1907**, 159, 320; **1909**, 278, 436, 492; **1910**, 35, 77, 199, 239, 318, 398, 439, 469; **1911**, 78, 111, 397, 435; **1912**, 79, 117, 121, 232, 490, **1913**, 31, 335, 469; **1914**, 159, 238, 356; **1915**, 38, 77, 175, 367; **1916**, 64, 160, 223, 225, 287; **1917**, 62, 96, 159, 191, 223, 285, 286, 372; **1918**, 29, 64, 226; **1919**, 94, 128, 198.

1491. Le «Cercle historique, littéraire et artistique de Luxembourg» et son organe «Ons Hémecht» devant la Chambre des Députés du Grand-Duché de Luxembourg. — **1897**, 506.

1492. Anzeigen, Berichtigungen, Bitten, Nachrichten und Mitteilungen. — **1895**, 27, 32, 56, 88, 144, 208, 303, 376; **1896**, 1, 96, 256, 448; **1897**, 96, 272, 452; **1898**, 1, 128, 288, 480; 1899, 1, 96, 192, 578; **1900**, 432; **1901**, 201, 589; **1902**, 42, 241; **1903**, 576; **1905**, 1, 48, 145, 576; **1906**, 376; **1907**, 17, 41, 158, 159, 197, 452; **1908**, 1, 16, 114, 424, 480; **1909**, 80, 168, 400, 492; **1910**, 34, 71; **1911**, 1, 78, 111, 201, 243; **1912**, 1, 41, 145, 146; **1913**, 1, 31, 32, 150, 583; **1914**, 1, 38; 277, 278, 472; **1916**, 1, 22, 60, 64, 92, 128, 160, 191; 350; 353; **1917**, 33, 285, 286, 372; **1918**, 28, 29, 33, 173, 227; **1919**, 29, 33, 62, 97, 169, 198.

1493. Ein Wort zu Beginn unseres sechzehnten Jahrganges. — **1910**, 1.

1494. Freundschaftliche Zusammenkünfte unserer Vereinsmitglieder. — **1910**, 71, 201, 241, 281, 321, 361, 401; **1911**, 111.

1495. Aufruf (behufs Sammlung alles dessen, was mit Flora's Kindern [der Pflanzenwelt] zusammenhängt, also zur Folklore gehört). — **1910**, 122.

1496. Zur Jahreswende (1918). — **1918**, 1.

1497. Subskription. — **1918**, 226; **1919**, 29, 62, 94, 164, 197.

1498. Zum 25. Jahrgang von «Ons Hémecht». — **1919**, 1.

1499. Literarische Novitäten und Luxemburger Drucksachen. **1895–1919** (in fast allen Heften).

XXXII. Namensliste der Autoren.

1500. Die hinter den einzelnen Namen stehenden Ziffern zeigen die aus ihrer Feder geflossenen Aufsätze an.

Adames Nikolaus (Mgr.). — 809.
Adehm Johann. — 573, 1087.
André Karl Theodor. — 542.
Arendt Karl. — 106, 155, 163, 176, 753, 770, 774, 785, 787, 789—793, 795—802, 833, 844, 846, 856, 865, 894, 895, 943, 957—959, 992, 1066, 1067, 1073, 1089, 1229, 1268, 1448, 1456.
Bassing Theodor. — 241. 893, 1041 1044, 1084, 1086, 1094, 1095, 1162—1164, 1167, 1168.
Beck Christian. — 805, 806, 837, 838, 918, 993—995, 1001, 1048, 1296, 1421.
Becker Nikolaus Eduard. — 371, 372.
Bellwald Nikolaus. — 447.
Blum Johann Peter. — 270.
Blum Ludwig. — 1326.
Blum Martin. — 1—52, 54, 56—59, 61—65, 67, 68, 70, 72—83, 85—91, 93—97, 99—105, 108, 109, 112, 113, 115, 116, 118—122, 125—127, 129, 130, 132—141, 143—146, 148, 150, 151, 153, 154, 156, 159, 160, 162, 169, 173, 175, 177, 178, 180—182, 185—187, 190—192, 198, 200, 204, 205, 209, 210, 213, 241, 243, 271, 272, 276, 279, 281, 747—751, 756—764, 766a, 870, 889, 944, 947, 951, 963, 965—968, 1026, 1058, 1097, 1115, 1116, 1132, 1134, 1134a, 1153, 1155, 1174, 1187—1190, 1192—1227, 1269, 1275, 1277, 1283, 1284, 1287, 1291, 1294, 1295, 1302, 1320, 1323, 1329, 1331, 1332, 1348—1350, 1356, 1357, 1361, 1363, 1366—1369, 1372, 1376—1379, 1382, 1384, 1386, 1389, 1401, 1410, 1428, 1429, 1431, 1433, 1438, 1439, 1449—1455, 1464, 1466, 1469, 1474, 1475, 1479, 1481, 1486, 1487, 1489a, 1489b, 1490—1494, 1497—1500.
Blum René. — 1458.
Bocquillet Auguste. — 1306.
Bohn Victor. — 711.
Bourg Johann Peter. — 269, 310, 313, 317.
Bourg Wilhelm. — 696.
Brück August. — 1457.
Brück-Faber Johann Peter. — 1483.
Claude Johann Peter. — 884.
Daubach Emil. — 1017.
Decker Aloys. — 1117.
Depoin Joseph. — 193, 991, 1270, 1325.
Dicks. — Siehe: *Fontaine (de la) Edmund.*
Diderrich Emil. — 107, 114, 128, 147, 194, 201, 215, 216, 218, 219, 222, 224, 226, 228, 229, 231, 232, 238, 239, 262, 438, 803, 806a, 807, 812, 815, 816, 826, 850; 859;

Bei diesen Tausenden und abermals Tausenden von Zahlen sind — trotz der größten Aufmerksamkeit und der peinlichsten Korrekturen — Fehler immerhin möglich und sogar wahrscheinlich. Der geehrte Leser möge deshalb solche gütigst entschuldigen.

MARTIN BLUM.

[illegible printer's imprint]

Lightning Source UK Ltd.
Milton Keynes UK
UKHW012349080219
336872UK00005B/439/P

9 780365 57362